HANDBUCH DER JUSTIZ
2000

HANDBUCH DER JUSTIZ
2000

Die Träger und Organe der Rechtsprechenden Gewalt
in der Bundesrepublik Deutschland

25. JAHRGANG

Herausgegeben vom

DEUTSCHEN RICHTERBUND
Bund der Richterinnen und Richter,
Staatsanwältinnen und Staatsanwälte

Gesamtbearbeiter

PETER MARQUA
vormals Geschäftsführer des Deutschen Richterbundes

unter Mitwirkung
der Justizverwaltungen des Bundes und der Länder
sowie der Verwaltungen der Verfassungs- und der Fachgerichte

R. v. Decker's Verlag · Heidelberg

© 2000 R.v. Decker's Verlag, Hüthig GmbH, Heidelberg
Printed in Germany
Satz: Mitterweger & Partner Kommunikationsgesellschaft mbH, Plankstadt
Druck: Wilhelm Röck GmbH, Weinsberg
ISBN 3-7685-0416-6

Vorwort

Das Handbuch der Justiz liegt im 25. Jahrgang in wiederum grundlegend überarbeiteter und aktualisierter Neuauflage vor. Die im Handbuch enthaltenen Angaben entsprechen dem Stand 1. März 2000; auch danach bis zur Drucklegung eingetretene Veränderungen sind, soweit sie mir bekannt oder mitgeteilt wurden, noch berücksichtigt worden.

Grundlegende Strukturveränderungen in der deutschen „Gerichtslandschaft" hat es – mit einer Ausnahme – seit der Vorauflage nicht gegeben. In Sachsen-Anhalt hat sich der Gesetzgeber zu einer Reduzierung der Zahl der Amtsgerichte entschlossen: Durch Gesetzesbeschluss des Landtages vom 6. April 2000 sind dort die Bezirke von (vorerst) acht kleineren Amtsgerichten den Bezirken benachbarter größerer Amtsgerichte eingegliedert worden; die aufgelösten Amtsgerichte werden bis auf weiteres als Zweigstellen der Amtsgerichte, denen sie „zugeschlagen" worden sind, weitergeführt (Einzelheiten s. S. 362 ff.). Im übrigen sind lediglich zwei weitere Amtsgerichte (jeweils eines in Rheinland-Pfalz und im Saarland) sowie Außenstellen der Landesanwaltschaft Bayern aufgelöst worden.

Indessen sind die seit der Vorauflage zu verzeichnenden personellen Veränderungen im Justizbereich wiederum erheblich. Die vorliegende Neuauflage trägt dem in vollem Umfang Rechnung.

Ziel dieses Handbuchs ist zum einen die Information über die äußeren Strukturen der Justiz im Bund und in den Ländern. Zum anderen sollen auch die in der Justiz und in den Justizverwaltungen handelnden Personen – Richterinnen und Richter, Staatsanwältinnen und Staatsanwälte, Beamtinnen und Beamte – vorgestellt werden. Justiz und Justizverwaltungen müssen in einem demokratischen Staat transparent sein.

Im Hinblick auf die praktische Benutzung gilt im Übrigen nach wie vor: Soweit sich zwischen dem im Kopfeintrag einzelner Gerichte/Staatsanwaltschaften eingetragenen Planstellensoll und der Zahl der jeweils aufgeführten Richter/Staatsanwälte Differenzen ergeben, beruht dies vorwiegend darauf, dass bei diesen Gerichten/Staatsanwaltschaften Richter auf Probe auf Planstellen eingesetzt werden. Richter auf Probe sind aber – entsprechend der bewährten Systematik des Handbuchs – jeweils im Anhang zu den einzelnen Bezirken der obersten Gerichte der Länder gesondert erfasst. Abweichungen zwischen Planstellensoll und tatsächlicher Zahl der aufgeführten Stelleninhaber können darüber hinaus auch Folge von zeitweiligen Wiederbesetzungssperren frei gewordener Stellen sein, wie sie in einigen Bundesländern nach wie vor praktiziert werden.

Abweichungen zwischen Planstellensoll und Anzahl der tatsächlich aufgeführten Planstelleninhaber können des weiteren auch daran liegen, dass endgültige Stelleninhaber (Richter auf Lebenszeit/Staatsanwälte) der Veröffentlichung ihres Namens und ihrer Daten widersprochen haben. Dies habe ich, soweit es mir nach sorgfältiger Recherche möglich war, durch entsprechende erläuternde Hinweise kenntlich gemacht.

Mein besonderer Dank gilt auch für diese Auflage wieder den Mitarbeiterinnen und Mitarbeitern aller beteiligten Fachressorts sowie der Gerichte und Staatsanwaltschaften, ohne deren tatkräftige Unterstützung das Handbuch nicht hätte erstellt werden können.

Ich danke auch denjenigen Kolleginnen und Kollegen, die mich auf in der Vorauflage vereinzelt aufgetretene Fehler hingewiesen haben. Bei der Fülle von Namen und Daten kann nicht ausgeschlossen werden, dass, trotz sorgfältigster Überprüfung, auch diese Neuauflage die eine oder andere Unrichtigkeit enthält. Soweit solche entdeckt werden, bitte ich um entsprechende Hinweise, damit sie in späteren Auflagen vermieden werden können.

Sankt Augustin, im April 2000   *Peter Marqua*

Inhaltsverzeichnis

Gerichte und Justizbehörden des Bundes

Justizministerien, ordentliche Gerichte und Staatsanwaltschaften der Länder

Baden-Württemberg

Bayern

Inhaltsverzeichnis

Niedersachsen

Nordrhein-Westfalen

Rheinland-Pfalz

Saarland

Sachsen

Sachsen-Anhalt

Verfassungsgerichte der Länder

Fachgerichte der Länder

Europäischer Gerichtshof

Anhang

Abkürzungsverzeichnis

abg.	abgeordnet	GL	Gruppenleiter(in)
a.d.	außer Dienst	GStA	Generalstaatsanwalt/
AG	Amtsgericht		Generalstaatsanwältin
AGBez.	Amtsgerichtsbezirk		
AL	Abteilungsleiter(in)	HE	Hessen
AR	Amtsrat/Amtsrätin	HH	Hamburg
ArbG	Arbeitsgericht	HL/HAL	Hauptabteilungsleiter(in)
		HProf	Hochschulprofessor(in)
BA(BuA)	Bundesanwalt/Bundesanwältin		
BAG	Bundesarbeitsgericht	JR	Justizrat
BayObLG	Bayerisches Oberstes		
	Landesgericht		
BD	Baudirektor(in)	kw	künftig wegfallend
BDiA	Bundesdisziplinaranwalt		
BER	Berlin	LAG	Landesarbeitsgericht
beurl.	beurlaubt	LA	Landesanwalt/Landesanwältin
BFH	Bundesfinanzhof	LdA	Leiter(in)
BGBl	Bundesgesetzblatt		der Amtsanwaltschaft
BGH	Bundesgerichtshof	LG	Landgericht
BiblD	Bibliotheksdirektor(in)	LGBez.	Landgerichtsbezirk
BiblOR	Bibliotheksoberrat/-oberrätin	LMedD	Leitende(r)
BMJ	Bundesministerium der Justiz		Medizinaldirektor(in)
BPatG	Bundespatentgericht	LMinD	Leitende(r)
BRA	Brandenburg		Ministerialdirektor(in)
BRE	Bremen	LMinR	Leitende(r) Ministerialrat(rätin)
BSG	Bundessozialgericht	LOStA	Leitender Oberstaatsanwalt/
BU	Gerichte des Bundes		Leitende Oberstaatsanwältin
BVerfG	Bundesverfassungsgericht	LRD	Leitende(r)
BVerwG	Bundesverwaltungsgericht		Regierungsdirektor(in)
BW	Baden-Württemberg	LSenR	Leitender Senatsrat/
BwDA	Bundeswehrdisziplinaranwalt		Leitende Senatsrätin
BY	Bayern	LSG	Landessozialgericht
		LSt	Leerstelle
Dipl.-Ök.	Diplomökonom(in)	LOLA	Leitender Oberlandesanwalt
Dir	Direktor(in)		
		MdB	Mitglied des Bundestages
E	Einwohnerzahl	MdL	Mitglied des Landtages
EStA	Erster Staatsanwalt/	MedD	Medizinaldirektor(in)
	Erste Staatsanwältin	Min	Minister(in)
		MinD	Ministerialdirektor(in)
FamG	Familiengericht	MinDgt	Ministerialdirigent(in)
FG	Finanzgericht	MinDirig	Ministerialdirigent(in)
		MinR	Ministerialrat/Ministerialrätin
GBA(GBuA)	Generalbundesanwalt	MV	Mecklenburg-Vorpommern
GenSekr	Generalsekretär		

ND	Notariatsdirektor(in)	SenR	Senatsrat/Senatsrätin
N.N.	Stelle zur Zeit nicht besetzt	SG	Sozialgericht
Not	Notar(in)	SH	Schleswig-Holstein
NDS	Niedersachsen	SozD	Sozialdirektor(in)
NW	Nordrhein-Westfalen	SozR	Sozialrat/Sozialrätin
		StA	Staatsanwalt/Staatsanwältin
OAR	Oberamtsrat/-rätin	StA (GL)	Staatsanwalt/Staatsanwältin als Gruppenleiter(in)
OJR	Oberjustizrat/Oberjustizrätin	StaatsR	Staatsrat/Staatsrätin
OLA	Oberlandesanwalt/ Oberlandesanwältin	StaatsSekr	Staatssekretär(in)
OLG	Oberlandesgericht	stVDir	ständige(r) Vertreter(in) des Direktors/der Direktorin
OLGBez.	Oberlandesgerichtsbezirk		
ORR	Oberregierungsrat/ Oberregierungsrätin	stVND	ständige(r) Vertreter(in) des/ der Notariatsdirektor(in)
OSozR	Obersozialrat/-rätin	stVGStA	ständige(r) Vertreter(in) des Generalstaatsanwalts
OStA	Oberstaatsanwalt/ Oberstaatsanwältin	stVLOStA	ständige(r) Vertreter(in) des Leitenden Oberstaats-
OVG	Oberverwaltungsgericht		anwalts/Oberstaatsanwältin
Pr	Präsident(in)	T	Telefon
PrLaJPrA	Präsident(in) des Landesjustiz- prüfungsamtes	TH	Thüringen
		TrDiG	Truppendienstgericht
PrPrA	Präsident(in) des Prüfungs- amtes	tw.	teilweise
PStaatsSekr	Parlamentarische(r) Staatssekretär(in)	UProf/UP	Universitätsprofessor(in)
		VerfG	Verfassungsgericht
R	Richter(in)	VG(VwG)	Verwaltungsgericht
RA	Rechtsanwalt/Rechtsanwältin	VGH	Verwaltungsgerichtshof
Reg. Ass.	Regierungsassessor(in)	VPr	Vizepräsident(in)
RD	Regierungsdirektor(in)	VR	Vorsitzende(r) Richter(in)
Ref	Referent(in)		
RkrA	Richter(in) kraft Auftrags	w.aufsR	weitere(r) aufsichtführende(r) Richter(in)
RMedD	Regierungsmedizinal- direktor(in)		
ROR	Regierungsoberrat/ Regierungsoberrätin	WissA	Wissenschaftliche(r) Assistent(in)
RP	Rheinland-Pfalz	WissAng	Wissenschaftliche(r) Ange- stellte(r)
RR	Regierungsrat/Regierungsrätin		
		Wiss.Dir	Wissenschaftliche(r) Direktor(in)
SAA	Saarland		
SAC	Sachsen		
SAN	Sachsen-Anhalt	z.A.	zur Anstellung
Sen	Senator(in)	ZSt	Zweigstelle
SenD	Senatsdirektor(in)	zugl.	zugleich
SenDgt	Senatsdirigent(in)	z.Z.	zur Zeit

Erläuterungen
für die Benutzung des Handbuches

1. Die Angaben entsprechen weitestgehend dem Stand vom 1. März 2000. Veränderungen nach diesem Stichtag, die bis zum Redaktionsschluß bekannt geworden sind, sind berücksichtigt.

2.1 Die Gliederung des Handbuches ergibt sich aus dem Inhaltsverzeichnis.

2.2 Die ordentlichen Gerichte sind nach Ländern, die Fachgerichte nach Fachgebieten und Ländern geordnet.

2.3 Die Seitenüberschriften (Kolumnentitel) enthalten links- und rechtsaußen Namenkürzel. Diese sind den Gerichten des Bundes, dem Bundesministerium der Justiz, den ordentlichen Gerichten der Länder und den einzelnen Sparten der Fachgerichte der Länder zugeordnet. Sie entsprechen der Aufstellung am Anfang des Namensverzeichnisses. Darüber hinaus sind weitere Informationen enthalten wie die Bezirke der Oberlandesgerichte und der Landgerichte, die Staatsanwaltschaften und die Namen der Länder in den Sparten der Fachgerichte.

2.4 Die Gerichte sind jeweils in alphabetischer Reihenfolge innerhalb des Bezirks ihres im Instanzenzug übergeordneten Gerichts aufgeführt.

2.5 Das gilt auch für die mit einem Präsidenten besetzten Amtsgerichte, obwohl diese nicht der Dienstaufsicht des Präsidenten des Landgerichts unterstehen.

2.6 In Berlin und Hamburg stehen das Amtsgericht Tiergarten und das Amtsgericht Hamburg vor den übrigen Amtsgerichten, da die Präsidenten dieser beiden Amtsgerichte die Dienstaufsicht auch über die übrigen Amtsgerichte führen.

3. Zum *Kopfeintrag* der Gerichte, Staatsanwaltschaften und Justizministerien:

3.1 Er beginnt mit der *Ortsbezeichnung* der jeweiligen Behörde.

3.2 Bei jedem Land und jedem ordentlichen Gericht der Länder folgt auf die Ortsbezeichnung die *Einwohnerzahl* (E) des Landes oder des Gerichtsbezirks. Die Einwohnerzahl entspricht dem jeweils durch Fußnote gesondert angegebenen Stand. Soweit bei Gerichtsbezirken der neuen Bundesländer insoweit keine Angaben enthalten sind, sind aktuelle Einwohnerzahlen nicht übermittelt worden.

3.3 Es folgen die Haus- und, soweit daneben vorhanden, die Postanschriften des Gerichts/der Behörde.

3.4 Mit vorangestelltem „T" folgt die *Telefonnummer* mit Vorwahl (Ortsnetzkennzahl). Soweit sie mitgeteilt wurde, folgt dann die Nummer des *Telefax-Anschlusses* des jeweiligen Gerichts bzw. der jeweiligen Staatsanwaltschaft.

3.5 Danach folgt jeweils die in den Haushaltsplänen ausgewiesene *Zahl der Planstellen*, aufgeschlüsselt nach Amts- und Funktionsbezeichnungen. Soweit Leerstellen besonders ausgewiesen sind, sind sie getrennt aufgeführt, ebenso Stellen für Inhaber eines zweiten Amtes (Universitätsprofessoren/Hochschulprofessoren). Stellen, die für mehrere Gerichte ausgewiesen sind, und Stellen für Teilzeitbeschäftigte sind mit den jeweiligen Bruchteilen angegeben (z.B. 2 × ½ R). Vgl. im übrigen die Erläuterungen im Vorwort.

3.6 Sind bei einem Gericht oder einer Staatsanwaltschaft *Zweigstellen* eingerichtet, sind sie ebenfalls im Kopfeintrag genannt.

3.7 Das Auffinden der gesuchten ordentlichen Gerichte im Hauptteil des Handbuches wird durch die alphabetischen Verzeichnisse der Landgerichte und der Amtsgerichte im Anhang des Handbuches erleichtert. Dort sind die jeweils übergeordneten Gerichte und die Länder vermerkt.

4. Bei welchen Amtsgerichten *Schöffengerichte, Familiengerichte* und *Landwirtschaftsgerichte* gebildet sind, ergibt sich aus den Aufstellungen in den Angaben über die Oberlandesgerichtsbezirke und den Kammergerichtsbezirk (Berlin). Ihnen ist auch zu entnehmen, welche Amtsgerichtsbezirke zu den Schöffengerichten, Familiengerichten und Landwirtschaftsgerichten gehören.

5.1 Die auf Lebenszeit angestellten Richter, Staatsanwälte und Beamten sind bei den Dienststellen aufgeführt, bei denen sie ihre Planstelle haben. Das ist auch geschehen, wenn sie abgeordnet oder beurlaubt sind. Hierauf ist jeweils durch die Zusätze „abg." oder „beurl." hingewiesen worden. Soweit sie in einer Leerstelle geführt werden, ist das durch den Zusatz „LSt" kenntlich gemacht worden.

5.2 Richter kraft Auftrags (RkrA) und Staatsanwälte im Beamtenverhältnis auf Probe sind bei den Dienststellen, bei denen sie verwendet werden, aufgeführt, und zwar nach den Richtern und Staatsanwälten auf Lebenszeit. Bei ihnen ist das „allgemeine Dienstalter" in Klammern gesetzt.

5.3 Richter/Staatsanwälte im Richterverhältnis auf Probe sind in Listen zusammengefasst, die jeweils am Schluss jedes Landes stehen.

6.1 Die *Personalangaben* gliedern sich in drei Spalten:

6.2 *Spalte 1:*
Familienname, Vorname

6.3 *Spalte 2:*

a) bei auf Lebenszeit angestellten Richtern das allgemeine Dienstalter ($\S$ 20 DRiG),

b) bei Richtern kraft Auftrags der Tag ihrer Berufung in das Richterverhältnis kraft Auftrags, dieser zur Kennzeichnung des Status in Klammern gesetzt,

c) bei auf Lebenszeit angestellten Staatsanwälten und Beamten ein Dienstalter in entsprechender Anwendung des $\S$ 20 DRiG,

d) bei Staatsanwälten im Beamtenverhältnis auf Probe der Tag ihrer Berufung in dieses Beamtenverhältnis, dieser in Bayern in Klammern gesetzt,

e) bei Richtern/Staatsanwälten im Richterverhältnis auf Probe der Tag ihrer Berufung in das Richterverhältnis auf Probe (Einstellungstag).

6.4 *Spalte 3:*
Geburtsdatum.

7.1 Die Planstelleninhaber sind entsprechend ihrer Dienststellung nach Gruppen gegliedert. Innerhalb der Gruppen richtet sich die Reihenfolge nach dem Dienstalter und bei gleichem Dienstalter nach dem Lebensalter. Dabei sind Inhaber von Beförderungsstellen den übrigen vorangestellt.

7.2 Die Reihenfolge der Richter/Staatsanwälte auf Probe richtet sich nach dem Tag ihrer Berufung in das Richterverhältnis auf Probe.

Bundesverfassungsgericht

Schloßbezirk 3, 76131 Karlsruhe (Dienstgebäude)
Postfach 17 71, 76006 Karlsruhe (Postanschrift)
T (07 21) 91 01 – 0, Telefax (07 21) 9 10 13 82

1 Pr, 1 VPr, 14 R

Präsidentin

Vorsitzende des Zweiten Senats

Prof. Dr. Limbach, Jutta   14. 9. 94   27. 3. 34

Vizepräsident

Vorsitzender des Ersten Senats

Prof. Dr. Papier,
Hans-Jürgen   27. 2. 98   6. 7. 43

Richterinnen/Richter des Ersten Senats

Dr. Kühling, Jürgen   12. 7. 89   27. 4. 34
Jaeger, Renate   24. 3. 94   30. 12. 40
Dr. Haas, Evelyn   14. 9. 94   7. 4. 49
Dr. Hömig, Dieter   13. 10. 95   15. 3. 38
Prof. Dr. Steiner, Udo   13. 10. 95   16. 9. 39
Dr. Hohmann-Dennhardt,
Christine   11. 1. 99   30. 4. 50
Prof. Dr. Hoffmann-Riem,
Wolfgang   16. 12. 99   04. 3. 40

Richterin/Richter des Zweiten Senats

Winter, Klaus   28. 11. 89   29. 5. 36

Sommer, Bertold   12. 7. 91   13. 9. 37
Dr. Jentsch, Hans-Joachim   3. 5. 96   20. 9. 37
Prof. Dr. Dr. h.c. Hassemer,
Winfried   3. 5. 96   17. 2. 40
Dr. Broß, Siegfried   28. 9. 98   18. 7. 46
Prof. Dr. Osterloh, Lerke   15. 10. 98   29. 4. 44
Prof. Dr. Dr. Di Fabio,
Udo   16. 12. 99   26. 3. 54

Verwaltung

Dr. Barnstedt, Elke Luise,
Dir. b. BVerfG   1. 1. 99   18. 2. 56

Präsidialräte
Erster Senat

Dr. Barnstedt, Elke Luise,
Dir. b. BVerfG   1. 1. 99   18. 2. 56

Zweiter Senat

Dr. Goetze, Erik,
MinR   1. 7. 99   12. 2. 56

1

Bundesministerium der Justiz

Jerusalemer Straße 27, 10117 Berlin (Haus- und Lieferanschrift)
Bundesministerium der Justiz, 11015 Berlin (Postanschrift)
T (0 30) 20 25–70, Telefax (0 30) 20 25–95 25

Dienststelle Bonn

Heinemannstr. 6, 53175 Bonn
T (02 28) 58–0, Telefax (02 28) 58–45 25

1 Min, 1 PStaatsSekr, 1 StaatsSekr + 1 LSt (StaatsSekr), 6 MinD, 9 MinDgt + 3 LSt (MinDgt),
56 MinR + 9 LSt (MinR), 72 RD + 6 LSt (RD), 15 ORR + 3 LSt (ORR), 5 RR, 1 RR z. A.

Bundesministerin der Justiz

Prof. Dr. Däubler-Gmelin,		
Herta	27. 10. 98	12. 8. 43

Parlamentarischer Staatssekretär

Prof. Dr. Pick, Eckhart	27. 10. 98	8. 2. 41

Staatssekretäre

Dr. h.c. Kober, Ingo,		
beurl. (LSt)	29. 1. 91	22. 7. 42
Dr. Geiger, Hansjörg	30. 10. 98	1. 11. 42

Ministerialdirektoren

Stein, Gerrit	23. 11. 92	13. 1. 49
Dr. Gusseck, Lutz	1. 11. 98	21. 1. 40
Dr. Hucko, Elmar	1. 9. 99	13. 4. 39
Wilkitzki, Peter	2. 2. 00	4. 7. 42
Dr. Jekewitz, Jürgen	18. 2. 00	1. 3. 37

Ministerialdirigentinnen / Ministerialdirigenten

Dr. Ganten, Reinhard,		
beurl. (LSt)	1. 10. 91	9. 8. 39
Lehmann, Christian	23. 11. 92	22. 9. 41
Schmid-Dwertmann,		
Hans Jürgen	1. 4. 93	2. 10. 39
Diesem, Rainer, beurl.	1. 7. 96	15. 8. 48
Dr. Voelskow-Thies, Helga	1. 9. 96	27. 4. 36
Nettersheim, Gerd Josef	1. 1. 97	15. 11. 50
Siegismund, Eberhard	5. 2. 98	15. 11. 44
Fadé, Lujo	2. 6. 98	7. 11. 41
Dr. Weis, Hubert	1. 7. 99	13. 6. 52
Dr. Bernhardt, Wilfried	2. 8. 99	13. 8. 54

Dr. Pirrung, Jörg,		
beurl. (LSt)	11. 2. 00	27. 3. 40
Viehmann, Horst	18. 2. 00	14. 9. 37

Ministerialrätinnen / Ministerialräte

Oehler, Karl-Heinz	—	—
Lehmann, Walter-Jürgen	1. 10. 75	13. 10. 36
Stewen, Werner,		
beurl. (LSt)	1. 9. 80	29. 9. 35
Ankele, Jörg	1. 9. 84	7. 9. 36
Dr. Renger, Reinhard	1. 6. 86	24. 12. 36
Büchel, Reinhold	1. 6. 88	6. 2. 36
Ninnemann, Peter	1. 9. 89	2. 9. 36
Dr. Möhrenschlager,		
Manfred	1. 3. 90	7. 4. 39
Kiermeier, Benno	1. 9. 90	18. 3. 43
Dr. Boeter, Ulrich	1. 10. 90	22. 4. 44
Dr. von Mühlendahl,		
Alexander, beurl.		
(LSt)	1. 2. 91	20. 10. 40
Christensen, Peter, abg.	1. 7. 91	7. 12. 46
Schmieszek, Hans-Peter	30. 8. 91	13. 4. 48
Dr. Giesler, Volkmar	1. 5. 92	24. 7. 46
Kemper, Kurt, beurl.		
(LSt)	1. 6. 92	1. 7. 43
Fieberg, Gerhard	1. 8. 92	25. 11. 46
Jaath, Karl-Ernst	1. 11. 92	3. 9. 44
Schulte, Friedrich-Wilhelm	1. 4. 93	12. 12. 46
Schrock, Li-Feng,		
beurl., LSt	1. 8. 93	25. 2. 47
Berger, Albrecht,		
beurl. (LSt)	1. 1. 94	13. 11. 42
Käfer, Gerhard,		
beurl. (LSt)	1. 1. 94	18. 9. 43

Name		
Dr. Abmeier, Klaus	1. 6.94	5.12.51
Dr. Schumacher, Klaus	1. 9.94	12. 8.44
Stiller, Wolfgang	1. 9.94	31.10.44
Dr. Born, Birgit	1.12.94	3. 4.54
Kröger, Detlef	1. 8.96	22. 9.40
Dittmann, Thomas	1.10.96	3.11.49
Mühlens, Peter	1.11.96	3. 4.48
Dr. Reinbothe, Jörg, beurl. (LSt)	1. 1.97	31.12.48
Schreiber, Winfried	1. 2.97	17. 2.48
Frietsch, Edwin	1. 2.97	4. 9.48
Stöhr, Karlheinz Heinrich	1. 2.97	22. 6.51
Grotz, Hubert Michael	1. 6.97	3. 5.47
Dr. Neye, Hans-Werner	1. 7.97	26. 9.52
Reichenbach, Harald	1. 2.98	25.11.48
Stückrath, Manfred	1. 5.98	4. 6.38
Lochen, Hans-Hermann	1. 5.98	8. 8.49
Dr. Wimmer, Klaus	1. 5.98	16.11.51
Hilgendorf-Schmidt, Sabine	1. 7.98	27. 5.57
Bönke, Detlef Otto	1. 7.98	—
Dittrich, Alfred	1. 1.99	30. 8.50
Dr. Wittling-Vogel, Almut	1. 1.99	18. 8.56
Lutz, Raimund Georg	1.11.99	16.10.50
Dr. Weingärtner, Dieter	1.11.99	24.12.53
Dr. Welp, Dietrich	1.12.99	24. 4.52
Dr. Walz, Stefan	1. 1.00	7. 2.49
Dr. Nissel, Reinhard	1. 8.96	15. 7.44
Kück, Wolfgang	1. 2.97	9.10.46
Dr. Seibert, Ulrich	1. 2.97	8. 8.54
Schaefer, Erich	1. 6.97	31.12.56
Dr. Steinbeiß-Winkelmann, Christine	1. 7.97	9. 2.51
Wasser, Detlef	1. 7.97	17. 5.54
Dr. Czerwenka, Beate	1. 7.97	14. 1.57
Dr. Schmidt-Räntsch, Jürgen	1. 7.97	5.10.57
Dipl.-Volkswirt Dr. Blath, Richard	2. 1.98	14. 3.47
Weckerling, Matthias	2. 2.98	25. 2.52
Desch, Eberhard	1. 6.98	27. 8.49
Dr. Bollweg, Hans-Georg	1. 6.98	22. 9.58
Hofmann, Margarete, beurl., LSt	1. 7.98	16. 1.56
Brink, Josef	1. 8.99	13. 6.54
Dr. Wagner, Rolf	1. 8.99	30.10.54
Dr. Böhm, Bernhard	1. 8.99	1. 7.59

Regierungsdirektorinnen/Regierungsdirektoren

Name		
Dr. Ernst, Christoph	—	18. 3.54
Dr. Schennen, Detlef, beurl. (LSt)	—	10. 9.56
Sippel, Heinrich Georg	17.12.90	20.12.35
Dr. Weckerling-Wilhelm, Dorothee, ½	18. 6.91	20. 5.57

Name		
Freytag, Christoph	26.11.91	21. 5.57
Surrer, Reinmar	13. 2.92	29. 5.39
Dr. Meyer, Thomas	26.10.92	8. 7.56
Baumert, Eberhard	25. 1.93	19. 7.36
Kubicki Halskov, Renate, abg.	30. 4.93	22. 5.52
Dr. Korte, Matthias	2. 7.93	14. 2.61
Dr. Pakuscher, Irene, beurl., LSt	1. 9.93	16. 5.58
Stucke, Petra	3. 9.93	13. 9.62
PrivDoz. Dr. Gramm, Christoph	11.10.93	29. 4.58
Dr. Meyer-Seitz, Christian	17.12.93	1. 7.60
Dr. Heger, Matthias	1. 1.94	6. 8.58
Otto, Klaus	6. 4.94	25. 8.51
Dr. Franz, Kurt	1. 5.94	20. 6.56
Dr. Greßmann, Michael	21. 6.94	15. 6.61
Dr. Rühl, Wolfgang	1. 7.94	17. 1.57
Meyer, Klaus-Jörg	16. 8.94	14. 5.61
Schöfisch, Volker	17. 8.94	2. 1.56
Bindels, Alfred	25. 8.94	13. 4.61
Rudloff-Schäffer, Cornelia	2.10.94	10. 2.57
Dr. Schmidt, Burkhard, beurl. (LSt)	5.11.94	8. 9.56
Dr. Neuhaus, Heike	2. 6.95	22. 1.60
Dr. Klinkert, Rosemarie	23. 6.95	23. 7.41
Habermann, Lothar	26. 6.95	5. 1.42
Plesse, Frank, abg.	5.10.95	29.11.62
Vogel, Axel	15. 1.96	10. 1.59
Dr. Mädrich, Susanne	28. 2.96	20. 2.59
Dr. Schomburg, Gerhard	29. 2.96	3. 6.57
Dr. Gebauer, Michael	1. 3.96	6. 5.60
Dr. Hiestand, Martin	4. 3.96	6. 5.60
Dr. Kemper, Jutta	1. 4.96	27.11.58
Dr. Barth, Thomas	1. 6.96	7. 3.61
Kröger, Perdita	19. 8.96	10. 1.62
Dr. Dehm, Helga, abg.	27. 8.96	27. 8.62
Dr. Goerdeler, Daniela, beurl., LSt	30. 8.96	31.10.62
Siebels, Wilhelm	1. 9.96	22. 5.49
Schlag, Annette, BiblD	1. 9.96	19.12.53
Dr. Behrens, Hans-Jörg	22.10.96	22.10.62
Hase, Peter	2. 1.97	26. 3.50
Weichert, Johannes	21. 1.97	24.12.57
Jungewelter, Vera	21. 1.97	26. 1.61
Kienemund, Beate	23. 1.97	24.12.52
Dr. Schneider, Ursula	23. 1.97	4. 4.56
Dr. Bösert, Bernd	7. 4.97	20. 5.63
Dr. Bartodziej, Peter	21. 4.97	20. 3.63
Dr. Schürmann, Thomas	3. 7.97	10.12.60
Dr. Heitland, Horst	5. 8.97	6. 2.61
Bell, Thomas	14.10.97	11. 2.57
Schulz, Sonja	6. 1.98	1. 6.50
Sternal, Marianne	6. 1.98	16. 1.54
Wagner, Heiko	6. 1.98	6. 3.54
Jähne, Petra	6. 1.98	6. 4.55

Marx, Wolfram	6. 1.98	9. 6.56
Schade, Elke	6. 1.98	1.12.58
Mittelstädt, Andrea	6. 1.98	1. 4.59
Hellmann, Mathias	6. 1.98	4. 1.64
Dr. Michlik, Frank	5. 2.98	21.11.61
Dr. Figge, Jutta, beurl.	3. 3.98	16. 5.63
Schewior, Eva-Maria	—	6.10.98
Zubrod, Silvia	3.10.98	17. 1.62
Steiger, Thomas	18. 1.99	6. 1.60
Schulz, Andrea	1. 5.99	8. 6.61
Radziwill, Edgar	1. 9.99	10.12.63
Dr. Wichard, Johannes Christian, beurl., LSt	17. 9.99	28. 7.63
Höhfeld, Ute	1.10.99	18. 2.62
Blöink, Thomas	2. 1.00	15. 9.63
Krämer, Hannes, abg.	7. 1.00	26. 3.66
Dr. Timm, Birte, beurl.	25. 1.00	3. 1.66

Oberregierungsrätinnen/Oberregierungsräte

Klinger-Mertens, Ulrike	13.11.87	14.12.48
Huttner-Thompson, Renate	19.12.89	19. 7.48
Thur, Marion, beurl., LSt	19.12.89	9. 5.54
Strub-Brüne, Gisela	19.12.89	19. 9.55
Meixner, Bernhard	6. 3.90	3. 5.51
Persch, Wilfried	8. 8.94	21. 3.42

Zinke, Irina	29. 3.95	19. 3.53
Waclawczyk, Margarete, BiblOR	1. 4.97	6. 8.55
Hülsmann, Michael, abg.	26. 2.98	31. 3.49
Ziener, Karin	26. 2.98	6. 5.50
Leier, Barbara, beurl., LSt	9. 3.98	15.10.66
Dr. Henrichs, Christoph	8. 6.98	24. 9.66
Dr. Herrnfeld, Hans-Holger	11. 7.98	11. 7.96
Dr. Lang, Franziska, abg.	2.10.98	22. 9.66
Dr. Brahms, Katrin	13.10.98	9. 4.67
Weinbörner, Udo	25. 2.99	9. 2.59
Dr. Kreß, Claus	1. 4.99	16. 3.66
Ullrich, Corinna	17. 2.00	7. 4.70

Regierungsrätinnen/Regierungsräte z. A.

Ladenburger, Clemens, beurl.	1. 4.98	27. 1.67
Dürbaum, Ute	4.11.98	23. 6.43
Bachler, Frauke	1. 4.99	16. 4.66
Dr. Knöfel, Susanne	16. 6.99	28. 6.70
Ritter, Almut	24. 8.99	12.11.67
Günther, Andreas, abg.	5. 1.00	5. 5.66

3 MinDgt, 2 MinR und 7 RD haben erklärt, daß sie nicht aufgeführt werden möchten.

Gerichte des Bundes

Bundesgerichtshof

Herrenstr. 45a, 76133 Karlsruhe
76125 Karlsruhe
T (07 21) 1 59-0, Telefax (07 21) 15 98 30

1 Strafsenat in Leipzig
Karl-Heine-Str. 12, 04229 Leipzig
T (03 41) 48 73 70, Telefax (03 41) 4 87 37 98

1 Pr, 1 VPr, 16 VR, 106 R

Präsident

Dr. Hirsch, Günther[1]	1. 7. 00	30. 1. 43

Vizepräsident

Dr. Jähnke, Burkhard	1. 3. 99	14. 5. 37

Vorsitzende Richterin/Vorsitzende Richter

Dr. Blumenröhr, Friedrich	1. 9. 92	24. 10. 36
Rogge, Rüdiger	1. 4. 93	31. 10. 36
Dr. Rinne, Eberhard	1. 2. 94	10. 11. 38
Prof. Dr. Meyer-Goßner, Lutz	1. 12. 94	10. 7. 36
Dr. Schmitz, Karl Bernhard	21. 2. 95	10. 3. 36
Groß, Werner	7. 7. 95	10. 10. 35
Kutzer, Klaus	7. 7. 95	30. 6. 36
Dr. h. c. Röhricht, Volker	2. 5. 96	11. 5. 40
Dr. Deppert, Katharina	2. 5. 96	20. 6. 41
Prof. Dr. Erdmann, Willi	1. 7. 96	31. 7. 37
Dr. Schäfer, Gerhard	20. 8. 96	18. 10. 37
Prof. Dr. Ullmann, Eike	27. 8. 98	17. 10. 41
Dr. Wenzel, Joachim	23. 2. 99	23. 6. 40
Harms, Monika*	19. 5. 99	29. 9. 46
Nobbe, Gerd	12. 7. 99	23. 1. 44

Richterinnen/Richter

Dr. Vogt, Max	7. 10. 77	24. 9. 35
Dr. Maul, Heinrich	13. 8. 79	13. 9. 35
Niemöller, Martin	12. 6. 80	11. 8. 35
Dr. Krohn, Christine	12. 6. 80	17. 6. 36
Dr. Lambert-Lang, Heidi	12. 6. 81	11. 2. 37
Dr. Lepa, Manfred	1. 2. 82	5. 3. 36
Dr. Granderath, Reinhard	1. 4. 82	12. 8. 35
Detter, Klaus	2. 5. 85	5. 4. 40
Dipl. Ing. Freiherr von Maltzahn, Falk	4. 9. 85	10. 6. 38
Dr. Hesselberger, Dieter	2. 12. 85	12. 7. 39
Dr. Jestaedt, Bernhard	28. 2. 86	30. 10. 39
Dr. von Gerlach, Jürgen	26. 11. 86	19. 9. 36
Prof. Dr. Henze, Hartwig	28. 11. 86	19. 1. 38
Dr. Baron Ungern-Sternberg von Pürkel, Joachim	1. 9. 87	27. 10. 42
Dr. Kreft, Gerhart	26. 1. 88	31. 8. 39
Prof. Dr. Thode, Reinhold	26. 1. 88	24. 2. 40
Stodolkowitz, Heinz Dieter	3. 5. 88	20. 10. 37
Dr. Siol, Joachim	4. 7. 88	22. 11. 37
Dr. Bungeroth, Erhard	4. 7. 88	20. 8. 39
Dr. Haß, Gerhard	3. 10. 88	19. 7. 42
Dr. Wurm, Michael	1. 12. 88	5. 10. 45
Dr. Rissing-van Saan, Ruth	1. 3. 89	25. 1. 46
Dr. Hübsch, Gerbert	4. 4. 89	13. 3. 39
Tropf, Karl-Friedrich	1. 9. 89	17. 11. 39
Häger, Joachim*	4. 9. 89	11. 6. 44

---

* Dem 5. Strafsenat in Leipzig zugeteilt.
[1] Am 12. 4. 00 zum Präsidenten des BGH gewählt. Die Ernennung war bis Redaktionsschluß noch nicht erfolgt.

---

* Dem 5. Strafsenat in Leipzig zugeteilt.

Kirchhof, Hans-Peter	3. 10. 89	28. 8. 38
Hausmann, Jürgen	3. 10. 89	9. 4. 42
Römer, Wolfgang	2. 1. 90	11. 6. 36
Dr. Wiebel, Markus	15. 1. 90	26. 6. 42
Dr. van Gelder, Alfons	1. 2. 90	8. 10. 36
Maatz, Kurt Rüdiger	2. 4. 90	17. 3. 45
Dr. Miebach, Klaus	2. 5. 90	19. 4. 44
Dr. Fischer, Gero	27. 7. 90	11. 3. 43
Dr. Beyer, Dietrich	1. 8. 90	30. 5. 41
Prof. Dr. Goette, Wulf	23. 8. 90	16. 5. 46
Dr. Melullis, Klaus-Jürgen	2. 11. 90	15. 3. 44
Basdorf, Clemens*	2. 11. 90	11. 7. 49
Starck, Joachim	3. 12. 90	6. 11. 38
Dr. Zugehör, Horst Josef	16. 7. 91	11. 8. 36
Winkler, Walter	16. 7. 91	19. 8. 42
Dr. Müller, Gerda	16. 7. 91	26. 6. 44
Dr. Schlichting, Gerhard	16. 7. 91	28. 12. 44
Dr. Ganter, Hans Gerhard	16. 7. 91	18. 10. 45
Nack, Armin	16. 7. 91	3. 2. 48
Ball, Wolfgang	16. 7. 91	12. 11. 48
Dr. Wahl, Bernhard	16. 7. 91	1. 5. 49
Terno, Wilfried	26. 7. 91	31. 1. 46
Dr. Bode, Bernd-Dieter	21. 1. 92	12. 3. 43
Dr. Dressler, Wolf-Dieter	21. 1. 92	13. 10. 43
Dr. Hahne, Meo-Micaela	21. 1. 92	18. 3. 47
Prof. Dr. Tolksdorf, Klaus	21. 1. 92	14. 11. 48
Dr. Tepperwien, Ingeborg*	17. 2. 92	7. 4. 45
Gerber, Wolfgang	3. 3. 92	3. 11. 38
Dr. Leimert, Dirck	27. 4. 92	12. 7. 41
Schneider, Ernst	6. 5. 92	10. 7. 41
Wiechers, Ulrich	1. 7. 92	11. 7. 49
Streck, Edgar	1. 4. 93	26. 4. 42
Dr. Greiner, Hans-Peter	1. 4. 93	25. 12. 43
Dr. Kuckein, Jürgen-Detlef	4. 3. 94	27. 2. 44
Athing, Gerhard	4. 3. 94	28. 5. 45
Sprick, Claus	4. 3. 94	3. 6. 46
Dr. Kuffer, Johann	4. 3. 94	26. 5. 47
Schlick, Wolfgang	4. 3. 94	29. 3. 50
Prof. Dr. Krüger, Wolfgang	1. 8. 94	4. 7. 47
Dr. Otten, Giseltraud	17. 5. 95	6. 2. 43
Dr. Boetticher, Axel	17. 5. 95	2. 7. 43
Seiffert, Karl-Heinz	17. 5. 95	17. 3. 45
Schluckebier, Wilhelm	26. 5. 95	3. 11. 49
Dr. Wolst, Dieter	2. 6. 95	20. 3. 44
Solin-Stojanović, Daniela	2. 6. 95	1. 5. 46
Weber-Monecke, Beatrix	2. 6. 95	14. 12. 50
Pfister, Wolfgang	1. 8. 95	5. 8. 50
Dr. Klein, Michael	1. 9. 95	28. 11. 45
Dr. Bornkamm, Joachim	28. 3. 96	27. 12. 48
Dr. Kapsa, Bernhard	28. 3. 96	11. 8. 43
Scharen, Uwe	28. 3. 96	9. 8. 45
Keukenschrijver, Alfred	1. 4. 96	9. 11. 47
Dr. Kurzwelly, Jens-Peter	1. 4. 96	11. 6. 44
Dr. Gerhardt, Ursula*	12. 4. 96	25. 4. 43
Rothfuß, Holger	2. 5. 96	12. 5. 50
Dörr, Claus	2. 8. 96	22. 3. 47
Pokrant, Günther	8. 8. 96	14. 7. 50
Dr. Ernemann, Andreas	2. 10. 96	14. 5. 47
Ambrosius, Barbara	4. 11. 96	25. 11. 44
Landau, Herbert, beurl.	5. 12. 96	26. 4. 48
Kraemer, Hans-Jörg	4. 2. 97	21. 9. 44
Dr. Müller, Gerhard	3. 3. 97	10. 8. 46
Dr. Kniffka, Rolf	2. 6. 98	13. 7. 49
Prof. Dr. Wagenitz, Thomas	19. 8. 99	24. 12. 45
Mühlens, Elisabeth	19. 8. 99	14. 6. 49
Dr. Lemke, Reiner	19. 8. 99	25. 7. 49
Dr. Büscher, Wolfgang	19. 8. 99	21. 6. 52
Galke, Gregor	19. 8. 99	19. 1. 53
Dr. Joeres, Hans-Ulrich	19. 8. 99	12. 4. 55
Münke, Maren	1. 9. 99	17. 3. 43
von Lienen, Gerhard	1. 9. 99	21. 4. 47
Dr. Raum, Rolf*	1. 9. 99	8. 8. 56
Wendt, Roland	1. 10. 99	18. 9. 49
Raebel, Bernd	1. 12. 99	28. 7. 48
Wellner, Wolfgang	1. 12. 99	25. 8. 53

---

* Dem 5. Strafsenat in Leipzig zugeteilt.   * Dem 5. Strafsenat in Leipzig zugeteilt.

Der Generalbundesanwalt beim Bundesgerichtshof

Brauerstr. 30, 76137 Karlsruhe (Dienstgebäude)
T (07 21) 81 91-0, Telefax (07 21) 81 91-5 90
Postfach 27 20, 76014 Karlsruhe (Postanschrift)
Dienststelle Bundeszentralregister
Heinemannstr. 6, 53175 Bonn
Telefax (Inland): (0 18 88) 5 83 48 10
Telefax (Ausland): (02 28) 58 48 10
T (Inland): (0 18 88) 5 83-0
T (Ausland): (02 28) 58-0
Dienststelle Leipzig
Karl-Heine-Str. 12, 04229 Leipzig
Postfach 10 10 65, 04010 Leipzig
T (03 41) 4 87 37-0, Telefax (03 41) 4 87 37-97
1 GBA, 3 BA (AL), 22 BA, 29 OStA, 3 RD, 1 ORR

Generalbundesanwalt

Nehm, Kay	7. 2. 94	4. 5. 41

Bundesanwälte als Abteilungsleiter

Schulte, Rainer, stVGBA	1. 7. 87	27. 12. 35
Wache, Volkhard	1. 6. 94	23. 4. 39
Dr. Kurth, Hans-Joachim	1. 2. 97	18. 11. 39

Bundesanwälte

Zeis, Peter	24. 8. 78	8. 7. 35
Wienroeder, Karl	1. 7. 85	2. 10. 35
Hecking, Friedrich	1. 9. 85	11. 10. 36
Dr. Bell, Hanspeter	1. 1. 87	7. 3. 37
Dr. Morré, Peter	20. 7. 87	10. 8. 37
Schulz, Uwe	23. 3. 90	6. 5. 38
Lampe, Joachim	5. 4. 91	13. 6. 41
Beese, Dieter	31. 10. 91	29. 9. 36
Dr. Schnarr, Karl-Heinz	15. 4. 92	21. 3. 44
Schulz, Ekkehard	5. 10. 94	23. 12. 38
Piesker, Hans	26. 5. 95	22. 6. 41
Senge, Lothar	1. 6. 95	24. 4. 42
Müllenbach, Siegfried	1. 9. 95	3. 11. 38
Dr. Pöpperl, Peter	2. 11. 95	15. 2. 39
Heiduschka, Winfried[1]	11. 4. 96	25. 1. 42
Fernholz, Dirk	15. 10. 96	20. 4. 41
Kohlhaas, Ekkehard	15. 10. 96	30. 3. 44
Griesbaum, Rainer	17. 4. 97	14. 3. 48
Jaekel, Reinhard	1. 1. 98	11. 12. 38
von Langsdorff, Hermann	1. 10. 98	12. 12. 44
Hannich, Rolf, abg.	26 11. 99	7. 7. 49

Oberstaatsanwältinnen/Oberstaatsanwälte

Dr. Berard, Peter	29. 6. 89	21. 4. 49
Altvater, Gerhard	1. 6. 91	16. 11. 52
Anders, Dieter	28. 11. 91	12. 1. 44
Duensing, Hartwig	3. 4. 92	16. 12. 51
Jost, Bruno	14. 5. 92	26. 4. 49
Homann, Volker	19. 6. 92	25. 11. 48
Dr. Schmidt, Wilhelm[1]	2. 11. 92	7. 4. 51
Kalf, Wolfgang	13. 4. 93	11. 7. 49
Müssig, Peter	30. 4. 93	23. 8. 49
Dietrich, Wolf-Dieter	1. 6. 93	—
Steudl, Bernd	1. 6. 93	10. 3. 54
Hofmann, Manfred	14. 6. 93	23. 12. 54
Hemberger, Walter	16. 6. 93	8. 8. 53
Brinkmann, Volker	22. 6. 93	5. 3. 51
Siegmund, Wolfgang	28. 6. 93	27. 11. 53
Elf, Renate	19. 8. 93	8. 5. 47
Dr. Diemer, Herbert	16. 11. 93	24. 10. 53
Beck, Thomas	16. 11. 93	20. 3. 56
Bruns, Michael	27. 6. 94	1. 1. 51
Dr. Graf, Jürgen-Peter	6. 12. 94	22. 12. 52
Georg, Ronald	5. 2. 96	17. 5. 57
Schübel, Eva	1. 9. 96	2. 11. 56
Salzmann, Horst-Rüdiger	30. 12. 96	22. 11. 56
Schnigula, Jürgen, abg.	1. 1. 97	29. 9. 47
Scheuten, Frauke-Katrin	1. 1. 98	2. 6. 59
Dr. Franke, Ulrich[1]	1. 3. 98	11. 9. 57
Ernst, Peter Klemens	15. 4. 98	9. 1. 52
Veith, Johann Michael[2]	1. 7. 98	1. 2. 47
Dr. Krehl, Christoph, abg.	16. 1. 99	21. 2. 58

---

[1] Dienststelle Leipzig.

[2] Dienststelle Bundeszentralregister.

Regierungsdirektorin/Regierungsdirektoren

Stahnke, Dietrich Adolf[1]	16. 12. 77	3. 1. 36
Hopf, Heinrich	1. 9. 93	29. 7. 41
Scharlack, Andrea[1],		
½, beurl.	26. 5. 97	19. 5. 62

Oberregierungsrat

Gregorius, Peter	21. 4. 95	24. 5. 43

Bundesarbeitsgericht

Hugo-Preuß-Platz 1, 99084 Erfurt (Hausanschrift)
99113 Erfurt (Postanschrift)
T (03 61) 26 36–0, Telefax (03 61) 26 36–20 00
1 Pr, 1 VPr, 8 VR, 24 R

Präsident

Dr. Wißmann, Hellmut	5. 7. 99	15. 2. 40

Vizepräsident

Dr. Peifer, Karl Heinz	1. 10. 93	30. 8. 37

Vorsitzende Richter

Prof. Dr. Leinemann,		
Wolfgang	15. 5. 91	16. 8. 36
Prof. Dr. Ascheid, Reiner	15. 12. 93	9. 9. 35
Dr. Etzel, Gerhard	9. 9. 94	3. 6. 36
Griebeling, Gert	9. 9. 94	11. 8. 36
Dörner, Hans-Jürgen	22. 7. 96	9. 9. 44
Dr. Freitag, Peter	1. 1. 98	6. 10. 45
Schliemann, Harald	1. 2. 98	21. 5. 44
Dr. Reinecke, Gerhardt	21. 5. 99	24. 5. 45

Richterinnen/Richter

Prof. Dr. Jobs, Friedhelm	4. 7. 75	29. 10. 37
Prof. Dr. Steckhan,		
Hans-Werner	1. 11. 80	17. 7. 37

Dr. Wittek, Rupert	5. 4. 88	1. 7. 42
Kremhelmer, Johann	1. 5. 90	13. 2. 46
Dr. Rost, Friedhelm	10. 7. 91	9. 4. 44
Dr. Armbrüster, Klaus	10. 7. 91	25. 3. 45
Dr. Müller-Glöge, Rudi	10. 7. 91	27. 8. 51
Hauck, Friedrich	28. 7. 92	4. 4. 50
Bröhl, Knut-Dietrich	19. 5. 93	1. 6. 43
Düwell, Franz Josef	19. 5. 93	28. 10. 46
Bepler, Klaus	19. 5. 93	15. 4. 47
Dr. Mikosch, Ernst	19. 5. 93	24. 1. 49
Böck, Peter	19. 5. 93	9. 9. 50
Dr. Friedrich, Hans-		
Wolf	21. 4. 94	13. 1. 42
Bott, Günter	21. 4. 94	20. 1. 44
Dr. Fischermeier, Ernst	1. 6. 94	3. 11. 52
Schmidt, Ingrid	1. 8. 94	25. 12. 55
Reinecke, Birgit	1. 1. 97	8. 4. 44
Kreft, Burghard	1. 2. 98	13. 9. 50
Gräfl, Edith	1. 2. 98	7. 11. 55
Dr. Wolter, Jürgen	1. 9. 99	7. 7. 43
Marquardt, Annelie	1. 9. 99	19. 8. 47
Linsenmaier, Wolfgang	1. 9. 99	15. 6. 49

Bundesfinanzhof

Ismaninger Str. 109, 81675 München (Dienstgebäude)
Postfach 86 02 40, 81629 München (Postanschrift)
T (0 89) 92 31–0, Telefax (0 89) 9 23 12 01
1 Pr, 1 VPr, 9 VR, 50 R

Präsidentin

Dr. Ebling, Iris	5. 11. 99	9. 5. 40

Vizepräsident

Spindler, Wolfgang	28. 1. 00	30. 3. 46

Vorsitzende Richter

Dr. Sunder-Plassmann,		
Reinhard	1. 3. 94	25. 10. 36
Dr. Herrmann, Hans		
Joachim	1. 10. 94	3. 5. 36
Dr. Grube, Georg	1. 11. 95	23. 12. 35
Dr. Mößlang, Gerhard	13. 2. 97	7. 1. 38

---

[1] Dienstelle Bundeszentralanzeiger

Dr. Hein, Werner	1. 2.98	11.12.40		Dr. Hohrmann, Friedrich	16. 7.91	25. 9.38
Dr. Drenseck, Walter	1. 2.98	30. 9.41		Kaufmann, Adelheid	16. 7.91	19.11.39
Prof. Dr. Wassermeyer,				Dr. Gschwendtner,		
Franz	2. 4.98	12. 2.40		Hubertus	16. 7.91	19.11.40
Dr. Wagner, Wilfried	22.12.99	29.12.42		Prof. Dr. Dötsch, Franz	16. 7.91	7.12.48
				Dr. Martin, Suse	16. 7.91	9. 5.49
Richterinnen/Richter				Dr. Gosch, Dietmar	—	—
Herden, Christian	29. 3.85	29. 6.43		Dr. Müller-Eiselt, Klaus	26. 7.91	27. 4.46
Dr. Birkenfeld, Wolfram	28. 2.86	6.11.39		Viskorf, Hermann-Ulrich	26. 7.91	8. 3.50
von Groll, Rüdiger	30. 6.86	27. 2.37		Dr. Pezzer, Heinz-Jürgen	26. 7.91	4. 7.50
Ruban, Reinhild	1.10.86	10. 5.44		Steinhauff, Dieter	4.11.91	11.10.43
Dr. Freiherr von Schönberg,				Dr. Ahmann, Karin Renate	4.11.91	11.11.43
Rüdiger	1.12.86	17.11.40		Dr. Christiansen, Alfred	6. 5.92	5. 7.42
Brockmeyer, Hans Bernhard	20. 1.87	10.11.35		Thürmer, Bernd	1. 6.92	7.10.43
Dr. Gorski, Hans-Günther	20. 1.87	24. 3.37		Dr. Dürr, Ulrich	1. 3.93	27. 1.44
Thomas, Michael-Ingo	20. 1.87	20. 2.43		Hutter, Ulrich	17. 5.95	27.12.42
Dr. Wolff-Diepenbrock,				Rüsken, Reinhart	2. 6.95	1.12.48
Johannes	11. 2.87	31.12.37		Dr. Alber, Christel	28. 3.96	1. 7.39
Dr. Fischer, Peter	11. 2.87	25. 5.42		Fischer, Lothar	28. 3.96	27. 6.48
Dr. Schwakenberg,				Wendt, Michael	28. 3.96	9.11.55
Friedrich-Karl	1. 9.87	15. 4.44		Kilches, Karl Rainer	5.12.96	29. 3.45
Boeker, Heide	21. 6.88	6.10.45		Mellinghoff, Rudolf	2. 1.97	25.11.54
Prof. Dr. Kanzler,				Dr. Lange, Hans-		
Hans-Joachim	1. 3.89	15.11.46		Friedrich	1. 9.97	26. 4.52
Dr. Sack, Hans-Joachim	2. 5.89	13. 2.40		Dr. Wacker, Roland	8. 1.98	31. 3.55
Dr. Kempermann, Michael	8. 6.89	6. 2.44		Dr. Buciek, Klaus	2. 4.98	6. 5.52
Hofmeister, Ferdinand	1. 8.89	26. 9.40		von Eichborn, Wolfgang	4. 5.98	24. 9.48
Dr. Weber-Grellet, Heinrich	2. 5.90	31. 5.48		Ehehalt, Richard	7. 7.98	15. 6.44
Dr. Klenk, Friedrich	1. 6.90	17. 1.41		Greite, Walter	3. 8.98	18.11.46
Völlmeke, Monika	1.10.90	4. 8.46		Brandt, Jürgen	13. 1.00	26. 9.53
Dr. Lang, Walter	2.11.90	29. 3.43		Pust, Hartmut	13. 1.00	20. 7.56

Bundessozialgericht

Graf-Bernadotte-Platz 5, 34119 Kassel (Hausanschrift)
34114 Kassel (Postanschrift)
T (05 61) 31 07–1, Telefax (05 61) 3 10 74 75
1 Pr, 1 VPr, 10 VR, 34 R, 1 LSt (R)

Präsident				Dr. Ladage, Klaus		
von Wulffen, Matthias	1. 9.95	19.12.42		Friedrich	1. 1.97	18. 5.42
				Dr. Engelmann, Klaus	26. 6.97	26. 3.43
Vizepräsidentin				Dr. Burchardt, Klaus	2. 1.98	17. 9.38
Dr. Wolff, Ingeborg	1. 1.98	15. 7.38		Dr. Henke, Norbert	1. 3.98	10.10.39
				Dr. Wetzel-Steinwedel,		
Vorsitzende Richterin/Vorsitzender Richter				Ruth	1. 9.98	16. 6.48
Sattler, Ulrich	22.12.92	17. 2.37				
Dr. Peters, Karl	4. 5.93	31.10.39		*Richterinnen/Richter*		
Wiester, Wolfgang	1. 8.95	2. 2.36		Dr. Kocher, Eberhard Eike	7. 3.89	14.10.37
Dr. Meyer, Wolfgang	1. 5.96	31.12.47		Thiele, Hans Otto	7. 3.89	22. 1.38
Dr. Kummer, Peter	6. 9.96	18. 5.37		Balzer, Hartwig	2. 2.90	25. 6.45

Lüdtke, Peter-Bernd	11.11.91	9. 1.39	
Dr. Loytved, Helge	11.11.91	2. 9.48	
Dr. Steinwedel, Ulrich	11.11.91	24. 6.49	
Steege, Reinhard	14. 1.92	18. 7.43	
Dr. Udsching, Peter	14. 1.92	26. 3.48	
Prof. Dr. Bürck, Harald	28. 7.92	23. 3.38	
Tüttenberg, Kristin	28. 7.92	7. 4.41	
Schenk, Lothar	28. 7.92	24. 3.42	
Dau, Dirk Hermann	28. 7.92	2. 8.43	
Dr. Dreher, Wolfgang	28. 7.92	8. 8.45	
Eicher, Wolfgang	28. 7.92	12. 9.52	
Klüglein, Erwin	19. 5.93	29. 5.36	
Baumann, Detlef	19. 5.93	5. 7.36	
Husmann, Manfred	19. 5.93	9. 3.43	
Mütze, Wolfgang	19. 5.93	18. 7.43	
Dr. Hambüchen, Heinz- Ulrich, beurl. (LSt)	19. 5.93	2. 1.49	

Harbeck, Gisela	28. 7.95	1. 2.38	
Dr. Naujoks, Rolf	28. 7.95	20. 9.43	
Dr. Fichte, Wolfgang	28. 7.95	24. 1.51	
Schriever, Andreas	28. 7.95	15. 9.51	
Dr. Berchtold, Josef	28. 7.95	25. 2.53	
Dr. Wenner, Ulrich	28. 7.95	27. 5.56	
Dr. Terdenge, Franz	2. 5.96	6. 8.48	
Masuch, Peter	2. 5.96	10. 4.51	
Voelzke, Thomas	1. 1.97	24. 1.56	
Dr. Schlegel, Rainer	1. 1.97	4. 2.58	
Kruschinsky, Michael	2. 1.97	10. 1.51	
Streffer, Christel	1. 7.97	15. 1.41	
Dr. Clemens, Thomas	24. 7.97	2. 7.48	
Dr. Neuhaus, Rupert	1. 2.98	10. 8.44	
Dr. Spellbrink, Wolfgang	1. 3.98	28. 4.56	
Dr. Leitherer, Stephan	1. 9.99	13. 5.49	
Dr. Kretschmer, Hans-Jürgen	1. 9.99	10. 1.55	

Bundesverwaltungsgericht

Hardenbergstr. 31, 10623 Berlin (Dienstgebäude)
Postfach 12 60 60, 10593 Berlin (Postanschrift)
T (0 30) 31 97–1, Telefax (0 30) 3 12 30 21
2 Wehrdienstsenate in München
T (0 89) 30 79 35–0, Telefax (0 89) 30 79 35 15
1 Pr, 1 VPr, 11 VR, 57 R

Präsident

Dr. Franßen, Everhardt	1. 7.91	1.10.37

Vizepräsidentin

N. N.	—	—

Vorsitzende Richter

Meyer, Werner	1. 6.89	9. 9.35
Dr. Niehues, Norbert	1. 2.91	15. 8.35
Dr. Gaentzsch, Günter	20.10.93	26. 7.36
Dr. Säcker, Horst	19. 1.96	6.11.41
Prof. Dr. Driehaus, Hans-Joachim	13. 2.97	28. 9.40
Dr. Maiwald, Joachim[1]	10. 7.97	29. 6.37
Dr. Vogelgesang, Nikolaus[1]	21.10.97	4. 4.37
Dr. Müller, Oswin	8. 1.98	26. 1.39
Hien, Eckart	23. 2.99	13. 5.42
Dr. Paetow, Stefan	24. 1.00	9. 9.43

Richterinnen/Richter

Gielen, Peter	2.12.80	13. 9.37
Dr. Silberkuhl, Peter	23. 9.81	2. 2.39
Dr. Bender, Ulrich	14.12.82	3. 2.36
Prof. Dr. Dr. Berkemann, Jörg	22.12.83	28.10.37
Dr. Schwandt, Eberhard Ulrich[1]	2. 5.85	29.10.37
Dr. Bardenhewer, Franz	4. 3.87	25. 4.45
Dawin, Michael	1. 4.87	20. 8.42
Dr. Lemmel, Hans-Peter	21.12.87	18. 3.39
Prof. Dr. Pietzner, Rainer	2. 2.88	13. 1.43
Albers, Hartmut	4. 4.89	29. 6.43
van Schewick, Hans- Jürgen	2. 5.89	16. 3.43
Dr. Pagenkopf, Martin	27. 6.89	28.12.44
Schmidt, Peter	1. 8.89	18. 2.43
Prof. Dr. Widmaier, Ulrich[1]	2. 4.90	8. 5.43

---

[1] Wehrdienstsenate

[1] Wehrdienstsenate

Dr. Borgs-Maciejewski, Hermann	2. 7. 90	27. 10. 38
Dr. Rothkegel, Ralf	3. 9. 90	20. 5. 41
Dr. Honnacker, Heinz[1]	16. 7. 91	4. 2. 36
Gödel, Christoph	16. 7. 91	21. 9. 45
Dr. Storost, Ulrich	16. 7. 91	7. 9. 46
Kley, Dieter	16. 7. 91	23. 6. 50
Dr. Mallmann, Otto	26. 7. 91	2. 9. 45
Heeren, Helga	1. 8. 91	4. 2. 47
Czapski, Peter	21. 1. 92	5. 5. 41
Halama, Günter	21. 1. 92	1. 7. 41
Prof. Dr. Rojahn, Ondolf	21. 1. 92	2. 2. 44
Dr. Hahn, Dittmar	3. 8. 92	30. 10. 43
Dr. Kugele, Dieter	3. 8. 92	16. 9. 44
Kipp, Jürgen	3. 8. 92	25. 12. 46
Sailer, Wolfgang	5. 1. 93	7. 3. 47
Kimmel, Peter	1. 4. 93	29. 3. 38
Mayer, Dietrich	1. 7. 93	23. 3. 40
Vallendar, Willi	29. 10. 93	30. 7. 43
Hund, Michael	29. 10. 93	7. 10. 46
Herbert, Georg	29. 10. 93	13. 2. 47
Eckertz-Höfer, Marion	29. 10. 93	23. 11. 48
Dr. Müller, Hellmuth	1. 2. 94	4. 7. 46
Groepper, Michael	25. 3. 94	27. 7. 45

[1] Wehrdienstsenate

Dr. Franke, Dietrich	17. 5. 95	9. 6. 43
Dr. Brunn, Bernd	17. 5. 95	14. 3. 49
Dr. Bayer, Detlef	17. 5. 95	26. 3. 51
Richter, Wolf-Wilhelm	28. 3. 96	13. 2. 47
Prof. Dr. Rubel, Rüdiger	28. 3. 96	3. 2. 54
Dr. Gerhardt, Michael	22. 7. 96	2. 4. 48
Krauß, Günter	5. 12. 96	27. 4. 51
Golze, Hartmut	2. 5. 97	23. 2. 47
Beck, Ilse-Sabine	21. 10. 97	21. 1. 49
Büge, Joachim	21. 10. 97	4. 8. 49
Dr. von Heimburg, Sibylle[1]	21. 10. 97	1. 12. 51
Postier, Rüdiger	8. 1. 98	11. 2. 44
Dr. Eichberger, Michael	7. 7. 98	23. 6. 53
Dr. Graulich, Kurt	17. 8. 99	7. 11. 49
Vormeier, Jürgen	2. 9. 99	26. 1. 54
Gatz, Stephan	22. 11. 99	11. 4. 55
Dr. Jannasch, Alexander	10. 12. 99	6. 9. 47
Prof. Dr. Dörig, Harald	10. 1. 00	8. 1. 53
Dr. Frentz, Eva-Christine[2]	—	29. 8. 55
Neumann, Werner[2]	—	11. 4. 53

[1] Wehrdienstsenate
[2] Am 12. 4. 00 zum Richter/in am BVerwG gewählt, Ernennung war bis Redaktionsschluß nicht erfolgt.

Oberbundesanwalt beim Bundesverwaltungsgericht

Bundesallee 216–218, 10719 Berlin
T (0 30) 22 41–60, Telefax (0 30) 22 41–63 52
1 OBA, 1 BA, 4 OStA, 1 RD, 1 ORR, 1 RR

Oberbundesanwalt beim BVerwG

Dr. Dellmann, Hansjörg	16. 4. 98	1. 8. 38

Bundesanwalt beim BVerwG

N. N.   —   —

Oberstaatsanwälte beim BVerwG

Prof. Dr. Weiß, Hans-Dietrich	25. 7. 88	30. 4. 42

Bohm, Joachim	17. 5. 90	24. 8. 50
Frick, Peter	14. 8. 91	29. 3. 47
Stamm, Ulrich	23. 4. 96	20. 3. 57

Oberregierungsrat/Oberregierungsrätin

Dr. Sendler, Bernhard	25. 7. 96	4. 12. 58
Hillmann, Astrid	4. 1. 99	13. 11. 58

Regierungsrat

N. N.   —   —

Bundeswehrdisziplinaranwalt beim Bundesverwaltungsgericht

Schwere-Reiter-Str. 37, 80797 München (Dienstgebäude)
Postfach 40 03 47, 80703 München (Postanschrift)
T (0 89) 30 69-27 50, Telefax (0 89) 30 69-27 66
1 BWDA, 3 LRD

Bundeswehrdisziplinaranwalt

Alff, Richard	1.	9. 99	23.	2. 43			

Sandbaumhüter, Franz-

Günter	1.	3. 97	26.	5. 54
Söllner, Hansjörg	20.	3. 97	3.	3. 44

Leitende Regierungsdirektoren

Mühlbächer, Karl-Heinz	3.	2. 97	7.	3. 42

Bundesdisziplinargericht

Gervinusstr. 5–7, 60322 Frankfurt am Main (Dienstgebäude)
Postfach 18 01 26, 60082 Frankfurt am Main (Postanschrift)
T (0 69) 15 30 00–01, Telefax (0 69) 15 30 00–99
1 Pr, 1 VPr, 8 VR, 3 R

Präsident

Dr. Schmachtenberg,				
Hans-Dieter	1. 12. 99	2.	5. 40

Vizepräsident

N. N. — —

Vorsitzende Richterinnen/Vorsitzende Richter

Dr. Roß, Günter	21.	9. 77	3.	2. 37
Klein, Horst	1.	8. 78	22.	4. 38
Holtz, Rainer	28.	10. 81	1.	2. 40

Levedag, Monika	18.	7. 85	25.	1. 44
von Schwichow, Lothar	30.	9. 85	26.	8. 47
Karst, Jürgen	18.	1. 91	29.	4. 50
Karcher, Carlo	1.	7. 93	17. 11. 51
Gronemann, Brigitte	1.	2. 97	22.	3. 57

Richterin/Richter

Kruppa, Ulrich	2.	2. 94	1.	3. 58
Köhler, Daniel	7.	6. 94	15.	10. 60
Dr. Müller-Eising,				
Claudia	19.	8. 97	26.	9. 63

Bundesdisziplinaranwalt

Gervinusstr. 5–7, 60322 Frankfurt am Main (Dienstgebäude)
Postfach 18 01 26, 60082 Frankfurt am Main (Postanschrift)
T (0 69) 15 30 00–02, Telefax (0 69) 15 30 00–82
(Außenstelle in Berlin)
1 BDiA, 3 LRD, 2 RD, 1 RR

Bundesdisziplinaranwalt

Zeisig, Wolfgang	4.	3. 99	8.	5. 37

Leitende Regierungsdirektoren

Schwandt, Ernst-				
Albrecht	26.	1. 84	23.	2. 45
Stark, Karl Adolf	4.	5. 92	22.	1. 43
Nies, Rüdiger	22.	4. 98	22.	2. 54

Regierungsdirektor

Grekel-Morell, Dieter	19.	5. 93	25.	8. 53

Oberregierungsrat

Fritz, Bernd	21.	7. 97	8.	8. 62

Regierungsrat

Sinke, Klaus	1.	7. 98	26.	7. 50

Bundespatentgericht

Cincinnatistr. 64, 81549 München (Dienstgebäude)
Postfach 90 02 53, 81502 München (Postanschrift)
T (0 89) 6 99 37–0, Telefax (0 89) 6 99 37–100
1 Pr, 1 VPr, 23VR, 100 + 6LSt (R)

Präsidentin

Sedemund-Treiber, Antje	1. 6. 92	18. 3. 36

Vizepräsident

Dipl.-Ing. Dr. Schnegg, Hansjörg	22. 12. 95	28. 1. 39

Vorsitzende Richter

Dipl.-Phys. Dr. Beyer, Hans	26. 1. 84	11. 3. 38
Dipl.-Chem. Dr. Moser, Erwin	—	—
Grüttemann, Bernhard	1. 1. 88	8. 12. 35
Dipl.-Ing. Niedlich, Wolfgang	1. 2. 90	14. 5. 36
Dr. Schwendy, Klaus	1. 6. 90	26. 2. 39
Kurbel, Paul	11. 12. 90	11. 3. 36
Bühring, Manfred	4. 9. 91	2. 7. 36
Dipl.-Chem. Dr. Kahr, Ernst	13. 5. 92	26. 9. 44
Dr. Ströbele, Paul	25. 5. 94	18. 1. 44
Goebel, Frank Peter	24. 8. 94	2. 11. 39
Kliems, Hubertus	20. 10. 94	5. 5. 44
Dipl.-Phys. Dr. Anders, Wilfried	6. 6. 95	8. 3. 40
Dipl.-Ing. Dr. Hecht-fischer, Siegfried	10. 11. 95	24. 1. 37
Dipl.-Ing. Rübel, Ekkehart	13. 3. 96	20. 1. 37
Dipl.-Ing. Kowalski, Günter	13. 3. 96	23. 6. 41
Winkler, Matthias	28. 8. 96	2. 7. 42
Dipl.-Phys. Grimm, Georg	2. 2. 98	22. 3. 39
Dipl.-Phys. Dr. Kellerer, Leonhard	1. 10. 98	5. 1. 42
Stoppel, Wolfgang	1. 10. 98	3. 8. 45
Dipl.-Ing. Ulrich, Christian	4. 8. 99	19. 8. 38
Dipl.-Ing. Petzold, Dieter	15. 9. 99	9. 1. 43

Richterinnen/Richter

Dr. Lewenton, Michael, beurl. (LSt)	28. 7. 77	11. 11. 35
Sommer, Joachim	3. 12. 79	6. 10. 37
Dipl.-Phys. Dr. Wizgall, Hermann	2. 1. 81	7. 7. 38

Dr. Schmitt, Klaus	13. 10. 81	13. 4. 40
Aúz Castro, Monika, beurl. (LSt)	9. 8. 82	27. 1. 40
Starein, Wolfgang, beurl. (LSt)	22. 9. 83	14. 12. 45
Albert, Wolfgang	28. 6. 84	28. 12. 40
Hövelmann, Peter	27. 12. 84	27. 9. 44
Meinhardt, Claus-Dieter	25. 3. 85	13. 3. 42
Dipl.-Ing. Dr. Vogel, Karl	22. 5. 85	24. 7. 37
Dipl.-Ing. Klosterhuber, Erwin	22. 5. 85	12. 1. 41
Dr. Schlemann, Jürgen	30. 9. 85	21. 5. 37
Dr. Buchetmann, Martin	27. 11. 85	29. 10. 41
Heyne, Dietrich	25. 2. 86	17. 10. 39
Eberhard, Werner	13. 5. 86	6. 8. 43
Schmöger, Josef Aloys	14. 8. 86	4. 4. 41
Kraft, Hans-Peter	14. 8. 86	13. 1. 43
Dr. Franz, Marie-Luise	19. 8. 86	2. 10. 39
Haußleiter, Heinrich	25. 8. 86	28. 3. 38
Dipl.-Ing. Winklharrer, Konrad	2. 12. 86	15. 6. 39
Dipl.-Ing. Haaß, Jürgen	26. 2. 87	8. 1. 38
Dr. Schermer, Eva Maria	24. 3. 87	10. 5. 46
Dipl.-Ing. Dr. Maier, Claus	24. 4. 87	19. 5. 39
Dipl.-Ing. Obermayer, Johann	24. 4. 87	25. 2. 40
Dipl.-Chem. Dr. Deiß, Hans	—	—
Dr. Schade, Jürgen	7. 8. 87	3. 12. 42
Dipl.-Ing. Riegler, Erich	25. 9. 87	22. 9. 40
Dipl.-Ing. Trüstedt, Wilfried	1. 10. 87	2. 7. 37
Dipl.-Chem. Dr. Wagner, Gerhard	21. 3. 88	22. 9. 42
Dipl.-Phys. Kalkoff, Wilfried	6. 6. 88	30. 3. 39
Dipl.-Ing. Dr. Meinel, Helmut	28. 10. 88	23. 6. 41
Schülke, Klaus	29. 3. 89	27. 12. 46
Dipl.-Chem. Dr. Niklas, Karl	29. 5. 89	14. 12. 45
Dipl.-Phys. Dr. Kraus, Jürgen	6. 6. 89	13. 7. 42
Dipl.-Phys. Dr. Gottschalk, Dietmar	6. 6. 89	26. 1. 43
Winkler, Gabriele	21. 7. 89	7. 10. 44

Dipl.-Chem. Dr. Jordan,		
Helmut	21. 8.89	9. 7.42
Dipl.-Ing. Dr. Barton,		
Heinfried	—	—
Winter, Gerlinde	1. 9.89	1. 1.50
Bartels, Busso, beurl.		
(LSt)	1. 1.90	20. 3.40
Dr. Fuchs-Wissemann,		
Georg	4. 4.90	20. 4.49
Dipl.-Ing. Köhn, Eckhard	8. 6.90	11. 9.41
Dipl.-Ing. Schmidt-Kolb,		
Jürgen	8. 6.90	23. 4.42
Dipl.-Ing. Dr. Henkel,		
Sigurd	8. 6.90	28. 2.44
Dr. Vogel von Falckenstein,		
Roland	—	—
Dipl.-Ing. Dr. Pösentrup,		
Heiner	—	—
Hotz, Hartmut	—	—
Schroeter, Gabriele	24.10.90	25.10.46
Dr. Vogel, Martin (LSt)	30.11.90	5. 6.47
Grabrucker, Marianne	21.12.90	18. 4.48
Viereck, Gerhard	29. 3.91	28. 7.46
Dr. Albrecht, Friedrich	22. 4.91	17. 1.50
Dipl.-Ing. Hochmuth,		
Heinrich	3. 9.91	16. 9.39
Dipl.-Ing. Sperling,		
Helmut	—	—
Baumgärtner, Thomas	30. 9.91	29.11.48
Harrer, Raimund	—	—
Tronser, Ursula	27. 5.92	3. 3.50
Dipl.-Phys. Dr. Frowein,		
Reinhard	—	—
Dipl.-Ing. Dipl.-Wirtsch.-		
Ing. Ihsen, Jörg	1. 7.92	2. 9.41
Müllner, Edwin	2. 7.92	25. 6.46
Bender, Achim,		
beurl. (LSt)	2. 7.92	10. 5.48
Dipl.-Ing. Schmidt, Günter	24. 8.92	20. 2.37
Sredl, Vivian	19.11.92	20. 8.51
Dipl.-Phys. Dr. Mayer,		
Norbert	1.12.94	29. 4.52
Dipl.-Ing. Küstner,		
Gerhard	12.12.94	6. 8.42
Dipl.-Ing. Bork, Hans-		
Werner	2. 1.95	21.12.51
Dr. Hacker, Franz, abg.	26. 7.95	19.11.60
Dipl.-Ing. Dehne,		
Franz-Jürgen	7. 9.95	5. 7.45
Gutermuth, Wolfgang	18.10.95	20. 2.49
Knoll, Helmut	18.10.95	6. 3.55
Dipl.-Phys. Dr. Greis,		
Ullrich	13.12.95	29. 3.38
Reker, Klaus Dieter	15.12.95	10. 7.53
Bertl, Werner	7. 6.96	22. 6.47
Dipl.-Ing. Prasch,		
Hermann	14. 4.97	26. 9.46
Dr.-agr. Huber, Sigmund	25. 4.97	16. 8.54
von Zglinitzki, Carl-Victor	3. 6.97	22. 1.53
Brandt, Claus-Peter	3. 6.97	19. 6.56
Püschel, Ilse	3. 6.97	5. 8.57
Eder, Karoline	3. 6.97	10. 8.58
Schuster, Gabriele	9. 6.97	1.11.56
Dipl.-Ing. Frühauf,		
Hans-Jürgen	26. 6.97	3. 3.45
Dipl.-Ing. Bülskämper,		
Alois	26. 6.97	10. 9.46
Dipl.-Phys. Dr. Fritsch,		
Hans Erhard	26. 6.97	22. 9.47
Dipl.-Ing. Kadner,		
Gerhard, beurl. (LSt)	—	—
Rauch, Joachim	1. 7.97	20.12.54
Ph.D./M.I.T. Cambridge		
Dipl.-Phys. Skribanowitz,		
Nikolaus	4. 8.97	18.12.41
Dipl.-Ing. Schuster,		
Günther	4. 8.97	4. 9.42
Dipl.-Phys. Dr.		
Maier, Winfried	4. 8.97	17. 9.46
Dr.-Ing. Kaminski, Jan	4. 8.97	19. 8.47
Dipl.-Phys. Lokys,		
Andreas	4. 8.97	12. 9.47
Dipl.-Phys. Dr. Hartung,		
Volker	2. 9.97	19. 2.50
Schwarz-Angele,		
Eva Maria	9. 9.97	31. 8.49
Werner, Susanne	29. 9.98	21. 1.53
Martens, Petra	29. 9.98	1. 4.56
Engels, Rainer	12. 2.99	22.11.54
Schramm, Walter	23. 4.99	25. 4.60
Pagenberg, Birgitt	1. 7.99	8. 3.45
Klante, Elisabeth	—	—
Friehe-Wich, Karin	15. 7.99	15.12.55
Sekretaruk, Wolfgang	16. 7.99	25. 4.58
Dr. van Raden, Lutz,		
RkrA	(23. 7.99)	12.10.49
Guth, Walter,		
RkrA	(1.10.99)	22.10.53

Truppendienstgerichte

Truppendienstgericht Nord
Hohenzollernring 40, 48145 Münster
T (02 51) 93 6, Telefax (02 51) 9 36–24 55

mit Kammern in: Münster, Hannover, Hamburg, Oldenbg. i. O. und Potsdam
1 Pr, 1 VPr, 7 VR + 3 LSt (VR)

Präsident			Kaske, Dieter	16. 6. 94	15. 7. 40
Dr. Lingens, Eric	1. 11. 99	11. 8. 39	Zenker, Christian	19. 9. 96	30. 1. 40
			Brandt, Siegfried	9. 6. 98	8. 7. 40
Vizepräsident			Dr. Neuroth, Peter	1. 11. 99	23. 11. 53
Asmussen, Rolf	1. 12. 92	12. 1. 39	Beushausen, Otto-Werner,		
			RkrA	(27. 4. 99)	20. 12. 44
Vorsitzende Richter					
Busch, Gotthard	1. 11. 87	26. 7. 35			

Truppendienstgericht Süd
Dachauer Str. 128, 80637 München
T (0 89) 12 49-1, Telefax (0 89) 15 98 03 31

mit Kammern in: Kassel, Koblenz, Regensburg, Karlsruhe u. München
1 Pr, 1 VPr, 6 VR + 2 LSt (VR)

Präsident			*Vorsitzende Richter*		
Dr. Bayer, Karl	12. 2. 97	10. 5. 36	Omonsky, Bernhard	11. 9. 87	1. 10. 36
			Aßmann, Rainer	25. 7. 90	3. 7. 35
Vizepräsident			Steuer, Harald	22. 5. 91	18. 10. 38
Ballhorn, Dietrich	18. 5. 95	26. 6. 36	Bornemann, Peter	17. 2. 93	24. 2. 39
			Franke, Harald	20. 10. 94	6. 12. 37
			Montfort, Ludwig	9. 6. 98	23. 3. 43

Justizministerien, ordentliche Gerichte und Staatsanwaltschaften der Länder

Baden-Württemberg

10 426 040 Einwohner*

Justizministerium Baden-Württemberg

Schillerplatz 4, 70173 Stuttgart
Postfach 10 34 61, 70029 Stuttgart
T (07 11) 27 90, Telefax (07 11) 2 79 22 64
1 Min, 1 MinD, 4 MinDgt, 1 PrLaJPrA, 4 LMinR, 9 MinR (B3), 11 MR (A16) – 1 kw, 18 RD (A15) –
1 kw –, 11 ORR (A14) – 1 kw –, 2 RR (A13) – 1 kw –

Minister		
Prof. Dr. Goll, Ulrich	12. 6. 96	2. 5. 50
Ministerialdirektor		
Steindorfner, Michael	1. 4. 99	13. 5. 49
Ministerialdirigenten		
Bölter, Herbert	27. 1. 87	4. 1. 41
Futter, Ulrich	1. 6. 94	1. 7. 49
Dr. Eckardt, Wolfgang-Dietrich	1. 9. 95	2. 12. 36
Ellenberger, Volker	1. 4. 99	20. 3. 55
Präsident des Landesjustizprüfungsamts		
Nicklas, Hans-Friedrich	1. 11. 99	1. 3. 39
Leitende Ministerialräte		
Dr. Nagel, Manfred	1. 12. 88	29. 11. 37
Dr. Trostel, Eugen	23. 12. 94	3. 3. 40
Ministerialräte		
Renner, Rolf	1. 12. 94	9. 12. 39
Müller, Wolfram	1. 4. 95	9. 8. 35
Gramlich, Bernhard	1. 8. 95	3. 11. 49
Brauneisen, Achim	1. 1. 00	31. 3. 58
Horz, Cornelia	8. 3. 00	11. 8. 57
Herzog, Dietrich	1. 9. 90	5. 4. 48

* Stand: 31. 12. 1998.

Rabel, Michael	20. 12. 91	3. 9. 48
Dr. Wulf, Rüdiger	20. 12. 91	21. 3. 51
Birkert, Eberhard	23. 12. 92	14. 9. 55
Beiermeister, Lothar	30. 6. 93	24. 6. 40
Dr. Kofler, Gero	27. 1. 95	8. 2. 42
Seeburger, Manfred, abg.	27. 1. 95	18. 10. 54
Bürk, Eberhard	13. 4. 95	2. 7. 43
Dr. Nothhelfer, Martin	19. 1. 98	28. 6. 57
Bachmann, Dietmar	26. 3. 99	21. 1. 62
Knapp, Andreas	15. 11. 99	14. 1. 60
von Au, Lutz-Rüdiger	29. 2. 00	17. 11. 56
Regierungsdirektorin/Regierungsdirektoren		
Götz, Willi	23. 12. 92	17. 9. 39
Klein, Fred	23. 12. 92	21. 3. 44
Ehrmann, Jürgen	31. 3. 95	10. 3. 54
Wurdak, Hans-Peter	13. 4. 95	1. 9. 57
Krockenberger, Erich	22. 9. 97	14. 4. 50
Breitenbach, Bernhard, abg.	5. 12. 97	4. 1. 55
Dr. Götz, Hansjörg	9. 4. 98	18. 2. 61
Striewisch, Armin	10. 11. 98	12. 5. 62
Hartwig, Birgit	13. 10. 99	19. 8. 60
Oberregierungsrätin		
Bäuerle, Gisela, ⅗	18. 12. 96	27. 4. 47
Regierungsräte		
Schmalzl, Johannes, abg.	24. 7. 98	13. 5. 65
Hartmann, Dietmar	22. 10. 98	29. 7. 60

Oberlandesgerichtsbezirk
Karlsruhe

5 Zivilsenate in Freiburg i. Br.

9 Landgerichte:

Baden-Baden, Freiburg, Heidelberg, Karlsruhe, Konstanz, Mannheim, Mosbach, Offenburg, Waldshut-Tiengen

Kammern für *Handelssachen*:

Baden-Baden, Freiburg, Heidelberg, Karlsruhe, Konstanz, Mannheim, Mosbach, Offenburg, Pforzheim, Villingen-Schwenningen, Waldshut-Tiengen

52 Amtsgerichte

Schöffengerichte:

bei allen Amtsgerichten außer den nachstehend aufgeführten
Gemeinsames Schöffengericht für die Amtsgerichte, bei denen ein Schöffengericht nicht gebildet wird, ist

für den AGBez.:	*das Schöffengericht:*
Achern und Bühl:	Baden-Baden
Gernsbach:	Rastatt
Ettenheim, Kenzingen und Waldkirch:	Emmendingen
Breisach a. Rhein, Müllheim, Staufen i. Br. und Titisee-Neustadt:	Freiburg i. Breisgau
Bretten und Philippsburg:	Bruchsal
Ettlingen und Karlsruhe-Durlach:	Karlsruhe
Radolfzell, Stockach und Überlingen:	Konstanz
Donaueschingen:	Villingen-Schwenningen
Adelsheim:	Buchen
Wertheim:	Tauberbischofsheim

Gengenbach, Kehl, Lahr, Oberkirch und Wolfach: Offenburg
Schönau und Schopfheim: Bad Säckingen
St. Blasien: Waldshut-Tiengen

Familiengerichte:

bei allen Amtsgerichten außer den nachstehend aufgeführten
Familiengericht für die Amtsgerichte, bei denen ein Familiengericht nicht gebildet wird, ist

für den AGBez.:	*das FamG:*
Achern u. Bühl:	Baden-Baden
Gernsbach:	Rastatt
Ettenheim, Kenzingen und Waldkirch:	Emmendingen
Breisach a. Rhein, Müllheim, Staufen i. Br., Titisee-Neustadt:	Freiburg i. Breisgau
Bretten und Philippsburg:	Bruchsal
Maulbronn:	Pforzheim
Radolfzell und Stockach:	Konstanz
Adelsheim und Buchen:	Mosbach
Wertheim:	Tauberbischofsheim
Gengenbach, Oberkirch und Wolfach:	Offenburg
Schönau und Schopfheim:	Bad Säckingen
St. Blasien:	Waldshut-Tiengen

Landwirtschaftsgerichte:

Gründsätzlich nur bei den Amtsgerichten am Sitz eines Landgerichts. Sonderregelung: Für den Landgerichtsbezirk Karlsruhe ist das Amtsgericht Karlsruhe zuständig; für den Landgerichtsbezirk Konstanz ist das Amtsgericht Singen (Hohentwiel) zuständig.

Oberlandesgericht Karlsruhe

E 4 403 526
Hoffstraße 10, 76133 Karlsruhe
T (07 21) 92 60, Telefax (07 21) 9 26 50 02
Ziv Sen. Freiburg i. Br.
Salzstraße 28, 79098 Freiburg i. Br.
79095 Freiburg
T (07 61) 20 50, Telefax (07 61) 2 05–30 28
1 Pr, 1 VPr, 22 VR, 59 R – 1 kw – (davon 9 UProf im 2. Hauptamt)

Präsident

Dr. Münchbach, Werner	27. 8. 98	27. 6. 44

Vizepräsident

Dr. Johansson, Gerold	22. 1. 92	20. 6. 38

Vorsitzende Richterinnen/Vorsitzende Richter

Hoefer-Kissling, Friederike	20. 10. 87	6. 9. 36
Mahlke, Norbert	22. 6. 92	26. 12. 35
Dr. Kallfaß, Wilfried	13. 6. 94	19. 8. 40
Dr. Nökel, Detlef	1. 7. 94	28. 9. 38
Dr. Hoppenz, Rainer	16. 10. 95	29. 2. 40
Bauer, Michael	5. 2. 96	9. 3. 46
Dr. Hundertmark, Dieter	28. 2. 96	16. 12. 36
Dr. Endemann, Jutta	8. 8. 96	8. 2. 36
Dr. Thalmann, Wolfgang	18. 3. 97	28. 11. 43
Dr. Eith, Wolfgang	17. 9. 97	—
Dr. Henninger, Jürgen	21. 1. 98	—
Dr. Lange, Edlef	21. 1. 98	25. 2. 39
Glanzmann, Peter	27. 11. 98	15. 10. 44
Riedel, Alexander	28. 1. 99	14. 2. 55
Schäfer, Joachim	20. 4. 99	29. 2. 44
Haberstroh, Dieter	27. 7. 99	19. 6. 42
Bauer, Peter	27. 7. 99	29. 9. 43
Dr. Jaeckle, Hans-Günther	29. 9. 99	26. 10. 39
Dr. Fischer-Antze, Jens-Michael	10. 2. 00	30. 10. 42

Richterinnen/Richter

Günther, Susanne	1. 10. 74	7. 10. 35
Fähnle, Wolfgang	5. 5. 77	30. 5. 39
May, Günther	5. 7. 79	15. 1. 39
Prof. Dr. Seidel, Hans-Jürgen	8. 8. 79	9. 9. 40
Hefermehl, Axel	4. 1. 80	21. 2. 41
Dr. Güde, Wilhelm	5. 2. 81	4. 6. 40
Hahn, Norbert	7. 2. 85	31. 1. 40

Müller-Bütow, Bernd	1. 11. 85	10. 2. 44
Lauven, Dieter	7. 7. 86	13. 12. 44
Schmidtborn, Ute	1. 1. 88	7. 4. 40
Bauer, Dieter	7. 7. 88	7. 1. 41
Dr. Kürschner, Wolfgang	7. 11. 88	26. 9. 47
Müller, Klaus	1. 12. 89	19. 11. 38
Dr. Bellon, Käthe, ½	5. 6. 90	4. 7. 47
Naegelsbach, Eberhard	11. 3. 91	13. 11. 43
Dr. Hülsmann, Bernhard	30. 8. 91	26. 2. 45
Dr. Brudermüller, Gerd	23. 6. 92	15. 1. 49
Kämmerling, Jochen	1. 8. 92	18. 5. 50
Hörster, Peter	1. 11. 92	30. 4. 49
Dr. Krauß, Ernst-Friedrich	2. 11. 92	10. 6. 43
Dr. Müller-Christmann, Bernd	26. 1. 93	6. 10. 50
Münkel, Hans-Georg	6. 9. 93	23. 3. 50
Hailbronner-Gabel, Evelyn, ½	10. 1. 94	21. 4. 47
Dr. Riehle, Gerhard	16. 6. 94	10. 8. 48
Gaiser-Nökel, Doris	2. 1. 95	1. 4. 51
Lotz, Michael	17. 3. 95	29. 9. 55
Neff, Andreas, abg.	20. 3. 95	1. 5. 57
Dr. Gehrig, Klaus	20. 3. 95	17. 6. 57
Dr. Schnauder, Franz	31. 5. 95	29. 11. 52
Baumann-Weber, Beate	7. 12. 95	5. 1. 47
Behschnitt, Dietrich	7. 12. 95	12. 8. 48
Schnepf, Thomas	29. 12. 95	20. 11. 49
Dr. Fischer, Detlev	29. 12. 95	22. 2. 50
Dr. Langrock, Eckhard	15. 5. 96	24. 9. 49
Schmukle, Detlef	13. 6. 96	24. 7. 52
Schwab, Matthias	5. 8. 96	26. 1. 57
Dr. Knaup, Peter	18. 3. 97	15. 12. 51
Dr. Schilling, Hansjürgen	12. 5. 97	29. 5. 56
Hermisson, Regina	29. 7. 97	17. 2. 44
Lampel-Meyer, Christiane	3. 11. 97	28. 7. 51
Dr. Kummle, Thomas	9. 1. 98	30. 10. 54
Schmidt-Weihrich, Wolfgang	29. 1. 98	14. 10. 55

Schneider-Mursa, Ulrich	2. 3. 98	21. 12. 53
Kratschmer, Andreas	17. 3. 98	17. 6. 55
Böhm, Klaus	17. 8. 98	16. 9. 55
Winkgens-Reinhardt, Uta, ½	15. 10. 98	10. 5. 51
Doderer, Hans-Joachim	30. 11. 98	8. 3. 55
Dr. Bergmann, Matthias	7. 12. 98	8. 12. 56
Weber, Albrecht	1. 7. 99	20. 5. 50
Perron, Helmut	1. 10. 99	7. 5. 59
Dr. Schwan, Brigitte	19. 10. 99	—
Dr. Hemmerich-Dornick, Hannelore	21. 10. 99	6. 3. 55
Großmann, Andrea	8. 11. 99	21. 9. 56

Prof. Dr. Stürner, Rolf	28. 8. 81	11. 4. 43
Prof. Dr. Taupitz, Jochen	5. 2. 96	12. 4. 53

Landgerichtsbezirk Baden-Baden

Landgericht Baden-Baden E 320 166
Gutenbergstr. 17, 76532 Baden-Baden
Postfach 21 40, 76491 Baden-Baden
T (0 72 21) 6 85-0
Telefax (0 72 21) 68 52 91

1 Pr, 1 VPr, 5 VR, 8 R (2 LSt)

Präsident
N. N. — —

Vizepräsident
Römhild, Hans-Georg 13. 9. 93 8. 11. 43

Vorsitzende Richter

Schutter, Hans-Dieter	10. 1. 86	29. 4. 44
Dr. Greiner, Reinhold	3. 8. 92	13. 3. 41
Neerforth, Hans-Richard	6. 9. 93	11. 5. 48
Heister, Heinz	4. 7. 96	21. 3. 50
Beier, Klaus	14. 9. 98	12. 12. 51

Richterinnen/Richter

Ruh, Peter	16. 9. 77	22. 8. 46
Maué, Bernhard	1. 10. 88	14. 4. 58
Fischer, Wolfgang	1. 9. 90	31. 5. 59
Hecking, Brigitte, abg.	24. 10. 94	9. 7. 64
Dr. Fetzer, Rhona, abg.	1. 10. 95	18. 9. 63
Dr. Grabsch, Winfried	1. 3. 96	27. 11. 60
Loebbe, Thomas	15. 3. 96	5. 3. 65
Dr. Brede, Frank Konrad	28. 5. 96	14. 12. 61

Amtsgerichte

Achern (Baden) E 45 436
Allerheiligenstr. 5, 77856 Achern
Postfach 11 27, 77842 Achern
T (0 78 41) 69 42 13
Telefax (0 78 41) 69 42 70

1 Dir, 1 R

von Wiarda, Jorrit, Dir	15. 5. 84	8. 5. 43
Tröndle, Michael	1. 2. 82	1. 6. 52

Baden-Baden E 52 546
Gutenbergstr. 17, 76532 Baden-Baden
Postfach 100 428, 76485 Baden-Baden
T (0 72 21) 6 85-0
Telefax (0 72 21) 68 52 92

1 Dir, 1 stVDir, 7 R

N. N., Dir	—	—
Brendle, Ulrich, stVDir,	23. 9. 99	23. 4. 50
Jung, Berthold	1. 9. 81	16. 2. 50
Kohler, Gerhard	1. 3. 82	18. 1. 48
Ritter, Detlev	1. 9. 83	17. 10. 53
Lauster, Peter	20. 9. 94	8. 2. 62
Jung, Klaus	1. 6. 95	9. 4. 62
Koch, Stephen	30. 7. 97	12. 9. 63

Bühl (Baden) E 69 068
Hauptstr. 94, 77815 Bühl
Postfach 11 55, 77801 Bühl
T (0 72 23) 28 05 10
Telefax (0 72 23) 28 05 34

1 Dir, 2 R

N. N., Dir	—	—
Maruschka, Ernst	15. 8. 77	6. 8. 45
Früh, Jürgen	1. 11. 85	29. 4. 53

Gernsbach E 25 604
Hauptstr. 44, 76593 Gernsbach
Postfach 14 65, 76587 Gernsbach
T (0 72 24) 9 95 70
Telefax (0 72 24) 99 57 10

1 Dir

Kieser, Kay-Steffen, Dir	13. 1. 99	3. 6. 59

Rastatt   E 127 512
Herrenstr. 18, 76437 Rastatt
Postfach 11 52, 76401 Rastatt
T (0 72 22) 9 78-0
Telefax (0 72 22) 97 84 23

1 Dir, 1 stVDir, 7 R

Maas, Klaus, Dir	2. 3. 98	26. 11. 40
Jäger, Wolfram, stVDir	1. 1. 94	21. 12. 49
Wendorff, Axel	20. 5. 85	10. 7. 51
Schulte-Kellinghaus, Thomas	1. 9. 86	25. 6. 54
Nickel, Rainer	1. 8. 88	13. 3. 55
Schabram, Johannes	7. 7. 89	30. 7. 57
Dr. Kremer, Peter	1. 9. 90	—
Schaust, Christoph	1. 12. 92	29. 8. 61
Binder, Angelika, ½	1. 2. 96	—
Ehrmann, Hans Ulrich	10. 5. 99	29. 9. 65

Landgerichtsbezirk Freiburg i. Breisgau

Landgericht Freiburg i. Breisgau   E 780 799

Salzstr. 17, 79098 Freiburg i. Breisgau
79095 Freiburg i. Breisgau
T (07 61) 2 05-0
Telefax (07 61) 2 05 20 30

1 Pr, 1 VPr, 18 VR, 24 R – 3 kw –

Präsident

Brugger, Sigrid	27. 9. 99	5. 10. 40

Vizepräsident

N. N.	—	—

Vorsitzende Richterinnen/Vorsitzende Richter

Dr. Maier, Willy	29. 11. 76	24. 6. 36
Dr. Dünkel, Hans-Peter	14. 1. 80	7. 6. 41
Pankow, Ulrich	30. 6. 80	7. 12. 43
Dr. Oßwald, Rolf	2. 6. 82	10. 8. 37
Dr. Wenger, Peter	21. 6. 82	8. 7. 40
Nökel, Heidrun	1. 8. 84	15. 3. 38
Dr. Fratzky, Dietrich	24. 1. 85	20. 2. 42
Becker, Hanspeter	1. 1. 86	23. 5. 44
Schmitz, Wolfgang	9. 6. 86	19. 10. 42
Glaeser, Bärbel	24. 9. 86	22. 5. 46
Duckwitz, Friedrich-Werner	26. 9. 86	5. 1. 45
Engel, Detlef	14. 12. 87	13. 5. 42
Royen, Georg	19. 2. 90	10. 6. 44

Peuster, Wolfgang	1. 7. 90	16. 9. 46
Schweizer, Bruno	10. 5. 91	11. 12. 49
Dr. Jagmann, Rainer	8. 4. 94	25. 8. 49

Richterinnen/Richter

Kruse, Hans	1. 3. 71	13. 12. 35
Frisch, Karin, ½	1. 8. 72	5. 11. 42
de Gregorio, Enrico	15. 2. 75	29. 11. 42
Blunck, Hans	3. 3. 75	23. 9. 43
Niederndorfer, Johannes	1. 9. 78	8. 7. 39
Wachter, Anton	1. 9. 81	26. 10. 51
Trumpfheller, Bernhard	1. 2. 82	11. 2. 51
Spiegelhalter, Thomas	29. 3. 82	19. 12. 51
Joos, Bernhard	3. 9. 82	8. 4. 50
Ellmann, Wilhelm	3. 9. 82	22. 5. 50
Büchler, Frieder	7. 2. 83	15. 6. 53
Dr. Kaiser, Erhard	1. 10. 87	21. 2. 54
Bismayer, Bernd	3. 3. 89	20. 6. 57
Metelmann, Fabienne	16. 2. 90	30. 4. 59
Kuhn, Hans-Peter	23. 7. 90	—
Dr. Spaniol, Margret	1. 9. 91	24. 6. 55
Schüle, Constanze, ½	1. 3. 93	21. 8. 62
Dr. Bauer, Karen	2. 8. 93	17. 11. 57
Dr. Kleine-Cosack, Eva	20. 4. 94	6. 4. 62
Dr. Walter, Wolfgang	8. 9. 94	6. 5. 58
Wahle, Dorothee, RkrA, ½	(1. 9. 99)	3. 8. 67

Amtsgerichte

Breisach am Rhein   E 26 425
Kapuzinergasse 2, 79206 Breisach
T (0 76 67) 9 30 90
Telefax (0 76 67) 93 09 44

1 Dir

Rutschmann, Knut, Dir	8. 9. 77	14. 6. 39

Emmendingen   E 64 465
Karl-Friedrich-Str. 25, 79312 Emmendingen
Postfach 13 40, 79303 Emmendingen
T (0 76 41) 4 50-0
Telefax (0 76 41) 45 01 96

1 Dir, 6 R

Hippach, Gerhard, Dir	1. 6. 82	2. 5. 37
Schmalen, Günter	1. 8. 82	13. 7. 50
Kiefer, Ernst	2. 3. 84	30. 8. 53
Jenne, Angelika, ½	1. 6. 84	13. 9. 53
Dr. Geers, Marion	1. 9. 91	12. 4. 58
Mertel, Karl	5. 4. 94	27. 9. 60

Ettenheim E 25 871
Otto-Stoelcker-Str. 8, 77955 Ettenheim
Postfach 40, 77949 Ettenheim
T (0 78 22) 8 94 30
Telefax (0 78 22) 89 43 13

1 Dir

Wetzel, Franz, Dir	16. 6. 94	2. 3. 39

Freiburg i. Breisgau E 284 569
Holzmarkt 2, 79098 Freiburg
79095 Freiburg
T (07 61) 2 05-0
Telefax (07 61) 2 05 28 00

1 Pr, 1 VPr, 2 w.aufsR, 27 R, 1 LSt (R)

Präsident

Teigeler, Jochen	13. 3. 00	28. 5. 45

Vizepräsident

Veit, Hubert	25. 4. 95	26. 8. 44

weitere aufsichtführende Richter

Krieg, Jürgen,	29. 6. 90	28. 9. 36
Dr. Dietrich, Peter	30. 10. 95	31. 10. 38

Richterinnen/Richter

Merk, Heidi, ½	1. 2. 71	26. 2. 38
Galster, Jürgen	1. 12. 71	25. 3. 38
Fentzke, Wiebke	16. 3. 73	—
Will, Jürgen, beurl.	1. 8. 73	30. 3. 40
Klug, Helmut	29. 1. 75	20. 8. 42
Wermelskirchen, Sybille	1. 2. 75	6. 8. 44
Klußmann, Jürgen	18. 9. 75	29. 2. 44
Prestel, Barbara	3. 12. 75	17. 3. 45
Mönig, Gertrud, ½	1. 2. 76	29. 6. 43
Teschner, Günter	3. 8. 76	2. 8. 45
Haas, Erik Michael	1. 2. 77	26. 4. 44
Dr. Riegger, Ernst-Jürgen	7. 11. 78	2. 9. 44
Wendt, Peter	26. 3. 84	28. 3. 52
Heise, Karen, ½	1. 4. 85	16. 9. 53
Rukopf, Arnd	5. 12. 90	31. 3. 59
Seidensticker, Per	1. 3. 93	15. 8. 59
Prengel, Eveline	29. 4. 94	—
Krebs, Thomas, ½	22. 9. 94	30. 6. 61
Gissler, Friederike	12. 4. 95	22. 5. 64
Grau, Cornelia	1. 3. 96	30. 6. 64
Janke, Iris, RkrA	(2. 10. 98)	31. 10. 64

Kenzingen E 46 400
Eisenbahnstr. 22, 79341 Kenzingen
Postfach 11 29, 79337 Kenzingen
T (0 76 44) 9 10 10
Telefax (0 76 44) 91 01 34

1 Dir, 1 R

Rieger, Wolfgang, Dir	16. 10. 95	7. 12. 52
Conrad-Graf, Daniela, abg. 23.	8. 90	—

Lörrach E 167 688
Bahnhofstr. 4, 79539 Lörrach
Postfach 11 40, 79501 Lörrach
T (0 76 21) 4 08-0
Telefax (0 76 21) 40 81 80

1 Dir, 1 stVDir, 12 R

Dr. Walz, Karl-Michael, Dir	25. 6. 98	3. 1. 58
Fehrenbach, Reinhard, stVDir	24. 6. 99	15. 2. 50
Jaisle, Günter	1. 11. 73	9. 12. 42
Krohn, Harald	20. 5. 81	11. 1. 49
Dzaack, Dorothea	21. 3. 83	14. 1. 53
Schneider, Michael	3. 3. 89	26. 6. 57
Jäckel, Holger	12. 10. 90	12. 12. 58
Müller, Frank	21. 9. 93	5. 7. 61
Frick, Axel	20. 4. 94	18. 11. 60
Graf, Martin	25. 9. 94	7. 10. 61
Dr. Linde-Rudolph, Sabine, ½	21. 11. 96	10. 12. 60
Grabe, Gabriele, ½	3. 2. 97	13. 10. 65
Dr. Künschner, Alfred	—	31. 1. 56
Lange, Annegret, RkrA	(2. 11. 98)	13. 4. 65

Müllheim (Baden) E 40 199
Werderstr. 37, 79379 Müllheim
T (0 76 31) 1 89-01
Telefax (0 76 31) 18 92 38

1 Dir, 2 R

Thalmann, Dagmar, Dir	1. 5. 85	11. 2. 45
Brunner, Irene, ½	31. 10. 85	18. 8. 54
Soddemann, Ralf	3. 11. 95	13. 5. 63

Staufen (Breisgau) E 49 594
Hauptstr. 9, 79219 Staufen
Postfach 11 63, 79216 Staufen
T (0 76 33) 9 50 00
Telefax (0 76 33) 50 01 25

1 Dir, 1 R

Epple, Friedhelm, Dir	23. 7. 76	17. 6. 37

Titisee-Neustadt E 37 410
Franz-Schubert-Weg 3, 79822 Titisee-Neustadt
79821 Titisee-Neustadt
T (0 76 51) 20 30
Telefax (0 76 51) 20 31 90

1 Dir, 1 R

Gebele, Bruno, Dir	20. 8.87	4. 2.51
Bellm, Martin	20.12.96	18. 9.63

Waldkirch (Breisgau) E 38 178
Freie Str. 15, 79183 Waldkirch
Postfach 1 07, 79175 Waldkirch
T (0 76 81) 4 70 20
Telefax (0 76 81) 47 02 33

1 Dir, 1 R

Hess, Andreas, Dir	10. 9.93	3. 1.49
Biesel, Maria	16. 2.95	13.12.63

Landgerichtsbezirk Heidelberg

Landgericht Heidelberg E 444 802
Kurfürstenanlage 21, 69115 Heidelberg
Postfach 10 37 69, 69027 Heidelberg
T (0 62 21) 5 90
Telefax (0 62 21) 59 12 13

1 Pr, 1 VPr, 12 VR, 13 R

Präsident

Dr. von Dücker,		
Hans Gerd	8. 5.99	4. 2.42

Vizepräsident

Zöbeley, Günter	13. 5.96	10. 1.49

Vorsitzende Richterinnen/Vorsitzende Richter

Dr. Scholz, Manfred	27.10.79	24. 5.37
Mussel, Gerhard	11. 8.83	28.10.39
Zinn, Peter	1. 9.88	30.10.41
Böttcher, Klaus	11. 6.90	23.10.45
Ueber, Karlheinz	12. 6.91	16. 6.42
Dr. Ernst, Lieselotte	14.10.91	26. 4.43
von Dewitz, Detlef	28. 2.94	17. 5.44
Schmidtke-Gillen, Renate	8. 5.95	12. 3.44
Gramlich, Edgar	23. 6.99	25.11.54

Richterinnen/Richter

Feldmann, Brigitte, ½	8. 7.77	30.11.42
Mühlhoff, Christian	4.11.85	10. 8.55
Dr. Dopfer, Jürgen	9. 2.88	19. 7.51
Dinter, Jutta, ½	1. 9.89	18.12.58
Kölsch, Daniela	1. 9.90	4. 4.58
Jaeger, Angela	1. 9.90	20. 6.59
Dr. Burgermeister, Udo	12. 3.91	—
Dr. Vahl, Susanne, ½	2.10.92	3. 6.61
Dr. Kuhn, Gisela, ½	16.12.92	28. 4.54
Kretz, Jutta	15. 8.94	5.10.61
von Pentz, Vera	17. 4.97	16.12.66
Scheuver, Jürgen, abg.	11. 7.97	16. 7.65

Amtsgerichte

Heidelberg E 291 483
Kurfürstenanlage 21, 69115 Heidelberg
Postfach 10 12 20, 69002 Heidelberg
T (0 62 21) 5 90
Telefax (0 62 21) 59 13 50

1 Dir, 1 stVDir, 2 w.aufsR, 24 R – 1 kw –,
1 LSt (R)

Schreiner, Karl, Dir	1. 4.97	7.11.50
Dr. Hallenberger, Achim,		
stVDir	29.10.99	1. 7.54
Dr. Schmidt-Aßmann,		
Ulrike, w.aufsR, ⅔	17. 3.95	—
Bauer, Gisela, w.aufsR, ½	16.10.95	5. 3.45
Haberacker, Jens-Peter	1.10.70	23.10.37
Augustin, Wolfgang	21. 8.72	5.12.39
Eisele, Werner	6. 7.73	29. 8.40
Zipper, Freia, ⅔	15. 3.74	29. 1.43
Leicht, Jürgen	16. 8.74	23. 3.41
Dr. Schwarzkopf, Angelika	1.10.76	25. 9.43
Dr. Helmken, Dierk	17. 3.78	2. 7.45
Neureither, Adelinde	3.10.80	8. 2.50
Kaufmann-Granda, Regina	18. 2.82	28. 8.51
Schmukle, Christiane, ½	1. 9.82	22.12.52
Strothe, Hans-Jürgen	8. 2.83	2. 9.49
Konradt, Gabriele	15. 2.83	27. 3.53
Horn, Angelika, ½	18. 3.83	19. 9.53
Englert-Biedert, Walburga	1. 9.83	12. 5.54
Schlitt, Thomas	3.10.86	17. 6.54
Schrade, Karl-Georg	1.10.88	10. 2.57
von Seyfried, Olegard	1. 2.89	26.12.44
Becker, Ute, ½	15. 2.93	20. 7.62
Puhl, Susanne, ½	27.10.93	28. 8.57
Spannagel-Schärr,		
Irmela, ½	7. 9.94	14. 6.63
Menk, Jörg-Peter	22. 9.94	18. 3.57
Biedermann, Gabriele, ½	23.10.95	7.12.57
Will, Norbert	14.12.95	27.11.63

Sinsheim E 75 231
Werderstr. 12, 74889 Sinsheim
T (0 72 61) 15 10
Telefax (0 72 61) 15 11 01

1 Dir, 4 R

Sandmaier, Helmut, Dir	2. 1.89	11. 7.40
Ihrig, Anna, beurl.	6. 6.94	29. 7.62
Dr. Heneka, Regine	24.10.96	10. 1.65
Piehler, Georg	6.11.98	—
Schmelcher, Volker,		
RkrA	(2. 3.99)	23. 1.58

Wiesloch   E 78 088
Bergstr. 3, 69168 Wiesloch
Postfach 11 20, 69152 Wiesloch
T (0 62 22) 58 40
Telefax (0 62 22) 58 41 70

1 Dir, 4 R

Meister, Gabriele, Dir	13. 10. 95	5. 12. 48
Koelblin, Eduard	1. 5. 69	10. 11. 35
Eschenfelder, Rosemarie	1. 10. 76	10. 2. 43
Matt, Wolfgang	4. 9. 81	10. 4. 51
Fürstenau, Ulrike, ½	21. 10. 83	28. 1. 53
Baßler-Frühauf, Andrea, ½	1. 2. 92	14. 7. 60
Eibenstein, Sabine, beurl.	9. 3. 93	29. 5. 61

Landgerichtsbezirk Karlsruhe

Landgericht Karlsruhe   E 997 452
Hans-Thoma-Str. 7, 76133 Karlsruhe
76126 Karlsruhe
T (07 21) 92 60
Telefax (07 21) 9 26 31 14

1 Pr, 1 VPr, 25 VR, 30 R, 3 LSt (R)

Präsident

Bückert, Ingo	16. 5. 88	6. 10. 38

Vizepräsident

Nusselt, Joachim	30. 6. 98	23. 12. 44

Vorsitzende Richterinnen/Vorsitzende Richter

Dr. Morawietz, Wolfgang	21. 10. 76	31. 3. 41
Beyer, Klaus	27. 5. 77	10. 10. 35
Dittes, Hans-Joachim	1. 3. 82	31. 10. 39
Ahlborn, Uwe	9. 7. 82	11. 6. 39
Stichs, Werner	25. 9. 86	25. 5. 42
Schaffrath, Wolfgang	7. 4. 88	24. 1. 41
Runge, Annegret	1. 12. 88	24. 12. 43
Dr. Kiwull, Harald	16. 5. 91	7. 8. 43
Fischer, Hans	30. 7. 91	20. 9. 45
Karcher, Walter	15. 8. 91	1. 10. 50
Waetke, Wolf-Rüdiger	28. 8. 91	27. 1. 42
Engesser, Torsten	22. 6. 92	3. 4. 50
Knoblich, Michael	22. 6. 92	21. 7. 52
Dr. Scholl, Udo	10. 3. 95	9. 5. 48
Manz, Egon	17. 10. 95	8. 11. 46
Meyer, Hermann	17. 10. 97	16. 4. 49
Brosch, Christiane Ulrike	9. 1. 98	4. 12. 53

Richterinnen/Richter

Schönig, Roger	1. 3. 71	12. 2. 39
Lang, Eberhard	1. 5. 80	3. 8. 49
Seidling, Michael	1. 8. 81	13. 8. 51

Schweikart, Peter	4. 11. 85	23. 10. 56
Wilfling, Michael	1. 3. 86	19. 12. 52
Lorenz, Wolfgang	19. 9. 86	15. 6. 55
Schmidt, Leonhard	19. 9. 86	15. 12. 54
Tauscher, Karl	8. 2. 88	3. 3. 55
Kleinheinz, Thomas	1. 9. 88	27. 2. 57
Engler, Cornelia	3. 3. 89	8. 8. 58
Herlitze, Petra	1. 9. 89	7. 2. 60
Mauch, Karin, beurl.	1. 9. 90	3. 4. 59
Lindner, Thomas	1. 2. 91	—
Bender, Martin, abg.	19. 9. 91	29. 4. 59
Wellenreuther, Ingo, beurl.	3. 9. 92	16. 12. 59
Zwiebler, Thomas	2. 1. 93	15. 1. 60
Horn, Sebastian	5. 2. 93	—
Herschlein, Doris, ½	3. 9. 93	23. 4. 62
Beese, Annette, ½	14. 9. 93	27. 4. 61
Bopp, Dieter	17. 3. 94	25. 3. 60
Oppelt, Wulf	14. 3. 95	16. 12. 62
Schmitt, Tobias	22. 3. 95	22. 3. 62
Salomom, Sabine, beurl.	2. 8. 95	8. 7. 63
Dr. Guttenberg, Ulrich, abg.	14. 9. 95	14. 1. 62
Dr. Oehler, Christiane, ½, abg.	4. 1. 96	5. 8. 61
Bartel, Louisa	20. 12. 96	16. 4. 65
Maier, Alice, beurl.	8. 1. 98	18. 9. 65
Haftmann, Christine	4. 8. 98	13. 10. 66
Kraus, Ralf	9. 4. 99	26. 12. 64

Amtsgerichte

Bretten (Baden)   E 48 237
Obere Kirchgasse 9, 75015 Bretten
Postfach 1103, 75001 Bretten
T (0 72 52) 5 07-0
Telefax (0 72 52) 5 07 15

1 Dir, 1 R

Eschler, Rolf, Dir	21. 7. 95	13. 12. 51
Becker, Daniela, abg.	5. 8. 98	27. 7. 65
Droxler, Klaus, RkrA	(1. 1. 00)	8. 7. 46

Bruchsal   E 135 427
Schönbornstr. 18, 76646 Bruchsal
Postfach 30 27, 76643 Bruchsal
T (0 72 51) 74-0
Telefax (0 72 51) 8 46 21

1 Dir, 1 stVDir, 10 R – 1 kw –

Buhr, Reinhold, Dir	2. 9. 96	25. 12. 44
N.N., stVDir	—	—
Witte, Christian	1. 7. 77	9. 9. 44
Disqué, Klaus	1. 2. 81	26. 2. 51

Dr. Schwirblat, Cay	14. 9.94	7. 2.61
Clapier-Krespach, Andrea	1.10.94	7. 5.60
Dr. Ganßauge, Klaus	17. 5.96	18. 3.59
Dr. Steitz, Dieter	31. 7.96	11. 8.62
Fuchs, Andrea	23. 8.96	17. 7.65
Kirschenlohr, Martin	15.11.96	30. 4.65
Gutsch, Klaus	—	1. 6.49

Ettlingen E 85 696
Sternengasse 26, 76275 Ettlingen
Postfach 1 61, 76255 Ettlingen
T (0 72 43) 50 80
Telefax (0 72 43) 50 84 44

1 Dir, 3 R

Fischer, Rainer, Dir	1. 5.86	4.10.39
Piepenburg, Dieter	1. 3.87	18. 2.54
Specht, Uwe	2.10.92	24. 6.60
Bunk, Ulrich	16.10.97	23.10.65

Karlsruhe E 290 325
Schloßplatz 23, 76131 Karlsruhe
Postfach 10 02 06, 76232 Karlsruhe
T (07 21) 92 60
Telefax (07 21) 9 26 66 47

1 Pr, 1 VPr, 3 w.aufsR, 28 R

Präsident

Braungardt, Kurt	14. 4.92	12. 2.40

Vizepräsident

Zöller, Michael	14. 5.97	25.10.49

weitere aufsichtführende Richter

Dr. Krieg, Berthold	9.10.95	20. 3.46
Kögele, Klaus	14.10.96	2.10.47
Karnetzky, Rolf	30. 9.97	7. 2.37

Richterinnen/Richter

Beyer, Doris, ½	1.11.70	4. 3.40
Volckmann, Joachim	1. 5.71	5. 1.38
Winkler, Winfried, ½	1. 5.71	24. 8.38
Schießel, Herbert	1. 2.76	15. 8.44
Heel, Arndt	18. 2.77	2. 7.44
Reifurth, Horst	18. 3.77	27.10.44
Kapperstein, Klaus	2. 2.78	17. 4.48
Rastetter, Gerhard	1.10.80	1. 1.48
Bär, Elisabeth	1. 2.81	27.12.51
Horn-Scholz, Christa, ½	1. 8.81	—
Flick, Ernst	1. 8.82	3.12.50
Wagner, Konrad	18. 3.83	31.10.52
Mohr, Helga, ½	2. 3.84	28. 7.54
Schlett, Andreas	21. 3.85	4. 5.51
Roos, Bernhard	7.11.85	23. 1.55
Dornick, Hans	29.12.87	21. 7.49

Köpfler, Thomas	2. 3.90	11.11.57
Zimmer, Bernhard	12.10.90	2.12.56
Völbel, Thomas	1.12.90	6. 5.59
Brecht, Gabriela	1. 2.93	12. 6.59
Dr. Schlachter, Jörg, abg.	3. 9.93	10. 7.61
Schabert, Thomas	21. 9.93	27. 4.58
Diemer, Klaus	14. 3.94	29. 3.62
Anstadt, Bernd	9. 6.94	11. 9.61
Bracher, Claudia	22. 9.94	11. 2.63
Dr. Isak, Axel, abg.	1.10.94	9. 2.63
Dr. Bruggner, Micaela	16. 2.95	5. 2.56
Deißler-Ott, Gabriele	15. 3.96	9. 7.65
Dr. Holdefer, Frank	7. 1.98	—
Hintermayer, Regina, ½	7. 1.99	19. 2.65
Gruber, Monika, RkrA	(21. 9.98	16. 6.65

Karlsruhe-Durlach E 88 962
Karlsburgstr. 10, 76227 Karlsruhe
Postfach 41 01 20, 76201 Karlsruhe
T (07 21) 99 40
Telefax (07 21) 9 94 18 80

1 Dir, 5 R, 1 LSt (R)

N.N., Dir	—	—
Heck, Bernhard, ½	1. 2.77	15.10.46
Haarer, Frank	12. 5.99	4. 8.66

Maulbronn E 76 888
Klosterstr. 1, 75433 Maulbronn
Postfach 1 00, 75430 Maulbronn
T (0 70 43) 9 22 00
Telefax (0 70 43) 4 03 16

1 Dir, 2 R

Ohnesorge, Hans-Gerhard, Dir	1. 4.97	24. 6.38
Cox, Eberhard	1. 9.76	20.11.42
Dr. Lindner, Bernd	1.10.93	14. 8.60

Pforzheim E 230 771
Lindenstr. 8, 75175 Pforzheim
Postfach 3 40, 75103 Pforzheim
T (0 72 31) 30 90
Telefax (0 72 31) 30 93 50

Zweigstelle in Neuenbürg
Gerichtsgasse, 75305 Neuenbürg
T (0 70 82) 79 90
Telefax (0 70 82) 79 91 67

1 Dir, 1 stVDir, 1 w.aufsR, 16 R

Schubart, Joachim, Dir	6. 7.95	25. 4.47
Dr. Kuder, Peter, stVDir	1.11.84	16.10.37
Kerner, Peter, w.aufsR	2. 2.99	16. 1.45

Saeger, Karin	1.10.71	16.12.41
Vögtle, Gustav	3. 9.76	6.11.46
Ludin, Hans-Günter	1.10.78	—
Lüdemann-Ravit, Peter	1. 9.81	26. 9.50
Eschler, Gabriele, ½	1. 9.83	—
Kralowetz, Jürgen	28. 1.91	27. 8.59
Schatterny-Schmidt, Heike, ½	14. 1.92	28. 4.60
Dr. Terhorst, Michael	4.10.94	16. 1.61
Mertgen, Ingo	17. 2.95	15. 8.60
Dittmar, Angela, ½	1.10.95	17.12.63
Dr. Pawlitscha, Udo	26. 1.96	28.12.62
Wünsche, Marion, ½, beurl.	29.10.96	8. 5.60
Dr. Mayer-Pflomm, Johann-Michael	19. 8.97	7. 3.63
Dr. Ambs, Stephane, ½	5.11.97	24.10.64
Korn, Anja, beurl.	10. 7.98	21. 4.66

Philippsburg   E 41 146
Marktplatz 8, 76661 Philippsburg
Postfach 12 40, 76653 Philippsburg
T (0 72 56) 9 31 10
Telefax (0 72 56) 93 11 50

1 Dir, 1 R

Höcklin, Rainer, Dir	1. 7.93	1. 2.49
Bitz, Franz	16. 7.82	24. 8.51

Landgerichtsbezirk Konstanz

Landgericht Konstanz   E 555 173
Gerichtsgasse 15, 78462 Konstanz
Postfach 10 12 43, 78412 Konstanz
T (0 75 31) 2 80-0
Telefax (0 75 31) 2 80 14 00

1 Pr, 1 VPr, 12 VR, 14 R

Präsident

Schellhammer, Kurt	18. 7.97	18. 7.35

Vizepräsident

Ertl, Christoph	29.11.99	24.12.46

Vorsitzende Richterinnen/Richter

Gratzki, Rudolf	25. 1.82	2. 4.37
Richter, Eckhard	7.12.83	1.11.36
Gabius, Rolf	10. 1.86	12.11.38
Geiger, Klaus	1. 5.89	1. 8.38
Basel, Rainer	6.10.92	1. 2.41
Müller, Hans-Wilhelm	27. 9.94	3.12.48
Weimer, Joachim	13.10.95	3. 1.50
Deppert-Kern, Helmut	14.11.95	24. 4.50

Dr. Reichardt, Horst-Dieter	2. 7.97	1. 8.44
Danner, Carmen, ½	29. 4.98	23.12.47
Scholl-Leifert, Gretel, ½	29. 4.98	6. 8.53

Richterinnen/Richter

Futterknecht, Olaf	1. 9.74	2. 2.43
Niemann, Karl-Heinz	22.10.74	24. 4.43
Orilski, Reinhard	1.10.79	18. 4.48
Gundlach-Keller, Heidi, ½	18. 9.81	24. 1.50
Dallinger, Wolfgang	24. 6.82	13. 1.50
Dr. Brodmann, Jörg	25. 3.83	13.11.50
Weber, Hans-Joachim	22. 9.86	5. 8.53
Walter, Götz	22. 9.86	23. 1.56
Kimmig, Klaus-Dieter	12. 2.88	—
Schlemper, Siglinde	28. 6.89	10. 2.52
Dr. Hohlfeld, Ulrike	2. 3.90	18. 8.59
Rothammer, Gerd	1. 8.91	8. 8.58
Dr. Sieß, Gerhard	2.11.92	2.10.64
Schoppmeyer, Heinrich, abg.	1. 2.98	26. 3.66

Amtsgerichte

Donaueschingen   E 60 702
Mühlenstr. 5, 78166 Donaueschingen
Postfach 11 29, 78152 Donaueschingen
T (0 77 71) 85 05-0
Telefax (0 77 71) 85 05 40

1 Dir, 4 R

Bierer, Bernd, Dir	25. 4.95	22.10.44
Schwing, Heinz	6.11.78	15.11.48
Rzany, Johannes, abg.	4. 4.96	5. 8.63
Schroth, Stefan	14. 3.97	4. 5.65
Heidegger, Silke	3. 8.99	15. 5.68

Konstanz   E 89 532
Untere Laube 12, 78462 Konstanz
Postfach 10 01 51, 78401 Konstanz
T (0 75 31) 2 80-0
Telefax (0 75 31) 2 80 24 79

1 Dir, 1 stVDir, 7 R

Röding, Fritz-Otto, Dir	1. 1.99	8.12.55
Dr. Berger, Wolfgang, stVDir	3. 7.97	22. 4.46
Schretzmann, Christel	24. 8.73	—
Platen, Klaus	1. 4.75	16. 6.42
Laaser, Jürgen	2. 9.77	20. 1.43
Eitze, Gertrud, ½	18. 1.91	17.10.58
Dr. Merschformann, Ralf	15. 7.96	18.12.62
Dr. Langenfeld, Andrea	13. 7.99	19. 5.68
Stutz, Anita, RkrA	(16.11.99)	21. 7.64

Radolfzell E 38 281
Seetorstr. 5, 78315 Radolfzell
Postfach 12 20, 78302 Radolfzell
T (0 77 32) 98 31 00
Telefax (0 77 32) 5 84 95

1 Dir, 1 R

Weimer, Gabriele, Dir	9. 4. 96	24. 10. 51
Dold, Georg	1. 5. 90	19. 2. 57

Singen (Hohentwiel) E 104 945
Erzbergerstr. 28, 78224 Singen
Postfach 14 40, 78213 Singen
T (0 77 31) 40 01-0
Telefax (0 77 31) 40 01 83

1 Dir, 7 R

Lederer, Walfried, Dir	4. 1. 99	26. 9. 38
Ambs, Robert	1. 2. 73	7. 8. 36
Dr. Speiermann, Joachim	3. 11. 89	6. 12. 57
Taubner, Herbert	8. 9. 94	18. 11. 61
Dr. Merschformann, Ulrike	28. 9. 94	17. 9. 62
Dr. Martensen, Jürgen	20. 7. 99	15. 8. 64

Stockach E 30 423
Tuttlinger Str. 8, 78333 Stockach
T (0 77 71) 70 65
Telefax (0 77 71) 48 70

1 Dir

Hintze, Matthias, Dir	1. 1. 96	20. 10. 50

Überlingen (Bodensee) E 82 821
Bahnhofstr. 8, 88662 Überlingen
Postfach 10 12 51, 88642 Überlingen
T (0 75 51) 8 35-0
Telefax (0 75 51) 83 53 28

1 Dir, 4 R

Dr. Hügel, Christine, Dir	7. 3. 96	12. 11. 50
Gött, Kurt	12. 2. 88	21. 2. 56
Völk, Günther	4. 1. 91	22. 8. 60
Dr. Beck, Axel	10. 8. 94	5. 5. 59
Heßberger, Christine, ½	23. 3. 95	8. 3. 62

Villingen-Schwenningen E 148 469
Niedere Straße 94, 78050 Villingen-Schwenningen
Postfach 11 40, 78001 Villingen-Schwenningen
T (0 77 21) 2 03-0
Telefax (0 77 21) 20 31 99

1 Dir, 1 stVDir, 6 R

Vazansky, Ernst, Dir	3. 1. 94	23. 12. 35
Zimmermann, Wolf-Dieter, stVDir	1. 1. 94	26. 4. 36
Horn, Rainer	13. 9. 76	21. 7. 45
Pohl, Franz	2. 1. 77	27. 12. 43
Schleusener, Hans-Joachim	1. 8. 82	4. 9. 46
Birkenholz, Peter	3. 9. 82	16. 6. 52
Dr. Bäumler, Christian	13. 3. 97	29. 3. 65

Landgerichtsbezirk Mannheim

Landgericht Mannheim E 522 973
A 1, 68159 Mannheim
68149 Mannheim
T (06 21) 2 92-0
Telefax (06 21) 2 92 13 14

1 Pr, 1 VPr, 24 VR – 1 kw –, 24 R – 1 LSt –

Präsident

Weber, Gunter	25. 6. 86	29. 6. 36

Vizepräsident

Storch, Alfred	1. 12. 89	17. 12. 37

Vorsitzende Richterin/Vorsitzende Richter

Köhler, Horst	19. 8. 74	2. 12. 35
Meyer, Michael	1. 9. 83	21. 3. 38
Ernst, Rainer	1. 2. 84	19. 7. 39
Rudhard, Dierk	10. 4. 84	17. 6. 41
Dr. Lippok, Gerd	1. 9. 84	4. 6. 41
Dr. von Löbbecke, Bernfried	11. 3. 85	15. 6. 43
Fischer, Peter	1. 4. 85	9. 4. 40
Kubitz, Karl-Christian	25. 4. 86	16. 1. 41
Dr. Münchbach, Hans-Jörg	1. 3. 90	4. 6. 43
Plass, Joachim	14. 9. 92	31. 3. 46
Metzger, Ulrich	1. 2. 93	11. 4. 46
Stojek, Matthias	18. 8. 95	20. 12. 51
Glenz, Rolf	4. 7. 96	2. 5. 49
Müller, Hansjörg	22. 10. 96	10. 10. 48
Kern, Klaus	29. 4. 98	16. 3. 50
Adam, Karl	18. 9. 98	24. 1. 48
Schröder, Helga	27. 9. 99	21. 8. 38

Richterin/Richter

Hoppe, Hartmut	5. 12. 75	5. 10. 43
Dr. Bernwald, Arno	2. 7. 76	6. 5. 42
Folkerts, Elke	7. 2. 77	20. 2. 43
Rüdel, Monika, ½	13. 10. 77	28. 5. 46
Beißert, Ruth	1. 4. 78	30. 9. 48
Blank, Hubert	16. 2. 79	24. 9. 41
Dr. Heckel, Heinrich	1. 4. 85	16. 6. 52

Charissé, Ursula	1. 9.89	2.11.58
Kreis-Stephan, Claudia	1. 9.89	8. 6.58
Rudolph, Katrin	3.10.91	25. 5.59
Schrade, Daniele	14. 9.92	—
Voß, Andreas	15. 2.93	30. 9.59
Theune-Fuchs, Carmen	3. 8.93	9. 9.63
Seeler, Claudia, ½	7. 9.94	23.10.63
Hark, Karin, ½	2. 3.95	5. 7.64
Römhild-Klose,		
Ingeborg, ½	12. 5.95	23. 5.47
Lindenthal, Andreas	14. 9.95	5.11.61
Dr. Deichfuß, Hermann,		
abg.	28. 2.96	19. 3.62
Dr. Bacher, Klaus	1. 9.97	15. 6.64
Fischer, Anne, ½	28.10.97	8. 2.64
Dr. Fellmeth, Stefan	19. 1.98	22. 2.64
Dr. Singer, Stefan	10.12.99	31.12.63
Schäfer, Uwe, RkrA	(15. 3.99)	10. 7.64
Krenz, Bettina, RkrA	(6. 4.99)	19. 5.61
Krebs-Dörr, Petra, RkrA	(12. 7.99)	24.10.62

Amtsgerichte

Mannheim   E 308 903
Schloß, Westflügel, 68159 Mannheim
68149 Mannheim
T (06 21) 2 92-0
Telefax (06 21) 2 92 28 76

1 Pr, 1 VPr, 3 w.aufsR, 31 R, 1 LSt (R)

Präsident

Baschang, Rolf	1. 2.97	22. 2.43

Vizepräsident

Dr. Frommelt, Jürgen	10.11.92	1. 5.39

weitere aufsichtführende Richter

Krehbiel, Ulrich	11. 8.95	30.12.43
Heinzel, Ulrich	26. 1.96	3. 8.45
Winkler, Wolfgang	29. 5.96	28. 7.45

Richterinnen/Richter

Diemer, Gudrun, beurl.	2. 5.71	1. 4.39
Neureither, Werner	16. 8.74	19. 7.42
Fabricius, Jesko	1. 2.75	23. 6.43
Wagner, Brigitte	2.10.75	20. 6.43
Sauter, Wilhelm	1. 9.76	24. 2.43
Kollnig-Simon, Reinhard	24. 9.76	6. 5.45
Mayer-Rosa, Jörg	1. 2.77	13. 3.43
Benitz, Annemarie, ½	1. 4.78	29. 8.47
Dr. Müller-Oberthür,		
Carola	25. 7.79	20. 5.49
Meergans, Horst	1. 2.82	19. 8.48
Fatouros, Iris	15. 2.82	10. 7.52

Schneider, Ulrike, ½	1. 9.82	15. 5.48
Jülch, Johannes	8. 2.83	15. 9.51
Dr. Zipperer, Helmut	15. 9.83	24. 9.50
Dr. Weigenand, Rolf	1. 6.85	17. 4.54
Palm, Thomas	1. 9.88	20.10.56
Eberhard-Baumann,		
Susanne	16. 2.90	24.10.59
Schneider, Sabine, ½	1. 9.91	5.12.60
Schlosser, Ulrike	1. 6.92	1. 8.59
Fiskus, Petra	13.10.92	2. 3.63
Hamm, Holger	1. 1.93	26. 3.59
Dr. Seiser, Klaus-Jürgen	3. 8.93	19.12.52
Burk, Thomas	19. 4.94	9. 6.54
Riffel, Wolfgang	19. 4.96	7. 9.64
Brandt, Thorsten, abg.	24. 7.96	26.11.59
Blum, Gerlinde	—	15. 1.53
Koester-Buhl, Roseluise,		
RkrA	(1.11.98)	18. 7.58
Dürr, Sonja, RkrA	(6. 4.99)	12.10.68
Wiedmer, Petra, RkrA	(8.11.99)	26. 2.66

Schwetzingen   E 106 942
Zeyherstr. 6, 68723 Schwetzingen
Postfach 12 80, 68702 Schwetzingen
T (0 62 02) 81-0
Telefax (0 62 02) 8 13 36

1 Dir, 1 stVDir, 6 R

Moser, Hans, Dir	26.11.96	15.10.44
Deißler, Gerd, stVDir	1. 1.94	27.10.41
Bock, Dagmar	2. 2.73	2. 4.40
Maier, Dieter	1. 9.88	10. 7.53
Kielwein, Astrid, ½	26. 6.91	15. 3.61
Dr. Krüger, Antje, abg.	30.11.98	17.11.63
Fischer, Winfried, RkrA	(6. 4.99)	28.12.59

Weinheim (Bergstr.)   E 107 128
Ehretstr. 11, 69469 Weinheim
Postfach 10 01 51, 69441 Weinheim
T (0 62 01) 98 20
Telefax (0 62 01) 98 22 04

1 Dir, 1 stVDir, 7 R

Herbig, Dieter, Dir	1. 1.94	6. 4.36
Augustin, Herhild, stVDir	6. 3.98	3. 3.41
Stumpe, Brigitte, ½	2. 9.77	28.11.45
Huber, Werner	1. 6.82	27. 3.49
Henninger, Hans	1. 9.82	22.11.48
Szillinsky, Dieter	5. 2.88	2. 8.55
Kilthau, Hans	2. 3.90	14. 1.56
Krausser, Monika	19.10.94	9. 4.63

Landgerichtsbezirk Mosbach (Baden)

Landgericht Mosbach   E 237 825
Hauptstr. 110, 74821 Mosbach (Baden)
74819 Mosbach (Baden)
T (0 62 61) 87-0
Telefax (0 62 61) 8 74 40

1 Pr, 1 VPr, 3 VR, 4 R – 1 kw –, 1 LSt (R)

Präsident

Dr. Mißler, Ernst-Ludwig	1. 10. 96	10. 3. 43	

Vizepräsident

Morweiser, Christian	5. 1. 94	23. 12. 38	

Vorsitzende Richter

Späth, Achim	15. 7. 94	7. 1. 53	
Schmidgall, Roland	20. 11. 96	24. 1. 50	
Dr. Ganter, Alexander	23. 6. 99	13. 3. 54	

Richterinnen/Richter

Dr. Knoll, Rosalie, beurl. (LSt)	2. 3. 84	18. 10. 52	
Eggert, Gerd	27. 10. 97	10. 4. 66	
Bickel, Peter	3. 1. 00	26. 2. 65	

Amtsgerichte

Adelsheim   E 21 018
Rietstr. 4, 74740 Adelsheim
Postfach 11 80, 74737 Adelsheim
T (0 62 91) 6 20 40
Telefax (0 62 91) 62 04 28

1 Dir, 1 R

Weiß, Gerhard, Dir	1. 4. 89	8. 2. 41	
Ederer-Kostik, Andrea, ½	7. 6. 95	3. 1. 61	

Buchen (Odenwald)   E 46 115
Amtsstr. 26, 74722 Buchen
Postfach 11 62, 74710 Buchen
T (0 62 81) 98-0
Telefax (0 62 81) 9 84 66

1 Dir, 1 R

N. N., Dir	—	—	
Schäfer, Hans-Werner	1. 2. 82	24. 8. 49	

Mosbach (Baden)   E 81 459
Hauptstr. 110, 74821 Mosbach
Postfach 13 64, 74803 Mosbach
T (0 62 61) 87-0
Telefax (0 62 61) 8 74 60

1 Dir, 6 R – 1 kw –

N. N., Dir			
Dochnahl, Helmut	1. 2. 77	30. 9. 46	
Zöllner, Martin	5. 6. 79	8. 8. 49	
Rosenfeld, Dieter	2. 3. 84	9. 1. 50	
Terhorst, Alfons	1. 2. 91	29. 1. 55	
Bartelmus, Barbara, ½	22. 9. 94	30. 6. 63	
Schrader, Klaus	7. 2. 95	27. 10. 62	

Tauberbischofsheim   E 54 796
Schmiederstr. 22, 97941 Tauberbischofsheim
Postfach 12 27, 97932 Tauberbischofsheim
T (0 93 41) 9 49 80
Telefax (0 93 41) 94 98 34

1 Dir, 3 R

Bau, Wolfgang, Dir	27. 7. 87	22. 5. 42	
Kern, Klaus	1. 8. 86	4. 9. 54	
Kern, Mark	10. 12. 99	19. 1. 65	

Wertheim   E 34 437
Friedrichstr. 6, 97877 Wertheim
Postfach 13 64, 97863 Wertheim
T (0 93 42) 9 22 50
Telefax (0 93 42) 77 35

1 Dir

Metzner, Wieland, Dir	30. 7. 80	18. 1. 44	

Landgerichtsbezirk Offenburg

Landgericht Offenburg   E 332 364
Hindenburgstr. 5, 77654 Offenburg
T (07 81) 9 33-0
Telefax (07 81) 9 33 11 70

1 Pr, 1 VPr, 6 VR, 8 R, 2 LSt (R)

Präsident

Dr. Kampmann, Klaus-Wilhelm	1. 9. 92	29. 1. 43	

Vizepräsident

Stumpp, Roland	5. 12. 97	26. 6. 49	

Vorsitzende Richter

Neugart, Roland	18. 11. 82	17. 6. 37	
Lehmann, Alfons	14. 4. 93	23. 3. 49	
Oswald, Wolfgang	10. 7. 95	3. 2. 52	
Endress, Eugen	20. 11. 98	21. 8. 51	

Richterinnen/Richter

Leußer, Egbert	3. 5. 74	21. 10. 42	
Zimmermann, Dirk	1. 4. 85	28. 11. 54	
Walter, Heinz	1. 3. 87	7. 7. 54	

Beck, Beate	6. 4.87	6. 8.54
Dr. Ungewitter, Rolf,		
abg.	3. 9.87	23. 5.56
Schmeiser, Herbert	3. 2.89	12. 2.56
Rubin, Ursula	1. 9.90	30.10.59
Lauer, Hartmut, abg.	15.12.90	17. 8.60
Heller, Jörg	25. 1.91	18. 5.59
Rösch, Rudolf	22.12.95	6. 5.61
Platten, Peter	18. 4.97	29. 6.65

Amtsgerichte

Gengenbach E 31 568
Grabenstr. 17, 77723 Gengenbach
Postfach 13 25, 77719 Gengenbach
T (0 78 03) 9 63 70
Telefax (0 78 03) 96 37 30

1 Dir

| Wilhelmi, Karl, Dir | 30.12.92 | 15. 5.47 |

Kehl E 52 683
Hermann-Dietrich-Str. 6, 77694 Kehl
Postfach 17 60, 77677 Kehl
T (0 78 51) 8 64-0
Telefax (0 78 51) 86 42 35

1 Dir, 3 R

Heilig, Wolfgang, Dir	1. 2.84	14. 7.36
Mermann, Wolfgang	16. 5.83	—
Müller, Susanne	21. 1.93	19. 3.63

Lahr (Schwarzwald) E 78 159
Turmstr. 15, 77933 Lahr
Postfach 12 40, 77902 Lahr
T (0 78 21) 2 83-0
Telefax (0 78 21) 28 32 79

1 Dir, 4 R

Löffler, Peter, Dir	2. 2.87	30. 8.41
Riggert, Stefanie	3. 9.93	31.10.61
Felder, Klaus	18. 9.95	15.11.63

Oberkirch (Baden) E 36 290
Hauptstr. 48, 77704 Oberkirch
T (0 78 02) 9 37 50
Telefax (0 78 02) 93 75 20

1 Dir, 1 R – 1 kw –

Zimmermann, Wolfgang,		
Dir	17. 2.95	3. 6.55
Fritsch, Holger	9.10.92	30.11.58

Offenburg E 98 813
Hindenburgstr. 5, 77654 Offenburg
T (07 81) 9 33-0
Telefax (07 81) 9 33 10 89

1 Dir, 1 stVDir, 11 R

Linder, Tilmann, Dir	1. 6.84	4. 5.36
Hauser, Rupert, stVDir	14. 4.94	25. 3.43
Sigg, Rolf-Dieter	15. 2.81	13.12.51
Will, Petra	7. 2.83	16. 2.53
Wegmann, Wolfram	10. 6.94	6.12.61
Körner, Ute	10. 8.94	11. 7.60
Walter, Daniel	9. 9.94	13. 2.61
Buck, Eva	7. 2.95	4. 6.64

Wolfach E 36 851
Hauptstr. 40, 77709 Wolfach
Postfach 11 26, 77705 Wolfach
T (0 78 34) 9 77-0
Telefax (0 78 34) 97 72 85

1 Dir

| von Péterffy, Heidy, Dir | 14. 2.84 | 13. 5.50 |
| Bräutigam, Gabriele, ½ | 12.11.99 | 29.11.65 |

Landgerichtsbezirk Waldshut-Tiengen

Landgericht Waldshut-Tiengen E 211 972
Bismarckstr. 19 a, 79761 Waldshut-Tiengen
Postfach 12 34, 79742 Waldshut-Tiengen
T (0 77 51) 8 81-0
Telefax (0 77 51) 88 12 09

1 Pr, 1 VPr, 3 VR, 5 R

Präsident

| Klein, Jürgen | 28. 7.93 | 2. 8.36 |

Vizepräsident

| Metz, Matthias | 23.12.97 | 15. 3.46 |

Vorsitzende Richter

Zimmermann, Wolfgang	31. 8.93	15. 9.49
Früh, Gerfried	23. 4.99	19. 8.38
Seyffert, Bernhard	25.10.99	24.10.52

Richterin/Richter

Dr. Delius, Christoph	13. 10. 92	18. 5. 57
Wönne, Christine, ½, abg.	20. 3. 95	8. 3. 62
Lennig, Stefan	15. 2. 98	25. 6. 67
Daun, Johannes	18. 8. 99	5. 1. 67

Amtsgerichte

Bad Säckingen   E 51 306
Hauensteinstr. 9, 79713 Bad Säckingen
Postfach 12 45, 79703 Bad Säckingen
T (0 77 61) 5 66-0
Telefax (0 77 61) 56 62 69

1 Dir, 3 R

Jockers, Heinz, Dir	1. 2. 93	4. 4. 47
Maisack, Christoph, ½	20. 4. 90	11. 5. 53
Stork, Rupert	28. 9. 92	18. 8. 60
Götz, Stefan	2. 9. 94	19. 3. 61

Schopfheim   E 28 957
Hauptstr. 16, 79650 Schopfheim
Postfach 13 12, 79643 Schopfheim
T (0 76 22) 6 77 70
Telefax (0 76 22) 67 77 67

1 Dir

Gürtler, Harald, Dir	1. 2. 93	21. 9. 50

Schönau i. Schwarzwald   E 18 399
Friedrichstr. 24, 79677 Schönau
T (0 76 73) 9 11 30
Telefax (0 76 73) 91 13 20

1 Dir

N. N., Dir	—	—

St. Blasien   E 13 687
Am Kurgarten 15, 79837 St. Blasien
Postfach 12 06, 79830 St. Blasien
T (0 76 72) 9 31 20
Telefax (0 76 72) 43 47

1 Dir

Priess, Walter, Dir	14. 3. 79	16. 7. 40

Waldshut-Tiengen   E 99 623
Bismarckstr. 23, 79761 Waldshut-Tiengen
Postfach 12 44, 79742 Waldshut-Tiengen
T (0 77 51) 8 81-0
Telefax (0 77 51) 88 13 05

1 Dir, 4 R

Ertelt, Holm, Dir	1. 2. 93	10. 2. 44
Möckel, Ulrich	1. 12. 92	21. 10. 62
Rühl, Wolfgang	10. 5. 93	26. 2. 59
Häfner, Christoph	5. 12. 97	6. 8. 65

Staatsanwaltschaften

Generalstaatsanwaltschaft Karlsruhe

Hoffstr. 10, 76133 Karlsruhe
T (07 21) 92 60
Telefax (07 21) 9 26 50 04

1 GStA, 2 LOStA, 10 OStA

Generalstaatsanwalt

Hertweck, Günter	—	5. 10. 38

Leitender Oberstaatsanwalt

Frenzel, Alexander	26. 2. 97	7. 8. 46

Oberstaatsanwältin/Oberstaatsanwälte

Kaseros, Irene	1. 8. 98	2. 4. 51
Brenk, Thomas	1. 8. 98	23. 1. 53
Häberle, Peter	3. 12. 98	11. 10. 58

Staatsanwaltschaft Baden-Baden
Sophienstr. 30, 76530 Baden-Baden
Postfach 10 04 28, 76485 Baden-Baden
T (0 72 21) 36-20
Telefax (0 72 21) 36 21 60

1 LOStA, 1 stVLOStA, 2 StA (GL), 8 StA – 1 kw,
1 LSt –

Leitender Oberstaatsanwalt

Fluck, Peter	1. 2. 98	8. 1. 45

Oberstaatsanwalt

Dr. Klee, Robert-Dieter, stVLOStA	3. 5. 90	6. 10. 36

Staatsanwältinnen/Staatsanwälte

Marquart, Brigitte GL	1. 12. 92	25. 3. 47
Mendler, Beate GL	20. 12. 95	—

Klose, Michael	1. 10. 89	19.	1. 58
Koch, Ekkhart	27. 12. 96	22.	3. 61
Wiemann, Arne, abg.	4. 7. 97	12.	3. 65
Leven, Dagmar, abg.	25. 9. 97	2.	7. 65
Leipold, Andreas	28. 10. 97	22.	8. 65
Allgeier, Maria, beurl.	20. 2. 98	5.	9. 65
Thiel, Katja	2. 2. 99	27.	3. 67
Huß, Andrea	16. 4. 99	18.	7. 68

Staatsanwaltschaft Freiburg i. Breisgau
Kaiser-Joseph-Str. 259, 79098 Freiburg
79095 Freiburg
T (07 61) 2 05-0
Telefax (07 61) 2 05 26 66

1 LOStA, 1 stVLOStA, 6 OStA, 4 StA (GL),
16 StA – 1 kw –

Leitender Oberstaatsanwalt
N.N.   —   —

Oberstaatsanwälte

Restle, Heinz-Eugen,			
stVLOStA	19. 3. 93	25.	1. 36
Dr. Gollrad, Walter	22. 10. 91	8.	4. 44
Frank, Christoph	16. 12. 93	12.	8. 52
Maier, Wolfgang	6. 6. 94	9. 12. 48
Villwock, Edgar	1. 3. 97	14. 10. 50

Staatsanwältinnen/Staatsanwälte

Adam, Hansjörg, EStA, GL	1. 5. 74	30. 11. 37
Zier, Heinz, GL	—	11. 2. 49
Gebauer, Johannes	27. 6. 88	2. 6. 57
Nowak, Uwe	1. 9. 88	23. 3. 56
Klippstein, Bernd	17. 2. 89	14. 4. 57
Fünfgeld, Michael	1. 9. 89	10. 12. 56
Burger, Bernhard	1. 9. 89	16. 1. 57
Berger, Eckart	1. 3. 92	29. 1. 58
Mächtel, Michael	15. 9. 92	4. 4. 59
Zäh, Stephan	18. 3. 94	1. 4. 60
Baller, Cord-Jesko	20. 4. 94	6. 3. 61
Ganser, Thomas	7. 9. 94	27. 3. 61
Winterer, Heidi-Verena	29. 12. 94	30. 4. 60
Friedrich, Elke	7. 2. 95	28. 7. 62
Boskamp, Hans	19. 9. 95	14. 11. 60
Janke, Iris, abg.	2. 10. 98	31. 10. 64

Zweigstelle in Lörrach
Untere Wallbrunnstr. 19, 79539 Lörrach
T (0 76 21) 40 80
Telefax (0 76 21) 40 82 26

1 OStA (AL), 2 StA (GL), 8 StA

Oberstaatsanwalt

| Stolle, Rolf | 9. 10. 89 | 23. 6. 41 |

Staatsanwältin/Staatsanwälte

Bürgelin, Otto GL	19. 8. 91	22. 2. 50
Inhofer, Dieter GL	22. 12. 95	26. 5. 59
Quinker, Gert	15. 2. 84	18. 9. 42
Klein, Gabriele, ½	1. 6. 93	21. 7. 63
Schmid, Rainer	24. 10. 94	9. 2. 63
Middeke, Veronika, beurl.	18. 9. 95	29. 12. 61
Bachmann, Nicou	4. 1. 96	26. 5. 61
Schaber, Kirsten, abg.	4. 12. 97	14. 12. 65
Petersen, Lars	22. 1. 99	13. 3. 64
Sanchez-Hermosilla,		
Fernando, abg.	1. 6. 99	26. 10. 65

Staatsanwaltschaft Heidelberg
Kurfürstenanlage 23–25, 69115 Heidelberg
Postfach 10 53 08, 69043 Heidelberg
T (0 62 21) 5 90
Telefax (0 62 21) 59 18 22 + -93

1 LOStA, 1 stVLOStA, 3 OStA, 3 StA (GL),
18 StA – 2 kw –, 3 LSt (StA)

Leitender Oberstaatsanwalt

| Wechsung, Peter | 1. 2. 97 | 15. 10. 41 |

Oberstaatsanwälte

O'Donohue, Elke,		
stVLOStA	11. 10. 96	11. 6. 52
Dr. Münstermann,		
Manfred	27. 1. 86	21. 12. 40
Lutz, Rüdiger	5. 2. 92	20. 2. 39

Staatsanwältinnen/Staatsanwälte

Steinbacher, Joachim, GL	8. 8. 97	10. 2. 48
Rother, Manfred, GL	29. 12. 98	4. 5. 50
Drittler, Martina, GL	9. 8. 99	13. 8. 61
Schmelcher, Volker, abg.	1. 4. 92	23. 1. 58
Vierneisel, Christiane	28. 3. 94	5. 12. 61
Gattner, Anette, beurl.	15. 4. 94	12. 11. 60
Obländer, Werner	7. 9. 94	10. 11. 61
Fischer, Winfried, abg.	18. 10. 94	28. 12. 59
Bargatzky, Nicole	17. 2. 95	16. 8. 62
Dr. Kaiser, Gerd, abg.	1. 10. 95	6. 5. 61
Reich, Petra, beurl.	12. 10. 95	12. 4. 64
Herrgen, Andreas	28. 5. 96	23. 11. 64
Dr. Stecher, Heinrich,		
abg.	30. 10. 96	11. 7. 61
Richter, Jörg	18. 4. 97	9. 11. 61
Schüssler, Romeo	4. 7. 97	20. 8. 63
Abels, Stefanie, abg.	2. 3. 98	5. 8. 65
Teinert, Matthias	21. 7. 99	31. 3. 64
Dr. Krauß, Michael	13. 12. 99	19. 7. 63

Staatsanwaltschaft Karlsruhe
Akademiestr. 6–8, 76133 Karlsruhe
Postfach 10 02 11, 76232 Karlsruhe
T (07 21) 92–60
Telefax (07 21) 9 26 50 05

1 LOStA, 1 stVLOStA, 6 OStA – 1 kw –,
5 StA (GL), 21 StA

Leitender Oberstaatsanwalt

Kaiser, Dagomar	19. 9. 85	8. 3. 37

Oberstaatsanwältin/Oberstaatsanwälte

Schwarz, Alexander, stVLOStA	1. 4. 98	3. 10. 55
Bodié, Hansjoachim	28. 4. 86	24. 11. 37
Diez-Echle, Barbara	6. 8. 90	13. 10. 38
Röthig, Manfred	19. 11. 91	6. 3. 42
Armbrust, Klaus	1. 6. 94	5. 5. 52
Zimmermann, Peter	1. 1. 99	1. 5. 54

Staatsanwältinnen/Staatsanwälte

Janetzky, Hartmut, GL	21. 8. 92	7. 4. 45
Droxler, Klaus, GL, abg.	22. 1. 93	8. 7. 46
Singhal, Heidrun, GL	13. 8. 93	20. 2. 41
Marx, Matthias	16. 2. 90	12. 3. 58
Gremmelmaier, Jürgen	1. 11. 92	18. 9. 61
Knopf, Petra	1. 3. 93	13. 6. 59
Zaunbrecher, Sylvio	19. 5. 93	25. 12. 59
Frank, Armin, abg.	20. 9. 93	—
Wimmer, Hermann, abg.	15. 3. 94	6. 5. 60
Leber, Michael	15. 3. 94	—
Weber, Anja	17. 3. 94	9. 1. 64
Spillecke, Karin	21. 3. 94	4. 6. 62
Rubik-Kreutzfeldt, Martina, abg.	23. 3. 95	3. 6. 60
Dr. Schacht, Martin	14. 6. 95	9. 5. 58
Jentsch, Malte	15. 9. 95	6. 2. 60
Specht, Stefanie, ½	10. 11. 95	26. 10. 61
Klose, Sabine	31. 10. 96	12. 12. 65
Lange, Annegret, abg.	9. 1. 97	13. 4. 65
Kunz, Gregor	1. 3. 97	14. 5. 65
Gruber, Monika, abg.	21. 9. 98	16. 6. 65
Lohse, Kai	7. 1. 99	8. 10. 64
Brandner, Dorothea	—	26. 6. 52
Dietz, Petra	—	29. 10. 58

Zweigstelle in Pforzheim
Schulbergstaffel 1, 75175 Pforzheim
Postfach 16 66, 75116 Pforzheim
T (0 72 31) 30 91
Telefax (0 72 31) 30 93 79

2 OStA (AL), 5 StA

Oberstaatsanwälte

Hof, Wolfgang	6. 9. 77	23. 2. 36
Schwierck, Hans-Werner	1. 1. 99	10. 1. 44

Staatsanwältinnen/Staatsanwälte

Gugau, Gabriele	1. 10. 86	6. 10. 55
Regel, Christiane, beurl.	13. 3. 95	12. 2. 63
Lorenz, Christian	15. 3. 96	28. 10. 63
Wiedmer, Petra, abg.	29. 6. 98	26. 2. 66
Schröder, Andreas	3. 3. 98	3. 3. 67
Kieß, Joachim	17. 9. 98	16. 8. 62

Staatsanwaltschaft Konstanz
Untere Laube 36, 78462 Konstanz
Postfach 10 19 42, 78419 Konstanz
T (0 75 31) 2 80-0
Telefax (0 75 31) 28 02 01

Außenstelle Villingen-Schwenningen
Am Niederen Tor 3,
78050 Villingen-Schwenningen
T (0 77 21) 20 30
Telefax (0 77 21) 20 31 85

1 LOStA, 1 stVLOStA, 3 OStA, 3 StA (GL),
9 StA, 1 LSt (StA)

Leitender Oberstaatsanwalt

Boll, Olaf	1. 3. 94	8. 2. 48

Oberstaatsanwälte

Dr. Busam, Gerhard, stVLOStA	27. 1. 95	19. 7. 49
Weiß, Christian	1. 6. 84	19. 4. 39
Bischoff, Jürgen	31. 1. 92	3. 8. 46

Staatsanwältinnen/Staatsanwälte

Gnädinger, Fritz-Joachim, GL	1. 10. 86	18. 4. 38
Muthmann, Peter, GL	16. 2. 95	20. 1. 45
Eitze, Peter, GL	20. 12. 95	2. 9. 48
Dr. Helbig, Fritz, GL	1. 6. 98	17. 10. 52
Böhme, Michael	9. 11. 77	24. 9. 43
Fritze, Heiner	8. 2. 84	12. 1. 55
Dr. Henssler, Friederike, ½, abg.	1. 2. 86	6. 1. 55
Gerlach, Ulrich	1. 2. 93	29. 4. 59
Stutz, Anita, abg.	7. 2. 95	21. 7. 64
Mathy, Andreas	17. 2. 95	12. 2. 61
Steiner, Ulrike	24. 9. 97	25. 4. 64
Hornstein, Arno	13. 2. 98	4. 3. 66

Staatsanwaltschaft Mannheim
L 10, 11–12, 68161 Mannheim
68149 Mannheim
T (06 21) 2 92-0
Telefax (06 21) 2 92 24 49

1 LOStA, 1 stVLOStA, 8 OStA – 1 kw –, 7 StA
(GL), 35 StA – 2 kw –, 1 LSt (StA)

Leitender Oberstaatsanwalt

Dr. Kühner, Horst   1. 7. 93   —

Oberstaatsanwälte

Kneip, Wolfgang,
  stVLOStA   1. 2. 97   —
Dr. Knöppel, Gerhard   4. 7. 88   12. 10. 38
Dietz, Ulrich   5. 2. 90   24. 3. 40
Jobski, Hubert   6. 10. 92   24. 10. 44
Jehle, Peter   8. 3. 94   8. 8. 46
Arnold, Volkmar   11. 12. 95   29. 8. 42
Larcher, Johann   29. 4. 97   23. 8. 45
Gattner, Oskar   29. 4. 97   —

Staatsanwältinnen/Staatsanwälte

Frost, Jochen, GL   16. 7. 90   22. 12. 40
Seitz, Rolf-Konrad, GL   12. 5. 93   17. 7. 51
Dr. Hofmann, Reinhard,
  GL   29. 1. 96   4. 1. 53
Vizethum, Walter, GL   25. 11. 97   27. 4. 47
Ullrich, Stephan, GL   27. 11. 97   7. 7. 54
Ritter, Manfred, GL   8. 1. 99   19. 6. 52

Skopp, Peter   1. 9. 81   15. 12. 51
Koester-Buhl, Roseluise,
  ½, abg.   22. 9. 86   18. 7. 58
Seiler, Jochen   1. 10. 88   12. 9. 56
Theuerl-Neubeck,
  Sonja, ½   19. 7. 90   22. 6. 58
Bauer-Disson, Ursula, ½   20. 7. 90   21. 11. 59
Böhmer, Isa, ½   1. 10. 90   9. 8. 60
Unkel, Jutta, beurl.   13. 2. 92   21. 7. 61
Zimmer-Odenwälder,
  Claudia, ½   1. 9. 94   14. 9. 60
Schöpf, Gabriele   7. 9. 94   26. 2. 59
Krenz, Bettina, abg.   1. 10. 94   19. 5. 61
Anderson, Kerstin   1. 10. 94   18. 11. 61
Dresel, Georg   4. 10. 94   29. 4. 51
Ruby-Wesemeyer,
  Ursula, ½   14. 10. 94   19. 9. 63
Arnold, Christina   26. 10. 94
Grossmann, Andreas   2. 12. 94   10. 5. 61
Krebs-Dörr, Petra, abg.   10. 2. 95   24. 10. 62
Reichardt, Beate   17. 2. 95   21. 9. 63
Schmittel, Antje   31. 7. 95   26. 11. 62
May, Christiane, ½   13. 9. 95   24. 6. 63
Wiedemann, Gisela, beurl. 13. 9. 95   19. 6. 64

Siegrist, Uwe   13. 9. 95   14. 1. 65
Schultz, Birgit   2. 11. 95   —
Morweiser, Stephan   15. 3. 96   8. 7. 63
Rensch, Michael   15. 3. 96   20. 1. 63
Maier, Stephan   24. 4. 96   29. 8. 63
Schäfer, Uwe, abg.   26. 4. 96   10. 7. 64
Bültmann, Daniela   27. 2. 97   13. 6. 65
Velte, Simone   15. 12. 97   27. 7. 66
Gredner-Steigleider, H.,
  beurl.   23. 12. 98   29. 5. 64
Dürr, Sonja, abg.   6. 4. 99   12. 10. 68
Dr. Kircher, Holger, abg. 15. 11. 99   27. 12. 65
Rinio, Olaf   10. 12. 99   6. 3. 69

Staatsanwaltschaft Mosbach (Baden)
Hauptstr. 89, 74821 Mosbach
Postfach 13 60, 74803 Mosbach
T (0 62 61) 87-0
Telefax (0 62 61) 8 74 37

1 LOStA, 1 OStA, 1 StA (GL), 6 StA

Leitender Oberstaatsanwalt

Johe, Peter   10. 11. 89   29. 6. 40

Oberstaatsanwalt

Heister, Herbert   12. 2. 93   11. 9. 48

Staatsanwältin/Staatsanwälte

Eberhardt, Manfred, GL   5. 8. 92   24. 4. 43

Heering, Franz-Josef   15. 5. 94   25. 11. 61
Lossen, Martin, abg.   7. 9. 94   29. 5. 62
Hammer, Ursula   25. 1. 96   25. 7. 61
Geiger, Hans-Georg   15. 3. 96   11. 10. 62
Schmid, Stefan   28. 10. 97   4. 1. 65

Staatsanwaltschaft Offenburg
Moltkestr. 19, 77654 Offenburg
T (07 81) 9 33-0
Telefax (07 81) 9 33 13 60 + 90

1 LOStA, 1 stVLOStA, 2 StA (GL), 9 StA – 1 kw –

Leitender Oberstaatsanwalt

Eißer, Wolfgang   1. 8. 98   30. 11. 49

Oberstaatsanwalt

Dr. Collmann,
  Hans-Jürgen, stVLOStA   1. 1. 91   15. 3. 44

Staatsanwältinnen/Staatsanwälte

Biehlman, Josef   1. 2. 82   19. 3. 50
Reimold, Hans-Jürgen   26. 9. 84   29. 11. 45
Wiedemann, Jochen   13. 6. 96   27. 12. 61
Feistel, Michaela, abg.   19. 12. 96   5. 7. 64

Bürgelin, Stefan	1. 7.97	28.12.64
Wahle, Dorothee, ½, abg.	25. 9.97	3. 8.67

Staatsanwaltschaft Waldshut-Tiengen
Amtshausstr. 5, 79761 Waldshut-Tiengen
Postfach 12 54, 79742 Waldshut-Tiengen
T (0 77 51) 8 81-0
Telefax (0 77 51) 88 11 37

1 LOStA, 1 OStA, 1 StA (GL), 5 StA

Leitender Oberstaatsanwalt

Wehmeier, Gerhard	1. 2.94	27. 5.49

Oberstaatsanwalt

Dietsche, Konrad	1. 6.94	3.10.38

Staatsanwältinnen/Staatsanwälte

Holler-Welz, Ulrike, GL, ½	18. 1.95	18. 7.53
Basler, Margarete	1. 3.86	10. 8.55
Knoll, Carminia, abg.	1. 7.94	—
Bühler, Simone, beurl.	15. 3.96	29. 8.64
Dr. Reupert, Christine	3. 2.97	15. 1.61
Dr. Berger, Michael	29. 9.97	22. 2.63
Lämmlin-Daun, Susanne	6. 8.99	30. 4.69

Notariate

Achern

Dr. Eberle, Norbert, OJR	1.10.97	4.12.55
Dr. Kauffer, Thomas, JR	15. 9.93	8.10.60

Adelsheim

Dr. Theisinger, Thomas, OJR	21. 1.99	12. 1.51

Aglasterhausen

Zimmer, Robert, OJR	13.11.80	24. 7.46

Bad Säckingen

Posern, Ludwig, OJR	19. 7.78	2.11.43
Hauschildt, Klaus, JR	19. 5.83	25. 7.52

Baden-Baden

Fuchs, Hans Klaus, OJR	2. 7.79	13. 9.44
Dr. Schwanecke, Hans Joachim, JR	18. 1.78	16.10.46

Bonndorf

Wamhoff, Josef, OJR	18. 7.83	30.12.41

Boxberg

Barth, Robert, OJR	22. 2.94	11. 5.54

Breisach

Krinke, Andreas, OJR	21. 5.81	26. 4.44
Hostert, Roland, JR	15. 8.81	4. 7.50

Bretten

Bräuer, Leo, OJR	25.10.85	24.12.45

Bruchsal

Gärtner, Karl-Heinz, ND	1.10.97	9.12.39
Feterowsky, Ulrich, OJR, stVND	12. 1.79	3.11.42

Dr. Spieß, Wolfgang, JR	1.11.69	30.11.37
Hecker, Josef, JR	1. 3.71	9. 1.37

Buchen

Zwick, Manfred, OJR	12. 9.97	14. 9.51

Bühl

Schilfarth, Klaus, OJR	1. 6.89	3. 5.42
Nagel, Ulrich, JR	9. 6.89	7.12.56

Donaueschingen

Lamp, Hermann, OJR	7. 4.99	7. 1.52

Eberbach

Mack, Franz, OJR	1. 4.86	29.12.49

Emmendingen

Veit, Alfons, OJR	1. 5.90	14. 9.49
Kocks, Bernd, JR	3.10.80	3.11.48
Deppner, Klaus, JR	19. 9.86	20. 9.54

Engen

Keller, Rüdiger, OJR	27. 8.99	16. 5.48

Ettenheim

Weppler, Philipp, JR	1. 3.93	15. 5.61

Ettlingen

Leyk, Siegfried, OJR	1. 3.90	—
Dr. Mayer, Ulrich, JR	1. 6.86	—
Vogel, Karina, JR, ½	1.10.94	—

Freiburg

Dr. Poetzl, Gerhart, ND	1. 2.99	24. 4.37
Küpper, Eckhard, stVND	1. 1.94	31.10.35
Huke, Gerd, JR	1. 8.71	26. 4.41
Braun, Eycke, JR	19.12.72	12. 8.41

Marliani, Rembert, JR	2. 9.76	26. 1.43
Stopfkuchen, Reinhard, JR	1.10.78	15. 7.48
Pohl, Elmar, JR	8. 3.79	26. 3.50
Ekkernkamp, Dieter, JR	10. 7.81	4.11.49

Furtwangen

Winterhalter, Markus, JR	1.12.98	22. 5.67

Gengenbach

Dr. Schubert, Walter, OJR	1.12.85	2. 6.43

Gernsbach

Karch, Remigius, OJR	26.10.92	25. 6.55

Haslach

Faber, Ulrich, OJR	1. 7.71	7. 9.36

Heidelberg

N.N., ND	—	—
Tzschaschel, Hans-Ulrich, stVND	1. 1.94	16.12.38
Gaul, Manfred, JR	1.10.78	28. 2.47
Schmenger, Wolfgang, JR	26.11.81	27. 9.46
Dr. Firgau, Bernhard, JR	1.10.84	26. 4.54
Alt, Regine	27. 2.87	16.12.54
Lunz, Bernhard, JR	23. 1.96	7. 5.63
Jung, Dorothea, JR	—	19.11.51

Kandern

Burkhardt, Wolfram, OJR	27.12.96	14. 2.51

Karlsruhe

Prof. Dr. Langenfeld, Gerrit, ND	1. 1.94	3. 5.41
Stahl, Peter, JR	17. 2.78	26. 8.47
Dr. Rastätter, Jürgen, JR	14. 4.81	10. 7.52
Schwenke, Renate, JR	10.10.83	4. 9.55
Kersten, Martin, JR	4.11.85	—
Dr. Stiegeler, Andreas, JR	8. 4.86	12.12.54
Zimmermann, Theodor, JR	10. 2.88	22. 4.55

Karlsruhe-Durlach

Strube, Jürgen, OJR	13. 6.98	22.12.42
Meyer, Konrad, JR	14. 2.75	9. 2.43
Lorenz, Peter, JR	25. 2.91	14.10.57

Kehl

Strauch, Gerhard, ND	1. 1.87	10. 8.37
Korf, Karl Georg, JR	1. 4.72	16. 2.42
Kämpf, Dieter, JR	28. 1.81	22. 8.48

Kenzingen

Kuhn, Michael, OJR	1. 2.97	11. 2.51
Hostert, Roland, JR	15. 8.81	4. 7.50

Kirchzarten

Reblitz, Horst, OJR	1. 4.73	23. 2.35

Klettgau

N.N.	—	—

Konstanz

Tamm, Volker, ND	1.12.86	12. 5.39
Dr. Sernatinger, Manfred, OJR, stVND	1.11.75	25. 9.37
Dr. Stutz, Andrea, JR	15. 9.95	16. 8.63

Lahr

Förster, Karl-Ferdinand, OJR	1. 4.87	26. 2.50
Kümmerle, Michael, JR	13. 4.95	31. 5.59

Lörrach

Dehner, Karl-Ferdinand, ND	1. 6.95	—
Honold, Eckehart, JR	2. 2.73	21. 7.40
Stutzmann, Hans-Joachim, JR	17. 7.81	5.12.48
Barthel, Herbert, JR	1. 8.82	20. 5.49
Dr. Maier, Hans Christian	16. 2.90	6. 3.59
Dr. Stürzebecher, Thomas	1.10.93	26. 5.61

Mannheim

Dr. Schwenger, Arvid, ND	1. 3.00	25. 2.42
Dr. Weithase, Franz, stVND	1.10.99	10. 5.38
Umstätter, Hans Otto, JR	1. 9.73	15. 1.43
Dr. Preusche, Rainer, JR	28. 7.77	11.10.43
Beck, Rolf, JR	20. 1.81	24. 4.52
Dr. Bangert, Curt, JR	1. 4.85	15. 7.54
Eichhorn, Werner, JR	1. 3.86	4. 4.55
Wittke, Detlef, JR	—	28.10.41

Meersburg

Dr. Miras, Antonio, JR	2.12.98	23. 8.67

Mosbach

Krampe, Sigfrid, JR	1. 2.71	17. 5.39
Milzer, Lutz, JR	28. 1.91	13. 8.58

Müllheim

Dr. Sandweg, Hans-Eberhard, OJR	18. 1.77	18. 3.37

Neckarbischofsheim

Dr. Gliese, Rainer, OJR	16.10.87	16. 1.45

Oberkirch

Neuwirth, Georg, OJR	8.10.97	15. 6.58

Offenburg

Jockers, Peter, ND	1.11.98	10. 8.41
Kunzmann, Hartmut, JR	1. 3.70	16.12.39
Körner, Reinhard, JR	3. 9.93	14. 4.61
Hofstetter, Ludger, abg.	29. 7.94	3. 5.58

Philippsburg
N.N. — —

Pforzheim
N.N., ND — —
Dr. Maier, Konrad,
  stVND 10. 2.98 12. 7.39
Lingenfelser, Franz, JR 1. 2.76 8. 9.44
Hartmann, Hans-
  Joachim, JR 1. 8.81 3.10.49
Krais, Herbert, JR 8. 8.83 14. 5.46
Mohr, Günter, JR 1.10.84 28. 7.53
Werst, Christoph 1. 2.93 1. 1.58

Rastatt
Ettl, Hans-Peter, ND 1. 1.99 30. 4.38
Kämmerling, Monika,
  JR, ½ 6.11.78 19. 2.50
Dr. Sauerland, Hans-
  Ulrich, JR 31. 5.79 10. 3.50
Körber, Joachim, JR 1. 2.82 1. 4.51
Spital, Hermann, JR 30.11.98 5. 3.67

Schopfheim
Klein, Hans-Jörg, OJR 15. 6.99 6. 3.59

Schönau
Braun, Ingo, OJR 1. 9.78 16. 5.43

Schwetzingen
Dr. Hörer, Bernd, ND 1. 4.99 13. 2.44
Schmidt, Jürgen, JR 1. 4.78 14. 5.49
Frauenfeld, Peter, JR 31. 8.79 23.11.45
Wipfinger-Fierdel,
  Gudrun, JR, ½ 1.10.92 9. 3.58
Stucky-Kieser, Claudia,
  JR, ½ 1.10.92 28. 9.60

Singen
Peter, Manfred, ND 1.12.97 11. 1.44
Schmermund, Ekhard, JR 1. 9.78 12. 9.47
Dr. König, Eleonore, ½ 1. 2.92 10. 5.57
Rimmele, Bertram 1. 2.94 1. 5.61

Sinsheim
Hoffmann, Klaus, OJR 1. 1.86 19. 9.48

Staufen
Melchers, Johannes, JR 16. 9.77 24. 4.46

St. Blasien
Dr. Fröhler, Oliver, JR 1.10.99 7. 7.66

Stockach
Dr. Mitschke, Jörg-Michael,
  OJR 5.10.92 13. 5.47

Tauberbischofsheim
Dr. Hänle, Wolfgang,
  OJR 1. 3.95 21. 7.45
Hein, Andreas, JR 8. 1.96 17.12.62

Titisee-Neustadt
Dr. Bauer, Werner, OJR 1. 9.92 12.12.53

Überlingen
Stadler, Hans-Hermann,
  OJR 1. 7.97 10. 4.50
Ebert, Johannes, JR 31. 3.98 31. 3.65

Villingen
Buddeberg, Hans, ND 1.11.98 2.11.49
Renz, Eugen, JR 15.11.86 11. 9.56
Randt, Claus Stephan,
  JR 1. 4.87 10.12.53

Waldkirch
Germer, Manfred, OJR 21. 7.75 12. 5.38

Waldshut-Tiengen
Fürderer, Horst, ND 1. 1.83 3. 9.36
Götz, Bernhard, JR 22.10.81 12. 5.51

Walldürn
Schroeder, Klaus, OJR 16. 3.94 28. 9.44

Weinheim
Dr. Hoffmann-Remy,
  Ulrich, OJR 8. 3.94 22. 5.49
Sperker, Gerhard, JR 1. 3.86 19. 5.55

Wertheim
Dr. Maier, Gunter, OJR 1.12.78 9. 3.44
Dr. Schmidt, Horst
  Günther, JR 1. 8.76 24. 2.44

Wiesloch
Eckert, Götz, OJR 1. 4.99 12.12.50
Oppelt, Dirk, JR 4. 8.94 9. 2.62
Erker, Ingolf, JR 25. 9.95 28.11.60

Oberlandesgerichtsbezirk
Stuttgart

8 Landgerichte:

Ellwangen (Jagst), Hechingen, Heilbronn, Ravensburg, Rottweil, Stuttgart, Tübingen, Ulm

Kammern für *Handelssachen*:

Ellwangen (Jagst), Hechingen, Heilbronn, Ravensburg, Rottweil, Stuttgart, Tübingen, Ulm

56 Amtsgerichte

Schöffengerichte:

bei allen Amtsgerichten außer den nachstehend aufgeführten
Gemeinsames Schöffengericht für die Amtsgerichte, bei denen ein Schöffengericht nicht gebildet wird, ist

für den AGBez.:	*das Schöffengericht:*
Langenburg:	Crailsheim
Neresheim:	Ellwangen
Albstadt und Balingen:	Hechingen
Brackenheim:	Heilbronn
Besigheim:	Marbach
Künzelsau:	Öhringen
Riedlingen:	Biberach
Bad Waldsee:	Ravensburg
Leutkirch:	Wangen
Oberndorf:	Rottweil
Spaichingen:	Tuttlingen
Nagold:	Calw
Bad Urach und Münsingen:	Reutlingen
Rottenburg:	Tübingen
Ehingen:	Ulm

Familiengerichte:

bei allen Amtsgerichten außer den nachstehend aufgeführten

Familiengericht für die Amtsgerichte, bei denen ein FamG nicht gebildet wird, ist

für den AGBez.:	*das FamG:*
Langenburg:	Crailsheim
Neresheim:	Ellwangen
Marbach und Vaihingen:	Besigheim
Brackenheim:	Heilbronn
Künzelsau:	Öhringen
Riedlingen:	Biberach
Bad Waldsee:	Ravensburg
Leutkirch:	Wangen
Horb:	Freudenstadt
Spaichingen:	Tuttlingen
Münsingen:	Reutlingen
Ehingen:	Ulm

Landwirtschaftsgerichte:

grundsätzlich nur bei den Amtsgerichten am Sitz eines Landgerichts.
Sonderregelungen: Es sind zuständig

für den Bezirk des:	*das Landwirt-schaftsG:*
AG Besigheim, Brackenheim, Heilbronn, Marbach und Vaihingen:	Heilbronn
AG Künzelsau, Öhringen und Schwäbisch Hall:	Schwäbisch Hall
AG Biberach, Riedlingen und Saulgau:	Biberach
AG Bad Waldsee, Leutkirch, Ravensburg Tettnang und Wangen:	Ravensburg,
LG Stuttgart:	Böblingen

Oberlandesgericht Stuttgart

E 6 022 514
- Verw.Abt. – Olgastr. 2, 70182 Stuttgart
  70031 Stuttgart
  T (07 11) 21 20, Telefax (07 11) 2 12 32 31
- Ger.Abt. – Ulrichstr. 10, 70182 Stuttgart
  Postfach 10 36 53, 70031 Stuttgart
  T (07 11) 21 20, Telefax (07 11) 2 12 30 24/30 29
- Gem. DV-Stelle – Olgastr. 5, 70182 Stuttgart
  Postfach 10 36 53, 70031 Stuttgart
  T (07 11) 21 20, Telefax (07 11) 2 12 33 01

1 Pr, 1 VPr, 22 VR, 69 R (davon 6 UProf. im 2. Hauptamt), 4 LSt (R)

Präsident

Stilz, Eberhard	1. 10. 96	30. 5. 49

Vizepräsident

Dr. Hub, Georg	19. 10. 98	21. 11. 36

Vorsitzende Richterin/Vorsitzende Richter

Dr. Häberle, Otmar	1. 5. 86	4. 9. 36
Dr. Hartmaier, Hans	15. 11. 89	21. 10. 35
Dr. Schwarz, Ulrich	12. 8. 91	12. 6. 36
Holzapfel, Helmut	11. 2. 92	13. 3. 36
Strobel, Johannes	3. 11. 93	18. 9. 39
Körner, Hanns-Joachim	31. 1. 95	25. 11. 36
Ehni, Karl Heinz	23. 12. 96	15. 5. 36
Dr. Krukenberg, Hartmut	23. 12. 96	27. 7. 38
Treuer, Dieter	28. 2. 97	20. 7. 38
Borth, Helmut	8. 7. 97	25. 11. 43
Laier, Frank	30. 1. 98	26. 6. 39
Rieß, Albrecht	30. 6. 98	12. 3. 50
Dr. Lütje, Eckhard	24. 7. 98	23. 5. 38
Schöck, Gerhard	30. 12. 98	2. 8. 39
Schmehl, Martin	26. 2. 99	24. 3. 38
Rabbow, Britta	29. 3. 99	27. 11. 43
Dr. Heissler, Udo	1. 4. 99	9. 4. 41
Dr. Foth, Albrecht	22. 6. 99	4. 2. 43
Dr. Tempel, Peter	22. 6. 99	31. 7. 38

Richterinnen/Richter

Pfeiffer, Friedrich	1. 3. 78	5. 6. 36
Keller, Dieter	1. 2. 80	29. 2. 36
Uebe, Eckart	1. 2. 80	6. 3. 37
Dr. Hall, Hans Joachim	1. 1. 82	28. 1. 38
Dr. Loos, Ernst	1. 8. 82	9. 2. 38
Stahl, Peter	1. 10. 84	31. 5. 39
Dr. Schmid, Karl-Heinz	20. 1. 86	24. 10. 44
Dr. Kiefer, Hans-Michael	1. 8. 86	13. 7. 38
Steck, Günther	23. 7. 87	24. 3. 43
Dr. Modersohn, Barbara	15. 6. 88	25. 10. 38

Dr. Müller, Werner	1. 11. 89	13. 4. 44
Dr. Herdrich, Jürgen	26. 4. 90	12. 12. 40
Dr. Sulzberger-Schmitt, Heidi	6. 2. 91	3. 10. 41
Strohm, Ingrid	2. 4. 91	2. 7. 44
Ehmann, Klaus	16. 5. 91	15. 9. 47
Böhm, Diether	14. 6. 91	18. 8. 46
Keinath, Walter	21. 10. 91	22. 8. 44
Schmid, Justus, abg.	1. 1. 92	7. 5. 51
Dr. Grünberg, Volker	24. 3. 92	24. 1. 47
Dr. Würthwein, Martin	2. 10. 92	20. 2. 50
Ditten, Dietrich	18. 12. 92	7. 3. 44
Dr. Kistner, Klaus	19. 4. 93	24. 4. 48
Stähle, Hartmut	25. 8. 93	4. 9. 50
Dabs, Volker	16. 6. 94	7. 3. 43
Dr. Tolk, Martin	20. 6. 94	21. 8. 48
Riess, Dieter	20. 9. 94	16. 11. 39
Kober, Albrecht, abg.	1. 11. 94	19. 3. 49
Fröhlich, Werner	20. 3. 95	30. 1. 47
Linsenmaier, Marianne	30. 5. 95	18. 12. 48
Fischer, Fritz	31. 5. 95	15. 12. 49
Ruf, Gerhard	12. 10. 95	7. 5. 51
von Seydlitz-Bökelmann, Gudrun, ½	7. 11. 95	5. 8. 53
Dr. Müller-Gugenberger, Christian	8. 11. 95	26. 7. 39
Schwarz, Hans-Erich	8. 11. 95	12. 10. 46
Grüßhaber, Karl	9. 11. 95	16. 6. 49
Dr. Zeller-Lorenz, Barbara, ½	29. 12. 95	30. 4. 49
Dr. Maurer, Hans-Ulrich	4. 7. 96	24. 5. 50
Kaulig, Jürgen	4. 7. 96	1. 8. 54
Görlich, Wolfgang	8. 7. 96	26. 9. 54
Weitbrecht, Sabine	31. 10. 96	3. 12. 46
Stößer, Eberhard	31. 10. 96	24. 6. 54
Ziemer, Rolf	25. 3. 97	24. 3. 48
Ellinger, Joachim	25. 3. 97	28. 7. 51
Holzer, Thomas	27. 3. 97	31. 7. 51
Sost-Scheible, Beate	27. 3. 97	1. 4. 56

Oechsner, Ulrich	30. 4.97	6.10.53
Dr. Hoffmann, Helmut	29. 7.97	25. 8.48
Dr. Motzer, Stefan	15. 8.97	30. 7.53
Dr. Brazel, Margit, ½	16. 9.97	16.12.50
Walter, Ingrid, ½	27.10.97	29.11.53
Dr. Wetzel, Rita, ½	30.10.97	30. 5.42
Henzler, Evelin, ½	23. 1.98	26.10.44
Dörr, Thomas	23. 1.98	20. 2.57
Rumler, Hans-Peter	23. 1.98	25. 2.58
Kodal, Karl	14. 9.98	6. 2.52
Dr. Schmidt, Wolfgang	18.11.98	15. 3.52
Taxis, Norbert, abg.	27.11.98	1. 7.57
Dr. Ruetz, Bernhard	24. 3.99	9. 8.50
Frey, Reiner	27. 4.99	17. 4.60
Weiss, Waldemar	27. 4.99	25.11.49
Dr. Foth, Dietmar	17. 6.99	26.10.56
Hettich, Jürgen	7. 9.99	17.11.55
Kassner, Rosita	7. 9.99	23. 3.55
Dr. Drescher, Ingo	1. 1.00	12. 7.56
Wendler, Axel	1. 1.00	6.10.51
Müller, Robert	1. 3.00	25.10.47

Prof. Dr. Fezer, Karl-Heinz	27. 2.89	16. 4.46
Prof. Dr. Hohloch, Gerhard	1. 7.90	31. 7.44

Landgerichtsbezirk Ellwangen (Jagst)

Landgericht Ellwangen (Jagst)   E 581 508
Marktplatz 7, 73472 Ellwangen (Jagst)
73477 Ellwangen (Jagst)
T (0 79 61) 8 10
Telefax (0 79 61) 8 12 60

1 Pr, 1 VPr, 8 VR, 10 R – 1 LSt –

Präsident

Kunath, Klaus	4. 7.88	1. 5.36

Vizepräsident

Esdar, Dietrich	22. 9.94	22. 1.39

Vorsitzende Richter

Schubert, Dietrich	10.11.88	1.11.39
Beutler, Werner	3. 2.92	22.11.43
Neun, Hans-Jochen	11. 4.94	15. 9.44
Rappold, Gerhard	10. 7.95	21.11.51
Mayerhöffer, Klaus	8.11.95	4. 9.51
Grupp, Dietmar	7. 1.98	13.12.56

Richterinnen/Richter

Trost, Werner	1.10.82	4.10.49

Frees-Flämig, Fridlinde, ½	28. 7.83	22. 1.54
Beyer, Klaus-Dieter	2. 3.87	14. 6.53
Gunzenhauser, Matthias	11. 5.90	2. 6.57
Scheel, Dagmar, ½	21. 2.91	10. 8.59
Dietze, Volker	23. 7.92	23. 5.59
Strecker, Norbert	22. 1.93	9. 5.60
Nagel, Jürgen, abg.	3. 8.95	2. 1.63
Finckh, Martin	1. 3.96	30. 6.63
Reuff, Martin	16. 8.96	20.12.64
Dr. Schendzielorz, Bernd	7. 7.97	24. 1.65
Fritsch, Bernhard	2.11.96	27. 6.65

Amtsgerichte

Aalen (Württ.)   E 93 444
Stuttgarter Str. 9+7, 73430 Aalen
Postfach 11 40, 73401 Aalen
T (0 73 61) 9 65 10
Telefax (0 73 61) 96 51 11

1 Dir, 5 R

Zeifang, Rainer, Dir	28. 8.89	2. 3.45
Heyer, Frank	1. 2.81	3. 5.49
Grimm, Hans-Dieter	23. 3.84	25. 5.54
Ziegler-Bastillo, Isolde, beurl.	14. 2.91	13. 2.60
Blase, Barbara	3. 8.93	19. 7.62
Scheel, Stefan	2. 5.94	23. 4.58
Keck, Dorothea, ½	3. 8.94	29.12.62

Bad Mergentheim   E 47 775
Schloß 5, 97980 Bad Mergentheim
T (0 79 31) 5 30-0
Telefax (0 79 31) 53 03 69

1 Dir, 2 R

Autenrieth, Martin, Dir	1. 8.99	29.10.50
Friedl, Susanne, beurl.	17. 8.95	6. 2.65
Dr. Hofmann, Klaus	16. 8.96	—

Crailsheim   E 52 994
Schillerstr. 1, 74564 Crailsheim
Postfach 11 51, 74551 Crailsheim
T (0 79 51) 40 10
Telefax (0 79 51) 40 13 22

1 Dir, 3 R

Bakaus, Utz-Helmut, Dir	1. 2.92	1. 2.43
Roggenbrod, Sabine, ½	29. 1.86	19. 8.55
Schiele, Anton	1. 8.87	25. 6.56

Ellwangen (Jagst)   E 59 356
Schöner Graben 25, 73479 Ellwangen
73471 Ellwangen
T (0 79 61) 81-0
Telefax (0 79 61) 8 12 85

1 Dir, 3 R

Renschler, Joachim, Dir	1. 12. 85	14. 2. 41
Heim, Wolfgang, abg.	1. 2. 83	8. 6. 46
Seibold, Johann	13. 10. 83	16. 6. 48
Ilg, Gerhard	1. 10. 86	6. 6. 55
Pfrommer, Jens, RkrA	(5. 1. 00)	16. 9. 68

Heidenheim a. d. Brenz   E 137 272
Olgastr. 22, 89518 Heidenheim
Postfach 11 20, 89501 Heidenheim
T (0 73 21) 38-0
Telefax (0 73 21) 38 12 34

1 Dir, 1 stVDir, 6 R

Friedrichs, Klaus, Dir	1. 1. 94	18. 6. 39
Leitte, Wilfried, stVDir	6. 10. 97	11. 2. 50
Haug, Wolfgang	8. 11. 79	10. 5. 47
Wienströer-Kraus, Barbara, ½	18. 6. 82	16. 5. 53
Bergmeister, Eberhard	13. 3. 91	15. 2. 59
Axt, Andrea	5. 2. 93	9. 11. 61
Klausner, Michael	21. 2. 97	15. 4. 64
Kohl, Birgit, ½	9. 3. 97	12. 1. 65

Langenburg (Württ.)   E 30 679
Bächlinger Str. 35, 74595 Langenburg
T (0 79 05) 9 10 30
Telefax (0 79 05) 51 64

1 Dir

Blickle, Robert, Dir	1. 12. 79	2. 9. 40

Neresheim   E 24 935
Hauptstr. 2, 73450 Neresheim
T (0 73 26) 9 61 80
Telefax (0 73 26) 96 18 25

1 Dir

Finsterle, Hans-Joachim, Dir	16. 10. 89	14. 8. 48

Schwäbisch-Gmünd   E 135 053
Rektor-Klaus-Str. 21, 73525 Schwäbisch-Gmünd
Postfach 11 20, 73501 Schwäbisch-Gmünd
T (0 71 71) 60 20
Telefax (0 71 71) 6 94 22

1 Dir, 1 stVDir, 6 R

Dr. Offenloch, Werner, Dir	1. 1. 94	26. 10. 37
Schuon, Peter, stVDir	1. 1. 94	20. 3. 36
Weber, Ingo	1. 3. 75	—
Hegele, Thomas	1. 1. 81	21. 11. 50
Lang, Michael	28. 9. 82	25. 12. 50
Neukamm, Harald	1. 2. 94	26. 1. 62
Ettel, Rainer	1. 3. 97	22. 11. 65

Landgerichtsbezirk Hechingen

Landgericht Hechingen   E 280 155
Heiligkreuzstr. 9, 72379 Hechingen
72375 Hechingen
T (0 74 71) 94 40
Telefax (0 74 71) 94 41 04

1 Pr, 1 VPr, 4 VR, 5 R

Präsident

Wax, Peter	25. 8. 95	3. 5. 39

Vizepräsident

Birk, Dieter	29. 12. 95	11. 11. 37

Vorsitzende Richter

Mehl, Dieter	1. 3. 78	23. 4. 40
Timm, Wolfram	30. 12. 85	13. 6. 39
Schäfer, Helmut	28. 11. 91	24. 8. 46
Müller, Gerd	5. 10. 92	5. 4. 47

Richter

Bauer, Wolfgang	11. 4. 74	20. 9. 41
Dr. Weng, Michael	27. 1. 76	11. 6. 45
Jauß, Hermann	2. 5. 76	5. 1. 44
Wührl, Ernst	30. 5. 92	9. 12. 59
Seifer, Thomas	2. 9. 94	2. 6. 57

Amtsgerichte

Albstadt   E 75 996
Gartenstr. 17, 72458 Albstadt
Postfach 1, 72421 Albstadt
T (0 74 31) 92 30
Telefax (0 74 31) 92 32 00

1 Dir, 4 R

N. N., Dir	—	—
Dett, Gerhard	4. 3. 87	30. 12. 53
Stahl, Joachim	1. 3. 97	10. 5. 64

Balingen E 66 716
Wilhelmstr. 8/1, 72336 Balingen
Postfach 10 01 51, 72301 Balingen
T (0 74 33) 9 70
Telefax (0 74 33) 97 25 99

1 Dir, 4 R

Stoltz, Martin, Dir	30. 4.97	6. 2.42
Schmid, Egon	24. 2.72	3. 5.35
Tackmann, Hans-Rainer	1. 2.77	31.12.60
Sieber, Roland	5. 2.99	12. 8.62

Hechingen E 49 978
Heiligkreuzstr. 9, 72379 Hechingen
T (0 74 71) 94 40
Telefax (0 74 71) 94 43 50 + 51

1 Dir, 4 R

Kuhnle, Eugen, Dir	28. 2.83	25. 8.42
Müller, Peter, ½	3. 2.78	25.12.46
Schindler, Wulf	1. 2.93	7. 1.60
Schwarz, Volker	10. 2.97	13. 2.66
Baumeister, Anke, ½	21. 7.97	4. 9.64

Sigmaringen E 87 465
Karlstr. 17, 72488 Sigmaringen
Postfach 11 54, 72481 Sigmaringen
T (0 75 71) 10 40
Telefax (0 75 71) 10 48 77

1 Dir, 3 R

Lenk, Franz, Dir	1. 1.94	24.12.48
Topell, Michael	1. 5.74	27. 4.41
Dorner, Jürgen	28.12.83	11. 8.53
Wenzel, Wolfgang	1. 9.88	6.10.56

Landgerichtsbezirk Heilbronn (Neckar)

Landgericht Heilbronn (Neckar) E 861 828
Wilhelmstr. 8, 74072 Heilbronn (Neckar)
Postfach 25 55, 74015 Heilbronn (Neckar)
T (0 71 31) 64-1
Telefax (0 71 31) 64 30 40

1 Pr, 1 VPr, 16 VR, 16 R

Präsident

Harriehausen, Gerhard	1. 3.00	14.10.42

Vizepräsident

Dr. Knoblauch, Werner	17. 1.96	12. 4.38

Vorsitzende Richterinnen/Vorsitzende Richter

Sihler, Günter	1. 11.75	2. 7.35
Pelzl, Ernst	1. 3.78	10.11.37
Nothdurft, Helmut	20. 5.86	10. 3.39
Hartmann, Burckhard	30. 9.87	12.11.47
Düwert, Wolfgang	22. 2.88	27. 5.39
Fuhlbrügge, Gert	30. 8.90	16.11.39
Bast, Michael	1. 7.91	20. 3.45
Glaunsinger, Wolfgang	5. 8.91	11. 1.45
Dr. Kümmel, Helga	20.12.91	24.10.47
Vogt, Jürgen	9. 2.94	17. 5.44
Fettes, Gisela, beurl.	6. 5.96	5. 5.43
Werner, Wolfgang	26. 1.98	9.11.49
Dr. Becht, Ernst	26. 1.98	3. 1.55
Tauchmann, Helmut	15. 2.99	29. 8.48
Dehn, Bertram	1. 4.00	17. 6.55

Richterinnen/Richter

von Waldeyer-Hartz, Klaus	1. 3.71	23. 2.37
Auwärter, Hans-Jürgen	1. 7.73	13. 8.39
Dr. Feldmann, Armin	2. 1.76	24. 1.44
Nietzer, Eberhard, abg.	1. 3.84	6.10.55
Thiel, Erich	8. 9.87	11.12.56
Bender, Wolfgang	17. 2.88	17. 1.55
Pfitzenmaier-Krempel, Ursula, ½	7. 9.89	19. 9.59
Hauff, Hansjürgen	23. 4.91	9. 9.56
Viertel, Reinhard	6. 2.92	17. 4.59
Ihle, Martin	11. 9.92	18. 9.60
Schüler, Stefan	1. 3.93	4. 4.60
Stahl, Christian	12. 5.93	6. 7.61
Macco, Carola, beurl.	1. 3.96	17. 4.64
Rieger, Jürgen	1. 9.96	4.11.62
Aßmann, Jutta, ½	15. 2.97	11. 4.66

Amtsgerichte

Besigheim E 101 859
Amtsgerichtsgasse 5, 74354 Besigheim
Postfach 11 62, 74349 Besigheim
T (0 71 43) 8 33 30
Telefax (0 71 43) 83 33 40

1 Dir, 5 R

Graf, Reiner, Dir	27. 4.94	27. 7.47
Bischoff-Schwarz, Andrea, ½	1.10.89	30.11.58
Dr. Sickenberger, Ursel, ½, abg.	1. 6.90	4. 5.58
Bienas, Uwe, abg.	22.10.90	18. 3.58
Hiller, Friedrich Wilhelm	1. 9.91	20.10.58
Bißmaier, Volker	1.12.97	9.11.63

Brackenheim E 28 856
Schloßplatz 2, 74336 Brackenheim
T (0 71 35) 50 21
Telefax (0 71 35) 66 40

1 Dir

Maier, Michael, Dir   20. 6. 90   12. 12. 45

Heilbronn E 405 030
Wilhelmstr. 2–6, 74072 Heilbronn
74064 Heilbronn
T (0 71 31) 64-1
Telefax (0 71 31) 96 29 79

1 Dir, 1 stVDir, 2 w.aufsR, 25 R

Amelung, Hermann-Joachim, Dir	5. 4. 94	7. 8. 45
Kirchgeßner, Klaus, stVDir	1. 6. 84	30. 3. 37
Burger, Jörg, w.aufsR	16. 2. 90	18. 6. 39
Hoffmann, Rolf, w.aufsR	11. 7. 95	21. 3. 43
Linder, Jürgen	1. 11. 66	27. 12. 35
Schlosser-Greiner, Peter	1. 4. 72	20. 11. 39
Hieber, Jörg	15. 7. 73	3. 10. 42
Kleiner, Peter	11. 2. 76	2. 3. 46
Stegmaier, Wolfgang	15. 10. 77	4. 11. 43
Dr. Loudwin, Bernd	15. 8. 80	2. 9. 47
Schmidt, Johann	1. 5. 83	20. 4. 52
Klein, Hans-Werner	30. 5. 83	8. 12. 49
Hellstern, Elfrun, ½	16. 5. 84	—
Grund, Rudolf, abg.	3. 3. 89	5. 9. 54
Grosch, Peter, ½	20. 3. 89	11. 7. 59
Frimmer, Ulrich	5. 4. 90	22. 3. 55
Rumler, Susanne, ½	1. 9. 90	27. 11. 59
Wüst, Iris	1. 2. 93	29. 10. 58
Oestreich, Claudia ½	8. 4. 94	12. 9. 59
Bezold, Eva, abg.	10. 8. 95	5. 2. 64
Ziegler-Göller, Ursula	24. 8. 95	13. 6. 63
Woll, Elke	19. 10. 95	16. 7. 63
Kindl, Lothar	30. 12. 95	1. 3. 38
Schönlaub, Daniela, beurl.	7. 6. 96	18. 10. 62
Schmid, Andrea	16. 8. 96	3. 9. 64
Wölfl, Ernst	4. 10. 96	24. 8. 63
Dr. Münch, Eckehart	14. 2. 97	27. 8. 64
Haberzettl, Frank	7. 1. 00	7. 11. 65
Baumgärtner, Ulrich, RkrA	(1. 6. 99)	17. 4. 65

Künzelsau E 47 946
Konsul-Uebele-Str. 12, 74653 Künzelsau
Postfach 12 45, 74642 Künzelsau
T (0 79 40) 9 14 90
Telefax (0 79 40) 91 49 30

1 Dir

Kipp, Roland, Dir   1. 7. 98   —

Marbach am Neckar E 61 306
Strohgasse 3, 71672 Marbach
Postfach 11 13, 71666 Marbach
T (0 71 44) 8 55 70
Telefax (0 71 44) 85 57 60

1 Dir, 1 R

Poschik, Anton, Dir	1. 2. 97	14. 6. 47
Randoll, Klaus	28. 2. 92	22. 6. 59
Rauscher, Markus, RkrA, ½	(8. 9. 99)	23. 4. 66

Öhringen E 58 184
Karlsvorstadt 18, 74613 Öhringen
Postfach 11 09, 74601 Öhringen
T (0 79 41) 60 40
Telefax (0 79 41) 3 70 01

1 Dir, 2 R

Haellmigk, Gisela, Dir	18. 10. 94	3. 10. 41
Stei, Peter	25. 5. 82	4. 6. 50
Kleinschroth, Roland	3. 7. 98	24. 2. 64

Schwäbisch-Hall E 100 287
Unterlimpurger Str. 8, 74523 Schwäbisch-Hall
Postfach 10 01 20, 74501 Schwäbisch-Hall
T (07 91) 75 20
Telefax (07 91) 79 45

1 Dir, 4 R

Dr. Amendt, Wolfgang, Dir	7. 1. 98	15. 1. 52
Philippi, Sigrid	1. 12. 71	6. 5. 39
Bachmann, Gerhard	1. 10. 72	22. 6. 37
Homfeld, Alexandra	5. 12. 78	22. 5. 47
Jörg-Unfried, Monika, ½	1. 2. 88	23. 10. 55
Krystofiak-Fust, Simone, abg.	21. 2. 97	24. 7. 63

Vaihingen a. d. Enz E 58 360
Heilbronner Str. 17, 71665 Vaihingen a. d. Enz
Postfach 13 20, 71656 Vaihingen a. d. Enz
T (0 70 42) 94 10
Telefax (0 70 42) 94 11 39

1 Dir, 2 R

Wittig, Dankward, Dir	1. 11. 91	25. 7. 51
Mauch, Marion, abg.	24. 2. 97	4. 8. 64

Landgerichtsbezirk Ravensburg

Landgericht Ravensburg   E 604 407
Marienplatz 7, 88212 Ravensburg
T (0751) 8060
Telefax (0751) 8062395

1 Pr, 1 VPr, 11 VR, 13 R

Präsident
Georgii, Hans   1. 2.96   18. 7.38

Vizepräsident
Zuber, Manfred   27. 7.92   21. 7.37

Vorsitzende Richter
Winkler, Hermann   20. 3.86   1. 7.36
König, Wilfried   4.11.86   30.10.38
Dr. Ott, Walter Georg   13. 7.88   3. 9.39
Dr. Tauch, Wolfgang   23. 1.90   18. 3.44
Dr. Strasser, Franz   6. 2.91   2.11.46
Stehle, Claudio   30. 4.92   21.10.48
Dr. Kübler, Jürgen   21.12.92   26. 3.45
Karitter, Winfried   29.10.93   27. 2.43
Wieland, Hermann   6. 5.96   9. 4.50

Richterinnen/Richter
Schwarz, Gerhard   1.11.70   14.10.40
Hutterer, Jürgen   1. 2.81   23.10.49
Dr. Bigalke, Wolfgang   1. 2.83   23. 9.52
Schall, Rolf-Peter, abg.   1. 6.85   21.12.54
Zell, Klaus-Peter   14. 1.86   16. 3.56
Voigt, Cornelia, ½   28.10.87   20. 5.59
Haag, Matthias   1. 8.88   29. 6.56
Wiggenhauser, Luitgard, ½   19.12.90   17. 4.58
Blaser, Josef   1. 8.91   19. 1.55
Braunbeck, Gabriele, abg.   15. 2.93   9. 2.62
Maier, Stefan   2. 8.93   12. 7.63
Grewe, Matthias   3. 4.94   27. 9.61
Stefani, Christoph, abg.   1. 9.95   25.12.60
Geßler, Markus   1. 8.98   21. 7.65

Amtsgerichte

Bad Saulgau   E 44 815
Schützenstr. 14, 88348 Saulgau
88340 Saulgau
T (07581) 48300
Telefax (07581) 483040

1 Dir, 2 R

Gröber, Gerd, Dir   31. 7.96   17. 8.39
Ettwein, Ralph   12.10.94   3.11.62

Bad Waldsee   E 30 949
Wurzacher Str. 73, 88339 Bad Waldsee
Postfach 1152, 88330 Bad Waldsee
T (07524) 70563
Telefax (07524) 49617

1 Dir

Neher, Klaus, Dir   5. 3.93   16. 8.41

Biberach an der Riß   E 142 215
Alter Postplatz 4, 88400 Biberach
88382 Biberach
T (07351) 590
Telefax (07351) 59529

Zweigstelle in Laupheim
Biberacher Str. 22, 88471 Laupheim
T (07392) 96480
Telefax (07392) 964829

1 Dir, 1 stVDir, 6 R

Dr. Höhne, Ruppert, Dir   1. 2.00   6. 3.43
Geiger, Eckhard, stVDir   1. 9.99   16. 7.49
Ehrmann, Klaus   31. 1.78   11. 9.40
Fischer, Wolfgang   1. 8.91   10.11.57
Graumann, Peter   1. 3.93   —
Schulte, Wilhelm Josef   1.10.94   27. 6.57
Gauch, Ruth   5. 1.00   1.10.67

Leutkirch im Allgäu   E 41 168
Karlstr. 2, 88299 Leutkirch
Postfach 1150, 88291 Leutkirch
T (07561) 8250
Telefax (07561) 825120

1 Dir, 1 R

Müller, Bernhard, Dir   27. 2.98   13. 2.50
Mohr, Peter, ¾   31. 5.77   17. 2.41

Ravensburg   E 134 427
Herrenstr. 42, 88212 Ravensburg
T (0751) 8060
Telefax (0751) 8062400

1 Dir, 1 stVDir, 7 R

Fauser, Wolfgang, Dir   1. 1.94   10. 6.42
Strohmann, Hans, stVDir   29. 1.98   18. 6.48
Kolb, Rolf   1. 8.70   23. 7.38
Stehle, Christel, ½   17. 2.78   19. 5.48
Freund, Mathias   1. 6.79   26. 6.45
Scharpf, Sigrid   27. 9.82   8. 3.52
Dr. Göller, Harald, abg.   11. 2.94   24.10.61
Feurle, Kurt   25. 4.94   24. 7.59
Möller, Stephan   9. 3.97   2. 7.66

Riedlingen E 38 056
Kirchstr. 20, 88499 Riedlingen
88491 Riedlingen
T (0 73 71) 18 70
Telefax (0 73 71) 18 72 12

1 Dir

Bayer, Gerhard, Dir	1. 12. 99	16. 11. 55

Tettnang E 113 556
Neues Schloß, 88069 Tettnang
Postfach 11 62, 88060 Tettnang
T (0 75 42) 5 19-0
Telefax (0 75 42) 51 91 29

1 Dir, 1 stVDir, 7 R

N.N., Dir	—	—
Lau, Friedrich, stVDir	1. 1. 94	18. 4. 38
Trebing, Bertram	23. 10. 78	22. 9. 46
Drechsel, Bettina, abg.	19. 7. 93	7. 10. 60
Pahnke, Peter	1. 4. 96	9. 8. 61
Rittmann, Wolfgang	21. 2. 97	26. 2. 62

Wangen im Allgäu E 59 221
Lindauer Str. 28, 88239 Wangen
88227 Wangen
T (0 75 22) 71-0
Telefax (0 75 22) 7 13 00

1 Dir, 3 R

Tonhauser, Wilhelm, Dir	—	3. 5. 38

Landgerichtsbezirk Rottweil

Landgericht Rottweil E 391 817
Königstr. 20, 78628 Rottweil
78613 Rottweil
T (07 41) 2 43-0
Telefax (07 41) 2 43 23 81

1 Pr, 1 VPr, 6 VR, 11 R

Präsident

Beyerle, Peter	9. 4. 98	11. 11. 40

Vizepräsident

Bogenrieder, Wolf-Dieter	10. 9. 99	12. 1. 38

Vorsitzende Richter

Alber, Helmut	16. 3. 87	19. 2. 38
Sommer, Hermann	22. 1. 90	19. 9. 43
Reisinger, Norbert	30. 12. 94	10. 3. 42
Maier, Franz	5. 12. 95	10. 6. 48
Stahl, Herbert	1. 12. 99	24. 9. 44

Richterinnen/Richter

Maier, Roland	15. 2. 75	11. 2. 42
Hangst, Walter	12. 4. 79	6. 6. 49
Thoma, Herbert	15. 3. 81	25. 4. 48
Anderer, Herbert, abg.	2. 2. 90	13. 1. 59
Straub, Thomas	2. 2. 90	25. 2. 58
Reize, Martina, abg.	25. 3. 93	29. 5. 63
Steffani-Göke, Marlies, ½	1. 9. 95	6. 4. 63
Zange-Mosbacher, Michael	2. 11. 95	2. 7. 59
Dr. Brinkmann, Rainer, abg.	6. 6. 97	5. 4. 63

Amtsgerichte

Freudenstadt E 66 755
Stuttgarter Str. 15, 72250 Freudenstadt
72231 Freudenstadt
T (0 74 41) 5 60
Telefax (0 74 41) 56 15 11

1 Dir, 4 R

Benz, Axel, Dir	1. 12. 99	20. 2. 50
Veith-Baumbach, Elke, ½	7. 3. 77	22. 2. 46
Müller-Fenge, Jens	1. 10. 95	7. 5. 60

Horb am Neckar E 53 499
Marktplatz 22, 72160 Horb
T (0 74 51) 5 51 80
Telefax (0 74 51) 55 18 40

1 Dir, 1 R

Binz, Karl-Josef, Dir	26. 8. 93	18. 12. 47
Wagner, Tilman	15. 2. 94	—

Oberndorf am Neckar E 82 699
Mauserstr. 28, 78727 Oberndorf
Postfach 13 20, 78722 Oberndorf
T (0 74 23) 8 15-0
Telefax (0 74 23) 8 21 66

1 Dir, 3 R

Müller, Hans-Otto, Dir	7. 1. 98	9. 2. 47
Kopahnke, Uwe	1. 8. 85	22. 1. 55
Dr. Zirn, Armin	25. 2. 91	24. 4. 57
Froemel, Wolfgang	2. 9. 99	7. 12. 66

Rottweil E 57 359
Königstr. 20, 78628 Rottweil
Postfach 13 54, 78613 Rottweil
T (07 41) 2 43-0
Telefax (07 41) 2 43 23 45

1 Dir, 3 R

N.N., Dir	—	—
Schindler, Frank	1. 3.71	2. 2.40
Acker, Karl	1.11.80	22. 8.49

Spaichingen E 58 105
Hauptstr. 72, 78549 Spaichingen
T (0 74 24) 9 55 80
Telefax (0 74 24) 95 58 33

1 Dir, 1 R

N.N., Dir — —

Tuttlingen E 73 400
Werderstr. 8, 78532 Tuttlingen
T (0 74 61) 98-1
Telefax (0 74 61) 9 83 30

1 Dir, 4 R

Glinka, Gerhard, Dir	25. 1.00	31.10.47
Balz, Jürgen	23. 9.75	1. 3.44
Kinkelin, Dieter	14. 3.79	3. 3.47
Hoffmann, Dieter	1. 9.96	11.12.62

Landgerichtsbezirk Stuttgart

Landgericht Stuttgart E 2 110 395
Urbanstr. 20, 70182 Stuttgart
70025 Stuttgart
T (07 11) 21 20
Telefax (07 11) 2 12 35 56

1 Pr, 1 VPr, 64 VR, 83 R, 2 LSt (R)

Präsident

Schedler, Gerhard	22. 9.98	10. 7.37

Vizepräsident

Schmitz, Manfred	8. 7.97	27. 1.44

Vorsitzende Richterinnen/Vorsitzende Richter

Dr. Jäger, Roland	1. 7.74	20. 5.37
Schönherr, Klaus	1. 7.76	15.12.35
Dr. Fauser, Kurt	29. 6.77	10.12.38
Dr. Hendel, Dieter	1. 6.79	29.11.41
Teichmann, Klaus	1. 7.79	25. 1.37
Eberlein, Kleist	1.11.79	24. 9.36
Fischer, Wolfgar	1. 2.80	23. 3.36
Dr. Eberle, Rainer	1. 5.80	9. 9.42
Reuschle, Jörg	1. 1.82	18. 3.37
Steimle, Anne-Margret	1.11.82	10.10.38
Krause, Martin	1.11.83	22. 3.39
Richter, Bernhard	1. 4.84	8. 2.40
Bossert, Günther	1.12.85	24. 8.41
Bühler, Hans-Jörg	21. 1.86	24. 9.40

Reich, Dieter	1. 8.86	10. 8.37
Fischler, Hans-Georg	1. 8.86	13.11.38
Dr. Kluge, Isolde	22. 2.88	—
Sobota, Wolfgang	2. 5.88	19. 8.39
Kempter, Tiberius	15. 8.88	14.10.39
Hartenstein, Peter	26. 8.88	18. 5.41
Dr. Clauß, Wolfgang	3. 4.89	27.11.46
Schempf, Herbert	27. 4.89	24. 9.37
Fischer, Renate	1. 5.89	7. 1.48
Eckert, Stefan	31.10.89	27. 8.44
Dr. Grein, Klaus	11. 6.90	23. 9.43
Bräuning, Hans	13. 7.90	26. 2.42
Roscher-Grätz, Dorothea	30.11.90	27. 5.46
Vögele, Wolfgang	2. 1.91	7.12.46
Hebenstreit, Ulrich	3. 4.91	3. 8.47
Greiner, Rolf	21.10.91	16. 8.43
Behringer, Jürgen	8.11.91	3. 4.43
Schaale, Karl	8.11.91	21. 4.43
Härle, Joachim	31. 1.92	11. 5.45
Dr. Niemeyer, Jürgen	1. 4.92	30. 3.47
Küllmer, Wolfgang	19. 6.92	24. 6.42
Krug, Walter	22. 6.92	19. 1.45
Müller, Helga	12.11.92	19. 4.45
Pross, Wolfgang	7. 4.93	16. 9.44
Klein, Ulrich	14. 4.93	23. 9.46
Rebsam-Bender, Christine	26. 8.93	8. 1.48
Gössel, Gunter	29.10.93	17. 2.44
Bergmann, Claus	16. 6.94	22. 7.47
Wolf, Paul-Dieter	5. 7.94	—
Dr. Mayer, Dietmar	5. 7.94	18. 2.44
Hahn, Wolfgang	20. 3.95	27.11.49
Layher, Heinz	29. 5.95	4. 7.47
Heinrich, Werner	30. 6.95	24. 7.44
Hoffmann, Hans Peter, ½	12.10.95	13.11.39
Bach, Mareike	25. 1.96	29. 8.47
Schade, Rüdiger	1. 4.96	19. 5.44
Hasenzahl, Volker	30. 8.96	12. 2.41
Störzbach, Hans	31.10.96	7. 1.51
Wartlick, Wilhelm	30. 4.97	6. 7.47
Arnold, Brigitte, ½	18. 9.98	21. 6.47
Brambach, Heidrun	8.10.98	3.11.44
Heydlauf, Harald	27.10.98	14. 8.56
Otter, Klaus-Jürgen	28. 5.99	22. 1.47
Kindermann, Jörg	1.10.99	14. 6.47
Reicherter, Dieter	1.10.99	5. 8.47

Richterinnen/Richter

Bonin-Harz, Ursula	8. 9.67	23. 5.36
Wolf, Sibylle	1. 2.71	16.10.38
Gaydow, Alexander	1. 7.72	17. 5.42
Schandl, Klaus Jürgen	19. 9.75	26. 2.44
Freund, Klaus-Ulrich	2.10.75	10. 1.44
Brand, Ernst	1. 2.76	21.11.43
Scherer, Wolfgang	15. 3.77	23.10.44
Lösch, Marianne, ½	6. 5.77	14. 2.44
Heinz, Werner	28.11.77	12. 9.43

Tschersich, Regine, ½	1. 8. 78	13. 3. 49
Krieg, Bernhard	1. 9. 78	11. 9. 48
Schmitt, Manfred	15. 10. 79	20. 12. 41
Müller, Hans-Michael	1. 12. 79	19. 2. 48
Helwerth, Klaus-Günther	15. 2. 80	27. 4. 47
Zimmert, Klaus	1. 8. 80	22. 12. 48
Hinderer, Martin	13. 3. 81	27. 12. 50
Dr. Fuchs, Eberhard	22. 5. 81	13. 12. 48
Uhde, Peter, abg.	1. 8. 81	—
Wychodil, Wilfried	5. 2. 82	26. 9. 47
Eberle, Helga, ½	19. 2. 82	18. 9. 52
Dr. Bürkle, Jürgen	1. 3. 82	3. 11. 47
Rieker-Müller, Regina	1. 2. 83	28. 4. 52
Dr. Strobel, Monika	3. 6. 83	23. 8. 47
Ellinger, Helga, ½	28. 9. 83	25. 9. 53
Herrmann, Günther	27. 12. 83	15. 10. 53
Hagenlocher, Ingeborg	1. 8. 84	15. 9. 53
Heinrici, Andreas	25. 2. 85	16. 2. 56
Hölscher, Christoph	1. 11. 85	3. 11. 52
Dr. Schnelle, Hartmut	31. 1. 86	13. 1. 54
Vogel-Miljonis, Brigitte, ½, abg.	27. 2. 87	—
Eßlinger-Graf, Cornelie, ½	4. 9. 87	3. 8. 56
Rzymann, Bernd	15. 7. 88	26. 2. 57
Wetzel, Thomas, ½	2. 9. 88	30. 6. 57
Schabel, Bernhard	1. 2. 89	28. 2. 58
Dalkolmo, Evelyn	1. 8. 89	14. 4. 56
Rieberg, Sina	1. 9. 89	14. 8. 58
Andelfinger, Nikolaus	1. 10. 89	21. 10. 58
Guckes, Thomas	13. 11. 89	12. 9. 57
Haberstroh, Friedrich	14. 11. 89	25. 7. 57
Dr. Belling, Claus	9. 2. 90	29. 9. 58
Neher-Klein, Jasmin	8. 3. 90	12. 4. 60
Forster, Ulla	9. 10. 90	27. 10. 57
Riedle-Knapp, Doris	2. 11. 90	10. 12. 59
Böckenhoff, Georg	1. 3. 91	7. 6. 59
Keck, Eva-Maria	1. 8. 91	16. 6. 60
Böcher-Jerger, Silvia, beurl.	2. 1. 92	7. 4. 61
Geiger, Jörg	1. 5. 92	3. 2. 55
Limperg, Bettina	1. 6. 92	5. 4. 60
Sannwald, Gabriele, ½	29. 6. 92	29. 3. 59
Heidrich, Andreas	2. 9. 92	25. 5. 60
Vatter, Stefan, abg.	2. 9. 92	1. 6. 60
Friedrich, Martin	10. 9. 92	5. 2. 60
Columbus, Karin	30. 11. 92	16. 7. 60
Dr. Muhler, Manfred	1. 3. 93	23. 2. 58
Dr. Ottmann, Christian	2. 8. 93	21. 9. 60
Rast, Hans-Joachim	28. 9. 93	25. 1. 64
Kirbach, Michael	1. 3. 94	1. 10. 58
Holzhauen, Joachim	1. 3. 94	15. 11. 61
Arndt, Andreas	19. 4. 94	17. 12. 60
Wetzel, Thomas, abg.	19. 4. 94	14. 10. 62
Stadtler-Stefani, Helga, ½	6. 5. 94	8. 2. 63
Dr. Martis, Roderich	2. 9. 94	18. 6. 61
Gehring, Gabriele	2. 9. 94	—

Baisch, Ute	—	21. 12. 61
Schreiber, Michael	3. 8. 95	1. 6. 63
Wenzler, Hans-Jürgen	7. 9. 95	29. 11. 62
Dr. Wagner, Ute, beurl.	1. 12. 95	6. 11. 58
Aderhold, Agnes, abg.	8. 2. 96	30. 3. 63
Dr. Förschler, Peter	8. 3. 96	2. 1. 64
Dr. Brenner, Tobias	1. 7. 96	13. 11. 61
Groner-Köhn, Susanne, ½	17. 7. 96	6. 12. 93
Frey, Markus, abg.	14. 8. 96	21. 10. 63
Goll, Julia, beurl.	1. 9. 96	21. 10. 64
Dr. Grübl, Manfred	13. 9. 96	28. 4. 62
Kittel, Markus	2. 11. 96	15. 7. 64
Obel, Hans Christian	10. 9. 97	17. 7. 64
Steinbacher, Elmar	7. 4. 97	31. 12. 66
Dr. Gröner, Kerstin	4. 10. 97	10. 6. 64
Keck, Bernd	13. 11. 97	26. 6. 64
Dr. Mosthaf, Oliver	17. 3. 98	13. 5. 66
Hillegaart, Silja, beurl.	27. 3. 98	28. 9. 65
Barth, Eckhard	18. 4. 98	14. 7. 63
Eißler, Albrecht	27. 10. 98	16. 1. 65
Dr. Keuffel-Hospach, Anne-Marie	1. 2. 00	27. 10. 66
Dr. Benner, Silke, RkrA, ½	(15. 9. 99)	19. 1. 66

Amtsgerichte

Backnang   E 100 051
Stiftshof 11, 71522 Backnang
Postfach 11 09, 71501 Backnang
T (0 71 91) 12-0
Telefax (0 71 91) 1 22 12

1 Dir, 5 R

Ottenbacher, Gerd, Dir	27. 2. 97	27. 10. 45
Hutzel, Jochen	1. 10. 86	9. 3. 54
Greiner, Doris	18. 1. 91	—
Wünsch, Wolfgang	1. 3. 97	6. 12. 60
Kutschenko, Kerstin, ½	4. 4. 97	28. 9. 65

Böblingen   E 262 790
Steinbeisstr. 7, 71034 Böblingen
Postfach 11 60, 71001 Böblingen
T (0 70 31) 1 30
Telefax (0 70 31) 22 63 18

1 Dir, 1 stVDir, 1 w.aufsR, 11 R

Theurer, Rolf, Dir	15. 1. 92	23. 12. 39
Herr, Trude, stVDir	1. 5. 90	18. 4. 39
Weide, Hans-Jürgen, w.aufsR	11. 10. 95	15. 12. 46
Lindhauer, Wulf	15. 8. 77	18. 6. 44
Birk, Sigurd	3. 2. 78	14. 6. 45

Reim, Dieter	1. 5. 86	2. 3. 54
Gisa, Hans	1. 9. 90	20. 7. 56
Grolig, Werner	2. 11. 92	6. 3. 60
Reder, Franz-Joachim	2. 9. 94	7. 5. 57
Schumacher, Ludwig	17. 2. 95	18. 8. 59
Lamberti, Monika, ½	—	30. 5. 63
Dr. Mößle, Karen-Ilka, ½	15. 9. 95	13. 7. 62
Struckmann-Walz, Heidrun, beurl.	17. 2. 98	5. 7. 63

Eßlingen am Neckar E 206 861
Ritterstr. 8–10, 73728 Eßlingen
Postfach 10 09 52, 73706 Eßlingen
T (07 11) 3 96 20
Telefax (07 11) 3 96 21 00

1 Dir, 1 stVDir, 14

Legler, Brigitte, Dir	3. 2. 00	7. 10. 49
Glaser, Ulrich, stVDir	1. 7. 91	24. 12. 40
Claußen, Walter	1. 4. 71	9. 7. 39
Tschorn, Axel	1. 3. 75	25. 1. 45
Gerhard, Martin	1. 9. 76	4. 3. 42
Schleger, Peter	6. 10. 80	21. 7. 49
Wezel, Christiane, ½, abg.	2. 3. 95	7. 8. 62
Wanner-Siebinger, Heike, ½, abg.	14. 2. 97	5. 12. 65
Schlotz-Pissarek, Oliver	1. 9. 97	17. 5. 64
Nebl, Heidi	30. 10. 98	16. 10. 67

Kirchheim unter Teck E 80 164
Alleenstr. 86, 73230 Kirchheim u. T.
Postfach 11 52, 73219 Kirchheim u. T.
T (0 70 21) 9 74 80
Telefax (0 70 21) 97 48 35

1 Dir, 4 R

Wolpert, Heinz, Dir	30. 6. 89	15. 7. 38
Narr, Albrecht	12. 3. 74	7. 12. 42
Schierig, Bernhard	29. 7. 80	21. 10. 48
Dr. Schach, Karl-Heinz	20. 5. 85	10. 8. 52
Weber, Gunther, abg.	1. 10. 89	30. 3. 57

Leonberg (Württ.) E 96 415
Schloßhof 7, 71229 Leonberg
Postfach 11 52, 71226 Leonberg
T (0 71 52) 1 51
Telefax (0 71 52) 1 53 50

1 Dir, 5 R

Dr. Schulz, Hermann, Dir	11. 10. 95	14. 4. 46
Wiedemann, Gisela, beurl.	2. 1. 72	10. 2. 41

Strobel, Bernd	4. 2. 77	10. 4. 45
Schmitz, Christiane, ½	4. 4. 77	4. 9. 46
Dr. Glaser, Gerhard	5. 6. 78	30. 4. 46
Binder, Gerhard	12. 1. 82	10. 7. 52
Deuscher, Gisela, ½	23. 3. 88	9. 9. 56
Rauscher, Markus, RkrA, ½	(8. 9. 99)	23. 4. 66

Ludwigsburg E 270 165
Schorndorfer Str. 39, 71638 Ludwigsburg
Postfach 1 45, 71631 Ludwigsburg
T (0 71 41) 1 89
Telefax (0 71 41) 18 60 50

1 Dir, 1 stVDir, 1 w.aufsR, 17 R

Strohal, Friedrich, Dir	28. 4. 98	13. 7. 45
Bergerowski, Wolfram, stVDir	29. 11. 94	14. 3. 36
Kästle, Rolf, w.aufsR	13. 10. 95	10. 4. 44
Stockinger, Helmut	15. 6. 72	4. 10. 39
Pötke, Gisela	15. 2. 77	17. 12. 47
Beck, Christian	21. 10. 77	4. 9. 43
Haug, Gerhard	14. 2. 80	1. 8. 51
Engelbrecht, Karl-Friedrich	11. 10. 82	18. 5. 52
Lehmann, Michael	27. 3. 85	24. 4. 54
Lingner, Beate	1. 6. 86	18. 9. 55
Maier, Joachim	16. 9. 86	8. 7. 55
Gaa, Christine	1. 9. 90	1. 12. 58
Kling, Brigitte, beurl.	2. 11. 93	21. 8. 61
Grämmer, Dorothea	3. 8. 95	23. 1. 62
Füller, Hildegardis	3. 5. 96	—
Schmid, Martina	4. 7. 97	23. 1. 65
Fischer, Ina	8. 8. 97	18. 6. 67
Weidle, Stefanie, ½	3. 9. 97	14. 7. 65
Sandhorst-Schäfer, Martina, beurl.	—	8. 9. 64
Brennenstuhl, Sabine, beurl.	1. 4. 98	9. 12. 63

Nürtingen E 207 661
Neuffener Str. 28, 72622 Nürtingen
72601 Nürtingen
T (0 70 22) 9 22 50
Telefax (0 70 22) 9 22 51 58

1 Dir, 1 stVDir, 9 R

Schindele, Manfred, Dir	30. 3. 89	30. 10. 36
Fahrbach, Günther, stVDir	31. 5. 95	6. 3. 40
Rauscher, Reinhold	9. 8. 73	10. 8. 38
Klosinski, Andreas	1. 8. 79	29. 9. 51
Blankenbach, Rudi	1. 8. 80	3. 9. 46
Fortunat, Ingeborg, ½	3. 8. 83	28. 2. 54
Schnabel, Barbara, ½	1. 10. 94	12. 5. 62

Lieberei, Sabine	1. 8.95	8. 9.61
Gless, Rainer	3. 8.95	31.12.60
Hinrich, Klaus, beurl.	8. 8.97	29.12.64

Schorndorf (Württ.) E 108 492
Burgschloß, 73614 Schorndorf
T (0 71 81) 60 10
Telefax (0 71 81) 60 14 00

1 Dir, 4 R

Dr. Boxdorfer, Bernhard, Dir	13. 6.91	5. 2.39
Goll, Heinrich	2. 9.71	5. 1.39
Anderl, Josef	31. 3.80	28. 8.47
Becker-Jastrow, Sabine, abg.	2. 8.96	—
Dr. Krauss, Frank Martin, RkrA	(13. 3.00)	2.10.68

Stuttgart E 352 491
Hauffstr. 5, 70190 Stuttgart
Postfach 10 60 08, 70049 Stuttgart
T (07 11) 92 10
Telefax (07 11) 9 21 33 00

1 Pr, 1 VPr, 7 w.aufsR, 45 R, 1 LSt (R)

Präsident

Netzer, Berndt	29. 5.96	25. 5.49

Vizepräsidentin

Dr. Häußermann, Röse	26. 5.98	3. 6.46

weitere aufsichtführende Richter

Müller, Klaus	1.10.80	18.11.35
Strecker, Christoph	17. 6.92	23.10.37
Petzold, Lutz	13.10.95	4. 7.43
Nicol, Christof	28. 2.97	21. 2.45
Czerny, Dieter	28. 2.97	—

Richterinnen/Richter

Schenk, Kurt	1. 2.71	1. 8.38
Tschermak von Seysenegg, Kristin, ½	1. 7.72	—
Kroymann, Burkhard	—	7. 4.40
Neuhäuser, Heinz	1. 9.72	23. 1.42
Maurer, Ursula	1. 9.73	5. 2.40
Siebert, Ortwin	30.11.73	18. 5.43
Castner-Schönborn, Ingrid	15. 2.75	—
Stapf, Werner	22. 9.75	31. 7.41
Nast-Kolb, Gabriele, ½	2. 4.76	4.12.44
Gohl, Gerd	4.10.76	30. 6.41
Drexel-Büning, Gudrun	25.11.76	6. 2.45
Bitzer, Thomas	5. 5.77	5. 7.44
Andree-Röhmholdt, Wolf	5. 7.77	13. 1.45

Behringer, Edith, ½	3. 2.78	19.12.47
Braun, Peter	3. 3.78	30.12.44
Wolf, Rainer	1. 6.79	—
Fritz, Harald	1. 8.80	30. 5.48
Dikow, Wolfgang	8. 8.80	—
Rummel, Hans-Georg	27.10.80	18.10.47
Isferding-Tewes, Gisela, beurl.	23.10.81	8. 5.43
Rudolph, Monika, ½	1. 6.86	9. 4.55
Saam, Joachim	4.11.86	2. 1.56
Heering, Regine, ½	5. 8.88	7.12.52
Winkelmann, Norbert	13.11.89	4. 6.59
Wilke, Claus-Friedrich	1. 8.91	21. 9.57
Dr. Pientka, Andrea	1. 6.92	23.11.60
Herrmann-Blessing, Friederike, beurl.	5. 2.93	6. 3.61
Flogans, Wolfgang	26. 2.93	21. 7.60
Stenzel, Joachim	3. 8.93	2. 8.60
Böckeler, Susanne	3. 8.93	26. 6.63
Dimmler, Jörg-Michael	1.10.93	13.12.60
Heerdt, Susanne	1.10.93	28. 4.61
Dr. Breucker, Hannes, abg.	1.10.93	18. 8.61
Waitzinger, Wilfried	1. 3.94	31.10.58
Knodel, Corinna	2.12.94	5. 3.63
Pellen-Lindemann, Susanne, ½, abg.	1. 5.95	6.10.62
Allmendinger, Danielle, beurl.	6. 6.95	5.10.61
Fürstnow, Diana, ½	1.10.95	17.11.63
Hausmann, Ulrike	1.12.95	30. 4.62
Lehnert, Sabine	8. 2.96	19.12.63
Borrmann, Gisela	8. 2.96	16. 7.65
Michel-Mettang, Petra, ½	11. 6.96	9.11.59
Gaiser, Birgit	7. 3.97	16. 3.66
Utz, Claudia, ½	26. 5.97	8.11.63
Geiger, Thomas, ½	5. 6.97	21. 4.60
Dr. Kienzle-Hiemer, Sabine, beurl.	8. 7.97	3. 1.64
Gauch, Gerhard, RkrA	(1. 7.99)	5. 9.63
Hall, Monika, RkrA	(15.11.99)	12.10.57

Stuttgart-Bad Cannstatt E 229 470
Badstr. 23, 70372 Stuttgart
70331 Stuttgart
T (07 11) 5 00 40
Telefax (07 11) 5 00 41 85

1 Dir, 1 stVDir, 1 w.aufsR, 12 R

Dr. Steinle, Franz, Dir	24.10.97	20.12.49
Schneider, Georg, stVDir	12.10.95	20. 1.50
Vogler, Norbert, w.aufsR	1. 8.76	—
Krack, Wolfgang	5. 2.82	12. 9.49
Käppler-Krüger, Iris	7. 9.87	9. 4.56

Dr. Praast-Dietrich,		
Cornelia	28. 3.91	3. 7.58
Schoch, Simone, ½, abg.	3. 8.93	15. 5.62
Kremer, Elke	4. 8.93	24. 4.61
Lutz, Brigitte	2. 3.94	15. 7.61
Rist, Susanne, ½	1.10.94	28.11.59
Buchfink, Elke, ½	17. 2.95	11. 7.63
Schwarz, Martina, ½	18. 4.95	—
Pecher, Ralf	1. 2.96	4. 4.63
Gerber, Andreas	4.10.97	24. 2.65

Waiblingen E 194 757
Bahnhofstr. 48, 71332 Waiblingen
Postfach 11 93, 71301 Waiblingen
T (0 71 51) 95 50
Telefax (0 71 51) 5 84 63

1 Dir, 1 stVDir, 1 w.aufsR, 10 R

Lang, Horst, Dir	11. 5.90	12.11.38
Plappert, Anton,		
stVDir	6. 5.85	30. 3.38
Häfele, Werner,		
w.aufsR	13.10.95	16. 5.37
Bodamer, Wolf-Eckard	1. 7.72	16. 8.38
Dietz, Werner	24. 5.82	11.11.49
Tichaczek-Krebs, Ingrid	1. 2.83	13.12.53
Bachmann, Ernst-Dieter	26. 9.83	30. 9.49
Dotzauer, Christel, ½	17. 9.86	3. 6.53
Huber, Ulrike	18. 9.86	5.12.56
Oltmanns, Evelyn, ½	5.12.88	10. 4.56
Holz, Elfriede	8. 2.94	19. 8.62
Luippold, Martin	3. 2.95	10.12.61
Neidhard, Horst	12. 8.97	18. 4.66
Witzlinger, Ulrich,		
RkrA	(1. 8.98)	15. 2.59

Landgerichtsbezirk Tübingen

Landgericht Tübingen E 638 192
Doblerstr. 14, 72074 Tübingen
Postfach 18 40, 72008 Tübingen
T (0 70 71) 2 00-0
Telefax (0 70 71) 5 20 94

1 Pr, 1 VPr, 11 VR, 15 R

Präsident
Dr. Sontag, Peter	25. 8.95	25.10.43

Vizepräsident
N. N.	—	—

Vorsitzende Richter
Grebe, Ernst Günther	1. 6.79	17. 9.40
Dr. Orlowsky, Wedigo	1.11.83	23. 8.43
Dr. Keihl, Bernhard	4. 3.85	1. 3.45
Molter, Klaus	31. 3.89	4.12.42
Dr. Bökelmann, Dieter	1. 4.89	21.10.45
Dr. Lohrmann, Hansjörg	27. 5.91	18. 2.47
Dr. Molière, Rainer	7.11.91	—
Hille-Brunke, Helmut	8.11.91	13. 2.47
Dr. Stauch, Immanuel	17. 3.92	1.11.49
Dr. Peters, Ralf	14. 5.96	8.10.50
Escher, Herbert	25. 6.98	1. 3.45

Richterinnen/Richter
Röhr, Winfried	1. 2.77	9. 4.41
Gruber, Tilman	1. 2.80	13. 9.48
Dr. Erchinger, Wolfram	3. 4.92	7. 8.60
Walker, Jürgen	2. 9.92	14. 3.60
Dr. Reder, Wolfgang	2.11.92	17. 9.58
Gehweiler, Thomas	1. 3.93	18. 1.60
Dr. Brennenstuhl,		
Joachim	22. 4.94	19.11.62
Barth, Christiane	2. 9.94	4. 2.63
Dr. Sprißler, Matthias	4.11.94	—
Meinhof, Alexander	10. 2.95	11. 3.63
Freudenreich, Christoph	17. 2.95	26. 6.59
Dr. Hauf, Claus-Jürgen	23. 2.96	21. 2.64
Dr. Häcker, Peter	1. 9.96	21. 2.63

Amtsgerichte

Bad Urach (Württ.) E 63 213
Beim Schloß 1, 72574 Bad Urach
Postfach 11 64, 72562 Bad Urach
T (0 71 25) 1 58-0
Telefax (0 71 25) 49 74

1 Dir, 3 R

Reitzel, Dietmar, Dir	10.12.93	16.12.37
Bross, Wolfgang	1. 3.83	7. 1.50
Wahl, Heike	12.10.99	9. 5.67

Calw E 97 380
Schillerstr. 11, 75365 Calw
75363 Calw
T (0 70 51) 16 10
Telefax (0 70 51) 16 14 15

1 Dir, 4 R

Dziallas, Jürgen, Dir	16. 7.90	26.12.41
Köblitz, Josefine	5.10.81	9. 3.52

Münsingen E 39 034
Schloßhof 3, 72525 Münsingen
Postfach 12 30, 72522 Münsingen
T (0 73 81) 18 05 83
Telefax (0 73 81) 18 05 11

1 Dir, 1 R

Rainer, Thomas, Dir	11. 9.89	30. 1.46
Hausch, Eberhard	1. 2.96	18.12.62

Nagold E 59 944
Bahnhofstr. 31, 72202 Nagold
Postfach 11 52, 72191 Nagold
T (0 74 52) 8 37 20
Telefax (0 74 52) 83 72 50

1 Dir, 1 stVDir, 1 R

Matheis, Kurt, Dir	17.11.87	29.10.43
Eltester, Hans-Herbert stVDir	1. 7.75	27. 1.36
Nann, Brigitte	13. 2.81	24.12.51
Sesterheim, Ellen, abg.	3. 7.98	4. 9.67

Reutlingen E 172 955
Gartenstr. 40, 72764 Reutlingen
T (0 71 21) 94 00
Telefax (0 71 21) 9 40 31 08

1 Dir, 1 stVDir, 9 R

Mahler, Siegfried, Dir	29. 7.98	27. 9.51
Dr. Anhalt, Peter, stVDir	1. 8.78	13. 3.37
Vatter, Jürgen	1. 8.71	15. 7.39
Weinmann, Dietrich	1. 2.76	9.10.43
Leinberger, Ulrich	11. 7.77	21.12.44
Dr. Keske, Monika	3. 6.85	1. 1.45
Bornfleth, Birgit, ½	1. 9.92	5. 6.61
Vetter, Claudia	2.10.92	30. 3.61
Müller, Kerstin, ½, abg.	2. 9.94	17. 4.63
Malinka, Volker	1.10.94	28. 2.60
Schilling, Irene, ½, abg.	1. 5.95	8. 8.58
Mertig, Claudia	1. 4.96	5. 5.64
Dr. Sick, Brigitte, RkrA, ½	(1. 8.98)	2. 4.61

Rottenburg am Neckar E 50 374
Obere Gasse 44, 72108 Rottenburg
Postfach 1 49, 72102 Rottenburg
T (0 74 72) 9 86 00
Telefax (0 74 72) 98 60 49

1 Dir, 2 R

Hensch, Burghart, Dir	9. 7.96	20. 9.43
Lämmert, Martin	1. 2.81	17.12.47
Albulet, Radu	10. 2.95	19. 5.63

Tübingen E 155 292
Doblerstr. 14, 72074 Tübingen
Postfach 18 40, 72008 Tübingen
T (0 70 71) 2 00-0
Telefax (0 70 71) 2 00 20 08

1 Dir, 1 stVDir, 9 R

Dr. Hellstern, Dieter, Dir	28. 9.99	8.12.41
Stein, Burkhardt, stVDir	22. 9.94	9. 4.40
Mayer, Leonhard	1. 4.68	24. 2.36
Grauer, Tilman	16. 3.82	12. 5.50
Hirn, Eberhard	27. 9.82	8.11.50
Streicher, Martin	2. 3.84	31. 5.52
Schmid, Maria-Anna, ½, abg.	1. 1.85	9. 3.52
Häcker, Beatrice, ¾	2. 8.95	29. 6.63
Wimmer, Andrea, ¾	27. 2.96	5. 7.63
Jacobi, Christine, ½	2.11.96	19. 1.62

Landgerichtsbezirk Ulm (Donau)

Landgericht Ulm (Donau) E 554 212
Olgastr. 106, 89073 Ulm (Donau)
Postfach 24 11, 89014 Ulm (Donau)
T (07 31) 18 90
Telefax (07 31) 1 89 20 70

1 Pr, 1 VPr, 10 VR, 12 R

Präsident

N. N.	—	—

Vizepräsident

Dr. Fuchs, Jürgen	13. 6.91	5. 1.37

Vorsitzende Richterin/Vorsitzende Richter

Diesch, Hariolf	30.12.76	22. 4.36
Haas, Hans Peter	1.11.78	6. 5.37
Lammel, Eckehard	—	13.10.41
Armbruster, Friedemann	29.12.86	30.11.39
Höflinger, Rainer	30. 6.87	6. 1.37
Karstens, Uta	21. 1.92	2. 8.40
Uhrmacher, Peter	—	21. 4.43
Oleschkewitz, Karl-Heinz	26. 6.92	15. 5.49

Richterinnen/Richter

Schwarz, Rainer	12. 3.74	5. 7.43
Hölzel, Birgit, abg.	1. 8.77	2. 5.47

Walter, Wolfgang	2. 2.79	28.10.48
Börner, Reinhold	1. 2.80	3. 6.50
Gros, Reiner	16. 3.81	20. 3.46
Gugenhan, Gerd	26. 6.85	27.11.53
Aghegian, Anna Maria	1. 6.86	25. 7.51
Lehleiter, Josef	26. 1.87	4. 1.55
Dr. Kleene, Ursula	8. 9.89	2. 4.57
Fischer-Guttenberg, Margot, ½	10.12.90	19. 8.57
Wackenhut, Ernst Peter	22. 2.91	3. 2.58
Keckeisen, Thomas	12. 8.94	—
Fischer, Andrea, beurl.	19.10.94	14. 5.59
Dr. Trägner, Werner	10. 1.95	11. 9.62

Amtsgerichte

Ehingen (Donau)   E 56 014
Marktplatz 3, 89584 Ehingen
Postfach 11 61, 89571 Ehingen
T (0 73 91) 50 83 08
Telefax (0 73 91) 50 83 11

1 Dir, 1 R

Pfetsch, Jochem	15. 7.99	24.12.50
Lampa, Wolfgang	2. 5.92	10.12.59

Geislingen a. d. Steige   E 87 608
Schulstr. 17, 73312 Geislingen
Postfach 11 52, 73301 Geislingen
T (0 73 31) 2 20
Telefax (0 73 31) 2 23 77

1 Dir, 4 R, 1 LSt (R)

Rothfischer, Jürgen, Dir	1. 3.76	17. 2.40
Wilhelm, Elke, ½	7.10.83	6.10.53
Helferich, Helmut	2. 3.90	22. 8.55
Dr. Steinle, Hermann	1. 2.93	4. 5.60
Munz, Jörg	1. 3.00	9.12.65

Göppingen   E 167 599
Pfarrstr. 25, 73033 Göppingen
Postfach 1 40, 73001 Göppingen
T (0 71 61) 6 31
Telefax (0 71 61) 63 24 29

1 Dir, 1 stVDir, 12 R

Rometsch, Wolfgang, Dir	1. 8.99	24. 8.49
Dr. Sigel, Walter, stVDir	23. 2.88	21.12.48
Rothfischer-Bernhard, Brigitte	1. 5.69	9.12.38
Dr. Stöhr, Josef	1.12.70	25. 4.39
Knopf, Roswitha, ½	15. 1.72	17. 4.41
Beißner, Ulrich	27. 1.77	27. 1.43
Müller, Hansjörg	—	26. 7.60
Wituschek, Martin	1. 3.94	5. 9.61
Grünenwald, Beate	5. 9.94	20. 9.61
Ruß, Sabine, beurl.	10. 2.95	16. 3.64
Schmitt, Wolfgang	16. 8.96	16.10.62
Schmidt, Manfred, beurl.	1. 3.97	—
Damm, Alexander	15.12.97	21. 3.65

Ulm (Donau)   E 242 991
Olgastr. 106/109, 89073 Ulm
89070 Ulm
T (07 31) 18 90
Telefax (07 31) 1 89 22 00

1 Dir, 1 stVDir, 1 w.aufsR, 13 R

Nagel, Hans-Otto, Dir	14.10.85	20. 9.39
Müller, Ulrich, stVDir	23. 5.96	12. 1.40
Roesch, Peter	12. 8.71	8. 2.38
Richter, Gotthard	1. 2.74	6. 3.41
Lachenmann, Ulrich Werner	2. 8.74	20. 5.44
Riedl, Heinz	2. 9.77	14.12.44
Kuse, Christian	1. 2.80	11.10.46
Waldenmaier, Walter	13. 2.81	—
Nothelfer, Anton	29. 9.83	20. 3.45
Lohrmann, Hans	3. 9.93	10.12.60
Werner, Christine, ½	9. 6.97	12. 2.66
Tresenreiter, Wolfgang, RkrA	(27. 8.98)	13.10.66
Hirsch, Ute, RkrA	(17.12.99)	13. 9.68

Staatsanwaltschaften

Generalstaatsanwaltschaft Stuttgart

Ulrichstraße 10, 70182 Stuttgart
Postfach 10 36 53, 70031 Stuttgart
T (07 11) 21 20
Telefax (07 11) 2 12 33 83

1 GStA, 2 LOStA, 11 OStA – 2 LSt –

Generalstaatsanwalt

Jung, Dieter	25. 1. 96	7. 3. 36

Leitende Oberstaatsanwälte

Walther, Klaus	1. 5. 99	2. 10. 38
Dr. Zieher, Wolfgang	—	14. 9. 47

Oberstaatsanwältin/Oberstaatsanwälte

Dr. Lutz, Liane, ½	1. 4. 90	27. 8. 43
Tzschoppe, Bernd-Helge	1. 4. 91	9. 3. 45
Vollmer, Walter	31. 1. 92	1. 7. 50
Heuer, Hans-Joachim, abg.	3. 3. 92	3. 10. 42
Rörig, Peter	19. 6. 92	3. 1. 48
Geiger, Günter	4. 9. 92	7. 3. 54
Koch, Werner	30. 9. 93	18. 9. 52
Röhrle, Wolfgang, abg.	19. 11. 96	14. 7. 57
Marx, Peter, abg.	25. 11. 97	30. 11. 57
Rieleder, Hans-Otto	27. 11. 98	24. 6. 52

Staatsanwaltschaft Ellwangen (Jagst)
Marktplatz 6, 73479 Ellwangen
73477 Ellwangen
T (0 79 61) 8 10
Telefax (0 79 61) 8 13 38

1 LOStA, 1 stVLOStA, 3 OStA, 3 StA (GL), 7 StA

Leitender Oberstaatsanwalt

Unkel, Friedrich	18. 12. 96	1. 2. 53

Oberstaatsanwälte

Stephan, Harald, stVLOStA	1. 11. 97	10. 4. 39
Bach, Günter	1. 11. 97	2. 5. 50
Hörz, Richard	2. 2. 98	7. 7. 49
Volmer, Jürgen	9. 3. 00	30. 4. 55

Staatsanwältin/Staatsanwälte

Studtmann, Michael, GL	1. 8. 76	27. 11. 38
Hägele, Bernhard, GL	26. 3. 91	22. 11. 46
Feil, Rainer, abg.	26. 4. 94	16. 1. 63
Schulte, Dirk	1. 10. 94	9. 12. 60

Karst, Ulrich	6. 4. 95	30. 4. 62
Horn, Carsten	1. 9. 97	2. 12. 64
Schwartz, Michael	10. 2. 98	11. 12. 63
Humburger, Peter	8. 4. 98	24. 1. 66
Burger, Armin, abg.	5. 10. 98	8. 3. 67
Knopp, Oliver	2. 12. 98	5. 9. 65
Pfrommer, Jens, abg.	5. 1. 00	16. 9. 68

Staatsanwaltschaft Hechingen
Heiligkreuzstr. 6, 72379 Hechingen
72375 Hechingen
T (0 74 71) 94 40
Telefax (0 74 71) 94 42 31

1 LOStA, 1 stVLOStA, 2 StA (GL), 8 StA

Leitender Oberstaatsanwalt

Kurz, Karl-Heinz	—	9. 3. 44

Oberstaatsanwalt

Dr. Pfohl, Michael, stVLOStA	1. 8. 99	10. 6. 53

Staatsanwältinnen/Staatsanwälte

Storz, Bernhard, GL	11. 5. 98	30. 3. 50
Jung, Horst	1. 1. 73	11. 11. 37
Beiter, Karl-Heinz	10. 2. 92	21. 2. 60
Schneider, Michael	1. 8. 94	6. 4. 62
Siegel, Monika	1. 10. 94	—
Schlenker, Sigrid, beurl.	3. 8. 95	6. 11. 59
Trick, Albrecht	2. 8. 96	15. 9. 63
Schwarz, Ulrike, beurl.	—	1. 6. 67
Luther, Nicole	6. 12. 99	7. 4. 70

Staatsanwaltschaft Heilbronn
Wollhausstr. 14, 74072 Heilbronn
Postfach 34 20, 74024 Heilbronn
T (0 71 31) 64-1
Telefax (0 71 31) 96 27 99

Zweigstelle Schwäbisch-Hall
Unterlimpurger Str. 8, 74523 Schwäbisch-Hall
Postfach 1 20, 74501 Schwäbisch-Hall
T (07 91) 75 20
Telefax (07 91) 7 52 20 99

1 LOStA, 1 stVLOStA, 5 OStA, 3 StA (GL), 15 StA, 1 LSt (StA)

Leitender Oberstaatsanwalt

Dr. Häcker, Johannes	—	5. 12. 40

57

Oberstaatsanwälte

Dr. Schlosser, Uwe,		
stVLOStA	28. 12. 99	11. 10. 54
Seling, Herbert	1. 7. 83	13. 2. 38
Braun, Reinhard	1. 6. 90	4. 12. 38
Merz, Helmut	23. 6. 92	23. 4. 44
Lägler, Erhard	5. 3. 97	2. 4. 52

Staatsanwältinnen/Staatsanwälte

Kießling, Gerhard, GL	22. 12. 98	16. 12. 43
Bracharz, Peter, GL	22. 12. 98	3. 10. 52
Ehmann, Dieter	1. 10. 71	15. 4. 38
Schwarz, Friedemann	2. 9. 77	26. 12. 43
Weiss, Rolf	8. 2. 81	6. 6. 50
Lepple, Jürgen	1. 10. 88	7. 5. 57
Renninger, Martin	15. 3. 94	17. 1. 62
Pulvermüller, Wiltrud, ½	1. 1. 95	23. 7. 67
Meyer, Christoph	2. 11. 96	30. 7. 62
Baumgärtner, Ulrich,		
½, abg.	15. 2. 97	17. 4. 65
Halter, Michaela	7. 3. 97	3. 10. 66
Stadtmüller, René	11. 4. 97	5. 4. 66
Freyer, Harald	19. 3. 98	17. 2. 66
Witt, Almut	13. 11. 98	29. 1. 68
Freyberger, Andreas, abg.	18. 10. 99	14. 7. 68

Staatsanwaltschaft Ravensburg
Seestr. 1, 88214 Ravensburg
T (07 51) 80 60
Telefax (07 51) 8 06 22 22

1 LOStA, 1 stVLOStA, 3 OStA, 1 StA (GL),
13 StA

Leitender Oberstaatsanwalt

N. N.	—	—

Oberstaatsanwälte

Böhm, Harald	1. 9. 92	27. 6. 43
Merckens, Jan	25. 7. 97	14. 6. 46
Abele, Klemens	27. 11. 98	17. 9. 47

Staatsanwältinnen/Staatsanwälte

Gesell, Paul, GL	30. 10. 95	18. 8. 50
Gillig, Christa, ½	—	26. 12. 51
Hölzle, Franz	10. 2. 92	30. 9. 59
Spieler, Peter	10. 9. 92	19. 3. 57
Wizemann, Peter	1. 3. 93	11. 11. 59
Weiss, Christine	13. 8. 93	31. 1. 62
Hussels, Martin, abg.	19. 4. 94	4. 10. 61
Angster, Wolfgang	2. 9. 94	22. 4. 61
Bogenrieder, Jörg	2. 9. 94	4. 6. 61
Prasse, Juliane	2. 9. 94	19. 11. 62
Müller, Axel-Karl	3. 8. 95	24. 7. 63

Raquet, Anke, beurl.	21. 9. 95	11. 3. 62
Diehl, Karl-Josef	28. 4. 97	25. 4. 64
Boger, Alexander, abg.	5. 2. 99	31. 5. 69

Staatsanwaltschaft Rottweil
Königstr. 20, 78628 Rottweil
78613 Rottweil
T (07 41) 2 43-0
Telefax (07 41) 2 43 28 77

1 LOStA, 1 stVLOStA, 2 StA (GL), 7 StA

Leitender Oberstaatsanwalt

Herrmann, Rolf-Dieter	21. 5. 90	9. 4. 38

Oberstaatsanwalt

Dr. Mansperger, Jürgen,		
stVLOStA	5. 1. 94	25. 10. 40

Staatsanwältinnen/Staatsanwälte

Rieker, Georg, GL	27. 5. 92	20. 3. 50
Rasenack, Jürgen, GL	7. 5. 93	15. 4. 46
Körber-Renz, Bettina,		
beurl.	26. 2. 86	4. 8. 56
Grundke, Frank	8. 3. 95	28. 5. 61
Fiedler, Wolfgang	22. 3. 96	27. 7. 67
Münzer, Karlheinz	1. 4. 97	10. 9. 64
Wagner, Petra	25. 8. 97	20. 10. 66
Ketterer, Christian	26. 3. 99	30. 10. 67

Staatsanwaltschaft Stuttgart
Neckarstr. 145, 70190 Stuttgart
Postfach 10 60 48, 70049 Stuttgart
T (07 11) 92 10
Telefax (07 11) 9 21 40 09

1 LOStA (R 4), 1 LOStA (R 3), 1 stVLOStA,
5 OStA (HL), 16 OStA, 22 StA (GL),
77 StA, 2 LSt (StA GL), 2 LSt (StA)

Leitender Oberstaatsanwalt

Pflieger, Klaus	30. 10. 95	14. 5. 47

Oberstaatsanwältinnen/Oberstaatsanwälte

Link, Volker, stVLOStA	28. 7. 87	16. 3. 45
Nusser, Hans, HL	1. 10. 88	2. 9. 35
Buchmann, Rainer, HL	3. 4. 89	30. 7. 35
Christ, Rainer, HL	1. 10. 92	13. 9. 44
Klein, Günter, HL	1. 10. 97	27. 12. 40
Bock, Rudolf	1. 9. 80	11. 11. 35
Keppler, Siegfried	31. 7. 81	12. 11. 35
Jäger, Eckart	13. 3. 86	1. 5. 42
Vogt-Binné, Helga	30. 11. 88	2. 9. 38
Schmierer, Klaus	1. 11. 89	14. 9. 43

König, Ingo	12. 6.91	16.10.38	Gauch, Gerhard, abg.	29.12.94	5. 9.63
Schmid, Wolfgang	1.12.91	19. 1.47	Mayländer, Sabine	3. 2.95	11. 8.61
Fleischhauer, Martin	28. 6.93	22. 3.49	Kärcher, Steffen	3. 2.95	13. 1.63
Krombacher, Helmut	30. 6.93	25.10.46	Witzlinger, Ulrich, abg.	10. 2.95	15. 2.59
Dr. Richter, Hans	6. 6.94	5. 9.47	Jarke, Annette	17. 2.95	18.10.63
Wentzell, Jürgen	4.12.95	18. 1.37	de Falco, Domenico	6. 4.95	12.11.62
Blessing, Gernot	10. 1.97	4. 5.49	Reiber, Frank	9. 8.95	22. 8.61
Dreßen, Wilhelm, abg.	17. 6.97	31. 8.35	Hall, Monika, abg.	17. 8.95	12.10.57
Schrimm, Kurt	27.11.98	29. 6.49	Göb, Ursula	16. 9.95	25.10.63
Adam, Stefan	13. 9.99	3.10.44	Schönfelder, Ralph	2.11.95	25. 5.61
			Mahringer, Corinna, beurl.	23.11.95	8. 8.59
Staatsanwältinnen/Staatsanwälte (GL)			Hagen, Astrid	15. 2.96	22.11.63
Klapp, Edzard	27. 6.75	10.10.37	Dr. Henrich, Andreas	18. 3.96	—
Kromer, Hans-Ulrich	1.10.75	13. 4.44	Dr. Wittig, Carola, beurl.	13. 4.96	20. 5.62
Rech, Armin	—	24. 9.38	Wagner, Jörg, abg.	6. 5.96	29. 1.63
Widmann, Rolf	14.10.86	12.12.46	Buttschardt,		
Häußler, Bernhard	1. 5.91	23. 1.50	Klaus Friedrich	13. 5.96	6. 8.64
Bechthold, Robert	26. 5.93	22. 9.48	Holzwarth, Peter	13. 5.96	15. 5.65
Ehrmann, Susanne	29. 5.93	11.10.55	Erhardt, Klaus	14. 8.96	23.10.59
Bauer, Dietrich	1. 6.93	16. 6.40	Barthelmeß, Martin, abg.	1.10.96	10. 2.63
Eiselt, Joachim	16.12.93	11.12.51	Necker, Günter	4.10.96	27. 9.61
Engstler, Karl-Heinz	27.12.94	26. 5.55	Winter, Michael	1.12.96	8. 8.64
Noa, Daniel	31.10.95	23. 5.52	Doster, Werner	10. 2.97	20. 3.63
Thul-Epperlein, Andreas	16.12.96	8. 3.56	Kleiner, Christof	1. 4.97	16. 3.63
Stengel, Heike	16.12.96	8. 6.56	Harrschar, Anne, beurl.	3. 4.97	29.12.66
Seeger, Ulrich	17.12.96	13. 5.52	Heper, Martina, beurl.	12. 8.97	29.11.65
Dr. Klose, Martin	1. 9.97	23. 4.57	Thran, Martin, abg.	26. 8.97	10. 8.62
Beck, Egon, abg.	1. 9.97	9. 2.58	Neubauer, Anja, beurl.	23. 9.97	3. 7.66
Gruhl, Jens	1. 9.97	7. 4.58	Abt, Martin	17. 3.98	11. 2.67
Biebeler, Norbert	3. 4.98	25. 2.44	Bauer, Hans-Lucas	17. 3.98	5. 4.65
Holfeld, Jutta, ½	3. 4.98	—	Kautz, Anna, ½	17. 3.98	13.11.66
Schwarz, Wolfgang	3. 4.98	27.11.56	Rieger, Charlotte	17. 3.98	19. 2.65
Erath, Michael	3.12.98	23.11.58	Braun, Albrecht	3. 4.98	11. 5.61
Erkert, Karlheinz	3.12.98	—	Deppisch, Wolfgang, abg.	8. 4.98	21. 2.65
Bangert, Claudia, ½	13. 9.99	5. 4.55	Krause, Heike, beurl.	9. 4.98	17. 4.69
Dr. Schneiderhan, Peter	1. 1.00	5.11.58	Schröder, Tamara	4. 6.98	20. 6.67
			Neidhard, Alexandra	24. 6.98	2. 1.67
Staatsanwältinnen/Staatsanwälte			Mertig, Wolfgang	2. 9.98	15. 8.66
Schleeh, Dieter	1. 8.72	7.11.38	Müller, Jörg, abg.	30.10.98	1. 2.65
Boßert, Renate	20. 9.76	21. 3.45	Eisenmann, Anke, beurl.	31.10.98	28. 6.66
Fischa, Wolfgang	3. 8.83	20.10.51	Maier, Ulrike	23. 3.99	3. 6.66
Schmitt, Marina	1. 9.91	4. 4.60	Henzler, Oliver	12. 4.99	30. 9.65
Dietz, Eberhard	10. 2.92	16. 1.60	Dr. Godulla, Dagmar	1. 7.99	5.11.66
Arndt, Christiane	10. 9.92	29.11.60	Rauscher, Markus, abg.	8. 9.99	23. 4.66
Dr. Dittrich, Joachim	30.11.92	26. 3.61	Dr. Benner, Silke, ½, abg.	15. 9.99	19. 1.66
Dr. Wahl, Michael	27. 9.93	17.10.62	Vogler, Bodo	14.10.99	2. 6.69
Milionis, Apostolos	1.10.93	—	Henrich, Andrea	5. 1.00	3. 8.66
Bez, Christine	25.10.93	13. 3.62	Bizer, Ute, beurl.	—	6. 9.64
Freier, Petra	1. 3.94	14. 9.62	Horst, Martin	1. 4.00	12. 1.71
Hepfer, Dorothee	1. 3.94	19. 5.61			
Monka, Christian, abg.	19. 4.94	12. 6.64			
Peterke, Volker	2. 5.94	12.12.59			
Löffelhardt, Ingrid, abg.	5. 9.94	7.12.60			
Köhler, Bettina	5. 9.94	6. 5.62			
Inselsberger, Matthias	1.10.94	12. 1.59			
Tormählen, Ulrich	2.11.94	7. 8.60			

Staatsanwaltschaft Tübingen
Charlottenstr. 19, 72070 Tübingen
Postfach 2526, 72015 Tübingen
T (0 70 71) 2 00-0
Telefax (0 70 71) 2 00 26 60

1 LOStA, 1 stVLOStA, 2 OStA, 5 StA (GL),
12 StA

Leitender Oberstaatsanwalt

Dr. Ellinger, Hans	1. 1.97	26. 9.39

Oberstaatsanwälte

Weller, Hans-Joachim,		
stVLOStA	10. 3.97	1. 4.38
Holfelder, Hans	1.11.89	14.11.40
Zech, Helmut	1. 7.97	20. 1.47

Staatsanwältinnen/Staatsanwälte

Rößner, Ernst, GL	1. 2.88	19. 2.47
Kindsvater, Rolf, GL	1. 7.89	8.10.40
Henn, Bernhard, GL	16.11.93	15. 7.50
Atorf, Frank, GL	6. 9.94	1. 5.41
Holl, Lorenz, GL	22.12.98	20. 9.47
Dr. Riedel, Joachim,		
abg.	29. 4.81	16.12.41
Teschner, Susanne	1. 2.91	18. 3.60
Zug, Edith, ½	1. 2.93	13. 4.60
Hölscher, Rotraud	1. 9.95	30.11.63
Scherer, Hansjörg	1. 2.97	28. 6.63
Weinland, Mechthild, abg.	1. 2.97	2.10.65
Dr. Sick, Brigitte, ½, abg.	1. 3.97	2. 4.61
Ernst, Armin	11. 7.97	13.12.65
Link, Martin, beurl.	7. 8.97	9. 4.64
Dr. Haug, Henner	18. 3.98	29.10.66
Dr. Fundel, Stefan	5. 1.00	2.11.67

Staatsanwaltschaft Ulm (Donau)
Olgastr. 107 u. 109, 89073 Ulm
Postfach 38 63, 89028 Ulm
T (07 31) 18 90
Telefax (07 31) 1 89 22 90 + 53

1 LOStA, 1 stVLOStA, 3 OStA, 3 StA (GL),
16 StA

Leitender Oberstaatsanwalt

Menz, Konrad	8. 1.91	13. 2.36

Oberstaatsanwälte

Seeburger, Manfred,		
stVLOStA	—	18.10.54
Spitzer, Heinz	1. 6.85	5. 4.37
Scheib, Ulrich	1.10.96	15. 7.41

Staatsanwältinnen/Staatsanwälte

Rieck, Gerhard, GL	11. 5.98	8. 9.47
Windmüller, Klaus-Peter	13.10.77	7. 5.46
Lutz, Brigitte, ¾	8. 8.80	14. 9.50
Wenger, Reinhard	5. 2.82	7. 2.50
Freund, Ekkehard	14. 2.83	5. 3.53
Leible, Renate, ½	2.11.90	13. 9.58
Lehr, Christof	13. 2.92	14. 5.60
Philipp, Peter	10. 5.93	17. 2.62
Satudenmaier, Petra	3. 9.93	30. 4.61
Lang, Heike, ¾	15. 3.94	6. 8.62
Hadamitzky, Anke, abg.	10. 6.94	13. 6.62
Lohrmann, Gisela, beurl.	16. 2.97	8. 3.63
Große, Bernd	4. 7.97	7.10.62
Schiefelbein, Ulrich	3. 4.98	25. 2.56
Tresenreiter, Wolfgang,		
abg.	27. 8.98	13.10.66
Hirsch, Ute, abg.	17.12.99	13. 9.68

Richterinnen/Richter und Staatsanwältinnen/Staatsanwälte im Richterverhältnis auf Probe

Oberlandesgerichtsbezirk Karlsruhe

Name		
Gaude, Hendrik	7. 3.94	3. 5.64
Frank, Christine, ½	1. 9.94	7.10.65
Lander, Stefanie	26. 9.94	21. 7.66
Dr. Zipperer, Jeannette, ½	4.10.94	13. 3.67
Granderath, Dorothee, ½	25. 1.95	23. 5.66
Novak, Nikola, ½	15. 2.95	14. 3.68
Sütterlin, Kristin, ½	15. 3.95	7. 6.67
Mansel, Bettina, ½, beurl.	20. 3.95	16. 8.65
Abel, Christiane	12. 7.95	4. 8.66
Brede, Marion, beurl.	17. 7.95	17.11.64
Bogs, Rainer	1. 8.95	8. 9.66
Kaufmann, Beate	1. 8.95	2. 3.68
Wöckel, Gabriele, ½	1. 9.95	7. 7.65
Hauser, Martin	1. 9.95	5. 4.67
Triller, Wolfram	2.11.95	9. 5.67
Löhr, Corinna	1.12.95	6. 5.69
Häsemeyer, Ulrike	2. 1.96	17. 5.68
Eichhorn, Michael	15. 1.96	30.12.67
Dr. Stückrath, Birgitta, beurl.	1. 2.96	2. 7.66
Dr. Müller, Fredy	1. 2.96	6. 3.66
Gut, Barbara	1. 2.96	27. 3.69
Blümel, Johannes	20. 2.96	—
Gethmann, Nicolas	1. 3.96	17. 2.65
Fried, Anna-Carina	18. 3.96	—
Sattler-Bartusch, Karin, ½	1. 4.96	24. 5.65
Dr. Traeger, Robert	20. 5.96	10. 4.67
Völker, Stefanie	28. 5.96	21. 9.69
Loescher, Dirk	3. 6.96	24. 8.68
Langenbach, Ralf	10. 6.96	30. 6.68
Reschke, Kirsten	10. 6.96	11. 4.69
Stütz, Birke	1. 7.96	9. 9.66
Rall, Matthias	15. 7.96	11. 2.65
Dr. Stade, Monika	22. 7.96	27. 2.66
Dr. Laut, Thomas	5. 8.96	9. 4.66
Dr. Merz, Susanne	5. 8.96	1. 5.67
Reiter, Robert	2. 9.96	9. 6.65
Stiegel, Ute, LL.M	2. 9.96	23. 2.69
Weiß, Lienhard	16. 9.96	31. 3.67
Müller, Thomas	1.10.96	1.10.67
Dr. Heitzer, Anne	18.10.96	30. 4.67
Lintz, Peter	21.10.96	15.12.67
Dr. Wache, Daniel	4.11.96	23. 2.66
Radke, Holger	18.11.96	31.12.67
Dr. Kürz, Julia	18.11.96	11. 4.68
Mössner, Gregor	18.11.96	26. 4.68
Dr. Kollmar, Reinhard	2.12.96	8.12.68
Korch, Claudius	16.12.96	10. 5.66
Pfeiffer, Thomas	13. 1.97	13. 8.68
Kiefer, Egon	13. 1.97	28. 3.69
Egerer, Harald	20. 1.97	28. 2.67
Knickenberg, Katja	17. 2.97	23. 6.70
Waldmann, Michael	3. 3.97	4. 9.66
Dr. Bock, Annette	10. 3.97	18. 1.68
Dr. Klein, Alexander	1. 4.97	7. 6.65
Dr. Stauß, Michael	20. 5.97	13.10.67
Dr. Schmitt, Thomas	9. 6.97	3. 1.66
Eisele, David	1. 7.97	7. 5.70
Gauß, Stephanie	1. 7.97	15. 9.70
Dold, Reinhard	14. 7.97	1. 6.69
Hollederer, Dietmar	4. 8.97	8.11.66
Hofmann, Christian Frank	4. 8.97	17. 5.68
Dr. Roth, Johannes Georg	1.12.97	29. 1.67
Zeller, Annette	15.12.97	23. 5.70
Hilkert, Wolfgang	15.12.97	13.12.70
Gusinde, Angela	5. 1.98	24. 9.71
Dr. Scholz, Oliver	5. 1.98	
Sackreuther, Kai	12. 1.98	1.12.69
Dr. Bechtel, Wolfram	2. 2.98	27. 5.68
Abel, Gertrud	2. 3.98	3. 5.67
Walter, Christina	2. 3.98	22. 1.68
Röring, Conelia, ½	2. 3.98	5. 1.71
Bock, Joachim	16. 3.98	18. 9.66
Dr. Aurnhammer, Katharin, ½	1. 4.98	9.10.63
Ohlinger, Thomas	13. 7.98	3. 4.69
Schäfer, Jürgen	1.10.98	30. 1.71
Kämpfe, Constanze	9.11.98	20. 4.73
Dr. Frank, Martin	16.11.98	28. 7.66
Tüz, Yasemin	23.11.98	6. 7.72
Maurer, Martin	1.12.98	4.12.66
Schuster, Klaus	1.12.98	27.10.71
Zülch, Carsten	14.12.98	4.12.65
Edmunds, Christian	4. 1.99	25. 1.65
Dr. Reil, Jutta	4. 1.99	20. 9.69
Greven, Michael	8. 2.99	24. 7.67
Dr. Menges, Eva	8. 2.99	13. 1.70
Pohl, Babette, LL.M.	8. 2.99	22. 4.71
Bezzel, Dietrich	15. 3.99	31. 1.67
Dr. Schollmeyer, Eberhard	3. 5.99	29. 7.68
Storch, Anja	14. 6.99	22. 9.71
Höhn, Frank	14. 6.99	29. 2.72
Dr. Drosdowski, Thomas	28. 6.99	27. 8.69
Kollum, Heike	12. 7.99	17.12.67
Ulrich, Stefanie	16. 8.99	23.10.71
Staib, Christine	18.10.99	28. 4.72
Pernice, Christina	1.12.99	3. 2.73
Wiegand, Simone	2. 1.00	23. 2.69
Bürkle, Pia	3. 1.00	24. 3.70

Häußler, Katja	1. 2.00	19. 5.71
Knecht, Michael	—	17.10.67

Oberlandesgerichtsbezirk Stuttgart

Gekeler, Doris, beurl.	1. 9.89	3. 4.61
Schneck, Angelika, beurl.	1.10.90	31.10.60
Brunnquell-Geiger, Christine, beurl.	1. 8.91	19. 6.62
Kraft, Veronika, ½	10. 2.92	28.11.63
Schumacher-Diehl, Claudia, ½, beurl.	2. 5.94	20. 4.66
Hussels, Elisabeth, ½	3. 7.95	28. 1.67
Striffler-Sapper, Petra, beurl.	13. 5.96	5. 9.68
Dr. Blaich, Susanne	1. 7.96	28. 7.68
Weik, Beate	1. 8.96	29. 4.66
Frömel, Christiane	1. 8.96	1. 2.67
Heiter, Norbert	1. 8.96	10.10.67
Weisenburger, Mirjam	12. 8.96	—
Philipp, Beate, ½	19. 8.96	22.10.66
Pfirrmann, Volker	2. 9.96	18.10.66
Neef, Michael	2. 9.96	28. 8.67
Seitz, Thomas	2. 9.96	8.10.67
Patschke, Andreas	16. 9.96	7.11.67
Brand, Dietrich	1.10.96	10. 3.65
Dr. Rückert, Anne Katrin, beurl.	1.10.96	6. 6.67
Fischer, Dagmar	1.10.96	20.11.67
Fischer, Jan Derk	1.11.96	20. 7.65
Klier, Ralf Jürgen	4.11.96	6. 6.69
Wetter, Alexander	16.12.96	24. 6.69
Gross, Michael	2. 1.97	27. 9.68
Fuchs, Karen Isabel	2. 1.97	2. 7.69
Gresser, Monika	2. 1.97	28. 5.70
Böhmer, Jörg	2. 1.97	14.12.70
Zöller, Guido	3. 2.97	19. 4.68
Berkner, Thomas	3. 2.97	16. 5.69
Dr. Mollenkopf, Claus	5. 5.97	7.12.66
Rebmann, Frank	5. 5.97	9.10.67
Kapp, Jochen, abg.	12. 5.97	27. 1.68
Jakob, Till, abg.	20. 5.97	30. 1.69
Schneider, Matthias	1. 7.97	5. 9.66
Busch, Markus	1. 7.97	18. 6.68
Dr. Plänker, Kathrin	7. 7.97	21. 4.69
Maak, Eckhard	18. 8.97	26. 4.67
Böllert, Julia, abg.	18. 8.97	1.12.70
Pfeiffer, Susanne	1. 9.97	2.11.66
Häusler, Matthias	1. 9.97	7.12.67
Trück, Thomas	1.10.97	11.10.65
Dr. Föhlisch, Julia	1.10.97	7. 9.68
Hermann, Jürgen	1.12.97	13.10.65

Fuhrmann, Kerstin	1.12.97	16. 1.69
Mecklenburg, Barbara	1.12.97	21. 5.71
Seichter, Dirk	9.12.97	28. 2.70
Hintze, Sören	15.12.97	16.11.70
Beddies, Tomken	2. 2.98	29. 8.70
Terry, Patrick	2. 3.98	28. 9.70
Hörsch, Karin, beurl.	16. 3.98	29. 7.66
Kieninger, Jörg	1. 4.98	16. 8.68
Ziegler, Rainer	2. 6.98	1.12.67
Mangold, Mathias	15. 6.98	16. 5.71
Ruopp, Bettina	1. 7.98	29. 5.70
Baßmann, Thomas	1. 7.98	23. 2.71
Buchele, Heiner	3. 8.98	4. 7.66
Hilt, Barbara	3. 8.98	24. 8.71
Essig, Claudia	3. 8.98	25.10.71
Herrmann, Uta	3. 8.98	11. 3.73
Hörmann, Hiltrud Barbara	17. 8.98	3. 5.71
Werner, Burkhard	24. 8.98	4. 9.68
Greulich, Cathrin	1.10.98	21. 9.68
Hiestermann, Ulf	2.11.98	6.11.66
Böhm, Veiko	2.11.98	12. 8.71
Kintzinger, Jörg	9.11.98	4. 4.69
Dr. Singer, Andreas	1.12.98	9. 1.71
Frick, Barbara	1.12.98	1.12.71
Offenloch, Thomas	1.12.98	18. 6.72
Brinker, Mark	15. 6.99	9.11.71
Großger, Birgit	1. 7.99	1. 2.68
Bischoff, Sandra	1. 7.99	1. 4.69
Schelling, Nicola	1. 9.99	30. 4.67
Drobik, Viola	1. 9.99	25. 7.70
Christeleit, Andreas	1. 9.99	19.10.70
Harriehausen, Daniele	1. 9.99	18. 4.71
Katzenstein, Matthias	1. 9.99	21. 6.71
Brehmer, Judith	1. 9.99	12.11.73
Kupka-Göll, Silke	2.11.99	8. 1.73
Dr. Zott, Regina	15.11.99	7. 1.70
Haiß, Christoph	1.12.99	11.12.70
Langneff, Katja	6.12.99	6.10.71
Tietz, Jörg	15.12.99	4. 6.71
Dr. Reuschle, Fabian	15.12.99	6. 3.72
Schweitzer, Matthias	15.12.99	10. 6.72
Dr. Schnurr, Ina	3. 1.00	30.12.71
Forster, Christoph	3. 1.00	3. 8.73
Schmid, Frank	1. 2.00	27. 4.70
Wirz, Stefan	1. 2.00	1. 7.70
Taferner, Susanne	1. 2.00	28. 7.70
Hecht, Carola	15. 2.00	3. 5.70
Jonek, Lars	15. 2.00	7. 9.70
Lutz, Annkatrin	1. 3.00	28. 8.71
Fachat, Stephanie	1. 3.00	26. 9.72
Ade, Siegmar	15. 3.00	22. 4.69
Horst, Martin	1. 4.00	12. 1.71

Freistaat Bayern

12 086 548 Einwohner*

Bayerisches Staatsministerium der Justiz

Prielmayerstraße 7, 80097 München
T (0 89) 55 97 01, Telefax (0 89) 55 97 23 22
1 Min, 1 MinD, 7 MinDgt, 7 LMinR, 20 MinR, 10 RD, 10 ORR, 3 RR

Minister

Dr. Weiß, Manfred 13. 9. 99 23. 1. 44

Ministerialdirektor

Held, Wolfgang 1. 12. 87 21. 11. 38

Ministerialdirigenten

Weiß, Werner	1. 9. 88	16. 6. 36
Schöbel, Heino	1. 10. 91	23. 5. 46
Meisenberg, Michael	1. 1. 92	31. 10. 44
Freiherr von Hornstein, Alexander	1. 11. 92	28. 8. 44
Dr. Mayer, Elmar	1. 9. 93	2. 11. 44
Dr. Markwardt, Manfred	1. 11. 94	7. 9. 44
Koppenhöfer, Hartmut	26. 2. 98	19. 4. 38

Leiter des Landesjustizprüfungsamts

Schöbel, Heino, MinDgt 1. 5. 91 23. 5. 46

Leitende Ministerialräte

Dr. Knittel, Bernhard	1. 1. 92	2. 1. 49
Dr. Palder, Helmut	1. 10. 92	21. 9. 47
Grünewald, Franz	1. 1. 93	20. 12. 48
Singer, Raphael	22. 7. 93	4. 1. 44
Korndörfer, Hermann	1. 11. 95	10. 8. 44
Dr. Strötz, Christoph	1. 1. 96	16. 9. 52

Ministerialrätinnen/Ministerialräte

Pronold, Ferdinand	1. 8. 83	9. 11. 35
Rojahn, Dieter	22. 7. 93	29. 12. 46
Zierl, Gerhard	10. 9. 93	18. 4. 49
Vill, Gerhard	1. 11. 97	30. 5. 51
Lückemann, Clemens	1. 5. 98	31. 5. 54
Dr. Seitz, Helmut	1. 1. 99	7. 5. 52
Dr. Stadler, Rupert	1. 1. 99	10. 1. 54
Dr. Stumpf, Michael	1. 8. 99	9. 5. 54

Küspert, Peter	1. 11. 95	13. 9. 55
Dr. König, Peter	1. 1. 97	12. 9. 56
Schmid-Stein, Ursula	1. 11. 97	10. 11. 57
Dr. Heßler, Hans-Joachim	1. 11. 97	16. 3. 58
Fischer, Hartmut	1. 5. 98	22. 7. 58
Bruggmoser, Wolfgang	1. 9. 99	18. 9. 37
Dr. Kartzke, Ulrich	1. 10. 99	2. 6. 58
Budesheim, Sabine	1. 10. 99	18. 5. 59
Mair, Heinz-Peter	1. 10. 99	6. 8. 59

Regierungsdirektorinnen/Regierungsdirektoren

Dr. Brodersen, Kilian	1. 5. 96	26. 7. 60
Dr. Dickert, Thomas	1. 5. 96	23. 10. 58
Wimmer, Andreas	1. 5. 96	27. 3. 61
Hofbauer, Alfred	1. 2. 97	24. 9. 40
Mehltretter, Andreas	1. 2. 97	3. 5. 42
Dr. Lechner, Herbert	1. 3. 97	18. 1. 60
Kahl, Hans-Uwe	1. 12. 97	13. 3. 63
Holzner, Peter	1. 12. 98	31. 5. 62
Wasmeier, Sabine, abg.	1. 2. 98	17. 9. 64
Neumair, Annette	1. 4. 98	1. 6. 62
Kornprobst, Johann	1. 3. 00	1. 8. 63

Oberregierungsrätinnen/Oberregierungsräte

Bredl, Walter	1. 1. 98	8. 5. 54
Haferbeck, Carsten	1. 4. 98	10. 8. 64
Schön, Franz	1. 6. 98	2. 3. 55
Dr. Wiedemann, Rainer	1. 8. 98	22. 7. 61
Dr. Muthig, Andrea	1. 10. 98	7. 8. 65
Fritsch, Werner	1. 12. 98	28. 2. 40
Grauel, Michael	1. 12. 98	8. 4. 64
Dr. Gürtler, Franz	1. 3. 99	19. 11. 63
Dr. Frank, Peter	1. 10. 99	5. 5. 68
Zwerger, Andreas, abg.	1. 1. 00	3. 9. 66
Biebl, Gregor	1. 3. 00	7. 2. 68

Regierungsrätinnen/Regierungsräte

Feilkas, Johann 1. 12. 98 28. 4. 50

---

* Stand 31. 12. 1998.

63

Stamm, Manfred	1. 12. 98	5. 3. 50		Krä, Horst	1. 1. 00	22. 1. 71
Straßer, Günther	1. 12. 98	7. 9. 50				
Böhm, Cornelius	1. 2. 99	10. 3. 68		*Regierungsrätinnen z.A./Regierungsräte z.A.*		
Dr. Mielke, Bettina	1. 3. 99	17. 3. 65		Dr. Schulz, Carsten	1. 1. 99	27. 8. 68
Dr. Beisenwenger, Rainer	1. 3. 99	18. 3. 67		Dietz, Alexandra	1. 9. 99	3. 10. 69
Ehrt, Beate	22. 3. 99	18. 3. 66		Dr. Klinger, Guido	18. 10. 99	2. 11. 65

Bayerisches Oberstes Landesgericht

Schleißheimer Straße 139, 80797 München
80097 München
T (0 89) 55 97 01, Telefax (0 89) 55 97 14 80

1 Pr, 1 VPr, 5 VR, 31 R

Präsident

Gummer, Peter	1. 7. 00	30. 11. 40

Vizepräsident

N. N.	—	—

Vorsitzende Richterinnen/Vorsitzende Richter

Lancelle, Trutz	1. 2. 96	12. 12. 37
Schmidt, Werner	1. 8. 96	18. 9. 35
Jaggy, Eckhart	1. 10. 99	29. 1. 39
Hirt, Almuth	1. 2. 00	—
Sprau, Hartwig	1. 5. 00	23. 4. 44

Richterinnen/Richter

Lehr, Gerhart	1. 7. 84	1. 11. 36
Dr. Kahl, Irmgard	1. 4. 86	24. 12. 35
Demharter, Johann	1. 6. 86	10. 4. 39
Dr. Plößl, Hans	1. 4. 87	26. 5. 37
Heusterberg, Wolfram	15. 10. 87	9. 10. 36
Werdich, Gerda	1. 11. 87	11. 9. 36
Dr. Delius, Gerhard	1. 1. 89	5. 4. 40
Dr. Rohlff, Reimer	1. 9. 89	8. 10. 42
Rittmayr, Hans	1. 5. 90	11. 5. 36
Kehrstephan, Horst	1. 9. 90	5. 10. 38
Hilger, Günter	1. 10. 90	27. 8. 37
Steiner, Horst	1. 3. 91	8. 9. 39
Dr. Vitzthum, Werner	1. 3. 92	31. 1. 39
Kaliebe, Holger	1. 7. 92	21. 2. 36
Dr. Schmitz, Günter	1. 3. 93	3. 6. 41
Wannemacher, Wolfgang	15. 11. 93	8. 7. 36
Kenklies, Joachim	1. 2. 94	14. 10. 42
Dr. Pliester, Ute	1. 6. 94	6. 2. 40
Dr. Schreieder, Horst	1. 10. 94	26. 5. 39
Kasch, Gerhard	1. 1. 95	24. 5. 45
Dr. Pongratz, Heribert	1. 5. 95	27. 8. 41

Dr. Pettenkofer, Horst	1. 7. 95	15. 7. 38
Seifried, Karlheinz	1. 4. 98	15. 9. 41
Kaiser, Hartmut	1. 7. 98	11. 1. 44
Dr. Nitsche, Wolfgang	1. 7. 98	22. 7. 48
Fuchs, Johann	1. 5. 99	29. 9. 46
Frisch, Norbert	1. 9. 99	6. 10. 41
Heiss, Eberhard	1. 1. 00	5. 3. 40
Prof. Dr. von Heintschel-Heinegg, Bernd	1. 2. 00	24. 6. 45
Dr. Schmid, Hugo	1. 4. 00	16. 3. 42

Staatsanwaltschaft
bei dem Bayer. Obersten Landesgericht

Schleißheimer Straße 139, 80797 München
80097 München
T (0 89) 5 59 71
Telefax (0 89) 55 97 14 98

1 GStA, 6 OStA, 1 StA (GL)

Generalstaatsanwalt

Emrich, Dieter	1. 2. 97	6. 4. 37

Oberstaatsanwältin/Oberstaatsanwälte

Diehl, Hans	1. 5. 89	31. 10. 35
Dr. Todd, Wolfgang	1. 9. 91	18. 8. 38
Joachimski, Jupp	1. 6. 96	10. 9. 42
Bottermann, Christa	1. 10. 97	14. 9. 37
Hoynatzky, Heinz, abg.	1. 6. 98	16. 1. 40
Meier-Staude, Helmut	15. 9. 98	17. 6. 42

Staatsanwalt (GL)

Lichtenberg, Reinhard	1. 7. 97	5. 7. 48

Oberlandesgerichtsbezirk Bamberg

7 Landgerichte:
Aschaffenburg, Bamberg, Bayreuth, Coburg, Hof, Schweinfurt, Würzburg; alle mit 1 Kammer für *Handelssachen* (Aschaffenburg, Bamberg und Würzburg 2)

18 Amtsgerichte mit 8 Zweigstellen

Schiffahrtsgerichte bei den Amtsgerichten Bamberg und Würzburg

Schöffengerichte bei allen Amtsgerichten

Familiengerichte bei allen Amtsgerichten

Die zur Zuständigkeit der Amtsgerichte (als Landwirtschaftsgerichte) gehörenden *Landwirtschaftssachen* sind jeweils dem Amtsgericht am Sitz des Landgerichts für alle Amtsgerichte des Landgerichtsbezirks übertragen.

Oberlandesgericht Bamberg

E 2 444 566
96045 Bamberg
Wilhelmplatz 1, 96047 Bamberg
Postfach 17 29, 96008 Bamberg
T (09 51) 8 33-0, Telefax (09 51) 8 33-12 30 (Verwaltung) und 8 33-12 40 (Gericht)

1 Pr, 1 VPr, 6 VR, 26 R

Präsident
Prof. Dr. Böttcher,
  Reinhard   1. 8. 94   29. 7. 37

Vizepräsident
Dreßler, Karl Georg   16. 8. 92   26. 8. 37

Vorsitzende Richterin/Richter
Dr. Faber, Manfred	15. 9. 86	23. 2. 39
Dr. Rein, Walter	1. 10. 89	15. 2. 37
Angerer, Constanze	1. 5. 92	4. 12. 43
Hammel, Eberhard	1. 2. 93	29. 12. 35
Dr. Wagenseil, Walter	1. 10. 95	13. 8. 38
Dr. Fellner, Manfred	1. 3. 96	10. 3. 36

Richterin/Richter
Schütz, Harald	—	—
Eckstein, Peter	1. 10. 81	17. 8. 41
Braun, Lothar	1. 6. 82	4. 1. 40
Brütting, Fridolin	1. 1. 83	3. 2. 43
Krebs, Erich	1. 12. 85	3. 10. 40
Deuerling, Peter	1. 6. 87	12. 11. 39
Beyer, Ulrich	15. 1. 88	27. 8. 40
Köster, Wolfgang	1. 3. 90	30. 6. 49
Dr. Lembert, Günter	1. 11. 90	17. 5. 38
Dr. Thein, Werner	1. 10. 91	22. 11. 47
Fuchs, Klaus Peter	1. 10. 91	3. 8. 48
Kraus, Friedrich	1. 12. 92	15. 3. 47

Werth, Manfred	1. 5. 93	4. 1. 49
Dr. Riegel, Leonhard	21. 2. 94	19. 8. 48
Schwarz, Max	1. 3. 94	14. 2. 47
Dr. Gregor, Klaus	1. 9. 95	27. 11. 47
Dr. Eick, Wolfgang	1. 9. 95	18. 8. 52
Maex, Karl-Heinz	1. 3. 96	13. 2. 47
Dr. Geuder, Dietrich	16. 6. 96	4. 10. 53
Schmitt-Linden, Christine	1. 7. 96	13. 11. 48
Dr. Reheußer, Pankraz	1. 8. 96	20. 8. 54
Götz, Gerhard	1. 10. 96	20. 1. 51
Dörfler, Karl Heinz	1. 1. 97	6. 2. 54
Buhl, Bernd, abg.	1. 8. 97	28. 9. 53
Dr. Bernreuther, Jörn, abg.	1. 10. 97	21. 3. 53

Landgerichtsbezirk Aschaffenburg

Landgericht Aschaffenburg   E 370 722
Erthalstr. 3, 63739 Aschaffenburg
Postfach 10 13 49, 63709 Aschaffenburg
T (0 60 21) 39 80
Telefax (0 60 21) 39 82 00

1 Pr, 1 VPr, 6 VR, 10 R

Präsidentin
Vollmer, Christine   1. 5. 93   18. 2. 41

Vizepräsident
Dr. Bopp, Fred — —

Vorsitzende Richter
Raab, Klaus 1. 7.81 20. 3.37
Kraak, Ove Jens 1. 6.86 12. 5.44
Staab, Edgar 1. 6.92 21. 7.39
Dr. Brunner, Raimund 1. 9.92 18.10.50
Engel, Hilmar 1. 1.97 8. 6.48
Euler, Helmut — —

Richter
Hubert, Walter — —
Freiherr von Tettau, Lutold 1.11.75 16. 7.41
Dr. Engelhardt, Wolfgang 1. 6.82 20. 3.53
Fröhlich, Peter 1. 4.84 18. 9.53
Rost, Robert 1. 9.84 17. 5.53
Burghardt, Andreas 10. 6.87 26. 5.57
Dr. Will, Günter 1. 1.90 16. 5.59
Dr. Roth, Jürgen 19. 3.90 9. 6.59
Köhler, Jürgen 1. 2.92 14. 2.60
Bachmann, Matthias 1.11.93 29. 8.61

Amtsgerichte

Aschaffenburg E 240 364
Erthalstr. 3, 63739 Aschaffenburg
Postfach 10 13 49, 63709 Aschaffenburg
T (0 60 21) 39 80
Telefax (0 60 21) 39 82 00

Zweigstelle in Alzenau i. UFr.
Burgstr. 14, 63755 Alzenau i. UFr.
Postfach 13 60, 63754 Alzenau i. UFr.
T (0 60 23) 97 53-0
Telefax (0 60 23) 97 53 50

1 Dir, 1 stVDir, 2 w.aufsR, 18 R

Dr. Strotkamp, Erwin, Dir 1. 6.92 8. 2.38
Kohl, Helmut, stVDir 1. 7.89 25.12.35
Dr. Martin, Widulf,
w.aufsR, ¾ 15.11.85 24.12.37
Throll, Peter, w.aufsR 1.12.95 12. 9.37
Lohr, Ludwig 1. 1.70 4.10.36
Pummer, Hans Günther — —
Holzmann, Wolfgang 1.11.76 16. 5.40
Wenzel, Hartmut — —
Knopp, Friederike 1. 7.80 8. 5.50
Binner, Heinrich, ½ 1.11.80 1. 1.44
Weigand, Bernd 1. 5.81 1. 7.51
Formann, Josef — —
Huhn, Birgitta, ½ 15. 5.82 12. 3.51
Schrempp, Peter 18. 6.82 23. 1.47
Schäfer, Ursula 15. 7.84 11. 7.54
von Oppenkowski,
Anne Martina, ½ 1. 2.90 25. 2.60

Mäusbacher, Karoline 1.10.90 22. 1.59
Müller, Michael 1. 3.91 3. 3.61
Keller, Jürgen — —
Weber, Jürgen — —
Kemmerer, Torsten 15.11.93 15. 2.63
Weinand-Härer,
Claudia, ½ 1.12.94 12. 5.64
Koppe, Anne-Dorothee 1. 4.95 22. 2.64
Dr. Lange, Sabine, ½, abg. 1. 2.96 3. 7.64
Büchs, Volker 1. 9.96 23.11.65
Weiß, Peter 1. 1.97 20. 7.66
Grohmann, Beate, ¾ 1. 2.97 18. 1.65

Obernburg a. Main E 130 358
Römerstr. 80, 63785 Obernburg
Postfach 11 01 63, 63777 Obernburg
T (0 60 22) 6 28-0
Telefax (0 60 22) 62 82 22

Zweigstelle in Miltenberg
Hauptstr. 29, 63897 Miltenberg
Postfach 11 40, 63881 Miltenberg
T (0 93 71) 9 43-0
Telefax (0 93 71) 9 43 22

1 Dir, 7 R

Dr. von Edlinger,
Gerhard, Dir — —
Basting, Helga, ½ 3. 4.72 2.11.38
Vogt, Wolfgang 1.12.75 26. 1.43
Menninger, Günter 16. 7.76 26. 1.42
Miltenberger, Friedrich — —
Pesahl, Norbert — —
Wengerter, Johann — —
Beck, Romana, ½ 1. 9.87 21.10.56
Jander, Uwe 1. 7.91 31. 8.57

Landgerichtsbezirk Bamberg

Landgericht Bamberg E 409 755
Wilhelmplatz 1, 96047 Bamberg
Postfach 17 29, 96008 Bamberg
T (09 51) 8 33-0
Telefax (09 51) 8 33-16 50

1 Pr, 1 VPr, 3 VR, 9 R

Präsident
Menger, Heinz-Georg 1. 7.93 24. 4.38

Vizepräsident
Reuß, Elmar 16. 7.96 4. 6.45

Vorsitzende Richter
Eichwald, Peter 1. 7.82 2. 8.40

Dengler, Konrad	16. 4.93	1.10.45
Bomba, Manfred	1. 1.97	21. 3.49

Richterin/Richter

Held, Dietmar	16. 6.70	27.11.40
Barthelmes, Kurt	1. 3.85	28. 8.52
Göller, Gudrun	1. 2.86	16.12.54
Kempf, Ulrich	1.12.86	5. 1.56
Schmidt, Manfred	1. 1.87	21. 3.56
Schommartz, Karl	10. 6.87	20. 3.57
Dr. Stumpf, Werner	1. 3.88	3. 7.55
Lieb, Bernhard	1. 1.89	15. 8.59
Burger, Robert	1.11.92	30. 6.60

Amtsgerichte

Bamberg E 209 776
Synagogenplatz 1, 96047 Bamberg
Postfach 17 29, 96008 Bamberg
T (09 51) 8 33-0
Telefax (09 51) 8 33-20 70

1 Dir, 1 stVDir, 1 w.aufsR, 12 R

Kröppelt, Georg, Dir	1. 1.95	15. 6.46
Lietz, Hubertus, stVDir	16.11.92	2. 6.37
Sieben, Norbert, w.aufsR	—	—
Stein, Peter, ½	1.10.68	16. 6.37
Kestler, Hans-Günter	1.12.69	12.12.39
Kießling, Jürgen	—	—
Faber, Rosemarie	—	—
Dotterweich-Pollmar, Maria, ½	1. 8.72	22. 6.39
Rößner, Gösta	1. 7.74	18. 5.42
Dr. Lassmann, Hans	1. 4.75	25. 5.43
Herbst, Hans	1. 4.75	21. 1.44
Meyer-Rutz, Philipp	—	—
Lange, Maria	1. 7.81	24. 3.50
Hock-Schmitt, Margit, ½	1. 8.86	3.11.53
Weber, Michael	—	—
Wenske, Klaus	1. 7.90	3. 3.60
Neller, Peter	1. 7.93	23. 2.62
Bauer, Uwe	1. 4.94	14. 2.55
Truppei, Franz	1. 4.94	11.12.62
Dippold, Martin	1. 4.94	6. 7.63
Herdegen, Elisabeth	—	—

Forchheim E 111 793
Kapellenstr. 15, 91301 Forchheim
Postfach 12 69, 91299 Forchheim
T (0 91 91) 7 10-0
Telefax (0 91 91) 6 77 48

1 Dir, 5 R

Dr. Schürr, Franz, Dir	1. 8.85	17. 8.42
Grünewald, Johann-Peter	16.10.74	10. 9.40

Hartl, Werner	16.10.75	24. 8.44
Aschenbrenner, Franz	1. 7.89	25.12.56
Greger, Gabriele	—	—

Haßfurt E 88 186
Zwerchmaingasse 18, 97437 Haßfurt
Postfach 11 11, 97428 Haßfurt
T (0 95 21) 94 42-0
Telefax (0 95 21) 94 42 50

Zweigstelle in Ebern
Rittergasse 3, 96106 Ebern
Postfach 11 08, 96104 Ebern
T (0 95 31) 67 82
Telefax (0 95 31) 89 53

1 Dir, 3 R

Siebenbürger, Günter, Dir	1. 5.98	16. 9.49
Kelber, Reinhard	1.10.68	5. 8.37
Ott, Willibald	16.10.75	7. 7.42
Wiltschka, Roland	1. 1.85	15. 1.53
Mett-Grüne, Irene, ½	15. 9.86	19.11.55

Landgerichtsbezirk Bayreuth

Landgericht Bayreuth E 261 158
Wittelsbacherring 22, 95444 Bayreuth
T (09 21) 50 40
Telefax (09 21) 50 41 09

1 Pr, 1 VPr, 3 VR, 9 R

Präsident

Adler, Wolfgang	1.10.99	27.12.43

Vizepräsident

Hoemke, Wolfgang	1.11.99	12. 2.47

Vorsitzende Richter

Eckstein, Michael	1. 9.94	23. 5.53
Sponsel, Jürgen	1.12.97	23.10.44
Dr. Schiener, Wolfgang	1. 3.00	25. 7.57

Richterinnen/Richter

Diener, Ursula, ½	1. 7.82	8. 6.51
Kahler, Werner	1. 6.83	24. 7.53
Dr. Tettmann, Peter	1. 7.85	11. 2.53
Parisi, Ursula, beurl.	4. 9.87	4. 1.56
Nagengast, Peter, abg.	1. 3.88	8.11.55
Schwarz, Reinhard	1. 3.89	23. 1.59
Dr. Döpfner, Konrad	1.12.89	25. 8.57
Burghardt, Matthias	15. 1.90	30. 9.59
Meixner, Alois	1. 1.91	13.12.58
Heim, Bernhard	11. 1.91	19. 7.60
Eberhardt, Elke, ½	1. 4.93	7. 9.62
Dr. Meyer, Georg	20. 7.94	5. 7.63

Amtsgerichte

Bayreuth   E 182 359
Wittelsbacherring 22, 95444 Bayreuth
T (09 21) 50 40
Telefax (09 21) 50 42 41

Zweigstelle in Pegnitz
Bahnhofsteig 5, 91257 Pegnitz
T (0 92 41) 9 83-0
Telefax (0 92 41) 79 69

1 Dir, 1 stVDir, 1 w.aufsR, 12 R

Schmitt, Gerhard, Dir	1. 4. 00	27. 9. 51
Dumproff, Heinrich, stVDir	6. 12. 93	7. 2. 37
Weiß, Josef, w.aufsR	1. 12. 95	4. 4. 41
Wegerer, Karl	—	—
Heimbürger, Hans	1. 7. 79	26. 1. 49
Rund, Hermann	15. 12. 79	22. 10. 47
Wiesneth, Christian	1. 6. 81	11. 12. 49
Feuerabendt, Egmont	—	—
Meyer, Torsten	1. 2. 91	26. 11. 60
Breunig, Konrad	1. 10. 91	29. 12. 60
Feigl, Hans	1. 7. 92	23. 11. 60
Dr. Bär, Wolfgang, tw.abg.		
Oertwig, Christine, ½	11. 4. 93	4. 10. 61
Firlus, Elke	1. 2. 94	28. 8. 63
Schwarz, Birgit, ½	1. 4. 94	5. 4. 63
Breunig, Christiane, ½	1. 7. 94	8. 8. 64
Koch, Annette, ½	1. 10. 94	6. 7. 63
Hoffmann, Matthias	1. 6. 95	2. 1. 65
Dr. Deyerling, Andrea, ½	1. 3. 96	15. 11. 64
Kirchmeier, Karl-Heinz	1. 3. 96	25. 3. 66

Kulmbach   E 78 742
Kohlenbachstr. 10, 95326 Kulmbach
T (0 92 21) 9 21 00
Telefax (0 92 21) 92 10 11

1 Dir, 4 R

N. N., Dir	—	—
Künzel, Christine	—	—
Wich, Hendrik	29. 11. 89	21. 4. 56
Borger, Frank	—	—
Kintzel, Gernot	—	—
Häring, Gerald	1. 3. 97	31. 8. 66

Landgerichtsbezirk Coburg

Landgericht Coburg   E 282 566
Ketschendorfer Str. 1, 96450 Coburg
T (0 95 61) 87 80
Telefax (0 95 61) 878 03 50

1 Pr, 1 VPr, 3 VR, 4 R

Präsident

Dr. Eichfelder, Friedrich	1. 12. 98	2. 8. 44

Vizepräsident

Hüttel, Max	1. 7. 98	5. 7. 41

Vorsitzende Richter

Sommer, Bernd	1. 4. 89	28. 6. 46
Wahl, Rudolf	1. 3. 94	3. 4. 46
Amend, Gerhard	16. 10. 96	22. 1. 50

Richter

Dietrich, Roland	10. 4. 82	8. 11. 50
Bauer, Andreas	1. 10. 92	30. 7. 62
Fehn, Jürgen	1. 7. 95	8. 1. 65
Guhling, Hartmut	1. 8. 98	28. 12. 68

Amtsgerichte

Coburg   E 135 610
Ketschendorfer Str. 1, 96450 Coburg
T (0 95 61) 87 80
Telefax (0 95 61) 8 78 03 50

1 Dir, 1 stVDir, 8 R

Schorr, Eugen, Dir	15. 11. 99	28. 12. 41
Böcking, Thomas, stVDir	1. 5. 96	11. 2. 43
Dr. Schikowski, Reinhard	—	—
Sommer, Monika	1. 8. 76	19. 5. 45
Bauer, Wolfram	1. 6. 83	15. 11. 50
Seifert, Gerold	—	—
Löffler, Winfried	1. 12. 87	16. 10. 55
Müller, Klaus	1. 5. 93	7. 7. 62
Gründel, Johannes	1. 2. 97	4. 7. 67

Kronach   E 76 128
Amtsgerichtsstr. 15, 96317 Kronach
T (0 92 61) 6 06 50
Telefax (0 92 61) 9 21 74

1 Dir, 4 R

Bittorf, Wolf-Dietrich, Dir	1. 7. 89	11. 2. 44
Matt, Günther	17. 7. 95	13. 4. 62
Barausch, Ulrike	15. 3. 96	2. 12. 64
Volk, Klaus	1. 5. 96	7. 7. 63
Trotta, Raffaele	1. 9. 96	14. 2. 64

Lichtenfels   E 70 828
Kronacher Str. 18, 96215 Lichtenfels
T (0 95 71) 9 55 30
Telefax (0 95 71) 95 53 44

1 Dir, 3 R

Wagner, Armin, Dir	1. 8. 97	4. 3. 51
Madinger, Meinhard	1. 11. 72	31. 7. 41
Tettmann, Sieglinde	1. 1. 91	6. 12. 58
Heyder, Otto	1. 11. 92	5. 2. 61

Landgerichtsbezirk Hof

Landgericht Hof   E 248 939
Berliner Platz 1, 95030 Hof
Postfach 13 07, 95012 Hof
T (0 92 81) 60 00
Telefax (0 92 81) 60 01 99

1 Pr, 1 VPr, 4 VR, 8 R

Präsident
Zuber, Heinz   1. 8. 97   10. 12. 39

Vizepräsident
Weirich, Dieter   1. 1. 97   14. 1. 40

Vorsitzende Richter
Dumann, Joachim   1. 12. 85   14. 5. 38
Poswa, Eugen   1. 1. 88   19. 6. 39
Kulla, Christopher   15. 2. 97   8. 11. 40
Kienlein, Wolfgang   1. 12. 99   14. 3. 55

Richterinnen/Richter
Schmitz, Marina   1. 6. 83   17. 3. 52
Preiß, Ursula   —   —
Fiedler, Rudolf   15. 1. 91   22. 7. 57
Chwoyka, Reiner   1. 10. 92   12. 10. 59
Olbermann, Thomas   1. 4. 93   17. 5. 59
Held, Hans-Jürgen   1. 11. 94   23. 5. 65
Dr. Claßen, Christiane   1. 10. 98   7. 8. 68

Amtsgerichte

Hof   E 161 400
Berliner Platz 1, 95030 Hof
Postfach 11 49, 95010 Hof
T (0 92 81) 60 00
Telefax (0 92 81) 60 03 72

1 Dir, 1 stVDir, 12 R

Haubner, Peter, Dir   16. 8. 97   18. 2. 38
Schmidt, Hans-Werner,
stVDir   16. 12. 97   2. 3. 43
Boden, Hans-Gerrit   1. 11. 73   14. 8. 41
Unglaub, Peter   16. 1. 76   28. 4. 44
Fuchs, Hans   —   —
Potzel, Dieter   1. 10. 76   17. 12. 42
Herrmann, Brigitte   1. 12. 88   1. 3. 59
Hofmann-Beyer, Ulrike   1. 5. 89   11. 5. 55
Varga, Ulrike   1. 7. 92   13. 2. 61
Übelmesser, Siegbert   1. 3. 93   2. 10. 62
Laib, Reiner   1. 5. 94   10. 11. 62
Pürner, Hubert   1. 4. 95   21. 11. 62
Labandowsky, Klaus   1. 8. 96   23. 12. 64

Nordhus-Hantke, Sigrid   1. 10. 96   23. 11. 65
Ertl, Peter   —   —

Wunsiedel   E 87 539
Kemnather Str. 33, 95632 Wunsiedel
Postfach 4 29, 95631 Wunsiedel
T (0 92 32) 88 50
Telefax (0 92 32) 88 52 44

1 Dir, 5 R

Schödel, Kurt, Dir.   1. 7. 99   14. 9. 42
Sörgel, Eberhard   1. 1. 74   6. 12. 39
Schmidt, Heinz-Wolf   16. 11. 76   3. 1. 44
Hönick, Martin   16. 5. 81   4. 11. 50
Kastner, Roland   —   —
von der Grün, Rüdiger   1. 10. 96   13. 5. 66

Landgerichtsbezirk Schweinfurt

Landgericht Schweinfurt   E 367 300
Rüfferstr. 1, 97421 Schweinfurt
Postfach 43 20, 97411 Schweinfurt
T (0 97 21) 54 20
Telefax (0 97 21) 54 22 90

1 Pr, 1 VPr, 4 VR, 8 R

Präsident
N. N.   —   —

Vizepräsident
Bauner, Karl Eugen   1. 5. 97   21. 4. 47

Vorsitzende Richterin/Richter
Nähler, Konrad   1. 6. 83   15. 12. 41
Baumann, Norbert   1. 3. 93   15. 2. 48
Dr. Ott, Elisabeth   1. 8. 96   11. 1. 52

Richterinnen/Richter
Ramming, Gerhard   1. 12. 85   27. 9. 53
Dr. Barthels, Luitgard   —   —
Pfingstl, Reinhard   20. 6. 87   22. 7. 57
Oberndorfer, Reinhard   1. 7. 87   22. 1. 57
Habermann, Thomas   1. 9. 87   23. 12. 56
Räth, Markus   1. 7. 91   24. 4. 59
Schröder, Antje   1. 11. 92   6. 6. 60
Boll, Jürgen   1. 12. 92   4. 6. 61

Amtsgerichte

Bad Kissingen   E 109 566
Maxstr. 27, 97688 Bad Kissingen
Postfach 11 20, 97661 Bad Kissingen
T (09 71) 8 20 80
Telefax (09 71) 8 20 81 12

Zweigstelle in Hammelburg
Kissinger Str. 26, 97762 Hammelburg
Postfach 11 50, 97754 Hammelburg
T (0 97 32) 40 16
Telefax (0 97 32) 69 89

1 Dir, 1 stVDir, 6 R

Scheicher, Dieter, Dir	1. 4. 87	16. 12. 38
Funk, Burghard,		
stVDir, beurl.	. 1 1. 94	2. 5. 38
Dr. Göbhardt, Matthias,		
stVDir	1. 3. 99	14. 10. 51
Vieth, Hubert	1. 4. 75	6. 4. 41
Kaminski, Horst	16. 11. 75	13. 7. 43
Weber, Rudolf	—	—
Zirker, Paul	24. 9. 76	7. 11. 41
Wasserbauer, Susanne	—	—
Petrik, Hubertus	—	—

Bad Neustadt a. d. Saale   E 86 989
Rathausgasse 4, 97616 Bad Neustadt
Postfach 11 04, 97615 Bad Neustadt
T (0 97 71) 50 14
Telefax (0 97 71) 84 16

Zweigstelle in Mellrichstadt
Hauptstr. 6, 97638 Mellrichstadt
T (0 97 76) 6 21 40
Telefax (0 97 76) 62 14 51

1 Dir, 4 R

Oechslein, Rainer, Dir	1. 3. 88	23. 4. 41
Pittner, Gerald	1. 11. 91	20. 7. 60
Meßler, Joachim, tw. abg.	1. 3. 95	22. 2. 63
Kober, Martin	1. 6. 95	9. 12. 59
Dr. Walden, Jörg	16. 8. 95	16. 2. 62
Bühl, Andrea	1. 2. 98	18. 5. 68

Schweinfurt   E 170 745
Rüfferstr. 1, 97421 Schweinfurt
Postfach 40 40, 97420 Schweinfurt
T (0 97 21) 54 20
Telefax (0 97 21) 54 21 90

Zweigstelle in Gerolzhofen
Hermann-Löns-Str. 1, 97447 Gerolzhofen
Postfach 11 50, 97441 Gerolzhofen
T (0 93 82) 97 50-0
Telefax (0 93 82) 97 50 10

1 Dir, 1 stVDir, 11 R

Vogt, Rainer, Dir	1. 12. 92	25. 2. 47
Henrichmann, Bernd,		
stVDir	1. 3. 93	5. 5. 48
Nähler, Irmgard	16. 10. 72	19. 7. 42

Kellner, Peter	16. 10. 73	9. 9. 40
Egert, Reinhard	1. 12. 75	12. 8. 43
Gehrold, Andreas	1. 6. 76	30. 5. 45
Dr. Wahler, Michael	15. 10. 82	2. 9. 53
Hornauer-Sedlock, Eva	—	—
Dotterweich, Arnold	1. 11. 84	13. 1. 54
Faulhaber-Fischer, Rita	14. 6. 85	22. 5. 54
Müller, Thomas	21. 11. 86	14. 4. 55
Dr. Schweiger, Gabriele	1. 1. 90	30. 10. 59
Böhm, Bernhard	—	—
Bauer, Ingbert	1. 6. 93	3. 3. 59
Schneider, Doris, ½	1. 2. 94	19. 2. 60

Landgerichtsbezirk Würzburg

Landgericht Würzburg   E 504 126
Ottostr. 5, 97070 Würzburg
T (09 31) 38 10
Telefax (09 31) 38 13 79

1 Pr, 1 VPr, 10 VR, 13 R

Präsident

Prof. Dr. Weiß, Frank	1. 8. 92	4. 3. 37

Vizepräsidentin

Stadler, Anna Maria	1. 1. 94	2. 10. 49

Vorsitzende Richterinnen/Richter

Scholz, Klaus-Martin	1. 4. 84	29. 1. 36
Stößner, Erich	1. 2. 86	11. 3. 38
Franz, Ludwig	1. 5. 86	27. 5. 41
Landwehr, Karl	15. 10. 87	28. 3. 40
Dr. Heß, Arno	1. 10. 90	26. 12. 46
Stühler, Rudolf	1. 12. 92	7. 4. 45
Kalus, Bernhard	2. 2. 94	20. 9. 44
Treu, Jürgen	10. 3. 94	21. 10. 47
Dr. Singer, Irene	1. 2. 95	23. 5. 50
Safari, Chabestari		
Ursula	—	—

Richterinnen/Richter

Schnitter, Peter	—	—
Schmidt, Margarete	16. 12. 69	9. 11. 38
Keßler, Ingrid, ½	1. 9. 76	13. 8. 44
Götz, Alfred	—	—
Dr. Konrad, Walter	18. 12. 81	12. 3. 52
Brückner, Hans	1. 11. 84	25. 3. 55
Euteneuer, Rudolf	14. 6. 85	23. 4. 47
Seipel, Volkmar	1. 8. 85	19. 6. 55
Dr. Breunig, Bernfried	1. 8. 89	31. 7. 56
Fehn-Herrmann,		
Ursula	—	—
Twardzik, Helga	1. 1. 90	27. 7. 58
Dr. Müller-Manger, Petra	15. 9. 90	16. 3. 59

Stemmler, Brigitte	1. 10. 90	27. 5. 58
Bellay, Thomas	1. 5. 92	12. 7. 60
Günter, Peter	1. 8. 92	27. 3. 60
Dr. Gieg, Georg	1. 6. 93	15. 11. 61
Raufeisen, Boris	1. 9. 93	6. 4. 62
Prof. Dr. Laubenthal,		
Klaus, ⅙	1. 8. 97	13. 12. 54

Amtsgerichte

Gemünden a. Main   E 131 924
Friedenstr. 7, 97737 Gemünden
T (0 93 51) 8 09-0
Telefax (0 93 51) 80 91 17

1 Dir, 1 stVDir, 6 R

Anstötz, Isolde, Dir	1. 5. 96	30. 4. 40
Bayer, Gerhard, stVDir	1. 7. 96	18. 2. 46
Prof. Dr. Paulus,		
Rainer	1. 2. 69	20. 1. 39
Dr. Wellhöfer, Claus	—	—
Spiehl, Werner	—	—
Herrbach, Günter	1. 9. 84	24. 4. 53
Liebetanz, Bernhard	1. 1. 85	10. 12. 51
Sommer, Brigitte, ½	1. 1. 89	7. 1. 56
Dr. Ebert, Johannes, abg.	1. 10. 91	10. 2. 60
Schäd, Heidemarie, ½	1. 8. 92	19. 4. 61

Kitzingen   E 88 482
Friedenstr. 3 A, 97318 Kitzingen
Postfach 6 40, 97308 Kitzingen
T (0 93 21) 70 06-0
Telefax (0 93 21) 70 06 74

1 Dir, 6 R

Söder, Walter, Dir	1. 4. 96	20. 6. 39
Seelkopf, Friedemann	1. 10. 73	10. 12. 40
Amon, Hans Peter	1. 11. 78	18. 10. 48
Just, Otto	1. 5. 82	17. 9. 52
Schmitt, Edgar	—	—
Hülle, Wolfgang	1. 4. 91	26. 11. 58
Beckmann, Rainer	—	—

Würzburg   E 283 720
Ottostr. 5, 97070 Würzburg
T (09 31) 38 10
Telefax (09 31) 38 12 73

Zweigstelle in Ochsenfurt
Kellereistr. 8, 97199 Ochsenfurt
Postfach 12 54, 97196 Ochsenfurt
T (0 93 31) 87 65-0
Telefax (0 93 31) 87 65 65

1 Dir, 1 stVDir, 2 w.aufsR, 22 R

Knahn, Arnulf, Dir	1. 1. 92	25. 6. 38
Jung, Gerhard, stVDir	1. 1. 94	16. 7. 40
Straub, Karl Heinz,		
w.aufsR	—	—
Stockmann, Roland,		
w.aufsR, tw. abg.	1. 4. 96	2. 7. 48
Dr. Strubel, Bernd-		
Jochen	1. 10. 71	29. 3. 41
Dr. Kiderlen, Horst	1. 11. 71	16. 8. 41
Abramowski, Sonngard	16. 9. 72	10. 4. 43
Urban, Franz	16. 4. 73	28. 1. 42
Wurst, Winfried	1. 5. 73	8. 4. 37
Schieffer, Joseph	1. 10. 73	3. 10. 39
Baer, Peter	1. 3. 74	5. 9. 39
Jochim, Roland	1. 3. 75	6. 9. 42
Dr. Storr, Rainer	1. 10. 75	3. 1. 43
Krämer, Gerald	1. 10. 75	2. 8. 43
Drees, Karl-Heinz	16. 10. 76	31. 10. 43
Klatt, Manfred	—	—
Spengler, Paul	1. 7. 78	20. 3. 48
Merkle, Karl-Heinz	1. 12. 79	2. 7. 48
Nebauer, Heinrich	1. 5. 80	
Wohlfahrt, Peter	—	—
Müller, Peter	1. 8. 86	29. 9. 55
Landgraf, Barbara	—	—
Dr. Page, Alfred	1. 3. 89	21. 5. 57
Müller, Helga	1. 5. 89	6. 2. 57
Schepping, Thomas	1. 9. 90	26. 12. 53
Schömig, Dolores		
Dr. Gogger, Martin	1. 10. 91	23. 4. 60
Wittler, Klaus	—	—

Staatsanwaltschaften

Staatsanwaltschaft bei dem Oberlandesgericht Bamberg

Wilhelmsplatz 1, 96047 Bamberg
Postfach 17 29, 96008 Bamberg
T (09 51) 8 33-0
Telefax (09 51) 8 33-14 40

1 GStA, 1 LOStA, 4 OStA

Generalstaatsanwalt

Dr. Helgerth, Roland	1. 7. 98	11. 6. 43

Leitender Oberstaatsanwalt

N. N.	—	—

Oberstaatsanwälte

Wich-Knoten, Ernst	1. 3. 92	20. 8. 52
Petrat, Wolfgang	1. 1. 95	25. 6. 45
Dr. Aulinger, Susanne, beurl.	16. 10. 98	15. 7. 57
Schmitt, Johannes	1. 10. 99	22. 11. 50
Dr. Krauß, Friedrich	1. 10. 99	27. 9. 52

Staatsanwaltschaft Aschaffenburg

Erthalstraße 3, 63739 Aschaffenburg
Postfach 10 13 49, 63709 Aschaffenburg
T (0 60 21) 3 98-0
Telefax (0 60 21) 3 98-4 00

1 LOStA, 1 stVLOStA, 3 StA (GL), 7 StA

Leitender Oberstaatsanwalt

Becker, Erhard	1. 7. 93	26. 11. 43

Oberstaatsanwalt

Dr. Schmidt, Walther, stVLOStA	15. 11. 99	24. 1. 49

Staatsanwältinnen/Staatsanwälte

Meiler, Peter, GL	20. 2. 94	4. 9. 45
Hasenstab, Helmut, GL	1. 4. 94	13. 10. 52
Offermann, Karin, GL	1. 3. 97	11. 7. 55
Hegmann, Sigrid, abg.	12. 7. 94	16. 3. 64
Brang, Angelika, beurl.	1. 12. 94	18. 6. 64
Ritscher, Christian, abg.	1. 5. 95	2. 9. 64
Dr. Schultheis, Ullrich, abg.	1. 9. 97	5. 1. 65
Cazacu, Liliane	1. 1. 98	19. 2. 66
Janßen, Vera	1. 6. 98	28. 3. 64
Volmer, Katharina	1. 9. 98	18. 6. 67
Reiß, Susanne Maria	18. 9. 98	4. 3. 68
Seebode, Ursula	1. 4. 99	28. 6. 69
Brößler, Leander	1. 5. 99	24. 4. 64
Menth, Christiane	1. 6. 99	22. 2. 70

Staatsanwaltschaft Bamberg

Schranne 2, 96049 Bamberg
Postfach 17 29, 96008 Bamberg
T (09 51) 8 33-0
Telefax (09 51) 8 33-18 90

1 LOStA, 1 stVLOStA, 3 StA (GL), 7 StA

Leitender Oberstaatsanwalt

Müller-Daams, Theodor	1. 4. 92	18. 6. 38

Oberstaatsanwalt

Düsel, Joseph, stVLOStA	1. 1. 95	15. 2. 45

Staatsanwältinnen/Staatsanwälte

Kuntke, Heinz, GL	1. 7. 96	22. 9. 51
Herdegen, Peter, GL	1. 4. 97	20. 8. 55
Spintler, Norbert	1. 1. 93	13. 6. 62
Titze, Wolfgang	1. 9. 94	27. 7. 63
Knorr, Lukas	1. 11. 94	29. 9. 62
Waschner, Martin	16. 9. 95	29. 11. 65
Weigel, Bernd	1. 1. 96	6. 8. 63
Meyer, Martin	1. 1. 97	4. 6. 67
Brunner, Dieter	1. 2. 97	29. 1. 65
Panzer, Matthias	16. 8. 97	12. 8. 67

Staatsanwaltschaft Bayreuth

Wittelsbacherring 22, 95444 Bayreuth
T (09 21) 5 04-0
Telefax (09 21) 5 04-2 00

1 LOStA, 1 OStA, 2 StA (GL), 6 StA

Leitender Oberstaatsanwalt

Dr. Tschanett, Ernst	16. 1. 99	16. 7. 49

Oberstaatsanwalt

Sander, Wolfgang	16. 10. 94	2. 12. 42

Staatsanwältinnen/Staatsanwälte

Dr. Ponnath, Heinz, GL	1. 10. 96	12. 7. 50
Potzel, Herbert, GL	1. 10. 96	29. 10. 53
Drentwett, Frank	1. 2. 96	28. 4. 64
Werner, Renate, beurl.	1. 10. 96	4. 6. 66
Dr. Lutz, Hans-Joachim, abg.	15. 2. 98	10. 2. 69
Zimmermann, Volker	1. 3. 98	12. 4. 68
Friedlein, Rainer	1. 1. 99	15. 1. 68
Köhler, Roland	1. 5. 99	31. 3. 70
Niklaus, Andreas[1]	1. 10. 99	15. 5. 67

---

[1] StA im Beamtenverhältnis in Probe

Staatsanwaltschaft Coburg

Ketschendorfer Str. 1, 96450 Coburg
T (0 95 61) 8 78-0
Telefax (0 95 61) 8 78-2 19

1 LOStA, 1 OStA, 2 StA (GL), 4 StA

Leitender Oberstaatsanwalt

| Rank, Michael | 1. 7. 97 | 2. 10. 44 |

Oberstaatsanwalt

| N. N. | — | — |

Staatsanwältinnen/Staatsanwälte

Lohneis, Anton, GL	1. 1. 98	20. 4. 56
Aman-Frank, Marion, GL	1. 3. 00	22. 8. 53
Schaffranek, Claus, abg.	1. 11. 93	26. 7. 62
Conver, Ilona, abg.	1. 7. 96	1. 6. 63

Staatsanwaltschaft Hof

Berliner Platz 1, 95030 Hof
Postfach 16 40, 95015 Hof
T (0 92 81) 6 00–0
Telefax (0 92 81) 6 00-3 39

1 LOStA, 1 stVLOStA, 1 OStA, 4 StA (GL),
9 StA

Leitender Oberstaatsanwalt

| Dr. Wabnitz, Heinz-Bernd | 1. 4. 96 | 15. 1. 44 |

Oberstaatsanwälte

| Siller, Eberhard, stvOStA | 1. 5. 99 | 7. 11. 47 |
| Janovsky, Thomas | 1. 8. 99 | 20. 2. 54 |

Staatsanwältinnen/Staatsanwälte

Hornig, Georg, GL	1. 4. 97	6. 7. 52
Glocker, Peter, GL	—	—
Heindl, Gerhard, GL	1. 6. 97	2. 1. 56
Berner, Christoph, GL	1. 3. 98	26. 7. 56
Jäger, Markus, abg.	1. 10. 96	9. 2. 66
Fecher, Britta	—	—
Englich, Markus, abg.	1. 5. 97	14. 2. 65
Englich, Monika, beurl.	2. 8. 97	13. 3. 65
Zuber, Armin	1. 11. 97	11. 9. 66
Wolf, Jürgen, abg.	1. 9. 98	12. 12. 64
Scheer, Dagmar	16. 10. 98	3. 10. 66
Bohm, Rolfdieter	1. 7. 99	24. 8. 66
Ernstberg, Pia	1. 12. 99	16. 2. 68
Barnickel, Martin[1]	1. 2. 00	22. 3. 71
Schwab, Stefan[1]	1. 3. 00	12. 4. 70

---

[1] Staatsanwalt im Beamtenverhältnis auf Probe

Staatsanwaltschaft Schweinfurt

Rüfferstr. 1, 97421 Schweinfurt
Postfach 43 20, 97411 Schweinfurt
T (0 97 21) 5 42-0
Telefax (0 97 21) 54 23 90

1 LOStA, 1 stVLOStA, 3 StA (GL), 7 StA

Leitender Oberstaatsanwalt

| Hofmann, Hans-Peter | 1. 12. 96 | 16. 4. 43 |

Oberstaatsanwalt

| Brustmann, Peter, stVLOStA | 1. 10. 99 | 21. 10. 48 |

Staatsanwältinnen/Staatsanwälte

Götter, Wolfgang, GL	1. 4. 94	29. 3. 53
Münchmeier, Wolfgang, GL	1. 5. 96	8. 10. 53
Fischer, Wolfgang, GL	1. 8. 98	1. 3. 54
Fehr, Jürgen	1. 10. 93	5. 10. 61
Weihprecht, Axel	1. 10. 93	14. 4. 62
Ebert, Holger	1. 10. 93	20. 11. 62
Johann, Ingrid, beurl.	1. 7. 95	14. 11. 63
Schramm, Monika	1. 7. 95	20. 10. 64
Roth, Michael	—	—
Jakobeit, Matthias	1. 5. 97	5. 12. 64
Hein, Joachim	1. 3. 99	4. 11. 68

Staatsanwaltschaft Würzburg

Ottostr. 5, 97070 Würzburg
T (09 31) 3 81-0
Telefax (09 31) 3 81-2 84

1 LOStA, 1 stVLOStA, 2 OStA, 6 StA (GL),
13 StA

Leitender Oberstaatsanwalt

| Schauff, Peter | 1. 8. 98 | 2. 1. 44 |

Oberstaatsanwälte

Bauer, Dieter, stVLOStA	1. 3. 93	20. 2. 44
Gündert, Rainer	1. 3. 96	23. 6. 50
Messer, Bruno	15. 11. 99	30. 3. 51

Staatsanwältinnen/Staatsanwälte

Backert, Bardo, GL	1. 4. 94	9. 6. 52
Lenz, Reiner, GL	1. 6. 95	23. 9. 53
Pöpperl, Burkhard, GL	1. 4. 96	27. 2. 55
Lippold-Jaunich, Pauline, GL	1. 7. 96	5. 9. 51
Schmitt, Lothar, GL	16. 8. 99	25. 12. 56
Ohlenschläger, Erik, GL	17. 1. 00	22. 8. 53
Wittler, Klaus	—	—
Dr. Trojan-Limmer, Ursula, ½, beurl.	1. 8. 92	23. 2. 61

Pösch, Hans-Martin	1. 7.93	18. 1.60	Gosselke, Frank	1. 7.95	2. 3.63
Eger, Andreas	1. 6.94	2. 5.61	Weisensel-Kuhn, Katja	1. 5.96	9. 7.65
Behl, Thomas	1.10.94	4. 5.58	Dr. Sieber, Marion,		
Krieger, Bernd	1.10.94	1. 1.63	beurl.	—	—
Reiher, Jürgen, abg.	1.10.94	27. 7.64	Dr. Drescher, Angelika	1. 3.98	9. 2.66
Gallhoff, Martin	1.12.94	6. 3.63	Trapp, Thomas	1. 9.99	19. 5.70
Schaller, Michael	—	—	Emmert, Reinhold	1. 4.00	24. 5.69

Oberlandesgerichtsbezirk München

3 Zivilsenate und **2 Familien- und Zivilsenate** in Augsburg

10 Landgerichte:
Augsburg, Deggendorf, Ingolstadt, Kempten (Allgäu), Landshut, Memmingen, München I, München II, Passau, Traunstein

Kammern für Handelssachen: München I 18, München II 3, Augsburg 3, Memmingen, Landshut und Traunstein je 2, Deggendorf, Ingolstadt, Kempten (Allgäu) und Passau je 1

37 Amtsgerichte

Schiffahrtsgerichte: bei den Amtsgerichten Ingolstadt, Lindau (Bodensee), Starnberg und Traunstein

Schöffengerichte: bei allen Amtsgerichten

Familiengerichte: bei allen Amtsgerichten

Die zur Zuständigkeit der Amtsgerichte (als Landwirtschaftsgerichte) gehörenden *Landwirtschaftssachen* sind jeweils dem Amtsgericht am Sitz des Landgerichts für alle Amtsgerichte des Landgerichtsbezirks übertragen. Das gilt für das Amtsgericht München auch hinsichtlich des Landgerichtsbezirks München II

Oberlandesgericht München

E 6 650 215
Prielmayerstraße 5, 80335 München
T (0 89) 55 97-02
Telefax (0 89) 55 97-35 75 (Verw.), 35 70 (ZivSen.), 41 76 (StrafSen.)
Senate in Augsburg:
Fuggerstraße 10, 86150 Augsburg
T (08 21) 31 05-0, Kurzwahl 70 17-0, Telefax (08 21) 31 05-5 02

1 Pr, 1 VPr, 34 VR, 106 R, (1/6 RiOLG auf Stelle beim BayObLG, 8 haArbGemL)

Präsidentin		
Holzheid, Hildegund	1. 7. 92	31. 10. 36
Vizepräsident		
Dr. Huber, Karl	1. 12. 95	27. 2. 48
Vorsitzende Richterinnen/Vorsitzende Richter		
Dr. Bayerlein, Walter	1. 1. 86	11. 10. 35
Mangstl, Otto	1. 3. 86	13. 12. 35
Dr. Kellner, Wolfgang	1. 4. 86	29. 9. 36
Dr. Goller, Fritz	1. 2. 87	16. 7. 42
Prof. Dr. Blomeyer, Jürgen	1. 9. 87	9. 9. 36
Dr. Reichold, Klaus	15. 9. 87	23. 2. 40
Dr. Gehrig, Norbert	1. 8. 88	16. 10. 37
Mayer, Bernhard	1. 9. 88	23. 5. 36
Dr. Lichtenberger, Gustav, abg.	1. 9. 89	27. 8. 43
Müller, Claus	1. 7. 89	22. 9. 36
Voigt, Antje	—	—
Dr. Seitz, Walter	1. 5. 90	27. 12. 38
Wilhelm, Gertrud	15. 5. 90	4. 12. 36
Resenscheck, Wilma	15. 9. 90	10. 1. 40
Vavra, Edgar	1. 1. 91	22. 9. 44
Weidenkaff, Walter	1. 5. 92	12. 9. 47
Dr. Lewenton, Ursula	1. 3. 93	14. 3. 38
Dr. Merl, Heinrich	1. 1. 94	20. 2. 40
Hohenbleicher, Robert	1. 3. 95	3. 11. 37
Miersch, Barbara	15. 5. 97	8. 8. 39
Menzel, Horst	1. 9. 97	12. 2. 40
Prof. Dr. Motzke, Gerd	1. 11. 97	21. 6. 41
Kreitmair, Rosemarie	—	—
Dr. Müller, Herbert	1. 2. 98	20. 5. 39
Edlbauer, Manfred	—	—
Dr. Graba, Hans-Ulrich	1. 11. 98	6. 2. 41
Lederer, Gerhard	1. 11. 98	10. 4. 42
Mützel, Gerhard	1. 1. 99	20. 4. 47
Dr. Streicher, Karl Ludwig	1. 5. 99	15. 5. 44
Breusch, Joachim	1. 7. 99	5. 8. 40
Schlicht, Peter	1. 1. 00	9. 2. 40
Dr. Reiß, Ernst	1. 2. 00	28. 9. 41

Florentz, Verena	1. 2.00	10.12.41
Barth, Burkhard	1. 3.00	31.10.42

Richterinnen/Richter

Eder, Gerlinde	1. 2.75	19. 5.36
Knapp, Karl Hermann	1. 8.78	4. 6.36
Knapp, Reinhard	1. 5.79	7. 5.37
David, Peter	1.10.81	19. 1.38
Pohl, Volker	1.11.81	19.10.38
Dr. Straßberger, Gudrun	1. 1.82	31. 3.39
Braun, Manfred	1.10.82	29.10.39
Ruß, Werner	16.10.83	31. 1.41
Seul, Erich	1. 4.84	30.11.35
Dr. Nappenbach, Heinrich	1. 4.84	17. 1.36
Dr. Folger, Wolf	—	—
Kley, Gottfried	1.11.84	21.10.37
Reischböck, Heinz	1.11.84	1. 1.40
Dr. Holderer, Gernot	1. 1.86	7. 9.37
Prinz zu Wied, Ludwig Eugen	1. 1.86	27. 8.38
Lampart, Dieter	1. 1.86	15.10.41
Schröder, Manfred		
Haußmann, Werner	1. 6.86	16. 1.37
Martin, Günter	1. 6.86	28. 3.37
Dr. Stroh-Lenz, Rolf	1. 3.87	21. 7.39
Sellmayr, Albert	1. 9.87	10.11.38
Mansfeld, Lutz	15. 9.87	31. 8.38
Dr. Ryssel, Herbert	—	—
Gutdeutsch, Werner, ½	1.10.87	1. 8.37
Hutterer, Albert	1.10.87	6. 5.40
Dr. Haus, Christian	1.10.87	29. 5.40
Thielemann, Jens	15.10.87	3.10.42
Dr. Rönnebeck, Georg	1.11.87	29. 8.39
Miller, Walter	1.11.87	7. 5.43
Mayr, Dietrich	1.12.87	26. 9.44
Lardschneider, Ulrich	16. 5.88	1. 9.39
Wendland-Braun, Elke	1. 9.88	21.11.44
Barnert, Georg Joachim	1.12.88	1.11.43
Dr. Knöringer, Dieter	1.12.88	24. 2.44
Pauling, Dieter		
Scholtyssek, Hubert	1. 1.89	21.10.42
Fonk, Rainer	1. 6.89	10.10.36
Engelhardt, Volker	1.10.89	30. 9.41
Schlögel, Dieter	1.10.89	29. 2.44
Dehne, Hildegard	1.11.89	18. 8.45
Bohn, Manfred	1. 3.90	4. 8.47
Diederichsen, Angela	1. 6.90	8. 7.50
Dr. Klemm, Dieter	1.10.90	8.11.42
Hofmann, Gertrud	1. 1.91	12. 2.41
Dietl, Robert	1. 4.91	28. 8.43
Maier, Elfriede	1. 6.91	19. 3.37
Dr. Gerhardt, Bernd-Peter	1. 6.91	17. 1.41
Lorbacher, Michael	1. 6.91	22. 8.51
Kallaus, Gerd	1. 1.92	4. 5.45
Kotschy, Guido	1. 3.92	24.10.48
Jackson, Rudolf	16. 5.92	18. 4.38

Dumler, Albert	—	
Geißler, Michael	1. 8.92	22. 4.43
Bader, Heinz	1. 9.92	30.11.46
Kempmann, Andrea	1. 9.92	17.10.49
Gold, Wendell	1. 9.92	3. 6.50
Dr. Müller-Rabe, Steffen	1.12.92	18. 8.43
Wörle, Karl	1.12.92	18. 1.48
Werner, Christian	1. 3.93	3.10.44
Vavra, Maria	1. 5.93	11.12.48
Dr. Hüßtege, Rainer	1. 5.93	3. 9.52
Dr. Lutz, Hermann	1. 7.93	28. 6.43
Dr. Schmid, Michael	1. 7.93	7. 4.47
Dr. Huber, Rudolf	1.10.93	17. 9.43
Wolf, Hans-Werner	1.10.93	23.12.49
Doukoff, Norman	—	
Dr. Spangler, Eva	—	—
Schneider, Wilhelm	—	—
Ruderisch, Dagmar, tw. abg.	1. 9.94	20. 2.54
Glocker, Bernhard	1. 2.95	14.11.53
Wurm, Max	1. 3.95	14. 3.43
Strobel, Karl Hermann	1. 6.95	20.11.43
Spielbauer, Thomas	1. 8.95	23.11.50
Dr. Stumpf, Michael	18. 3.96	9. 5.54
Ruderisch, Matthias		
Fügmann, Werner	1. 9.97	9. 2.51
Serini, Carolyne	—	—
Fiebig, Klaus, abg.	—	—
Prof. Dr. Köhler, Helmut, beurl.	—	12. 9.44
Berger, Erich	1. 3.98	11. 9.41
Gans, Heino	1. 3.98	14.11.44
Hinner-Kärtner, Maria	—	—
Hertel, Hans-Kurt	—	—
Zischka, Herbert	1. 5.98	10.11.42
Hügelschäffer, Helmut	1. 6.98	15. 4.46
Redetzki, Joachim, abg.	1. 8.98	28. 3.56
Dworazik, Sibylle	1. 8.98	18. 7.57
Nötzel, Margarete	1. 9.98	14. 4.55
Melz, Uwe	1.10.98	13. 2.45
Anders-Ludwig, Luise	1.10.98	9.10.46
Dr. Arloth, Frank, abg.	14.12.98	22. 6.58
Dr. Schaffert, Wolfgang, abg.	1. 1.99	7. 6.55
Dr. Reiter, Heinrich, LL.M	1. 3.99	18. 2.46
Pfaff, Eduard	1. 3.99	12. 7.50
Dr. Rau, Albert	1. 3.99	9.11.50
Rotter, Ludwig	15. 7.99	3. 5.47
Steudtner, Irene	15. 7.99	27. 7.56
Oxfort, Wolfgang	—	21. 1.55
Peter, Ralf, abg.	1.12.99	28. 3.56
Dr. Steiner, Thomas, abg.	1.12.99	14. 6.57
Dr. Münzenberg, Bernt, abg.	1.12.99	12. 8.58
Augsberger, Wolfgang	1. 2.00	29. 8.51
Feistkorn, Gabriele	1. 2.00	16. 9.52
Bruneß-Richter, Irmgard, ½, abg.	—	—

Dr. Maier, Winfried	1. 4.00	22. 4.59
Sieh, Regina	1. 6.00	4.11.55
Sattner, Bernhard, abg.	—	—
Zimmerer, Bernhard	—	—

Landgerichtsbezirk Augsburg

Landgericht Augsburg E 932 940
Am Alten Einlaß 1, 86150 Augsburg
T (08 21) 31 05-0, Kurzwahl 70 17-0
Telefax (08 21) 31 05-22 0

1 Pr, 1 VPr, 20 VR, 30 R

Präsident

Werndl, Peter	16.10.99	6. 6.47

Vizepräsident

Dr. Bergmann, Axel	1. 1.99	11.11.39

Vorsitzende Richter

Moritz, Günther	1. 7.80	27. 7.36
Skopalik, Otto	1. 8.80	21.10.38
Durner, Günter	1. 3.83	20. 2.40
Dr. Schmidt, Rolf	1. 7.83	28. 8.38
Mittermaier, Walter	1. 3.84	19. 5.42
Wimmer, Gerd	1.10.84	28.10.42
Klotz, Hartmut	1.10.90	15. 7.39
Kramer, Martin	1. 8.91	28. 6.40
Dr. Gleich, Johann	16. 4.94	17. 1.48
Hofmeister, Maximilian	1. 1.95	26. 3.48
Dr. Hirmer, Hans-Peter	1.12.95	8. 2.52
Prexel, Manfred	1. 6.96	20. 8.49
Dr. Neumann, Irmgard	1. 8.96	14. 4.49
Weigand, Klaus-Jochen	15. 2.97	17. 7.49
Dr. Demeter, Wolfgang	1. 7.97	13. 5.44
Rothermel, Wolfgang	1. 9.97	15.12.47
Brand, Rainer	1. 9.98	3. 6.55
Dr. Veh, Herbert	1. 5.99	22. 9.54
Rahlf, Joachim	1. 1.00	22.10.44
Strohmayer, Maximilian	—	26. 9.47

Richterinnen/Richter

Hohenbleicher-Enderwitz, Uta	1. 1.73	15. 2.41
Pollmeier, Klaus	1. 5.77	12. 7.46
Niederfahrenhorst, Gerhard	9. 5.77	7. 2.45
Nertinger, Josef	16.10.77	27. 7.47
Bollmann, Heide	1. 1.78	8. 1.45
von Hofer, Michael	1.10.81	28. 8.50
Banse, Horst	1.12.81	20. 3.51
Haeusler, Karl-Heinz	1. 4.82	5. 6.49
Proksch, Günter	1. 6.82	19. 4.52
Binder, Hermine	3.12.83	3. 3.54

Wagner, Hermann	1. 6.84	25. 5.54
Moretti, Christine	15. 6.84	2. 7.53
Merkle, Barbara, ½	—	—
Hoesch, Lenart, tw. abg.	—	—
Prexl, Hertha, ½, beurl.	—	—
Schrimpff, Otto	1. 2.87	26. 7.56
Sperl, Elisabeth	1. 8.87	8.11.57
Riedel-Mitterwieser, Susanne, ½	1. 9.87	26. 4.57
Etter, Eberhard	—	—
Weigell, Rudolf	1. 2.88	3.10.57
Jung, Josef	15. 3.89	4. 4.59
Voithenleitner, Karin	1.12.89	12. 5.60
Frei-Weishaupt, Vera	1. 1.90	3.11.59
Thumser, Volkmar	1. 3.90	25. 6.59
Bayer, Peter	1.12.90	21. 8.61
Pohl, Margit	—	—
Glas, Hans-Peter	1. 4.91	31.12.60
Dr. Ermer, Thomas	1.10.91	15. 1.60
Reiter, Harald, hamtlArbgemL	15. 1.92	24. 9.61
Wiesner, Christoph	15.10.94	24. 2.63
Dr. Barwitz, Werner	—	—
Hillebrand, Susanne, ½, beurl.	1. 2.95	26. 7.62

Amtsgerichte

Aichach E 120 580
Schloßplatz 9, 86551 Aichach
T (0 82 51) 20 41, Kurzwahl 70 01
Telefax (0 82 51) 89 41 99

1 Dir, 1stVDir, 5 R

Herb, Peter, Dir	1. 7.88	11.10.42
Lechner, Martin, stVDir	1. 1.78	13. 7.46
Palik, Helmut	16. 8.70	20. 3.40
Dierolf, Günter	1. 6.78	3. 2.48
Gaumert, Wolfgang	1. 5.80	26. 4.47
Gockel, Dieter	1.10.80	14. 4.50
Walch, Elisabeth	15. 7.86	13. 5.57
Reck, Markus	1.11.89	18. 2.59

Augsburg E 487 607
Am Alten Einlaß 1, 86150 Augsburg
T (08 21) 31 05-0, Kurzwahl 70 17-0
Telefax (08 21) 31 05-1 70

Zweigstelle Schwabmünchen
Fuggerstraße 62, 86830 Schwabmünchen
T (0 82 32) 30 15, Kurzwahl 71 53
Telefax (082 32) 50 05 11

1 Pr, 1 VPr, 3 w.aufsR, 37 R

Präsident
Dr. Möstl, Werner   1. 5.95   30. 1.40

Vizepräsident
Kocherscheidt, Otto   1. 5.97   27. 8.44

weitere aufsichtsführende Richterin/Richter
Schleifer, Erwin   1. 8.95   11. 2.49
Schulze, Bernd   1.10.95   31. 8.39
Dr. Reichart, Angelika   1. 4.98   25. 8.53

Richterinnen/Richter
Trefz, Wolfgang   1. 8.68   3. 2.36
Faul, Helmut   —   —
von Stetten, Birgit   1. 7.73   28.10.43
Haaks, Helmer   1.12.74   31. 1.44
Gamböck, Werner   16.10.75   13.11.43
Guder, Rolf   —   —
Fischer, Endrik   —   —
Grünert, Wolfgang   1. 7.76   25. 7.45
Frobel, Bernhard   16.10.76   16. 5.42
Brachlow, Lutz   1.11.76   24.12.44
Holzer, Gabriele   5.11.76   26. 8.46
Falke, Manfred   4. 4.77   12. 3.43
Fromme, Ilse   16. 6.78   9.10.46
Nußrainer, Eberhard   1. 9.78   3. 8.46
Wurm, Bernd   1. 5.80   13. 2.48
Conrad, Dagmar   1.10.80   30. 5.50
Sardemann, Jochen   1. 1.81   24. 2.45
Triebs, Michael   16. 5.81   29.10.49
Dr. Lichtenstern-Skopalik,
  Elisabeth, ¾   1. 6.81   9. 6.52
Holler, Gerald   —   —
Lengle, Johanna, ¾   1. 6.82   15. 1.53
Becker, Karin, ½   1. 5.83   28. 5.54
Dr. Bartholy, Thomas   1.10.83   15. 4.54
Wieser, Raimund   1.11.83   21. 4.52
Triebel, Klaus-Dieter   1. 7.84   29. 5.55
Dr. Frank, Dieter   1.11.84   18. 9.53
Wätzel, Hartmut   —   —
Sußebach, Ortrun, ¾   14. 6.85   14. 3.56
Hübler, Ruth, ½   1. 8.85   6. 1.54
Hell, Walter   1. 7.86   21. 3.55
Dr. Meyer, Harald   1. 3.87   20. 9.56
Haslinger, Sieglinde, ¾   16. 7.87   13. 3.58
Baumann, Günther   1. 8.87   15.10.57
Weber-Wirnharter,
  Marianne, ½   10.12.88   31.10.57
Gross, Iris, ½   10.12.88   17. 4.59
Bauer, Brigitta   —   —
Heitzer, Heinrich   1. 1.89   14. 4.59
Dr. Geist-Schell, Franz   1. 3.89   21. 5.56
Kugler, Bernhard   1.12.89   15. 3.60
Greser, Rita   —   19.10.58
Dr. Kirchmayer, Johannes   —   —

Gerl, Eva   1. 4.92   2. 1.61
Kaiser, Viktor   1. 4.93   14. 5.62

Dillingen a.d. Donau   E 92 861
Schloßstraße 3, 89407 Dillingen a.d. Donau
T (0 90 71) 50 02-0, Kurzwahl 70 46-0
Telefax (0 90 71) 50 02 50

1 Dir, 4 R

Dr. Popp, Johann, Dir   1.10.99   5. 5.58
Witte, Albrecht   1. 3.77   30. 1.45
Janosi, Ursula, ½   1. 1.81   19. 7.49
Ortmann, Rüdiger   1. 6.83   27.10.52
Bayer, Robert   1. 1.90   28. 4.60
Stadlmayr, Albert   11. 1.91   12.11.60

Landsberg a. Lech   E 103 064
Lechstraße 7, 86899 Landsberg a. Lech
T (0 81 91) 1 08-0, Kurzwahl 70 98-0
Telefax (0 81 91) 1 08-2 22

1 Dir, 1 stVDir, 6 R

Werner, Hans Martin,
  Dir   —   —
Ziegler, Max, stVDir   15. 7.99   11.10.52
Harfmann, Philipp   1. 6.71   1. 9.40
Völkel, Dieter   16. 6.74   16.12.42
Opfer, Gerrit   —   —
Lehmann, Ingo   —   —
Dr. Daum, Wolfgang   1. 3.87   14. 4.55
Kreller, Beate, ½   1.10.95   15. 1.63
Fahrmbacher-Lutz, Ruth   1. 4.96   18. 1.60

Nördlingen   E 128 828
Tändelmarkt 5, 86720 Nördlingen
T (0 90 81) 21 09-0, Kurzwahl 71 25-0
Telefax (0 90 81) 21 09-90

Zweigstelle in Donauwörth
Berger Vorstadt 16, 86609 Donauwörth
T (09 06) 7 06 87-0, Kurzwahl 70 48-0
Telefax (09 06) 7 06 87 90

1 Dir, 1 stVDir, 7 R

Pfalzgraf, Rudolf, Dir   1. 4.87   5. 7.40
Dr. Woidich, Joseph,
  stVDir   1. 1.94   23.12.45
Fischer, Arno   1. 7.75   31.12.41
Zimmermann, Andreas   1. 1.76   28. 4.39
Plaetschke, Volker   15. 6.81   10. 8.51
Beyschlag, Helmut   15. 3.83   16. 5.52
Lindemeier, Franz Peter   —   —
Schamann, Gerhard   10.12.87   21. 9.57
Krug, Andreas   1. 3.94   13. 2.64

Landgerichtsbezirk Deggendorf

Landgericht Deggendorf E 197019
Amanstraße 19, 94469 Deggendorf
T (09 91) 38 98-0, Kurzwahl 70 42-0
Telefax (09 91) 38 98-2 01

1 Pr, 1 VPr, 1 VR, 5 R

Präsident
Dietzel, Karl-Heinz 1. 8. 94 10. 6. 43

Vizepräsident
Prof. Dr. Huber, Michael 1. 1. 98 3. 4. 49

Vorsitzender Richter
Dr. Nachreiner, Anton 1. 5. 97 10. 9. 55

Richter
Kümmelschuh, Helmut 1. 8. 71 24. 5. 40
Seulen, Alfred 1. 5. 77 24. 5. 47
Kufner, Albert 1. 11. 77 22. 12. 46
Lang, Franz 1. 8. 84 22. 10. 53
Bobke, Dieter, abg. 1. 2. 90 6. 4. 53
Dr. Meiski, Georg 1. 3. 96 26. 4. 63
Saller, Roland — —

Amtsgerichte

Deggendorf E 114503
Amanstraße 17, 94469 Deggendorf
T (09 91) 38 98-0, Kurzwahl 70 42-0
Telefax (09 91) 38 98-2 02

1 Dir, 1 stVDir, 7 R

Chase, Marcel, Dir 1. 8. 91 16. 11. 45
Brusch, Heinrich, stVDir 1. 1. 94 19. 12. 47
Grobauer, Klaus 16. 10. 75 11. 3. 42
Stürzer, Josef 1. 6. 76 28. 5. 44
Wenzel, Udo 1. 11. 76 6. 6. 44
Berger, Kurt 1. 8. 79 7. 3. 46
Theis, Helmut 15. 4. 81 11. 4. 51
Werrlein, Markus 1. 6. 94 24. 6. 62
Wiesenberger, Peter — —

Viechtach E 82516
Mönchshofstraße 29, 94234 Viechtach
T (0 99 42) 13 25, Kurzwahl 71 68
Telefax (0 99 42) 95 81 61

1 Dir, 4 R

Dr. Kilger, Franz, Dir 15. 11. 99 6. 3. 50
Zeising, Klaus 1. 4. 78 19. 7. 48
Fleischmann, Ingrid,
beurl. 1. 4. 94 18. 1. 63

Keilhofer, Andrea 1. 6. 94 29. 5. 62
Schwack, Gisela, abg. 1. 4. 96 8. 7. 64

Landgerichtsbezirk Ingolstadt

Landgericht Ingolstadt E 426597
Auf der Schanz 37 und 39, 85049 Ingolstadt
T (08 41) 3 12-0, Kurzwahl 70 80-0
Telefax (08 41) 3 12-4 07

1 Pr, 1 VPr, 5 VR, 8 R

Präsident
Hüttl, Wilfried 1. 3. 88 28. 4. 38

Vizepräsident
Forster, Klaus 16. 4. 79 22. 11. 36

Vorsitzende Richterin/Vorsitzende Richter
Betz, Dieter 1. 3. 88 20. 8. 39
Sticht-Schretzenmayr,
Gudrun 1. 8. 91 9. 12. 40
Weingartner, Paul 1. 5. 94 27. 2. 47
Sitka, Georg — —
Fahrig, Hans-Joachim 1. 12. 99 9. 7. 50

Richterinnen/Richter
Assenbrunner, Alice, ½ — —
Gschwilm, Bettina 1. 10. 81 12. 3. 52
Dr. Dannreuther, Dieter 1. 3. 88 19. 1. 52
Dr. Deneke-Stoll,
Dorothea, ½ 9. 7. 91 14. 12. 59
Mayerhöfer, Günter 1. 6. 92 30. 9. 61
Reuber, Angela 1. 3. 93 28. 11. 61
Bösl, Jochen 1. 12. 93 19. 5. 61
Kopp, Helga 1. 11. 94 23. 12. 62
Dr. Beckstein, Wolfgang 1. 8. 96 30. 10. 66

Amtsgerichte

Ingolstadt E 229988
Neubaustraße 8, 85049 Ingolstadt
T (08 41) 3 12-0, Kurzwahl 70 80-0
Telefax (08 41) 3 12-4 06

1 Dir, 1 stVDir, 1 w.aufsR, 16 R

Nagel, Otto, Dir 1. 9. 86 2. 8. 36
Scherr, Raimund, stVDir 1. 11. 94 16. 9. 44
Stoss, Heinz, w.aufsR 3. 8. 99 20. 3. 44
Funk, Bernhard 1. 4. 79 6. 2. 48
Uhlmann, Ludwig 1. 7. 80 8. 5. 50
Bauch, Gerhard — —
Schlichting, Josef 1. 6. 83 16. 2. 54
Severin, Gerhard 1. 12. 85 6. 8. 54

Hartmann, Wolfram	1. 8.86	24. 5.56
Dr. Tropschuh, Silvia, ½	1. 3.89	30. 3.58
Klose, Gabriele, ½	1. 9.90	6. 8.60
Gierl, Walter, abg.	1. 1.91	8. 7.59
Dr. Sitzmann, Norbert	1. 6.91	17. 7.60
Hufnagl, Peter	1. 9.91	9.12.59
Walentin, Roland	1.10.91	7. 2.61
Roelen, Klaus	1. 4.93	7. 3.59
Will, Heike	1. 8.93	5. 3.61
Reichel, Herbert	—	—
Pohle, Robert	—	—
Schilcher, Christian	16. 3.94	15.11.58
Martin, Mathias	—	—

Neuburg a.d. Donau E 87 898
Ottheinrichplatz A 1, 86633 Neuburg a.d. Donau
T (0 84 31) 5 88-0, Kurzwahl 71 88-0
Telefax (0 84 31) 5 88-2 50

1 Dir, 5 R

Krammer, Herbert, Dir	—	—
Schweiger, Tilo, stVDir	1. 1.79	23. 1.47
Dolega, Dietrich	1.11.76	3.12.45
Berger, Georg	1. 8.86	14.10.55
Ebner, Gerhard	1. 3.90	15. 6.58
Dr. Gmehling, Bernhard	1. 6.91	10.12.59
Denz, Thomas	1.10.93	27. 5.61

Pfaffenhofen a.d. Ilm E 108 711
Ingolstädter Straße 45/47,
85276 Pfaffenhofen a.d. Ilm
T (0 84 41) 75 60, Kurzwahl 71 38-0
Telefax (0 84 41) 7 56-58

1 Dir, 6 R

Heindl, Wulf-Roland, Dir	15. 3.85	11. 2.42
Klose, Ulrich	1. 6.89	26. 2.57
Dr. Stoll, Hubert, ½	1. 3.91	16. 2.60
Brandhuber, Birgitta	1. 6.93	18. 2.63
Kugler, Franz	1.10.94	18. 8.63
Reng, Rüdiger	—	—
Fixl, Rainer	—	—
Fein, Michael	—	—

Landgerichtsbezirk Kempten (Allgäu)

Landgericht Kempten (Allgäu) E 455 184
Residenzplatz 4–6, 87435 Kempten (Allgäu)
T (08 31) 2 03-00, Kurzwahl 70 88-0
Telefax (08 31) 2 03-3 06

1 Pr, 1 VPr, 7 VR, 13 R

Präsident

Hofmaier, Walter	1. 8.96	13. 4.36

Vizepräsident

Dr. Thiere, Karl	1. 2.96	5. 3.48

Vorsitzende Richter

Buchelt, Ingo	15. 5.91	22.12.38
Dr. Straßer, Hans-Georg	1. 9.95	3. 8.46
Rechner, Harry	1.10.96	13. 8.49
Dr. Roßmann, Wolfgang		
Matthäuis, Kurt	16.11.98	18. 3.44
Bischoff, Günther	1. 9.99	15. 9.43

Richterin/Richter

Häfner, Hans Wolfgang	1. 9.65	17. 9.35
Munker, Werner	1. 6.73	5. 1.42
Bayer, Klaus	—	—
Lechner, Elmar	1. 8.85	15. 4.55
Mengele, Karl-Albrecht	1. 3.87	8. 5.55
Reichert, Alfred	1. 1.89	16. 2.53
Schlosser, Johann Peter	1.12.89	4. 3.57
Koch, Peter	1. 1.91	20. 5.61
Baumberger, Armin	1.10.92	4.11.61
Endrös, Cornelia	1.11.92	1. 5.55
Bauer, Robert	1. 6.93	14. 3.62
Brinkmann, Jürgen	1. 8.93	21.11.62
Schatz, Günther	1. 3.95	13. 5.62

Amtsgerichte

Kaufbeuren E 171 227
Ganghoferstraße 9 und 11, 87600 Kaufbeuren
T (0 83 41) 8 01-0, Kurzwahl 70 84-0
Telefax (0 83 41) 8 01-18

Zweigstelle in Füssen
Hohes Schloß, 87629 Füssen
T (0 83 62) 70 15, Kurzwahl 70 65
Telefax (0 83 62) 91 29 35

1 Dir, 1 stVDir, 9 R

Dr. Deisenhofer, Ulrich, Dir	1.11.97	10. 7.41
Dr. Kreuzpointner, Johann, stVDir	1. 2.98	3. 6.53
Lax, Hans	1. 4.73	14. 6.44
zur Strassen, Peter	—	—
Schopohl, Jürgen	—	—
Slach, Werner	11.11.77	21. 8.48
Müller, Peter	—	—
Mattula, Günther	14. 6.84	2. 3.55
Hämmerle, Ulrike	1.12.87	21. 5.57
Tietz, Ralf	15. 3.91	29. 1.60
Ostenried, Rita, ½	1. 3.92	22. 1.59
Langhammer, Holger		

Kempten (Allgäu)   E 207 315
Residenzplatz 4–6, 87435 Kempten (Allgäu)
T (08 31) 2 03-00, Kurzwahl 70 88-00
Telefax (08 31) 2 03-1 32

Zweigstelle Sonthofen
Hofackerstraße 1, 87527 Sonthofen
T (0 83 21) 30 25, Kurzwahl 71 60
Telefax (0 83 21) 2 27 73

1 Dir, 1 stVDir, 1 w.aufsR, 16 R

Dambeck, GerhardDir	1. 4. 00	1. 9. 43
Geisenfelder, Dieter, stVDir	1. 11. 94	12. 2. 40
Kind, Paul, w.aufsR	16. 8. 97	4. 10. 49
Thomaschewski, Wolfgang	16. 11. 71	21. 9. 38
Ochmann, Wolfgang	1. 7. 73	1. 4. 42
Legat, Stefan	1. 4. 76	9. 4. 42
Bottke, Doris, ½	—	—
Off, Ernst-Dieter	1. 3. 77	20. 5. 44
Ahr, Peter	1. 7. 77	17. 1. 46
Dr. Bernhard, Ernst	1. 2. 78	22. 1. 46
Dresse, Martin	1. 6. 78	10. 4. 47
Bourier, Wolfgang, beurl.	—	—
Reichert, Edwin	1. 6. 83	7. 11. 54
Kopitzke, Gerhard	1. 6. 85	7. 2. 54
Schuster, Hermann	—	—
Kimmerle, Jürgen	18. 12. 88	24. 4. 58
Dr. Weber, Stephan	—	—
Hold, Alexander	1. 10. 93	11. 3. 62
Dr. Zweng, Hanspeter	—	—
Kühn, Sebastian	16. 8. 95	23. 8. 63

Lindau (Bodensee)   E 76 642
Stiftsplatz 4, 88129 Lindau (Bodensee)
T (0 83 82) 2 60 70, Kurzwahl 71 06-0
Telefax (0 83 82) 26 07 22

1 Dir, 5 R

N. N., Dir	—	—
Walther, Thomas, ¾	1. 9. 77	22. 6. 43
Turowski, Eckhard	1. 7. 82	25. 12. 47
Harter, Klaus	—	—
Stangler, Wolfgang	—	—
Grunert, Ralf	1. 10. 95	23. 6. 65
Gramatte-Dresse, Brigitte, ¾	—	—

Landgerichtsbezirk Landshut

Landgericht Landshut   E 661 721
Maximilianstraße 22, 84028 Landshut
T (08 71) 84-0, Kurzwahl 70 99-0
Telefax (08 71) 84-4 62

1 Pr, 1 VPr, 9 VR, 14 R

Präsident
N. N.   —   —

Vizepräsident
Heinrichsen, Claus   —   —

Vorsitzende Richterin/Vorsitzende Richter

Weiß, Peter	1. 11. 80	8. 11. 40
Lorenz, Christian	1. 12. 87	19. 8. 40
Pflügler-Wörle, Alexandra	1. 10. 88	19. 3. 43
Dr. Beer, Hubert	1. 12. 92	18. 8. 49
Mader, Robert	—	—
Bohmann, Claus	1. 12. 93	24. 7. 38
Dobler, Gottfried	1. 10. 94	24. 5. 41
Krieger, Paul	16. 3. 99	23. 6. 40
Loher, Werner	1. 5. 99	14. 1. 55

Richterinnen/Richter

Fey, Eveline, ½	1. 5. 76	26. 6. 45
Larasser, Eugen	1. 12. 80	15. 6. 48
Beck-Weber, Antonie, ¾	—	—
Dr. Bernert, Maria Luise	1. 1. 89	2. 7. 58
Fläxl, Rainer, abg.	1. 1. 91	16. 7. 59
Lattau, Marion	1. 4. 91	26. 3. 60
Hense, Thomas, beurl.	1. 11. 92	24. 7. 62
Brümmer, Markus	17. 9. 93	31. 1. 62
Melzer-Wolfrum, Erika	1. 4. 94	26. 3. 63
Wiedemann, Andreas	1. 4. 94	19. 5. 63
Schwaiberger, Kunigunde	—	—
Deinböck, Waltraud, ¾	1. 9. 94	18. 5. 63
Geßl, Karin	1. 7. 94	4. 3. 63
Reiter, Ralph	1. 9. 94	23. 9. 64
Prechsl, Peter	1. 11. 94	17. 2. 62
Kraus, Norbert	1. 3. 95	25. 5. 63
Klemt, Sabine	1. 5. 95	14. 1. 62
Kring, Markus	1. 7. 95	1. 2. 65
Kastlmeier, Manfred	16. 8. 96	29. 10. 62
Wimmer, Renate	15. 9. 99	2. 1. 70
Dr. Arnold, Hans-Friedrich	1. 4. 00	13. 4. 66

Amtsgerichte

Eggenfelden   E 116 957
Feuerhausgasse 12, 84307 Eggenfelden
T (0 87 21) 7 77-0, Kurzwahl 70 51-0
Telefax (0 87 21) 7 77-39

1 Dir, 1 stVDir, 5 R

Dr. Lichtnecker, Franz, Dir	15. 3. 00	20. 9. 51
N. N., stVDir	—	—
Ritzer, Josef	1. 9. 84	22. 2. 52
Nagl, Jakob	1. 11. 84	11. 2. 53
Kastner, Rudolf	12. 12. 90	16. 7. 59
Bartel, Wolfgang	1. 2. 94	15. 4. 59

Erding E 110 874
Münchener Straße 27, 85435 Erding
T (0 81 22) 4 00-0, Kurzwahl 70 53-0
Telefax (0 81 22) 4 00-23

1 Dir, 1 stVDir, 6 R

Belling, Horst, Dir	1. 11. 94	9.	4. 39
Schmidt, Jürgen, stVDir	1. 11. 94	30.	1. 49
Semmer, Winfried	—	—	
Dimbeck, Franz Xaver, abg.	—	—	
Grimm, Wolfgang	1. 3. 90	29.	4. 59
Köstler, Gerhard	1. 3. 92	3.	8. 61
Rodler, Christoph	—	—	
Priller, Stefan	1. 1. 96	10.	12. 64
Boeckh, Walter	—	23.	8. 66

Freising E 147 468
Domberg 20, 85354 Freising
T (0 81 61) 1 80-01, Kurzwahl 70 58-01
Telefax (0 81 61) 1 80-2 35

Zweigstelle Moosburg a.d. Isar
Herrnstraße 16, 85368 Moosburg a.d. Isar
T (0 87 61) 7 61 20, Kurzwahl 71 15
Telefax (0 87 61) 76 12 35

1 Dir, 1 stVDir, 8 R

Gleixner, Martin, Dir	—	—	
Dihm, Hartmut, stVDir	1. 12. 95	26.	8. 44
Klarner, Klaus-Peter	16. 10. 69	26.	2. 37
Miosga, Gerald, ½	—	—	
Michael, Gerhard	1. 7. 77	8.	2. 42
Freiherr von Feilitzsch, Christoph	1. 6. 78	29.	4. 47
Lachner, Herbert	1. 7. 79	13.	4. 48
Bocci, Gudrun	1. 4. 89	3.	12. 55
Lorenz, Stefan	—	—	
Ehrhardt, Stefan	1. 3. 96	30.	7. 63
Schimkus-Morkel, Susanne	1. 10. 96	20.	6. 64
Meier, Rudolf	—	31.	5. 62

Landau a.d. Isar E 89 478
Hochstraße 17, 94405 Landau a.d. Isar
T (0 99 51) 70 87, Kurzwahl 70 97
Telefax (0 99 51) 94 51 09

1 Dir, 5 R

Pieringer, Hans Erich, Dir	1. 10. 92	28.	7. 57
Meisenberg, Irmgard	16. 5. 76	22.	1. 43
Stürzl, Otto	1. 8. 78	6.	9. 45
Schratzenstaller, Josef	1. 11. 93	4.	10. 61
Dr. Trautwein, Thomas	—	—	
Lackner, Konrad	1. 9. 95	29.	4. 65

Landshut E 196 944
Maximilianstraße 22, 84028 Landshut
T (08 71) 84-0, Kurzwahl 70 99-0
Telefax (08 71) 84-2 67

1 Dir, 1 stVDir, 13 R

Yblegger, Heinz, Dir	1. 12. 98	25.	6. 42
Maurer, Rupert, stVDir	1. 2. 99	23.	9. 43
Wagner, Heinrich	1. 6. 70	6.	3. 38
Zoepf, Bernhard	16. 6. 71	21.	9. 36
Reiter, Heinz	16. 3. 75	28.	1. 45
Kaletta, Hans	1. 1. 78	5.	8. 47
Hild, Elfriede	20. 10. 78	15.	1. 47
Wichorski, Andreas	1. 6. 79	1.	7. 47
Templer, Wolfgang	1. 6. 80	11.	9. 48
Kreilinger, Bernhard	16. 5. 82	10.	1. 51
Feichtinger, Bruno	1. 11. 82	12.	5. 51
Suttner, Renate	—	—	
Biegelsack, Horst, abg.	1. 9. 87	13.	10. 56
Reindl, Gottfried	1. 9. 93	10.	7. 59
Bulowski, Vera	—	—	
Dr. Knell, Isabella	1. 9. 95	19.	5. 64

Landgerichtsbezirk Memmingen

Landgericht Memmingen E 451 628
Hallhof 1 + 4, 87700 Memmingen
T (0 83 31) 1 05-0, Kurzwahl 71 09-0
Telefax (0 83 31) 1 05-1 99

1 Pr, 1 VPr, 5 VR, 8 R

Präsident

Stadler, Werner	1. 9. 85	12.	2. 38

Vizepräsident

Falckenberg, Stefan	16. 11. 92	18.	10. 41

Vorsitzende Richter

Dr. Worm, Manfred	1. 12. 85	3.	6. 40
Plaas, Karl Arnd	—	—	
Deglmann, Karl	1. 3. 93	5.	2. 43
Mürbe, Manfred	1. 5. 93	10.	1. 54
Melzer, Heinrich	1. 8. 98	22.	7. 50

Richterinnen/Richter

Dr. Kirchknopf, Klaus	16. 7. 76	15.	10. 43
Helms, Götz	16. 7. 77	16.	3. 45
Schurer, Sebastian	1. 10. 80	4.	7. 49
Herrmann, Markus	15. 11. 82	14.	6. 50
Dr. Ulbrich, Clemens	1. 4. 83	27.	10. 52
Fenster, Beate	1. 6. 84	21.	2. 54
Mengele, Monika, ½	1. 11. 86	5.	1. 55
Egger, Reiner, abg.	—	—	

Merk, Gabriela, ½, beurl.	1. 12. 89	18. 1. 58
Grenzstein, Brigitte, ½	—	—
Zitzelsberger, Klaus	1. 7. 91	1. 5. 61

Amtsgerichte

Günzburg   E 120 843
Schloßplatz 3, 89317 Günzburg
T (0 82 21) 9 08-0, Kurzwahl 70 69-0
Telefax (0 82 21) 9 08-1 00

1 Dir, 1 stVDir, 7 R

Münsterer, Volker, Dir	1. 10. 87	23. 8. 40
Thanner, Renate, stVDir	1. 4. 00	13. 4. 53
Wurm, Hansjörg	9. 10. 78	7. 11. 43
Schöler, Gisbert	1. 3. 82	17. 6. 48
Seitzer, Peter	1. 7. 82	6. 3. 53
Groß, Roland	1. 7. 83	5. 10. 53
Mörrath, Klaus	1. 11. 86	1. 4. 56
Henle, Walter	1. 10. 88	16. 3. 57
Huber, Christian, (weiteres RiAmt beim AG Neu-Ulm)	1. 5. 93	11. 8. 62

Memmingen   E 172 661
Buxacher Straße 6, 87700 Memmingen
T (0 83 31) 10 5-0, Kurzwahl 71 09-1
Telefax (0 83 31) 10 5-2 45

1 Dir, 1 stVDir, 10 R

Dimmling, Hermann, Dir	1. 8. 88	24. 10. 42
Heinrich, Axel, stVDir	1. 2. 94	26. 2. 45
Wendland, Ute, ½	1. 6. 70	6. 1. 38
Dr. Göppner, Klaus	1. 10. 74	5. 10. 43
Bochum, Rüdiger	1. 1. 75	14. 9. 41
Erhardt, Dietrich Jakob	15. 5. 82	7. 11. 52
Freiherr von Castell, Franz	1. 11. 84	26. 5. 53
Krause, Herbert	—	—
Klotz, Dieter	—	—
Roßdeutscher, Barbara	—	—
Dr. Veit, Markus	1. 10. 91	24. 2. 56
Nielsen, Stefan	—	—

Neu-Ulm   E 158 124
Schützenstraße 17, 89231 Neu-Ulm
T (07 31) 7 07 93-0, Kurzwahl 71 23-0
Telefax (07 31) 7 07 93-38

Zweigstelle in Illertissen
Schloßgebäude Nr. 2, 89257 Illertissen
T (0 73 03) 30 94, Kurzwahl 70 79
Telefax (0 73 03) 96 94 31

1 Dir, 1 stVDir, 9 R

| Leitzke, Ulrich, Dir | 1. 10. 91 | 19. 9. 38 |

Krogull, Heinrich, stVDir	1. 1. 92	21. 7. 37
Keller, Heinz	16. 10. 69	8. 11. 39
Neukirch, Horst	1. 12. 70	17. 12. 39
Schreiber, Werner	—	—
Kummert, Werner	1. 6. 81	2. 3. 52
Steiner, Ursula, ½	1. 8. 89	10. 4. 58
Lang, Bernhard	1. 9. 90	2. 7. 60
Buck, Gabriele, ½	1. 4. 94	7. 6. 63
Weingart, Antje	1. 12. 94	25. 4. 64
Rossa, Andreas	—	—
Binder, Thomas	1. 8. 97	31. 12. 63
Dr. Schiller, Stephan	16. 8. 99	14. 5. 66

Landgerichtsbezirk München I

Landgericht München I   E 1 474 443
Prielmayerstraße 7, 80097 München
T (0 89) 55 97-03
Telefax (0 89) 55 97-29 91

1 Pr, 1 VPr, 69 VR, 86 R

Präsidentin

| Huther, Edda | 1. 3. 96 | 3. 2. 40 |

Vizepräsident

| Selk, Peter | 1. 3. 96 | 13. 4. 39 |

Vorsitzende Richterinnen / Vorsitzende Richter

Dr. Weitl, Albert	1. 11. 74	25. 7. 35
Dr. Fuchs, Johann	1. 6. 75	25. 9. 35
Kaiser, Hermann	1. 2. 76	29. 1. 36
Mugler, Fritz	1. 2. 76	21. 7. 38
Alert, Heinz	—	—
Thomma, Hans	16. 9. 78	28. 11. 37
Dr. Gerst, Klaus	1. 11. 78	14. 7. 38
Wenning, Wilhelm	1. 12. 78	10. 11. 36
Kunert, Helge	—	—
Schäfer, Friedrich	15. 2. 80	17. 7. 37
Lautenschlager, Klaus	1. 4. 81	24. 7. 37
Färber, Günther	1. 7. 81	26. 2. 40
Weiß, Rainer, beurl.	1. 10. 81	7. 8. 39
Walter, Sibylle	1. 12. 82	7. 5. 40
Dr. Bachmann, Veit	1. 1. 83	27. 11. 38
Dr. Melchior, Hans-Günter	1. 6. 83	30. 7. 39
Schmitt, Norbert	1. 7. 83	28. 12. 39
Deyhle, Georg	16. 7. 83	21. 1. 39
Steiner, Beatrix	16. 10. 83	1. 3. 38
Dr. Aschauer, Walter	1. 1. 84	13. 7. 38
Lante, Klaus-Peter	1. 3. 84	19. 8. 38
Ottmann, Ludwig	1. 3. 84	4. 12. 40
Dr. Hanreich, Jürgen	1. 5. 84	2. 3. 42
Dr. Dillinger, Peter	1. 9. 84	6. 4. 40

Dr. Ernst-Moll, Jürgen	1.12.85	14. 9.40
Berndl, Erich	1.12.85	16. 8.41
Hundhammer, Alois	—	—
Kling, Werner	1. 6.86	26. 7.40
Wahl, Wolfgang	1. 9.86	12. 9.42
Schmid, Hans Karl	1. 8.87	12. 5.43
Dr. Krapf, Eduard	—	—
Dr. Ember, László	1.11.87	30. 7.37
Rabl, Wolfgang	1. 8.88	10. 2.38
Sporrer, Helmut	1. 8.88	17. 2.40
Dr. Krapf, Herbert	1.10.88	9. 1.42
Müller, Heinz	1. 1.89	1.12.41
Dr. Graf, Hans Lothar	—	—
Keßler, Knut	10. 7.89	5.11.40
Krumbholz, Helmut	1. 9.89	25. 9.39
Säugling, Theodor	1.10.89	16. 1.43
Dr. Königshöfer, Ulrich	1.11.89	12. 4.43
Kleiner, Roland	1. 6.90	23.10.36
von Behr, Burchard	15. 6.90	18.11.42
Osterkamp, Volker	1.10.90	26. 3.40
Simper, Wolfgang	1. 7.93	1. 7.48
Zwirlein, Rainer	1. 8.93	28. 2.51
Seifert, Ingeborg	—	—
Puszkajler, Karl Peter	1. 1.94	21. 9.47
Dr. Meyer, Manfred	1. 3.94	10. 9.43
Pecher, Brigitte	1. 4.94	17. 5.48
Dr. Lieber, Helmut	16. 5.94	31. 5.44
Wiegand, Wolf-Stefan	1.11.94	19. 1.51
Hecker, Volker	1. 1.95	27. 4.42
Ulrich, Werner	1. 1.95	24. 9.44
Gattinger, Herbert	1. 6.96	4. 3.41
Fiedler, Bertram	1. 8.97	7.11.41
Dr. Kainz, Martin	1.10.97	18. 4.54
Dr. Dauster, Manfred	1.12.97	10. 7.55
Jacobi, Guntram	1. 2.98	16. 1.43
Stapf, Helmut	1. 3.98	3. 2.55
Knöringer, Huberta	1. 4.98	31.10.47
Baier, Reinhold	1. 5.98	17.11.55
Marek, Helga	1. 1.99	12. 2.44
Dr. Schärtl, Heinz	1. 4.99	22.12.42
Ottmann, Christian	1. 8.99	25. 3.48
Schneider, Guntram	—	—
Schott, Peter	1. 3.00	17. 6.45
Sonnabend, Klaus-Jürgen	1. 3.00	29. 3.48

Richterinnen/Richter

Brugsch, Vera	16.11.66	11. 7.35
Hopfensperger, Georg	1.11.68	22. 3.37
Glatz, Hans	16.11.68	2. 3.39
Eggers, Götz	1. 7.69	23. 1.39
Welcker, Claudia	1.11.69	13. 8.38
Seiferth, Josef	—	—
Dr. Scholz-Mantel, Heidemarie	1. 1.71	10.10.40
Uhl, Edgar	1. 8.71	5.10.40
Mühlberger, Johann	—	—

Dr. Venzlaff, Friedrich	1. 3.72	12. 4.36
Wieser, Sylvia	—	—
Schröder, Albrecht	1.10.73	5. 9.38
Wild, Herbert	1.10.73	7. 2.43
Dr. Niklowitz, Gerhard		
Krebs, Susanne, ½	—	—
Dr. Mießner, Paul-Friedrich	—	—
Clos, Hanspeter	1.10.74	20.12.44
Tenzer, Peter Paul	—	—
Monot, Waltraud	1. 1.75	18. 5.41
Weber, Gerhard	1. 4.75	25. 9.44
Tüting, Alfred	—	—
Petersen, Sigrid	16. 5.75	15. 2.42
Kniehl, Claudia	—	—
Eikmann, Doris	—	—
Bodenburg, Gerold	1. 9.75	4. 7.44
Bergler, Wolfgang	1. 1.76	13. 6.41
Gastroph, Maria-Luise	—	—
Dr. Appoldt, Friedrich	1. 7.76	21. 8.44
Herzog, Michael	11. 3.77	7. 9.42
Halder, Rudolf	—	—
Sonnabend-Sies, Renate, ½	1. 1.78	6. 2.48
Erler, Herbert	—	—
Dr. Bogner, Wilhelm	1.10.78	21. 7.48
Dr. Aschenbrenner, Christa, ¾		
Glück, Christine	16.10.78	11. 7.46
Kaess, Thomas	16.10.78	18. 6.47
Lutzenberger, Heinrich	1.11.78	15. 4.47
Genest, Hildegard, ½	11.11.78	28. 3.48
Falkenberg, Gabriele, ¾	2. 2.79	1.11.49
David-Meißner, Bettina, ½		
Martini, Johann-Christoph	16.10.80	14.11.50
Rauschenbach, Wolfgang	1. 5.82	5. 7.51
Wagner, Brigitte, ½	15.10.82	4. 2.51
Thiermann, Alexandra	1.11.82	30. 4.53
Wenz, Helmut, ½	1. 1.83	19. 3.52
Glocker, Elisabeth, ½	16.10.83	5. 7.54
Kustermann, Ilse, ½	1.11.84	28. 7.54
Wimmer, Richard	1. 3.85	6. 5.54
Bauer, Ulrike	14. 6.85	11. 6.55
Weber, Harriet, ½	15.10.85	22.12.53
März-Lehmann, Michaela, ½, beurl.	1.12.85	28. 6.53
Lorenz, Alois	1. 4.86	14.10.54
Dr. Steinlehner-Stelzner, Birgitta	1. 6.86	10. 1.56
Bischoff, Stefan, ⅘	1.12.86	16.10.53
Berger-Ullrich, Cornelia, ½	15.12.86	2. 4.56
Lemmers, Peter, abg.	18. 5.87	31. 3.55
Mickat, Klaus	1. 8.87	7. 3.56
Seebacher, Hannes	1. 8.87	2. 7.57
Pfaller, Josef	1.10.87	24. 1.56
Retzer, Konrad	—	—

Mai, Ralf Torsten	1. 7.88	4. 6.56
Lehner, Robert	1.12.88	26. 2.57
Widera, Angelika, ½	28. 2.89	19. 1.57
Kerscher, Ingrid, ½	—	—
Wankner, Elisabeth, 7⁄10	1. 5.89	24. 5.58
Tischler, Franz, abg.	1.10.89	24.10.57
Anderl, Annemarie, ½	1.10.89	23. 2.59
Dr. Schmidt, Andrea	1.11.89	23. 1.59
Dr. Debo, Arno	—	—
Rieger, Hans-Jörg	6. 8.90	27. 2.58
Reiter, Gabriele, ½	1. 1.91	30. 5.60
Weitnauer, Christina, ½	1. 1.91	28. 8.60
Gräfin von Keyserlingk, Maud, ½	1. 2.91	15. 3.59
Beß, Konrad	—	—
Hastreiter, Ludwig	1. 6.91	11.12.58
Kittlaus, Auguste, ½	1. 7.91	17. 3.57
Dr. Delonge, Franz	1. 8.91	13. 5.57
König, Harald, ½	1.11.92	26. 5.60
Odersky, Michaela	1. 1.92	6. 3.61
Dr. Haag, Robert	17. 6.92	29. 3.59
Popp-Lossan, Birgit	1. 7.92	25. 4.61
Forstner, Jutta, ½	—	—
Noll, Peter, ½	—	—
Baumgartner, Michael	—	—
Dr. Stoll, Philip	—	—
Schrott, Annerose	18.12.92	9. 9.60
Kratzer, Rita, ½	1. 1.93	5. 7.49
Dr. Kammerlohr, Claudia, abg.	15. 4.93	19. 7.62
Wittmann, Petra, ½	1. 9.93	24. 5.62
Hamberger, Robert	1. 9.93	24. 5.62
Ehrl, Elisabeth, ¾	1.10.93	13. 6.62
Zitzmann, Thomas, abg.	1.10.93	4. 7.62
Rhein, Markus	1.10.93	7. 7.63
Mandl, Dominik, abg.	—	—
Dr. Röthlein, Cornelia	1.11.93	18. 6.55
von Schickfus, Ute, ½	13. 1.94	20. 9.47
Förth, Margaretha	1. 4.94	12.11.61
Rhein, Monika, ½	—	—
Hübner, Marianne	—	—
Brychcy, Cordula, ¾	1. 8.94	4. 6.63
Dr. Lang, Peter	1.11.94	15. 1.63
von Geldern-Crispendorf, Beate, beurl.	1. 3.95	30. 3.65
Dr. Stackmann, Nikolaus	1. 5.95	1. 2.59
Grünheid, Sabine	—	—
Dr. Heinrichsmeier, Paul, abg.	17. 2.97	7.10.64
Dr. Kalomiris, Alexander	1. 6.97	25.12.67
Willner, Petra		
Weder, Dietrich	1. 9.97	7. 8.64
Krames, Wilfried, abg.	1.10.98	27. 6.65
Dr. Krenek, Helmut	16.11.98	30. 5.61
Müller, Ulrike	—	—
Müller, Andreas	—	—

Amtsgericht

München E 1 474 443
Pacellistraße 5, 80315 München
T (0 89) 55 97-06
Telefax (0 89) 55 97 35 74

1 Pr, 1 VPr, 17 w.aufsR, 175 R

Präsident

Edenhofer, Wolfgang	1. 12.95	10. 8.40

Vizepräsident

Amelung, Wolf-Henner	1. 5.93	11. 7.39

weitere aufsichtführende Richterin/Richter

Dr. Schlemmer, Hans	1. 1.78	26.12.35
Görlach, Nikolaus	1. 9.80	10.11.39
Dr. Hill, Wolfgang	1. 4.85	8. 3.39
Thalheim, Jürgen	1. 7.90	13.10.42
Pfeifer, Siegfried	1. 8.90	25. 8.41
Billner, Fritz	10. 4.92	3. 5.48
Dr. Willer, Heinz	1. 5.93	2.10.45
Messner, Olaf	1. 6.93	24. 5.43
Mecklinger, Karl Heinz	1. 7.93	1. 2.45
Ruthmann, Hermann Josef	1. 1.94	22. 5.38
Mayer, Eduard	1. 4.94	8. 7.49
Dr. Bußmann, Erich	1.11.94	11.11.43
Krach, Josef	1.11.94	30. 1.50
Fischer, Marlies	1. 3.95	2. 5.43
Dr. Schulz, Werner	1.10.96	22. 1.41
Römmelt, Dieter	1. 1.98	29. 3.43
Haußner, Michael	1. 9.99	16. 7.54

Richterinnen/Richter

Ruckdäschel, Johann	16.10.67	12.12.36
Manhardt, Alois	1. 2.68	17.11.36
Bader, Hans, ½	—	—
Voigt, Jürgen	1.11.69	9.12.39
Lenz-Frischeisen, Helma	16. 1.70	1. 8.39
Deyhle-Biermann, Ute	1. 2.70	6. 6.37
Jung, Gudrun	1. 7.70	6. 6.38
Unverhau-Hassold, Gertraud	1.12.70	7.12.39
Rauner, Werner	—	—
Schneider, Heidemarie, ½	1. 6.71	25. 9.42
Schaefer, Gerhard	1. 5.72	25.11.37
Stoeckle, Klaus	—	—
Mebs, Helmut	1.10.72	26. 4.43
Garke, Jörg	—	—
Paul, Herbert	1. 6.73	8. 1.40
Schömmer, Hans Peter	1.10.73	19.11.40
Schmid, Brigitte	—	—
Schlüter, Dietrich	1. 3.74	17. 6.41
Anke, Bernd	—	—
Pinter, Ulrich	1.10.74	2. 7.43

Nehm, Birgit, ½	11.10.74	26. 7.44
Haß, Regina	—	—
Schilling, Bernd	1.12.74	15. 4.42
Dr. Scholz, Gangolf	1. 2.75	3. 1.41
Dr. Kreutzer, Hartmut	—	—
Weimann, Johann	1. 4.75	5. 3.42
Schauer, Franz	1. 4.75	31. 3.43
Mehlhorn-Hamel, Gerd	1. 5.75	9. 7.43
Stiasny, Walter	1. 6.75	3. 3.39
Mallow, Eberhard	—	—
Campbell, Bert	16. 6.75	6. 4.43
Forster, Wolfram	—	—
Zellhuber, Gudrun	—	—
von Eggelkraut-Gottanka, Benedikt	18. 9.75	11. 9.45
Bauer, Frauke	1.10.75	13. 4.43
Zeilinger, Walter	1.10.75	6. 7.43
Wiesmüller, Frauke	16.10.75	9.12.42
Dr. Milhahn, Ilsabe, ½	16.10.75	13.11.44
Wickop, Franz	31.10.75	26. 8.43
Rath, Anna-Katharina	1.11.75	31.10.43
Fehlhammer, Elisabeth	16. 1.76	3. 5.43
Strehlow, Rainer	16. 3.76	11. 7.44
Prof. Dr. Dr. Kaufhold, Hubert	1. 4.76	19. 3.43
Dr. Bender, Joachim	1. 4.76	26. 3.43
Winter, Ulf	1. 5.76	4.10.41
Hoffmann, Stefan	—	—
Burkhardt, Gottfried	2. 7.76	15. 6.44
Herrmann, Horst	1. 8.76	1.10.43
Dr. Fellmann, Gabriele	1.10.76	15. 7.45
Heininger, Liselotte	16.10.76	21. 8.41
Scheffels, Klaus	16.10.76	17. 8.42
Swertz, Horst	—	—
Dr. Ernst, Ludwig	16.10.76	17. 2.45
Achinger, Annemarie	16.10.76	23. 2.45
Miehler, Christine	—	—
Haase, Wolfgang	—	—
Ege, Volker	—	—
Henkel, Friedrich	—	—
Suffner, Jürgen	1. 1.77	19. 8.44
Grossmann, Gerhard	1. 1.77	8. 3.45
Schmid, Reinhard	1. 1.77	25. 5.45
Klein, Roland	1. 5.77	27.10.43
Zehetbauer, Lothar	1. 5.77	11. 2.45
Bogner, Peter	1. 5.77	7.10.45
Wagner, Paul	1. 5.77	13. 5.47
Maier, Günter-Werner	16. 5.77	5.10.46
Eben, Christine, ½	20. 5.77	4.10.44
Brackmann, Gerhard	1. 6.77	4. 7.47
Harmann, Maria-Anna	1. 7.77	14.11.43
Klasing, Hans Joachim	1. 7.77	14. 4.47
Gründl, Franz Xaver	—	—
Voß, Rudolf	1.11.77	9. 7.45
Hillenmeyer, Rudolf	16.11.77	4. 4.47
Dr. Seidl, Helmut	9.12.77	16. 5.48
Hubbert, Wilhelm	1. 1.78	16. 8.44
Pöppel, Gerard	1. 1.78	21. 4.46
Knoll-Künneth, Christa	—	—
Helbig, Hans Wolfgang	16. 5.78	27.11.47
Kobel, Herbert	1. 6.78	17. 5.46
Lutz, Eva, ½	1. 6.78	28. 7.48
Kurka, Dorothee	1. 7.78	30. 6.47
Wetekamp, Axel	—	—
Scheipl, Gabriele	1. 8.78	28. 2.45
Straßmeier, Paul	1.11.78	14. 1.48
Lebert, Christian	1.11.78	5. 3.48
Nowotny, Friedrich	1.12.78	18.12.45
Rank, Hans	1. 1.79	24. 9.47
Bachmeier, Werner	1. 4.79	13. 2.47
Weber, Armin	1. 7.79	5.12.47
Schuldes, Wolfgang	1. 8.79	3. 7.47
Tourneur, Detlef	1.12.79	22. 8.48
Jörg, Klaus-Peter	1.12.79	24. 3.49
Hieronymus, Gert	16. 4.80	3.11.47
Wolferstätter, Werner	1. 7.80	7. 1.48
Gräfin von Ballestrem, Sophie	1. 7.80	13. 5.51
Schretter, Ingrid	—	—
Reichert, Gabriele	—	—
Wunderlin, Dorothea	1.10.80	8. 4.51
Eder, Rotraud, ½	1.10.80	15. 6.51
Feistkorn, Robert	—	—
Hübel, Kurt	1. 2.81	16.10.48
Datzmann, Rosi	1. 5.81	26. 3.51
Madlindl, Rolf-Dieter	29. 6.81	19. 2.48
Steigenberger, Hans-Ullrich	1. 7.81	15.12.49
Meiche, Rosemarie	1.11.81	14. 8.44
Farnbacher, Thomas	1.11.81	8. 9.50
Dr. Klein, Gerhard	—	—
Zimmermann, Doris	1. 6.82	28. 9.50
Schröder, Gertrud, ¾	1. 6.82	14. 6.51
Unnützer, Wolfgang	1. 6.82	24.10.51
Lerch, Hermann	1. 6.82	26. 4.52
Schmitz, Gerd	1. 6.82	30. 9.53
Opitz-Bergmaier, Jutta	—	—
Axhausen, Petra, ¾	1. 7.82	24. 4.52
Hellwig, Elisabeth, ½, beurl.	1.12.82	2. 4.52
Fischer, Elisabeth, ½	—	—
Schenk, Florian	1. 6.83	12. 5.39
Melder, Werner	—	—
Trapp, Sibylle	16.10.83	11.12.54
Senft, Oskar	—	—
Groll, Ulrike	—	—
Dr. Biberacher, Johann-Georg	—	—
Kolber-Wucherer, Juliane, ½, beurl.	—	—
Weiß-Stadler, Irmengard, beurl.	—	—
Mayer, Rudolf	1. 3.85	25. 8.50

Benzler-Herz, Verena, ½	1. 7.85	15. 1.55
Kappenschneider, Anna, ½	1. 7.85	25. 5.55
Anke, Claudia	—	—
Dr. Bandemer, Dagmar	—	—
Biedler von Bessenyö, Ulla	1. 7.86	20.12.55
Brunn, Birgit, beurl.	1. 7.86	12. 3.56
Landgraf, Jörg	1. 8.86	10. 9.55
Stelzner, Thomas	1. 8.86	19.10.55
Broich, Marie-Luise, ½	1. 8.86	23.11.55
Gawinski, Wolfgang	1.10.86	9. 5.55
Weber, Dirk	—	—
Bär, Raimund		
Benesch, Birgit	1. 7.87	17. 5.56
Dr. Schneider, Bernhard, hamtlArbgemL	1. 7.89	4. 1.57
Zeilinger, Jutta	1.10.87	21.10.54
Königshöfer, Eva	1.10.87	12. 3.55
Gerhardinger-Stich, Anna	1. 2.88	25. 8.53
Kirchinger, Stephan	1. 4.88	8. 8.57
Aubele, Nicola	5. 4.88	27. 5.55
Gottstein, Michael	—	—
Broßardt, Sigrun, ½	1. 7.88	2. 4.57
Kufner-Piser, Gisela	1. 7.88	11. 6.57
Bader, Ute, ½	18.11.88	3. 3.58
Simon, Gerhard	1.12.88	3. 7.57
Schalkhäuser, Vera, ½	—	—
Dr. Markwardt, Angelika, ½	1. 1.89	14. 7.49
Jonasch, Brigitte	14. 3.89	22. 2.55
Polack, Sybille, ½	29. 3.89	3. 9.58
Dr. Prechtel, Günter	—	—
Hemmerich-Schöpf, Susanne	1. 4.89	2.12.58
Kretzschmar, Ludwig	14. 4.89	6. 9.57
Engel, Judith	14. 5.89	16. 2.55
Berg, Christian, abg.	1. 8.89	6. 1.58
Dr. Beyerle, Peter	1.10.89	30. 5.58
Dr. Pollinger, Andreas	1.10.89	22. 9.58
Sehlke, Manfred	1.12.89	26.12.58
Brockmann-Jooß, Maria-Theresia, ½	—	—
Forstner, Andreas	1. 1.90	18.10.57
Hümmer, Beate	1. 1.90	4. 8.58
Fischer, Silvia	—	—
Dr. Koch, Rainer	1. 4.90	18.12.58
Dr. Schmid, Jürgen	1. 6.90	10. 1.60
Redl, Gabriele	1. 8.90	19. 4.58
Prell, Vera, ½	1. 9.90	3. 4.59
Götz, Isabell, ½	1.10.90	25.10.57
Böhm, Franz	1. 1.91	12. 7.60
Mayer, Christine, beurl.	1. 2.91	13.10.59
Holstein, Regina, beurl.	10. 2.91	5. 4.59
Dudek, Wilfried	—	—
Schnorfeil, Arthur	1. 5.91	28. 8.55
Stubenvoll, Eugen	1. 6.91	15. 4.60
Rogaschewski, Brigitte	1.12.91	29. 3.61

Dr. Meidinger, Andrea	—	—
Gassner, Christian	1. 9.92	15. 5.60
Dr. Backa, Karin	1.10.92	15. 5.60
Scholz, Martin, abg.	1. 5.92	7. 6.59
Eggers, Silke, beurl.	1. 5.92	16. 3.60
Dr. Conrad, Christine, ½	1.10.92	15. 6.62
Dr. Brokamp, Michael	1.10.92	3. 7.62
Dr. Hock, Regina	1.10.92	18. 1.63
Dingerdissen, Kai	1. 5.93	15.11.60
Voßkuhle, Eva, abg.	—	—
Zeitler, Gottfried	1. 6.93	10. 3.61
Sachenbacher, Ulrike	1. 6.93	26.12.61
Stadt, Christian	—	—
Dr. Fischer, Renate	1.10.93	16. 8.63
Plotz, Gisela	1.11.93	25.11.56
Ziegler, Elisabeth	1.11.93	28. 4.62
Dr. Bornstein, Volker		
Thalheim, Angela, beurl.	10. 4.94	7.12.63
Laufenberg-Smadar, Susanne, ¾	16. 9.94	17. 6.61
Andreß, Monika	1. 4.00	15. 9.62
Gröncke-Müller, Petra	1. 4.00	6. 2.63
Reißler, Elisabeth	1. 4.00	11. 6.63
Kaps, Ingrid	—	—
Haussmann-Grammenos, Ingrid, ½	—	—
Jung, Thomas	—	—
Jungwirt, Johannes	—	18. 4.62
Birkhofer, Sonja	—	26. 2.62
Daimer, Christian	—	—

Landgerichtsbezirk München II

Landgericht München II   E 965 371

Denisstraße 3, 80335 München
T (0 89) 55 97-04
Telefax (0 89) 55 97 35 61 (Zivilkammern)
               55 97 48 95 (Strafkammern)

1 Pr, 1 VPr, 20 VR, 32 R

Präsident

Dr. Stocker, Karl Heinz	1. 2.94	8. 7.36

Vizepräsident

Schoener, Alexander	1.11.91	23. 3.40

Vorsitzende Richterinnen/Vorsitzende Richter

Dr. Kniffler, Karl	16. 2.75	24. 1.37
Rebhan, Klaus	1. 6.79	1. 7.38
Dr. Schemmel, Walter	1. 3.82	25. 3.41
Lehmann, Helmut	1.12.82	8.10.37
Gruber, Joachim	1. 1.83	19. 8.39
Kollmann, Walter	1. 7.83	30. 9.35

Reichel, Helma	1. 7.83	15. 5.38
Roth, Frank	1.11.86	7. 6.38
Steck, Inge	1.10.87	5. 2.38
Schretter, Nikolaus	1.10.87	26. 2.40
Steinbichler, Richard	1. 3.88	3. 5.41
Frost, Christian	7. 1.91	3. 6.38
Sailer, Eberhard	1.12.93	4. 5.40
Dr. Walch, Lorenz	—	—
Stinner, Jürgen	1. 3.96	6. 1.44
Hintersaß, Hans-Jochen	1.10.96	13. 2.44
Falck, Nora	—	—
Weitmann, Walter	1. 6.98	23. 3.47
Pater, Wolf-Dietrich	15. 7.99	21.10.46
Götzel, Manfred	1. 9.99	12.12.53

Richterinnen/Richter

Friedrich, Sabine	16. 6.71	22. 4.41
Sperling, Klaus	8. 1.74	15. 2.37
Baumgärtel, Dörte	1.10.74	20. 1.43
Kraemer, Manfred, ½	1. 1.75	16. 2.39
Dr. Irsfeld-Müller, Anna-Margret	—	—
Halbritter, Gerhard	1.10.75	1. 5.44
Lippstreu, Detlef	1. 1.76	8. 1.43
Huttig, Helmut	1. 1.76	3. 4.44
Pfeilschifter, Gerhard	16. 3.76	5. 2.43
Lemke, Werner	1. 4.76	17. 4.45
Baumann, Harro	21.10.76	14. 7.43
Golcher, Reinhard	1.12.76	31. 8.42
Sedlbauer, Hubert	1. 2.77	20. 1.46
Biedermann, Rainer	16. 4.77	13. 9.43
Zothe, Helmut	24. 8.77	25.10.44
Dörner, Edgar	1. 5.78	2. 8.44
Zindler, Bernhard	1. 9.78	20. 9.46
Grote, Brigitte, ½	—	—
Förschner, Klarissa, ½, beurl.	1.12.82	7. 9.51
von Zezschwitz, Sylvia, ½	1. 8.83	20. 5.48
Hoffmann-Kurzweil, Thomas	—	—
Horvath, Johann, abg.	18. 5.87	27. 9.56
Meßner, Hans-Joachim	1. 7.87	24. 7.56
Dr. Mutzbauer, Norbert, abg.	—	—
Ramspeck, Roland	1. 9.89	21. 2.58
Dr. Bauer, Monika, beurl.	1. 7.94	15. 3.64
Dr. Schwegler, Christa, ½	1. 6.91	30. 3.59
Beckers, Petra	1. 9.92	2. 7.62
Kronberger, Anette	1. 6.93	17. 1.62
Liesagang, Isabel	1. 7.93	13.11.61
Baßler, Renate	2. 7.93	9. 3.62
Dr. Ramsauer, Martin	1.10.93	1. 7.61
Illini, Dagmar	1.10.93	2. 8.62
Rieder, Martin	1. 4.94	11. 4.57
Weickert, Stefan	—	—
Dr. Angerer, Karin, beurl.	—	—

Tiesel, Guido	1. 3.98	14. 5.68
Dr. Müller, Michael	1. 4.00	25. 4.64
Schneider, Ragnar	1. 4.00	23. 7.69
Reitberger, Petra	17. 4.00	26. 4.62
Dr. Hornick, Andreas	—	—
Röttle, Reinhard	—	—

Amtsgerichte

Dachau   E 126 217
Schloßstraße 1, 85221 Dachau
T (0 81 31) 70 50, Kurzwahl 70 41-0
Telefax (0 81 31) 70 51 08

1 Dir, 6 R

Haß, Wolf-Rüdiger, Dir	1. 4.85	4. 9.41
May, Ewald-Frank	1. 5.75	2. 6.40
Dr. Wiesböck, Franz	—	—
von Engel, Roswitha	8. 7.77	9.12.44
Jelinek, Klaus	1. 8.82	22. 9.51
Zausinger, Alfred, beurl.	1.12.85	7. 9.41
Schaffer, Martina	1. 7.92	2. 2.60
Steigmayer, Johann	—	—
Schütte, Elisabeth	1. 2.93	19. 7.55

Ebersberg   E 114 699
Bahnhofstraße 19, 85560 Ebersberg
T (0 80 92) 2 20 57, Kurzwahl 70 50
Telefax (0 80 92) 82 53 14

1 Dir, 5 R

Wittmann, Helmut, Dir	1.10.87	17.12.38
Schumann, Gabriele, stVDir, ½	1.12.68	13.10.38
Felzmann-Gaibinger, Angela	—	—
Dr. Rinck, Karin, ¾	1. 6.84	26. 3.54
Port, Elke, ½	—	—
Zeller-Kasai, Susanne, beurl.	1. 1.89	26. 8.56
Räder-Roitzsch, Cornelia	—	—
Kaltbeitzer, Dieter	1. 7.91	9. 9.59
Kick, Otto Wilhelm	1. 9.92	19. 9.61

Fürstenfeldbruck   E 188 897
Stadelberger Straße 5, 82256 Fürstenfeldbruck
T (0 81 41) 51 10, Kurzwahl 70 61-0
Telefax (0 81 41) 51 11 59

1 Dir, 1 stVDir, 10 R

Onder, Helmut, Dir	—	—
Müller-Ruffing, Karin, stVDir	1. 7.89	6. 5.39
Dr. Fuchs, Klaus	1. 1.80	6.11.44
Schlüter, Franz	1. 7.72	23. 5.43

Todtenhöfer, Horst-Dieter	1.12.74	6.	5.43
Höcherl, Ernst	1. 7.76	25.	6.44
Dr. Maly-Motta, Peter	2. 9.77	7.	6.43
Ullrich, Wolfgang	1.12.77	12.	3.47
Heilmann, Eugen	1.11.78	4.	2.48
Kappenschneider, Anton	1.10.80	20.	4.50
Schütte, Christoph	1.10.88	17.	7.58
Gäbhard, Gerhard	1. 6.90	16.	9.60

Garmisch-Partenkirchen   E 86 054
Rathausplatz 11, 82467 Garmisch-Partenkirchen
T (0 88 21) 5 41 52, Kurzwahl 70 66
Telefax (0 88 21) 92 81 00

1 Dir, 6 R

Körner, Gernot, Dir	1. 9.84	6.10.39
Folger, Karin, stVDir	—	—
Klarmann, Dieter	18.10.74	9.12.43
Wilde, Christian	1. 7.76	13. 1.44
Pfluger, Paul Georg	1. 6.84	13.11.53
Dr. Kirsch, Sebastian	1. 8.96	2. 7.64
Dachs, Hans-Joachim	1.10.92	19. 5.61

Miesbach   E 89 861
Rosenheimer Straße 16, 83714 Miesbach
T (0 80 25) 2 80 90, Kurzwahl 71 13-0
Telefax (0 80 25) 28 09 45

1 Dir, 6 R

N.N., Dir	—	—
Knörr, Thomas	1.10.75	7. 9.44
Maixner, Bernd	1. 7.79	3.12.43
Geißinger, Siegfried	1.12.80	28.10.47
Kugler, Max	1.12.88	1. 2.48
Leitner, Walter	1. 7.90	23.12.58
Dr. Stark, Ernst	1.10.94	1. 3.63

Starnberg   E 121 723
Otto-Gassner-Straße 2, 82319 Starnberg
T (0 81 51) 1 30 71, Kurzwahl 71 61
Telefax (0 81 51) 36 71 84

1 Dir, 1 stVDir, 7 R

Engel, Thomas, Dir	1. 1.00	1. 7.55
Bruckmann, Dietmar, stVDir	1. 1.97	25. 5.54
Schleifenbaum, Hans-Joachim	1. 1.68	28.10.35
Leuschner, Peter	1. 7.70	15.12.37
Dr. Reiß, Günter	16.11.70	10. 7.39
Schrötter, Gerhard	1. 3.72	19. 4.41
Krautloher, Ehrentrudis	1. 1.77	3. 4.36
Plattner, Anneliese	1. 1.78	14. 3.48
Dr. Loesti, Christoph	1. 7.78	21. 7.46
Braun, Brigitte, ½	—	—
Habdank, Brigitte, beurl.	1. 1.96	3. 7.66

Weilheim i.OB   E 124 467
Alpenstraße 16, 82362 Weilheim i.OB
T (08 81) 6 20 81, Kurzwahl 71 77-0
Telefax (08 81) 99 81 00

Zweigstelle Schongau
Amtsgerichtsstraße 2, 86956 Schongau
T (0 88 61) 9 02 64, Kurzwahl 71 51
Telefax (0 88 61) 36 71 84

1 Dir, 1 stVDir, 6 R

Beer, Peter, Dir	1. 2.96	18. 3.40
Dr. Leutenbauer, Siegfried, stVDir	1. 3.88	10. 1.44
Kranner, Ludwig	1. 6.76	18.11.44
Hiefner, Klaus	—	—
Schelle, Franz	1. 7.78	26. 1.47
Haindl, Helmut	—	—
Loose, Hans-Peter	1. 6.83	3. 6.51
Fichtl, Alexander	1.10.94	5. 2.58

Wolfratshausen   E 113 453
Bahnhofstraße 18, 82515 Wolfratshausen
T (0 81 71) 16 06-0, Kurzwahl 71 80-0
Telefax (0 81 71) 16 06 66

1 Dir, 6 R

Dr. Rebel, Klaus, Dir	1. 6.79	3. 3.38
Naumann, Kurt, stVDir	1. 2.71	1.10.40
Schrötter, Gisela	—	—
Eckermann, Dieter	16. 4.76	16. 6.46
Gessert-Pohle, Adeline, ½	1. 1.91	8. 1.59
Berger, Helmut	1. 9.92	4. 4.60
Lupperger, Johann	—	—

Landgerichtsbezirk Passau

Landgericht Passau   E 317 086
Zengergasse 1–3, 94032 Passau
T (08 51) 3 94-0, Kurzwahl 71 35-0
Telefax (08 51) 3 94-1 12

1 Pr, 1 VPr, 3 VR, 9 R

Präsident

Dr. Dallmayr, Peter	1. 2.00	29. 5.39

Vizepräsident

Prof. Dr. Zimmermann, Walter	1. 6.93	9. 4.41

Vorsitzende Richter

Scherbel, Andreas	1. 4.83	12. 9.40
Haberl, Ludwig	—	—
Walch, Helmut	1.12.95	3. 1.49
Dr. Niksch, Dieter	1. 3.98	15. 2.42

Richterin/Richter

Zur, Reinhold M.	—	—	
Fertl, Hermann	—	—	
Feiler, Walter	1. 4.89	8. 1.58	
Buhmann, Robert,			
zu ½ abg.	1. 6.89	27. 1.54	
Hainzlmayr, Wolfgang,			
zu ½ abg.	1. 1.90	18.11.58	
Herzog, Wolfgang	1.11.92	14.12.58	
Dr. Ennser, Hans-Gerd	1. 4.93	5. 5.59	
Kraus, Claudia	15. 6.93	13. 7.62	
Nistler, Eva	—	—	
Wagner-Humbach, Susanne	1. 4.00	1.10.62	

Amtsgerichte

Freyung E 82 239
Geyersberger Straße 1, 94078 Freyung
T (0 85 51) 8 35, Kurzwahl 70 60
Telefax (0 85 51) 97 01 60

1 Dir, 4 R

Huber, Roland, Dir	1.12.95	22.10.47
Schmidt, Günter, stVDir	1. 6.80	5. 1.50
Schober, Georg	1. 5.81	9.10.50
Neubauer, Günter	1.12.90	2. 8.60
Utz, Reinhard	1. 7.93	27. 5.61

Passau E 234 847
Schustergasse 4, 94032 Passau
T (08 51) 3 94-0, Kurzwahl 71 35-0
Telefax (08 51) 3 94-2 33

Zweigstelle Rotthalmünster
Norbert-Steger-Straße 11, 94094 Rotthalmünster
T (0 85 33) 73 42, Kurzwahl 71 50
Telefax (0 85 33) 96 08 50

Zweigstelle Vilshofen
Kapuzinerstraße 32, 94474 Vilshofen
T (0 85 41) 96 00-0, Kurzwahl 71 69-0
Telefax (0 85 41) 29 94

1 Dir, 1 stVDir, 1 w.aufsR, 15 R

Schachner, Josef, Dir	1. 9.99	9.10.44
Engshuber, Walter, stVDir	1.12.87	5. 9.37
Huber, Klaus, w.aufsR	1. 3.99	2. 8.41
Hammer, Rudolf	—	—
Limmer, Godehard	16. 2.69	8. 5.38
Albrecht, Helmuth	—	—
Haberl, Ute	16. 8.73	24. 5.41
Scholz, Detlef	1.11.74	26. 1.43
Spranger, Gerhard	3. 9.76	6. 1.44
Preisinger, Willibald	1. 1.78	29. 4.43
von Helmersen, Alexander	1. 7.79	4.11.45

Dr. Wastlhuber, Hans	—	—
Hamann, Konrad	—	—
Fischer, Reinhard	1. 6.85	26. 5.53
Krinner-Matula, Irene	1.10.87	3. 5.54
Heide, Rainer	1. 1.90	19.12.58
Stein, Brigitte, ½	1. 8.90	9. 4.59
Scheungrab-Krpan,		
Eva-Maria,	1.10.92	8. 4.61
Hutsch, Stefan	1. 4.94	3. 3.63
Dr. Mikla, Stefan	—	—

Landgerichtsbezirk Traunstein

Landgericht Traunstein E 768 226
Herzog-Otto-Straße 1, 83278 Traunstein
T (08 61) 5 60, Kurzwahl 71 64-0
Telefax (08 61) 56-2 20

1 Pr, 1 VPr, 13 VR, 23 R

Präsident

Weber, Klaus	1. 6.97	17. 9.39

Vizepräsidentin

Gschwendtner, Christa	1. 4.98	11.11.40

Vorsitzende Richter

Wächter, Josef	1. 9.77	6. 6.38
Dr. Hagenbucher,		
Karl Heinz	16. 7.80	5. 4.40
Sattler, Hermann	1. 2.83	27.12.40
Dr. Radinger, Horst	1. 6.84	9. 2.41
Schmidhuber, Anton	—	—
Froelich, Peter	—	—
Weinzierl, Volker	1. 9.91	9. 8.40
Dr. Möbius, Walter	1. 9.92	11.10.49
Becker, Ulrich	1.11.95	4.12.46
Gruben, Werner	1. 1.97	17.11.47
Ewald, Günter	1. 1.99	25. 4.43
Niedermeier, Karl	1. 1.00	21.12.46

Richter

Nechvátal, Harald	1. 6.66	12.11.35
Häusler, Gernot	16. 1.70	29.10.41
Hartmann, Werner	16. 6.70	24. 5.37
Peter, Horst	1. 5.76	4. 7.44
Renner, Heinrich	16. 4.77	25. 4.47
Thaler, Josef	—	—
Kammermeier, Rolf	1. 7.79	3. 8.48
Praun, Karl	1.12.78	18. 6.47
Thußbas, Johannes	1. 1.80	21. 2.48
Dr. Srkal, Thomas, LL.M	16. 5.83	9.10.52
Weidlich, Dieter	10. 6.83	24. 1.53
Engelhardt, Helmut	15. 6.83	29. 4.52
Dr. Bösenecker, Karl	1. 5.85	24. 2.56

Fuchs, Erich	1.12.86	23. 4.55
Mader, Bernhard	1. 9.87	16.10.54
Dr. Kroiß, Ludwig, abg.	1. 5.89	30.11.58
Müller, Wolfgang	1. 6.89	28.10.56
Branz, Jürgen	—	—
Dr. Kammergruber, Johannes	1. 2.91	3. 9.58
Hammerdinger, Günter	1. 6.91	27. 1.60
Dr. Hager, Josef	1. 8.93	25. 2.64
Barthel, Stefan	—	—
Miller, Andreas	—	11.11.60

Amtsgerichte

Altötting E 107 425
Burghauser Straße 26, 84503 Altötting
T (0 86 71) 1 30 11, Kurzwahl 70 02
Telefax (0 86 71) 50 60 40

Zweigstelle in Burghausen
Stadtplatz 97, 84489 Burghausen
T (0 86 77) 20 74, Kurzwahl 70 34
Telefax (0 86 77) 6 59 46

1 Dir, 6 R

Michalke, Reiner, Dir	1. 4.00	30.11.41
Schmied, Peter	1. 5.77	15. 7.46
Wüst, Dieter	1.11.79	11. 6.49
Dr. Heiß, Johann	10.10.82	25. 6.51
Dr. Moser, Gabriele	1. 8.85	24. 9.54
Weigl, Christoph	1. 4.00	7.11.64
Greifenstein, Florian, (weiteres RiAmt beim AG Mühldorf a.I.)	—	—

Laufen E 98 773
Tittmoninger Straße 32, 83410 Laufen
T (0 86 82) 9 11-0, Kurzwahl 71 03-0
Telefax (0 86 82) 9 11-78

1 Dir, 1 stVDir, 9 R

Regnauer, Anke, Dir	1. 5.98	20. 3.43
Dr. Kouba, Werner, stVDir	1. 6.96	9.12.44
Richter, Hans	1.12.70	26.11.39
Holleis, Peter	1.11.71	4. 9.41
Reischl, Peter	1. 1.75	26.11.42
Reisinger, Peter	1. 6.77	4. 4.45
Becher, Johannes	1.11.78	24. 8.48
Scheungrab, Gerhard	16.11.78	24. 3.46
Seichter, Alfred	1. 4.80	15. 3.50
Hippler, Thomas	20. 5.84	29. 7.52
Köpnick, Winfried	1. 7.90	16.12.55

Mühldorf a. Inn E 107 246
Katharinenplatz 15, 84453 Mühldorf a. Inn
T (0 86 31) 61 06-0, Kurzwahl 71 16-0
Telefax (0 86 31) 61 06-80

1 Dir, 6 R

Dr. Hellenschmidt, Klaus, Dir	1. 2.00	17. 8.48
Niebler, Herbert, stVDir	1.12.77	9. 5.46
Ott, Heinrich	1. 6.82	23.11.49
Beier, Wolfgang	1. 7.82	21.10.51
Zölch, Wolfgang	1. 7.84	10.11.53
Rothkäppel, Karl	1.11.84	7. 1.53
Obermüller, Raimund	15. 1.91	11.12.59

Rosenheim E 288 992
Bismarckstraße 1, 83022 Rosenheim
T (0 80 31) 3 09-0, Kurzwahl 71 45-0
Telefax (0 80 31) 3 09-2 40

Zweigstelle Bad Aibling
Hofberg 5, 83043 Bad Aibling
T (0 80 61) 20 01, Kurzwahl 70 21
Telefax (0 80 61) 90 84 60

Zweigstelle Wasserburg a. Inn
Marienplatz 7, 83512 Wasserburg a. Inn
T (0 80 71) 30 48, Kurzwahl 71 72
Telefax (0 80 71) 91 93-60

1 Dir, 1 stVDir, 1 w.aufsR, 18 R

N.N., Dir	—	—
Würz, Richard, stVDir	1. 8.98	23.10.44
Schüler, Günter, w.aufsR		
Weihrauch, Heinz	1. 2.75	9. 3.40
Kasperek, Christiane, ½	1. 6.75	19. 6.45
Dr. Pürner, Reinhard	1. 7.76	26. 3.46
Kasperek, Ulrich	1. 8.76	11.12.43
Neuhauser, Alois	1. 3.78	26. 7.46
Boré-Rachl, Mathilde		
Stadler, Sebastian	1. 6.82	9. 4.52
Gumpp, Wilhelm	—	—
Fey-Wolf, Claudia, ¾	1. 8.84	29. 8.53
Loeber, Heinrich	1.11.84	17. 5.54
Bauer, Gerhard	1. 1.85	26.10.53
Schäfert, Herbert	1. 9.85	29.12.52
Schäfert, Angelika, ½	1. 9.85	21.12.54
Böhnel, Walter	1.11.85	18. 6.55
Pöschl-Lackner, Helga, ¾	1. 6.89	18. 2.53
Spann, Helmut	1. 2.93	21. 9.62
Ziegler, Volker	1. 3.93	25. 1.62
Dellner, Elke, ½	—	—
Bartel, Rüdiger	1. 6.94	5.11.55
Mayer, Thomas	—	30. 9.58

Traunstein E 165 790
Herzog-Otto-Straße 1, 83278 Traunstein
T (08 61) 56-0, Kurzwahl 71 64-0
Telefax (08 61) 56-3 00

1 Dir, 1 stVDir, 1 w.aufsR, 12 R

Cebulla, Rita, Dir	1. 2.95	10. 4.37	
Schönberger, Gerhard, stVDir	17. 4.89	26. 5.42	
Schneider, Karl, w.aufsR	1. 1.96	22.12.50	
Burkhardt, Fritz, ½	1. 7.70	1. 6.38	
Bücklein, Arthur	1. 8.73	7. 6.42	
Flemming, Arthur	1. 2.75	8. 2.44	

Söldner, Alois	1. 1.80	2. 2.48	
Pickenhan, Herbert	1.12.80	13. 3.48	
Bauer, Margarete, ½	—	—	
Lobensommer-Schmidt, Waltraud, ¾	1.12.83	28. 2.54	
Srkal, Maria-Theresia, ¾	—	—	
Wagner, Stefan	—	—	
Lermer, Max	—	—	
Ott, Wolfgang	1. 1.89	8. 4.57	
Dr. Zenkel, Hans-Jürgen, abg.	1.10.90	7. 1.56	
Dr. Weigl, Michael	19. 2.63	20. 9.63	
Kohler, Anna, ½	1. 1.91	18. 6.56	
Burger, Klaus	1.10.91	7. 1.56	

Staatsanwaltschaften

Staatsanwaltschaft bei dem Oberlandesgericht München

80097 München
Nymphenburger Straße 16, 80335 München
T (0 89) 55 97-08
Telefax (0 89) 55 97-41 25

1 GStA, 3 LOStA, 12 OStA

Generalstaatsanwalt

Froschauer, Hermann	16.10.83	20.10.36

Leitende Oberstaatsanwälte

Sauter, Veit, stVGStA	1. 7.98	15. 5.41
von Rohrscheidt, Wend	1. 6.91	19.12.35

Oberstaatsanwältinnen/Oberstaatsanwälte

Dr. Walter, Peter	1. 6.85	15.12.42
Mayerhöfer, Heiner	1.11.88	12. 4.43
Dr. Nißl, Günter	1.11.90	16. 2.43
Greetfeld, Arno	1.12.91	20. 4.41
Jungnik Freiherr von Wittken, Manfred	1.11.92	4. 2.44
Pritzl, Christian	1. 5.98	18. 2.53
Dislter, Wolfgang	1. 1.99	23.12.54
Schöpf, Dieter	1. 3.99	5. 9.54
Obermeier, Alfons	15. 6.99	27. 1.56
Antor, Stefan	1. 2.00	9. 7.55
Gacaglu, Omar	1. 3.00	4. 8.54
Reich, Stefan	1. 3.00	5. 5.57

Staatsanwaltschaft bei dem Landgericht Augsburg

Am Alten Einlaß, 86150 Augsburg
Postfach 11 19 40, 86044 Augsburg
T (08 21) 31 05
Telefax (08 21) 3 10 52 09

1 LOStA, 1 stVLOStA, 4 OStA, 8 + ½ StA (GL),
17 + 2 × ½ StA + 11 LSt (StA)

Leitender Oberstaatsanwalt

Nemetz, Reinhard	1.10.99	23. 1.51

Oberstaatsanwälte

Kolb, Hans-Jürgen, stVLOStA	1.11.99	12.12.41
Henning, Klaus	16.10.88	9. 3.38
Reichenzeller, Ulrich	1.12.95	12. 9.39
Dr. Zechmann, Günther	1. 9.98	19.10.54
Schmid, Johann, abg. (LSt)	1. 4.99	25. 1.59
Weith, Thomas	1. 2.00	6. 5.60

Staatsanwältinnen/Staatsanwälte

Holzner, Bernhard, GL	1. 4.96	14.12.50
Hampp-Weigand, Ulrike, ½, GL	1. 4.97	18. 1.50
Dr. Huchel, Uwe, GL	1. 4.97	13. 2.61
Endres, Michael, GL	1.10.98	15. 3.61
Dr. Huchel, Uwe, GL	1. 4.97	13. 2.61
Schroth, Markus, GL	1. 1.99	18. 5.61
Strohbach, Petra, GL	1. 7.99	5. 3.62
Dr. Pätzel, Claus, GL	1.12.99	1.11.61

Ebel-Scheufele, Ulrike,		
beurl. (LSt)	1. 7.86	21.11.56
Hell, Marialuise, ½	1. 7.87	21. 9.57
Heitzer, Andrea,		
beurl. (LSt)	17. 8.90	21. 9.59
Klingeberg, Ulla,		
beurl. (LSt)	1.11.90	1. 6.55
Dietze, Irene, beurl. (LSt)	1. 2.92	11. 2.61
Tschernitschek, Ingrid,		
beurl. (LSt)	1. 2.93	27.12.62
Reichstein-Englert,		
Hildegund, beurl. (LSt)	8.12.93	25. 5.60
Thumser, Gabriele,		
beurl. (LSt)	1. 1.94	20. 2.61
Geißenberger, Birgit,		
beurl. (LSt)	1. 1.95	15.12.63
Liermann, Martina	1. 7.96	20. 4.66
Klatt, Juliane	1.10.96	24. 3.64
Dr. Christiani, Roland	1. 4.97	22. 8.63
Dr. Eckert, Thomas	1. 4.97	17.11.65
Zwiener, Simone	1. 4.97	21.12.65
Seidel, Beate	1. 4.97	7. 4.66
Hillmann, Caroline	1.11.97	4. 6.68
Bernhard, Ute,		
beurl. (LSt)	1. 4.96	18.10.64
Kessler, Alexander	1. 3.98	20. 3.67
Kellermann, Eva Maria, ½	1. 6.98	2.12.68
Lichti-Rödl, Daniela, ½	1. 6.98	31. 3.68
Natale, Wolfgang	1. 6.98	24. 1.69
Pohl, Manuela	1. 6.98	21. 5.67
Fink, Roland	1. 5.98	13. 1.65
Schmitt-Roob, Florian	1. 7.98	5.10.66
Högner, Franz	1. 7.98	24. 2.67
Müller, Petra	1. 2.99	21.11.67
Linschmann, Frauke	1. 6.99	30. 7.69
Singer, Dorothee,		
abg. (LSt)	1. 6.99	8. 7.67
König, Daniela	1.11.99	10. 3.70
Weißbeck, Sandra	1. 4.00	19. 3.71
Knöpfle, Stephan	1. 5.00	27.12.70
Löffel, Michaela[1], ½	(1. 1.98)	20.11.70
von Gryczewski, Sonja[1]	(1. 2.98)	11.12.70
Dr. Baumann, Lars[1]	(1. 7.98)	13. 8.70
Dr. Pöschl, Barbara[1]	(1. 8.98)	16. 3.71
Meindl, Andrea[1]	(22. 3.99)	29. 5.70
Baumgärtel, Julia[1]	(1. 4.99)	20. 6.72
Lemke, Kord[1]	(1.10.99)	28.12.70
Hermann, Gernot[1]	(1. 3.00)	7.11.67
Dr. Engelsberger,		
Christian[1]	(1. 3.00)	26. 7.68
Sandmann, Melanie[2], ½	(1. 3.00)	21. 4.73
Huber, Sabine[2]	(1. 4.00)	31.10.70

---

[1] StA im Beamtenverhältnis auf Probe.
[2] StA im Richterverhältnis auf Probe.

Staatsanwaltschaft bei dem Landgericht Deggendorf

Amannstr. 19, 94469 Deggendorf
Postfach, 94455 Deggendorf
T (09 91) 38 98-0
Telefax (09 91) 3 89 82 00

1 LOStA, 1 OStA, 2 StA (GL), 2 StA, 1 LSt (StA)

Leitender Oberstaatsanwalt

N. N. — —

Oberstaatsanwalt

Zankl, Johann	1. 7.99	19. 2.56

Staatsanwältinnen/Staatsanwälte

Scheichenzuber, Josef, GL	1.11.99	15. 7.60
Dr. Chudoba, Gerhard,		
GL	1. 1.00	7. 2.61
Duschl, Johann	1. 5.00	23.10.67
Felixberger, Stefan[2]	(1. 1.98)	25.11.68
Dr. Kretschmar,		
Christian[2]	(1. 2.99)	25.12.68
Ammann, Claus[1]	(1. 3.00)	19.10.71
Dischinger, Johann-Peter[1]	(16. 3.00)	3. 7.70

Staatsanwaltschaft bei dem Landgericht Ingolstadt

Auf der Schanz 37, 85049 Ingolstadt
T (08 41) 3 12-0
Telefax (08 41) 31 22 69

1 LOStA, 1 stVLOStA, 1 OStA, 3 StA (GL),
8 StA + 2 LSt (StA)

Leitender Oberstaatsanwalt

Grieser, Josef	1.10.99	25. 8.41

Oberstaatsanwälte

Dr. Walter, Helmut,		
stVLOStA	1.10.99	14. 4.50
Herrle, Wolfram	1.12.95	29.10.55

Staatsanwältinnen/Staatsanwälte

Koch, Anton, GL	1. 3.96	14. 6.48
Kliegl, Konrad, GL	1.11.94	10.10.59
Veh, Christian	1. 3.00	18.12.60
Babst, Renate, beurl. (LSt)	1. 3.91	4.12.60
Dr. Lindner, Andrea,		
beurl. (LSt)	1.10.93	23. 2.60
Linz-Höhne, Heike, ½	1.12.98	5.10.65
Hubig, Stefanie, abg.		
(LSt)	1.11.99	15.12.68

---

[1] StA im Richterverhältnis auf Probe.
[2] StA im Beamtenverhältnis auf Probe.

Dr. Rappert, Klaus	1. 1.00	20.10.70
Fechtner-Munding, Bettina	1. 5.00	23. 5.71
Lesche, Uwe[1]	(1. 7.98)	13. 1.71
Nielsen, Eike[1]	(15. 2.99)	24. 6.70
Keller, Veronika[1]	(1. 8.99)	21. 3.72
Brunner, Lisa[1]	(1. 1.99)	19.12.72
Piechulla, Birgit[1]	(1. 9.99)	4. 5.73
Suerbaum, Ulrich[1]	(1.10.99)	31. 3.70
Bergemann, Ulrike[1]	(1. 4.00)	18. 5.73

**Staatsanwaltschaft bei dem Landgericht
Kempten (Allgäu)**

Residenzplatz 4–6, 87435 Kempten
T (08 31) 2 03-00
Telefax (08 31) 2 03-4 50

1 LOStA, 1 stVLOStA, 1 OStA, 5 StA (GL),
7 + 2 × ½ + 1 StA

Leitender Oberstaatsanwalt

Meltendorf, Günther	10. 9.96	29. 9.36

Oberstaatsanwälte

Dr. Nagel, Wilhelm,		
stVLOStA	16.12.96	29. 3.39
Pollert, Herbert	1.12.95	5.11.49

Staatsanwältinnen/Staatsanwälte

Probst, Friedrich, GL	1. 1.92	2. 9.46
Weber, Friedrich, GL	1. 8.93	17. 7.49
Steger, Wolfgang, GL	1. 4.94	7. 9.53
Erlbeck, Uwe, GL	16.11.95	5. 4.57
Herrmann, Dietmar, GL	1. 3.96	19. 9.53
Hülser, Irmgard, ½	1.11.75	11. 7.45
Schopohl, Felicitas, ½	1. 4.84	10. 6.44
Hondl, Yvonne	1. 7.96	2. 4.66
Eberle, Michael	1. 2.97	11. 2.67
Schwiebacher, Christoph	18. 6.98	6. 3.68
Henn, Ingrid	1. 8.98	15.12.65
Domberger, Barbara,		
abg. (LSt)	1. 3.99	17.10.68
Scholz, Lucia[1]	(1. 8.97)	1.12.71
Dr. Ebert, Christoph	(1.10.98)	3. 2.66
Güttinger, Stefan[1]	(1. 9.98)	5. 1.68
Kramer, Ursula[1]	(1. 1.99)	2. 9.72
Kriwanek, Robert[1]	(1.10.99)	10. 4.71
Wacker, Susanne[1]	(17. 1.00)	7. 4.69

**Staatsanwaltschaft
bei dem Landgericht Landshut**

Porschestr. 5a, 84030 Landshut
T (08 71) 97 24-0
Telefax (08 71) 9 72 42 00

1 LOStA, 1 stVLOStA, 3 OStA, 5 StA (GL)
+ ½ StA (GL), 13 + 2 LSt (StA)

---

[1] StA im Richterverhältnis auf Probe.

94

Leitender Oberstaatsanwalt

Kobor, Helmut	1. 3.98	19.12.41

Oberstaatsanwälte

Schladt, Horst Günter,		
stVLOStA	1. 9.98	16. 1.40
Gmelch, Alfons	1. 2.98	8. 3.53
Geppert, Gisela	1. 6.98	19. 9.50
Hölzlein, Manfred	9.10.98	29. 4.42

Staatsanwältinnen/Staatsanwälte

Längsfeld, Ilse, GL	1. 2.94	22.12.40
Artinger, Ludwig, GL	1. 5.98	26. 5.56
Freutsmiedl, Georg, GL	1. 6.98	10. 9.59
Pöhlmann, Peter, GL	15. 7.99	2.11.59
Dr. Wiringer-Seiler,		
Ulrike, GL, ½	1. 8.99	15. 7.55
Fiedler, Klaus Dieter,		
GL	16. 8.99	30. 1.55
Hellerbrand, Christoph,		
abg. (LSt)	1. 9.96	28. 4.67
Spierer, Anneliese, ½	1.10.96	27. 9.62
Bouabe, Inken	1. 2.98	10.11.67
Seiler, Christian	1. 9.98	5. 9.69
Hofner, Sonja	15.11.98	8.11.68
Bruckmann, Sabine	1. 5.99	12. 5.70
Winkler, Norbert	1. 9.99	23. 5.68
Kastenmeier, Jürgen[2]	(1. 9.97)	30. 9.67
Gabriel, Claudia[1]	(15. 1.98)	7. 6.71
Burmeier, Gert[1]	(1. 2.98)	22.12.68
Kurtz, Klaus[1]	(1. 7.98)	1. 1.67
Simon, Monika[1]	(17. 8.98)	29. 8.67
Pausch, Tobias[1]	(1. 9.98)	12. 4.70
Inderst, Claudia[1]	(1. 2.99)	25. 8.71
Knoblach, Markus[1]	(1. 2.99)	6. 1.72
Schreiber, Katja[1]	(16. 3.99)	26. 5.72
Zigann, Matthias[1]	(1. 5.99)	31. 3.68
Cantzler, Andreas[2]	(16. 7.99)	25. 7.68
Haselbeck, Rainer[2],		
beurl. (LSt)	(1. 9.99)	21. 4.70
Tilmann, Peter[1]	(1.10.99)	28. 2.72
Lindinger, Thomas[1]	(1. 1.00)	10. 9.70
Gabriel, Regina[1]	(17. 1.00)	20. 4.71

**Staatsanwaltschaft bei dem Landgericht
Memmingen**

Hallhof 1 u. 4, 87700 Memmingen
Postfach 18 54, 87688 Memmingen
T (0 83 31) 1 05-0
Telefax (0 83 31) 1 05-3 22

---

[1] StA im Richterverhältnis auf Probe.
[2] StA im Beamtenverhältnis auf Probe.

Zweigstelle Neu-Ulm
Schützenstr. 17, 89231 Neu-Ulm
T (0731) 707 93-0
Telefax (0731) 707 93 38

1 LOStA, 1 stVLOStA, 1 OStA, 3 StA (GL),
4 StA + 2 LSt (StA)

Leitender Oberstaatsanwalt

Dr. Stoeckle, Peter	1.11.85	1.11.37

Oberstaatsanwälte

Stoffel, Alfred, stVLOStA	1. 8.98	17. 2.42
Wolf, Hans-Joachim	15. 5.91	9. 3.40

Staatsanwältinnen/Staatsanwälte

Mayer, Thomas, GL	1. 4.96	3. 8.54
Mock, Reinhold, GL	1. 5.98	3.12.56
Mock, Brigitte, beurl.	1. 2.90	29. 7.59
Wech, Susanne	1.10.95	2. 2.69
Schmeken, Astrid, beurl. (LSt)	1. 9.97	15. 9.67
Hasler, Jürgen	1. 6.98	12. 2.66
Winkler, Norbert	1. 9.99	23. 5.68
Kümmerle, Kathrin	1. 4.00	19. 7.68
Mihatsch, Ulrike[1], beurl. (LSt)	(1. 4.94)	10.10.65
Kirschner, Thomas[1]	(1. 8.97)	16. 1.71
Kiemel, Simone[1]	(1. 7.98)	27. 3.70
Stolz, Meike[1]	(1. 8.98)	12. 9.72
Hermann, Christof[1]	(1. 9.99)	3. 8.72
Braun, Nicolai[2]	(16. 9.99)	21. 7.70
Pfalzer, Sabine[1]	(1. 4.00)	11. 5.73

Staatsanwaltschaft bei dem Landgericht München I
80097 München
Linprunstr. 25, 80335 München
T (089) 55 97-48 01
Telefax (089) 55 97-41 31

1 LOStA, 1 stVLOStA, 12 OStA + 2 LSt (OStA),
30+ ½ StA (GL)
57 + 18 × ½ + 1 × ¾ StA, 28 LSt (StA)

Leitender Oberstaatsanwalt

Wick, Manfred	1. 4.97	5. 4.43

Oberstaatsanwältinnen/Oberstaatsanwälte

Dr. Lehmpuhl, Horst, stVLOStA	1. 2.00	24. 2.43
Dr. Haager, Martin	1. 9.83	10. 3.39

[1] StA im Richterverhältnis auf Probe.
[2] StA im Beamtenverhältnis auf Probe.

Einhauser, Helga	1. 4.87	6. 3.39
Heimpel, Wolfgang	15. 6.87	15. 9.41
Dr. Rogger, Michael	15. 5.91	20. 2.45
Schmidt-Sommerfeld, Christian	15. 6.91	1.12.48
Brüner, Franz-Hermann, abg. (LSt)	1.12.91	14. 9.45
Nötzel, Manfred	13.11.95	18. 4.50
Alt, Ralph	1. 4.96	16. 8.47
Wagner, Wolfgang	1. 2.97	6. 2.52
Altenbuchner-Königsdorfer, Helmut, abg. (LSt)	1. 5.98	24. 1.45
Eckert, Joachim	1. 5.98	15. 7.48
Zimmer, Frank	1. 5.98	12.12.54
Stern, August	1. 1.99	16. 5.52
Werlitz, Rolf	1. 3.99	7.12.57
Waitzinger, Elisabeth	1. 3.00	9. 6.59

Staatsanwältinnen/Staatsanwälte

Fuchs, Manfred, GL	1.10.93	17. 2.57
Jedlitschka, Peter, GL	20.10.94	9. 2.54
Nagorsen, Johannes, GL	1. 4.96	2.10.56
Tacke, Hajo, GL	1.12.96	3.12.57
Kempf, Elisabeth, GL	16.12.96	16. 2.59
Freund, Herbert, GL	1. 1.97	2. 7.58
Kurzweil, Elisabeth, GL	1. 2.97	5. 2.57
Marill, Ulrike, GL	1. 2.97	8.12.57
Nieder, Gerlinde, GL	16.10.97	19. 8.59
Specht, Gerhard, GL	1.11.97	7. 7.52
Cassardt, Gunnar, GL	1.12.97	6. 8.59
Boie, Peter, GL	1. 5.98	26. 8.60
Paintner, Edith, GL	1. 5.98	17. 5.62
Dahmen, Claudia, GL	15. 6.98	2. 2.62
Musiol, Matthias, GL	1.11.98	14. 3.59
Hock, Stephan, GL	1.11.98	18. 7.60
Riedmann, Norbert, GL	1. 1.99	9. 3.60
Holzmann, Maria, GL	1. 3.99	24. 9.60
Kugelmann, Brigitte, GL	1. 3.99	26. 1.61
Höhne, Michael, GL	1.11.99	5. 2.60
Miksch, Beate, GL	1. 1.00	20. 6.58
Gierschik, Franz, GL	1. 2.00	22. 8.60
Kuchenbauer, Konstantin, GL	1. 3.00	16. 6.63
van Lier, Eva-Maria	1. 7.90	2.12.58
Bauer-Landes, Erna, beurl. (LSt)	1. 1.91	15.11.59
Krause, Gabriele, ½	3. 8.92	3.11.60
Pfluger, Helga, ½	2.11.92	17.11.60
Brinkmöller, Barbara, beurl. (LSt)	1.10.93	6. 8.63
Pretsch, Ursula, beurl.	1.12.93	5. 6.63
Thiemann, Cristiane, beurl. (LSt)	1. 5.94	11. 1.63
Teubner, Gisbert	15.10.94	16. 7.64
Kuhmann, Maximiliane, beurl. (LSt)	1.11.94	14. 7.63

Heinrich, Monika	1.12.94	17. 3.56
Dr. Thoms, Cordula,		
beurl. (LSt)	1.12.94	28.12.60
Folk, Yvonne	6. 1.95	28. 2.64
Sassenbach, Birgit, ½	1. 4.95	17. 8.64
Dr. Harbers, Nicolas	16. 4.95	15.11.61
Körmer, Karin, ½	1. 5.95	22. 7.55
Christ, Michaela	1. 5.95	2. 7.66
Bock, Hildegard, ½	1. 6.95	24. 1.61
Kramer, Aksel	1. 7.95	13. 2.63
Wackerbauer, Thomas	1.10.95	12. 1.63
von Boenninghausen-		
Budberg, Astrid	1.10.95	29. 5.63
Harz, Andreas	1.10.95	8. 3.64
Urban, Renate, ½	1.10.95	10. 6.64
Saxinger, Georg	1.11.95	26.10.64
Falk, Peter	1. 2.96	5. 7.64
Wegewitz, Claudia,		
beurl. (LSt)	1. 2.96	15. 9.64
Eisenmann, Margret,		
beurl. (LSt)	1. 2.96	18. 3.65
Hunert, Siegrid,		
beurl. (LSt)	1. 4.96	9. 5.65
Jung, Eva Maria	1. 5.96	11. 4.63
Bäumer-Hösl, Hilde-		
gard, ¾	7. 5.96	3. 4.63
Weißbach, Kirtsen,		
beurl. (LSt)	1. 8.96	22. 4.66
Jüngst, Klaus-Peter	16. 8.96	7. 7.64
Stockinger, Barbara	1.10.96	21. 4.64
Gößmann, Christine,		
beurl. (LSt)	1.11.96	20. 5.65
Schäfer, Christine	1.12.96	5. 9.65
Cammerer, Ursula, ½	1. 2.97	23. 1.67
Kehl, Sabine	1. 4.97	12. 9.66
Mittlmaier, Sabine	1. 7.97	12. 5.67
Keita, Julia	1. 9.97	16. 7.63
Tholl, Frank	1.10.97	24.10.66
Bott, Thomas	1.10.97	2.12.66
Ledermann, Klaus	1.10.97	13. 3.67
Karrasch, Christiane	1.10.97	25. 6.68
Haumer, Christine	23.10.97	2. 4.68
Dr. Ledermann,		
Judith, ½	1.12.97	8. 7.66
Nappenbach, Yvonne	1.12.97	23. 9.67
Dr. Widmann, Josef,		
abg. (LSt)	1.10.97	9. 5.66
Förch, Ute	1. 2.98	22.12.67
Jehle, Ralf	1. 3.98	22. 5.65
Tischler, Marion	1. 3.98	15.10.67
Maltry, Andreas	1. 4.98	28. 9.65
Dr. Westphal, Karsten	1. 5.98	28. 4.65
Kroner, Stephan	1. 5.98	19.11.68
Sattelberger, Christian	1. 6.98	30. 3.66
Meyberg, Alexander	1. 6.98	3. 4.68
Gleisl, Anton	1. 6.98	18. 5.65

Adam-Mezger, Heike, ½	4. 7.98	11. 5.64
Gräber, Kai	1. 7.98	30. 4.65
Turkowski, Clemens	1. 7.98	27. 3.68
Hernicht, Harald	16. 8.98	26.10.66
Heinkelmann-Diederichs,		
Bärbel	1. 9.98	12.11.65
Nikol, Markus	1. 9.98	16. 8.68
Breinl, Benedikt	1.10.98	8. 6.66
Dr. Schneider, Anette, ½	1.11.98	28. 9.66
Schümann, Charlotte,		
beurl. (LSt)	1.12.98	13. 8.66
Webert-Girshausen,		
Maria Theresia	1.12.98	9.10.67
Dr. Haeser, Petra	1.12.98	6. 5.69
Dr. Bauer, Claudia, ½	24.12.98	7. 7.63
Schwarz, Kerstin	1. 1.99	4. 9.69
Fischer, Jürgen	1. 2.99	18. 2.69
Freiherr Vogt von		
Hunoltstein, Franz	1. 4.99	14.10.69
Schiefer, Christina	1. 6.99	1. 3.65
Lauer, Sabine	1. 6.99	11. 4.69
Dr. Ackemann, Ulrike	1. 8.99	1.12.66
Siebert, Nicole	19. 8.99	5.12.69
Frey, Sylvia, abg. (LSt)	1.10.99	19.11.69
Dr. Brünink, Jan-Hendrik	1.11.99	30. 8.65
Ottmann, Oliver	1.12.99	5. 5.70
Kronester, Martin	1.10.00	6. 2.64
Krames, Wilfried[1]	(1. 1.95)	27. 6.65
Feneberg, Johannes[1]	(1. 9.97)	28. 7.69
Welnhofer, Michaela[1]	(1.11.97)	9. 9.67
Arend, Aurelia[1]	(1. 1.98)	3. 9.70
Bombe, Bernhard[1]	(1. 7.98)	8. 7.65
Dr. Girnghuber, Gudrun[1],		
abg. (LSt)	(1. 7.98)	19. 5.67
Pörnbacher, Bianca[1],		
beurl. (LSt)	(1. 8.98)	21. 6.68
Zeilinger, Susanne[1]	(1. 8.98)	28. 7.72
Zeug, Andreas[1]	(17. 8.98)	28. 2.70
Storck, Marion[1]	(17. 8.98)	15. 7.71
Zobel, Andrea[1]	(16. 9.98)	29. 8.71
Dr. Althaus, Michaela[1]	(1.12.98)	15. 8.68
Beerhold, Christine	(1.12.98)	22. 1.72
Kaindl, Birgit[1]	(1.12.98)	11. 3.72
Koppenleitner, Markus[1]	(1. 1.99)	16. 2.69
von Alvensleben, Birka[1]	(1. 1.99)	29. 5.69
Hauer, Judith[1]	(1. 1.99)	6. 9.71
Bock, Stephanie[1]	(1. 1.99)	29. 6.72
Landeck-Bätz, Susanne[1]	(1. 2.99)	2. 8.70
Hambach, Anja[1]	(1. 3.99)	16. 5.72
Berchtold, Marion[1]	(1. 4.99)	22. 2.70
Evers, Gunilla[1]	(1. 5.99)	6. 7.68
Krätzschel, Holger[1]	(1. 6.99)	17. 3.69

---

[1] StA im Richterverhältnis auf Probe.

Mühlbauer, Katja[11]	(1. 7.99)	22. 9.71	
Lachenmayr-Nikolaou, Tanja[1]	(1. 7.99)	22. 6.72	
Hofbauer, Crhistine[1]	(1. 7.99)	17. 6.73	
Loos, Petra[1]	(15. 7.99)	30. 8.72	
Bogusch, Ulrike, beurl. (LSt)	(1. 8.99)	2.12.66	
Schaulies, Frank[22]	(1. 8.99)	2.12.66	
Dr. Meier, Stefan[2]	(1. 8.99)	21. 7.68	
Schwarz, Stefanie[1]	(1. 8.99)	12. 2.71	
Emrich, Annette[1]	(1. 8.99)	27. 6.71	
Xylander, Karl-Jörg[1]	(1. 9.99)	17. 7.67	
Leiding, Anne Marie[1]	(1. 1.99)	9.10.71	
Schumann, Carolin[1]	(1. 1.99)	11.11.72	
Dr. Ferschl, Christine	(1. 1.00)	8. 2.69	
Hannamann, Isolde[1]	(1. 1.00)	29. 8.68	
Meinhardt, Lars[1]	(1. 1.00)	5.12.69	
Huther, Karin[1]	(1. 2.00)	30. 1.69	
Dr. Otte, Lars[2]	(1. 3.00)	10. 5.69	
Triebel, Sabine[1]	(1. 3.00)	6.12.70	
Hahn, Ulkrike[1]	(1. 4.00)	6. 8.71	
Szymanowski, Andreas[1]	(1. 4.00)	8. 2.72	

Staatsanwaltschaft bei dem Landgericht München II

Arnulfstr. 16–18, 80335 München
80097 München
T (0 89) 55 97-22 69
Telefax (0 89) 55 97 30 38

1 LOStA, 1 stVLOStA, 4 OStA, 9 StA (GL),
19 + 1 × ½ StA, 14 LSt (StA)

Leitender Oberstaatsanwalt

Dr. Vollmann, Hubert	1. 7.91	4. 6.37

Oberstaatsanwälte

Dr. Hödl, Rüdiger, stVLOStA	1. 3.93	27. 8.44
Schelzig, Klaus	1. 7.93	29. 7.46
Henkel, Peter	1. 4.94	13. 9.43
Schubert, Wolfram	1. 8.94	17. 8.46
Dr. Gremmer, Bernhard	16. 7.98	12. 2.53

Staatsanwältinnen/Staatsanwälte

Dr. Buchner, Gerhard, GL	1.11.95	10. 1.58
Dr. Wolf, Gilbert, GL	1.11.95	29. 9.60
Dr. Fellner, Christoph, GL	1. 3.96	2. 2.53
Wittig, Wilfried, GL	1. 5.98	27. 8.51
Dr. Spitzl, Thomas, GL	1. 5.98	3.12.54
Ettenhofer, Joachim, GL	1. 5.98	4. 2.61
Clementi, Barbara, GL	1. 5.98	19. 7.62

Voit, Thomas, GL	1. 8.98	9. 9.58	
Schmidt, Klaus-Jürgen, GL	1. 1.99	17. 3.63	
Walk, Justine, beurl. (LSt)	1.12.90	21. 1.61	
Berger, Ingrid, beurl. (LSt)	18. 2.94	21. 8.62	
Dr. Karpf, Tamara, beurl. (LSt)	1.11.94	17. 8.64	
Römer, Dietmar	1.12.94	17. 4.62	
Dr. Schaefer, Gudrun, beurl. (LSt)	15.12.94	15. 6.62	
Partin, Renate, beurl. (LSt)	22. 5.95	19. 7.63	
Fürst, Ulrike, beurl. (LSt)	15.10.95	20. 1.64	
Kornprobst, Kornelia	16. 3.96	30. 1.65	
Wolfrum, Regina, beurl. (LSt)	1. 4.96	9. 7.59	
Ciolek-Krepold, Katja	1. 4.96	4.11.64	
Boxleitner, Max	1. 5.96	24. 7.60	
Diederichs, Konstantin	1. 7.96	28. 4.66	
Heidenreich, Ken-Oliver, abg. (LSt)	1. 1.97	8.10.63	
Dr. Seuß-Pizzoni Melanie, beurl. (LSt)	1. 2.97	10.11.60	
Preißinger, Marcus	1. 3.97	6.11.65	
Eppelein-Harbers, Sabine, beurl. (LSt)	1. 3.97	23. 7.66	
Grain, Robert	1.10.97	9. 4.65	
Riedel, Konrad, beurl. (LSt)	1.10.97	13. 3.67	
Hofmann, Martin	1. 3.98	2. 6.65	
Dr. Fuchs, Tobias	1.10.98	29.11.65	
Heindl, Rupert	1. 5.98	26. 8.66	
Aßbichler, Jacqueline, beurl. (LSt)	1. 7.98	12. 4.68	
Dr. Höfelmann, Elke	1. 1.99	3. 9.67	
Hoffmann, Ralf	1. 1.99	11. 9.69	
Grape, Andrea	1. 2.99	17. 3.69	
Plenk, Ines	1. 3.99	13. 2.60	
Eilers, Silvia, beurl (LSt)	1. 8.99	2. 8.69	
Trebs, Stefanie[1]	(1. 3.98)	14. 4.71	
Paus, Brigitta[1]	(1. 7.98)	2. 4.71	
Hlawatschek, Anja[1]	(1. 7.98)	12. 2.72	
Fischer, Karin[1]	(1. 7.98)	27. 3.72	
Thür, Manfred[1]	(1. 8.98)	25.12.70	
Burkhardt, Florian[1]	(1.12.98)	21.12.71	
Schmitt, Martina,[2] beurl. (LSt)	(28.12.98)	26.11.65	
Schlosser, Florian[1]	(1. 1.99)	1. 9.69	
Mayer, Andrea[1]	(1. 3.99)	30. 8.69	
Eisenhuth, Gregor[1]	(1. 7.99)	2. 6.72	
Schleyer, Marion[1]	(1. 8.99)	15. 8.72	
Behr, Alexandra[1]	(1.12.99)	29. 9.72	
Mettke, Melanie[1]	(1. 1.00)	18. 9.70	
Reichenberger, Klaus[1]	(1. 2.00)	31. 8.69	

---

[1] StA im Richterverhältnis auf Probe.
[2] StA im Beamtenverhältnis auf Probe.

Staatsanwaltschaft bei dem Landgericht Passau

Zengergasse 1, 94032 Passau
94032 Passau
T (08 51) 3 94-0
Telefax (08 51) 3 94-2 82

1 LOStA, 1 stVLOStA, 1 OStA, 2 StA (GL),
7 + 2 × ½ StA + 2 LSt (StA)

Leitender Oberstaatsanwalt

Dr. Albert, Günther	1. 2. 00	8. 5. 40

Oberstaatsanwälte

Neuefeind, Wolfgang, stVLOStA	1. 11. 93	19. 5. 41
Peuker, Joachim	1. 11. 99	18. 9. 51

Staatsanwältinnen/Staatsanwälte

Ritzer, Ludwig, GL	1. 3. 96	30. 1. 54
Dr. Meier-Kraut, Angela, GL	1. 3. 96	14. 10. 56
Dr. Hartmann, Haymo, GL	1. 3. 00	18. 7. 58
Gahbauer, Jutta, beurl. (LSt)	1. 6. 96	3. 3. 63
Raab-Gaudin, Ursula, ½, beurl.	1. 12. 94	5. 8. 60
Hansbauer, Barbara, beurl. (LSt)	1. 3. 95	3. 3. 64
Dr. Dornach, Markus	1. 6. 96	23. 9. 63
Acker-Skodinis, Dorothee	1. 6. 96	22. 2. 66
Lößl, Liane	1. 10. 96	13. 10. 64
Burger, Josef	18. 7. 97	12. 6. 64
Schicho, Manfred	15. 2. 99	5. 8. 67
Franck, Andreas[1]	(16. 7. 98)	1. 10. 71
Heinrich, Jürgen[1]	(1. 1. 99)	25. 2. 68
Laitenberger, Angelika[1]	(1. 1. 99)	4. 7. 72
Steinle, Stephanie[1]	(1. 10. 99)	6. 8. 70
Hummer, Gerhart[1]	(1. 4. 00)	27. 6. 73

Staatsanwaltschaft bei dem Landgericht Traunstein

Herzog-Otto-Str. 1, 83278 Traunstein
Postfach 14 80, 83276 Traunstein
T (08 61) 56-0
Telefax (08 61) 5 64 50

Zweigstelle in Rosenheim
Königstr. 7, 83022 Rosenheim
Postfach 11 89, 83013 Rosenheim
T (0 80 31) 3 09-0
Telefax (0 80 31) 30 92 20

1 LOStA, 1 stVLOStA, 3 OStA, 5 StA (GL),
17 + 1 × ½ StA + 4 LSt (StA)

Leitender Oberstaatsanwalt

Michalke, Jürgen	1. 6. 97	10. 3. 38

Oberstaatsanwältin/Oberstaatsanwälte

N. N., stVLOStA		
Vordermayer, Helmut	1. 4. 94	12. 12. 48
Giese, Wolfgang	1. 4. 95	6. 11. 51
Gold, Helga	10. 11. 97	11. 8. 52

Staatsanwältinnen/Staatsanwälte

Dörr, Johann, GL	1. 5. 94	17. 9. 53
Sing, Wilhelm, GL	16. 6. 95	17. 12. 55
Piller, Hans Jürgen, GL	1. 1. 96	8. 3. 52
Kaiser-Leucht, Eva Maria, GL	15. 5. 97	29. 5. 55
Dr. Weidmann, Klaus, GL	1. 2. 98	27. 2. 55
Kastenbauer, Heike, ½	12. 1. 93	26. 7. 61
Kölbl, Michael	1. 12. 94	19. 5. 62
Pollok, Norbert	1. 1. 95	27. 2. 63
Rosenke, Christina	1. 4. 95	16. 4. 65
Bezzel, Gerhard	1. 6. 95	15. 9. 64
Kesting, Anja	1. 3. 96	5. 10. 62
Bartschmid, Andreas	1. 4. 96	28. 9. 63
Bartschmid, Dorothea, ½	16. 4. 96	25. 10. 65
Wirth, Raimund	1. 10. 96	30. 3. 65
Häusler, Thomas	1. 5. 97	22. 5. 62
Dr. Schnabl, Robert	1. 11. 97	8. 3. 67
Sedlmeyer, Barabara	1. 1. 98	30. 9. 67
Rücker, Barbara	1. 3. 98	13. 6. 66
Fleindl, Hubert	1. 5. 98	27. 5. 65
Kuchenbaur Hans Peter	1. 9. 98	11. 5. 69
Ledermann, Stefan, beurl. (LSt)	1. 3. 99	2. 6. 69
Titz, Andrea	1. 3. 99	24. 11. 69
Dr. Stegbauer, Andreas	1. 2. 00	29. 9. 68
Geyer, Christina[1]	(1. 8. 97)	19. 5. 67
Geißler, Bettina[1]	(15. 2. 99)	23. 8. 71
Hubert, Isabella[1]	(15. 7. 99)	19. 1. 71
Scharbert, Gunther[1]	(1. 9. 99)	18. 4. 72
Herrmann, Miris[1]	(1. 10. 99)	22. 12. 72
Jungen, Elke[1]	(1. 1. 00)	11. 4. 72
Freudling, Martin[1]	(1. 1. 00)	25. 4. 72
Reichold, Susanne[1]	(1. 3. 00)	1. 4. 72
Noster, Cornelia[1]	(1. 3. 00)	27. 10. 72
Honsell, Katharina[1]	(1. 4. 00)	8. 9. 72

---

[1] StA im Richterverhältnis auf Probe.

[1] StA im Richterverhältnis auf Probe.

Oberlandesgerichtsbezirk Nürnberg

5 Landgerichte:
Amberg, Ansbach, Nürnberg-Fürth, Regensburg, Weiden i.d. OPf.

Kammern für *Handelssachen*: Amberg 1, Ansbach 1, Nürnberg-Fürth 5, Regensburg 2, Weiden i.d. OPf. 1

Schiffahrtsobergericht Nürnberg für Bayern

17 Amtsgerichte mit 13 Zweigstellen

Schiffahrtsgerichte bei den Amtsgerichten Nürnberg und Regensburg
Schöffengerichte: bei allen Amtsgerichten
Familiengerichte: bei allen Amtsgerichten
Die zur Zuständigkeit der Amtsgerichte (als Landwirtschaftsgerichte) gehörenden *Landwirtschaftssachen* sind jeweils dem Amtsgericht am Sitz des Landgerichts für alle Amtsgerichte des Landgerichtsbezirks übertragen.

Oberlandesgericht Nürnberg

E 2 993 144
Fürther Straße 110, 90429 Nürnberg
T (09 11) 3 21 01, Telefax (09 11) 3 21-28 80 (Gerichtsabteilung), (09 11) 3 21-25 60 (Verwaltungsabteilung)
1 Pr, 1 VPr, 12 VR, 38 R + ⅙ R + 2 × ½ R

Präsident
Neusinger, Heinz   1. 2.98   17. 7.38

Vizepräsidentin
Schuchardt, Dagmar   20. 4.98   27. 2.41

Vorsitzende Richter

Stößel, Wolfgang	1. 3.89	7. 9.35
Dr. Forster, Peter	1. 2.92	29. 6.40
Schicker, Klaus	1. 5.95	6.12.37
Guerrein, Werner	1. 5.97	26.11.42
Grimm, Ulrich	1. 7.97	20. 6.42
Klieber, Dietmar	1. 2.98	10. 7.43
Kleinknecht, Manfred	1. 7.98	25. 2.41
Dr. Walther, Richard	1. 8.98	23. 5.41
Dr. Soldner, Werner	1. 5.99	5. 4.39
Bischoff, Hermann	16. 2.00	6. 2.40

Richterinnen/Richter

Dr. Kauppert, Erwin	1.11.76	22. 4.37
Dr. Vogelreuther, Karl	1. 9.77	8. 1.36

Schreyer, Hans	15. 9.82	14. 8.37
Horn, Johann	1.11.84	7. 2.37
Prof. Dr. Emmerich, Volker, ⅙	1.12.84	28. 2.38
Krauß, Helmut	1. 4.87	19. 2.39
Moezer, Hans-Gerhard	1. 4.87	18. 6.41
Sondermaier, Helmut	1. 6.87	15. 7.41
Frisch, Alfred	1.11.88	18. 3.45
Braun, Gerhard	1.12.88	21. 3.46
Flach, Helmut	1. 1.89	28.12.39
Kajuth, Joachim	1. 1.89	3. 2.45
Dr. Seidel, Dietmar	1. 4.89	2. 9.43
Sowade, Hans Rudolf	1.10.89	—
Behrschmidt, Ewald	1.12.89	6. 6.49
Dr. Söllner, Rainer	10. 2.90	5. 6.43
Riegner, Klaus	1. 6.90	3. 8.47
Schüssel, Gerhard	1. 1.91	13.12.42
Fischer, Friedrich	1. 3.91	12. 3.42
Breitinger, Gert	1. 4.91	5. 6.49
Weikl, Ludwig	1.10.91	8. 1.43
Dr. Postler, Manfred	1.11.91	20. 6.45

Prof. Dr. Haberstumpf,		
Helmut	1. 3.92	23. 6.45
Schulze-Weckert, Günter	16. 1.93	9. 3.44
Kammerer, Stephan	1. 3.93	3.11.48
Dr. von Schlieben, Eike	1. 1.94	2. 1.45
Schmitt, Hans Peter	10. 8.94	21. 2.48
Rebhan, Rainer, abg.	1. 9.94	21. 8.51
Redel, Peter, abg.	1. 1.95	26.10.52
Schwerdtner, Manfred	1. 8.95	20. 8.52
Wankel, Bernhard	13. 9.95	31. 7.54
Kubandner, Klaus	1. 5.96	21. 1.47
Herrler, Elmar	—	22. 2.47
Ebner, Werner, abg.	1. 8.96	16.10.51
Maihold, Dieter, abg.	1. 8.96	22. 7.55
Walther, Karin, ½	15. 2.97	19.12.46
Steckler, Reinhard	1. 9.97	11. 6.50
Reitzenstein,		
Gerda-Marie, ½	—	—
Hoffmann, Peter	—	—
Huprich, Wolfgang, abg.	1. 8.98	26. 3.55
Nußstein, Karl, abg.	1. 8.98	7. 9.55
Gehr, Helmut	1. 9.98	15. 8.53

Landgerichtsbezirk Amberg

Landgericht Amberg E 293 046
Regierungsstr. 8, 92224 Amberg
Postfach 17 53, 92207 Amberg
T (0 96 21) 37 00
Telefax (0 96 21) 37 01 33

1 Pr, 1 VPr, 4 VR, 6 R + ½ R

Präsident

Auernhammer, Josef	1.11.92	20. 3.36

Vizepräsident

Müller, Günter	16.11.92	6. 8.37

Vorsitzende Richter

Meixner, Wilfried	16. 7.89	30. 6.41
Engelhardt, Kurt	15.12.93	18. 1.48
Dr. Schmalzbauer,		
Wolfgang	1. 1.94	16. 4.50
Dr. Laaths, Wolfgang	1.10.97	7. 3.44

Richterinnen/Richter

Hacker, Knut	1. 4.75	26. 3.44
Niklas, Apolonia	1. 1.78	8.10.44
Dreßler, Gerd	1. 7.85	9. 4.53
Stich, Ludwig	1. 8.85	28. 9.54
Ebensperger, Ewald	—	—
Stöber, Roswitha, ½	1. 8.86	23. 2.56
Kammerer, Fritz	1. 2.92	25.11.59

Amtsgerichte

Amberg E 149 653
Paulanerplatz 4, 92224 Amberg
Postfach 11 62, 92201 Amberg
T (0 96 21) 30 50
Telefax (0 96 21) 30 51 05

1 Dir, 1 stVDir, 9 R

Dr. Maier, Günther, Dir	1. 1.86	7. 4.40
Mugler, Susanne, stVDir	1. 4.95	27. 6.37
Schatt, Georg	16. 6.75	9. 2.42
Sohn, Leander	—	—
Bierast, Nikolaus	8. 7.77	24.12.43
Donner, Günter	1. 1.78	3.12.46
Cermak, Werner	16.10.79	1. 2.48
Doß, Heribert	16. 2.81	6. 1.50
Schmalzbauer, Rita	17.12.87	21. 4.52
Plößl, Karl	1. 5.88	6. 7.56
Kelsch, Christa	—	—

Schwandorf E 142 191
92419 Schwandorf
Kreuzbergstr. 19, 92421 Schwandorf
T (0 94 31) 38 30
Telefax (0 94 31) 3 83 60

Zweigstelle in Burglengenfeld
Gluckstr. 16, 93133 Burglengenfeld
Postfach 12 09, 93130 Burglengenfeld
T (0 94 71) 7 03 20
Telefax (0 94 71) 70 32 49

Zweigstelle in Nabburg
Obertor 10, 92507 Nabburg
Postfach 11 69, 92501 Nabburg
T (0 94 33) 5 31
Telefax (0 94 33) 93 92

Zweigstelle in Oberviechtach
Bezirksamtsstr. 1, 92526 Oberviechtach
Postfach 100, 92523 Oberviechtach
T (0 96 71) 9 23 80
Telefax (0 96 71) 92 38 49

1 Dir, 1 stVDir, 7 R

Schmidt, Irmingard, Dir	1. 1.92	4.12.36
Leupold, Walter, stVDir	1. 2.94	8. 3.51
Bauer, Wolfgang	1. 1.78	27.11.46
Heider, Friedrich	1. 6.78	20. 7.46
Waldherr, Wolfgang	1.11.78	10. 1.47
Froschauer, Petra	1. 9.89	31. 3.57
Jung, Peter	1.12.90	16. 1.61
Diesch, Joachim	1.12.92	17. 8.60
Frauenhofer, Michaela	1.11.96	20. 2.65

Landgerichtsbezirk Ansbach

Landgericht Ansbach   E 315 916
Promenade 4, 91522 Ansbach
Postfach 610, 91511 Ansbach
T (09 81) 5 80
Telefax (09 81) 58-2 11

1 Pr, 1 VPr, 3 VR, 6 R

Präsident
Hayduk, Ingo   1. 10. 97   24. 5. 40

Vizepräsidentin
Didion von Lauenstein,
  Gisela   —   —

Vorsitzende Richter
Blummoser, Hans   15. 2. 98   8. 8. 45
Spiegel, Herbert   16. 11. 98   5. 7. 46

Richterin/Richter
Eichner, Manfred   1. 7. 78   15. 2. 48
Körner, Claus   1. 1. 91   17. 2. 60
Hubel, Dieter   1. 10. 91   4. 5. 61
Dr. Lehnberger, Gudrun 1. 9. 92 12. 10. 60
Porzner, Erwin   1. 4. 95   16. 6. 61
Krach, Jürgen   1. 9. 95   29. 3. 64

Amtsgerichte

Ansbach   E 221 101
Promenade 8, 91522 Ansbach
Postfach 609, 91511 Ansbach
T (09 81) 5 80
Telefax (09 81) 5 84 05

Zweigstelle in Dinkelsbühl
Luitpoldstr. 9, 91550 Dinkelsbühl
Postfach 44, 91542 Dinkelsbühl
T (0 98 51) 5 70 10
Telefax (0 98 51) 57 01 50

Zweigstelle in Rothenburg ob der Tauber
Ansbacher Str. 2, 91541 Rothenburg o.d.T.
Postfach 11 16, 91533 Rothenburg o.d.T.
T (0 98 61) 9 40 10
Telefax (0 98 61) 94 01 30

1 Dir, 1 stVDir, 1 w.aufsR, 12 R

Dr. Held, Gottfried, Dir   1. 12. 97   24. 1. 41
N.N., stVDir   —   —
Blaumeier, Peter, w.aufsR   1. 1. 96   8. 3. 38
Wiedenhöfer, Bruno   1. 4. 70   20. 4. 39
Bauer, Lothar   16. 7. 70   17. 7. 37

Minnameyer, Werner   1. 11. 75   16. 11. 41
Enz, Herbert   1. 5. 76   3. 10. 45
Rösch, Bernd   1. 5. 79   22. 5. 48
Bell, Eva-Maria   1. 7. 83   24. 9. 52
Espert, Wolfgang   1. 6. 88   18. 3. 57
Pelka, Arnold   1. 8. 90   25. 10. 59
Güntner, Jutta, ½   —   —
Pechan, Winfried, ½   1. 2. 93   16. 6. 61
Ulshöfer, Gerd   1. 5. 94   29. 11. 60
Hofmann, Claudia, beurl. 1. 7. 94   8. 12. 64
Bernhard-Schüßler, Petra 1. 9. 95   9. 4. 65
Horndasch, Stefan   1. 9. 96   25. 8. 65
Schaffer, Michael   1. 3. 97   16. 8. 67

Weißenburg i. Bay.   E 94 815
Niederhofener Str. 9, 91781 Weißenburg i. Bay.
Postfach 180, 91780 Weißenburg i. Bay.
T (0 91 41) 99 60
Telefax (0 91 41) 9 96 70

1 Dir, 5 R

Dr. Nagel, Rudolf, Dir   1. 12. 90   16. 1. 37
Bock, Karl Josef   1. 5. 86   8. 6. 55
Schröppel, Jürgen   1. 5. 92   28. 3. 62
Thiermann, Sabine, beurl. 1. 4. 94   26. 8. 62
Strobl, Ludwig   1. 3. 97   22. 9. 65

Landgerichtsbezirk Nürnberg-Fürth

Landgericht Nürnberg-Fürth   E 1 486 639
Fürther Str. 110, 90429 Nürnberg
T (09 11) 3 21 01
Telefax (09 11) 3 21-28 14 (Zivilabt.),
-28 79 (Strafabt.)

1 Pr, 1 VPr, 32 VR, 48 R + 5 × ½ R

Präsident
Dr. Kastner, Klaus   15. 2. 98   3. 5. 36

Vizepräsident
Dr. Gemählich, Rainer   1. 1. 92   21. 5. 47

Vorsitzende Richterinnen/Vorsitzende Richter
Scheiba, Dietrich   16. 6. 79   11. 6. 36
Schäff, Roland   1. 9. 84   5. 2. 37
Dr. Hirschmann, Werner   1. 9. 85   16. 12. 40
Kölbl, Adolf   1. 11. 85   29. 10. 39
Snay, Siegbert   1. 12. 85   1. 6. 39
Dr. Heinlein, Dieter   1. 2. 86   27. 6. 38
Dr. Foerster, Eckehard   1. 6. 86   26. 5. 40
Kriegel, Klaus   1. 10. 86   13. 5. 38
Gräfe, Dieter   16. 10. 86   28. 12. 38

Winter, Karl-Friedrich	16. 2.87	16. 3.42		
Drechsel, Dieterich	1. 4.87	18. 2.38		
Gärtner, Dietrich	—	—		
Dr. Schmidt, Jens-Roger	1.10.87	26. 8.47		
Dr. Hagen, Herbert	1. 5.89	11. 1.38		
Skauradzun, Klaus	1. 5.89	11.12.37		
Wörner, Peter	10. 9.89	2.12.43		
Kefer, Ingrid	1. 5.90	9. 4.40		
Kramer, Hans	1. 8.90	24. 9.44		
Bonna, Peter	1. 4.91	9. 1.44		
Gegner, Volker	1. 8.91	10. 3.43		
Kirchmayer, Harald	4. 9.91	9. 6.44		
Heydner, Günther	1. 5.93	19. 2.50		
Dr. Holzinger, Rainer	1.10.93	20. 9.46		
Kuda, Wolf	1. 3.94	12.12.40		
Stockhammer, Peter	1. 3.94	25. 1.45		
Dr. Bolik, Gerd	1. 3.96	12. 4.44		
von Ciriacy-Wantrup,				
Helmut	1. 7.96	7.12.49		
Dr. Dettenhofer, Ulrich	1. 6.98	10.12.54		
Brixner, Otto	1. 7.98	16. 6.43		
Dr. Kimmel, Walter	1. 7.98	21. 4.54		
Gruber, Thomas	1. 4.98	1.11.49		
Kohl, Gunther	1. 5.00	7. 6.46		

Richterinnen/Richter

Wasielewski, Grete-Kathrin	—	—		
Stubenvoll, Peter	1.12.71	9. 3.40		
Dr. Wachauf, Helmut	1. 4.72	25. 8.43		
Dowerth, Günter	1.11.73	7. 5.42		
Grillenberger, Wilhelm	16. 3.75	26. 3.45		
Stroh, Peter	1. 4.75	22. 1.43		
Schallock, Helga	1. 6.75	15. 4.38		
Bußmann, Bernd	16. 6.75	22. 7.43		
Heinke, Hartmut	1.10.75	25.12.45		
Schermer, Erwin	—	—		
Weiß, Kurt-Peter	16. 4.76	30. 5.44		
Bütikofer, Fritz	1.10.76	28. 8.45		
Klonner, Jutta	1. 7.77	11. 1.46		
Heinemann, Petra	—	—		
Wachinger, Franz Josef	1.10.77	13. 2.38		
Krämer, Karlheinz	1. 6.78	27. 5.46		
Schoen, Gabriele	1. 7.78	4. 2.48		
Dümmler, Stefan	16. 7.78	25.12.46		
Nikoley-Milde, Sabine	—	—		
Müller, Gerhard	1. 9.81	12. 5.51		
Dr. Caspar, Richard	1. 1.83	6. 3.52		
Pühringer, Alexander	16. 5.83	26.11.48		
Dr. Schmechtig-Wolf,				
Brigitte	1. 8.84	11. 3.55		
Bayerlein, Norbert	—	—		
Steierer, Michael	1. 9.86	20. 9.53		
Weber, Reinhold	1.12.86	24. 9.55		
Drosdziok, Wolfgang, abg.	1. 3.87	7. 3.53		
Dr. Meyer, Werner	1.10.87	15. 3.57		
Kanz, Volkmar	—	—		

Richter-Zeininger,				
Barbara, ½	—	—		
Schwarz, Sabine, abg.	1. 5.88	19. 9.57		
Sommerfeld, Hubertus	1. 7.88	23. 3.56		
Bayerlein, Waltraud, ½	—	—		
Seyb, Dieter	1.12.88	8.11.57		
Ziegler, Peter	1. 3.89	4. 1.59		
Heckel, Wolfgang	—	—		
Trabold, Christiane, abg.	1. 7.89	31. 3.57		
Eichelsdörfer, Jörg	1.10.89	25. 2.58		
Lupko, Manfred	—	—		
Weder, Gerd	—	—		
Mager, Thomas	1. 9.90	25. 8.58		
Spies, Leonhard,				
tw. abg.	15. 1.91	7. 3.59		
von Kleist, Rolf	—	—		
Junker-Knauerhase,				
Martina, ½	1. 4.91	12.11.59		
Dr. Herz, Christoph, abg.	1. 9.91	5. 9.60		
Flechtner, Ulrich, beurl.	1.10.91	21. 7.57		
Glass, Roland	1. 1.92	16. 6.57		
Dr. Köhler, Helmut	1. 4.92	5.12.59		
Dr. Engelhardt, Andrea, ½	1. 7.92	21.10.62		
Sauer, Stefan	1.11.92	2. 4.62		
Dycke, Andrea, ½	21. 3.93	2.10.62		
Dr. Wißmann, Guido	1. 1.94	4. 6.62		
Dr. Quentin, Andreas	1. 3.94	18. 5.61		
Withopf, Ekkehard, beurl.	1. 4.94	31.12.59		
Höflinger, Susanne	15.10.94	25. 4.62		
Fischer, Michael, (weiteres				
RiAmt am AG Erlangen)	1. 2.95	25. 2.64		
Dr. Böhmer, Elisabeth,				
(weiteres RiAmt				
am AG Hersbruck)	1.12.96	22.11.66		

Amtsgerichte

Erlangen E 228 099
Mozartstr. 23, 91052 Erlangen
Postfach 1120, 91051 Erlangen
T (0 91 31) 7 82 01
Telefax (0 91 31) 78 24 00

1 Dir, 1 stVDir, 1 w.aufsR, 13 R + 1 × ½ R

Föllmer, Ulrich, Dir	1. 5.95	27.10.36		
Wanke, Annelore, stVDir	15.11.85	27. 3.40		
Dr. Schöpf, Herbert,				
w.aufsR	1.11.99	1. 4.44		
Wirmer, Ingrid	1. 2.73	7. 8.41		
Geise, Gunter	16. 5.73	4.11.42		
Kuhmann, Heinz	1.11.77	21.12.47		
Althoff, Werner	1. 1.78	26. 3.46		
Scheib, Sabine	—	—		
Matscheck, Klaus	16. 4.79	30. 6.48		
Oellrich, Eberhard	1.12.80	28. 3.45		
Moser, Werner	1.12.84	1. 3.55		

Brauner, Peter	1. 7.86	13.11.55
Sapper, Roland	1.12.86	10. 1.56
Weidlich, Dieter	1. 7.88	13. 3.56
Dr. Zeier, Elisabeth, ½	1. 6.89	27.11.49
Rosinski, Gisela	1. 1.93	27.12.61
Dereser, Marc	—	—

Fürth   E 222 806
Bäumenstr. 32, 90762 Fürth
Postfach 11 64, 90701 Fürth
T (09 11) 7 43 80
Telefax (09 11) 7 43 81 99

1 Dir, 1 stVDir, 1 w.aufsR, 17 R

Dr. Stempfle, Friedhelm, Dir	1. 5.87	7.10.38
Klier, Hermann, stVDir	1. 2.99	13. 5.41
Dr. Roeder, Lothar, w.aufsR	—	—
Dr. Radeck-Greenawalt, Heide	—	—
Münter, Dieter	1. 7.72	1.12.41
Hofmann, Hermann	1. 9.77	28. 4.42
Schorr, Walter	—	—
Dr. Schutheiß, Werner	1. 3.80	4. 3.44
Neidiger, Wolfgang	1. 6.80	11. 9.49
Elß, Edith	1. 6.82	5. 2.50
Dr. Pfandl, Elfriede, beurl. (LSt)	1. 9.84	22.10.53
Dr. Lang, Elisabeth	—	—
Förtsch, Philipp	—	—
Engelhardt, Gerd	—	—
Dr. Söllner, Josef	—	—
Beck, Lothar	1. 6.89	1. 6.55
Heinritz, Ulrich	—	—
Riedel, Armin	15. 6.91	21. 8.59
Arnold, Horst	1. 3.94	8. 4.62
Höflinger, Susanne	15.10.94	25. 4.62

Hersbruck   E 166 812
Schloßplatz 1, 2 und 3, 91217 Hersbruck
Postfach 206, 91211 Hersbruck
T (0 91 51) 73 30
Telefax (0 91 51) 73 33 00

1 Dir, 1 stVDir, 9 R + ½ R

Pillhofer, Hans Jürgen, Dir	1. 1.94	12. 6.41
Dr. Dorner, stVDir	1. 1.94	15. 9.44
Koch, Hans-Jürgen, ½	—	—
Kreil, Karin	—	—
Werner, Josef	1. 4.76	19. 3.44
Zaunseder, Peter	1. 3.79	6.10.47
Anders, Peter-Jürgen	1.10.79	3. 9.48
Düker-Wara, Charlotte, ½	5.10.80	29. 6.49
Diroll, Werner	1. 5.87	20. 4.52
Müller, Waldemar	1. 4.91	4. 3.58

Thron, Ludwig	1. 3.92	18. 6.54
Bauer, Alexander, abg.	15.10.92	5. 9.61
Dr. Hoefler, Hilmar	1. 4.94	13. 5.63

Neumarkt i.d. OPf.   E 124 020
Residenzplatz 1, 92318 Neumarkt i.d. OPf.
T (0 91 81) 40 90
Telefax (0 91 81) 4 09 16

1 Dir, 5 R

Hölzel, Wolf-Michael, Dir	1. 1.94	10. 9.49
Hornung, Gerhard	1. 4.77	11.10.44
Dr. Baier, Erwin	1. 5.78	2. 2.47
Weber, Alfred	15. 5.82	25. 7.50
Hollweck, Peter	1. 1.90	14. 3.59
Würth, Rainer	1.10.93	12. 9.62

Neustadt a.d. Aisch   E 97 602
Bamberger Str. 28, 91413 Neustadt a.d. Aisch
Postfach 12 40, 91402 Neustadt a.d. Aisch
T (0 91 61) 78 40
Telefax (0 91 61) 7 84 84

1 Dir, 3 R + 2 × ½ R

Römming, Rudolf, Dir	1. 3.86	3. 2.41
Johann, Egon	1. 6.87	5. 5.57
Prosch, Liselotte, ½	1.10.90	21. 4.58
Linhardt-Ostler, Ulrike, ½	1. 7.91	3. 6.55
Dr. Bierlein, Christiane, beurl.	1. 1.92	9. 3.60
Adelhardt, Peter	1.11.94	7. 7.62
Frasch, Beate	—	—

Nürnberg   E 487 145
Fürther Str. 110, 90429 Nürnberg
T (09 11) 3 21 01
Telefax (09 11) 3 21-28 77 (Zivilabt.),
-28 82 (Strafabt.)

1 Pr, 1 VPr, 5 w.aufsR, 55 R + 7 × ½ R

Präsident

Dr. Oberndörfer, Klaus	1. 7.97	6. 7.38

Vizepräsident

Endmann, Gerhard	10. 8.97	6. 9.40

weitere aufsichtführende Richter

Schneider, Gerhard	1. 5.84	23. 4.41
Dötzer, Franz	1. 1.87	16. 3.39
Ley, Manfred	1. 1.94	3. 3.43
Zeitz, Emil	1. 8.95	9. 7.44
Ashelm, Hans-Günther	—	—

Richterinnen/Richter

Reeg, Peter	—	—
Dr. Gaffal, Johann	—	—

Volz, Hans-Gerhard	16. 10. 68	10. 8. 37
Reinecke, Reinhard	1. 5. 69	1. 7. 36
Schoepke, Hans-Jochen	1. 6. 70	19. 10. 38
Gößner, Edda	1. 6. 70	7. 10. 41
Ackermann, Volker	1. 4. 71	27. 5. 40
Haslbeck, Gerd	—	—
Kleppmann, Robert	1. 10. 72	27. 2. 43
Pöllmann, Karl-Peter	1. 4. 74	14. 2. 42
Kuch, Karl	16. 3. 75	13. 2. 44
Meyerhöfer, Günther	1. 7. 75	13. 9. 44
Pfaff, Peter	—	—
Schauer, Gerhard	16. 12. 75	2. 10. 42
Rühl, Gerhard	1. 5. 76	12. 1. 45
Ganz, Harald	18. 6. 77	13. 4. 45
Prankel, Norbert	1. 11. 77	19. 1. 46
Glöckner, Gertraud	18. 7. 78	11. 5. 48
Uebelein, Klaus	1. 11. 79	19. 2. 49
Gräfe, Ekkehard	1. 5. 80	4. 12. 49
Gemählich, Gabriele	—	—
Kohlmann, Klaus	15. 6. 81	10. 6. 52
Senft-Wenny, Elisabeth, ½	1. 11. 82	26. 3. 52
Heublein, Joachim	1. 10. 83	13. 4. 52
Pruy, Richard		
Kimpel, Reinhard	1. 12. 84	20. 2. 55
Held, Bernd	1. 11. 85	11. 9. 55
Friedrich-Hübschmann,		
Ursula, ½	4. 11. 85	3. 6. 54
Tischer, Günter, abg.	—	—
Bieber, Monika, ½	17. 10. 86	2. 1. 56
Groß, Walter	24. 12. 86	10. 5. 56
Dr. Mayer, Hans-Walter	20. 7. 87	8. 3. 51
Bartsch, Thomas	1. 12. 87	18. 12. 55
Bloß, Jürgen	1. 6. 88	17. 3. 56
Reichard, Georg, abg.	1. 6. 88	10. 12. 58
Ellrott, Hans	—	—
Freudling, Brigitte, ½	—	—
Freudling, Christian	1. 12. 88	23. 12. 57
Hauck, Angelika, ½	10. 12. 88	1. 9. 58
Spliesgart, Siegfried	15. 1. 89	31. 10. 58
Grave, Annelie, beurl.	2. 5. 89	22. 9. 58
Kastner, Helga, ½	—	—
Hauck, Michael	1. 8. 89	16. 4. 57
Dr. Rieger, Paul	16. 8. 89	13. 10. 57
Kalb, Clemens	1. 1. 90	23. 1. 58
Bendick-Raum, Claudia, ½	1. 5. 90	3. 5. 59
Dr. Holzberger, Roland	1. 6. 90	14. 7. 60
Hilzinger, Peter	—	—
Koch, Thomas	1. 10. 90	3. 11. 55
Schwarz-Spliesgart,		
Eva Regina, beurl.	1. 3. 91	15. 4. 59
Weinland, Dietlind, abg.	1. 4. 91	8. 11. 59
Kellendorfer, Rudolf	1. 6. 91	17. 4. 58
Bär, Jasmin, beurl.	1. 5. 92	4. 4. 62
Stark, Uwe	1. 8. 92	20. 11. 60
Huber, Alfred	1. 10. 92	3. 2. 61
Dr. Dünisch, Heidi	—	—

Krischker, Susanne	2. 11. 92	25. 12. 61
Heidecke, Sven	—	—
Schneider, Joachim	—	—
Schmidt, Frank	1. 4. 93	4. 4. 62
Dr. Strößenreuther, Martin	1. 6. 93	27. 11. 61
Degenhart, Claudia, beurl.	1. 1. 94	13. 5. 62
Cura, Beate	1. 10. 94	28. 10. 63
Dr. Fleury, Roland	1. 3. 95	18. 9. 61
Eberl, Armin	—	—
Dr. Strohmeier, Thomas	1. 3. 95	14. 9. 63

Schwabach E 160 155
Weißenburger Str. 8, 91126 Schwabach
Postfach 11 40, 91124 Schwabach
T (0 91 22) 1 80 70
Telefax (0 91 22) 18 07 99

Zweigstelle in Hilpoltstein
Kirchenstr. 1, 91161 Hilpoltstein
Postfach 11 69, 91155 Hilpoltstein
T (0 91 74) 4 70 50
Telefax (0 91 74) 47 05 11

1 Dir, 1 stVDir, 8 R

Dr. Meinel, Meinhard, Dir	15. 6. 99	3. 7. 44
Kropf, Hermann, stVDir	1. 1. 94	22. 9. 37
Heinke, Hellmer	1. 10. 72	19. 5. 41
Dr. Leitner, Helmut	1. 10. 74	25. 4. 42
Borngräber, Ingeborg	—	—
Geißendörfer, Rainer	16. 10. 81	5. 6. 50
Dr. Baumgartl, Gerhard	—	—
Dr. Kohn, Dieter	1. 7. 83	14. 12. 43
Hader, Reinhard	15. 10. 84	16. 10. 53
Pisarski, Siegfried	1. 5. 88	13. 12. 53

Landgerichtsbezirk Regensburg

Landgericht Regensburg E 673 150
Kumpfmühler Str. 4, 93066 Regensburg
T (0941) 2 00 30
Telefax (09 41) 2 00 32 99

1 Pr, 1 VPr, 11 VR, 16 R

Präsident

Steinfeld, Heinrich Jürgen	1. 3. 93	2. 5. 38

Vizepräsident

Reil, Josef	1. 7. 97	19. 8. 43

Vorsitzende Richter

Schäfer, Reinhard	—	—
Dr. Löwenkamp, Johann	1. 12. 83	3. 9. 35

Bräu, Herbert	1.11.84	7.10.39
Johannsen, Jens	1. 4.86	24. 2.43
Dr. Lang, Siegfried	1.11.87	20.11.39
Rothdauscher, Josef	1. 1.88	27. 2.38
Sichler, Gerhard	1. 1.88	19. 4.39
Ruckdäschel, Günther	1. 8.93	1. 5.48
Dobnig, Peter	1. 1.96	23. 9.44
Brandstätter, Otto	1.12.97	8.11.47
Iglhaut, Karl	—	—

Richterinnen/Richter

Striedl, Hermann	1.12.69	24. 9.38
Zetl, Josef	—	—
Rothenbücher, Ulrich	1. 5.76	5.10.43
Böker, Eva	1. 5.76	19. 7.44
Frick, Thomas	1. 9.77	22. 3.45
Dr. Kellner, Franz	1. 5.78	11.10.47
Schindler, Erich	1. 5.78	5. 2.47
Dr. Rauch, Hans	16. 5.78	21. 1.46
Kreppmeier, Eveline	1. 7.79	21. 7.49
Lukas, Josef	1. 6.82	12. 3.51
Dippold, Wolfgang	1. 8.88	18. 7.58
Blössl, Ilga	1.12.85	13. 8.55
Dr. Meindl, Wolfgang	1.10.90	5.10.56
Dr. Pfeffer, Johann	1.11.90	1.10.57
Ochs-Sötz, Gerhard	1. 5.92	18. 3.62
Klein, Ulrike	1.10.93	20.11.61
Kerrinnes, Gabriele (weiteres RiAmt beim AG Regensburg)	19. 7.94	25.11.60

Amtsgerichte

Cham E 130 684
Kirchplatz 13, 93413 Cham
Postfach 11 34, 93401 Cham
T (0 99 71) 9 90-0
Telefax (0 99 71) 9 90 50

Zweigstelle in Furth im Wald
Stadtplatz 2, 93437 Furth im Wald
Postfach 13 60, 93429 Furth im Wald
T (0 99 73) 84 33-0
Telefax (0 99 73) 84 33-33

Zweigstelle in Kötzting
Herrenstr. 7, 93444 Kötzting
Postfach 360, 93440 Kötzting
T (0 99 41) 94 77-91
Telefax (0 99 41) 94 77-25

Zweigstelle in Roding
Landgerichtsstr. 17, 93426 Roding
Postfach 10 01, 93422 Roding
T (0 94 61) 94 38–0
Telefax (0 94 61) 94 38-14

Zweigstelle in Waldmünchen
Krambergerweg 1, 93449 Waldmünchen
Postfach 11 51, 93445 Waldmünchen
T (0 99 72) 94 17-0
Telefax (0 99 72) 94 17-70

1 Dir, 1 stVDir, 5 R

Betz, Xaver, Dir	1. 5.89	22. 1.40
Ring, Bernhard, stVDir	2. 1.78	3. 6.46
Kern, Volker	1. 5.78	28. 4.47
Kerscher, Wolfgang	15. 6.81	16. 5.49
Kopp, Johann	1. 7.87	27. 8.57
Götte, Ingrid	1. 5.89	7.10.57
Vogl, Erich	1. 7.91	6. 2.58
Weiß, Johann Peter	1. 4.93	7. 5.61

Kelheim E 107 804
Klosterstr. 6, 93309 Kelheim
Postfach 11 53, 93307 Kelheim
T (0 94 41) 5 09-0
Telefax (0 94 41) 50 92 00

Zweigstelle in Mainburg
Bahnhofstr. 14, 84048 Mainburg
Postfach 12 20, 84043 Mainburg
T (0 87 51) 90 92
Telefax (0 87 51) 52 67

1 Dir, 5 R

Dr. Seidl, Ralf, Dir	1. 4.92	30.10.43
Mühlbauer, Anton	16. 5.77	21. 5.46
Dr. Christl, Gerhard	1. 6.77	12. 7.47
Prokop, Clemens	1. 8.87	26. 3.57
Dr. Müller, Harald	1. 9.92	11.11.59
Ziegler, Theo	1. 5.94	9. 3.63

Regensburg E 296 978
93041 Regensburg
Augustenstr. 3, 93049 Regensburg
T (09 41) 2 00 30
Telefax (09 41) 2 00 34 20

1 Dir, 1 stVDir, 2 w.aufsR, 21 R + 3 × ⅔ R +
2 × ½ R

Lang, Wolf-Dieter, Dir	1. 6.85	1. 4.39
Dr. Rosenkranz, Helmuth, stVDir	1. 1.96	14. 5.48
Lossen, Helga, w.aufsR	1. 1.96	22. 9.41
Zahn, Peter	—	—
Wittmann, Wolfgang	16. 3.72	10. 9.43
Hurt, Benno	1.10.72	11. 4.41
Hüttinger, Jürgen	24. 9.76	27.10.43
Zeitler, Franz	1. 7.80	3. 1.49
Kutzer, Bernhard	1. 9.80	16.11.48
Gierl, Werner	16.10.80	27. 1.50

Preischl, Anton	1.11.84	27. 1.52
Janzen, Dirk	10.11.84	16.10.50
Hinterberger, Gerhard	1.11.85	23.12.49
Gold, Gerda, ⅔	1. 9.86	28. 9.51
Müller, Brigitte, ⅔	1. 9.86	10. 2.55
Schröder-Maier, Christine, ½	1. 7.88	7. 8.56
Hubmann, Edgar	1.12.88	28. 5.46
Ruhdorfer, Johann	—	—
Rösl, Robert	1.12.89	5. 7.59
Schimke-Kinshofer, Ursula, ⅔	1.12.89	16. 8.58
Ruppe, Friedrich	1. 1.90	4. 9.56
Piendl, Johann	1. 8.90	3. 3.57
Schmid, Robert	1. 2.91	27.10.58
Stockert, Gerhard	20. 1.93	23.12.60
Kimmerl, Georg	1. 3.93	19.10.61
Lindner, Gerhard	1. 3.94	15.12.63
Eisvogel, Birgit	16. 6.94	19. 8.63
Escher, Elke	1.10.95	11. 2.64

Straubing E 137 684
Kolbstr. 11, 94315 Straubing
Postfach 152, 94301 Straubing
T (0 94 21) 9 49-5
Telefax (0 94 21) 9 49-6 50

1 Dir, 1 stVDir, 9 R

Dr. Seiler, Viktor, Dir	1. 5.93	14. 7.40
Brehm, Norbert, stVDir	—	—
Schormann, Gerhard	1. 7.72	10. 1.43
Gmelch, Hermann	1. 5.73	22.12.41
Zach, Johann	—	—
Greindl, Günther	1. 4.75	13. 6.43
Schütz, Elfriede	1. 7.87	5. 4.56
Helmhagen, Rudolf, abg.	1.12.88	30. 4.58
Huber, Hans-Peter	1.10.89	24. 2.58
Sollfrank, Thomas	1. 3.90	1.12.57
Otto, Hans-Joachim	16. 8.91	20. 8.47
Helm, Frauke	16. 5.96	4. 7.65

Landgerichtsbezirk Weiden i.d. OPf.

Landgericht Weiden i.d. OPf. E 224 393
Ledererstr. 9, 92637 Weiden i.d. OPf.
Postfach 40, 92619 Weiden i.d. OPf.
T (09 61) 3 00 00
Telefax (09 61) 30 00-238

1 Pr, 1 VPr, 2 VR, 5 R

Präsident

Nerlich, Hasso	1.11.99	8. 8.50

Vizepräsident

Schmidt, Dieter	15. 4.93	21. 6.37

Vorsitzende Richter

Pietrucha, Günter	—	—
Dreythaller, Gerhard	1. 3.93	25. 5.39

Richter

Sellmann, Gerhard	—	—
Jagsch, Hermann	4.10.76	2. 8.44
Lehner, Rainer	—	—
Ströhle, Reinhold	1. 3.92	2.10.56
Hartwig, Josef	1. 3.94	11. 5.61
Hys, Thomas	1. 4.94	2. 2.62

Amtsgerichte

Tirschenreuth E 80 579
Mähringer Str. 10, 95643 Tirschenreuth
Postfach 12 40, 95634 Tirschenreuth
T (0 96 31) 7 26-0
Telefax (0 96 31) 7 26-1 26

Zweigstelle in Kemnath
Stadtplatz 27, 95478 Kemnath
Postfach 246, 95475 Kemnath
T (0 96 42) 6 15
Telefax (0 96 42) 72 05

1 Dir, 3 R

Hausbeck, Peter, Dir	1. 4.90	26. 5.38
Götzinger-Schmidt, Birgit	1. 8.85	24. 4.52
Neuner, Peter	1.10.92	1. 1.62
Riedelbauch, Claus Peter	1. 9.95	6. 6.65

Weiden i.d. OPf. E 143 814
Ledererstr. 9, 92637 Weiden i.d. OPf.
Postfach 40, 92619 Weiden i.d. OPf.
T (09 61) 3 00 00
Telefax (09 61) 3 00 02 58

Zweigstelle in Vohenstrauß
Friedrichstr. 26, 92648 Vohenstrauß
Postfach 1, 92643 Vohenstrauß
T (0 96 51) 38 51
Telefax (0 96 51) 36 13

1 Dir, 1 stVDir, 11 R

N. N., Dir	—	—
Burg, Hans-Jürgen, stVDir	1. 8.70	19.10.39
Schramm, Jürgen	1. 6.72	1. 1.42
Dr. Nickl, Rolf	1. 4.76	23. 2.45
Obst, Wolfgang	16.10.76	19. 5.46

Mihl, Viktor	—	—		Franz, Peter	1.12.88	31.10.58
Weiß, Thomas	1.10.86	31. 8.55		Windisch, Hubert	15. 2.89	22. 5.58
Schmid, Otmar	20.12.86	20. 8.54		Sax, Herrmann	15.10.93	10. 5.63
Mirl, Johann	10. 6.87	3. 3.57		Schnappauf, Hans-Jürgen	1. 9.94	20.11.64

Staatsanwaltschaften

Staatsanwaltschaft bei dem Oberlandesgericht Nürnberg

Fürther Straße 110, 90429 Nürnberg
T (09 11) 3 21-01
Telefax (09 11) 3 21 28 73

1 GStA, 1 LOStA, 7 OStA

Generalstaatsanwalt

Dr. Stöckel, Heinz	1. 4.96	15. 1.40

Leitender Oberstaatsanwalt

Beirle, Konrad	1.12.96	18.12.41

Oberstaatsanwälte

Ansorge, Manfred	1.10.76	3. 8.35
Dr. Heßler, Rainer	1.10.83	24. 7.40
Koll, Karl	1.10.89	3. 4.39
Voll, Werner	1.10.97	11. 2.54
Dr. Kunz, Karl Heinz, abg.	1.11.99	1. 7.50
Wahl, Gerold	1. 1.00	29. 1.50

Staatsanwaltschaft bei dem Landgericht Amberg

Regierungsstr. 8, 92224 Amberg
Postfach 21 52, 92211 Amberg
T (0 96 21) 37 00
Telefax (0 96 21) 1 20 76

1 LOStA, 1 stVLOStA, 2 StA (GL), 7 StA

Leitender Oberstaatsanwalt

Heusinger, Karlheinz	1. 7.84	1.10.35

Oberstaatsanwalt

Demmel, Klaus, stVLOStA	1. 1.94	6.12.43

Staatsanwältinnen/Staatsanwälte

Maier, Gerhard, GL	1. 1.92	12. 3.55
Riedl, Harald, GL	1. 4.94	11. 9.55
Heydn, Thomas	16. 4.95	22. 1.61
Dr. Täschner, Stefan	1. 9.96	7.12.62
Baltes, Arno	1. 2.99	19. 7.65
Gebauer, Eva	1. 6.99	7. 5.69
Röhl, Christian, abg.	1.10.99	28. 6.69

Staatsanwaltschaft bei dem Landgericht Ansbach

Promenade 4, 91522 Ansbach
Postfach 605, 91511 Ansbach
T (09 81) 5 81
Telefax (09 81) 5 82 65

1 LOStA, 1 OStA, 2 StA (GL) 6 StA

Leitender Oberstaatsanwalt

Fürhäußer, Horst	1.11.85	20. 9.37

Oberstaatsanwalt

Zimmermann, Karlalbert	2.11.94	9.10.44

Staatsanwältinnen/Staatsanwälte

Hüttner, Peter, GL, abg.	1. 1.92	5. 3.53
Westhauser, Wilfried, GL	1. 7.94	24. 2.54
Hüftlein, Gabriele	1. 3.94	22. 8.64
Beyer-Nießlein, Elke	18.10.95	28. 8.65
Böhm, Gerhard	—	—
Röttenbacher, Claudia	1. 4.97	5. 7.67
Justen, Angelika	—	—
Franz, Claudia, beurl.	1. 7.98	9. 6.68

Staatsanwaltschaft bei dem Landgericht Nürnberg-Fürth

Fürther Str. 112, 90429 Nürnberg
T (09 11) 3 21-01
Telefax (09 11) 3 21 24 66

1 LOStA, 1 stVLOStA, 7 OStA , 12 StA (GL)
36 StA + 11 × ½ StA

Leitender Oberstaatsanwalt

Hubmann, Klaus	1. 8.96	24. 1.46

Oberstaatsanwälte

Wiedemann, Kurt, stVLOStA	1. 7.97	26. 2.43
Dr. Heusinger, Robert	1.12.91	3. 3.47
Lubitz, Reinhard	1. 9.95	7. 8.47
Grandpair, Walter	1.10.95	24.12.48
Dr. Metzger, Ernst	1.10.95	9.11.49

Neubeck, Gerd, abg.	1. 8.97	6. 4.51
Knorr, Walter	—	—

Staatsanwältinnen/Staatsanwälte

Holthaus, Norbert, GL	1. 3.94	8. 7.50
Wenny, Reinhold, GL	1. 3.94	3. 9.51
Schäfer, Gerd, GL	1.12.95	11. 2.57
Träg, Wolfgang, GL	1. 1.96	29. 3.54
Rottmann, Horst, GL	10.10.97	25. 3.54
Germaschewski, Bernhard, GL	1. 1.98	31.12.53
Neuhof, Gerhard, GL	1. 9.98	5. 9.56
Graf, Eva Maria, GL	1. 9.98	25. 8.57
Kölbl, Richard, GL	—	—
Gallasch, Wolfgang, GL	15. 5.99	17.10.56
Dr. Popp, Stephan, GL	16. 2.00	29.11.60
Engler, Dieter	15.11.79	30. 7.43
Deuerlein, Ursula, beurl. (LSt)	25. 9.91	27.10.56
Zorn, Margit, ½	1.12.92	24. 8.62
Dr. Schobel, Beatrix, ½	1. 4.94	21.10.62
Kusch, Ute, ½	1. 4.94	16. 5.63
Kotzam-Dümmler, Beate, ½	1. 4.94	30. 5.63
Krome, Ursula, beurl. (LSt)	1. 5.94	29. 7.61
Wurdack, Christiane, beurl.	1. 6.94	5.12.63
Göller, Manuela, beurl. (LSt)	1. 7.94	16. 7.63
Schiftner, Thomas	1.10.94	23. 2.63
Kefer, Kornelia, ½	1.10.94	13. 6.63
Müller, Martina	1.11.94	2. 4.63
Gabriels-Gorsolke, Antje	1.12.94	2. 1.63
Dycke, Peter	16. 2.95	20. 7.61
Dunavs, Axel	1. 3.95	8.12.61
Frank-Dauphin, Karin, beurl.	1. 3.95	31.10.63
Eschenbacher, Ingo	1. 3.95	24. 4.64
Edenhofner, Erda	1. 4.95	10. 4.60
Gründler, Wolfgang	1. 6.95	14. 7.61
Pfohl, Elisabeth	1. 6.95	8. 4.64
Zimmermann, Michael	1. 7.95	16. 5.62
Dr. Kirchhof, Bernd	1. 7.95	12.12.63
Ackermann, Michael	1.10.95	30. 9.59
Wehrer, Christine, ½	1.10.95	10.11.64
Elfrich, Andrea, ½	1. 2.96	3. 3.63
Gründler, Birgit, beurl.	1. 3.96	5.12.64
Bühl, Birgitta	—	—
Frank, Wolfgang	—	—
Dr. Sandermann, Edmund, ½	1. 6.96	14. 3.56
Uehlein, Andrea	1. 8.96	30. 1.65
Busenius, Caren	1. 9.96	10. 5.63
Demmel, Ingrid	1. 9.96	16. 5.65
Dr. Neubauer, Andrea, beurl. (LSt)	1.10.96	5. 7.64

Werner, Claas	1.10.96	26. 8.66
Traud, Anita	1.11.96	26. 6.65
Kuschow, Axel	1. 2.97	29. 7.63
Dr. Jahn, Gabriele	1. 5.97	4. 6.67
Eckenberger, Birgit	1. 8.97	22.11.65
Wiemer, Peter	1. 3.98	16. 3.69
Dr. Kiefner-Weigl, Barbara, ½	—	—
Schmiedel, Jutta, ½	1. 4.96	11.11.64
Weyde, Thomas	1. 7.97	28.10.65
Mahall, Eva, ½	1. 1.98	28. 4.67
Schrotberger, Michael	1. 7.98	2.12.67
Dr. Schröder, Bettina, beurl.	1. 7.98	6. 8.69
Schwaiger, Lutz	1. 9.98	23. 7.64
Winter, Martina	1.10.98	4.10.67
Ludwig, Daniela, beurl.	1.11.98	4. 4.68
Wensky, Michael	1. 2.99	10.12.68
Klotzbücher, Heike	1. 5.99	21. 1.68
von Taysen, Hans-Christoph	1. 9.99	14. 4.67

Staatsanwaltschaft bei dem Landgericht Regensburg

Kumpfmühler Str. 4, 93047 Regensburg
Postfach 10 01 61, 93001 Regensburg
T (09 41) 2 00 30
Telefax (09 41) 20 03-2 48

1 LOStA, 1 stVLOStA, 2 OStA, 5 StA (GL),
12 StA, 2 × ½ StA

Leitender Oberstaatsanwalt

Schuchardt, Peter	1.12.91	2.12.37

Oberstaatsanwälte

Plöd, Johann, stVLOStA	1.10.99	21. 1.46
Zach, Edgar	1. 6.99	2. 2.49

Staatsanwältinnen/Staatsanwälte

Schneider, Bernhard, GL	1. 4.94	23. 5.51
Vanino, Hermann, GL	1. 1.96	2. 5.52
Böhm, Horst, GL	1. 9.97	23. 5.53
Pauckstadt-Maihold, Ulrike, GL	16. 8.99	13.11.54
Pfeiffer, Carl Christian, GL	1. 9.99	1. 5.54
Kaltschik, Barbara	1. 5.94	21. 6.63
Clausing, Matthias	1. 9.94	25. 5.62
Hofbauer-Koller, Heike, ½	1. 4.95	20.12.62
König, Peter	1. 5.95	5. 5.61
Dr. Müller, Christine	1. 3.96	4. 4.63
Kiderlen, Iris-Dorothea	1. 3.96	24. 9.63
Dr. Breitkopf, Ursula, ½	1. 3.96	9.11.65
Vogt, Markus	1. 4.96	3. 4.64
Herrmann, Doris, ½	1. 4.97	1.11.65

Prantl, Erhard	15. 5. 97	28. 4. 66		
Oelmaier, Michaela	1. 10. 97	19. 10. 67		
Kopernik, Manuela	—	—		
Mühlbauer, Sabine				
Dr. Hammer, Michael	1. 2. 98	27. 3. 65		
Lammert, Christine	16. 8. 98	31. 3. 69		
Costa, Andrea	1. 3. 99	31. 1. 64		
Lang, Marcus, beurl.	1. 8. 99	30. 6. 70		

**Staatsanwaltschaft bei dem Landgericht
Weiden i.d. OPf.**

Ledererstr. 9, 92637 Weiden
Postfach 40, 92619 Weiden
T (09 61) 3 00 00
Telefax (09 61) 3 00 01 47

1 LOStA, 1 stVLOStA, 3 StA (GL), 6 StA

Leitender Oberstaatsanwalt

Höbold, Lutz	1. 5. 85	29. 5. 40

Oberstaatsanwalt

Schwarz, Günter,			
stVLOStA	1. 11. 95	1. 1. 40

Staatsanwältinnen/Staatsanwälte

Sertl, Josef, GL	1. 3. 94	28. 11. 49
Gollinger, Roman, GL	16. 3. 94	7. 5. 48
Grüner, Georg, GL	1. 4. 94	1. 11. 52
Voit, Bernhard	1. 3. 95	6. 4. 62
Werner, Peter	1. 4. 96	23. 2. 64
Weidensteiner, Josef	1. 5. 96	18. 4. 66
Greger, Anette	1. 5. 96	22. 4. 66
Werner, Gerlinde, beurl.	1. 4. 97	11. 3. 67

Richterinnen/Richter und Staatsanwältinnen/Staatsanwälte im Richterverhältnis auf Probe

B = OLGBez. Bamberg
M= OLGBez. München
N= OLGBez. Nürnberg

Klingeberg, Ulla, beurl.	M 1. 12. 86	1. 6. 55
Mihatsch, Ulrike, beurl.	M 1. 4. 94	10. 10. 65
Henninger, Stephanie,		
beurl.	M 1. 7. 94	8. 10. 67
Bonn, Christine,		
beurl.	M 1. 2. 96	22. 11. 66
Jahn, Ulrich	B 1. 8. 97	8. 12. 66
Geyer, Christina, ½	M 1. 8. 97	19. 5. 67
Gölzer, Ines	B 1. 8. 97	23. 8. 70
Kirschner, Thomas	M 1. 8. 97	16. 1. 71
Scholz, Lucia	M 1. 8. 97	1. 12. 71
Demuth, Uwe	B 16. 8. 97	26. 11. 65
Usselmann, Martina	B 16. 8. 97	12. 2. 71
Feneberg, Johannes	B 1. 9. 97	28. 7. 69
Welnhofer, Michaela	M 1. 11. 97	9. 9. 67
Arend, Aurelia	M 1. 1. 98	3. 9. 70
Löffel, Michaela	M 1. 1. 98	20. 11. 70
Zechnall, Tanja	B 1. 1. 98	13. 2. 71
Hofmann, Susanne	B 1. 1. 98	3. 4. 71
Schmidt, Marion	N 1. 1. 98	21. 8. 71
Gabriel, Claudia	M 15. 1. 98	7. 6. 71
Burmeier, Gert	M 1. 2. 98	22. 12. 68
Dr. Ferschl, Christine	M 1. 2. 98	8. 2. 69
von Gryczewski, Sonja	M 1. 2. 98	11. 12. 70
Arnold, Irmelin	B 1. 2. 98	12. 12. 70

Trebs, Stefanie	M 1. 3. 98	14. 4. 71
Beugel, Katja	B 1. 4. 98	14. 6. 71
Haderlein, Ursula	B 1. 7. 98	19. 12. 62
Bombe, Bernhard	M 1. 7. 98	8. 7. 65
Kurtz, Klaus	M 1. 7. 98	1. 1. 67
Dr. Girnghuber,		
Gudrun, abg.	M 1. 7. 98	19. 5. 67
Kiemel, Simone	M 1. 7. 98	27. 3. 70
Dr. Baumann, Lars	M 1. 7. 98	13. 8. 70
Lesche, Uwe	M 1. 7. 98	13. 1. 71
Paus, Brigitta	M 1. 7. 98	2. 4. 71
Hlawatschek, Anja	M 1. 7. 98	12. 2. 72
Fischer, Karin	M 1. 7. 98	27. 3. 72
Franck, Andreas	M 16. 7. 98	1. 10. 71
Kochannek, Thomas	N 1. 8. 98	20. 4. 68
Pörnbacher, Bianca	M 1. 8. 98	21. 6. 68
Magiera, Bernd	M 1. 8. 98	17. 6. 70
Thür, Manfred	M 1. 8. 98	25. 12. 70
Zimmerer, Alfred	M 1. 8. 98	15. 1. 71
Dr. Pöschl, Barbara	M 1. 8. 98	16. 3. 71
Janzen, Ulrike	N 1. 8. 98	16. 4. 71
Zeilinger, Susanne	M 1. 8. 98	28. 7. 72
Stolz, Meike	M 1. 8. 98	12. 9. 72
Helm, Gudrun	B 17. 8. 98	10. 5. 67
Zeug, Andreas	M 17. 8. 98	28. 2. 70
Rogler, Jens, ½	N 17. 8. 98	24. 10. 70
Storck, Marion	M 17. 8. 98	15. 7. 71
Dr. Haus, Armin	B 1. 9. 98	8. 9. 66
Güttinger, Stephan	M 1. 9. 98	5. 1. 68

Name		Datum 1	Datum 2
Pausch, Tobias	M	1. 9.98	12. 4.70
Schauer, Sabine	M	1. 9.98	19. 4.72
Zobel, Andrea	M	16. 9.98	29. 8.71
Dr. Ebert, Christoph	M	1.10.98	3. 2.66
Dr. Althaus, Michaela	M	1.12.98	15. 8.68
Dr. Hayler, Peter	M	1.12.98	17. 4.70
Burkhardt, Florian	M	1.12.98	21.12.71
Beerhold, Christine	M	1.12.98	22. 1.72
Kaindl, Birgit	M	1.12.98	11. 3.72
Heinrich, Jürgen	M	1. 1.99	25. 2.68
Koppenleitner, Markus	M	1. 1.99	16. 2.69
von Alvensleben, Birka	M	1. 1.99	29. 5.69
Schlosser, Florian	M	1. 1.99	1. 9.69
Kröner, Matthias	B	1. 1.99	4. 8.71
Hauer, Judith	M	1. 1.99	6. 9.71
Bock, Stephanie	M	1. 1.99	29. 6.72
Laitenberger, Angelika	M	1. 1.99	4. 7.72
Kramer, Ursula	M	1. 1.99	2. 9.72
Vierheilig, Michaela, ½	N	1. 2.99	8.10.66
Reichel, Carsten	N	1. 2.99	15. 2.68
Dr. Kretschmar, Christian	M	1. 2.99	25.12.68
Berg, Johannes	B	1. 2.99	1.10.69
Meinhardt, Lars	M	1. 2.99	5.12.69
Landeck-Bätz, Susanne	M	1. 2.99	2. 8.70
Inderst, Claudia	M	1. 2.99	25. 8.71
Zuber, Bernd	M	1. 2.99	26.12.71
Knoblach, Markus	M	1. 2.99	6. 1.72
Nielsen, Eike, ½	M	15. 2.99	24. 6.70
Geißler, Bettina	M	15. 2.99	23. 8.71
Zenk, Monika	B	15. 2.99	24. 9.72
Mayer, Andrea	M	1. 3.99	30. 8.69
Dörmer, Sigrid	M	1. 3.99	1.10.69
Rosenbusch, Christopher	N	1. 3.99	7. 5.70
Huber, Matthias	B	1. 3.99	2.10.70
Zech, Stefan	B	1. 3.99	12.10.71
Hambach, Anja	M	1. 3.99	15. 5.72
Schreiber, Katja	M	16. 3.99	26. 5.72
Meindl, Andrea	M	22. 3.99	29. 5.70
Bienemann, Gabriele	N	1. 4.99	6. 8.69
Forster, Stefan	N	1. 4.99	5.10.69
Berchtold, Marion	M	1. 4.99	22. 2.70
Siemer, Barbara	M	1. 4.99	8. 6.72
Baumgärtel, Julia	M	1. 4.99	20. 6.72
Steiner, Michael	B	1. 4.99	4. 8.72
Zigann, Matthias	M	1. 5.99	31. 3.68
Evers, Gunilla	M	1. 5.99	6. 7.68
Geis, Holger	B	1. 5.99	30. 6.71
Krätzschel, Holger	M	1. 6.99	17. 3.69
Findl, Richard	M	14. 6.99	19. 5.69
Krause, Juliane	B	1. 7.99	16. 8.69
Mühlbauer, Katja	M	1. 7.99	22. 9.71
Grub, Sabine	M	1. 7.99	3. 3.72
Eisenhuth, Gregor	M	1. 7.99	2. 6.72
Lachenmayr-Nikolaou, Tanja	M	1. 7.99	22. 6.72
Hofbauer, Christine	M	1. 7.99	17. 6.73
Konrad, Jürgen	N	15. 7.99	1. 9.70
Hubert, Isabella	M	15. 7.99	19. 1.71
Loos, Petra	M	15. 7.99	30. 8.72
Schwarz, Stefanie	M	1. 8.99	12. 2.71
Emrich, Annette	M	1. 8.99	27. 6.71
Hitzler, Burkard	B	1. 8.99	17. 1.72
Keller, Veronika	M	1. 8.99	21. 3.72
Schleyer, Marion	M	1. 8.99	15. 8.72
Finkenberger, Patricia	B	1. 8.99	11.11.72
Brunner, Lisa	M	1. 8.99	19.12.72
Winter, Stephan	N	1. 9.99	4.10.66
Xylander, Karl-Jörg	M	1. 9.99	17. 7.67
Scharbert, Gunther	M	1. 9.99	18. 4.72
Hermann, Christof	M	1. 9.99	3. 8.72
Piechulla, Birgit	M	1. 9.99	4. 5.73
Suerbaum, Ulrich	M	1.10.99	31. 3.70
Steinle, Stephanie	M	1.10.99	6. 8.70
Lemke, Kord	M	1.10.99	28.12.70
Kriwanek, Robert	M	1.10.99	10. 4.71
Leiding, Anne-Marie	M	1.10.99	9.10.71
Stotz, Susanne	B	1.10.99	30.12.71
Tilmann, Peter	M	1.10.99	28. 2.72
Schumann, Carolin	M	1.10.99	11.11.72
Herrmann, Miris	M	1.10.99	22.12.72
Barthel, Claus	N	1.11.99	25. 6.68
Meyer, Adda	N	1.11.99	26. 5.72
Behr, Alexandra	M	1.12.99	29. 9.72
Biebl, Brigitta	N	1.12.99	16. 5.73
Kaczynski, Nicolas	M	1. 1.00	16. 5.68
Hannamann, Isolde, ½	M	1. 1.00	29. 8.68
Hommrich, Gunter	N	1. 1.00	19. 1.70
Lindinger, Thomas	M	1. 1.00	10. 9.70
Mettke, Melanie	M	1. 1.00	18. 9.70
Frischholz, Peter	N	1. 1.00	27. 2.71
Breundl, Peter	B	1. 1.00	22. 3.71
Jungen, Elke	M	1. 1.00	11. 4.72
Freudling, Martin	M	1. 1.00	25. 4.73
Wacker, Susanne	M	17. 1.00	7. 4.69
Gabriel, Regina	M	17. 1.00	20. 4.71
Adam, Guido	M	1. 2.00	28. 5.67
Ernst, Karin	M	1. 2.00	30. 1.69
Meierkord, Stefan	B	1. 2.00	16. 8.70
Jasef, Henry	B	1. 2.00	4.10.71
Kriegel, Verena, ½	N	1. 2.00	29. 8.72
Baumgartner, Oliver	M	1. 2.00	18.12.72
Sello, Cornelius	B	1. 3.00	9. 9.70
Triebel, Sabine	M	1. 3.00	6.12.70
Ammann, Claus	M	1. 3.00	19.10.71
Schneider, Petra	N	1. 3.00	24. 2.72
Reichold, Susanne	M	1. 3.00	1. 4.72
Noster, Cornelia	M	1. 3.00	27.10.72
Sandmann, Melanie, ½	M	1. 3.00	21. 4.73
Heinisch, Manuela	N	1. 3.00	30. 7.73

Engels, Stefan	N	15.	3.00	26.	2.69	
Dischinger, Johann-Peter	M	16.	3.00	3.	7.70	
Richter, Anke	B	16.	3.00	19.	2.73	
Popp, Jürgen	B	1.	4.00	1.	5.70	
Huber, Sabine	M	1.	4.00	31.10.70		
Hahn, Ulrike	M	1.	4.00	6.	8.71	

Szymanowski, Andreas	M	1.	4.00	8.	2.72
Honsell, Katharina	M	1.	4.00	8.	9.72
Pfalzer, Sabine	M	1.	4.00	11.	5.73
Bergemann, Ulrike	M	1.	4.00	18.	5.73
Hummer, Gerhard	M	1.	4.00	27.	6.73
Reichenberger, Klaus	M	—		—	

Berlin

3 349 045 Einwohner*

Senatsverwaltung für Justiz

Salzburger Str. 21–25, 10825 Berlin (-Schöneberg)
T (0 30) 90 19–0, Telefax (0 30) 90 13–20 00

1 StaatsSekr, 2 SenDgt, 7 LSenR, 23 SenR, 15 RD, 10 ORR, 4 RR, 2 SozR

Regierender Bürgermeister
Diepgen, Eberhard 9. 12. 99 13. 11. 41

Staatssekretär
Rauskolb, Diethard 14. 12. 99 9. 3. 43

Senatsdirigentin/Senatsdirigent
Bung, Kurt 4. 1. 85 11. 11. 37

Leitende Senatsräte (AbtL)
Flügge, Christoph 24. 11. 90 14. 7. 47
Diwell, Lutz 5. 7. 95 6. 9. 51
Schüßler, Frank 27. 10. 95 22. 2. 37

Leitender Senatsrat
Krebs, Wolf-Dieter 2. 7. 87 29. 6. 40

Senatsrätin/Senatsräte
Schumann, Karl-Heinz 20. 4. 82 8. 7. 38
Pohl, Lutz-Gerrit 2. 7. 87 5. 6. 47
Schmidt, Peter,
LSozD 10. 2. 88 6. 6. 40
Dr. Kilian, Klaus 7. 3. 88 21. 7. 43
Claßen-Beblo, Marion 15. 4. 91 23. 4. 53
Dr. Gick, Dietmar 13. 9. 91 31. 7. 51
Radtke, Helmut 25. 5. 92 18. 10. 49
Brodowski, Christian 21. 9. 92 4. 8. 54
Freiswinkel, Dierk 29. 4. 94 14. 4. 50
Braak, Guido 27. 7. 95 8. 5. 57
Münch, Andreas 12. 3. 98 26. 1. 56
Pohl, Hans-Arduin 2. 10. 98 1. 1. 54

Regierungsdirektorin/Regierungsdirektoren
Knappe, Lothar 13. 9. 91 27. 4. 48
Perlitz, Joachim 22. 10. 91 20. 11. 54
Mannshausen, Rita 30. 5. 97 15. 6. 61
Zinke, Peter 2. 12. 97 19. 11. 41
Dr. Schwarzburg, Peter 20. 7. 98 24. 5. 56
Töllner, Jochen 1. 12. 98 3. 8. 37

* Stand: 30. 6. 1999.

Dr. Merzhäuser, Peter,
SozD 15. 11. 99 29. 10. 47
Zipse, Torsten 15. 11. 99 9. 9. 49

Oberregierungsrätin/Oberregierungsräte
Schink, Hans-Winfried 29. 10. 81 19. 2. 40
Herrmann, Georg 9. 11. 84 7. 1. 39
Meiner, Ingeborg 29. 8. 94 26. 4. 44
Dr. Meyer-Odenwald,
Uwe 3. 2. 95 22. 7. 95
Seefeld, Gerd 31. 8. 95 10. 2. 45
Kranz, Günter 28. 10. 95 22. 3. 49
Küster, Volker, OSozR 9. 4. 97 22. 4. 53

Fachverwaltungsrat
Bernutz, Edgar 20. 3. 98 27. 3. 53

Regierungsrätinnen
Karth, Petra 1. 2. 99 26. 7. 64
Krusche, Diana 1. 10. 99 13. 9. 68

Regierungsrat z. A.
Schimang, Gero 2. 3. 98 30. 5. 69

Sozialrätin/Sozialrat
von Schlieben-Troschke,
Karin 12. 3. 91 27. 2. 51
Troike, Jörg 15. 11. 92 14. 9. 50

Präsident des Justizprüfungsamtes,
zugleich Leitender Senatsrat
Jürgens, Klaus-Peter 30. 3. 87 5. 3. 40

Hauptamtliche Mitglieder
Senatsrat
Kruschke, Hans-Dieter 19. 5. 78 24. 8. 41

Leiter der Dokumentationsstelle zur Begleitung
der Aufarbeitung des DDR-Unrechts
Schaefgen, Christoph,
(GStA) 13. 12. 94 21. 8. 37

113

Kammergerichtsbezirk Berlin *

1 Landgericht,
mit 16 Kammern für *Handelssachen*

12 Amtsgerichte
Schöffengericht beim Amtsgericht Tiergarten

Familiengerichte bei den Amtsgerichten Pankow-Weißensee und Tempelhof-Kreuzberg

Landwirtschaftsgericht beim Amtsgericht Schöneberg

Kammergericht

E 3 349 045
Elßholzstr. 30–33, 10781 Berlin
T (0 30) 90 15–0, Telefax (0 30) 90 15-22 00
1 Pr, 1 VPr, 30 VR, 95 R (2 UProf im 2. Hauptamt)

Präsidentin

Knobloch, Gisela	1. 3. 90	11. 9. 36

Vizepräsident

Dr. Pickel, Bernd	1. 11. 99	4. 3. 59

Vorsitzende Richterinnen/Vorsitzende Richter

Freckmann, Tilen	1. 11. 85	30. 3. 36
Lönnies, Otward	1. 8. 87	4. 10. 37
Siering, Klaus-Peter	17. 12. 87	23. 3. 36
Rößler, Joachim	17. 12. 87	14. 11. 38
Kaufner, Dietrich	1. 6. 88	26. 4. 37
Strauch, Eberhard	17. 3. 89	13. 3. 39
Schlenger, Wolfgang	8. 5. 89	21. 5. 41
Henze, Ursula	5. 6. 90	26. 7. 39
Haase, Klaus-Dieter	5. 6. 90	20. 4. 43
Beyer, Klaus	27. 9. 90	13. 1. 40
Kubsch, Frithjof	15. 4. 91	12. 1. 36
Bornemann, Vinzenz	1. 7. 92	23. 2. 36
Baumeister, Wilhelm	2. 12. 92	15. 11. 36
Görtz, Rainer	1. 9. 93	29. 5. 44
Dr. Schubert, Johann-Georg	26. 11. 93	11. 9. 36
Dr. Dietrich, Eckhart	27. 4. 94	6. 2. 37
Kollmorgen, Jürgen	16. 12. 94	9. 9. 35
Jalowietzki, Dieter	16. 12. 94	17. 10. 36
Uerpmann, Ursula	16. 12. 94	12. 6. 37
Schröder, Dietrich	1. 6. 95	25. 7. 37
Finkelnburg, Ingrid	29. 5. 96	2. 12. 37
Hartig, Bernd	31. 10. 96	3. 9. 44
Rinder, Anne-Gret	26. 2. 97	25. 8. 43

Müller, Lutz	16. 5. 97	8. 10. 39
Hennig, Gisela	1. 4. 98	11. 7. 42
Dr. Briesemeister, Lothar	6. 5. 98	17. 10. 40
Hochgräber, Gerhard	1. 6. 98	11. 5. 38
Erich, Guy	3. 8. 98	29. 2. 48
Stummeyer, Joachim	16. 12. 98	6. 12. 50
Bieber, Hans-Jürgen	17. 5. 99	5. 5. 44

Richterinnen/Richter

Wegener, Albrecht	31. 1. 73	16. 4. 36
Freymuth-Brumby, Bianka	20. 12. 73	15. 3. 37
Meltendorf, Gerhard	6. 2. 76	11. 2. 38
Linz, Ingrid	10. 12. 76	23. 5. 36
Bauer, Gerd-Ludwig	8. 9. 77	15. 9. 36
Klemt, Franz-Michael	5. 10. 77	11. 8. 40
Paetzelt, Wolfgang	6. 10. 77	13. 12. 38
Dr. Weber, Peter	—	—
Weichbrodt, Stephan	1. 6. 78	19. 8. 36
Blunck, Detlev	9. 8. 78	13. 4. 38
Krühne, Hartmut	7. 12. 78	16. 3. 41
Halter, Wolf	22. 12. 78	30. 1. 37
Philipp, Alexis	17. 5. 79	29. 9. 37
Klingenbeil, Günter	17. 3. 80	13. 10. 42
Dr. Rejewski, Harro-Jürgen	7. 5. 80	14. 7. 42
Prof. Dr. Geppert, Klaus (UProf, 2. Hauptamt), ⅛	1. 5. 82	10. 3. 41
Schlickeiser, Klaus	30. 6. 82	5. 6. 41
Brandt, Helmuth	1. 12. 82	10. 4. 36

Funk, Erhard	13.	7. 84	20.	7. 37			
Markgraf, Johann	5.	6. 85	18. 11. 38				
Grieß, Adalbert	19.	2. 86	5. 12. 47				
Sieveking, Roland	12.	3. 87	12.	7. 44			
Moritz, Wolfgang	1.	3. 88	6.	9. 45			
Voss, Peter	1. 11. 88	12.	3. 41				
Hennemann, Ulrich	17.	3. 89	20.	8. 44			
Böhrenz, Margit	12.	1. 90	12. 10. 41				
Lechner, Hans-Dieter	12.	1. 90	3.	4. 44			
Becker, Wolfram	5.	6. 90	19. 12. 48				
Berner, Michael	14.	2. 91	8.	5. 48			

Steuerwald-Schlecht,
Martina 15. 4. 91 22. 6. 53
Dr. Prange, Eckhard-
Detlef 20. 9. 91 5. 11. 41
Sellin, Dankward 27. 9. 91 21. 3. 54
Schlecht, Manuel 26. 2. 92 1. 6. 54
Junck, Dagmar 20. 3. 92 24. 3. 51
Scheer, Andrea 27. 5. 92 1. 10. 53
Weißbrodt, Wolfgang 1. 7. 92 8. 1. 47
Meising, Hedda 28. 8. 92 22. 10. 51
Tilmann-Reinking,
Karin, abg. 30. 9. 92 26. 1. 40
Petzolt, Sabine — —
Spiegel, Volker 29. 11. 93 28. 3. 54
Steinecke, Werner 30. 12. 93 3. 10. 48
Kliem, Kurt, abg. 30. 12. 93 18. 6. 51
Töpfer, Edeltraut, beurl. 22. 3. 94 5. 12. 49
Libera, Frank-Michael 9. 5. 94 19. 3. 49
Krüger, Angelika 9. 5. 94 18. 12. 52
Alban, Wolfgang 24. 8. 94 5. 12. 45
Klum, Peter 5. 10. 94 16. 9. 49
Neubauer, Birgit 11. 11. 94 12. 11. 56
Crass, Ulrich 14. 11. 94 19. 9. 52
Domke, Ulrich 14. 11. 94 28. 9. 55
Franck, Peter 16. 12. 94 22. 11. 53
Kunz, Christian, abg. 31. 3. 95 13. 10. 57
Gröning, Jochem 26. 5. 95 4. 6. 54
Lettau, Rainer 14. 9. 95 4. 1. 57
Grüter, Michael 30. 10. 95 21. 12. 54
Wiese, Ilona 1. 1. 96 28. 2. 48
Baldszuhn, Thomas 1. 1. 96 13. 3. 53
Prof. Dr. Marxen, Klaus,
(UProf, 2. Haupt-
amt), ⅓ 2. 5. 96 15. 1. 45
Langematz, Jürgen 30. 5. 96 11. 6. 57
Reinhard, Karin 30. 5. 96 22. 6. 58
Haas, Heide 17. 7. 96 9. 1. 49
Schaaf, Klemens 16. 9. 96 18. 6. 50
Dr. Kasprik-Teperoglou,
Sigrid-Beatrix 16. 9. 96 15. 4. 58
Dr. Helle, Michael, abg. 9. 4. 97 14. 3. 54
Jaeschke, Ralph 9. 4. 97 3. 2. 57
Saak, Gisela 30. 4. 97 8. 2. 54
Dr. Ehinger, Uta — —
Renner, Michael 21. 5. 97 23. 5. 53

Dr. Stresemann, Christina 23. 5. 97 18. 12. 57
Wagner, Franz-Elmar 11. 7. 97 28. 6. 58
Forkel, Heike 11. 7. 97 1. 4. 60
Henkel, Monika, abg. 7. 10. 97 9. 8. 54
Stecher, Pia, abg. 7. 10. 97 7. 10. 60
Schulz, Gabriele, abg. 28. 11. 97 14. 11. 54
Dr. Pahl, Lothar 14. 1. 98 1. 11. 55
Spiegel, Christine, ½ 14. 1. 98 26. 9. 57
Hartung, Thomas 14. 1. 98 29. 1. 60
Krumhaar, Bernhard 14. 1. 98 17. 9. 61
Dr. Caasen-Barckhausen,
Beate, ¾ 28. 1. 98 29. 11. 57
Ninnemann, Ralf 27. 4. 98 6. 7. 62
Sternagel, Barbara, ½ 28. 7. 98 15. 5. 59
Dr. Schmidt-Schondorf,
Sibylle 28. 7. 98 13. 3. 62
Beier, Jürgen 11. 9. 98 14. 12. 56
Feskorn, Christian 11. 9. 98 25. 3. 62
Wagner, Michael 25. 11. 98 6. 10. 54
Düe, Anneliese, abg. 25. 11. 98 3. 9. 55
Prietzel-Funk,
Dorothea, ¾ 25. 11. 98 18. 9. 56
Tucholski, Susanne 25. 11. 98 20. 10. 57
Eilinghoff-Saar, Doris, ½ 25. 11. 98 19. 4. 58
Fischer, Kay, beurl. 30. 11. 98 10. 7. 55
Krain, Ulrike 30. 11. 98 16. 4. 60
Schmelz, Frieder 11. 5. 99 12. 4. 54
Hinze, Wolfgang 15. 11. 99 30. 11. 56
Kuhnke, Christian 15. 11. 99 8. 2. 62
Kuhnke, Matthias 15. 11. 99 8. 2. 62
Schwenger, Henning, abg. 23. 12. 99 23. 10. 60

Landgerichtsbezirk Berlin

Landgericht Berlin   E 3 349 045

Zivilkammern:
Tegeler Weg 17–20, 10589 Berlin
10617 Berlin
T (0 30) 9 01 88–0
Telefax (0 30) 9 01 88–5 18

Littenstr. 11–17, 10179 Berlin
10174 Berlin
T (0 30) 90 23–0
Telefax (0 30) 90 23–22 23

Strafkammern:
Turmstr. 91, 10559 Berlin
10548 Berlin
T (0 30) 90 14–0
Telefax (0 30) 90 14–20 10

1 Pr, 1 VPr, 144 VR, 242 R

Präsident

von Drenkmann,
  Peter-Joachim   1. 10. 99   22. 8. 40

Vizepräsident

N. N.   —   —

Vorsitzende Richterinnen/Vorsitzende Richter

Leschonski, Günter	13. 6. 74	21. 8. 35
Herdemerten, Hans-Jürgen	6. 6. 75	20. 1. 37
Schütze, Albrecht	6. 6. 75	18. 8. 37
Kutzschbach, Peter	8. 4. 76	29. 11. 35
Hegermann, Burkhard	11. 7. 77	20. 1. 38
Bräutigam, Hansgeorg	8. 9. 77	3. 5. 37
Kinne, Harald	7. 4. 78	18. 7. 39
Schach, Klaus	5. 5. 78	15. 7. 40
Dr. Weitz, Dietrich	12. 5. 78	17. 9. 37
Schwarzmann, Inken	—	—
Neef, Roland	1. 11. 78	8. 7. 37
Dr. Paterok, Norbert	8. 2. 79	10. 11. 37
Malies, Jürgen	—	—
Brakebusch, Askold Herwig	29. 11. 79	13. 1. 40
Sachs, Achim	30. 9. 80	11. 3. 36
Hengst, Klaus-Peter	18. 12. 80	7. 3. 40
Dr. Schomaker, Jens	26. 3. 81	5. 9. 40
Rinder, Hagen	28. 9. 81	8. 3. 41
Stielow, Rudi	30. 6. 82	21. 6. 39
Schaal, Hans-Jürgen	31. 1. 84	29. 12. 47
Luther, Hans-Christian	6. 2. 84	4. 4. 44
Föhrig, Friedrich-Karl	13. 7. 84	7. 9. 38
Brüning, Hans-Jürgen	—	—
Rosenow, Stefan	5. 6. 85	5. 4. 47
Groepler, Hans-Joachim	18. 2. 86	24. 9. 43
Dr. Röhrmann, Achim-Ernst	11. 7. 86	6. 10. 41
Nippe, Leopold-Volker	26. 9. 86	2. 1. 46
Kiworr, Ulrich	12. 3. 87	9. 3. 49
Ubaczek, Christian	9. 7. 87	9. 6. 47
Hengst, Christel	12. 10. 87	8. 3. 40
Kraus, Anna-Maria	12. 10. 87	28. 4. 47
Hönisch, Peter	31. 3. 88	21. 7. 39
Dr. Fuchs, Detlef	13. 4. 88	25. 12. 41
Hoffmann, Werner	31. 8. 88	2. 3. 47
Heublein, Rudolf	3. 11. 88	7. 10. 40
Weddermann, Antje	8. 12. 88	15. 3. 41
Alberts, Jürgen	28. 4. 89	14. 10. 36
Kowalski, Stephan	26. 7. 89	23. 11. 46
Neuhaus, Stefan	24. 11. 89	30. 3. 51
Efrém, Hans-Jürgen	12. 1. 90	18. 4. 40
Neuhaus, Walter	6. 3. 90	10. 12. 50
Prejawa-Silber, Doris		
Dr. Sasse, Detlef	31. 5. 90	5. 5. 41
Schweckendieck, Helmut	26. 7. 90	18. 3. 52

Siegfried, Joachim	27. 9. 90	24. 5. 45
Pannek, Rainer	27. 9. 90	27. 5. 51
Dessau, Eckhard	28. 11. 90	28. 10. 51
Meyer-Brügel, Ehrenfried	20. 12. 90	9. 3. 45
Kunz, Klaus	1. 1. 91	12. 5. 44
Budde, Gerald-Eckehard	1. 1. 91	11. 10. 50
Klasse, Joachim	—	—
Kramer, Heinz-Jürgen	15. 4. 91	12. 3. 45
Mauck, Michael	15. 4. 91	30. 1. 52
Weiß, Lothar	22. 5. 91	23. 7. 48
Jensen, Knut	13. 12. 91	11. 4. 49
Beyer, Dagmar	26. 2. 92	18. 7. 41
Holzinger, Heinz	26. 2. 92	10. 9. 41
Dieckmann, Susanne	26. 2. 92	18. 9. 55
Speier, Bernd	20. 3. 92	30. 1. 52
Manske, Harald	27. 5. 92	14. 8. 41
Welke, Ulrich	1. 7. 92	14. 12. 38
Füllgraf, Hartmut	1. 7. 92	29. 3. 41
Plefka, Heinz-Peter	28. 8. 92	9. 12. 43
Dr. Scholz, Peter	28. 8. 92	11. 4. 53
Brüggemann, Ulrich-Ernst	28. 8. 92	20. 8. 54
Harte, Jörn	30. 9. 92	15. 1. 57
LeViseur, Burkhard	13. 11. 92	25. 7. 42
Dr. Möcke, Renate	13. 11. 92	16. 1. 52
Schulz-Moneke, Eberhard	16. 12. 92	3. 10. 45
Hawickhorst, Beate	4. 1. 93	25. 7. 54
Scholz, Peter	29. 3. 93	25. 2. 49
Hollmann, Ulrich	30. 7. 93	30. 8. 48
Lange, Lutz	—	—
Dybe-Schlüter, Hannelore	13. 9. 93	3. 10. 43
Schöttler, Rolf-Jürgen	13. 9. 93	28. 11. 44
Eschenhagen, Gabriele	13. 9. 93	16. 2. 48
Linz, Sabine	13. 9. 93	30. 7. 54
Träger, Gabriele	23. 12. 93	20. 5. 49
Baae, Jochen	30. 12. 93	28. 4. 41
Seeburg, Elisabeth	30. 12. 93	23. 11. 43
Lindemann, Lutz	30. 12. 93	12. 10. 47
Röhl, Jürgen	30. 12. 93	10. 2. 50
Ehestädt, Ralph	30. 12. 93	5. 8. 54
Marhofer, Peter	30. 12. 93	6. 2. 57
Hartmann, Ralf	—	—
Fruschki-Hoch, Christiane	17. 3. 94	17. 9. 45
Dr. Kähler, Clemens-Michael	22. 3. 94	3. 5. 49
Oplustil, Karl-Heinz	29. 3. 94	2. 8. 42
Becker, Wolfgang	29. 3. 94	17. 11. 49
Dr. Hawickhorst, Heinz	29. 3. 94	8. 7. 52
Hansens, Heinz	27. 6. 94	28. 8. 49
Dr. Garz-Holzmann, Karin	27. 6. 94	8. 8. 53
Weber-Schramm, Eva-Maria	27. 6. 94	16. 8. 53
Kiep, André	24. 8. 94	15. 8. 52
Löffler, Michael	16. 12. 94	23. 1. 41
Boß, Hans	16. 12. 94	4. 10. 45

Gerigk, Karl-Heinz	16.12.94	19. 8.47		Sahr, Rainer	7. 4.81	23. 5.48
Dietrich, Angelika	16.12.94	13. 9.52		Pawlizki, Hans-Jürgen	22. 5.81	18. 7.48
Schmidt-Schondorf,				Fisch, Heidi	2. 7.81	22.12.50
Stephan	16.12.94	4. 5.54		Rungenhagen, Klaus	7.12.81	1.10.48
Krause, Wolfgang	18. 4.95	26. 3.47		Gaydoul-Gooren,		
Bassow, Manfred	31. 5.95	15. 4.44		Anne-Katrin	23.12.81	29.10.50
Ziehmer-Herbert,				Dr. Brandt, Hans-Jürgen,		
Margarete	29. 6.95	24.11.48		beurl.	8. 9.82	3. 7.46
Faust, Peter	29. 6.95	20. 1.55		Erbe, Karin	4. 7.83	20.12.53
Bulling, Rainer	31. 7.95	24. 3.59		Assmann, Klaus	22. 7.83	8.11.38
Swarzenski, Martin	12.10.95	29. 1.41		König, Afra	22. 7.83	14. 9.52
Christoffel, Cornel, abg.	12.10.95	6. 1.51		Valtu, Manfred	1.11.83	23.11.46
Strobel, Gabriele	20. 2.96	17.10.50		Dallmer, Ingrid	8. 3.84	6. 2.53
Warnatsch, Jürgen	24. 4.96	1. 6.50		Scholz-Gamp, Kristine, ½	4. 1.85	9. 7.55
Gieritz, Hartmut	30. 5.96	16. 6.54		Vogt, Melanie, beurl.	7.10.85	1.10.50
Willnow, Günter	16. 9.96	28. 6.57		Kuhla, Sabine, ½	20. 3.86	7. 1.54
Kordaß, Günter	17. 7.96	10. 5.37		Dreyer, Birgit, abg.	24. 9.86	25. 3.53
Körner, Ralf	7.10.97	19. 1.59		Rosenthal, Thomas	—	—
Gatza, Gerlind	14. 1.98	4. 1.42		Humbert, Adelheid	22. 2.88	—
Mülders, Reimar	8. 4.98	2. 5.56		Schneider, Regine, ½	30. 3.88	26. 3.49
Sommerfeld, Siegfried	29. 5.98	2. 7.60		Schuster, Peter	18. 7.88	9. 2.58
Fahr, Siegfried	18. 9.98	25. 2.60		Vaterrodt, Michael	2. 9.88	22.10.55
Becker, Bernd	1.10.98	30. 7.55		Paschke, Regine	13. 3.89	8. 6.55
Abel, Michael	30.11.98	1. 6.56		Mülders, Elisabeth, ½	29. 5.89	24.11.55
Szeklinski, Paul	30.11.98	12. 9.61		Tschirsky-Dörfer, Ina,		
Gahlen, Heinz Georg	15. 2.99	4. 2.44		abg.	12. 7.89	19. 3.59
Dr. Kehlbacher, Monika	15. 2.99	11. 6.54		Hohensee, Rolf	21. 7.89	31. 5.57
Hoch, Josef	15. 2.99	5. 1.60		von Gélieu, Christian	1. 8.89	17. 2.59
Fischer, Ralf	11. 5.99	16.12.59		Klinger, Christiane	16.11.89	30. 3.59
Meyer-Schäfer, Frank	1. 6.99	23. 1.57		Gawinski, Renate	9. 1.90	22. 2.60
Jünemann, Lothar	3. 8.99	18. 9.58		Nordhoff, Klaus-Heinrich	3. 7.90	5. 2.58
Koppers, Margarethe	3. 8.99	19. 8.61		Ohlsen, Andreas	2. 1.91	23. 9.61
Nieradzik, Gabriele	28.10.99	4. 4.61		Hanschke, Klaus-Peter	1. 2.91	8.11.56
Weihe-Gröning, Claudia	1.11.99	18.12.54		Dedner, Stefan	19. 2.91	5.11.57
Hirschfeld, Michael	1.11.99	3. 2.59		Gabriel, Annette, beurl.	4. 7.91	12. 4.61
Stobbe, Norbert	29.12.99	2.10.54		Sander, Günther, abg.	14. 8.91	23. 1.61
				Hees, Heike	10. 3.92	22. 6.60
Richterinnen/Richter				Müller, Andreas	1. 4.92	12. 2.60
Groß, Walter	—	—		Pfaff, Matthias	—	—
Wolf, Willibald	26. 9.69	1. 3.36		Skomski, Petra, ½	17. 8.92	30. 6.57
Sauer, Franz	29. 6.70	10. 8.35		Moltmann-Willisch,		
von Moers, Claudius	17. 7.70	13. 7.37		Anne-Ruth, ½	22. 9.92	28.12.56
Gliech, Jochen	16. 9.71	21. 1.39		Dr. Dieckmann, Kay	5.10.92	26. 1.50
Koch, Matthias	1. 1.72	21. 1.39		Höning, Kai-Uwe, abg.	7.12.92	28.12.58
Schröder, Margarete	7. 7.72	4. 3.41		Schneider, Manfred	7.12.92	24. 5.61
Seidler, Manfred	16.10.72	8.10.39		Grabbe, Annette, abg.	4. 1.93	17. 5.61
Humbert, Renate	1. 2.74	17. 3.42		Miczajka, Bernd	4. 1.93	6. 2.62
Lohrengel, Maria-				Kingreen, Susanne	8. 2.93	30. 9.62
Elisabeth	11. 4.75	6.10.37		Müller, Petra	16. 3.93	14. 2.63
Klee, Jürgen	12. 1.76	14. 4.44		Heinatz, Michael, ½	22. 3.93	30. 5.57
Sendt, Hagen	14.10.76	12.10.42		Jung, Harald	29. 4.93	4. 9.58
Trapp, Klaus	12.11.76	28. 2.43		Bünning, Sabine	3. 5.93	4. 9.62
Gaebler, Christian	5.10.77	13. 8.46		Lind, Detlef	28. 5.93	20. 7.60
Piorkowski, Günther	7. 1.80	25. 5.48		Buck, Dirk, abg.	22. 9.93	10. 2.62
Loeper, Ulrich	11. 4.80	16. 7.45		Dr. Katz, Anna-		
Hänsel, Birgit	18. 7.80	7. 4.50		Katharina	1.10.93	12. 3.60

Kramer, Gerti	22.11.93	19. 3.62
Hülsböhmer, Martin,		
abg.	30.11.93	10. 4.59
Schmid-Dieckmann,		
Bernhard	3. 1.94	14.11.53
Seiffe, Manfred	3. 1.94	7. 9.60
Kuhnke, Bernd-Dieter	3. 1.94	5. 9.61
Runge, Angelika, abg.	3. 1.94	14.10.62
Dr. Henkel, Elke	10. 1.94	27. 2.59
Dr. Peißker, Kartin	14. 2.94	25. 6.59
Luhm-Schier, Hans-		
Joachim	21. 3.94	6.12.61
van Dieken, Dirk	21. 3.94	5. 7.62
Mertens, Dorothea,		
beurl.	21. 3.94	24. 2.63
Behrens, Barbara, beurl.	21. 3.94	19. 7.63
Gilge, Christina	6. 4.94	13. 1.63
Tepe-Niehus, Christine	20. 6.94	31. 3.62
Werner, Heike	20. 6.94	18. 9.62
Alagün, Ahmet	4. 8.94	5. 7.58
Klein, Hannelore	2. 9.94	4. 5.53
Blume, Michaela, abg.	26. 9.94	11.10.57
Groth, Rainer	26. 9.94	15. 7.59
Bartel, Holger	26. 9.94	3. 4.64
Nötzel, Uwe	4.10.94	5. 1.62
Dethloff, Joachim	10.10.94	26. 8.59
Grieß, Regine	1.11.94	21. 2.62
Kaussow, Udo	—	—
Dr. Kessel, Carsten	13.12.94	25. 3.61
Förschner, Detlef	8. 2.95	22. 8.61
Pfefferkorn, Susanne	14. 2.95	1. 6.62
Bigge, Klaus	13. 3.95	12.12.59
Bol, Nikolaus	13. 3.95	13. 2.61
Dr. Beyer-Zouboulis,		
Gundula, beurl.	13. 3.95	8.11.63
Zwicker, Hendrik	13. 3.95	11. 4.64
Böhm, Ulrike, beurl.	13. 3.95	13.10.64
Baara, Angela	11. 4.95	7. 8.65
Schertz, Matthias	23. 5.95	25. 6.64
Zillmann, Katja	23. 5.95	2.10.64
Räcke, Uta, beurl.	—	—
Groß, Thomas	26. 6.95	3.10.64
Hinrichs, Zwaantje	14. 7.95	4.11.63
Zierep, Albrecht, abg.	25. 8.95	24. 4.64
Kupfernagel, Dirk	1. 9.95	29. 8.61
Wagner-Weßel, Ingrid	6. 9.95	19. 3.61
Gerlach, Susanne	6. 9.95	11. 6.63
Heinen, Ruth	6. 9.95	22. 8.63
Sylaff, Uwe	9.10.95	17. 9.63
Brandenburg, Anja, abg.	9.10.95	5. 8.64
Dr. Meinen, Gero, abg.	11.10.95	12.11.62
Thiel, Holger	18.10.95	19. 2.63
Thiel, Alfred, ⅘	18.10.95	12. 8.63
Jenckel, Anke, abg.	1.11.95	9. 9.61
Klotz, Claudia	1.11.95	22.11.62
Thoms, Willi	—	—
Reichel, Jürgen	2.11.95	1. 2.65
Erdmann, Anke	29.11.95	17. 3.63
Auell, Armin	12.12.95	17. 1.58
Lang, Karin	12. 2.96	8. 5.59
Wiesener, Rodelia	12. 2.96	1. 7.59
Hinzmann, Thorsten	12. 2.96	12. 5.61
Fuchs, Stephan	22. 2.96	14. 8.64
Junge, Sabine	5. 3.96	3. 9.63
Wilhelmi, Claudia	26. 3.96	13. 8.63
Lage-Graner, Christiane	10. 4.96	16. 9.62
Rothbart, Michael, abg.	10. 4.96	6. 3.64
Dr. Farr, Manuela, ½	10. 4.96	24. 3.64
Geldmacher, Irene	22. 4.96	26. 5.53
Buhmann, Heike	22. 4.96	1.10.63
von Gierke, Bettina,		
½, beurl.	30. 4.96	6. 7.62
Bezpalko, Stefan	—	—
Dr. Reihlen, Irmgard, ½	8. 7.96	24.11.62
Kriegelsteiner, Karin,		
beurl.	8. 7.96	21. 4.64
Dr. Kanski, Maria	30. 8.96	10. 2.62
Klapka, Gerhard	30. 8.96	16. 8.62
Dr. Winkemann, Birgit	30. 8.96	12. 8.64
Dr. Rieger, Annette	1.10.96	13. 5.64
Flockermann, Julia, abg.	24.10.96	18. 7.63
Volkens, Sönke	30.10.96	17.12.60
Kostka, Kirstin-Ann	13.12.96	2. 1.64
Goldammer, Gabriele	13.12.96	21.10.64
Dr. Wolter, Claudia	30.12.96	7. 5.61
Dreher, Annette	30.12.96	18. 7.63
Dickhaus, Dirk	30.12.96	5. 6.65
Lohrengel, Iris	30.12.96	31. 8.65
Eschenburg, Renate, ¾	6. 1.97	29. 4.49
Hellmuth, Sabine	6. 1.97	27.10.64
Henniges, Kerstin	21. 2.97	29. 4.65
Husch, Doris	27. 2.97	20. 4.65
Heiß, Steffen	24. 3.97	3. 5.62
Kruse, Gesine	24. 3.97	29. 6.62
Bartl, Thilo	24. 3.97	25. 2.63
Rothenbach, Silvia	24. 3.97	6. 5.63
Johansson, Regina	24. 3.97	26. 2.65
Babucke, Thomas	24. 3.97	14.10.65
Schaber, Claas	24. 3.97	17.12.65
Dr. Schröder-Lomb,		
Svenja, abg.	9. 5.97	16. 9.64
Dr. Emmrich, Sabine	14. 5.97	17.12.62
Wirth, Iris	14. 5.97	20. 8.64
Schwarz, Michael	22. 5.97	12. 2.60
Weiser, Gregor	24. 6.97	12. 5.63
Dr. Müller-Magdeburg,		
Cornelia	26. 6.97	7. 5.65
Thul, Matthias	4. 7.97	31. 7.63
Dittrich, Clemens	4. 7.97	13.10.66
Dr. Hess, Gangolf	7. 7.97	14. 7.62
Lenk, Oliver	7. 7.97	4. 8.63
Finkel, Stefan	10. 7.97	1. 2.66

118

Weiß, Kerstin	10. 7. 97	14. 6. 66
Landwehrmeyer, Rudolf	8. 8. 97	2. 1. 62
Markfort, Thomas, beurl.	8. 8. 97	12. 12. 62
Konecny, Wolfgang, abg.	13. 8. 97	7. 2. 66
Wierum, Pascale, abg.	26. 8. 97	3. 5. 66
Loose, Jens	26. 9. 97	17. 9. 63
Reih, Herbert	—	—
Dr. Steinmeyer, Sabine,		
beurl.	26. 9. 97	7. 4. 66
Durber, Katrin	29. 9. 97	19. 7. 60
Goldack, Cynthia	29. 9. 97	12. 9. 65
Sy, Bettina	30. 9. 97	17. 10. 66
Ehrensberger, Ursula	7. 10. 97	19. 5. 62
Sandherr, Gudrun, beurl.	15. 10. 97	25. 10. 66
Pechan, Klaus-Peter	3. 11. 97	9. 9. 60
Ladewig-Feldkamp,		
Sophia	3. 11. 97	6. 6. 67
Dr. Glaßer, Heinrich	28. 11. 97	23. 8. 64
Dr. Wagner, Heiko, abg.	18. 12. 97	9. 1. 60
Dobrikat, Wolfgang	18. 12. 97	16. 5. 62
Braun, Stefanie, abg.	18. 12. 97	16. 12. 65
Dr. Bardarsky, Bärbel, ½	2. 1. 98	30. 11. 64
Raddatz, Martin	2. 1. 98	10. 5. 66
Muratori, Constanze	6. 1. 98	7. 7. 67
Förder, Bettina, beurl.	13. 2. 98	31. 5. 67
Arnoldi, Olaf	19. 3. 98	15. 10. 62
Dr. Kathke, Clemens		
Hartmann, Pia	20. 3. 98	3. 10. 65
Pekie, Carsten	15. 4. 98	7. 8. 62
Dr. Schmidt, Detlef	15. 4. 98	27. 10. 65
Weinschütz, Bernhard	—	—
Groth, Stefan	15. 4. 98	9. 5. 67
Kothe, Sylvia	20. 4. 98	25. 5. 65
Bödeker, Arnd	20. 4. 98	13. 12. 65
Franz, Ulrich	20. 4. 98	14. 12. 65
Janzon, Vera	20. 4. 98	11. 9. 66
Wolke, Carsten	20. 4. 98	21. 2. 68
Iser, Marion	6. 5. 98	9. 10. 65
Dr. Wolff-Reske,		
Monika, beurl.	26. 5. 98	7. 7. 61
Dr. Zilm, Astrid	26. 5. 98	24. 7. 65
Spur, Ursula	26. 5. 98	21. 10. 66
Schwanke, Andrea	27. 5. 98	17. 9. 62
Zacharias, Nikolai	1. 7. 98	16. 2. 61
Meder, Andreas	9. 7. 98	13. 7. 64
Holldorf, Lennart	20. 7. 98	1. 9. 60
Bahners, Frederick	22. 7. 98	29. 8. 65
Stadge, Birgit		
Dr. Kemke, Andreas	11. 9. 98	13. 4. 63
Theising, Gabriele	11. 9. 98	15. 10. 64
Kellert, Daniela	11. 9. 98	29. 3. 65
Heymann, Thomas	11. 9. 98	23. 5. 65
Hegermann, Philip	11. 9. 98	17. 6. 68
Dreßler, Andreas	16. 9. 98	1. 12. 66
Schmidt, Jens	21. 9. 98	10. 5. 66
Kapps, Roland	17. 11. 98	20. 6. 67

Lemburg, Stefan	18. 11. 98	5. 5. 63
Busson, Peter	—	—
Schikora, Gregor	18. 11. 98	2. 2. 68
Fleischer, Doerthe	18. 11. 98	11. 7. 68
Schäfer, Nicole	18. 11. 98	13. 3. 69
Diekmann, Goetz	18. 11. 98	15. 3. 65
Gollan, Stephanie	19. 11. 98	13. 5. 65
Lau, Doris, beurl.	19. 11. 98	19. 6. 66
Stachrowski, Sinja	24. 11. 98	27. 8. 67
Riesenhuber, Barbara,		
beurl.	30. 11. 98	9. 10. 65
Dr. Kapps, Stephan	30. 11. 98	20. 6. 67
Dr. Gerwing, Bernd	4. 1. 99	6. 4. 65
Oelschläger, Friedrich	4. 1. 99	17. 11. 65
Herbst, Kai-Uwe	5. 1. 99	1. 2. 63
Schönberg, Katrin-Elena,		
abg.	5. 1. 99	21. 4. 65
Dr. Vogl, Ralf	5. 1. 99	28. 9. 66
Schröer, Meline	5. 1. 99	9. 2. 67
Rosseck, Anne-Katrin	13. 1. 99	27. 10. 66
Ritvay, Gisela	13. 1. 99	2. 4. 68
Köhn, Anne, ½	3. 5. 99	20. 9. 63
Perschau, Ralf	3. 5. 99	24. 2. 67
Jordan, Wolfgang	23. 7. 99	20. 8. 60
Dr. Vossler, Norbert	2. 11. 99	20. 11. 63
Rasch, Karin	18. 11. 99	4. 3. 68
Dr. von Bernuth, Marie-		
Louise, ½	11. 1. 00	5. 5. 67
Alex, Regina, RkrA	(5. 11. 96)	12. 6. 59
Möritz, Christiane, RkrA	(1. 7. 99)	10. 8. 64

Amtsgerichte

Tiergarten　E 89 439
Zivilsachen:
Lehrter Straße 60, 10557 Berlin
T (0 30) 90 14–0
Telefax (0 30) 90 14–61 12

Strafsachen:
Turmstraße 91, 10559 Berlin
10548 Berlin
T (0 30) 90 14–0
Telefax (0 30) 90 14–20 10

Verkehrs- u. Wirtschaftsstrafabteilungen:
Kirchstr. 6, 10557 Berlin
T (0 30) 90 14–0
Telefax (0 30) 90 14–61 10

Bereitschaftsgericht:
Tempelhofer Damm 12, 12101 Berlin
T (0 30) 6 99–3 99 99
Telefax (0 30) 69 93 99 90

Dem Präsidenten steht die Dienstaufsicht auch über die anderen Amtsgerichte in Berlin zu.

Planstellen sämtlicher 12 Amtsgerichte in Berlin:

1 Pr, 1 VPr, 11 Dir, 11 stVDir, 19 w.aufsR, 518 R

Präsident

Offenberg, Gerhard	24. 7.96	30.11.39

Vizepräsident

Masuch, Frank	15. 1.88	13. 2.38

weitere aufsichtführende Richterinnen/ weitere aufsichtführende Richter

Werner, Michael	3. 2.77	13.10.41
Weidner, Eberhard	27. 9.90	1. 9.38
Haferanke, Wolfgang, abg.	22. 5.91	26. 7.56
Dr. Reyer, Heinz-Günter	14. 9.95	19. 7.46
Fölster, Uta, abg.	28.11.95	9. 2.56
Goehtz, Petra	30. 5.96	8. 1.51
Farkasinski, Eszter	—	—
Dasch, Hans	5. 8.98	30.10.48
Fuhrmann, Harry	15. 2.99	15. 1.61

Richterinnen/Richter

Vath, Wolfgang	22. 2.67	28.11.36
Gramse, Falko	23. 8.68	12. 7.35
Scholz, Udo	29. 6.70	12.11.35
Remuss, Dagobert	15.10.70	1. 5.37
Warnstädt, Rüdiger	1. 1.71	29. 1.38
Kutzschbach, Karin	1. 5.71	2. 4.38
Müller, Michael	16. 9.71	25. 6.40
Witt, Manfred	1. 1.72	19. 3.39
Vieregg, Jürgen	16. 7.72	10. 9.40
Kuschewski, Jürgen	15. 7.73	23. 9.41
Müller-Reinwarth, Burkhard	1. 1.74	30. 7.39
Grabow, Reiner	3. 4.74	4. 5.39
Beuermann, Rudolf	12. 6.74	6. 7.44
Peschke, Renate	6.12.74	13.11.36
Herrlinger, Wolfgang	10.12.74	14. 1.44
Klemp, Jörg-Detlef	10. 4.75	22.12.42
Sander, Mechthild	7. 5.75	2. 4.44
Stoeber, Klaus-Peter	6. 6.75	13. 1.42
Vasiliou, Barbara	4. 7.75	19. 5.43
Uffrecht, Wiland	8. 8.75	22. 9.41
Hengst, Wolf-Jürgen	5.12.75	14.11.42
Bortels, Stefan	10.12.75	10.11.42
Bauer, Frank	14. 1.76	27.11.40
Erdbrink, Lüder	16. 1.76	4. 1.42
Vogler, Hubert	9. 2.76	6. 7.42
Klug, Arno	7. 7.76	28. 5.40
Hecker, Wolfgang	17. 7.76	8. 1.43
Barnack, Christiane	14.10.76	19. 5.44
Jentsch, Walter	14.10.76	9. 1.45
Schmidt, Claus-Wolfgang	7. 7.77	6. 1.46

Baars, Hans Joachim	19. 1.78	16. 2.45
Frenzel, Helmut	6. 2.78	16. 4.45
Garske-Ridder, Erika	10. 4.78	14. 4.47
Lother, Rainer	5. 7.78	23. 2.45
Berger, Gert-Rainer	5. 7.78	3. 6.46
Sieveking, Ruth	6. 9.78	28.12.45
Richter, Helmut	13. 9.78	13. 4.47
Kohls, Jürgen	13. 9.78	10. 7.47
Fischer, Detlef	13.10.78	6. 2.43
Herrlinger, Dagmar	19. 1.79	17. 6.48
Burghardt, Susanne Barbara	—	—
Jockisch, Michael	2. 4.79	18. 9.47
Schultz, Gerd	12. 7.79	23.10.47
Lenz, Eberhard	7. 5.80	—
Schulte, Heinz-Günther	13.10.80	4. 2.47
Balz, Gabriele	2.11.80	21. 2.48
Ebsen, Ebe	1. 1.81	4. 8.47
Stiegert, Ronald	1. 1.81	16.10.48
Brade, Axel	1. 1.81	20. 7.50
Graetz, Gerhard	1. 1.81	30. 7.50
Marsollek, Hans-Jürgen	2. 1.81	11. 4.48
Eberhard, Wolfram	1. 4.81	12. 2.48
Millert, Jörg	2.11.81	9. 7.47
Köster-Mindel, Dagmar	2.11.81	18. 6.49
Drees-Dalheimer, Ingrid, ½, abg.	7.12.81	4. 5.48
Damerow, Manfred	—	—
Lebe, Hartmut	2. 2.82	15. 1.51
Kopplin, Katharina	8. 2.82	30.11.52
Granowski, Michael	1. 8.82	24.12.48
Brunke, Ulrich	7.10.82	24.10.49
Steinmar, Werner	19.11.82	14. 7.45
Simon-Nissen, Ursula, abg.	21.12.82	25.11.51
Volkmann, Ingrid	21.12.82	24. 3.52
Noffke, Werner	2. 8.83	1. 9.49
Müller, Beate	21. 6.84	4. 7.54
Bartels, Georg	3. 8.84	12.10.49
Feldkamp, Josef	24. 9.84	15. 4.49
Henze, Regine	6. 2.85	29. 4.54
Sprotte, Ludwig- Norbert, beurl.	12. 2.85	30.11.50
Dr. Burgmüller, Burkhard	1. 7.85	28. 2.55
Müller, Hans-Jürgen	17. 7.85	24. 9.53
Kujawski, Ulrich	17. 7.85	29.12.53
Schmittinger, Bruno	1. 4.86	12. 2.56
Miller, Karin, ½	30. 5.86	30. 5.55
Miller, Hans-Jürgen	6. 3.87	7. 2.53
Becker, Helmut	1. 1.88	11. 5.53
Görlitz, Ursula, abg.	18. 2.88	29. 7.56
Fischer, Eva-Maria, ½	22. 2.88	16. 3.50
Wendt, Udo	23. 2.88	18. 3.51
Auracher, Walter	10. 3.89	25. 8.57
Finck, Klaus	13. 3.89	22. 6.69

Buckow, Frank	16. 6.89	26. 4.58
Fischer, Beatrice	16.11.89	21. 3.57
Tannhäuser, Heidi	2. 3.90	22. 2.55
Maietti, Susanne	16. 3.90	20.10.56
Hampel, Gisela	1. 2.92	27.11.58
Schröder, Christian, beurl.	1. 9.92	12.12.58
Jürcke, Klaus-Peter	7.12.92	12. 3.62
Georgalis-Möller, Ricarda Maria	7.12.92	16.10.62
Staupe, Leberecht	9. 2.93	16. 6.56
Rudel, Fred	1. 4.93	2. 4.62
Schumny, Sabine	16. 7.93	28. 2.92
Jakoby, Anette, ½	4. 8.93	30. 1.61
Dr. Dietz, Andreas	28. 9.93	15.10.57
Parpart, Karsten	28. 9.93	2. 6.61
Heisig, Kirsten	28. 9.93	24. 8.61
Moritz, Peter	15.11.93	3. 8.60
Ernst, Martin, abg.	3. 1.94	17.11.61
Müller-Wirth, Sibylle, ½	3. 1.94	20. 6.62
Borgas, Hans-Michael	13. 1.94	27. 2.60
Marx, Silke	3. 2.94	30.11.62
Rateike, Christina	7. 2.94	8.12.60
Brinkmann, Marieluis	21. 3.94	3. 6.60
Pervelz, Jörg	5. 4.94	28. 4.61
Kraft, Jürgen	26. 9.94	26. 8.58
Behrend, Carola, beurl.	26. 9.94	5. 6.62
Danjel, Björn	28. 9.94	11. 5.62
Holzheid, Corinna, ½	1.11.94	2.11.62
Haslinger, Walter	8. 2.95	11. 9.58
Schulz, Claudia	13. 3.95	14. 3.65
Bauersfeld, Franziska	4. 4.95	19. 8.62
Appelt, Karin	18. 4.95	21. 4.63
Mönnich, Anja	18. 4.95	21. 1.64
Albrot, Arne	23. 5.95	15.10.62
Schertz, Ulrike, beurl.	23. 5.95	15. 7.64
Krabbel, Antje, beurl.	26. 6.95	22.10.63
Obermeier, Ralph	—	—
Bartl, Andrea	12.12.95	18.11.61
Jönsson, Katja, ½	26. 1.96	21. 5.62
Balschun, Roger	10. 4.96	5.10.61
Dr. Räcke, Günter	8. 5.96	11. 9.60
Weyreuther, Christoph	8. 5.96	24.10.62
Sassenroth, Corinna, ½	4. 7.96	9.11.63
Kötting, Rüdiger	8. 7.96	30. 5.63
Vandenhouten, Nicole, ½	8. 7.96	29. 3.64
Widmann, Isolde	30. 8.96	24.10.58
Modrović, Norbert	4. 9.96	23.12.63
Castendyck, Corinne	4. 9.96	7. 1.65
Rische, Andreas	10. 9.96	12. 6.64
Zwölfer-Martin, Olaf	30.12.96	4. 4.64
Kaltenbach, Gregor	6. 1.97	31.10.62
Boll-Sternberg, Birgit	17. 2.97	27. 4.63
Plümacher, Manfred	17. 2.97	10. 8.63
Forch, Christiane	21. 2.97	24. 9.64
Kuperion, Stephan	24. 3.97	24.10.63
von Hagen, Beatrix	24. 3.97	23.11.63

Sandherr, Urban	24. 3.97	23.10.64
Schmidt, Stefan	9. 5.97	23. 2.63
Hubrich, Herbert	9. 5.97	21. 7.64
Prüfer, Dorothee	4. 7.97	26. 9.64
Schaefer, Nikolaus	4. 7.97	16.12.65
Unger, Stephanie	4. 7.97	23.10.66
Jacobs, Sebastian	10. 7.97	17. 8.64
Muhmood, André	8. 8.97	6.10.63
Fischer, Ulrike, ½	26. 8.97	2. 9.61
Moritz, Anke, ½	7.10.97	10. 8.65
Dr. Nissing, Karin, ½	3.11.97	8. 3.63
Breyer, Sabine	28.11.97	4. 3.65
Schwanitz, Carsten	18.12.97	28. 2.67
Blau, Christoph	18.12.97	24. 9.67
Kleppeck, Frank-Detlef	23. 1.98	13. 1.50
Odenthal, Barbara	17. 2.98	4. 2.67
Reckschmidt, Dirk	19. 3.98	18. 7.62
Plüür, Georg	20. 4.98	26.12.64
Kelting-Scholz, Antje-Katrin, beurl.	6. 5.98	12. 3.63
Hethey, Hartmut	26. 5.98	30. 6.60
Wedemann, Karola	22. 7.98	11. 5.64
Brandt, Clemens	10. 9.98	5.10.63
Hain, Gregor	10. 9.98	24. 8.66
Lascheit, Andreas	18.11.98	19.11.64
Gauger, Bettina, ½, abg.	19.11.98	29. 1.67
Stollenwerk, Karen	—	—
MacLean, Jan, abg.	30.11.98	5. 8.64
Guse-Manke, Kerstin	30.11.98	3. 5.65
Kanter, Ivonne	5. 1.99	16. 9.64
Triebeneck, Frank	5. 1.99	5. 3.67
Finkensieper, Antje	13. 1.99	16. 1.67
Wortmann, Norbert	2. 8.99	8. 5.61
Riemann, Katharina	2. 8.99	25. 1.63
Kloth, Ariane, ½, abg.	2.11.99	12. 9.63
Alex, Regina, RkrA	(5.11.96)	12. 6.59
Henke-Vollmer, Gabriele, RkrA	(1. 4.99)	29. 4.57

Charlottenburg E 313 395
Amtsgerichtsplatz 1, 14057 Berlin
14046 Berlin
T (0 30) 901 77–0
Telefax (0 30) 901 77–4 47

Planstellen s. AG Tiergarten

Linz, Peter, Dir	14.12.81	9. 7.35
Wegmann, Helmut, stV Dir	2. 5.95	12. 5.45
Morsch, Annemarie, w.aufsR	13. 9.93	16. 1.48
Wohlfeil, Ralf, w.aufsR	22. 3.94	19. 1.48
Keinhorst, Gerhard, w.aufsR	30.11.98	20. 4.51
Siems, Werner	6. 3.69	28. 1.39

Sommereisen, Elke, 6/10	15. 10. 70	11. 10. 38
Preisberg, Reinhard	1. 4. 71	10. 12. 38
Bein, Georg Wilhelm	—	—
Manthey, Klaus	21. 8. 74	17. 5. 42
Sieber, Ingo	6. 5. 75	6. 2. 42
Rautenberg, Kurt	14. 3. 76	1. 6. 42
Hüfner, Hans-Heinrich	8. 4. 76	26. 12. 42
Boehland, Renate, ½	14. 6. 76	29. 9. 44
Gramsch, Jasper	16. 12. 76	9. 2. 43
Zachmann, Rainer	17. 3. 80	12. 12. 41
Gerlach, Martina	20. 3. 86	15. 3. 54
Weber, Ursula	2. 12. 88	5. 4. 54
Engelhardt, Monika, beurl.	16. 11. 89	4. 6. 54
Melchior, Robin, abg.	22. 3. 93	12. 9. 59
Schmidt, Angela	6. 4. 94	3. 10. 60
Bergmann, Jörg	6. 5. 94	20. 10. 44
Rabenow, Michael	6. 5. 94	17. 10. 61
Horstkotte, Martin	4. 8. 94	26. 6. 54
Christiansen, Jutta	24. 8. 94	22. 10. 52
Bartels, Hans-Georg, abg.	—	—
Thiele, Christine	13. 12. 94	21. 10. 57
Bialek, Eva-Maria	—	—
Dr. Paar, Helmut	8. 2. 95	11. 8. 47
Möschter, Steffi	20. 2. 95	1. 10. 58
Quellhorst, Rainer	26. 6. 95	4. 5. 63
Dr. Wimmer, Ulrich	9. 10. 95	2. 4. 61
Selting, Ludgera	12. 2. 96	3. 3. 64
Dr. Müther, Peter-Hendrik	10. 4. 96	6. 1. 64
Wenzel, Mechthild, beurl.	10. 4. 96	27. 1. 65
Sonneborn, Petra	8. 5. 96	7. 10. 62
Heße, Wolfgang	—	—
John, Stephanie	13. 12. 96	17. 11. 66
Becker, Anne-Kathrin, abg.	26. 9. 97	11. 9. 65
Ehrensberger, Ralf	26. 9. 97	18. 1. 66
Stolze, Martina	18. 12. 97	6. 4. 64
Batschari, Alexander	6. 3. 98	1. 9. 68
Dr. Scholz, Peter, abg.	19. 3. 98	11. 7. 61
Partikel, Sigrid	15. 4. 98	7. 6. 64
Dr. Gradl, Carsten	27. 5. 98	23. 10. 63
Buhr, Wiebke	—	—
Dr. Kies, Peter	7. 7. 98	29. 3. 61
Einsiedler, Mark	18. 11. 98	10. 8. 68
Schnitker, Nina	5. 3. 99	7. 8. 68

Hohenschönhausen E 379 216
Wartenberger Straße 40, 13053 Berlin
T (0 30) 9 86 04–0
Telefax (0 30) 98 60 44 11

Planstellen s. AG Tiergarten

Schulze, Jörg, Dir	10. 5. 99	8. 2. 46
Fuhrmann, Wolfgang, stVDir	17. 7. 96	15. 9. 50

Strömer, Bernd	8. 9. 76	2. 12. 42
Schier, Birgit, beurl.	1. 11. 93	19. 8. 61
Goldstein, Oliver	6. 4. 94	8. 8. 62
Pade, Oliver, abg.	6. 4. 94	21. 6. 63
Kulik, Kerstin	6. 5. 94	1. 5. 61
Dittrich, Elke	4. 10. 94	3. 3. 60
Markert, Iris	4. 10. 94	23. 3. 65
Schwemmin, Christel	26. 10. 94	12. 11. 42
Kuebart-Arndt, Carola	24. 10. 96	18. 10. 64
Alperstedt, Ralf	26. 9. 97	13. 5. 65
Dr. Sperling, Anne	4. 11. 97	21. 3. 63
Bergold, Johannes	20. 3. 98	12. 3. 64
Brückmann, Bernhard	20. 3. 98	21. 8. 65
Schoel, Jürgen	1. 6. 98	25. 6. 63
Harms, Torsten	18. 11. 98	14. 3. 64

Köpenick E 225 942
Mandrellaplatz 6, 12555 Berlin
12533 Berlin
T (0 30) 9 02 47–0
Telefax (0 30) 9 02 47–2 00

Planstellen s. AG Tiergarten

Wosnitzka, Alois, Dir	16. 12. 92	22. 7. 51
Roesler, Klaus, stVDir	31. 7. 95	10. 9. 43
Wolf, Klaus	8. 4. 76	7. 10. 42
Voges, Michael-Erdwin	16. 12. 82	22. 7. 51
von Saldern, Ludolf	27. 7. 89	6. 3. 56
Höning, Birgit	10. 1. 94	8. 2. 62
Schmid, Matthias, abg.	20. 6. 94	8. 7. 60
Graf von Schlieffen, Peter	25. 8. 95	14. 1. 62
Mammeri-Latzel, Maria	9. 12. 96	30. 11. 59
Greskamp, Karsten	7. 7. 98	20. 10. 63
Schmidt, Stefan	10. 9. 98	16. 12. 64
Müller, Ronny	19. 11. 98	25. 8. 66
Dr. Brückner, Daniela	24. 11. 98	29. 12. 63
Reiser-Wimmer, Barbara, RkrA	(16. 3. 99)	16. 3. 58

Lichtenberg E 153 813
Roedeliusplatz 1, 10365 Berlin
Postfach 01 42, 10321 Berlin
T (0 30) 9 02 53–0
Telefax (0 30) 9 02 53–3 00

Planstellen s. AG Tiergarten

Maaß, Klaus, Dir	1. 4. 89	24. 9. 42
Sobottke, Helmut, stVDir	15. 7. 97	22. 1. 37
Schulz, Hartwig	30. 4. 87	12. 12. 55
Beckstett, Elisabeth	13. 3. 92	22. 3. 61
Dittrich, Frank, abg.	2. 1. 95	3. 10. 63
Dr. Hollweg-Stapenhorst, Susanna	13. 3. 95	17. 12. 63

Damaske, Tomas	8. 8.97	23. 5.67
Braun, Dorothee	21. 9.98	1. 6.66

Mitte E 300 616
Littenstr. 11–17, 10179 Berlin
10174 Berlin
T (0 30) 90 23–0
Telefax (0 30) 90 23–22 23

Planstellen s. AG Tiergarten

N. N., Dir	—	—
Rautenberg, Bruno,		
stVDir	29. 11. 93	6. 10. 51
Carl, Dietrich, w.aufsR	14. 9. 95	10. 12. 43
Rocca, Bernd	15. 3. 71	2. 11. 38
Ehrentreich, Ruth	19. 11. 73	4. 5. 41
Gülzow, Ingrid	9. 12. 77	18. 9. 46
Vath, Marianne	19. 9. 86	31. 12. 45
Prof. Dr. Bach,		
Albert, abg.	9. 1. 90	14. 12. 51
Hennicke, Annegret		
Krause, Matthias	3. 6. 91	15. 10. 59
Linke, Thomas	23. 6. 92	10. 8. 60
Altendorf, Dagmar	20. 7. 93	12. 7. 52
Harthun, Detlef	1. 10. 93	10. 2. 61
Seiffert, Claus Hanno	1. 10. 93	13. 2. 61
Weyrich, Daniel	15. 11. 93	21. 9. 59
Glomb, Kerstin, beurl.	6. 12. 93	10. 10. 63
Petrick, Ina	3. 1. 94	6. 10. 61
Schulze, Christina, abg.	26. 9. 94	8. 4. 61
Manko, Bert	14. 2. 95	15. 10. 57
Bröckling, Rainer	14. 2. 95	23. 10. 61
Helbing, Ramona, ½	13. 3. 95	5. 9. 60
Leimkühler, Wolfgang	13. 3. 95	20. 6. 63
Berger, Maria Magdalena	1. 11. 95	20. 1. 55
Schuhoff, Martina	2. 11. 95	18. 4. 64
Kowalski, Freia	10. 4. 96	1. 7. 64
Kohrs, Cornelia	10. 4. 97	8. 11. 64
Möwes, Dagmar	8. 7. 96	21. 1. 65
Gräßle, Werner	25. 10. 96	21. 4. 61
Ahlborn, Birgit, beurl.	9. 12. 96	19. 9. 63
Fölsche, Ulrike	8. 8. 97	12. 11. 64
Penshorn, Peter	8. 8. 97	26. 4. 66
Dr. Gebhard, Thomas	26. 8. 97	15. 2. 65
Pfeiffer-Eggers, Angela	7. 10. 97	10. 8. 65
Kutschera, Katrin	3. 11. 97	4. 7. 63
Sander, Heike, ½	4. 11. 97	14. 7. 62
Dr. Lammer, Monika	6. 3. 98	5. 11. 62
Matulke, Imke	9. 7. 98	31. 8. 66
Ullisch, Beate	16. 9. 98	7. 9. 67
Ripplinger, Marita	19. 11. 98	14. 8. 68
Hegermann, Christina	4. 1. 99	28. 8. 69
Kreikenbohm,		
Gabriele, ½	3. 5. 99	6. 11. 67

Neukölln E 305 735
Karl-Marx-Str. 77, 12043 Berlin
12048 Berlin
T (0 30) 9 01 91–0
Telefax (0 30) 9 01 91–1 22

Planstellen s. AG Tiergarten

Moerke, Fritz, Dir	31. 1. 83	14. 8. 38
Bach, Magdalene,		
stVDir	26. 7. 90	18. 10. 38
Thoms, Klaus	—	—
Schilling, Günther	20. 3. 78	9. 6. 47
Reichart, Ulf	18. 8. 80	16. 1. 49
Wengert, Martin	1. 1. 81	2. 9. 48
Nowak, Ingelore, ⁷⁄₁₀	17. 7. 85	19. 4. 52
Rohm, Hans-Joachim	23. 2. 88	14. 12. 58
Hennings-Nowak,		
Karin, abg.	1. 6. 88	12. 5. 57
Büschelmann, Ulrich	28. 5. 93	26. 10. 57
Vollhardt, Monika	24. 8. 94	15. 12. 43
Fitkau, Hartmuth	24. 8. 94	26. 1. 58
Lemm, Cornelia	26. 9. 94	24. 2. 53
Hornung, Thomas-		
Michael	9. 10. 95	21. 7. 63
Münscher, Petra	30. 8. 96	17. 9. 64
Schlie, Christine	30. 8. 96	23. 7. 66
Stapff, Almut, ½	8. 8. 97	16. 1. 64
Jaspert, Uwe	13. 8. 97	25. 11. 63

Pankow-Weißensee E 191 848
Parkstr. 71, 13086 Berlin
T (0 30) 9 62 53–0
Telefax (0 30) 9 62 53–1 40

Familiengericht und Vormundschaftsabteilungen
Kissingenstr. 5–6, 13189 Berlin
T (0 30) 4 78 04–0
Telefax (0 30) 4 78 04–1 40

Planstellen s. AG Tiergarten

Schollmeier, Wolfgang, Dir	17. 3. 89	3. 11. 45
Bacher, Johanna, stVDir	17. 8. 95	21. 5. 39
Friedel, Peter	14. 7. 67	14. 7. 35
Silbermann, Klaus	9. 11. 79	23. 7. 48
Grabow, Michael	30. 5. 86	13. 12. 53
Gellermann, Ulrich	3. 6. 91	21. 5. 57
Willenbücher, Ursula	—	—
Kolberg, Jutta, abg.	15. 4. 93	2. 10. 60
Hahn, Ulrike	20. 6. 94	3. 5. 62
Diekmann, Andrea	4. 8. 94	8. 10. 62
Neuhauß, Sabine, abg.	26. 9. 94	8. 6. 64
Bergmann, Wewela, beurl.	26. 9. 94	6. 11. 63
Dame, Karin, beurl.	1. 11. 94	23. 7. 63
Müller, Susann	13. 12. 94	27. 10. 60
Gebhardt, Christina	2. 1. 95	8. 8. 60

Drescher, Angelika	1.11.95	5. 7.54
Daniels, Carde	12.12.95	25. 4.63
Ehrig, Birgit	30. 8.96	23. 6.57
Kucment, Claudia	13. 5.97	11.11.63
Mittler, Dagmar	26. 8.97	20. 2.65
Hagen, Stephan	3.11.97	25. 6.63
Grimm, Andreas	19. 3.98	15. 4.63
Thomas, Ralf	27. 5.98	7. 3.59
Keßeböhmer, Claudia	9. 7.98	25. 8.66
Raisch, Nicola	10. 9.98	22. 7.67
Mieth, Dorit	5. 1.99	13. 3.64

Schöneberg   E 431605
Grunewaldstraße 66–67, 10823 Berlin
10820 Berlin
T (0 30) 9 01 86–0
Telefax (0 30) 9 01 86–1 02

Planstellen s. AG Tiergarten

Frohn, Peter, Dir	5.10.77	11. 5.37
Priebe, Christiane,		
stVDir, abg.	1. 9.96	14. 3.54
Noack, Hermann, w.aufsR	5.10.94	13. 5.43
Gernoth-Schultz, Petra-		
Claudia, w.aufsR	14. 5.97	27. 4.57
Waue, Rolf	4. 7.75	4. 1.41
Lexer, Dietrich	18. 2.77	23. 9.43
Elles, Georg	18. 2.77	2. 7.45
Kärber, Christian	4. 5.77	19. 2.44
Gerloff, Karl-Michael	19. 1.78	10.11.45
Zehrer, Max-Michael	12. 7.79	28.10.46
Bressau, Hans-Jörg	—	—
Rancke-Ziemke, Susanne	12.11.80	20. 8.49
Bindokat, Heinz	16. 9.81	26. 9.46
Matthiessen, Thomas	29. 3.82	21.12.48
Warmbold, Georg	29. 9.82	13.12.50
Hauk, Brigitte	1. 7.83	31. 3.52
Lieck, Mathias	29. 9.83	21. 9.41
Nothacker, Susanne, ¾	17. 2.84	8. 1.52
Fienitz, Bettina, ½	24. 9.84	11. 3.54
Brieger, Sabine, beurl.	11.10.85	4. 4.54
Lübke, Thorsten, abg.	1. 8.89	12. 4.59
Regenhardt, Manuela	10. 3.92	4. 9.61
Ruppel, Kordula	4. 1.93	23. 6.55
Büttner, Barbara, ¾, abg.	22. 3.93	3. 2.56
Wolff, Heike, ¾	22. 9.93	17. 5.55
Baumert, Bettina	1.11.93	25. 4.62
Reumschüssel, Iris, beurl.	7. 2.94	6. 5.62
Kröger, Dorit	4. 8.94	19. 4.60
Herrmann, Dagmar	26. 9.94	29. 1.62
Marx, Silke	26. 9.94	19. 6.64
van Dieken, Sylvia	1.11.94	3. 5.63
Sommer, Ina	9.10.95	3. 4.63
Moß, Patricia	8. 5.96	5. 8.63
Block, Doris	25.10.96	3. 5.65
Dr. Willnow, Sophie	25.10.96	29. 8.65

König, Jürgen	25. 3.97	15. 7.64
Lomb, Stephan	4. 7.97	20. 4.65
Bodanowitz, Regina, ½	10. 7.97	29. 9.66
Hager, Natascha	8. 8.97	22.10.67
Dörfler, Stephan	26. 9.97	20. 6.65
Bode, Anke	26. 9.97	14. 8.66
Dr. Maier-Sieg, Eckehard	6. 1.98	12. 8.66
Eggers, Katharina, beur.	15. 4.98	22. 7.66
Brousek, Antonin	26. 5.98	4. 4.62
Dr. Hansen, Ulrike	—	
Kittner, Ingrid, beurl.	11. 9.98	26. 5.66
Hascher, Ralph	11. 9.98	21. 9.66
Weidinger, Bettina	4. 1.99	30. 7.68

Spandau   E 216681
Altstädter Ring 7, 13597 Berlin
13578 Berlin
T (0 30) 9 01 57–0
Telefax (0 30) 9 01 57–4 44

Planstellen s. AG Tiergarten

Dr. Huhs, Reiner, Dir	29. 1.97	26. 7.45
Heuer, Eva, stVDir	14. 5.97	21. 4.53
Förster, Hans-Joachim		
Schäfer, Thomas	13. 6.77	20. 2.45
Anders, Ursula	2.11.81	26.10.51
Schneider, Thomas	27. 7.88	20. 6.57
Beermann, Hans-Joachim	—	—
Olsen	—	—
Schmidt-Mrozek, Marion	8. 2.95	20. 3.59
Bruch, Annette	13.12.96	13. 3.65
Geistert, Regina	27. 5.98	21. 2.66
Böhle, Andreas	9. 7.98	7. 1.64
Holl, Roger	10. 9.98	4. 2.66
Dr. Vaupel, Heike	19.11.98	16. 2.65

Tempelhof-Kreuzberg   E 336494
Möckernstraße 128–130, 10963 Berlin
10958 Berlin
T (0 30) 9 01 75–0
Telefax (0 30) 9 01 75–2 11

Familiengericht
Hallesches Ufer 62, 10963 Berlin
T (0 30) 9 01 75–0
Telefax (0 30) 9 01 75–7 11

Planstellen s. AG Tiergarten

Wolf, Manfred, Dir	24.11.89	29. 1.37
Duske, Maria Anna, stVDir	1. 7.92	29. 6.40
Dr. Mohrmann, Uwe,		
w.aufsR	18. 9.80	25. 4.39
Bartsch, Marianne,		
w.aufsR	—	—
Vossenkämper, Rudolf,		
w.aufsR	1.11.84	19. 5.40

Held, Antje, w.aufsR	11. 5.99	31.12.53
Ditzen, Christa	14. 3.72	10. 2.38
Sijbrandij, Regina	7. 7.72	14.10.38
Rosenkranz, Axel-Lutz	15.11.72	9.10.39
Humbert, Franz-Joseph	1.12.73	21. 9.40
Fröbrich, Waltraut	—	—
Bruckmann, Ernst-Otto	1.10.74	25. 3.43
Brehme, Merve	11. 4.75	12. 1.39
Toeppen-Langhorst, Hedda	25. 9.75	2. 8.42
Winkler, Juliane	5.12.75	15. 2.45
Vogel, Harald	17. 8.76	30. 5.46
Krehnke, Gisela, ½	11.11.76	17. 8.40
Bork, Roman	16.12.76	31. 8.44
Möller-Harder, Leonore	16.12.76	1. 3.45
Meltendorf, Georg	3. 2.77	28. 9.41
Bönicke, Marina	21. 4.78	16. 1.46
Schober, Beate	5. 5.78	1. 4.48
Plothe, Jürgen	7. 6.78	1. 1.48
Dr. Stratmann, Ullrich	9. 1.79	4. 3.42
Pieda, Rainer	20. 6.79	3. 7.44
Liebert, Winfried	20. 6.79	15. 3.49
von Jagow, Detlef	1.11.79	25. 1.44
Korte, Reinhold	7. 1.80	20. 2.43
Bonk, Monika	4.11.80	15. 3.50
Fischer, Reinhard	6. 5.81	10.10.48
Reddemann, Dietmar	1.10.81	18. 4.41
von Look, Birgit	22.11.82	11.12.50
Irmscher, Anneliese	16.12.82	26. 1.51
Bartelheimer, Annette, ¾	25. 2.83	23.11.45
Richarz, Gundula	28. 3.83	5. 3.45
Bremer, Heidemarie	28. 6.84	10. 3.54
Rave-Justen, Georg	17. 7.85	5. 3.52
Schilling, Hannelore	29. 9.85	28. 8.55
Schmitz, Karl-Heinz	28. 3.86	23. 1.56
Hien, Sibylle, ¾	1. 5.86	19.12.52
Riese, Christine	17. 7.88	26. 1.59
Wagner, Barbara	—	—
Nickel, Silvia	1. 2.89	8.10.59
Laube, Thomas	6. 3.91	14. 5.58
Helmers, Ralf	25. 3.91	18.11.57
Plähn, Johann-Christian	3. 6.91	25. 2.59
Klebe, Konstanze	—	—
Raasch, Ute	1. 7.91	31. 7.59
Laws, Claudia	6. 1.92	7. 6.61
Nielsen, Ulf, abg.	6. 4.92	3. 7.59
Wegmann, Christiane, ½	3. 1.94	3. 6.62
Hinze, Monika	7. 2.94	28. 4.62
Magiera, Michael	10. 5.94	22. 8.53
Dr. Mansees, Norbert	10. 5.94	5. 1.58
Hennemann, Heike	20. 6.94	31. 5.61
Seltmann, Reiner, ½	24. 8.94	23. 9.56
Herold, Karin	—	—
Materna, Heidemarie	10.10.94	25. 2.52
Dr. Rasch, Ingeborg	13.12.94	8. 1.50
Dr. Gräfin von Schlieffen, Angela	—	—

Balschun, Martina, ⅔	12.12.95	5.11.59
Gutschalk, Claudia, ¾	14. 5.97	20.12.65
Thomas, Alexandra	27. 5.98	25.11.65
Dr. Zivier, Ezra	20. 7.98	21. 7.64
Tüxen, Grit, ½	3. 8.98	11.12.64
Dr. Röper, Bettina	19.11.98	31. 3.64
Bräutigam-Schieder, Christine	30.11.98	9. 3.65
von Hollen, Kirsten	5. 1.99	28. 6.65
Lengacher-Holl, Kirsten, ½	5. 1.99	1. 4.67
Dr. Adam, Ute	5. 1.99	27. 5.67
Dr. Paetow, Barbara	5. 3.99	24. 4.45
Klösgen, Alice	15. 9.99	9. 1.65

Wedding   E 404 361
Brunnenplatz 1, 13357 Berlin
13344 Berlin
T (0 30) 9 01 56–0
Telefax (0 30) 9 01 56–6 64

Zentrales Mahngericht
Schönstedtstr. 5, 13357 Berlin
13343 Berlin
T (0 30) 9 01 56–0
Telefax (0 30) 9 01 56–2 03

Planstellen s. AG Tiergarten

Parr, Rolf-Rüdiger, Dir	30.12.96	28.12.43
Kiedrowski, Hartmut, stVDir	26. 2.88	31. 7.45
Scheele, Wolfgang, w.aufsR	22. 3.94	30. 3.50
Falk, Norbert	14. 1.76	2. 2.43
Kuhn, Hans	1. 1.81	8. 3.51
Schwarz, Ursula	1. 1.82	30.12.41
Schulz, Renate	4. 7.83	29. 7.49
Voggenauer, Detlev, ½	22. 7.83	5.12.50
Dr. Laaser, Andreas	4. 4.85	16. 1.45
von Rabenau, Helga, abg.	15.11.85	10. 8.55
Radermacher, Wolfgang	1. 6.88	13.10.50
Kuchheuser, Hans-Ulrich	2.12.88	22. 2.55
Miodownik, Marina	24. 7.89	5. 9.56
Pott, Christine, abg.	1.10.92	3. 5.57
Busse, Annette	1. 4.93	15. 5.62
Zeidler, Irene	10. 1.94	28. 3.63
Berger, Gabriele	24. 8.94	28. 6.54
Köhnkow, Eckart	4.10.94	21. 2.56
Rößner, Tilo	13.12.94	12. 8.59
Frenzel, Gerhard, abg.	14. 2.95	13. 9.60
Dr. Sdorra, Peter	23. 5.95	15.10.59
Junge, Cathrin	23. 5.95	25.10.62
Dr. Lehmbruck, Christoph	18.10.95	29.10.59

Normann-Scheerer,			Arens, Dagmar, ½	11. 5.98	24. 5.64
Sabine, ½	29. 4.97	18.12.62	Heinau, Ingo	22. 7.98	22. 9.65
Hartmann-Koch,			Zimmermann, Cornelia	5. 1.99	8. 1.67
Friederike, ½	3.11.97	4. 9.63	Abels, Stefanie, RkrA	(2. 8.99)	5. 8.65

Staatsanwaltschaften

Staatsanwaltschaft bei dem Kammergericht

Elßholzstr. 30–33, 10781 Berlin
T (0 30) 90 15–0
Telefax (0 30) 90 15–27 27

1 GStA, 1 stVGStA, 7 LOStA, 25 OStA

Generalstaatsanwalt

Neumann, Dieter	22. 4.91	16.12.41

Leitende Oberstaatsanwältinnen/
Leitende Oberstaatsanwälte

Wolf, Gisela	28.11.91	14. 3.37
Feißel, Ulrich	28.11.91	7. 9.39
Voß-Broemme,		
Heidemarie	28.11.91	25. 5.45
Rüster, Wolfram	13. 3.95	15. 5.37
Bajohr, Jochen	13. 3.95	7.11.42
Dr. Wulff, Claus-Peter	16. 8.99	22. 2.40

Oberstaatsanwältinnen/Oberstaatsanwälte

Sietz, Michael	23. 5.85	1.10.45
Krebs, Ursula	18.12.85	5.10.42
Bäckert, Hans-Wilhelm	22.12.89	29. 4.43
Scherer, Wolfgang-Günter	25. 2.88	7. 3.39
Fröhlke, Günter	—	23. 2.47
Mehlis, Detlev	—	13. 8.49
Schweitzer, Manfred	—	12. 5.51
Wedhorn, Peter-Lucas	27. 2.92	23.11.44
Freese, Barbara	28. 2.92	6. 1.50
Kleinert, Ellen, ½, abg.	24. 4.92	16. 8.38
Eger, Norbert	15. 5.92	26. 5.50
Blombach, Michael	27.10.92	6. 6.50
Achhammer, Detlef, abg.	26. 8.94	16.11.49
Kuppe-Dörfer, Claudia	28. 4.95	10. 9.54
Hoffmann, Susanne	26. 7.95	2. 2.60
Just, Jürgen	31. 7.95	9.11.47
Burgmüller, Heike, abg.	31. 7.95	26. 4.55
Harder, Uwe	28. 7.97	8.10.97
Löbsack, Lilli, beurl.	31.10.97	30.11.41
Lentz, Karin	12.11.97	14. 8.52
Schwarz, Thomas	12.11.97	7.11.57
Schuchter, Alexander	30. 1.98	8. 5.53
Reusch, Roman	30. 1.98	3. 2.54
Köper, Bernhard	15.11.99	30. 4.50
Funk, Andreas	15.11.99	23. 3.54
Schmidt, Axel	15.11.99	10. 6.61

Staatsanwaltschaft bei dem Landgericht Berlin

Turmstraße 91, 10559 Berlin
10548 Berlin
T (0 30) 90 14–0
Telefax (0 30) 90 14–33 10
Jugendstrafsachen
Alt-Moabit 5
10557 Berlin

1 GStA, 2 stVGStA, 7 OStA/HL, 40 OStA,
37 StA/GL, 250 StA

Generalstaatsanwalt

Dr. Karge, Hansjürgen	2. 1.95	22. 5.41

Oberstaatsanwältinnen/Oberstaatsanwälte

Rother, Ralf, stVGStA,		
abg.	31. 1.95	21. 8.51
Segelitz, Ute, stVGStA	12. 8.99	12.11.43
Wolke, Bernd, HL	1.12.86	6. 6.40
Bluhm, Dieter, HL	5. 7.88	4. 2.39
Bürks, Günter, HL	27. 2.92	29. 4.37
Weber, Victor, HL	27. 2.92	10.10.37
Schmidt, Rüdiger, HL	27. 2.92	8. 9.46
Heratsch, Klaus, HL	29. 1.93	27. 7.40
Arnold, Otto, HL	18. 8.98	20. 2.45
Diederichs, Monika	10. 1.79	28. 2.39
Dirk, Klaus	16. 7.80	20.12.39
Priestoph, Matthias	29. 4.81	14. 9.41
Finder, Ekkehard	29. 4.81	10. 7.42
Kienbaum, Wolfgang	30.12.82	27. 8.43
Stange, Bernd	28. 5.86	6. 2.41
Dr. Lawatsch, Joachim	25. 2.88	21. 8.40
Heinke, Jürgen	25. 2.88	23. 7.44
Wiedenberg, Willi	22.12.89	5. 3.40
Waga, Lutz	22.12.89	5. 4.41
Fätkinhäuer, Hans-		
Jürgen	22.12.89	12.10.47
Schilling, Thomas	27. 4.90	5. 3.47
Boehm, Clemens-Maria	29.10.90	1.12.46
Debes, Klaus-Heinrich	31. 7.91	2.12.38
Großmann, Herwig	31. 7.91	19. 6.43
Fackeldey, Jürgen	31. 7.91	9. 9.43
Jahntz, Bernhard	15. 5.92	17.11.45
du Vignau, Hans-Joachim	27. 8.92	4. 1.43
Lanzenberger, Rainer	28.12.92	2. 4.48

Schulz, Detlef	28.10.93	8.10.45
Petow, Manuel	28.10.93	5. 8.50
Brocher, Bernhard	23. 3.94	28.12.54
Nenlert, Thomas	24. 8.94	15. 3.51
Schomaker-von Morsbach-		
Dube, Beate	26. 8.94	28. 8.40
Lischka, Karl-Ludwig	26. 8.94	22. 1.43
Meißner, Gottfried	26. 8.94	29.10.43
Dalheimer, Karl-Heinz	26. 8.94	14. 1.44
Klatt, Hans-Ulrich	26. 8.94	10.10.49
Zoller, Barbara	26. 8.94	21. 7.50
Dorsch, Hans-Jürgen	28. 4.95	13.10.54
Zuppke, Bernhard	30. 8.95	17. 9.51
Ernst, Karl-Georg	16. 5.97	24. 7.45
Hagemann, Ulf-Hartwig	20. 5.97	20. 2.53
Kamstra, Sjors	20. 5.97	14.12.54
Eggebrecht, Rüdiger, abg.	30. 1.98	4. 1.49
Falkenberg, Regina, beurl.	30. 1.98	21. 1.52
Verheyen, Harald, abg.	30. 1.98	18. 4.52
Liedtke, Uwe	30. 1.98	14.11.54
Schroedter, Eberhard	16. 8.99	10. 6.43

Staatsanwältinnen/Staatsanwälte (Gruppenleiter)

Messerschmidt, Hans-Peter	20. 9.91	16. 7.42
Tegtmeier, Monika	27. 8.92	26. 6.38
Jung, Hildegard	27. 8.92	6. 5.48
Gefaeller, Dagmar	28.12.92	16. 8.40
Lelle, Hermann	30. 8.94	19.10.40
Fiebig, Hansjoachim	30. 8.94	10. 4.42
Pritzel, Christiane	30. 8.94	30. 7.47
Hirsch, Thomas, abg.	30. 8.94	23. 5.50
Erdmann, Volker	30. 8.94	26. 4.55
Rolfsmeyer, Dieter	14. 9.94	14. 8.41
Dr. Mulzer, Ingeborg,		
½, abg.	31. 7.95	4. 6.46
Velde, Wolfgang	31. 7.95	31. 3.47
Steinborn, Barbara, abg.	31. 7.95	21.10.49
Wartenberg, Detlef	31. 7.95	21. 9.52
Feddern, Thorsten	31. 7.95	9.10.58
Gamrath, Götz-Peter	15. 8.95	19.11.52
Stork, Michael	15. 8.95	19. 3.54
Dettmer, Heinz	15. 8.95	29.10.55
Barucker, Wolfgang	15. 4.97	11. 3.50
Gerasch, Horst	15. 4.97	25. 1.56
Heid, Ulrike	15. 4.97	10.10.56
Wittkowski, Lutz	15. 4.97	15. 5.57
Nielsen, Sigrid, abg.	15. 4.97	27. 3.60
Bath, Ulrike, ¾	15. 4.97	29. 9.61
Gritscher	—	—
Dr. Reiff, Rüdiger	4. 5.99	3. 8.58
Heckt, Thomas	17. 5.99	12. 7.56
Reichert, Dietmar	17. 5.99	2. 1.58
Neifer, Günter, abg.	17. 5.99	7. 1.59
Spletzer, Jörg	17. 5.99	17. 3.60
Hahne, Guntram	17. 5.99	19. 8.60
Thiel	—	—

Heisig, Stefan	17. 5.99	2. 4.62
John, Karin	17. 5.99	4.10.63
Trottmann, Egon	22.12.99	25.10.53
Dr. Bath, Matthias	22.12.99	2. 2.56
Junicke, Daniel	22.12.99	17.12.59
Knispel, Ralph	22.12.99	17. 9.60
Hausmann, Rudolf	22.12.99	24. 6.61
Dr. Schneider, Hartmut		
abg.	22.12.99	26. 8.61
Raupach, Jörg, abg.	22.12.99	29. 3.62
Krauth-Thielmann,		
Susanne	22.12.99	2. 7.64

Staatsanwältinnen/Staatsanwälte

Cremer, Klaus	1. 3.73	27. 4.38
Riebschläger, Hannelore, ½	10. 9.73	6. 6.41
Lehmann, Sibylle	11. 9.73	16. 4.42
Hampel, Dietmar	26. 4.74	31. 7.41
Bratke, Rainer	4. 5.77	21. 7.46
Burk, Matthias	23.11.77	11.12.43
Wallpach-Ernst, Claudia, ½	11. 1.79	21. 1.48
Klee, Carmen	15. 9.80	8. 7.49
Koerner, Carl-Friedrich	3. 6.81	17. 9.48
Gerlach, Brigitte	9. 6.81	30. 3.52
Groth, Gervin	21. 8.81	9. 4.42
Beuermann, Silvia, ⅔, abg.	3. 1.83	2. 6.54
Köthe-Eberhard, Cornelia	19. 5.83	25.12.51
von Niewitecki, Rolf-Bogus	22. 9.83	25. 3.54
Gertig, Gisela	20.10.83	22. 6.51
Pauldrach, Ilse-		
Christine, ¾	15.12.83	23.11.52
Buschhoff, Sebastian	19.12.83	1. 8.51
Fais, Cornelia	24. 9.84	12. 3.54
Masson, Dagmar	21.12.84	6. 9.54
Gertych, Gabriele, ½	28. 3.86	15. 3.55
Ulbrich, Detlef	27. 3.88	10. 8.57
Weber, Bianca Katrin, ½	6.10.89	27. 4.59
Schröder-Bogdanski,		
Bettina	28. 1.91	16. 5.59
Schulze, Andreas	5.11.91	10. 4.61
Cipulis-Levitz, Ilze	3. 2.92	7. 2.57
Weidemann, Manfred	4. 2.92	22. 5.54
Marx, Jürgen	27. 5.92	22. 6.60
Broschat, Ronald	15.12.92	5. 1.62
Kirstein, Wolfgang, abg.	22. 3.93	24. 1.59
Gaedtke, Matthias	1. 6.93	9. 1.62
Dr. Simgen, Dennis	2. 8.93	6.12.61
Wiest, Christa	2. 9.93	29. 7.59
Day, Christina, beurl.	1.10.93	15. 4.61
Krüger, Reiner	1.10.93	26.10.61
Trotzsch, Kerstin	1.10.93	7. 5.63
Bauer, Georg	1.11.93	9.10.61
Christowzik, Jürgen	22.11.93	11. 4.61
Sohnrey, Günter	22.11.93	29.10.61
Köhler, Claudia	13. 1.94	4. 8.61
Junker, Vera	7. 2.94	1. 6.61

Damm, Gerhard	8. 3. 94	13. 6. 58
Eisenbach, Gerhard	23. 3. 94	11. 5. 58
Braun, Myriana	6. 4. 94	13. 3. 62
Behlert, Jacqueline	18. 4. 94	26. 2. 63
Deike, Kerstin	3. 5. 94	6. 3. 61
Kaymakcioglu, Hiristo	10. 5. 94	1. 7. 60
Karl, Ines	6. 6. 94	4. 8. 64
Böhm, Annette	9. 6. 94	31. 12. 60
Kurrek-Stemmann, Gabriela, beurl.	9. 6. 94	31. 5. 62
Kühn, Ingo	9. 6. 94	31. 10. 62
Borgas, Anette	9. 6. 94	15. 2. 63
Wegmarshaus, Jens	20. 6. 94	2. 3. 61
Feuerberg	—	—
Hoffmann, Jana	20. 6. 94	15. 6. 63
Klockgether	—	—
Engeholm, Karin	1. 7. 94	29. 7. 61
Gögge, Corinna	1. 7. 94	30. 1. 63
Linke, Thomas	14. 7. 94	9. 9. 63
Brundage, Birgit	26. 9. 94	26. 7. 55
Woitkowiak, Karena, beurl.	26. 9. 94	21. 1. 61
Hammerschmidt, Christine, beurl.	26. 9. 94	3. 6. 63
Hagedorn, Heike	17. 10. 94	5. 3. 61
Schoppmeier, Martina, beurl.	17. 10. 94	27. 9. 61
Wrede, Wolfgang	17. 10. 94	17. 1. 62
Klusenwerth, Dagmar	17. 10. 94	6. 6. 62
Machel, Harald	24. 10. 94	10. 2. 59
Kroll, Johannes	24. 10. 94	2. 10. 62
Zissel, Susanne, ¾	4. 11. 94	23. 1. 60
Lange-Lichtenheld, Brigitte	21. 11. 94	9. 12. 51
Baer-McIlvaney, Georgia	29. 11. 94	12. 9. 53
Kabowski, Peter	6. 12. 94	30. 4. 54
Kamuf, Veronika, ½	6. 12. 94	16. 1. 56
Deike, Michael	6. 12. 94	8. 4. 59
Simons, Volker	6. 12. 94	10. 2. 60
Sommer, Karsten	6. 12. 94	14. 3. 62
Eichhorn, Frank-Ulrich	18. 1. 95	1. 8. 60
Schmid, Bernhard	18. 1. 95	15. 7. 60
Klöpperpieper, Dirk	18. 1. 95	13. 10. 60
Rostowski, Wolfgang	24. 1. 95	13. 4. 59
Wendler, Kerstin	24. 1. 95	7. 5. 64
Schultze, Sabine	31. 1. 95	6. 2. 61
Bittig, Anke	31. 1. 95	5. 12. 64
Oetting, Karsten	15. 2. 95	25. 10. 59
Artinger, Josef	15. 2. 95	30. 10. 59
Hoffmann, Elke, beurl.	15. 2. 95	21. 4. 61
Meier, Christiane	15. 2. 95	31. 10. 62
Kelpin, Björn	13. 3. 95	1. 9. 60
Fiebig, Andreas	3. 4. 95	30. 11. 58
Müller, Monika, ¾	4. 4. 95	7. 5. 61
Wedhorn, Birgit	18. 4. 95	3. 3. 62
Ballwieser-Zacharias, Sabine, ½	18. 4. 95	17. 12. 62

Junge, Thomas	2. 5. 95	7. 4. 62
Twachtmann, Ingrid	2. 5. 95	18. 5. 63
Wetzel, Jörg	12. 5. 95	25. 7. 62
Fettweis, Eva	12. 5. 95	16. 2. 63
Jäger, Ute	23. 5. 95	3. 7. 64
Lorke, Christian	2. 6. 95	5. 11. 62
Wolf, Stefan	26. 6. 95	6. 12. 61
Hörning, Steffen	28. 6. 95	18. 8. 60
Freund, Holger	3. 7. 95	22. 5. 62
Zimmerling, Christoph	17. 7. 95	7. 6. 57
Luxa, Thorsten	17. 7. 95	24. 6. 64
Brunnstein, Michael	1. 8. 95	3. 5. 62
Lemke, Petra	1. 8. 95	3. 11. 63
Fournes, Susanne	1. 8. 95	18. 2. 64
Hylton, Kerstin, beurl.	1. 8. 95	31. 3. 64
Marth, Beate	15. 8. 95	25. 11. 65
Sodemann, Birgit, ¾	17. 8. 95	10. 10. 62
Dittrich, Martina, beurl.	1. 9. 95	15. 12. 58
Krüger, Joachim	1. 9. 95	8. 10. 59
Lühning, Silvia	1. 9. 95	8. 10. 61
Herbeth, Simone	1. 9. 95	5. 11. 64
Lubbas, Roland	6. 9. 95	5. 2. 61
Krause, Stefan	6. 9. 95	15. 11. 62
Hochberg, Veit	5. 10. 95	2. 8. 62
Bernauer, Martin	9. 10. 95	23. 4. 58
Martin, Vera	9. 10. 95	1. 7. 59
Sadri-Herzog, Janine, ½, abg.	9. 10. 95	7. 2. 61
Wortmann, Sabine	—	—
Volkmar, Karin	9. 10. 95	15. 7. 62
Mosig, Ulrike	9. 10. 95	7. 8. 63
Dobes, Johanna	9. 10. 95	23. 11. 63
Kubiessa, Bernd	9. 10. 95	15. 3. 64
Leister, Petra	9. 10. 95	17. 7. 64
Hennicke, Roland	1. 11. 95	20. 3. 63
Siepen, Brigitte	1. 11. 95	22. 5. 63
Stolze, Christine	1. 11. 95	24. 2. 65
Benrath, Anke	8. 11. 95	21. 2. 62
Albers, Reinhard	15. 11. 95	8. 8. 62
Radziejewski, Antje	20. 11. 95	5. 1. 66
Mendrina, Hildegard	12. 12. 95	16. 6. 60
Cloidt, Thorsten	12. 12. 95	6. 6. 62
Wißmann-Koch, Elke	12. 12. 95	4. 7. 62
Gross, Bettina	12. 12. 95	8. 11. 62
Storm, Uwe	12. 12. 95	8. 5. 63
Mauch, Herbert	19. 12. 95	26. 11. 58
Gierse, Bernhard	5. 1. 96	16. 5. 61
Schulz-Spirohn, Thomas	5. 1. 96	23. 11. 63
Rüppel, Reinhard-Ulrich	1. 2. 96	11. 10. 55
Ritter, Elke	1. 2. 96	23. 7. 60
Knop, Sylvia	—	—
Pervelz, Mechthild, beurl.	7. 3. 96	5. 11. 62
Hartmann, Marcus	25. 3. 96	28. 1. 63
Lepping, Andrea	25. 3. 96	5. 10. 63
Drax-MacEwen, Cosima, ½	25. 3. 96	3. 11. 63
Ludwig, Frank	1. 4. 96	11. 4. 63

Voigt, Adrian	1. 4.96	17.10.65
Herfert, Andreas	3. 4.96	18. 8.62
Waclaw, Christiane, ½	11. 4.96	11. 1.59
Slota, Silke, beurl.	11. 4.96	17. 4.65
Blankenheim, Manuela	15. 4.96	31. 8.59
Trepte, Uwe	15. 4.96	7. 9.61
Laub, Martin	22. 4.96	27.12.63
Uhlenbruck, Ruth	22. 4.96	26. 7.64
Mittelbach, Andreas	7. 6.96	11. 1.62
Kunze, Klaus	7. 6.96	20. 8.62
Eickelmann, Bettina	14. 6.96	21. 5.61
Friedewald, Susanne	14. 6.96	3. 2.62
Patt, Bettina, beurl.	20. 6.96	7.10.60
Rapp, Bernd	20. 6.96	4. 8.61
Loos, Frank Peter	20. 6.96	19. 9.62
Daue, Sascha	20. 6.96	19. 8.63
Nören, Saskia, beurl.	24. 6.96	4. 3.63
Tombrink, Eva-Maria, beurl.	4. 9.96	4. 9.65
Elmdust, Bijan	5.11.96	30.12.60
Walther, Bettina, beurl.	8.11.96	5. 2.61
Braun-Kolle, Maria	19.12.96	5. 7.62
Weiß, Kornelia	10. 2.97	5.12.61
Behrends, Jochen	10. 2.97	8. 4.63
Löser, Astrid	10. 2.97	11.10.64
Rebentisch, Matthias	10. 2.97	22. 5.65
Fels, Thomas	21. 2.97	27. 9.65
Jaeger, Ingrid	6. 3.97	6. 6.64
Nilles, Monika	14. 3.97	9. 6.59
Hovi, Tarvo	14. 3.97	27. 9.59
Hellmeister, Sylvia	14. 3.97	7. 3.61
Greger, Raphael	14. 3.97	5. 8.64
Kinder, Ina, ½	14. 3.97	6.12.65
Albrecht, Hans	24. 3.97	1.11.50
Erfurt, Michael	24. 3.97	2. 8.62
Steltner, Martin, tw. abg.	5. 5.97	20. 4.60
Trimpert, Stefan	5. 5.97	12. 9.61
Leipzig, Thomas	5. 5.97	26.11.62
Hanfeld, Andrea	20. 5.97	28. 1.64
Simons, Susanne	3. 6.97	15. 4.63
Ante, Thomas	3. 6.97	28. 5.66
Vollmer, Roland	10. 6.97	22.10.61
von Hagen, Michael	24. 6.97	31.12.62
Krause, Karin	24. 6.97	18.11.66
Voskamp, Brigitte	1. 7.97	11. 5.65
Domuradt-Reichert, Kirsten, beurl.	14. 7.97	2. 2.63
Dillinger, Petra	14. 7.97	10. 1.66
Gerards, Ingrid	29. 7.97	20. 3.63
Hoffmann, Andrea	1. 9.97	30. 4.64
Eckert, Andreas	26. 9.97	4.11.65
Raddatz, Brigitte	15.10.97	11. 2.66
Krüger, Thomas	18.12.97	16.11.65
Weidling, Matthias	2. 2.98	30. 9.67
Heitmann, Jörn	9. 2.98	1. 8.62
Wuttke, Andreas	9. 2.98	16. 2.64

Neudeck, Thorsten	3. 3.98	13. 6.67
Schmidt-Etzbach, Bettina	13. 3.98	11. 1.67
Sack, Marco	26. 5.98	19. 1.62
Hiemer, Daniela	25. 6.98	6. 2.67
Dr. Hawkes, David	—	—
Scheder, Silke	6. 7.98	16. 2.66
Anselmann, Dietmar	22. 7.98	12. 2.66
Eckert, Dirk	3. 8.98	15. 5.63
Wurm, Christoph	3. 8.98	21. 6.63
Schmitz-Dörner, Susanne	3. 8.98	22. 9.64
Flander, Claudia	3. 8.98	1. 6.66
Haensch, Almuth	3. 8.98	19. 3.67
Gerberding, Dirk	3. 8.98	2. 5.68
Sippel, Nicolas	17. 8.98	29.11.64
Lamb, Martina	17. 8.98	19. 5.66
Gerhardt, Patricia	17. 8.98	1. 7.66
Dr. Reitmaier, Andrea	1. 9.98	18. 4.62
Geringswald, Anja	1. 9.98	23. 8.66
Benedix, Heidemarie	3. 9.98	14.10.57
Prager, Thomas, beurl.	3. 9.98	17. 9.63
Henjes, Holger	16. 9.98	15. 5.65
Ritter-Victor, Annegret	9.10.98	22. 6.66
Halling, Oliver	3.11.98	7. 8.63
Freifrau von Thüngen-Reichenbach, Gabriele	3.11.98	4.11.63
Glage, Martin	3.11.98	20. 7.65
Gintaut, Annette	3.11.98	16.11.68
Spatzierer, Kerstin	18.11.98	21.10.65
Mohr, Frank	18.11.98	16. 3.67
Grunwald, Michael	18.11.98	1. 8.68
Oelert, Uta, beurl.	18.11.98	14.12.68
Trenkle, Claudia	1.12.98	9. 5.64
Schmitz-Dörner, Monika	1.12.98	5. 7.64
Horstmann, Dieter	1.12.98	25.12.65
Witte, Michael	5. 1.99	13.10.62
Fenner, Matthias	5. 1.99	20. 8.65
Fischbach-Obst, Jutta, beurl.	5. 1.99	15. 6.67
Kreienbaum, Claudia, beurl.	15. 1.99	13. 6.66
Zissel, Thomas	15. 2.99	11. 9.58
Groß, Bernhard	16. 8.99	14. 9.62
Bocker, Uwe	15.11.99	13. 3.58
Sohni-Nickelsen, Gabriele, ½	15.11.99	8. 9.61

Amtsanwaltschaft Berlin

Kirchstr. 6
10557 Berlin
T (0 30) 90 14–0
Telefax (0 30) 90 14–61 11

2 OStA

Oberstaatsanwältin/Oberstaatsanwalt

Kordaß, Marita, LdA	11. 3.92	19. 5.40
Schmidt, Heinz-Jürgen	1. 8.95	11. 5.41

Richterinnen/Richter und Staatsanwältinnen/Staatsanwälte im Richterverhältnis auf Probe

Emmerling de Oliveira,		
Nicole, beurl.	29. 12. 89	5. 1. 60
Tengler, Martina, beurl.	10. 3. 92	28. 7. 62
Dahlmann-Dietrichs,		
Helga, beurl.	23. 6. 92	5. 5. 63
Sehrig, Elisabeth, beurl.	30. 8. 93	28. 5. 64
Freifrau von Hammerstein,		
Felicitas, ½	3. 2. 94	7. 6. 61
Schmidt, Cornelia, beurl.	21. 3. 94	14. 3. 65
Boström-Katona,		
Katharina, beurl.	20. 6. 94	13. 2. 63
Brüning, Sybille, ½	13. 3. 95	20. 3. 65
Rumpff, Antje, beurl.	19. 6. 95	21. 8. 64
Ratay, Ines, beurl.	19. 6. 95	5. 10. 67
von Bismarck, Swetlana,		
beurl.	9. 10. 95	10. 4. 65
Wortmann, Susanne, beurl.	1. 11. 95	5. 4. 66
Schmidt, Astrid, beurl.	1. 11. 95	19. 4. 68
Voigt, Marianne, ½	29. 11. 95	9. 12. 66
Grohmann, Sandra, abg.	28. 2. 97	20. 4. 68
Dr. Elzer, Oliver	1. 4. 97	20. 2. 67
Lickleder, Florian	13. 5. 97	8. 2. 65
Preuß, Kerstin	13. 5. 97	3. 3. 65
Dörre, Gregor	13. 5. 97	6. 1. 66
Balzer, Birgit, ½	13. 5. 97	20. 10. 67
Behrendt, Matthias	13. 5. 97	25. 3. 68
Kaehne, Tobias	13. 5. 97	3. 6. 68
Uerpmann, Katrin, abg.	13. 5. 97	11. 1. 69
Wischer, Annette	26. 5. 97	26. 7. 67
Arndt, Andreas	3. 6. 97	17. 7. 66
Wyes-Scheel, Claudia	3. 6. 97	4. 9. 67
Goes, Annegret	7. 7. 97	16. 4. 64
Radu, Magnus	11. 7. 97	8. 11. 64
Dr. Marlow, Sven	11. 7. 97	6. 3. 67
Bugge, Marion	11. 7. 97	5. 6. 67
Linke, Christine, beurl.	11. 7. 97	6. 9. 67
Gärtner, Kerstin	11. 7. 97	18. 6. 68
Dr. Simmler, Christiane	11. 7. 97	2. 6. 69
Dr. Stephan, Viola-		
Dorothee	15. 7. 97	16. 6. 67
Johanning, Nina, ½	15. 7. 97	16. 4. 68
Haas, Rona	12. 8. 97	21. 2. 67
Müller-Gebert, Matthias	12. 8. 97	7. 6. 69
Dr. Teschner, Anja	26. 8. 97	31. 10. 66
Pützhoven, Reiner	1. 10. 97	13. 4. 67
Opitz, Ulrike	9. 10. 97	21. 8. 67
Hübner, Annika Ulrike	4. 11. 97	23. 2. 68
Dr. Keune, Antje	4. 11. 97	28. 6. 68
Eisenhardt, Annette	4. 11. 97	27. 8. 68
Dr. Suilmann, Martin	28. 11. 97	5. 9. 65
Röder, Marek	28. 11. 97	12. 1. 67
Herb, Alexandra	28. 11. 97	27. 8. 67
Leinweber, Stefan	28. 11. 97	8. 11. 67
Dr. Lang, Iris	28. 11. 97	1. 4. 68
Nowak, Norbert	28. 11. 97	25. 8. 68
Maus, Charlotte Karin	28. 11. 97	29. 3. 70
Cirener, Gabriele	2. 12. 97	30. 11. 66
Faust, Ariane	10. 12. 97	2. 3. 63
Dr. Schlosser, Regina	14. 1. 98	21. 11. 63
Gutowski, Frank	14. 1. 98	13. 3. 69
Zintl, Marc	14. 1. 98	30. 1. 71
Lehmann, Friederike	2. 2. 98	23. 2. 68
Dr. Lüpfert, Johanna	24. 4. 98	30. 4. 67
Brinsa, Sebastian	24. 4. 98	1. 10. 67
Bach, Heike	24. 4. 98	16. 7. 70
Knecht, Alexandra	24. 4. 98	4. 9. 70
Dombrowski, Nascha	22. 5. 98	2. 12. 66
Hild, Hartmann	26. 5. 98	21. 6. 67
Dr. Menne, Martin	3. 6. 98	11. 1. 63
Mosbacher, Andreas	3. 6. 98	14. 2. 67
Reinke, Michael	3. 6. 98	30. 12. 67
Heichel-Vorwerk, Martina	3. 6. 98	23. 8. 69
Bienroth, Gunther	24. 7. 98	4. 8. 66
Weiß, Steffen	24. 7. 98	1. 5. 70
Fröbrich, Monika	24. 7. 98	24. 8. 71
Schäfer-Hundt, Heike	24. 7. 98	30. 8. 71
Dr. Albers-Frenzel,		
Bettina, beurl.	3. 8. 98	29. 10. 64
Dr. Globig, Daniel	16. 9. 98	2. 9. 67
Ader, Stefanie	16. 9. 98	2. 7. 69
Bunse, Anja	16. 9. 98	20. 2. 70
Munt, Silke	16. 9. 98	22. 7. 70
Niehues, Karen	16. 9. 98	30. 6. 71
Kling, Achim	17. 9. 98	20. 3. 68
Bebensee, Stefan	17. 9. 98	8. 3. 70
Jekutsch, Denise	17. 9. 98	30. 7. 70
Gramse, Gerold-Rüdiger	17. 9. 98	3. 11. 70
Schmidt, Katrin	17. 9. 98	18. 2. 71
Dr. Borgmann, Matthias	21. 9. 98	29. 5. 58
Lang, Stefan	21. 9. 98	23. 11. 59
Krause, Marianne	1. 10. 98	15. 1. 68
Cirkel, Johannes	—	—
Schmidt, Holger	24. 11. 98	23. 10. 67
Stabenow, Klaus	24. 11. 98	21. 6. 69
Bach, Claudia	24. 11. 98	21. 6. 69
Vogel, Stefanie	24. 11. 98	13. 2. 70
Kunert, Kristina	24. 11. 98	27. 12. 70
Seifert, Ulrike	24. 11. 98	25. 2. 71
Kett, Uwe	1. 12. 98	11. 6. 62
Dr. Hansen, Kirsten-Pia	4. 1. 99	21. 1. 65
Biesterfeld, Dietlind	4. 1. 99	1. 4. 68
Dr. Zarrinbal, Sandra	4. 1. 99	16. 5. 68

Baum, Alexandra	4. 1.99	9. 1.69	Hilse, Kerstin	1. 7.99	12. 5.72
Vogel, Martin	4. 1.99	23.12.69	Braunschweig, Thorsten	12. 7.99	6. 8.69
Hückstädt, Wiebke	4. 1.99	22. 6.70	Mathiak, Christine	20. 7.99	25.10.71
Mandel, Silke	4. 1.99	22. 7.70	Burrack, Ina	1. 8.99	3. 4.71
Gruß, Kerstin	4. 1.99	19.10.70	Dr. Roloff, Stefanie	2. 8.99	11. 7.67
Becker, Kerstin	4. 1.99	2.12.70	Tegeder, Jörg	2. 8.99	21. 4.68
Holst, Andrea	4. 1.99	6.12.70	Kettelhut, Jörg	2. 8.99	30. 6.69
Pramor, Delia	4. 1.99	14. 5.72	Richter, Robert	2. 8.99	19.11.69
Schmidt-Faust, Katrin	11. 1.99	27. 9.68	Jorcke, Philine	2. 8.99	18. 8.70
Engelbart, Anke	18. 1.99	20. 1.65	Retzlaff, Björn	2. 8.99	12. 9.70
Dr. Cypra, Peter	18. 1.99	9. 2.66	Klamandt, Frank	2. 8.99	6. 2.71
Dr. Fey, Teassa	1. 2.99	14. 5.68	Ernst, Barbara	2. 8.99	11. 2.71
Witt-Klein, Isabel	1. 2.99	6. 1.69	Engel, Patrizia	2. 8.99	7. 3.71
Amelsberg, Uwe	8. 2.99	17. 2.67	Dr. Busch, Sylvia	2. 8.99	18. 6.71
Bäuml, Robert	8. 2.99	19. 7.68	Stache, Tanja	16. 8.99	8. 3.69
Samel, Kai-Christian	15. 2.99	29.10.68	Liebau, Sören	23. 8.99	31. 7.70
Dr. Wichert, Joachim	1. 3.99	7. 1.62	Dr. Nowosadtko, Volker	20.10.99	23. 1.68
Siemon, Dirk	8. 3.99	24. 7.67	Lempa, Harald	20.10.99	3.12.68
Kansteiner, Sven	8. 3.99	24. 5.68	Profitlich, Gregor	20.10.99	28. 8.69
Moebius, Isabella	8. 3.99	6. 9.68	Dr. Biewer, Anja	20.10.99	22.10.69
Dr. Bauernfeind, Stefan	8. 3.99	17.12.68	Dr. Liedke, Michael	20.10.99	26. 1.70
Reifenrath, Ralf	8. 3.99	22. 1.69	Kleber, Kai-Uwe	20.10.99	2.12.70
Bornemann, Wolfram	8. 3.99	24. 2.69	Messer, Knut	20.10.99	11. 4.71
Rakebrand, Joachim	8. 3.99	25. 9.69	Clausen-Schmidt, Verena	20.10.99	28. 8.71
Schulte, Christian	8. 3.99	14.10.69	Siebrecht, Guido	20.10.99	9.12.71
Dirks, Anke	8. 3.99	11. 1.70	Kokoschka, Vera	20.10.99	14. 3.72
Hornburg, Anja	8. 3.99	29. 4.70	Maiazza, Johannes Robert	20.10.99	14. 5.72
Steitzer, Jörn	8. 3.99	29. 4.71	Grandke, Ines	20.10.99	2. 6.72
Eppert, Sabine	8. 3.99	11. 4.72	Höhn, Sebastian	20.10.99	12. 9.72
Stahlmann, Anke	1. 4.99	30. 1.67	Kunitz, Sandra	20.10.99	12.11.72
von Drenkmann, Alexander	1. 4.99	1. 3.70	Noack, Kerstin	20.10.99	26. 4.73
Dr. Düffer, Tina	3. 5.99	23. 9.71	Dr. Schlette, Volker	1.11.99	23. 6.61
Mix, Bernhard	3. 5.99	4.10.72	Dr. Ernst, Rüdiger	1.11.99	28.12.64
Kriegler, Martina	3. 5.99	9.12.72	Fürter, Thorsten	1.11.99	25. 4.70
Noeres, Anja	17. 5.99	23.10.66	Knaak, Katharina	1.11.99	20. 1.71
Maahs, Christiane	17. 5.99	5.10.68	Dr. Morgenstern,		
Niemann, Heike	17. 5.99	2. 3.69	Henrike, abg.	6. 1.00	3. 7.68
Lesniewski, Ralph	17. 5.99	13. 4.71			
Berndt-Benecke, Uta	17. 5.99	25. 4.71	*Staatsanwälte z.A.*		
Ioakimidis, Ariadne	1. 6.99	26. 6.70	Kimpler, Jutta, beurl.	15. 8.95	16. 9.64
Reichenbecher, Zeno, beurl.	1. 6.99	15. 8.70	Götz, Katrin, ½	16. 8.99	17.10.68
Eschhaus, Katharina	1. 7.99	16. 9.70	Dr. Schmitt, Verena,		
Schad, Domenica	1. 7.99	4.11.70	beurl.	16. 8.99	8. 2.69

Brandenburg

2 592 466 Einwohner*

Ministerium der Justiz und für Europaangelegenheiten

Heinrich-Mann-Allee 107, 14460 Potsdam
Heinrich-Mann-Allee 107, 14473 Potsdam (Fracht- und Paketverkehr)
T (03 31) 8 66–0, Telefax (03 31) 8 66 30 80 oder 8 66 30 81
1 Min, 1 StSekr, 4 MinDgt, 15 MinR, 1 PrLaJPrA, 10 RD, 5 ORR, 1 RR, 14 RegAng

Minister

Prof. Dr. Schelter, Kurt   13. 10. 99   26. 9. 46

Staatssekretär

Stange, Gustav-Adolf   27. 10. 99   4. 4. 40

Ministerialdirigentin/Ministerialdirigenten

Dr. Lemke, Michael	20. 12. 91	19. 4. 44
Dr. Schatzmann, Jürgen	1. 1. 94	5. 2. 41
Bethkenhagen, Jochen	1. 8. 96	21. 10. 45
Greve, Gitta	1. 5. 97	27. 8. 49

Ministerialrätin/Ministerialräte

Schenck-Giere, Ursula	26. 10. 92	4. 10. 37
Dr. Freiherr von		
Falkenhausen, Alexander	1. 11. 94	16. 11. 43
Leppin, Rudolf	1. 6. 96	20. 5. 42
Koldehoff, Manfred	1. 6. 96	1. 2. 53
Dr. Trimbach, Herbert	1. 5. 97	18. 8. 54
Jonas, Peter	1. 11. 98	16. 9. 50
Borchert, Hans-Ulrich	1. 12. 98	16. 8. 49
Graf von Bernstorff,		
Cornelius	1. 4. 92	9. 3. 42
Auer, Klaus	1. 11. 94	20. 10. 43
Balint, Wolfgang	19. 12. 94	27. 9. 51
Richardt, Bernd	—	—
Reichard, Friedrich, beurl.	1. 5. 97	9. 4. 39
Kneifel-Haverkamp,		
Reiner	1. 12. 97	28. 10. 58
Dr. Dopslaff, Ulrich	1. 10. 98	23. 12. 43
Paul, Christiane	1. 8. 99	18. 2. 53

Regierungsdirektorinnen/Regierungsdirektoren

Derbach-Jüpner, Marita, ½	1. 1. 94	11. 4. 57
Weike, Jörg	1. 5. 97	18. 5. 42
Staats, Robert	1. 2. 99	9. 4. 63
Küper, Klaus	1. 8. 97	9. 6. 51
Höber, Gesine	1. 12. 97	2. 7. 49
Krüger, Elke	1. 7. 99	22. 11. 57

Referatsleiterinnen/Referatsleiter (RegAng)

Oehme, Hannelore	26. 3. 91	23. 10. 38
Dr. Schmitt, Gisela	1. 5. 91	21. 11. 42
Dr. Domke, Helmut	1. 1. 96	11. 6. 43

Referentin/Referenten
Regierungsdirektorin/Regierungsdirektoren

Ballewski, Gerhard	1. 6. 96	3. 12. 43
Korn, Helmut	1. 7. 97	12. 2. 45
Dr. Hennig, Marianne	1. 7. 97	9. 8. 58
Dr. Schaumburg,		
Michael	—	—

Oberregierungsrätinnen/Oberregierungsräte

Dr. Weis, Christine	1. 6. 97	26. 1. 52
Hohlfeld, Eva	1. 7. 97	24. 3. 44
Biermann, Karl Bernd	1. 8. 98	16. 9. 59
Herda, Karsten	1. 8. 98	7. 10. 42
Dr. Teipel, Birgit	1. 12. 99	9. 9. 64

Regierungsrätin

Klich, Monika   —   —

Regierungsangestellte

Wettstädt, Rolf	1. 7. 90	18. 2. 51
Dr. Seidel, Frank	17. 4. 91	16. 2. 39
Freier, Michael	18. 4. 91	11. 8. 44

Groß, Detlev	1. 6. 95	20. 4. 62	
Block-Weinert, Petra	20. 7. 98	7. 2. 62	
Schmitt, Harald	1. 12. 99	21. 11. 68	
Dr. Wenig, Marcus	1. 2. 99	30. 11. 66	
Dietrich, Heidrun	—	—	
Römer, Thomas	—	—	

Schuhmann, Barbara — —
Dr. Brandenburg, Ingrid — —

Justizprüfungsamt des Landes Brandenburg
Präsident

Dr. Schatzmann, Jürgen   19. 10. 93   5. 2. 41

Oberlandesgerichtsbezirk
Brandenburg a.d. Havel

Bezirk: Land Brandenburg

4 Landgerichte:

Cottbus, Frankfurt (Oder), Neuruppin, Potsdam

Kammern für Handelssachen:
Cottbus 2, Frankfurt (Oder) 2, Neuruppin 2, Potsdam 2

25 Amtsgerichte

Schöffengerichte: bei allen Amtsgerichten

Familiengerichte: bei allen Amtsgerichten

Landwirtschaftssachen sind den Amtsgerichten als Landwirtschaftsgerichte wie folgt zugewiesen:

a) dem Amtsgericht Guben für den Landgerichtsbezirk Cottbus,
b) dem Amtsgericht Fürstenwalde für den Landgerichtsbezirk Frankfurt (Oder),
c) dem Amtsgericht Neuruppin für den Landgerichtsbezirk Neuruppin,
d) dem Amtsgericht Königs Wusterhausen für den Landgerichtsbezirk Potsdam

Schiffahrtsgericht: Amtsgericht Brandenburg a.d. Havel

Brandenburgisches Oberlandesgericht

E 2 592 466
Gertrud-Piter-Platz 11, 14770 Brandenburg a. d. Havel
14767 Brandenburg a.d. Havel
T (0 33 81) 3 99–0, Telefax (0 33 81) 3 99–0, Fax: 3 99–3 50/3 60
1 Pr, 1 VPr, 13 VR, 46 R einschl. 1 UProf; 2. Hauptamt

Präsident

Dr. Macke, Peter	1. 12. 93	26. 11. 39

Vizepräsident

Dr. Farke, Wolfgang	1. 5. 99	2. 12. 45

Vorsitzende Richterin/Vorsitzende Richter

Frechen, Helmut	1. 12. 93	29. 8. 37
Schäfer, Christian	1. 12. 93	16. 1. 38
Bietz, Hermann	1. 12. 93	27. 5. 38
Beilich, Bernhard	1. 12. 93	22. 8. 39
Kühnholz, Peter	1. 12. 93	25. 1. 40
Goebel, Hermann-Josef	1. 12. 93	8. 4. 46
Bunge, Bettina	1. 12. 93	18. 10. 47
Schael, Wolfgang	1. 5. 95	1. 11. 47
Pastewski, Erich	2. 5. 95	19. 10. 48
Kahl, Wolf	1. 8. 97	8. 2. 50
Seidel, Gernot	1. 8. 99	11. 12. 42
Röper, Jürgen	1. 1. 99	3. 7. 37

Richterinnen/Richter

Gemeinhardt, Ulf	1. 12. 93	2. 9. 44
Dr. König, Hartmut	1. 12. 93	23. 11. 45
Prof. Dr. Wittmann, Roland (UProf, 2. Hauptamt)	1. 1. 94	18. 8. 42
Dr. Zoller, Friedrich	1. 10. 94	20. 6. 46
Berger, Ursula	1. 10. 94	7. 5. 53
Hütter, Joachim	1. 4. 95	1. 2. 57
Gottwaldt, Klaus-Jürgen	1. 11. 95	25. 6. 46
Kiepe, Ellen	—	—
Fischer, Hans Albrecht	1. 11. 95	24. 11. 46
Hein, Wolfram	—	—
Groß, Martin, abg.	1. 11. 95	14. 2. 59
Dr. Herrmann, Ulrich, abg.	1. 11. 95	2. 7. 60
Wendtland, Holger	1. 11. 95	10. 1. 61
Kuhlig, Volkmar	1. 11. 95	21. 4. 61
Rohrbach-Rödding, Gesine	1. 1. 96	3. 5. 60
Tombrink, Christian	1. 4. 96	2. 5. 63

135

Boiczenko, Michael	1. 6.96	27.10.51
Clavée, Klaus-Christoph	1. 6.96	7.12.58
Ebling, Wilhard	—	—
Langer, Michael	1. 6.96	9. 1.58
Seifert, Thomas	1. 6.96	27. 1.58
Pisal, Ramona	1. 6.97	6. 8.57
Surkau, Sigrid	15. 7.97	25. 3.52
Dr. Werr, Cornelia	1. 1.98	12. 9.50
Pliester, Rembert	5. 1.98	28. 6.61
Kosyra, Alexandra	1. 1.99	29. 6.53
Jalaß, Dietmar	—	—
Braunsdorf, Thomas	1. 8.99	1. 1.54
Dr. Schäfer, Ingrid	1. 8.99	23. 4.60
Dr. Schwonke, Martina	1. 8.99	13. 3.62

Landgerichtsbezirk Cottbus

Landgericht Cottbus   E 606 307

Gerichtsstr. 3–4, 03046 Cottbus
Postfach 10 02 64, 03002 Cottbus
T (03 55) 6 37–0
Telefax (03 55) 63 73 60

1 Pr, 1 VPr, 11 VR, 25 R

Präsident

Dönitz, Joachim	1.10.97	13. 1.41

Vizepräsident

Walter, Bernd	1.10.94	23. 1.45

Vorsitzende Richter

Jahnke, Heinz-Günter	1.10.94	14.11.39
Scheschonk, Adolf	1.10.94	23.11.41
Mahn, Hans-Georg	1.10.94	25. 6.51
Schmitt, Niolaus-Hermann	1.10.96	27.10.49
Rhein, Peter	1.10.96	21. 1.56
Bernards, Roland	1. 1.97	20. 4.54
Merker, Frank	1. 3.98	10. 5.62
Brüchert, Rudolf	1.10.99	4. 7.42

Richterinnen/Richter

von Hasseln, Sigrun	27. 3.84	2.12.52
Tirpitz, Ulrich	24. 1.94	6.10.54
Smalla, Martina	26. 9.94	25. 2.55
Doil, Eva-Maria	26. 9.94	7. 6.55
Schröter, Petra	26. 9.94	13.12.58
Kapplinghaus, Georg	26. 9.94	16. 5.60
Merz, Peter	26. 9.94	1.12.61
Vogel, Gudrun	28. 6.95	15. 2.59
Satter, Jutta	24.10.95	19. 8.60
Jungermann, Susanne	28.11.96	3. 5.61
Hückel, Marianne, abg.	28.11.96	20. 2.62
Rauch, Franz	10. 2.97	24. 3.50
Peplow, Kai	30. 9.97	8.12.62

Fladeé, Ursula, abg.	10. 3.98	24. 7.65
Laarmann, Lioba, abg.	4. 5.98	12. 7.64
Lehmann, Stephan	13. 5.98	7. 2.66
Pape, Ralf	18. 6.98	3. 4.64
Hannig, Tilo	18. 6.98	18. 9.64
Meyer, Sabine	18. 6.98	16. 8.67
Schollbach, Frank, abg.	27.10.99	20. 7.65
Dr. Fiedler, Stefan, abg.	15.12.99	2. 7.64
Eicke, Christian	20.12.99	10. 5.59
Engels, Johannes-Theodor	20.12.99	30. 1.65
Grafschaft-Weder, Gisela	21.12.99	2. 6.67

Amtsgerichte

Bad Liebenwerda   E 134 033
Dresdener Str. 10, 04924 Bad Liebenwerda
Postfach 64, 04921 Bad Liebenwerda
T (03 53 41) 6 04–0
Telefax (03 53 41) 1 21 29

Zweigstelle in Finsterwalde
Schloßstraße 9, 03238 Finsterwalde
T (0 35 31) 7 98 90
Telefax (0 35 31) 22 96

1 Dir, 1 stVDir, 8 R

Dr. Maas, Hans-Josef, Dir	1. 3.96	19. 6.43
N.N., stVDir	—	—
Kappert, Martina	1.12.93	17. 1.64
Blanke, Irina	1.12.93	19. 4.64
Seidel, Marion	26. 9.94	10. 3.56
Schaeuble, Egon	26. 9.94	12. 6.60
Gehre, Katja	23.10.95	15.11.65
Freundlich, Martin	30. 4.98	11. 9.65
Eulitz, Astrid	22.12.98	17.12.65
Unverzagt, Karlheinz, ½, abg.	28.12.99	12. 7.34

Cottbus   E 233 589
Gerichtsplatz 2, 03046 Cottbus
Postfach 10 06 42, 03006 Cottbus
T (03 55) 63 70
Telefax (03 55) 63 72 00

1 Dir, 1 stVDir, 2 w.aufsR, 25 R

Rupieper, Wolfgang, Dir	1. 6.93	1. 3.47
Kellner, Margarita, stVDir	1. 1.96	3. 6.56
N.N., w.aufsR	—	—
Hölscher, Eckhard	1.12.93	24. 4.52
Schuppenies, Petra	1.12.93	27.11.59
Kühl, Kirsten	26. 4.94	24. 1.58
Linke, Margarethe Elisabeth	10. 8.94	21.10.39
Rachow, Martina	26. 9.94	4.12.60
Fellmann, Kerstin	26. 9.94	1. 3.61

Jentsch, Peter	26. 9.94	25. 6.63
Kunze, Hannelore	14.11.94	24. 8.49
Dr. Rauch, Marion	8.12.94	17.10.54
Mende, Anita	5. 4.95	26. 4.41
Kurzmann, Marlies	28. 6.95	23. 5.52
Hansmann, Dieter	28. 6.95	2. 5.55
Schwerdfeger, Christa	17.10.95	9.10.61
Pirsing, Alwin	17.10.95	6.12.62
Malek, Petra	17.10.95	2. 7.63
Küster, Marcel	1.12.95	24. 8.61
Endemann, Wolfgang	15. 2.96	9. 8.62
Eichberger, Ninette	27. 9.96	27. 6.62
Röttger, Doris	30.12.97	20.10.65
Westerberg, Klaus	13. 5.98	27. 9.60
Höhr, Michael, abg.	13. 5.98	19. 3.63
Sahlmann, Kerstin, beurl.	13. 5.98	29.11.66
Brinkmann-Schönfeld, Gabriele	26. 8.99	5. 4.64
Werner, Brigite	—	—

Guben　E 38 173
Alte Poststr. 66, 03172 Guben
Postfach 10 01 30, 03161 Guben
T (0 35 61) 4 08-0
Telefax (0 35 61) 40 82 00

1 Dir, 4 R

Richter, Heidemarie, Dir	1.10.94	10.12.43
Milewski, Katrin	29. 9.94	8. 1.65
Schilling, Andrea, abg.	23.10.95	17. 5.60
Kirsch, Gudrun	23.10.95	22.11.65
Horn, Donald	23. 6.98	31.12.67

Lübben　E 71 974
Gerichtsstr. 2/3, 15907 Lübben
Postfach 14 09, 15902 Lübben
T (0 35 46) 22 10
Telefax (0 35 46) 22 12 65

1 Dir, 5 R

N. N., Dir	—	—
Rieck, Holger	1.12.93	6. 4.64
Stahn, Heike	26. 9.95	11. 8.64
Dr. Krause, Hartmut	17.10.95	31. 1.39
Otto, Volker	6.11.97	16. 7.45
Rörig, Rainer	6.11.97	15.11.60

Senftenberg　E 128 538
Steindamm 8, 01968 Senftenberg
Postfach 68, 01956 Senftenberg
T (0 35 73) 70 40
Telefax (0 35 73) 70 43 54

1 Dir, 1 stVDir, 8 R

N. N., Dir	—	—
N. N., stV Dir	—	—

Müller, Marion, abg.	1.12.93	28. 6.57
Radtke, Jörg-Detlef	29. 8.94	15.10.54
Bergander, Grit	14.11.94	9. 1.64
Witzke, Thomas	28. 6.95	27.11.61
Siebert, Marina	17.10.95	28.10.64
Winkler, Anett	17.10.95	8. 3.66
Rehbein, Harald	1.12.95	16.10.61
Leufgen, Ludger	4. 4.97	9. 8.58

Landgerichtsbezirk Frankfurt (Oder)

Landgericht Frankfurt (Oder)　E 698 035

Bachgasse 10 a, 15230 Frankfurt (Oder)
Postfach 1 75, 15201 Frankfurt (Oder)
T (03 35) 3 66–0
Telefax (03 35) 36 64 43 / 36 63 02

1 Pr, 1 VPr, 13 VR, 37 R

Präsident

Herzler, Jürgen	1. 3.97	5. 5.40

Vizepräsident

Ehlert, Dirk	1. 1.98	25. 7.52

Vorsitzende Richterinnen/Vorsitzende Richter

Dr. Hecht, Jutta	1.12.93	17. 5.39
Sondermann, Ulrich	1.11.95	18.10.49
Dr. Fuchs, Matthias	—	—
Peine, Hans-Dieter	8. 8.96	22. 9.47
Marquardt, Eva	1.12.96	29. 3.56
Boelke, Ursula	1.12.98	5. 5.56
Berger, Gerhard	1.12.98	2. 5.57
Griesche, Gerhard, ½	1. 1.99	28. 7.33
Pfau, Klaus	1. 7.99	4. 2.45
Sattler, Barbara	1. 7.99	16. 2.62

Richterinnen/Richter

Schultz, Manfred	27. 9.94	8. 7.49
Hüsgen, Günther Paul, abg.	27. 9.94	26. 2.55
Kreckel, Dirk	27. 9.94	5. 5.59
Steiner, Eckhard	10.11.94	15. 4.59
Ciszewski, Jutta	13.10.95	9. 6.45
Hamm-Rieder, Evelyne	13.10.95	17.11.61
Lüdtke, Heike	16.10.95	27. 3.55
Lehmann, Karin	16.10.95	9. 6.61
Peters, Ulrike	11. 6.96	19.11.56
Freitag, Tanja	25. 9.96	26. 5.66
Schultz, Dieter	27. 2.97	30. 1.47
Herzberg, Mayra	27. 2.97	24.10.66
Dr. Matthiessen, Holger, abg.	30. 5.97	21. 8.64
Ruddies, Siegfried	6.10.97	11.12.48
Räckers, Christiane	6.10.97	19. 8.58
Suder, Oliver, abg.	6.10.97	26. 9.62
Schedler, Diemut, abg.	7.10.97	29. 5.58

Grepel, Wolfram, abg.	23.12.97	22. 7.65
Seidel, Solveig, beurl.	30. 4.98	15. 7.66
Franze, Ines	19. 6.98	6. 4.65
Dr. Kühl, Jörn, abg.	1. 7.98	10. 5.46
Funder, Carsten, abg.	28. 9.98	18. 6.62
Frost, Bernd, abg.	29. 9.98	25. 9.50
Gömann, Stefan	19.10.98	10. 5.65
Rieckhof, Susanne	8.12.98	14.10.63
Scheel, Oliver	21.12.98	10. 6.64
Dr. Wolf, Peter	22.12.98	27. 4.65
Cottäus, Claudia	29.12.98	11. 2.65
Imig, Meike	9. 4.99	28. 6.66
Werner, Sabine, abg.	27.10.99	7. 5.65
van den Bosch, Heiko	4.11.99	5. 8.68
Dr. Weckbecker, Gerhard	11. 1.00	12. 9.59
Weisgerber, Jochen	11. 1.00	7.11.64
Heck, Martin	11. 1.00	6. 6.66
Woerner, Heike	11. 1.00	8. 7.67
Schwier, Kerstin	11. 1.00	22. 8.67
Sander-Frank, Veronika	11. 1.00	15.10.69

Amtsgerichte

Bad Freienwalde   E 55 635
Viktor-Blüthgen-Str. 9, 16259 Bad Freienwalde
Postfach 49, 16251 Bad Freienwalde
T (0 33 44) 4 72–0
Telefax (0 33 44) 4 72 59

1 Dir, 4 R

Seidel, Sylvio, Dir	1.12.98	25. 6.62
Sarge, Uta	1.12.93	4.11.56
Dr. Melzer, Thomas, abg.	18. 5.98	5. 7.62
Leyh, Sabine	26. 6.98	14. 1.68
Kopfmüller-Knabe,		
Robert, abg.	28. 9.99	8. 8.59

Bernau   E 73 993
Breitscheidstr. 50, 16321 Bernau
Postfach 11 29, 16321 Bernau
T (0 33 38) 39 05–0
Telefax (0 33 38) 39 05–26

1 Dir, 1 stVDir, 9 R

Hartmann, Dieter, Dir	1. 6.93	27. 3.56
N.N., stVDir	—	—
Singert, Katrin	1.12.93	14. 6.61
Mlodochowski, Klaus	8.12.94	16. 9.53
Meier, Marion	13.10.95	22.12.51
Kramm, Oliver	13.10.95	24. 7.63
Roche, Sacha	1.11.95	28.11.59
Kroh, Rita	—	—
Müller, Andreas	13. 3.98	5. 7.61
Tosberg, Annette, ½, beurl.	21.12.98	25.12.63
Dr. von Selle, Dirk	30.12.99	25. 5.64

Eberswalde   E 72 030
Breite Str. 62, 16225 Eberswalde
Postfach 10 04 50, 16204 Eberswalde
T (0 33 34) 2 05 40
Telefax (0 33 34) 20 54 22

Dir, 1 stVDir, 7 R

Knabenbauer, Norbert, Dir	30. 6.93	21.11.44
N.N., stVDir	—	—
Borchert, Roswitha	27. 9.94	4. 3.57
Lammek, Irina	30. 5.97	18. 2.63
Mildt, Michael	10. 7.97	29. 8.44
Stutenbäumer, Claudia	7.10.97	13. 8.53
Gross, Oliver	9.12.97	6. 8.62
Teitge-Wunder, Kerstin	17. 8.98	13. 3.64
Neumann, Klaus	22.12.99	17. 8.58

Eisenhüttenstadt   E 68 285
Diehloer Str. 62, 15890 Eisenhüttenstadt
Postfach 71 54, 15871 Eisenhüttenstadt
T (0 33 64) 40 50-0
Telefax (0 33 64) 40 50 38

1 Dir, 1 stVDir, 6 R

Dr. Ruppert, Werner, Dir	1.12.96	5. 4.33
N.N., stVDir	—	—
Böhlendorf, Jörg-Dieter	1. 1.94	7. 1.55
Petzoldt, Heidemarie	17.11.94	29. 1.52
Glaß, Tobias	17.11.94	22. 6.61
Müller, Karl-Heinz	26. 3.96	7. 7.62

Frankfurt (Oder)   E 93 130
Logenstr. 13–13a, 15230 Frankfurt (Oder)
Postfach 3 51, 15203 Frankfurt (Oder)
T (03 35) 3 66–0
Telefax (03 35) 36 62 16

1 Dir, 1 stVDir, 1 w.aufsR, 18 R

N.N., Dir	—	—
N.N., stVDir	—	—
Baumunk, Brunhilde,		
w.aufsR	15. 9.98	8.12.45
Unger, Ilona	1.12.93	29.12.46
Meyer-Tonndorf, Karl-Otto	1.12.93	15. 5.49
Stolze, Annegret	1.12.93	20. 6.49
Zimmermann, Martina	1.12.93	26. 3.60
Beier, Michael	1.12.93	12. 9.62
Labitzke, Ilona	27. 9.94	2. 8.59
Weigelt, Jana, beurl.	10.11.94	18.10.65
Hochkeppler, Ines	17.11.94	19. 7.62
Dr. Bachnick, Uwe, abg.	29. 6.95	3. 5.63
Koch, Martina	13.10.95	13. 4.63
Natusch, Gabriele	1. 8.96	13. 4.67
Ingendaay-Hermann,		
Astrid, ½, abg.	3. 6.97	14.10.58
Saße, Gabriele	10. 7.97	13. 5.63

Verhoeven, Martin	15. 7.97	14. 8.62
Mietzner, Katrin	5. 5.99	10. 4.95
Ritz, Kerstin	4. 8.99	5. 6.65
Dieter, Christine	28. 9.99	18. 9.65
Reiner, Elke	28. 9.99	3.12.67

Fürstenwalde E 127 891
E.-Jopp-Str. 53, 15517 Fürstenwalde
Postfach 36, 15501 Fürstenwalde
T (0 33 61) 50 96
Telefax (0 33 61) 50 98 30

1 Dir, 1 stVDir, 11 R

Helling, Wolfgang, Dir	30. 6.93	6.12.48
Stavorinus, Sabine, stVDir	1.10.96	10. 9.63
Tiffert, Dietmar, abg.	28.11.83	1. 5.53
Krug, Reinhard	1.12.93	2. 5.51
Eckardt, Holger	27. 9.94	22.11.60
Kapteina, Wolfgang	27. 9.94	13. 4.61
Radloff, Richard	30. 6.95	18.10.53
Haenicke, Klaus	1.12.95	2. 7.56
Gernhard, Ralf-Udo	4. 4.97	22.12.57
Schwalbe, Sylke	25. 8.98	26. 1.66
Schlenker, Peter	21.12.98	30.12.64
Brüser, Meinolf	—	—
Steinbrück, Arite	4. 8.99	11. 7.65

Schwedt (Oder) E 76 062
Paul-Meyer-Str. 8, 16303 Schwedt (Oder)
Postfach 26, 16284 Schwedt (Oder)
T (0 33 32) 53 90
Telefax (0 33 32) 53 91 53

1 Dir, 6 R

Gläser, Monika, Dir	30. 6.93	30. 9.51
Müller, Heidrun	10.11.94	24. 3.64
Barz, Kerstin	13.10.95	24. 9.65
Wilke, Jan	29. 9.99	29. 5.64

Strausberg E 112 020
Klosterstr. 13, 15344 Strausberg
15331 Strausberg
T (0 33 41) 33 12–0
Telefax (0 33 41) 3 31 21 90

1 Dir, 1 stVDir, 10 R

Dr. Hohmann, Gerhard, Dir	1. 1.96	26.12.38
N.N., stVDir	—	—
Witte, Undine	27. 9.94	20. 7.58
Kube, Bettina	30. 6.95	29.11.60
Brandt, Karen	13.10.95	24. 1.65
Vorpahl, Jörg	22.12.95	7.12.45

Krauß, Torsten	4.11.96	25. 2.65
Reuter, Rüdiger	10.11.97	30. 9.63
Malter, Helmut	13. 8.98	14.12.64
Kluth, Frank	28. 9.99	7. 2.65

Landgerichtsbezirk Neuruppin

Landgericht Neuruppin E 476 348
Heinrich-Rau-Str. 27–30, 16816 Neuruppin
Postfach 14 63, 16803 Neuruppin
T (0 33 91) 5 15–0
Telefax (0 33 91) 51 52 44 / 51 54 44

1 Pr, 1 VPr, 7 + ½ VR, 20 R + 1 LSt (R)

Präsident

Lickfett, Martin	1.12.93	22. 6.37

Vizepräsidentin

Dreusicke, Christiane	1.12.97	5. 3.47

Vorsitzende Richterinnen/Vorsitzende Richter

Thaeren-Daig, Gisela	1. 4.95	3. 3.55
Simons, Egbert, abg.	1. 4.95	3. 6.56
Dr. Lütticke, Klaus-Eberhard	1. 7.95	30.12.49
Rempe, Franz Konrad	1. 8.96	20. 3.45
Schmidt, Lambert	1. 1.98	28. 8.57
Wegner, Gert	1.11.99	6. 5.50
Stark, Frank	10.11.99	10. 6.61

Richterinnen/Richter

Gallinger, Klaus	1.12.73	9. 4.37
Gutfrucht, Martin	13. 9.94	13. 1.61
England, Wolfgang	28. 3.95	11. 5.43
Becher, Ria	1. 4.95	7.12.54
Böhme, Matthias, abg.	22.11.95	19. 5.60
Lechtermann, Udo	1.12.95	19. 9.55
Dr. Gerschner, Gunter	1.12.95	31. 3.61
Fiedler, Frank, abg.	6.12.96	5. 9.63
Dr. Huth, Rainer, abg. (LSt)	26. 2.97	17. 8.61
Weitershaus, Martin	11. 7.97	12.10.56
Scharf, Gunter, abg.	2.10.97	26. 5.57
Schmidt, Christian Gunter	7.11.97	17. 2.64
Röstel, Claudia	4. 5.98	22. 1.63
Hültz, Iris	6. 5.98	6. 1.65
Pegenau, Barbara, ½	1. 8.98	20. 8.32
Röttger, Heinz-Dieter	1. 1.99	23. 9.33
Fischer, Daniela, beurl.	1. 2.99	8. 2.64
Pulfrich, Michael	31. 3.99	31.12.63
Leeuwestein, Martina, beurl.	31. 3.99	23.12.65
Gieseke, Simra	31. 3.99	10. 7.68
Jüttner, Frank	4.10.99	4. 9.66

Amtsgerichte

Neuruppin E 115 019
Karl-Marx-Str. 18a, 16816 Neuruppin
Postfach 13 52, 16802 Neuruppin
T (0 33 91) 39 5–0
Telefax (0 33 91) 28 32

Zweigstelle in Wittstock
Am Kyritzer Tor 4, 16909 Wittstock
T (0 33 94) 43 33 16/17
Telefax (0 33 94) 33 16

1 Dir, 1 stVDir, 13 R

Frerker, Hans-Jürgen, Dir	30.12.93	16. 8.40
N. N., stVDir	—	—
Kröske, Kerstin	1.12.93	31. 1.58
Burghardt, Veit-Florian	21.12.94	29.10.59
Kuhnert, Lars	21.12.94	23.11.63
Bettle, Ursula	24. 3.95	15. 6.36
Szelies, Elmar	27.11.95	30. 5.54
Rambow, Heidemarie	3. 6.96	30.11.53
Pries, Gerhard, abg.	28.11.96	23. 5.51
Mracsek, Stephan	27. 2.97	28. 4.64
Hein, Claudia	2.10.97	15. 5.63
Schippers, Roger, abg.	6.10.97	22. 4.61
Meier-Evert, Henriette	13. 1.00	1.11.64
Potthoff, Kersten	14. 1.00	19. 5.64

Oranienburg E 139 667
Berliner Str. 38, 16515 Oranienburg
T (0 33 01) 81 63 00
Telefax (0 33 01) 33 23

1 Dir, 1 stVDir, 1 w.aufsR, 13

Stachwitz, Sabine, Dir	1.12.93	1.11.43
N.N., stVDir	—	—
Pielke, Walter	25. 9.79	1. 9.41
Arbandt, Katrin	6. 2.90	3. 1.60
Hoffmann, Helga	1.12.93	10. 7.45
Speidel-Mierke, Barbara	1.12.93	13. 9.54
Altmann, Lutz	1.12.93	17.12.58
Passerini, Thomas	3. 3.95	4. 2.59
Stark, Sascha	—	—
Harder, Manuela	6. 3.95	8.10.57
Steiner, Andreas	6. 3.95	30.11.58
Heide, Nicole, beurl.	14.11.95	4. 4.63
Werth, Petra	24.11.95	29. 9.58
Stavemann, Johannes	24.11.95	26. 8.61
Adamus, Olaf, abg.	11. 7.97	31. 8.61

Perleberg E 97 737
Lindenstr. 12, 19348 Perleberg
Postfach 47, 19341 Perleberg
T (0 38 76) 71 70
Telefax (0 38 76) 61 45 29

1 Dir, 1 stVDir, 6 R

Dr. Escher, Karl-Ernst, Dir	1. 7.98	2. 3.33
N.N., stVDir	—	—
Behnke, Wolfgang	17. 3.78	7.11.43
Krüger, Uwe	1.12.93	14. 9.61
Neumann, Heike	21.12.94	27. 7.57
Nastke, Hardy, abg.	21.12.94	18. 6.63
Steinke, Ingelore	4. 1.95	30.10.55
Köster, Heinz Günter	18.10.95	7. 5.58

Prenzlau E 78 920
Baustr. 37, 17291 Prenzlau
T (0 39 84) 8 71–0
Telefax (0 39 84) 86 13 00/86 14 00

1 Dir, 4 R

Esche, Hans-Joachim, Dir	1. 7.96	10. 4.47
Schindler, Anke	1.12.93	26. 2.63
Zech, Olaf	27. 6.95	16. 9.62
Thielsen, Marita, beurl.	7.11.97	1. 4.64

Zehdenick E 45 005
Friedrich-Ebert-Platz 9, 16792 Zehdenick
Postfach 11 27, 16786 Zehdenick
T (0 33 07) 4 66 70
Telefax (0 33 07) 22 20

1 Dir, 2 R

Wolfs, Johannes, Dir	1. 7.96	14.12.57
May, Simona	1.12.93	5. 9.63
Wernicke, Lothar, abg.	11. 7.97	20. 4.64

Landgerichtsbezirk Potsdam

Landgericht Potsdam E 811 776
Friedrich-Ebert-Str. 32, 14469 Potsdam
Postfach 60 03 53, 14403 Potsdam
T (03 31) 28 86–0
Telefax (03 31) 29 39 96 / 2 88 61 97

1 Pr, 1 VPr, 18 VR + 2 × ½ VR, 43 R + 4 × ½ R

Präsident

Wende, Hans-Jürgen	1. 4.99	29. 8.39

Vizepräsident

Gaude, Christian	1. 9.94	7. 2.47

Vorsitzende Richterinnen/Vorsitzende Richter

Dr. Chwolik-Lanfermann, Ellen, abg.	28. 9.90	26. 6.54
Barteldes, Horst	3. 6.92	5. 1.41
Dangel, Werner	17.12.92	17. 4.38

Schaumann, Cora-Beate	29. 12. 92	30. 1. 38
Dr. Przybilla, Klaus	29. 12. 92	10. 9. 42
Eibisch-Feldkamp, Angelika	1. 10. 94	31. 12. 51
Eberhard, Jutta	1. 10. 94	6. 4. 56
Krah, Helmut	—	—
Hertel, Gabriele	1. 4. 95	13. 10. 44
Köhler, Norbert	1. 7. 95	21. 1. 50
Pohl, Werner	4. 6. 96	29. 3. 54
Siebert, Gerhard	1. 11. 96	19. 7. 31
Seier, Renate	1. 11. 96	24. 8. 58
Christ, Wolfgang	1. 6. 97	10. 6. 49
Beuerle, Ulrich	1. 7. 97	6. 8. 47
Flücken, Karl Josef	1. 10. 97	10. 3. 32
Dr. Herbrig, Wolfgang, ½	1. 10. 97	15. 3. 32
Seipp-Achilles, Barbara, ½	17. 12. 99	26. 7. 35

Richterinnen/Richter

Niedner, Ulrike, ½	4. 11. 77	17. 5. 46
Richardt, Gudrun	13. 3. 78	23. 8. 43
Urban, Johanna	1. 12. 93	21. 12. 40
Wulff, Elvira	1. 12. 93	29. 1. 51
Dr. Phieler-Morbach, Ulrike, ½	1. 12. 93	10. 3. 55
Tiemann, Heinz-Jörg	1. 12. 93	2. 11. 58
Stahnke, Jürgen, abg.	1. 12. 93	4. 7. 59
Rohr-Schwintowski, Rita	30. 3. 94	13. 3. 54
Richter, Hans-Ulrich Kurt	30. 3. 94	1. 5. 61
Lorenz, Dirk, abg.	9. 11. 94	10. 6. 60
Dielitz, Andreas, abg.	14. 11. 94	28. 6. 59
Naumann, Marianne	30. 11. 94	29. 12. 52
Zimmermann, Michael Gero, beurl.	1. 12. 94	25. 9. 48
Gawlas, Ortrun	1. 12. 94	10. 1. 61
Bekis, Nevin, abg., ¾	1. 12. 94	10. 5. 63
Rieger, Angelika, abg.	13. 10. 95	16. 9. 56
Dr. Tiemann, Frank, abg.	30. 10. 95	31. 3. 62
Weber, Bert Joachim, abg.	21. 11. 95	10. 4. 57
Baron von der Osten-Sacken, Johannes	21. 11. 95	5. 10. 60
Grote-Bittner, Kathrin	21. 11. 95	7. 9. 61
Horstkötter, Theodor	21. 11. 95	17. 9. 61
Richter, Lutz-Ingo	21. 11. 95	2. 1. 62
Jobst, Susanne, beurl.	21. 11. 95	20. 1. 62
Thies, Michael	21. 11. 95	24. 6. 62
Weber, Thea Regina	22. 11. 95	26. 1. 62
Soltani Schirazi-Teschner, Roxana	22. 11. 95	24. 8. 62
Nögel, Stefan	22. 11. 96	23. 9. 62
Lechermeier, Jutta, beurl.	22. 11. 96	28. 10. 64
Michalski, Cornelia	8. 7. 97	17. 3. 60
Schlegel, Birgit	8. 7. 97	21. 2. 62
Odenbreit, Christian, abg.	8. 7. 97	28. 5. 65
Richter, Gerlinde, beurl.	9. 7. 97	2. 2. 60
Jacobsen, Kristina, beurl.	9. 7. 97	23. 5. 62
Severin, Ulrike	10. 7. 97	3. 4. 64
Gerlach, Axel, abg.	25. 9. 98	9. 1. 63

Westphal, Volker-Gerd, abg.	9. 7. 99	6. 3. 65
Gutjahr, Jens, abg.	21. 7. 99	16. 1. 64
Raeck, Steffen	21. 7. 99	28. 7. 65
Hänisch, Lutz, abg.	21. 7. 99	28. 7. 65
Dießelhorst, Sabine	22. 7. 99	28. 8. 61
Filthuth, Holger	29. 10. 99	18. 3. 68
Franz, Heike	29. 10. 99	20. 12. 68

Amtsgerichte

Brandenburg a.d. Havel   E 160975
Steinstr. 61, 14776 Brandenburg a.d. Havel
Postfach 11 37, 14731 Brandenburg a.d. Havel
T (0 33 81) 56 40
Telefax (0 33 81) 56 41 81

Zweigstelle in Belzig
Ernst-Thälmann-Straße 6, 14806 Belzig
T (03 38 41) 4 23 04 / 4 25 75
Telefax (03 38 41) 4 24 02

1 Dir, 1 stVDir, 1 w.aufsR, 14 R

Rose, Andreas, Dir	1. 8. 99	5. 12. 50
van Lessen, Adelheid, stVDir, ¾	8. 10. 99	2. 9. 58
N.N., w.aufsR	—	—
Wendt, Ingeburg	1. 12. 93	8. 5. 49
Pelzer, Ingrid	1. 12. 93	20. 10. 56
Eichmann, Karin	1. 12. 93	30. 7. 59
Sanftleben, Jörn	1. 1. 94	13. 7. 42
Becker, Lore	1. 1. 94	25. 8. 44
Klaes, Martina	7. 11. 94	20. 7. 59
Moch-Tietze, Frank	7. 11. 94	1. 3. 62
Bönig, Torsten	23. 10. 95	25. 7. 63
Ahle, Reinhilde, ½	23. 10. 95	5. 1. 65
Beckmann, Frank, abg.	1. 12. 97	5. 5. 59
Franke, Hubert	6. 1. 98	19. 1. 60
Schack, Christian	29. 10. 99	9. 7. 64

Königs Wusterhausen   E 100698
Schloßplatz 4, 15711 Königs Wusterhausen
Postfach 47, 15701 Königs Wusterhausen
T (0 33 75) 27 10
Telefax (0 33 75) 29 37 81

1 Dir, 1 stVDir, 10 R

Pauckstadt, Hans-Joachim, Dir	1. 6. 97	22. 7. 43
N.N., stVDir		
Raßmann, Monika	1. 12. 93	17. 1. 55
Haase, Marion	1. 12. 93	15. 4. 55
Städtke, Ulrike	12. 12. 94	2. 3. 61

Meybohm, Anita, abg.	18. 7. 95	28. 11. 61
Griehl, Heidrun	19. 10. 95	26. 7. 57
Zipperling, Fred	21. 11. 95	11. 7. 59
Dr. Schleicher, Verena	26. 11. 96	8. 11. 59
Gebauer, Karl	30. 12. 96	1. 7. 34

Luckenwalde E 72 990
Lindenallee 16, 14943 Luckenwalde
Postfach 1 06, 14933 Luckenwalde
T (0 33 71) 6 01–0
Telefax (0 33 71) 63 59 51

1 Dir, 5 R

Rißmann, Werner, Dir	1. 6. 98	26. 3. 48
Hellich, Renate	1. 12. 95	8. 6. 62
Neumann, Michael	22. 11. 96	16. 10. 62
Heinrichs, Stephan	1. 7. 99	21. 3. 64

Nauen E 85 736
Paul-Jerchel-Str. 9, 14641 Nauen
Postfach 2 64, 14632 Nauen
T (0 33 21) 44 52–0
Telefax (0 33 21) 45 53 47/4 45 23 12

1 Dir, 1 stVDir, 6 R

Dr. Neumann, Dieter, Dir	1. 6. 97	7. 4. 53
N.N., stVDir	—	—
Paßmann, Martin	7. 11. 94	20. 1. 60
Neumaier, Roswitha	1. 12. 94	1. 9. 58
Nagel, Brigitte	24. 3. 95	16. 1. 56
Kaab, Torsten	24. 3. 95	1. 11. 63
Bremer-Fiedler, Sabine	28. 3. 95	14. 3. 57

Potsdam E 250 5959
Hegelallee 8, 14467 Potsdam
Postfach 60 09 51, 14409 Potsdam
T (03 31) 28 75–0
Telefax (03 31) 29 27 48

1 Pr, 1 VPr, 3 w.aufsR, 34 R

Präsident

Bielefeld, Siegfried	1. 12. 93	20. 10. 37

Vizepräsident

Dr. Schnaubelt, Michael	15. 12. 96	29. 3. 54

weiterer aufsichtf. Richter

Friedrichs, Michael, abg.	1. 1. 99	9. 4. 59

Richterinnen/Richter

Heep, Waltraud	28. 1. 86	6. 5. 49
Tscheslog, Frank	1. 10. 93	27. 10. 58
Bergemann, Dieter	1. 12. 93	6. 12. 36
Ludwig, Heinz	1. 12. 93	1. 9. 38
Potenberg, Bernd	1. 12. 93	27. 1. 44

Groß, Andreas	1. 12. 93	28. 9. 54
Neumann, Beate	1. 12. 93	4. 9. 59
Rühl, Christine	1. 1. 94	8. 7. 59
Kuhnen, Stephan	21. 5. 94	1. 4. 55
Aßmann, Uta	27. 5. 94	25. 12. 56
Kärsten, Renate	30. 5. 94	9. 6. 48
Gresser, Bettina, ½	14. 11. 94	24. 8. 59
Peters, Wolfgang	1. 12. 94	24. 9. 54
Berndt, Stefanie	—	—
Leetz, Bettina	1. 12. 94	27. 12. 58
Schulz, Wulfhard	1. 12. 94	28. 5. 59
Müller, Gabriele	1. 12. 94	21. 6. 59
Seffer, Jens Roger	1. 12. 94	13. 4. 61
Graeber, Thorsten	1. 12. 94	7. 8. 62
Devriel, Kerstin	1. 12. 94	4. 9. 63
Grützmann, Doris	17. 11. 95	15. 2. 58
Franke, Rita	21. 11. 95	15. 6. 57
Neumann, Yvette	22. 11. 95	23. 12. 64
Prestien, Hans-Christian	22. 11. 96	22. 6. 44
Lange, Thomas	3. 6. 97	24. 9. 52
Brömme, Petra	8. 7. 97	29. 2. 52
Rammoser-Bode, Constanze, ½	8. 7. 97	12. 4. 62
Sloksnat, Hartmut	13. 10. 97	9. 10. 57
Eckhardt, Francois-Atair	29. 9. 98	18. 9. 58
Künzler, Ariane, beurl.	1. 10. 98	26. 7. 62
Götsche, Frank, abg.	7. 10. 98	2. 11. 64
Pflügner, Knut	19. 5. 99	19. 10. 54

Rathenow E 56 679
Bahnhofstr. 19, 14712 Rathenow
Postfach 13 64, 14703 Rathenow
T (0 33 85) 5 80–0
Telefax (0 33 85) 58 01 80 / 58 04 00

1 Dir, 5 R

Rauxloh, Armin, Dir	1. 10. 95	17. 9. 44
Lanowski, Peter	19. 10. 95	17. 6. 60
Teckemeyer, Axel	28. 2. 97	4. 7. 59
Fährmann, Gabriele, abg.	20. 10. 97	3. 1. 52
Weller, Ralf	11. 2. 99	23. 3. 65

Zossen E 84 103
Gerichtsstr. 10, 15806 Zossen
T (0 33 77) 3 07–0
Telefax (0 33 77) 30 71 00

1 Dir, 1 stVDir, 6 R

Meyer, Manfred, Dir	23. 8. 94	17. 10. 45
N.N., stVDir	—	—
Rosewick, Dieter	1. 12. 93	5. 11. 59
Neuhaus, Renate	1. 10. 96	18. 1. 57
Ahlborn, Frank	5. 12. 96	3. 6. 59
Götsche, Susanne	9. 3. 98	29. 11. 64
Böhme, Ingo	16. 12. 98	4. 1. 64
Hüls, Margarete	16. 12. 98	4. 1. 64

Staatsanwaltschaften

**Generalstaatsanwaltschaft
des Landes Brandenburg**

Kirchhofstr. 1–2, 14776 Brandenburg a. d. Havel
T (0 33 81) 2 95–2 00
Telefax (0 33 81) 2 95–2 09 und 2 95–2 10

1 GStA, 2 LOStA, 14 OStA

Generalstaatsanwalt

Dr. Rautenberg, Erardo
  Cristoforo   1. 3. 96 10. 3. 53

Leitende Oberstaatsanwälte

Bröhmer, Ewald, stVGStA 28. 12. 92 18. 3. 40
Dr. Grünebaum, Rolf 28. 12. 92 22. 9. 45

Oberstaatsanwältin/Oberstaatsanwälte

Schmitz-Engels, Carl-
  Eduard, beurl.   1. 6. 93 6. 6. 37
Zeidler, Annette   1. 1. 97 1. 3. 54
Sülldorf, Jürgen   1. 1. 97 17. 2. 58
Steiniger, Peter   1. 1. 97 23. 4. 58

Staatsanwaltschaft Cottbus
Karl-Liebknecht-Str. 33, 03046 Cottbus
Postfach 10 12 43, 03012 Cottbus
T (03 55) 3 61–0
Telefax (03 55) 3 61–2 50

1 LOStA, 1 stVLOStA, 6 OStA + 1 LSt, 44 StA +
1 LSt

Leitender Oberstaatsanwalt

Robineck, Wilfried   19. 8. 92 9. 11. 44

Oberstaatsanwältinnen/Oberstaatsanwälte

Otto, Christoph   19. 4. 93 29. 7. 41
Bresnikar, Manfred   1. 3. 94 8. 8. 43
Bunse, Ingrid   1. 3. 94 18. 5. 48
Schiermeyer, Jürgen, abg. 1. 6. 95 10. 2. 57
Hertwig, Petra   1. 11. 96 18. 2. 56

Staatsanwältinnen/Staatsanwälte

Lisch, Klaus   24. 2. 94 31. 10. 42
Schultz, Dieter   24. 2. 94 16. 11. 53
Guttke, Brigitte   28. 2. 94 23. 11. 51
Marx, Andreas   1. 8. 94 13. 6. 61
Hecht, Volkmar   1. 8. 94 11. 10. 63
Bergmann, Aldo   2. 8. 94 2. 7. 61
Richter, Elke-Birgit   24. 8. 94 13. 2. 43
Helbig, Horst   26. 8. 94 28. 12. 36
Noack, Regina   2. 12. 94 27. 6. 53

Helbig, Hans-Joachim 2. 12. 94 13. 7. 53
Löbel, Sabine   2. 12. 94 22. 9. 63
Lindner, Tosca   6. 12. 94 18. 10. 61
Mache, Martin   24. 5. 95 24. 4. 60
Grothaus, Thomas   29. 5. 95 24. 1. 62
Cramer-Krahforst, Cäcilia 7. 7. 95 22. 10. 57
Meyritz, Peter   12. 7. 95 9. 5. 58
Welfens, Benedikt, abg. 12. 7. 95 22. 8. 59
Walbrecht, Michaela 12. 7. 95 30. 7. 61
Meßer, Hans-Jürgen 12. 7. 95 1. 5. 62
Schöne, Petra   13. 7. 95 9. 10. 54
Klein, Elvira   14. 7. 95 10. 4. 57
Eberhart, Martina   18. 7. 95 30. 6. 55
Jurtz, Olaf   18. 7. 95 20. 12. 60
Fredebold, Iris   18. 7. 95 24. 9. 62
Rößger, Marion   24. 7. 95 15. 4. 58
Pfingsten, Hans-Josef,
  abg. (LSt.)   — —
Röttger, Dieter   23. 11. 95 9. 11. 60
Malek, Siad   23. 11. 95 21. 5. 62
Bantleon, Gernot   23. 11. 95 1. 10. 64
Richter, Raimund   4. 1. 96 24. 2. 59
Richter, Andreas   29. 2. 96 25. 6. 57
Pinder, Tobias   29. 2. 96 4. 8. 62
Hoffmann, Sybille   5. 8. 96 27. 5. 54
Nothbaum, Horst   1. 7. 97 11. 1. 62
Lehmann, Rainer   16. 9. 97 1. 1. 57
Schell, Thomas   16. 9. 97 10. 9. 63
Lünnemann, Heike   16. 9. 97 22. 2. 64
Lünnemann, Eike   16. 9. 97 10. 7. 64
Jeß, Wolfgang, beurl. (LSt) 17. 9. 97 23. 11. 60
Füting, Loni-Regina   17. 9. 97 29. 10. 64
Hommes, Detlef   19. 9. 97 24. 2. 57
Schöning, Frank   22. 9. 97 25. 1. 65
Kniesel, Bianca, abg.   4. 11. 97 29. 5. 66
Feles, Harald, abg.   3. 2. 98 2. 11. 63
Meyer, Jens   5. 2. 98 3. 1. 64
Mehren, Dirk   1. 11. 99 15. 3. 64
Kieslinger, Petra   1. 11. 99 13. 5. 67

Staatsanwaltschaft Frankfurt (Oder)
Logenstr. 8, 15230 Frankfurt (Oder)
Postfach 373, 15203 Frankfurt (Oder)
T (03 35) 55 48–0
Telefax (03 35) 55 48–8 00

Zweigstelle in Eberswalde
Berger Str. 9–10, 16206 Eberswalde
Postfach 10 06 45, 16225 Eberswalde
T (0 33 34) 2 04–0
Telefax (0 33 34) 2 04–1 00

1 LOStA, 1 stVLOStA, 10 OStA, 65 StA + 2 LSt

Leitender Oberstaatsanwalt

Lehmann, Wolfgang	24.	8. 92	14. 1. 36

Oberstaatsanwältinnen/Oberstaatsanwälte

Linsler, Martin	1.	5. 93	8.	8. 42
Oeser, Hartmut	26.	5. 93	22.	7. 43
Dr. Gollner, Günther	1.	6. 93	7.	11. 40
Schulte-Rentrop, Karl	1.	8. 95	15.	3. 40
Müller, Astrid	1.	1. 97	26.	8. 51
Burkhardt, Rosemarie	1.	6. 97	10.	10. 45

Staatsanwältinnen/Staatsanwälte

Münchow, Roswitha	16.	2. 94	15.	4. 53
Roscheck, Michael	14.	4. 94	24.	5. 59
Tegge, Jörg	21.	4. 94	4.	1. 64
Berthold, Manfred	27.	4. 94	18.	2. 42
Jungmayr, Jochen	27.	4. 94	6.	2. 44
Schreiber, Uwe	27.	4. 94	11.	5. 49
Bock, Ilona	27.	4. 94	24.	8. 57
Fischer, Isolde	27.	4. 94	20.	10. 60
Marx, Petra	27.	4. 94	22.	3. 62
Busch, Martina	27.	4. 94	28.	12. 62
Geßner, Bert	29.	4. 94	1.	6. 64
Köhler, Ingeborg	31.	5. 94	23.	8. 39
Giebel, Veronika	31.	5. 94	6.	2. 54
Roschek, Sabine	31.	5. 94	10.	10. 58
Krüger, Helmut	31.	8. 94	12.	9. 35
Link, Volker	31.	8. 94	23.	1. 43
Parzyjegla, Peter	31.	8. 94	8.	3. 50
Schulze, Roswitha	31.	8. 94	15.	9. 52
Bargenda, Anette	31.	8. 94	15.	12. 53
Kanig, Birgit	31.	8. 94	6.	12. 54
Freund, Jörg-Peter	31.	8. 94	3.	6. 60
Dr. Kruse, Harald, abg. (LSt)	31.	8. 94	5.	6. 62
Baumert, Ursula	5.	9. 94	19.	10. 38
Höschel, Gabriele	9.	12. 94	24.	8. 48
Brauer, Iris	9.	12. 94	28.	6. 56
Langbein, Richard	12.	12. 94	19.	3. 40
Bannenberg, Dieter	13.	12. 94	2.	6. 61
Grabow, Andreas	14.	12. 94	13.	4. 56
Riedel, Frank	14.	12. 94	30.	1. 58
Heiniger, Gerd-Götz, abg.	14.	12. 94	24.	9. 58
Singert, Waltraud	15.	12. 94	21.	9. 42
Geßner, Birgit	15.	12. 94	20.	3. 65
Sucht, Wolfgang	23.	12. 94	31.	7. 62
Illing, Waltraud	17.	5. 95	19.	8. 51
Schwelle, Günter	6.	7. 95	5.	9. 52
Fleckenstein, Achim	6.	7. 95	24.	11. 60
Langen, Kerstin, abg.	27.	7. 95	25.	3. 62
Kubicki, Jörg	—		—	
Schneider, Thomas	28.	7. 95	2.	10. 61
Pudig, Heike, beurl. (LSt)	—		—	
Heidenreich, Stefan, abg.	31.	7. 95	4.	1. 65
Pfeiler, Harald	1.	8. 95	22.	2. 56

Zänker, Ilona	7.	8. 95	27.	8. 42
Georgi, Peter	29.	9. 95	20.	6. 55
Becker, Wolfgang	22.	11. 95	5.	7. 51
Jurkutat, Elke	7.	3. 96	24.	9. 42
Woblik, Horst	7.	3. 96	6.	3. 54
Lange, Helmut, abg.	11.	6. 97	4.	10. 65
Schmidt, Heiko	—		—	
Scherding, Ulrich	30.	10. 97	1.	10. 62
Bodenstein, Friederike	30.	10. 97	26.	8. 63
Schüler, Christoph	30.	10. 97	20.	4. 64
Wulff, Thomas, abg.	3.	11. 97	2.	6. 61
Einhaus, Martin	3.	11. 97	16.	2. 63
Dr. Binder, Jörg	3.	11. 97	27.	12. 63
Otto, Ulrike, abg.	3.	11. 97	5.	7. 64
Bleuß, Matthias	3.	11. 97	10.	2. 65
Sörries, Joachim	—		—	
Larres, Eugen, abg.	—		—	
Voß, Heinz-Wilhelm	30.	1. 98	11.	10. 64
Golfier, Stefan	25.	3. 98	31.	10. 64
Seidel, Frank	25.	3. 98	20.	6. 65
Baltes, Gernot	27.	3. 98	25.	7. 64
Ruppel, Markus	25.	6. 98	30.	4. 65
Grimm, Claudia	15.	7. 98	29.	11. 66
Wagener, Stefan	11.	8. 98	9.	12. 62
Dr. Didlap, Friederike, abg.	24.	6. 99	29.	4. 65
Lucks, Bernhard	25.	6. 99	23.	5. 65
Sostaric, Peter	25.	6. 99	1.	10. 67
Lumm, Hans-Michael	19.	7. 99	15.	9. 60

Staatsanwaltschaft Neuruppin

Heinrich-Rau-Str. 27–30, 16816 Neuruppin
Postfach 33, 16812 Neuruppin
T (0 33 91) 5 15–0
Telefax (0 33 91) 5 15–4 95

1 LOStA, 1 StVLOStA, 5 OStA, 33 StA, 1 LSt

Leitender Oberstaatsanwalt

Schnittcher, Gerd	1. 12. 96	19.	3. 49

Oberstaatsanwältin/Oberstaatsanwalt

Weber, Carlo, stVLOStA	1. 12. 96	16.	5. 51
Grübler, Gerhard	16.	2. 94	5. 4. 50
Gordon, Gabriele, abg.	1. 12. 94	29.	11. 55
Lodenkämper, Lolita	1.	2. 98	29. 11. 55

Staatsanwältinnen/Staatsanwälte

Störmer, Carola	16.	2. 94	5. 9. 62
Winter, Frank	16.	2. 94	26. 7. 63
Waldt, Horst	30.	8. 94	10. 11. 38
Sperlich, Hannelore	30.	8. 94	7. 5. 44
Lorenz, Rosemarie	1. 12. 94	15.	8. 48
Hucke, Claudia	1. 12. 94	7.	12. 55
Erdstein, Martina	—		—
Kegel, Matthias	1. 12. 94	4.	12. 62
Deutschländer, Klaus	2. 12. 94	11.	2. 55

Böttcher, Thomas	13. 12. 94	5. 10. 58
Raida, Hans	20. 7. 95	30. 7. 56
Winterhoff, Elke	20. 7. 95	18. 1. 57
Sonnen, Rüdiger	20. 7. 95	20. 1. 59
Jacoby, Christian	20. 7. 95	11. 12. 60
Kromphardt, Sophie	21. 7. 95	6. 5. 63
Benkert, Marion	1. 9. 95	27. 11. 59
Osyka, Angela	22. 11. 95	19. 7. 59
Möbius, Jörg	22. 11. 95	29. 8. 59
Helten, Hans-Jürgen, abg.	1. 12. 95	10. 8. 63
Burghardt, Herbert	20. 5. 96	4. 2. 39
Wiegard, Mechthild	11. 7. 96	21. 1. 58
Meyer, Thomas	29. 7. 96	21. 6. 62
Lowitsch, Torsten	1. 10. 96	17. 8. 62
Desens, Joachim	27. 2. 97	10. 12. 58
Pollak, Günter	27. 2. 97	28. 12. 60
Flender-Huth, Patricia	27. 2. 97	2. 10. 62
Müller-Lintzen, Iris, abg.	27. 2. 97	9. 2. 64
Scholz, Kai-Uwe	28. 2. 97	21. 12. 62
Quass, Silvia	18. 4. 97	16. 2. 64
Clement, Kai	13. 8. 98	10. 8. 62
Sprigode, Karsten	1. 10. 98	1. 12. 60
Oppermann, Angela	7. 4. 99	7. 7. 65

Staatsanwaltschaft Potsdam
Heinrich-Mann-Allee 103, Haus 18,
14773 Potsdam
Postfach 60 13 55, 14413 Potsdam
T (03 31) 88 33–0
Telefax (03 31) 88 33–3 00

Zweigstelle in Luckenwalde
Zinnaerstr. 28, 14943 Luckenwalde
Postfach 40, 14931 Luckenwalde
T (0 33 71) 69 06–0
Telefax (0 33 71) 69 06–12

1 LOStA, 1 stVLOStA, 10 OStA, 66 StA

Leitender Oberstaatsanwalt

Michalik, Rüdiger	19. 8. 92	17. 5. 39

Oberstaatsanwälte

Junker, Heinrich, stVLOStA	1. 2. 94	4. 6. 53
Ludwig, Wolf-Rüdiger	30. 5. 79	12. 5. 41
Bamler, Hans Dieter	30. 6. 93	8. 4. 37
Witten, Christian	1. 3. 95	19. 5. 41
Klein, Karl-Heinz	1. 3. 95	21. 5. 45
Ost, Volker	1. 11. 95	13. 9. 43
Neukirchner, Lothar	1. 11. 95	28. 8. 44

Staatsanwältinnen/Staatsanwälte

Hahn, Andrea	18. 4. 94	28. 7. 57
Sülldorf, Katharina	18. 4. 94	10. 3. 58
Schilder, Frank	18. 4. 94	16. 5. 63

Laggies, Mareen	20. 4. 94	28. 9. 57
Menger, Ralf	—	—
Nickel, Carmen	21. 4. 94	10. 12. 50
Reißig, Helgard	21. 4. 94	31. 5. 54
Pickert, Johannes	21. 4. 94	28. 4. 62
Woitkowiak, Ingolf	28. 4. 94	7. 5. 63
Böhm, Marianne, abg.	17. 8. 94	19. 8. 62
Negd, Gabriele	22. 8. 94	6. 10. 47
Kirchner, Michael	22. 8. 94	10. 10. 57
Itzigehl, Jens	22. 8. 94	3. 10. 60
Kirchner, Almut, abg.	23. 8. 94	22. 8. 58
Plath, Dieter	30. 11. 94	2. 5. 38
Pröfrock, Christiane	30. 11. 94	1. 8. 53
Grabe, Helmut	30. 11. 94	24. 5. 58
Kukuk, Karsten	30. 11. 94	28. 6. 62
Baumgardt, Isolde	1. 12. 94	26. 2. 38
Klügel, Stefan	1. 12. 94	30. 5. 54
Hahn, Lothar	1. 12. 94	5. 7. 56
Bruse, Wolfgang	1. 12. 94	27. 9. 56
Unverdroß, Michael-Uwe	5. 12. 94	8. 2. 59
Falch, Rüdiger	17. 7. 95	20. 3. 55
Sternberg, Rolf	17. 7. 95	23. 12. 58
Jaschke, Thomas	17. 7. 95	12. 7. 60
Pfützner, Jörg-Ulrich	17. 7. 95	18. 4. 62
Roggenbuck, Ralf	12. 9. 95	5. 10. 64
Klinkhardt, Ulrike	—	—
Helinski, Rosemarie	23. 10. 95	2. 9. 47
Harrland, Hanna	23. 10. 95	18. 5. 50
Ginnow, Michael	23. 10. 95	24. 11. 50
Runde, Christian	23. 10. 95	12. 2. 60
Flügel, Jürgen	23. 10. 95	14. 11. 60
Mitschke, Peter	23. 10. 95	18. 6. 63
Hennig, Angelika	23. 10. 95	14. 4. 64
Bielefeldt, Martin	25. 10. 95	5. 9. 47
Luczyk, Barbara	1. 11. 95	21. 11. 61
Pelcz, Franz	8. 1. 96	21. 7. 55
Ebert, Dieter	28. 2. 96	17. 1. 38
Böhlke, Monika	29. 2. 96	9. 3. 51
Spicker, Martina, abg.	13. 5. 96	10. 12. 60
Panhans, Dieter	15. 5. 96	26. 11. 41
Abisch, Jens	15. 5. 96	10. 6. 66
Lehmann, Wilfried	—	—
Bours, Jutta	30. 10. 96	11. 6. 64
Krause, Carsten	—	—
Petersen, Peter	23. 5. 97	14. 7. 60
Wenzel, Alfred	28. 7. 97	15. 10. 59
Rehm, Monika	15. 8. 97	23. 5. 58
Kurz, Rolf-Uwe	15. 8. 97	5. 9. 61
Wels, Frank	15. 8. 97	26. 2. 62
Schuld, Hagen	19. 8. 97	13. 12. 63
Niemann, Dirk	16. 9. 97	26. 11. 59
Lange, Christoph	3. 11. 97	13. 2. 63
Maier, Ivo	30. 1. 98	29. 6. 65
Netz, Martin	27. 3. 98	10. 9. 62
Knefdi, Monika	30. 3. 98	22. 5. 65
Remen, Gernot	22. 4. 98	21. 1. 63

Haag, Monika	22. 4.98	13. 8.64		Kolb, Matthias	24. 6.99	26. 3.64
Hemmersbach, Martina	22. 4.98	15. 3.65		Otto, Irene	24. 6.99	12. 3.66
Stephan, Kornelia	10. 8.98	12. 3.64		Flügel, Annette	1.11.99	4. 6.67
Wille, Monika, ½	13. 8.98	12. 4.63		Komor, Sigrid	9.11.99	3.11.60

Richterinnen/Richter und Staatsanwältinnen/Staatsanwälte im Richterverhältnis auf Probe

Pormann, Manfred	16. 8.91	17. 9.41		Zwick, Ulrich	1. 7.96	12. 5.68
Kraus-Wenzel, Karin	5.11.91	7.12.57		Junge, Ilona	1. 8.96	9.12.59
Passerini, Ramona	1. 8.93	1. 2.61		Welten, Simon	1. 8.96	28. 2.67
Dr. Filter, Ute	1.10.93	10. 1.55		Heiss, Helmut, beurl.	1. 9.96	11.12.67
Meyer, Ellen	1.12.93	24. 5.60		Fischer-Dankworth,		
Schulz, Christel, ½	3. 1.94	4. 2.64		Katrin, ½	1. 9.96	30. 1.69
Weigert, Uta	1. 4.94	12. 3.66		Dieler, Claudia, beurl.	2. 9.96	7. 4.65
Elvert, Heike	1.10.94	12.10.64		Marquardt, Christoph	1.10.96	17. 3.66
Lange, Anette	1.10.94	13. 8.66		Schuhmacher, Olaf	1.10.96	28. 7.66
Weiß, Christine	1.10.94	5.11.66		Schärf, Christian	1.10.96	3. 6.67
du Vinage, Caroline	1. 1.95	2. 1.65		Marks, Sandra, ½	1.10.96	23. 8.69
Vahldiek, Thomas	1. 3.95	27. 2.66		Korfmann gen. Kramberg,		
Hering, Sven	1. 5.95	22. 4.66		Martin	—	—
Floderer, Sigrid	1. 7.95	17. 1.68		Dr. Sternberg, Nils	1.11.96	18. 9.63
von Finckh, Andrea,				Bauchrowitz, Norbert	1.11.96	23. 4.66
beurl.	1. 8.95	14. 9.62		Kampowski, Silke	1.11.96	10.12.66
Deller, Matthias	1. 8.95	30. 9.65		Heider, Cornelia	1.11.96	12.12.66
Feldmann, Klaus W.	1. 8.95	25. 5.66		Behnert, Claudia	1.11.96	5. 8.69
Weiß, Mirjam-Luise, beurl.	1.10.95	20. 3.65		Lohmann, Frank	1.12.96	28. 2.65
Dr. von Bülow, Birgit, ½	1.10.95	1. 2.66		Schulte, Mirko	1.12.96	16. 7.66
Bürgel, Gabriele	1.10.95	14. 2.67		Meyer, Volker	1.12.96	9.12.66
Glocker, Sabine, ½	1.11.95	18. 5.59		Kleingünther, Andreas	1.12.96	12. 1.68
Kretschmann, Andrea, ½	1.11.95	10. 3.64		Wilkening, Roland	1.12.96	30. 3.68
Moraht, Renate, beurl.	1.11.95	10. 4.66		Gehrke-Lohmann, Isa	1.12.96	9. 4.69
Tóth, Ferenc-Stephan	1.12.95	11.12.62		Kyrieleis, Sophie	1.12.96	14. 5.69
Hillmann, Norbert, abg.	1. 2.96	13. 2.65		Stolte, Dorothea	1.12.96	2. 2.70
Figura, Holger	1. 2.96	1.11.65		Pelzer, Andreas	2.12.96	16. 3.67
Brune, Katja	1. 2.96	16. 3.67		Dr. Scheiper, Sabine	15.12.96	17. 8.65
Just, Maria	1. 2.96	28. 4.67		Schuberth, Frank	15.12.96	17. 1.67
Czyszke, Silke	1. 2.96	25. 9.69		Sauermann, Torsten	15.12.96	22. 4.67
von Bülow, Hans	1. 3.96	15. 2.66		Janik, Judith	15.12.96	6. 3.69
Dr. Krieglstein, Marco	1. 4.96	5. 5.65		Kleine-Westhoff, Christina,		
Neff, Michael	1. 4.96	5. 7.68		beurl.	15.12.96	9. 6.69
Dr. Leiwesmeyer,				Seider, Karsten	1. 3.97	6. 5.64
Heinrich	1. 5.96	1. 3.65		Förg, Monika	1.10.97	20.11.68
Dr. Leiwesmeyer,				Neumann, Anke, beurl.	1.10.97	8.11.70
Christiane	1. 5.96	2.12.65		Nowitzki, René	1.10.97	5. 4.71
Dräger, Thomas	1. 6.96	30. 7.67		Kraatz, Remo	1.10.97	13. 5.71
Firnhaber, Henriette	1. 6.96	28. 8.69		Otto, Katrin	1.10.97	28. 9.71
Riebesel, Friedemann	1. 7.96	19. 7.64		Grauer, Christian	1.11.97	30. 7.61
Rhein, Katharina, beurl.	1. 7.96	28. 3.66		Tews, Gesine	1.11.97	24. 2.71

Klamt, Antje, abg.	1. 3.98	14. 4.69	
Kalbow, Jörg	1. 9.98	15. 3.71	
Meyer, Frank	1.12.98	14. 5.72	
Körner, Peter	1. 2.99	29. 6.69	
Schellack, Julie, ½	1. 2.99	19. 4.70	
Liersch, Mandy	1. 2.99	2. 9.71	
Rieger, Torsten	1. 4.99	7. 7.67	

Boecker, Jan	1. 4.99	7. 7.67	
Horne, Peter	1. 7.99	9.11.68	
Strauß, Michael	19. 7.99	11. 1.72	
Hesse-Lang, Christiane	1.10.99	28. 4.63	
Ehlers, Katrin	1.10.99	28. 4.63	
Oldenburg, Uwe	1.10.99	24.12.72	
Kassalik, Claudia	1.11.99	19.12.71	

Freie Hansestadt Bremen

666 111 Einwohner*

Senator für Justiz und Verfassung

Richtweg 16–22, 28195 Bremen
T (04 21) 361–0, Telefax (04 21) 3 61 25 84
1 Sen, 1 StaatsR, 3 SenR, 2 RD, 1 ORR

Senator und Bürgermeister
Dr. Scherf, Henning   11. 12. 91   31. 10. 38

Staatsrat
Mäurer, Ulrich   14. 5. 97   14. 7. 51

Senatsräte
Dr. Wrobel, Hans   9. 12. 87   13. 2. 46

---

* Stand 1. 7. 1999.

Krieg, Hartmut   1. 4. 88   19. 7. 41
Sauerwald, Rudolf   1. 9. 96   22. 7. 51

Regierungsdirektoren

Dr. Wiegand, Manfred   11. 6. 87   23. 9. 40
Larisch, Norbert   1. 8. 93   22. 4. 39

Oberregierungsrätin

Renken, Ilka   1. 8. 96   16. 2. 57

Oberlandesgerichtsbezirk
Bremen

Bezirk: Freie Hansestadt Bremen

Landgericht Bremen mit 4 Kammern für *Handelssachen*

3 Amtsgerichte

Schöffengerichte: bei allen Amtsgerichten
Familiengerichte: bei allen Amtsgerichten

Landwirtschaftsgerichte:
Amtsgericht Bremen zugleich für den AGBez. Bremen-Blumenthal und Amtsgericht Bremerhaven

Das *Gemeinsame Prüfungsamt* für die 2. juristische Staatsprüfung für Bremen, Hamburg und Schleswig-Holstein befindet sich in Hamburg.

Hanseatisches Oberlandesgericht in Bremen

E 666 111
Sögestraße 62–64, 28195 Bremen
T (04 21) 36 10, Telefax (04 21) 3 61 44 51
1 Pr, 1 VPr, 3 VR, 16 R + ¾ R (davon 2 UProf im 2. Hauptamt, 2 R und 1 UProf im 2. Hauptamt, beurl.)

Präsident

Dr. Bewersdorf, Jörg	1. 8. 92	11. 7. 40

Vizepräsidentin

Derleder, Annegret	1. 10. 93	7. 9. 38

Vorsitzende Richter

Neumann, Karl-Peter	1. 1. 91	15. 2. 45
Dr. Schomburg, Ulf	1. 12. 93	8. 5. 39
Blome, Lüder	1. 11. 94	23. 7. 42

Richterinnen/Richter

Pauls, Jürgen	1. 7. 82	14. 12. 37
Gräper, Uwe	1. 1. 85	8. 11. 41
Friedrich, Peter	1. 7. 87	30. 7. 43
Prof. Dr. Brüggemeier, Gert (UProf, 2. Hauptamt), beurl.	16. 9. 88	31. 1. 44
Boehme, Brigitte	1. 10. 88	21. 6. 40
Herrmann, Elsbeth	1. 3. 91	24. 12. 40
Lang, Rainer	1. 8. 91	10. 3. 43
Wever, Reinhard	1. 9. 92	13. 4. 50
Golasowski, Wolfgang, beurl.	1. 10. 92	22. 5. 53
Jordan, Uwe	1. 1. 94	20. 5. 38
Dr. Wittkowski, Wolfram	1. 11. 94	25. 11. 49
Prof. Dr. Derleder, Peter (UProf, 2. Hauptamt)	1. 4. 96	3. 3. 40
Schumann, Ursula	1. 10. 96	3. 3. 46
Soiné, Brigitte	1. 10. 97	9. 5. 46

Boysen, Uwe	1. 3. 98	16. 10. 47
Böhrnsen, Claus	1. 1. 99	8. 8. 55

Eine weitere Richterstelle am Oberlandesgericht ist besetzt, der Richter ist beurlaubt.

Landgerichtsbezirk Bremen

Landgericht Bremen E 666 111
Domsheide 16, 28195 Bremen
Postfach 107843, 28078 Bremen
T (04 21) 36 10
Telefax (04 21) 3 61 67 13
1 Pr, 1 VPr, 16 VR, 24 R + 3 × ½ R (davon 2 UProf im 2. Hauptamt)

Präsident

Crome, Bernh.-Adolf	1. 8. 81	13. 5. 37

Vizepräsident

Gass, Helmut	1. 10. 97	6. 2. 43

Vorsitzende Richterinnen/Vorsitzende Richter

Dr. Westermann, Peter	1. 12. 73	17. 1. 37
Kratsch, Kurt	1. 1. 75	14. 1. 37
Heckel, Klaus	1. 4. 75	22. 6. 37
Scotland, Eduard	1. 7. 75	29. 9. 38
Oetken, Werner	22. 8. 80	2. 12. 36

Ellwanger, Walter	1. 9.82	1. 6.39
Dieterich, Ute	1.11.82	28. 5.37
Wegener, Bernd	1. 7.84	29. 1.43
Schmacke, Harald	1. 5.88	5. 2.43
Robrecht, Hilka	1. 5.90	4.10.36
Dr. Asbrock, Bernd	1. 8.90	21. 8.44
Dr. Bölling, Hein	1. 6.91	17.12.50
Blum, Detlev	1. 8.91	13. 1.52
Prossner, Helmut	1. 7.92	7. 8.48
Kolbeck, Ludger	1. 8.94	14.12.47
Grotheer, Wolfgang	1. 6.95	16. 5.49

Richterinnen/Richter

Held, Dierk	14. 8.72	5. 8.40
Berkefeldt, Wolfgang	26. 4.73	17. 8.41
Fangk, Axel	27. 5.75	6. 1.42
Kuhlmann, Karl-Ludwig	27. 5.75	24. 6.43
Müllershausen, Stephan	12. 9.75	26. 5.41
Erwes, Walther	2. 4.76	23. 7.41
Harms, Dirk	29. 6.78	4. 6.45
Prof. Dr. Schmidt, Eike		
(UProf., 2. Hauptamt)	18.10.78	26.11.39
Timke, Verena, ½	22. 3.82	16.11.50
Berger, Jürgen	19. 7.82	15. 5.46
Krüger, Karl-Heinz	23.12.83	16. 8.41
Kissling, Robert	7. 6.85	23. 9.53
Dr. Schnelle, Albert	13. 8.85	20.12.52
Prof. Dr. Thoß, Peter		
(UProf., 2. Hauptamt)	19.12.86	15. 2.37
Kellermann, Helmut	17. 8.90	8. 8.55
Lätzel, Barbara	1. 4.92	9. 9.55
Lüttringhaus, Peter	4. 5.92	5. 7.56
Abramjuk, Ruth, abg.	23. 2.93	15. 1.54
Witt, Katharina	12.10.93	9.12.58
Segond, Erika	14. 7.94	13.11.55
Rohwer-Kahlmann, Andreas	14. 7.94	7. 7.61
Heiland, Astrid	20. 7.94	22.12.62
Behrens, Ingo	29. 7.94	31. 1.61
Göhrs, Claudia	14.10.96	15.12.62
Otterstedt, Beatrix, ½,		
beurl.	1.10.97	3. 6.64

Eine weitere Stelle für Richter am Landgericht ist besetzt. Name und Personaldaten des Stelleninhabers sind nicht übermittelt worden.

Amtsgerichte

Bremen   E 439654
Ostertorstr. 25–31, 28195 Bremen
Postfach 107943, 28079 Bremen
T (0421) 3610
Telefax (0421) 3612820

1 Pr, 1 VPr, 8 w. aufs R, 51 R + 1 × ¾ R + 1 × 7⁄10 R + 1 × ½ R

Präsident

Tönnies, Rüdiger	1. 9.92	24.12.43

Vizepräsidentin

Buse, Karen	1.12.92	27.11.53

weitere aufsichtführende Richter

Rathke, Wolfgang	1. 4.85	7. 4.41
Dr. Lüthke, Albrecht,		
abg.	1. 3.86	3. 4.37
Lach, Jürgen	1. 4.93	14. 4.38
Schulz, Günther	1. 1.95	5. 9.45
Berner, Günter	1. 4.96	19. 1.36
Schnitger, Heinrich	1. 4.96	4. 1.47
Richter, Klaus	1.10.97	5.11.40
Maresch, Dieter	1.10.98	12. 6.45

Richterinnen/Richter

Nordhausen, Dieter	28. 7.72	26. 8.40
Nordmann, Engelbert	4.12.72	22. 5.39
Dr. Klosterkemper,		
Bernard	9.11.73	29. 1.36
Melzer, Götz	14.11.74	10. 8.38
Hoff, Hans-Henning	13. 1.76	22. 1.43
Gerboth, Hans-Joachim	5. 4.76	17.10.40
Spohr, Burchard	20.12.76	19. 8.40
Fischer, Hanns-Gerd	20.12.76	18.11.41
Dr. Beutler, Bengt	20.12.76	23. 5.42
Meinken, Rolf	20.12.76	3. 9.43
Pilz, Dieter	2. 5.77	20.10.44
Beyerle, Wolf-Dieter	7. 9.77	25. 5.42
Wulf, Friedrich	7. 9.77	14. 4.44
Casjens, Uwe	8. 9.77	14. 5.44
Kopmann, Paul	9. 9.77	28. 3.44
Kornblum, Friedrich-		
Christoph	9. 9.77	25. 8.46
Teuchert, Günter	23. 3.79	19. 3.46
Hogenkamp, Hartmut	23. 3.79	17. 6.46
Mersmeyer, Klaus, ½	26. 9.79	27. 8.43
Teuchert, Bernd	29.12.80	6. 1.49
Garthaus, Bernward	20. 5.81	9. 2.46
Schubert, Manfred	14. 2.83	30. 8.48
Dr. Hoffmann, Ulrich	14. 2.83	6. 4.50
Rohwer-Kahlmann,		
Stephan	14. 2.83	28. 6.51
Karl, Friedemann	14. 7.83	10.10.38
Auffarth, Heinrich	3. 8.83	2. 5.47
Meinders, Berns	11.11.83	24.11.51
Horn, Gabriele	30. 6.86	8.10.44
Landzettel, Gerhard-		
Wilhelm	30. 6.86	25. 1.49
Dierks, Hans	24. 8.87	29. 6.55
Dr. Dittmayer, Norbert	3. 7.89	2.11.56
Wanschura, Hannelore	6. 7.89	18.11.43
Rogoll, Karl-Heinz	17. 8.90	5. 4.52

Goldmann, Karin	14. 5.91	23. 2.58
Andrae, Marie-		
Elisabeth, 7/10	15. 5.91	9. 3.57
Klinker, Inge	15. 5.91	8. 2.59
Dr. Schromek, Klaus-		
Dieter, abg.	21. 5.91	14. 6.56
Steinhilber, Rolf, ½	16. 2.93	23.11.54
Wacker, Reinhard	29. 9.93	18. 3.51
Backer, Ute, ¾	29. 9.93	5.10.57
Wolff, Ann-Marie, beurl.	14. 7.94	31. 1.62
Kelle, Manfred	19. 7.94	3. 6.61
Schmedes, Claas	22. 7.94	7. 1.61
Best, Ellen-Anna	18.10.95	9. 3.56
Heinke, Sabine	19.10.95	2. 6.56
Eder, Günther	19.10.95	6.10.56
Ahlers, Hans	14. 5.98	5.12.66
Schilling, Roger	18. 1.99	12.11.61
Lange, Birgit	22. 1.99	18. 4.66

Drei weitere Stellen für Richter am Amtsgericht sind besetzt. Namen und Personaldaten der Stelleninhaber sind nicht übermittelt worden.

Bremen-Blumenthal   E 102 677
Landrat-Christians-Str. 65a/67/69, 28779 Bremen
Postfach 710120, 28761 Bremen
T (04 21) 36 10
Telefax (04 21) 3 61 73 02

1 Dir, 1 w.aufsR, 3 R + ½ R

Ehlers, Arnd, Dir	1.10.98	30.12.48
Zorn, Christian, w.aufsR	1.10.99	8.11.50
Dr. Pawlik, Peter-Michael	13. 8.76	16. 7.45
Schroedter, Wolf-		
Christian, M. A.	26. 7.82	9. 5.47

Blank, Barbara	14. 2.83	16. 9.48
Glötzel, Peter, ½	11. 9.87	6. 8.44

Bremerhaven   E 123 780
Nordstr. 10, 27580 Bremerhaven
Postfach 210140, 27522 Bremerhaven
T (04 71) 5 96-0
Telefax (04 71) 5 96–1 36 96

1 Pr, 1 VPr, 1 w.aufsR, 13 R

Präsident

Lissau, Uwe	1. 1.91	22. 9.52

Vizepräsident

Bornemann, Udo	1. 4.88	2. 8.43

Richterinnen/Richter

Welge, Uwe, w.aufsR	1. 1.95	14.10.37
Stegen, Bernhard	7. 3.72	2. 8.38
Höhle, Hans-Dieter	7. 3.72	26. 8.39
Gries, Hartmut	13. 8.76	3. 6.45
Ehlers, Hans	26. 9.79	30.10.47
Steinberg, Michael	24.12.81	5.10.50
Dr. Schumann, Rolf	19. 7.82	7. 1.44
Pane, Dirk	7. 6.85	7. 1.44
Schulz, Jörg, beurl.	10. 6.85	15.10.53
Hien-Völpel, Ursula	5. 1.87	29.11.46
Umlandt, Dagmar	4.10.93	25. 4.58
Lissau, Corinna	15. 7.94	18. 2.64
Dr. Köster, Ingo	19.10.95	29.10.62

Eine weitere Stelle für Richter am Amtsgericht ist besetzt. Name und Personaldaten des Stelleninhabers sind nicht übermittelt worden.

Staatsanwaltschaften

Generalstaatsanwaltschaft Bremen

Richtweg 16–22, 28195 Bremen
Postfach 101360, 28013 Bremen
T (04 21) 3 61–0
Telefax (04 21) 3 61 40 81

1 GStA, 1 LOStA, 2 OStA

Generalstaatsanwalt

Dr. Janknecht, Hans	7. 2.85	15.12.36

Leitende Oberstaatsanwältin

Dr. Graalmann-Scheerer,		
Kirsten	20. 5.96	3. 3.56

Oberstaatsanwälte

Lettau, Klaus	31. 7.81	25. 2.38
Dr. Maul-Backer,		
Henning, abg.	1. 6.96	12. 6.56
Glasbrenner, Matthias	1.10.99	10.10.61

Staatsanwaltschaft Bremen
Ostertorstr. 10, 28195 Bremen
Postfach 101360, 28013 Bremen
T (04 21) 3 61–0
Telefax (04 21) 36 19 66 08

1 LOStA, 7 OStA, 29 StA + ½ StA

Leitender Oberstaatsanwalt

Frischmuth, Jan	1. 12. 92	15.	5. 37

Oberstaatsanwältinnen / Oberstaatsanwälte

Nullmeyer, Horst,			
stVLOStA	1. 1. 97	5.	9. 45
Dr. Tietze, Christian-			
Andreas	10. 8. 89	1.	1. 43
Dr. Finke, Peter	1. 10. 94	12.	9. 40
Dützschhold, Volker	1. 10. 94	20.	2. 43
de Boer, Ingrid	1. 10. 98	25. 10. 44	
Lutzebäck, Elisabeth,			
abg.	1. 10. 99	14.	7. 53

Staatsanwältinnen/Staatsanwälte

Hermann, Henning, GL	1. 10. 97	16. 11. 42	
Quick, Burkhard, GL	—	—	
Schmundt, Jürgen, GL	1. 10. 99	12.	6. 38
Repmann, Frank, GL	1. 10. 99	3. 12. 42	
Gottschalk, Michael, GL	1. 10. 99	11.	6. 45
Dr. Hütte, Hans	1. 11. 71	16.	8. 39
Hampf, Gert	—	—	
Eissing-Nickol, Ingrid	1. 4. 75	1.	5. 38
Dr. Feldkirch, Karl	—	—	
Seidel, Ingo	18. 2. 82	9.	1. 51

Neugebauer, Siegfried	—	—	
Müssemeyer, Ulrich	31. 8. 83	12.	9. 51
Heetfeld, Annemarie, ½	23. 12. 83	25.	5. 52
Grziwa, Joachim	28. 10. 88	21.	3. 56
Krechlak, Manfred	1. 1. 91	3.	5. 52
Gabler, Bernd	1. 2. 91	17.	6. 58
Dr. Baumgarte, Christian	1. 1. 92	19.	4. 53
Ellerbusch, Jörn	1. 1. 92	2.	9. 56
Neubert, Charlotte	1. 1. 92	6.	4. 60
Henneke, Susanne, beurl.	4. 10. 92	26.	5. 60
Schaefer, Monika	15. 1. 93	14.	8. 60
Braun, Winfried	3. 5. 94	9.	2. 51
Friedrichsen, Katja	3. 5. 94	16.	9. 62
Picard, Uwe	22. 11. 94	9.	2. 56
Wachsmuth, Stefan	1. 7. 95	4.	6. 62
Passade, Frank	1. 5. 99	20.	1. 65
Dr. Roden, Carola	1. 8. 99	14.	1. 67

Zweigstelle Bremerhaven
Nordstr. 10, 27580 Bremerhaven
Postfach 210140, 27522 Bremerhaven
T (04 71) 5 96–0
Telefax (04 71) 5 96–1 37 30

1 OStA, 5 StA

Oberstaatsanwalt

Lyko, Uwe	1. 10. 98	20.	5. 50

Staatsanwälte

Haar, Fritz, GL	—	—	
Bohlen, Klaus	9. 5. 72	14.	1. 38
Steil, Jürgen	3. 8. 73	22. 10. 39	

Richterinnen/Richter und Staatsanwältinnen/Staatsanwälte im Richterverhältnis auf Probe

Bei den Gerichten:

Dr. Haberland, Stephan	1. 9. 97	15. 12. 64	
Dr. Garbe, Thorsten	16. 3. 98	3.	2. 66
Dr. Gustafsson, Britta,			
beurl.	1. 5. 98	20.	7. 65
Dr. Brünjes, Michael	7. 7. 99	8.	9. 68
Dr. Schilling, Claudia	4. 8. 99	13.	6. 68

Bei der Staatsanwaltschaft:

Piontkowski, Gabriela	24. 2. 98	26.	8. 68

Wyluda, Tanja	1. 4. 98	16. 11. 69	

Staatsanwältinnen / Staatsanwälte im Beamtenverhältnis auf Probe:

Dr. Laumen, Simone	15. 6. 98	1.	5. 71
Dr. Prange, Thorsten	1. 7. 98	31.	3. 67
Riemer, Claudia	1. 7. 98	15.	8. 68
Hauschild, Jörn	29. 6. 99	31.	5. 69

Freie und Hansestadt Hamburg

1 701 327 Einwohner*

Justizbehörde

Drehbahn 36, 20354 Hamburg
Postfach 30 28 22, 20310 Hamburg
T (0 40) 4 28 43, Telefax (0 40) 4 28 43

1 Sen (Präses), 1 StaatsR, 2 SenDir, 5 LRD, 30 Ref

Präses

Dr. Peschel-Gutzeit,
Lore Maria   12. 11. 97   26. 10. 32

Staatsrat

Strenge, Hans-Peter   1. 1. 96   19. 9. 48

Präsidialabteilung

Käfer, Simone (RLG)	15. 10. 95	17. 8. 64
Geigle, Birgit (Wiss. Ang.)	1. 4. 98	7. 9. 65
Hoffelner, Wiebke (StA)	15. 10. 98	19. 1. 68
Tegtmeyer, Martina (Wiss. Ang.)	1. 3. 99	12. 9. 59

Amt für Allgemeine Verwaltung

Amtsleiter

Düwel, Johannes (RD)   22. 8. 95   15. 4. 61

Abteilungsleiterinnen/Abteilungsleiter

Tietz, Ingeborg (RAG)	29. 4. 98	17. 11. 55
Hamann, Ulla (ORR)	15. 4. 94	21. 6. 56
Grubert, Angelika (RLG)	15. 6. 94	27. 8. 55
Ahlers, Manfred (ORR)	25. 1. 96	20. 3. 48
Hille, Sybille (OAR)	14. 5. 96	28. 9. 54
Janke, Karl-Heinz (ORR)	10. 7. 97	4. 4. 56
Rühl, Werner (ROLG)	30. 6. 99	19. 6. 56

Referentin

Vespermann, Monika
(ORR)   21. 6. 99   14. 1. 53

Justizamt

Amtsleiter

Stallbaum, Michael (SenD)   22. 10. 93   1. 7. 45

---

* Stand 30. 9. 1999.

Abteilungsleiterinnen/Abteilungsleiter

Becker, Horst (VRLG)	15. 4. 97	7. 8. 49
Pradel, Joachim (LRD)	25. 6. 98	21. 10. 50
Rickert, Willi (LRD)	1. 12. 99	1. 9. 52

Referentinnen/Referenten

Dr. Jarzembowski, Georg (RD), MdEP	9. 10. 81	3. 2. 47
(Beamtenverhältnis ruht)		
Antony, Hermann (RLG)	9. 7. 86	3. 9. 54
Herrmann, Birgit (AR)	14. 11. 88	8. 11. 54
Dr. Thomsen, Renate (RD)	11. 7. 90	18. 1. 52
Garmatter, Christiane (RD)	8. 10. 91	22. 1. 56
Evensen, Michael (RD)	24. 8. 98	24. 5. 55
Aust, Wiebke (RD)	31. 8. 92	25. 4. 57
Dr. Behm, Andreas (StA)	1. 11. 93	28. 8. 58
Dörffler, Dina (RAG)	—	—
Gerbl, Yvonne (StA)	11. 4. 95	—
Dr. Schindler, Frank (R)	5. 4. 94	28. 2. 63
Dr. Schween, Jürgen (RD)	19. 12. 96	17. 10. 56
Witte, Andrea (RR z.A.)	6. 7. 98	1. 3. 68
Dr. Holznagel, Ina (OStA)	1. 4. 99	8. 9. 60
Wenzel, Sabine (Wiss. Ang.)	1. 4. 99	4. 11. 59

Strafvollzugsamt

Amtsleiter

Dr. Gestefeld, Rolf (SenD)   25. 6. 97   23. 1. 49

Abteilungsleiter

Plate, Ulrich-Georg (LRD)	10. 3. 79	4. 4. 38
Mundelein, Robert (LRD)	1. 1. 87	24. 4. 45
Dr. Rehn, Gerhard (L. Wiss. Dir i.VerwD)	10. 7. 95	21. 11. 37
Kamp, Hans-Jürgen (LRD)	—	—

Referentinnen/Referenten

Jürgensen, Peter		
(Wiss.Ang.)	1. 1.81	25.12.43
Helias, Dirk (RD)	—	—
Ernst, Cornelia (ORR)	—	—
Martens, Harald		
(Wiss.OR i.VerwD)	18. 3.88	21.11.46
Dr. Ohle, Karlheinz		
(Wiss.Dir i.VerwD)	2. 1.89	7. 7.41
Thiele, Barbara		
(MedD)	6.10.92	28. 1.47
Meisling, Marie-Luise		
(ORR)	—	—
Fey, Renate		
(Wiss.Dir i.VerwD)	23.12.92	9. 7.54
Ewert-Schulze, Angelika		
(Wiss.OR i.VerwD),		
beurl.	19. 4.93	14.11.59
Thiel, Andreas		
(Wiss.OR i.VerwD)	1. 7.93	24.10.50
Dr. Herzog, Jürgen		
(Wiss. Ang.)	1. 3.93	20. 9.48
Schuchardt, Wolfgang		
(RR)	—	—
Schnitter, Christine		
(ORR)	25. 8.97	11. 7.64
Schlumbohm, Dieter		
(Wiss.R i. VerwD		
z.A.)	18. 9.98	30. 7.57

Oberlandesgerichtsbezirk Hamburg

Bezirk: Freie und Hansestadt Hamburg
1 Landgericht
6 Amtsgerichte
Familiengerichte und *Schöffengerichte:* bei allen Amtsgerichten
Landwirtschaftsgerichte: bei den Amtsgerichten Hamburg, Hamburg-Bergedorf und Hamburg-Harburg. Landwirtschaftssachen aus den übrigen

Amtsgerichtsbezirken sind dem Amtsgericht Hamburg übertragen.

Gemeinsames Prüfungsamt der Länder Freie Hansestadt Bremen, Freie und Hansestadt Hamburg und Schleswig-Holstein für die Große Juristische Staatsprüfung, Hamburg

Landesjustizprüfungsamt bei dem Hanseatischen Oberlandesgericht

Hanseatisches Oberlandesgericht Hamburg

E 1 701 327
Sievekingplatz 2, 20355 Hamburg
20301 Hamburg
T (0 40) 4 28 43–1, Telefax (0 40) 4 28 430–40 97
1 Pr, 1 VPr, 14 VR, 42 R einschl. 2 UProf (2. Hauptamt) + 5 × ½ R + 1 × ⅔ R + 2 LSt

Präsident

Rapp, Wilhelm	1. 9. 94	2. 4. 42

Vizepräsidentin

Nöhre, Monika	15. 3. 00	25. 8. 50

Vorsitzende Richterinnen/Vorsitzende Richter

Schultz, Peter	9. 9. 87	28. 5. 38
Mentz, Albrecht	3. 4. 89	18. 3. 38
Petersen, Erich	30. 5. 89	4. 5. 36
Dr. Hardt, Ursel	1. 1. 92	2. 9. 38
Dr. Erdmann, Diethelm	1. 9. 92	10. 5. 38
Brüning, Herrmann	1.10. 92	22.11. 37
Dr. Daniels, Jürgen	1.11. 92	14.12. 41
Ficus, Harald	1. 6. 95	21.10. 38
Dr. Schmidt-Syaßen, Inga	1. 9. 95	20. 5. 42
Krause, Dieter	1.11. 97	15. 1. 40
Dr. Lassen, Peter	1. 1. 98	19. 7. 41
Timmermann, Peter	1. 1. 99	5. 5. 42
Dr. Büchel, Helmut	1. 3. 99	26. 8. 40

Richterinnen/Richter

Dr. Böckermann, Bernhard	1. 1. 77	2. 1. 36
Bästlein, Hans Günter	1.12. 77	9. 5. 38
Wegener, Klaus	1. 9. 78	28. 4. 36

Künkel, Bernd	24. 3. 80	10.10. 40
Buß, Wolfgang	15.10. 80	13. 6. 36
Prof. Dr. Ott, Klaus, beurl.	31.12. 80	27. 7. 37
Prof. Dr. Fezer, Gerhard (UProf, 2. Hauptamt)	4. 3. 81	2.10. 38
Dr. Frantzioch, Fritz	18. 3. 81	22. 7. 40
Puls, Jutta	1. 4. 81	29.10. 40
Stöger, Michael	1. 7. 81	25. 5. 41
Dr. Mattik, Dierk, beurl.	1. 6. 84	11. 6. 41
Küstner, Uwe	1.12. 85	22. 6. 38
Rüter-Czekay, Regine	5. 3. 86	18. 1. 37
Ruhe, Burkhard	1. 1. 87	24.12. 44
Philippi, Henrik	1. 5. 87	11. 6. 39
Dr. Kniep, Raimund	1.11. 87	16. 1. 41
Karnowski, Monika	1. 1. 88	20. 9. 40
von Franqué, Eckhard	2. 2. 88	10.10. 38
Schmidt, Volker	2. 3. 88	23. 9. 41
Gottschalk, Joachim	28. 2. 90	6. 9. 45
Prof. Dr. Peters, Frank, ½	9. 4. 90	14.12. 42
Klußmann, Harteke	1. 8. 90	19. 9. 41
Kleffel, Enno	1.10. 90	20. 5. 42
Dr. Kramer, Wolfgang	21.12. 90	2. 4. 48
Thiessen, Jochen	8. 2. 91	26.12. 48
Dr. Bischoff, Harald	10. 5. 91	13. 6. 39
Dr. Morisse, Heiko	10. 5. 91	5. 4. 44
Harder, Gerd	1. 7. 91	13. 2. 47
Wörner, Karsten	6. 9. 91	15. 6. 42

Gerberding, Rudolf	30. 3.92	24. 7.45
Wapenhensch, Andreas	22. 5.92	3. 6.42
Dr. Mohr, Carsten	1. 1.93	16. 7.42
Spannuth, Rolf	1. 1.93	6. 5.43
Betz, Joachim	22. 3.93	13. 9.47
Huusmann, Henning	30. 4.93	26.10.48
Ziesing, Lore, ½	1. 6.93	15. 4.45
Dr. Raben, Marion, ⅔	1. 6.93	24.11.46
Albrecht-Schäfer,		
Angelika, ½	18.10.94	23.10.50
Rolf-Schoderer, Monika	20. 2.95	14. 8.50
Prof. Dr. Magnus, Ulrich		
(UProf, 2. Hauptamt)	7. 9.95	19. 2.44
von Selle, Lutz	1. 3.96	26. 6.51
Rieger, Andreas	—	—
Felsch, Joachim	24. 9.97	18. 9.55
Bayreuther-Lutz,		
Liane, ½	1. 6.98	2. 5.52
Dr. Koch, Claudia, ½	1. 6.98	2. 5.53
Dr. Labe, Michael	3. 6.98	18. 5.55
Rühl, Werner, abg. (LSt)	30. 6.98	19. 6.56
Dittmann, Karl	7. 9.98	18. 6.39
Westphalen, Sabine	17. 2.00	14. 9.59

Landgerichtsbezirk Hamburg

Landgericht Hamburg E 1 701 327

Sievekingplatz 1, 20355 Hamburg
Postfach 300121, 20348 Hamburg
T (0 40) 4 28 43–1
Telefax (0 40) 4 28 43–43 18+43 19

1 Pr, 1 VPr, 102 VR, 148 R

Präsidentin

Görres-Ohde, Konstanze	5. 2.96	5.10.42

Vizepräsident

Öhlrich, Kai-Volker	12. 5.97	24.11.43

Vorsitzende Richterinnen/Vorsitzende Richter

Dieterich, Reinhard	1.10.77	22. 1.37
Soltau, Achim	1. 4.78	13. 4.38
Lindloh, Klaus	1. 5.78	27.11.38
Jordan, Harald	1. 7.78	29.10.35
Dr. Jacobi, Bernhard	1. 9.78	3. 7.38
Dr. Sternel, Friedemann	1. 5.79	10.11.35
Schade, Peter	1. 5.79	12.12.37
Dr. Scheffler, Gerhard	1. 5.79	6. 7.38
Krüger-Spitta, Christof	24.10.79	21. 3.38
Schumann, Gerhard	20. 3.80	20. 1.36
Nathow, Michael	31.12.80	25.11.36
Jandt, Ingolf	4. 3.81	2.10.37
Gierga, Hans-Dieter	1. 4.81	16. 9.36

Dr. Dahns, Peter	2. 9.81	26. 2.38
Kawlath, Dieter	2. 9.81	4.11.39
Göring, Gertraut	26. 5.82	30.12.38
Prof. Dr. Randzio,		
Ronald, ½	24. 9.82	29.10.39
Preuß, Dietrich	16. 6.83	15. 5.38
Meyer, Jürgen	16. 6.83	22. 3.39
Fischer, Werner	1. 7.83	1. 5.40
Brüchner, Ulf	31.10.83	4. 5.38
Asmus, Uwe	31.10.83	24. 5.40
Luckow, Manfred	1. 9.85	26. 5.39
Stenkat, Klaus-Rainer	21.10.86	3. 8.41
Zahlten, Ulrich	16.12.86	7.12.36
Hartung, Dieter	16.12.86	20. 4.38
Dr. Kögel, Hannelies	29. 4.87	17. 5.37
Wendt, Harald	21.10.87	1.10.42
Dr. Schudt, Ernst-Rainer	1. 1.88	11. 9.43
Walter-Greßmann, Inge	1. 5.89	1. 5.43
Dr. Thiel, Wolfram, abg.	28. 8.89	22. 5.41
Münzker, Horst-Dieter	24.11.89	10. 8.40
Feistritzer, Jörg	27.11.89	27.11.40
Seedorf, Rolf	27.11.89	17. 7.44
de Grahl, Malte	21. 5.90	6.10.40
Korff, Eberhard	19. 7.90	16. 3.42
Gräfe, Bernd	14. 9.90	20. 7.41
Budelmann, Irene	1.10.90	25. 8.40
Salesch, Barbara, beurl.	22. 5.91	5. 5.50
Runge, Hans	1. 8.91	10. 5.40
Münster, Peter	1. 8.91	14. 8.42
Dr. Lau, Gerd	1. 8.91	5. 9.44
Roth, Reinhold	9. 9.91	27. 4.42
Schulze-Eickenbusch,		
Lutz	20.12.91	21. 9.41
Dr. Rabe, Claus	20.12.91	8.12.42
Schaberg, Gerhard	20.12.91	30.10.44
Meißner, Hans-Georg	30. 3.92	12.10.39
Wölber, Peter	1. 5.92	22. 1.43
Schlak, Wolfgang	7. 7.92	23. 9.44
Göhlich, Wolfgang	21. 7.92	14. 7.44
Hager, Hartmut	16.10.92	3. 8.41
Wißmann, Karsten	16.10.92	18. 7.44
Gärtner, Axel	16.10.92	14.12.47
Zeiger, Fritz	1.11.92	8. 7.41
Riechert, Ernst	30.12.92	24. 1.40
Dr. Rühle, Klaus	31.12.92	15.12.51
Helbert, Rolf	29. 1.93	17.10.44
Wiedemann, Karin	19. 3.93	1.12.48
Walk, Egbert	22. 3.93	11. 5.47
Sattler, Peter	30. 4.93	5. 6.42
Block, Jürgen-Heinrich	18. 6.93	2. 2.43
Göbel, Rüdiger	6. 5.94	2.11.49
Sottorf, Rainer	23. 3.95	5.11.43
Löllke, Christian	11. 5.95	15. 5.42
Dr. Wille, Klaus	11. 5.95	4. 4.44
Stephani, Michael	11. 5.95	21. 1.49
Sievers, Gottfried	1.10.95	8. 6.48

Schmidt, Angelika, ½	3. 6.96	16. 3.43
Dr. Langenberg, Hans	1. 7.96	19. 9.43
Trappe, Bernd	31.10.96	12. 5.50
Schneider, Markus	17. 2.97	13. 4.47
Sielaff, Rolf	17. 2.97	6. 5.50
Becker, Horst, abg. (LSt)	21. 4.97	7. 8.49
Dr. Buchholz, Martin	1. 5.97	13.12.59
Dr. Rheineck, Renate, ½	16. 7.97	21. 2.51
Dr. Augner, Gerd	1. 8.97	28. 3.49
Köllner, Margret	1. 9.97	11. 4.47
Rachow, Bolko	1. 9.97	13. 8.48
Radtke, Monika, ½	12.12.97	20. 6.44
Wagner, Beatrice, beurl.	12.12.97	20. 5.50
von Schweinitz, Liane	1. 1.98	29. 9.44
Steinhagen, Christa	9. 3.98	5. 3.44
Dr. Plate, Jürgen, beurl.	20. 3.98	27. 5.42
Backen, Wolfgang	27.10.98	7. 4.51
Roderjahn, Astrid	26.11.98	24.12.58
Mose, Joachim	28.12.98	17. 7.57
Borwitzky, Rainer	18. 1.99	11.11.48
Haller, Georg	11. 8.99	19. 3.53
Brücker, Uwe	19. 8.99	12. 3.50
Langenberg, Helga	12.11.99	9. 9.46

Richterinnen/Richter

Brüny, Jürgen	3. 7.70	27. 7.36
Hoßfeld-Melis, Monika	14. 9.70	28. 2.39
Steltzer-Reimers, Christa, ¾	1. 4.71	23.12.38
Barran-Wessel, Heide	1. 4.74	15.10.42
Wiring, Manfred	1. 7.74	26. 9.38
Basedow, Gunda	1.12.74	4. 8.43
Stadie, Volkmar	2. 1.75	29. 1.43
Herweg, Klaus	3. 7.75	20. 7.44
von Trotha, Wilfried	7.11.75	18. 5.40
Jöhnk, Volker	2. 7.76	30. 9.44
Brückner, Matthias	27. 3.77	15.11.43
Görtz, Tilman	15.11.77	11. 6.43
Dr. Ott, Dieter	9.12.77	17. 3.38
Dr. Wittkopp, Wiebke, ½	1. 7.78	12. 4.48
Rühle, Rainer	27. 2.79	2. 5.47
Schmidt, Holger	10.11.79	3. 4.47
Busse, Franziska, ½	22. 9.80	11. 5.51
Nickau, Gerd	1. 2.81	9.11.50
Dr. Lierow, Niels, abg.	2. 9.81	26. 4.45
Haack, Hans-Peter	5. 3.82	6. 7.49
Peters, Bernd	17. 7.82	16. 1.50
Harms, Hermann	10.10.82	9. 8.49
Wriede-Eckhard, Waltraud	—	—
Moderegger, Annegret	3. 3.83	1. 4.53
Brüninghaus, Tilman	1. 4.83	18. 3.49
Kühl, Marianne	9. 4.83	9. 8.38
Graf Finck von Fincken- stein, Karl-Wilhelm	6. 7.83	10. 9.49
Dey, Astrid, ½	15. 7.83	13. 5.53

Voos, Eberhard	12. 9.83	9. 1.51
Luker, Heinrich	12. 9.93	14. 5.52
Godglück, Wolfgang	25. 9.83	23. 9.48
Voß, Hans-Heiko	29.12.83	19. 6.53
Wolter-Welge, Silvia, abg.	1. 4.84	2.11.55
Müller-Fritsch, Dierk	21. 4.84	23. 7.53
Cordes, Rüdiger, abg.	22. 8.84	7. 9.51
Busch-Breede, Rosemarie, beurl.	1. 1.85	15. 3.53
Welge, Gerhard, abg.	1. 6.85	13. 6.52
Dr. Kollek, Andreas	15. 7.85	30.10.54
Oechsle, Susanne	22.11.85	27. 9.54
Bülter, Joachim	22.11.85	7. 1.55
Klippstein, Thomas, beurl.	15.12.85	27. 1.54
Streibel, Rüdiger	1. 4.86	23. 8.51
Dr. Weißmann, Ulrich	18. 4.86	8. 3.52
Schlage, Britta, abg.	1. 7.86	7.11.56
Antony, Hermann, abg.	9. 7.86	3. 9.54
Schlichting, Detlef	—	—
Grossam, Wolfgang	5.10.86	22. 3.57
Steinmetz, Elke, ½	7.10.86	4. 8.55
Schmidt, Michael	20. 2.87	31. 1.57
Dr. Reimers-Zocher, Birgit, ½	1. 9.87	3. 8.56
Grigoleit, Detlef, abg.	14.12.87	1.11.54
Dr. Wendler, Christine, ½	23.12.87	21. 8.53
Loth, Hartmut	7. 3.88	18. 7.49
Lauenburg-Kopietz, Daniela, ½	—	—
Prange-Stoll, Karin, ½	8. 3.88	9. 7.51
Buske, Andreas, abg.	28. 4.88	8. 2.55
Dr. John, Renate, ½	1. 6.88	19. 8.54
Dr. Stoltenberg, Sabine, ½	26. 9.88	23. 5.58
Schwafferts, Ulrike	21.12.88	5. 2.59
Franke, Wolfgang	1. 1.89	13. 7.48
Prof. Dr. Plewig, Hans- Joachim, ⅒	1. 6.89	8. 9.48
Dr. von Einem, Cornelia	25. 9.89	6. 3.57
Wechsler, Regina, beurl.	6.10.89	10. 6.57
Reuß, Barbara, ½	21.11.89	29.12.47
Bolle-Steinbeck, Gisela, ¾	23.11.89	23. 3.55
Schaps-Hardt, Petra, ½	11.12.89	6. 7.58
Zscherpe, Maj	14. 2.90	14. 4.56
Barrelet, Ute	4. 4.90	16. 6.54
Richter, Andreas	17. 4.90	14. 9.59
Lübbe, Bernd	7. 5.90	9.12.57
Latif, Kabir	29. 5.90	8. 6.53
Dr. Berger, Nikolaus	31. 8.90	9. 1.56
Berlit-Hinz, Elke-Kerstin, ½, beurl.	1. 9.90	24. 8.58
Dr. König, Doris, beurl.	17.10.90	25. 6.57
Dr. Kagelmacher, Jürgen	19. 2.91	14.10.59
Scholz, Monika, ½	11. 4.91	7. 9.57
Voos, Alexander	10. 7.91	26. 4.58
Dr. Meyer-Buchwald, Roland	12. 7.91	19. 1.55

Dr. Stephani, Karin	16. 9.91	20. 8.59
Dr. Beckmann, Carsten	14.10.91	24.12.58
Lübbe, Eva-Juliane, ½, beurl	26.11.91	11.12.59
Bühring-Uhle-Lehmann, Katrin, abg.	11.12.91	11. 4.53
Dr. Dietrich, Silvia	11.12.91	1. 9.60
Meyer, Claus	24. 2.92	30. 4.59
Dr. Fortmann, Jens	1. 3.92	2. 1.59
Dr. Steinmetz, Bernd	17. 3.92	20.10.58
Perels, Michael	1. 6.92	13. 3.59
Reichardt-Pospischil, Maren, ¾	2.10.92	18.10.49
Bluhm, Inka, beurl.	20.11.92	16. 3.60
Peters, Sybille	—	—
Krieten, Johann, abg.	23.12.92	3. 5.56
Dr. Pfannenstiel, Ingo	23.12.92	19.10.59
Harder, Matthias	12. 2.93	22.10.57
Knudsen, Helge	16. 2.93	4. 9.54
Sakuth, Norbert	30. 3.93	6.10.59
Hirth, Wolfgang, abg.	1. 7.93	9. 7.60
Henjes, Heidi, ½, beurl.	3. 9.93	27. 2.57
Terschlüssen, Ilka, abg.	1.11.93	21. 3.61
Winkler, Birgit	15.12.93	27. 6.58
Niemeyer-Stehr, Bianca, ½	15.12.93	20. 5.60
Stolzenburg, Friedrich	1. 1.94	23. 5.58
Löffler, Susanne, ½	1. 1.94	11. 4.62
Gravesande-Lewis, Annette	17. 1.94	1. 7.58
Keyenburg, Birgit	15. 2.94	13. 5.57
Pätsch, Christiane	22. 2.94	19. 3.62
Dr. Enderlein, Axel	16. 3.94	19. 2.58
Woitas, Birgit	18. 3.94	26. 4.62
Grubert, Angelika, abg.	15. 6.94	27. 8.55
Jörgensen, Karin, beurl.	—	—
Bernheim, Rolf	20. 7.94	17. 3.59
Steeneck, Heiner	1. 8.94	—
Skibbe, Andrea	2. 8.94	20. 3.61
zur Verth, Dorothee	12. 8.94	15. 4.61
Wende-Spors, Petra	1. 9.94	1.12.61
Wunsch, Günter	—	—
Zink, Joachim	—	—
Edeler, Beatrice	5.10.94	31.10.59
Böttcher, Stephan	1.11.94	9. 2.62
Mück, Ulla, beurl.	1. 1.95	—
Lemke, Stephanie, beurl.	6. 1.95	23.10.63
Agger, Sabine	7. 1.95	11. 4.60
Schulz, Harald	—	—
Dr. Hoffmann, Britta, ½	1. 3.95	25. 5.60
Panten, Ralph, abg.	1. 3.95	28.12.60
Dr. Selow, Michael	1. 4.95	30. 1.60
Karstaedt, Beate, beurl.	13. 4.95	21. 7.57
Taeubner, Ulrike, abg.	15. 5.95	2. 8.63
Kötter-Domroes, Meike, ½	19. 5.95	2.11.61
Steffens, Babette, ½, beurl.	2. 6.95	15. 9.61
Jenssen-Görke, Martina	7. 7.95	22. 8.60
Rochow, Elisabeth, beurl.	24. 9.95	9. 7.64
Gräfin von Bernstorff, Clarita, ½, beurl.	25. 9.95	27.10.61
Käfer, Simone, abg.	15.10.95	17. 8.64
Hoffmann, Verena	23.10.95	23. 9.63
Nicolai, Jacob	1.12.95	12. 9.61
Tiemann, Matthias	3.12.95	4. 6.62
Specht, Klaus	10. 1.96	4. 6.57
Cors, Gisbert, abg.	13. 1.96	30. 3.62
Dubbel-Kristen, Roger, abg.	5. 2.96	18. 5.59
Weyhe, Lothar	9. 2.96	16. 9.61
Dr. Purbs, Svenja, abg.	15. 2.96	1.10.64
Dr. Pflaum, Annette, beurl.	8. 3.96	9. 4.63
Steiner, Kerstin, beurl.	31. 5.96	26. 9.63
Winkler, Roland Alexander	1. 6.96	26. 9.61
Dr. Halbach, Georg	25. 6.96	9. 2.61
Pesch, Sönke	15. 6.97	12.12.62
Petzold Kirste, Götz	22.12.97	18. 2.64
Dr. Oertzen, Sabine, ½	21.12.98	15. 7.61
Dr. Löffler, Christian	1. 4.99	10. 5.63
Mithoff, Uta	13. 8.99	3. 1.64
Dr. Pellens, Martin	9. 9.99	24.10.63
Dr. Beckedorf, Ingo	1. 2.00	17.11.66

Amtsgerichte

Hamburg E 943 563
Sievekingplatz 1, 20355 Hamburg
Postfach 300121, 20301 Hamburg
T (0 40) 4 28 43–0
Telefax (0 40) 4 28 43–43 18

1 Pr, 1 VPr, 22 w.aufsR, 166 R

Präsident

Dr. Raabe, Heiko	9. 4.99	5. 7.43

Vizepräsidentin

Umlauf, Sibylle	1. 1.96	7. 9.52

weitere aufsichtführende Richterinnen/Richter

Graue, Nils	1. 1.75	25.11.35
Urban, Gerd	1. 9.77	7. 3.36
Bollhorn, Dieter	5. 7.79	28. 3.39
Peters, Jörgen, ¾	7. 1.86	1. 8.39
Ewe, Hans-Dieter	7. 5.86	24. 4.39
Wegemer, Heiner	7.10.88	30. 3.43
Breuer, Kai	19. 1.89	12. 7.42
Beyer, Harm	30. 5.89	28. 6.36
Dr. Weintraud, Ulrike	28. 6.91	27.11.48

Spetzler, Veronika, ½	18. 6.93	7. 2.47
Baethge, Ulrich	18.10.94	18. 4.45
Jaeger, Johann-Peter	18.10.94	20.10.48
Goritzka, Alfons	1. 1.95	18.10.44
Schulze-Kirketerp, Hans-Dietrich	11. 5.95	1. 2.42
Rotax, Horst-Heiner	11. 5.95	13. 3.45
Wiedemann, Klaus	20. 9.95	7. 4.48
Stello, Günther	26. 5.97	19. 4.50
Möller, Gerold	5. 3.98	10. 2.48
Mittenzwei, Frank	9. 3.98	22. 7.46
Wehr, Thomas	9. 3.98	3.11.47
Dr. Bartels, Torsten	28. 5.98	7. 9.54
Bernet, Wolfgang	29. 5.98	6.10.46
Hrubetz, Ingo	29. 9.99	18. 9.53

Richterinnen/Richter

Dr. Meixner, Dieter	—	—
Surkau, Wolfgang	1. 4.71	25. 9.38
Schmid-Lossberg, Michael	23. 8.71	30. 1.41
Münnichow, Rosemarie	26.10.71	13. 3.39
Kusche, Wolfram	3. 1.72	31.10.38
Rehm, Kay	20. 1.72	6. 5.37
Hahnfeld, Bernd-Wolfgang	7. 2.72	25. 7.39
Hinrichs, Klaus	28. 2.72	19.12.38
Müller, Heinrich, abg.	3. 7.72	29. 5.41
Göllner, Eduard, abg.	1.11.72	14. 6.41
Rogmann, Jürgen	31. 3.73	13. 8.40
Sanders, Evert	1. 9.73	1.10.41
Heinrichs, Michael	18.12.73	4.12.37
Schmerschneider, Hildegard	1. 2.74	7.10.43
Schmerschneider, Wolfgang	1. 3.74	8. 5.43
Dr. Freifrau von Kottwitz, Almut, ½	31. 5.74	14. 1.42
Nugel, Karl-Heinz	5. 7.74	6. 4.42
Hübner, Siegfried	1. 9.74	29. 1.44
Freytag, Günter	11.12.74	5. 3.41
Funk, Friedrich	2. 5.75	3. 3.42
Scholz-Jordan, Siegfried	30. 6.75	30. 1.40
Glogau-Urban, Margrit	28. 7.75	21.11.41
Schulitz, Angelika, ½	7.11.75	25. 4.42
Pflüger, Götz	1. 2.76	7. 6.45
Plorin, Reiner	1. 4.76	3. 1.41
Dr. Niehusen, Herwig, ¾	24. 5.76	5. 1.44
Dr. Scheschonka, Wolf	7. 8.76	12. 1.45
Haage, Henning	16.10.76	29. 9.43
Grosse, Burckhard	1.11.76	19. 8.43
Küper, Uta	6. 3.77	2. 8.46
Rudolph, Alexander	2. 5.77	25. 9.41
Kruse, Jürgen	7. 6.77	8. 7.46
Reuter, Knud	28. 6.77	1. 7.43
Matthiessen, Harald	16. 3.79	16. 7.44
Graubohm, Axel	5. 8.79	14. 7.47

Spriestersbach, Jürgen	1. 9.79	18. 5.46
Bünning, Hans-Peter	1.10.79	29. 9.40
Büttner, Harald	4. 6.80	16. 3.51
Wölber, Ines, ½	28. 8.80	7. 8.49
Jahnke, Jutta, ½	1. 9.80	17. 9.50
Heydeck, Martina	28. 3.81	2. 8.49
Bodemann, Michaela, ½	31. 5.81	14. 6.48
Randel, Holger, abg.	3. 8.81	9. 6.50
Gelübcke, John	23. 8.81	25.10.47
Schaake, Wolfgang	—	—
Dyballa, Christian	1.11.81	18. 7.48
Lehmann, Olaf	30.11.81	21.11.49
Augner, Marina, ½	3.12.81	10.11.48
Kaut, Michael	14.12.81	3.11.48
Treske, Rainer	17. 3.82	13. 7.46
Rellensmann, Klaus	2. 4.82	17. 6.49
Pfundt, Bärbel, ¾	11. 6.82	31.12.43
Fricke, Herbert	13. 7.82	18. 2.47
Zernial, Ulrich	13. 7.82	7. 1.51
Welge, Joachim	31. 8.82	10. 3.49
von Nerée, Cornelius, abg.	31. 8.82	5. 9.49
Knobloch, Siegfried	17. 9.82	13. 3.42
Herre, Renate, ¾	17. 9.82	12. 2.43
Stöhr, Gudrun	9.10.82	12. 9.52
Lemburg, Gerhard	1.12.82	2. 3.47
Katz, Joachim	1. 2.83	29.10.48
Kugler, Jutta	1. 2.83	28.11.50
Koch, Renate	7. 3.83	15. 8.43
Kleemann, Hans-Joachim	18. 3.83	24. 8.49
Lehmann, Stefanie	30. 3.83	16. 6.53
Suckow, Gregor	1. 5.83	30. 6.48
Giesler, Frank	—	—
Reuter, Peter	1.10.83	27. 1.49
Lehmkuhl, Wolfgang	17.10.83	23.11.50
Weißenbach, Monika	20.10.83	19. 5.45
Happ-Göhring, Sabine, ¾	5. 4.84	7. 5.48
Ebel, Brigitte	29. 4.84	3. 9.53
Krispien, Raffael	24. 8.84	21. 1.52
Ruppert, Holger	24. 8.84	29. 9.54
Dr. Lübbe-Gotschol, Ulrike	25. 9.84	29. 4.52
Wichmann, Dagmar, abg.	1. 9.85	29. 9.54
Dr. Löchelt, Angelika, beurl.	15.12.85	29. 6.54
Schultz-Süchting, Regine, ½	1. 2.86	14.10.42
Tempke, Klaus-Ulrich	1. 6.86	28. 7.51
Sjursen-Stein, Andrea, ½	1. 6.86	19.10.56
Peters, Isolde, ½, beurl.	1. 8.86	15. 3.55
Dr. Ritz, Monika, ½	28.11.86	27. 4.49
Meyer, Dagmar-Ellen, ½, beurl.	1.12.87	2. 8.55
Schmidt-Hanemann, Renate, abg.	23.12.87	24.11.54
Walz, Claudia	28. 4.88	7. 7.54

Bremer, Klaus	30. 6.88	1.12.52
Palmberger, Gert	15. 7.88	28.12.56
Albrecht, Corinna, ½	27. 9.88	6. 7.56
Schorn, Monika	29.12.88	15. 2.53
Reinke, Michael	29.12.88	28. 8.53
Lucas, Andrea	3. 1.89	25. 3.58
Abeken, Beate	9. 5.89	13.11.53
Dr. Steinmetz, Wolfgang	9. 5.89	14. 2.54
Dr. Hoffmann, Jens, abg.	—	—
Bork, Holger	1. 7.89	11. 2.57
Lauenstein, Hans-Herrmann, abg.	15.11.89	2. 1.56
Landwehr, Christine	23.11.89	17.12.58
Otto, Michael, abg.	5. 1.90	16. 7.57
Neblung, Susanne, ½	—	—
Dr. Schwarz, Alfons	1.10.90	14. 8.57
Berling, Volker	13.12.90	22. 5.57
Stöber, Reinhold	1. 3.91	8. 7.57
Rzadtki, Hans-Dietrich	1. 3.91	9.11.57
Nix, Gero	1. 5.91	9. 2.60
Walk, Juliane	13. 5.91	13. 5.50
Wertenbroch, Katrin, abg.	1. 7.91	10. 1.59
Tiemann, Ralph	1. 1.92	23. 9.59
Müller-Fritsch, Gertrud, ½	—	—
Tolkiehn, Rolf, beurl.	—	—
Lippold, Maren, abg.	1. 8.92	28. 1.56
Nothmann, Lutz	10. 9.92	29.12.57
Rußer, Wolfgang	14. 9.92	7. 8.62
Dr. Ohlberg, Kai-Uwe, beurl.	—	—
Kob, Albrecht, ¾	8.10.92	10. 3.58
Lübke-Detring, Nicola, ½, beurl.	8.10.92	21. 8.58
Hees, Edith, beurl.	8.10.92	2. 2.61
Dörffler, Dina, ½, abg.	—	—
Schertzinger, Andreas	23.12.92	13. 3.59
Schmolke, Nicola	1. 1.93	3. 5.62
Niemeier, Bettina, ¾, abg.	1. 5.93	13.10.60
Philipp, Ulrike, beurl.		
Horeis, Sabine, beurl.	16. 7.93	22. 8.61
Hagge, Sönke	24. 7.93	21. 2.59
Winterberg, Hans-Heinrich	2. 8.93	21.10.60
Rohrbeck, Peter	24.11.93	21. 6.53
Dr. Kühn, Angelika, ½, abg.	4. 2.94	12. 1.60
Engelfried, Ulrich, abg.	14. 2.94	11. 2.56
Dr. Paffrath-Pfeuffer, Ulrike	—	—
Ebert, Ute, abg.	22. 4.94	13. 8.61

Barber, Ragnhild, beurl.	16. 5.94	20. 2.61
Dr. Kaufmann, Manfred, abg.	22. 6.94	22. 4.58
König-Riechmann, Sabine, ¾, abg.	23. 6.94	29. 7.59
Hasselmann, Nicola	1. 7.94	31.12.61
Eilinghoff, Kristine	1. 9.94	12. 1.57
Dr. Wiese, Wolfgang	5. 9.94	5. 7.59
Dr. Steinmann, Matthias	22. 9.94	25. 6.61
Palder, Anke, ½	5.10.94	29.10.63
Dr. Theege, Frank	10.12.94	10. 7.61
Dr. Salis, Stefan	1. 2.95	12. 1.56
Schwerin, Götz, abg.	11. 4.95	7. 4.60
Dr. Thies, Cornelia, ½, abg.	27. 4.95	22. 7.63
Schill, Ronald	1. 5.95	23.11.58
Lange, Thorsten	1. 7.95	15.10.60
Dr. Hinrichs, Thomas	1. 9.95	1. 6.58
Dr. Lamb, Irene, beurl.	14. 9.95	4. 8.59
Rothe, Martin	6.11.95	21. 7.60
Dorff, Ulrike, abg.	6.11.95	11.11.62
Focken, Niels	1. 1.96	10. 3.63
Kollar, Peter	25. 1.96	23. 3.63
Valentin, Heike	1. 2.96	15. 6.63
Zimmerling, Jessica, beurl.	21. 2.99	25. 9.63
Wetjen, Christiane, abg.	31. 5.96	20. 4.65
Frind, Frank	7. 6.96	21. 5.61
Spohler, Anja, ½, beurl.	28. 6.96	13.11.63
Dr. Schmidt, Andreas	23. 9.96	4.12.62
Dr. Field, Beate	23. 9.96	9. 4.64
Arnold, Jörg	11.11.96	11. 2.62
Peters, Andree	26.11.96	29.12.61
Döring, Birga	4. 2.97	30. 4.61
Arndt, Klaus-Michael, abg.	—	—
Semprich, Thomas, ⅗	7. 2.97	25. 4.59
Simons, Anya, ½	1. 4.97	19. 4.65
Spenke, Thomas	1. 9.97	14. 4.60
Dr. Völtzer, Friedrich	1. 9.97	9. 2.62
Schönfelder, Ulrike	1. 9.97	3. 9.62
Krohn, Silke, beurl.	1. 9.97	14.10.63
Jönsson, Björn	26.11.97	28. 3.65
Dr. Tempel-Kromminga, Helke, ½, beurl.	26.11.97	3. 9.63
Dr. Christensen, Guido	3. 2.98	27.10.64
Alander, Silke	15. 9.98	24. 8.66
Claasen, Uta, beurl.	22. 4.99	4. 7.64
Bernheim, Ute, abg.	16. 8.99	3. 5.65
Brauer, Tobias, abg.	14.10.99	9. 2.66
Limbacher, Anja	3. 1.00	3. 2.66

Hamburg-Altona E 238 906
Max-Brauer-Allee 89/91, 22765 Hamburg
Postfach 500122, 22701 Hamburg
T (0 40) 4 28 11–0
Telefax (0 40) 4 28 11–7 28

1 Dir, 1 stVDir, 1 w.aufsR, 14 + ½ R

Cassel, Jochen, Dir	2. 1. 98	1. 7. 42
Dr. Paetzold, Hartmut,		
stVDir	8. 4. 87	6. 9. 42
Weitz, Thomas, w.aufsR	18. 10. 94	16. 3. 50
Tasche, Klaus	7. 7. 70	7. 6. 38
Jöhnk, Niels	1. 4. 71	17. 11. 39
Faull, Hans	13. 1. 72	11. 4. 40
Scherling, Harald	17. 4. 72	4. 10. 38
Köhler, Claus-Dieter	26. 3. 74	3. 3. 43
Weise, Martin	14. 8. 83	3. 11. 53
Herrmann, Berthold, ½	14. 12. 87	25. 6. 55
Kloß, Reinhard	23. 12. 87	13. 9. 53
Tietz, Ingeborg, abg.	29. 4. 88	17. 11. 55
Schulz, Kay, abg.	13. 7. 90	24. 11. 58
Dr. Nevermann, Karsten	4. 2. 94	23. 12. 59
Behm, Barbara, ½	14. 3. 94	5. 6. 62
Bellinger, Hilke-Kathrin,		
beurl.	21. 10. 94	28. 9. 61

Hamburg-Bergedorf E 112 900
Ernst-Mantius-Str. 8, 21029 Hamburg
Postfach 800240, 21002 Hamburg
T (0 40) 4 28 91–0
Telefax (0 40) 4 28 91–29 16

1 Dir, 1 stVDir, 6 R

Dr. Gotham, Rudolf, Dir	8. 6. 84	20. 12. 41
von Ahlefeld, Oda, stVDir	18. 10. 94	24. 6. 38
Harms, Hartmut	1. 2. 71	12. 2. 40
Neubert, Jochim	9. 10. 72	15. 4. 40
Masch, Olof	—	—
Dr. Schröder, Claus	20. 5. 80	14. 1. 50
Sohns, Heinz	25. 8. 80	10. 9. 48

Hamburg-Blankenese E 77 873
Dormienstr. 7, 22587 Hamburg
Postfach 550120, 22561 Hamburg
T (0 40) 4 28 12–11
Telefax (0 40) 4 28 12–2 70

1 Dir, 7 R

Tonat, Horst, Dir	27. 11. 92	19. 3. 47
Ohle, Hilke	9. 10. 73	13. 10. 42
van Buiren, Dirk	21. 3. 80	23. 10. 38
Dr. Riecke, Olaf	21. 1. 85	4. 8. 54
Schweppe, Eckehard	—	—

Hamburg-Harburg E 194 796
Buxtehuder Str. 9, 21073 Hamburg
Postfach 900161, 21041 Hamburg
T (0 40) 4 28 71–0
Telefax (0 40) 4 28 71–36 68

1 Dir, 1 stVDir, 1 w.aufsR, 15 R + 1 × ½ +
2 × ¾ R

Andreß, Erika, Dir	22. 2. 00	25. 10. 53
Waldow, Eckart, stVDir	1. 8. 91	31. 1. 42
Dr. Brück, Udo,		
w.aufsR	18. 10. 94	17. 6. 40
Junge, Hermann	9. 5. 72	9. 9. 39
Göhring, Robert	1. 12. 74	21. 3. 41
Beyer, Jürgen	26. 11. 76	31. 10. 44
Panzer, Ulf, abg.	28. 12. 78	30. 12. 44
Hoyer, Bernd	19. 5. 79	19. 11. 44
Jaensch, Ursula, ¾	23. 6. 80	2. 1. 50
Thomas, Bilke, ¾	28. 10. 82	28. 2. 53
Kruse, Bernd	26. 9. 83	10. 11. 51
Wings, Roland	1. 3. 89	30. 4. 53
Becker, Ulf	31. 8. 90	26. 9. 56
Huland, Christian	1. 10. 90	9. 3. 57
Meyn, Thomas	1. 3. 91	15. 6. 57
Ulffers, Heike	14. 9. 93	25. 9. 62
Dr. Dahm, Henning	5. 7. 94	12. 5. 60

Hamburg-Wandsbek E 400 201
Schädlerstr. 28, 22041 Hamburg
Postfach 700109, 22001 Hamburg
T (0 40) 4 28 81–0
Telefax (0 40) 4 28 81–29 42

1 Dir, 1 stVDir, 1 w.aufsR, 14 + ½ R

N. N., Dir	—	—
Harder, Uwe, stVDir	1. 1. 88	15. 5. 37
Lemcke, Karin, w.aufsR	18. 10. 94	8. 8. 50
König, Wolfgang	25. 6. 70	11. 6. 35
Tiedemann-Graf von		
Mörner, Jan	7. 8. 72	14. 6. 40
Roth, Manfred	2. 2. 73	21. 7. 36
Dr. van den Boom,		
Hans-Ludwig	4. 1. 74	29. 8. 42
Helbig, Burkhardt	2. 2. 76	27. 2. 44
Dr. Böhm, Rainer	27. 7. 76	—
Lüdemann, Hartmut	21. 3. 77	9. 11. 43
Dittmers, Jens	16. 2. 79	7. 5. 49
Bolten, Brent	1. 2. 81	12. 9. 47
Bodenstaff, Hans-Joachim	19. 5. 82	21. 5. 46
Brick, Jürgen	4. 6. 83	7. 1. 51
Klimke, Olaf	15. 12. 85	2. 10. 54
Steinbach, Peter	28. 4. 88	26. 1. 55

Staatsanwaltschaften

Staatsanwaltschaft bei dem Hanseatischen Oberlandesgericht Hamburg

Gorch-Fock-Wall 15, 20355 Hamburg
Postfach 305261, 20316 Hamburg
T (0 40) 4 28 43–0
Telefax (0 40) 4 28 43–18 63

1 GStA, 3 LOStA, 7 OStA, 1 StA

Generalstaatsanwältin

Uhlig-van Buren, Angela	9. 9.99	27. 5.52

Leitende Oberstaatsanwältin/Oberstaatsanwälte

Dr. Wulf, Hartmut, stVGStA	4.12.97	15. 4.36
Schulz, Erich-Paul	23. 7.99	3. 1.42
Zippel, Marion	23. 7.99	13. 9.40

Oberstaatsanwältin/Oberstaatsanwälte

Ferber, Horst	21. 6.82	24.10.37
Frenzel, Bernd	24. 9.86	22. 1.40
Bagger, Rüdiger	1.10.91	17.11.43
Schlebusch, Hans	28. 6.93	26. 9.45
Reich, Jörg-Thomas	21. 4.95	6.10.46
Bunners, Peter	29. 5.96	12. 4.55
Nix, Katrin	29.11.99	15. 1.57

Staatsanwaltschaft bei dem Landgericht Hamburg

Gorch-Fock-Wall 15, 20355 Hamburg
Postfach 305261, 20316 Hamburg
T (0 40) 4 28 43–0
Telefax (0 40) 4 28 43–43 87

1 LOStA, 1 stVLOStA, 8 OStA (HL), 33 OStA, 122 StA

Leitender Oberstaatsanwalt

Köhnke, Karl-Martin	26. 2.99	6. 5.43

Oberstaatsanwälte (HL)

Klein, Dietrich Robert, stVLOStA	1. 7.99	13. 2.46
Ehlers, Wolfgang	11. 7.95	27. 6.46
Gammelin, Jürgen	1. 1.98	8. 3.39
Prange, Fritz	25. 2.98	6. 4.40
Dr. Gerhardt, Ulf-Dietmar	25. 2.98	11. 5.40

Oberstaatsanwältinnen/Oberstaatsanwälte

Grünhage, Manfred	1. 4.79	21. 9.35
Herrmann, Dietmar	28. 9.82	15. 6.39
Buhk, Bernd	8.12.83	4.11.36

Detken, Jürgen	30. 8.91	15. 3.40
Wegerich, Jürgen	26. 2.93	28.10.35
Steffen, Rolf	23. 4.93	14. 3.39
Dr. Brandt, Ewald	28.11.94	6.11.53
Ouvrier, Heinz-Christian	21. 4.95	21. 8.47
Korth, Barbara	30. 8.95	17.10.44
Meyer, Johann	30. 8.95	15.10.45
Dr. Stechmann, Peter	30. 8.95	24. 9.48
Ahrens, Hannelore	30. 8.95	1.10.48
Lund, Holger	14. 9.95	5. 1.49
Dr. Löhr, Udo	28.10.95	1. 8.39
Dr. Meine, Hans-Gerd	29. 5.95	3. 4.43
Dreyer, Joachim	29. 5.96	25. 4.44
Alexy-Girardet, Doris	29. 5.96	9. 7.47
Lieberich, Rolf	29. 5.96	17.11.48
Gräwe, Gisela	29. 5.96	7. 1.54
Reumann, Günter	19.12.96	9. 5.42
Kirstein, Ewald	31. 1.97	20. 7.42
Schwien, Peter	31. 1.97	6. 9.45
Krämer, Sigurd	28. 4.97	4. 6.42
Lorke, Alexander	4.12.97	2. 7.52
Gädigk, Cornelia	29. 7.98	11. 9.53
Wagner, Manfred	29. 7.98	21.12.41
Hapke, Manfred	4. 8.98	22.12.50
Dr. Holznagel, Ina, abg.	5. 5.99	8. 9.60
Kuhlmann, Jochen	23. 7.99	5. 2.40
Wildberg, Sigrid	23. 7.99	7. 2.41
Kahnenbley, ilse	23. 7.99	21. 7.58
Heers, Dieter	29. 9.99	22.10.43
Schmidt, Traute	15.10.99	21. 6.53

Staatsanwältinnen/Staatsanwälte

Rosenkranz, Rolf	14. 5.69	14. 4.36
Frantz, Jürgen	11. 3.72	30. 1.38
Hiersemenzel, Jochen	12.10.72	20. 8.38
Nachtigall-Marten, Thomas	25. 6.73	3.10.38
Däwes, Heinz-Wilhelm	28.10.73	6. 7.40
Eschenburg, Peter	2. 1.74	23. 3.40
Arnold, Wolfgang	28. 3.74	20. 3.44
Wesselhöft, Rüdiger	5. 6.74	8. 8.42
Lang, Rolf	1. 9.74	30.11.43
Schuster, Gottfried	23. 4.75	2. 7.40
van den Boom, Ursula, ½	26.11.76	27. 7.42
Brabandt, Heinz	1.12.76	11. 6.46
Ketel, Horst	1. 1.77	23.11.43
Ruppolt, Ingolf	21. 1.77	24. 7.44
Milkereit, Wolfgang	11. 2.77	12. 3.43
Weilandt, Renée, ½	21.11.78	6. 8.48
Dr. Matthiessen, Kay	24. 9.79	29.10.46
Dantzer, Thomas	14.11.80	29. 9.47
Thörner, Verena, ½	19. 1.81	17. 9.50

Name		
Manz, Gerd	29. 9.81	4. 2.41
Wriede, Karsten	—	—
Hansen, Uwe-Jens	1.12.81	20. 3.49
Steeger, Anna-Catherina, ½	7. 2.82	25. 2.52
Allerbeck, Harald-Erwin	10.10.82	7. 3.46
Knoll, Claudia, ½	1. 4.83	10. 3.52
Kausch, Siegfried	31. 7.83	12. 7.52
Reitzenstein, Horst	2.10.83	25. 9.50
Zander, Christiane	19. 1.84	6.10.53
Tiburg, Hans-Ulrich	24. 4.84	28. 6.53
Eggers, Elke	7.10.86	5. 5.55
Dr. Winter, Henry	12. 2.88	24. 9.52
Stankiewitz-Koch, Barbara	26.10.88	21.12.54
Köpnick, Lothar	1. 3.89	5. 5.49
Giesch-Rahlf, Roland	21. 4.89	26.12.55
Geißler, Rainer	13.10.89	2. 6.55
Dähnhardt, Wilfried	13.10.89	14. 1.59
Jante, Roland	—	—
Redder, Holger	20.12.89	18. 1.55
Krafft, Christian Gerhard	—	—
Wulf, Gabriele	1. 3.90	7. 9.57
Burkhard, Sonja, beurl.	28. 8.90	18. 6.53
Hansen-Wishöth, Gabriele	—	—
Dumrath, Katharina, beurl.	20.12.90	15. 1.58
Mauruschat, Bernd	1. 3.91	28. 1.58
Elsner, Michael	1. 3.91	2. 4.58
Hauser, Angelika	1. 3.91	15. 9.60
Schmidt-Struck, Jürgen Erich	1.10.91	28. 7.52
Seidl, Peter	1.10.91	4. 2.54
Stauder, Günter	4.11.91	21.12.55
Pankoke, Maren, ½	1. 1.92	29. 5.59
Klevesahl, Claudia	24. 5.92	8. 4.63
Raabe, Cornelia	4. 7.92	11.12.58
Schmidt-Baumann, Rainer	22. 9.92	9.12.57
Zeppan, Winfried	22. 9.92	22. 9.59
Gies, Bernd Willy	1.12.92	14. 2.58
Blanke-Roeser, Christina, ½	16. 2.93	15.11.58
Kappel, Michael	14. 4.93	1. 5.61
Boddin, Carsten	17. 5.93	23. 9.62
Keunecke, Jörg	1. 6.93	20. 5.61
Zeppan, Annette, beurl.	16. 7.93	18. 2.60
Schmädicke, Sabine, beurl.	3. 9.93	7. 1.64
Dr. Ogiermann, Eva-Maria	11.10.93	9.12.59
Dr. Behm, Andreas, abg.	1.11.93	28. 8.58
Rockel, Maike	—	—
Hoffmann, Karsten	1.12.93	22. 6.61
Wüllner, Christiane, ½	15. 1.94	22. 2.60
Hitziger, Uwe	1. 2.94	25. 5.59
Kikwitzki, Michael	11. 2.94	21. 4.57
Dr. Dopke, Friederike	1. 3.94	21. 8.61
Hennig, Andrea, ½	—	—
Neddermeyer, Petra	17.11.94	28. 8.59
Menke, Gisela	15.11.94	13. 8.62
Kuhn, Janhenning	17.11.94	20. 3.61
Starosta, Monika, beurl.	1.12.94	5.10.61
Niemeier, Martin	—	—
Brinker, Gerhard	16.12.94	8. 3.62
Hammann, Heiko	17. 2.95	15. 5.59
Dr. Junck, Robert	1. 4.95	20. 6.63
Gerbl, Yvonne, abg.	11. 4.95	—
Lauenstein, Renate, beurl.	27. 5.95	21. 4.57
Hantel-Maschke, Sabine, beurl.	27. 6.95	26. 2.62
Dr. Janson, Gerald	—	—
Rundholz, Matthias	15. 7.95	4. 1.59
Gomoll, Eva, ½	24.10.95	1. 3.63
Meyer-Macheit, Monika, beurl.	29.10.95	1. 1.61
Weick, Wiebke	1.11.95	10. 5.64
Dr. Just, Renate	5. 1.96	7. 8.57
Abel, Michael	24. 4.96	11. 5.61
Heyen, Heyner	25. 6.96	26. 3.57
Thies, Christine, beurl.	—	—
Gereke, Barbara, beurl.	10. 1.97	18. 1.65
Ohnemus, Corinna	11. 3.97	15. 3.61
Dr. Bursch, Meike	17. 6.97	3. 1.65
Voigt, Heiko	—	—
Frombach, Nana	13. 1.98	26.11.66
Mahnke, Lars	19. 2.98	7.11.59
Lüders, Christian	3. 4.98	18. 4.58
Sorgenfrei, Tanja	15.10.98	24. 2.67
Hoffelner, Wiebke, abg.	15.10.98	19. 1.68
Dr. Perschk, Wiebke	2. 8.99	15.12.66
Keller, Arnold	30. 9.99	28. 5.64

Richterinnen/Richter und Staatsanwältinnen/Staatsanwälte im Richterverhältnis auf Probe

Mücke, Anne-Catrin, beurl.	7. 10. 88	20. 9. 59
Dr. Ehlers-Munz, Karen, ½	1. 3. 92	10. 1. 61
Wachs, Viktoria, beurl.	1. 3. 92	5. 5. 60
Seyfarth, Martina, beurl.	15. 9. 95	9. 5. 66
Schmidt, Claudia, beurl.	8. 11. 95	12. 3. 66
Robrecht, Ulrike, beurl.	1. 1. 96	11. 7. 66
Dr. Brückner, Bettina, beurl.	1. 4. 97	21. 9. 65
Dr. Daxenberger, Matthias	20. 5. 97	3. 7. 65
Pielenz, Carola	—	—
Brezinsky, David Werner	30. 6. 97	31. 7. 66
Dr. Eschbach, Sigrid, ½	1. 7. 97	11. 1. 65
Lorenz, Tanja	1. 7. 97	19. 4. 70
Dr. Bilda, Karen, ½	1. 9. 97	3. 1. 66
Bongers, Elke	1. 9. 97	29. 2. 68
Hiersemenzel, Katrin	2. 9. 97	23. 1. 68
Feddersen, Jörn	26. 11. 97	6. 9. 68
Hansen-Hoffmann, Kim	1. 12. 97	5. 12. 65
Hummelmeier, Heike, beurl.	1. 12. 97	13. 5. 64
Blunk, Sebastian	15. 12. 97	—
Dr. Schmidt, Thorsten	22. 12. 97	5. 8. 67
Vymer, David	1. 1. 98	28. 9. 68
Reimpell, Roland	1. 1. 98	21. 10. 69
Zöllner, Wolfgang	9. 1. 98	20. 4. 67
Dr. Graue, Petra	15. 1. 98	28. 8. 68
Koudmani, Christian	15. 2. 98	5. 1. 66
Schakau, Ralf	18. 2. 98	8. 11. 67
Rinio, Carsten	20. 2. 98	6. 3. 69
Dr. Wohlrab, Klaus	2. 3. 98	28. 12. 65
Langsdorff, Britta	2. 3. 98	14. 7. 66
Tully, Marc	1. 4. 98	30. 12. 66
Dr. Wollenberg, Esther	1. 4. 98	14. 6. 67
Dr. Pich, Xenia	1. 4. 98	29. 12. 68
Zöllner, Stephanie, beurl.	1. 4. 98	19. 3. 69
Dr. Burghart, Axel	1. 6. 98	15. 4. 68
Christense-Nelthropp, Elisabeth	2. 6. 98	3. 3. 67
Becker, Jan	2. 6. 98	12. 7. 67
Linke, Camilla	2. 6. 98	3. 5. 70
Struth, Andreas	1. 7. 98	18. 3. 59
Rehling, Thomas Norbert	14. 9. 98	2. 10. 69
Spang, Manuela	14. 9. 98	19. 3. 71
Stegmann, Volker	21. 9. 98	27. 3. 67
Kaufmann, Julia	1. 10. 98	20. 9. 68
Lipka, Gabriele	1. 10. 98	10. 8. 66
Dr. Müller-Horn, Conrad-Friedrich	1. 10. 98	24. 3. 70
Adler, Marion	12. 10. 98	29. 6. 61
Dr. Simon, Sema	20. 10. 98	13. 7. 66
Dr. Mückenheim, Kai	1. 11. 98	29. 4. 67
Krull, Helge	2. 11. 98	3. 12. 68
Graue, Olaf	13. 11. 98	27. 5. 68
Wegerich, Karsten	20. 11. 98	20. 9. 66
Mackowiak, Franzisca	20. 11. 98	4. 10. 67
Bösenberg, Britta	20. 11. 98	21. 8. 71
Sternsdorff, Sinja	25. 11. 98	12. 6. 66
Dr. von Freier, Friedrich-Carl	1. 12. 98	14. 8. 65
Sommer, Stephan	8. 1. 99	10. 3. 70
Dr. Buhk, Matthias	16. 2. 99	9. 7. 68
Liebrecht, Dörte, ½	22. 2. 99	14. 6. 66
Schreiber, Carola, ½	23. 2. 99	28. 2. 65
Dr. Hofer-Bodenburg, Katrin, ½	15. 3. 99	23. 9. 65
Lehmann, Arno	12. 5. 99	
Eberle, Britta	19. 5. 99	3. 7. 71
Domröse, Claudia	31. 5. 99	30. 11. 67
Wendel, Christian	1. 7. 99	8. 8. 65
Hölk, Astrid	1. 7. 99	8. 7. 68
Rickert, Mona	1. 7. 99	15. 5. 70
Schwandt, Sabine	1. 7. 99	8. 2. 71
Nieder, Ulrike	1. 8. 99	22. 5. 72
Dr. Meinecke, Stephanie	2. 8. 99	3. 2. 70
Pohlmann, Anne	2. 8. 99	20. 4. 71
Meyerhoff, Birte	13. 9. 99	22. 11. 71
Meyer-Abich, Matthias	20. 9. 99	24. 1. 68
Leptien-Köpp, Constanze	20. 9. 99	10. 10. 69
Meier-Göring, Anne	1. 10. 99	21. 11. 68
Paschkowski, Tim	1. 11. 99	4. 3. 69
Hartmann, Claus-Hinrich	1. 11. 99	25. 11. 69
Dr. Koch, Asja	1. 11. 99	5. 2. 70
Glositzki, Tanja	10. 11. 99	7. 6. 69
Dr. Bruns, Heike	1. 12. 99	27. 7. 67
Wolfram, Ingo	1. 2. 00	2. 1. 63
Ahmad-Hayee, Nusrat	1. 2. 00	13. 6. 68

Hessen

6 042 907 Einwohner*

Hessisches Ministerium der Justiz

Luisenstr. 13, 65185 Wiesbaden
Postfach 31 69, 65021 Wiesbaden
T (06 11) 32–0, Telefax (06 11) 32 27 63
X.400-Adresse: C=de; A=viat; P=hessen; O=hmdj; S=poststelle
1 Min, 1 StaatsSekr + 1 LSt (StaatsSekr), 5 MinDgt, 7 LMinR, 6 MinR (B 2), 13 MinR (A 16),
16 RD, 11 ROR, 1 RR

Minister

Dr. Wagner, Christean	7. 4. 99	12. 3. 43

Staatssekretär

Landau, Herbert	8. 4. 99	26. 4. 48

Ministerialdirigentin/Ministerialdirigenten

Dr. Claus, Marietta	1. 4. 92	8. 11. 44
Dr. Schultze, Werner	1. 12. 93	7. 4. 47
Dr. Sauer, Gotthard	1. 6. 96	19. 10. 42
Aumüller, Thomas	1. 7. 99	23. 3. 49

Präsident des Justizprüfungsamtes

Dr. Stephan, Hermann	1. 4. 87	18. 6. 38

Leitende Ministerialräte

Derwort, Rüdiger	6. 11. 92	26. 3. 47
Kunz, Günter	1. 7. 94	19. 12. 49
Dr. Schäfer, Karl-Heinrich	28. 7. 94	8. 9. 47
Dr. Kolz, Harald	16. 12. 94	11. 9. 44
Dr. Hofmann, Werner	27. 4. 00	31. 12. 43

Ministerialrätinnen/Ministerialräte

Dr. Stump, Ulrich	28. 7. 94	10. 2. 50
Gregor, Waltraud	15. 12. 95	—
Kipper, Hermann	21. 12. 95	12. 2. 41
Huff, Martin W.	15. 7. 99	14. 12. 59
Hohmann, Roger	19. 4. 00	16. 9. 44
Dr. Meilinger, Franz	19. 4. 00	20. 5. 52
Dr. Fünfsinn, Helmut	19. 4. 00	4. 7. 54

Störmer, Claudia	19. 4. 00	12. 12. 54
Britzke, Jörg	27. 4. 00	24. 10. 50
Schoppe, Reinhard	11. 4. 90	14. 5. 40
Knappik, Harald	27. 4. 90	3. 8. 46
Greven, Karl	9. 12. 94	13. 10. 56
Mentz, Michael	16. 12. 94	14. 3. 47
Niemeyer, Heidrun	15. 12. 95	25. 7. 55
Eckert, Rainer	13. 7. 98	14. 7. 49
Dr. Christ, Egon	1. 7. 99	9. 8. 53
Dr. Schäfer, Thomas	14. 7. 99	22. 2. 66

Regierungsdirektorin/Regierungsdirektoren

Becker, Heinrich	31. 10. 90	2. 10. 42
Gregor, Hans	31. 10. 91	11. 3. 38
Kraffke, Dieter	30. 4. 92	28. 1. 38
Eicke, Eva Maria	—	23. 6. 57
Lesser, Martin	1. 10. 93	1. 2. 54
Götz, Bruno	13. 7. 98	24. 9. 41
Böttger, Konrad	1. 8. 98	26. 12. 36
Märcz, Gerhard	—	—
Sever, Hans-Jürgen	19. 4. 00	23. 11. 43

Regierungsoberrätin/Regierungsoberrat

Dr. Gutmann, Christine	1. 7. 98	29. 12. 60
Hein, Bernd	7. 4. 00	2. 4. 40

Regierungsräte

Petri, Manfred	7. 4. 00	5. 10. 45
Lob, Frank	7. 4. 00	16. 5. 52

*Referatsleiterinnen/Referatsleiter im
Angestelltenverhältnis*

Weisbart, Claudia	—	15. 2. 57
Lorenz, Bernhard	—	17. 5. 69

---

* Stand: 1. 9. 1999.

Oberlandesgerichtsbezirk Frankfurt am Main

Bezirk: Land Hessen

Oberlandesgericht Frankfurt am Main mit 4 Zivilsenaten und 1 Senat für Familiensachen in Darmstadt sowie 3 Zivilsenaten und 1 Senat für Familiensachen in Kassel

9 Landgerichte:

Darmstadt, Frankfurt am Main, Fulda, Gießen, Hanau, Kassel, Limburg, Marburg, Wiesbaden

Kammern für *Handelssachen:*

Darmstadt 7, davon in Offenbach 3, Frankfurt am Main 14, Gießen 2, Hanau 2, Kassel 3, Limburg 2, Marburg 1, Wiesbaden 3

Kammern für *Baulandsachen:* Darmstadt, Kassel

58 Amtsgerichte, davon 7 mit 9 Zweigstellen

Schöffengerichte:

LGBez. Darmstadt:	Bensheim, Darmstadt, Dieburg, Groß-Gerau, Michelstadt u. Offenbach
LGBez. Frankfurt:	Frankfurt
LGBez. Fulda:	Bad Hersfeld, Fulda u. Lauterbach
LGBez. Gießen:	Alsfeld, Büdingen, Friedberg, Gießen u. Nidda
LGBez. Hanau:	Gelnhausen u. Hanau
LGBez. Kassel:	Eschwege, Kassel, Korbach u. Homberg
LGBez. Limburg:	Dillenburg, Limburg u. Wetzlar
LGBez. Marburg:	Marburg u. Schwalmstadt
LGBez. Wiesbaden:	Wiesbaden

Gemeinsames Schöffengericht für die Bezirke der Amtsgerichte, bei denen kein Schöffengericht gebildet wird, sind

für den AGBez.:	*das Schöffengericht:*
Fürth (Odenw.) u. Lampertheim:	Bensheim
Langen:	Darmstadt
Rüsselsheim:	Groß-Gerau
Seligenstadt:	Offenbach
Bad Homburg, Königstein, Usingen u. Bad Vilbel:	Frankfurt a. Main
Hünfeld:	Fulda
Butzbach:	Friedberg
Schlüchtern:	Gelnhausen
Witzenhausen:	Eschwege

Hofgeismar, Rotenburg a. d. Fulda u. Wolfhagen:	Kassel
Fritzlar u. Melsungen:	Homberg
Bad Arolsen u. Bad Wildungen:	Korbach
Herborn:	Dillenburg
Hadamar u. Weilburg:	Limburg (Lahn)
Biedenkopf, Frankenberg a.d. Eder u. Kirchhain:	Marburg (Lahn)
Eltville, Hochheim, Idstein, Rüdesheim u. Bad Schwalbach:	Wiesbaden

Familiengerichte:

LGBez. Darmstadt:	Bensheim, Darmstadt, Dieburg, Fürth, Groß-Gerau, Lampertheim, Langen, Michelstadt, Offenbach, Rüsselsheim u. Seligenstadt
LGBez. Frankfurt:	Frankfurt, Bad Homburg, Königstein u. Usingen
LGBez. Fulda:	Fulda u. Bad Hersfeld
LGBez. Gießen:	Alsfeld, Büdingen, Friedberg u. Gießen
LGBez. Hanau:	Gelnhausen u. Hanau
LGBez. Kassel:	Eschwege, Kassel, Korbach u. Melsungen
LGBez. Limburg:	Dillenburg, Weilburg u. Wetzlar
LGBez. Marburg:	Biedenkopf, Kirchhain u. Marburg
LGBez. Wiesbaden:	Rüdesheim, Bad Schwalbach u. Wiesbaden

Familiengericht für die Bezirke der Amtsgerichte, bei denen kein Familiengericht gebildet wird, ist

für den AGBez.:	*das FamG:*
Bad Vilbel:	Frankfurt a. Main
Hünfeld:	Fulda
Rotenburg a. d. Fulda:	Bad Hersfeld
Lauterbach:	Alsfeld
Nidda:	Büdingen
Butzbach:	Friedberg
Schlüchtern:	Gelnhausen
Witzenhausen:	Eschwege
Hofgeismar u. Wolfhagen:	Kassel
Bad Arolsen u. Bad Wildungen:	Korbach
Fritzlar u. Homberg:	Melsungen

Herborn:	Dillenburg	Idstein:	Bad Schwalbach
Hadamar u. Limburg		Hochheim:	Wiesbaden
a. d. Lahn:	Weilburg		
Frankenberg a. d. Eder:	Biedenkopf		
Schwalmstadt:	Kirchhain	*Landwirtschaftssachen* werden in Hessen bei allen	
Eltville:	Rüdesheim	Amtsgerichten bearbeitet.	

Oberlandesgericht Frankfurt am Main

E 6 042 907
Friedrich-Ebert-Anlage 35, 60327 Frankfurt am Main
Postfach 10 01 01, 60001 Frankfurt/M.
T (0 69) 13 67–01, Telefax (0 69) 13 67–29 76

Zivilsenate in Darmstadt
Julius-Reiber-Str. 15, 64293 Darmstadt
T (0 61 51) 12–0, Telefax (0 61 51) 12–83 57

Senat für Familiensachen in Darmstadt
Steubenplatz 14, 64293 Darmstadt
T (0 61 51) 8 04–04, Telefax (0 61 51) 8 04–2 50

Zivilsenate und Senat für Familiensachen in Kassel
Frankfurter Str. 11, 34117 Kassel
T (05 61) 71 23–0, Telefax (05 61) 71 23–5 60

1 Pr, 1 VPr, 32 VR, 112 R (davon 5 LSt kw und 5 LSt für UProf im weiteren Hauptamt)

Präsidentin

Tilmann, Brigitte	4. 6.98	17. 6.41

Vizepräsident

Dr. Bernard, Karl-Heinz	2. 9.96	30.11.44

Vorsitzende Richterinnen/Vorsitzende Richter

Eimer, Axel	23.12.87	30.10.37
Dr. Eschweiler, Peter	1. 8.88	15. 5.41
Schneider, Wolfgang	1. 8.89	27. 8.35
Schreiber, Hubert	1.11.89	18. 1.37
Ranneberg, Albrecht	18. 9.92	18. 7.36
Welp, Michael	18. 9.92	16. 2.37
Dr. Lenski, Wolfgang	30. 8.93	17. 4.36
Antrecht, Lothar	29.10.93	20. 8.36
Dr. Hartleib, Rudolf	17.12.93	30. 5.43
Dr. Schmitt, Rolf	25. 4.94	6. 6.37
Dr. Bokelmann, Erika	1. 5.94	17. 7.36
Dembowski, Jürgen	1. 5.94	14. 7.42
Weber-Hassemer, Kristiane	31.10.94	10. 7.39
Dr. Steines, Werner	31. 3.95	5. 8.36
Baumecker, Dieter	31. 3.95	2. 7.39
Dr. Däther, Gerd	31. 3.95	4. 2.44
Müller-Fuchs, Wilfried	22.12.95	18. 5.38
Dr. Reubold, Ludwig	31. 1.96	28. 6.41

Sandrock, Frank	31. 5.96	20. 3.36
Dr. König-Ouvrier, Ingelore	19.12.96	30. 8.45
Koester, Manfred	20.12.96	9. 7.41
Draudt, Friedrich	21. 3.97	19.12.37
Dr. Eschke, Dieter	29. 1.98	4. 1.38
Piorreck, Karl Friedrich	17. 8.98	27. 1.41
Ruhl, Werner	1. 7.99	3. 7.40
Dr. Zeiher, Karlheinz	15. 7.99	21. 2.46
Werning, Annemarie	28. 7.99	6. 5.40
Dr. Ritter, Christian	10. 9.99	27. 9.40

Eine weitere Stelle VROLG ist besetzt. Name und Personaldaten des Stelleninhabers sind nicht übermittelt worden.

Richterinnen/Richter

Dr. Reinschmidt, Gerd	12. 7.72	24. 7.35
Roßbach, Gerhard	14. 6.73	25. 9.37
Remlinger, Norbert	6. 5.77	24. 4.39
Göthling, Wolfgang	1. 7.77	6.10.38
Sattler, Hannelore	31.10.77	26. 6.39
Happel, Eckhard	3. 4.78	23.12.39
Kleiner, Bernd	6.12.78	11. 4.38
Rechel, Hans Rainer	27. 7.79	2. 1.36
Kern, Rainer	1.11.81	20. 4.42

169

Dr. Kleemann, Karlheinz	21.12.81	3.12.41
Juncker, Jürgen	30. 4.82	25. 5.43
Schulze-Schröder,		
Ingeborg	16. 6.83	22.12.39
Schneidmüller, Horst	17.10.83	12.11.39
Jachmann, Rainulf	1. 5.84	23. 6.43
Dr. Frellesen, Peter	11. 4.86	20. 3.49
Asendorf, Klaus Dietrich	30. 4.86	19.11.46
Kleinle, Friedrich	17.11.86	6. 7.46
Dr. Deppert, Armin	5. 1.87	28. 7.40
Schwenke, Hans-Jochen	1. 2.87	13. 4.44
Papsdorf, Siegfried	1. 4.87	9.11.42
Held, Karlheinz	1. 4.87	18. 9.46
Dr. Bickler, Irene	6. 5.87	19. 5.42
Diehl, Heinz	6. 5.87	5. 4.44
Dittrich, Elisabeth	3. 6.87	3. 2.48
Maruhn, Jürgen	30. 6.87	9. 1.48
Rathgeber, Martin	1. 7.87	16. 4.45
Meinecke, Helge	1. 9.87	7.12.40
Feuerbach, Uwe	8.12.87	27. 9.44
Schmidt, Bernhard	1. 8.88	15. 4.41
Noll, Manfred	1. 8.88	20. 7.47
Dr. Bauermann, Uwe	29.11.88	30. 6.43
Dr. Nassauer, Friedemann	28.12.88	24. 4.48
Thessinga, Klaus Dieter	7. 3.89	29. 7.48
Dr. Dittrich, Christian	18. 9.89	26.12.44
Dr. Kessler, Michael	31.10.89	6.12.47
Frank, Wolfgang	24.11.89	26. 7.44
Krämer, Werner	26. 3.90	2. 5.49
Dr. Walter, Franz-Robert	17. 5.90	—
Strücker-Pitz, Helga	1. 8.90	6. 5.43
Kirschbaum, Günter	1. 8.90	29.10.44
Gatzka, Ralf	1. 8.90	28. 4.49
Hucke, Bernd	1. 8.90	21. 9.52
Michalik, Sieglinde	26. 9.90	13. 2.50
Dr. Bengsohn, Jochen,		
abg.	1.10.90	31. 8.48
Stamm, Karl	23.11.90	28. 1.44
Weber, Manfred	20.12.90	5. 6.47
Knauff, Gerhard	1. 1.91	18. 1.48
Nordmeier, Bodo	1. 1.91	3.12.48
Philipsen, Heinz-Wolfgang	30. 9.91	28. 8.39
Kirsch, Wolfgang	30. 9.91	9. 1.44
Gürtler, Klaus	1.11.91	30.10.44
de Boer-Engelhard, Heike	29.11.91	5. 3.45

Dr. Müller-Metz,		
Reinhard	13. 1.92	7. 9.50
Dr. Härle, Klaus	14. 1.92	2.10.39
Scharf, Jürgen	24. 1.92	18. 9.49
Berkhoff, Claus	27. 3.92	28. 7.47
Bickel, Eckhard, abg.	17. 6.92	31. 5.51
Siegel, Wolfram	—	—
Dr. Pfeifer, Barbara	18. 9.92	30. 6.52
Dr. Schwarz, Arno	1. 3.93	15.12.48
Dr. Haberstroh, Dieter	1. 3.93	12. 9.51
Martenstein, Peter	29. 4.93	2. 8.49
Kagerer, Angelika	29. 4.93	—
Dr. Müller-Engelmann,		
Kurt Peter, abg.	22. 7.93	16. 8.46
Dr. Gebhardt, Christoph	23.12.93	20. 3.50
Dr. Oberheim, Rainer	23.12.93	18. 2.54
Falk, Georg-Dietrich	30.12.93	5. 8.49
Dr. Gaier, Reinhard	30.12.93	3. 4.54
Schulz, Reinhold	21. 3.94	2. 8.50
Scheuer, Johann Nikolaus	23. 3.94	7. 7.50
Lange, Angelika	25. 4.94	10. 5.45
Ostermöller, Jürgen	22.12.94	27. 5.49
Dr. Schroers, Marlene	17. 1.95	23.12.44
Carl, Eberhard	1. 7.95	15. 3.47
Grabowski, Eckhard	25. 7.95	24. 9.48
Janzen, Siegfried	27.11.95	25. 8.50
Dr. Zeitz, Dietmar	27.11.95	29. 6.53
Landmann, Hetta	20.12.96	13. 9.43
Dr. Weber, Wolfgang	20.12.96	11. 3.51
Haase, Renate	28. 2.97	5. 5.46
Treml, Hans-Werner	1. 9.97	16. 9.54
Andrée, Carola	1. 9.97	27.10.55
Dr. Boerner, Annette	1. 9.97	1. 3.58
Prof. Dr. Backhaus, Ralph	5.11.97	9.11.50
Dr. Schellenberg, Frank	23.12.97	24. 2.57
Zimmer, Norbert	1. 6.98	25. 6.52
Diehl, Gretel	1. 6.98	11. 4.55
Kölsch, Rainer	1.12.98	6. 3.54
Bloch, Joachim	1.12.98	8. 8.60
Paul, Martina	1. 9.99	4. 3.55

Weitere Stellen für Richter am Oberlandesgericht sind besetzt. Namen und Personaldaten der Stelleninhaber sind nicht übermittelt worden.

Landgerichtsbezirk Darmstadt

Landgericht Darmstadt　E 1 476 245

Mathildenplatz 13, 64283 Darmstadt

T (0 61 51) 12–1

Telefax (0 61 51) 12 59 17

1 Pr, 1 VPr, 33 VR, 48 R + 5 × ½ R + 7 LSt (R)

Präsident

Schmidt-von Rhein, Georg　28. 1.83　　5. 9.36

Vizepräsident

Guhl, Günther　　　　　　15. 3.96　　9. 6.44

Vorsitzende Richterinnen/Vorsitzende Richter

Jäger, Winfried	1. 4.78	23.12.36
Ruthe, Wolfgang	1.10.80	20. 4.38
Sinnecker, Burkhard	1.10.83	4.10.42
Kind, Jürgen	1. 8.84	6.12.39
Seitz, Folker	1. 8.84	22. 9.42
Diesing, Otto	1. 8.84	28.10.42
Baumgart, Michael	1. 4.85	14.11.45
Keller, Christian	1. 7.85	17.10.45
Pranz, Hein-Uwe	1. 8.86	29.10.42
Pani, Alfred	1. 1.88	10. 8.42
Fischer, Burkhard	1. 3.88	16. 4.43
Spengler, Horst	1. 3.88	14.10.46
Harder, Telse	1. 5.88	9. 8.35
Hagen, Werner	1.11.88	4.10.43
Radke, Klaus	1. 5.89	25. 9.46
Ullrich, Friedrich	1.11.89	25. 9.40
King, Dietlinde	1.11.90	18.11.43
Wenz, Rainer	1. 9.92	11. 2.50
Hormuth-von Wolf, Margot	1.10.92	18. 9.39
Engeholm, Rolf	1.11.92	—
Waldhelm, Günther	1. 4.93	30. 1.48
Delp, Charlotte	1.12.93	28. 9.52
Lachmund, Günter	1.11.94	5. 1.51
Blaeschke, Joachim	1.11.94	11. 5.54
Wellenreuther, Harald	1. 3.95	23. 9.56
Emmenthal, Ursula	1. 8.96	26. 9.54
Buss, Rainer	1. 2.97	26.12.51
Dr. Schmitt, Bertram	1. 5.99	9. 9.58
Dr. Hein, Ulrike	1. 7.99	14. 8.54
Sagebiel, Thomas	1.11.99	5. 5.56
Kühn, Lothar	1.12.99	—

Richterinnen/Richter

Koller, Heide-Rose	3. 6.72	30. 7.40
Schröder, Franz Theodor	1. 7.73	31.10.38
Schwab, Gottfried	1.12.73	25.12.41
Knobloch, Uwe	18.10.75	16.12.44
Rybacki, Adolf Richard	19.12.75	23.10.42
Pfaff, Volker	24.11.78	—
Dr. Seemüller, Beate	1. 3.81	28. 3.49
Jaekel, Wilfried	3.11.82	13. 2.49
Kaben, Claudia	15. 3.83	5. 5.52
Blaeschke, Renate, ½	1. 3.86	15. 9.55
Venz-Hampe, Gabriele-Karola, ½	9. 7.87	13.10.57
Schäfer, Werner	18. 8.89	6. 7.55
Jahn, Reinhold	1.10.89	9. 5.57
Jakobi, Rainer	1. 9.90	24. 9.57
Hartmann-Grimm, Cornelia	1.10.90	12.12.57
Pfannenschmidt, Christa	4. 1.91	19. 9.57
Busch, Hanno	4. 1.91	26. 3.59
Dr. Seifert, Ralph	6. 4.91	7.10.52
Petrzak, Jürgen	20. 6.91	8.11.60
Mrugalla, Stefan	1.12.91	22.10.57
Schröder, Ulrich, abg. (LSt)	3. 4.92	9. 3.60
Hardt, Thomas, ½	1. 8.92	11. 5.58
Rechenbach, Peter	11.10.92	5. 5.57
Dr. Deichmann, Marco	4. 4.93	10. 2.60
Dr. Trapp, Christoph, abg. (LSt)	1. 8.93	12. 8.61
Dr. Schäfer, Jürgen, abg. (LSt)	25. 7.94	28.10.62
Happel, Lothar	1.10.94	12. 4.61
Collin, Sibylle, ½	11. 1.95	21. 4.58
Beate, Klaus	15. 4.95	2. 6.62
Dr. Griem, Jürgen	15.12.95	11. 6.62
Büchner, Ralf	9. 3.96	7. 4.61
Dr. Schmidt-Speicher, Ursula	—	—
Hubral, Dagmar	1. 6.96	6.10.61
Bunk, Barbara	1. 7.96	27. 2.65
Rohrer-Fischer, Ruth	19. 8.96	—
Koch, Astrid	4.10.96	19. 9.65
Meinecke, Birgit	23.10.96	23. 9.61
Schleicher, Markus	—	—
Winterer, Petra (LSt)	1. 8.97	5. 8.62
Lüders, Marc	8. 9.97	1. 9.62
Dr. Bettendorf, Christa, abg. (LSt)	26. 8.98	7. 3.63
Keller, Sylvia	18. 2.99	8. 3.64

Eine weitere Stelle ist besetzt. Name und Personaldaten der Stelleninhaberin sind nicht übermittelt worden.

Neun weitere Stellen für Richter am Landgericht sind besetzt. Namen und Personaldaten der Stelleninhaber sind nicht übermittelt worden.

Amtsgerichte

Bensheim   E 94 736
Wilhelmstr. 26, 64625 Bensheim
T (0 62 51) 10 02–0
Telefax (0 62 51) 10 02 33

1 Dir, 1 stVDir, 7 R + 1 × ½ R, 1 LSt (R)

Winterer, Klaus, Dir	1. 5. 91	1. 1. 50
Metzger-Carl, Renate, stVDir	1. 10. 80	7. 3. 48
Bergemann, Hartmut	28. 7. 69	14. 9. 37
Seng-Benkel, Heidi, ½	1. 4. 87	19. 12. 55
Ebert, Michael	1. 10. 93	14. 1. 60
Brakonier, Rainer	6. 10. 94	12. 3. 59

Drei weitere Stellen für Richter am Amtsgericht sind besetzt. Namen und Personaldaten der Stelleninhaber sind nicht übermittelt worden.

Darmstadt   E 296 717
Mathildenplatz 12, 64283 Darmstadt
Postfach 110951, 64224 Darmstadt
T (0 61 51) 12–0
Telefax (0 61 51) 12 64 55 und 12 83 57

1 Pr, 1 VPr, 3 w.aufsR, 30 R + 4 × ½ R

Präsident

Straschil, Heinrich	19. 5. 93	5. 11. 37

Vizepräsident

Blanke, Martin	1. 10. 96	3. 12. 48

weitere aufsichtführende Richter

Schmitt, Rudolf	1. 4. 81	7. 12. 37
Jäger, Georg	1. 10. 91	14. 7. 37
Grillo, Rainer	10. 2. 75	20. 7. 43

Richterinnen/Richter

Martin, Klaus	3. 8. 73	15. 10. 41
Ziegs, Klaus-Alfred	1. 6. 76	24. 9. 42
Reeg, Fritz Rüdiger	4. 6. 76	28. 7. 45
Zarbock, Petra	1. 7. 77	9. 2. 44
Hofmann, Wolfgang Werner	1. 2. 78	26. 12. 46
Roth, Walter	2. 5. 80	4. 1. 50
Müller, Henning	3. 7. 80	25. 9. 50
Rodenhäuser, Udo	1. 10. 81	28. 8. 44
Esch, Michael	8. 1. 82	3. 8. 47
Rathgeber, Stefan	9. 7. 82	11. 11. 49
Sand, Detlef	1. 8. 82	12. 9. 51
Müller, Rolf	16. 3. 83	5. 2. 40
Schmidt, Klaus	2. 6. 83	23. 11. 51
Weldert, Susanne	1. 12. 85	11. 5. 55
Müller-Frank, Johanna	9. 4. 87	19. 5. 55
Kirchhoff, Guido	1. 11. 89	11. 4. 57
Albach, Teresa	30. 12. 91	1. 5. 59
Beil, Bruno	1. 3. 92	13. 12. 58
Goerke, Hans-Joachim	1. 2. 93	24. 4. 61

Kaschel, Petra	9. 9. 94	14. 5. 60
Wernicke, Kerstin	2. 11. 94	11. 10. 62
Malkmus, Markus	4. 3. 95	14. 3. 62
Rosenthal, Rebecca	5. 8. 97	1. 5. 58
Wutz, Michael	27. 3. 97	12. 6. 63
Wissen, Gottfried	1. 6. 98	1. 1. 52

Sieben weitere Stellen für Richter am Amtsgericht sind besetzt. Namen und Personaldaten der Stelleninhaber sind nicht übermittelt worden.

Dieburg   E 124 024
Bei der Erlesmühle 1, 64807 Dieburg
T (0 60 71) 2 03–0
Telefax (0 60 71) 2 11 26

1 Dir, 1 stVDir, 7 R

Huther, Günter, Dir	1. 8. 94	1. 4. 50
Füßler, Peter, stVDir	6. 7. 70	31. 5. 37
Garbas, Bernd Michael	8. 2. 76	4. 11. 42
Porschitz, Ernst	15. 6. 85	6. 1. 55
Weiland, Walter	8. 9. 89	8. 8. 56
Dr. Oefner, Gerd	24. 4. 90	27. 12. 52
Roth, Thomas	17. 12. 93	5. 7. 59
Trautmann, Sonja	22. 12. 97	31. 12. 65

Eine weitere Stelle für Richter am Amtsgericht ist besetzt. Name und Personaldaten des Stelleninhabers sind nicht übermittelt worden.

Fürth (Odenwald)   E 75 019
Heppenheimer Str. 15, 64658 Fürth
T (0 62 53) 2 08–0
Telefax (0 62 53) 2 08 11

Zweigstelle in Hirschhorn
Untere Gasse 1, 69434 Hirschhorn (Neckar)
T (0 62 72) 22 71

1 Dir, 3 R + ½ R + ½ LSt

Kratz, Volker, Dir	1. 8. 93	10. 4. 42
Gaul, Gerhard	2. 1. 84	21. 10. 52
Tarara, Claudia, ½ (LSt)	2. 7. 96	18. 12. 62
Richter, Rolf	6. 2. 00	25. 2. 66

Eine weitere Stelle für einen Richter am Amtsgericht ist besetzt. Name und Personaldaten des Stelleninhabers sind nicht übermittelt worden.

Groß-Gerau   E 161 056
Europaring 11–13, 64521 Groß-Gerau
T (0 61 52) 1 70–02
Telefax (0 61 52) 5 35 36

1 Dir, 1 stVDir, 11 R + ½ R

Dr. König, Hans-Jürgen, Dir	1. 10. 88	13. 12. 42
Spangenberg, Ernst, stVDir	—	15. 8. 37
Grau, Alfred	3. 10. 80	16. 12. 48
Spitzner, Manfred	1. 12. 79	—
Rudolph, Siegmund	17. 7. 81	26. 6. 47

Haußmann, Peter	2. 4.82	15.11.49
Schweickert, Friedrich	1. 5.84	10. 2.54
Marquard, Ursula, ½	15. 7.85	23. 1.56
Schüttler, Jutta	2. 3.91	12.10.58
Hanke, Thomas	13. 6.97	4. 5.65

Vier weitere Stellen für Richter am Amtsgericht sind besetzt. Namen und Personaldaten der Stelleninhaber sind nicht übermittelt worden.

Lampertheim   E 91 450
Bürstadter Str. 1, 68623 Lampertheim
T (0 62 06) 18 08-0
Telefax (0 62 06) 18 08-43

1 Dir, 6 R

Schwarz, Lothar, Dir	1.10.95	30.10.55
Tillmann, Felix-Josef	22.12.80	5. 2.49
Kessler, Hans-Jürgen	—	—
Schmidt, Bernd	15. 5.95	1. 7.60
Heinrichs, Angelika	31. 3.98	3. 8.62

Eine weitere Stelle für einen Richter am Amtsgericht ist besetzt. Name und Personaldaten des Stelleninhabers sind nicht übermittelt worden.

Langen (Hessen)   E 109 743
Zimmerstr. 29, 63225 Langen
Postfach 12 60, 63202 Langen
T (0 61 03) 5 91-02
Telefax (0 61 03) 2 73 07

1 Dir, 1 stVDir, 6 R + 1 × ½ R

Karliczek, Ernst, Dir	1.10.98	8. 3.45
Heinikel, Maria-Anne, stVDir	20. 4.79	30. 7.50
Lux, Peter	23. 2.94	17. 8.47
Aßling, Jens	7.12.94	8. 2.61
Prass, Kirsten	2. 8.96	8. 3.64
Dr. Michel, Sabine	19. 3.97	4. 3.61

Zwei und eine halbe Stellen für Richter am Amtsgericht sind besetzt. Namen und Personaldaten der Stelleninhaber sind nicht übermittelt worden.

Michelstadt   E 99 410
Erbacher Str. 47, 64720 Michelstadt
T (0 60 61) 7 08-0
Telefax (0 60 61) 7 08 68

1 Dir, 6 R

Dr. Kitz, Wolfgang, Dir	1.11.85	17.11.44
Hering, Steffen	3.10.76	15. 2.45
Opel, Robert	15.12.78	20. 5.48
Schauf, Hans Werner	18.12.87	6. 7.56
Schmied, Helmut	2. 1.94	17. 4.60

Zwei weitere Stellen für Richter am Amtsgericht sind besetzt. Namen und Personaldaten der Stelleninhaber sind nicht übermittelt worden.

Offenbach am Main   E 264 823
Kaiserstr. 16, 63065 Offenbach am Main
T (0 69) 8 05 71
Telefax (0 69) 8 05 74 35

1 Pr, 1 VPr, 3 w.aufsR, 30 R + 2 × ½, 1 + ½ LSt (R)

Präsident
Uhl, Wilhelm	21.12.95	4. 7.36

Vizepräsident
Tulatz, Hans	1. 8.96	11. 6.46

weitere aufsichtführende Richterin/Richter
Degen, Ernst	1.10.88	24. 7.40
Gielau, Hans-Joachim	1.12.90	31. 3.44
Heine, Siglinde	1. 3.95	14.12.42

Richterinnen/Richter
Kretzschmar, Otto	1. 8.71	20. 8.37
Vogt, Klaus Dieter	1. 9.73	21. 4.41
Lassig, Jürgen	12. 7.75	30.11.42
Gußmann, Dieter	1. 6.76	12. 4.45
Holstein, Klaus	12. 7.79	12. 4.36
Müller, Gerd	1. 9.79	23. 8.44
Dr. Carls, Peter	4. 7.80	29. 5.40
Dr. Weber, Wolfgang	3.10.80	6. 9.41
Herget, Kurt	15. 1.82	26. 9.51
Senf, Martin Jürgen	22. 6.83	16. 2.47
Habermann, Norbert	1.10.83	12.11.49
Weldert, Susanne, beurl. (LSt)	—	—
Dr. Winckler, Annemarie	10. 9.87	25. 7.53
Freyer, Thomas	16. 7.90	12. 6.56
Beck, Manfred	1. 4.91	14. 1.58
Eisfeld, Ulrich	15. 2.92	21. 4.61
Gomille, Thomas	16. 4.92	9. 6.58
Dr. Fischer, Frank O.	26. 1.93	7. 9.61
Ritter, Jürgen	1.10.93	22. 4.62
Gimmler, Andreas	2. 9.94	4. 9.62
Beste, Hildegard, beurl. (LSt)	—	—
Löffler, Gerhard	1. 9.95	2. 1.42
Roth, Manfred	2. 1.96	29.10.46

Weitere Stellen für Richterinnen und Richter am Amtsgericht sind besetzt. Namen u. Personaldaten der Stelleninhaber sind nicht übermittelt worden.

Rüsselsheim   E 86 443
Joh.-Seb.-Bach-Str. 45, 65428 Rüsselsheim
65401 Rüsselsheim
T (0 61 42) 2 03-0
Telefax (0 61 42) 2 03 45

1 Dir, 6 R + 1 × ½ R

Diedrich, Bernd, Dir	1.12.93	29.12.42
Schiele, Werner	1. 4.78	3.11.47
Niedermaier, Lothar	—	—

Paulus, Karin (LSt)	7. 7. 83	9. 7. 44
Dr. Thirolf, Rudolf	3. 1. 89	24. 9. 55
Wenner, Holger	27. 8. 93	—
Hoffrichter, Frank, abg.	22. 7. 96	14. 10. 60
Sermond, Silke	6. 1. 99	6. 11. 71

Zwei weitere Stellen für Richter am Amtsgericht sind besetzt. Namen und Personaldaten der Stelleninhaber sind nicht übermittelt worden.

Seligenstadt E 85 063
Giselastr. 1, 63500 Seligenstadt
T (0 61 82) 9 31–0
Telefax (0 61 82) 9 31–1 01

1 Dir, 5 R + ½ R, 1½ LSt (R)

Wolf, Gerhard, Dir	1. 8. 96	12. 6. 45
Broll, Elke	1. 11. 82	25. 6. 51
Daubner, Anke	1. 7. 91	2. 4. 60
Wippich, Jörg	16. 5. 94	24. 4. 58
Jilg, Richard	1. 4. 96	12. 7. 58
Tarara, Claudia, ½ (LSt)	2. 7. 96	18. 12. 62
Kubsch, Rainer	10. 1. 00	10. 1. 62

Landgerichtsbezirk Frankfurt am Main

Landgericht Frankfurt am Main
E 1 100 264

Gerichtsstr. 2, 60313 Frankfurt am Main
60256 Frankfurt am Main
Internet: http://www.landgericht.frankfurtmain.de
T (0 69) 13 67–01
Telefax (0 69) 13 67–60 50

1 Pr, 1 VPr, 52 VR + 2 × ½ VR + 5 LSt (VR), 70 R + 13 × ½ R + 10 LSt (R)

Präsident

Kramer, Eberhard	1. 4. 96	20. 10. 42

Vizepräsident

Schlitz, Klaus	26. 3. 99	25. 9. 39

Vorsitzende Richterinnen/Vorsitzende Richter

Schulze, Hans-Georg	1. 12. 77	15. 6. 38
Fischer, Heinz	1. 8. 78	11. 11. 36
Dr. Lehr, Friedrich	1. 8. 78	3. 7. 38
Kinnel, Günther	1. 2. 79	—
Dr. Gehrke, Heinrich	1. 6. 79	—
Hoheisel, Claus	1. 10. 79	25. 10. 38
Hellbach, Hartfried	1. 1. 80	12. 7. 36
Winners, Ingrid	1. 7. 80	9. 7. 40
Horstkotte, Mechthild	1. 4. 81	2. 4. 36
Dr. Goetzke, Heinrich	1. 6. 82	4. 2. 41

Dr. Michaelowa, Klaus	1. 3. 83	23. 11. 38
Harder, Diethelm	1. 3. 84	9. 4. 43
Appel, Elke	1. 1. 85	13. 9. 41
Schwalbe, Rolf	1. 5. 85	16. 8. 38
Dr. Kretschmer, Detlev	1. 7. 85	19. 5. 44
Peters, Manfred	1. 9. 85	28. 3. 36
Baltzer, Ulrich	1. 7. 86	30. 4. 37
Kermer, Hans	1. 2. 87	18. 1. 47
Dr. Opitz, Rolf	1. 9. 87	23. 9. 40
Schröder, Ulrike	1. 10. 87	—
Hauke, Gisela	1. 3. 88	24. 2. 45
Dr. Thomas, Falk	9. 3. 88	11. 9. 42
Schaube, Egbert	10. 3. 88	3. 5. 42
Kehren, Thomas	20. 2. 89	4. 8. 49
Schaumburg, Karlheinz	1. 7. 90	16. 8. 38
Schier-Ammann,	1. 11. 90	—
Wiens, Klaus	1. 3. 91	19. 9. 49
Raasch, Rainer	—	12. 11. 42
Prof. Dr. Seibert, Thomas	30. 12. 91	2. 2. 49
Großmann, Klaus	17. 9. 92	2. 10. 48
Böhm, Inge	5. 10. 92	1. 1. 44
Dr. Zimmermann, Horst	1. 8. 93	31. 10. 49
Schichor, Petra	1. 8. 93	16. 6. 56
Estel, Thomas	26. 10. 94	2. 3. 49
Gauderer, Heidi	2. 11. 94	19. 4. 40
Dr. Schartl, Reinhard	2. 11. 94	9. 5. 55
Rau, Werner	12. 6. 95	31. 8. 49
Ort, Gundula, ½	27. 10. 95	12. 4. 45
Dr. Kaposi, Annerose, ½	1. 4. 96	8. 2. 43
Drescher, Klaus Dieter	21. 10. 96	26. 8. 51
Sunder, Thomas	30. 10. 97	28. 10. 57
Stock, Bärbel	17. 11. 97	4. 9. 56
Fritz, Elisabeth	1. 1. 98	24. 11. 55
Freier-Strauß, Maria	23. 3. 98	27. 10. 47
Wöhler, Dietmar	1. 10. 98	18. 4. 51
Dr. Renk, Heidemarie	1. 12. 98	29. 11. 51
Möller, Stefan	1. 12. 98	26. 9. 56
Schmidt, Hermann Josef	1. 12. 98	31. 3. 50
Rau, Barbara	1. 8. 99	3. 1. 52
Dr. Müller, Jochen	1. 8. 99	10. 10. 57
Heß, Peter	1. 1. 00	22. 4. 48
Dr. Kögler, Matthias	1. 1. 00	15. 2. 53
Stark, Detlef	—	—

Weitere Stellen für Vorsitzende Richter am Landgericht sind besetzt. Namen und Personaldaten der Stelleninhaber sind nicht übermittelt worden.

Richterinnen/Richter

Schwichtenberg, Jürgen	2. 1. 71	16. 2. 38
Dr. Schaab, Hans Werner	4. 5. 73	22. 7. 37
Holste, Astrid	—	16. 4. 43
Esser, Jürgen	28. 8. 74	31. 3. 42
Kehr, Michael	15. 9. 75	7. 6. 41
Neveling, Dux	2. 1. 76	27. 10. 36
Gerfin, Ulrich	15. 3. 76	16. 5. 45

Scheffer, Eike	1. 10. 76	25. 8. 42
von Blanc, Jürgen	—	5. 9. 41
Löffert, Rotraud	2. 1. 77	20. 11. 45
Michalke, Kornelius	1. 10. 77	3. 11. 44
Olp, Gertie	21. 3. 78	22. 11. 47
Peppler, Joachim	29. 9. 78	7. 1. 49
Stamm, Eberhard	19. 10. 79	30. 11. 47
Dr. Stüber, Jürgen	1. 10. 82	4. 8. 51
Bebendorf, Sylvia, ½	15. 10. 83	5. 11. 50
Erlbruch, Ulrich	28. 9. 86	4. 6. 56
Rodrian, Imke	5. 6. 87	29. 11. 57
Schmitt-Michalowitz, Sylvia, ½	3. 8. 87	4. 8. 56
Dr. Seyderhelm, Bernhard	20. 10. 88	3. 1. 57
Dr. Müller, Martin	1. 11. 88	28. 8. 57
Tiefmann, Ingolf	9. 3. 89	23. 2. 54
Nickel, Joachim	2. 5. 89	27. 8. 54
Dr. Kurth, Frowin	2. 5. 89	15. 4. 55
Schwarzer, Marlis	2. 6. 89	20. 1. 58
Simon, Albrecht	5. 1. 90	21. 6. 57
Sauer, Wolfram	5. 2. 91	27. 3. 59
Hefter, Christoph	20. 6. 91	3. 4. 59
Wösthoff, Meinrad	2. 1. 92	9. 4. 58
Rosenfeldt, Ingrid	7. 5. 92	22. 7. 54
Sommer, Christina	—	—
Müller, Karin, ½	30. 3. 93	19. 6. 58
Dr. Erhard, Christopher, abg.	2. 4. 93	23. 1. 58
Striegl, Thomas	1. 10. 93	4. 4. 59
Bonkas, Beate, ½	—	—
Theimer, Anette, ½	6. 11. 95	22. 1. 63
Kästner, Richard	1. 3. 95	9. 7. 62
Götz-Tallner, Claudia	11. 5. 95	10. 12. 62
Dr. Theimer, Clemens	18. 10. 95	7. 2. 61
Henrich, Karin	27. 10. 95	12. 10. 63
Dr. Ostermann, Stefan	3. 11. 95	9. 2. 58
Bach, Martin	1. 12. 95	5. 2. 54
Scholderer, Franziska, beurl.	10. 4. 96	19. 4. 63
Dr. Mockel, Ute, ½	31. 5. 96	6. 4. 60
Dr. Bergmann, Klaus	18. 6. 96	28. 8. 59
Stein-Ihle, Claudia	1. 4. 97	6. 5. 65
Dr. Meckel, Astrid	4. 4. 97	23. 9. 64
Weimann, Claudia	7. 4. 97	5. 1. 63
Krauskopf, Bernd	14. 7. 97	18. 10. 60
Dittrich, Karin, ½	29. 11. 97	25. 1. 57
Dr. Bünger, Ralph	—	16. 1. 63
Wegener, Susanne, beurl.	7. 7. 98	20. 4. 66
Woitaschek, Beate, ½	1. 9. 98	3. 8. 66
Möhrle, Iris, beurl.	22. 12. 98	26. 9. 65
Butscher, Karin, ½	14. 6. 99	7. 1. 64
Dr. Ott, Yvonne, ½, abg.	15. 9. 99	25. 5. 63
Dr. Schmidt, Christof	20. 9. 99	17. 2. 66
Dr. Maier, Klaus	4. 11. 99	19. 11. 62
Dr. Gronstedt, Dagmar, ½, abg.	21. 1. 00	24. 2. 64

Weitere Stellen für Richter am Landgericht sind besetzt. Namen und Personaldaten der Stelleninhaber sind nicht übermittelt worden.

Amtsgerichte

Bad Homburg v. d. Höhe   E 127 995
Auf der Steinkaut 10–12, 61352 Bad Homburg
61343 Bad Homburg v. d. Höhe
T (0 61 72) 4 05–0
Telefax (0 61 72) 40 51 39

1 Dir, 1 stVDir, 15 R + 6 × ½ R

Erbrecht, Werner, Dir	1. 4. 87	23. 8. 42
Dr. Knauth, Joachim, stVDir	1. 11. 86	9. 5. 44
Orgaß, Günther, w.aufsR	27. 3. 95	15. 4. 46
Müller, Otto	5. 6. 70	24. 8. 35
Wiedenroth-Jahn, Erika, ½	2. 1. 79	1. 4. 49
Sebeikat, Norbert	4. 7. 80	14. 7. 47
Kopp-Salow, Ursula, beurl.	6. 12. 88	28. 12. 56
Leichthammer, Marion, beurl.	28. 8. 92	8. 5. 62
Schmidt, Stephan	2. 8. 93	10. 9. 58
Kurschat, Gudrun	3. 8. 94	6. 4. 55
Lange, Hartmut	—	29. 5. 62
Arndt, Elfriede	22. 9. 97	9. 11. 64
Klein, Marion, ½	4. 10. 96	12. 8. 66
Steck-von der Lühe, Marianne, RkrA	—	—

Weitere Stellen für Richter am Amtsgericht sind besetzt. Namen und Personaldaten der Stelleninhaber sind nicht übermittelt worden.

Bad Vilbel   E 50 053
Friedrich-Ebert-Str. 28, 61118 Bad Vilbel
61116 Bad Vilbel
T (0 61 01) 80 09–0
Telefax (0 61 01) 80 09 22

1 Dir, 2 R

Heldmann, Dieter, Dir	1. 1. 85	26. 12. 40
Braun, Walter	15. 10. 72	—
Frese, Bernd-Erich	1. 7. 77	25. 4. 44

Frankfurt am Main   E 759 666
Gerichtsstr. 2, 60256 Frankfurt
Postfach 10 01 01, 60001 Frankfurt
T (0 69) 13 67–01
Telefax (0 69) 13 67–20 30

1 Pr, 1 VPr, 13 w.aufsR,
108 R + 9 × ½ R + 7 LSt (R)

Präsident

Wick, Manfred	1. 3. 85	2. 8. 37

Vizepräsident

Olp, Bernhard	1. 2.97	10.07.48

weitere aufsichtführende Richter

Eiling, Karl Heinz	1. 4.81	26. 8.37
Jakubski, Wolfgang	1.10.87	4. 2.44
Höhler, Michael	1. 4.88	9.12.46
Jeßberger, Franz Martin	1. 4.93	7. 3.49
Rink, Jürgen	1. 3.95	14. 7.42
Ullrich, Klaus-Michael	1. 3.95	11.10.46
Meilinger, Günther	1. 2.97	18. 1.51
Dietz, Willi	1. 2.97	22. 2.53
Jastroch, Werner	1.11.97	31. 5.47
Dr. Niedenführ, Werner	1.12.97	12. 7.54

Richterinnen/Richter

Jachmann, Diethard	9. 2.70	19. 2.37
Hecker-Hafke, Benigna	18. 9.70	1. 5.39
Steyer, Herbert	29. 9.72	21. 4.37
Wolfheimer, Horst	20.11.72	12. 6.39
Lütkehölter, Hans-Jochem	23. 1.74	30. 9.41
Malchereck, Ulrike	1. 9.74	24. 2.43
Witzke, Gerda	12. 7.75	14. 5.42
Walter, Heidrun	21. 8.75	5. 1.44
Kohtz, Arthur	1. 6.76	24. 3.42
Dirschoweit, Klaus	2. 7.76	30. 3.44
Dr. Mieth, Detlef	1.10.76	16. 5.44
Welke, Hartmut	17.12.76	29. 9.45
Wagner, Helmut	21.12.76	7.12.44
Tillmann, Johannes	1. 8.77	15.10.46
Brossok, Gerhard	1. 1.78	29. 9.47
Stein, Helmut	1. 6.78	3. 9.45
Peppler, Marion, ½	2. 6.78	2. 7.48
Becker, Clemens	1. 8.78	6. 8.47
Gestefeld, Wolf	1.10.78	27. 7.48
Schulze, Hans-Jürgen	15.12.78	18. 1.38
Henrici, Ralph	1.10.79	19.12.48
Rupp, Felix	13.12.79	5. 2.48
Baensch, Gerhard	1. 3.80	5. 1.45
Biernath, Hans-Ulrich	7. 7.80	19. 8.48
Fiebig, Thomas	1. 9.80	9. 7.49
Menz, Wolfgang	1. 8.81	26. 5.50
Eckhardt, Klaus	15. 1.82	20.11.52
Dr. Weiland, Bernd	28. 4.82	23. 2.50
Hofmann, Norbert	1. 7.82	22. 9.45
Zeller, Claudia	16. 7.82	10. 3.53
Kramer, Peter	15.10.82	5. 3.53
Schott, Dieter	—	—
Weber, Wolfgang	17. 3.83	4. 8.47
Mieth, Ulrike	1. 4.83	19.12.45
Dr. Haschtmann, Cornelia-Ulrike, ½	4. 8.83	3. 1.52
Datz-Winter, Christa	2. 1.84	9. 1.53
Vogel-Fingerhut, Ingrid	6. 1.84	28. 6.52
Christ, Sigrid	1. 8.84	18.12.53
Kraushaar, Michael	3. 1.86	20. 1.56

Pulch, Peter-Alexander	1.11.86	28. 5.54
Knauth, Heike	5. 3.87	11. 4.56
Jensch, Brigitte, ½	8. 7.87	2.10.56
Wagner-Kummer, Sigrun, ½	22. 6.88	24. 4.56
Drewanz, Christopher	10.10.88	30. 9.55
Lippert, Gerhard	14.10.88	1. 5.56
Dr. Lehmann, Rolf	4. 7.90	11.11.48
Treuner, Regina	18. 1.91	29. 5.57
Reidenbach, Friedhelm	3. 4.92	15. 5.50
Heyter, Rolf	20. 2.92	15. 1.59
Mohr, Stefan	2. 6.92	10. 8.58
Christmann, Andreas	16.10.92	24.10.58
Timm, Volker	27.10.92	16. 7.60
Schenk, Reinhard	17.11.92	15. 6.59
Lenz, Rosa-Maria	1.12.92	11. 8.53
Wetzel, Ulrich	15. 1.93	11.11.56
Beck, Manfred, abg.	30. 3.93	5. 2.60
Heyter, Angela	16. 9.93	1. 5.60
Nöhre, Ingo, abg.	15. 3.94	4.10.61
Biba, Jürgen	22. 4.94	2. 3.62
Konow, Karl-Stefan	20. 7.94	25. 5.61
Hauptmann, Sylvia	2. 9.94	21.10.61
Scheid-Richter, Susanne, ½	10.10.94	31.12.61
Lehmann, Markus	14.10.94	21.10.58
Brandenfels, Thomas	14.11.94	1. 7.62
Pelcz, Monika, abg. (LSt)	2.12.94	10. 7.54
Kraus, Reinhard	18.12.94	25.12.56
Blaschko, Peter	15. 1.95	4. 4.61
Hartmann, Wolfgang	1. 4.95	8. 6.61
Didas, Ramona	1. 4.95	—
Mych, Yvonne	8. 5.95	16. 2.58
Kaufman, Ursula, ½	10. 7.95	13. 4.50
Konschak, Christof	25. 5.96	23. 4.64
Wagner, Eva-Maria	13. 6.97	1. 9.65
Heil, Heike, ½	16. 2.98	26. 5.58
Angerer, Karin, ½ (LSt)	1. 3.98	2. 5.66
Weiß, Andreas	8. 3.99	17.10.66
Dr. Dürbeck, Werner	17. 7.99	28. 9.64
Rockemer, Axel	28.10.99	14. 3.67
Dr. Siebelt, Lucia	17.11.99	4.12.67
Wild, Bettina	23.12.99	11. 8.66
Schulte, Mirko, abg.	1. 2.00	16. 7.66
Dr. Glatz, Christian, abg.	3. 2.00	24. 7.65

Weitere Stellen für Richter am Amtsgericht und eine Stelle für weitere aufsichtführende Richter sind besetzt. Namen und Personaldaten der Stelleninhaber sind nicht übermittelt worden.

Königstein im Taunus   E 112 827
Burgweg 9, 61462 Königstein
Postfach 11 49, 61451 Königstein
T (0 61 74) 29 03–0
Telefax (0 61 74) 29 03 74

1 Dir, 1 stVDir, 6 R + 4 × ½ R

N.N., Dir	—	—		
Schneiderhan, Elke,				
stVDir	—	22. 1.44		
Zielke, Ricarda, ½	—	1. 2.46		
Menz, Renate	3. 5.79	27. 4.49		
Oehm, Georg	—	19. 9.51		
Ried, Gabriele, ½	—	9. 7.55		
Haselmann, Blanka, ½	—	27. 2.54		
Wolff, Sabine, ½	—	9. 7.59		
Dr. Rademacher,				
Christine	21. 9.94	23. 9.54		
Weiskopf, Ulrich	—	—		
Menhofer, Bruno	29.11.96	20.11.62		

Usingen E 56 732
Weilburger Str. 2, 61250 Usingen
Postfach 12 20, 61242 Usingen
T (0 60 81) 10 28–0
Telefax (0 60 81) 10 28–13

1 Dir, 3 R + ½ R

Sattler, Wolfgang, Dir	1. 1.00	1. 8.37		
Cromm, Anneliese, ½	1. 3.86	20. 6.54		
Gierke, Martin	31. 3.93	2. 9.59		

Eine weitere Stelle für Richter am Amtsgericht ist besetzt. Name und Personaldaten des Stelleninhabers sind nicht übermittelt worden.

Landgerichtsbezirk Fulda

Landgericht Fulda E 348 112
Am Rosengarten 4, 36037 Fulda
Postfach 6 40, 36006 Fulda
T (06 61) 9 24 02
Telefax (06 61) 9 24 21 00

1 Pr, 1 VPr, 4 VR, 7 R

Präsident

Dr. Mößinger, Rainer	1.10.96	31. 5.45

Vizepräsident

Becker, Heinrich	1. 6.98	19.12.47

Vorsitzende Richter

Dr. Geffert, Martin	3. 4.87	22.12.43
Krisch, Peter	20. 9.89	4.10.45
Dr. Hawran, Reinhard	1. 2.97	4. 7.52
Rützel, Reinhold	1. 8.99	1. 3.53

Richter

Hellwig, Heinrich, abg.	3. 7.80	12. 6.43
Wagner, Jürgen	25. 4.90	28.10.57

Richter, Josef	1. 6.93	15. 7.58
Latsch, Jörg	1. 4.96	1. 4.64
Dr. Winkler, Harald	19.11.96	19.10.61

Amtsgerichte

Bad Hersfeld E 82 701
Dudenstr. 10, 36251 Bad Hersfeld
T (0 66 21) 2 03–0
Telefax (0 66 21) 2 03–407

1 Dir, 7 R

Eimer, Hermann, Dir	15.11.91	8.10.47
Tuchow, Henning	1. 7.74	31. 1.42
Leimbach, Dieter	17. 7.88	26. 7.55
Kilian-Bock, Michaela	1.10.90	4.10.59
Krusche, Michael	1. 5.90	10.12.58
Jurczyk, Rainer	21. 5.93	24. 1.61
Schnelle, Elmar	11.10.95	14.10.59
Mondl, Heidrun	11.10.95	30. 6.62

Fulda E 181 683
Königstr. 38, 36037 Fulda
Postfach 1 29, 36001 Fulda
T (06 61) 9 24–23 00
Telefax (06 61) 9 24 24 00

Zweigstelle in Gersfeld
Marktplatz 26, 36129 Gersfeld
T (0 66 54) 96 23-0

Zweigstelle in Hilders
Schulstr. 2, 36115 Hilders
T (0 66 81) 2 27

Zweigstelle in Neuhof
Hattenhofer Str. 10, 36119 Neuhof
T (0 66 55) 96 80-0

1 Dir, 1 stVDir, 10 R

Schaumburg, Hans-Karl,		
Dir	1. 9.98	22. 9.43
Kreis, Joachim, stVDir	1. 9.98	23. 2.49
Hartmann, Heinrich	1. 4.68	24. 6.36
Reichert, Peter	29. 7.71	3.10.37
Kleiss, Günther	22. 8.74	30. 7.43
Ballmaier, Michael	19. 8.77	22.11.43
Hofner, Günter	1. 9.78	28.12.44
Krenzer, Christina	9. 3.84	23.12.54
Wilbers, Lothar	1. 8.86	10. 9.53
Becker, Joachim	17.12.93	20. 3.61
Mangelsdorf, Christoph	2. 1.95	6. 6.62
Stock, Karin	23. 9.96	10. 2.59
Wahl, Oliver	1.12.96	27. 3.63

Hünfeld E 34 996
Hauptstraße 24, 36088 Hünfeld
Postfach, 36084 Hünfeld
T (0 66 52) 6 00–01
Telefax (0 66 52) 60 02 22

1 Dir, 1 R

Herbst, Josef, Dir	1. 4. 89	30. 4. 46
Lautenbach, Udo	29. 7. 91	23. 8. 59

Lauterbach (Hessen) E 48 732
Königsberger Str. 8, 36341 Lauterbach
T (0 66 41) 96 17–0
Telefax (0 66 41) 6 26 85

1 Dir, 2 R

Bücking, Rainer, Dir	26. 4. 78	31. 10. 44
Blasek, Brigitte Mathilde	2. 6. 78	15. 5. 47

Landgerichtsbezirk Gießen

Landgericht Gießen E 568 936
Ostanlage 15, 35390 Gießen
Postfach 11 16 04, 35387 Gießen
T (06 41) 93 40
Telefax (06 41) 9 34 14 41

1 Pr, 1 VPr, 9 VR, 15 R + 1 LSt (R) + 1 LSt
(UProf)

Präsident

Rawer, Wolfgang	31. 3. 95	24. 8. 40

Vizepräsident

Gaßmann, Holger	1. 9. 96	2. 2. 43

Vorsitzende Richter

Rummer, Klaus Peter	6. 12. 78	13. 8. 37
Pfannerstill, Karl	17. 4. 79	9. 10. 36
Nies, Fritz	1. 8. 79	26. 9. 38
Weller, Wilfried	3. 4. 86	5. 5. 41
Pfister, Peter	18. 3. 92	4. 2. 43
Laabs, Peter	24. 5. 96	21. 11. 38
Demel, Bruno	17. 2. 97	15. 4. 50
Geilfus, Klaus-Peter	12. 10. 99	15. 6. 50

Richterinnen/Richter

Orb, Erwin	8. 9. 74	23. 12. 43
Brühl, Gertraud	1. 9. 79	16. 6. 50
Pohl, Klaus	1. 8. 83	4. 2. 50
Dr. Nierwetberg, Rüdiger	3. 2. 90	2. 2. 55
Keller, Ralf	5. 8. 90	25. 3. 60
Lang, Klaus	4. 1. 91	16. 1. 55
Dr. Nink, Johannes	29. 9. 92	10. 10. 56
Bremer, Beate	2. 1. 94	27. 7. 61

Enders-Kunze, Regine, beurl. (LSt)	15. 4. 94	17. 1. 63
Dr. Steinbach, Dietwin	2. 5. 94	29. 4. 58
Pradel, Petra	1. 7. 94	2. 9. 64
Wiebusch, Dagmar	1. 10. 94	25. 7. 62
Dr. Oehm, Frank, abg. (LSt)	1. 1. 95	8. 2. 60
Schrader, Jürgen	2. 3. 95	15. 1. 61
Kleinmaier, Melanie	1. 4. 96	9. 9. 65
Dr. Krämer, Klaus	1. 6. 96	29. 3. 62
Grün, Reinhard	1. 7. 96	5. 6. 62

Amtsgerichte

Alsfeld E 57 992
Amthof 12, 36304 Alsfeld
Postfach 1 80, 36291 Alsfeld
T (0 66 31) 40 21–25
Telefax (0 66 31) 40 27

1 Dir, 3 R + ½ R

Tausch, Adolf, Dir	1. 5. 84	24. 5. 38
Dr. Scherner, Peter	4. 5. 73	26. 6. 39
Laux, Eberhard, abg.	1. 6. 81	14. 10. 50
Noll, Edwin	2. 1. 92	4. 8. 60
Deisenroth, Andrea	1. 1. 96	20. 12. 63

Büdingen E 67 884
Stiegelwiese 1, 63654 Büdingen
Postfach 11 00, 63652 Büdingen
T (0 60 42) 9 82–0
Telefax (0 60 42) 9 82–1 01

1 Dir, 5 R + ½ LSt (R)

Rudolf, Mechthild, Dir	21. 4. 99	28. 5. 46
Holl, Winfried	15. 6. 85	22. 4. 50
Merle, Udo	1. 8. 86	2. 5. 53
Decker-Fischer, Sylvia	1. 10. 93	28. 9. 59
Knoche, Stefan	10. 2. 94	14. 9. 63
Jöntgen, Herbert	3. 8. 94	9. 10. 55

Butzbach E 34 477
Färbgasse 24, 35510 Butzbach
Postfach 310, 35503 Butzbach
T (0 60 33) 9 63 00
Telefax (0 60 33) 96 30 30

1 Dir, 1 R + ½ LSt (R)

Frank, Dietrich, Dir	16. 3. 95	27. 7. 50
Deventer, Götz, RkrA	(1. 2. 99)	19. 4. 61

Friedberg E 112 302
Homburger Str. 18, 61169 Friedberg
Postfach 10 01 61, 61141 Friedberg
T (0 60 31) 6 03–0
Telefax (0 60 31) 6 03–1 57

1 Dir, 1 stVDir, 12 R (davon 3 × ¾ R + 1 × ½ R)
+ 1 LSt (R)

Lichtenegger, Hans-Udo, Dir	25. 3.91	27. 5.51
Mohr, Klaus, stVDir	25. 8.94	6. 6.48
Knipper, Werner	6. 3.75	23. 8.43
Wolffram-Falk, Thomas	1.10.78	13.12.48
Tritt, Oskar	25.10.85	4. 6.54
Dr. Kimpel, Gerlinde	14.12.87	20. 8.56
Kaiser, Michael	6. 8.93	28. 9.60
König, Christoph	12. 2.99	9. 4.66
Dr. Nowak, Michael, abg.	19. 2.99	24. 9.64

Drei weitere Stellen für Richter am Amtsgericht
sind besetzt. Namen und Personaldaten der Stelleninhaber sind nicht übermittelt worden.

Gießen   E 239 963
Gutfleischstr. 1, 35390 Gießen
Postfach 11 16 03, 35387 Gießen
T (06 41) 9 34–0
Telefax (06 41) 9 34–24 42

1 Pr, 1 VPr, 2 w.aufsR, 23 R + 3 × ½ R

Präsident

Werner, Jochen	9. 9.93	22. 7.38

Vizepräsident

N. N.	—	—

weitere aufsichtführende Richterin/Richter

Koch-Rein, Wulf	30. 4.86	26. 1.41
Büger, Ulrike	1.12.94	12. 7.47

Richterinnen/Richter

Heil, Hans-Peter	4. 9.70	1. 7.39
Eimer, Klaus	1. 6.74	24.10.43
Dr. Kant, Detlef	7.11.75	7. 7.43
Stiebeling, Ludwig	2. 5.76	16. 7.46
Schäfer-Töpper, Marianne	9.12.76	2. 8.45
Helbing, Wolfgang	2. 3.78	26. 8.45
Dr. Dittrich, Johannes	23.10.79	3.11.48
Hendricks, Wolfgang	21.11.80	13. 7.50
Jesse, Klaus Peter	3. 3.83	5.10.52
Gotthardt, Rainer Rudolf	1. 7.83	13.10.50
Winkler, Harry, abg.	13. 4.84	30. 8.51
Wendel, Michael	17.10.84	9. 8.52
Seim, Burkhard	1.10.87	15. 6.56
Reuling, Udo	9. 5.89	14. 4.55
Demel, Sabine	1. 9.89	9. 6.57
Grün, Klaus-Jürgen	13. 7.91	6.12.60
Mengel, Beate	20. 9.91	8. 4.60
Tremmel-Schön, Sabine	15. 3.94	5.12.60
Fouladfar, Maddalena	6. 9.94	15.11.57

Knell, Thorsten	1. 4.95	18. 7.61
Kaufmann, Antje	1. 6.95	8.12.61

Nidda   E 56 318
Schloßgasse 23, 63667 Nidda
Postfach 11 40, 63658 Nidda
T (0 60 43) 80 03–0
Telefax (0 60 43) 80 03 29

1 Dir, 2 R + ½ R

Hössl, Christoph, Dir	20.12.96	7. 2.48
Seichter, Jürgen	1. 7.85	19. 5.55
Fountzopoulos, Aliki	1. 9.97	5. 4.64
Jansen-Matthies, Britta	20. 3.98	16. 1.63

Landgerichtsbezirk Hanau

Landgericht Hanau   E 402 399
Nußallee 17, 63450 Hanau
Postfach 1639, 63406 Hanau
T (0 61 81) 2 97–0
Telex 4 184 727 = stah d
Telefax (0 61 81) 2 97–2 03

1 Pr, 1 VPr, 7 VR, 14 R

Präsident

Kästner, Otto	1. 1.84	2. 8.35

Vizepräsident

Dr. Uffelmann, Manfred	22. 7.98	1.12.46

Vorsitzende Richterin/Vorsitzende Richter

Pürschel, Ernst-Thomas	2. 1.81	30.10.38
Edelmann, Regina	13. 5.88	6. 4.57
Strieder, Peter	1. 1.89	17. 2.44
Dr. Frech, Klaus	1.10.89	30. 5.44
Fischer, Erich	1.11.92	6. 3.56
Scheuermann, Ulrich	19. 8.93	4. 1.52
Kling-Distel, Jutta	5.11.98	9. 3.58

Richterinnen/Richter

Bohne, Manfred	3. 5.74	30. 9.41
Seipel, Werner	26. 4.77	5. 5.47
Jorda, Dietmar	1. 4.90	16. 3.56
Dr. Saur, Günther	3. 8.90	30.12.57
Peter, Angela	19. 9.91	20. 4.60
Koubek, Peter	13. 7.92	22.11.60
Dr. Graßmück, Peter	12.10.92	12. 7.58
Hauffen, Silvia	10. 2.95	12. 8.62
Oberländer, Jörg	14.10.94	7.11.61
Schott-Pfeifer, Petra	29.12.95	15. 3.63
Bub, Peter	28. 7.98	13.10.61
Erdmann, Arnold	14.12.98	29.11.49

Amtsgerichte

Gelnhausen   E 115 220
Philipp-Reis-Str. 9, 63571 Gelnhausen
T (0 60 51) 8 29–0
Telefax (0 60 51) 82 92 59

Zweigstelle in Wächtersbach
Bahnhofstr. 2, 63607 Wächtersbach
T (0 60 53) 92 71

1 Dir, 1 w.aufsR, 7 R

Kuhls, Rainer, Dir	1. 10. 85	8. 10. 44
Haas, Sigrid, w.aufsR	1. 10. 83	8. 10. 53
Heischmann, Wolf-Dieter	20. 3. 75	27. 9. 43
Saamer, Karl Friedrich	2. 1. 76	7. 7. 40
Schaum, Peter	1. 4. 76	19. 9. 41
Dilg, Gert	1. 2. 77	18. 7. 45
Martin, Hans-Joachim	1. 10. 81	5. 2. 49
Pirlich-Kraus, Carsta	10. 1. 97	14. 2. 61
Dr. Böttge, Sabine	13. 10. 99	20. 9. 57

Hanau   E 236 252
Nußallee 17, 63450 Hanau
T (0 61 81) 2 97–0
Telex 4184 727 = stah d
Telefax (0 61 81) 29 74 40

1 Dir, 2 w.aufsR, 25 R

Droscha, Michael, Dir	1. 7. 96	5. 5. 48
Scheffer-Müller, Uta, w.aufsR	1. 2. 74	9. 11. 41
Marx, Peter Christof	1. 10. 68	6. 9. 36
Kunz, Sigrid	2. 6. 75	7. 8. 42
Posse, Reimar	27. 2. 76	15. 8. 43
Wagner-Kissel, Renate	15. 9. 76	6. 8. 45
Dr. Wiesenberg, Claus	4. 7. 80	11. 3. 48
Hoos, Jochen	22. 9. 80	22. 4. 49
Gersitz, Wolfgang	5. 5. 81	2. 7. 51
Berner, Thomas	1. 7. 82	4. 9. 49
Kern, Axel	12. 9. 82	18. 12. 51
Pfeifer, Renate	1. 8. 86	30. 9. 58
Dr. Fritz, Dieter	1. 9. 90	4. 3. 58
Jehring, Claudia	9. 4. 93	7. 5. 62
Stocklöw, Jürgen	2. 5. 93	27. 6. 61
Vetter, Volker	1. 10. 93	2. 9. 61
Thiele, Frank	2. 9. 94	6. 3. 61
Weber, Matthias	13. 2. 95	13. 9. 57
Bhanja, Santi	21. 8. 96	19. 8. 62
Korte, Otto Hermann	23. 2. 99	9. 7. 61
Götting, Eva-Maria	15. 4. 99	28. 5. 67
Gräbner, Klaus	15. 4. 99	17. 5. 46

Weitere Richterstellen sind besetzt. Namen und Personaldaten der Stelleninhaber sind nicht übermittelt worden.

Schlüchtern   E 50 927
Dreibrüderstr. 12, 36381 Schlüchtern
T (0 66 61) 1 58–0
Telefax (0 66 61) 1 58–40

Zweigstelle in Bad Soden-Salmünster
Amthof 4, 63628 Bad Soden-Salmünster
T (0 60 56) 13 55

1 Dir, 2 R

Rothmaler, Wolf Dieter, Dir	13. 11. 75	30. 9. 39
Adam, Bernd-Michael	19. 5. 75	19. 2. 42
Brand, Claudia	1. 10. 97	15. 1. 65

Landgerichtsbezirk Kassel

Landgericht Kassel   E 865 048
Frankfurter Str. 11, 34117 Kassel
Landgericht, 34111 Kassel
T (05 61) 71 23–0
Telefax (05 61) 7 12 35 30

1 Pr, 1 VPr, 16 VR , 24,5 R + 1 LSt (R)

Präsident
Eisenberg, Werner	—	22. 3. 47

Vizepräsident
von Gliszynski, Dietrich	1. 6. 82	18. 12. 36

Vorsitzende Richterinnen / Vorsitzende Richter
Schütt, Peter	27. 10. 77	9. 8. 37
Siekmann, Gerhart, beurl.	1. 10. 79	12. 2. 40
Anselmann, Ortwin	1. 6. 81	28. 7. 41
Dr. Witzig, Hartmut	1. 12. 82	11. 6. 38
Dr. Keitel, Burkhardt	1. 1. 84	21. 4. 42
Blomer, Helmut	1. 1. 84	8. 1. 44
Ohlerich, Detlef	1. 7. 86	7. 9. 43
Dr. Löffler, Wolfgang	1. 9. 89	16. 3. 49
Pohl, Gerd	1. 12. 90	17. 2. 43
Damm, Friedhelm	1. 12. 91	20. 11. 47
Dr. Nesselrodt, Jürgen	1. 12. 92	9. 6. 49
Menzler, Rüdiger	1. 10. 93	17. 6. 44
Drapal, Hans	1. 12. 96	20. 4. 47
Damm, Brigitte	23. 12. 97	26. 6. 52

Eine weitere Stelle für Vors. Richter am LG ist besetzt. Name und Personaldaten des Stelleninhabers sind nicht mitgeteilt worden.

Richterinnen/Richter

Strube, H. Herbert	27. 2.71	8. 5.38
Roersch, Hermann		
Günter	1. 4.72	15. 9.37
Aßmann, Jürgen	15.10.72	19. 6.36
Dr. Brem, Ursula	1.10.78	13. 6.47
von Lipinski, Rudolf	1. 2.80	4. 3.48
Stanoschek, Jürgen	1. 7.88	20.12.55
Schuster, Inge	1.10.90	28. 9.58
Mütze, Heinz-Volker	16.12.90	23. 3.58
Neumeier, Hubert, abg.	14.11.91	15.10.56
Dreyer, Jürgen	24. 7.92	30. 7.59
Prietz, Reinhard	4. 4.93	18. 9.57
Gerstung-Vindelstam,		
Marion, beurl.	15. 3.94	17. 4.62
Huckenbeck, Albrecht	15.11.94	13. 6.60
Bethe, Sabine	6. 1.95	20.12.63
Quandel, Uwe	24. 2.95	2.10.62
Dr. Blumenstein, Thomas	4. 1.96	26. 3.58
Grünert, Elke, abg.	17. 7.97	21. 5.64
Lohmann, Dirk	1.12.97	27. 9.63
Dr. Guise-Rübe, Ralph,		
abg.	15. 1.99	27. 5.66
Ebert, Thomas	6. 7.99	15. 2.65

Eine weitere Stelle für Richter am LG ist besetzt.
Name und Personaldaten des Stelleninhabers sind
nicht übermittelt worden.

Amtsgerichte

Bad Arolsen   E 34 695
Rauchstr. 7, 34454 Arolsen
T (0 56 91) 30 85–86
Telefax (0 56 91) 32 21

1 Dir, 1 R

Hüttig, Gernot, Dir	1. 4.84	3.10.43
Kalhöfer-Köchling,		
Karl-Heinz	1.10.93	16. 7.55

Bad Wildungen   E 25 112
Laustr. 8, 34537 Bad Wildungen
T (0 56 21) 60 29
Telefax (0 56 21) 7 40 49

1 Dir, 1 R

N. N., Dir	—	—
Lauer, Konrad	13. 7.94	21. 9.58

Eschwege   E 65 808
Bahnhofstr. 30, 37269 Eschwege
Postfach 12 40, 37252 Eschwege
T (0 56 51) 6 00 51

Zweigstelle in Sontra
Neues Tor 8, 36205 Sontra
T (0 56 53) 6 71

1 Dir, 1 w.aufsR, 5 R + ½ R

Dr. Grube, Reinhold,		
Dir	28. 1.75	5.11.35
Stück, Günter	22. 1.71	21. 7.37
Höbbel, Peter	8. 9.75	22. 9.42
von Moltke, Helmuth	1. 9.79	19.10.45
Becker, Rudolf	2. 4.87	22. 3.51
Wachter, Alexander	16. 9.97	4. 6.65

Fritzlar   E 68 951
Schladenweg 1, 34560 Fritzlar
T (0 56 22) 20 21–25
Telefax (0 56 22) 7 06 80

1 Dir, 3 R

Regenbogen, Kurt, Dir	1. 3.77	9. 7.38
Rhiel, Bernhard	1.10.84	7. 9.54
Machata, Winifred	2. 1.99	30. 6.64

Hofgeismar   E 63 829
Friedrich-Pfaff-Str. 8, 34369 Hofgeismar
T (0 56 71) 20 14–16
Telefax (0 56 71) 61 07

1 Dir, 2,5 R

Kraß-Köhler, Elisabeth,		
Dir	1.11.83	15. 5.52
Witte, Rüdiger	1. 3.92	3. 2.58
Heidelbach, Stephan	9. 9.94	24. 1.61

Homberg   E 20 620
Obertorstr. 9, 34576 Homberg
T (0 56 81) 40 51–52
Telefax (0 56 81) 77 05 20

1 Dir, 2 R

Spanknebel, Erhard, Dir	2. 6.96	28. 9.43
Lohr, Gerhard	15. 6.98	19. 4.52
Boesken, Cai Adrian	1. 7.96	30. 6.58

Kassel   E 337 942
Frankfurter Str. 9, 34117 Kassel
Amtsgericht, 34111 Kassel
T (05 61) 71 23–0
Telefax (05 61) 71 23–5 40, und –439 –6 94

Zweigstellen in Kassel
Friedrichstr. 32–34, 34117 Kassel
Ständeplatz 19, 34117 Kassel
Obere Karlsstr. 2 u. 4, 34117 Kassel

1 Pr, 1 VPr, 4 w.aufsR, 43 R + 2 × ½ R +
2 × ¾ R + 2 LSt

Präsident

Dr. Hornung, Paul   1. 7.96   29. 8.41

Vizepräsident

N. N.   —   —

weitere aufsichtführende Richter

Ast, Arndt	1. 9.80	10. 5.41
Ruess, Karl	1.12.94	19. 3.44
Dr. Weber, Theodor	—	6. 1.43
Kilbinger, Reinhold	—	3. 3.47

Richterinnen/Richter

Artelt, Klaus-Peter	10. 7.70	13. 6.38
Korff, Walter	11. 7.72	17. 9.35
Lengemann, Frank	17. 1.74	21. 4.43
Swoboda, Josef	1. 4.74	5. 4.41
Schminke, Rudolf	6. 3.75	4.11.41
Schultz, Diethelm	2.10.75	2. 6.43
Weiß, Ulrich	1. 6.76	17. 6.40
Rolf, Heinz-Peter	18. 6.76	10.11.43
Müller-Thieme, Hans-Joachim	1. 1.77	28. 2.45
Kindermann, Ulrike	1. 7.77	11.10.49
Weber-Timmermann, Gudrun	1.10.77	28. 9.44
Dr. Wille, Jörn	1.10.77	22.10.46
Dr. Hornung-Grove, Marianne	1.11.77	18. 9.42
Krämer, Gerd	14.10.77	18. 5.46
Arnold, Reiner	10. 2.78	6. 9.45
Loth, Harald	21. 4.78	4. 7.49
John, Gerald	5. 1.79	2. 9.49
Schultz-Jansen, Brigitte	19. 1.79	26. 4.49
Dr. Sorhagen, Ingeborg	19. 3.80	4.12.44
Schröter, Ulrich	3. 7.80	6. 9.49
Kerl, Agnes	1. 9.82	21. 3.52
Gerlach-Welge, Uta	26. 8.83	30. 3.52
Döll, Klaus	17. 9.83	11.11.53
Friedrich, Wolfgang	25. 2.85	11. 1.51
Wagner, Dieter	1. 2.86	4. 8.51
Braun, Harald	1. 8.89	16. 3.56
Dr. Jürgens, Andreas	4. 8.89	14.11.56
Dr. Mumberg, Joachim	1. 4.92	11.12.60
Schornstein-Bayer, Brigitte	9. 4.93	8. 7.59
Winter, Wolf, abg.	2. 1.94	13.10.58
Nieders, Felicitas	15. 4.94	4. 2.59
Dr. Sojka, Jürgen, abg.	2. 1.95	13.10.60
Mann, Wolfgang	2. 1.95	17. 4.62
Pohlmann, Reinhard	1. 8.98	23. 4.61
Schmid, Peter	2. 2.99	23. 2.63
Hering, Reinhardt	1. 6.99	14. 7.64

Schiborr, Claudia	3. 6.99	18. 2.69
Holtmann, Rüdiger	1.10.99	19. 1.62

Weitere Stellen für Richter am Amtsgericht sind besetzt. Namen und Personaldaten der Stelleninhaber sind nicht übermittelt worden.

Korbach   E 55 892
Hagenstr. 2, 34497 Korbach
T (0 56 31) 56 05–0
Telefax (0 56 31) 56 05 57

1 Dir, 5,5 R

Damm, Wolfgang, Dir	1. 2.89	16.11.46
Melzer, Dieter	24. 3.70	4. 7.38
Schmidt, Helmut	16. 7.82	21. 4.52
Rinninsland, Gerd	3.11.83	15. 2.54
Grauel, Kurt	11. 4.97	28. 7.61
Gimbernat-Jonas, Antonio	1. 8.98	7.10.65

Melsungen   E 52 407
Kasseler Str. 29, 34212 Melsungen
T (0 56 61) 76–0
Telefax (0 56 61) 7 61 33

1 Dir, 4 R

Bauer, Georg, Dir	1. 3.94	4. 2.49
Schweitzer, Karl-Heinz	1. 8.82	1. 7.50
Schaper, Petra	28. 7.93	18. 8.61

Rotenburg (Fulda)   E 49 098
Weidenberggasse 1, 36199 Rotenburg
T (0 66 23) 8 15–0
Telefax (0 66 23) 8 15 45

1 Dir, 3 R

Krafft, Elfriede, Dir	8. 5.81	18. 6.48
Jungkurth, Harald	1. 1.91	14.10.55
Dr. Schwarz, Rolf	1. 3.95	10. 8.60

Witzenhausen   E 49 893
Walburger Str. 38, 37213 Witzenhausen
T (0 55 42) 6 05–0
Telefax (0 55 42) 6 05 32

1 Dir, 2 R

Hasenkamp, Gerhard, Dir	1. 4.89	2. 8.41
Großkurth, Hans-Joachim	20. 6.91	8. 7.56

Wolfhagen　E 41 318
Gerichtsstr. 5, 34466 Wolfhagen
T (0 56 92) 3 11–3 12
Telefax (0 56 92) 87 70

1 Dir, 2 R + 1 LSt

Dr. Carl, Erwin, Dir	12. 10. 99	26. 5. 50
Konieczny, Horst-Dieter	1. 7. 88	3. 2. 59
Dr. Kolter, Martin	10. 2. 94	3. 4. 59

Landgerichtsbezirk Limburg (Lahn)

Landgericht Limburg (Lahn)　E 437 530
Schiede 14, 65549 Limburg
T (0 64 31) 29 08–0
Telefax (0 64 31) 29 08–1 00 u. 1 01

1 Pr, 1 VPr, 7 VR, 10 R + 4 × ½ R

Präsident

Dr. Rothweiler, Winfried	1. 12. 98	13. 8. 41

Vizepräsident

Steinhart, Werner	19. 7. 96	9. 7. 42

Vorsitzende Richterin / Vorsitzende Richter

Sobotta, Werner	12. 8. 82	16. 2. 38
Warlies, Klaus Peter	24. 9. 92	20. 7. 47
Walter, Karin	25. 10. 95	20. 6. 50
Wilkens, Heinrich	24. 3. 97	20. 4. 53
Bill, Josef	24. 3. 97	28. 6. 53
Haberstock, Ernst	1. 3. 98	2. 1. 51

Richterinnen / Richter

Lang, Franz-Josef	1. 10. 74	4. 3. 43
Stahl, Joachim	1. 8. 87	12. 4. 57
Barz, Hans Peter, abg.	4. 2. 88	10. 1. 52
Klamp, Karl	3. 6. 88	6. 9. 55
Bogner, Marie-Luise, ½, beurl.	1. 8. 89	18. 2. 58
Knapp, Norbert	1. 11. 92	21. 3. 60
Pfeifer, Uta	8. 1. 93	29. 8. 61
Weidmann, Christiane	5. 12. 94	24. 5. 61
Hirtz-Weiser, Dagmar, ½	1. 9. 95	26. 2. 56
Dr. Janisch, Andreas	6. 10. 95	2. 7. 59
Göhre, Stefan, abg.	2. 2. 96	11. 6. 61
Dr. Bracht, Hans-Joachim, ½	3. 3. 98	16. 10. 52
Müller, Gerd Ulrich	1. 6. 98	17. 7. 64

Amtsgerichte

Dillenburg　E 63 949
Wilhelmstr. 7, 35683 Dillenburg
T (0 27 71) 90 07–0
Telefax (0 27 71) 90 07–11

1 Dir, 4 R + ½ R (+ 1 × ½ R vorübergeh. zusätzl.)

Nowak, Anton, Dir	1. 3. 00	16. 3. 37
Burk, Günter	1. 7. 71	1. 11. 39
Eckhardt, Wolfgang	1. 4. 89	21. 12. 55
Gampe, Matthias	1. 7. 91	17. 3. 58
Hammer, Uwe	14. 6. 98	15. 6. 64

Hadamar (Westerwald)　E 38 498
Gymnasiumstr. 2, 65589 Hadamar
T (0 64 33) 91 24–0
Telefax (0 64 33) 91 24–44

1 Dir, 2 R + ½ R (+ 2 × ½ R vorübergeh. zusätzl.)

Kuhl, Hartmut, Dir	1. 3. 93	23. 12. 38
Betz, Jürgen	2. 10. 92	24. 4. 57
Arand, Andreas	1. 10. 93	22. 4. 60

Herborn　E 54 546
Westerwaldstr. 16, 35745 Herborn
Postfach 15 61, 35729 Herborn
T (0 27 72) 50 06–0
Telefax (0 27 72) 50 06–33

1 Dir, 3 R + ½ R (+ ½ R vorübergeh. zusätzl.)

Herrmann, Werner, Dir	1. 12. 84	30. 4. 47
Scherer, Peter	7. 1. 93	27. 8. 59
Friedrich-Rödig, Michaela	9. 2. 98	17. 9. 65
Dr. Eckert, Dagmar, abg.	4. 11. 99	27. 3. 66

Limburg (Lahn)　E 79 511
Walderdorffstr. 12 u. Schiede 14, 65549 Limburg
T (0 64 31) 29 08–0
Telefax (0 64 31) 29 08–2 00, –2 04, –4 00, –4 50 u. –500

1 Dir, 1 stVDir, 7 R (+ 1 R vorüberg. zusätzl.)

Gemmer, Rüdiger, Dir	1. 1. 85	11. 4. 41
Heidrich, Michael, stVDir	6. 7. 99	3. 6. 55
Herrmann, Gunnar	24. 8. 70	24. 3. 38
Feix, Günter	1. 4. 73	18. 12. 39
Dr. Schmidt, Karlheinz	17. 5. 90	25. 2. 54
Keune-Fischer, Dorothee	23. 8. 96	24. 1. 58
Meier, Michael	16. 6. 97	29. 3. 62
Löwer, Jan, abg.	16. 8. 99	24. 5. 65
Dr. Johnson, Christian, RkrA	(15. 3. 99)	19. 6. 64

Weilburg　E 54 909
Mauerstr. 25, 35781 Weilburg
T (0 64 71) 31 08–0
Telefax (0 64 71) 31 08 11

1 Dir, 1 stVDir, 6 R + ½ R
(+ ½ R vorübergeh. zusätzl.)

Würz, Gerhard, Dir	24. 9. 90	25. 10. 43
Lechner, Wolfgang, stVDir	3. 11. 94	16. 7. 48
Schmidt-Roloff, Harald	28. 6. 78	8. 10. 42

Wagner, Christoph, abg.	2. 11. 86	3. 2. 56
Dr. Ullrich, Christoph, abg.	19. 3. 92	28. 6. 60
Tayefeh-Mahmoudi,		
Bettina, abg.	20. 7. 92	23. 5. 60
Stahl, Andreas	11. 5. 95	27. 9. 63
Mennenga, Antje, beurl.	24. 4. 97	13. 6. 63

Wetzlar   E 146 117
Wertherstr. 1/2, 35573 Wetzlar
T (0 64 41) 4 12–1
Telefax (0 64 41) 4 12–4 08

1 Dir, 1 stVDir, 10 R + 2 × ½ R (+ 2 × ½ R vorübergeh. zusätzl.)

Dieth, Norbert, Dir	20. 7. 92	20. 8. 39
Roth, Heinz-Georg,		
stVDir	22. 1. 93	16. 5. 51
Pantle, Albert Helmut	3. 1. 75	17. 1. 44
Wagner, Rudolf	13. 8. 76	18. 9. 45
Ruppelt, Klaus	1. 10. 76	11. 12. 41
Zschörp, Doris	1. 10. 90	21. 8. 59
Schaffrinna, Bernd	23. 9. 92	1. 4. 61
Manser, Andreas	18. 8. 93	29. 5. 56
Dr. Lauber-Nöll, Achim	14. 7. 94	16. 3. 61
Pirlich, Frank	27. 2. 95	31. 12. 63
Otto, Thomas	16. 8. 96	8. 5. 64
Dr. Berledt, Christina	27. 5. 97	1. 3. 65
Mau, Hans-Jürgen, RkrA	(1. 2. 99)	6. 7. 57

Landgerichtsbezirk Marburg

Landgericht Marburg   E 363 073
Universitätsstr. 48, 35037 Marburg
T (0 64 21) 2 90–0
Telefax (0 64 21) 29 01 95

1 Pr, 1 VPr, 6 VR einschl. 1 UProf im 2. Hauptamt, 7 R + ½ R; 1 LSt (R)

Präsident

Dr. Böttner, Walter	1. 10. 89	4. 8. 40

Vizepräsident

Stomps, Hans Goswin	23. 7. 97	29. 4. 41

Vorsitzende Richterin/Vorsitzende Richter

Prof. Dr. Meurer, Dieter

(UProf, 2. Hauptamt)	1. 9. 82	11. 8. 43
Moll, Eckhardt	1. 4. 90	11. 1. 47
Siegl, Otto Johannes	1. 9. 92	16. 6. 52
Lange, Hans-Werner	1. 8. 95	21. 9. 50
Dr. Wolf, Thomas	19. 3. 98	7. 6. 53
Dehmelt-Heinrich,		
Sigrid	12. 10. 99	31. 12. 59

Richterinnen/Richter

Beuthien, Helga	20. 12. 72	6. 6. 39
Seidl, Rolf, abg.	16. 5. 90	24. 8. 53
Ellenberger, Jürgen,		
abg. (LSt)	3. 9. 93	19. 4. 60
Simon-Römer, Ute	1. 4. 95	14. 3. 63
Becker, Hartmut	18. 12. 95	19. 6. 62
Wolter, Frank, ½	21. 9. 98	1. 3. 60
Gruß, Miriam	13. 10. 99	3. 9. 66

Amtsgerichte

Biedenkopf   E 62 609
Hainstr. 72, 35216 Biedenkopf
T (0 64 61) 70 02–0
Telefax (0 64 61) 70 02 40

Zweigstelle in Gladenbach
Gießener Str. 27, 35075 Gladenbach
T (0 64 62) 93 81–0
Telefax (0 64 62) 93 81–8

1 Dir, 3 R + ½ R

Herbener, Heinrich, Dir	29. 12. 97	1. 1. 39
Krug, Edgar	1. 12. 78	21. 12. 51
Krug, Rosemarie	1. 1. 88	5. 7. 53
Bamberger, Gudrun, ½	1. 7. 76	11. 4. 56
Wickenhöfer-Styra, Uwe	24. 5. 96	3. 8. 60

Frankenberg a. d. Eder   E 55 034
Geismarer Str. 22, 35066 Frankenberg
T (0 64 51) 72 61–0
Telefax (0 64 51) 72 61–61

Zweigstelle in Gemünden
Grüsener Str. 9, 35285 Gemünden
T (0 64 53) 2 09
Telefax (0 64 53) 72 28

1 Dir, 2 R + ½ R

Lichtenfeld, Hans		
Jakob, Dir	22. 12. 76	12. 3. 37
Dr. Hausmann, Hansjürgen	1. 4. 78	16. 10. 43
Dreisbach, Jutta, ½	17. 4. 94	29. 3. 61

Kirchhain   E 60 242
Niederrheinische Str. 32, 35274 Kirchhain
T (0 64 22) 93 07–0
Telefax (0 64 22) 93 07 77

1 Dir, 3 R + ½ R

Laudi, Eckart, Dir	1. 10. 95	15. 4. 42
Tatzel, Ernst	12. 3. 76	8. 9. 43

Schwamb, Werner	1. 8.86	27. 6.51
Schmieling, Lydia, ½	1. 7.92	22. 7.57
Filmer, Joachim	9. 9.96	18. 7.62

Marburg E 130 124
Universitätsstr. 48, 35037 Marburg
T (0 64 21) 2 90–0
Telefax (0 64 21) 29 03 93

1 Dir, 1 stVDir, 1 w.aufsR, 11 R + 2 × ½ R

Dr. Schmidt, Gerhard,			
Dir	1. 4.86	26. 9.39
Dr. Berensmann, Wolf-			
gang, stVDir	16. 8.99	28. 5.48
Günther, Frauke, w.aufsR	21. 3.95	1. 1.41
Dr. Orlich, Bernhard	15. 2.76	9. 4.44
Kleinhenz, Hansgeorg	1.11.76	30. 7.42
Taszis, Jürgen Peter	2. 7.81	7. 1.46
Wollnik-Baumann, Hans	1. 8.92	15. 9.58
Rohner, Thomas	3. 9.93	25. 6.61
Rausch, Ulla, ½	13.10.94	13. 7.62
Walter, Doris	2. 1.95	5.11.56
Dilling-Friedel, Maritè	1. 7.96	10. 6.64
Hülshorst, Andrea	1. 4.98	3. 8.65
Dr. Kahle, Franz	29. 7.98	12. 6.59
Drengenberg, Thomas	25. 5.99	19.11.64
Dr. Voit, Eva Betina, ½	1. 6.99	25. 7.63
Hanewinkel, Jutta, ½	14. 9.99	2. 4.68

Schwalmstadt E 55 064
Steinkautsweg 2, 34613 Schwalmstadt
T (0 66 91) 26 43–0
Telefax (0 66 91) 96 43 96

1 Dir, 3 R

Dr. Labenski, Gudrun,			
Dir	1. 8.97	7. 9.54
Dr. Korten, Günther	16. 6.76	29. 5.42
Glaessel, Gerhard	2. 6.88	1. 9.53
Grebe, Michael	1. 1.96	24. 4.62

Landgerichtsbezirk Wiesbaden

Landgericht Wiesbaden E 486 999
Gerichtsstr. 2, 65185 Wiesbaden
Landgericht, 65174 Wiesbaden
T (06 11) 3 54–0
Telefax (Gr. 1) (06 11) 3 54–2 06

1 Pr, 1 VPr, 14 VR, 20 R + 2 × ½ R

Präsident

Bombe, Ekkehard	18. 5.94	17.12.39

Vizepräsident

Dr. Zickler, Olaf	1. 4.96	28.10.42

Vorsitzende Richterinnen/Vorsitzende Richter

Dr. von Busekist, Otto	1. 7.80	12.11.35
Pfeffer, Eckart	1. 4.81	26. 4.37
Löber, Astrid	1. 3.87	20.11.35
Höhn, Peter	1. 9.87	3. 8.38
Eger, Rüdiger	1. 7.88	6. 1.41
Schlimbach, Rainer	1. 7.88	1. 5.44
Miehlnickel, Angela	1. 8.88	20.11.43
Dr. Poulet, Steffen	1.10.88	23.10.42
Reiser-Döhring, Elke-			
Karin	1.10.89	1.12.42
Grella, Peter	1. 5.90	6. 7.47
Bäumer-Kurandt,			
Ingeborg	1. 6.93	20.11.53
Dr. Christmann, Günter	1.10.93	16. 6.39
Hausmann, Peter	1.11.94	5. 2.43
Schäfer, Klaus	—	—
Vogel, Rolf	—	—

Richterinnen/Richter

Schmidt, Jürgen	22. 3.71	11. 3.36
Welp, Renate	19. 5.72	11. 2.40
Jung, Hartmut			
Gerke, Rosemarie	2. 6.78	21.12.44
Leichter, Christine	1. 7.82	31.10.45
Kegel, Karl-Heinz	7. 5.84	26. 1.53
Seyfried, Franz-Gerd	4. 1.85	15.10.52
Müller, Martina	17.10.88	3. 6.57
Dall, Carola	18.11.88	4. 6.58
Dr. Seidel, Gabriele	1.10.89	—
Stuffler-Buhr, Margarete	3.10.91	23. 6.59
Schröder, Ruth	25.11.91	24.12.59
Theis, Christa	1. 1.92	16.12.58
Rauscher, Jürgen, abg.	16.10.92	22. 7.60
Hufeld, Birgit, abg.	15.11.92	1. 4.61
Kempinski, Thilo	4. 5.95	—
Stahl, Michael, abg.	1. 2.97	4. 4.54
Bonk, Jürgen	1. 2.97	20. 2.63

Amtsgerichte

Bad Schwalbach E 66 437
Am Kurpark 12, 65307 Bad Schwalbach
T (0 61 24) 7 06 90
Telefax (0 61 24) 70 69 57

1 Dir, 4 R + 2 × ½ R + 2 LSt

Rosenkranz, Hans, Dir	1. 4.93	7. 3.42
Kruske, Michael, abg.			
(LSt)	3. 8.94	21. 2.58
Weber, Christoph	2. 9.94	25.12.59

Grimmer-Bergemann,
Anabel 7.12.94 4. 2.63
Astheimer, Dieter 9. 6.95 26.11.62
Althaus, Stefan 19.12.95 21. 3.63
Burkhardt, Susanne,
beurl. (LSt) 11. 2.97 18. 6.62
Dr. Menhofer, Cornelia,
abg. 3. 3.97 27. 6.65

Eltville E 26 392
Schwalbacher Str. 40, 65343 Eltville
T (0 61 23) 9 07 80
Telefax (0 61 23) 90 78 40

1 Dir, 1 R

N. N., Dir
Bolz, Roland 1.10.89 11. 1.57

Hochheim E 34 862
Kirchstr. 21, 65239 Hochheim
T (0 61 46) 8 21 90
Telefax (0 61 46) 6 12 03

1 Dir, 1 R

Müller, Regina, Dir 1.12.92 13. 1.57
Riese, Johannes 3. 5.79 5. 6.46

Idstein E 52 746
Gerichtsstr. 1, 65510 Idstein
T (0 61 26) 9 36 50
Telefax (0 61 26) 93 65 65

1 Dir, 2 R

Wild, Rainer, Dir 1. 6.97 8. 5.49
Henge, Fritz 1. 4.76 23.10.39
Lenz, Wolf-Christian 1. 1.99 25. 6.64

Rüdesheim E 38 313
Gerichtsstr. 9, 65385 Rüdesheim
T (0 67 22) 9 04 00, Telefax (0 67 22) 90 40 40

1 Dir, 2 R

Crones, Ingeborg, Dir 1. 5.88 13.11.42
Schmidt-Nentwig,
Sabine 16.11.90 19. 6.60
Konschak, Gundula,
beurl. (LSt) 1. 4.96 26. 2.65

Wiesbaden E 267 209
Gerichtsstr. 2, 65185 Wiesbaden
T (06 11) 35 41
Telefax (06 11) 35 44 48

1 Pr, 1 VPr, 4 w.aufsR, 41 R + 3 × ½ R

Präsident
Engelhard, Rolf 22.12.97 17.11.44

Vizepräsidentin
Dr. Kube, Dagmar 1. 4.89 20. 2.41

weitere aufsichtführende Richter
Krause, Dieter 1. 7.89 2. 9.37
Juny, Bernhard 1. 3.95 23.11.39

Richterinnen/Richter
Luhmann, Helga 7.11.72 5. 8.39
Schäfer, Karin 16. 2.73 16. 1.40
Mosberger, Leonore 1.10.73 16. 7.41
Käß-Rieke, Anne-Dorothee 3. 1.75 29. 5.43
Scharf, Eugen 16. 6.75 1. 7.43
Fleischer, Sabine 2. 1.76 2.12.40
Ohr, Johannes 1. 7.77 21. 4.45
Fehr, Jürgen 1.10.78 9.11.46
Gerke, Volker 1. 4.79 16.10.40
Krieger, Walter 2. 4.82 30. 5.54
Wolf, Werner 15.10.82 19. 5.49
Kockisch, Michael 1. 8.86 9. 4.54
Rühl, Heinz Dieter 1. 6.87 3. 8.54
Zeibig-Düngen, Jutta 4. 1.91 12. 5.57
Dirlenbach, Claudia 8. 8.91 20. 6.59
Güttler, Annemarie 9. 9.91 31. 3.49
Dr. von Werder, Doris 26. 9.91 24.11.60
Matheja, Thomas 3. 3.92 14. 9.59
Althaus, Manfred 1. 8.92 27.12.58
Peters, Nicole 12.10.92 12. 2.60
Hartmann, Anke 27.10.93 13. 4.61
Trzebiner, Elke 16. 3.95 24. 9.62
Reitzmamm, Peter 6. 1.95 11. 3.62
Fröhlich, Thomas 1. 4.95 20. 7.61
Lohrengel, Anette 1. 4.95 13. 8.63
Kehl, Sabine 1. 4.95 15.12.63
Meier, Erhard 17. 7.95 19. 2.59
Schäfer, Simone 19.10.98 4. 3.69

14 weitere Stellen für Richter am Amtsgericht sind besetzt. Namen und Personaldaten der Stelleninhaber sind nicht übermittelt worden.

Staatsanwaltschaften

Staatsanwaltschaft bei dem Oberlandesgericht Frankfurt am Main

Friedrich-Ebert-Anlage 35,
  60327 Frankfurt am Main
Staatsanwaltschaft bei dem OLG,
  60256 Frankfurt a.M.
T (0 69) 13 67–01
Telefax (0 69) 13 67–84 68

1 GStA, 7 LOStA, 1 LSt (LOStA), 20 OStA, 2 LSt (OStA)

Generalstaatsanwalt

Dr. Schaefer, Hans		
Christoph	1. 8.91	25. 4.36

Leitende Oberstaatsanwältinnen / Leitende Oberstaatsanwälte

Schroers, Jochen,		
stVGStA	1. 7.93	4.11.44
Dr. Meissner, Ludwig	1.10.85	14. 3.43
Dr. Kircher, Peter	1.12.93	19. 8.42
Becker-Toussaint,		
Hildegard	1.12.94	2. 9.44
Dr. Schädler, Wolfram,		
abg. (LSt)	1. 1.95	30.12.47
Zahl, Karlheinz	3.11.99	31. 8.41
Schaupensteiner, Gerhild	16.12.99	9.12.49
Greth, Wolfgang	2. 2.00	23. 3.40

Oberstaatsanwältinnen / Oberstaatsanwälte

Broschat, Gernot	1.10.80	2. 2.42
Försch, Peter	1. 4.85	24. 4.41
Dr. Stehling, Jürgen	1.11.85	1. 1.45
Rüfer, Horst	1. 4.87	13. 6.40
Dr. Körner, Harald	1. 4.89	23. 6.44
Rausch, Jörg	1.10.92	6.12.47
Wenzel, Joachim	1. 9.93	17. 4.40
Mauer, Wolfgang	1.12.93	15.12.47
Dr. Thiel, Achim	1.12.93	11.11.51
Dr. Rohnfelder, Dieter	1.12.94	12.10.47
Bertelsmeier, Petra,		
abg. (LSt)	1.12.95	19. 4.52
Opitz, Elisabeth	1.12.95	25. 4.56
Rückert, Peter	1. 1.96	23.11.49
Kallenbach, Volkmar	1. 7.97	9.10.49
Gotthardt, Hans-Joachim	1. 7.97	5.11.49
Muth, Angela	9. 7.97	23. 8.54
Wittig, Günter	1. 9.98	17. 2.53
Manges, Erik	1. 7.98	14. 9.49
Honecker, Klaus	1. 7.98	15.11.49

Staatsanwaltschaft bei dem Landgericht Darmstadt

Schottener Weg 3, 64289 Darmstadt
T (0 61 51) 7 07–0
Telefax (0 61 51) 7 10–4 97

Zweigstelle in Offenbach am Main
Bieberer Straße 39, 63065 Offenbach
T (0 69) 80 08 53–0
Telefax (0 69) 80 08 53 80

1 LOStA, 1 stVLOStA, 12 OStA, 2 LSt (OStA), 65 StA, 3 × ⅔ StA, 2 × ½ StA

Leitender Oberstaatsanwalt

Andres, Gerhard	10. 5.93	5. 9.36

Oberstaatsanwältinnen / Oberstaatsanwälte

Siebecker, Arno,		
stVLOStA	1.10.88	3.12.45
Balß, Georg	11.12.75	30. 9.44
Röder, Peter	2. 5.77	17. 1.36
Müller, Gerhard	1. 4.79	21.11.35
Klein, Hans-Günther	1. 5.80	17. 3.40
Nauth, Georg Hans	1. 4.84	20. 1.39
Dr. Teufert-Schwind,		
Eveline	14. 6.85	5.11.55
Kunz, Heinz-Jürgen	28.11.89	13. 6.43
Pook, Rosemarie	1. 4.90	26. 2.42
Bürgin, Wolfgang	1. 4.91	5. 4.46
Stahlecker, Alexander	26. 4.91	21. 4.44
Seifert, Thomas	1. 4.92	28.10.47
Spohn, Herbert	1.12.94	12. 9.43
Dr. Kind, Walter	1.12.97	11. 7.41

Staatsanwältinnen / Staatsanwälte

Müller, Walter	4.11.69	2.10.36
Felbrich, Wulf	2. 6.75	28.10.42
Steuerwald, Lutz	2.10.75	5. 1.43
Strohschnitter, Ursula	24. 2.76	22. 1.44
Holland, Dorothea	17. 5.77	9. 2.48
Metscher, Jürgen	23. 1.78	20. 9.43
Müller, Gerhard	1. 9.78	15. 1.47
Turner, Harald	13. 3.79	23. 8.43
Binnewies, Bernhard	11. 9.80	17. 3.50
Grüttner, Edith, ½	19. 8.81	30.11.50
Albrecht, Erwin	15. 9.81	17. 9.50
Neuber, Ger	17. 2.83	23.10.45
Heymann, Andreas	15. 9.83	15. 1.54
Reichert, Wolfgang	1. 7.84	21. 4.51
Reinhardt, Klaus	17. 8.84	20.12.54
Jacobi, Thomas	29. 4.86	21. 7.51

Wünsche-Kegel,		
Sybille, ⅔	19. 2. 88	4. 11. 57
Sagebiel, Michael	18. 4. 89	5. 5. 56
Kunkelmann, Bernd	6. 6. 89	16. 6. 53
Kirkpatrick, David		
Ryan	3. 12. 90	13. 12. 55
Streitz, Kirsten	1. 11. 91	20. 9. 62
Dr. Kondziela, Andreas	3. 4. 92	9. 7. 59
Pehle, Michael	31. 8. 92	13. 7. 60
Pohl, Hildegard, ⅔	1. 11. 92	26. 7. 56
Lehmann, Brigitte, ⅔	1. 10. 93	23. 6. 55
Dr. Köbler, Ralf, abg.	14. 2. 94	28. 2. 60
Wichert, Sabine	1. 3. 94	25. 6. 61
Weimar, Volker	7. 7. 94	12. 9. 61
Deltau, Susanne,		
beurl. (LSt)	27. 7. 94	31. 1. 62
Kolb, Sabine	27. 9. 94	7. 12. 63
Ruboks, Peter	2. 1. 95	29. 6. 59
Porten, Beate, beurl.		
(LSt)	6. 1. 95	27. 10. 63
Knorz, Frank-Michael	15. 7. 96	10. 5. 63
Pons, Karin	3. 4. 97	6. 2. 66
Prechtl, Jutta, beurl.		
(LSt)	7. 4. 97	13. 1. 65
Roth-Melzer, Susanne,		
beurl. (LSt)	—	27. 6. 65
Seigfried, Peter	15. 2. 97	29. 6. 62
Kreis, Christina	—	9. 5. 66
Eder, Petra	—	—
Glab, Thomas	—	22. 9. 63
Türmer, Gabriele, abg.	17. 1. 89	7. 5. 57
Bührer, Ernst-Joachim	—	28. 11. 66
Gräf, Christina	—	28. 7. 68
Gau, Dagmar, beurl.		
(LSt)	—	18. 10. 62
Knöll, Ralf, abg.	—	9. 2. 68
Kunze, Torsten,		
abg.	—	8. 7. 69
Sever, Susanne, ½ (LSt)	29. 11. 93	3. 4. 62
Schwer, Brigitte	—	21. 10. 66
Siebertz, Matthias	—	15. 1. 68
Spandau, Susanne	—	29. 4. 68
Stadler, Manuela	—	1. 9. 67
Tietze-Kattge, Klaus	—	23. 9. 63
Winkler, Daniela	—	25. 7. 68
Ramsauer, Andrea,		
beurl. (LSt)	—	9. 2. 67
Ziebs, Sabine, (LSt)	—	20. 9. 62
Dr. Wüllner, Patricia		
Johanna	3. 11. 97	9. 7. 64
Dr. Schmidt, Matthias	1. 9. 98	22. 9. 63
Hillbrecht, Nicole	30. 12. 98	31. 12. 69
Totzauer, Yvonne	30. 12. 98	16. 2. 70
Betz, Alexander	1. 7. 99	26. 5. 70
Setton, Ralf	12. 7. 99	20. 6. 67
Lotz, Kerstin	26. 7. 99	14. 3. 70

Staatsanwaltschaft bei dem Landgericht Frankfurt am Main

Konrad-Adenauer-Str. 20,
60313 Frankfurt am Main
Staatsanwaltschaft bei dem Landgericht,
60256 Frankfurt am Main
T (0 69) 13 67–01
Telefax (0 69) 13 67–21 00 u. 29 67

1 LOStA, 1 stVLOStA, 21 OStA, 87 StA

Leitender Oberstaatsanwalt

Harth, Hubert	20. 7. 94	2. 6. 49

Oberstaatsanwältinnen/Oberstaatsanwälte

N.N., stVLOStA	—	—
Kellermann, Dieter, LdA	10. 7. 96	26. 8. 45
Thorer, Detlev, stVLdA	1. 12. 96	11. 10. 42
Dr. Leistner, Ulrich	1. 10. 78	19. 5. 40
Rochus, Reinhard	1. 4. 80	4. 9. 39
Roth, Reinhard	1. 10. 80	21. 9. 35
Tilmann, Job	1. 4. 86	28. 10. 38
Schilling, Rainer	1. 12. 87	1. 6. 42
Koller, Hellmut	14. 5. 90	6. 3. 40
Maurer, Manfred Peter	1. 10. 90	21. 6. 50
Köhler, Peter	1. 4. 91	11. 8. 44
Fuchs, Gerhard	1. 10. 91	12. 8. 44
Goy-Fink, Helga	1. 11. 91	14. 6. 46
Claude, Jörg	1. 4. 92	26. 8. 46
Müssig, Hans Walter	1. 4. 92	2. 5. 44
Möller-Scheu, Doris	1. 10. 92	8. 7. 53
Schaupensteiner, Wolfgang	—	—
Pförtner, Klaus	1. 7. 94	3. 6. 44
Stünkel-Claude, Dagmar	1. 7. 94	15. 10. 55
Stotz, Manfred	1. 12. 95	7. 9. 48
Schulte, Klaus	1. 12. 95	29. 9. 50
Oswald, Manfred, abg.	1. 7. 97	20. 10. 49
Brettschneider-Mroß, Karin	1. 7. 98	7. 7. 53
Klune, Heinz-Ernst	1. 7. 98	12. 2. 47

Staatsanwältinnen/Staatsanwälte

Schmitt, Hans Karl	1. 12. 69	23. 1. 38
Galm, Eberhard	—	—
Ronimi, Günter	15. 7. 74	20. 3. 40
Heil, Elke, beurl.	21. 8. 74	10. 4. 43
Schomberg, Hans Gero	18. 9. 74	24. 7. 41
Solf, Ursula	10. 1. 75	3. 4. 43
Bloes, Uwe	15. 5. 75	14. 2. 38
Schumann, Gert	15. 5. 75	29. 11. 41
Korneck, Peter, beurl.	11. 2. 77	2. 4. 44
Krauth, Hans-Georg	2. 5. 78	3. 9. 46
Höhn, Gisela	1. 7. 78	8. 11. 47
Kietzmann, Dieter	1. 8. 78	22. 2. 42
Dr. Schöndorf, Erich, beurl.	1. 2. 80	11. 8. 47
Biener, Horst	9. 4. 80	1. 8. 47
Arnold, Georg	15. 9. 80	5. 9. 47

Sémon, Martin	19. 2.81	29. 6.50	
Liebscher, Peter	19. 8.81	5. 2.47	
Weber, Klaus-Dieter	15.10.82	28. 9.43	
Rojczyk, Stefan	3. 3.83	14. 8.52	
Mackenthun, Matthias	29. 8.83	6. 1.54	
Kujas, Peter	1. 7.84	15. 1.47	
Hauschke, Johannes	21.12.84	5.10.54	
Rauchhaus, Bernd	4. 1.85	14. 5.54	
Schmidt, Horst	11. 1.87	31. 3.56	
Gimbel, Hermann	30. 1.87	9. 9.56	
Dr. Brandau, Helmut	30. 7.87	6. 4.51	
Rath, Volker Christian	1.10.88	30. 6.53	
Bechtel, Thomas	2. 1.90	25. 9.56	
Rücker-Wetzel, Andrea, abg.	1. 7.90	29.12.57	
Streiff, Horst	—	—	
Bähr-Fichtner, Stefanie, ½	3. 8.90	9. 6.59	
Haike, Dieter	28.11.91	22. 6.51	
Leimeister, Gisela	21. 2.92	11. 9.58	
Zacharias, Bernd	27. 4.92	8.11.57	
Dr. Diefenbach, Anne-Katrin	25.11.92	22. 7.62	
Weimann, Markus	1.10.93	13. 8.62	
Zahn-Mackenthun, Petra, beurl.	18. 4.94	27.10.60	
Weitzmann, Magnus	6. 5.94	22.11.59	
Niesen, Nadja	13. 5.94	18. 7.61	
Gebert, Ursula	11. 7.94	15. 1.60	
Busch, Ulrich	26. 7.94	—	
Winckelmann, Andreas	7.10.94	23.12.61	
Waiden, Thomas	1.11.94	10. 1.59	
Dr. Kreutz, Axel	4. 4.95	12. 3.62	
Claus, Christina, ½	4. 5.95	6.10.63	
Gröschel, Werner, abg.	1. 6.95	13. 6.61	
Biniok, Hannelore, ½	2. 6.95	11. 3.58	
Müller-Odenwald, Stephan	6. 7.95	7. 6.62	
von Schreitter-Schwarzenfeld, Andrea	16.11.95	27.12.62	
Credé, Dominique	24.11.95	15. 5.65	
Tröß, Ulla	4. 1.96	5. 6.65	
Loer, Michael	14. 6.96	28. 1.64	
Suchanek, Jana Vera	1. 7.96	23. 1.49	
Pahl, Elke, beurl.	22. 7.96	27. 9.61	
Zmyj-Köbel, Philipp	2. 8.96	10. 4.64	
Radke, Jürgen	3. 1.97	14. 9.58	
Albrecht, Stefanie, ½	14. 2.97	26. 4.64	
Möllers, Wilhelm	15. 3.97	11.10.61	
Rispoli-Augustin, Raffaela	24. 5.97	16.12.61	
von Schmiedeberg, Annette	14. 7.97		
Busch, Friderike	1. 8.97	11.11.64	
Marzolo, Caterina	19.10.97	25. 1.64	
Dr. Calhoun, Brian	26.11.97	19. 3.58	
Gonder, Thomas	—	—	
Richter, Ulrike, ½	15. 2.98	22.18.57	

Denny, Marion, ½	9. 5.98	27. 8.61	
Dr. König, Olaf	15. 5.98	8.11.63	
Zoschke, Christine	1. 8.98	25.11.66	
Erlinghagen, Susanne	25. 9.98	1. 2.64	
Heffter, Karin	9.12.98	17. 7.67	
Dr. Walk, Felicitas	15. 1.99	6. 8.65	
Dr. Günther, Uwe	1. 4.99	19. 7.64	
Dr. Bolowich, Michael Stephan	22. 4.99	13. 9.65	
Sauerwald, Christina	1. 5.99	3. 2.68	

Weitere Stellen sind besetzt. Namen und Personaldaten der Stelleninhaber sind nicht übermittelt worden.

Staatsanwaltschaft bei dem Landgericht Fulda
Am Rosengarten 4, 36037 Fulda
Postfach 8 69, 36008 Fulda
T (06 61) 9 24–02
Telefax (06 61) 9 24–26 90

1 LOStA, 1 stVLOStA, 1 OStA, 8 StA +
2 × ½ StA

Leitender Oberstaatsanwalt

N. N.	—	—

Oberstaatsanwälte

Schneider, Volkmar, stVLOStA	1.10.86	6.12.42
Wachter, Hans	1.10.90	28. 7.40

Staatsanwältin/Staatsanwälte

Ziemendorf, Johannes	20. 3.77	28. 3.44
Heres, Stephan	11. 3.77	25. 2.47
Göb, Wolfgang	2. 5.81	25. 3.51
Reitz-Stenschke, Maria-Elisabeth, ½	12. 4.83	3. 2.54
Reith, Harald	1.10.88	18. 4.55
Stock, Werner	1. 7.87	24. 5.54
Wilke, Harry	1. 4.92	10.10.54
Meeuw-Wilken, Heike, ½	29. 4.93	13. 6.58
Wirth, Christoph	15. 6.96	11.12.63
Hellmich, Andreas	3. 3.97	19. 9.62

Staatsanwaltschaft bei dem Landgericht Gießen
Marburger Straße 2, 35390 Gießen
Postfach 11 16 02, 35387 Gießen
T (06 41) 9 34–0
Telefax (06 41) 9 34–33 02

LOStA, 1 stVLOStA, 4 OStA, 18 StA + ½ StA

Leitender Oberstaatsanwalt

Kramer, Volker	1. 7.97	13. 9.42

Oberstaatsanwältin/Oberstaatsanwälte

von Anshelm, Almuth,		
stVLOStA	1. 7.97	31. 3.47
Hübner, Reinhard	1. 4.92	14.10.47
Böcher, Ingo	1.10.92	22. 3.45
Uhl, Volker	1. 7.93	18. 8.44
Pedain, Gernot	1.12.95	29. 9.37

Staatsanwältinnen/Staatsanwälte

Schmidt, Karl-Heinz	31. 7.70	3. 5.39
Bienko, Joachim	24. 8.72	21. 7.39
Bauer, Ernst	19. 8.77	9. 5.44
Vaupel, Martin	29. 8.77	24.11.44
Dr. Schuth, Ulrich	1. 4.78	11. 6.49
Diefenbach, Hartmut	22. 5.80	14.12.47
Thiele, Wolfgang	1.10.80	18. 1.49
Reinhardt-Picl, Petra, ½	28. 8.81	3. 5.51
Kreke, Ursula	1.10.82	24. 9.43
van Delden, Angelika	15. 5.88	1. 9.54
Sehlbach-Schellenberg,		
Ute, ½	1.10.94	10. 4.62
Lachmann, Dagmar	16. 8.96	6. 6.64
May, Andreas	3. 1.97	10. 3.63
Oluschinski, Barbara	15. 5.98	11.12.64
Streiberger, Lars	15. 9.99	30.10.65

Vier weitere Stellen für Staatsanwälte sind besetzt.
Namen und Personaldaten der Stelleninhaber wurden nicht übermittelt.

Staatsanwaltschaft bei dem Landgericht Hanau

Katharina-Belgica-Str. 22 b, 63450 Hanau
Postfach 21 65, 63411 Hanau
T (0 61 81) 2 97–0
Telefax (0 61 81) 2 97–4 22

1 LOStA, 4 OStA, 11 StA + 4 × ½ StA

Leitender Oberstaatsanwalt

Nebel, Hein-Jürgen	11. 9.98	15.12.42

Oberstaatsanwälte

Ort, Jost-Dietrich,		
stVLOStA	1. 7.99	16. 1.43
Popp, Wolfgang	1.12.94	30.11.47
Geschwinde, Thomas	1.12.95	16. 8.51
Bannach, Jörg	15. 3.00	22. 8.54

Staatsanwältinnen/Staatsanwälte

Habermehl-Itschert,		
Claudia, ½	30.10.78	18. 3.49
Otto, Günter	15.12.78	19.12.46
Grimm, Manfred	3. 3.83	30. 9.49
Jung, Hans-Walter	1. 7.84	25.10.52
Plagge, Michael	1. 8.84	30. 1.52
Böhn, Birgit, ½	2. 5.89	8. 9.56

Böhn, Joachim	2. 5.89	25. 2.57
Schmidt-De Wasch,		
Werner	1. 8.89	23. 2.51
Pfeifer, Hubertus	2. 7.92	8. 3.54
Seng, Claudia, ½	16. 7.93	3. 8.61
Reckewell, Kerstin	3. 8.94	8. 8.63
Speth, Peter	7.11.94	15. 2.61
Heinze, Jürgen	1. 4.95	21.12.60

Staatsanwaltschaft bei dem Landgericht Kassel

Frankfurter Str. 11, 34117 Kassel
Postfach 10 19 80, 34111 Kassel
T (05 61) 71 23–0
Telefax (05 61) 71 23–2 32

1 LOStA, 1 stVLOStA, 7 OStA, 29 StA +
4 × ½ StA + 2 × ½ LSt (StA)

Leitender Oberstaatsanwalt

Walcher, Stephan	22. 2.90	30. 6.42

Oberstaatsanwälte

Dinger, Helmut,		
stVLOStA	23.12.99	7.11.39
Schaub, Dietmar	1. 8.93	1. 4.50
Pohl, Hans-Uwe	1.12.93	17. 6.36
Steffens, Wolfgang	1.12.94	26. 8.43
Heblik, Rainer	1.12.95	26. 5.50
Vesper, Ingeborg	1. 7.98	10. 3.54
Jung, Hans-Manfred	1. 7.98	24. 2.57

Staatsanwältinnen/Staatsanwälte

Sauer, Axel	18.10.74	29. 5.44
Detsch, Eberhard	30. 1.78	9.10.44
Harz, Peter	2. 6.78	17. 7.46
Nordmeier, Amely, ½	2. 6.78	25. 3.50
Zapf, Hans-Jochen	3. 1.80	6. 1.45
Geidies, Michael	1. 2.81	9. 4.50
Herwig, Harald	15. 2.81	26. 9.48
Padberg, Hans-Jürgen	9. 7.82	27.11.49
Hübenthal, Ulrich	10. 9.82	18. 4.48
Wallbaum, Dieter	1.11.82	15.10.48
Dietrich, Michael	1. 4.84	10.10.53
Richter, Ingrid	1.11.85	15. 1.56
Klippert, Claudia	1. 7.86	8.10.55
Müller-Brandt, Jürgen	2. 2.87	19. 5.54
Witt, Carola, ½, beurl.		
(LSt)	8. 5.87	8. 7.54
Boesken, Andrea	1. 8.88	27. 4.55
Röde, Pia, ½	1.10.88	4. 9.56
Müller, Herwig	2. 1.89	19. 5.56
Werner, Ursula	2. 1.89	18. 2.57
Leonard, Dagmar	14. 7.89	18. 8.59
Kurz, Michael	27. 7.90	6.10.58
Lohr, Frank Ulrich	1.12.91	24.12.58

Kleine-Kraneburg,
Angela, ½ 13. 2.92 17. 3.60
Schnitzerling, Joachim 9. 9.92 24.12.59
Ernst, Karl-Heinz 8. 7.94 18.11.56
Setzkorn, Bernd 9.12.94 14. 2.61
Hauth, Niels 2. 4.98 26. 1.64
Töppel, Eckhard 1. 7.99 9. 1.63
Geißler, Carl-Ludwig 26. 7.99 2.12.53
Petzsche, Sandra 15.11.99 18. 1.68

**Staatsanwaltschaft bei dem Landgericht
Limburg (Lahn)**
Walderdorffstraße 14, 65549 Limburg
Postfach, 65549 Limburg
T (0 64 31) 29 48–0
Telefax (0 64 31) 29 48–1 54

Zweigstelle Wetzlar
Philosophenweg 26, 35578 Wetzlar
T (0 64 41) 41 21
Telefax (0 64 41) 41 22 98

1 LOStA, 1 stVLOStA, 3 OStA, 11 StA

Leitender Oberstaatsanwalt
N.N. — —

Oberstaatsanwälte
Huber, Tilman,
stVLOStA 1. 7.97 14.10.45
Dr. Fleischer, Wolfgang 10.11.92 28. 2.42
Riebeling, Manfred 25.11.91 21. 3.42

Staatsanwältinnen/Staatsanwälte
Trense, Erwin 1. 6.76 17. 2.39
Weiß, Bernd 19. 8.77 22. 1.48
Knossala, Wolfgang 16. 5.80 12.12.48
Steffek, Roland 2.10.74 10. 5.39
Herrchen, Hans-Joachim 4. 1.91 27.12.55
Braun, Uwe 21. 3.88 18. 6.57
Huppers, Birgit 16. 2.93 7. 8.60
Eckhardt, Karin, ½ 25. 1.94 3. 6.60
Heuermann, Friedel 2.12.94 27. 9.63
Eckert, Ulrike 2. 1.95 1. 2.62
Späth, Frank Martin 4. 6.95 23. 7.62
Mieczkowski, Lothar
Rüdiger 1.10.95 13. 8.62
Kilian, Bettina 28. 8.97 25.10.66
Sölch, Elke 3. 3.00 24. 3.69

**Staatsanwaltschaft bei dem Landgericht
Marburg (Lahn)**
Universitätsstr. 48, 35037 Marburg
T (0 64 21) 2 90–0
Telefax (0 64 21) 29 02 11

1 LOStA, 1 stVLOStA, 1 OStA, 10 StA

Leitende Oberstaatsanwältin
Dr. Goedel, Ursula 1.12.95 11. 9.41

Oberstaatsanwalt
Gast, Peter, stVLOStA 1.10.91 21. 7.47
Jörg, Hans 1. 4.98 28.12.48

Staatsanwältinnen/Staatsanwälte
Welz, Heinrich 30.10.72 6.10.41
Weber, Elke 2. 3.73 26. 1.41
Wölk, Hans-Joachim 6. 8.75 30. 1.42
Ahne, Peter 2.10.75 6. 8.41
Kuhn, Peter 1.10.76 —
Dr. Sippel, Kurt 14. 5.92 18.10.52
Willanzheimer, Gert-Holger 1. 8.94 4. 8.55
Laubach, Christian 16. 9.94 12. 3.62
Petri, Wolfgang 17. 2.97 17. 7.62
Wied, Annemarie 9. 6.97 19. 4.56

**Staatsanwaltschaft bei dem Landgericht
Wiesbaden**
Mainzer Str. 82–88, 65189 Wiesbaden
StA bei dem Landgericht, 65175 Wiesbaden
T (06 11) 7 92–0

1 LOStA, 1 stVLOStA, 3 OStA, 16 StA +
2 × ½ StA

Leitender Oberstaatsanwalt
Róth, Werner 15. 9.78 23. 2.36

Oberstaatsanwältin/Oberstaatsanwälte
Rothenberger, Friedrich,
stVLOStA 1.11.77 29. 2.36
Dr. Arlet, Dieter 1.11.87 25. 1.40
Blumensatt, Hans-Josef,
abg. 1.11.90 19. 5.50
Dr. Abt, Gabriele 1.12.95 24.10.51

Staatsanwältinnen/Staatsanwälte
Boucsein, Hans-Karl 25. 7.74 10. 7.40
Höbelheinrich, Bernd 3. 1.75 1. 3.44
Eulberg, Peter-Michael 11. 3.77 9. 3.45
Bach, Peter 3. 3.78 31.10.44
Erb, Winfried 5. 5.78 8.10.45
Schick-Jensen, Christiane 1.10.78 10.12.48
Hoheisel, Ralf 15. 9.79 13. 9.43
Emmerich, Wolf 1.10.81 21. 1.50
Heimann-Trosien, Klaus 1. 3.83 3.10.50
Jördens, Wolf 1. 6.83 —
Brand, Thomas 23. 3.84
Dr. Severain, Vero 4. 1.91 23.11.56
Dr. Thoma, Achim 19. 2.92 12. 6.60
Teubel, Klaus Dieter 28. 2.94 18.10.59
Klunke, Maria 13. 3.95 7. 5.58
Wiese, Astrid 6.10.95 25. 9.64
Dreßen, Matthias 25. 4.96 5. 3.63
Lehr, Wolfgang 26. 7.96 10.01.64

Richterinnen/Richter und Staatsanwältinnen/Staatsanwälte im Richterverhältnis auf Probe

Bei den Gerichten:

Radler, Karola, ½, beurl.	4. 5. 92	—
Beste, Hildegard, ½, beurl.	2. 11. 92	28. 6. 61
Honnef, Annette, ½	23. 3. 93	8. 4. 65
Schott, Heike, beurl.	9. 8. 93	11. 7. 65
Stoll, Esther Nicole, beurl.	6. 7. 95	9. 5. 67
Bremer-Strauß, Claudia, ½, beurl.	17. 7. 95	14. 3. 64
Alberti, Gudrun, ½	1. 11. 95	24. 3. 65
Lehmann, Uta, beurl.	4. 11. 96	27. 5. 65
Körner, Ulrike, beurl.	4. 11. 96	4. 12. 64
Kopke, Cornelia, ½	11. 11. 96	23. 2. 69
Dr. Bidinger, Rita	10. 2. 97	4. 8. 67
Iwen, Barbara	17. 2. 97	17. 5. 63
Dr. Klose-Mokroß, Lydia, beurl.	17. 2. 97	28. 10. 63
Dethloff, Bernd	17. 2. 97	11. 6. 66
Beuth, Kristin	10. 3. 97	30. 3. 69
Dr. Fehns-Böer, Gundula, ½	17. 3. 97	4. 4. 68
Dr. Stark, Alexandra	5. 5. 97	8. 10. 67
Schäfer, Simone	12. 5. 97	23. 9. 68
Becker, Joachim	2. 6. 97	8. 10. 62
Dr. Plaß, Gunda	2. 6. 97	24. 3. 70
Beyerle, Wolfgang	1. 7. 97	28. 3. 68
Reiter, Valentin	—	26. 9. 66
Below, Boris-Batiste	4. 8. 97	8. 4. 68
Wack, Harald	25. 8. 97	20. 10. 67
Steuernagel, Michael	8. 9. 97	12. 2. 68
Buchstab, Detlef	6. 10. 97	14. 7. 59
Scheuer, Gabriele	21. 10. 97	30. 5. 66
Adomeit, Sandra	29. 10. 97	3. 5. 69
Röder, Katja	3. 11. 97	30. 12. 68
Sonnhoff, Andreas, abg.	3. 11. 97	7. 1. 68
Dr. König, Imke	3. 11. 97	16. 12. 67
Winkler, Angela, ½	3. 11. 97	8. 1. 69
Ostheimer, Petra, ½	3. 11. 97	3. 12. 68
Hoffmann, Fabian	29. 12. 97	4. 12. 64
Hundt, Ingo	30. 12. 97	1. 2. 69
Griebel, Claudia, ½, beurl.	5. 1. 98	10. 1. 65
Schmidt, Christian	6. 1. 98	11. 5. 69
Wolf, Matthias	2. 2. 98	17. 9. 65
Burmeister, Thorsten	6. 5. 98	19. 2. 67
Reuhl, Christian	11. 5. 98	11. 6. 67
Burneleit, Ute	25. 5. 98	31. 1. 69
Dr. Ganster, Günther	2. 6. 98	12. 6. 67
Buda, Ines	2. 6. 98	8. 2. 70
Brandenstein, Pierre	2. 6. 98	8. 5. 68

Sina, Anja	15. 6. 98	29. 6. 69
Vec, Iris, ½	15. 6. 98	14. 8. 68
Rathmann, Jens	17. 6. 98	28. 10. 69
Röhrig, Andrea	22. 6. 98	9. 2. 68
Vörg, Corinna	22. 6. 98	11. 3. 71
Meister, Stefan	1. 7. 98	22. 12. 65
Mann, Angelika, ¾, beurl.	1. 7. 98	2. 10. 68
Dr. Wamser, Frank	15. 7. 98	17. 4. 66
Dr. Paul, Carsten	20. 7. 98	15. 2. 66
Zöller, Regina	27. 7. 98	26. 5. 57
Sicks, Miriam	3. 8. 98	28. 2. 67
Paetzold, Harald	17. 8. 98	19. 4. 63
Karwiese, Bernd	1. 9. 98	23. 8. 58
Dr. Buxbaum, Carmen	1. 9. 98	2. 11. 66
Spruth, Falk	21. 9. 98	30. 5. 69
Dr. Sauer, Patrick	1. 10. 98	1. 4. 71
Riechers, Marion	1. 10. 98	14. 12. 70
Gäfgen, Mathias	1. 10. 98	29. 12. 69
Weber, Anja	5. 10. 98	
Dethloff, Brigitte, ½	19. 10. 98	4. 3. 69
Becker, Karen	9. 11. 98	24. 3. 69
Dr. Ott, Wolfgang	16. 11. 98	10. 12. 62
Sollmann, Stefan	16. 11. 98	14. 12. 65
Schauß, Dirk-Uwe	23. 11. 98	13. 1. 67
Dr. Huda, Armin	1. 12. 98	6. 9. 67
Frey, Ilona	14. 12. 98	11. 6. 69
Schäfer, Gerhard	14. 12. 98	6. 3. 69
Dr. Schulte, Michaela	29. 12. 98	22. 3. 66
Paßler, Claudia	29. 12. 98	7. 3. 72
Wallocha, Martin	29. 12. 98	4. 8. 70
Dethlefsen, Christa	29. 12. 98	14. 12. 68
Geyer, Stephanie, ½	29. 12. 98	15. 3. 71
Reichhardt, Michael	30. 12. 98	29. 9. 64
Duttine, Yvonne	4. 1. 99	21. 4. 69
Apel, Claudia	5. 1. 99	27. 12. 68
Gehlsen, Susanne	5. 1. 99	12. 4. 68
Neef, Anja	5. 1. 99	8. 2. 71
Sermond, Silke	5. 1. 99	6. 11. 71
Bax, Rainer	5. 1. 99	24. 2. 69
Sonnberger, Elke	28. 1. 99	12. 9. 70
von Pückler, Renate	28. 1. 99	1. 12. 71
Tovar, Jörg	1. 2. 99	25. 10. 67
Teßmer, Dirk	1. 2. 99	9. 5. 67
Nimmerfroh, Olaf	8. 3. 99	16. 7. 71
Wacker, Dennis	8. 3. 99	1. 8. 67
Gottschalk-Niklaus, Yvonne	11. 3. 99	7. 2. 68
Dr. Küls, Andrea	15. 3. 99	21. 3. 68
Dr. Immerschmitt, Jörn	4. 3. 99	16. 2. 68
Scheffel, Friederike, ½	6. 4. 99	29. 7. 67

Berkenkopf, Astrid	6. 4. 99	15. 3. 71
Schneider, Harald	6. 4. 99	14. 2. 68
Franz, Oliver, abg.	6. 4. 99	9. 8. 71
Henne, Dorothee	12. 4. 99	16. 2. 60
Bahl, Oliver	17. 5. 99	3. 3. 69
Leyhe, Henning	17. 5. 99	15. 6. 68
Kanther, Bettina	1. 6. 99	26. 5. 71
Odrich, Walter	1. 6. 99	2. 3. 64
Hackenberg, Dobrina	1. 6. 99	22. 12. 70
Milde, Stefanie	1. 6. 99	5. 9. 71
Lillteicher, Wera	1. 6. 99	20. 4. 66
Gescher, Philipp	1. 6. 99	25. 7. 69
Westphal, Nicola	28. 6. 99	9. 5. 70
Dr. Abramenko, Andrik	12. 7. 99	26. 10. 65
Natalello, Agnese	12. 7. 99	25. 10. 69
Jacob, Antonia	19. 7. 99	12. 2. 72
Zundel, Andrea	2. 8. 99	11. 2. 70
Horn, Volker	13. 9. 99	26. 8. 68
Kischkel, Thomas	20. 9. 99	24. 4. 66
von Garmissen, Sabine	4. 10. 99	13. 1. 71
Bartel-Rögner, Sandra	4. 10. 99	18. 6. 72
Buk, Gabriele	4. 10. 99	30. 4. 67
Frick, Coretta, ¾	4. 10. 99	6. 10. 69
Dr. Wolf, Wilhelm	11. 10. 99	9. 3. 66
Dr. Seitz, Alexander	18. 10. 99	9. 3. 67
Kern, Michael	1. 11. 99	24. 11. 67
Butenuth, Heiko	1. 11. 99	14. 8. 67
Fritzsche, Kai	1. 11. 99	27. 4. 71
Keßler, Ivonne	20. 12. 99	28. 2. 71
Vollmer, Jeanette	29. 12. 99	20. 3. 69

Bei den Staatsanwaltschaften:

Pulina, Claudia, beurl.	1. 10. 91	18. 7. 62
Steitz, Kirsten, beurl.	1. 11. 91	20. 9. 62
Gau, Dagmar, ½, beurl.	13. 12. 93	18. 10. 62
Ziebs, Sabine, beurl.	18. 7. 94	6. 3. 63
Roth-Melzer, Susanne, beurl.	4. 10. 94	27. 6. 65

Ramsauer, Andrea, beurl.	1. 7. 96	9. 2. 67
Hohmann, Andreas	20. 5. 97	26. 10. 63
Spamer, Sabine	20. 5. 97	5. 9. 65
Stadler, Manuela	2. 6. 97	1. 9. 67
Bruder, Michael	1. 8. 97	3. 10. 65
Barth, Nadja	12. 8. 97	1. 6. 69
Authenrieth-Hüppe, Susanne, ½, beurl.	18. 8. 97	1. 3. 65
Altmann, Tanja	1. 10. 97	2. 9. 69
Dr. Wüllner, Patricia	3. 11. 97	9. 7. 64
Kiers, Johannes	13. 5. 98	4. 12. 69
Batke-Anskinewitsch, Sylke	18. 5. 98	16. 8. 69
Dr. Müller, Jens	15. 7. 98	26. 10. 67
Großmann, Susanne	15. 7. 98	6. 11. 68
Dr. Diel, Katja	10. 8. 98	16. 12. 68
Franosch, Rainer	20. 8. 98	22. 6. 68
Dr. Schmidt, Matthias	1. 9. 98	22. 9. 63
Fabricius, Jochen	—	—
Dr. Schößler, Frank	1. 10. 98	8. 7. 67
Oellers, Nina	29. 12. 98	22. 12. 70
Hucke-Labus, Monika, ½	30. 12. 98	17. 9. 65
Hilbrecht, Nicole	30. 12. 98	31. 12. 69
Totzauer, Ivonne	30. 12. 98	16. 2. 70
Betz, Alexander	1. 7. 99	26. 5. 70
Setton, Ralf	12. 7. 99	20. 6. 67
Koch, Justus	19. 7. 99	1. 7. 72
Lotz, Kerstin	26. 7. 99	14. 3. 70
Bruns-Jacobs, Christina, ½	1. 11. 99	21. 3. 68
Fleischer, Eva Maria	3. 11. 99	6. 3. 72
Fauth, Bettina	1. 12. 99	19. 7. 69

Weitere Stellen für Richterinnen/Richter und Staatsanwältinnen/Staatsanwälte im Richterverhältnis auf Probe sind besetzt. Namen und Personaldaten der Stelleninhaber sind nicht übermittelt worden.

Mecklenburg-Vorpommern

1 794 856 Einwohner*

Justizministerium Mecklenburg-Vorpommern

Demmlerplatz 14, 19053 Schwerin
19048 Schwerin
T (03 85) 5 88–0, Telefax: (03 85) 5 88 34 51/-3
1 StaatsSekr, 3 MinDgt, 10 MinR, 15 RD, 2 ROLG, 1 RLG

Ministerpräsident und
Justizminister
Dr. Ringstorff, Harald 3. 11. 98 25. 9. 39

Staatssekretär
Babendreyer, Joachim 9. 12. 94 25. 10. 45

Ministerialdirigenten
Dopp, Rainer 1. 7. 91 23. 5. 48
Thiele, Burkhard 1. 7. 91 5. 3. 53
Freise, Ulrich 9. 9. 96 7. 9. 55

Ministerialräte
Vick, Jörg-Peter 1. 6. 94 29. 5. 55
Suhrbier, Wolfgang 29. 6. 94 29. 4. 52
Eichler, Hartmut 11. 10. 94 4. 9. 44
Baukhorn, Michael 1. 10. 99 19. 8. 59

Regierungsdirektor
Krause, Heinrich 3. 12. 97 4. 7. 39

Oberregierungsrätinnen/Oberregierungsrat
Strutz, Christine 1. 9. 95 14. 3. 51
Eggert, Bernd 28. 2. 96 26. 8. 54
Mauruschat, Agnete 28. 4. 99 31. 3. 61

* Stand: 30. 6. 1999.

Regierungsrätin/Regierungsrat
Gärtner, Birgit 20. 10. 98 1. 5. 69
Hoff, Hans-Christian 1. 1. 99 13. 2. 56

Landesjustizprüfungsamt
Präsident
Thiele, Burkhard 18. 1. 99 5. 3. 53

Vertreter
Dr. Hückstädt, Gerhard,
PräsLG 1. 12. 94 2. 1. 44

Amt für Rehabilitierung und Wiedergutmachung
nach dem 1. und 2. SED-Unrechtsbereinigungs-
gesetz

1 MinR + 1 LSt MinR, 1 RD, 2 ORR, 3 RR

Ministerialrat
Voß, Hans-Peter 17. 10. 93 11. 4. 46

Regierungsdirektor
Kruse, Kurt-Christian 6. 2. 97 18. 1. 47

Oberregierungsräte
Finsterwalder, Werner 2. 1. 97 15. 8. 61
Peters, Heinz 6. 8. 98 5. 8. 58

Regierungsrätin/Regierungsrat
Henke, Heidrun 2. 1. 98 31. 10. 52
Weiß, Jean 2. 1. 98 11. 1. 67

Oberlandesgerichtsbezirk Rostock

Bezirk:

Mecklenburg-Vorpommern

4 Landgerichte:

Neubrandenburg, Rostock, Schwerin, Stralsund

Kammern für Handelssachen: Neubrandenburg 1, Rostock 2, Schwerin 2, Stralsund 2

21 Amtsgerichte

Schöffengerichte:
bei allen Amtsgerichten außer den nachstehend genannten;

Gemeinsames Schöffengericht für die Bezirke der Amtsgerichte, bei denen kein Schöffengericht gebildet wird, ist:

für den AGBez.:	*das Schöffengericht:*
Anklam:	Greifswald
Grevesmühlen:	Wismar
Ludwigslust:	Hagenow
Ueckermünde:	Paswalk
Wolgast:	Greifswald

Familiengerichte: bei allen Amtsgerichten

Landwirtschaftsgerichte: bei den Amtsgerichten Neubrandenburg, Rostock, Schwerin und Stralsund für die jeweiligen Landgerichtsbezirke

Oberlandesgericht Rostock

E 1 794 856
Wallstr. 3, 18055 Rostock
Postfach 10 73 30, 18011 Rostock
T (03 81) 3 31-0
Telefax (03 81) 4 59 09 91/2

1 Pr, 1 VPr, 10 VR, 30 R (1 LSt)

Präsident

Hausmanns, Wilfried	1. 7. 92	18. 8. 43

Vizepräsident

Dr. Steinert, Karl-Friedrich	1. 5. 94	11. 8. 40

Vorsitzende Richter

Eckert, Hans-Georg	16. 6. 83	20. 5. 42
Dr. Dally, Rainer	1. 10. 92	16. 9. 42
Hillmann, Wolfgang	31. 12. 92	30. 12. 42
Prof. Dr. Lüdtke-Handjery, Christian	1. 4. 93	6. 1. 40
Dr. Oelkers, Harald	29. 6. 95	5. 4. 41
Mann, Hans-Karl	1. 5. 96	23. 5. 38

Richterinnen/Richter

Evermann, Barbara	1. 10. 92	3. 8. 53
Sabin, Fritz-Eckehard	1. 1. 93	9. 1. 49
Boll, Jürgen	1. 1. 94	27. 10. 53
Mährlein, Renate	1. 10. 95	21. 6. 50
Schwarz, Monika	1. 10. 95	3. 12. 52
Dr. Garbe, Jürgen	1. 4. 96	27. 8. 52
Nöhren, Petra	20. 12. 96	18. 6. 61
Dr. Jaspersen, Kai	1. 5. 97	17. 6. 58
Bechlin, Frank	1. 1. 98	24. 7. 60
Dr. Jedamzik, Alfred	6. 4. 98	23. .8 45
Levin, Petra	6. 4. 98	30. 1. 56
Albert, Jens	6. 4. 98	7. 4. 57
Hansen, Holger	6. 4. 98	30. 7. 60
Möllenkamp, Christian	6. 4. 98	13. 5. 61
Neubrandt, Gerold	2. 9. 98	1. 9. 55
Bartmann, Jacqueline	2. 9. 98	31. 5. 61
Memmel, Gabriele	29. 11. 99	22. 9. 57
Kücken, Michael	29. 11. 99	19. 3. 59
Labi, Andreas	29. 11. 99	26. 1. 62
Hanenkamp, Nikolaus	29. 11. 99	28. 1. 63
Dr. Meyer, Thomas	29. 11. 99	26. 2. 64

Landgerichtsbezirk Neubrandenburg

Landgericht Neubrandenburg   E 418 053
Wolgaster Straße 12, 17034 Neubrandenburg
T (03 95) 4 52 30
Telefax (03 95) 4 52 33 33

1 Pr, 1 VPr, 7 VR, 14 R

Präsident

Kollwitz, Roland	29. 9. 94	6. 4. 43

Vizepräsident

Brinkmann, Josef	12. 9. 94	27. 10. 55

Vorsitzende Richterinnen/ Vorsitzende Richter

Koch, Alexander	2. 8. 93	9. 8. 45
Peterl, Heidi	2. 1. 96	27. 5. 48
Brambrink, Ulrike	15. 8. 96	4. 5. 43
Willutzki, Hartmut	15. 7. 97	1. 11. 37
Kabisch, Klaus	17. 7. 98	5. 5. 56

Richterinnen/ Richter

Wettenfeld, Heiko	1. 4. 94	30. 7. 52
Karberg, Maria	15. 7. 94	21. 1. 48
Pugell, Torsten	1. 8. 94	8. 12. 60
Deutsch, Carl-Christian	30. 8. 94	11. 4. 50
Kutz, Marianne	19. 6. 95	4. 10. 51
Gutzmer, Elke	25. 3. 96	18. 2. 53
Götze, Günter	3. 12. 96	13. 6. 57
Vogt, Henning	24. 11. 97	5. 10. 65
Bült, Andrea	25. 9. 98	11. 10. 65
Elfers, Reinhard	28. 1. 99	6. 10. 57
Kolf, Henning	28. 1. 99	26. 4. 60
Seligmüller, Steffen	28. 1. 99	7. 10. 65
Boehnke, Andrea	29. 1. 99	11. 10. 65

Amtsgerichte

Demmin   E 96 660
Clara-Zetkin-Str. 14, 17109 Demmin
T (0 39 98) 4 37 10
Telefax (0 39 98) 43 71 31

1 Dir, stVDir, 8 R

Weber, Ulrich, Dir	15. 6. 94	4. 9. 49
N. N., stVDir	—	—
Kurzrock, Peter, abg.	1. 12. 93	13. 12. 38
Michaelis, Udo, abg.	1. 12. 93	11. 12. 55
Dr. Stempel, Martin	1. 7. 94	25. 10. 55
Blasinski, Jörg, abg.	1. 2. 95	10. 2. 62
Kunze, Bernd	28. 6. 95	12. 1. 56
Langhof, Jörg	10. 7. 95	11. 11. 61
Kuttritz, Renate	22. 6. 96	1. 7. 50

Neubrandenburg   E 108 265
Friedrich-Engels-Ring 19,
17033 Neubrandenburg
T (03 95) 56 83-0
Telefax (03 95) 5 66 66 89

Dir, 1 stVDir, 1w. aufs. R, 14 R

Förster, Horst, Dir	5. 4. 90	26. 4. 42
N. N., stVDir	—	—
N. N., w. aufs R.	—	—
Hoeveler, Petra	3. 1. 94	16. 1. 61
Schönherr, Barbara, ¾	16. 2. 94	29. 3. 58
Bartel, Veronika	16. 3. 94	21. 9. 49
Deters, Stephan, beurl.	15. 4. 94	31. 7. 59
Hacker, Astrid	1. 7. 94	8. 3. 64
Illgner, Hans-Christof	10. 7. 95	22. 2. 39
Landes, Jörg	10. 10. 95	06. 3. 58
Hagedorn, Iris	28. 4. 97	27. 5. 65
Paulmann, Heike	25. 9. 98	21. 12. 64
Unterberg, Markus	13. 10. 98	4. 2. 64
Grabandt, Barbara, beurl.	28. 1. 99	9. 7. 65
Dr. Angermüller, Heidi	28. 1. 99	2. 2. 67
Hensellek, Birgit	2. 2. 99	25. 11. 63
Moschner, Axel	12. 10. 99	15. 2. 66

Neustrelitz   E 55 784
Töpferstr. 13a, 17235 Neustrelitz
T (0 39 81) 25 50
Telefax (0 39 81) 25 51 99

1 Dir, 1 stVDir, 6 R

Boldt, Jürgen, Dir	1. 12. 93	21. 10. 49
N. N., stVDir	—	—
Simkowski, Ruth	3. 1. 94	19. 6. 61
Höhn, Reiner	15. 7. 94	11. 10. 55
Walte-Petersen, Bettina	5. 6. 96	10. 1. 60
Korzetz, Ingo	22. 7. 97	7. 6. 63
Hegen-Deters, Susan	25. 9. 98	16. 6. 63
Vogt, Katja-Urda	25. 9. 98	31. 1. 64
Immig-Pries, Christina	1. 1. 99	17. 5. 65

Pasewalk   E 41 939
Grünstr. 11a, 17309 Pasewalk
T (0 39 73) 2 06 40
Telefax (0 39 73) 21 06 84

1 Dir, 5 R

von Hirschheydt, Reinhard, Dir	15. 12. 93	21. 8. 43
Selbmann, Sigrid	14. 6. 96	21. 12. 64
Hagemann, Silvia	10. 4. 97	29. 9. 64
Kohnen, Stefanie	20. 8. 98	16. 3. 63
Zeng, Claus	29. 1. 99	12. 9. 64

Ueckermünde E 45 136
Gerichtsstr. 16, 17373 Ueckermünde
T (03 97 71) 4 30
Telefax (03 97 71) 4 32 22

1 Dir, 3 R

Kranz, Reinhard, Dir	1.	6. 92	9.	8. 35
Baier, Sabine	3.	4. 95	27.	8. 54
Pust, Katharina	2.	2. 96	13.	7. 50

Waren (Müritz) E 70 419
Güstrower Straße 1, 17192 Waren (Müritz)
T (0 39 31) 17 00-0
Telefax (0 39 91) 17 00 99

1 Dir, 1 stV Dir, 6 R

Lütkoff, Stefan, Dir	1. 10. 92		30.	9. 47
N. N., stVDir	—			—
Kasberg, Michael	9.	4. 98	29.	3. 52
Stork, Michael	20.	4. 98	17.	4. 63
Sprigode-Schwencke, Alexandra	29.	9. 98	18.	8. 64
Hoppe, Dieter	28.	9. 99	27.	6. 67

Landgerichtsbezirk Rostock

Landgericht Rostock E 434 823
August-Bebel-Str. 15–20, 18055 Rostock
T (03 81) 24 10
Telefax (03 81) 24 13 75

1 Pr, 1 VPr, 13 VR, 19 R (+ 1 LSt)

Präsident

Dr. Hückstädt, Gerhard	2.	1. 92	2.	1. 44

Vizepräsident

N.N.   —   —

Vorsitzende Richterin/Vorsitzende Richter

Segeberg, Holger	1.	7. 95	20.	8. 40
Ehlert, Hans-Peter	1. 12. 95		28.	9. 52
Garbe, Annegret	1.	7. 96	8.	8. 54
Strauß, Wolfgang	16.	2. 98	13.	1. 58
Rinnert, Rüdiger, abg.	13. 10. 98		12.	8. 59
Goebels, Peter	22. 10. 99		22.	8. 58
Lex, Guido	29. 10. 99		21.	7. 56

Richterinnen/Richter

Apprich, Joachim, abg.	16.	2. 94	15.	9. 56
Hildebrandt, Ralf	30.	3. 94	18.	4. 59
Dr. Müller, Hans-Jürgen	1.	4. 94	15.	4. 55
Mahmens, Anke	1.	7. 94	3.	4. 61
Wipper, Michael	1.	8. 94	30. 11. 60	

Haschke, Boris	15.	8. 94	28.	5. 60
Ballentin, Sandra, beurl.	12.	9. 94	6.	9. 61
Braun, Dieter	24.	4. 95	18.	2. 61
Ott, Dirk	11.	5. 95	22.	3. 61
Bäuerle-Graf, Barbara	8.	6. 95	9.	8. 59
Weingartz, Klaus	29.	7. 96	5. 12. 60	
Mack-Oberth, Michael	6.	4. 98	12.	7. 63
Manzewski, Dirk, abg. (LSt)	9.	4. 98	11.	7. 60
Bruske, Lars	9.	4. 98	4. 10. 62	
Schwetlik-Kuhlemann, Jutta	17.	4. 98	11.	6. 63
Millat, Andreas	10.	5. 99	2. 10. 62	
Dr. Frenzel, Christian	10.	5. 99	8.	1. 63
Domke, Gerhard	30.	6. 99	23.	4. 60
Dr. Fuchs, Joachim	30.	6. 99	15.	9. 64
Both, Dirk	5.	7. 99	7. 11. 67	
Fischer, Uwe	20.	7. 99	25. 12. 65	

Amtsgerichte

Bad Doberan E 52 627
Verbindungsstr. 4, 18209 Bad Doberan
T (03 82 03) 70 20
Telefax (03 82 03) 7 02 10

1 Dir, 4 R

Freese, Birgit, Dir	13.	5. 97	21. 10. 62	
Röck, Wolfgang	1.	8. 93	3.	1. 62
Krenske, Iris	9.	8. 95	23.	3. 59
Wenkel, Anke	17.	8. 95	2. 11. 64	
Jansen, Susanne	7.	6. 96	1.	5. 62

Güstrow E 114 213
Postfach 2 13, Franz-Parr-Platz 2 a,
18273 Güstrow
T (0 38 43) 77 10
Telefax (0 38 43) 77 11 40

1 Dir, 1 stVDir, 10 R

Düvel, Annemarie, Dir	1.	8. 93	30.	7. 48
N. N., stVDir	—			—
Kunkel, Barbara	1.	4. 94		
Steding, Brunhild	1.	8. 94	16.	7. 55
Matzat, Marianne	8.	6. 95	1. 12. 55	
Woik, Christa	—			—
Gehrke, Ralf	—			—
Dr. Hauptmann, Peter-Helge	30.	6. 97	3.	7. 61
Laufer, Uwe	8.	4. 98	28. 12. 62	

Rostock E 267 983
Zochstr., 18057 Rostock
T (03 81) 4 95 70
Telefax (03 81) 4 95 71 42/41

1 Dir, 1 stVDir, 3 w. aufs. R, 29 R (+ 1 LSt)

Häfner, Peter, Dir	1. 7.92	4. 4.50
N. N., stVDir	—	—
Hagemann, Almut G.	3.11.93	1. 9.51
Blockus, Dagmar	1.12.93	11. 7.59
Noll, Birgit	1. 4.94	4. 7.63
Schörner, Anne-Dore	1. 6.94	29.10.47
Rohn, Steffen	1. 6.94	14.10.62
Born, Gereon	21. 7.94	24. 9.60
Freese, Tim	1. 8.94	9. 4.58
Hassel, Matthias	12. 9.94	12.12.60
Krüger, Gabriele	1.10.94	14. 8.61
Schmidt, Beatrix	17. 2.95	2. 2.55
Bollmann, Gerd, abg.	3. 5.95	28. 4.50
Richter, Uwe	3. 5.95	6.12.62
Rothe, Axel	16. 5.95	27.12.59
Görgen, Christian	8. 6.95	19. 3.62
Buggenhagen-Hinz, Kerstin	4.12.95	15.10.58
Schröder, Ralf	14.12.95	6. 2.61
Klimasch, Ralf-Allan, abg.	14. 8.96	1. 1.58
Kurtenbach, Eva, beurl.	19. 8.96	5. 4.60
Blindow, Ute, ½	19. 8.96	13.11.61
Weers, Werner	9. 4.98	9. 4.60
Nüske, Michael	9. 4.98	11. 4.63
Dr. Jäschke, Christoph, abg.	9. 4.98	16.11.63
Langer, Klaus-Peter	17. 4.98	24.11.63
Stechemesser, Petra	14. 5.99	15. 8.67
Klatte, Frauke	30. 6.99	6. 7.62
Neumann, Barbara	30. 6.99	17.12.63
Vick, Holger	30. 6.99	6. 4.65
Moschner, Chistina	1. 2.00	23.12.63
Syska, Andrea	1. 3.00	27. 3.64

Landgerichtsbezirk Schwerin

Landgericht Schwerin E 513 373
Demmlerplatz 1–2, 19053 Schwerin
T (03 85) 7 41 50
Telefax (03 85) 7 41 51 83

1 Pr, 1 VPr, 11 VR, 20 R (1 LSt)

Präsident

N.N.	—	—

Vizepräsident

Gemes, Sören	5. 7.94	11. 4.50

Vorsitzende Richterin/Vorsitzende Richter

Reimers, Gerd	1.12.85	—
Schriever, Klaus	7. 8.92	13. 3.36
Dr. Richter, Wolfgang	1. 8.93	9.12.54
Heydorn, Horst	20. 9.93	20. 9.43
Martin, Roland	1. 1.94	24. 9.54

Meermann, Sigrun	18.10.94	11. 4.59
Scherhans, Rainer	—	—
Thomas, Wilfried	1. 1.97	24. 7.55
Dr. ter Veen, Heino, abg. (LSt)	12.12.97	10. 9.53

Richterinnen/Richter

von Hülst, Karin, ¾	22. 3.93	5. 2.61
Boysen, Ingrid,	1. 7.93	—
Baalcke, Detlef	1.12.93	15. 3.59
Grunke, Norbert	3. 1.94	2.12.56
Zöllner, Angelika	1. 4.94	26. 9.56
Bail, Marion	15. 7.94	18. 8.62
Hinze, Rosmarie	12. 9.94	7. 8.37
Kosmider, Susanne, ½	1.10.94	28. 7.62
Röper, Rita	22. 6.95	5. 6.49
Fiddecke, Uwe	27. 9.95	11. 2.60
Tiede, Dietlinde, tw. abg.	25. 7.96	3.11.50
Thiem, Ellinor	13. 1.98	28. 9.36
Zimmermann, Udo	7. 4.98	1. 5.61
Struck, Susann-Sybill	7. 4.98	25.12.61
Wanzenberg, Olaf	7. 4.98	3. 7.62
Theede, Kai-Uwe	11. 5.99	16.10.64
Kandzorra, Beate	19. 5.99	21. 3.62
Dr. Albrecht, Ute	19. 5.99	10.10.64
Surminski, Katja	25. 5.99	24. 2.67
Dreger, Jutta	1. 3.00	23.10.68

Amtsgerichte

Grevesmühlen E 78 081
Am Markt 4, 23936 Grevesmühlen
T (0 38 81) 72 93 00
Telefax (0 38 81) 72 93 01/50

1 Dir, 6 R

Manthey, Stefan, Dir	1.11.92	25.11.48
Dr. Dimpker, Hinrich	1.10.93	13. 8.53
Weghofer, Christine	1.12.93	25. 4.56
Halm, Klaus	16. 6.94	29.11.58
Piepel, Robert, abg.	14.11.94	11. 9.62
Labi, Susanne	1.10.98	30. 1.63
Bigott, Ursula	20. 1.00	24. 4.60

Hagenow E 59 192
Möllner Str. 51a, 19230 Hagenow
T (0 38 83) 6 17 00
Telefax (0 38 83) 61 70 70

1 Dir, 4 R

Krack, Bernd, Dir	27. 6.94	1.12.39
Dr. Dallmann, Michael	14. 4.94	19. 9.56
Richter, Susanne	15. 7.94	28. 9.58

Zwei weitere Stellen für Richter am Amtsgericht sind besetzt. Namen- und Personaldaten sind nicht übermittelt worden.

Ludwigslust   E 72 122
K.-Kollwitz-Str. 35, 19288 Ludwigslust
T (0 38 74) 43 50
Telefax (0 38 74) 43 51 00

1 Dir, 5 R (1 LSt)

Merklin, Andreas, Dir	11. 11. 99	8. 10. 53
Hrelja, Brigitte	21. 1. 94	20. 12. 61
Dr. Hecker, Bernd		
abg. (LSt)	1. 4. 94	12. 3. 63
Kamin-Schmilau, Juliane,		
½, abg.	15. 6. 95	22. 4. 60
Dr. Früh-Thiele, Katrin,		
beurl.	1. 8. 95	24. 4. 61
Rachow, Hannelore	14. 10. 96	14. 11. 50

Parchim   E 92 916
Moltkeplatz 3, 19370 Parchim
T (0 38 71) 72 90
Telefax (0 38 71) 72 91 99

1 Dir, 1 stVDir, 7 R

Schlottke, Peter, Dir	15. 7. 94	31. 10. 51
Söhnchen, Peter	15. 7. 94	16. 6. 54
Lehmann, Lutz, abg.	15. 7. 94	11. 10. 57
Lessel, Armin	4. 6. 96	8. 8. 62
Manke, Matthias	1. 11. 96	1. 10. 63
Haller, Renate	7. 4. 98	13. 8. 65
Bellut, Jörg	1. 10. 98	6. 1. 63

Eine weitere Stelle für Richter am Amtsgericht ist besetzt. Namen- und Personaldaten sind nicht übermittelt worden.

Schwerin   E 135 317
Demmlerplatz 1–2, 19053 Schwerin
T (03 85) 7 41 50
Telefax (03 85) 7 41 52 00

1 Dir, 1 stVDir, 2 w.aufsR (LSt), 20 R

Krajewski, Joachim, Dir	1. 6. 95	19. 10. 43
Kränzle-Eichler, Angelika,		
stVDir, abg. (LSt)	17. 8. 93	4. 12. 48
Winterstein, Peter, w.aufsR,		
abg. (LSt)	1. 7. 96	1. 11. 49
Meermann, Martin	15. 6. 93	28. 11. 58
Obbelode-Rottschäfer,		
Sabine, beurl.	2. 2. 94	28. 2. 62
Aschoff, Heike, ½	7. 2. 94	28. 4. 61
Brenne, Jens	16. 3. 94	28. 2. 59
Gottwald-Monstadt,		
Dagmar	1. 6. 94	13. 5. 59
Weller, Michael	15. 7. 94	19. 12. 57
Rauch, Marina, tw. abg.	24. 3. 95	22. 10. 58
Hagen, Harald	12. 6. 95	16. 1. 57
Dittloff, Sabine beurl.	14. 6. 95	13. 9. 61

Michalczik, Bernd	11. 9. 95	3. 10. 60
Denzin, Ruth	21. 12. 95	22. 2. 38
Rother, Margit	21. 12. 95	21. 3. 52
Burmeister, Jana	29. 12. 95	19. 2. 66
Wach, Siegfried	20. 3. 96	4. 9. 53
Kloock, Susanne	3. 7. 96	1. 10. 55
Martens, Dietrich	24. 7. 97	28. 5. 55
Dickmann, Thomas	24. 7. 97	13. 10. 62
Schmachtel, Rainer	7. 4. 98	26. 4. 55
Sonnemann, Ralph	10. 11. 99	13. 8. 49
Schmidt, Cornelia, RkrA	(4. 5. 98)	5. 2. 68

Wismar   E 75 745
Rostocker Str. 2, 23970 Wismar
T (0 38 41) 48 08-0
Telefax (0 38 41) 48 08 10/65

1 Dir, 1 stVDir, 7 R

Reitz, Günther, Dir	1. 3. 92	21. 1. 43
Grober, Peter, stVDir, abg.	20. 12. 99	—
Golz, Thomas	1. 7. 93	14. 11. 57
Bellmann, Burkhard	1. 3. 94	18. 6. 57
Jacobsen, Kai	1. 7. 94	25. 5. 61
Engel, Bernd	1. 8. 94	9. 12. 57
Aschoff, Michael	27. 10. 94	15. 2. 60
Beige, Michael	5. 3. 96	24. 10. 59
Bauer, Michael	9. 8. 99	11. 9. 56

Landgerichtsbezirk Stralsund

Landgericht Stralsund   E 428 607
Frankendamm 17, 18439 Stralsund
T (0 38 31) 20 50
Telefax (0 38 31) 20 51 99

1 Pr, 1 VPr, 10 VR, 15 R

Präsident

Steder, Manfred	8. 2. 00	20. 2. 50

Vizepräsident

Pirsch, Jürgen	1. 6. 94	1. 6. 36

Vorsitzende Richter

Loose, Wolfgang	1. 7. 92	13. 12. 49
Imkamp, Siegfried	11. 8. 98	12. 4. 55

Drei weitere Stellen für Vorsitzende Richter am Landgericht sind besetzt. Namen und Personaldaten sind nicht übermittelt worden.

Richterinnen/Richter

Wolter, Irene, abg.	7. 2. 94	18. 8. 61
Großmann, Christiane	1. 3. 94	25. 12. 58

Leonard, Thomas	12. 9.94	9. 5.58
Bleß, Martina	1.10.94	21.12.60
Müller-Koelbl, Stephanie	14.11.94	13. 7.61
Klingmüller, Kai	21. 4.95	17. 6.61
Retzlaff, Carmen, beurl.	21. 4.95	18. 2.63
Masiak, Martina, beurl.	21. 4.95	13. 3.64
Falk, Silvia	3. 5.95	17. 6.51
Otte, Christoph	9. 7.96	23. 3.62
Masiak, Thomas	9. 7.96	7. 5.62
Riedelsheimer, Ulla	6. 4.98	14. 6.63
Lüdtke, Michael	8. 4.98	1. 6.62
Ewert, Heike	8. 4.98	21.12.63
Gombac, Andrea	8. 4.98	24.11.64
Vogler, Michael	8. 4.98	21. 4.65
Schomburg, Günter	3. 1.99	2. 2.57

Amtsgerichte

Anklam   E 47 346
Baustr. 9, 17389 Anklam
T (0 39 71) 25 20
Telefax (0 39 71) 25 21 99

1 Dir, 3 R

Dräger, Jörg, Dir	1. 8.96	9. 7.62
Brinckmann, Annemarie	14.11.94	6. 2.50
Rüther, Jutta	23.12.97	28. 7.61
Badenheim, Christoph	1. 7.99	29.11.65

Bergen/Rügen   76 563
Schulstr. 1, 18528 Bergen
T (0 38 38) 80 44-0
Telefax (0 38 38) 25 25 76

1 Dir, stVDir, 6 R

Eggers, Rainer, Dir	17. 8.92	9.10.44
N. N., stVDir	—	—
Kollwitz, Ulrike	14. 7.94	10. 9.53
Ehlers, Thomas	19. 6.97	13.11.62
Trost, Silke, ½, abg.	30. 6.97	—
Klein-Cohaupt, Huberta	1.12.97	29. 6.61
Cablitz, Hans-Dieter	14. 4.98	23. 6.64
Werthschulte, Claudia, beurl.	20. 4.98	26.11.64

Ribnitz-Damgarten   E 72 314
Scheunenweg 10, 18311 Ribnitz-Damgarten
T (0 38 21) 87 30
Telefax (0 38 21) 87 31 90

1 Dir, 6 R

Kucklick, Joachim, Dir	1.10.92	2.11.44
Segeth, Martina	1. 7.94	18.11.45

Hofmann, Jens	12. 9.94	3. 3.61
Spangenberg, Bernd	7. 4.98	25. 1.63
Neumann, Chris	19. 8.98	3.11.65
Hennig, Andreas	16.12.98	6. 8.64

Greifswald   E 82 674
Lange Str. 2a, 17489 Greifswald
T (0 38 34) 79 50
Telefax (0 38 34) 79 52 31

1 Dir, 1 stVDir, 7 R

Kirchner, Rudolf, Dir, tw. abg.	1. 4.93	3. 3.45
N. N., stVDir	—	—
Müller, Heinz-Olaf	21.15.93	3. 4.47
Schnitzer, Carin	31. 3.95	26. 8.57
Nübel, Bernd	18. 6.97	14. 1.62
Haubold, Kai-Ole	9. 4.98	22. 1.64
Püster, Jutta, ½	14. 4.98	16. 6.64

Stralsund   E 108 731
Bielkenhagen 9, 18439 Stralsund
T (0 38 31) 25 73 00
Telefax (0 38 31) 25 74 56

1 Dir, 1 stVDir, 1 w.aufsR, 13 R

Dr. Wittkamp, Horst, Dir	1. 9.92	28. 3.40
N. N., stVDir	—	—
N. N., w.aufsR	—	—
Reitmeier, Ingrid, ½	1. 7.82	8. 2.51
Müller-Koelbl, Dirk	1. 4.94	21. 6.54
Jeschonowski, Angelika	15. 7.94	29. 9.56
Lübeck, Christine	14.11.94	16. 6.64
Kopsch, Thomas	27. 3.95	6. 3.61
Bohle, Holger	2. 6.95	23. 4.54
Brix, Peter	18. 6.96	28. 7.62
Könning, Andreas	8. 4.98	12. 2.62
Simon, Dirk	8. 4.98	10.10.64
Filipponi, Jörg	8. 4.98	25. 2.65

Wolgast   E 40 979
Breite Straße 6c, 17438 Wolgast
T (0 38 36) 2 71 70
Telefax (0 38 36) 27 17 99

1 Dir, 3 R

N. N., Dir	—	—
Reimer, Martina	15.12.95	8. 9.60
Hennig, Andreas, abg.	5. 6.96	28. 2.57
Tränkmann, Konstantin	1. 7.99	24. 2.64

Staatsanwaltschaften

Generalstaatsanwaltschaft

Patriotischer Weg 120 a, 18057 Rostock
T (03 81) 45 60 50
Telefax (03 81) 4 56 05 13

1 GStA, 2 LOStA, 5 OStA (1 LSt)

Generalstaatsanwalt

Martensen, Uwe	3. 8.99	20. 8.41

Leitende Oberstaatsanwälte

N. N., stVGStA	—	—
Bischof, Joachim	1. 2.92	26.11.40

Oberstaatsanwälte

Kasulke, Volkmar Giselher	1. 2.93	30. 7.45
Kruse, Michael	1. 5.93	10.12.52
Dr. Müller, Klaus-Walter, abg. (LSt)	6. 4.98	21. 1.60
Meyer, Dietrich	2. 7.98	28. 6.55

Staatsanwaltschaft Neubrandenburg
Deminer Straße 61, 17034 Neubrandenburg
T (03 95) 4 53 70
Telefax (03 95) 4 53 72 50

1 LOStA, 6 OStA, 31 StA

Leitender Oberstaatsanwalt

Moser, Rainer	15. 1.98	6. 5.44

Oberstaatsanwälte

Müller-Praefke, Horst, stVLOStA	27. 2.86	7. 9.35
Zeisler, Gerd	1. 4.96	9.10.56

Staatsanwältinnen/Staatsanwälte

Niemeier, Petra, GL	25.11.93	17. 5.64
Hahmann, Hans-Joachim, GL	1.12.93	11.12.47
Tech, Joachim, GL	14. 6.94	29. 4.57
Unterlöhner, Jochen, GL	12. 9.94	2.12.58
Wegener, Lutz	1. 4.94	21. 9.55
Levermann, Ulf	1. 4.94	27. 3.64
Gillner, Thomas	1.10.94	7. 7.58
Bethke, Bernd	1.10.94	8. 5.63
Rößner, Daniela, beurl.	1.11.94	9. 7.63
Stannik, Elke	20. 4.95	8. 6.61
Sturm, Manfred	15. 5.95	10. 1.40
Fenger, Jörg	15. 5.95	25. 9.62
Huhn, Joachim	8. 6.95	7.10.53
Köppen, Wolfgang	8. 6.95	23.12.54
Schwiderski, Sabine	10. 7.95	23. 8.58

Köhler, Telse	25. 8.95	7. 6.50
Günther, Toralf	25. 8.95	11. 6.63
Dinse, Silvia	8.12.95	22.12.54
Miereck, Elke	14.12.95	13. 7.55
Fitzke, Kyra, ½	28. 8.97	29.10.61
Schröder, Karin	11. 6.98	17. 1.60
Schlößner, Frank	11. 6.98	9. 9.65
Voß, Heilwig	11. 6.98	17. 2.66
Schlößner, Daniela	11. 6.98	29. 5.67
Traeger, Roland	30. 3.99	12.12.63
Dr. Rösner, Christina	14. 6.99	30. 3.67
Dr. Traeger, Katharina	14. 6.99	16.10.67
Winter, Sylvia	15.10.99	30. 8.65

Staatsanwaltschaft Rostock
Doberaner Str. 116, 18057 Rostock
T (03 81) 4 56 40
Telefax (03 81) 4 56 44 40

1 LOStA, 7 OStA, 34 StA

Leitender Oberstaatsanwalt

Opitz-von Bardeleben, Peter	20. 3.98	19.10.43

Oberstaatsanwälte

Dörfler, Herbert, stVLOStA	1. 7.79	14. 3.40
Evermann, Holger	1. 2.92	15. 2.56
Franz, Dietrich	1. 7.93	26. 6.37

Staatsanwälte

Sachsenröder, Gunter, GL	15. 8.94	8.12.59
Nyenhuis, Hans, GL, abg.	1.10.94	20. 4.60
Schmitt, Frank, GL	1.11.94	12. 8.59
Lückermann, Peter, GL, abg.	2. 8.99	5. 2.63
Boll, Hanspeter-Rittmer	8. 4.92	3. 8.52
Gartz, Tanja	1.12.93	15. 4.58
Krüger, Reinhard	1. 4.94	12.11.63
Schulz, Stefan, beurl.	1. 7.94	24. 9.60
Wolf, Hartmut	15. 8.94	12. 4.56
Hahn, Klaus-Peter	1.10.94	8.12.55
Rudeck, Karen	9.10.94	19. 5.62
Mauersberger, Bernd	11.10.94	22. 4.60
Götz, Wolfgang	1. 4.95	23. 5.62
Below, Petra	30.10.95	15. 9.53
Lins, Andreas	2. 3.96	15.10.60
Henze, Anke	19. 3.96	22. 3.56
Appel, Astrid	9. 5.96	13.10.63
Meier, Gerd	31. 5.96	30. 4.47
Köpke, Annelore	19. 8.96	24. 2.51

Brüning, Wolfgang	19.11.96	11. 1.51
Bungert, Helmut	19.11.96	29. 1.61
Schrader, Ekkehard	25. 4.97	26. 6.55
Seroka, Stephan	25. 4.97	8. 1.63
Puppe-Lüders, Beatrix, ¾	8. 9.97	27. 8.62
Spieß, Stefan	16. 9.97	18.10.62
Busse, Sigrid	30.11.97	23. 2.51
Grimm, Kerstin	30.10.98	14. 2.65
Peters, Thomas	30.10.98	11. 1.66
Brodach, Iris	2.11.98	7. 3.61
Baack, Christina	2.11.98	27. 6.68
Meffert, Reinhard	6.11.98	14. 5.61
Effenberg, Volker	6.11.98	29. 6.61

Staatsanwaltschaft Schwerin
Bleicherufer 15, 19053 Schwerin
T (03 85) 53 02-0
Telefax (03 85) 5 30 24 44

1 LOStA, 8 OStA, 40 StA (2 LSt)

Leitender Oberstaatsanwalt

Schwarz, Gerit	2. 1.92	29. 5.47

Oberstaatsanwältinnen/Oberstaatsanwälte

Bartels, Barbara, stVLOStA	8. 9.98	28.12.57
Pick, Hans-Christian	1. 4.92	14. 7.44
Wirsich, Hanns-Rudolf	3.11.92	12. 6.39
Stahmer, Karsten	1. 1.94	2.10.36
Lemke, Sybille, ½	18. 2.94	30.11.49

Staatsanwältinnen/Staatsanwälte

Kollorz, Wulf, GL	18. 8.93	6. 4.59
Förster, Hans, GL	1.12.93	25.11.59
Leuschner, Lennard, GL, abg.	22. 7.96	8. 5.55
Nitschke, Frank	1. 7.93	19. 2.53
Bardenhagen, Thomas	15.10.93	20. 4.59
Schult, Sylvia	1.12.93	7. 3.65
Ehlers, Norbert	1. 4.94	11. 3.63
Styn, Ilona	1. 7.94	18. 7.60
Löper, Susanne	1. 7.94	30. 3.61
Krüger, Birka	1.10.94	30. 1.64
Sprenger, Heidrun	1.10.94	23. 1.65
Permin, Oliver	4.10.94	7. 7.60
Adam-Domrös, Britta, ½	15.10.94	26. 6.63
Gärtner, Andreas	16. 2.95	14.12.62
Redlin, Stephan	15. 6.95	24. 6.59
Fandel, Otmar, abg. (LSt)	19. 6.95	20. 6.62
Urbanek, Stefan, abg. (LSt)	5.12.95	28. 3.61
Hoffmann, Frank	18. 4.96	16. 4.64
Gappisch Ralf	4. 7.96	9. 8.63
Unger-Nöhrenberg, Ilka	28. 4.97	21. 2.61
Joachims, Martina	28. 4.97	16.10.63
Brunkow, Andreas	28. 4.97	4. 2.65
Kellner, Jessika, ½	28. 4.97	17.12.65

Kutzner-Pohl, Maren-Gabriela, beurl.	28. 8.97	4.10.61
Philipps, Andrea	28. 8.97	30. 4.65
Jöns, Susanne	1. 9.97	22. 6.60
Kunisch, Monika, beurl.	4. 9.97	18. 5.64
Dukatz, Annedore	1.12.97	5. 1.42
Keßler, Volkbert	1.12.97	6. 5.43
Lohmann, Roswitha	1.12.97	14. 3.48
Wagner, Thomas	31.12.97	16. 1.56
Hagemann, Stephan	15. 6.98	4.11.63
Ebert, Jörg	15. 6.98	7. 4.64
Henkel, Sabine	15. 6.98	16. 4.65
Prein, Peter	9. 7.99	11. 3.53
Mrozek, Heike	9. 7.99	25. 8.57
Otte, Michael	9. 7.99	12. 4.66
Friedrich, Ute	9. 7.99	18.11.67
Kopf, Thorsten, RkrA	(4. 1.99)	18.11.61

Staatsanwaltschaft Stralsund
Frankendamm 17, 18439 Stralsund
T (0 38 31) 20 50
Telefax (0 38 31) 20 56 80

1 LOStA, 5 OStA, 27 StA (1 LSt)

Leitender Oberstaatsanwalt

von Samson Himmelstjerna, Rudolf	1. 2.92	14. 9.41

Oberstaatsanwälte

Dr. Böttges, Walter, stVLOStA	1. 7.94	30. 8.49
Trost, Helmut, abg. (LSt)	1. 6.94	—
Schneider-Brinkert, Dirk, abg.	20.10.94	2. 7.55
Starck, Wilfried	1.12.97	7. 7.37
Ketelboeter, Ralf-Siegfried	16.12.98	31. 8.45

Staatsanwältinnen/Staatsanwälte

von Hobe, Carl, GL	3. 5.83	16. 3.45
Gibbels, Hans, GL	3.11.93	9. 6.50
Böhmer, Sabine, ¾	3.11.93	21. 8.50
Schlicht, Peter	1. 4.94	29.12.59
Cloppenburg, Martin, abg.	15. 8.94	6.10.61
Fischer, Klaus	1.10.94	12.12.60
Götze, Thomas	1.10.94	18.12.61
Uhlig, Ralph	15.10.94	25. 4.55
Kuhlmann, Rolf	10. 5.95	24. 9.62
Wielert, Lars	24. 2.96	17. 4.61
Lechte, Ralf	3. 6.96	28. 9.62
Adler, Gabriele, beurl.	22. 7.96	8.12.63
Hoffmann, Angelika	22.11.96	18.11.64
Böhme, Michael	28. 4.97	16. 8.52
Graeger-Könning, Karin, ¾	28. 4.97	14. 5.65

Frieden, Bodo	28. 8. 97	3. 6. 55	Kampen, Ute, ½	22. 7. 98	4. 4. 63
Friesenhahn, Susanne	28. 8. 97	8. 3. 62	Scholz, Dietmar	22. 7. 98	14. 7. 64
Schrader, Dirk	28. 8. 97	24. 6. 63	Müller, Christian	22. 7. 98	23. 11. 64
Tornow, Kay	1. 10. 97	9. 1. 63	Stahl, Michael	20. 9. 99	28. 12. 61

Richterinnen/Richter und Staatsanwältinnen/Staatsanwälte im Richterverhältnis auf Probe

Leyh, Inge, beurl.	1. 7. 92	12. 3. 63	Heering, Corinna	1. 7. 97	23. 2. 71
Kleinschmidt, Meike	1. 2. 93	10. 7. 63	Will, Gerd	1. 8. 97	9. 2. 69
Diekmann-Struck, Doris,			Huesmann, Karl	1. 12. 97	23. 4. 65
beurl.	1. 4. 93	18. 12. 64	Juterzenka, Olaf	1. 12. 97	26. 5. 68
Jensen, Freya, beurl.	29. 4. 93	2. 6. 64	Langosch, Mathias	2. 3. 98	10. 2. 70
Pehle, Barbara, ½	3. 1. 94	6. 8. 58	Franken, Heike	16. 3. 98	17. 9. 64
Seysen, Michael	3. 1. 94	27. 12. 58	Friesecke, Astrid	16. 3. 98	8. 11. 66
Ritter, Andrea	1. 6. 94	23. 4. 65	Horstmann, Volker	16. 3. 98	5. 7. 67
Gerhard, Karin	15. 11. 94	26. 6. 67	Müller, Sigrid	16. 3. 98	3. 8. 70
Strempel, Heidrun	15. 11. 94	9. 12. 67	Schiller, Jörg	16. 3. 98	30. 8. 70
Stolte, Berit	15. 11. 94	4. 2. 68	Dr. Groth, Reiner	1. 4. 98	1. 11. 66
Pietsch, Ulrike, beurl.	15. 12. 94	31. 7. 65	Prüfer, Eva	1. 4. 98	21. 2. 67
Böhm, Christine	2. 1. 95	31. 12. 64	Fiedler, Kristina	4. 5. 98	14. 3. 67
Ritter, Andrés	1. 2. 95	2. 8. 64	Röder, Ralf	15. 6. 98	23. 5. 63
Köster-Flachsmeyer,			Weidlich, Christian	15. 6. 98	14. 12. 69
Monika, ½	1. 2. 95	29. 8. 65	Dr. Kerath, Andreas	1. 7. 98	9. 4. 60
Wirsik, Dietmar	1. 6. 95	4. 12. 58	Kromminga, Marion	1. 7. 98	28. 1. 71
Wiechmann, Maureen	17. 7. 95	10. 5. 69	Ott, Sascha	1. 9. 98	9. 12. 65
Gerlinger, Michael	2. 1. 96	11. 5. 65	Dr. Gosch, Michael	1. 9. 98	10. 12. 65
Schmidt-Nissen, Nicola	2. 1. 96	25. 9. 65	Carstensen, Sönke	1. 9. 98	6. 9. 67
Melinkat-Natorp, Inga	1. 4. 96	24. 5. 68	Seifert, Jörg	1. 9. 98	30. 11. 69
Alisch, Frank	1. 8. 96	30. 7. 59	Matschulat, Jana	1. 9. 98	10. 11. 70
Kaffke, Thorsten	1. 8. 96	12. 12. 64	Thiemontz, Manfred	1. 10. 98	25. 4. 62
Bohlen, Babette,			Wittke, Daniel	2. 11. 98	4. 5. 69
abg. (LSt)	1. 8. 96	6. 1. 66	Zirke, Kerstin	2. 11. 98	2. 11. 72
Ritter, Axel	1. 8. 96	16. 2. 67	Halfmann, Till	16. 11. 98	11. 5. 67
Brandt, Matthias	1. 8. 96	7. 6. 67	Tovarek, Katja	4. 1. 99	6. 10. 71
Blank, Andreas	2. 9. 96	21. 10. 64	Eidam, Hansje	4. 1. 99	26. 6. 73
Dr. Güntke, Georg-			Dr. Cebulla, Mario	1. 3. 99	26. 1. 62
Friedrich	2. 9. 96	26. 11. 65	Götz, Ralph	1. 3. 99	31. 5. 66
Dr. Wache, Daniel	4. 11. 96	23. 2. 66	Dr. Rentzow, Lutz	1. 3. 99	20. 7. 68
Bremer, Ulrich	3. 2. 97	12. 8. 65	Kalhorn, Stefan	1. 3. 99	12. 5. 71
Dr. Witt, Olaf	3. 2. 97	9. 2. 66	Höting, Sonja	1. 3. 99	3. 10. 71
Wiegand-Hoffmeister,			Nitschke, Hans	1. 4. 99	27. 4. 65
Bodo, abg.	3. 3. 97	24. 6. 66	Berenbrink, Sabine	1. 4. 99	4. 8. 67
Feger, Sandra	2. 5. 97	23. 4. 69	Petersen, Wiebke	1. 4. 99	12. 10. 67
Kock, Ulrike	2. 5. 97	6. 12. 69	Ulbrich, Olaf	1. 4. 99	28. 2. 69
Herrenbrück, Ralf	1. 7. 97	26. 7. 62	Dohmann, Axel	1. 4. 99	20. 8. 70
Burgdorf-Bressen, Ralph	1. 7. 97	24. 2. 65	Röhl, Lars	3. 5. 99	19. 12. 66
Keunecke, Michael	1. 7. 97	16. 4. 65	Komning, Beatrix	17. 5. 99	23. 12. 68
Reimers, Ines, ½	1. 7. 97	21. 4. 65	Busse, Christine	17. 5. 99	6. 3. 72
Danter, Kai	1. 7. 97	25. 4. 66	Geisler, Sven	1. 6. 99	9. 3. 72
Oerters, Klaus	1. 7. 97	15. 7. 67	Modemann, Christiane	1. 7. 99	16. 10. 73
Gerdts, Silvia	1. 7. 97	20. 10. 67	Kunze, Matthias	2. 8. 99	17. 1. 73

Dr. Eisenbart,			Makowei, Simone	1. 12. 99	30. 6. 71
Bettina	1. 9. 99	4. 4. 68	Polka, Annette	1. 12. 99	21. 11. 72
Hoffmann, Anja	1. 9. 99	19. 9. 70	Kröhnert, Björn	1. 12. 99	22. 1. 74
Kelm, Torsten	15. 9. 99	25. 11. 63	Rauschning, Armgard	3. 1. 00	21. 12. 73
Oldörp, Sari	1. 10. 99	14. 5. 68	Last, Anne	3. 1. 00	26. 12. 73
Wiebe, Andreas	1. 12. 99	24. 9. 65	Eschler, Urte	3. 1. 00	19. 6. 74
Lange, Claudia	1. 12. 99	10. 7. 70	Reismann, Jörg	1. 2. 00	1. 7. 71

Niedersachsen

7 866 032 Einwohner*

Justizministerium

Am Waterlooplatz 1, 30169 Hannover
Postanschrift: Postfach 2 01, 30002 Hannover
T (05 11) 1 20–0, Telefax (05 11) 1 20 51 70
1 Min, 1 StaatsSekr, 2 MinDgt, 4 LMinR, 23 MinR, 10 RD, 10 ORR, 1 RR, 1 PrLaJPrA

Minister
Dr. Weber, Wolf — —

Staatssekretär
Dr. Litten, Rainer   1. 11. 96   19. 4. 40

Ministerialdirigenten
Hartmann, Winfried,
  beurl.   3. 6. 86   8. 5. 36
Dr. Wichmann, Axel   15. 8. 91   10. 3. 38

Leitende Ministerialräte
Harmening, Klaus   25. 9. 91   10. 10. 38
Isermann, Edgar   15. 6. 93   12. 8. 44
Dr. Haas, Lothar   16. 2. 96   29. 8. 38
Range, Harald   16. 2. 96   16. 2. 48

Ministerialrätinnen/Ministerialräte
Lühr, Gustav-Adolf   27. 3. 86   31. 8. 43
Harborth, Hiltrud   30. 7. 87   28. 10. 41
Kirchner, Lothar   12. 7. 88   3. 12. 41
Möllring, Hartmut, beurl. 20. 3. 90   31. 12. 51
Dr. Best, Peter, abg.   28. 1. 92   28. 7. 44
Dr. Steinhilper, Monica   5. 1. 96   14. 2. 52
Kröpil, Karl   11. 3. 98   4. 10. 43

* Stand: 31. 12. 1998.

Wolf, Norbert   11. 3. 98   13. 4. 53
Fitting, Carl Fritz   17. 6. 98   18. 4. 54

Schmidtke, Peter, beurl.   16. 7. 87   6. 2. 39
Dr. Berckhauer, Friedrich
  Helmut   24. 4. 90   18. 1. 45
Petzold, Rainer   25. 7. 94   14. 7. 51
Dr. Hasenpusch,
  Burkhard   10. 11. 95   16. 3. 49
Bösel, Dietmar   15. 12. 95   9. 9. 41
Segelken, Günter   30. 11. 98   15. 5. 41
Schmidt, Jürgen   30. 11. 98   19. 12. 46

Regierungsdirektorin/Regierungsdirektoren
Arnold, Eike   30. 12. 80   29. 2. 40
Krone, Helmut   17. 7. 96   25. 4. 54
Metzenheim, Ursula   29. 7. 96   3. 11. 45
Olfermann, Winfried   21. 12. 98   13. 2. 37
Tetzner, Siegfried   27. 1. 99   26. 10. 39
Mosig, Wolfgang   27. 1. 99   11. 2. 40
Kleinert-Peklo, Beatrix   30. 11. 99   10. 5. 47
Harz, Wolfgang   10. 12. 99   20. 2. 61

Präsident des Landesjustizprüfungsamts
Flotho, Manfred,
  PräsOLG   1. 2. 90   28. 8. 36

Oberlandesgerichtsbezirk Braunschweig

Bezirk:
Kreisfreie Städte: Braunschweig, Göttingen, Salzgitter und Wolfsburg
Landkreise: Goslar, Helmstedt, Osterode und Wolfenbüttel
Teile der Landkreise: Gifhorn, Göttingen, Northeim und Peine

2 Landgerichte in Braunschweig und Göttingen

16 Amtsgerichte

Schöffengerichte: bei allen Amtsgerichten
Familiengerichte: bei allen Amtsgerichten
Landwirtschaftsgerichte: bei allen Amtsgerichten

Oberlandesgericht Braunschweig

E 1 423 735
Bankplatz 6, 38100 Braunschweig
Postfach 36 27, 38026 Braunschweig,
T (05 31) 4 88–0, Telefax (05 31) 4 88 26 64
1 Pr, 1 VPr, 6 VR, 18 R, 2 LSt (R)

Präsident
Flotho, Manfred   1. 2. 90   28. 8. 36

Vizepräsident
Dr. Lange, Hans-Dieter   28. 5. 90   13. 7. 35

Vorsitzende Richterinnen/Vorsitzende Richter
Nichterlein, Reiner   27. 5. 98   12. 9. 42
Dr. Schmidt, Burkhard   4. 1. 99   14. 10. 49
Dr. Krüger-Doyé, Gundula 1. 3. 99   29. 3. 50
Göring, Burkhard   1. 10. 92   31. 3. 41
Eilers-Happe, Ilse   1. 7. 93   25. 7. 39

Richterinnen/Richter
Dr. Dersch, Gisela,
  beurl. (LSt)   1. 5. 85   26. 11. 41
Weyde, Thor   4. 6. 86   14. 5. 36
Rischer, Michael   23. 12. 87   16. 11. 43
Hoeffer, Horst-Dieter   13. 12. 90   22. 12. 43
Waldschläger, Jürgen   11. 3. 91   20. 1. 49
Töpperwien, Erich   13. 6. 91   14. 7. 50
Eisele, Rudolf   8. 1. 92   4. 3. 51
Schrader, Dieter   18. 3. 92   28. 1. 36
Preuß, Rainer   19. 3. 92   7. 1. 51
Dr. Achilles, Wilhelm-
  Albrecht   22. 2. 93   27. 11. 52
Colberg-Fründt, Dagmar   8. 9. 93   5. 4. 54
Kliche, Ralph   31. 1. 94   19. 6. 56

Tröndle, Tilman   23. 6. 95   23. 7. 46
Dr. Niestroj, Christa   11. 7. 96   12. 12. 55
Grupe, Peter   6. 11. 96   25. 1. 47
Knieriem, Wilfried   24. 4. 97   19. 5. 52
Heine, Peter, abg. (LSt)   19. 1. 98   28. 2. 57
Wichmann, Dirk   2. 4. 98   27. 6. 57
Voloscink, Edelgard   14. 4. 98   17. 10. 50
Dr. Matthies, Karl-
  Heinrich   17. 2. 99   6. 1. 56

Landgerichtsbezirk Braunschweig

Landgericht Braunschweig   E 932 819
Münzstr. 17, 38100 Braunschweig
Postfach 30 49, 38020 Braunschweig
T (05 31) 4 88–0
Telefax (05 31) 4 88 26 65
1 Pr, 1 VPr, 18 VR, 26 R + 4 × ½ R, 4 LSt (R)

Präsident
Hausmann, Herbert   12. 3. 97   14. 1. 45

Vizepräsident
Kriebel, Peter   10. 2. 89   10. 5. 38

Vorsitzende Richterin/Vorsitzende Richter

Dr. Wiesner, Johannes	1.	2.78	13.10.37
Dr. Herrmann, Gottfried	14.	2.78	12. 1.37
Dersch, Johann-Peter	24.10.78		27. 1.40
Eilers, Jürgen	24.	7.79	11. 1.36
Rode, Jürgen	30.	4.82	11. 7.37
Eckels, Gerhard	27.	8.82	5. 9.43
Dr. Lassen, Hans-Lorenz	7.	7.86	3. 8.42
Schomerus, Heinz-Rüdiger	5.12.86		26. 1.44
Pardey, Frank	21.12.87		24. 7.52
Voges, Henning	23.12.87		14. 3.45
Mielert, Edgar	13.	8.91	8.11.48
Dedié, Ludwig	17.	3.92	16. 6.44
Puhle, Stefan	1.	9.92	18. 5.48
Görlach, Dietrich	11.11.92		14. 8.48
Stübing, Jürgen	29.	8.97	20.10.42
Schmidtmann, Armgard	29.	8.97	29. 5.54
Teiwes, Manfred	1.10.97		7. 7.47

Richterinnen/Richter

Alber, Axel	20.10.71		24. 3.38
Liepelt, Klaus-Jürgen	20.12.72		10. 5.41
Glinka, Rainer	4.	5.81	4. 6.48
Kalbitzer-König, Ulrike	22.10.84		1. 2.54
Fricke, Andreas	6.	3.87	25. 8.55
Jasper, Kornelia	10.	4.87	9. 4.54
Lehner, Gabriele, beurl. (LSt)	10.	2.88	29. 9.55
Reupke, Renate, beurl. (LSt)	9.	7.90	26. 3.57
Pawlowsky, Rosemarie	9.	4.91	18. 6.49
Dr. Weber-Petras, Doris, beurl. (LSt)	24.	2.92	22.10.59
Köhler, Yvonne	19.	5.92	11. 9.58
Ramdor, Martina, ½	6.	8.92	10.12.57
Dreyer, Gerstin, ½	10.	9.92	7. 4.60
Pfohl, Andreas	14.	1.93	15. 9.59
Rust, Detlev	25.	5.94	30. 8.60
Hesse, Anke, beurl. (LSt)	30.	5.94	4. 1.62
Dr. Ostendorp, Dorothea	3.	6.94	29. 9.60
Müller-Zitzke, Eckart	12.	1.96	30. 7.60
Niemuth, Bettina	12.	1.96	3. 2.61
Brand, Oliver	12.	1.96	21. 3.63
Westendorf, Katrin, ½	22.	4.96	18.11.58
Allert, Birgit	26.	4.96	23. 1.65
Dr. Meyer, Jochen	6.	2.97	22. 6.61
Kuhlmann, Holger	31.	7.97	16. 8.60
Schärfchen, Angelika	31.	7.97	22. 7.63
Block-Cavallaro, Maike, ½	31.	7.97	12. 6.64
Dr. Redant, Stephan	31.	7.97	29. 1.66
Roblick, Ralf	1.10.97		26. 2.54
Dr. Polomski, Ralf-Michael	6.	7.98	14.11.62
Rehbein, Klaus	6.	7.98	11. 7.64
Dr. Broihan, Ulrich	10.	9.98	20. 2.61
Dr. Joswig-Bick, Ursula	10.	6.99	4. 1.65

Amtsgerichte

Bad Gandersheim E 19 192
Am Plan 3 B, 37581 Bad Gandersheim
Postfach 3 45, 37577 Bad Gandersheim
T (0 53 82) 9 31–0
Telefax (0 53 82) 93 11 39

1 Dir, 1 R

Sladek, Karl-Heinz, Dir	10.	6.81	18. 7.44
Mäusezahl, Gerd	20.	4.89	26. 7.53

Braunschweig E 271 440
Postfach 32 31, 38022 Braunschweig
An der Martinikirche 8, 38100 Braunschweig
T (05 31) 4 88–0
Telefax (05 31) 4 88 29 99

1 Pr, 1 VPr, 3 w.aufsR, 27 R + 4 × ½ R, 1 LSt (R)

Präsident

Brackhahn, Peter	17.	4.86	29. 5.37

Vizepräsident

Börschmann, Edgar	4.	1.99	1. 2.43

weitere aufsichtführende Richter

Ude, Heinz-Wilh.	2.10.95		21. 1.36
Dr. Willers, Heinold	27.	4.99	15.12.52
Schmidtmann, Heino	3.	1.00	22. 9.55

Richterinnen/Richter

Thiele, Werner	3.11.69		5. 3.37
Dr. Auhagen, Hubert	1.	4.71	7.11.37
Reifelsberger, Dieter	8.	8.72	3. 6.41
Lippmann, Jochen	19.	6.73	24. 9.37
Reifelsberger, Helga	9.11.73		31.12.42
Walter-Freise, Helgard, ½	3.11.77		—
Nitschke, Rolf	3.10.78		2. 7.46
Lübeck, Renate	22.12.78		4.12.46
Bußmann, Heinz-Ulrich	31.	8.79	20.12.46
Hoßbach, Wolfgang	2.	3.81	24. 3.52
Merker, Jens	21.	4.81	10. 8.51
Lindemann, Klaus-Christian	30.11.81		2. 2.49
Hübscher, Hans-Joachim	3.	5.82	23. 7.48
Blanck, Klaus	8.	9.82	25. 5.48
Steinberg, Winrich	24.	3.83	24. 3.52
Bressem, Rolf	17.	7.85	4. 1.53
Jahnke, Karl	7.	4.86	11. 7.53
Prölß, Gabriele, ½	21.11.86		5.11.55
Hauk, Peter	9.11.88		25. 5.55
Schirmer, Henning	25.	8.94	29. 4.61
Winter, Gabriela, ½	30.	4.97	4.10.56
Quade-Polley, Martina, beurl. (LSt)	4.12.97		25. 8.63
Geyer, Eva Maria, ½	18.11.99		2.10.64
Ueberhorst, Maren	7.12.99		9. 8.66

Clausthal-Zellerfeld E 27 523
Marktstr. 9, 38678 Clausthal-Zellerfeld
Postfach 10 65, 38668 Clausthal-Zellerfeld
T (0 53 23) 9 51–0
Telefax (0 53 23) 95 11 99

1 Dir, 2 R, 1 LSt (R)

Pecha, Horst, Dir	5. 8. 92	31. 8. 43
Gleichmann, Joachim	24. 1. 90	29. 12. 56
Mitzlaff, Andrea, beurl. (LSt)	1. 10. 96	14. 3. 65

Goslar E 89 115
Hoher Weg 9, 38640 Goslar
Postfach 11 80, 38601 Goslar
T (0 53 21) 7 05–0
Telefax (0 53 21) 70 52 20

1 Dir, 1 stVDir, 8 R + ½ R

Markwort, Günter, Dir	9. 7. 81	13. 6. 41
Dr. Schünemann, Hans-Wilhelm, stVDir	12. 10. 95	5. 5. 39
Schulze, Wolfhard	9. 11. 73	12. 6. 39
Kammler, Norbert	4. 4. 78	5. 10. 48
Jordan, Ralf-Peter	1. 7. 80	25. 11. 50
Müller, Erwin	26. 5. 86	25. 12. 55
Kühne, Dorothea	21. 9. 90	25. 9. 56
Schwerdtner, Urte	11. 12. 97	27. 9. 63
Busch, Anke, ½	1. 9. 98	10. 6. 61
Gohla, Kai	3. 3. 00	29. 11. 67

Helmstedt E 100 629
Stobenstr. 5, 38350 Helmstedt
Postfach 14 20, 38334 Helmstedt
T (0 53 51) 12 03–0
Telefax (0 53 51) 12 03 50

1 Dir, 1 stVDir, 7 R

Scheffer-Gassel, Mathilde, Dir	2. 5. 94	21. 9. 52
Rother, Jürgen, stVDir	15. 7. 94	6. 12. 50
Schilling, Hans-Werner	11. 7. 69	12. 8. 36
Collin, Wolfgang	12. 3. 74	18. 1. 41
Wendland, Joachim	19. 9. 84	1. 1. 50
Hauke, Andreas	29. 8. 89	23. 2. 56
Hantschik, Bernd	3. 8. 94	18. 2. 62
Jostschulte, Andrea	5. 10. 95	21. 1. 62
Dr. Junker, Martina	4. 6. 97	26. 8. 62

Salzgitter E 125 030
Joachim-Campe-Str. 15, 38226 Salzgitter
Postfach 10 01 45, 38201 Salzgitter
T (0 53 41) 40 94–0
Telefax (0 53 41) 40 94 26

1 Di, 1 stVDir, 9 R

Zschachlitz, Wolfgang, Dir	8. 3. 90	24. 12. 48
Klimmeck, Reingard, stVDir	11. 4. 94	27. 3. 36
Dr. Klimmeck, Klaus-Dieter	5. 2. 69	27. 6. 36
Schinke, Horst-Dieter	29. 6. 70	22. 2. 36
Bonneberg, Wolfgang	17. 4. 78	23. 1. 47
Pätzmann, Ralf	31. 3. 80	25. 6. 38
Kohl, Ulrich	15. 10. 81	8. 6. 47
Stratmann, Rolf	27. 8. 82	31. 12. 47
Schulz, Ulrich	11. 7. 83	29. 6. 48
Hansen, Rolf	29. 11. 99	15. 12. 64
Haars, Daniela	11. 2. 00	17. 2. 68

Seesen E 40 798
Wilhelmsplatz 1, 38723 Seesen
Postfach 11 51, 38711 Seesen
T (0 53 81) 7 86–0
Telefax (0 53 81) 76 62 00

1 Dir, 3 R

Heldt, Bernward, Dir	1. 8. 78	28. 3. 36
Heindorf, Werner	3. 11. 80	20. 7. 43
Lüders, Heinz Peter	24. 4. 81	11. 3. 44
Rüger, Frank	16. 2. 87	15. 5. 55

Wolfenbüttel E 113 454
Rosenwall 1 A, 38300 Wolfenbüttel
Postfach 11 61, 38299 Wolfenbüttel
T (0 53 31) 8 09–0
Telefax (0 53 31) 80 91 69

1 Dir, 1 stVDir, 6 R

Dr. Pardey, Karl-Dieter, Dir	16. 8. 94	2. 11. 48
Kreutzer, Andreas, stVDir	1. 6. 96	18. 4. 53
Brandes, Klaus	14. 1. 72	6. 10. 38
Simmerling, Hein	1. 9. 72	1. 1. 39
Liedtke, Jörg	24. 10. 75	24. 10. 43
Ottmer, Almuth	22. 1. 76	8. 8. 43
Grube, Ulrike	—	—

Wolfsburg E 145 638
Rothenfelder Str. 43, 38440 Wolfsburg
Postfach 10 01 41, 38401 Wolfsburg
T (0 53 61) 20 05–0
Telefax (0 53 61) 20 05 87

1 Dir, 1 stVDir, 11 R + ½ R

Schiffers, Paul-Ernst, Dir	7. 6. 93	1. 1. 44
Lünzner, Klaus, stVDir	19. 1. 00	5. 4. 49
Paß, Wolfgang	13. 11. 81	23. 12. 48
Meyerholz, Michael	22. 10. 84	7. 5. 51
Weigmann, Günter	10. 3. 89	22. 2. 55

Verch, Ingo	5. 9.90	17. 9.54
Lüdtke, Henning	22. 1.93	18. 5.60
Dr. Pansegrau, Jürgen	4. 6.93	15. 2.59
Braut, Angelika	7.10.93	2. 9.60
Dickhut, Heiner	12. 1.96	20.10.61

Landgerichtsbezirk Göttingen

Landgericht Göttingen   E 490 916

Berliner Str. 8, 37073 Göttingen
Postfach 26 28, 37016 Göttingen
T (05 51) 4 03–0
Telefax (05 51) 4 03 12 50

1 Pr, 1 VPr, 10 VR, 16 R + 4 × ½ R, 2 LSt (R)

Präsident

Dr. Götz von Olenhusen,		
Peter-Wedekind	21. 3.97	31. 1.52

Vizepräsidentin

Marahrens, Cornelia	6.11.97	21. 9.51

Vorsitzende Richterin/Vorsitzende Richter

Dr. Hollstein, Jürgen	1. 4.83	3. 4.40
Dr. Kallmann, Rainer	19.12.84	3. 7.41
Dr. Frank, Reiner	26. 9.88	18. 3.42
Finke, Reiner	1. 2.89	2. 4.43
Dr. Schönwandt, Heinz	23. 5.91	29.11.44
Haase, Hans-Georg	27. 9.91	20. 7.50
Traupe, Rolf	8.11.94	25. 1.48
Pape, Irmtraut	6.10.97	5. 8.56
Amthauer, Dirk	1. 4.98	1.12.56
Niebur, Bernd	13.12.98	18.10.50

Richterinnen/Richter

Jahrmann, Uwe	1. 3.74	22. 9.39
Franz, Hannelore	12. 2.81	5.10.49
Araschmidt, Ilsa, ½	20. 6.91	10.10.58
Voellmecke, Wolfgang	19.11.91	30.12.58
Fuchs, Anette, ½	10. 2.92	2. 5.60
Scheibel, Wolfgang, abg.	3. 4.92	31. 1.59
Kalde, Michael (LSt)	3. 4.92	3. 9.59
Voellmecke, Astrid	13. 3.95	10. 8.60
Dr. Wintgen, Achim	28. 3.95	17. 9.60
Dr. Busse, Christian	17. 8.95	3. 4.61
Merrem, Bettina, ½	23. 5.96	17. 9.56
Koller, Matthias	5. 7.96	19. 6.61
Hilberg, Claudia,		
beurl. (LSt)	15. 7.96	23.10.64
van Hove, Anke, abg.	26. 5.97	9. 6.63
Apel, Anette, abg.	20. 7.98	1. 4.64
Schulze, Carsten Peter	23. 7.98	4.12.61

Amtsgerichte

Duderstadt   E 45 600

Hinterstr. 33, 37115 Duderstadt
Postfach 11 09, 37104 Duderstadt
T (0 55 27) 91 20
Telefax (0 55 27) 91 21 11

1 Dir, 2 R

Jünemann, Dankward, Dir	1.12.77	30. 6.36
Knauer, Renate	15.11.94	13. 4.62
Pietzek, Michael	18. 4.95	9. 5.60

Einbeck   E 42 502

Hullerser Str. 1, 37574 Einbeck
Postfach 16 15 + 16 20, 37557 Einbeck
T (0 55 61) 93 82–0
Telefax (0 55 61) 93 28–12

1 Dir, 2½ R, 1 LSt (R)

Behrens, Klaus, Dir	12. 4.94	14. 4.41
Bloem, Inno	26. 5.82	16. 7.46
Döhrel, Thomas	2. 9.94	5. 5.61
Schmiechen, Ulrike,		
beurl. (LSt)	1.10.97	15.11.60

Göttingen   E 175 438

Berliner Str. 4–8, 37073 Göttingen
Postfach, 37070 Göttingen
T (05 51) 4 03–0
Telefax (05 51) 4 03 13 00

1 Dir, 1 stVDir, 1 w.aufsR, 16 R + 2 × ½ R,
1 LSt (R)

Henning, Klaus, Dir	8. 5.95	11. 1.45
Dr. Brosche, Dietmar,		
stVDir	1. 6.92	1. 1.51
Decker, Jochen, w.aufsR	6. 9.94	6. 1.44
Reitzenstein, Hans	27.10.71	8. 3.37
Wattenberg, Horst	14.12.72	4. 3.37
Kunert, Erich	25. 6.73	21. 7.38
Schmid, Hans-Jörg	15. 6.78	31. 8.41
Schmitz, Heinz-Wolfgang	26. 6.78	21. 2.43
Turk, Gudula	25. 8.79	29. 6.41
Meyer, Wolfgang,		
beurl. (LSt)	10.12.79	26. 4.48
Werner, Frank	21. 1.80	5. 8.47
Hoefer, Detlef	3. 1.85	8.10.48
Schmerbach, Ulrich	30. 9.87	29. 4.55
Hähnel, Carmen	17.10.91	28.10.56
Dr. Rammert, Martin	1.10.93	17. 3.61
Schütz, Kai-Uwe	10. 3.95	8. 9.60

Dr. Wiegand, Annette,		
abg. (LSt)	10. 3. 95	14. 12. 60
Poltze, Dagmar	30. 10. 95	28. 10. 62
Erdlenbruch, Anne-		
Christiane, ½	5. 3. 99	26. 6. 64

Herzberg am Harz   E 50 946
Schloß 4, 37412 Herzberg
Postfach 14 61, 37404 Herzberg
T (0 55 21) 8 95 50
Telefax (0 55 21) 56 53

1 Dir, 3½ R

N. N., Dir	—	—
Sachse, Eberhard	3. 11. 77	4. 10. 43
Wiegmann, Rolf	3. 9. 80	31. 1. 48
Lojewski, Susanne	9. 10. 97	30. 4. 63

Hann. Münden   E 46 283
Schloßplatz 9, 34346 Hann. Münden
Postfach 11 04, 34331 Hann. Münden
T (0 55 41) 24 43–45
Telefax (0 55 41) 61 70

1 Dir, 4 R

N. N., Dir	—	—
Dr. Kraft, Wilfried	29. 6. 78	12. 7. 49
Grill, Ferdinand	16. 1. 84	26. 8. 45

Northeim   E 84 364
Bahnhofstr. 31, 37154 Northeim
Postfach 11 25, 37141 Northeim
T (0 55 51) 9 62–0
Telefax (0 55 51) 9 62–1 14

1 Dir, 1 stVDir, 5½ R

Dr. Frädrich, Gerd, Dir	13. 4. 93	28. 2. 45
N. N., stVDir	—	—
Krudewig, Michael	23. 7. 73	12. 3. 43
Menge, Bernhard	30. 11. 76	25. 11. 36
Thiele, Johann	24. 4. 81	18. 10. 50
Sell, Ingrid	4. 9. 81	28. 12. 51
Bode, Christian	23. 10. 98	15. 11. 62

Osterode am Harz   E 45 783
Amtshof 20, 37520 Osterode
Postfach 11 31, 37501 Osterode
T (0 55 22) 5 00 20
Telefax (0 55 22) 50 02 20

1 Dir, 3 R

Götze, Gustav, Dir	1. 6. 78	1. 6. 38
Fiedel, Norbert	3. 11. 76	15. 8. 39
Buckbesch, Wolfgang-		
Rüdiger	27. 6. 78	3. 9. 44
Muhr, Werner	25. 5. 82	14. 6. 43

Staatsanwaltschaften

Generalstaatsanwaltschaft Braunschweig

Domplatz 1, 38100 Braunschweig
Postfach 21 20, 38011 Braunschweig
T (05 31) 4 88–0
Telefax (05 31) 4 88 14 14

1 GStA, 4 OStA

Generalstaatsanwalt

Dehn, Jürgen	16. 6. 97	6. 1. 43

Oberstaatsanwälte

Sauer, Heinrich	27. 7. 88	14. 3. 41
Bretschneider, Klaus	25. 10. 89	20. 7. 43
Niestroj, Eckehard	1. 8. 97	26. 2. 53
Schaper, Michael	4. 8. 99	10. 8. 59

Staatsanwaltschaft Braunschweig

Turnierstr. 1, 38100 Braunschweig
Postfach 45 12, 38035 Braunschweig
T (05 31) 4 88–0
Telefax (05 31) 4 88 11 11

1 LOStA, 1 stVLOStA, 11 OStA, 36 StA + 6 LSt
(StA)

Leitende Oberstaatsanwältin

Kordina, Brigitta	13. 10. 93	3. 3. 41

Oberstaatsanwältinnen/Oberstaatsanwälte

Dr. Koch, Frank,		
stVLOStA	1. 7. 97	28. 04. 5C
Hennecke, Ulrich	1. 9. 78	28. 12. 35
Pabst, Norbert	1. 5. 82	5. 6. 41

Reinhardt, Karl-Heinz	1. 7.86	27.11.41
Weniger, Rudolf	1.11.86	17.10.40
Schneider, Hartmut	30. 3.92	17. 5.41
Dr. Grasemann, Hans-Jürgen	10. 3.94	19. 8.46
Bader, Thomas	11. 3.94	13. 9.43
Lenz, Volker	11. 3.94	5. 3.44
Beyer-Stockhaus, Anke	11. 3.94	3. 7.52
Schlüter, Jochen	26.11.96	8. 3.38
Meier, Hasko	30.10.98	5.10.44

Staatsanwältinnen/Staatsanwälte

Nolte, Horst	14.11.72	29. 6.40
Kumler, Leonhard	20. 7.73	24. 5.39
Pyzik, Klaus	2. 4.74	21.12.42
Wespe, Gerd Lutz	8.10.76	9. 9.44
Dr. Kumlehn, Rolf	1. 9.78	18.11.43
Buttler, Ralf	16. 4.81	1. 6.48
Lehnguth, Joachim	13. 9.82	14. 2.51
Stockhaus, Detlef	21. 3.84	22.12.52
Scholz, Frank	27. 2.87	1. 7.52
Meyer-Ulex, Hans	21.11.88	5. 3.55
Schoreit-Bartner, Anette, beurl. (LSt)	25. 8.89	31. 7.60
Heilmann, Gudrun, ½	21. 4.92	6.10.57
Dr. Hoppenworth, Elke	27. 9.93	9. 6.58
Koch, Hans-Christian	18. 2.94	23. 3.62
Cornelius, Andrea, ½	18. 5.94	14. 4.63
Hillebrecht, Doda	4. 7.94	24. 1.63
Stang, Kirsten	24.10.94	22. 9.62
Ziehe, Klaus	31.10.94	22. 5.59
Brunke, Ulrich	13. 4.95	6. 4.63
Seel, Birgit	25. 4.95	23. 9.62
Hagensieker, Marion, ½	24.11.95	15. 9.61
Geyer, Joachim	30.11.95	13. 5.63
Sievert-Mausolff, Martina, beurl. (LSt)	8. 1.96	3. 7.62
Debus-Dieckhoff, Andrea, beurl. (LSt)	1.11.93	23. 8.63
Quebbemann, Christel, beurl. (LSt)	13.06.96	28. 2.64
Lindemann, Ute, beurl. (LSt)	9. 8.96	18.12.59
Wolff, Hildegard	9. 8.96	2. 4.64
Dr. Münzer, Cornelia	12. 2.97	27. 9.63
Tacke, Ralf	17. 2.97	2.10.61
Kniffka, Christian	27. 8.97	30. 9.62
Ahlers, Achim	15.12.97	31. 7.64
Sperlich, Holger, abg.	15.12.97	6.11.65
Paulick, Thomas	29.12.97	26. 2.65
Weiland, Ulrich	9. 2.98	22.11.65

Bock-Hamel, Petra	8. 1.99	3. 8.66
Rabe, Bernd	8. 1.99	22. 4.60

Eine weitere StA-Stelle ist besetzt. Name und Personaldaten des Stelleninhabers sind nicht übermittelt worden.

Staatsanwaltschaft Göttingen

Waageplatz 7, 37073 Göttingen
Postfach 38 32, 37028 Göttingen
T (05 51) 4 03–0
Telefax (05 51) 4 03–16 33

1 LOStA, 1 stVLOStA, 5 OStA, 21 StA

Leitende Oberstaatsanwältin

Dr. Engshuber, Helga	29. 5.92	8. 9.35

Oberstaatsanwältin/Oberstaatsanwälte

Dr. Eggert, Karl Heinz, stVLOStA	17. 9.81	19. 9.39
Apel, Hans-Dieter	14.12.92	21. 3.49
Dr. Ahrens, Wilfried	10. 8.93	5.12.50
Heimgärtner, Hans Hugo	13. 5.94	3. 6.47
Tollmien, Brigitte	1. 6.94	12.11.40

Eine weitere OStA-Stelle ist besetzt. Name und Personaldaten des Stelleninhabers sind nicht übermittelt worden.

Staatsanwältinnen/Staatsanwälte

Göhmann, Hans-Peter	26.11.70	13. 9.37
Nannen, Dieter	27. 3.75	25. 8.42
Höfel, Peter	14. 4.75	13. 4.40
Koch, Uwe-Karsten	5. 4.76	5. 2.43
Freudenberg, Dagmar	2.11.81	18. 7.52
Bruns, Olaf	26. 2.82	31.10.47
Rappe, Bernd	24. 5.82	27.10.46
Kretzer-Aschoff, Astrid	29. 6.84	20. 1.52
Christokat, Jens	5.10.95	2. 6.63
Müller, Jens	31. 1.96	23.11.61
Hühne-Koch, Heidrun	1. 2.96	8. 6.62
von Sivers-Habermann, Karin	31. 5.96	13.11.58
Ehning, Manuela	30. 5.97	14. 4.64
Busse, Chrlotte	27. 7.97	17. 4.64
Zagray, Esther	20. 4.98	26. 9.62
Buick, Andreas	31. 8.99	3. 2.65
Borcherding, Jörg	14. 9.99	5.10.67

Zwei weitere StA-Stellen sind besetzt. Namen und Personaldaten der Stelleninhaber sind nicht übermittelt worden.

Oberlandesgerichtsbezirk Celle

Bezirk: Bezirksregierung Hannover, Braunschweig, Lüneburg

6 Landgerichte:
Bückeburg, Hannover, Hildesheim, Lüneburg, Stade, Verden
6 Kammern für Handelssachen in Hannover,

je 2 Kammern in Hildesheim, Lüneburg und Verden, 1 Kammer in Stade

41 Amtsgerichte
Schöffengerichte: bei allen Amtsgerichten
Familiengerichte: bei allen Amtsgerichten
Landwirtschaftsgerichte: bei allen Amtsgerichten

Oberlandesgericht Celle

E 4 034 797
Schloßplatz 2, 29221 Celle
Postfach 11 02, 29201 Celle
T (0 51 41) 2 06–0, Telefax (0 51 41) 20 62 08
1 Pr, 1 VPr, 21 VR, 66 R, 7 LSt (R)

Präsidentin

Oltrogge, Helga	10. 11. 89	3. 6. 41

Vizepräsident

Dr. Hamann, Ulrich	18. 12. 97	19. 10. 48

Vorsitzende Richterinnen/Vorsitzende Richter

Grapentin, Ulrich	26. 1. 81	15. 10. 35
Kaul, Bernhard	5. 10. 84	20. 8. 37
Dr. Albrecht, Otfried	20. 3. 85	11. 11. 36
Dr. Schmidt, Volkhart	3. 11. 86	30. 9. 38
Dr. Scholz, Dietmar	1. 4. 87	27. 7. 35
Kammler, Hans-Gerhard	24. 11. 87	7. 7. 35
Dr. Schröder, Detlef	20. 6. 88	18. 5. 36
Kleinert, Georg	28. 6. 91	28. 6. 37
Wolff, Hagen	28. 4. 92	25. 9. 39
Dr. Schmid, Peter	24. 5. 93	5. 8. 45
Costede, Hermine	6. 4. 94	2. 4. 40
Scholz, Ingeborg	18. 11. 96	4. 5. 36
Zepp, Wolfgang	18. 11. 96	3. 8. 41
Dr. Heile, Bernhard	18. 11. 96	3. 4. 47
Dr. Kaehler, Christian-Michael	14. 10. 97	16. 10. 41
Dr. Kupsch, Wolf Dietrich	29. 6. 98	26. 6. 37
Dr. Cech, Norbert	29. 6. 98	27. 1. 41
Dr. Wassermann, Henning	30. 6. 98	2. 8. 49

Treppens, Holger	28. 12. 98	14. 9. 43
Dr. Knoke, Thomas	9. 8. 99	12. 10. 47

Richterinnen/Richter

Prof. Dr. Rüping, Hinrich, (UProf, 2. Hauptamt; LSt)	5. 4. 74	9. 2. 42
Spiller, Leopold	30. 10. 78	7. 1. 37
Maurer, Hilger	22. 12. 78	21. 11. 39
Dr. Blumenberg, Peter, ½	15. 3. 79	8. 7. 38
Biermann, Dietrich	15. 3. 79	31. 8. 38
Wöhrmann, Heinz	19. 3. 79	13. 3. 36
Dr. Spiller, Wolfgang	2. 4. 79	9. 6. 43
Schröder, Ingo	2. 3. 81	7. 1. 40
Dr. Wiebking, Wolfgang	9. 10. 81	23. 9. 41
Stodolkowitz, Ursula, ½	26. 1. 82	24. 6. 43
Dr. Deckwirth, Harald	6. 9. 82	12. 9. 41
von Meding, Egbert	22. 9. 82	5. 12. 40
Dr. Würfel, Jörg	1. 11. 83	17. 3. 43
Freiherr von Bülow, Rüdiger	1. 2. 84	23. 8. 39
Planer, Gunther	18. 2. 85	1. 12. 38
Schütte, Gerhard	5. 4. 85	19. 4. 46
Hodler, Elisabeth, ½	19. 8. 85	12. 12. 36
Stütz, Winfried	7. 10. 85	27. 6. 42
Wick, Hartmut	21. 3. 86	30. 12. 47

Piekenbrock, Jan	1. 4.87	18. 5.51
Glimm, Hans-Joachim	23. 4.87	26. 1.50
Büte, Dieter	26. 2.88	21. 8.50
Ulmer, Detlef	29. 2.88	11. 1.50
Dr. Franzki, Dietmar	18. 5.88	29. 8.50
Dr. Kleineke, Wilhelm	6. 3.89	21.10.50
Brick, Helmut-Wilhelm	9. 4.90	13. 8.49
Borchert, Eckhard	23. 5.90	15. 7.43
Noack, Hans-Jörg	15. 4.91	6.10.48
Schmitz, Dietrich	15. 4.91	20. 9.50
Dr. Ullrich, Rainer	16. 3.92	21. 8.45
König, Annemarie	1. 6.92	1. 3.54
Palzer, Joachim	6. 7.92	19. 8.51
Schneider, Heinz-Werner	6. 7.92	28. 3.52
Dr. Bodmann, Hans-Heiner	27. 7.92	18. 5.50
Barre, Bernd	7.12.92	30.10.44
Vogel, Gerd	16. 3.93	10. 1.50
Rebell, Andreas	18. 3.93	22.12.55
Mumm, Burghard	7. 9.93	20. 5.55
Roggenbuck, Ellen	13. 9.93	21. 2.56
Schimpf, Jürgen	10. 5.94	17. 7.48
Busche, Günter	10. 5.94	19. 8.49
Stallmann, Christian, abg. (LSt)	10. 5.94	12. 5.50
Kuwert, Gerd	16. 1.95	17. 6.45
Prof. Dr. Ahrens, Hans-Jürgen (UProf, 2. Hauptamt; LSt)	9. 2.95	29.12.45
Wodtke, Reinald	13. 3.95	5. 2.52
Becker, Lothar	2.12.96	8. 5.55
Moll-Vogel, Eva	2.12.96	25. 3.56
Wiese, Matthias	2.12.96	4.12.57
Dr. Scholz, Andreas	2. 1.97	21. 9.57
Dr. Pape, Gerhard	3. 3.97	2. 6.54
Dose, Hans-Joachim	28. 7.97	28.12.56
Pommerien, Antje	28. 7.97	1. 1.58
Saathoff, Reinhard	11. 8.97	22. 2.54
Seiters, Stephan	1. 9.97	23. 7.60
Schaffert, Ralph-Uwe	17.11.97	7. 7.56
Schrader, Klaus	30. 7.98	31.12.54
Dr. Wiegand, Annette	30. 7.98	14.12.60
Dr. Geiger, Michael	30.10.98	21.12.52
Dr. Meyer-Holz, Ulrich	30.10.98	25.10.53
Fay, Peter	30.10.98	23. 4.61
Heck, Christian	23.12.98	9. 6.58
Dodegge, Klaus	1. 6.99	23. 4.48
Röthemeyer, Peter, abg. (LSt)	20. 8.99	10. 3.58
Fay, Iris	27. 8.99	27. 8.60
Volkmer, Thomas	30.11.99	4. 5.61

Weitere Stellen sind besetzt. Namen und Personaldaten der Stelleninhaber sind nicht übermittelt worden.

Landgerichtsbezirk Bückeburg

Landgericht Bückeburg　E 164 239

Herminenstr. 31, 31675 Bückeburg
Postfach 1305, 31665 Bückeburg
T (05722) 290–0
Telefax (05722) 290215

1 Pr, 1 VPr, 2 VR, 5 R

Präsident

Hustedt, Gotthard	9.11.92	20. 5.36

Vizepräsident

Wittling, Udo-Egbert	6. 4.94	23.11.41

Vorsitzende Richter

Frhr. von Hammerstein-Gesmold, Börries	9. 5.94	17. 3.46
Sievers, Reinhard	1. 8.98	5. 1.52

Richterin/Richter

Schaffer, Günter	12. 7.82	19.10.52
Barnewitz, Wolfram	21. 4.92	7. 7.55
Raßweiler, Britta	19.11.93	27. 8.61
Rohde, Peter	20. 2.95	15. 2.62
Dr. Brüninghaus, Birgit	1. 6.99	9. 2.63

Amtsgerichte

Bückeburg　E 54 833
Herminenstr. 30, 31675 Bückeburg
Postfach, 31673 Bückeburg
T (05722) 290–0
Telefax (05722) 290214

1 Dir, 6 R, 1 LSt.

von Oertzen, Adolf-Friedrich, Dir	12.11.87	7. 7.43
Wilke, Günther	4.11.71	8. 3.36
Gloede, Wolfgang	24. 4.86	10. 9.49
Freese-Schmidt, Uta, beurl. (LSt.)	26. 9.94	7. 4.64
Dr. Vogler, Hartmut	16. 2.95	6. 5.59
Höcker, Eike, ¾	21. 8.95	3. 9.57

Rinteln　E 28 404
Ostertorstraße 3 (Zersenhof), 31737 Rinteln
Postfach 1180, 31721 Rinteln
T (05751) 95370
Telefax (05751) 953734

1 Dir, 2½ R

Tigges, Gisela, Dir	2.10.98	25. 2.56
Rost, Christian	1. 2.82	9. 6.51

Formann, Klaus	16. 3. 82	30. 7. 49
Freifrau von Blomberg,		
Gönna, ½	4. 12. 98	15. 4. 61

Stadthagen E 80 002
Enzer Str. 12, 31655 Stadthagen
Postfach 12 51, 31653 Stadthagen
T (0 57 21) 78 60
Telefax (0 57 21) 69 93

1 Dir, 6 R

van Lessen, Gudrun, Dir	2. 6. 99	22. 2. 55
Schütte, Jürgen	31. 7. 70	5. 2. 37
Burkart, Henning	19. 9. 75	2. 8. 43
Osterloh, Günter	26. 7. 84	8. 5. 51
Feige, Norbert	23. 10. 95	13. 8. 62

Eine weitere Stelle ist besetzt. Name und Personaldaten des Stelleninhabers sind nicht übermittelt
worden.

Landgerichtsbezirk Hannover

Landgericht Hannover E 1 164 307
Volgerswerg 65, 30175 Hannover
Postfach 37 29, 30037 Hannover
T (05 11) 3 47–0
Telefax (05 11) 3 47 27 72

1 Pr, 1 VPr, 35 VR, 52 R, 1 LSt (VR), 4 LSt (R)

Präsident

Schneidewind, Dieter	3. 8. 98	5. 1. 48

Vizepräsidentin

Mehrens, Ingeborg	7. 12. 98	26. 2. 43

Vorsitzende Richterinnen/ Vorsitzende Richter

Bellin, Jürgen	28. 8. 75	15. 1. 36
Rienhoff, Fritz Ulrich	11. 9. 75	21. 2. 36
Taeglichsbeck, Thomas	24. 8. 76	8. 10. 35
Jacob, Rolf	22. 2. 77	19. 8. 37
Bieling, Hauke	11. 4. 79	22. 7. 36
Oltrogge, Hermann	2. 6. 80	18. 8. 38
Kniesch, Ernst-Adolf	23. 7. 80	24. 8. 37
Borchmeyer, Hans-Gerd	7. 12. 81	17. 1. 43
Dr. Kimmel, Hans-Dieter	28. 9. 83	5. 2. 40
Kühn, Friedrich	20. 10. 83	16. 9. 39
Warda, Hans-Dietmar	3. 6. 85	5. 1. 47
Dr. Thomas, Bernd	14. 6. 89	30. 8. 42
Krüger, Klaus-Ulrich	26. 2. 90	13. 5. 42
Birnbaum, Marianne	22. 6. 90	23. 2. 41
Lange, Hartmut	14. 9. 90	12. 6. 44
Knöfler, Jürgen	7. 10. 91	3. 11. 43
Teschner, Helfried	17. 10. 91	29. 10. 46
Pokropp-Aring, Sigrid, ¾	16. 1. 92	21. 8. 50
Marahrens, August-Wilhelm	27. 3. 92	7. 7. 50

Jaursch, Michael	16. 4. 92	1. 9. 48
Rümke, Bernd	2. 6. 92	27. 2. 48
Herrmann, Thomas,		
abg. (LSt)	8. 7. 92	31. 3. 51
Vollbrecht, Rüdiger	27. 8. 93	13. 11. 44
Loeven, Peter	27. 6. 94	25. 2. 41
Penners-Isermann, Ursula	3. 8. 94	29. 10. 46
Koch, Gerd H.	8. 8. 94	8. 11. 48
Hebach, Horst	26. 8. 94	29. 7. 42
Bronisch-Holtze, Elke, ¾	14. 11. 94	3. 10. 50
Kluge, Ernst	22. 11. 94	22. 3. 46
Thies, Uwe	19. 2. 96	30. 5. 42
Aring, Achim	30. 12. 96	20. 12. 48
Harcke, Thomas	30. 12. 96	20. 3. 50
Wevell von Krüger,		
Dorothea	30. 7. 98	18. 2. 51
Boenig, Joachim	30. 10. 98	1. 4. 44
Döpke, Dietmar	19. 11. 99	9. 9. 43

Richterinnen/Richter

Kuhne, Ingeborg	15. 7. 71	26. 10. 39
Plaschke, Klaus	20. 9. 71	22. 10. 38
Irmer, Ingo	23. 10. 72	3. 7. 36
Voigt, Otto	1. 6. 73	17. 8. 38
Wendt, Wolfgang	14. 10. 74	7. 7. 39
Schymosz, Hans	22. 11. 74	23. 2. 38
Geumann, Ina, ½	2. 8. 76	8. 8. 42
Schmidt, Reinhart	6. 12. 76	21. 8. 43
Bette, Wilhelm	1. 8. 77	26. 2. 42
Stroicz, Rosemarie	9. 9. 77	18. 5. 47
Friedrich, Gisela, ½	31. 10. 78	4. 3. 48
Ullrich, Inge	10. 11. 78	17. 7. 49
Barkey, Johannes	3. 7. 79	12. 2. 49
Kempe, Klaus, abg.	3. 9. 79	24. 11. 47
Spillner, Ekkehard	9. 5. 80	1. 12. 48
Paulmann-Heinke,		
Johanna, abg.	24. 6. 80	3. 2. 48
Schnabel, Sabine, ¾	16. 4. 81	23. 9. 47
Langhorst, Heide	10. 7. 81	20. 2. 50
Höpker, Wolfgang	3. 5. 82	20. 10. 44
Wenzel, Reinhard	27. 12. 83	23. 11. 48
Meier-Böke, Cornelia, ½	17. 4. 84	17. 7. 53
Krautwig, Hildegard	9. 4. 85	2. 12. 43
Kräft, Harald, abg. (LSt)	24. 10. 85	10. 11. 36
Küper, Joachim	28. 11. 85	20. 7. 53
Wiegand-Gundlach,		
Gerhild	12. 6. 86	27. 12. 54
Hansen, Britta, beurl. (LSt)	23. 7. 87	19. 2. 56
Bodenstein, Dieter	14. 12. 88	2. 5. 44
Immen, Gabriele	14. 2. 89	7. 7. 60
Kleybolte, Heinrich Ullrich	14. 8. 89	11. 6. 57
Gurkau, Helmut	24. 11. 89	3. 11. 49
Dr. Knüllig-Dingeldey,		
Britta	28. 2. 90	18. 11. 57
Dr. Cramer-Frank,		
Bettina, ½	15. 3. 90	2. 7. 54

Schrader, Doris, ½	2. 5.90	17.12.56
Claus, Andrea, ¾	16. 8.90	3. 5.54
Beese, Christine,		
½, beurl. (LSt)	16. 8.90	23. 7.56
Bengsch, Uwe	11.12.90	28. 7.58
Rebeski, Daniela, ½	3. 1.94	1. 4.60
Dr. Plumeyer, Mathias	4. 5.94	28.11.55
Dr. Kemper, Werner	21. 7.94	17. 9.55
Thiele, Monika	21. 7.94	6.10.60
Jans-Müllner, Andrea, ½	5. 9.94	4. 3.59
Weißenborn, Ute, ½	4.11.94	2. 3.63
Pätsch, Karin, abg., (LSt)	1. 8.96	15. 4.61
Dr. Dietrich, Michael, abg.	2.12.96	29. 2.64
Koenig, Barbara, ½	7. 2.97	25.12.45
Dr. Stoll, Tonio	7. 2.97	29. 4.62
Brüchmann, Marion	7. 2.97	12. 3.64
Heuer, Stefan	23.12.97	27. 7.62
Löffler, Christine, ½	23.12.97	19. 3.64
Schweigert, Michael	2. 1.98	9. 7.63
Bordt, Peter	4. 1.99	18.11.63
Kleybolte, Christian	4. 1.99	25.12.64
Bornemann, Frank	1. 6.99	5. 9.64
Wortmann-Obst,		
Angela Isabel	1. 6.99	20. 7.69
String, Luise	3. 6.99	25. 7.64
Dr. Wessel, Markus	2.12.99	28.11.63

Weitere Stellen sind besetzt. Namen und Personaldaten der Stelleninhaber sind nicht übermittelt worden.

Amtsgerichte

Burgwedel   E 68477
Im Klint 4, 30938 Burgwedel
Postfach 1354, 30929 Burgwedel
T (05139) 80610
Telefax (05139) 3652

1 Dir, 6 R, 2 LSt

Dr. Kobbe, Günter, Dir	8. 4.94	18.10.42
Oetling, Michael	5. 2.81	13. 4.48
Mohr, Ulrich	1.10.82	16. 2.50
Geffers, Wolfgang	2. 8.85	1. 9.54
Brandt, Jürgen	20. 3.90	28. 3.57
Müller, Angela, beurl. (LSt)	17. 8.92	19.12.58
Dr. Neumann-Müller,		
Sigrid, ½	1. 9.94	13. 8.55
Hoffmann, Antje, beurl.(LSt)	28. 4.95	28. 1.64

Hameln   E 163381
Zehnthof 1, 31785 Hameln
Postfach 101313, 31763 Hameln
T (05151) 7960
Telefax (05151) 796166

1 Dir, 1 stVDir, 1 w.aufsR, 15½ R, 1 LSt.

Schmidt-Ritzau,		
Friedrich, Dir	4. 1.99	31.10.37
Dr. Seutemann, Herbert,		
stVDir	20. 8.97	19. 6.55
Tiedemann, Heinz-Adolf,		
w.aufsR	17. 1.00	22.12.48
Bartsch, Hans-Otto	1. 7.81	24. 8.47
Gibbert, Wilfried	1.10.82	19. 8.44
Drollinger, Rainer	25. 2.83	21. 4.45
Müller, Christoph	1. 4.93	8. 1.61
Beiderbeck, Anne, ¾	4.10.93	2. 7.64
Engelking, Christian	2.12.94	6. 2.61
Dr. Walbaum, Ina	26. 6.95	1. 4.60
Volker, Mathias	25. 4.96	28. 8.63
Gehringer, Heidi, ¾	4.11.96	27. 6.61
Grehl, Andreas	23. 2.98	—
Quak, Sabine	3. 6.99	22. 4.65

Weitere Stellen sind besetzt. Namen und Personaldaten der Stelleninhaber wurden nicht übermittelt.

Hannover   E 655620
Postfach 227, 30002 Hannover
Volgersweg 1, 30175 Hannover
T (0511) 347–0
Telefax (0511) 3472723

1 Pr, 1 VPr, 13 w.aufsR, 85 R, 3 LSt (R)

Präsident

Dr. Lessing, Volker	29.11.99	26. 3.45

Vizepräsident

Dr. Höbbel, Dieter	11.10.99	2.11.39

weitere aufsichtführende Richterinnen/Richter

Klages, Hans-Henning	30. 3.92	25.12.42
Hillert, Ernst-Albert	12. 4.94	14. 3.40
Merckens, Franziska	12. 4.94	24.10.41
Dr. Krapp, Christiane	12. 4.94	3. 8.46
Faßhauer, Peter	12. 4.94	17. 8.47
Veldtrup, Dirk	12. 4.94	24. 4.48
Hippe, Achim	11. 6.96	13. 2.56
Fitzke, Johann	1. 7.97	24. 4.39
Friedrich, Achim	2. 2.98	12. 3.44
Buchmann, Peter	1.10.99	1. 3.47
Metzenheim, Gerd-Michael	1. 1.00	22. 2.42
Immen, Peter	29. 2.00	27. 6.54

Richterinnen/Richter

Buck, Dieterich	1. 9.69	6. 2.38
Stolte, Udo	1.12.70	25. 1.40
Zippel, Diethardt	27. 8.71	1.11.38
Reuper, Ingrid	20.11.72	12.10.40
von Janson, Anke	20.12.73	31. 3.41
Deneke, Uwe	4.10.74	17. 7.40
Christians-Benning, Birgit	21.10.74	12. 9.42

Hemesath, Helmut	29. 8.75	4.10.40
Dr. Müller-Alten, Lutz,		
beurl. (LSt)	16. 1.76	27. 9.43
Buck-Kirchner, Barbara	1.11.76	22. 2.47
Freifrau von Vietinghoff,		
Juliane, ½	17. 8.77	11. 7.47
Janß, Uwe	15. 9.77	17. 8.45
Wolff, Gustel	3.11.77	14. 9.45
Wolff, Kirsten	1.12.77	6.12.44
Dr. Siecken, Hans-Jochen	22. 6.78	19. 3.48
Grund, Krista	3. 7.78	20. 4.45
Wollenweber, Dierk	4. 9.78	24. 3.44
Hauenschild, Wolfgang	17.11.78	4. 1.47
Nolte, Heinz-Dieter	9. 5.79	21. 1.48
Homann, Beatrix	31. 5.79	8. 7.48
Großer, Susanne	16. 7.79	12. 8.47
Luedtke, Eberhard	3. 9.79	18. 1.50
Nesemann, Ralf	24. 6.80	19.11.48
Tilgner, Jochen	25. 6.80	17. 2.45
Mahramzadeh, Jutta	24. 2.81	18. 6.47
Kiesekamp, Günter	15. 6.81	13. 6.41
Hasenbein, Ute, ½	25. 8.81	28.12.48
Busch, Antje	18. 3.82	9. 8.48
Neebuhr, Peter	13. 4.82	27. 4.50
Prohaska, Maria	6. 9.82	17. 3.47
Seibert, Otto	6. 9.82	23.10.47
Bronisch-Holtze, Manuel	13. 6.83	10.12.50
Michaelis, Bruno	15. 8.83	31.10.47
Süßenbach, Detlef	6. 9.83	22. 3.51
Schaffelder, Dieter	11.10.83	28.12.52
Gehrig, Helga	24. 1.84	24. 6.36
Kreimeyer, Robert	28. 6.84	11. 9.48
Eichloff-Burbließ, Gudrun	29. 6.84	24. 6.52
Nerreter, Siegfried	2. 7.84	16.12.52
Oltmanns, Birgit	2. 4.85	21. 2.54
Hinsch, Gabriele, ½	26. 7.85	25. 2.56
Lemke, Ulrike, ½	23.10.85	6.10.47
Riso, Irmtraut, ¾	8. 7.86	13. 6.54
Bader, Brigitte	9. 6.87	16. 7.55
Bürgel, Renata, ¾	17.12.87	22. 2.54
Gebehenne, Michael	12. 2.88	27.11.55
Dr. Sue-Horn, Ingrid, ½	9. 4.90	30. 1.54
Brüggehagen, Petra, ½	2. 4.92	13. 4.57
Wiehe, Reinhard	30. 4.93	15. 6.57
Dölp, Doerte, ½	30. 4.93	15. 4.58
Gubernatis, Gabriele, ½	11. 5.93	9. 5.58
Kleinert, Ulrich	2.12.93	22.11.60
Schloms, Heidemarie,		
abg. (LSt)	6.12.93	19. 5.50
Fraatz, Frank-Michael	1. 3.94	7.12.57
Bruhns, Sabine, beurl. (LSt)	23. 6.94	3.11.59
Janssen, Hanna, ½	23. 6.94	26. 1.62
Neubert, Klaus-D.	15. 7.94	24. 3.58
Rodenbostel, Nandy, ½	11.11.94	16. 7.63
Hackmann, Helga, ½	17.11.94	2. 2.56
Weber, Anette, ½	12.12.94	14. 5.61

Dr. Siegfried, Michael	1. 3.95	18.11.60
Klinkenborg, Melle	31. 3.95	20. 6.63
Wente-Mautgreve, Katrin	28. 7.95	24. 5.64
Littger, Burkhard	1. 1.96	4. 6.62
Janke, Guido	20. 2.96	22. 2.62
Werfel, Susanne, ½	8. 7.96	19. 2.60
Wesche, Jens	8. 7.96	30. 1.61
Schulz, Martin	7. 2.97	17. 4.63
Fughe, Elisabeth, abg.	10. 2.97	23. 2.65
Hadeler, Karin, ½	9. 9.97	3. 4.64
Heidenreich, Roger	9. 9.97	23. 4.64
Grünwald, Cornelia	9. 9.97	8. 7.64
Boden, Andrea	10. 9.97	19.10.63
Dr. Mueller, Harald	23.12.97	14. 4.62
Eicke, Elisabeth, ½	23.12.97	7. 4.63
Gundelach, Gudrun	18. 3.98	13. 3.66
Dr. Schwonberg,		
Alexander	21. 1.00	15. 1.64

Neustadt am Rübenberge E 148 248
Schloßstr. 7, 31535 Neustadt
Postfach 31 61, 31533 Neustadt
T (0 50 32) 96 90
Telefax (0 50 32) 9 69–1 20

1 Dir, 1 stVDir, 11½ R, 1 LSt

Knitter, Wolfgang, Dir	13. 8.81	26. 8.37
Dr. Giers, Michael, stVDir	17. 3.98	19. 2.58
Pleines, Frauke	9. 1.78	18. 3.47
Weithoener, Wieland	1. 8.78	6. 2.44
Zimbehl, Harald	1.10.79	28. 1.47
Bösche, Thomas	20.10.80	1. 6.50
Voß, Werner	18. 9.81	29. 4.62
Paczkowski, Alfred	28. 7.82	24.11.48
Jongedijk, Hannelore	9.12.88	17. 4.51
Dr. Walch, Dieter	26. 9.94	16. 6.60
Weichsel, Klaus-Jörg	28.10.94	30. 9.61
Schubert, Ursula	8. 9.98	18. 4.64

Eine weitere Stelle ist besetzt. Name u. Personaldaten des Stelleninh. sind nicht übermittelt worden.

Springe E 42 779
Zum Oberntor 2, 31832 Springe
Postfach 10 01 08, 31813 Springe
T (0 50 41) 20 20
Telefax (0 50 41) 6 35 78

1 Dir, 2 R

Holz, Joachim, Dir	29. 3.99	27. 5.39
Kronsbein-Weiß,		
Susanne, ½	27.11.89	28. 2.56

Eine weitere Stelle ist besetzt. Name und Personaldaten des Stelleninhabers sind nicht übermittelt worden.

Wennigsen (Deister) E 85 802
Hülsebrinkstr. 1, 30974 Wennigsen
Postfach, 30974 Wennigsen
T (0 51 03) 70 08–0
Telefax (0 51 03) 70 08 49

1 Dir, 1 stVDir, 6 R

Franke, Christoph, Dir	8.	3. 99	4.	5. 47
Lemke, Hartmut, stVDir	13.	5. 94	16.	8. 45
Dreyer, Friedrich	12.	2. 71	24.	3. 37
Pusch, Helmut	26.	3. 75	11.	3. 43
Dr. Schnelle, Karl	11.	9. 78	27.	9. 48
Hische, Jutta	7.	4. 86	28. 11. 55
Venneberg, Sabine	3.	8. 87	9. 11. 58
Löhr, Volker	12.	4. 90	10.	7. 55

Landgerichtsbezirk Hildesheim

Landgericht Hildesheim E 735 646
Kaiserstr. 60, 31134 Hildesheim
Postfach 10 08 55, 31108 Hildesheim
T (0 51 21) 96 80
Telefax (0 51 21) 96 82 18

1 Pr, 1 VPr, 17 VR, 30 R, 3 LSt (R)

Präsident

N. N.   —   —

Vizepräsident

Wöckener, Helmut   20. 2. 87   11. 11. 36

Vorsitzende Richterin/Vorsitzende Richter

Dr. Mittmann, Hans-Dieter	21.	2. 78	28.	5. 37
Bettenhäuser, Hermann	16.	9. 81	15.	6. 39
Dr. Mittmann, Elke	30.	6. 82	19.	8. 40
Umbach, Konrad	9.	10. 85	24.	6. 45
Vorwerck, Dirk	7.	4. 86	15.	3. 39
Schmidt, Ulrich	1.	3. 88	12.	4. 44
Möller, Klaus	17.	12. 90	29.	7. 45
Pohl, Ulrich	23.	7. 91	21.	12. 47
Krause, Bernhard	17.	9. 91	14.	9. 47
Bever, Reinald	9.	1. 92	20.	9. 51
Wallheinke, Adolf	25.	3. 96	12.	4. 54
Dr. Siolek, Wolfgang	30.	9. 96	24.	5. 49
Dr. Klöhn, Wolfhard	30.	9. 96	17.	2. 55
Rojahn, Manfred	18.	3. 97	22.	4. 48
Schlüter, Andreas	4.	8. 97	19.	10. 53
Bachmann, Harald	1.	1. 00	13.	4. 55

Richterinnen/Richter

Wanning, Rüdiger	17.	2. 75	13.	4. 42
Schmidt, Heike	8.	6. 75	11.	2. 45
Blum-Engelke, Clarissa	18.	4. 77	18. 11. 46

Fritz, Hans-Rüdiger	20.	4. 78	4.	8. 45
Dr. Kumme, Ulrich	2.	5. 80	26.	1. 51
Benda, Siegfried	6.	2. 81	23.	7. 50
Pössel, Klaus	16.	7. 81	10.	3. 47
Kiene, Karl Georg	23.	8. 82	14.	2. 50
Brinkmann, Hans-Hermann		3. 10. 83	22. 11. 51
Rosenbusch, Wolfgang	14.	1. 86	6. 12. 53
Brönstrup, Karin	18.	2. 86	18.	8. 55
Heckemüller, Volker	3.	3. 86	28. 12. 53
Welling, Alfons, abg. (LSt)	27.	4. 89	12.	8. 49
Dr. Lau, Berthold	16.	8. 89	24.	9. 53
Meyer-Lamp, Michael	7.	12. 89	7.	9. 52
Pagel, Ute	14.	3. 91	15.	7. 60
Kaiser, Christian	29.	11. 91	7.	4. 59
Blaschek, Helmut	2.	1. 92	15. 10. 58
Heidner, Barbara (LSt)	21.	7. 92	7. 12. 59
Dr. Lehmann-Schmidtke, Wilfried		4. 10. 93	25.	9. 59
Dr. Teyssen, Georg	23.	6. 94	17.	5. 56
Braumann, Jürgen	23.	6. 94	4.	3. 59
Peschka, Peter	4.	7. 94	5.	1. 61
Kauer, Winfried	2.	9. 94	28.	4. 55
Petersen, Karin, abg. (LSt)	27.	4. 95	4.	7. 55
Dr. Jung-Lundberg, Bettina	15.	4. 96	30.	7. 60
Dr. Gülicher, Astrid, abg.	7.	3. 97		
Dr. Gittermann, Dirk	7.	4. 97	3.	3. 62
Bietendüwel, Annegret	20.	11. 97	12. 10. 64
Seidel, Jan-Michael	22.	11. 99	16.	7. 65

Amtsgerichte

Alfeld (Leine) E 46 818
Kalandstr. 1, 31061 Alfeld
Postfach 11 61, 31041 Alfeld
T (0 51 81) 80 40
Telefax (0 51 81) 2 43 13

1 Dir, 2½ R

Reichert, Bärbel, Dir	14.	1. 91	4. 12. 47
Lehmensiek, Bernd	3.	5. 95	3.	2. 56
Dr. Bayer, Ralf-Peter	15.	2. 96	28. 11. 60

Burgdorf (Krs. Hannover) E 49 617
Schloßstr. 4, 31303 Burgdorf
Postfach 1 00 11 63, 31286 Burgdorf
T (0 51 36) 89 70
Telefax (0 51 36) 89 72 99

1 Dir, 3 ¼ R

Fischer, Hubertus, Dir	1.	9. 78	7.	3. 38

Uhde, Heinrich	3. 5.71	30. 8.37
Tingler, Wolfgang	7.11.74	17. 4.41

Elze E 37 638
Bahnhofstr. 26, 31008 Elze
Postfach, 31001 Elze
T (0 50 68) 9 30 10
Telefax (0 50 68) 93 01 55

1 Dir, 2 R

Kröling, Johannes, Dir	25. 7.75	1. 9.37
Granzow, Wolfgang	8. 9.78	26. 9.43
von Campe, Hans-Martin	2.12.91	11. 8.60

Gifhorn E 143 500
Am Schloßgarten 4, 38518 Gifhorn
Postfach, 38516 Gifhorn
T (0 53 71) 89 71 00
Telefax (0 53 71) 89 71 64

1 Dir, 1 stVDir, 10½ R

Hupka, Karl-Helge, Dir	9. 7.90	16. 2.49
Hartleben, Martin, stVDir	4. 1.99	11.11.46
Bungeroth, Albrecht	11. 2.72	21. 7.40
Ulrich, Helga	1.10.76	10. 1.47
Lehmann, Landolf	11. 3.77	25. 7.43
Bihy, Hans Ulrich	31. 8.77	7. 6.41
Wentzel, Uwe	14. 3.95	26. 9.55
Rieck, Peter	1.11.97	29. 1.60

Hildesheim E 208 078
Kaiserstr. 60, 31134 Hildesheim
Postfach 10 01 61, 31101 Hildesheim
T (0 51 21) 9 68–0
Telefax (0 51 21) 96 82 57

1 Dir, 1 stVDir, 2 w.aufsR, 18½ R (1 LSt)

Lucke, Hans-Jörg, Dir	15. 2.95	2.12.44
Treidel, Urte, stVDir	6. 9.94	29. 1.51
Knop, Dietrich, w.aufsR	12.11.92	31. 3.38
Dr. Stärk, Hermann, w.aufsR	1. 1.00	16. 5.43
Gentz, Rainer	24. 8.72	28. 1.38
Wendeborn, Margarethe, ½	1.12.72	28. 2.40
Ohlendorf, Marianne-Margarete	11. 2.77	27.11.45
Lange, Anette	10. 4.78	14. 5.44
Meyer-Hippmann, Henning	23. 6.80	5.12.47
Hogrefe, Josef	20. 7.81	25. 5.50
Schmidt, Michael	19. 2.82	31. 5.49
Buhlmann, Joachim	29.11.82	30.10.49
Spier, Annegret	2. 5.88	23. 5.55
Fuchs-Kassner, Beate, ½	2.10.89	11.10.57
Dr. Geis, Sabine, ½	28. 5.93	18. 7.61

von Roden-Leifker, Susanne, ½, beurl. (LSt)	10. 2.95	14. 7.57
Loewenthal, Barbara	26. 9.95	8.11.58
Benz, Regina	11. 4.97	28. 5.64
Wöltje, Olaf	10.11.97	11. 5.64
Dr. Klass, Dieter Philipp	24. 1.00	11. 8.64

Weitere Stellen sind besetzt. Namen und Personaldaten der Stelleninhaber sind nicht übermittelt worden.

Holzminden E 82 764
Karlstr. 15, 37603 Holzminden
Postfach, 37601 Holzminden
T (0 55 31) 30 11
Telefax (0 55 31) 70 08 20

1 Dir, 6½ R

Hertel, Jürgen, Dir	31.12.84	7. 3.42
Ziehm, Klaus-Peter	28. 8.84	24.10.49
Kasperowski, Ralph	1. 4.85	4. 5.52
Eilers, Karl	25.11.94	15. 7.59
Kühn, Helmut	10. 7.95	18.12.61

Lehrte E 62 242
Schlesische Str. 1, 31275 Lehrte
Postfach 15 80, 31255 Lehrte
T (0 51 32) 82 60
Telefax (0 51 32) 5 59 32

1 Dir, 5 R

Reinecke, Heinrich, Dir	31. 7.81	26. 5.37
König, Rainer	14. 9.72	11.10.41
Flehinghaus, Günther	21. 4.80	9. 7.46
Borchers, Andreas	15. 3.95	7. 6.63
Kuhlmann, Karin, ½	18. 8.97	17. 8.62

Peine E 104 989
Am Amthof 2–6, 31224 Peine
Postfach 11 01, 31201 Peine
T (0 51 71) 70 50
Telefax (0 51 71) 1 83 99

1 Dir, 1 stVDir, 8¼ R, 1 LSt

Klages, Gerd-Norbert, Dir	3.11.97	10. 7.46
Redeker, Wolfgang, stVDir	10.11.97	21. 2.53
Vullriede, Bernd	4.12.81	18. 4.51
Springer, Gabriela	28.11.83	2. 2.53
Lerch, Sabine, ½	18. 1.91	9. 1.58
Siedentopp, Nicole, beurl. (LSt)	8. 5.91	28. 7.57
Krone, Helgard	13. 1.95	14. 9.59
Schiller, Rolf	23. 5.97	26. 2.61
Uffen, Heike	18. 3.98	25. 8.64
Dr. Botur, Andre	2.12.99	23.12.64

Landgerichtsbezirk Lüneburg

Landgericht Lüneburg   E 677 902
Am Markt 7, 21335 Lüneburg
Postfach 21 31, 21332 Lüneburg
T (0 41 31) 2 02–1
Telefax (0 41 31) 20 24 55

1 Pr, 1 VPr, 13 VR, 21 R, 1 LSt (VR), 1 LSt (R)

Präsident

Dr. Heintzmann, Walther   5. 3. 86   27. 7. 39

Vizepräsident

Penshorn, Carsten-Peter   28. 10. 92   21. 5. 37

Vorsitzende Richterinnen/Vorsitzende Richter

Dr. Lamche, Gotthard	25. 10. 78	1. 6. 39
Dr. Rüppell, Gerd	15. 4. 80	8. 10. 38
Dellbrügge, Hans	8. 12. 86	27. 9. 36
Dumke, Eckart	16. 7. 87	18. 6. 38
Keßler, Delf Jürgen	14. 2. 90	12. 6. 39
Dölp, Michael	29. 10. 90	8. 10. 52
Buchhorn, Werner	16. 1. 91	24. 3. 43
Prof. Dr. Bringewat, Peter		
(UProf, 2. Hauptamt; LSt)	4. 2. 93	14. 4. 46
Wisler, Heyo	12. 5. 93	29. 4. 40
Faulhaber, Karin	11. 10. 93	8. 6. 42
Stoll, Rüdiger	3. 12. 96	18. 9. 48
Kruse, Günter	1. 8. 97	17. 2. 50
Warnecke, Elisabeth	16. 10. 98	23. 5. 49

Richterinnen/Richter

Pflücker, Joachim	1. 2. 73	26. 7. 38
Klüver, Ulrich	21. 4. 81	9. 1. 51
Volkmer, Andreas	1. 9. 83	14. 11. 51
Schmitt, Iris	7. 5. 84	9. 4. 53
Maiß, Angelika, ½	13. 2. 87	3. 8. 51
Knaack, Axel	1. 4. 87	24. 12. 53
Dopatka, Christa	2. 8. 90	22. 8. 57
von Hugo, Gerhard	—	8. 9. 59
Hecht, Ulrich	1. 3. 94	13. 2. 61
Steuernagel, Matthias	4. 5. 94	3. 4. 60
Hogrefe, Dietmar	17. 8. 95	25. 8. 62
Kreter, Silke, beurl. (LSt)	21. 9. 95	12. 4. 63
Wolfer, Tobias	3. 4. 96	8. 10. 61
Dr. Skwirblies, Ulrich	15. 7. 96	30. 6. 61
Philipp, Sabine	19. 11. 96	19. 7. 65
Koch, Stefan	2. 12. 96	20. 12. 60
Nissen, Nicola, ½	26. 6. 97	16. 4. 61
Wolter, Thomas	26. 2. 98	2. 5. 60
Fischer, Ansgar	26. 2. 98	10. 4. 62
Bendtsen, Ralf	26. 7. 99	24. 6. 65

Weitere Stellen sind besetzt. Namen und Personaldaten der Stelleninhaber wurden nicht übermittelt.

Amtsgerichte

Celle   E 180 605
Mühlenstr. 8, 29221 Celle
Postfach 11 04, 29201 Celle
T (0 51 41) 2 06–0
Telefax (0 51 41) 20 67 57

1 Dir, 1 stVDir, 1 w.aufsR, 16½ R, 1 LSt (R)

Kunkis, Jürgen, Dir	7. 12. 99	2. 7. 39
Drosdek, Uwe, stVDir	12. 4. 98	8. 5. 38
Wille, Frank, w.aufsR	11. 8. 98	31. 12. 41
Stammann, Wilfried-Harald	5. 10. 72	16. 9. 40
Stiekel, Hermann	15. 12. 72	21. 4. 39
Schmeidler, Ernst	1. 10. 75	20. 9. 39
Grunwald, Georg-Joachim	16. 9. 77	2. 12. 45
Deckwirth, Jens	1. 12. 81	25. 6. 45
Dürr, Wolfgang	26. 5. 82	12. 3. 48
Eickmeyer, Elisabeth, ½	31. 3. 83	6. 7. 52
Borchert, Marina,		
beurl. (LSt)	20. 3. 90	25. 10. 56
Walter, Andreas	1. 10. 92	21. 11. 58
Wunderlich, Maria	28. 4. 94	4. 1. 56
Liekefett, Thomas	4. 5. 94	2. 4. 61
Frost, Dagmar	4. 5. 95	10. 10. 61
Hegers, Heike	3. 6. 96	31. 5. 65
Dentzien, Falk	23. 6. 97	14. 1. 65
Zwilling, Uwe	2. 2. 98	20. 9. 62
Sander, Boris	1. 7. 98	8. 9. 60

Eine weitere Stelle ist besetzt. Name und Personaldaten des Stelleninhabers sind nicht übermittelt
worden.

Dannenberg (Elbe)   E 52 110
Amtsberg 2, 29451 Dannenberg
Postfach 11 09, 29445 Dannenberg
T (0 58 61) 3 96 99
Telefax (0 58 61) 18 30

1 Dir, 4 R

Reif, Peter, Dir	1. 12. 98	21. 3. 44
Bischof, Dagmar	14. 6. 76	9. 3. 45
Stärk, Thomas	1. 12. 83	30. 12. 48
Dr. Staiger, Peony	3. 12. 93	16. 2. 63

Eine weitere Stelle ist besetzt. Name und Personaldaten des Stelleninhabers sind nicht übermittelt
worden.

Lüneburg   E 160 966
Am Ochsenmarkt 3, 21335 Lüneburg
Postfach 13 40, 21303 Lüneburg
T (0 41 31) 2 02–1
Telefax (0 41 31) 20 24 53

1 Dir, 1 stVDir, 1 w.aufsR, 13½ R (1 LSt)

Dr. Menk, Renate, Dir	1. 7. 99	8. 9. 48
Schuller, Hans-Joachim, stVDir	2. 5. 84	24. 7. 39
Scholz, Christian, w.aufsR	14. 7. 94	24. 12. 44
Sonntag, Eugenie	18. 8. 76	5. 11. 42
Müller, Horst	30. 8. 77	4. 8. 42
Campowsky, Maria	25. 4. 78	27. 6. 47
Dr. Timm-Willenberg, Charlotte, ½	12. 3. 81	29. 12. 44
Stahlhut, Friedrich	23. 1. 87	30. 10. 55
Schäfer, Wolfgang	1. 9. 93	12. 7. 61
Both, Arne	25. 3. 96	31. 3. 63
Strunk, Klaus Rainer	2. 9. 96	9. 5. 59
Friedrichsen, Hans-Christian	11. 2. 97	15. 3. 62
Schmeer, Angela, ½	26. 6. 97	29. 8. 63
Skibba, Simone, beurl. (LSt)	1. 1. 99	4. 7. 65

Eine weitere Stelle ist besetzt. Name und Personaldaten des Stelleninhabers sind nicht übermittelt worden.

Soltau E 72 128
Rühberg 13–15, 29614 Soltau
Postfach 11 44, 29601 Soltau
T (0 51 91) 69 50
Telefax (0 51 91) 69 52 00

1 Dir, 5 R

Rundt, Sigmar, Dir	26. 4. 96	28. 5. 50
Reichert, Arndt	25. 11. 77	15. 4. 43
Staashelm, Gerhard	18. 7. 80	4. 3. 50
Onken, Rolf	23. 11. 84	14. 8. 49
Lyß, Herbert	3. 7. 95	27. 7. 63
Klee, Ute, ½	8. 11. 95	29. 7. 63

Uelzen E 96 794
Veerßer Str. 49, 29525 Uelzen
Postfach 12 61, 29502 Uelzen
T (05 81) 8 85 10
Telefax (05 81) 8 85 11 88

1 Dir, 1 stVDir, 8 R

Carstens, Werner, Dir	1. 11. 77	13. 11. 35
Jordan, Lutz, stVDir	17. 10. 95	9. 4. 47
Hinrichs, Jürgen	24. 4. 80	11. 12. 46
Siemeke, Eberhard	7. 7. 81	5. 2. 50
Krumm, Hans-Werner	28. 4. 87	24. 11. 54
Kötke, Harald	19. 2. 88	6. 7. 53
Neßelhut, Angela	19. 2. 96	18. 4. 48
Thomsen, Rainer	12. 1. 98	16. 2. 62

Eine weitere Stelle ist besetzt. Name und Personaldaten des Stelleninhabers sind nicht übermittelt worden.

Winsen an der Luhe E 115 299
Schloßplatz 4, 21423 Winsen
Postfach 14 11, 21414 Winsen
T (0 41 71) 88 60
Telefax (0 41 71) 60 67 89

1 Dir, 1 stVDir, 7 R

Paulisch, Albert G.,Dir	4. 5. 98	10. 12. 51
Scherwinsky, Wilfried, stVDir	23. 7. 98	8. 12. 48
Fuhlendorf, Rolf	15. 6. 77	13. 11. 44
Dotzauer-Meyer, Gudrun	—	—
Dunsing, Wolfgang	14. 8. 84	9. 3. 51
Harms, Heinz	23. 10. 84	6. 10. 45
Dr. Lübbesmeyer, Gerhard	27. 6. 95	23. 9. 59
Redmer, Jürgen	2. 3. 98	13. 4. 61

Landgerichtsbezirk Stade

Landgericht Stade E 583 247
Wilhadikirchhof 1, 21682 Stade
Postfach 16 22, 21656 Stade
T (0 41 41) 10 71
Telefax (0 41 41) 10 74 29

1 Pr, 1 VPr, 10 VR, 16 R (1 LSt R)

Präsidentin

Biermann, Christa	26. 3. 93	5. 8. 37

Vizepräsident

Hinrichsen, Hermann	20. 9. 93	8. 5. 36

Vorsitzende Richterinnen/Vorsitzende Richter

Krause, Karl-Heinrich	8. 8. 80	9. 12. 36
Frenzke, Peter	30. 8. 82	4. 6. 41
Kleberger, Peter	10. 2. 83	22. 1. 42
Margraf, Joachim	10. 4. 86	21. 4. 42
Voß, Hartmut	1. 6. 87	1. 1. 44
Kuehn, Christiane	12. 11. 91	29. 12. 50
Wycisk, Petra	10. 6. 93	4. 8. 47
Bartels, Christian	11. 6. 93	9. 11. 41
Thomsen, Arnold	7. 2. 94	7. 7. 41
Schulz, Gabriele	27. 2. 98	1. 2. 48

Richterinnen/Richter

Wex, Jürgen	1. 4. 77	7. 7. 45
Köhn, Karola	3. 5. 82	16. 6. 47
Borchardt, Margret	1. 8. 83	2. 1. 52
Klöckner-Titze, Ursula, ⅔	7. 8. 84	11. 8. 50
Pudimat, Gudrun	23. 10. 84	29. 6. 53
Fischer, Lutz	7. 8. 86	22. 12. 52
Ganzemüller, Ulrich	10. 5. 90	23. 6. 54
Henrich, Barbara, ⅔	18. 2. 93	4. 5. 62
Rosenow, Frank	9. 7. 93	7. 5. 59
Myska, Michael	—	—

Schilensky, Peer	26. 2.98	31. 8.63
Baars, Petra Susanne,		
beurl. (LSt)	2. 3.98	17.11.64
Henne, Stephan	15. 5.98	11.10.63

Weitere Stellen sind besetzt. Namen und Personaldaten der Stelleninhaber sind nicht übermittelt worden.

Amtsgerichte

Bremervörde   E 43787
Amtsallee 2, 27432 Bremervörde
Postfach 1162, 27421 Bremervörde
T (04761) 98490
Telefax (04761) 984949

1 Dir, 2 R

Stelling, Ingrid, Dir	2.10.96	10.12.57
Hinck, Uwe	4. 4.77	23. 5.43
Stüwer, Christian	17. 2.97	23. 6.63

Buxtehude   E 84551
Bahnhofstr. 4, 21614 Buxtehude
Postfach 1152, 21601 Buxtehude
T (04161) 5069–0
Telefax (04161) 506911

1 Dir, 5 R

Aping, Norbert, Dir	4. 1.99	1. 6.52
Schneider, Gunhild	19. 3.73	23. 5.42
Scheel-Aping, Gabriele, ¾	2. 1.81	21. 4.52
Sielbeck, Nora, ½	17. 9.87	26. 9.56
Köppe, Michael	19. 8.94	23. 6.62
Lindemann, Wolfgang	2. 9.94	28. 7.61

Cuxhaven   E 54106
Deichstr. 12 A, 27472 Cuxhaven
Postfach 102, 27451 Cuxhaven
T (04721) 50190
Telefax (04721) 501919

1 Dir, 5½ R

Stolle, Uwe, Dir	29.11.94	16. 5.37
Plath, Günter	10.10.75	22.12.39
Plath, Astrid	4. 6.76	26. 8.44
Schreiber, Manfred	14. 2.83	15. 9.51
Wichmann, Jörg	4. 6.97	17. 8.60
Sievers, Heike	5. 3.99	24.10.64

Langen (b. Bremerhaven)   E 99085
Debstedter Str. 17, 27607 Langen
Postfach, 27607 Langen
T (04743) 882–0
Telefax (04743) 88238

1 Dir, 5 R

Konitz, Bernhard, Dir	5. 9.94	11. 8.50
Beez, Eva	8. 1.74	6. 2.42
Ganser, Lutz	2. 1.84	13.11.50
Rümke, Almut	14.10.94	16. 9.59

Eine weitere Stelle ist besetzt. Name und Personaldaten der Stelleninhaber sind nicht übermittelt worden.

Otterndorf   E 48073
Am Großen Specken 6, 21762 Otterndorf
Postfach 1162, 21758 Otterndorf
T (04751) 902–02
Telefax (04751) 90237

1 Dir, 2½ R, 1 LSt (R)

Reinhold, Klaus, Dir	—	20. 9.44
Deutschmann, Sabine,		
beurl. (LSt)	2. 8.94	27. 7.62

Stade   E 103441
Wilhadikirchhof 1, 21682 Stade
Postfach 1151, 21651 Stade
T (04141) 1071
Telefax (04141) 107213

1 Dir, 1 stVDir, 8 R

Wirth, Willi, Dir	1. 7.98	3. 7.53
Levermann, Albert, stVDir	1. 7.98	5. 5.50
Marienfeld, Wolfgang	22. 8.77	4. 1.45
Marienfeld, Helga	10.11.78	10. 9.43
Molsen, Ilse, ½	2. 7.79	15.12.49
Bolle-Seum, Brigitta	2. 1.81	19. 1.50
Drecktrah, Volker	2. 2.81	28. 4.48
Christ-Krüger, Ulrike, ½	9. 3.81	13. 9.43
Appelkamp, Berend	16. 5.90	24. 2.58
Moßig, Ursula, ⅔	30.12.92	27. 4.51

Tostedt   E 109245
Unter den Linden 23, 21255 Tostedt
Postfach, 21250 Tostedt
T (04182) 2970
Telefax (04182) 297100

1 Dir, 1 stVDir, 7½ R

Riemer, Klaus, Dir	2. 1.78	9. 7.36
Jäkel, Volker, stVDir	18. 7.94	7.11.47
Oeben-Schröder, Gabriele	—	—
Pittelkow, Joachim	2. 2.79	2. 3.49
Haak, Christoph	23. 5.91	18.11.57
Dr. Übelacker, Michael	2. 3.98	1. 3.64

Weitere Stellen sind besetzt. Namen und Personaldaten der Stelleninhaber sind nicht übermittelt worden.

Zeven E 40 959
Bäckerstr. 1, 27404 Zeven
Postfach 11 60, 27391 Zeven
T (0 42 81) 9 32 30
Telefax (0 42 81) 93 23 40

1 Dir, 2 R

Hinz, Peter, Dir	7. 12. 87	28.	5. 44
Gülk, Gunther	28. 12. 83	5.	9. 39
Haller, Jürgen	4. 11. 88	26.	9. 57

Landgerichtsbezirk Verden (Aller)

Landgericht Verden (Aller) E 709 456
Johanniswall 6, 27283 Verden
Postfach 21 20, 27281 Verden
T (0 42 31) 18–1
Telefax (0 42 31) 1 82 51

1 Pr, 1 VPr, 11 VR, 19 R

Präsident

Dr. Lengtat, Rüdiger Gerd	29. 9. 99	15. 10. 52

Vizepräsident

Marsch, Hans-Peter	15. 10. 98	27. 7. 44

Vorsitzende Richterin/Vorsitzende Richter

Biermann, Rudolf	27. 5. 74	28. 7. 35
Dr. Bischoff, Volker-Götz	16. 7. 79	13. 9. 40
Dr. Christiansen, Hans	1. 5. 81	6. 12. 37
Wiehr, Helmut	13. 10. 87	11. 5. 41
Schindel, Jürgen	26. 9. 88	8. 10. 41
Prüshoff, Jörg	3. 2. 89	25. 4. 47
Schmidt, Ingrid	7. 3. 90	22. 5. 43
Palm, Klaus	14. 8. 91	29. 4. 49
Hustedt, Rüdiger	6. 7. 92	15. 1. 49
Grebe, Joachim	23. 6. 99	12. 10. 51
Heuken-Bethmann, Petra, ½	23. 6. 99	21. 1. 54
Buschmann-Fricke, Gisela, ½	23. 6. 99	10. 2. 58

Richterinnen/Richter

Goldbach, Dieter	1. 4. 77	21. 12. 40
Peters, Uwe	29. 7. 80	1. 10. 45
Brandt, Karl-Heinz	5. 2. 81	27. 9. 48
Kiekebusch, Tilbert	5. 11. 82	11. 4. 44
Krützfeldt, Katarina	8. 3. 84	21. 6. 51
Hastmann-Nott, Ilse	21. 9. 84	15. 8. 54
Dr. Nott, Stephan	25. 5. 89	18. 5. 55
Dr. Rath-Ewers, Charlotte, ½	21. 8. 89	1. 1. 55
Dr. Kohmüller, Jobst	31. 5. 91	27. 5. 54

Kaemena, Hans-Georg	1. 12. 91	17. 11. 55
Dr. Scharfschwerdt-Otto, Kerstin, ½	17. 3. 92	2. 8. 60
Gudehus, Marita, ½, abg.	13. 5. 92	27. 9. 60
Dr. Lesting, Wolfgang	1. 9. 94	24. 9. 54
Armbrecht, Rolf	22. 6. 95	25. 9. 60
Tittel, Markus	22. 2. 96	8. 5. 64
Seifert, Jürgen	2. 8. 99	3. 7. 68

Amtsgerichte

Achim E 70 467
Obernstr. 40, 28832 Achim
Postfach, 28832 Achim
T (0 42 02) 9 15 80
Telefax (0 42 02) 91 58 59

1 Dir, 5 R

Wulfmeyer, Volker, Dir	10. 6. 80	26. 2. 36
Wehmeyer, Jürgen	13. 8. 79	30. 4. 48
Schmidt, Kurt, abg.	18. 9. 87	17. 11. 52
Minge, Andreas	17. 1. 91	2. 8. 55
Kost, Joachim	15. 4. 93	13. 2. 61

Diepholz E 48 845
Lange Str. 32, 49356 Diepholz
Postfach 11 09, 49341 Diepholz
T (0 54 41) 99 60
Telefax (0 54 41) 9 96 49

1 Dir, 3 R

Kruthaup, Elisabeth, Dir	7. 12. 99	27. 10. 54
Zinser, Hans-Diethelm	21. 7. 83	20. 8. 52
Jünemann, Helmut	1. 12. 83	30. 4. 48
Fuhrmann-Klamt, Sabine	28. 1. 88	3. 3. 54

Nienburg (an der Weser) E 77 854
Schloßplatz 1, 31582 Nienburg
Postfach 11 12, 31561 Nienburg
T (0 50 21) 6 01 80
Telefax (0 50 21) 60 18 60

Zweigstelle in Hoya
Schloßplatz 3–5, 27318 Hoya
Postfach, 27318 Hoya
T (0 42 51) 73 73
Telefax (0 42 51) 73 92

1 Dir, 6 R

Bettges, Siegfried, Dir	10. 3. 86	1. 2. 40
Pest, Jürgen	14. 11. 72	22. 6. 40
Sawade, Ulrich	21. 4. 81	4. 6. 44
Mühlmann, Wilhelm	6. 5. 83	4. 8. 50
Dr. Neugebauer, Ralph	26. 4. 93	23. 2. 59
Bargemann, Bernd	20. 8. 98	18. 1. 62

Osterholz-Scharmbeck E 107 365
Klosterplatz 1, 27711 Osterholz-Scharmbeck
Postfach 11 03, 27701 Osterholz-Scharmbeck
T (0 47 91) 3 05–0
Telefax (0 47 91) 3 05 49

1 Dir, 1 stVDir, 6 R

Helberg, Friedrich		
Wilhelm, Dir	14. 9. 87	17. 8. 38
Pöhlmann, Rolf, stVDir	17. 2. 98	5. 3. 44
Suck, Klaus	17. 5. 72	5. 8. 37
Schneider, Berndt	4. 7. 80	13. 10. 45
Fiedelak, Martin	8. 5. 91	21. 3. 57
Stronczyk, Volker	31. 3. 95	11. 6. 59
Tittel, Inken, ½	7. 5. 98	9. 11. 64
Wollstadt, Margarete, ½	11. 5. 98	12. 4. 53

Rotenburg (Wümme) E 71 905
Am Pferdemarkt 6, 27356 Rotenburg
Postfach 11 40, 27341 Rotenburg
T (0 42 61) 70 40
Telefax (0 42 61) 7 04 70

1 Dir, 5 R

Bosse, Arnd, Dir	16. 9. 91	12. 6. 48
Brunkhorst, Ingrid	8. 8. 78	11. 1. 47
Köstler-Häger, Jutta	3. 6. 86	6. 6. 52
Peters, Jörg	10. 5. 93	10. 12. 57
Reinicke, Sabine	27. 7. 93	7. 12. 58
Kutz, Petra	1. 4. 98	28. 6. 63

Stolzenau E 47 957
Weserstr. 8, 31592 Stolzenau
Postfach 11 42, 31586 Stolzenau
T (0 57 61) 70 90
Telefax (0 57 61) 7 09 33

1 Dir, 2 R

Pfeil, Agnes, Dir	2. 8. 99	18. 1. 51
Krug-Gildehaus, Hans-		
Joachim	—	—

Sulingen E 32 693
Lange Str. 56, 27232 Sulingen
Postfach 13 20, 27224 Sulingen
T (0 42 71) 80 60
Telefax (0 42 71) 8 06 39

1 Dir, 2 R

Klamt, Michael, Dir	17. 2. 82	4. 4. 46
Hachmann, Elke	3. 8. 89	9. 5. 55
Pahl-Klenner, Katja	7. 11. 95	19. 9. 63

Syke E 126 232
Amtshof 2, 28857 Syke
Postfach 11 65, 28845 Syke
T (0 42 42) 16 50
Telefax (0 42 42) 1 65 59

1 Dir, 1 stVDir, 9½ R

Dr. Delitzsch, Winfried,		
Dir	8. 5. 95	20. 2. 47
Fregin, Timm, stVDir	5. 9. 94	13. 1. 45
Frerker, Edda	9. 3. 73	28. 1. 40
Daseking, Peter	15. 2. 74	31. 7. 37
Schulz, Wolfgang	2. 5. 77	27. 6. 44
Held, Peter	30. 11. 77	1. 8. 39
Hartleif, Rudolf	5. 12. 84	17. 8. 52
Pfeiffer, Ulrich	2. 10. 85	22. 7. 55
Rotermund, Ronald	23. 12. 85	17. 5. 52
Wawrzinek, Matthias	19. 5. 93	23. 10. 57

Verden (Aller) E 60 506
Johanniswall 8, 27283 Verden
Postfach 21 30, 27281 Verden
T (0 42 31) 18–1
Telefax (0 42 31) 1 83 57

1 Dir, 6 R (1 LSt)

von Döllen, Peter, Dir	28. 2. 86	28. 6. 35
Moritz, Volkmar	27. 12. 72	27. 12. 40
Lange, Jöns	25. 4. 74	16. 9. 41
Krüger, Horst	16. 4. 77	30. 1. 43
Große Schlarmann-Meinke,		
Jutta, ½, beurl. (LSt)	1. 6. 94	7. 12. 61
Bederna, Hans-Georg	20. 8. 98	6. 11. 61
Barré, Jörg	20. 7. 99	26. 7. 64

Walsrode E 65 632
Lange Str. 29–33, 29664 Walsrode
Postfach 11 49, 29651 Walsrode
T (0 51 61) 60 07–0
Telefax (0 51 61) 60 07 80

1 Dir, 5 ½ R

Hoffmann, Klaus, Dir	1. 4. 99	14. 3. 45
Klages, Hans-Jürgen	13. 1. 78	6. 7. 37
Hindahl, Inka, ½	5. 12. 88	4. 3. 58
Gruß, Cord-Heinrich	28. 5. 96	6. 6. 60
Rothstein, Jutta	10. 1. 97	23. 6. 53
Dr. Otto, Gerhard	3. 7. 96	17. 9. 58

Staatsanwaltschaften

Generalstaatsanwaltschaft Celle

Schloßplatz 2, 29221 Celle
Postfach 12 67, 29202 Celle
T (0 51 41) 2 06–0
Telefax (0 51 41) 20 63 28

1 GStA, 3 LOStA, 12 OStA

Generalstaatsanwalt

Dr. Endler, Manfred	23. 2. 90	9. 6. 34

Leitende Oberstaatsanwältin/Oberstaatsanwälte

Jeserich, Hans-Dieter	30. 9. 91	8. 10. 43
Nemetschek, Silvia	1. 10. 96	30. 3. 46
Schulz, Manfred	—	10. 4. 39

Oberstaatsanwältinnen/Oberstaatsanwälte

Arnold, Stephan	7. 5. 90	2. 8. 50
Müller, Wolfgang	10. 10. 90	4. 11. 48
Pfleiderer, Thomas	14. 11. 91	24. 4. 50
Naujok, Rolf	16. 6. 92	6. 6. 47
Bartsch, Christoph	1. 7. 92	29. 8. 35
Kazimierski, Roland	17. 9. 92	18. 1. 57
Böhm, Armin	1. 10. 96	27. 3. 51
Franke, Witold, abg.	20. 10. 97	9. 2. 51
Dr. König, Roswitha	1. 9. 98	9. 9. 52
Dr. Lüttig, Frank	3. 1. 00	27. 3. 60

Staatsanwaltschaft Bückeburg

Herminenstr. 30/31, 31675 Bückeburg
Postfach 13 15, 31665 Bückeburg
T (0 57 22) 2 90–0
Telefax (0 57 22) 29 01 11

1 LOStA, 1 OStA, 6 StA

Leitender Oberstaatsanwalt

Ramberg, Klaus	1. 9. 94	2. 4. 36

Oberstaatsanwalt

Becker, Bodo	1. 8. 89	13. 7. 48

Staatsanwälte

Jäger, Wolfgang	15. 1. 76	13. 5. 41
Stahlhut, Wilfried	1. 10. 82	12. 9. 51
Hirt, Frank	6. 11. 89	5. 2. 58
Schmidt, Klaus Jochen	1. 10. 93	11. 4. 62
Kaul, Rainer	27. 11. 96	24. 6. 64
Menzemer, Michael	18. 8. 97	17. 1. 60

Staatsanwaltschaft Hannover

Volgersweg 67, 30175 Hannover
T (05 11) 3 47–0
Telefax (05 11) 3 47 25 91

1 LOStA, 1 stVLOStA, 18 OStA, 67 StA,
1 ORR, 1 LSt (OStA), 2 LSt (StA)

Leitender Oberstaatsanwalt

Wendt, Manfred	1. 9. 98	7. 3. 53

Oberstaatsanwältinnen/Oberstaatsanwälte

Dr. Meier, Henning, stVLOStA	20. 7. 93	3. 9. 53
Gropp, Ulrich	31. 5. 89	5. 7. 47
Mahnkopf, Hans-Jürgen	10. 10. 90	14. 6. 45
Gerhardt, Ralf	20. 11. 90	9. 1. 41
Schwerdtfeger, Hans-Hinrich	24. 7. 91	18. 3. 39
Derlin, Hans-Detlef	4. 11. 92	5. 5. 41
Zeißig, Klaus	30. 6. 94	6. 4. 38
Hoppe, Jürgen	30. 6. 94	24. 9. 44
Iburg, Heinz-Ulrich	30. 6. 94	29. 4. 49
Büermann, Wolfgang	11. 8. 94	7. 3. 53
Knothe, Manfred	4. 10. 95	8. 1. 51
Nesemann, Gabriele	9. 10. 95	20. 5. 49
Hopf, Ulrike	27. 8. 97	15. 7. 43
Lendeckel, Hans-Jürgen	27. 8. 97	20. 9. 52
Finke, Klaus	—	24. 9. 48
Fischer, Hilmar	1. 2. 99	28. 8. 43
Dietzel-Gropp, Regina-Barbara	1. 7. 99	27. 3. 53
Burmester, Wolfgang	6. 1. 00	21. 5. 45
Berger, Gerhard, abg. (LSt)	6. 1. 00	30. 5. 58

Staatsanwältinnen/Staatsanwälte

Neidhart, Joachim	16. 5. 72	12. 7. 40
Maul, Rolf-Achim	19. 11. 73	25. 10. 41
Sydow-Sagemüller, Margret	27. 3. 74	9. 3. 38
Dr. Rauhe, Dieter	15. 10. 75	4. 1. 44
Glufke, Eckhard	28. 1. 76	16. 5. 43
Sieber, Sabine, ½, abg.	15. 8. 76	3. 3. 44
Harms, Jürgen	1. 4. 77	12. 7. 45
Sperling-Jacobs, Eveline	13. 4. 77	1. 9. 40
Neuendorff, Jörg	15. 3. 78	6. 9. 45
Landgraf, Wolfgang	13. 4. 78	2. 3. 42
Ehlert, Cordula, ½	13. 4. 78	24. 6. 47

Janssen, Peter	15. 12. 78	17. 6. 43		
Dr. Schwanecke, Inge				
Beate	15. 12. 78	25. 2. 49		
Lüschen, Eilert-				
Diedrich	1. 9. 80	6. 11. 49		
Bolze, Egon	28. 10. 98	12. 6. 45		
Schulz, Rita, ½	12. 3. 82	12. 3. 50		
Bömeke, Gerd	11. 11. 82	17. 8. 50		
Washington, Ilse	24. 6. 83	5. 7. 52		
Mehrens, Nikola	4. 7. 83	29. 8. 44		
Mankiewicz, Joachim	20. 10. 83	15. 4. 51		
Seipold, Bernd-Jürgen	27. 12. 83	16. 8. 42		
Dr. Heghmanns,				
Michael, abg. (LSt)	17. 7. 85	18. 9. 57		
Görlich, Uwe	—	—		
Dr. Gundlach, Rainer	3. 10. 86	2. 10. 52		
Eisterhues, Dietmar	25. 1. 88	7. 10. 54		
Bernt, Thomas	29. 2. 88	12. 8. 57		
Roitsch-van Almelo,				
Elke	8. 2. 89	—		
Gresel, Angelika, abg.	5. 4. 89	25. 6. 57		
Grupe, Joachim	1. 9. 89	27. 7. 53		
Olmes, Birgit	27. 11. 89	8. 5. 55		
Kochheim, Dieter	9. 1. 90	30. 4. 57		
Spellbrink, Ute	26. 2. 90	4. 1. 56		
Klinge, Thomas	15. 5. 90	4. 3. 56		
Silinger, Irene, ¾	31. 8. 90	5. 5. 57		
Hering, Reinhild	4. 10. 90	20. 10. 58		
Mohr, Christa, ½	22. 11. 91	21. 4. 51		
Rosendahl, Jutta	2. 1. 92	19. 6. 59		
Haase, Barbara	1. 6. 93	18. 3. 61		
Schwitzer, Heike	7. 7. 93	10. 4. 62		
Schneidewind, Dirk	13. 9. 93	4. 4. 59		
Günther, Ralf	11. 10. 94	21. 5. 59		
Bertrang, Antje	1. 3. 95	25. 8. 61		
Dr. Hackner, Thomas,				
abg.	31. 3. 95	15. 2. 63		
Franke, Thomas	11. 5. 95	12. 1. 64		
Gerlach, Klaus	15. 5. 95	19. 11. 60		
Hasenpusch, Frank	9. 8. 95	28. 4. 61		
Schulzke, Carola	8. 11. 95	17. 11. 63		
Appelbaum, Martin	21. 3. 96	11. 10. 63		
Sauer, Kerstin	1. 4. 96	28. 3. 64		
Henze, Andreas	29. 5. 97	13. 10. 64		
Richter, Marina	5. 9. 97	13. 9. 58		
Dr. Ihnen, Katharina,				
½, abg.	5. 9. 97	24. 3. 64		
Ahlers, Bettina, beurl.				
(LSt)	3. 11. 97	6. 4. 66		
Stolper, Maren	11. 12. 97	31. 10. 63		
Klages, Peter	12. 8. 98	6. 8. 63		
Dr. Weissenborn, Frank	15. 2. 99	30. 6. 62		

Staatsanwaltschaft Hildesheim
Kaiserstr. 60, 31134 Hildesheim
Postfach 10 12 64, 31112 Hildesheim
T (0 51 21) 96 80
Telefax (0 51 21) 96 83 44

1 LOStA, 1 stVLOStA, 5 OStA, 20 StA

Leitender Oberstaatsanwalt

Lücke, Horst	25. 11. 85	12. 9. 39

Oberstaatsanwälte

Seemann, Bernd,		
stVLOStA	4. 1. 94	4. 1. 51
Kreutz, Gerhard	22. 10. 85	13. 3. 45
Meyer-Borgstädt, Jürgen	28. 1. 92	24. 4. 48
Dorn, Martin	16. 6. 92	24. 5. 54
Czychon, Wolfgang, abg.	10. 3. 94	18. 12. 51
Stange, Albrecht	19. 4. 94	26. 4. 44

Staatsanwältin/Staatsanwälte

Müller, Horst	2. 6. 72	30. 8. 41
Schmidt, Harald	1. 4. 75	19. 11. 42
Kern, Klaus	5. 6. 75	27. 3. 41
Hummelsiep, Hans-		
Joachim	26. 5. 76	17. 9. 42
Grimme, Norbert	15. 7. 76	11. 4. 44
Japing, Jörg Harold	16. 8. 77	7. 1. 46
Johannsen, Carsten-		
Hinrich	30. 3. 79	8. 6. 48
Winkler, Ulrich	9. 11. 79	27. 11. 48
Bruns, Hans-Jürgen	17. 8. 81	3. 6. 49
Scholz, Wolfgang	5. 4. 88	25. 7. 55
Gottfriedsen, Christian	17. 9. 90	10. 7. 58
Wotschke, Christian	1. 3. 93	19. 5. 62
Kukla, Klaus	1. 11. 93	23. 4. 60
Pochert, Karl-Heinz	9. 12. 94	11. 9. 62
Herzog, Petra, ½	11. 5. 98	25. 1. 66

Staatsanwaltschaft Lüneburg
Burmeisterstraße 6, 21335 Lüneburg
Postfach 28 80, 21398 Lüneburg
T (0 41 31) 2 02–1
Telefax (0 41 31) 20 24 74

Zweigstelle in Celle
Biermannstraße 9, 29221 Celle
Postfach 12 69, 29202 Celle
T (0 51 41) 2 06–0
Telefax (0 51 41) 20 65 90

1 LOStA, 1 stVLOStA, 7 OStA, 30 StA,
2 LSt (StA)

Leitender Oberstaatsanwalt

Borchers, Nikolaus — 16. 5. 40

Oberstaatsanwältinnen/Oberstaatsanwälte

Wigger, Jürgen,		
stVLOStA	21. 3. 86	8. 10. 41
Müller, Johann-Albrecht	22. 5. 84	29. 8. 37
Lüning, Gisela	9. 3. 94	3. 8. 43
Kuppi, Wilfried	9. 3. 94	13. 7. 45
Lüttmer, Christa	9. 8. 94	21. 5. 51
Feindt, Klaus-Peter	6. 5. 96	19. 11. 46

Staatsanwältinnen/Staatsanwälte

Grefe, Dieter, EStA	28. 5. 74	1. 7. 35
Firker, Gerhard	8. 10. 71	8. 10. 39
Golumbeck, Henning	18. 7. 74	18. 2. 40
Meyer-Ebeling, Joachim	2. 2. 76	8. 2. 44
Gentz, Wolfdietrich	13. 5. 76	28. 2. 44
Klee, Andreas	31. 1. 77	26. 12. 44
Probst, Hans	28. 2. 77	31. 12. 44
Frick, Rüdiger	21. 7. 80	27. 8. 49
Brandt, Volker	5. 9. 80	7. 11. 49
Kuntze, Hans-Gernot	27. 2. 81	10. 11. 48
Thomas, Sabine	1. 12. 81	3. 2. 52
Peest, Gertrud	2. 2. 82	26. 6. 51
Neuhaus-Kleineke,		
Marianne	7. 6. 82	4. 8. 52
Warnecke, Manfred	29. 7. 85	16. 12. 53
Klee, Angelika	10. 3. 86	10. 1. 56
Dr. Fröhlich, Jörg, abg.	14. 1. 91	29. 8. 60
Mildner-Wiese, Sabine	13. 5. 91	13. 9. 60
Dell'Aquila, Gesine	14. 5. 93	9. 7. 62
Naumann, Thomas	16. 5. 94	29. 5. 54
Heck, Susanne, beurl.		
(LSt)	27. 7. 95	3. 7. 63
Dresselhaus, Susanne, ½	5. 10. 95	22. 10. 61
Hitziger, Karin	1. 12. 95	25. 2. 63
Lalla, Heike	22. 12. 95	19. 11. 62
Wolters, Michael	4. 1. 96	7. 12. 60
Schwartau, Susanne	13. 2. 97	15. 7. 58
Dresselhaus, Heinrich	16. 2. 97	17. 11. 62
Kolkmeier, Bernd, abg.		
(LSt)	28. 5. 97	12. 11. 64
Thaysen-Bender,		
Katharina	22. 12. 97	27. 11. 64
Brockhöft, Kathrin, ½	13. 3. 98	5. 9. 63
Saffran, Detlev	12. 7. 99	18. 3. 63

Staatsanwaltschaft Stade

Archivstraße 7, 21682 Stade
Postfach 20 22, 21660 Stade
T (0 41 41) 10 71
Telefax (0 41 41) 10 73 81

1 LOStA, 1 stVLOStA, 4 OStA, 18 StA

Leitende Oberstaatsanwältin

Steinberg, Eva 24. 4. 95 4. 12. 43

Oberstaatsanwälte

Tews, Paul-Dieter,		
stVLOStA	28. 8. 79	17. 10. 35
Balhorn, Martin	25. 3. 86	11. 8. 40
Schräger, Uwe	15. 2. 94	16. 5. 45
Reh, Frank	9. 3. 94	27. 8. 44
Bobeth, Eckhard	1. 7. 98	17. 2. 39

Staatsanwältinnen/Staatsanwälte

Rabiger, Hans-Günther	20. 7. 70	11. 1. 36
Doege, Volker	6. 10. 71	24. 9. 39
Littbarski, Dietrich	19. 6. 73	17. 10. 37
Grünberg, Klaus-		
Hermann	1. 9. 75	6. 1. 41
Loorz-Jasmer, Liselotte	15. 4. 76	23. 3. 44
Strauß, Hartmut	22. 10. 79	19. 10. 47
Hundt, Helmuth	10. 8. 81	26. 5. 44
Dubbert, Uwe	23. 9. 83	31. 7. 51
Nitz, Hartmut	20. 6. 91	27. 4. 59
Müller, Karin, abg.	3. 9. 91	24. 10. 60
Kellermann, Joachim	4. 1. 93	28. 10. 60
Hanfeld-Kellermann,		
Uta, ½	4. 10. 93	22. 2. 62
Steinenböhmer,		
Doris, ½	27. 10. 95	27. 2. 50
Bohrmann, Lutz	4. 3. 96	9. 7. 63
Dr. Vonnahme,		
Burkhard	22. 10. 96	5. 11. 63
Demke, Anja	8. 11. 96	26. 2. 63
Englert-Dunken, Ulrike	2. 12. 96	24. 10. 64
Vonnahme, Inken, ½	18. 5. 98	28. 3. 65

Staatsanwaltschaft Verden/Aller

Johanniswall 8, 27283 Verden/Aller
Postfach, 27281 Verden/Aller
T (0 42 31) 18–1
Telefax (0 42 31) 1 84 90

1 LOStA, 1 stVLOStA, 4 OStA, 19 StA,
1 LSt (StA)

Leitender Oberstaatsanwalt

Trentmann, Helmut 1. 8. 97 21. 9. 46

Oberstaatsanwälte

N. N., stVLOStA	—	—
Kuhn, Welfhard	15. 3. 94	17. 4. 40
Dyballa, Detlev	15. 12. 95	4. 1. 46
Herrmann, Roland	1. 2. 99	19. 2. 51
Brosowsky, Rolf Joachim	3. 1. 00	3. 1. 56

Staatsanwältinnen/Staatsanwälte

Limmer, Hans Joachim	21. 6.71	20. 6.39
Bredereck, Gunther	7. 1.74	11. 4.40
Schönemann, Klaus-Walter	18. 5.77	20. 3.43
Hupka, Dieter	15. 9.78	21. 5.45
Pauli, Felicitas	2. 8.82	9. 8.51
Henß, Brigitta	20. 7.84	11. 5.55
Streichsbier, Silke	4. 9.84	7. 9.53
Steinebach, Regina	10. 4.86	20. 7.55
Scheerer, Jann	19. 1.87	4.12.56
Gaebel, Lutz	12. 2.88	19.12.54

Pleuß, Jürgen	5. 4.93	13. 5.62
Müller, Lüder	4.10.94	25. 3.61
Bederna, Anja, beurl. (LSt)	8. 3.96	3. 3.62
Sanderbrand, Syna	26. 4.96	25. 3.60
Dr. Schubert, Dagmar	2. 5.97	26.12.67
Ostermann, Sabine	10. 9.97	3. 3.61
von Hahn, Clementine, ½	10. 9.97	19. 2.62
Oelfke, Carola	1.12.97	19. 3.65
Stöber, Alexandra, ½	5. 8.99	22.10.66

Oberlandesgerichtsbezirk Oldenburg

Bezirk: Regierungsbezirk Weser-Ems
3 Landgerichte:
Aurich, Oldenburg und Osnabrück
Kammern für *Handelssachen:* Oldenburg 3,
Osnabrück 4

23 Amtsgerichte
Schöffengerichte: bei allen Amtsgerichten
Familiengerichte: bei allen Amtsgerichten
Landwirtschaftsgerichte: bei allen Amtsgerichten

Oberlandesgericht Oldenburg (Oldb.)

E 2 407 500
Richard-Wagner-Platz 1, 26135 Oldenburg
Postfach 24 51, 26014 Oldenburg
T (04 41) 2 20–0, Telefax (04 41) 2 20–11 55
1 Pr, 1 VPr, 11 VR, 38 R + 1 LSt (R)

Präsident

Kramer, Hartwin	30. 10. 92	26. 8. 39

Vizepräsident

Dr. Kodde, Michael	9. 8. 99	6. 6. 54

Vorsitzende Richterin/Vorsitzende Richter

Havekost, Uwe	22. 2. 85	25. 7. 37
Dahms, Herwig	2. 3. 87	24. 11. 36
Dr. Jakobs, Arnold	13. 8. 91	23. 6. 44
Tschirner, Hartmut	30. 4. 93	11. 2. 44
Rehme, Eckhard	25. 8. 93	14. 7. 42
Weber, Dagmar	23. 9. 96	22. 6. 44
Dr. Hack, Willi	22. 9. 97	20. 9. 43
Otterbein, Rolf	25. 6. 99	17. 2. 43
Suermann, Robert	1. 9. 99	20. 12. 46
Jannsen, Günther	2. 2. 00	14. 8. 48

Richterinnen/Richter

Müller, Dietrich	23. 12. 76	19. 5. 39
Steinbeck, Gert	13. 3. 79	14. 12. 37
Wellmann, Gert	13. 3. 79	14. 4. 38
Dr. Meyke, Rolf	13. 3. 79	9. 8. 39
Dr. Schwarz, Joachim	31. 7. 79	23. 3. 40
Dr. Michallek, Klaus-Jürgen	12. 10. 81	22. 3. 40
Kuhlmann, Dieter	28. 9. 83	20. 7. 44
Dr. Brutzer, Roland	1. 6. 84	22. 4. 44
Finck, Lothar	16. 10. 84	8. 3. 46
Dr. Müller, Walter	16. 10. 84	13. 8. 47

Hemprich, Dietmar	14. 4. 86	13. 1. 49
Gerken, Uwe	9. 3. 87	4. 7. 49
Wachtendorf, Hans-Ullrich	2. 9. 87	28. 1. 48
Tiarks, Enno	19. 10. 87	8. 9. 41
Weinreich, Gerd	22. 12. 87	31. 3. 49
Dr. Bartels, Gundolf	4. 1. 89	31. 1. 49
Hilke-Eggerking, Anna-Margarete	8. 6. 89	30. 9. 48
Fabian, Heiko	29. 12. 99	23. 11. 55
Pasker, Hans-Uwe	30. 12. 99	14. 8. 52
Prof. Abel, Wilfried	6. 11. 89	22. 12. 49
Dr. Herde, Klaus-Dieter	15. 11. 89	8. 10. 47
Dr. Schubert, Hans-Werner	23. 5. 91	19. 1. 43
Hartlage-Stewes, Iris	13. 11. 91	3. 12. 51
Dr. Janßen, Dietrich	13. 11. 91	17. 10. 52
Schürmann, Heinrich	10. 12. 91	17. 6. 51
Auf dem Brinke, Jürgen	22. 2. 93	16. 1. 54
Wille, Reinhard	13. 10. 93	10. 9. 46
Gebhardt, Klaus	13. 10. 93	13. 2. 55
Hillmann, Reinhard	12. 9. 94	26. 8. 51
Dr. Brinkmann, Franz-Josef	12. 9. 94	10. 5. 52
Kießler, Horst Walter	26. 9. 94	6. 5. 54
Dr. Temming, Dieter	1. 12. 94	21. 9. 55
Cords, Erwin	28. 3. 95	2. 11. 48
Dr. Milger, Karin	3. 12. 96	2. 12. 55
Schlüter, Klaus	14. 4. 97	12. 5. 51
Teetzmann, Hanspeter	20. 7. 98	1. 9. 57

Landgerichtsbezirk Aurich

Landgericht Aurich E 452 900
Schloßplatz 3, 26603 Aurich
Postfach 14 31, 26584 Aurich
T (0 49 41) 13–0
Telefax (0 49 41) 1 34 65

1 Pr, 1 VPr, 6 VR, 11 R + 2 × ½ R + 1 Lst (R)

Präsident

Bartels, Hans-Otto	7. 2. 92	30. 5. 47

Vizepräsident

Siepermann, Burkhard	1. 8. 98	19. 1. 44

Vorsitzende Richter

Schröder, Henning	3. 10. 88	27. 11. 44
Brier, Werner	—	—
Brederlow, Werner	4. 10. 94	7. 2. 51
Diehl, Hans-Wilhelm	18. 12. 97	23. 4. 53
Rohlfs, Jürgen	1. 2. 98	1. 10. 50

Richterinnen/Richter

Dr. Conring, Werner	6. 1. 75	28. 8. 39
Brier-Dietzel, Ursula, ½	—	—
Peetz, Thomas	1. 4. 80	22. 8. 45
Rätz, Michael	19. 11. 82	29. 5. 50
Döring, Heike	12. 9. 83	30. 12. 53
Mündel, Heinz-Dieter	7. 8. 84	15. 10. 52
Böttcher, Joachim	1. 6. 88	26. 11. 56
Vogelsang, Matthias	1. 3. 91	24. 8. 57
Dr. Herbst, Joachim	29. 4. 96	13. 4. 60
Hohensee, Maren, beurl. (LSt)	29. 4. 96	3. 4. 64
Gronewold, Wolfgang	13. 8. 98	6. 4. 65

Amtsgerichte

Aurich (Ostfriesland) E 95 000
Schloßplatz 2, 26603 Aurich
Postfach 11 33, 26581 Aurich
T (0 49 41) 13–0
Telefax (0 49 41) 1 35 05

1 Dir, 1 stVDir, 6 R

Dr. de Buhr, Wilfried, Dir	30. 5. 94	20. 4. 50
von Tenspolde, Hans, stVDir	3. 1. 00	22. 6. 51
Schaper, Thilo	1. 11. 74	18. 6. 39
Dr. Tosch, Erich	31. 1. 78	3. 12. 44
Hagenlocher, Friedrich-Wilhelm	14. 8. 79	27. 7. 46
Gleibs, Rainer	16. 8. 79	14. 4. 48
Kötting, Ulrich	25. 10. 85	30. 12. 53

Emden E 77 600
Ringstr. 6, 26721 Emden
Postfach 11 32, 26691 Emden
T (0 49 21) 9 51–0
Telefax (0 49 21) 9 51–5 00

1 Dir, 5 R

Hüfken, Otto, Dir	18. 7. 94	12. 5. 49
Sczesny, Erhard	21. 11. 68	5. 4. 37
Eierhoff, Peter	26. 8. 85	16. 10. 51
Welling, Detlev	17. 8. 92	22. 6. 60
Bergholz, Günther	3. 11. 94	2. 11. 60
Herbst, Barbara	23. 7. 98	13. 2. 64

Leer (Ostfriesland) E 153 600
Wörde 5, 26789 Leer
Postfach 11 12, 26761 Leer
T (04 91) 60 01–0
Telefax (04 91) 60 01 35

1 Dir, 1 stVDir, 9 R

Absolon, Hartmut, Dir	1. 5. 85	5. 9. 47
Krogmann, Peter, stVDir	16. 5. 94	22. 4. 36
Bruns, Walter	18. 12. 75	24. 10. 42
Krieger, Otto	5. 8. 76	6. 12. 45
Deeken, Harald	26. 4. 82	26. 7. 52
Friedrichs, Ralf	13. 6. 84	17. 10. 52
Bruns, Norbert	19. 12. 88	13. 4. 57
Stamer, Etta	3. 4. 90	26. 2. 56
Mürmann, Jörg	3. 12. 93	29. 10. 59
Leemhuis, Jans-Rolf	16. 7. 97	2. 9. 64
Többen, Grhard	17. 2. 99	17. 10. 58

Norden E 69 700
Norddeicher Str. 1, 26506 Norden
Postfach 4 40, 26494 Norden
T (0 49 31) 18 09–01
Telefax (0 49 31) 18 09 18

1 Dir, 4 R

Sikken, Wolfgang, Dir	5. 7. 99	24. 3. 49
Schlag, Dieter	6. 8. 80	11. 9. 47
Dr. Klewer, Stephan	21. 10. 83	27. 12. 53
Sikken, Elisabeth	1. 8. 93	21. 1. 57

Wittmund E 57 100
Markt 11, 26409 Wittmund
Postfach 11 55, 26398 Wittmund
T (0 44 62) 9 19 20
Telefax (0 44 62) 91 92 93

Zweigstelle in Esens
Vor dem Drostentor 2, 26427 Esens
Postfach 11 12, 26420 Esens
T (0 49 71) 22 15 und 8 21
Telefax (0 49 71) 18 44

1 Dir, 3 R

Ahrens, Gerhard, Dir	16.12.83	5. 8.35
Wittneben, Günter	12. 8.77	21. 9.41
Kubatschek, Dieter	21. 6.95	27. 4.59
Mönkediek, Dirk	31. 7.98	22.11.64

Landgerichtsbezirk Oldenburg

Landgericht Oldenburg (Oldb.) E 1 010 600

Elisabethstr. 7, 26135 Oldenburg
Postfach 24 61, 26014 Oldenburg
T (04 41) 2 20–0
Telefax (04 41) 2 20–14 33

1 Pr, 1 VPr, 20 VR, 31 R + 4 ×½ R, 1 LSt (VR),
1 LSt (R)

Präsident

| Schubert, Gernot | 19. 2.96 | 25.12.48 |

Vizepräsident

| Dr. Bohlken, Henning | 14.11.79 | 5.10.36 |

Vorsitzende Richter

Bülthoff, Gerd	18.10.76	7.12.36
Reinecke, Horst	23.12.76	26. 2.38
Wildner, Albert	1. 6.78	28. 6.36
Rolfes, Martin	24.10.78	22. 2.42
Meinjohanns, Horst	27. 4.79	11. 6.39
Schülert, Horst	15. 2.80	19. 5.36
Kansteiner, Gerwig	23. 7.80	14. 5.39
Crückeberg, Harald	4.12.81	16. 4.43
Bergmann, Klaus Rainer	31. 8.82	24. 6.36
Kramarz, Hubertus	23. 9.88	15.11.49
Dr. Frühauf, Armin, beurl. (LSt)	9.12.88	7. 1.47
Boklage, Franz-Josef	4. 1.89	19. 5.49
Sponer, Hugo	21. 8.89	16.10.49
Keil, Uwe	13.12.95	28. 4.52
Pruggmayer, Henner	22. 3.99	3.10.43

Richterinnen/Richter

Lehmkuhl, Hartwig	20.11.70	30. 5.38
Bunnemann, Gerd	22. 4.71	30. 8.39
Heiß, Helga	10. 9.73	8. 4.41
Groenhagen, Bernhard	20. 2.74	17. 4.41
Hühn, Peter-Bernd	14. 5.75	4. 2.44
vom Brocke, Gunter	9. 4.76	18. 2.44
Dierks, Günther	8.10.80	23. 5.45
Müller-Behnsen, Christa, ½	9.10.80	17. 2.49
Plagge, Hans-Christian	19. 1.81	24.12.47
Meyer, Gerhard	2. 2.82	12. 2.47

Petirsch-Boekhoff, Claudius	26. 5.82	24. 2.49
Staudinger, Johann	14. 3.83	17.10.46
Arkenstette, Bernd	2. 8.84	10. 8.51
Kopka-Paetzke, Gabriele, ½	20. 3.86	4.12.52
Schmidt-Lauber, Stefanie	27. 1.88	9. 2.57
Vogdt, Paul	24. 7.89	31. 5.56
von Stietencron, Uta, ¾	1. 9.89	18.10.56
Spalthoff, Ingrid, ½	6. 4.92	18. 5.56
Kilhop, Thomas	19.10.92	25.10.58
Jaspert, Holger	1.12.93	22.10.60
Seewald, Frauke	1.12.93	10. 7.61
Dr. Lauhöfer, Detlev	10.10.96	15. 9.59
Schmidt-Sander, Britta, beurl. (LSt)	10.10.96	16. 3.63
König, Günther	19. 9.97	17.11.60
Dr. Fabarius, Maria-Elisabeth, abg.	19. 9.97	18. 6.62
Brauer, Elke	19. 9.97	16. 9.63
Duvenhorst, Jörg	18. 2.98	23. 6.61
Hopp, Kathrin	20. 8.98	10. 5.63
Bührmann, Sebastian	23. 8.98	6. 6.64
Dr. von der Beck, Stefan	20. 8.98	10. 6.64
Daum, Hubert	20. 1.00	31. 5.68

Eine weitere Stelle als Vorsitzender Richter am
Landgericht und zwei weitere Stellen als Richer
am Landgericht sind besetzt. Namen und Personaldaten der Stelleninhaber sind nicht übermittelt
worden.

Amtsgerichte

Brake (Unterweser) E 51 300
Bürgerm.-Müller-Str. 34, 26919 Brake
Postfach 11 51, 26911 Brake
T (0 44 01) 1 09–0
Telefax (0 44 01) 1 09–1 11

1 Dir, 3 R

Korte, Joachim, Dir	24.11.95	13. 7.46
Evers, Uwe	10. 5.73	7. 8.39
Dilger, Ernst	17. 1.80	1. 2.45
Güttler, Iris, beurl. (LSt)	24.11.95	16.11.62

Cloppenburg E 147 300
Burgstr. 9, 49661 Cloppenburg
Postfach 19 41, 49649 Cloppenburg
T (0 44 71) 88 00–0
Telefax (0 44 71) 88 00 10

Zweigstelle in Friesoythe
Gerichtsstraße, 26169 Friesoythe
T (0 44 91) 23 40

1 Dir, 1 stVDir, 7 R

Ortmann, Johannes			
Günther, Dir	4. 5. 87	8. 7. 40
Moormann, Hermann,			
stVDir	28. 4. 94	22. 10. 46
Cordemann, Gert	3. 5. 76	18. 3. 40
Eilers, Wolfdieter	11. 8. 78	4. 1. 44
Wurmbach-Svatek,			
Hildegard	4. 5. 81	31. 3. 48
Tolksdorf, Hubert	27. 9. 89	18. 8. 56
Cloppenburg, Thomas	22. 11. 91	21. 2. 60
Schmees, Angelika	27. 11. 92	28. 7. 60
Neese, Ralph	21. 9. 98	2. 8. 65

Delmenhorst   E 106 900
Bismarckstr. 110, 27749 Delmenhorst
Postfach 11 44, 27747 Delmenhorst
T (0 42 21) 1 26 20
Telefax (0 42 21) 1 26 21 60 u. 1 26 22 00

1 Dir, 1 stVDir, 8 R

Dr. Ewert, Heinrich, Dir	17. 10. 77	23. 5. 36
Cloppenburg, Hermann,			
stVDir	23. 9. 94	1. 11. 43
Eilers, Bärbel	2. 2. 76	30. 11. 44
Witt, Hildbert	21. 12. 81	28. 5. 48
Lange, Hans-Ulrich	11. 8. 86	11. 2. 52
Jurisch, Holger	5. 11. 91	12. 1. 58
Pünjer, Thomas	5. 11. 93	15. 4. 60
Meyer-Wehage, Brigitte	29. 3. 94	10. 8. 58
Millek, Matthias	12. 4. 95	27. 2. 56
Plate, Sabine, beurl.			
(LSt)	15. 11. 99	26. 7. 62
Miedtank, Antje, ½	15. 11. 99	29. 7. 62

Jever   E 55 800
Schloßstr. 1, 26441 Jever
Postfach 3 40, 26437 Jever
T (0 44 61) 9 45-0
Telefax (0 44 61) 7 21 39

1 Dir, 4 R

Jackisch, Günter, Dir	3. 1. 00	27. 2. 54
Havertz, Heinz Dieter	23. 4. 74	28. 10. 41
Wittneben, Christel	10. 9. 76	4. 1. 45
Göbel, Klaus Dieter	29. 8. 77	30. 3. 46
Küsel, Hartwig	19. 2. 86	20. 7. 52

Nordenham   E 42 800
Bahnhofstr. 56, 26954 Nordenham
Postfach 11 64 + 11 65, 26941 Nordenham
T (0 47 31) 94 60
Telefax (0 47 31) 94 63 23

1 Dir, 3 R

Dr. Nolte-Schwarting,			
Claudia, Dir	1. 10. 98	17. 7. 53
Bartels, Hinrich	4. 3. 70	4. 12. 36
Holtkamp, Klaus	17. 10. 89	27. 9. 56

Oldenburg in Oldb.   E 196 500
Elisabethstr. 8, 26135 Oldenburg
Postfach 24 71, 26014 Oldenburg
T (04 41) 2 20-0
Telefax (04 41) 2 20–13 00

1 Dir, 1 stVDir, 2 w.aufsR, 18 R + 1 × ¾ R

Suermann, Robert, Dir	1. 10. 97	20. 12. 46
Lübben, Rolf, stVDir	1. 2. 96	2. 5. 47
Fuge, Harald, w.aufsR	11. 4. 94	7. 9. 40
Heyer, Hans-Ulrich,			
w.aufsR	5. 1. 00	5. 11. 56
Reineke, Hartmut	13. 5. 71	23. 5. 39
Meyer-Schomann, Erich	19. 1. 73	3. 5. 41
Seute, Gerd	4. 11. 74	30. 11. 38
Schwartz, Hans-Richard	5. 12. 74	23. 5. 41
Goose, Gerd	29. 1. 75	17. 6. 41
Zweigle, Dieter	2. 6. 75	16. 6. 41
Freels, Heiko	7. 12. 76	16. 9. 40
Schulz, Wilfried	8. 8. 77	23. 2. 45
Schröder, Gerhard	22. 12. 77	14. 4. 44
Hofmeister, Walter	16. 5. 79	29. 1. 45
Fuhrmann, Georg	14. 6. 84	27. 5. 52
Schwartz, Hildegard, ¾	28. 7. 86	17. 3. 50
Crückeberg, Cornelia	8. 3. 88	30. 4. 52
Alfers, Jens-Michael	3. 8. 92	19. 10. 55
Pontenagel, Barbara	20. 1. 95	19. 8. 62
Steinkamp, Sabine	29. 11. 96	25. 5. 64

Varel   E 44 300
Schloßplatz 7, 26316 Varel
Postfach 11 20, 26301 Varel
T (0 44 51) 96 77-0
Fax (0 44 51) 96 77–99

1 Dir, 3 R

Renze, Alfred, Dir	12. 10. 89	23. 9. 42
Lühken-Oltmanns,			
Sibyll-Ulrike	20. 10. 76	6. 8. 44
Gowen, Walter	21. 8. 81	22. 4. 50
Kokoschka, Rainer	27. 10. 83	26. 5. 49

Vechta   E 123 800
Kapitelplatz 8, 49377 Vechta
Postfach 11 51, 49360 Vechta
T (0 44 41) 87 06–0
Telefax (0 44 41) 87 06–66

1 Dir, 1 stVDir, 10 R

Beckermann, Mechthild,
  Dir | 2. | 6. 97 | 12. | 9. 54

Beckermann, Mechthild, Dir	2.	6. 97	12.	9. 54
Fries, Hermann, stVDir	20.	5. 94	12.	8. 35
Krüger, Axel	7.	9. 73	25.	6. 42
Pieper, Hermann	2.	4. 79	7.	6. 49
Haskamp, Ludger	18. 10. 82		29.	1. 51
Holtz, Almuth	24. 10. 90		—	
Klausing, Anette	15.	5. 92	24.	1. 59
Schaper, Brigitte	6.	1. 93	10. 12. 59	
Röwe, Josef	3.	1. 94	29.	9. 50
Heitmann, Thomas	12.	9. 94	8.	2. 63
Dr. Möller, Thomas	13.	5. 96	22. 11. 62	
Dr. Große Siemer, Stephan	4.	2. 98	23.	1. 62

Westerstede   E 108 700
Wilhelm-Geiler-Str. 12 a, 26655 Westerstede
Postfach 11 20, 26641 Westerstede
T (0 44 88) 8 36–0
Telefax (0 44 88) 83 61 01

1 Dir, 1 stVDir, 5 R + ½ R, 1 LSt (R)

Possehl, Jürgen, Dir	9.	6. 93	9.	5. 50
Nienaber, Jürgen, stVDir	16. 10. 95		25. 11. 53	
Meyer, Berend	18.	1. 72	14.	1. 38
Entringer, Freya, ½	11.	7. 86	25.	4. 56
de Witt, Karl	13.	8. 90	22.	2. 54
Schröder, Stefan	26.	6. 95	29. 11. 62	
Gertje, Wolfgang	25. 10. 96		2. 10. 61	
della Valle, Petra, beurl. (LSt)	25.	8. 98	30.	3. 64

Wildeshausen   E 46 100
Delmenhorster Str. 17, 27793 Wildeshausen
Postfach 11 61, 27778 Wildeshausen
T (0 44 31) 84–0
Telefax (0 44 31) 84–1 00

1 Dir, 3 R

Siedenburg, Hans, Dir	23.	9. 93	6.	1. 37
von Mering, Stephan	25.	6. 76	23.	4. 42
Schulz, Werner	22. 10. 82		14. 10. 50	
Menke, Christiane	1.	4. 98	10.	3. 62

Wilhelmshaven   E 87 300
Marktstr. 15, 26382 Wilhelmshaven
Postfach 1 21, 26351 Wilhelmshaven
T (0 44 21) 40 80
Telefax (0 44 21) 4 08–1 17

1 Dir, 1 stVDir, 9 R

Kahlen, Hajo, Dir	11.	1. 95	1. 10. 43	
Tiarks, Friedrich-Willi	4.	7. 75	27. 10. 42	
Vollstädt, Christiane	17. 10. 95		20. 10. 53	
Meunier-Schwab, Julia	26.	9. 94	6.	5. 61
Hackling, Peter	4.	7. 97	29.	4. 64

Sechs weitere Stellen für Richter am Amtsgericht
sind besetzt. Namen und Personaldaten des Stelleninhabers sind nicht übermittelt worden.

Landgerichtsbezirk Osnabrück

Landgericht Osnabrück   E 943 900
Neumarkt 2, 49074 Osnabrück
Postfach 29 21, 49019 Osnabrück
T (05 41) 3 15–0
Telefax (05 41) 3 15–1 29

1 Pr, 1 VPr, 21 VR, 33 R, 1 LSt (VR)

Präsident

Arenhövel, Wolfgang	20.	3. 97	7. 11. 46	

Vizepräsident

Dr. Schürmann, Elmar	1. 12. 98		31.	8. 39

Vorsitzende Richterinnen/Vorsitzende Richter

Schoppenhorst, Hans-Dieter	17.	2. 78	2.	9. 37
Klein, Erich	19.	9. 80	25.	5. 36
Laue, Ingrid	14.	7. 81	25. 12. 37	
Puppe, Arnold	14.	9. 81	23.	9. 40
Dr. Schneller, Konrad	18.	1. 82	1.	5. 37
Wiesehahn, Klaus	31.	8. 82	15.	5. 38
Rickers, Wilhelm	6.	7. 84	12.	6. 42
Tappe, Ulrich	4. 10. 85		19. 12. 38	
Görres, Franz Peter	25.	4. 86	26.	8. 36
Wamhof, Klaus	25.	4. 86	25.	8. 41
Hugo, Manfred	1.	5. 86	15.	1. 42
Bolenz, Horst	1.	5. 86	14.	6. 44
Puppe, Gabriele	29.	5. 87	29.	9. 46
Dillischer, Gerhard, abg. (LSt)	20.	4. 93	1. 12. 48	
Wübbel, Klaus	28.	7. 97	27. 11. 45	
Kraemer, Matthias	30.	1. 98	26. 12. 44	
Hoffmann, Ulrich	26.	2. 99	9.	6. 44
Salewski, Andreas	30.	8. 99	7. 11. 44	
Pirnay, Claus	30.	8. 99	3.	2. 52

Richterinnen/Richter

Grusewski, Otto	14.	7. 77	24. 10. 44	
Westrup, Wolfgang	10.	8. 77	27.	8. 45
Schindhelm, Stefanie	5.	6. 78	26. 12. 46	
Dörfler, Klaus-Peter	1.	8. 78	11.	9. 42
Müter, Ursula	3.	7. 79	5.	1. 49
Hardt, Wolfgang	6.	7. 79	14. 11. 40	
Görtz, Hermann-Josef	7.	7. 80	11.	1. 50
Dr. Arnhold, Dieter	17. 10. 80		13.	1. 42

Meckelnborg, Helmut	1. 6.81	2. 2.50
Schöpe, Wolfgang	15. 6.81	24. 3.49
Wischmeyer, Norbert	5.10.81	5. 7.49
Lübbert, Ulrich	15.12.81	17. 8.49
Hundt, Rudolf	19. 1.83	19. 4.50
Dr. Hockemeier, Hartmut	19. 1.83	24. 2.52
Mosblech, Angelika	3.10.83	23. 2.53
Bellmann, Heinrich	5. 1.84	18. 1.51
Dr. Scheer, Ingrid, ¾	5. 1.84	27. 5.55
Bookjans, Johann	5. 2.86	14.11.52
Kirschbaum, Wolfgang	20. 5.86	28. 5.52
Willms, Dirk	11. 2.87	12.10.54
Wieseler-Sandbaumhüter,		
Gudrun, ½	23. 2.88	3. 5.57
Barth, Achim	19.12.88	25. 1.56
Karrasch, Bert	7.11.91	10. 1.57
Angermeyer, Heike	25. 3.92	26. 9.57
Havliza, Barbara	20. 7.92	13. 3.58
Kalscher, Ulrich	13.11.92	17. 1.57
Carstensen, Norbert	18.12.95	12.10.59
Both, Guido	30. 3.98	4. 5.60
Budde, Klaus	1. 4.98	7. 6.62
Holtmann, Ulrich	31. 8.99	21. 3.57

Eine weitere Stelle für Vorsitzende Richter am Landgericht und eine weitere Stelle für Richter am Landgericht sind besetzt. Namen u. Personaldaten der Stelleninhaber sind nicht übermittelt worden.

Amtsgerichte

Bad Iburg   E 99 800
Schloß, 49186 Bad Iburg
Postfach 12 53, 49181 Bad Iburg
T (0 54 03) 73 02–0
Telefax (0 54 03) 73 02–1 00

1 Dir, 5 R

Fahnemann, Antonius, Dir	6. 9.94	16. 8.50
Fabis, Bernhard	10. 5.73	29.11.38
Bulling, Martin	25. 9.75	3. 5.43
Haase, Dieter	2. 8.82	9. 5.50
Keuter, Wolfgang	1. 8.86	2. 2.54

Eine weitere Stelle für Richter am Amtsgericht ist besetzt. Name und Personaldaten des Stelleninhabers sind nicht übermittelt worden.

Bersenbrück   E 108 800
Stiftshof 8, 49593 Bersenbrück
Postfach 11 29, 49587 Bersenbrück
T (0 54 39) 6 08–0
Telefax (0 54 39) 60 82 00

1 Dir, 1 stVDir, 6 R

Quere-Degner, Annegret,		
Dir, ¾	29.10.97	30. 3.56

Rohner, Georg, stVDir	13.10.95	11. 1.44
Henrici, Karl-Erich	5. 1.81	13. 9.49
Jöckel, Wolfgang	27.11.84	10.10.47
Schneider, Rolf	19. 2.90	26. 4.56
Klein-Siebenbürgen,		
Hans-Peter	26. 2.92	7. 4.57
Budke, Jörg	28. 3.95	14.12.60

Lingen (Ems)   E 99 400
Burgstr. 28, 49808 Lingen
Postfach 12 40, 49782 Lingen
T (05 91) 80 49–0
Telefax (05 91) 80 49 49

1 Dir, 1 stVDir, 8 R + 1 × ⅔ R

Diekel, Hermann, Dir	30. 4.90	23. 3.40
Haakmann, Josef, stVDir	24. 1.91	20. 2.37
Laue, Volker	3. 9.76	27.12.40
Kruse, Michael	7. 1.80	8. 1.48
Büter-Kötting, Maria	20.10.80	15.11.49
Berends, Bernhard	8. 1.81	9.12.47
Böhm, Willibald	2. 2.82	4.12.48
Robben, Hans Heinrich	1. 4.87	10. 5.55
Foppe, Franz-Josef	30. 4.90	26. 3.56
Keck, Werner	24. 6.91	13. 6.55
Dr. Schwickert, Michael, ⅔	4. 2.93	27. 5.56

Meppen   E 125 500
Obergerichtsstr. 20, 49716 Meppen
Postfach 12 53, 49702 Meppen
T (0 59 31) 1 59–02
Telefax (0 59 31) 15 92 02

1 Dir, 1 stVDir, 5 R + 2 × ½ R

N. N., Dir	—	—
Schütte, Hermann, stVDir	1.12.97	20. 7.50
Schminke, Conrad	18. 4.83	5. 7.54
Bölle, Aloys	25. 7.83	2. 3.50
Adick, Bernhard	1. 4.85	11. 7.53
Kuiter, Norbert	14. 3.95	4.11.61
Blübaum, Karsten	29. 9.95	3. 8.64
Kaßpohl, Christian, ½	24. 3.98	9. 1.59

Nordhorn   E 126 700
Seilerbahn 15, 48529 Nordhorn
Postfach 11 29, 48501 Nordhorn
T (0 59 21) 7 01–0
Telefax (0 59 21) 70–1 17

1 Dir, 1 stVDir, 7 R + 1 × ½ R

Heckmann, Bruno, Dir	14.11.97	27.10.49
Többens, Hans-Josef,		
stVDir	4. 1.00	4. 6.38
Koops, Hans	26.10.73	9. 8.42
Schulz, Gerd	25. 8.78	29. 7.44
Tewes, Hans-Peter	4. 1.82	27. 3.48

Nentwig, Wolfgang	5. 5.82	17.12.49
Ratering, Gerhard-August	22. 3.85	18. 5.51
Vos, Arno	13. 7.94	11. 7.57
Dr. König, Andreas	15. 5.98	25. 6.62
Behrens, Anke, ½	30. 8.99	12. 4.61

Osnabrück   E 309 200
Kollegienwall 29–31, 49074 Osnabrück
Postfach 11 51, 49001 Osnabrück
T (05 41) 3 15–0
Telefax (05 41) 31 52 16

1 Dir, 1 stVDir, 4 w.aufsR, 29 R + 4 × ½ R
+ 2 × ¾ R

Große Extermöring,		
Gerfried, Dir	1.10.98	28. 2.48
Havliza, Klaus, stVDir	5. 1.00	29. 3.48
Vespermann, Hans-Joachim,		
w.aufsR, ⅗	23. 4.81	13.11.38
Kemper, Horst-Dieter,		
w.aufsR	2. 9.96	10. 7.44
Struck, Günter, w.aufsR	14. 4.99	10. 1.57
Künsemüller, Jürgen	19.10.71	1. 5.37
Benecke, Klaus-Peter	9.11.73	26. 7.40
Schonlau, Reinhold	9.11.73	21. 6.43
Loheide, Wolfgang, ¾	22. 4.74	9. 5.40
Graefe, Wolfgang	22. 9.75	16. 7.38
Horn, Michael	3.12.79	15. 4.49
Kosiol, Rainer	18. 8.80	10. 1.48
Forsbach, Hans-Ludwig	16. 1.81	3. 8.46
Horst, Johannes	4. 1.82	28. 7.47
Dr. Baums-Stammberger,		
Brigitte	16. 8.82	10. 4.48
Kleining, Dieter	23. 2.84	15.11.49
Windmöller, Hartmut	12. 7.84	29. 5.52

Giebel, Thomas	18. 2.85	25. 4.52
Daum, Jürgen	30. 7.85	2.11.53
Lindemann, Jürgen	28. 7.86	13.10.54
Magnus, Jürgen	21.10.86	23. 8.55
Dr. Holthaus, Johannes	1.10.87	16. 5.55
Meyer, Marlies, ½	28. 5.91	17. 2.58
Zurheide, Susanne, ¾	28. 5.91	23. 7.59
Obermeyer, Ansgar		
Heinrich	25. 5.92	6. 7.55
Peters, Gerd	25. 5.93	7. 4.57
Stückemann, Friedhelm	26. 5.93	22.10.58
Ortmann, Beate, ½	26. 5.93	4.11.58
Kelle, Michael	23. 2.94	16.12.57
Funke-Meyer, Jutta, ½	23. 2.94	10.12.58
Feldmeyer, Anne-Christine	22. 2.95	3. 8.62
Hillmann-Schröder,		
Christine	23.10.95	14.12.63
Köstermann, Ursula, ½	13. 2.98	14. 6.58

Vier weitere Stellen für Richter am Amtsgericht
sind besetzt. Namen und Personaldaten der Stelleninhaber sind nicht übermittelt worden.

Papenburg   E 73 900
Hauptkanal links Nr. 28, 26871 Papenburg
Postfach 11 52, 26851 Papenburg
T (0 49 61) 92 40
Telefax (0 49 61) 92 41 55

1 Dir, 4 R + ½ R

N. N., Dir	—	—
Brüggen, Paul	9. 7.76	19. 8.42
Wilkens, Heimke	6.12.85	26. 6.53
Wesselmann, Rainer	10. 6.88	28. 1.57
Tolksdorf, Maria, ½	20.11.92	10. 9.57

Staatsanwaltschaften

Generalstaatsanwaltschaft Oldenburg

Mozartstr. 5, 26135 Oldenburg
Postfach 24 31, 26014 Oldenburg
T (04 41) 2 20–0
Telefax (04 41) 2 20 48 86

1 GStA, 1 LOStA, 6 OStA

Generalstaatsanwalt

| Finger, Horst Rudolf | 1. 5.96 | 22. 7.47 |

Leitender Oberstaatsanwalt

| Suhren, Detmar | 23. 7.96 | 23. 9.37 |

Oberstaatsanwälte

| Voigt, Arnfried | 1. 5.87 | 18.10.39 |

Snakker, Rolf Dieter	4. 5.92	4. 1.52
Mauß, Otto-Friedrich	13. 7.92	27. 9.53
Resch, Jürgen	9. 8.93	26. 2.50
von Düffel, Roger	25. 4.94	18. 1.44
Künkel, Hans-Joachim	2. 5.97	25. 7.48

Staatsanwaltschaft Aurich

Postfach 17 31, 26587 Aurich
Schloßplatz 10, 26603 Aurich
T (0 49 41) 13–0
Telefax (0 49 41) 13 12 60

1 LOStA, 1 stVLOStA, 2 OStA, 12 StA

Leitender Oberstaatsanwalt

| Kramer, Werner | 10. 2.00 | 11. 3.45 |

Oberstaatsanwälte

Gutschke, Joachim,
stVLOStA   11.10.95   14. 3.36
Schmidt, Horst   27. 4.94   9. 6.42
Lamm, Thomas Christian   13.10.95   20. 9.48

Staatsanwältinnen/Staatsanwälte

Jaenicke, Rolf   27.12.75   22.12.44
Reuter, Hermann   16. 2.76   29. 8.43
Fenger, Rainer   24. 1.78   17. 6.43
Grulich, Burkhard   1.11.82   13. 7.45
Seidel, Clemens   5. 4.83   15. 4.49
Seemann, Ulrike   9.10.85   22.12.52
Herkens, Theodor   19.12.88   25. 7.59
Pasker, Sabine   17. 1.90   27. 1.57
Schulz, Hansjürgen   24. 7.90   22. 6.56
Boelsen, Johann   21. 4.95   13.12.62
Andreeßen, Heinz Onno   1.11.95   29.11.61

Staatsanwaltschaft Oldenburg
Gerichtsstr. 7, 26135 Oldenburg
Postfach 24 41, 26014 Oldenburg
T (04 41) 2 20–0
Telefax (04 41) 2 20 40 00

1 LOStA, 1 stVLOStA, 10 OStA, 31 StA, 3 × ⅔
StA, 4 × ½ StA

Leitender Oberstaatsanwalt

Juknat, Ludwig   21. 6.94   1.10.37

Oberstaatsanwältinnen/Oberstaatsanwälte

Pahl-Varelmann, Ina,
stVLOStA   27. 2.97   8. 4.44
Kayser, Gerhard   14.12.87   21.12.40
Dr. Reents, Udo   16. 3.89   5. 5.42
Prellwitz, Detleff   18. 1.94   16. 6.36
Swoboda, Peter   24. 1.94   3. 5.47
Gabbert, Udo   14. 3.94   14. 5.38
Tumat, Nils   14. 3.94   22.11.38
Groskopff, Gudrun   14. 3.94   2. 7.43
Windorf, Helmut   29.12.97   10.12.39
Ibbeken, Frerk   2. 3.98   23. 5.41

Staatsanwältinnen/Staatsanwälte

Wohlfarth, Bernd   2.10.72   25.10.37
Dieluweit, Werner   13. 7.73   5. 3.37
Iwan, Heinz   3. 1.77   4. 4.41
Groskopff, Dieter   31. 5.77   14. 4.40
von Mittelstaedt,
Barbara, ⅔   15. 9.78   29. 7.46
Schäfers, Franz Hubert   24. 1.79   3. 7.46
Fuhse, Ekkehard   1. 2.80   13.12.45
Gudehus, Roswitha, ⅔   6.11.81   10.11.49
Lübben, Eiko   10. 2.82   21.11.44
Piepgras, Andreas   11. 6.82   28. 4.52

Preut, Hermann   21.12.82   20. 2.49
Schewe, Heinrich   3. 1.83   13. 1.47
Leifert, Harald   11.12.92   28. 1.58
Wasmann, Manuela, ½   8. 1.93   21. 4.57
Kittel, Bettina   2. 8.93   28.11.60
Willeke, Thomas   29. 6.94   26. 4.59
Barenbrügge, Ursula, ½   6. 4.95   6.12.63
Kurtz, Bettina   6. 6.95   17. 7.62
Kirstein, Thomas   3. 7.95   16. 9.61
Marschhausen, Corinna, ⅔   9. 8.95   3. 1.60
Röhl, Christian   15.12.95   27. 7.61
Sander, Thomas   15.12.95   17. 7.62
Dr. du Mesnil de Roche-
mont, Rainer   28. 3.96   9.12.64
Zobel, Carsten   26. 6.96   12.12.63
Dr. Drathjer, Johann   2. 9.96   12. 4.62
Rackow, Sigrid, ½   6. 9.96   2.12.52
Bakker, Elke   29.10.96   20.11.64
Hentzel, Ralf   17.12.96   1. 4.63
Lohmann, Frank   16. 1.97   5.10.63
Böhm, Susanne   18. 7.97   9. 1.65
Schierholt, Christian   15.10.97   17. 1.64
Schan, Gabriele   28. 1.98   29. 6.63

Drei weitere Stellen sind besetzt. Namen und Personaldaten der Stelleninhaber sind nicht übermittelt worden.

Staatsanwaltschaft Osnabrück
Kollegienwall 11, 49074 Osnabrück
Postfach 35 51, 49025 Osnabrück
T (05 41) 3 15–0
Telefax (05 41) 31 54 19

1 LOStA, 1 stVLOStA, 7 OStA, 29 StA

Leitender Oberstaatsanwalt

Hennings, Wulf-Eberhard   23.11.92   17.12.42

Oberstaatsanwälte

Heits, Heinrich, stVLOStA   1.10.94   7. 2.36
Günther, Heribert   12. 3.84   23. 8.37
Schramm, Friedrich-Karl   7. 1.92   27. 6.38
Rieso, Horst-Rüdiger   11. 8.92   8.11.37
Thiele, Hans-Michael   17. 2.94   11.12.42
Müllenbach, Dirk   17. 2.94   15. 6.49
Heider, Gerhard   1. 6.98   7. 2.49
Hensel, Jürgen   3. 1.00   13.10.48

Staatsanwältinnen/Staatsanwälte

Dr. Koch, Peter   23. 4.74   4.10.42
Hagedorn, Jost   21.12.76   18.11.42
Artschwager, Hartmuth   13. 2.81   15. 7.49
Manke, Manfred   20.11.81   19.12.51
Scheer, Dirk   26. 2.82   11. 2.50

Kamp, Walther	2. 8.82	23. 9.51
Hericks, Bernd	25. 8.82	5. 2.51
Mayer, Norbert	1. 11.82	5. 9.50
Wahlbrink, Uwe	26. 4.83	25. 7.51
Lorenz, Robert	17. 11.83	7. 5.48
Petzelt, Gabriele	27. 7.84	9. 4.52
Kruppa, Thomas	1. 7.85	22. 6.54
Klose, Wilfried	11. 7.86	17. 2.54
Feldkamp, Hubert	12. 5.89	29. 9.56
Leuschner, Günter	23. 4.90	12. 2.56
Marquard, Rolf	23. 3.93	6. 2.58
Heuer, Andreas	13. 9.93	24. 2.63
Dr. Schmitz, Michael	1. 2.94	26. 2.61

Neuhaus, Dieter	13. 2.94	3. 2.63
Schröder, Jörg	23. 8.94	14. 10.61
Lürbke, Stephan	3. 8.95	29. 1.60
Krüger, Kathrin	12. 10.95	21. 6.62
Horst, Peter	9. 11.95	26. 10.62
Feiler, Lutz	9. 7.96	4. 5.61
Vogelpohl, Dirk	25. 7.97	10. 3.65
Dr. Retemeyer, Alexander	4. 8.97	14. 11.59
Schubert, Norbert	10. 1.00	17. 5.55

Eine weitere Stelle ist besetzt. Name und Personaldaten des Stelleninhabers sind nicht übermittelt worden.

Richterinnen/Richter und Staatsanwältinnen/Staatsanwälte im Richterverhältnis auf Probe

Oberlandesgerichtsbezirk Braunschweig

Hoffmann, Sabine, beurl. (LSt)	18. 11.85	11. 1.56
Rammert, Bettina, beurl. (LSt)	8. 1.91	24. 9.61
Potschka, Almut, beurl. (LSt)	15. 7.92	21. 2.61
Ullrich-Schrammek, Heike, ½	20. 10.92	11. 12.63
Benninghoven-Struß, Carola, ½	5. 4.94	14. 1.66
Lewandrowski, Jürgen, beurl. (LSt)	2. 6.94	4. 12.63
Schulz-Marner, Susanne ½	18. 4.95	20. 4.67
Ziemer, Jutta, beurl. (LSt)	10. 5.95	6. 9.65
Langkopf, Jürgen	2. 1.96	4. 4.63
Grabowski, Kirsten, ½	8. 1.96	19. 7.65
Jäde, Christian	5. 2.96	2. 5.66
Herborg, Ulrich	—	—
Koppe, Mara	1. 11.96	18. 2.68
Studenroth, Katharina, beurl. (LSt)	18. 11.96	12. 5.64
Dr. Kohlmeier, Antje	19. 11.96	23. 6.67
Dr. Brede, Uwe	2. 1.97	13. 5.66
Dr. Böttcher, Valeska	2. 1.97	11. 7.67
Michaelis, Marcus	2. 1.97	4. 8.67
Hellberg, Birgit	20. 1.97	25. 6.64
Scherrer, Stefan	20. 1.97	14. 6.67
Müller, Sabine, ½	1. 4.97	15. 6.63
Serra de Oliveira, Pedro-Adelino	1. 4.97	13. 4.67
Serra de Oliveira, Kirsten	1. 4.97	12. 2.69

Dohmes-Ockenfels, Daniela, beurl. (LSt)	2. 6.97	5. 4.69
Wiedemann, Ina, ½	25. 9.97	22. 1.68
Kasten, Michael	1. 12.97	30. 12.66
Venzke, Anja	2. 2.98	29. 5.70
Andresen, Sönke	2. 3.98	14. 9.64
Bebenroth, Christine	15. 6.98	5. 5.67
Peters, Ricarda	17. 6.98	22. 4.71
Mahlmann, Jörg	3. 8.98	22. 10.65
Moog, Philipp	3. 8.98	17. 10.69
Stamer, Serena	3. 8.98	5. 5.71
Wollbrück, Markus	1. 10.98	5. 12.70
Böddecker, Kathrin	1. 10.98	29. 12.71
Bergmann, Gernot	2. 11.98	17. 1.68
Schütz, Christian	2. 11.98	14. 7.68
Dr. Matusche, Frank	1. 12.98	29. 5.66
Salamon, Christoph	1. 12.98	12. 12.68
Jensen, Thomas	4. 1.99	8. 12.67
Schaper, Silke	4. 1.99	9. 8.69
Bormann, Claus	4. 1.99	29. 3.70
Mergelkuhl, Frank	4. 1.99	28. 12.70
Dr. Miersch, Stefan	15. 2.99	1. 2.69
Jakubetz, Tobias	1. 4.99	17. 6.72
Hoppe, Janine	18. 5.99	6. 4.71
Dr. Studenroth,	1. 6.99	25. 4.65
Gille, Rico	1. 8.99	13. 6.67
Schaltke, Olaf	1. 8.99	29. 8.70
Fritsche, Jörn	20. 9.99	15. 1.65
Gille, Antje	1. 10.99	7. 4.71
Dr. Schmitz, Gerald	3. 1.00	2. 12.64
Dr. Meinecke, Arndt	1. 2.00	11. 11.68
Lange, Thomas	1. 2.00	7. 4.71
Amthauer, Frank	1. 2.00	14. 4.72
Facca, Daniel	21. 2.00	24. 5.70

Oberlandesgerichtsbezirk Celle

Bei den Gerichten:

Meier, Brigitte, ½, beurl. (LSt)	15.10.91	6. 4.62
Wessels, Kathrin, ½	2. 1.91	26. 2.61
Vinson, Martina, beurl. (LSt)	4. 3.91	23. 3.62
Brack-Dalisdas, Christiane, ½, beurl. (LSt)	9. 3.92	16. 6.60
Schrader, Gabriele, beurl. (LSt)	2.11.92	14.10.54
Altnickel, Ulrike	1. 2.93	6.12.64
Dr. Marquardt, Ina, beurl. (LSt)	1.11.94	20. 2.65
Kathmann, Christiane Alexandra, ½, abg.	9. 7.96	14. 8.67
Loer, Annette, ½	18.11.96	24.10.62
Dr. Siebrecht, Michael	2.12.96	24. 2.63
Joseph, Stefan	2.12.96	21.11.64
Dr. Göken, Andreas	29. 1.97	28. 4.67
Dr. Löffler, Matthias	3. 3.97	19.11.62
Kühn, Annette, ½	3. 3.97	18. 7.67
Wichmann, Ulla, ½	3. 3.97	11. 3.68
Thiel, Katharina	10. 3.97	21. 6.69
Passoke, Birgit, ½	20. 3.97	9. 1.67
Dr. Roßner, Hans-Jürgen	1. 4.97	21.11.59
Noll, Kathrin	1. 4.97	12.10.68
Richter, Wolfram	5. 5.97	16.10.66
Dr. Hartmann, Annegret, beurl. (LSt)	15. 5.97	15. 7.67
Schmidt, Julia, abg.	30. 5.97	30. 9.68
Kompisch, Franz	9. 6.97	19.10.67
Irion, Daniela	4. 8.97	1. 3.71
Dr. Busch, Ralf	18. 8.97	23. 1.62
Wegmann, Hendrik	18. 8.97	28.12.64
Habenicht, Julia	18. 8.97	7. 2.70
Ballnus, Katrin	5. 9.97	25.11.66
Piellusch, Stefanie	31.10.97	6. 6.70
von Behren, Dirk	17.11.97	7. 3.65
Schmidt-Clarner, Roland	17.11.97	29.10.67
Dr. Brockmöller, Annette, abg.	1.12.97	17. 8.63
Bordt, Antje, beurl. (LSt)	1.12.97	17. 8.63
Eriksen, Christiane	1.12.97	22.12.67
Vester, Hendrik	2. 1.98	2. 2.68
Heine, Berlianti	2. 1.98	11. 6.70
Gerdes, Michael	5. 1.98	21. 8.68
Braun, Charlotte	5. 1.98	25.12.70
Pompe, Jürgen	15. 1.98	27. 5.64
Bremer-Gerdes, Gritta	19. 1.98	17. 5.67
Niewels, Ulrike	2. 2.98	24.11.69
Thyen, Jörn	13. 3.98	2.10.68
Gorf, Claudia	23. 3.98	24. 6.71
Stantien, Maren	25. 3.98	8. 4.68
Ottmüller, Nico	30. 3.98	26.12.68
Kerfack, Ralf	4. 5.98	8. 1.65
Maaß, Martin	4. 5.98	12. 9.67
Dr. Lehmann, Jens	11. 5.98	8.11.69
Kaufert, Björn	18. 5.98	9. 7.70
Jäger, Karen	18. 5.98	22. 4.71
Harms, Sven	18. 5.98	4. 5.71
Flasche, Ingo	1. 7.98	7. 4.69
Ebeling, Thiemo	15. 7.98	2. 2.66
Dach, Stefan	15. 7.98	27. 4.71
Frankenberger, Michael	3. 8.98	18. 8.64
Siol, Cornelia, beurl. (LSt)	3. 8.98	21. 8.70
Janßen, Kathleen	3. 8.98	14. 3.72
Dr. Westermann-Reinhardt, Judith	17. 8.98	24. 9.68
Eimterbäumer, Clemens	17. 8.98	27. 5.70
Eimterbäumer, Elke	17. 8.98	15. 4.71
Dr. Wettich, Götz	24. 8.98	19.12.66
Gieseking, Matthias	1. 9.98	21. 2.67
Hornig, Joerg-René	1. 9.98	25. 8.68
Landwehr, Torsten	21. 9.98	13. 3.66
Dr. Lange, Nicole	21. 9.98	13. 7.67
Alvino, Nicolaus	1.10.98	12. 1.66
Glaß, Robert	1.10.98	28. 5.68
Dänekas, Carsten	4. 1.99	5.10.61
Hesse, Stefan	4. 1.99	17. 6.67
Rothenberg, Stefan	4. 1.99	27. 6.67
Grote, Jens	4. 1.99	26. 5.68
Voß, Dirk	4. 1.99	28. 8.68
Bähre, Matthias	4. 1.99	19. 1.69
Spamer, Jörg	4. 1.99	27. 3.69
Gruenke, Miriam	4. 1.99	21. 8.69
Weise, Karin	4. 1.99	1.10.72
Rössler, Ines	15. 2.99	18. 6.71
Ecker-Rieger, Anja	1. 3.99	2. 7.68
Hoffmann, Georg	8. 3.99	12. 2.69
Sumelka, Alexandra	29. 3.99	15. 5.72
Springer, Stephanie	1. 4.99	25. 5.67
Ellwanger, Barbara	1. 4.99	1. 8.70
Schwarz, Matthias	1. 4.99	23. 8.70
Schmieta, Friederike	15. 4.99	9.12.71
Rienhoff, Urte	3. 1.00	22. 9.70
Kahl, Britta, ½	1. 2.00	22. 5.69
Springer, Carsten	1. 2.00	14. 2.71
Borth, Ulrike	1. 2.00	12. 5.71

Bei den Staatsanwaltschaften:

Müller-Koenig, Christiane, ½, beurl. (LSt)	1.10.90	12. 8.61
Hiller, Angela, beurl. (LSt)	16. 3.92	24.12.62
Steig, Regina	10.10.96	26. 1.66
Becker-Kunze, Claudia	15.10.96	24. 2.69
Lukitsch, Kai	2. 1.97	21.10.68
Hauke-Gruben, Sabine	2. 1.97	7. 2.69

Knafla, Bernd-Peter	26. 2.97	9. 6.67
Lehmann, Susanne, ½	10. 3.97	12.10.68
Schrimpf, Peter	15. 5.97	15. 2.66
Lieberum, Jörg	2. 6.97	27. 2.66
Kretschmer, Torsten, ½	24. 6.97	31. 5.67
Dannhorn, Birgit	1. 7.97	12. 2.67
Müller, Norbert	14. 7.97	2. 1.68
Buck, Jens	21. 7.97	3. 7.67
Kumm, Alexandra	4. 8.97	19. 9.68
Vehling, Jens	4. 9.97	10. 2.69
Dr. Schürmann, Beate	4. 9.97	23. 5.69
Grote, Friederike	4. 9.97	22. 3.70
Pillusch, Stefanie	31.10.97	6. 6.70
Dr. Stock, Meike	17.11.97	22. 4.68
Dr. Freels, Horst	1.12.97	11. 9.64
Schlette, Desirée	1.12.97	15. 8.68
Thiem-Helfen, Sabina	20. 4.98	10. 8.64
Kerfack, Ralf	4. 5.98	8. 1.65
Hillebrand, Joachim	6. 5.98	11. 6.68
Stüven, Christin, ½	3. 8.98	17. 9.68
Precht, Silja	2.11.98	12. 6.72
Dr. Wullkopf, Birte	23.11.98	6. 7.68
Stumpe, Kai Oliver	1.12.98	19. 2.71
Bischoff, Heidrun	4. 1.99	6. 4.67
Schmidt, Petra	15. 2.99	4. 7.62
Kretzschmar, Kirsten	15. 2.99	25. 3.64
Dr. Marquardt, Annette	1. 3.99	16. 8.68
Lassen, Dirk	1. 4.99	20. 1.65
Marahrens, Claudia	1. 4.99	4. 5.70
Fengler, Hilke	1. 4.99	19. 5.72
Triefenbach, Jens	3. 5.99	14. 1.66
Kohlenberg, Andreas	3. 5.99	23. 5.69
Maciejewski, Dorothea, abg.	1. 6.99	15. 2.70
Behne, Paul	9. 7.99	21. 2.70
Augath, Katharina	1. 9.99	10. 6.70
Heider, Ulrike	22.11.99	9.11.72
Wiegand, Viktoria	1.12.99	21. 3.70
Schafaczek, Miriam	1.12.99	8. 5.72
Dr. Preusse, Marcus	15.12.99	15. 6.71
Pape, Ulf-Dieter	1. 3.00	14. 9.68
Scharnowski, Alena	1. 3.00	9. 9.71

Oberlandesgerichtsbezirk Oldenburg

Schröder, Jörg Friedrich	19. 2.92	6. 7.60
Everdiking, Thomas	27. 4.92	9. 7.61
Teckemeyer, Frank	4. 1.93	8. 2.63
Meinecke-König, Kristina, ½	4. 1.93	28. 3.64
Plitzkow, Uwe	17. 1.94	7.10.61
Stalljohann, Carsten	17. 1.94	24. 5.64
Vallo, Klaus-Peter	1. 2.94	15.10.61

Plorin, Petra, abg.	5. 4.94	21. 1.66
Schröder, Herbert	1. 7.94	15. 5.62
Dr. von der Beck, Heike, ½, abg.	1. 9.94	3. 8.65
Holling, Franz Michael	24. 2.95	23.10.67
Kolbe, Torsten	13. 2.96	23.10.67
Schönigt, Gudrun	16. 9.96	19.10.66
Lindner, Isabel	29.10.96	8.10.67
Bartels, Achim	2. 1.97	27. 5.65
Dr. Veen, Thomas	3. 1.97	10.11.66
Dr. Bessel, Sven	8. 1.97	31. 1.66
Willenbrink, Christian	1. 4.97	2. 5.66
Brack, Jan Philip	7. 4.97	20. 5.66
Dr. Perschke, Stefan	14. 4.97	17. 3.64
Müller, Jan-Dieter	2. 5.97	15.12.63
Blohm, Judith	2. 5.97	25.12.68
Brüggemann, Michael	9. 6.97	26. 2.69
Tute, Carola	21. 7.97	25.12.68
Sporré, Oliver	28. 7.97	1. 2.67
Kubillus, Dagmar	1.10.97	12. 8.69
Dr. Joswig, Ivo	15.12.97	10. 4.68
Dr. Jaspert, Antje	2. 1.98	28.11.62
Dr. Oehlers, Hans	2. 1.98	13. 9.65
Dr. Ferber, Sabine	1. 4.98	4.12.68
Schitteck, Michael	1. 7.98	22. 9.69
Buss, Christian	2. 8.98	15. 8.64
Schachtschneider, Albrecht	31. 8.98	2. 3.70
Bröker, Dorothee	2.11.98	20.11.71
Klene, Johannes Hermann	1.12.98	17. 8.66
Dr. Dunkhase, Dirk	1.12.98	14. 1.69
Staubwasser, Martin	4. 1.99	3.12.65
Wulff, Stefanie	4. 1.99	18.11.66
Bendheuer, Sven	4. 1.99	11.11.68
von Teichman und Logischen, Bettina	20. 1.99	3. 1.70
Dr. Pellegrino, Mario	1. 2.99	28. 3.64
Oehlschlegel, Heidi	1. 2.99	10.10.67
Dr. Raschen, Wolfgang	15. 2.99	31. 8.63
Tepe, Karin	1. 3.99	25. 9.70
Eichmeyer, Axel	1. 3.99	24.12.70
Heinze, Martina	1. 4.99	4. 7.72
von der Heide, Achim	3. 5.99	23. 3.71
Kolloge, Rainer	1. 7.99	11.12.64
Bartsch, Marco	1. 7.99	25. 8.71
Voigtländer, Kirstin	1. 9.99	25. 5.71
Bredemeier, Dirk	1.11.99	27. 8.71
Kayser, Ulrike	1.11.99	22.10.71
Reher, Anette	1.11.99	2. 1.72
Schiereck, Daniela	1.11.99	22. 2.72
Holtmeyer, Norbert	1.12.99	1.11.69
Mollenhauer, Claudia	10. 1.00	27. 3.73
Brandt, Volker	1. 2.00	16.10.66
Wenzel, Kerstin	4. 2.00	20. 2.69

Justizministerium

Martin-Luther-Platz 40, 40212 Düsseldorf
Justizministerium NRW, 40190 Düsseldorf
T (02 11) 87 92–0, Telefax (02 11) 8 79 24 56

1 Min, 1 StaatsSekr, 4 MinDgt, 11 LMinR, 36 MinR, 12 RD, 6 ORR, 3 RR

Landesjustizprüfungsamt: 1 Pr, 1 LMinR

Justizminister

Dieckmann, Jochen	23. 3.99	8. 9.47

Staatssekretär

Dr. Ritter, Ernst-Hasso	11. 9.95	8. 2.36

Ministerialdirigenten

Dr. Clausen, Harald	1.12.87	21. 9.36
Starke, Erhard	1. 7.88	3. 5.36
Dr. Voßkamp, Hinrich-Werner	1.11.97	12. 6.38

Leitende Ministerialrätinnen / Ministerialräte

Dr. Krause, Heinz Dieter	1. 9.85	30.10.36
Bühler, Richard	1. 7.88	19.10.48
Wehrens, Dieter	1. 4.92	30. 5.36
Kretschmar, Gottfried	2. 2.95	28. 6.37
Dr. Linden, Georg	31.10.95	10. 7.41
Becker, Ulrich	6. 2.98	2.11.50
Riehe, Barbara	23.12.98	28. 4.48
Kamp, Peter	19. 1.00	20. 7.51
Graf-Schlicker, Marie Louise	1. 3.00	—

Ministerialrätinnen / Ministerialräte

Müller, Karsten	1. 6.88	20.11.39
Böcker, Falko	1. 6.88	3. 8.44
Wamers, Axel	1.12.89	4. 3.50

Sudowe, Eike	1. 3.90	17. 5.38
Hartmann, Martina	17. 8.90	3. 6.38
Dr. Husmann, Klaus	29. 8.90	27. 2.51
Busse, Peter	18. 9.92	25. 9.43
Fischer, Hans-Josef	1. 5.96	18. 7.56
Löhmer, Eberhard	1. 2.97	31.10.48
Hüppelshäuser, Ernst	13. 2.98	20.11.40
Holten, Heinz-Leo	31. 5.99	27. 5.55
Jannusch, Klaus Axel	31. 3.00	18. 9.51
Stedronsky, Uwe	31. 3.00	15. 4.52
Rackwitz, Klaus Ulrich	31. 3.00	22. 1.60

Regierungsdirektorinnen / Regierungsdirektoren

Pollmann, Günter	27. 1.98	8. 9.48
Echelmeyer, Bettina	31. 5.99	22. 7.60

Oberregierungsräte

Pott, Norbert	28. 8.99	17. 5.55
Rückner, Burkhard	29. 2.00	14. 3.47

Regierungsrätin / Regierungsräte

Mestars, Erich	16.12.98	23.10.46
Rößiger, Margitta	22. 4.99	13. 4.45
Dahl, Egbert	22. 4.99	5. 2.56
Boos, Udo	7. 9.99	8.11.46
Imhorst, Rainer	7. 9.99	16. 2.48

Landesjustizprüfungsamt

Riedel, Johannes, Pr	1. 5.00	11. 8.49

* Stand: 30. 6. 1999.

Oberlandesgerichtsbezirk Düsseldorf

Bezirk:

Regierungsbezirk Düsseldorf ohne die Stadt Essen; ferner aus dem Regierungsbezirk Köln die Gemeinden Erkelenz, Hückelhoven und Wegberg (sämtlich Kreis Heinsberg)

6 Landgerichte:

Düsseldorf, Duisburg, Kleve, Krefeld, Mönchengladbach, Wuppertal
Kammern für *Handelssachen*: Düsseldorf 11, Duisburg und Wuppertal je 5, Mönchengladbach 3, Kleve und Krefeld je 2

29 Amtsgerichte

Schöffengerichte: bei allen Amtsgerichten außer den nachstehend aufgeführten
Gemeinsames Schöffengericht für die Bezirke der Amtsgerichte, bei denen kein Schöffengericht gebildet ist, ist:

für den AGBez.:	*das Schöffengericht:*
Ratingen:	Düsseldorf
Duisburg-Ruhrort:	Duisburg
Emmerich:	Kleve
Rheinberg:	Moers
Kempen und Nettetal:	Krefeld
Erkelenz, Grevenbroich, Mönchengladbach-Rheydt und Viersen:	Mönchengladbach
Mettmann:	Velbert

Familiengerichte: bei allen Amtsgerichten

Landwirtschaftssachen sind den Amtsgerichten als Landwirtschaftsgerichten wie folgt zugewiesen:

dem AG:	*die AGBez.:*
Erkelenz:	Erkelenz, Geilenkirchen und Heinsberg
Grevenbroich:	Grevenbroich, Mönchengladbach und Mönchengladbach-Rheydt
Kempen:	Kempen, Krefeld und Nettetal
Kleve:	Emmerich und Kleve
Mettmann:	Düsseldorf, Langenfeld (Rhld.), Mettmann, Ratingen, Remscheid, Solingen, Velbert und Wuppertal
Rheinberg:	Moers und Rheinberg
Wesel:	Dinslaken, Duisburg, Duisburg-Hamborn, Duisburg-Ruhrort, Mülheim a. d. Ruhr, Oberhausen und Wesel.

Die Zuständigkeit der Landwirtschaftsgerichte Geldern, Neuss und Viersen umfaßt die Bezirke der Amtsgerichte Geldern, Neuss und Viersen.
Die den Oberlandesgerichten zugewiesenen Entscheidungen in Landwirtschaftssachen sind für die Bezirke der Oberlandesgerichte Düsseldorf und Köln dem Oberlandesgericht Köln übertragen.

Rheinschiffahrts- und *Schiffahrtsgericht:*
Duisburg-Ruhrort.

Oberlandesgericht Düsseldorf

E 4 773 235
Postfach 30 02 10, 40402 Düsseldorf
Cecilienallee 3, 40474 Düsseldorf
T (02 11) 49 71–0, Telefax (02 11) 49 71–5 48
1 Pr, 1 VPr, 37 VR, 111,5 + 2 × ½ R einschl. 0,5 UProf, 2. Hauptamt

Präsident

Dr. Bilda, Klaus	1. 10. 93	16. 2. 37	

Vizepräsident

Kratz, Ernst Jürgen	1. 11. 85	12. 10. 35	

Vorsitzende Richterinnen/Vorsitzende Richter

Dr. Weyer, Friedhelm	17. 12. 84	27. 10. 36
Scholz, Harald	23. 5. 85	4. 7. 37
Jaeger, Wolfgang	3. 2. 86	13. 4. 38
Dr. Löwisch, Gottfried	1. 4. 86	17. 4. 39
Belker, Jörg Winfried	17. 5. 89	3. 7. 43
Steffen, Wolfgang	1. 1. 90	15. 10. 38
Pisters, Manfred	1. 3. 90	26. 4. 42
Dr. Wieden, Roni	26. 9. 90	14. 11. 35
Dr. Gottschalg, Wolfgang	27. 2. 91	29. 11. 40
Dr. Seetzen, Uwe	1. 5. 91	23. 9. 39
Klein, Bernd Klaus	18. 2. 92	11. 9. 44
Hardt, Werner	19. 2. 92	26. 9. 37
Krantz, Günter	5. 6. 92	17. 9. 35
Lua, Wolfram	27. 10. 92	23. 10. 38
Dr. Balzer, Christian	3. 11. 92	11. 2. 37
Steinacker, Gisbert	1. 2. 93	10. 12. 42
Dr. Dengler, Dieter	14. 9. 93	1. 1. 40
Prof. Dr. Vygen, Klaus	27. 9. 93	10. 3. 39
Schröter, Gotthard	12. 11. 93	26. 12. 35
Dr. Hülsmann, Günter	2. 12. 94	31. 12. 38
Dr. Asper, Rolf-Dieter	7. 9. 95	4. 4. 43
Dr. Bünten, Wilfried	7. 11. 95	18. 11. 49
Breidling, Ottmar	7. 11. 96	15. 2. 47
Wohlgemuth, Udo	23. 4. 97	26. 10. 39
Reyer, Heinz Ulrich	23. 4. 97	27. 7. 42
Berneke, Wilhelm	11. 6. 97	15. 5. 49
Schüßler, Bernhard-Rudolf	1. 12. 97	27. 8. 48
Reis, Heinrich	26. 1. 98	16. 12. 50
Neuhaus, Claudia	5. 10. 98	5. 4. 45
Becker, Hans-Dieter	22. 6. 99	8. 11. 43
Ziemßen, Joachim	22. 6. 99	23. 2. 47
Dr. Strohn, Lutz	22. 6. 99	31. 8. 51
Malsch, Volker	22. 6. 99	1. 12. 51
Bader, Bernd	23. 6. 99	1. 6. 44
Dr. Eggert, Christoph Albrecht	1. 12. 99	4. 10. 43
Keldungs, Karl-Heinz	1. 12. 99	15. 1. 48

Richterinnen/Richter

Ibold, Hans Christian	1. 4. 75	13. 12. 35
Schmidt, Günter	5. 9. 75	12. 1. 36
Spangenberg, Wolfgang	4. 3. 76	8. 5. 35
Wohlgemuth, Gisela	3. 6. 77	20. 4. 36
Paß, Werner	—	—
Gaebert, Uwe	3. 6. 77	9. 9. 38
Muckel, Kurt	11. 11. 77	31. 7. 38
Funke, Hans Egon	29. 5. 78	30. 8. 38
Opgen-Rhein, Wilhelm	26. 9. 78	14. 10. 37
Schweisfurth, Hannspeter	2. 2. 79	8. 8. 36
Schwoebel, Hans Wilhelm	2. 2. 79	10. 1. 39
Esser, Hermann-Josef	2. 2. 79	30. 11. 39
Heidemann, Manfred	6. 2. 79	24. 12. 36
Buschhüter, Hans-Günter	21. 12. 79	1. 7. 38
Kappelhoff, Hermann	1. 4. 80	15. 12. 40
Liesegang, Heinrich	—	—
Dr. Schütz, Johannes	14. 11. 80	7. 11. 39
Dr. Wessels, Klaus	14. 11. 80	15. 10. 42
Rosen, Hermann	30. 6. 81	8. 2. 37
Eichholz, Jürgen	1. 12. 81	6. 9. 43
Dr. Schmitz, Rudolf	24. 9. 84	1. 10. 41
Eßer, Wilfried	24. 9. 84	14. 11. 44
Braunöhler, Lutz	18. 7. 85	6. 5. 48
Schmitz-Salue, Hayo	24. 7. 85	18. 1. 44
Dr. Cuypers, Manfred	25. 7. 85	3. 3. 46
Reimann, Rainer	29. 7. 85	28. 11. 47
Wagner, Christine	—	—
Schmerwitz, Volker	—	—
Rütz, Lothar	21. 3. 88	9. 4. 44
von Bassewitz, Hans-Henning	21. 12. 88	1. 9. 48
Schmidt, Helmut Reinhold	19. 10. 89	14. 1. 49
Plum, Axel	20. 10. 89	14. 1. 49
Gebelhoff, Ulrich	20. 10. 89	20. 4. 49
Dr. Hoffrichter-Daunicht, Christiane	20. 10. 89	9. 5. 51
Dohnke-Kraff, Margret	27. 10. 89	12. 5. 49
Klein, Berthold	27. 10. 89	23. 10. 51
Liedtke, Eva Antonia	15. 12. 89	24. 12. 47
Trilling, Tjarko	—	—
Janzik, Lothar	16. 5. 90	12. 12. 47
Heinen, Hans-Siegfried	23. 5. 90	28. 6. 53
Decker, Ulrich	22. 2. 91	20. 7. 46

Gesien, Bernd	27. 2.91	30. 5.43
Pieper, Klaus	27. 2.91	29.11.43
Dr. Krautter, Maria-		
Elisabeth, ½	27. 2.91	17. 5.45
Schmitz, Arnold Detlev	27. 2.91	29.11.47
Erlenhardt, Jürgen	19. 6.91	1. 1.49
Kosche, Helmut	14.11.91	6. 6.46
Reinhardt, Franziska	14.11.91	29.10.47
Pfeiffer, Wilfried	14.11.91	2.12.50
Strecker, Witold	1. 1.92	18. 3.50
Karlin, Alexander	3. 8.92	16. 1.41
Paul, Günter	12. 8.92	17.10.42
Müller-Piepenkötter,		
Roswitha	12. 8.92	3. 4.50
Müller, Wolfgang Fritz	23.11.92	22.10.55
Dr. Soyka, Jürgen	27. 5.93	16. 4.52
Kneist, Michael	27. 5.93	8. 1.56
Magiera-Steinacker, Jutta	3. 6.93	1. 9.40
Dr. Schmidt, Joachim	—	—
Dr. Schlurmann, Christa	3. 6.93	26. 4.46
Stüttgen, Gerd	3. 6.93	15. 2.49
Struß-Blankenburg,		
Gabriele	3. 6.93	20. 2.49
Dicks, Heinz-Peter	3. 6.93	24. 3.51
Krücker, Rolf	3. 6.93	28. 3.53
Keders, Johannes	3. 6.93	26. 9.54
Dr. Allstadt-Schmitz,		
Gisela	4. 6.93	26. 3.56
Gode, Johannes	5. 7.94	28. 3.56
Zimmermann, Hans		
Christian	5. 7.94	22. 5.56
Schulz, Reinhart	23. 7.94	27. 7.54
Kaiser, Peter	29. 7.94	
Jenssen, Jörn	16. 2.95	17. 9.53
Spahn, Marietta	17. 2.95	16.10.54
Treige, Franz-Josef	16. 2.96	26. 6.54
Dr. Scholten, Hans-		
Joseph	16. 2.96	8. 9.54
Fliescher, Stefan	20. 2.96	26. 6.57
Dr. Liceni-Kierstein,		
Dagny	21. 2.96	1.10.52
Prof. Dr. Hören,		
Thomas (UProf,		
2. Hauptamt)	1. 3.96	22. 8.61
Söffing, Jan-Michael	12. 7.96	1. 6.54
Dr. Weismann, Stefan		
Friedrich	12. 7.96	17. 5.58
Schüttpelz, Erfried	13. 9.96	16.10.59
Müller-Mann-Hehlgans,		
Barbara	—	—
Laubenstein, Wiegand	20. 3.97	2.12.52
Dr. Rodermund, Wilfried	20. 3.97	19.11.57
Stobbe, Norbert	20. 3.97	24. 1.58
Napierala, Reiner, abg.	20. 3.97	21. 8.58
von Wnuck-Lipinski,		
Peter	21. 3.97	23. 2.50

Frechen, Jutta	21. 3.97	3. 8.53
Geldmacher, Günther	22. 9.97	20. 1.52
Stein, Martine	23. 9.97	5. 2.59
Kühnen, Thomas	31.10.97	14. 1.60
Schaefer-Lang,		
Gabriele, ½	19.12.97	20.11.57
Bender, Ulf-Thomas, abg.	13. 2.98	30. 4.60
Hilser, Klaus	18. 2.98	30. 5.57
Kühnen, Jürgen	25. 5.98	15. 1.60
Hartung, Ingrid, ½	26. 5.98	31. 1.61
Schmitz-Berg, Manfred	28. 5.98	19. 5.50
Drossart, Ulrich	29. 5.98	1.12.54
Haarmann, Robert	29. 5.98	15. 6.56
Junker, Thomas	29. 5.98	21. 3.57
Prof. Dr. Pohlmann, Petra,		
(UProf, 2. Hauptamt)	18.11.98	31. 3.61
van Rossum, Katrin	25.11.98	1. 9.60
Winterscheidt, Manfred	21. 6.99	16. 2.60
Schulz, Peter Klaus	22. 6.99	5. 7.61
Goller, Walter	24. 6.99	23. 6.46
Meyer, Boris	28. 6.99	6. 8.56
Dr. Redick, Jutta	2. 7.99	14. 5.61
Dr. Lehmberg, Annette	26. 7.99	25. 7.62
Glatz, Angela, abg.	20.12.99	18. 6.62
Dr. Klinkhammer, Frank	30.12.99	14. 5.61
Limbrock, Gabriele	3. 1.00	10. 7.48

Landgerichtsbezirk Düsseldorf

Landgericht Düsseldorf   E 1 159 385
Neubrückstr. 3, 40213 Düsseldorf
Postfach 10 11 40, 40213 Düsseldorf
T (02 11) 83 06–0
Telefax (02 11) 83 06–160

1 Pr, 1 VPr, 42 + 2x ½ VR, 64 R + 1 LSt (R)

Präsident

Marten, Gustav	1. 6.94	3. 2.36

Vizepräsidentin

Haubrich, Renate	21. 3.95	1. 7.46

Vorsitzende Richterinnen/Vorsitzende Richter

Hermelbracht, Friedrich-		
Wilhelm	5. 4.74	8. 4.36
Hayner, Hans-Manfred	9. 7.75	12. 3.36
Dr. Krüger,		
Hans-Joachim	30. 5.78	9. 5.37
Dräbert, Günter	8. 6.79	25. 7.36
Pesch, Hans-Günter	8. 6.79	2.10.37
Schul, Hartmut	4. 8.80	14.10.39
Dr. Geusen, Manfred	18. 3.81	27. 3.38
Golombek, Dagmar	19. 3.81	6. 8.39

Dr. Grannemann, Dieter	4. 9.81	26. 7.36
Obermann, Manfred	12.12.84	21. 8.40
Neiseke, Gerold	—	—
Vinzelberg, Peter	19.12.85	7. 4.41
Köthnig, Gerd	19.12.85	13. 9.44
Naumann, Reinhard	25. 9.87	1. 5.43
Voss, Rainer	21.12.88	2. 2.41
Rieck, Gerhard Volker	27.10.89	22. 8.40
Nordmann, Brigitte		
Johanna	—	—
Loh, Dagmar	22. 8.90	15. 5.43
Dr. Butz, Horst	18. 1.91	5. 9.44
Siepe, Rolf	4. 2.91	18. 4.49
Wolff, Rudolf	16. 9.91	4. 3.49
Dr. Meier-Beck, Peter	14.11.91	19.12.55
Henrich, Monika	30.12.91	24. 6.48
Voß, Ulrich	5.10.92	31. 5.47
Voß, Uwe		
Röttgers, Klaus	28.12.92	27. 9.49
Oppermann, Christian	20.10.94	19. 7.52
Buhlmann, Klaus-Dieter	6. 3.95	22.11.47
Oltrogge, Kurt	8. 3.95	16. 5.51
Dr. Marl, Burkhard	18. 4.95	14. 1.55
Tannert, Marita, ½		
Berger, Udo	17. 1.96	17. 2.46
Arendes, Werner	9. 4.96	10. 2.53
Dr. Fudickar, Susanne, ½	8. 1.97	17. 3.56
Schuster, Jochen	30. 4.97	16. 8.41
Weise, Eva	2. 6.97	22. 3.44
Kratz, Ulrich	20. 7.98	20.10.47
Wadenpohl, Michael	23. 7.98	18. 6.53
von Beesten, Fritz	30.10.98	23.11.39
Wollenhaupt, Lutz	30. 8.99	8. 2.56
Maurer, Rolf	30. 8.99	26. 5.59
Koppenhöfer, Brigitte	1. 9.99	28. 3.51

Richterinnen / Richter

Hauser, Reinhold	21. 5.71	14. 5.37
Ludolph, Hildegard		
Scherf, Wolfram	18. 4.72	20. 7.38
Seeger, Jochen	31. 5.72	13.10.41
le Viseur, Joachim	21. 2.73	14. 5.38
Schickert-Barlage, Bodild		
Kinzler, Doris Anita	7.11.74	14. 8.42
Lieberich, Heidemarie	1. 3.76	18. 9.44
Mosiek, Christa	2. 3.76	20. 3.45
Manegold-Burckhardt,		
Gudrun Maria	7.11.78	21.10.47
Thiemann, Ursula Maria	—	—
Dr. Wirtz, Hans Joachim	31. 5.79	22. 2.46
Bispinck-Jaeger,		
Oda Gesine	—	—
Schmidtke, Christa, ½	1. 2.80	2. 2.47
Bücheleres, Michael	13. 5.80	5.10.49
Schwarz, Doris	20. 5.80	14. 6.41
Dr. Wienert, Johannes	5. 8.83	21. 9.49

Klostermann-Stelkens,		
Barbara	21.10.83	14.10.48
Fröml, Thomas	2.11.84	12. 1.53
Dr. Becker, Friedemann	3.11.88	20.10.53
Fuhr, Heike, ½	4.12.90	1.12.60
Freiin von Gregory, Jutta	17.12.91	31. 7.60
Radtke, Elke	13. 7.92	5. 2.60
Meurer, Michael	2.11.92	31.10.58
Galle, Stefan	2.11.92	9.11.59
Dr. Thole, Ulrich	14. 4.93	21. 3.60
Olbrisch, Siegfried	15. 4.93	2. 1.60
Dr. Bardo, Ulrike	2. 6.93	30. 5.59
Bronczek, Martin	14. 1.94	19.10.61
Ollerdißen, Hartwig	2. 5.94	22. 5.57
Stockschlaeder-Nöll,		
Ellen	28.11.94	2. 7.54
Kortge, Regina, abg.	28.11.94	4. 2.61
Maiworm, Birgit	28.11.94	25. 1.62
Dieck-Bogatzke, Britta	28.11.94	8. 7.63
Drees, Stefan	9. 5.95	6. 8.61
Schuh-Offermanns,		
Miriam, ½	9. 6.95	3.10.62
Bergmann-Streyl,		
Birgitta, ½	20.10.95	16. 7.63
Dr. Grabinski, Klaus, abg.	6.11.95	6. 2.62
Goldschmidt-Neumann,		
Birgit, ½	28.11.95	6.10.61
Dr. Bergmann, Christine	1. 7.96	11. 5.64
Reucher-Hodges, Bettina	16. 1.97	4. 8.63
Dr. Stöve, Elisabeth, ½	16. 7.97	18.12.64
Adam, Cornelia, beurl.	17. 7.97	6.10.60
Tischner, Gerhard	17. 7.97	5. 4.62
Rambo, Rainald	17. 7.97	3. 7.62
Hemmer, Harald	17. 7.97	25. 9.65
Schmidt, Hans-Jörg	18. 7.97	8. 2.61
Dr. Schmidt-Kötters,		
Ursula, ½	21. 7.97	20.11.61
Hesper, Anja	4. 2.98	17. 7.64
Heidtkamp, Anneli	4. 2.98	22.10.65
Sasse, Cordula	4. 2.98	9. 2.67
Tönnis, Sophia	5. 2.98	27. 7.65
Strupp-Müller, Barbara,		
beurl.	3. 6.98	9. 7.62
Roitzheim, Gudrun	3. 6.98	1.11.63
Matz, Joachim	3. 6.98	16.11.63
Brückner-Hofmann,		
Johanna, ½	3. 6.98	26. 7.64
Fricke, Stephan	3. 6.98	20.10.65
Drees, Rainer	3. 6.98	13. 2.67
Dr. Schmitt-Frister, Petra	14. 1.99	10. 9.65
Volberg, Anne-Christin	14. 1.99	12. 9.66
Wolks-Falter, Sabine, beurl.	17. 8.99	5. 1.67
Toporzysek, Kornelia	17. 8.99	28. 1.67
Tischner, Rita	17. 8.99	25. 8.68
Dr. Anderegg, Kirsten	20. 8.99	—
Schwarz, Christoph	17.11.99	25. 8.66

Amtsgerichte

Düsseldorf E 568 499
Mühlenstr. 34, 40213 Düsseldorf
Postfach 10 11 40, 40002 Düsseldorf
T (02 11) 83 06–0
Telefax (02 11) 83 06–161

1 Pr, 1 VPr, 11 w.aufsR, 82 R

Präsident

Hartmann, Dirk	21. 1.99	17. 9.41

Vizepräsident

Schmitz, Paul	29. 1.93	15. 2.36

Weitere aufsichtführende Richterinnen/Richter

Jaeger, Roswita	21.12.88	23. 4.39
Borkert, Günter	13. 3.89	12. 4.42
Dr. Schneider, Klaus	29. 8.94	11. 8.35
Schönauer, Michael	29. 8.94	4. 3.50
Dichgans, Johanna	23. 8.95	7. 5.36
Helfert, Barbara	27. 5.97	16. 8.41
Benden, Karl-Ludwig	11.12.97	18. 8.43
Lilie, Hans Ingo	11.12.97	5.10.45

Richterinnen/Richter

Dr. Fränkel, Karl Joachim	—	—
Konnertz, Wolfgang	13. 1.72	20.11.39
Dr. Zerlin, Reiner	26. 7.73	28. 6.39
Funke, Klaus-Dieter	1.10.73	16. 7.41
Gravenhorst, Ulrike	4.10.73	29. 7.41
Schmidt-Zahl, Inge	21. 2.74	21. 9.42
El Bawwab, Dagmar	22.10.74	3. 8.42
von Busse, Brigitte, ½	20. 5.75	—
Strehl, Roswitha, ½	6. 6.75	5. 3.43
Dahl, Margret	13. 4.76	
Christophliemk, Barbara	30. 6.76	31. 8.45
Oehlschläger, Jürgen	16. 7.76	21. 7.43
Rudy, Hans	28. 8.76	24.11.44
Jahn, Renate	10.12.76	7. 4.43
Wagner, Stefan	1. 4.77	10. 7.42
Erdmann, Paul	24. 5.77	24. 9.41
Hanslik, Dirk	19. 6.77	6. 8.45
Scharen, Ilse-Grete	1. 7.77	
Röhr, Axel	1. 7.77	6. 4.45
Gräfin von Reichenbach, Brigitte	5. 9.77	19. 3.46
Bösken, Clemens Peter	5. 9.77	2. 7.46
Klein, Wolfgang	20. 9.77	31.10.46
Wollenweber, Hedda	22. 9.77	21. 5.41
Bösken, Brigitte	4.11.77	11. 5.46
Moser-Rodens, Gabriele	—	—
Weitz, Hans Joachim	4.11.77	29.10.47
Fey, Wolfgang	17. 2.78	26.10.43
Zimmermann, Eberhard	2. 5.78	12. 8.40

Koelpin, Hartmut	8. 8.78	4.10.44
Spix, Burckhardt	29. 9.78	16. 7.45
Windeck, Marius Anton	29. 9.78	30. 8.45
Roos, Peter	6.10.78	10.12.46
Bingel, Angelika	29.10.78	12. 4.43
Gehentges, Günter	31.10.78	17. 5.46
Goralska, Marianne	1.12.78	10.12.47
Dr. Schnorr, Wolfram	2. 3.79	14. 1.44
Schemkämper, Bernhard	2. 4.79	12.10.46
Hennig, Günter	1. 6.79	8. 8.48
Dolinsky, Christian	10. 9.79	28. 6.48
Müller-Krauß, Erika, ½ Hoenicke, Hannelore Lydia	11.10.79	20.10.48
Dr. Schmitz, Heinz-Jürgen	2.11.79	19. 1.47
Gaedtke, Gerfried	15. 2.80	5. 5.49
Haueiß, Sylvia	2. 5.80	29. 8.50
Lindenblatt, Heinrich	17. 7.80	4. 8.45
Ziegenbein, Hans-Dieter	20.10.82	27. 5.50
Kruse, Dirk	25. 3.83	20. 7.51
Roth, Bernd	14. 6.83	25. 8.50
Fischer, Angela	7.11.84	7. 8.52
Lysko, Ruth	15. 2.89	18.11.48
Dr. Schütte, Monika, ½	5. 4.91	8. 7.58
Krüger, Kay Uwe	24. 4.91	6.10.59
Hoffmann, Felicitas	21.10.91	—
Braun, Martin,	29. 6.92	10. 7.57
Witthaut, Jutta, ½	8. 4.93	12. 9.61
Mertens, Andreas	13. 4.93	22. 5.62
Batzke, Werner	11. 5.93	14. 9.59
Henning, Frank	31. 1.94	19. 6.60
Dr. Poncelet, Stephan	6. 6.94	12.11.61
Hoppach, Hartmut	30.11.94	13. 6.61
Berger, Monika	30.11.94	14. 9.61
Dietrich, Jörg	30.11.94	14. 8.63
Rolke, Dieter	9.12.94	14. 5.61
Pollmächter, Frank	20. 7.95	30. 6.61
Strohmeyer, Hansjörg, beurl.	21. 9.95	5. 2.62
Johann, Holger	25. 9.95	18. 5.58
Hanck, Stefan	28. 9.95	13. 7.61
Faulenbach, Helga, ½	21. 6.96	8.10.62
Schreiber, Susanne, ½	18.10.96	1. 6.63
Brost, Britta	16. 6.97	30. 9.64
Kuhn, Gabriele, ½	16. 4.98	1. 3.65
Pütz, Edwin	15. 6.98	26.12.64
Dr. Fleischer, Nicole	18. 6.98	7. 3.66
Krügerke, Sabine	23.10.98	4. 2.63
Mielke, Siegfried Gotthard	20.11.98	21. 7.62
Hermeler, Thomas Karl	20.11.98	9. 3.64
Distler, Frauke	2. 7.99	29. 3.67
Fischer, Antje	2. 7.99	14. 9.67
Kretschmer, Uta	7. 7.99	17.12.68
Sönnichsen, Christian	3.12.99	14. 2.67
John, Carsten	3.12.99	18.12.67

Langenfeld (Rheinland) E 157 466
Hauptstr. 15, 40764 Langenfeld
Postfach 11 62, 40736 Langenfeld
T (0 21 73) 9 02–0
Telefax (0 21 73) 2 70 16 90

1 Dir, 1 stVDir, 1 w.aufsR, 13 R

Dick, Ingolf, Dir	1. 9.99	11.12.48
Gröning, Werner, stVDir	9. 2.82	6.10.39
Bürger, Gisela, ½	—	—
Heuschkel, Bernd	—	—
Strauß, Peter	—	—
Jentsch, Siegfried	—	—
Daun, Dorothee	23.10.78	17. 9.47
Clausing, Barbara	—	—
Frantzen, Wolfgang	—	—
Müller, Heinz Siegfried	17. 8.84	16.10.48
Wernscheid, Ralf	11.12.89	28.12.58
Kröger, Jens-Peter	9. 8.94	19. 4.61
Bösen, Martin	29.12.94	26. 2.61

Neuss E 342 731
Breite Str. 48, 41460 Neuss
Postfach 10 03 54, 41403 Neuss
T (0 21 31) 2 89–0
Telefax (0 21 31) 2 89–1 81

1 Dir, 1 stVDir, 3 w.aufsR, 27 R

Lottes, Bernd, Dir	28. 6.99	19.10.50
Röttger, Klaus, stVDir	28.12.79	29. 9.35
Rütz, Günther, w.aufsR	—	—
Graf von Reichenbach,		
Stefan, w.aufsR	6. 6.97	14. 4.43
Meyer, Inge	15.11.69	6. 9.35
Hubernagel, Peter	—	—
Becker, Franz	—	—
Burckhardt, Klaus	1. 7.77	18. 1.43
Oertel, Karla Paula	—	—
von Brauchitsch-Behncke,		
Karin	5. 5.80	22. 7.47
Schwichtenberg, Herbert	1. 6.80	22.12.47
Krieger, Norbert	—	—
Ulland, Wolfgang	21.11.80	24. 3.48
Kretzschmar, Wolf	1. 4.81	19. 2.40
Bott, Wilfried	—	—
Cöllen, Heinrich	23. 4.82	2. 2.52
Spix, Barbara, ¾	23. 4.82	11. 6.52
Karnuth, Michael	—	—
Köster, Sigrid, ¾	13. 1.84	12. 4.54
Orlob, Bernd	17. 7.84	5. 4.55
Jenk, Birgitt	8. 5.87	18.11.56
Zweygart-Heckschen,		
Karin, beurl.	13. 8.91	7. 1.59
Kintzen, Stefan	13. 7.92	1. 5.58

Trautmann, Susanne, ½	7. 1.94	22. 7.61
Windeler, Hans Dieter	12.12.94	14.12.61
Dr. te Bokkel, Katharina	10. 6.96	7. 4.58
Steeger, Ulrich	—	—
Laforet, Oliver	22. 9.99	13. 2.68

Ratingen E 90 689
Düsseldorfer Str. 54, 40878 Ratingen
Postfach 11 13, 40831 Ratingen
T (0 21 02) 10 09–0
Telefax (0 21 02) 10 09–22

1 Dir, 1 stVDir, 6 R

Genter, Lothar, Dir	20. 8.96	6. 3.47
Schrimpf, Jürgen Werner,		
stVDir	—	—
Grape, Lieselotte, beurl.	13.12.75	20. 9.43
Vatter, Fritz Siegfried	—	—
Niedrig, Rüdiger	2. 4.79	10.12.47
Rüttgers, Peter-		
Wolfgang	25.10.83	27. 7.47
Tietze, Angela	26. 6.84	30.10.51

Landgerichtsbezirk Duisburg

Landgericht Duisburg E 1 143 506
König-Heinrich-Platz 1, 47051 Duisburg
Postfach 10 15 05, 47015 Duisburg
T (02 03) 99 28–0
Telefax (02 03) 99 28–4 44

1 Pr, 1 VPr, 24 VR, 37 R

Präsident

Dr. Just, Hubert	19. 6.97	30. 7.45

Vizepräsident

N. N. — —

Vorsitzende Richterinnen / Vorsitzende Richter

Vahlhaus, Reinhard	24. 5.76	4.10.35
Frechen, Hans	13. 5.80	23. 6.39
Franken, Anneliese	24. 4.81	27. 8.40
Bechberger, Konrad	1.10.81	8. 7.37
Welling, Claus Florian	26.10.83	1. 4.42
Oberscheidt, Hermann	6. 2.85	18. 2.42
Kaletsch, Ottfried	23. 3.87	9. 9.44
Renziehausen, Jürgen	11. 9.87	20. 3.40
Fritz, Ingeborg	—	15. 1.41
Ettwig, Fritz	1. 5.88	7. 2.45
Schmidt, Michael	19.10.89	4.10.45

Tillmann, Dieter	19. 6.91	18. 8.46
Ramacher, Wolfgang	23.12.91	26. 9.46
Dr. Risch, Ingo	28.12.92	7.11.46
Dr. Winter, Manfred	7. 7.94	23. 7.49
Benthele, Konrad	20.12.94	3. 9.50
Spieker, Franz-Josef	14. 6.95	4. 3.49
Waldhausen, Gerd, abg.	14. 6.95	6. 6.56
Schlinkert, Rainer	21. 8.96	27. 4.48
Struß, Dirk	21. 8.96	11. 5.48
Fellmann, Klaus-Peter	26. 3.98	24. 1.52
Bellenbaum, Bernd	8. 3.99	3. 8.58
Jakob, Karl-Heinz	—	—
Kamphausen, Brigitte	31. 1.00	16. 3.58

Richterinnen/Richter

Menkhoff, Heinz-Dieter	1. 9.78	7. 4.48
Dehmel, Kurt-Günther	11. 9.78	4. 4.44
Dr. Kilian, Holger	6. 1.82	18. 5.49
Garthmann-Ressing, Carola, beurl.	—	—
Krützberg, Hans-Ulrich	7.12.83	10.12.53
Bracun, Helmut	20. 4.90	9. 8.56
Kraft, Kristin	14.10.92	28. 5.60
Schulte, Andrea	9.11.92	1.12.59
Heinrich, Brigitte, beurl.	26. 5.93	14. 6.59
Lieberoth-Leden, Sylvia, ½	19. 7.93	4. 9.62
Brackmann, Roswitha, ½	28.12.93	21.12.60
Eulering, Ruth-Maria, abg.	16. 5.94	21. 8.61
Schwartz, Joachim	25.11.94	4.12.55
Kabuth, Detlef	25.11.94	11. 5.59
Schwartz, Andrea	25.11.94	4.11.61
Foos, Michael Roland	7. 6.95	27. 5.64
Peters, Gabriele	12. 6.95	26. 1.63
Krämer, Sabine, abg.	3. 7.96	24.12.63
Dr. Maifeld, Jan, abg.	5. 7.96	21. 9.59
Fuchs, Christian	9. 7.96	19.11.63
Metzler, Ulrich	22. 1.97	28. 8.61
Terhorst, Christoph	27. 1.97	30.10.63
Russack, Marc	31. 1.97	7. 2.62
Hochgürtel, Johannes	18. 8.97	5. 4.64
Bee, Barbara	18. 8.97	5. 6.65
Hansen, Sven	15. 1.98	28. 8.62
Muders, Ralf	3. 8.98	17. 2.66
Reim, Antje, beurl.	3. 8.98	9. 4.66
Balke, Sabine	3. 8.98	3. 5.66
Beck-Collas, Hiltraud, ½	4. 8.98	9. 8.65
Collas, Martin	13.11.98	9. 8.63
Rittershaus, Olaf	2. 9.99	21. 2.68

Amtsgerichte

Dinslaken   E 109 536
Schillerstr. 76, 46535 Dinslaken
Postfach 10 01 80, 46521 Dinslaken
T (0 20 64) 60 08–0
Telefax (0 20 64) 60 08–70

1 Dir, 1 stVDir, 8 R

N.N., Dir	—	—
Schminke, Peter, stVDir	—	—
Dr. Puschmann, Kurt	8. 5.74	25. 3.44
Kürle, Hans	2. 5.78	29. 7.44
Buck, Paul	—	—
Hinninghofen, Jochen	9. 6.84	3. 2.52
Hansen, Hans-Peter	3.12.84	25. 6.50
Mersmann, Reinhard	28. 1.85	9. 2.52
Huster, Bettina	24. 1.94	31. 7.61
Feltmann, Christoph	21.11.94	17. 1.60

Duisburg   E 266 144
König-Heinrich-Platz 1, 47051 Duisburg
Postfach 10 01 10, 47001 Duisburg
T (02 03) 99 28–0
Telefax (02 03) 99 28–4 41

1 Dir, 1 stVDir, 4 w.aufsR, 34 R

Kassen, Norbert, Dir	1. 9.94	27. 3.47
N.N., stVDir	—	—
Hakes, Heribert, w.aufsR	1. 3.91	12. 5.39
Nießalla, Folker, w.aufsR	16. 9.94	6. 1.44
Oelze, Gabriele, w.aufsR	11. 5.98	16. 3.51
Engel, Sigrid	1.10.68	23. 9.36
Jantke, Elke	6. 6.72	6. 7.42
Rahn, Christof	17. 3.76	20. 6.43
Weiß, Heinz Georg	2.11.76	30. 7.45
Mann, Norbert, ½	17.12.76	4. 6.43
Sensfuß, Jörg-Winrich	22. 2.77	27.11.44
Klein, Günther Wilhelm	—	—
Günther, Arnold	20. 6.77	9. 9.42
Snoek, Hilke	—	—
Böhmer, Oliver	8.11.78	2. 7.46
Oelze, Achim	1. 4.80	22. 9.49
Boltze, Michael	—	—
Dr. Schmahl, Hermann-Josef	12. 3.81	26.12.46
Staffler, Elmar	—	—
Viefers, Veit	16.10.81	9. 3.50
Heitgreß-Roehl, Monika	—	—
Kellner, Edmund	—	6. 3.50
Prinz, Wilfried	21.10.82	27. 2.52
Dück, Peter	26.11.82	4. 3.52
Dreßler, Hermann	—	29.12.51

Ohlerich, Marianne	—		—	
van Eymeren, Mechthild	1. 12. 83	27.	4. 53	
Müller-Lühlhoff, Claudia	22. 6. 84	19.	5. 53	
Teschner, Petra	28. 12. 93	22. 10. 59		
Dr. Feller, Frank	9. 5. 94	20.	6. 59	
Fischer, Martin	7. 11. 94	2.	3. 61	
Bohle, Rita	2. 8. 95	16.	5. 61	
Schmidt-Hölsken, Volker	13. 11. 95	14.	1. 61	
Martin, Andreas	14. 11. 95	18.	2. 64	
Bienert, Angelika	23. 1. 97	6.	1. 62	
Reese, Benjamine, ½	30. 4. 98	19.	7. 65	
Flecken-Bringmann, Cornelia, beurl.	17. 11. 98	30.	4. 65	

Duisburg-Hamborn E 129 548
Duisburger Str. 220, 47166 Duisburg
Postfach 11 01 36, 47141 Duisburg
T (02 03) 5 44 04–0
Telefax (02 03) 5 44 04–42

1 Dir, 1 stVDir, 12 R

N.N., Dir	—	—	
Paulußen, Ernst Walter, stVDir	1. 10. 98	13. 7. 55	
Dick, Rolf	1. 11. 73	2. 4. 40	
Bachem, Heinz Michael	13. 4. 77	5. 1. 45	
Spiess, Heinrich	28. 8. 78	16. 7. 43	
Zähres, Gerd	—	—	
Essers, Wilhelm Antonius	—	—	
Pohl, Jan-Michael	21. 10. 82	3. 6. 48	
Achtermeier, Karl-Heinz	5. 4. 83	3. 3. 52	
Bramhoff, Suitbert	9. 4. 90	6. 7. 57	
Thome, Hendrik	28. 7. 94	8. 8. 60	
Dr. Luge, Jens	15. 8. 94	1. 7. 59	
Heister, Dieter	21. 8. 97	22. 9. 63	

Duisburg-Ruhrort E 126 629
Amtsgerichtsstr. 36, 47119 Duisburg
Postfach 13 01 51, 47118 Duisburg
T (02 03) 8 00 59–0
Telefax (02 03) 8 00 59–2 22

1 Dir, 1 stVDir, 11 R

Bendorf, Berthold, Dir	11. 8. 95	20. 1. 49	
Dr. Franke, Einhard, stVDir	1. 8. 98	11. 9. 49	
Büllmann, Hubert	—	—	
Dahm, Heinz-Joachim	1. 7. 70	28. 5. 39	
Thönißen, Klaus	9. 5. 78	12. 6. 48	
Westermeier, Karl-Heinz	14. 4. 80	23. 6. 47	
Schmitz, Hans Josef	14. 4. 80	4. 6. 48	
Krapp, Volker, ⅔	25. 3. 81	24. 6. 47	
Schwering, Heinz-Bert	3. 4. 81	15. 9. 50	
Marx, Hans-Dieter	27. 4. 82	20. 3. 46	
zum Kolk, Robert	21. 9. 83	11. 7. 49	

Tosse, Susanne	4. 6. 84	17. 11. 53	
Benke, Hans Richard	13. 11. 84	16. 1. 50	

Mülheim an der Ruhr E 174 250
45401 Mülheim an der Ruhr
Georgstr. 13, 45468 Mülheim an der Ruhr
Postfach 10 01 62, 45466 Mülheim an der Ruhr
T (02 08) 45 09–0
Telefax (02 08) 45 09–1 00

1 Dir, 1 stVDir, 1 w.aufsR., 14 R

Kempken, Jochen, Dir	5. 11. 98	24. 3. 39	
Jansen, Walter Peter, stVDir	21. 7. 99	6. 3. 45	
Schwanzer, Mechthild, w.aufsR	18. 8. 94	11. 10. 43	
Leschke, Dietrich	1. 4. 66	4. 8. 35	
Schnurbusch, Heinz-Ekkehart	1. 11. 67	3. 1. 36	
Dr. Dömkes, Heinz	30. 12. 70	25. 4. 36	
Hörschgen, Reinhard	18. 9. 77	1. 7. 46	
Zähres, Cordula	8. 11. 78	2. 9. 48	
Wetterich, Erhard	—	—	
Kaspers, Heinz-Peter	2. 11. 79	7. 2. 48	
Fronhoffs, Bernd	15. 6. 81	7. 7. 48	
Fischer, Peter	3. 12. 84	4. 1. 53	
Galonska, Susanne	29. 12. 93	4. 5. 61	
Arps, Inken	18. 4. 94	29. 5. 61	
Kley, Alexander	27. 12. 94	2. 1. 61	
Beuse, Friederike	9. 8. 95	2. 6. 62	

Oberhausen (Rheinl.) E 222 344
Friedensplatz 1, 46045 Oberhausen
Postfach 10 01 20, 46001 Oberhausen
T (02 08) 85 86–1
Telefax (02 08) 85 86–2 18

1 Dir, 1 stVDir, 2 w.aufsR, 19 R

N.N., Dir	—	—	
Dr. Bücker, Ludger, stVDir	25. 11. 94	20. 12. 48	
Herlitz, Horst, w.aufsR	1. 6. 89	3. 9. 38	
Dr. Viefhues, Wolfram, w.aufsR	26. 6. 95	30. 3. 50	
Hauptmann, Reiner	19. 4. 74	6. 7. 40	
Müller, Hans-Joachim	—	—	
Langenbach, Rüdiger	16. 9. 77	28. 9. 44	
Hoffmann, Marga	—	—	
Behnke, Sabine	3. 3. 78	26. 5. 45	
Beuke, Hans Rudolf	19. 2. 79	14. 7. 44	
Warning, Jürgen	2. 4. 79	22. 12. 46	
Orilski, Joachim	2. 9. 80	24. 7. 47	
Masling, Gabriela	17. 6. 81	8. 3. 51	
Carra, Karl-Heinz	16. 11. 81	11. 8. 46	
Hülder, Alfred	21. 10. 82	1. 1. 50	

Tang, Heinz-Jürgen	1. 5.84	15.11.51
Funken-Schneider,		
Margarete	6. 5.94	23.10.60
Schneidereit-Köster,		
Susanne	31.10.94	21. 8.61
Dr. Fleischer, Thomas	22. 6.95	6. 5.57
Reuter, Alexandra, beurl.	20.11.95	4. 2.63
Hoepken, Hiltrud	18. 6.96	23. 4.64
Leis, Judith	21. 7.97	20. 6.64

Wesel   E 116 055
Herzogenring 33, 46483 Wesel
Postfach 10 07 52, 46467 Wesel
T (02 81) 1 44–0
Telefax (02 81) 1 44–48

1 Dir, 1 stVDir, 10 R

Nabbefeld-Kaiser, Renate,		
Dir	—	—
Schuster, Paul, stVDir	30.11.87	29. 7.47
Meldau, Monika	10. 5.77	24. 4.46
Ollesch, Hans-Dieter	10.11.78	8. 2.47
Schimmöller, Gerold	24. 4.81	5. 6.46
Bluhm, Kurt Walter	21.10.82	30.10.47
Olof, Klaus-Peter	—	—
van Straelen, Heike	29. 9.83	21. 2.53
Lambertz, Norbert	30. 9.83	7. 6.49
Hirt, Michael	29. 3.88	24. 1.56
Neddermeyer, Ralph	11.12.95	20. 7.62

Landgerichtsbezirk Kleve

Landgericht Kleve   E 543 181
Schloßberg 1, 47533 Kleve
Postfach 14 61, 47533 Kleve
T (0 28 21) 87–0
Telefax (0 28 21) 87–2 90

Auswärtige Strafkammer in Moers
Ueringer Str. 1, 47441 Moers
Postfach 10 11 40, 47401 Moers
T (0 28 41) 18 06–0
Telefax (0 28 41) 18 06–62 02

1 Pr, 1 VPr, 11 VR, 20 R

Präsident

Dr. Blaesing, Heiner	11. 3.99	27. 6.50

Vizepräsident

Schiller, Ludwig	8. 2.96	18.11.36

Vorsitzende Richterinnen/Vorsitzende Richter

Tittel, Heinrich	1. 2.75	1. 8.35
Lingens, Werner	29. 5.78	11.12.37
Kliver, Rudolf	4. 9.81	18. 2.38
Delbeck, Thomas	28. 9.84	23.10.43
Suchsland, Johannes	11. 9.87	17.10.42
Jacobs, Jürgen	1. 9.89	9. 9.52
Daams, Heinz Gerd	30. 9.94	27. 6.43
Stadtmann, Bernhard	28. 4.98	26. 4.44
Iber, Konrad	30. 4.99	22. 3.42

Richterinnen/Richter

Singer, Sigrid, ½	18. 7.72	25. 1.41
Dr. Nippoldt, Rolf	1.12.79	21. 8.44
Henckel, Elisabeth, ½	3. 4.80	24. 7.49
Schöttler, Peter	3.10.80	16. 8.48
Hillgärtner, Beate	24. 3.88	15.11.55
Knickrehm, Ulrich	25. 3.88	2.12.55
Ruby, Jürgen	15. 2.89	14.10.54
Henckel, Christian	15. 2.89	25. 2.57
Schmidt, Ingrid	20. 4.90	28. 9.59
Blömer, Gertrud, ½	1. 6.90	14. 3.56
Reekers, Bernhard	5. 2.92	14. 8.56
Drissen, Markus	20.10.92	28. 8.60
Huismann, Johannes	13. 4.93	26.10.59
Dr. Unger, Joachim	19. 5.93	17. 5.61
Leupert, Stefan	16.12.93	21. 3.61
Ratz, Elke	8.10.98	26.12.65
Trenckmann, Bettina, ½	12. 7.99	17. 7.60
Lieckfeldt, Jens	2. 8.99	7.11.65
van der Grinten,		
Winfried	29.10.99	7. 2.68

Amtsgerichte

Emmerich   E 50 112
Seufzerallee 20, 46446 Emmerich
Postfach 10 01 54, 46421 Emmerich
T (0 28 22) 6 94–0
Telefax (0 28 22) 6 94–48

1 Dir, 3 R

Verbeet, Edmund, Dir	1. 6.89	29.11.49
Geffroy, Lutz	12. 7.77	30. 9.44
Sarin, Waltraud	24. 9.79	20. 9.47
Gietemann, Karl	28. 4.82	12.10.51

Geldern   E 122 151
Nordwall 51, 47608 Geldern
Postfach 11 64, 47591 Geldern
T (0 28 31) 1 23–0
Telefax (0 28 31) 1 23–45

1 Dir, 1 stVDir, 10 R

Hommel, Klaus Peter, Dir	1. 8.95	10. 9.52
Hansen, Heinrich,		
stVDir	24. 1.96	20. 9.45
Petzet, Christian	16.12.77	1. 2.45
Willems, Theodor	1. 8.80	21. 7.47
Eichholz, Angelika	26. 4.82	1. 2.49
Weitzel, Wolfgang, abg.	1.12.83	28. 5.52
Schuster, Wolfgang	30.12.83	17. 6.45
Dr. Terhorst, Karl-Leo	3. 6.87	5. 3.51
Scheyda, Norbert	23. 9.91	23. 2.60
van Gemmeren, Gerhard,		
abg.	13. 8.93	17. 5.60
Bacht-Ferrari, Manfred	10. 7.96	19. 6.63
Zorn, Ulrich	21. 7.97	31. 7.65

Kleve (Niederrhein)   E 123 704
Schloßberg 1, 47533 Kleve
Postfach 14 20, 47514 Kleve
T (0 28 21) 87–0
Telefax (0 28 21) 87–1 00

1 Dir, 1 stVDir, 1 w.aufsR, 13 R

Dr. Hientzsch, Ulf, Dir	1.11.88	10. 6.38
Neumann, Siegfried,		
stVDir	16.12.94	23. 6.36
Blawat, Ulrich-Michael,		
w.aufsR	—	—
Thomsen, Joachim, abg.		
Pauls, Ulrich	27. 2.79	12.10.45
Schlenkhoff-Paul,		
Michael	15. 4.80	13. 9.49
Blome, Gisela	21. 5.82	13. 4.51
van den Boom, Herbert	2.11.82	15. 2.48
Buckels, Frank	15. 6.92	23. 3.60
Werner, Jörg	3.12.93	23. 3.57
Gallasch, Georg	22.12.93	26. 6.61
Stalinski, Dirk	21. 9.94	14. 8.61
Knickrehm, Claudia	5. 8.96	18. 3.63
Radde, Anja, ½	7. 8.96	12. 9.63
Klostermann, Petra	—	—
Bacht, Ursula Jutta	8.10.98	2. 8.66

Moers   E 135 308
Haagstr. 7, 47441 Moers
Postfach 11 40, 47401 Moers
T (0 28 41) 18 06–0
Telefax (0 28 41) 18 06–30 14

1 Dir, 1 stVDir, 1 w.aufsR, 12 R

Volkmer, Wolf, Dir	1. 7.85	18.10.42
Krichel, Klaus Wilhelm,		
stVDir	29. 4.94	24. 4.50
Pesch, Georg, w.aufsR	29. 6.94	19.12.36
Paßmann, Franz	—	—
Becker, Dietrich	15. 5.69	31. 5.36

Boekstegen, Karin	—	—
Lindemann, Reiner	30.12.83	28. 6.48
Meininger, Irmgard	4.12.84	26. 8.47
Scheidt, Josefa	29.10.90	6. 2.56
Kohler, Theresia	16. 8.91	11. 8.60
Muhm-Kritzen, Ariane	26. 6.98	27. 5.66
Hommel, Christoph	18.11.99	12. 4.67

Rheinberg   E 111 906
47493 Rheinberg
Rheinstr. 67, 47495 Rheinberg
T (0 28 43) 1 73–0
Telefax (0 28 43) 1 73–78

1 Dir, 1 stVDir, 6 R

Breidenstein, Christiane,		
Dir	29. 1.97	12.10.49
Hoppe, Joachim, stVDir	18. 1.95	20. 5.40
Bernschütz-Hörnchen,		
Monika	5. 8.78	1. 9.44
Gräfin von Salm-		
Hoogstraeten-Weebers,		
Barbara	27. 4.82	16. 6.47
Lomme, Paul	26.10.82	17. 9.46
Mülverstedt, Thomas	—	—
Scheepers, Ulrich	13. 6.91	30. 7.59
Kloos, Harald	28.12.93	14. 6.62

Landgerichtsbezirk Krefeld

Landgericht Krefeld   E 430 615
Nordwall 131, 47798 Krefeld
Postfach 14 70, 47714 Krefeld
T (0 21 51) 8 47–0
Telefax (0 21 51) 8 47–2 18

1 Pr, 1 VPr, 10 VR, 15 R

Präsident

Dr. Forsen, Klaus	8.12.98	26.10.38

Vizepräsident

Hermelbracht, Wolfgang	1.12.98	15.12.41

Vorsitzende Richterinnen/Vorsitzende Richter

Moshövel, Gerhard	21.12.79	5. 1.36
Kehren, Klaus	10.12.81	11. 4.40
Aue, Reinhold	31. 3.83	24. 5.36
Schwarz, Johann	16. 5.90	2. 2.48
Rungelrath, Heinrich	26. 9.90	2. 9.50
Luczak, Herbert	26. 3.93	18. 1.52
Kümpel, Manfred	25. 8.99	5.11.54

Richterinnen/Richter

Schwan, Erik	—	—
Krause-Ablaß, Karin, ½	16. 1.74	14. 4.41
Kloetsch, Doris	—	—
Bierbach, Hartmut	11. 4.78	10.11.44
Franz, Helga Carmen	24. 1.83	16. 5.48
Barenhorst, Dominica	16.12.91	2.11.58
Emmrich-Ipers, Dagmar	13.10.92	29.12.60
Büchler, Doris	16.10.92	12. 6.60
Kley, Elvira	14.10.94	15. 3.63
Offermanns, Klaus	12. 6.95	14. 6.62
Kersten, Karin	20.11.95	23. 9.62
Dr. Pahlke, Bernd	26. 7.99	21.12.65
Kühle, Angela	27. 7.99	13. 9.67
Stoepel, Claudia	10.11.99	10. 3.69

Amtsgerichte

Kempen E 82 123
Hessenring 43, 47906 Kempen
Postfach 10 01 20, 47878 Kempen
T (0 21 52) 14 90–0
Telefax (0 21 52) 14 90–59

1 Dir, 5 R

Rohde, Reiner, Dir	6.10.83	13. 7.43
Baaken, Helmut	—	—
Breidenstein, Rudolf	3.12.78	26.10.44
Janich, Andreas	15. 1.82	23. 5.51
Holtz-Hellegers, Renate	29. 4.87	28. 3.56
Diedrichs, Frank	27. 5.94	3. 7.59

Krefeld E 291 778
Nordwall 131, 47798 Krefeld
Postfach 14 70, 47714 Krefeld
T (0 21 51) 8 47–0
Telefax (0 21 51) 8 47–5 35

1 Dir, 1 stVDir, 3 w.aufsR, 31 R

Nohlen, Otto, Dir	1. 8.78	30. 7.36
Idel, Peter, stVDir	1. 6.89	22. 6.47
Volkmann, Lioba, w.aufsR	5. 9.97	17. 1.45
Lietz, Erhard, w.aufsR	1. 4.98	3. 1.37
Rebell, Gudrun, w.aufsR	1. 4.98	17. 3.51
von Hagen, Udo	1. 1.67	26. 7.35
Berger, Holger	1. 1.67	14. 1.36
Scholz, Thomas	—	—
Müller, Robert	1. 9.72	7.10.41
Didier, Paul	23. 4.75	3. 1.42
Meister, Hans-Gerd	18. 3.76	24.12.41
Kaiser, Friedrich-Wilhelm	18. 7.77	7.10.44
Wiegand, Konrad Ernst	28. 7.77	4.12.46
Habersack, Klaus Michael	13. 3.78	13. 3.43
Nowacki, Peter Wolfgang	1. 4.78	8. 4.44

Thielen, Wolfgang	28. 1.79	17. 4.49
Mnich, Herbert	19. 3.79	19. 9.48
Richter, Werner	2.11.79	12. 6.46
Hennings, Susanne	2. 6.80	22.11.41
Möllers, Ulrich	29. 9.81	30. 9.50
Link, Winfried Michael	—	—
Deußen, Rainer	22. 3.83	6. 8.48
Redlin, Harald	10.10.83	31. 7.49
Zimmermann, Walter	11. 1.88	11. 1.54
Höfer, Susanne, ½	24. 1.89	19.10.57
Rackwitz, Klaus-Ulrich, abg.	30.12.93	22. 1.60
Dr. Weith, Jürgen	6. 1.94	21. 6.59
Meckenstock, Antje	9.11.94	22. 5.62
Borgmann, Barbara	19.12.95	7. 5.63
Derrix, Johannes	1. 7.96	5. 7.63
Pirc, Andreja	30. 7.97	27. 9.65
Schwenzer, Werner	3.11.97	12. 8.59
Ginten-Muders, Johanna	2. 6.98	13. 4.65

Nettetal E 56 714
Steegerstr. 61, 41334 Nettetal
Postfach 11 63, 41301 Nettetal
T (0 21 53) 91 51–0
Telefax (0 21 53) 91 51–11

1 Dir, 4 R

Hoeke, Hans, Dir	21.11.83	25. 8.38
Schmitz, Klaus Peter	17. 8.78	13. 3.44
Ungricht, Astrid, ½	2.11.90	12. 8.59
Baak, Peter	13.10.95	4. 8.61
Kloppert, Heinz-Detlef	18. 8.97	12.10.60

Landgerichtsbezirk Mönchengladbach

Landgericht Mönchengladbach E 582 659
Hohenzollernstraße 157, 41016 Mönchengladbach
Postfach 10 16 20, 41016 Mönchengladbach
T (0 21 61) 2 76–0
Telefax (0 21 61) 2 76–3 10

1 Pr, 1 VPr, 12 VR, 21 R

Präsident

Dr. Gräber, Heinz	1.11.90	30. 7.37

Vizepräsidentin

Obst-Oellers, Ina	5. 9.95	11. 4.43

Vorsitzende Richterinnen/Vorsitzende Richter

Buchen, Heinrich	11.11.77	6. 8.39
Lohn, Joseph	14.11.80	15. 5.38

Neumann, Horst	16. 2.84	24. 5.42	
Diez-Holz, Reinhard	17. 2.87	21. 2.46	
Woltz, Wilfried Wilhelm	26.11.87	29. 1.42	
Servos, Hans	14.11.91	4. 9.46	
Wolters, Ralf	27. 5.93	28.11.53	
Beckers, Lothar	23. 5.96	23. 9.54	
Banke, Joachim	21. 3.97	7.12.50	
Rosso, Frank	8. 3.99	7. 2.60	

Richterinnen/Richter

Schoen, Ulrich	3.11.75	20.12.40
Kluge, Margret, ½	5. 6.76	25. 9.39
Lowinski, Andreas	26. 3.82	15.10.49
zum Bruch, Helga, ½	25. 7.83	23. 3.52
Hinz, Helmut	28. 5.88	26. 5.57
Helmig-Rieping, Elisabeth, ½	1. 6.89	7. 1.57
Kreuels, Jürgen	13. 9.91	26. 3.55
Bößem, Bernd	21.12.92	4. 9.59
Dr. May, Werner	21.12.92	9.12.59
Roidl-Hock, Ellen	22.12.92	28.10.61
Göge, Klaus	23.12.92	27. 3.60
Eimermacher, Harald	17. 1.94	15.12.60
Jacobi, Knut	10. 7.95	14. 7.59
Streyl, Elmar	14. 7.95	8. 1.62
Fleischer, Christiane	9. 7.96	8.10.63
Gabelin, Eva Maria	4. 2.98	27. 6.67
Schürger, Carsten	6. 2.98	20. 3.66
Flecken, Ulrike	21.10.98	8. 9.65
Kral, Gregor	23. 7.99	19. 1.66
Wessely, Kirstin, beurl.	23. 7.99	2. 4.66
Dr. Oudijk, Almut	27. 9.99	28. 2.68

Amtsgerichte

Erkelenz E 109 164
Kölner Str. 61, 41812 Erkelenz
Postfach 16 53/16 58, 41806 Erkelenz
T (0 24 31) 96 02–0
Telefax (0 24 31) 96 02–2 22

1 Dir, 1 stVDir, 5 + 2 × ½ R

Lennartz, Oswald, Dir	6.11.96	7. 7.37
Wexel, Horst-Günther, stVDir	1. 4.97	9. 2.54
Wallrafen, Dieter	21. 2.72	12. 4.39
Buschfeld, Friederike	14. 9.81	21. 5.52
Weiring, Ursula, ½	9. 6.94	29.12.56
Dr. Fuchs, Gisberg	13. 2.95	22. 6.61
Havertz-Derichs, Ursula, beurl.	9. 7.96	15. 9.60
Dr. Lenz, Hugo Michael	26. 5.97	31.10.61
Janclas, Marita	19.11.97	28. 8.64

Grevenbroich E 99 670
41513 Grevenbroich
Lindenstr. 33 – 37, 41515 Grevenbroich
Postfach 10 01 61, 41485 Grevenbroich
T (0 21 81) 65 03–0
Telefax (0 21 81) 65 03–55

1 Dir, 1 stVDir, 6 R

Dr. Horbach, Karl-Heinz, Dir	12. 5.98	30. 1.52
Dr. Engelhardt, Jochen, stVDir	27. 4.98	23. 3.36
Albers, Wolfgang	—	—
Vogels, Eugen	19. 5.83	25. 1.52
Schiekiera, Heidemarie	8.11.94	22. 2.61
Calvis, Michaela	19. 1.98	11. 3.63
Zieschang, Claudia, beurl.	19. 1.98	1. 8.65
Busch, Joachim	16. 4.99	18. 5.66

Mönchengladbach E 145 548
Hohenzollernstr. 157, 41061 Mönchengladbach
Postfach 10 16 20, 41016 Mönchengladbach
T (0 21 61) 2 76–0
Telefax (0 21 61) 2 76–4 88, –5 55, –4 06

1 Dir, 1 stVDir, 2 w.aufsR, 20 R + 1 LSt (R)

Wittke, Manfred Burger, Dir	1.12.93	14.10.39
N.N., stVDir	—	—
Plümäkers, Hans, w.aufsR	—	—
Dormanns, Stephanie, w.aufsR	17. 8.95	12. 8.40
Mülhöfer, Heinz	1.11.65	11. 7.35
Odenbreit, Guntram	18. 3.71	11. 3.39
Kraus, Klaus Dieter		
Lingnau, Stephan	2.11.78	16.12.46
Dr. Tschepe, Axel	5.11.78	16. 2.46
Ringkloff, Brigitte	29.10.79	5. 8.47
Peitz, Petra	5. 5.82	6. 4.52
Kamp, Ulfert		
Wehmeyer, Petra	1. 6.88	17. 3.55
Müskens, Angelika	23. 5.90	10. 1.55
Hoffmans, Brigitte	25. 5.90	30. 8.51
Rosocha, Hans-Bernd	5.12.90	26. 6.54
Essers-Grouls, Gudrun	18.11.94	20. 7.62
Schiller, Margot, beurl. (LSt)	21.11.94	8. 2.61
Cramer, Uta	9. 7.96	1.12.64
Lambertz-Blauert, Ulrike	10. 7.96	7.12.62
Flachsenberg, Rainer	7.10.96	28. 5.64
Wefers, Gabriele	17. 6.97	3.11.61
Vormbrock, Annette	16. 1.98	5. 4.65
Oles, Rosemarie	22.11.99	18. 3.63
Müller, Klaus Georg	22.11.99	1. 6.65

Mönchengladbach-Rheydt   E 118 557
Brucknerallee 115, 41236 Mönchengladbach
Postfach 20 01 61, 41201 Mönchengladbach
T (0 21 66) 9 72–0
Telefax (0 21 66) 9 72–1 00

1 Dir, 1 stVDir, 11 R

Jopen, Ulrich Konrad, Dir	1. 1.94	8. 9.45
Möller, Peter, stVDir	18. 7.94	14. 6.43
Schöllgen, Werner	5. 9.74	24.11.41
Bülte, Gert	—	—
Kaumanns, Wolfgang	24. 4.77	14. 9.42
Eckardt, Wolfgang	24. 2.78	25. 1.44
Dr. Röchling, Walter	1.12.78	24. 8.48
Bergmann, Ernst-Elmar	1. 4.81	30. 5.44
Bachtrup, Winfried	21.12.84	11. 1.47
Gerats, Walburga	17. 5.93	22. 8.61
Spätgens, Stefan, abg.	17. 1.94	4. 8.62
Mai, Karl	27. 6.94	6. 4.59

Viersen   E 109 720
Dülkener Str. 5, 41747 Viersen
Postfach 10 01 61, 41701 Viersen
T (0 21 62) 3 73–6
Telefax (0 21 62) 3 73–8 88

1 Dir, 1 stVDir, 9 R + 1 LSt (R)

Gollos, Peter, Dir	30. 9.83	21. 7.38
Geiger-Battermann, Bernd, stVDir	21. 8.95	18.10.46
Finger, Rolf	15. 5.67	28. 5.36
Smolenski, Hubertus	10. 1.77	19. 2.42
Reinhardt, Manfred Volker	1. 7.77	1. 9.43
Smets, Friedrich Rolf	14. 8.78	7.10.46
Becher, Jochen	2. 5.81	16.10.48
Breer, Franz Peter	5. 4.83	1. 6.46
Leibold, Hans Ludwig	26.10.84	24. 5.52
Holthöwer, Martin	29.11.90	30. 6.54
Striewe, Ursula, beurl. (LSt)	21.11.94	31. 1.60
Dahm, Michael	9.11.99	25. 3.67

Landgerichtsbezirk Wuppertal

Landgericht Wuppertal   E 913 889
Eiland 1, 42103 Wuppertal
Postfach 10 18 40, 42018 Wuppertal
T (02 02) 4 98–0
Telefax (02 02) 4 98–4 22

1 Pr, 1 VPr, 26 VR, 40 R + 3 LSt (R)

Präsident

Crummenerl, Horst	1.11.91	18.12.35

Vizepräsident

Hucklenbroich, Rudolf	1.12.98	31. 8.41

Vorsitzende Richterinnen/Vorsitzende Richter

Bock, Heinz	30. 5.78	17.10.35
Dr. Reinecke, Jürgen	11.10.78	10. 5.39
Arnhold, Georg Michael	23.10.80	19. 6.37
Dr. Bühne, Reiner	19. 3.81	1. 6.38
Watty, Rudolf	29. 4.81	16. 7.35
Dr. Wiese, Klaus	17. 1.84	28.12.43
Wilden, Rolf	6.11.86	2.11.45
Dr. Danz, Fritz-Jürgen	3. 5.88	5. 4.45
Belker, Karin	20. 1.89	30.10.42
Keiluweit, Wilfried	20. 1.89	26.10.45
Suhle, Jürgen	27.10.89	16. 9.44
Dr. Van Bargen, Ralph	27. 2.91	9. 6.48
Mengel, Volker	25. 9.91	11.11.45
Poelmann, Johannes Joachim	12. 5.92	16. 8.46
Koep, Norbert	7. 6.93	26.10.42
Kroll, Peter	8. 2.94	12. 8.42
Schmidt, Roland	8. 2.94	23.10.46
Brewing, Stefan Ulrich	13. 5.94	7. 9.49
Pyschny, Manfred	15.12.94	15. 6.47
Jäger, Klaus Peter	18. 1.96	22. 4.54
Pinnel, Peter	27. 3.97	6. 2.41
Leithäuser, Helmut	27. 3.97	4.12.56
Müller, Norbert	12. 6.97	6. 6.56
Hahn, Sabine	21. 7.98	5. 2.56
Istel, Bernd-Stefan	21. 7.98	30.11.58
Bertling, Robert	29. 7.98	23.11.51

Richterinnen/Richter

Günther-Landsiedel, Marianne, 7/10	3. 1.75	3. 7.41
Riegel, Knut	28. 9.75	2. 7.43
Kister, Wolfgang	5.12.77	5.12.45
Lichter, Klaus-Dieter	23. 6.78	17.11.43
Cygan, Dieter Joachim	23. 2.79	3.10.45
Zier, Hans-Peter	23. 2.79	24. 4.46
Walter, Arnd Bernhard	18. 7.79	25. 9.45
Franke, Joachim	9.12.79	2. 3.47
Meuschke, Wolfgang	26.11.80	2. 2.49
Büllesbach, Kurt	24. 7.81	9.11.50
Sahlenbeck, Ulrich	3.11.82	3. 9.52
Kohl, Wolfang	28.11.83	26. 6.50
Adelung, Christiane, beurl. (LSt)	26. 3.84	21. 7.52
Odenthal, Bianca, ½	7. 7.88	25.12.57
Mißeler, Monika	3.12.90	16.11.56

Krege, Ulrich	2. 10. 91	31. 3. 56
Dost-Müller, Vera, ½	2. 12. 91	1. 4. 60
Schönemann-Koschnick,		
Dorothea, ½	2. 9. 92	17. 9. 59
Dr. Deville, Rainer,		
abg. (LSt)	1. 10. 92	6. 8. 59
Schiedel-Krege, Jutta	5. 7. 93	20. 4. 60
Juffern, Reinhard	9. 8. 93	29. 6. 62
Behring, Stefan	27. 9. 94	19. 10. 60
Vosteen, Andrea, ⅔	13. 10. 94	26. 5. 58
Döninghaus, Bernd		
Michael, abg.	12. 5. 95	7. 2. 62
Bischop, Ludger	20. 9. 95	31. 12. 61
Kötter, Jochen	6. 11. 95	13. 6. 62
Klein, Martina	7. 6. 96	3. 10. 60
Märten, Christoph	10. 6. 96	8. 9. 63
Barbian, Birgit,		
beurl. (LSt)	4. 4. 97	21. 9. 62
Laukamp, Ute, ½	4. 4. 97	28. 5. 63
Dr. Puderbach-Dehne,		
Karina, ½	8. 8. 97	28. 5. 64
Schleger, Susanne	18. 8. 97	19. 9. 64
Stöcker, Anne	12. 9. 97	30. 5. 65
Glaeser, Sabine	10. 12. 97	19. 5. 66
Dr. Künzel, Thomas	22. 5. 98	21. 3. 64
Kern, Georg	26. 10. 98	1. 3. 65
Tackenberg, Sabine		
Veronika	14. 5. 99	7. 9. 65
Happe, Holger	21. 5. 99	2. 4. 66
Jungclaus, Katrin	29. 10. 99	3. 9. 67

Amtsgerichte

Mettmann   E 139 491
Gartenstr. 5 + 7, 40822 Mettmann
Postfach 30 01 01, 40813 Mettmann
T (0 21 04) 7 74–0
Telefax (0 21 04) 7 74–1 70

1 Dir, 1 stVDir, 11 R

N. N., Dir	—	—
Braun, Norbert,		
stVDir	10. 8. 87	1. 2. 45
Nordsieck, Reinhard	1. 12. 67	1. 6. 37
Kirchner, Ottmar	1. 8. 77	10. 12. 43
Reuter, Gerd	21. 10. 77	25. 9. 44
Osthoff, Heinz-Dieter	1. 7. 79	29. 6. 49
Naujoks, Cornelie	1. 9. 79	3. 12. 49
Tiebel, Birgit Helene	1. 3. 82	19. 4. 47
Manderscheid, Kerstin,		
abg.	13. 12. 93	9. 8. 62
Zimmermann, Natascha	18. 12. 95	2. 4. 62
Zweigle, Markus		
Thomas	14. 5. 98	1. 9. 67

Remscheid   E 119 546
42849 Remscheid
Alleestr. 119, 42853 Remscheid
Postfach 10 01 64, 42801 Remscheid
T (0 21 91) 7 96–0
Telefax (0 21 91) 7 96–1 50

1 Dir, 1 stVDir, 1 w.aufsR, 12 R

Söhnchen, Rolf, Dir	11. 9. 87	27. 2. 42
Lehmberg, Hermann,		
stVDir	3. 9. 97	1. 6. 55
Seidel, Edda, w.aufsR	23. 5. 96	7. 9. 41
Wiene, Franz-Friedrich	1. 5. 66	23. 9. 35
Neuhaus, Helmut	1. 9. 70	17. 7. 37
Hamann, Rainer		—
Saßenhausen, Hans	14. 4. 78	4. 8. 44
Sauter, Harald	30. 11. 82	25. 8. 48
Schmitz-Knierim,		
Joachim	10. 10. 88	26. 2. 54
Wendel, Heinz	29. 11. 93	22. 4. 61
Dr. Stiefken, Uta, ½	7. 11. 94	17. 5. 62
Büddefeld, Dirk	25. 7. 95	30. 3. 62
Römer, Yvonne	11. 12. 97	15. 2. 65
Gollos, Christian Matthias	16. 11. 98	3. 8. 65
von Kalckreuth, Barbara,		
beurl.	10. 6. 99	21. 9. 66

Solingen   E 165 362
Goerdelerstraße 10, 42651 Solingen
Postfach 10 12 64, 42648 Solingen
T (02 12) 22 00–0
Telefax (02 12) 22 00–2 22

1 Dir, 1 stVDir, 1 w.aufsR, 13 R

Frotz, Norbert, Dir	1. 2. 92	7. 6. 36
Kohlmann, Winfried,		
stVDir	26. 1. 00	26. 1. 39
Brömel, Günter, w.aufsR	24. 6. 94	11. 10. 36
Rüsch, Christa	—	—
Klumpen, Peter, beurl.	25. 5. 71	23. 10. 37
Püschel, Lothar	—	—
Hochstein, Werner	26. 5. 78	24. 10. 44
Mrazek, Klaus-Günter	23. 6. 78	2. 1. 45
Roese, Wolfgang	23. 4. 82	7. 10. 47
Zürn, Verena	26. 4. 82	12. 11. 50
Bisier, Hans-Eberhard	1. 6. 82	26. 8. 48
von Drewitz, Hasso	15. 2. 85	8. 6. 48
Dittmann, Michael	11. 12. 97	25. 2. 65

Velbert   E 118 759
Nedderstr. 40, 42549 Velbert
Postfach 10 13 80, 42513 Velbert
T (0 20 51) 9 45–0
Telefax (0 20 51) 9 45–1 99

1 Dir, 1 stVDir, 9 R

Rosenbaum, Bernd, Dir	12. 5.99	9. 9.41
Franke, Norbert, stVDir	21. 7.94	17.10.41
Sander, Joachim	1. 6.68	18. 2.37
Blasberg, Karl Dieter	12.10.77	6. 1.45
Specht, Irmela	14. 9.81	18. 4.45
Eble-Trutnau, Dorothea	28. 6.82	21. 4.52
Duhr, Karl-Friedrich	16.12.83	20.11.50
Mohnhaupt, Gabriele	18. 9.92	17. 4.57
Asperger, Markus	13.11.92	10. 3.60
Spiegel, Jutta	27. 4.94	26. 9.61

Wuppertal E 370 731
Eiland 4, 42103 Wuppertal
Postfach 10 18 29, 42018 Wuppertal
T (02 02) 4 98–0
Telefax (02 02) 4 98–4 44

1 Dir, 1 stVDir, 5 w.aufsR, 41 R

Benesch, Peter, Dir	21. 8.96	19. 4.59
Hörschgen, Werner, stVDir	28. 1.88	9. 7.43
Schmidt, Dietrich, w.aufsR	7.10.83	11.12.35
Heiliger, Uwe, w.aufsR	17. 8.94	22. 1.46
Wöbber, Hans-Jürgen, w.aufsR	19. 8.94	24. 4.41
Kaminski, Andrea, w.aufsR	29. 9.99	13. 8.49
Wewer, Christa	1. 2.68	15.10.37
Dr. Koep, Albert	1. 7.69	7. 5.37
Richter, Ursula	11. 1.72	25. 7.38
Straub, Hans Uwe	1. 2.73	30.12.40
Koch, Wolfgang	30.11.73	25. 8.43
Meyer, Bernd-Rüdiger	13. 5.74	5. 1.42

Rupprecht, Klaus	21. 4.77	9. 9.44
Schmachtenberg, Hartmut	—	—
Wehmeyer, Carl-Friedrich	17. 3.78	21.10.42
Kuhaupt, Bernward-Josef	8. 4.78	12. 2.47
Schiebold, Wolfgang Bernhard	12. 5.78	17. 6.43
Menke, Gerd	3.10.78	22.10.45
Schulz, Georg	15.12.78	4.12.43
Dr. Nottebaum, Werner	—	—
Intorf, Uwe	31. 7.80	23.10.49
Wirths, Hans-Gerd	—	—
Figge, Reiner	—	—
Schaumlöffel, Gerd	26. 5.82	24.11.50
Sauter-Glücklich, Andrea Hubertine	—	—
Hänsel-Nell, Inga, 7/10	27.10.82	21.12.52
Dudda, Paul-Dieter	3.11.82	12. 4.51
Koßmann, Bernhard	13. 4.84	4. 9.53
Kahlhöfer, Michael	2.11.86	4. 5.55
Sdunzik, Werner	5. 1.90	10. 5.56
Schmitz-Horn, Ulrich	2. 5.94	23. 2.58
Nolten, Anna Maria	2. 5.94	5. 6.60
Scheideler, Konrad	14.11.94	7. 5.61
Sennekamp, Martin	14.11.94	18. 1.62
Sturm, Jörg	15.11.94	29. 5.61
Ringel, Katrin, ½	2.10.95	14.11.62
Ball-Hufschmidt, Sigrun	17. 6.96	11. 1.64
Bittner, Barbara	18. 8.97	4. 1.64
Tscharn, Andreas	18. 2.98	21. 6.65
Adam, Monika	18. 2.98	6. 4.66
Biesing-Pachur, Susanne	4.10.99	16. 7.69

Staatsanwaltschaften

Generalstaatsanwaltschaft Düsseldorf

Sternwartstraße 31, 40223 Düsseldorf
Postfach 19 01 52, 40111 Düsseldorf
T (02 11) 90 16–0
Telefax (02 11) 90 16–2 00

1 GStA, 4 LOStA, 24 OStA, 2 LSt (OStA)

Generalstaatsanwalt

Selter, Walter	1. 1.94	27.10.45

Leitende Oberstaatsanwälte

Zillkes, Rudolf, stVGStA	9. 8.94	26.11.37
Trennhaus, Meinhard	1. 6.91	25.12.35
Schiffler, Wolfgang	6.12.96	15. 5.45
Steinforth, Gregor	21.11.97	8.11.49

Oberstaatsanwältinnen/Oberstaatsanwälte

Kapplinghaus, Hans-Jürgen, abg.	26. 9.89	3. 7.46
Wimmers, Werner, abg.	21. 8.90	22. 9.47
Dr. Mattulke, Hans-Jürgen	1.10.91	27.12.44
Ipers, Klaus	27.11.91	18. 8.50
Manteuffel, Heiko	27.11.91	26. 3.52
Ludwig, Jürgen	7.10.92	21.10.48
Jansen, Norbert	26. 1.93	1. 2.53
Wickern, Thomas	29. 1.93	10. 8.48
Möckel, Sybille	28. 5.93	6.10.46
Teschendorf, Margarita	28. 5.93	2. 4.52
Seither, Wolfgang	1. 6.93	24. 5.52
Schröter, Hartmut	15. 6.94	29. 3.50
Schmitz, Werner	28.11.94	13. 8.50
Wassen, Hans Josef	4. 5.95	5. 8.49

Neukirchen, Arno	14. 9. 95	14. 5. 52
Brachthäuser, Emil,		
abg. (LSt)	9. 2. 96	9. 4. 55
Voelzke, Ulrich	—	—
Holzmann, Theodor		
Ferdinand	12. 6. 97	13. 4. 48
Bronny, Klaus	23. 9. 97	27. 4. 51
Bien, Horst, abg. (LSt)	23. 9. 97	3. 5. 58
Lichtenberg, Peter	12. 6. 98	1. 4. 58
Schneider, Matthias	1. 1. 99	27. 3. 52
Thiele, Beate	23. 4. 99	9. 2. 60
Stockhausen, Manfred	7. 12. 99	7. 6. 45
Harden, Thomas	7. 12. 99	19. 5. 61
Fegers-Wadenpohl,		
Hildegard, abg.	15. 12. 99	17. 9. 53
Dr. von der Heide,		
Isabella, abg.	15. 12. 99	9. 1. 55

Staatsanwaltschaft Düsseldorf

Willi-Becker-Allee 8, 40227 Düsseldorf
Postfach 10 11 22, 40002 Düsseldorf
T (02 11) 77 07–0
Telefax (02 11) 77 07–4 76

1 LOStA, 1 stVLOStA, 16 OStA, 56 StA

Leitender Oberstaatsanwalt

Claßen, Karl Manfred	1. 10. 97	27. 3. 46

Oberstaatsanwältinnen/Oberstaatsanwälte

Esser, Karl Heinrich,		
stVLOStA	1. 1. 99	16. 7. 36
Müller, Günter	10. 10. 77	9. 5. 36
Neumann, Eberhard	14. 10. 77	13. 8. 36
Pütz, Johannes	26. 9. 79	12. 8. 38
Miese, Theodor Peter	23. 12. 86	10. 1. 43
Jacobi, Helmut	—	—
Gilbers, Wilhelm	1. 9. 88	3. 4. 40
Schmid-Aretz, Bettina	26. 9. 89	8. 5. 39
Bremer, Heinz	28. 2. 92	1. 4. 46
Sallmann, Hans-Otto	2. 2. 93	26. 5. 43
Flücht, Heinz Kurt	23. 6. 94	10. 10. 43
Blaskowitz, Hans-Martin	10. 3. 95	4. 3. 41
Bachmann, Jörn	—	—
Ernst, Olaf	2. 4. 96	21. 3. 48
Schöfferle, Karlheinz	23. 9. 97	27. 3. 53
Berger, Dieter	19. 10. 99	23. 8. 45
Caspers, Markus	7. 3. 00	18. 3. 61

Staatsanwältinnen/Staatsanwälte

Kleinert, Hans-Rainer, GL	20. 9. 95	2. 11. 42
Tophoven, Ernst, GL	—	—
von Wallis, Dagmar	21. 4. 72	31. 1. 40
Weiß, Frank	20. 9. 72	18. 3. 39
Simon, Paul	4. 6. 76	29. 12. 41

Leißen, Heinz Alfred		
Korthauer, Burkhard	28. 6. 77	16. 6. 46
Evertz, Wolfgang	—	—
Münch, Walter	7. 4. 78	30. 11. 41
Menke, Bernd	13. 10. 78	16. 2. 48
Schuck, Klaudia	28. 8. 79	5. 6. 46
Verheyen, Jürgen	3. 9. 82	18. 12. 48
Hoffmann, Bernadett	—	—
Krawolitzki, Heidulf	—	—
Beermann, Alex	4. 8. 87	20. 11. 49
Harings, Eberhard	4. 8. 87	25. 1. 54
Schroeter, Lothar	19. 1. 89	8. 2. 54
Englisch, Bernhard	23. 1. 89	31. 1. 57
Dr. Trunk, Stefan	28. 3. 90	11. 5. 60
Hinzen, Gabriele	17. 7. 90	12. 12. 58
Röding, Oliver	6. 8. 91	6. 3. 60
Schwarzwald, Peter	14. 10. 91	13. 5. 58
Achter, Reiner	24. 2. 92	15. 2. 58
Mühlemeier, Gerhard	4. 6. 92	14. 9. 54
Reißmann, Irene, ½	4. 11. 92	11. 4. 58
Kessel, Uwe	4. 11. 92	21. 5. 58
Kiskel, Hans-Joachim	4. 11. 92	2. 4. 59
Mühle-Danguillier, Jutta	25. 5. 93	27. 12. 59
Mocken, Johannes	20. 8. 93	8. 6. 60
Götte, Joachim	24. 1. 94	26. 5. 58
Weber, Annette	24. 1. 94	27. 3. 60
Puls, Johannes	24. 1. 94	20. 5. 60
Szczeponik, Michael	24. 1. 94	13. 2. 61
Röttgen, Astrid	13. 2. 95	3. 10. 59
Röckrath, Stephan	11. 4. 96	28. 6. 59
Arndt, Beatrix	11. 4. 96	26. 3. 60
Brandt, Jürgen	11. 4. 96	18. 1. 61
Wardenbach, Marie-Annick,		
abg.	5. 12. 96	13. 9. 62
Klövekorn, Susanne	12. 12. 96	17. 3. 62
Schwarz, Michael	27. 11. 97	6. 5. 60
Negenborn, Dirk	14. 1. 98	30. 8. 60
Kumpa, Christoph	14. 1. 98	5. 5. 64
Thiem, Kerstin	14. 1. 98	11. 3. 65
Frenzel, Petra	12. 6. 98	7. 1. 62
Wilke, Anke, beurl.	23. 4. 99	21. 3. 67
Großbach, Peter	18. 8. 99	18. 6. 64
Dr. Schwarz, Karin	18. 8. 99	18. 12. 65
Wilke, Henning	1. 2. 00	11. 2. 66
Dr. Hauschild, Isabell	4. 2. 00	30. 4. 64
Dr. Strauch, Birgit (LSt)	4. 2. 00	25. 1. 65

Staatsanwaltschaft Duisburg

Koloniestr. 72, 47057 Duisburg
Postfach 10 15 10, 47015 Duisburg
T (02 03) 99 38–5
Telefax (02 03) 99 38–8 88

1 LOStA, 1 stVLOStA, 12 OStA, 1 LSt (OStA),
42 StA, 2 LSt (StA)

Leitender Oberstaatsanwalt

Büttner, Dietrich   1.10.96   24. 2.36

Oberstaatsanwältinnen/Oberstaatsanwälte

Faber, Friedrich,		
stVLOStA	29. 6.98	13. 2.44
Hartwig, Christiane	11.12.78	7.11.37
Bak, Felix, abg. (LSt)	—	—
Ulmer, Heinz	1.11.91	17.12.39
Schäfer, Klaus	15. 9.92	25. 1.44
Elmendorff, Bernhard	29. 3.93	17. 8.41
Dr. Gold-Pfuhl, Gisela	23. 6.94	1. 9.48
Haferkamp, Rolf-Gert	23. 6.94	2. 5.48
Eßer, Helga	30. 1.95	15. 7.43
Gaszczarz, Jürgen	26. 8.97	7. 7.49
Nowotsch, Detlef	—	—
Wienen, Theodor	19.10.99	30. 7.55

Staatsanwältinnen/Staatsanwälte

Unterberg, Gerd, GL	22. 6.94	4.11.40
Schwitzke, Klaus, GL	—	—
Dr. Hellebrand,		
Johannes, GL	23. 6.94	19.11.46
Ulmer, Barbara	10. 2.72	11.11.43
Müller, Ursula	—	—
Mülders, Heinrich	—	—
Metzler, Bernd	1. 9.74	21. 6.42
Herforth, Joachim	6.12.74	5. 3.42
Heitmann, Karin	20.11.75	29. 8.40
Schräpler-Mayr, Hanne	22. 7.77	1. 2.45
Grießmann, Jürgen	3. 2.78	27. 9.42
Irlich, Hartmut	—	—
Storek, Christian	3. 2.78	25. 9.44
Schminke-Banke, Christiane		
Kiefer, Lothar	—	—
Niemers, Adalbert	1. 6.79	7. 1.49
Seidl, Gunthard	30. 7.80	24.12.44
Schäfer, Christoph	—	—
Hein, Martin	26. 7.82	12. 4.52
Kotschenreuther, Werner	2. 8.82	21. 3.48
Lammersen, Hartmut	—	—
Keller, Heinz	5. 8.83	27. 6.52
Riedel, Uwe	30. 4.84	3. 9.54
Faßbender, Achim	22.12.88	25.10.57
Kellner, Maria-Luise	9. 1.89	4. 1.56
Faßbender, Barbara	6. 2.91	11. 6.59
Bogen, Regine, ½	13. 3.92	13. 7.59
Opretzka, Manfred	16. 3.92	17. 7.56
Neumann, Uwe	10. 6.94	18. 3.61
Hartmann, Jochen	13. 6.94	14.12.58
Nottebohm, Udo	13. 6.94	24.12.61
Kwast, Karen, beurl.		
(LSt)	19. 9.94	16.12.62
Tewes genannt Kipp,		
Michael	7. 8.95	10. 8.60

Jannott, Monika, ⅖	8. 8.95	4. 8.61
Hülsen, Karin	30.12.96	10. 2.62
Gustmann, Oliver	30.12.96	16.10.63
Baumann, Sabine	9.12.97	31. 8.65
Mühle, Andreas	10.12.97	12. 1.64
Böing, Kirsten, beurl. (LSt)	17.12.97	22. 8.64
Stahl, Axel	22.12.97	18.11.62
Kremser, Peter	4. 1.99	10. 7.63

Staatsanwaltschaft Kleve

Ringstr. 13, 47533 Kleve
Postfach 14 60, 47514 Kleve
T (0 28 21) 5 95–0
Telefax (0 28 21) 5 95–2 00

Zweigstelle in Moers

Uerdinger Str. 19–21, 47441 Moers
Postfach 10 21 69, 47411 Moers
T (0 28 41) 18 05–0
Telefax (0 28 41) 18 05–40

1 LOStA, 1 stVLOStA, 3 OStA, 20 StA

Leitender Oberstaatsanwalt

Pott, Wolfgang   1. 4.00   1.11.38

Oberstaatsanwälte

Bergstein, Franz-Leo,		
stVLOStA	22.12.94	23.11.36
Frisch, Erhard	1. 6.87	20. 6.41
Vogel, Reinhard	1. 6.89	23. 5.42
Naumann, Gerhard		
Thomas	4.10.94	1.10.48

Staatsanwältinnen/Staatsanwälte

Redies, Horst, GL, ⅘	24. 6.94	10. 2.42
Aldenhoff, Peter, GL	24. 6.94	30. 5.47
Feldhaus, Peter	1. 7.71	21. 1.40
Niemers, Winfried	18. 9.72	24. 3.40
Siebert, Hans-Jürgen, ⅚	12. 1.73	2. 8.41
Tillmann, Volker	28. 5.76	4. 4.41
Olfs-Stark, Maria Luise	2. 1.78	1. 8.45
Kriegeskotte, Jürgen	—	—
Bauer, Achim	—	—
Moser, Heinz Joachim	—	—
Schulte, Gert	20. 2.86	13. 2.55
Harden, Ferdinand	4. 1.89	18.11.56
Körber, Martin	7. 8.92	16. 8.58
Hirneis, Dietmar	30.10.92	27.12.59
Hoppmann, Johannes	27. 1.95	12.12.60
Trepmann, Ralf	27. 1.95	26.11.62
Baumann, Thomas	7. 8.95	29. 4.62
Rulff, Ingeborg	12. 2.96	11. 4.67
Jettka, Klaus	2. 1.97	5. 5.62
Schulz, Guido	18.10.99	11. 4.67

Staatsanwaltschaft Krefeld
Nordwall 131, 47798 Krefeld
Postfach 14 70, 47714 Krefeld
T (0 21 51) 8 47–0
Telefax (0 21 51) 8 47–5 22

1 LOStA, 1 stVLOStA, 3 OStA, 16 StA

Leitende Oberstaatsanwältin

Hampel, Marlies	24. 2. 95	20. 6. 47

Oberstaatsanwältin/Oberstaatsanwälte

Luyken, Fritz, stVLOStA	—	—
Huth, Elke	14. 9. 87	13. 3. 42
Menden, Hans-Dieter	—	—
Schreiber, Klaus	23. 9. 97	12. 6. 52

Staatsanwältinnen/Staatsanwälte

Steinhoff, Dagmar, GL	22. 6. 94	19. 9. 43
Gosse, Klaus	10. 4. 72	28. 3. 40
Müllers, Hans Erich	27. 12. 76	30. 7. 44
Notemann, Otto	20. 7. 77	25. 10. 44
Jablonowski, Christiane	17. 2. 84	18. 4. 49
Miche-Seeling, Traugott	20. 6. 86	3. 5. 54
Golumbeck, Erwin	7. 4. 89	10. 9. 55
Jösch, Marianne	4. 5. 90	9. 6. 59
Vogt, Beate, abg.	3. 3. 93	10. 10. 60
Dr. Schlechtriem, Bernd	4. 8. 93	27. 3. 57
Rothstein, Ulrike, abg.	17. 2. 95	6. 4. 58
Gehring, Peter Helmut	30. 3. 98	26. 7. 63
Hüschen, Roman	19. 1. 99	31. 12. 66
Hintzen, Stephan	21. 1. 99	12. 9. 65
Schmidt, Jörg	2. 9. 99	17. 12. 67
Zuber, Beate Mariola	21. 2. 00	9. 8. 69

Staatsanwaltschaft Mönchengladbach
Rheinbahnstr. 1, 41063 Mönchengladbach
Postfach 10 17 60, 41017 Mönchengladbach
T (0 21 61) 2 76–0
Telefax (0 21 61) 2 76–6 96

1 LOStA, 1 stVLOStA, 4 OStA, 19 StA,
1 LSt (StA)

Leitender Oberstaatsanwalt

Franzen, Heinrich	1. 8. 97	15. 5. 47

Oberstaatsanwälte

Böhm, Rainer, stVLOStA	1. 4. 99	26. 3. 41
Waligura, Rüdiger	31. 1. 80	15. 5. 37
Jülicher, Armin	16. 6. 81	26. 7. 43
Vitz, Heinz Jürgen	30. 1. 95	30. 8. 49
Gathen, Lothar	1. 12. 98	13. 3. 60

Staatsanwältinnen/Staatsanwälte

Heitmann, Hans Adolf, GL	1. 7. 99	5. 2. 44

Rohling, Karl-Heinz	—	—
Bardenberg, Richard	—	—
Politt, Hartmut	23. 12. 76	10. 12. 44
Daberkow, Volker	29. 7. 77	14. 11. 41
Grasmeier, Burckhard	—	—
Düngelhoff, Wilhelm Josef	13. 6. 78	9. 8. 45
Wengst, Sabine	14. 6. 78	15. 1. 46
Szymkowiak, Reinhard	6. 9. 78	22. 8. 46
Schäfer, Heinz Peter	—	—
Litzenburger, Klaus Dieter	10. 9. 79	23. 12. 47
Adrians, Wolfgang	13. 5. 81	16. 11. 48
Dax, Heinrich	1. 10. 82	14. 7. 50
Zimmermann, Ellen	28. 10. 92	28. 6. 58
Möllmann, Ralf	1. 7. 94	7. 8. 61
Mölleken, Betina, beurl. (LSt)	2. 8. 95	22. 5. 62
Humberg, Ina	2. 12. 96	26. 8. 61
Ritgens, Christiane, ½	30. 8. 98	19. 5. 64
Dr. Stoy-Schnell, Uta Maria, beurl.	30. 8. 99	9. 4. 68

Staatsanwaltschaft Wuppertal
Hofaue 23, 42103 Wuppertal
Postfach 10 18 60, 42018 Wuppertal
T (02 02) 57 48–0
Telefax (02 02) 57 48–5 02

1 LOStA, 1 stVLOStA, 8 OStA, 36 StA

Leitender Oberstaatsanwalt

Schoß, Helmut	1. 1. 99	24. 2. 48

Oberstaatsanwälte

Grevener, Alfons, stVLOStA	11. 1. 99	30. 2. 47
Pathe, Helmut	7. 12. 77	26. 1. 40
Silvanus, Klaus	—	—
Majorowsky, Karl Hermann	1. 4. 89	20. 3. 44
Becker, Franz Friedrich	1. 9. 89	21. 3. 39
Wiecha, Volker	26. 9. 89	27. 2. 44
Mühlhausen, Herbert	23. 6. 94	6. 6. 48
Büsen, Hans Jochem	24. 6. 94	27. 12. 48

Staatsanwältinnen/Staatsanwälte

Neumann, Jürgen, GL	24. 6. 94	20. 7. 38
Tillmanns, Michael, GL	—	—
Beyer, Rolf	—	—
Eberhard, Hans	8. 9. 72	1. 5. 40
Janzen, Jörg	2. 11. 76	14. 11. 43
Bornefeld, Franz Joseph	22. 12. 76	15. 1. 44
Bohnstedt, Marlene	20. 9. 77	29. 10. 44
Gaarz, Volker	12. 5. 78	23. 8. 40
Herbertz, Reinald	16. 6. 78	7. 1. 44
Neubauer, Wolfgang	13. 10. 78	4. 2. 47

Gärtner, Wolfgang	10. 9.79	12. 5.46		Sommer, Andrea	5. 8.93	7. 2.61
Müller, Achim	16.10.81	29. 8.51		Oertgen, Stephan	31. 5.94	24. 7.60
Pank, Helga	—	—		Wolff, Iris, beurl.	9.12.94	28.10.61
Steinebach, Hans Martin	—	—		Schroeder, Uwe Klaus	15. 2.95	23.10.58
Heck, Frank	15.10.84	1.11.45		Beck, Carsten	24. 3.95	1. 5.61
Heinrichs, Frank	—	—		Meyer, Ralf	3. 4.95	9. 5.62
Blum-Heinrichs,				Seidel, Annette, beurl.	2.10.95	5. 4.63
Margareta	—	—		Brosch, Liane	12. 1.96	30. 7.64
Dr. Geuenich-Cremer,				Kreutzer, Christa Maria, ½	3.11.97	13. 4.61
Christa	26. 8.88	17. 8.56		Ihl, Rüdiger	4. 2.99	9.10.62
Hogrebe, Bernd-Josef	1. 4.90	27. 7.56		Dr. Wilfinger, Peter, abg.	4. 2.99	20. 7.63
Telle-Hetfeld, Hans-				Baumert, Wolf-Tilmann	4. 2.99	14.10.65
Werner, ¾	16. 7.90	14. 3.55		Mayr, Barbara	4. 2.99	8. 1.66
Deventer, Anton	18. 1.91	9. 7.58		Jackson-Klönther,		
Malzen, Uwe	30. 9.91	6. 7.59		Bartholomäus	2.11.99	19.12.68

Oberlandesgerichtsbezirk
Hamm

Der Bezirk des Oberlandesgerichts umfaßt die Regierungsbezirke Arnsberg, Detmold und Münster sowie vom Regierungsbezirk Düsseldorf die Stadt Essen.

Schiffahrtsobergericht

10 Landgerichte:

Arnsberg, Bielefeld, Bochum, Detmold, Dortmund, Essen, Hagen, Münster, Paderborn, Siegen

Kammern für *Handelssachen:* Bielefeld 8, Essen 5, Dortmund 6, Münster und Bochum je 5, Hagen 4, Detmold, Paderborn und Siegen je 2, Arnsberg 1

78 Amtsgerichte

Schöffengerichte: bei allen Amtsgerichten außer den nachstehend aufgeführten
Gemeinsames Schöffengericht für die Bezirke der Amtsgerichte, bei denen kein Schöffengericht gebildet wird, ist:

für den AGBez.:	*das Schöffengericht:*
Marsberg und Medebach:	Brilon
Schmallenberg:	Meschede
Warstein und Werl:	Soest
Bad Oeynhausen und Bünde:	Herford
Halle:	Bielefeld
Lübbecke und Rahden:	Minden
Rheda-Wiedenbrück:	Gütersloh
Blomberg:	Detmold
Castrop-Rauxel:	Dortmund
Kamen:	Unna
Essen-Borbeck und Essen-Steele:	Essen
Meinerzhagen:	Lüdenscheid
Plettenberg:	Altena
Schwerte und Wetter:	Hagen
Gronau:	Ahaus
Steinfurt:	Rheine
Tecklenburg:	Ibbenbühren
Brakel:	Höxter
Delbrück:	Paderborn
Lennestadt:	Olpe

Familiengerichte bei allen Amtsgerichten außer

den Amtsgerichten:	*zust. FamG:*
Medebach:	Brilon
Schmallenberg:	Meschede
Meinerzhagen:	Lüdenscheid
Lennestadt:	Olpe

Landwirtschaftssachen sind den Amtsgerichten als Landwirtschaftsgerichten wie folgt zugewiesen:

dem AG:	*die AGBez.:*
Ahaus:	Ahaus und Gronau (Westf.)
Arnsberg:	Arnsberg und Meschede
Beckum:	Ahlen und Beckum
Borken:	Bocholt und Borken
Brakel:	Brakel und Höxter
Brilon:	Brilon, Marsberg und Medebach
Coesfeld:	Coesfeld und Dülmen
Dorsten:	Bottrop, Dorsten, Gelsenkirchen, Gelsenkirchen-Buer, Gladbeck und Marl
Essen:	Essen, Essen-Borbeck und Essen-Steele
Herford:	Bünde und Herford
Kamen:	Kamen und Lünen
Lemgo:	Detmold und Lemgo
Lennestadt:	Lennestadt und Olpe
Lüdenscheid:	Altena, Lüdenscheid, Meinerzhagen und Plettenberg
Menden (Sauerland):	Iserlohn und Menden (Sauerland)
Paderborn:	Delbrück und Paderborn
Recklinghausen:	Bochum, Castrop-Rauxel, Herne, Herne-Wanne und Recklinghausen
Rheda-Wiedenbrück:	Gütersloh und Rheda-Wiedenbrück
Schwelm:	Hagen, Hattingen, Schwelm, Wetter und Witten
Soest:	Soest und Warstein
Steinfurt:	Rheine und Steinfurt
Unna:	Dortmund, Hamm, Schwerte und Unna

Oberlandesgericht Hamm

E 9 060 126
Heßlerstraße 53, 59065 Hamm
Postfach 21 03, 59061 Hamm
T (0 23 81) 2 72–0, Telefax (0 23 81) 2 72–5 18
1 Pr, 1 VPr, 46 VR, 135 R einschl. 1 für 6 UProf, 2. Hauptamt

Präsident

Debusmann, Gero	1. 1.96	3.11.43

Vizepräsident

Brahm, Edmund	1.12.98	4.12.47

Vorsitzende Richterinnen/Vorsitzende Richter

Lemcke, Hermann	1. 8.85	28.12.35
Jendrek, Paul	23.10.85	10.10.36
Wolf, Theodor	4.11.85	25.10.35
Wangard, Klaus	11. 9.87	30.10.37
Dr. Knappmann, Ulrich	4.11.87	18. 6.36
Dr. Tiekötter, Klaus	26. 9.88	30. 3.37
Klünemann, Hermann	1. 2.90	10. 5.36
Droppelmann, Klaus	1. 2.90	1. 6.37
Brück, Reinhard	29.11.90	3.12.37
Binnberg, Bärbel	23. 9.91	31. 5.40
Bachmann, Rolf	13.11.91	14. 7.35
Dr. Figge-Schoetzau, Anne-Dore	15.11.91	13.12.35
Dr. Pelz, Franz Joseph	24. 7.92	4.10.37
Schneider, Klaus	1. 9.92	7. 3.40
Karl, Peter	29. 1.93	26. 2.38
Fischaleck, Johann	29. 1.93	11. 5.40
Dr. Züllighoven, Ulrich	9. 3.94	3. 4.37
Baier, Hubertus	21. 3.94	4. 3.38
Böhmer, Friedrich	1. 6.94	22. 4.35
Steinberger, Ernst Richard	5. 4.95	8. 3.38
Sandmann, Rudolf	24. 1.96	21. 4.37
Benscheidt, Jürgen	24. 1.96	13. 8.38
Keppler, Jürgen	24. 1.96	6. 6.39
Dr. Dieckhöfer, Joachim	5. 7.96	12. 8.35
Zigan, Ulrich	5. 7.96	29. 1.38
Pott, Gert-Detlef	5. 7.96	9. 8.39
Frey, Eckart	8. 7.96	4. 9.40
Dingerdissen, Hans Albrecht	12.12.96	25. 7.39
Lindemann, Sigrid	12.12.96	18. 8.42
Regul, Hans-Joachim	2. 2.98	18. 8.45
Heitmeyer, Gerhard	31. 3.98	19. 5.38
Lücke, Werner	31. 3.98	23. 3.42
Flege, Heinrich	6. 4.98	25. 1.43
Dr. Ramin, Eberhard	1. 6.98	29. 5.41
Dr. Schulte, Josef	31. 8.98	22. 1.52

Schlüter, Ulrich	9. 3.99	12. 3.38
Dr. Gammelin, Dietrich	9. 3.99	21.12.40
Holzhauer, Klaus	21. 4.99	6. 8.38
Kramer, Gunther	26.10.99	9. 4.39
Becker, Udo	26.10.99	4. 7.43
Seibold, Gerhard	26.10.99	18. 1.45
Dr. Fahrendorf, Klaus Hubert	3.11.99	30. 1.47
Rethemeier, Klaus	1. 1.00	9. 7.47

Richterinnen/Richter

Prof. Dr. Schwerdtner, Peter (UProf, 2. Hauptamt)	14.12.73	15.12.38
Fischer, Rainer	24. 8.77	20.12.37
Hermes, Brigitte	24. 1.78	23. 8.36
Hellemeier, Ulrich	22. 6.78	4. 1.40
Schafranitz, Brigitte	—	—
Jung, Gesa	21. 3.79	14. 9.36
Killing, Peter	15.11.79	24. 5.36
Finger, Elmar	15.11.79	18. 2.39
Warmuth, Karl August	4. 8.80	18. 4.40
Dr. Nordloh, Manfred	4. 8.80	4. 1.43
Dr. Overhoff, Dieter	16. 6.81	9.10.42
Gläsker, Jürgen	19. 6.81	13.12.37
Illigens, Eberhard	19. 6.81	16.10.38
Boehm, Hartmut	19. 6.81	15. 5.39
Dunschen, Otto	22. 6.81	12. 8.40
Dr. Waldt, Klaus-Dieter	19.10.81	17. 1.42
Schmitz, Harald	10.12.82	12. 5.45
Mosler, Heinz-Joachim	10. 3.83	25. 6.43
Liebheit, Uwe	27. 9.84	21. 2.43
Völker, Ulrich	19.12.84	27. 4.46
Kamps, Hans Wilhelm	1. 1.85	6. 9.48
Rogner, Jörg	2. 1.85	22. 6.43
Dr. Bernhardt, Wolfgang	24. 9.85	19. 6.45
Schulte, Wolfgang	25. 9.85	30. 6.43
Boesenberg, Ulrich	25. 9.85	22. 9.43
Bähr, Peter	26. 9.85	15. 8.45
Dr. Köhler, Heinz-Dieter	13.11.85	12. 1.44
Rupp, Volker	13.12.85	15.12.41
Kaufmann, Annette	13.12.85	15.11.46
Lüke, Friedrich	1. 1.86	13.11.44
Schnapp, Dirk Friedrich	—	—

Knippenkötter,		
Hermann	10. 7. 86	28. 3. 50
Hain, Hans-Dieter	15. 7. 86	21. 3. 42
Küpperfahrenberg, Hans	15. 7. 86	30. 11. 46
Jansen, Günther	15. 7. 86	21. 9. 48
Gottwald, Klaus-Dieter	27. 10. 86	1. 4. 42
von Wick, Eberhard	27. 10. 86	18. 1. 44
Butemann, Heinz-Jürgen	27. 10. 86	5. 3. 45
Schenkel, Harald	27. 10. 86	7. 10. 49
Schwarze, Heinz	—	—
Dr. Szafran, Gerhard	20. 3. 87	13. 9. 45
Baur, Reinhard	20. 3. 87	31. 10. 46
Teigelack, Bernhard	29. 5. 87	6. 3. 49
Brumberg, Dorothea		
Elisabeth	29. 6. 87	15. 2. 47
Brumberg, Hans-		
Hermann	1. 7. 87	12. 7. 39
Bremser, Norbert	6. 7. 87	27. 7. 43
Beckmann, Heinrich Paul	—	28. 10. 47
Schrempp-Rautenberg,		
Dagmar	11. 9. 87	28. 2. 49
Dr. Linke, Hartmut	20. 11. 87	19. 3. 43
Schultz, Reinold	26. 11. 87	15. 7. 46
Bea, Ursula Marliese	21. 4. 88	16. 2. 45
Krippner, Carola	21. 4. 88	21. 2. 47
Schulte, Josef	21. 4. 88	1. 5. 50
Reinken, Werner	25. 4. 88	13. 6. 49
Lülling, Wilhelm	9. 8. 88	18. 8. 51
Gödel, Monika	9. 9. 88	2. 11. 46
Zumdick, Klaus	19. 9. 88	8. 9. 49
Pauge, Burkhard		
Wilhelm, abg.	—	—
Jaeger, Wolfgang	25. 4. 89	2. 6. 41
Finke, Fritz	25. 4. 89	28. 1. 46
van Beeck, Alfons		
Maria	25. 4. 89	15. 5. 46
Mosler, Volker	25. 4. 89	11. 2. 47
Andexer, Wolfgang	15. 11. 89	13. 7. 47
Budde, Lutz	16. 11. 89	3. 3. 52
Rüther, Bernhard	—	—
Betz, Anneli Martel	26. 9. 90	27. 10. 44
Korves, Wilfried	—	—
Wagner, Herbert	13. 12. 90	18. 7. 49
Vogt, Thomas	14. 12. 90	14. 10. 52
Schwerdt, Richard		
Heinrich	19. 12. 91	25. 7. 47
Schäferhoff, Viktor		
Peter	19. 12. 91	28. 11. 48
Horsthemke, Aloys	19. 12. 91	10. 9. 49
Eggert, Heribert	19. 12. 91	3. 12. 49
Lehmann, Martin	19. 12. 91	13. 2. 55
Schwarze, Georg	20. 12. 91	23. 8. 48
Schlemm, Christfried	20. 12. 91	19. 12. 49
Frieler, Rainer	20. 12. 91	17. 3. 50
Leygraf, Johannes	20. 12. 91	16. 3. 51
Kayser, Godehard	20. 12. 91	6. 10. 54
Paßmann, Jörg	23. 12. 91	1. 1. 49
Augstein, Philipp	23. 12. 91	21. 6. 54
Raberg, Alfred		
Friedrich-Ernst	—	—
Schmeing, Brigitte	—	—
Jokisch, Günter Karl	11. 9. 92	21. 8. 51
Fechner, Rainer	11. 9. 92	10. 5. 52
Brandes, Rolf	28. 1. 93	30. 3. 53
Dr. Kopel, Aloisius		
Heinrich	29. 1. 93	2. 6. 43
Grothe, Paul	29. 1. 93	26. 6. 55
Kemner, Hartwig	11. 3. 94	13. 8. 53
Gerlach-Worch, Ute	11. 3. 94	21. 6. 55
Dr. Gossmann,		
Wolfgang	2. 5. 94	14. 1. 53
Burhoff, Detlef	20. 2. 95	25. 8. 50
Dr. Pogrzeba, Jürgen	20. 2. 95	31. 12. 52
von Hasselbach,		
Reinhard, abg.	6. 12. 95	21. 2. 53
Burges, Gerd	13. 12. 95	11. 10. 47
Posthoff, Karl-Heinz	13. 12. 95	6. 10. 56
Schambert, Ulrich	13. 12. 95	4. 7. 58
Giesert, Christa	—	—
Engelhardt, Helmut		
Hermann	24. 1. 96	14. 10. 50
Eichel, Claus	—	—
Prof. Dr. Schulze, Reiner		
(UProf, 2. Hauptamt)	24. 5. 96	6. 10. 48
Prof. Dr. Pfeiffer,		
Thomas (UProf,		
2. Hauptamt)	9. 7. 96	4. 3. 61
Sapp, Friedrich Wilhelm	12. 9. 96	17. 1. 51
Droste, Ulrich, abg.	12. 9. 96	7. 11. 54
Heine, Manfred, abg.	12. 9. 96	21. 4. 56
Thiemann, Klemens	12. 9. 96	31. 10. 57
Rüthers, Bernhard		
Rudolf	26. 9. 96	15. 7. 53
Schwedhelm, Robert,		
abg.	20. 3. 97	17. 7. 54
Dr. Funke, Hans-		
Friedrich	24. 3. 97	22. 9. 57
Christ, Peter	25. 3. 97	6. 5. 56
Thome, Werner	25. 3. 97	18. 8. 56
Sommerfeld, Peter	25. 3. 97	30. 5. 57
Dr. Springer, Paul, abg.	2. 9. 97	5. 3. 56
Kilimann, Ralf	2. 9. 97	7. 1. 57
Dr. Hütte, Rüdiger	2. 9. 97	13. 8. 57
Helmkamp, Thomas	2. 9. 97	9. 4. 60
Vinke, Günter, abg.	8. 9. 97	3. 6. 59
Hammermann, Eckart	7. 10. 97	18. 1. 58
Michaelis de Vasconcellos,		
Rolof	20. 3. 98	27. 2. 51
Stratmann, Stefan	20. 3. 98	3. 3. 60
Stilke-Wassel, Petra	23. 3. 98	7. 7. 58

Kunze, Jürgen	2. 6.98	19. 3.58
Greving, Hermann	14. 8.98	7.12.54
Breidenbach, Udo	—	—
Lüblinghoff, Joachim	14. 8.98	28. 4.58
Duhme, Wolf-Dieter	17.12.98	9. 7.57
Mues, Rainer	17.12.98	30. 7.59
Bohn, Gertrud	—	—
Lubenow, Kerstin	23.12.98	13. 3.60
Prof. Dr. Saenger, Ingo,		
(UProf, 2. Hauptamt)	18. 1.99	27. 6.61
Schlemm, Ellen Elisabeth	31. 3.99	2.10.51
Meißner, Heinrich-Joachim	31. 3.99	29. 8.56
Jellentrup, Thomas	31. 3.99	13.11.58
Aschenbach, Andreas	12. 4.99	2. 4.57
Kausträter, Jost-Michael	1. 5.99	9. 3.61
Kallhoff, Ulrich	24.11.99	13. 8.57
Clemen, Peter	24.11.99	28. 8.59
Petermann, Klaus	24.11.99	5.10.60

Landgerichtsbezirk Arnsberg

Landgericht Arnsberg E 546 871
Brückenplatz 7, 59821 Arnsberg
59818 Arnsberg
T (0 29 31) 86–1
Telefax (0 29 31) 86–2 10

1 Pr, 1 VPr, 7 VR, 13 R

Präsident

Müller, Christian	1. 5.99	15.12.47

Vizepräsident

Dr. Voß, Dieter	31.10.90	2. 9.39

Vorsitzende Richter

Dr. Schulte, Theodor	29.11.76	17. 7.36
Riering, Stefan	6. 8.91	7. 6.46
König, Paul	20.12.91	27. 5.41
Dr. Heine, Helmut	1.11.92	18.10.43
Kappen, Franz-Josef	—	—
Schulte-Hengesbach, Franz	—	—
Grunwald, Hans-Joachim	26. 2.98	24. 1.53

Richterinnen/Richter

Kachstein, Hans-Heinrich	1. 9.67	24. 7.35
Peters, Ingrid	24.12.76	29. 3.44
Nölleke, Joachim	24. 6.80	19. 3.47
Erdmann, Willi	—	—
Dr. Mehlich, Detlef	16. 1.87	7. 8.54
von der Beeck, Rudolf	18. 4.90	14.11.57
Maus, Jörg	20. 7.92	9. 6.57
Berg, Hans-Joachim	5.10.95	16. 4.56

Siedhoff, Ekkehardt	3. 4.96	16. 4.61
Marx, Christa	15. 5.97	17. 6.64
Lopez Ramos, Celso	31.10.97	13. 8.59
Pacha, Stephanie	6. 2.98	6.12.62
Hahnemann, Martin	29. 7.96	28. 3.64

Amtsgerichte

Arnsberg E 108 066
Eichholzstr. 4, 59821 Arnsberg
Postfach 51 45, 51 55, 59818 Arnsberg
T (0 29 31) 8 04–1
Telefax (0 29 31) 8 04–7 77

1 Dir, 1 stVDir, 8 R

Volbracht, Karl Heinz, Dir	1. 1.94	19. 1.38
Kolvenbach, Dieter, stVDir	17. 6.94	16. 6.45
Lämmerhirt, Dietrich	23. 9.75	11. 4.41
Schmitt-Frenzen, Herta	2. 4.76	1. 1.42
Lattrich, Klaus	27.11.78	7. 2.46
Meinardus, Hans Hermann	30. 7.80	19. 6.48
Hanfland, Heinrich	—	—
Merz, Charlotte	3. 8.98	11.12.60
Röder, Marion	29. 2.00	16. 5.67

Brilon E 43 750
Bahnhofstr. 32, 59929 Brilon
Postfach 11 20, 59914 Brilon
T (0 29 61) 40 14
Telefax (0 29 61) 67 07

1 Dir, 3 R

Habel, Ekkehard, Dir	1.11.89	27.11.39
Nacke, August Wilhelm	18. 3.80	19. 6.46
Brunstein, Bettina	17. 2.97	31. 3.63
Hesse, Rudolf, RkrA	(2.11.82)	27. 4.50

Marsberg E 22 757
Hauptstr. 3, 34431 Marsberg
Postfach 15 55, 34421 Marsberg
T (0 29 92) 97 41–0
Telefax (0 29 92) 97 41–41

1 Dir, 1 R

Woyte, Bernd, Dir	1.11.98	16. 9.48
Schulte-Runge, Eva	25. 4.96	31.12.61

Medebach E 28 298
Marktstr. 2, 59964 Medebach
Postfach 11 20, 59959 Medebach
T (0 29 82) 92 17–0
Telefax (0 29 82) 92 17–33

1 Dir, 1 R

Weking, Heinrich, Dir	25. 9.90	26.12.46
Fischer, Ralf	19. 8.94	25.12.61

Menden (Sauerland) E 71 170
Heimkerweg 7, 58706 Menden
Postfach 2 00, 58682 Menden
T (0 23 73) 95 92–0
Telefax (0 23 73) 95 92 40

1 Dir, 4 R

Festersen, Jens Christian, Dir	1.11.99	16. 9.48
Metzger, Hagen	5. 4.73	28. 6.40
Kessler, Guido	6.12.73	5. 9.39
Becker, Kerstin	23. 2.90	30.12.56
Sauer, Michael	15. 4.93	6. 6.58

Meschede E 54 232
Steinstr. 35, 59872 Meschede
Postfach 11 52, 59851 Meschede
T (02 91) 29 03–0
Telefax (02 91) 5 78 14

1 Dir, 3 R

Richard, Franz Josef, Dir	1. 1.97	3. 3.51
Meinecke, Maria	2. 5.78	8. 3.48
Lammert, Robert	4. 9.78	5. 4.48
Schwens, Hans-Werner	30. 8.94	11. 4.60

Schmallenberg E 26 643
Im Ohle 6, 57392 Schmallenberg
Postfach 22 02, 57382 Schmallenberg
T (0 29 74) 96 26–0
Telefax (0 29 74) 51 87

1 Dir

N. N., Dir	—	—

Soest E 95 086
Nöttenstr. 28, 59494 Soest
Postfach 11 18, 59491 Soest
T (0 29 21) 3 98–0
Telefax (0 29 21) 3 98–1 98

1 Dir, 1 stVDir, 8 R

Ismar, Helmut Michael, Dir	1. 1.94	16. 1.47
Hilwerling, Lorenz	11.12.77	16. 6.46
Vennemann, Ulrich	30. 3.78	13. 2.48
Molkow, Gunnar	28. 7.78	8. 8.40
Simons von Bockum gen. Dolffs, Albert	12.11.79	28. 9.43
Quernheim, Michael	12. 1.82	3. 1.51
Bellinghoff, Ulrich	25. 8.92	13. 3.60

Schulze, Thomas	29. 9.94	26. 7.57
Ludwigt, Claudia	18.10.99	13. 6.64

Warstein E 40 787
Bergenthalstr. 11, 59581 Warstein
Postfach, 59563 Warstein
T (0 29 02) 80 15–0
Telefax (0 29 02) 50 41

1 Dir, 2 R

Heine, Eva-Maria, Dir	18.12.84	15. 7.42
Maise, Rüdiger	6.11.92	6. 7.60
Parensen, Klaus	3. 1.00	17. 1.64

Werl E 56 087
Walburgisstr. 45, 59457 Werl
Postfach 19 12, 59455 Werl
T (0 29 22) 97 65–0
Telefax (0 29 22) 86 70 38

1 Dir, 2 R

Voeth, Antonius, Dir	3.12.93	27. 6.35
Dr. Kamann, Ulrich	27. 1.76	4. 1.44
Dilling, Karl-Raimer	20. 6.78	17. 7.44

Landgerichtsbezirk Bielefeld

Landgericht Bielefeld E 1 236 233
Niederwall 71, 33602 Bielefeld
Postfach 10 02 89, 33502 Bielefeld
T (05 21) 5 49–0
Telefax (05 21) 5 49–10 26

1 Pr, 1 VPr, 26 VR, 39 R + 1 LSt (R)

Präsident

Jürgens, Uwe	11. 3.94	8. 6.41

Vizepräsident

Dodt, Hans-Dieter	1. 7.96	12. 9.41

Vorsitzende Richterinnen/Vorsitzende Richter

Bartlitz, Peter	—	—
Woiwode, Walfried	30. 3.82	19. 7.40
von Halen, Jörg	27. 8.86	1.12.40
Vincke, Wolfgang-Heinrich	—	11. 2.44
Wortmann, Wolfgang	23. 4.90	6. 2.43
Suermann, Bernhard	28. 2.91	9. 1.39
Schulten, Eva-Maria	28. 2.91	26. 2.39
Sprute, Volker	19.11.91	7.11.43
Hüsges, Heinz-Jürgen	1. 7.92	24. 1.45
Hartlieb, Friedemann	27.11.92	29. 9.43

Reinke, Wolfgang	27. 11. 92	4. 5. 50
Siepmann, Friedrich	1. 2. 93	9. 9. 41
Hoffmann, Erdmuthe	21. 1. 94	13. 4. 45
Brechmann, Wilhelm	7. 4. 94	13. 9. 51
Albert, Jutta	8. 6. 95	15. 9. 53
Osthus, Heinrich Karl	12. 6. 95	30. 4. 46
Drögemeier, Wilfried	8. 9. 95	2. 9. 48
Dr. Ruhe, Reinhard Wilhelm	8. 9. 95	15. 11. 49
Lerch, Wolfgang	8. 9. 95	18. 11. 53
Schild, Udo	—	—
Geue, Jochen	7. 5. 96	27. 5. 56
Hülsmann, Reinhold	28. 5. 97	30. 5. 50
Beckhaus-Schmidt, Sybille	25. 8. 98	15. 2. 54
Kollmeyer, Reinhard	—	—
Korte, Wolfgang	10. 6. 99	7. 11. 52

Richterinnen/Richter

Gottschaldt, Ingeborg	1. 7. 71	12. 10. 41
Pustolla, Rüdiger	16. 10. 75	18. 11. 41
Gaßmann, Heinz	4. 2. 76	11. 8. 42
Grünhoff, Claus Rudolf	10. 11. 76	3. 10. 44
Lehmann, Thomas	3. 11. 77	7. 10. 42
Hansmeier, Rudolf	24. 11. 77	9. 3. 47
Schulze, Ralf	22. 3. 78	25. 2. 44
Brinkmann, Carl-Friedrich	15. 6. 78	12. 12. 44
Tschech, Dieter	23. 11. 78	13. 8. 43
Weidner, Ludwig-Sebastian	—	—
Dr. Scheck, Werner	30. 11. 82	19. 7. 50
Brechmann, Ingeborg	7. 3. 86	4. 1. 55
Jander, Harald	15. 8. 86	22. 6. 53
Prange, Gerlinde	27. 11. 87	24. 6. 52
Mertel, Doris	27. 7. 89	5. 6. 54
Drees, Wolfgang	16. 1. 91	1. 1. 56
Reichmann, Andreas	11. 10. 91	25. 6. 56
Wiemann, Johannes	11. 10. 91	29. 1. 57
Brinkmann, Angela	11. 10. 91	9. 8. 60
Kahre, Bernd	11. 10. 91	27. 4. 61
Kinner, Heike	27. 8. 92	30. 8. 61
Degner, Birgit	26. 10. 95	17. 9. 62
Nagel, Gisela	26. 10. 95	14. 5. 63
Kirchhoff, Anke	26. 10. 95	12. 4. 65
Dr. Königsmann, Matthias	28. 6. 96	8. 11. 61
Meyer, Axel	19. 3. 97	11. 2. 61
Brüning, Adrienne	19. 11. 97	11. 4. 65
Dr. Misera, Heinz	24. 11. 97	19. 9. 64
Wesseler, Paul	31. 12. 97	28. 1. 66
Dr. Mersch, Volker	13. 2. 98	8. 9. 64
Gaide, Jochen	11. 8. 98	3. 10. 60
Dr. Breulmann, Günter	11. 12. 98	23. 9. 65
Breiler, Jürgen	21. 7. 99	30. 12. 65
Theisen, Bernhard	21. 7. 99	5. 6. 67
Kluge, Susanne	2. 8. 99	13. 5. 66

Amtsgerichte

Bad Oeynhausen E 111 780
Bismarckstr. 12, 32545 Bad Oeynhausen
32543 Bad Oeynhausen
T (0 57 31) 1 58–0
Telefax (0 57 31) 1 58–2 50

1 Dir, 1 stVDir, 7 R

Dr. Domeier, Helmut, Dir	1. 1. 94	7. 3. 40
Stoyke, Bernd, stVDir	22. 6. 94	1. 10. 37
Lepper, Helga	—	—
Rimer, Uwe	22. 5. 76	28. 4. 44
Röttger, Elmar	12. 12. 76	3. 10. 43
Peuker, Ernst Michael	12. 1. 82	13. 12. 47
Wietfeld, Hans Jörg	14. 9. 84	24. 6. 48
Becker, Ansgar	19. 9. 95	7. 8. 59
Schumann, Andrea	19. 7. 99	17. 11. 66

Bielefeld E 346 595
Gerichtstr. 6, 33602 Bielefeld
Postfach 10 02 87, 33502 Bielefeld
T (05 21) 5 49–0
Telefax (05 21) 5 49–23 08

1 Dir, 1 stVDir, 5 w.aufsR, 31 R

Donath, Hans-Jürgen, Dir	6. 1. 94	1. 7. 43
Schubmann-Wagner, Klaus-Dieter, stVDir	12. 8. 94	17. 11. 50
Hölscher, Wilfried, w.ausfR	18. 5. 95	22. 9. 36
Lange, Michael, w.aufsR	23. 7. 98	22. 9. 43
Hagmann, Jürgen, w.aufsR	1. 10. 98	15. 12. 41
Bünemann, Andreas, w.aufsR	—	—
Urselmann, Klaus-Bernhard	1. 4. 70	20. 8. 36
Hölscher, Karla	1. 12. 71	14. 2. 39
Mische-Petri, Ingrid	27. 2. 73	4. 6. 36
Junker, Klaus	17. 5. 73	11. 7. 39
Richtersmeier, Gerhard	5. 8. 74	20. 5. 44
Stöve, Anselm	—	—
Bruno, Jürgen	29. 8. 75	28. 10. 43
Schulze-Niehoff, Hermann	30. 11. 76	1. 11. 42
Grotevent, Jürgen	20. 12. 76	27. 3. 44
Heimann, Wolfgang	—	—
Lippmann, Annette	26. 7. 77	18. 5. 45
Brüggemann, Gert	26. 7. 77	21. 5. 45
Schmitz, Klaus-Dieter	—	—
Brecht, Michael	2. 6. 78	22. 2. 46

Brecht, Siegrid	29. 9.78	14. 4.48
Sühring, Friedrich		
Albert	27.10.78	13.11.43
Thiemann, Karl-Georg	16. 2.79	14.12.48
Vogelsang, Bernhard		
Heinrich	7. 9.79	8. 9.48
Küster, Kai-Michael	20.11.80	26. 4.51
Stoffregen, Rolf	27. 8.92	14.10.60
Reichmann, Kirsten	24. 8.94	1. 5.59
Salewski, Astrid	28. 9.95	29.12.63
Nagel, Friedhelm	29. 9.95	29. 6.62
Ilenburg, Kerstin	24. 2.97	19. 8.63
Lehmann-Schön, Ina	—	—
Kaminski, Michaela	23. 4.98	10. 1.61
Krämer, Eckhard	10. 6.99	23.11.60
Friehoff, Christian	10. 6.99	29. 8.64
Meier, Jürgen	10. 6.99	8. 1.65
Sabel, Oliver	10. 6.99	27. 4.66

Bünde   E 69 697
Hangbaumstr. 19, 32257 Bünde
Postfach 12 09, 32212 Bünde
T (0 52 23) 9 22–0
Telefax (0 52 23) 92 22 22

1 Dir, 3 R

Depke, Hans-Jörg,		
Dir	2. 5.91	20.10.48
Hongsermeier, Sigrid	18. 4.77	11. 9.46
Schaper, Uwe Gerhard	20. 5.79	2.12.46
Bröck, Detlef	21. 8.80	14. 1.49

Gütersloh   E 140 514
Friedrich-Ebert-Str. 30, 33330 Gütersloh
Postfach 11 53, 33326 Gütersloh
T (0 52 41) 1 03–33
Telefax (0 52 41) 1 03–340

1 Dir, 1 stVDir, 9,5 R

Rammert, Edmund,		
Dir	1. 6.89	13.10.45
Graalfs, Hermann,		
stVDir	—	—
Legeland, Doris	30. 9.75	27. 2.40
Nordhorn, Franz-Josef	29. 6.76	26.12.43
Kloß, Rüdiger	15. 9.77	19. 6.44
Maring, Hans-Harald	10.11.78	17. 5.44
Koschmieder, Ulrich	3.11.81	16. 9.48
Beckhaus, Ludwig	15.12.83	17. 4.51
Stracke, Dorothea	21. 7.87	22. 6.49
Soboll, Werner	—	—
Schlingmann, Beate	27. 9.94	3. 3.63
Pielemeier, Ines	21. 7.95	5. 4.62

Halle (Westfalen)   E 79 682
Lange Str. 46, 33790 Halle
Postfach 11 51, 33776 Halle
T (0 52 01) 81 32–0
Telefax (0 52 01) 81 32–20

1 Dir, 4 R

Wißmann, Dieter,		
Dir	21. 8.96	19. 5.49
Kalantzis, Elisabeth	29. 6.76	21. 8.45
Kirchhoff, Robert	21. 6.82	6. 9.50
Pöld, Peter	27. 9.83	4. 5.50
Hunke, Michael	26. 6.95	30. 1.62

Herford   E 121 549
Auf der Freiheit 7, 32052 Herford
Postfach 11 51, 32001 Herford
T (0 52 21) 1 66–0
Telefax (0 52 21) 1 66–1 12

1 Dir, 1 stVDir, 11 R

N.N., Dir	—	—
Gohr, Michael,		
stVDir	14.12.81	17. 2.36
Lützenkirchen,		
Annemarie	1.11.68	10. 8.35
Wex, Ulrich	15. 3.71	21.11.38
Vorndamm, Jürgen	14. 4.76	31.10.41
Koltzsch, Gerburg	29. 8.76	22. 3.42
Schonscheck, Claudia	16. 2.79	22. 5.49
Bollhorst, Heinrich	30.10.79	14. 2.48
Knöner, Helmut	3. 8.80	23. 1.48
Klein, Eberhard	17. 9.80	26. 1.48
Wietfeld-Rinne, Jutta	26.10.81	19.10.50
Stelbrink, Ulrich	22. 6.83	7. 9.50
Dr. Kuhlmann,		
Dieter	—	—
Große Beilage,		
Heinrich	19.11.99	22. 5.66

Lübbecke   E 52 027
Kaiserstr. 18, 32312 Lübbecke
Postfach 11 47, 32291 Lübbecke
T (0 57 41) 34 51–0
Telefax (0 57 41) 34 51–50

1 Dir, 3 R

Surmeier, Manfred,		
Dir	1. 1.86	22. 5.45
Stöckmann, Ludger	19. 1.82	30. 3.51
Diekmann, Rolf	17.11.87	15.12.48
Stolte, Hans-Ulrich	8. 2.94	5. 1.59

Minden (Westfalen)   E 162 747
Königswall 8, 32423 Minden
Postfach 20 60, 32377 Minden
T (05 71) 88 86–0
Telefax (05 71)88 86–2 48
zugl. Schiffahrtsgericht
1 Dir, 1 stVDir, 12 R

N. N., Dir	—	—
Fechner, Dieter, stVDir	23. 8.90	24.12.37
Lömker, Ursula	15.10.71	31.12.37
Zimmermann, Wulf	20.10.75	11. 9.43
Baumeister, Klaus	26. 5.77	17.12.44
Langdorf, Manfred		
Philipp	27. 5.77	28. 7.43
Osthoff-Behrens,		
Marianne	—	—
Husmann, Heinrich		
Burckhard	12. 4.79	21.11.43
Frickemeier, Bernd, abg.	17. 4.79	12.12.45
Eickhoff, Horst	18.12.80	29.12.48
Wolf-Baumeister, Christa	17.10.89	4. 3.45
Niewerth, Petra	26. 9.94	5.12.63
Dr. Würz-Bergmann,		
Angela	25. 8.97	21. 8.63
Dr. Eisberg, Jörg	—	—
Humbracht, Bernd-Uwe	22. 2.99	30. 1.63

Rahden   E 56 563
Lange Str. 18, 32369 Rahden
Postfach 1 09, 32362 Rahden
T (0 57 71) 91 04–0
Telefax (0 57 71) 91 04–99

1 Dir, 2 R

Sussiek, Dieter-Karl, Dir	1. 9.72	28. 1.36
Simon, Christoph	29.11.76	28. 6.44
Staas, Ulrich	—	—

Rheda-Wiedenbrück   E 95 079
Ostenstr. 3, 33378 Rheda-Wiedenbrück
Postfach 11 49, 33372 Rheda-Wiedenbrück
T (0 52 42) 92 78–0
Telefax (052 42) 92 78–99

1 Dir, 4 R

Hellemann, Hans-Joachim,		
Dir	1. 3.79	28.11.36
Grochtmann, Harald	1. 6.70	7. 6.38
Stelbrink, Ulrich	22. 6.83	7. 9.50
Schröder, Thomas	16. 9.97	14. 5.62
Kruse, Claudia	—	—

Landgerichtsbezirk Bochum

Landgericht Bochum   E 965 492
Westring 8, 44787 Bochum
Postfach 10 16 29, 44716 Bochum
T (02 34) 9 67–0
Telefax (02 34) 9 67–22 44

Auswärtige Strafkammer in Recklinghausen
Reitzensteinstraße 17, 45657 Recklinghausen
Postfach 10 01 61, 45601 Recklinghausen
T (0 23 61) 585–0
Telefax (0 23 61) 5 85–3 00

1 Pr, 1 VPr, 29 VR, 43,5 R

Präsident

Paulsen, Anne-José	1.11.98	23. 8.52

Vizepräsident

N.N.	—	—

Vorsitzende Richterinnen/Vorsitzende Richter

Adams, Johannes	21.12.79	22. 1.37
Humann, Alheidis		
Dr. Röhl, Sabine	1. 1.80	17. 4.37
Schäfer, Joachim	14.12.81	11. 5.42
Beyermann, Detlev	14. 6.82	18. 2.39
Dr. Ratte, Theodor	1. 7.82	15. 2.42
Stratmann, Jörg	27. 6.86	25. 1.44
Pamp, Hermann	13. 4.87	7.12.43
Hoch, Wolfgang	30. 5.88	5.11.46
Dr. Krökel, Michael		
Dr. Brüggemann, Volker	16. 6.89	8.11.47
Kerstingtombroke, Arnold		
Dr. Hahn-Kemmler, Jutta	15. 2.91	16.11.50
Ritter, Hans-Joachim	20.12.91	7.11.50
Mankel, Hans-Joachim	16. 7.91	26.10.47
Sacher, Gerald	29. 1.93	29.10.45
Riechert, Gerhard Werner	18. 3.94	20. 9.50
Nienhaus, Kornelia	28. 5.96	19. 5.55
Löffler, Peter	5.12.96	22.11.49
Kirfel, Johannes	28. 5.97	24. 1.56
Mittrup, Wolfgang	18. 7.97	26. 2.52
Dr. Lißeck, Friedhelm	1. 9.97	3.12.56
Dr. Coburger, Dieter	17. 7.98	24. 4.59
Bock, Andreas	29.12.98	25. 2.58
Roth, Delia	16. 7.99	23. 2.58
Tschentscher, Barbara	29.12.99	16. 9.58

Richterinnen/Richter

Seckelmann, Margret	1. 5.70	12. 5.37
Keienburg, Lutz	2. 5.72	5. 2.40
Zöpel, Barbara	2. 1.76	15. 7.44
Gehling, Gabriele	—	—
Blank, Peter	3.12.76	11. 2.44

Lautz, Peter	14. 11. 78	27. 6. 48
Kimmeyer, Michael		
Eberhard	23. 10. 79	14. 9. 44
Hülsebusch, Werner	15. 11. 82	6. 5. 51
Föhrer, Georg	18. 11. 82	2. 12. 48
Lenerz, Kurt	—	—
Waschkowitz, Dieter	9. 12. 85	8. 9. 50
Reckhaus, Elisabeth	17. 5. 88	20. 10. 57
Bolte, Friedrich-Wilhelm	9. 6. 89	1. 3. 57
Helf, Ulrike	30. 6. 89	3. 3. 56
Dr. Jaeger, Wolfgang	30. 6. 89	25. 8. 56
Murawski, Birgit	30. 6. 89	21. 9. 60
Brünger, Klaus	3. 8. 90	24. 10. 56
Dr. Mersson, Günter	3. 8. 90	7. 12. 59
Streek, Ingo	15. 8. 90	6. 10. 57
Lohmeyer, Thomas	4. 9. 91	29. 11. 59
Rüter, Claus-Henning	13. 7. 92	23. 8. 61
Schulte, Martin	14. 7. 92	13. 5. 58
Steinbach, Sabine	14. 7. 92	27. 9. 60
Schönenberg-Römer, Petra	3. 8. 95	22. 1. 62
Talaronski, Volker	5. 7. 96	3. 6. 61
Dr. Nowak, Erwin	17. 3. 97	17. 2. 61
Laube, Andreas	21. 3. 97	11. 5. 61
Dr. van den Hövel,		
Markus	21. 3. 97	16. 1. 63
Dr. Pense, Uwe	20. 10. 97	7. 5. 59
Sandmann, Monika	20. 10. 97	6. 8. 65
Smentek, Dagmar	9. 4. 98	6. 3. 62
Rohlfing, Christiane	9. 4. 98	3. 12. 62
van Meenen, Nadja	9. 4. 98	15. 8. 65
Dr. Wieseler, Johannes	9. 4. 98	23. 2. 68
Culemann, Stefan	15. 6. 98	10. 11. 62
Schön-Winkler, Susanne	26. 3. 99	23. 2. 68
Dr. Peglan, Jens	1. 4. 99	14. 5. 68
Sautter, Stefanie	1. 4. 99	16. 8. 68
Fiedler, Rolf	8. 4. 99	13. 5. 66
Ostendorf, Angela	20. 4. 99	6. 9. 63
Schwadrat, Carsten	6. 1. 00	27. 6. 65

Amtsgerichte

Bochum E 393 236
Viktoriastr. 14, 44787 Bochum
Postfach 10 01 70, 44701 Bochum
T (02 34) 9 67–0
Telefax (02 34) 9 67–24 24

1 Dir, 1 stVDir, 5 w.aufsR, 38 R + 1 LSt (R)

Meyer, Friedrich		
Georg, Dir	1. 8. 93	19. 4. 45
Fettback, Dirk-Joachim,		
stVDir	16. 6. 97	24. 2. 45
Heckmann, Dieter, w.aufsR	30. 7. 84	27. 10. 36
Bücholdt, Konrad, w.ausfR	21. 6. 94	9. 10. 36

Kropp-Steiner, Hiltrud,		
w.ausfR	15. 8. 94	18. 9. 37
Dr. Feldmann, Ralf		
Antonius, w.ausfR	28. 11. 97	31. 12. 49
Stoppel, Gerhard, w.aufsR	15. 8. 94	3. 8. 43
von Renesse, Margot,		
MdB (LSt)	30. 10. 73	5. 2. 40
Knoblauch, Eckhard	—	—
Mittelstrass, Hartmut	—	—
Kimmeskamp, Paul	22. 1. 79	26. 9. 48
Mölder, Dietmar	—	—
Pattard, Werner Ludwig	1. 10. 79	31. 7. 49
Finke-Gross, Rita	2. 11. 79	9. 1. 50
Lohkamp, Hartmut	—	—
Hein, Gabriele Elli	1. 12. 79	25. 9. 49
Hagedorn, Rolf	31. 7. 81	8. 1. 48
Noesselt, Hadwig	—	—
Haardt, Frank	17. 8. 81	8. 7. 47
Sichau, Axel	11. 2. 82	13. 4. 49
Schneider, Roland	—	—
Romberg, Werner	17. 2. 82	10. 5. 50
Ulrich, Fred Jürgen	—	—
Weitz-Blank, Kornelia	9. 12. 83	29. 12. 53
Brunholt-Kirchner,		
Margret	4. 2. 86	5. 11. 52
Krieger, Andreas	26. 9. 89	1. 10. 56
Augstein, Ulrike	3. 10. 89	14. 10. 55
Eichler, Bernd	3. 8. 90	1. 1. 54
Korell-Führ, Elke	10. 12. 90	17. 3. 56
Schlichting, Michael	28. 5. 91	28. 10. 52
Manz, Petra	19. 6. 91	29. 5. 57
Betzung, Christiane	13. 9. 91	25. 12. 56
Dr. Bösken, Karl-Heinz	16. 10. 91	15. 1. 57
Gerlach, Bernd-Ulrich	16. 10. 91	17. 1. 59
Breitkopf, Norbert	6. 7. 92	2. 3. 59
Böttrich, Godehard	—	—
Formann, Gertrud	12. 12. 94	27. 9. 60
Kaemper-Baudzus,		
Annette	3. 8. 95	8. 9. 61
Dr. Deutscher, Axel	17. 8. 95	7. 9. 58
Zieger, Volker	12. 7. 96	15. 4. 62
Franz, Monika	4. 4. 97	8. 3. 61
Hagedorn-Kroener, Elke	11. 3. 98	20. 8. 63
Hugenroth, Christian	21. 9. 98	13. 5. 62
Gerkan, Frank	22. 9. 98	25. 9. 61
Richter, Thomas	—	—
Pirc, Susanne	9. 11. 99	27. 6. 65
Helbich, Hans	10. 11. 99	15. 6. 62

Herne E 102 888
Friedrich-Ebert-Platz 1, 44623 Herne
Postfach 10 11 29, 44601 Herne
T (0 23 23) 14 08–0
Telefax (0 23 23) 14 08–55

1 Dir, 1 stVDir, 8 R

Lütgens, Dietrich Franz,		
Dir	1. 1.94	27.11.43
Gronski, Klaus Jochen,		
stVDir	28. 2.00	26. 8.49
Grosch, Hans-Peter	13.11.75	25. 2.42
Unger, Manfred Bernhard	—	—
Schmedding, Horst-Dieter	24. 8.81	22. 7.42
Poreda, Werner	17. 8.84	28. 9.51
Dransfeld, Bernd	31. 7.92	25.10.59
Schrüfer, Klaus	16. 4.93	18. 9.59
Zemlicka, Heike	26. 4.93	7. 4.58
Gawarecki, Doris	25. 9.95	12.10.61

Herne-Wanne E 74 978
Hauptstr. 129, 44651 Herne
Postfach 20 01 62, 44631 Herne
T (0 23 25) 6 90–0
Telefax (0 23 25) 6 90–7

1 Dir, 6 R

Schulze-Engemann,		
Holger, Dir	21.12.98	13. 2.45
Heldt, Wolfgang	1. 6.70	31.12.37
Hagenberg, Heide	13.11.76	22.10.43
Donner, Uwe	—	—
Knust-Rösener, Gabriele	29. 7.83	21. 1.52
Hohmann, Martina	13. 3.95	2. 3.63
Vogt, Reiner	21.11.97	10.10.58

Recklinghausen E 292 421
Reitzensteinstr. 17, 45657 Recklinghausen
Postfach 10 01 61, 45601 Recklinghausen
T (0 23 61) 5 85–0
Telefax (0 23 61) 5 85–3 00

1 Dir, 1 stVDir, 3 w.aufsR, 27 R

Koschnieder, Hans-Joachim,		
Dir	1.10.85	4. 5.45
Kortenjann, Rudolf, stVDir	1. 8.93	30. 8.38
Fluck, Wolf-Rüdiger,		
w.aufsR	16.12.94	27. 2.43
Tamm, Maria, w.aufsR	16.12.94	28. 3.43
Dr. Klas, Helmut, w.aufsR	2. 3.95	13. 5.48
Vogt, Dirk	6. 5.75	19. 8.44
Albers, Gabriele	3. 3.76	9.10.44
Braun, Klaus Jürgen	—	—
Dr. Gores, Klaus-Jürgen	30.12.77	13.12.47
Harbort, Christian	6. 1.78	17.11.44
Lange, Reinhard	—	—
Wörteler, Norbert	30. 4.78	19. 6.45
Scheidt, Wilfried	—	—
Gora, Hansjürgen	17.11.78	21. 4.45
Drewenstedt, Brigitte	—	—
Wortmann, Walter Willi	18.11.79	2. 8.46
Dr. Linnenbaum, Bernhard	25. 2.80	24.12.49

Sandkühler, Michael	—	—
Gramse, Jochen	9. 9.80	22. 7.47
Borgstädt, Manfred	13. 3.81	20.12.49
Dr. Warmbold, Jens	—	—
Wewers, Hans Georg	29. 9.81	13. 2.52
Scholtyssek, Werner	9. 3.82	13. 7.52
Kuhlmann, Andreas, abg.	7.12.83	1. 3.52
Dr. Maibaum, Achim	16.12.91	21.11.59
Dr. Vach, Michael	13. 6.94	4. 9.61
Dr. Siepmann, Andreas	25.11.94	19. 6.59
van Lindt, Peter	2. 5.95	14. 8.58
Schöne, Sigrid	3. 5.95	15. 3.62
Heimeshoff, Hermann	4. 5.95	27. 6.60
Runte, Huberta	18. 7.96	18. 1.62
Mollenhauer, Thomas	30.11.98	16. 9.61

Witten E 103 126
Bergerstr. 14, 58452 Witten
Postfach 11 20, 58401 Witten
T (0 23 02) 20 06–0
Telefax (0 23 02) 20 06–60

1 Dir, 1 stvDir, 7 R

Grewer, Bernd, Dir	2. 3.00	18. 7.49
Führ, Karl-Michael, stVDir	20.10.97	10. 8.52
Schell, Hartmut	1. 2.68	4. 4.37
Kiendl, Juliane	23.11.72	31. 1.42
Sonnenschein, Joachim	4.11.76	10. 9.44
Volkland, Ursula Dorothee	2. 6.78	3. 5.47
Sebbel-Mörtenkötter, Anne	5. 8.94	13. 2.61
Schäfer, Thomas	6. 3.98	2. 6.65
Herrmann, Martin	29. 5.99	8. 6.69

Landgerichtsbezirk Detmold

Landgericht Detmold E 364 505
Paulinenstr. 46, 32756 Detmold
Postfach 21 62, 32711 Detmold
T (0 52 31) 7 68–1
Telefax (0 52 31) 7 68–5 00

1 Pr, 1 VPr, 6 VR, 10 R

Präsident

Dr. Brandt, Wilhelm	5.12.94	13.11.36

Vizepräsident

Gerhardt, Hanno	8. 5.95	23. 4.43

Vorsitzende Richter

Schäfer, Erwin	11. 6.92	12. 6.39
Reineke, Hans-Michael	30. 4.93	19. 4.48
Rügge, Dieter	27. 6.94	1. 2.42
Goldbeck, Hans-Bodo	30. 9.97	9. 1.45
Hartl, Rudolf	30. 9.97	26.10.55
Hüttemann, Eckart	2. 1.99	28.12.55

Richterinnen/Richter

Hahn, Hans-Peter	2.10.73	18. 8.41
Amelung, Jörg-Wilhelm	27. 2.74	24. 5.43
Bextermöller, Annelene		
Bärbel	29. 6.76	1. 5.45
Lüking, Gerhard	23. 1.87	15.10.52
Pohlmeier, Manfred	14. 7.92	29. 8.59
Niemeyer, Karsten	30. 9.97	9. 4.64
Dr. Degner, Jens	25. 2.98	1. 8.61
Tegethoff-Drabe, Sabine	25. 2.98	7.11.65
Dr. Mertens, Jörg	10.12.99	25. 9.67

Amtsgerichte

Blomberg (Lippe) E 49 181
Kolberger Str. 1, 32825 Blomberg
Postfach 11 41, 32817 Blomberg
T (0 52 35) 96 94–0
Telefax (0 52 35) 96 94–14

1 Dir, 2 R

Gielens, Martin, Dir	1. 2.99	14. 5.57
Salzenberg, Dirk	22. 4.96	2. 8.61
Wölfinger, Michael	30. 9.97	25. 6.64

Detmold E 164 790
Heinrich-Drake-Str. 3, 32756 Detmold
Postfach 11 63, 32701 Detmold
T (0 52 31) 7 68–1
Telefax (0 52 31) 7 68–4 00

1 Dir, 1 stVDir, 13 R

de Vries, Freya, Dir	25. 6.91	15. 3.49
N.N., stVDir	—	—
Curdt, Jürgen	9. 7.73	28. 1.41
Ehrlicher, Jörg	24. 9.76	20. 6.41
Möller, Friedrich	19. 4.77	21. 1.44
Schlattmann, Jochen	15. 8.77	14.10.44
Dr. Busch, Klaus-Peter	31. 1.78	2. 3.47
Plutte, Margarete	1. 9.78	23. 2.48
Riechmann, Helmut, abg.	31. 1.80	9. 1.39
Kleinert, Ulrich	20.11.80	26. 3.49
Hempel, Alrun	24.11.80	23. 1.50
Kleinert, Dorothea	3. 8.81	23. 5.50
Velhagen, Jochen	6.12.83	25. 5.45
Osterhage, Töns	26. 9.94	6. 3.62
Buddenberg-Altemeier,		
Annette	28. 9.95	22.12.62

Lemgo E 150 534
Am Lindenhaus 2, 32657 Lemgo
Postfach 1 20, 32631 Lemgo
T (0 52 61) 2 57–0
Telefax (0 52 61) 2 57–2 91

1 Dir, 1 stVDir, 9 R

Schrader, Rolf, Dir	1. 9.98	25.10.49
N.N., stVDir	—	—
Dr. Schlie, Hermann	14. 9.71	8. 1.38
Jürgens, Erich-Albert	22. 7.77	23.12.46
Beau, Friedrich Friedhelm	18. 8.78	18.11.44
Langer, Lutz-Michael Luis	26. 9.86	22. 7.50
Affeldt, Viktoria	5. 2.87	1. 8.52
Heistermann, Ulrich	22. 9.94	11. 6.62
Schrader, Rolf	1. 7.97	25.10.49
Otto, Lothar	14. 5.98	20.10.64
Kaboth, Uwe	11. 5.99	4. 2.67

Landgerichtsbezirk Dortmund

Landgericht Dortmund E 1 228 777
Kaiserstr. 34, 44135 Dortmund
Postfach 10 50 44, 44047 Dortmund
T (02 31) 54 03–0
Telefax (02 31) 54 03–200

1 Pr, 1 VPr, 32 VR, 50 R + 2 LSt (R)

Präsident

Schulten, Dittmar	28. 8.90	15. 5.38

Vizepräsidentin

Lobermann, Angelika	23.12.98	20.12.43

Vorsitzende Richterinnen/Vorsitzende Richter

Radke, Oswin	14.11.78	18. 2.39
Reichel, Manfred	29. 8.79	22.10.39
Dr. Wobst, Helmut	29. 8.79	25.12.39
Dr. Weingärtner, Helmut	29. 8.79	25. 3.40
Dr. Hummelbeck, Horst	2.11.81	6. 6.39
Detering, Bernd	5. 3.82	8. 3.40
Eikelmann, Josef Wilhelm	2. 8.82	11. 3.39
Hengemühle, Gernot	16. 2.84	24.10.42
Dr. Jäger, Bernd	1. 5.87	4. 7.44
Dr. Baronin von		
Dellingshausen, Ulrike	11.10.88	16. 2.44
Barwig, Dieter	—	—
Müller, Reinhard	28. 3.90	25. 1.47
Nüsse, Johannes	30. 4.91	7. 9.44
Ulrich, Jürgen	16. 7.91	23. 5.48
Dr. Tschersich, Herbert	18. 7.91	9. 1.50
Wapsa-Lebro, Marie-Luise	—	—
Meyer, Wolfgang	19. 1.94	15. 6.51
Tewes, Klaus-Dieter	19. 1.94	6. 8.53
Weber, Thomas-Michael	16. 3.95	24. 7.50
Müller, Eberhard	16. 3.95	29.10.51
Coerdt, Karl-Friedrich	1. 6.95	20.11.50
Meyer-Laucke, Wilfried	15. 4.96	21. 1.49
Hackmann, Helmut	15. 4.96	20. 9.51
Bons-Künsebeck, Marlies	26. 3.97	29.10.50
Harbort, Ulrich	26. 3.97	11.10.49
Beckers, Hermann	11. 9.98	10. 9.55

Beumer, Thomas	15. 7.99	19.10.57	
Hammeke, Michael	30.11.99	4. 8.56	
Pawel, Willi	30.11.99	24. 1.58	
Fels, Diter	10.12.99	14. 7.53	
Schalück, Michael	1. 1.00	8. 5.58	

Richterinnen/Richter

Will, Käthe	—	—
Brütting, Brigitte	1. 3.75	16. 5.44
Zohren-Böhme, Stefanie	1. 1.76	20. 6.43
Hollweg von Matthiessen,		
Heinzwerner	—	—
Linge, Gerd Paul	17. 1.78	12.12.47
Hengemühle, Gudrun	18. 6.79	24. 4.48
Dr. Berkenbrock, Clemens	—	—
Buchner, Ingrid	16. 4.80	22. 5.50
Stratmann, Conrad	12. 9.80	20. 7.46
Henkel, Monika	17.10.80	24.11.44
Scholz, Dagmar	20. 1.84	20. 7.52
Kersting, Magdalene		
Wilhelmine	28. 5.84	11. 7.52
Pawel, Gisela	2. 5.88	1. 5.60
Flocke, Ingolf	17. 4.89	17. 8.53
Windgätter, Peter	24. 4.89	22.11.56
von Heusinger, Gabriele	21.11.89	24. 2.56
Mönkebüscher, Martin	30. 3.90	14. 8.57
Brockmeier, Ludwig	16. 1.91	30.10.58
Witthüser, Frank	22. 4.91	2.11.58
Uetermeier, Elke	22. 4.91	6. 2.60
Lange, Christel	25. 4.91	24. 5.56
Stratmann, Stefan	30.12.91	3. 3.60
Große Feldhaus, Josef		
Gerhard	2. 1.92	23. 4.58
Landwehr, Brigitte	2. 1.92	14. 1.59
Dr. Gessert, Thomas	7.10.92	15. 9.57
Tegenthoff, Stefan	7.10.92	14. 8.58
Karweg, Ralf	7.10.92	15.11.58
Kosziol, Frank	7.10.92	21. 1.60
Kelm, Thomas	27.10.94	26. 7.59
Pfeffer-Schrage, Hans-Herbert	27.12.94	27. 5.57
Dr. Ebmeier, Maria Theresia	3. 7.96	9. 6.61
Serwe, Andreas	4. 7.96	29. 7.61
Albert, Claudia	4. 7.96	5. 5.64
Dr. Haas, Michael	11. 7.96	4. 8.63
Pennig, Ulf	21. 5.97	18. 1.60
Dr. Pötting, Dietmar	21. 5.97	4. 4.61
Meyer-Tegenthoff, Beate	21. 5.97	14. 7.62
Zeitler, Martina	25. 6.97	23. 3.63
Sußmann, André	12. 8.98	13. 5.63
Dr. Gundlach, Gregor	12. 8.98	24. 4.64
Steinke, Karin	12. 8.98	31. 5.66
Kaup, Ulrike	27. 8.98	2. 9.67
Witte, Reinhild	7. 7.99	28. 9.65
Sacher, Dagmar	7. 7.99	1. 8.66
Wöstmann, Heinz	7. 7.99	12. 8.66
Elbert, Jasmin	7. 7.99	12. 1.69

Amtsgerichte

Castrop-Rauxel   E 79 268
Bahnhofstr. 61–63, 44575 Castrop-Rauxel
Postfach 10 20 80, 44573 Castrop-Rauxel
T (0 23 05) 10 09–0
Telefax (0 23 05) 10 09–49

1 Dir, 7 R

Becker, Rolf, Dir	1. 4.85	20. 1.39	
Schwarz, Arend-Jörg	25. 9.77	15. 7.43	
Lennemann, Ingo, abg.	—	—	
Bähner, Rosemarie	1. 6.80	29. 6.49	
Tschersich-Vockenroth,			
Marion	1.12.80	5.12.49	
Born, Dorothea	—	—	
Nachtwey, Heinrich	21. 3.90	25. 1.56	
Weber, Annette	2.10.92	14.11.59	

Dortmund   E 591 733
Gerichtsstr. 22, 44135 Dortmund
Postfach 10 50 27, 44047 Dortmund
T (02 31) 54 05–0
Telefax (02 31) 57 94 58
zugl. Schiffahrtsgericht

1 Pr, 1 VPr, 10 w.aufsR, 69 R

Präsident

Rottmann, Hermann	1. 7.89	29. 4.39

Vizepräsident

Jelinski, Michael-Franz	1.11.96	7.10.50

weitere aufsichtführende Richterinnen/Richter

Schott, Reiner	25. 7.83	29.11.36
Sterlack, Arno	2. 1.84	15.11.37
Lingk, Franz	25. 4.84	26. 5.36
Weiss, Christa	1.10.88	—
Kühn, Rolf-Herbert	23. 7.92	7. 2.45
Stein, Franz-Josef		
Johannes	30.12.96	14. 4.51
Ehrhardt, Peter	29.10.98	13. 5.37

Richterinnen/Richter

Schmidt, Ursula	16. 6.69	10. 7.38
Groh, Marieluise		
Hildegard	28.10.71	16. 1.39
Krämer, Ulrich	27.11.75	28. 5.41
Marty, Reinhard	11.12.75	30.11.42
Grawe, Volker	13.12.75	25. 9.42
Dr. Hobbeling, Walther	24. 3.76	16. 7.42
Weiß, Gerhard	29. 3.76	27. 2.45
Dreisbach, Ursula	14. 9.76	23. 4.48
Tschiersch, Eberhard	—	—
Contzen, Elisabeth	—	—

Raimer, Peter	26. 7.77	23. 1.45
Viegener, Jürgen	—	—
Kokoska, Reinhard	16. 9.77	11. 1.47
Vieten-Groß, Dagmar	8.11.77	22.12.47
Raimer-Schafferus,		
Claudia Martina	30.12.77	20. 4.47
Esken, Hans-Ulrich	23. 1.78	1.11.45
Tappermann, Jürgen		
Wilhelm	14. 2.78	16. 5.45
Schramm, Walter Ludwig	30. 6.78	8. 8.47
Kampelmann, Klaus		
August	—	—
Tschechne, Wolfgang		
Johannes	23. 8.78	7. 1.47
Kittel, Helmut	25. 8.78	24. 7.45
Jeschke, Hartmuth	—	—
Drerup, Rudolf	30.10.78	31.10.42
Rappoport, Zwi		
Hermann	—	—
Junglas, Georg	6. 2.79	10. 3.47
Borgdorf, Werner	—	—
Kretschmer, Reinhard		
Gerhard	—	—
Engelmann-Beyerle,		
Beatrix	—	—
Kretschmer, Manfred	6. 6.79	3. 5.41
Gillmeister, Uwe	7. 9.79	1.10.45
Schilawa, Helmut Kurt	24. 9.79	11. 8.47
Jehke, Rolf	29.11.79	22. 1.48
Twittmann, Jürgen	22. 8.80	6.10.48
Jesse, Klaus	—	—
Dr. Schumacher,		
Bernd-Ulrich	17. 4.81	14. 3.49
Groß, Dieter	30. 4.81	13. 3.47
Dr. Kollenberg, Reiner	20. 7.81	18. 7.47
Dr. Regel, Wolfgang	—	—
Heinrichs, Erhard	18. 1.82	18. 9.47
Barutzky, Christoph	18. 1.82	29. 6.50
Jersch, Constans	12. 3.82	16. 2.52
Danch-Potthoff, Karin	18. 5.82	1. 6.47
Knierbein, Josef	30. 6.83	27. 1.50
Aufderheide, Helmut	7.11.83	28. 3.51
Stehling, Hans-Jürgen	23. 7.84	26. 2.51
Hoppen-Wagner,		
Elisabeth	23.10.84	21.12.53
Stein, Ulrich	6. 5.85	2. 7.51
Hilsmann-König,		
Elisabeth		
Künsebeck, Helmut	30. 1.87	2. 7.54
Schulte-Eversum, Bernd		
Norbert	16. 3.90	13.12.57
Börstinghaus, Ulf	20. 3.90	13. 7.55
Heydenreich, Volker	9. 4.90	10.10.56
Hellmuth, Yorck	2. 9.91	14. 8.61
Schulte im Busch, Astrid	25. 3.93	17.12.60
Küsell, Herwart	26. 3.93	25. 3.54

Serries, Andreas	28.10.94	20. 2.60
Prause, Peter	28.10.94	19. 6.61
Walter, Frank	28.10.94	4. 8.61
Schieck, Andrea	7. 8.95	29.12.61
Bruns, Karin	8. 8.95	29. 8.63
Kiskämper, Hartmut	9. 8.95	19. 7.60
Wolter, Ulrike	—	—
Grashoff, Peter	1. 3.96	2. 6.60
Dr. Sikora, Sabine	6. 3.96	3.10.61
Höfer, Alexandra	21. 9.98	3. 9.62
Heinrichs, Jörg	29.10.98	26.11.62
Plattner, Michael-Jörg	14.12.99	23. 9.63
Kalfhaus, Barbara	15.12.99	12. 8.65

Hamm (Westfalen)   E 180 719
Borbergstr. 1, 59065 Hamm
Postfach 11 41, 59061 Hamm
T (0 23 81) 9 09–0
Telefax (0 23 81) 9 09–2 22

1 Dir, 1 stVDir, 1 w.aufsR, 15 R

Dietrich, Jürgen		
Hermann, Dir	3. 7.89	6.12.43
Löbbert, Wolfgang,		
stVDir	25. 2.97	14. 7.51
Liesner, Helmut,		
w.aufsR	22. 6.94	2. 2.40
Pohlmann, Ernst-Peter	—	—
Micke, Rolf-Dietrich	—	—
Eikelmann, Marita	7. 7.77	3. 3.44
von Gehlen, Harald	24. 8.78	8.10.44
Schimanski-Longerich,		
Bernd	16.10.81	19. 5.49
Longerich, Ute	16. 8.82	5. 1.53
Schöppner, Norbert	29. 7.85	3. 2.53
Bastl, Franz	—	—
Neuhaus, Elisabeth		
Anna	—	—
Becker, Bernd	6. 3.90	21. 6.51
Kleine, Wolfgang	—	—
Schulze-Velmede,		
Burkhard	9.11.95	11. 3.59
Drouven, Martina	13.11.95	28. 8.59
Erb-Klünemann, Martina	13.11.95	21. 8.63
Heinrichs, Petra	14.10.97	26. 8.61
Janssen, Bernhard	29.10.97	15. 1.60

Kamen   E 99 808
Poststr. 1, 59174 Kamen
Postfach 11 20, 59172 Kamen
T (0 23 07) 9 92–0
Telefax (0 23 07) 9 92–1 12

1 Dir, 6 R

Treese, Burckhard,		
Dir	1. 5. 88	1. 1. 46
Davids, Frank Michael,		
stVDir	1. 12. 99	12. 10. 56
Dickmeis, Franz-Joseph	—	—
Schlottbohm, Hans		
Werner	17. 10. 85	21. 12. 48
Klopsch, Martin	7. 5. 90	14. 9. 56
Ibrom, Frank	18. 4. 97	19. 10. 61
Prautsch, Torsten	18. 4. 97	24. 4. 62

Lünen E 149 196
Spormeckerplatz 5, 44532 Lünen
Postfach 11 80, 44501 Lünen
T (0 23 06) 9 24–5
Telefax (0 23 06) 92 46–90

1 Dir, 1 stVDir, 10 R

Knauer, Brigitte, Dir	31. 1. 00	7. 6. 51
Weber, Norbert,		
stVDir	23. 11. 89	18. 10. 46
Meckmann-Everling,		
Gisela	29. 9. 71	3. 8. 38
Bußmann, Hubert	5. 5. 80	3. 9. 47
Klein, Hans-Joachim	24. 6. 80	11. 12. 43
Brinkmann, Peter	8. 5. 81	1. 6. 48
Riedl, Ewerhard	12. 1. 82	17. 2. 51
Oertel, Bernhard	27. 4. 84	29. 12. 51
Mertens, Barbara	24. 3. 93	11. 8. 60
Oehrle, Ulrich	26. 10. 94	12. 7. 61
Rodehüser, Annette	23. 8. 95	14. 12. 59
Suelmann, Beatrix	28. 10. 98	6. 3. 65

Unna E 128 053
Friedrich-Ebert-Str. 65 A, 59425 Unna
Postfach 21 01, 59411 Unna
T (0 23 03) 67 03–0
Telefax (0 23 03) 67 03–4 44

1 Dir, 1 stVDir, 10,5 R

N.N., Dir	—	—
Schwab, Heinrich		
Theodor, stVDir	—	—
Heine, Gottfried	1. 7. 70	3. 10. 37
Vittinghoff, Heiko	15. 6. 73	14. 5. 41
Steller, Manfred	10. 3. 78	1. 10. 44
Naunin, Ulrike		
Buller, Bernhard	2. 2. 79	6. 7. 48
Henning, Peter	1. 7. 81	29. 4. 48
Reiners, Hans-Ulrich	12. 11. 81	28. 5. 47
Lorenz-Hollmann,		
Barbara	—	—
Vielhaber-Karthaus, Birgit	2. 1. 92	19. 11. 60
Hüchtmann, Jörg	16. 3. 93	11. 1. 61
Fresenborg, Anne	6. 10. 95	30. 3. 62

Landgerichtsbezirk Essen

Landgericht Essen E 1 382 483
Zweigertstr. 52, 45130 Essen
Postfach 10 24 42, 45024 Essen
T (02 01) 8 03–0
Telefax (02 01) 8 03–29 00

1 Pr, 1 VPr, 33 VR, 46 R

Präsidentin

Dr. Anders, Monika	10. 6. 96	16. 2. 51

Vizepräsident

Dr. Schwieren, Günter	23. 12. 98	8. 7. 50

Vorsitzende Richterinnen/Vorsitzende Richter

Gerbert, Manfred	27. 4. 79	16. 1. 38
Fredebrecht, Hans Kurt	21. 5. 81	9. 8. 37
Esders, Rudolf	21. 5. 81	18. 12. 39
Hengst, Franz Albert	14. 10. 81	16. 2. 43
Dr. Krombach, Diethard	20. 10. 81	29. 5. 37
Dusse, Wolfgang	29. 11. 83	15. 9. 41
Dudda, Alfred	20. 6. 84	20. 12. 44
Schröder, Jochen	16. 9. 88	6. 9. 44
Anhut, Theresia Brigitte	17. 3. 89	22. 9. 43
Meise, Hans-Joachim	—	—
Lackmann, Rolf	26. 9. 90	20. 2. 49
Brinkmann, Volker	23. 3. 92	27. 12. 40
Geschwender, Jürgen-Josef	23. 3. 92	24. 12. 48
Wilke, Heinz-Jürgen	27. 10. 92	25. 6. 41
Küter, Axel	27. 10. 92	
Schmidt, Michael	27. 10. 92	10. 2. 53
Krüger, Klaus-Werner	1. 3. 94	15. 8. 53
Dr. Middelberg, Gerd	28. 12. 95	16. 12. 46
Brede, Christoph	18. 1. 96	1. 4. 47
Fink, Rudolf	—	—
Dickmeis, Michael	30. 10. 96	28. 2. 56
Schalla, Norbert	30. 10. 96	8. 5. 56
Lütgebaucks, Harald	10. 10. 97	4. 2. 52
Rosch, Burkhard	10. 10. 97	5. 3. 58
von Pappritz, Maren	20. 3. 97	15. 8. 59
Bergenthum, Modesta		
Loch, Edgar	21. 7. 98	11. 10. 54
Wilmsmann, Dietmar	16. 12. 98	—
Pohlmann, Regina	5. 2. 99	11. 6. 57
Scheibe, Heinz Gerd		
Wacker, Johannes		
Christoph	31. 1. 00	2. 10. 45
Wendrich-Rosch, Jutta	31. 1. 00	18. 11. 60
Staake, Knut-Henning	—	—

Richterinnen/Richter

Kleffner, Hans	15. 12. 68	1. 3. 37
Fahnenstich, Ilse Marie	1. 6. 70	15. 12. 38

Streubel, Adelheid	25. 9.70	5. 1.41
Heim, August	—	—
Auth, Hans Joachim	—	—
Vogtmeier, Manfred	27. 7.73	29. 7.42
Dr. Vogel, Thilo	22. 7.74	18. 2.44
Hollstegge, Angelika	19.12.76	5. 4.47
Gerke, Ulrich	19.11.77	23.11.44
Vougioukas, Kirsten	9. 3.78	6.12.46
Filla, Wilfried Hartmut	—	—
Wende, Jutta	30.11.79	15.11.49
Janßen-Diemert, Ursula	3. 1.80	2. 8.48
Hägele, Ulrich	6. 4.81	7. 9.47
Weiß, Detlef	—	—
Schneider, Klaus	25. 7.83	14. 9.51
Konrad, Hans Jürgen	—	—
Storner, Peter	30. 3.84	28. 3.50
Rink, Ursula	—	—
Siebecke, Volker	29.11.84	16. 4.51
Busold, Heinz-Günter	3.12.84	23. 6.51
Süß-Emden, Dieter	21.12.89	23.11.54
Nünning, Luise	21.12.89	2. 7.57
Dr. Dechamps, Regine	22. 6.90	31. 5.56
Gremme, Anna Maria	26. 8.91	23. 1.58
Labentz, Andreas	26. 8.91	22.12.58
Banke, Ralf	10.11.92	28.11.59
Dr. Monstadt, Barbara	10.11.92	4. 7.61
Dr. Jurgeleit, Andreas	13.11.92	20. 9.60
Fiolka, Arnd	12. 7.95	24. 5.63
Heinrich, Detlef	18. 7.96	8. 3.63
Budelmann-Vogel, Michaela	1. 7.96	8.12.63
Bleistein, Romana	20. 2.97	21. 3.64
Schmidt, Wolfgang	27. 2.97	28. 8.61
Reuter, Ludwig	27. 2.97	11. 2.62
Dr. Kentgens, Martin	9. 4.98	22. 2.62
Dr. Baston-Vogt, Marion	5. 6.98	29. 8.63
Zarth, Martina	15. 6.98	29. 3.62
Zarth, Martin	15. 6.98	11. 4.63
Köster-Brabandt, Claudia	15. 6.98	15. 2.64
Pelzner, Susanne	15. 6.98	1.10.64
Dr. Nedden-Boeger, Claudia	4. 1.99	13. 1.66

Amtsgerichte

Bottrop　E 121 305
Gerichtsstr. 24 – 26, 46236 Bottrop
Postfach 10 01 01, 10 01 65, 46201 Bottrop
T (0 20 41) 1 71–0
Telefax (0 20 41) 1 71–1 00

1 Dir, 1 stVDir, 10 R

Dreesen, Klaus, Dir	1. 2.99	15.12.42
Gehrling, Horst-Dieter, stVDir	19. 2.93	31.12.43

Steinmann, Rudolf	8.10.81	2. 7.50
Bihler, Manfred	8.12.82	24.10.52
Reschke, Peter	20. 7.83	29. 2.52
Plaßmann, Ulrich	13. 9.83	2.12.52
Dr. Helf, Martin	24. 4.87	18. 2.55
Meierjohann, Eckhard	4. 9.91	30. 6.60
Pawellek, Jutta	10.11.92	14. 3.62
Schachten, Elmar	1.10.93	9. 1.59
Preibisch, Rüdiger	27. 5.94	21. 6.56
Rohlfing, Gerhard	4. 8.98	22. 7.60

Dorsten　E 80 978
Alter Postweg 36, 46282 Dorsten
Postfach 1 09, 46251 Dorsten
T (0 23 62) 20 08–0
Telefax (0 23 62) 20 08–51

1 Dir, 1 stVDir, 7 R

Roer, Ulrich Werner, Dir	1. 1.94	22. 1.38
Dr. Fischedick, Hans-Jürgen, stDir	20. 6.94	7.11.54
Kleimann, Ludwig	15. 3.70	3. 8.39
Timm, Wolfhart	5. 3.80	18. 3.48
Heinz, Regine	2. 4.81	22. 9.50
Illerhaus, Johannes	4.12.84	5. 2.50
Oermann-Wolff, Dagmar	10. 5.89	20.11.55
Hinkers, Elisabeth	30. 6.95	23. 4.63
Bartoszek-Schlüter, Irena	2.10.95	5. 4.58

Essen　E 388 879
45116 Essen
Postfach 10 02 63, 45002 Essen
T (02 01) 8 03–0
Telefax (02 01) 8 03–29 10, –27 51

1 Pr, 1 VPr, 8 w.aufsR, 55 R

Präsident

Held, Heinz-Jürgen	21. 1.99	12. 4.42

Vizepräsident

N.N.　　　　　　　—　　　—

weitere aufsichtführende Richterinnen/Richter

Bacht, Dorothea	—	—
Schaper, Jürgen	1. 7.84	3.10.38
Prieß, Hans-Herbert	25. 1.89	31.12.35
Dr. Wein, Gunter	—	—
Bauer, Karl Wilhelm	14. 9.94	18. 7.36
Blumberg, Ernst	—	—
Küker, Ursula	15. 3.96	13. 2.44
Faupel, Karl-Hans	15. 3.96	7. 5.48

Richterinnen/Richter

Feßler, Heribert	15. 9.69	9.11.36
Dubiel, Peter	1.11.69	17. 6.38

Vogeler, Klaus-Dieter	4. 10. 71	8. 12. 39
Baltes, Günter	24. 1. 73	28. 1. 38
Busse, Berthold	14. 9. 73	22. 10. 39
Seidel, Gerd	9. 5. 74	11. 8. 43
Remer, Bernhard	—	—
Graßl, Hans-Richard	—	—
Krieger-Brommenschenkel, Edda	20. 10. 75	27. 10. 40
Landschütz, Gerd	21. 10. 75	27. 3. 45
Olschewski, Ulrich	—	—
Richter, Karin	8. 11. 76	14. 9. 44
Kurzke, Rüdiger Willi	16. 1. 77	5. 11. 44
Bovermann, Hans	—	—
Wagner, Ute	28. 7. 77	19. 4. 44
Nolte, Bernd-Hermann	28. 7. 77	13. 8. 44
Wulf, Falko	23. 8. 77	7. 9. 41
Lütge-Sudhoff, Rotraut	9. 9. 77	15. 7. 45
Richter, Gerd	11. 12. 77	29. 8. 45
Denzin, Klaus-Gerd	6. 2. 78	9. 7. 43
Grewer, Wilhelm	24. 2. 78	4. 8. 42
Koch, Rainer	13. 3. 78	7. 9. 45
Kraußold, Jutta	28. 4. 78	2. 12. 44
Wiedemann, Dietmar	20. 6. 78	29. 12. 44
Anders, Peter	1. 8. 78	20. 10. 44
Fischer, Klaus Georg	15. 9. 78	18. 12. 47
Lukas, Jürgen	15. 12. 78	2. 4. 49
Thomas, Karin	22. 5. 79	22. 11. 48
Schneider, Christa	—	—
Dr. Louis, Christine Johanna	—	—
Dr. Märten, Rolf	1. 7. 81	24. 6. 50
Zellhorn, Emmerich	23. 4. 82	27. 4. 53
Heneweer, Rainer	13. 12. 82	11. 9. 47
Schlott, Hildegard	1. 8. 83	19. 6. 47
Winterpacht, Klaus Dieter	15. 8. 83	25. 7. 49
Siepmann, Horst	23. 1. 85	8. 11. 47
Bischoff, Monika	—	—
Bein, Winfried	23. 8. 85	5. 9. 52
Jürgensen, Gabriele	28. 2. 86	7. 1. 54
Dodegge, Georg	5. 4. 89	25. 12. 57
Seelmann, Ronald	7. 2. 90	14. 5. 56
Denkhaus, Mathias	21. 9. 92	9. 11. 58
Treppke-Toutain, Matthias	13. 7. 93	10. 2. 58
Koppenborg, Arnd	19. 7. 94	28. 1. 56
Hense-Neumann, Felizitas	19. 7. 94	16. 9. 61
Becker, Christian	19. 7. 94	13. 6. 62
Dr. Zech, Hanne	28. 3. 95	1. 3. 59
Wischermann, Christoph	23. 6. 95	10. 5. 61
Stehmans, Brigitte	9. 11. 95	5. 7. 65
Esser, Birgit	20. 10. 98	28. 6. 65
Balster, Bettina	23. 10. 98	16. 4. 64
Studener, Peter	26. 10. 98	4. 5. 62
Erl, Kirsten	29. 11. 99	7. 12. 66
Dreher, Monique	1. 12. 99	27. 2. 58

Essen-Borbeck   E 97 114
Marktstr. 70, 45355 Essen
Postfach 11 01 51, 45331 Essen
T (02 01) 86 80–0
Telefax (02 01) 8 68 02 50

1 Dir, 5 R

Huda, Hermann-Josef, Dir	23. 2. 99	3. 4. 47
Praß, Hans-Joachim	—	—
Weise, Hans-Christian	31. 10. 78	22. 7. 48
Schmitt, Sigrid	25. 10. 84	8. 5. 54
Wittenberg, Karl-Peter	17. 4. 98	26. 4. 64

Essen-Steele   E 117 201
Grendplatz 2, 45276 Essen
Postfach 14 31 80, 45261 Essen
T (02 01) 8 51 04–0
Telefax (02 01) 8 51 04–30

1 Dir, 6 R

N.N., Dir	—	—
Perband, Klaus	—	14. 1. 37
Auth, Elisabeth	—	—
Reinhardt, Peter	4. 6. 79	31. 10. 46
Erb, Reinhard	19. 11. 82	8. 11. 46
Sen, Ulrike	3. 3. 86	10. 1. 52
Wrobel, Volker	6. 5. 96	15. 7. 60

Gelsenkirchen   E 140 821
Overwegstr. 35, 45879 Gelsenkirchen
Postfach 10 02 52/10 02 62, 45802 Gelsenkirchen
T (02 09) 17 91–0
Telefax (02 09) 17 91–1 88

1 Dir, 1 stVDir, 1 w.aufsR, 18 R

Böhlje, Karin, Dir	1. 6. 96	26. 7. 47
Meiswinkel, Winfried, stVDir	24. 2. 95	27. 4. 46
Zuberbier, Gerda	15. 4. 69	30. 4. 37
Braun, Benno	12. 12. 75	5. 8. 41
Steinbrinck, Heiner	31. 5. 77	12. 11. 44
Lelickens, Alfred	—	—
Warda, Horst	20. 11. 80	1. 8. 51
Bärens, Michael	—	—
Kriener, Josef Konrad	21. 5. 82	19. 4. 52
Hermandung, Klaus Alexander	20. 12. 82	5. 12. 50
Klein, Helmut	8. 8. 83	19. 2. 50
Büchter-Hennewig, Karin	—	—
Siemund-Grosse, Gaby	4. 9. 91	26. 8. 58
Dr. Kirsten, Mathias	12. 12. 94	19. 5. 60
Schneemilch, Elke	12. 12. 94	22. 11. 61
Waab, Brigitte	7. 7. 95	27. 2. 63
Dr. Droste, Andrea	11. 7. 96	23. 9. 64

Dr. Lashöfer, Jutta 28. 5. 97 20. 12. 61
Dr. Rediger, Andreas 8. 10. 98 14. 4. 61

Gelsenkirchen-Buer E 143 264
Goldbergstr. 89, 45894 Gelsenkirchen
Postfach 20 01 53/20 01 63, 45836 Gelsenkirchen
T (02 09) 3 60 98–0
Telefax (02 09) 2 60 98–90

1 Dir, 1 stVDir, 12 R

Metten, Klaus-Jürgen,
Dir 5. 4. 83 7. 5. 35
Rezori, Irene, stVDir 17. 7. 98 15. 1. 49
Dr. Franke, Herbert — —
Kowalski, Rainer 2. 5. 78 13. 8. 46
Rumberg, Klaus 30. 11. 79 30. 7. 46
Stratmann, Bernd — —
Mertens, Ulrich 3. 5. 82 12. 4. 51
Rottlaender, Helmut 26. 11. 82 14. 4. 53
Waab, Frank 6. 10. 95 16. 5. 62
Koch, Sabine 9. 10. 95 22. 5. 62
Vollenberg, Ursula 30. 5. 96 6. 12. 62
Hahnemann, Eva 18. 3. 99 19. 6. 62

Gladbeck E 78 357
Friedrichstr. 63, 45964 Gladbeck
Postfach 1 40, 45951 Gladbeck
T (0 20 43) 6 97–0
Telefax (0 20 43) 6 97 -1 20

1 Dir, 6 R

Korf, Friedrich, Dir 1. 7. 99 4. 7. 49
Lohmann, Lothar 19. 8. 76 18. 8. 43
Paus, Berthold 26. 6. 81 24. 11. 51
Jensen, Rita 1. 12. 81 11. 2. 52
Röhlig, Hans-Werner 26. 7. 83 31. 12. 50
Dr. Bardelle, Beatrice — —
Rummeling, Ulrich 19. 3. 99 13. 11. 60

Hattingen (Ruhr) E 84 523
Bahnhofstr. 9, 45525 Hattingen
Postfach 80 01 53, 45501 Hattingen
T (0 23 24) 5 05–0
Telefax (0 23 24) 5 39 23

1 Dir, 5 R

Voelsen, Petra-Helene, Dir 28. 12. 95 17. 6. 51
Pauli, Wolfgang 1. 4. 67 5. 3. 36
Stritzke, Klaus-Dieter 15. 1. 70 3. 3. 38
Fehre, Götze — —
Lang, Ursula Brigitte 16. 6. 78 11. 3. 46
Köcher, Hans-Dietrich — —

Marl E 130 041
Adolf-Grimme-Str. 3, 45768 Marl
Postfach 11 60, 45741 Marl
T (0 23 65) 5 13–0
Telefax (0 23 65) 5 13 –2 00

1 Dir, 1 stVDir, 11 R

Pörtner, Harald, Dir — —
Warsen, Gerrit Jan, stVDir 28. 2. 90 12. 10. 49
Tölle, Wolfgang — —
Tretow, Martin Heinrich 5. 9. 77 18. 2. 45
Lattekamp, Heribert 5. 11. 79 16. 6. 46
Schlüter, Wolfgang 5. 11. 79 23. 1. 48
Becker, Heinrich Hermann 18. 4. 80 1. 8. 47
Garbers, Karl-Heinz 24. 5. 82 17. 6. 46
Brechler, Michael 16. 12. 83 10. 11. 50
Schmitz, Herbert 9. 7. 86 4. 9. 48
Wedig, Bernd 22. 12. 94 25. 6. 59
Lob, Bernhard 14. 4. 98 15. 5. 62

Landgerichtsbezirk Hagen

Landgericht Hagen E 810 479
Heinitzstr. 42, 58097 Hagen
58086 Hagen
T (0 23 31) 9 85–0
Telefax (0 23 31) 9 85–5 85

1 Pr, 1 VPr, 17 VR, 24 R

Präsident
Espey, Ernst 10. 9. 96 3. 2. 41

Vizepräsident
Rohs, Peter 1. 10. 89 31. 12. 36

Vorsitzende Richterin/Vorsitzende Richter
Falkenkötter, Karl Peter 3. 7. 81 11. 10. 38
Urban, Hartmut 27. 11. 81 12. 11. 39
Vogt, Hans Dieter 23. 9. 83 18. 9. 41
Hägele, Frauke 8. 2. 85 5. 12. 42
Berneiser, Klaus 30. 6. 86 26. 5. 40
Richthof, Hans-Robert 16. 9. 88 28. 1. 45
Fingerhut, Hans-Wilhelm 1. 10. 88 16. 2. 40
Herkenberg, Horst-Werner 24. 4. 89 20. 10. 42
Richter, Kurt Dietmar 24. 4. 89 14. 4. 46
Gäbel, Christoph 27. 9. 89 21. 1. 38
Weber, Norbert 28. 4. 90 4. 5. 49
Asbeck, Peter 26. 7. 91 5. 9. 44
Sommer, Helmut 18. 12. 95 29. 5. 41
Pletzinger, Winfried 29. 7. 96 27. 8. 48
Kaiser, Wilhelm 13. 1. 98 21. 8. 52
Spancken, Wolfgang 14. 8. 98 6. 4. 51
Rathsack, Wolfgang 29. 12. 99 17. 1. 59

Richterinnen/Richter

Wassel, Lothar	—	—
Schlief, Christa	—	—
Knierim, Heinrich	—	—
Bagusat, Günter	5. 9.77	27.11.44
Niekämper, Hans-Jörg	30. 6.79	17. 7.44
Keese, Gerda	27. 7.79	2. 4.50
Plassmann, Klaus	10.11.82	2. 1.53
Hölscher, Werner	8.12.83	7.11.48
Jansen, Roland	11. 1.84	14. 9.51
Kirsch, Bernd-Dietmar	20. 2.86	17. 2.51
Krause, Dieter	20. 2.86	24. 4.54
Sommerfeld, Sybille	3. 4.89	13.10.54
Kock, Stephanie	18. 9.89	2. 7.57
Dr. Einhoff, Birgit	1. 1.90	6. 7.56
Junge, Peter	15. 7.96	14. 2.61
Hackbarth-Vogt, Norbert	15. 7.96	8. 5.63
Wrenger, Jürgen	21. 3.97	31. 1.62
Berg, Matthias	20. 7.98	23.11.60
Dr. Weimer, Klaus	20. 7.98	1. 7.64
Dr. Schreiber, Frank	21. 7.98	3.11.60
Hahnenstein, Jörg	21. 7.98	17. 2.62
Hartmann-Garshagen, Heike	6. 8.99	26. 7.68
Dr. Ennuschad, Kirsten	14. 6.99	5. 5.66

Amtsgerichte

Altena (Westfalen) E 64 451
Gerichtsstr. 10, 58762 Altena
Postfach 11 53, 58741 Altena
T (0 23 52) 20 18–0
Telefax (0 23 52) 20 18–29

1 Dir, 4 R

Alte, Peter Wilhelm, Dir	1. 5.97	13. 1.50
Altmann, Michael	21.12.76	19. 1.45
Deppe, Ulrich	8. 1.86	25. 6.50
Dr. Lucks, Karl-Martin	2. 5.97	10.11.60

Hagen E 207 201
Heinitzstr. 42 und 44, 58097 Hagen
58086 Hagen
T (0 23 31) 9 85–0
Telefax (0 23 31) 9 85–5 78

1 Dir, 1 stVDir, 3 w.aufsR, 24 R

Heine, Klaus-Albrecht, Dir	1. 1.94	26. 9.43
Mösezahl, Paul-Peter, stVDir	22. 8.94	6. 1.45
Peter, Dietmar, w.aufsR	—	—
Müller, Helga, w.aufsR	30. 4.99	18. 7.40
Grabe, Hans-Bernd, w.aufsR	18. 2.00	29. 3.47

Urban, Anna-Marie	20.10.70	11.10.39
Halfter, Michael	30.11.76	18. 5.43
Stich, Wolfhard	7. 1.78	24. 2.49
Reiffer, Erhard	—	—
Kröger, Heidemarie Gisela	—	—
Hamann, Rainer Helmut	4.12.79	4.10.43
Dr. Cirullies, Michael Richard	30. 6.81	19. 6.50
Groß, Peter	24.11.81	18.10.46
Möhling, Hans-Joachim	20.10.82	11. 3.47
Siemon, Heinz-Michael	16.11.82	1. 1.49
Saur, Wolfgang	8.12.83	28. 1.49
Bremer, Ulrike	28. 5.84	21. 4.52
Dr. Hoffmann, Kurt-Martin	20. 2.86	14. 7.49
Kleeschulte, Manfred	31. 3.89	26. 9.51
Sachse, Ulrich	27. 8.93	13. 2.58
Brass, Michael	26. 9.94	14. 1.59
Borchert, Volker	26. 9.94	9.12.60
Wiemers, Nicola	20. 6.96	26.11.61
Dr. Barkam, Harald	—	—
Matthias, Stefan	22. 9.98	26. 3.62
Dittert, Andreas	9. 3.98	22. 8.61
Radke-Schäfer, Ulrike	3.12.99	20. 3.66
John, Dirk	13.12.99	15. 8.64

Iserlohn E 136 598
Friedrichstr. 108 – 110, 58636 Iserlohn
T (0 23 71) 6 61–0
Telefax (0 23 71) 6 61–1 10

1 Dir, 1 stVDir, 1 w.aufsR, 12 R

Dr. Lueg, Eberhard, Dir	24. 5.96	20. 1.45
Suwelack, Herbert, stVDir	28.11.96	22. 3.46
Holin, Rudolf Michael, w.aufsR	1.12.95	16. 5.36
Buchholz, Gert	22. 3.77	29. 8.43
Knierim, Rainer	21. 9.77	28. 9.45
Klahr, Edmund	13. 3.78	10. 6.45
Kremper, Hans Ulrich	20.10.78	13. 4.48
Vaupel, Heinz Wilhelm	1.12.78	11. 3.49
zur Nieden, Hans-Martin	7.10.81	5. 2.51
Bremer, Gerhard	26. 1.83	12. 2.43
Uetermeier, Hans-Jochen	6. 4.89	8.11.55
Giesecke von Bergh, Günter	7. 9.94	3. 1.60
Klein, Martin	18. 6.96	5.10.61
Nieswandt, Peter	16. 4.98	6.11.62
Kurz, Andrea	17. 4.98	14. 5.63

Lüdenscheid E 111 043
Philippstr. 29, 58511 Lüdenscheid
Postfach 16 69, 58505 Lüdenscheid
T (0 23 51) 18 97–0
Telefax (0 23 51) 2 71 18

1 Dir, 1 stVDir, 10 R

Wild, Hans-Walter, Dir	23. 9.92	19. 9.44
Leichter, Jürgen, stVDir	30.11.98	7. 4.53
Nachrodt, Peter-Dirk	27.11.75	19.10.42
Fliegenschmidt, Klaus	27.12.79	1. 8.48
Langerbein, Hans-		
Joachim	3. 2.86	6. 8.48
Lange, Dagmar	14. 3.89	29.12.56
Arnold, Wolfram	29. 6.89	21. 1.57
Pütz, Bernd	29.11.91	10.10.58
Dünnebacke, Udo	25. 3.93	23. 2.60
Kirchhoff Johannes	7.10.93	8. 5.61
Lumberg, Udo	31. 5.96	5. 4.61
Kabus, Thomas	29. 9.98	15. 8.64

Meinerzhagen   E 40 133
Gerichtsstr. 14, 58540 Meinerzhagen
Postfach 11 61, 58527 Meinerzhagen
T (0 23 54) 92 31–0
Telefax (0 23 54) 52 07

1 Dir, 1 R

Varney, Guido, Dir	1. 4.98	30. 1.58
Niemöller, Christian	10.11.98	1. 1.62

Plettenberg E 36 805
An der Lohmühle 5, 58840 Plettenberg
Postfach 11 09, 58811 Plettenberg
T (0 23 91) 81 39–0
Telefax (0 23 91) 81 39–39

1 Dir, 1R

Zimmernann, Thomas,		
Dir	1. 5.99	15. 6.57
Leonhardt, Lothar	28. 7.97	10. 7.63

Schwelm   E 107 114
Schulstr. 5, 58332 Schwelm
Postfach 2 20, 58315 Schwelm
T (0 23 36) 4 98–0
Telefax (0 23 36) 4 98–1 69

1 Dir, 1 stVDir, 8 R

Heinrichs, Günther, Dir	1. 3.99	23.10.43
Volesky, Karl-Heinz,		
stVDir	24.11.99	26. 7.59
Hönnicke, Karl Ernst	14. 6.78	3. 7.45
Peitz, Theodor	6.11.78	31. 5.48
Renzing, Armin	8.10.79	10. 6.48
Arentz, Arnulf Johannes	14. 7.82	7. 4.50
Ebner, Christoph Alfred	12. 4.83	8.11.47
Maritz-Mader, Brigitte	20. 1.84	20. 4.46
Kaiser-Hasebrink,		
Hannelore	18. 4.89	20. 9.57
Warnke, Evelyn	4. 9.89	21. 6.60

Schwerte   E 51 214
Hagener Str. 40, 58239 Schwerte
Postfach 11 69, 58206 Schwerte
T (0 23 04) 24 08 00
Telefax (0 23 04) 2 30 07

1 Dir, 3 R

Stiller, Norbert, Dir	3.10.88	4. 3.36
Deipenwisch, Bernd	27. 8.76	21. 1.45
Maurmann, Rolf	8.10.79	8.10.45

Wetter (Ruhr)   E 55 920
Gustav-Vorsteher-Str. 1, 58300 Wetter
Postfach 26, 58286 Wetter
T (0 23 35) 91 89–0
Telefax (0 23 35) 13 88

1 Dir, 3 R

Kaiser, Jürgen, Dir	—	—
Kinz, Bruno	28. 3.78	20.10.44
Beckmann, Heinz-Dieter	31. 1.86	10.10.50
Steuber, Karl-Ulrich	10. 7.86	17. 5.54

Landgerichtsbezirk Münster

Landgericht Münster   E 1 534 016
Am Stadtgraben 10, 48143 Münster
Postfach 49 09, 48028 Münster
T (02 51) 4 94–1
Telefax (02 51) 4 94–4 99

Auswärtige Strafkammer in Bocholt
Benölkenplatz 1 – 3, 46399 Bocholt
Postfach 11 64, 46361 Bocholt
T (0 28 71) 2 95–2 06
Telefax (0 28 71) 2 95–2 05

1 Pr, 1 VPr, 30 VR einschl. ¼ für UProf,
2. Hauptamt, 45 R

Präsident

Schelp, Klaus	1. 5.98	31. 8.48

Vizepräsident

Dr. Schröder, Peter	5. 6.85	26.12.36

Vorsitzende Richterin/Vorsitzende Richter

Neurath, Heinrich	1. 2.79	30. 5.37
Pantke, Michael	30. 6.80	17. 5.40
Theusinger, Ernst	1. 8.80	11. 9.36
Janusch, Bertram	12. 2.82	9. 1.40
Düweke, Paul	4. 5.83	31. 7.35
Ulbrich, Wolfgang	16. 7.84	23.12.35

Dr. Hagemeister, Wolfgang	9. 11. 84	21. 12. 42
Brors, Ernst	9. 11. 84	2. 3. 44
Tinkl, Martin	25. 11. 85	21. 1. 46
Knemeyer, Manfred		
Wilhelm	25. 11. 85	16. 5. 46
Dr. Spannhorst, Burkhardt	25. 2. 86	21. 9. 44
Behrens, Jan	17. 2. 87	27. 3. 44
Dr. Womelsdorf, Ulrich	14. 9. 88	7. 8. 48
Mattonet, Thomas	26. 10. 89	24. 6. 47
Skawran, Michael	21. 12. 89	17. 2. 50
Kliegel, Franz-Joseph	27. 6. 90	4. 9. 48
Drouven, Ulrich	—	—
Prof. Dr. Dencker,		
Friedrich (UProf,		
2. Hauptamt)	20. 3. 92	11. 3. 42
Böske, Heinz-Hermann	20. 3. 92	14. 7. 48
Walden, Klaus-Dieter	28. 9. 92	28. 4. 47
Harker, Johannes	23. 6. 93	24. 6. 53
Prof. Dr. Struensee,		
Eberhard (UProf,		
2. Hauptamt)	27. 7. 93	26. 6. 40
Kröger, Winfried	15. 2. 94	5. 12. 51
Dr. Weißen, Marion	—	—
Schäfer, Joachim	28. 11. 95	9. 7. 56
Berding, Franz	—	—
Rocznik, Ewald	9. 1. 97	28. 2. 53
Groesdonk, Eberhard	28. 5. 97	9. 12. 52
Böhner, Gabriele		
Klara Maria	21. 1. 98	30. 3. 53
Kreipe, Hubert	27. 9. 99	18. 3. 43
Michels, Lambert Heinrich	27. 9. 99	12. 1. 45

Richterinnen/Richter

Sievers, Gerold	26. 9. 69	18. 1. 38
Fissahn, Friedhelm	6. 5. 71	13. 11. 36
Ellermann, Manfred	14. 9. 73	13. 10. 41
Schneider, Helmut	20. 12. 73	26. 2. 40
Reichert, Michael	19. 7. 74	6. 11. 38
Trumm, Hans Peter	19. 7. 74	12. 2. 43
Kluge, Dietrich	20. 1. 75	4. 6. 39
Lange, Diethard	10. 12. 75	14. 11. 44
Schubert, Wolfgang	2. 4. 76	27. 1. 38
Freter, Jürgen	29. 11. 76	3. 11. 41
Fahlbusch, Wolfgang	27. 5. 77	6. 9. 46
Reichert, Johanna		
Katharina	24. 9. 80	20. 10. 43
Kaub, Klaus Wilhelm	24. 9. 80	4. 12. 44
Kleinert, Ulrich-Alfred	23. 8. 84	7. 4. 48
Haase, Christian	3. 5. 85	7. 11. 49
Niebaum, Thomas	—	—
Mauro, Udilia Sabine	14. 4. 86	27. 5. 50
Bierbaum, Klaus	14. 4. 86	21. 11. 51
Theele, Winfried	14. 4. 86	14. 6. 52
Herbener, Rolf	—	—
Richter, Werner	29. 12. 86	23. 1. 55
Dr. Kleb, Gabriele	17. 1. 89	29. 5. 53

Dr. Fahl, Wolfhard	17. 1. 89	5. 5. 55
Oellers, Dirk	17. 1. 89	27. 6. 55
Brocki, Jürgen	17. 1. 89	18. 4. 56
Schwesig, Sabine	23. 1. 89	15. 4. 55
Schulte, Edeltraud	26. 7. 90	19. 1. 58
Dr. Bischoff, Georg	20. 12. 91	11. 9. 56
Wellmann, Uta	—	—
Koster, Norbert	2. 1. 92	28. 7. 56
Moenikes, Irmhild	4. 1. 95	25. 7. 55
Halfmeier, Claus	20. 5. 97	5. 12. 60
Jöhren, Marion	8. 1. 98	3. 11. 60
Schiereck, Thomas	2. 2. 98	15. 11. 60
Dr. Jansen, Christina	2. 2. 98	5. 5. 61
Becker, Ulrich	2. 2. 98	3. 9. 61
Karreh, Claudia	2. 2. 98	19. 9. 61
Zurhove, Annette	2. 2. 98	19. 3. 63
Nubbemeyer, Christian	25. 2. 98	28. 2. 62
Bernzen, Joachim	—	—
Dr. Krefft, Max	21. 9. 99	12. 12. 63
Dr. Meyer, Rolf	21. 9. 99	16. 12. 59

Amtsgerichte

Ahaus E 99 238
Sümmermannplatz 1 – 3, 5, 48683 Ahaus
Postfach 11 61, 48661 Ahaus oder
Postfach 12 61, 48862 Ahaus
T (0 25 61) 4 27–0
Telefax (0 25 61) 4 27–11

1 Dir, 1 stVDir, 6 R

Dr. Lagemann,		
Hans-Georg, Dir	13. 2. 98	29. 3. 47
Hiller, Jörg, stVDir	27. 2. 98	1. 12. 42
Humberg, Franz Joseph	31. 1. 80	12. 12. 48
Scheunemann, Horst	15. 9. 81	21. 7. 47
Stüber, Joachim	15. 1. 82	12. 9. 52
Becks, Alexander	29. 7. 86	19. 3. 53
Rottstegge, Bernhard	23. 12. 94	9. 8. 56
Beckmann-Backeshoff, Iris	12. 1. 95	24. 4. 57

Ahlen (Westfalen) E 81 920
Gerichtsstr. 12, 59227 Ahlen
Postfach 11 52, 11 53, 59201 Ahlen
T (0 23 82) 9 51–0
Telefax (0 23 82) 95 11 88

1 Dir, 7 R

Wettengel-Wigger, Brigitte,		
Dir	1. 1. 94	5. 3. 44
Rasch, Irmgard	18. 12. 76	23. 2. 46
Wittmer, Marion	8. 5. 85	18. 8. 45
Runte, Franz-Georg	17. 5. 93	27. 11. 54
Magel, Silke	26. 11. 93	23. 7. 59
Rogge, Elke	19. 12. 94	23. 3. 57

Michels-Ringkamp, Edith	9. 6. 95	13. 1. 62
Dr. Bruske, Frank	12. 12. 97	6. 4. 62
Feldkemper-Bentrup, Ruth	13. 5. 98	26. 11. 63

Beckum   E 80 355
Elisabethstr. 15/17, 59269 Beckum
Postfach 11 51, 59241 Beckum
T (0 25 21) 93 51–0
Telefax (0 25 21) 93 51–98

1 Dir, 5 R

Dr. Bietenbeck, Thomas, Dir	1. 8. 96	4. 5. 52
Hoppenberg, Günther	31. 10. 77	31. 8. 45
Dr. Dahl, Otto Gustav	15. 10. 79	3. 7. 45
Bruske, Angelika	12. 12. 94	29. 7. 62
Brauch, Wilfried	25. 4. 97	26. 11. 59
Helmke, Regina	—	—

Bocholt   E 100 340
Benölkenplatz 1 – 3, 46399 Bocholt
Postfach 11 64, 46361 Bocholt
T (0 28 71) 2 95–0
Telefax (0 28 71) 2 95–2 05

1 Dir, 6 R

Fissan, Bernhard, Dir	14. 12. 81	24. 4. 37
Schlüter, Helmuth Josef	21. 3. 79	26. 3. 49
Döink, Laurenz	3. 9. 80	11. 7. 48
Bone, Rudolf Bernhard	16. 7. 82	23. 4. 50
Hilgert, Peter	12. 12. 94	5. 3. 58
Dr. Brackhane, Rainer	27. 7. 95	8. 10. 59
Bendel, Ewald	15. 6. 98	23. 9. 63

Borken (Westfalen)   E 109 098
Heidener Str. 3, 46325 Borken
Postfach 11 62, 46301 Borken
T (0 28 61) 8 99–0
Telefax (0 28 61) 8 99–1 56

1 Dir, 6 R

Thesing, Alfons, Dir	1. 7. 72	20. 5. 37
Dumke, Klaus-Eberhard	—	—
Bläker, Helmut	27. 5. 77	17. 1. 43
Wessel, Bernd	30. 12. 77	29. 9. 43
Döring, Heinrich	5. 12. 80	26. 3. 50
Plester, Franz-Josef	20. 12. 94	5. 6. 55
Pohlmann, Norbert	21. 9. 98	9. 3. 61

Coesfeld   E 87 388
Friedrich-Ebert-Str. 6, 48653 Coesfeld
Postfach 11 51, 48651 Coesfeld
T (0 25 41) 7 31–0
Telefax (0 25 41) 7 31–4 69

1 Dir, 6 R

Dr. Alberty, Karl, Dir	2. 12. 99	17. 3. 51
Niesert, Dieter Heinrich	31. 3. 71	14. 10. 36
Becks, Hildegard	—	—
Sommer, Klaus	6. 6. 89	1. 9. 57
Jansen, Wolfgang	15. 9. 99	14. 8. 59

Dülmen   E 46 005
Königswall 15, 48249 Dülmen
Postfach 11 52, 48232 Dülmen
T (0 25 94) 94 70–0
Telefax (0 25 94) 94 70 42

1 Dir, 1 R

Leufgen, Helmut Günter, Dir	1. 6. 97	18. 4. 51
Naendorf, Gerti	24. 12. 91	17. 7. 58
Brinkmann-Rendel, Marion	20. 4. 98	15. 9. 65

Gronau (Westfalen)   E 44 470
Alter Markt 5/7, 48599 Gronau
Postfach 11 20, 48572 Gronau
T (0 25 62) 9 20–0
Telefax (0 25 62) 9 20–44

1 Dir, 3 R

N. N., Dir	—	—
Hommer, Ingeborg Mathilde	17. 4. 79	2. 6. 49
Wigger, Klaus	21. 1. 88	12. 9. 50
Rietmann, Michael	25. 10. 99	31. 10. 63

Ibbenbüren   E 103 992
Münsterstr. 35, 49477 Ibbenbüren
Postfach 11 62, 49461 Ibbenbüren
T (0 54 51) 9 26–0
Telefax (0 54 51) 9 26–1 00

1 Dir, 5 R

Windheuser, Heinrich, Dir	20. 12. 91	11. 4. 49
Niehus, Franz	25. 1. 72	28. 1. 38
Veddern, Bernhard	18. 1. 74	18. 2. 38
Kleinert, Bernd	23. 12. 80	29. 12. 48
Scheele, Martin Dirk	14. 4. 86	10. 3. 49
Dr. Meyer, Cornel-Rupert	16. 7. 97	4. 3. 60

Lüdinghausen   E 76 964
Seppenrader Str. 3, 59348 Lüdinghausen
Postfach 11 34, 59331 Lüdinghausen
T (0 25 91) 23 07–0
Telefax (0 25 91) 23 07 60

1 Dir, 5 R

Beckmann, Heinz-Bernd,
Dir 1. 6. 97 28. 9. 47
Flügge, Eike-Ulrich 15. 12. 69 7. 7. 37
Ahrens, Hans Wilhelm 15. 12. 69 10. 4. 38
Koberstein-Schwarz,
Ilse-Lore 29. 11. 83 24. 10. 52
Geier, Peter — —
Hildebrandt, Beate — —

Münster E 264 489
Gerichtstr. 2 – 6, 48149 Münster
Postfach 61 65, 48136 Münster
T (02 51) 4 94–1
Telefax (02 51) 4 94–5 80

1 Dir, 1 stVDir, 3 w.aufsR, 29 R

Arning, Heinrich, Dir 1. 1. 90 25. 1. 38
Terhünte, Josef, stVDir 12. 11. 87 6. 2. 38
Derks, Heinrich,
w.aufsR 25. 4. 86 19. 11. 35
Piira, Paul Hermann,
w.aufsR 26. 9. 90 5. 11. 41
Dr. König, Christa Maria,
w.aufsR 19. 8. 98 15. 11. 46
Vogelberg, Klaus 17. 11. 69 26. 9. 38
Geldschläger, Gerda 6. 11. 70 4. 11. 38
Goerdeler, Heidrun 20. 12. 71 28. 3. 41
Jürgens, Jürgen 14. 7. 72 17. 10. 39
Gissel, Frauke — —
Arndt, Ingbert 15. 3. 74 19. 8. 38
Nordloh, Ingeborg 17. 10. 75 28. 2. 45
Boll, Dietrich 24. 9. 76 22. 10. 43
May, Wolfgang, abg. 31. 10. 76 6. 1. 44
Hermann, Margarete 2. 11. 76 23. 1. 38
Jackson, Wilhelm — —
Reilmann, Sturmius 5. 9. 77 8. 6. 44
Fricke, Christian Ulrich 21. 7. 79 28. 4. 45
Tinnermann, Wolfgang 20. 6. 80 27. 9. 44
Schneider, Anna
Kunigunde 24. 6. 80 7. 7. 41
Dr. Dense, Hans-Georg 17. 9. 80 7. 9. 46
Schmittmann,
Ralf-Achim 17. 9. 80 25. 3. 48
Erhart, Beate 24. 9. 80 14. 10. 45
Schach, Irmtraud 24. 9. 80 23. 3. 47
Normann, Bernhard 20. 11. 80 6. 1. 48
Büssemaker, Peter 11. 8. 83 14. 10. 49
Stadtländer, Heinz-Dieter 23. 7. 84 4. 10. 44
Hildebrandt, Reiner 28. 11. 84 20. 9. 45
Lücke, Karlheinz 22. 1. 85 29. 4. 47
Wacker, Wolf-Jürgen — —
Weitz, Norbert Ludwig 21. 1. 88 10. 11. 52
Dr. Bock, Angelika — —
Terhechte, Sabine 3. 6. 98 23. 12. 63
Schreiner, Katharina 27. 5. 99 31. 10. 62
Dr. Schulze, Dorothee 31. 5. 99 4. 2. 50

Lißi, Astrid 3. 12. 99 29. 6. 65
Brockschmidt, André 20. 12. 99 9. 5. 64

Rheine E 123 237
Salzbergener Str. 29, 48431 Rheine
Postfach 11 54, 48401 Rheine
T (0 59 71) 40 05–0
Telefax (0 59 71) 40 05–20

1 Dir, 1 stVDir, 8 R

Seidel, Klaus, Dir 1. 7. 97 10. 5. 42
Büchter, Hermann, stVDir 22. 6. 94 3. 3. 36
Thielicke, Peter 24. 10. 73 20. 3. 43
Veltman, Gerhard 18. 11. 77 27. 12. 44
Cuvenhaus, Hanspeter 6. 4. 78 13. 5. 42
Kappelhoff, Franz 18. 12. 78 2. 10. 44
Borgert, Bernhard Josef 31. 1. 80 18. 5. 49
Horstmann, Hans-Joachim 16. 7. 80 9. 5. 45

Steinfurt E 131 652
Gerichtsstr. 2, 48565 Steinfurt
Postfach 11 40, 48541 Steinfurt
T (0 25 51) 66–0
Telefax (0 25 51) 6 61 55

1 Dir, 1 stVDir, 6 R

Kleinke, Harald, Dir 6. 11. 96 8. 7. 36
N. N., stVDir
Orth, Klaus-Detlef 16. 7. 71 15. 12. 37
Lünnemann, Jürgen 13. 4. 77 14. 1. 43
Rademacher, Hubert 15. 12. 78 1. 4. 44
Hagedorn, Klaus 9. 5. 80 8. 6. 44
Finkenstein, Bernhard 16. 8. 83 19. 2. 48
Wilken, Bernhard 27. 3. 97 14. 3. 59

Tecklenburg E 70 262
Brochterbecker Str. 2, 49545 Tecklenburg
Postfach 11 20, 49537 Tecklenburg
T (0 54 82) 67–0
Telefax (0 54 82) 67 12

1 Dir, 5 R

Gröger, Arnulf, Dir 19. 9. 73 5. 2. 36
Engberding, Wolfgang 15. 2. 77 14. 1. 45
Schüppler, Hartmut — —
Gabriel, Karin 20. 12. 91 28. 10. 59
Kremer, Monika 18. 7. 97 3. 6. 61

Warendorf E 114 606
Dr. Leve-Str. 22, 48231 Warendorf
Postfach 11 01 51, 48203 Warendorf
T (0 25 81) 63 64–0
Telefax (0 25 81) 63 64 65

1 Dir, 6 R

N. N., Dir   —   —
Zumdieck, Herbert   1. 5. 67   21. 5. 36
Richter, Jörn   29. 9. 77   1. 9. 43
Glorius, Helmut
   Friedrich   8. 10. 79   29. 9. 48
Horstmeyer, Heinz   2. 1. 95   26. 9. 58
Beimann, Thomas   15. 8. 95   11. 10. 59
Dr. Teklote,
   Stephan   12. 12. 97   11. 7. 62

Landgerichtsbezirk Paderborn

Landgericht Paderborn   E 553 172
Am Bogen 2 – 4, 33098 Paderborn
Postfach 20 80, 33050 Paderborn
T (0 52 51) 1 26–0
Telefax (0 52 51) 1 26–1 60

1 Pr, 1 VPr, 8 VR, 14 R

Präsidentin

Meyer-Wentrup,
   Christel   1. 5. 90   28. 6. 38

Vizepräsident

Frank, Wolf-Dietrich   1. 12. 97   20. 8. 42

Vorsitzende Richterin/Richter

Reineke, Alfons   23. 12. 76   9. 3. 37
Dr. Siepmann, Heinz-
   Dieter   27. 4. 78   19. 11. 38
Kamp, Rudolf   1. 8. 92   2. 12. 40
Heine, Adalbert Josef   13. 9. 94   20. 1. 50
Adam, Manfred   10. 8. 95   23. 1. 47
Schäfer, Stefan   28. 5. 97   19. 10. 42
Manthey, Margret Anna
   Josefine   —   —
Eley, Johannes Josef   24. 4. 98   28. 8. 51

Richterinnen/Richter

Schilling, Maria-Theresia   30. 8. 78   8. 7. 46
Büttinghaus, Franz-Josef   20. 4. 82   19. 9. 48
Sander, Friedhelm   —   —
Hemkendreis, Werner
   Josef   26. 2. 87   12. 9. 52
Emminghaus, Bernd   9. 2. 90   14. 11. 52
Gnisa, Jens   16. 9. 93   19. 5. 63
Wagemeyer, Edith   1. 4. 95   23. 4. 64
Kelm, Martina   1. 4. 96   11. 5. 64
König, Detlef   14. 11. 97   13. 12. 61
Eppelmann, Jens-Walter   14. 11. 97   6. 1. 64
Laws, Jutta   3. 4. 96   2. 2. 61
Pfeiffer, Hans-Georg   28. 9. 98   27. 1. 65
Hammerschmidt, Birgit   4. 5. 99   8. 10. 67

Amtsgerichte

Brakel   E 57 786
Nieheimer Str. 17, 33034 Brakel
Postfach 12 51, 33027 Brakel
T (0 52 72) 80 35
Telefax (0 52 72) 61 70

1 Dir, 3 R

Meerkötter, Bärbel,
   Dir   1. 10. 89   17. 9. 47
Heiseke, Hermann   30. 11. 76   28. 9. 45
Engel, Rainer   15. 4. 80   27. 8. 49
Bruker, Lieselotte   12. 6. 85   10. 10. 48

Delbrück   E 44 003
Lohmannstr. 28, 33129 Delbrück
Postfach 11 61, 33119 Delbrück
T (0 52 50) 98 08–0
Telefax (0 52 50) 98 08–40

1 Dir, 1 R

Sippel, Wolfgang, Dir   1. 11. 84   10. 10. 42
Dr. Grosbüsch, Gabriele   14. 10. 85   9. 1. 47

Höxter   E 54 332
Möllingerstr. 8, 37671 Höxter
Postfach 10 01 45, 37651 Höxter
T (0 52 71) 9 79 02–30
Telefax (0 52 71) 9 79 02–30

1 Dir, 3 R

Dr. Hohendorf, Andreas,
   Dir   27. 1. 99   25. 3. 49

Lippstadt   E 112 567
Lipperoder Str. 8, 59555 Lippstadt
Postfach 11 20, 59521 Lippstadt
T (0 29 41) 9 86–0
Telefax (0 29 41) 9 86–9 02

1 Dir, 1 stVDir, 9 R

Lutterbeck, Wolfgang,
   Dir   1. 1. 94   9. 2. 43
N.N., stVDir   —   —
Stienemeier, Hans-
   Werner   23. 5. 75   18. 1. 39
König, Peter   2. 1. 76   13. 5. 43
Heine, Adalbert Josef   18. 7. 80   20. 1. 50
Ammermann, Raymund   3. 5. 82   29. 2. 48
Seel, Helmut Heinz   16. 3. 93   27. 4. 59
Meier, Werner   16. 5. 97   28. 5. 63

Kruse, Ralf	16. 6.97	1. 9.62
Klimberg, Oliver	27. 8.98	25. 7.66

Paderborn E 241 486
Am Bogen 2–4, 33098 Paderborn
Postfach 11 49, 33095 Paderborn
T (0 52 51) 1 26–0
Telefax (0 52 51) 1 26–3 60

1 Dir, 1 stVDir, 1 w.aufsR, 18 R

Rasche, Wolfgang, Dir	1. 3.79	13.12.35
Köhne, Antje, stVDir	13. 9.94	6.12.40
Moog, Klaus, w.aufsR	—	—
Terstiege, Jürgen	1. 5.69	14. 7.36
Schmitz, Reinhold	15. 4.70	4.10.37
Koch, Burkhard	24. 2.72	14. 3.40
Kloppenburg, Hans-Rudolf	—	—
Tschackert, Peter	3. 4.78	19. 7.44
Hillebrand, Manfred	—	—
Kaps, Franz	15. 6.79	9.12.46
Krogmeier, Günter Georg	3. 4.80	7.10.51
Kloppenburg, Peter	4. 6.80	13. 8.48
Berg, Winfried	26.11.80	31. 1.45
Kley, Günther	27. 7.81	30. 4.48
Sippel, Antje	29. 6.92	22. 4.62
Dr. Mölling, Peter	4.10.94	17. 4.61
Dopheide, Volker	4.10.94	26. 9.62
Freitag, Monika	31.10.94	26. 8.61
Kreifels, Ursula	29. 9.95	21. 8.61
Freitag, Thorsten	12.10.95	28.12.61
Köhne, Günter	14.11.97	28. 7.62

Warburg E 42 998
Puhlplatz 1, 34414 Warburg
Postfach 11 52, 34401 Warburg
T (0 56 41) 38 05–07
Telefax (0 56 41) 35 83

1 Dir, 2 R

N.N., Dir	—	—
Köcher, Wolfgang	20. 7.83	14. 5.49
Holtkötter, Heinz-Peter	30. 4.90	21. 5.56

Landgerichtsbezirk Siegen

Landgericht Siegen E 438 098
Berliner Str. 22, 57072 Siegen
Postfach 10 12 63, 57012 Siegen
T (02 71) 33 73–0
Telefax (02 71) 33 73–4 46

1 Pr, 1 VPr, 8 VR, 13 R

Präsident
N.N.   —   —

Vizepräsident
Dr. Crevecoeur, Dieter	1. 8.91	9.11.36

Vorsitzende Richter
Kraus, Horst	1. 8.81	25. 4.36
Witthaut, Gerhard	23.11.81	8. 1.41
Mühlfeld, Hans Horst	1. 8.88	7.12.41
Michalek, Alois Karl	24.10.91	17. 7.44
Horsthemke, Heinrich	15. 3.94	4. 5.53
Münker, Paul-Wolfgang	11. 9.92	21. 2.50
Glaremin, Friedhelm	28. 4.98	31. 8.56
Dr. Mühlhoff, Dirk	31. 1.00	18. 6.57

Richterinnen/Richter
Unterhinninghofen, Jürgen	5. 5.71	25.12.36
Brand, Ulrich	16. 9.71	19. 7.39
Wolff, Siegfried	16. 5.76	31. 5.39
Kaspari, Helga	14. 1.80	2. 8.49
Winterhager, Ulrike	5. 9.80	27.12.47
Stork, Udo	28. 1.82	12. 2.51
Asbeck, Burkhart	1. 4.85	1. 7.51
Dreisbach, Elfriede	29. 5.92	1. 4.60
Hambloch, Bärbel	20. 7.95	25. 5.63
Bauer, Andreas	10. 7.98	27. 9.60
Kienitz, Dirk	5. 2.99	14.12.65
Metz-Horst, Sabine	6. 4.99	12.12.62

Amtsgerichte

Bad Berleburg E 44 678
Im Herrengarten 5, 57319 Bad Berleburg
Postfach 11 40, 57301 Bad Berleburg
T (0 27 51) 92 53–0
Telefax (0 27 51) 1 34 61

1 Dir, 1 R

Niediek, Hans Jürgen, Dir	1. 3.94	21. 4.38
Stork, Udo	28. 1.82	12. 2.51

Lennestadt E 59 465
Lehmbergstr. 50, 57368 Lennestadt
Postfach 30 60, 57347 Lennestadt
T (0 27 21) 92 42–0
Telefax (0 27 21) 92 42–30

1 Dir, 1 R

N.N., Dir	—	—
Poetsch, Udo Michael	2. 1.78	4. 1.44

Olpe   E 80 783
Bruchstr. 32, 57462 Olpe
Postfach 11 20, 57441 Olpe
T (0 27 61) 8 04–0
Telefax (0 27 61) 8 04–1 11

1 Dir, 5,5 R

Prahl, Wolfgang, Dir	1. 4. 96	5. 11. 43
Fuhge, Hubert	15. 9. 69	3. 11. 37
Schneider, Joachim	3. 9. 80	17. 2. 47
Goebel, Ulrich Michael	5. 9. 80	28. 6. 50
Neuhaus, Alfred	1. 2. 82	25. 9. 50

Siegen   E 253 172
Berliner Str. 21 – 22, 57072 Siegen
Postfach 10 12 52, 57012 Siegen
T (02 71) 33 73–1
Telefax (02 71) 33 73–4 49, –4 47

1 Dir, 1 stVDir, 1 w.aufsR, 18 R

Hammer, Gerd Ulrich,		
Dir	1. 9. 89	1. 2. 45

Klier, Rosemarie,		
stVDir	21. 6. 94	14. 10. 39
Giesen, Karl August	15. 3. 70	10. 5. 37
Leonhardt, Traugott	1. 4. 73	10. 2. 37
Dr. von Lehmann, Ernst	13. 3. 74	16. 5. 42
Lorenz, Gerd-Rainer	16. 9. 74	18. 7. 41
Capito, Reiner	7. 3. 76	1. 7. 41
Schneider, Rüdiger	—	—
Michalek, Dagmar	17. 1. 77	2. 12. 42
Schwabe, Achim	25. 6. 77	1. 6. 44
Dr. Wuppermann, Michael	26. 6. 78	17. 1. 39
Dr. Beyerle, Konrad	—	—
Döbereimer, Hans		
Richard	23. 7. 79	14. 4. 46
Crezelius, Rudolf		
Christian	1. 8. 83	8. 8. 49
Becker, Rosemarie	29. 5. 92	3. 9. 57
Sondermann, Richard	4. 10. 94	28. 4. 58
Solbach, Klaus-Jürgen	20. 7. 95	30. 4. 62
Dr. Wonschik, Peter	1. 4. 96	16. 1. 64
Sasse, Wilhelm	29. 7. 97	16. 12. 62
Kühr, Klaus-Heinrich	7. 8. 98	18. 5. 64

Staatsanwaltschaften

Generalstaatsanwaltschaft Hamm

Heßlerstraße 53, 59065 Hamm
Postfach 15 71, 59005 Hamm
T (0 23 81) 2 72–0
Telefax (0 23 81) 2 72–4 03

1 GStA, 5 LOStA, 36 OStA, 1 LSt (OStA)

Generalstaatsanwalt

Sent, Lothar	1. 10. 99	26. 9. 42

Leitende Oberstaatsanwältin/Oberstaatsanwälte

Dr. Becker, Klaus-Martin,		
stVGStA	29. 8. 96	22. 3. 45
Weissing, Hermann	1. 1. 91	23. 8. 35
Rösmann, Hermann-		
Josef, abg.	15. 12. 95	1. 5. 46
Stein, Günter	24. 4. 97	9. 10. 37
Hermes, Petra	1. 11. 99	5. 3. 56

Oberstaatsanwältinnen/Oberstaatsanwälte

John, Dietrich	8. 6. 79	4. 2. 39
Dr. Stams, Klaus Peter	28. 6. 79	6. 9. 36
von Wallis, Winfried	6. 7. 81	27. 10. 40
Wehrli, Dieter	22. 12. 82	30. 12. 39
Splittgerber, Klaus-Peter	25. 10. 83	5. 9. 43
Schulze, Gerhard, abg.	27. 10. 83	21. 1. 38

Pracejus, Michael	27. 10. 83	25. 3. 40
van Essen, Jörg, MdB,		
beurl. (LSt)	20. 9. 85	29. 9. 47
Knewitz, Karl-Peter	17. 9. 86	5. 3. 44
Böhner, Josef Stephan	17. 11. 88	20. 12. 47
Opterbeck, Franz Ralf	20. 3. 89	20. 5. 49
Dörsch, Hans-Wolfgang,		
abg.	28. 8. 89	12. 6. 48
Ortlieb, Peter, abg.	28. 8. 89	27. 9. 49
Clever, Wolfgang	17. 5. 90	7. 7. 47
Dr. Füllkrug, Michael,		
abg.	17. 8. 90	30. 8. 53
Cirullies, Birgit	28. 2. 91	5. 11. 50
Braun, Günter	24. 10. 91	16. 9. 48
Klom, Ralph, abg.	24. 10. 91	12. 3. 52
Dannewald, Burkhard,		
abg.	25. 10. 91	14. 4. 48
Wurch, Kurt	31. 10. 91	31. 7. 52
Keller, Hermann, abg.	9. 6. 92	10. 1. 51
Lenz, Henning-Michael	15. 9. 93	16. 6. 45
Eisen, Karl-Hans, abg.	22. 6. 94	15. 8. 46
Müller-Wulf, Charlotte	22. 6. 94	1. 7. 53
Krahmüller, Harald, abg.	19. 9. 94	24. 5. 48
Sundermeyer, Karl-Erich	7. 4. 95	24. 7. 49
Schlotmann, Michael, abg.	10. 4. 95	11. 8. 54
Dr. Börger, Michael	12. 4. 95	1. 10. 53
Müggenburg, Walther, abg.	18. 5. 95	11. 7. 53

Rürup, Horst, abg.	28. 7. 95	17. 11. 48
Lorenz, Andreas	28. 8. 95	22. 7. 50
Berger-Zehnpfund, Petra	29. 8. 96	29. 8. 55
to Roxel, Karlheinz	4. 9. 96	22. 12. 53
Fritsche, Ulrich, abg.	4. 9. 96	20. 7. 55
Becher, Heike	11. 4. 97	18. 6. 59
Kolpatzik, Wolfgang	22. 9. 97	31. 3. 61
Schmerfeld-Tophof, Volker, abg.	18. 10. 99	23. 12. 56
Dr. Scherf, Manfred, abg.	26. 10. 99	15. 11. 53

Staatsanwaltschaft Arnsberg

Eichholzstr. 19, 59821 Arnsberg
Postfach 56 52, 56 53, 59818 Arnsberg
T (0 29 31) 8 04–62
Telefax (0 29 31) 8 04–8 56

1 LOStA, 1 stVLOStA, 3 OStA, 2 StA (GL), 13 StA

Leitender Oberstaatsanwalt

Lütticke, Heinz-Bruno	16. 5. 88	29. 1. 40

Oberstaatsanwälte

Schröder, Rudolf, stVLOStA	21. 11. 88	17. 9. 40
Hempelmann, Josef	16. 6. 86	5. 2. 48
Müller, Wolfgang	24. 4. 89	31. 12. 41
Wolff, Werner	23. 5. 91	8. 4. 52

Staatsanwältinnen/Staatsanwälte

Ademmer, Klaus-Engelbert, GL	—	—
Heidenreich, Burkhard, GL	—	—
Stamm, Bernhard	9. 3. 71	21. 6. 37
Gipper, Helmut	23. 3. 78	5. 2. 45
Schümers, Manfred	15. 5. 78	19. 3. 43
Schulze-Bentrop, Wilhelm	11. 4. 79	16. 7. 46
Dr. Scholz, Werner	1. 12. 79	16. 2. 49
Hummert, Rainer	16. 6. 80	29. 9. 49
Barenhoff, Gerhard	1. 2. 83	13. 12. 46
Niekrens, Wolfgang, abg.	7. 11. 83	24. 6. 54
Dr. Kowalzik, Wolfgang	2. 2. 90	17. 8. 56
Kunert, Martin, abg.	3. 11. 92	5. 3. 59
Ruland, Susanne	29. 6. 94	3. 9. 55
Reelsen, Imke	25. 2. 00	24. 11. 68

Staatsanwaltschaft Bielefeld

Rohrteichstr. 16, 33602 Bielefeld
Postfach 10 02 83, 33502 Bielefeld
T (05 21) 5 49–0
Telefax (05 21) 5 49–21 67

1 LOStA, 1 stVLOStA, 14 OStA, 1 StA (GL), 43 StA

Leitender Oberstaatsanwalt

Dr. Schulze, Wolfgang	1. 2. 00	2. 2. 46

Oberstaatsanwältin/Oberstaatsanwälte

Specht, Günther, stVLOStA	1. 10. 98	2. 4. 42
Richter, Ulf	—	—
Roewer, Klaus-Detlef	19. 12. 86	15. 8. 44
Buhr, Hans-Dirk	13. 11. 87	19. 11. 44
Steffen, Klaus	8. 4. 91	23. 10. 44
Hundertmark, Christa		
Kahnert, Rainer	24. 10. 91	26. 2. 49
Varnholt, Dieter	21. 9. 93	21. 9. 43
Baumgart, Reinhard		
Rempe, Heinrich	20. 2. 97	16. 3. 48
Pollmann, Klaus	20. 2. 97	24. 10. 50
Specht, Karin	23. 2. 98	15. 9. 40
Baade, Eckhard	27. 11. 98	4. 8. 50

Staatsanwältinnen/Staatsanwälte

Jungclaus, Uwe, GL	—	—
Käpernick, Wolfgang	28. 8. 75	3. 5. 41
Jostmeier, Karl-Peter	28. 8. 75	10. 10. 41
Keller, Helmut	19. 9. 75	27. 7. 43
Schopen, Klaus	27. 11. 75	11. 7. 40
Simonsen, Hermann	—	—
Leschhorn, Eberhard	25. 2. 77	5. 2. 43
Bensinger, Michael		
Gliniars, Frank	—	—
Heidbrede, Hans-Dieter	23. 9. 77	3. 3. 46
Metzler, Klaus	12. 6. 78	19. 6. 46
Schlegtendal, Delf Henrik		
Buhr, Dorothea		
Scholz, Armin	—	—
Hummler, Ulrich	17. 7. 81	14. 5. 50
Richter, Rolf	18. 3. 82	28. 8. 48
Dringenberg, Ruth	31. 1. 83	8. 3. 50
Meinhold, Hans-Joachim, abg.	22. 8. 83	25. 11. 48
Wiedemann, Regina, ½, beurl.	16. 5. 88	4. 10. 59
Rübsam, Gerald	16. 10. 89	1. 7. 58
Günther, Ralf	16. 7. 90	18. 11. 57
Stindt, Wolfgang	—	—
Weber, Franz-Josef	18. 3. 91	9. 9. 59
Zindel-Bösing, Rosemarie, ½, beurl.	8. 10. 93	29. 9. 51
Dr. Funcke, Thomas	4. 2. 94	17. 1. 61
Stollberg, Joachim	20. 5. 94	18. 3. 59
Hirschberg, Lothar	20. 5. 94	24. 8. 60
Leege, Antje	—	—
Telsemeyer-Funcke, Birgitta, beurl.	20. 5. 94	20. 3. 65
Mertens, Jörg, abg.	29. 3. 95	19. 6. 60

Vennewald-Ripsam, Udo	27. 2.97	24.10.63
Barkey, Dorothea	18. 6.97	17.10.64
Mackel, Christoph	18. 6.97	3. 8.65
Frobel, Jens	19. 6.97	9. 2.65
Heckmann, Dagmar	23. 2.98	15. 9.66
Hollenbach, Anne-Kathrin,		
beurl.	24. 3.99	14. 5.65
Polakowski, Torsten	24. 3.99	19. 9.66
Beckmann, Ute	29. 3.99	13.10.64
Brendel, Oliver	7. 3.00	19.11.66
Schröder, Sabine	8. 3.00	12.10.64

Staatsanwaltschaft Bochum
Westring 8, 44787 Bochum
Postfach 10 24 49, 44724 Bochum
T (02 34) 9 67–0
Telefax (02 34) 9 67–25 87

1 LOStA, 1 stVLOStA, 12 OStA, 2 StA (GL),
41 StA

Leitender Oberstaatsanwalt

Proyer, Manfred	31.10.95	9. 1.50

Oberstaatsanwälte

Dürrfeld, Hans Görg,		
stVLOStA	22. 3.89	4. 8.37
Dr. Koenen, Dieter	—	—
Güroff, Eduard	17.10.85	3. 1.44
Halbscheffel, Klaus	18. 9.86	7. 6.49
Krück, Hans-Ulrich	3. 8.90	13.12.48
Bienioßek, Bernd	—	—
Kodal, Heinz	—	—
Vollmer, Bernhard	—	—
Schneider, Werner	15. 5.97	9. 6.46
Temming, Michael	6.10.97	17.11.52
Reeh, Reiner	—	—

Staatsanwältinnen/Staatsanwälte

Dr. Staufer, Wolfgang, GL	—	—
Justinsky, Dieter, GL	20. 6.94	2. 1.49
Lindhorst, Günter	6.12.71	12. 3.39
Thiemann, Lutz	—	—
Radcke, Dietmar	16.12.74	5. 4.39
Bremen, Karl Joseph	14. 7.76	15.10.39
Hirschfelder, Wolfgang	—	—
Uebing, Winfried	29.11.79	25. 9.43
Schulze, Karl-Heinz	19. 6.81	17. 4.41
Gerdes, Sabine, ½, beurl.	—	—
Uertz-Retzlaff, Hildegard,		
beurl.	14.10.81	11. 1.51
Katter, Rainer	26.11.81	14. 4.47
Lais, Dieter	4. 1.83	22. 5.52
Seelig, Hartmut	3. 6.83	29.10.53
Knötel, Thomas	1. 9.84	9. 8.53
Kamper, Horst	—	—

Ostermann, Barbara,		
½, beurl.	8.12.87	29.10.56
Dr. Kuhnert, Christian	16. 9.88	6.12.55
Koch, Hans-Joachim	5. 5.89	19. 8.54
Wehrland, Heinrich	5.11.90	14. 7.57
Nogaj, Michael	15. 7.91	12. 4.56
Strüßmann, Christiane,		
½, beurl.	10. 1.92	3. 7.60
Eckermann-Meier, Marie-		
Luise, ½, beurl.	10. 1.92	30. 9.60
Jünemann, Hiltrud,		
½, beurl.	21. 7.93	20. 9.62
Salamon, Norbert, abg.	23. 7.93	13. 8.54
Mark, Stephan	23. 7.93	22.12.59
Hintzmann, Jürgen	2. 9.93	27.12.60
Carl, Ekkehart	27. 9.93	9. 9.60
Lichtinghagen, Margrit	27. 9.93	29. 9.54
Schostok, Gisela, beurl.	6.12.94	16.10.59
Klein, Thomas	—	—
Stötzer-Opava, Elke, beurl.	24.11.95	8.11.60
Jansen, Paul	24. 1.97	14.11.61
Streßig, Dietrich	7. 5.97	6.12.63
Mittmann, Andrea	7. 5.97	26. 5.64
Recker, Dagmar, beurl.	22. 9.97	18.10.65
Menapace, Michaela, beurl.	4. 5.98	3. 6.62
Schulz, Claudia	4. 5.98	27. 6.64
Südbeck, Bernard	4. 5.98	6. 7.65
Wenzel, Sabine	12. 8.99	11. 7.64
Folkers, Susanne, ⅓, beurl.	23. 8.99	15. 6.58

Staatsanwaltschaft Detmold
Heinrich-Drake-Str. 1, 32756 Detmold
Postfach 27 53, 32717 Detmold
T (0 52 31) 7 68–1
Telefax (0 52 31) 7 68–2 43

1 LOStA, 1 stVLOStA, 2 OStA, 2 StA (GL),
11 StA

Leitender Oberstaatsanwalt

Nehlert, Rainer	29. 6.87	21.11.40

Oberstaatsanwälte

Schneider, Karl-Heinz,		
stVLOStA	1.10.97	3. 3.39
Höbrink, Diethard	29. 1.96	16. 1.48
Kempkes, Michael	22. 9.97	5.11.49

Staatsanwältinnen/Staatsanwälte

Semmelbeck, Peter, GL	8. 8.96	27. 3.40
Pekoch, Karl-Ernst, GL	—	—
Kaiser, Jürgen	12. 3.75	26. 5.43
Bergmann, Rüdiger	—	—
Doht, Eberhard	19.12.75	23. 2.41
Gilg, Gerhard	—	—

Brüns, Bernhard	19. 5.79	25.10.48
Marschall-Höbrink,		
Eva-Marie	3. 3.81	2.10.51
Brinkforth, Gisela, ¼,		
beurl.	26. 4.83	4. 6.52
Vetterkind, Erika	31.10.91	26. 9.60
Brandt, Jürgen, abg.	11. 1.96	30. 6.61

Staatsanwaltschaft Dortmund
Hans-Litten-Str. 5, 44135 Dortmund
Postfach 10 29 42, 44029 Dortmund
T (02 31) 5 40 30
Telefax (02 31) 5 40 33 00

Zweigstelle in Hamm
Borbergstr. 1, 59065 Hamm
Postfach 24 47, 59061 Hamm
T (0 23 81) 9 09–0
Telefax (0 23 81) 9 09–2 01

1 LOStA, 1 stvLOStA, 13 OStA, 2 StA (GL),
44 StA, davon 2 LSt

Leitender Oberstaatsanwalt

Henke, Hans-Reinhard	29. 4.97	10. 6.41

Oberstaatsanwältinnen/Oberstaatsanwälte

Staat, Karl Dieter,		
stVLOStA	1. 8.95	2. 9.38
Glöggler-Mehner,		
Annerose, beurl.	10.11.82	12.10.39
Leichter, Susanne	13.10.88	27.10.47
Rüter, Günter, abg.	23. 9.91	25. 8.49
Maaß, Ulrich	1. 1.93	24. 7.46
Düllmann, Bernhard	—	—
Hötte, Heinz-Jürgen	22. 7.94	28. 6.39
Mehrer, Klemens		
Juschka, Rolf	25. 4.95	18. 8.41
Neuschmelting, Rainer	18. 3.96	31.10.46
Brüggemann, Karl	—	—
Müller, Hans-Jürgen	29. 4.98	2. 7.42
Oltmanns, Heiko	26.10.98	18. 7.43

Staatsanwältinnen/Staatsanwälte

Brömmelmeier, Ernst-		
Rainald, GL	1. 4.98	7. 8.44
Becker, Franz, GL	1. 1.99	10. 7.47
Korell, Rudolf	—	—
Speckmann, Bodo	27. 8.75	27. 9.42
Policke, Klaus	27. 8.75	25. 5.45
Rüter, Uwe	4. 6.76	24. 9.44
Schneider, Annegret,		
¼, beurl.	23. 6.76	23. 7.43
Tönnies, Franz-Josef,		
abg. (LSt)	5. 7.76	25. 4.41
Budeus, Arnold	—	—

Heer, Ingo	—	—
Hinsenkamp, Klaus	7. 3.79	29. 4.42
Schubert, Hans Joachim	7. 3.79	30.11.43
Pertram, Jörg-Axel	7. 3.79	3. 8.47
Rohde, Christian	4.12.80	25.12.47
Wentzel, Wilhelm	30.12.80	22. 3.48
Runte, Klaus Jürgen	20. 7.81	14. 5.50
Huesmann, Karlheinz	1.10.84	9. 3.52
Nix, Wolfgang	—	—
Mühlenbrock, Frank	—	—
Heimann, Wolfgang,		
⅖, beurl.	7.11.85	2.11.43
Strunk, Ludger	3. 1.90	17. 5.56
Göke, Christoph	5. 1.90	21.11.56
Brodowski-Kokesch, Ina,		
¼, beurl.	4. 9.90	13.11.59
Manthei, Thomas	7. 5.92	21. 8.59
Jansen, Hans-Jörg	7. 5.92	14. 9.59
Sudhaus-Coenen, Heike,		
½, beurl.	2.11.92	6. 2.62
Hildesheim, Heiko	3.11.92	23. 6.59
Bittner, Volker	26. 5.93	2. 7.61
Steinert, Ralph	15.11.93	24. 1.60
Wigger, Andreas	18. 7.94	6.11.62
Kutzner, Bernd	26. 9.94	5. 4.56
Pauli, Eva-Maria	28.12.94	8.10.61
Keil, Albert, abg.	30.12.94	20. 4.63
Klink, Günter	26. 5.95	26. 9.58
Dr. Artkämper, Heiko	26. 5.95	15. 2.59
Dombert, Carsten	26. 5.95	16. 1.63
Bastians, Susanne, ½,		
beurl.	28. 7.95	10. 7.62
Brendel, Andreas	20.12.95	26. 3.62
Althaus, Andreas	1. 7.96	19. 7.63
Schepers, Ulrich	2. 4.97	8. 4.59
Dr. Vogelsang-Rempe,		
Barbara, abg.	16. 5.97	25. 8.64
Stickeln, Dirk	22. 5.97	7. 3.63
Werner, Bettina	12. 5.99	1. 9.63
Bayerl, Uta	17. 5.99	31. 8.67
Niesing, Sigrid, ¼, beurl.	—	—

Staatsanwaltschaft Essen
Zweigertstr. 36 – 50, 45130 Essen
Postfach 10 36 65, 45036 Essen
45117 Eissen
T (02 01) 8 03–0
Telefax (02 01) 8 03–29 20

Zweigstelle in Gelsenkirchen
Uhlenbrockstr. 10, 45894 Gelsenkirchen
45877 Gelsenkirchen
T (02 09) 60 07–0
Telefax (02 09) 60 07–1 73

1 LOStA, 1 stvLOStA, 12 OStA, 4 StA (GL),
44 StA, davon 1 LSt

Leitender Oberstaatsanwalt

Deupmann, Klaus	1. 8.96	20.10.41

Oberstaatsanwälte

Straßburger, Lothar,

stVLOStA	24. 8.77	25.11.37
Sydnes, Per-Knut	17.10.78	25.11.36
Klinitzke, Hubert	4. 8.80	6. 9.40
Reinicke, Wolfgang	1. 7.86	30.10.39
Kassenböhmer, Wilhelm	24.10.91	4. 5.48
Pollender, Hans-Ulrich,		
abg.	24.10.91	27.12.52
Toussaint, Ewald	11.12.91	3.10.42
Piegsa, Olgert	11.12.92	10.12.38
Engel, Klaus	24. 6.94	27.11.47
Hehlke, Peter	22.12.98	11.11.55
Hillebrand, Rüdiger	—	—
Matthiesen, Angelika	18.10.99	16. 7.57

Staatsanwältinnen/Staatsanwälte

Brauner, Hans, GL	—	—
Gutjahr, Hans-Christian,		
GL	25. 5.99	13. 8.47
Wolf, Lutz	1. 3.76	12. 1.42
Rebstock, Hans-Helge	—	—
Viertel, Werner	—	—
Will, Ulf	2. 5.77	12.11.44
Joeres, Bernd	28. 7.77	19. 6.43
Bothe, Hans-Georg	12. 9.79	2. 6.44
Wildschrey, Renate	12. 9.79	29. 4.46
Illner, Siegfried	—	—
Wienand, Hans-Jürgen	23. 2.81	19. 1.49
Dr. Schmalhausen,		
Bernd	23. 2.81	6.10.49
Rehling, Jochen	12.10.81	8.11.48
Lichtinghagen, Joachim	16.11.82	9. 1.52
Mascherek, Heinz-Dieter	—	—
Walentich-Müller, Gabriele	—	—
Busse, Volker	—	—
Dulisch, Klaus	3. 2.86	6. 5.53
Koschnick, Peter	14. 5.91	22. 4.57
Dr. von der Heide,		
Isabella, abg.	—	—
Walter, Achim	7.10.91	23. 3.59
Buschmann, Eberhard	16. 1.92	25. 1.60
Mitzkus, Katrin	7. 5.92	4. 8.61
Jürgens, Birgit, abg.	15.10.92	25. 6.57
Lindenberg, Rolf-Peter	25. 1.93	1. 8.56
Vollmer, Sabine	25. 1.93	22. 3.59
Schmidtmann, Ralf, abg.	25. 1.93	26. 7.60
Sämann, Martina, ½	25. 1.93	19. 9.60
Dr. Hantke, Heike	15. 9.93	22. 6.61
Hinterberg, Elke	18. 4.94	2. 7.62
Kock, Rainer	29. 8.94	19. 1.63
Holz, Thomas	30. 8.94	10. 7.61

Hos, Andreas	30. 8.94	27.11.61
Milk, Anette	—	—
Schöpper, Frank	25. 3.96	14. 4.63
Koch, Stephanie, abg.	7. 4.97	1. 3.63
Abel-Dassler, Maria	23. 4.97	17. 3.61
Neupert, Klaus	13. 1.98	30. 8.60
Poggel, Thomas	13. 1.98	1.12.61
Schleiwies, Susanne	13. 1.98	19. 4.64
Schacke-Eßmann, Petra,		
beurl.	13. 1.98	26. 3.66
Härtel-Breß, Petra	6. 8.98	16. 8.60
Rothe, Yvonne, abg.	12.10.98	27.10.65
Weinbach, Karsta	22.12.98	22. 1.66
Hucke, Nina	2. 8.99	26. 5.67

Staatsanwaltschaft Hagen
58086 Hagen
Lenzmannstr. 16–22, 58095 Hagen
T (0 23 31) 3 93–0
Telefax (0 23 31) 3 93–3 36

1 LOStA, 1 stVLOStA, 8 OStA, 2 StA (GL),
29 StA

Leitender Oberstaatsanwalt

Semper, Joachim	1. 5.98	11.10.35

Oberstaatsanwälte

Niemer, Gerhard,

stVLOStA	1. 5.98	15. 5.37
Wilke, Hermann	—	—
Dreisbach, Horst	27.10.83	6.11.46
Rolfes, Reinhard	19. 9.85	20. 7.46
Rahmer, Wolfgang Erich	29. 3.89	1.10.50
Ebsen, Joachim	2. 6.98	18. 4.49
Daheim, Johannes	6.10.98	13.11.52
Heinrich, Hartmut	13.10.99	19. 9.56

Staatsanwältinnen/Staatsanwälte

Dr. Lohmann, Karin, GL	20. 6.94	9. 8.38
Tiemesmann, Rainer, GL	20. 6.94	9. 1.43
Richter, Friedrich Wilhelm	8.10.70	28. 5.37
Dr. Griese, Klaus	28. 5.71	30.12.36
Bitzhöner, Friedrich-Karl	8.12.76	6. 4.43
Härtel, Ulrich	27. 4.77	1. 1.44
Scheurer, Jürgen	1.10.77	8. 3.44
Kersebaum, Klaus	10. 5.78	16.11.45
Lehmann, Joachim	13. 9.78	19.11.46
Keller, Elisabeth, ½, beurl.	—	—
Lagemann, Marie-Josée,		
½, beurl.	12. 9.79	7. 5.49
Thorbrügge, Marianne	12. 9.79	16. 2.50
Knierim, Klaus	20. 3.81	27. 5.48
Bramsiepe, Hans-Peter	20. 3.81	14.10.48
Husmann-Budeus,		
Gertrud, ½, beurl.	1. 9.81	7. 6.50

Meier, Lothar	4. 1.82	12. 1.54
Dr. Josephs, Irene	5. 8.83	30.11.50
Kersebaum, Claudia	3.11.87	27. 7.56
Maas, Bernd	20.12.88	14. 5.55
Dinter, Birgit, ½, beurl.	13. 8.90	7. 8.58
Dr. Pauli, Gerhard, abg.	15.10.92	26. 6.58
Feld-Geuking, Michaela	28. 1.94	4. 2.61
Adomeit, Elke	29. 4.94	27. 4.58
Dr. Heymann, Annegret	19. 5.94	19. 5.60
Nölle, Axel	24. 5.94	31. 1.61
Neulken, Klaus	15.11.94	11. 3.58
Pieper, Jürgen, abg.	12. 1.96	9.11.62
Dr. Schlüter, Holger	6. 8.98	13.12.64
Hurek, Claudia, abg.	11. 8.99	14. 5.67
Haldorn, Bernd	1.12.99	4. 6.65

Staatsanwaltschaft Münster
Gerichtsstr. 6, 48149 Münster
Postfach 59 21, 48135 Münster
T (02 51) 4 94–1
Telefax (02 51) 4 94–5 55

Zweigstelle in Bocholt
Benölkenplatz 3, 46399 Bocholt
Postfach 22 52, 46372 Bocholt
T (0 28 71) 2 95–0
Telefax (0 28 71) 2 95–1 30

1 LOStA, 1 stVLOStA, 9 OStA, 3 StA (GL),
34 StA, 1 LSt

Leitender Oberstaatsanwalt

Wagner, Hans Jochen	1. 6.95	14.12.44

Oberstaatsanwältin/Oberstaatsanwälte

Weilke, Egon, stVLOStA	28. 8.89	19. 3.40
Prümers, Hans-Ernst	17.10.78	18. 9.37
Schrade, Georg	30. 5.80	27. 4.39
Nitardy, Winfried	16. 6.81	2. 9.41
Mehlis, Klaus-Erich	23.11.84	19. 5.45
Schweer, Wolfgang	11. 6.85	8. 8.46
Happe, Dierk	30.12.87	7. 6.43
Scherner, Wolfram	29. 9.88	16.11.38
Stenert, Heinrich, beurl.	20. 3.89	27. 1.46
Auer, Maria	27. 4.90	7.11.49

Staatsanwältinnen/Staatsanwälte

Speckmann, Lothar, GL	—	—
Heitkamp, Heribert, GL	14. 7.94	12. 3.35
Werner, Eberhard, GL	12.12.95	10.10.47
Mohr-Middeldorf, Uta	3. 9.69	30. 1.38
Herdemann, Ferdinand	21. 2.72	9. 3.40
Katzer, Richard	10. 1.75	22. 2.38
Rasmussen, Jörn	5.11.75	22.11.40

Behrmann, Brigitte	31. 5.76	7. 6.45
Herre, Sigrid	14. 2.77	11. 4.43
Hartmann, Hans-Joachim	10. 2.78	3.11.45
Neumann, Horst	—	—
Euler, Andreas	—	—
Krais, Maria	—	—
Flug, Claus-Joachim	—	—
Frericks, Michael	4.12.80	31.12.48
Schulze, Peter	12.11.81	5. 1.47
Schneeweis, Raymund	20. 4.82	22.10.47
Hoffkamp, Hermann	—	—
Beck, Heribert	1. 8.83	15.11.50
Brettschneider, Reinhard	10. 1.84	8. 8.52
Kasprzyk-Göhler, Elfriede	22. 2.84	15. 5.51
Willemsen, Burkhard	2. 4.85	8.11.49
Kaptur, Klaus	29.10.85	28. 6.51
Larisch, Sabine	29. 9.86	20.12.53
Dr. Mönig, Ulrike, abg.	15. 7.88	27. 6.56
Lechtape, Elfi, ¼, beurl.	9.11.88	4. 2.57
Lechtape, Stefan	4. 7.89	15. 7.55
Thiemann, Ludger	14.11.89	8. 6.55
Schlüß, Rolf	10.12.90	29. 1.53
Franke, Andreas	2. 9.96	7. 3.58
Haarmann, Helmut	2. 9.96	21. 3.59
Schlenker, Walter	18. 6.97	30. 6.62
Demand, Markus	29. 1.98	23. 3.64
Reikert, Margarete	25. 3.99	31. 7.62
Woltering, Michael	3. 8.99	26. 4.67
Mühlbrecht-Kluge, Gabriele	21. 1.00	22.10.61

Staatsanwaltschaft Paderborn
Am Bischofsteich 36, 33102 Paderborn
Postfach 25 20, 33055 Paderborn
T (0 52 51) 1 26–0
Telefax (0 52 51) 5 98 53

1 LOStA, 1 stVLOStA, 3 OStA, 2 StA (GL),
13 StA

Leitender Oberstaatsanwalt

Specht, Wolfgang	1. 2.91	24.10.44

Oberstaatsanwälte

Krüssmann, Günter, stVLOStA	8.11.83	18. 6.41
Feldmann, Ulrich	30. 1.80	25. 6.36
Dietzmann, Hans Peter	23.11.84	20. 4.42
Wedderwille, Peter	21.12.98	20. 7.49

Staatsanwältin/Staatsanwälte

Oppenkamp, Karl, GL	4. 8.99	20. 9.49
Möller, Frank	2.11.74	14.12.40

Brockmann, Monika,
½, beurl. 17. 1. 75 5. 7. 43
Mandel, Christian 12. 6. 78 20. 7. 45
Albert, Heinz 5. 9. 78 2. 2. 49
Dr. Störmer, Heinz-
Dieter — —
Zimpel, Jochen 13. 11. 81 12. 2. 49
Börger, Franz 22. 3. 82 13. 9. 51
Hartmann, Gerwald 14. 10. 82 31. 7. 51
Wurm, Paul, beurl. 1. 10. 83 30. 6. 48
Kipp, Jürgen 10. 2. 86 24. 1. 53
Sauerland, Dietmar, abg. 9. 6. 92 16. 11. 55
Vetter, Ralf 8. 11. 93 7. 7. 59

Staatsanwaltschaft Siegen
Berliner Str. 22, 57072 Siegen
Postfach 10 12 61, 57012 Siegen
T (02 71) 33 73–1
Telefax (02 71) 33 73–437

1 LOStA, 1 stVLOStA, 2 OStA, 2 StA (GL), 9 StA

Leitender Oberstaatsanwalt
Schulte, Bernd Rüdiger 1. 4. 96 29. 8. 48

Oberstaatsanwälte
Fröhlich, Hartmut,
stVLOStA 1. 8. 99 4. 3. 42
Obst, Hubert — —

Staatsanwältin / Staatsanwälte
Weiss, Wolfgang, GL 21. 6. 94 10. 3. 49
Lischeck, Manfred, GL 21. 6. 94 7. 5. 50

Edel, Monika 9. 5. 74 5. 5. 40
Buschbaum, Peter 8. 3. 76 25. 10. 41
Meyer, Klaus-Walter 8. 12. 76 21. 2. 44
Nau, Wolfgang 23. 11. 77 26. 1. 44
Scholz, Günter 19. 4. 82 20. 4. 51
Münker, Hans-Werner 13. 2. 90 1. 7. 57
Hettwer, Ulrich 1. 12. 98 7. 9. 60
Hoppmann, Rainer 15. 4. 99 13. 9. 59

Oberlandesgerichtsbezirk Köln

Bezirk:

Regierungsbezirk Köln mit Ausnahme der
Gemeinden Erkelenz, Hückelhoven und Wegberg
(sämtlich Kreis Heinsberg)

Rheinschifffahrtsobergericht

Moselschifffahrtsobergericht

3 Landgerichte:
Aachen, Bonn, Köln
Kammern für *Handelssachen:* Aachen 4, Bonn 4,
Köln 11

23 Amtsgerichte

Schöffengerichte: bei allen Amtsgerichten außer
den nachstehend genannten
Gemeinsames Schöffengericht für die Bezirke der
Amtsgerichte, bei denen kein Schöffengericht
gebildet wird, ist:

für den AGBez.:	*das Schöffengericht:*
Heinsberg:	Geilenkirchen
Jülich:	Düren
Monschau:	Schleiden
Königswinter:	Bonn

Rheinbach:	Euskirchen
Wermelskirchen:	Bergisch Gladbach

Familiengerichte: bei allen Amtsgerichten

Landwirtschaftssachen sind den Amtsgerichten als
Landwirtschaftsgerichten wie folgt zugewiesen:

dem AG:	*die AGBez.:*
Aachen:	Aachen, Eschweiler und Monschau
Bergheim:	Bergheim, Brühl, Kerpen und Köln
Bergisch Gladbach:	Bergisch Gladbach, Leverkusen und Wermelskirchen
Euskirchen:	Euskirchen und Schleiden
Gummersbach:	Gummersbach und Wipperfürth
Siegburg:	Bonn, Königswinter, Rheinbach und Siegburg

Die den Oberlandesgerichten zugewiesenen Entscheidungen in Landwirtschaftssachen sind für die
Bezirke der Oberlandesgerichte Düsseldorf und
Köln dem Oberlandesgericht Köln übertragen.

Oberlandesgericht Köln

E 4 140 618
Reichenspergerplatz 1, 50670 Köln
Postfach 10 28 45, 50468 Köln
T (02 21) 77 11–0 Telefax (02 21) 77 11–7 00
1 Pr, 1 VPr, 26 VR, 76,25 R + 1 LSt (R)

Präsident

Dr. Lünterbusch, Armin	1. 1. 97	6. 10. 38

Vizepräsident

Pillmann, Kurt	17. 11. 97	20. 8. 45

Vorsitzende Richterinnen/Vorsitzende Richter

Jaeger, Lothar	26. 9. 90	21. 11. 39
Schroeder, Dieter	1. 12. 90	17. 8. 37
Kleinertz, Maria-Luise	1. 2. 91	18. 4. 37

Dr. Schuschke, Winfried	17. 6. 91	12. 3. 40
Dr. Nierhaus, Jörg	1. 8. 91	3. 2. 38
Eßer, Heinz-Peter	15. 6. 93	31. 7. 43
Dr. Jäger, Peter	1. 9. 93	9. 8. 42
Dr. Prior, Hans-Peter	1. 9. 93	24. 1. 43
Dr. Bick, Udo	1. 11. 93	14. 9. 37
Dr. Jährig, Axel	1. 12. 93	1. 10. 43
Dr. Siegburg, Peter	6. 9. 95	28. 1. 39
Dr. Büttner, Helmut	14. 3. 96	13. 11. 41
Dr. Schwippert, Emil	14. 3. 96	1. 6. 45
Dr. Müller, Gerd	30. 8. 96	24. 5. 42

Dr. Pastor, Walter	25. 4.97	4.10.39
Münstermann, Hellmut	5. 5.97	23. 4.40
Lampenscherf, Albert	5.11.97	9. 9.48
Dr. Hahn, Josef	5.11.97	12.12.48
Rosenberger, Rainer	5. 1.98	29. 5.44
Steglich, Walter	30. 6.98	29. 5.48
Dr. Reppel, Klaus	1. 9.98	20. 6.37
Koall, Manfred	21. 1.99	23.11.38
Fox, Brigitta	21. 1.99	3. 2.44
Dr. Schrübbers, Michael	21. 1.99	18. 5.44
Doleisch von Dolsperg,		
Elisabeth	30. 9.99	20. 5.47
Dr. Laumen, Hans-Willi	30. 9.99	17. 1.48

Richterinnen/Richter

Schmitz, Albert	30. 4.80	29. 1.38
Dr. Herpers, Hans		
Heinz	22.10.80	19. 9.35
Heitmeyer, Klaus	23.10.80	7. 4.41
Opitz, Almut	2.12.81	9.11.39
Voorhoeve, Lutz	15.12.81	31. 5.40
Hentschel, Erich	1.12.83	31.12.42
Gedig, Alfred	21.12.83	10. 5.41
Drzisga, Peter	2. 1.84	22.11.44
Dallmann, Manfred	19. 9.84	14. 1.43
Prof. Dr. Müller-Graff,		
Peter Christian (UProf,		
2. Hauptamt)	20. 3.85	29. 9.45
Rübsamen, Bernd	17. 9.85	28. 3.42
Martens, Richard	23. 9.85	5. 2.43
Gerhardt, Sybille, ½	25.11.87	11. 6.38
Schmidt-Eichhorn,		
Torsten	25.11.87	29.12.47
Ueffing, Klaus	25.11.87	1. 1.49
Siegert, Rainer	1.12.87	11. 7.43
Dr. Schlafen, Heinz		
Dieter	26. 5.88	9. 9.44
Dr. Helling, Uta	30. 5.88	17.11.40
Dr. Schmitz-Pakebusch,		
Ilona Charlotte	30. 5.88	7. 8.43
Caesar, Marie-Louise, ½	30. 5.88	5. 2.48
Dr. Diederichs, Petra	30. 5.88	14. 5.48
Dr. Metzen, Peter		
Matthias (FH-Prof,		
2. Hauptamt)	31.10.89	7. 9.44
Zoll, Karl-Hermann	31.10.89	29.11.48
Jütte, Fritz	31.10.89	24. 2.50
Zingsheim, Andreas	21. 5.90	5. 7.50
Gräfin von Schwerin,		
Margarete	26. 9.90	30.12.52
Jennissen, Wilhelm	27. 2.91	22. 9.46
Keller, Marie-José	27. 2.91	6. 5.48
von Hellfeld, Joachim	27. 2.91	29. 5.50
Müller, Günter	27. 2.91	7. 5.51
Bodens, Heribert	16. 7.91	2. 2.50

Bauer, Wolf-Christoph	17. 7.91	2. 9.48
Merschmeier-Schütz,		
Hildegard, beurl.	17. 7.91	17. 3.51
Quack, Walter	1. 8.91	3.12.47
Hamm, Anton	5.11.92	11. 1.44
Schwab, Jürgen	15. 9.93	22. 4.44
Wahle, Ulrike, ½	15. 9.93	17. 2.50
Eickmann-Pohl, Gabriele	15. 9.93	6. 5.51
Göhler-Schlicht,		
Gabriele, beurl.	15. 9.93	7. 1.54
Heidemann, Wolfgang	24. 5.94	17.10.52
Gundlach, Freimut	24. 5.94	21. 6.55
Schneider, Karla, ½	—	—
Winn, Wolfgang	24. 6.94	8. 5.50
Scheffler, Christiane, ¾	10. 8.95	12. 5.50
Thiesmeyer, Reinhard	21. 8.95	15.12.49
Wolf, Hans-Joachim	24. 8.95	21.10.46
Bourmer-Schwellenbach,		
Angelika	28. 8.95	4. 8.46
von Olshausen, Renate	28. 8.95	20.10.47
Zakosek-Röhling,		
Evamari, ½	28. 8.95	8.10.57
Scholz, Gabriele	29. 8.95	19.12.52
Dr. Thurn, Peter	31. 8.95	22. 7.55
Dr. Kling, Erhard	19. 8.96	21. 4.38
Dr. Ahn-Roth, Wera, ½	19. 8.96	16. 7.47
Dr. Törl, Günter	19. 8.96	12.10.50
Kleine, Rolf	19. 8.96	16. 4.53
Schütze, Iris	19. 8.96	12. 8.53
Caliebe, Gabriele	19. 8.96	25. 2.54
Mayen, Barbara, abg.	10. 9.96	3. 7.56
Reinemund, Jürgen	4. 7.97	26. 9.41
Rütten-Weber, Clara, ½	4. 7.97	11. 8.49
Crynen, Rita	4. 7.97	11. 7.51
Macioszek, Margret	4. 7.97	20. 2.52
Hartlieb, Hans-Peter	4. 7.97	4. 2.54
Banke, Henning	4. 7.97	11.10.54
Pietsch, Gernot	4. 7.97	7. 4.56
Schmitz-Justen,		
Christian	28. 7.97	21. 8.56
Dr. Richter, Werner	13. 2.98	18. 8.59
Blank, Klaus-Peter, ⁸⁄10	18. 2.98	28. 8.47
Dr. Halbach, Dirk	18. 2.98	20.12.49
Appel-Hamm, Doris, ½	18. 2.98	24. 6.51
Ketterle, Roland	18. 2.98	8.12.57
Schmitt, Edmund		
(LSt)	23.12.98	28.12.54
Dr. Brenner, Richard,		
abg.	23.12.98	7. 7.57
Statthalter, Uta, abg.	23.12.98	25. 8.57
Dr. Scheiff, Bernd	29.12.98	24. 3.59
Schröders, Werner	5. 1.99	1. 1.50
Scheiter, Christian	21. 1.99	19. 6.50
Sternal, Werner	12.10.99	30. 4.55
Ring, Michael	13.10.99	29. 9.56

Landgerichtsbezirk Aachen

Landgericht Aachen   E 1 004 804
Adalbertsteinweg 90, 52070 Aachen
Postfach, 52034 Aachen
T (02 41) 94 25–0
Telefax (02 41) 54 38 03

1 Pr, 1 VPr, 23 VR, 38 R, 1 LSt (R)

Präsident

Gerber, Peter	1. 9. 93	10. 10. 40

Vizepräsident

Zerbes, Helmut	28. 5. 98	3. 3. 51

Vorsitzende Richterinnen/Vorsitzende Richter

Eckert, Rolf	10. 5. 77	29. 6. 37
Henseler, Norbert	1. 7. 77	2. 11. 37
Dr. Henzler, Günter	4. 8. 78	20. 3. 39
Dr. Theile, Ralf	11. 12. 79	18. 1. 39
Wirtz-Wirthmüller, Ursula	4. 7. 80	21. 2. 38
Dr. Pickartz, Josef	13. 6. 84	14. 10. 38
Crolla, Karl-Heinz	1. 3. 85	5. 7. 45
Dr. Becher, Wolfgang	17. 10. 85	22. 2. 44
Franz, Jürgen	2. 6. 86	9. 3. 44
Dr. Bender, Wolfgang	1. 1. 90	24. 5. 48
Berg, Michael, ¾	21. 5. 90	19. 4. 48
Laufenberg, Hans	24. 2. 92	8. 2. 45
Dr. Nohl, Gerd	8. 10. 92	10. 6. 48
Böhm, Siegfried	10. 5. 94	29. 1. 45
Bretschneider, Uwe	10. 5. 94	21. 3. 51
Plum, Norbert	1. 8. 94	29. 3. 55
Dr. Voormann, Volker	30. 5. 95	17. 7. 53
Bormann, Arno	1. 2. 96	25. 11. 52
Kasparek, Angelika	24. 2. 97	21. 2. 47
Diewald, Wolfgang	28. 7. 97	22. 7. 49
Carduck, Heinz-Dieter	28. 10. 97	23. 8. 57
Brandt, Harald	29. 5. 98	6. 7. 51
Beneking, Jürgen	17. 6. 99	18. 10. 56

Richterinnen/Richter

Müggenberg, Horst	23. 7. 73	11. 6. 41
Giffey, Dagmar, ½	5. 2. 74	8. 11. 43
Semmann, Gabriele, 7/10	1. 10. 74	15. 4. 43
Haas, Gerda	5. 12. 74	1. 5. 39
Dr. Syha, Herwig	23. 6. 75	28. 11. 40
Kuck, Hans-Joachim	25. 7. 77	8. 2. 45
Martin, Maria, ½	17. 9. 80	22. 5. 49
Weißkirchen, Albrecht	30. 8. 82	8. 8. 51
Martin, Konrad	20. 10. 83	17. 6. 47
Schubert, Andrea, beurl.	22. 12. 88	27. 7. 56
Kessel-Crvelin, Edith	3. 9. 90	18. 6. 57
Dr. Kulbe-Stock, Ursula, beurl.	7. 9. 90	10. 7. 58

Görgen, Hans Günter	28. 3. 91	15. 1. 58
Mähr, Maria-Sibylle	25. 4. 91	16. 3. 59
Wimmer, Hans	14. 6. 91	20. 4. 59
Bucher, Armin	19. 6. 91	16. 4. 56
Reiprich, Dietmar	19. 11. 91	28. 6. 58
Klösgen, Roland, abg.	21. 11. 91	29. 10. 58
Jäger-Kampf, Annette, beurl.	5. 6. 92	10. 4. 61
Mangen, Kurt Günter, abg.	1. 2. 93	15. 11. 57
Gatzke, Norbert	26. 3. 93	25. 5. 58
Dr. Meiendresch, Uwe, 9/10	15. 9. 94	27. 7. 59
Potthoff, Frauke	15. 9. 94	1. 1. 61
Bömelburg, Regina	15. 9. 95	1. 10. 59
Tag, Hildegard	15. 9. 95	8. 7. 63
Storck, Michael	22. 8. 96	22. 1. 60
Hammer, Dorothea	22. 8. 96	17. 4. 63
Meier, Frank	30. 10. 96	6. 8. 63
Ahlmann, Sabine, beurl.	30. 10. 96	3. 8. 64
Dr. Dumke, Dietmar	28. 4. 97	21. 9. 62
Schulz, Carola, ½	2. 6. 97	12. 6. 60
Dr. Mertens, Oliver	19. 9. 97	8. 12. 60
Wilke, Thomas	8. 7. 98	29. 4. 65
Geerts, Anka, beurl.	8. 7. 98	19. 5. 67
Beenken, Thomas	13. 8. 98	12. 1. 64
Bellin, Stefan	26. 5. 99	26. 8. 64
Brantin, Holger	25. 6. 99	1. 4. 64
Dr. Klöpper, Karl	8. 9. 99	25. 1. 67
Dr. Hake, Manfred	7. 12. 99	22. 5. 66

Amtsgerichte

Aachen   E 407 50
Adalbertsteinweg 90, 52070 Aachen
Postfach, 52034 Aachen
T (02 41) 94 59–0
Telefax (02 41) 54 37 57

1 Dir, 1 stVDir, 5 w.aufsR, 40 R

Kogel, Ernst, Dir	1. 11. 97	26. 5. 36
Verfuß, Ursula, 7/10, stVDir	1. 4. 98	20. 6. 50
Haas, Herbert, w.aufsR	15. 9. 94	15. 7. 44
Scheffels, Armin, w.aufsR	29. 11. 95	17. 5. 40
Höfken, Heinz-Wilhelm, w.aufsR, ¾	1. 10. 98	1. 1. 44
Henning, Helga	21. 8. 72	5. 4. 40
Reitz, Rudolf	5. 2. 74	11. 12. 41
Lobinger, Hans-Joachim	11. 7. 75	3. 3. 42
Jacob, Heide	24. 11. 75	28. 2. 36
Jacob, Stefan	10. 3. 76	5. 11. 38
Semmann, Gerd	10. 3. 76	16. 9. 42
Schevardo, Wilhelm	14. 5. 76	22. 8. 38
Jungbluth, Günther	8. 11. 76	23. 4. 44
Claßen, Wilhelm	22. 11. 76	7. 7. 43
Hoch, Hermann	2. 9. 77	2. 10. 41
Kusen, Hans-Albert	2. 5. 78	18. 2. 43

Kaulen, Marianne	3.11.78	9. 5.48
Missmahl, Jan Dirk	16. 5.79	26. 8.46
Schneiders, Jürgen	11. 9.79	17. 2.50
Furch, Heinrich	14. 9.79	2. 9.44
Siebert, Helmut	14. 9.79	1.11.44
Reis, Gangolf	14. 9.79	12. 5.46
Stritzel, Hans-Dieter	23. 4.81	4. 8.44
Unger, Joachim	19. 3.84	17. 7.50
Reiner, Andreas	15. 1.88	2.10.55
Gehlen, Hermann-Josef	21. 9.89	22. 1.55
Wuppermann, Klaus	14. 6.91	18. 7.56
Harnacke, Rainer, abg.	14. 6.91	30. 9.60
Schulz, Elke	30. 6.92	15. 4.53
Roggendorf, Dorothee	17. 5.93	29. 9.50
Dr. Quarch, Matthias	28. 3.94	25. 8.61
Plastrotmann, Robert	3. 2.95	16. 9.61
Stühn, Matthias	3. 2.95	23.12.61
Trossen, Meike Ruth	6.12.95	24. 6.65
Hermanns, Doris	9.10.96	3. 2.64
Thierau-Haase, Katrin	9.10.96	4. 4.64
Gast, Christoph	20. 3.97	22. 7.61
Poppe, Kerstin	1. 8.97	2. 6.66
Foerst, Carl	23. 7.98	11.10.64
Wagner, Babette, beurl.	24. 7.98	18. 8.65
Rüntz, Stefanie, abg.	14. 1.99	26.12.68
Stahlhut, Christiane,		
½, abg.	9.11.99	10.11.67
Dr. Moosheimer, Thomas	27. 1.00	22. 8.68
Schönherr, Stephan	22. 2.00	11. 3.66

Düren   E 173 834
August-Klotz-Str. 14, 52349 Düren
52348 Düren
T (0 24 21) 4 93–0
Telefax (0 24 21) 4 38 34

1 Dir, 1 stVDir, 18 R

Crump, Erich, Dir	1. 6.77	11. 8.35
N.N., stVDir	—	—
Reiche, Adolf	1. 3.68	26. 9.35
Weiser, Friedhelm	31. 3.71	8. 1.39
Johnen, Karl-Helmuth	25. 3.77	31.12.43
Stork, Reinhard	25. 7.77	30. 5.42
Snissarewsky, Helga	10. 4.78	4. 5.46
Decker, Gregor	10.11.78	18. 6.44
Kipping, Barbara	30. 3.79	8. 4.49
Spernat, Günter	18. 1.80	20. 7.48
Lanzerath, Adolf	27. 5.80	1.11.48
Neukirchen, Manfred	28. 5.82	30. 4.46
Otto, Karl-Josef	27. 9.83	17.10.51
Dr. Jüttner, Michael	20.10.94	21. 7.59
Leimbach, Ralf	3. 2.95	15. 9.60
Reinart-Liskow, Vera	3. 2.95	3. 4.62
Vaaßen, Marion, ½	31. 5.96	14. 1.62
Küppers, Anke	13. 3.97	1. 7.65
Joachim, Kerstin	19. 9.97	29. 9.65

Eschweiler (Rheinland)   E 114 125
Kaiserstr. 6, 52249 Eschweiler
T (0 24 03) 70 07–0
Telefax (0 24 03) 2 84 41

1 Dir, 1 stVDir, 9 R

Dr. Schnitzler, Elmar, Dir	1. 6.96	2. 6.39
Becker, Thomas, stVDir	15. 9.94	18. 5.47
Hertel, Walter	15. 9.69	6. 3.38
Fell, Ulrich	25.10.76	19.10.44
Zengerling, Rainer	25.10.76	22.12.44
Schwörer, Hermann	8. 8.78	5. 3.44
Hauffe, Herbert	14.11.79	2. 7.49
Fey, Axel	16. 1.81	13.10.50
Wingen, Hans Georg	13. 1.83	15. 4.48
Wollschläger-Dulle,		
Gertrud	26. 4.95	12. 2.63

Geilenkirchen   E 62 412
Konrad-Adenauer-Str. 225, 52511 Geilenkirchen
Postfach 11 69, 52501 Geilenkirchen
T (0 24 51) 9 91–0
Telefax (0 24 51) 99 12 70

1 Dir, 5 R

Pütz, Anselm, Dir	3. 1.94	17. 6.44
Dr. Krückels, Wolfgang	14. 4.78	14. 9.44
Müller-Ohligschläger,		
Marianne	28.10.81	6. 8.50
Bergs, Heinz	26. 3.90	5. 3.58
Schönig, Thomas	3. 2.95	27. 6.59
Waßmuth, Corinna	18. 5.95	3. 5.64

Heinsberg   E 74 750
Schafhausener Str. 47, 52525 Heinsberg
Postfach 13 40, 52517 Heinsberg
T (0 24 52) 1 09–0
Telefax (0 24 52) 1 09–2 99

1 Dir, 5 R

Dr. Kiesebrink, Gerd, Dir	1. 8.94	1.12.40
Bongartz, Helmut	30. 3.94	17. 7.56
Mundorf, Antje	3. 6.96	14. 7.62
Eibenstein, Axel	23. 4.97	2. 7.64
Fell, Ulrike	28. 5.99	22. 1.66
Hauer, Annette	11.11.99	26. 8.68

Jülich   E 89 884
Wilhelmstr. 15, 52428 Jülich
Postfach 23 60, 52401 Jülich
T (0 24 61) 6 81–0
Telefax (0 24 61) 49 80

1 Dir, 6 R

Wittkemper, Helmut, Dir	10. 1.00	16.11.44
Otten, Peter	13. 1.78	20. 8.47

Bungardt, Hans-Peter	19. 9.78	8. 3.45
Kuckelkorn, Ulrich	3. 1.80	8. 4.48
Burghardt, Hans-Günther	24.11.80	6. 5.48
Mork, Herbert	26. 5.83	12.12.51
Braukmann-Becker,		
Helga, ½	5. 9.84	14.11.54

Monschau   E 27 648
Laufenstr. 38, 52156 Monschau
Postfach 20, 52153 Monschau
T (0 24 72) 99 07–0
Telefax (0 24 72) 25 23

1 Dir, 1 R

Dr. Meier, Dieter, Dir	24.10.95	6. 6.48

Schleiden (Eifel)   E 54 621
Marienplatz 10, 53937 Schleiden
Postfach 11 20, 53929 Schleiden
T (0 24 44) 95 07–0
Telefax (0 24 44) 5 52

1 Dir, 4 R

Schaffer, Reinhard, Dir	30.11.98	12.12.48
Wilden, Ernst	26. 9.77	7. 6.43
Maxrath, Peter	14. 8.78	12. 3.45
Tambour, Christoph	7. 9.94	21. 7.61

Landgerichtsbezirk Bonn

Landgericht Bonn   E 1 068 887
53105 Bonn
Wilhelmstr. 21, 53111 Bonn
Postfach 19 60, 53009 Bonn
T (02 28) 7 02–0
Telefax (02 28) 7 02–1 61

1 Pr, 1 VPr, 22 VR, 43 R + 1 LSt (R)

Präsident

Dr. Faßbender, Heinz	22.12.92	18. 1.36

Vizepräsident

Maurer-Wildermann,		
Bernhard	1. 9.98	21.11.42

Vorsitzende Richterinnen/Vorsitzende Richter

Minssen, Ibo	27. 6.78	14. 7.36
Holtmann, Friedhelm	3. 7.80	17. 8.35
Dr. Haase-Becher, Inga	26. 5.81	19. 6.38
Ebelt, Eckart	9.12.81	27.12.38
Dr. Gmelin, Renate	10.12.82	5. 7.37
Lankers, Winfried	8. 5.85	13.10.44

Buhren, Udo	11. 3.86	29. 4.46
Dr. Joswig, Dietrich	1. 5.88	19. 6.43
Ridder, Ernst-Jürgen	20. 8.90	19.12.46
Sonnenberger, Heinz	8. 7.92	4.12.48
Wagner, Paul Hermann	28.12.92	4. 3.49
Japes, Dieter	13. 5.94	20. 2.50
Suchan, Ulrich	31.10.95	25. 2.42
Crynen, Hans	6.10.97	27. 3.39
Meyers, Gerald	6.10.97	15. 2.50
Turnwald, Robert	29. 5.98	16.10.50
Weber, Heinrich	29. 5.98	18.12.51
Janßen, Josef	29. 5.98	25. 7.52
Dr. Bürger, Elisabeth	30. 3.99	13.11.41
Dreser, Theodor	30. 3.99	28. 1.57
Dr. Haller, Klaus	30. 8.99	31. 3.57

Richterinnen/Richter

Weber, Margit	—	—
Landvogt, Marianne, ½	26. 4.76	21. 2.42
Granow, Heinrich	11.10.77	27.10.43
Killian, Ralf	—	—
Pilger, Wolfgang	26.11.81	19. 8.49
Richarz, Winfried	20. 6.84	25. 5.51
Rohlfs, Renate, ¼	24.11.86	18. 9.50
Conzen, Klaus-Michael,		
abg.	3. 3.88	6.11.56
Grommes, Heinrich	20.10.88	14. 7.55
Wucherpfennig,		
Manfred, 9/10	9. 2.89	13. 7.55
Dr. Schmidt-Räntsch,		
Ruth, abg.	21. 6.90	31. 3.60
Kahsnitz, Thomas, abg.	3. 1.91	25.10.58
Baader, Peter, abg.	5. 8.91	30. 5.57
Dr. Grüneberg, Christian,		
abg.	16.12.91	4. 6.60
Reinhoff, Klaus, abg.	13. 3.92	11. 9.59
de Vries, Hinrich	15. 4.92	12.11.54
Bröder, Jörg, abg.	1.10.92	9. 7.59
Dichter, Margret, 9/10	1.10.92	2. 5.60
Manteufel, Thomas	1.10.92	8. 5.60
Pamp, Rüdiger, abg.	18. 5.94	25. 1.61
Schneiders, Uwe, abg-	9.11.94	28. 7.59
Schumacher, Claudia	20.10.95	6.11.60
Gersch, Hans-Georg	20.10.95	8.11.61
Schwill, Eugen	23.10.95	3. 7.61
Dr. Waters, Jörg	13. 3.96	27. 6.62
Dr. vom Stein, Jürgen,		
abg.	14. 3.96	15. 4.61
Dr. Kunkel, Volker	18. 3.96	9. 5.58
Ulbert, Susann	20. 8.96	29. 6.63
Dr. Knott, Ursula	1.10.96	9. 4.68
Beumers, Hans-Josef	15. 4.97	2. 9.61
Dr. Eilers, Anke	15. 4.97	14.12.61
Dr. Göbel, Alfred, abg.	15. 5.97	5. 3.63
Ahlmann, Ralf Wolfgang	20. 5.97	3. 8.62
Linnert, Marcus, ½	24. 3.98	6. 8.61

Dr. Legerlotz, Martina,			
beurl.	25. 3.98	21. 4.65
Heider, Jürgen, abg.	7. 8.98	20. 1.64
Engers, Martin, abg.	7. 8.98	15.10.64
Weber, Markus	30. 3.99	6.11.67
Degreif, Michael	1. 5.99	21. 7.57
Schwarzhoff, Monika	22. 7.99	5. 4.69
Eckloff, Lothar	30.12.99	26. 8.66
Euler, Jutta	3. 1.00	11. 2.68
Dörrstock, Hildegard	6. 1.00	26. 5.64
Dr. Rausch, Jens	6. 1.00	23. 1.68

Amtsgerichte

Bonn   E 386 998
Wilhelmstr. 23, 53111 Bonn
53105 Bonn
T (02 28) 7 02–0
Telefax (02 28) 70 27 08

1 Dir, 1 stVDir, 5 w.aufsR, 40 R + 1 LSt (R)

Bayer, Detlev, Dir	1. 9.93	7. 9.42
Schmitt, Hans Hubert,		
stVDir	24. 1.91	5. 7.41
Liegat, Frank-Dietrich,		
w.aufsR, ½	19. 8.94	4. 8.45
Niewerth, Lydia,		
w.aufsR, abg.	19. 8.94	11. 6.48
Kilches, Erhard, w.aufsR	7. 8.95	21. 7.47
Kamp, Hartmut, w.aufsR	5.11.97	28. 9.43
Dr. Paehler, Hans-		
Hermann	4. 1.71	14. 3.38
Midderhoff, Franz	19. 4.71	5.10.39
Mann-Lechleiter, Gunda	24. 7.73	19. 2.41
Sünnemann, Manfred	21. 9.73	24. 9.41
Rohde, Annetraut	19. 4.74	24.12.40
von Rosenberg-Fiebig,		
Angelika	10. 6.75	7.11.43
Wienzeck, Friedrich	3.11.75	26.10.40
Lobinger, Manfred	3.11.75	11. 2.44
Paul, Wolf-Dieter	7.11.75	15. 4.45
Tagliabue-von Jena,		
Maria	30.11.75	31.12.40
Röben, Gerd	23. 4.76	8. 1.43
Nürnberg, Hans-Theo	23.12.76	23. 9.43
Becker, Gisela	23.12.76	14.11.43
Geich-Gimbel, Ralf	23.12.76	16. 3.44
Reinecke, Hans-Georg	5. 1.77	10. 3.42
Krumbein, Christa	1. 4.77	3.10.38
Külshammer, Wolfgang	4.10.77	16. 2.44
Büch, Andreas	17. 2.78	14. 9.45
Wippenhohn, Peter	11. 5.79	25.10.48
Dr. Schreiner-Eickhoff,		
Annette	6. 6.79	26.12.44

Dach, Ingeborg, ½	19. 6.80	17. 2.50
Finking-Astroh,		
Annegret	30. 8.82	13. 8.43
Wuttke, Gisela	4.11.83	8. 5.46
Huhn, Volker	22. 4.85	14. 4.50
Zurnieden, Monika, ½	31. 7.85	8. 9.51
Wester, Gabriela, abg.	8.10.85	10. 2.53
Hammerschmidt, Erich	25.10.88	13. 9.55
Brandes, Birgit	8.12.89	16. 3.58
Lier, Bernd	5. 7.91	15. 5.60
Schulte-Homann, Elke	20. 9.93	16.11.59
Feyerabend, Ulrich	14.11.94	9. 4.59
Holdorf, Reiner	14.11.94	26. 6.59
Aps, Manfred	14.11.94	7. 1.61
Habermann, Anne, ½	5. 9.95	23. 1.61
Krumrey, Christiane, abg.	5. 9.95	25.12.61
Haage, Sabine, ½	3. 5.96	8. 3.64
Gräfin Vitzthum von		
Eckstädt, Claudia	17.11.97	17.12.59
Dr. Knipper, Claudia	17.11.97	5. 2.63
Alkonavi, Nuriye	23.10.98	11.12.65
Schepers, Thomas	29. 6.99	12. 7.65

Euskirchen   E 131 780
Kölner Str. 40 – 42, 53879 Euskirchen
53877 Euskirchen
T (0 22 51) 9 51–0
Telefax (0 22 51) 9 51–1 02

1 Dir, 1 stVDir, 13,5 R einschl. 2 FH-Prof,
2. Hauptamt

N.N., Dir	—	—
Strothmann-Schiprowski,		
Petra, stVDir	23. 5.97	29. 6.55
Ehl, Robert	—	—
Prof. Dr. Rausch,		
Hans Walter (FH-Prof,		
2. Hauptamt)	21. 1.74	16. 6.42
Bölts-Thunecke, Arno	25.10.75	5. 5.43
Freiherr von der Recke,		
Hilmar	18. 1.79	8.11.46
Debrus, Margret, ½	2.11.79	18. 7.47
Claessen, Martin	13.10.80	3. 2.47
Thunecke, Anneliese, ½	1.12.80	20. 2.51
Kofler, Margot	19.10.84	22. 4.41
Prof. Klüsener, Bernd		
(FH-Prof, 2. Hauptamt)	—	—
Kohlhof, Ursula, ½	5.12.86	29. 9.49
Fisang, Hildegard	28. 2.91	30. 1.58
Perpeet, Ingeborg, ½	4. 9.91	10. 6.57
Unkelbach, Gisbert,		
abg.	14.10.94	1. 1.59
Frenzer, Franz Peter	8. 9.95	19. 9.60
Kreins, Sabine, beurl.	15. 9.95	1. 6.64
Pütz, Reiner	1. 8.97	29. 7.49

Königswinter   E 63 001
Drachenfelsstr. 39, 53639 Königswinter
53637 Königswinter
T (0 22 23) 7 05–0
Telefax (0 22 23) 2 88 35

1 Dir, 4 R, 1 LSt (R)

Hengst, Bernhard, Dir	30. 9. 86	24.	4. 45
Miesen, Dieter, ½	2. 9. 75	27.	9. 42
Schilken, Ute, beurl.	19. 9. 77	26.	3. 44
Krah, Hans-Jürgen	2. 2. 79	20.	4. 47
Rößler, Martin, ½, abg.	27. 10. 97	26.	1. 65

Rheinbach   E 68 947
Schweigelstr. 30, 53359 Rheinbach
Postfach 13 40, 53350 Rheinbach
T (0 22 26) 8 01–0
Telefax (0 22 26) 1 46 35

1 Dir, 3 R, 1 LSt (R)

Potthast, Heinrich, Dir, abg.	1. 12. 86	22.	7. 46
Erk, Rainer, beurl.	18. 9. 72	16.	5. 42
Fischer, Hans-Jürgen	13. 10. 80	22.	2. 47
Schulte-Bunert, Ulrich	13. 4. 84	24.	9. 50
Mücher, Martin	19. 7. 91	15.	6. 56

Siegburg   E 331 577
Neue Poststr. 16, 53721 Siegburg
53719 Siegburg
T (0 22 41) 3 05–0
Telefax (0 22 41) 3 05–3 00

1 Dir, 1 stVDir, 3 w.aufsR, 29 R + 1 LSt (R)

Dr. Böhle-Stamschräder,			
Bernward, Dir	1. 4. 86	15.	8. 38
Höppner, Doris, stVDir	6. 1. 94	28.	7. 45
Stephan, Bruno, w.aufsR	24. 8. 94	1.	4. 37
Büllesfeld, Peter, w.aufsR	7. 8. 95	17.	4. 52
Hendus, Lothar, w.aufsR	29. 5. 98	4.	5. 49
Dr. Seelbach, Dieter	15. 1. 69	9.	5. 36
Bähr, Albert	24. 4. 70	21.	2. 38
Viehmann, Irmgard	1. 4. 71	13.	4. 40
Merländer, Peter-Klaus	3. 5. 71	26.	7. 38
Dr. Vonberg, Christiane	1. 9. 71	31.	3. 39
Langweg, Rudolf, ⁹⁄₁₀	18. 10. 73	10.	10. 42
Görgen, Juliane, ¾	5. 12. 74	14.	12. 42
Kober, Otfried	11. 7. 75	9.	2. 42
Fuchs, Manfred	15. 2. 77	15.	12. 44
Seeliger, Christa	1. 7. 77	13.	12. 42
Fünfzig, Josef	11. 10. 77	14.	3. 46
Seidenkranz, Rüdiger	10. 12. 78	22.	6. 44
Wiemer, Martin	1. 11. 79	24.	8. 49
Sprenger, Arno	31. 1. 80	7.	3. 48
Kensbock, Christoph	24. 1. 83	20.	6. 51

Wienzeck, Jutta	25. 3. 83	7.	12. 44
Lauber, Stephanie	14. 10. 83	13.	12. 52
Müller, Herbert	29. 11. 83	16.	1. 52
Dallmann, Gabriele	30. 11. 83	23.	3. 54
Schwanitz, Klaus	19. 7. 85	1.	10. 47
Werner, Michael	7. 2. 86	5.	4. 50
Arndt, Sabine	20. 3. 92	22.	7. 60
Wilbrand, Ulrich	16. 12. 94	5.	10. 61
Prümper, Herbert	16. 12. 94	22.	5. 62
Werth, Peter	20. 10. 95	2.	1. 61
Lippok-Wagner, Ingrid, ½	31. 10. 95	4.	5. 62
Kurpat, Ralf	20. 8. 96	17.	7. 63
Winkelmeier-Becker,			
Elisabeth, ½	31. 8. 98	15.	9. 62
Burgwinkel-Krampitz, Petra	9. 10. 98	16.	4. 66
Weismann, Alice, ½	28. 2. 00	28.	1. 65

Waldbröl   E 86 584
Gerichtsstr. 1, 51545 Waldbröl
Postfach 11 40, 51531 Waldbröl
T (0 22 91) 7 95–0
Telefax (0 22 91) 7 95–2 00

1 Dir, 5 R

Hagemann, Friedrich, Dir	1. 10. 85	11.	7. 46
Niedrig, Frank	20. 5. 76	18.	9. 43
Heuser, Reinhard	23. 4. 79	13.	7. 48
Winheller, Hans Georg	7. 10. 83	1.	3. 50
Bischoff, Helga	7. 9. 88	4.	1. 57
Dr. Krapoth, Fabian	12. 12. 94	20.	10. 62

Landgerichtsbezirk Köln

Landgericht Köln   E 2 066 927
Luxemburger Str. 101, 50939 Köln
50922 Köln
T (02 21) 4 77–0
Telefax (02 21) 4 77–33 33

1 Pr, 1 VPr, 58 VR, 100,25 R + 2 LSt (R)
(einschl. 1 FH-Prof, 2. Hauptamt)

Präsident

Dr. Richter, Alarich	1. 8. 97	19.	10. 37

Vizepräsident

Caliebe, Dietrich	7. 5. 97	19.	10. 43

Vorsitzende Richterinnen/Vorsitzende Richter

Dr. Kranast, Konrad	22. 9. 75	1.	5. 36
Beyer, Klaus	29. 12. 76	6.	4. 36
Huthmacher, Wilfried	24. 6. 77	15.	10. 37
Eggeling, Ernst	19. 12. 77	17.	8. 37

Ackermann, Herbert	1. 1.78	8. 8.35
Ploenes, Franz Josef	28. 6.78	3.11.38
Schlüter, Edgar	3. 7.78	15. 5.38
Mainz, Gerhard	1. 2.79	7. 7.39
Pees, Norbert	14. 4.80	29. 7.36
Herfs, Dietmar	6. 8.80	19. 8.35
Richter, Hellmut	6. 8.80	7. 3.37
Dr. Terhorst, Bruno	17. 3.81	7. 7.41
Dr. Wohnseifer, Karlheinz	25. 5.81	11.10.38
Ehrenstein, Hans Walter	25. 5.81	12.11.39
Haubrich, Anneliese	26. 5.81	16. 8.37
Aengenvoort, Angelika	15.12.81	6. 5.42
Vollmer, Achim, 8/10	1. 6.84	23. 2.40
Franz, Dietrich	6. 2.85	19. 5.38
Shahab-Haag, Maria Theresia, ½	6. 2.85	25. 6.43
Söntgerath, Helmut	7. 2.85	30. 1.38
Schumacher, Karl-Heinz	17. 9.85	29.11.45
Humml, Mathias	30. 4.86	6.10.46
Kersjes, Bernd-Josef	1. 5.86	20. 6.36
Vielhaber, Prisca	17. 2.87	15.10.42
Engmann, Hartmut	17. 2.87	7. 9.43
Osterhagen, Dorothee	17. 2.87	17. 8.44
Bieber, Klaus-Dieter	17. 2.87	2.12.44
Höppner, Ulrich	27.11.87	11. 7.44
Kaiser, Heinz	16. 9.88	20.11.40
Keller, Wolfgang	16. 9.88	22.11.46
Dr. Demmer, Walter	22. 3.89	1. 5.46
Dr. Schäfer, Herbert	21. 5.90	27. 7.41
Dr. Ackermann-Trapp, Ursula	22. 5.90	29. 8.47
Bormann, Michael	18. 7.91	15.12.42
Dr. Möller, Helmut	29.10.91	24. 3.47
Hansel, Wolfgang	31.10.91	27. 7.43
Paßage, Klaus-Dieter	30. 3.92	13.11.46
Kehl, Dieter	28. 7.92	27.12.50
Dr. Hoch, Hannsgeorg	7.12.92	24. 6.47
Dr. Gehle, Burkhard, 8/10	13. 5.94	11. 3.52
Siehoff, Josef	16. 5.94	15. 1.42
Rissenbeck, Klaus	27.10.95	1. 9.41
Schwellenbach, Paul	19. 7.96	21. 6.45
Oftermann, Bernhard	19. 7.96	17. 5.51
Oswald, Anna Elisabeth	9. 8.96	2.11.52
Quitmann, Wolf	7. 7.97	8. 3.43
Gottschalk, Heinz	7. 7.97	1. 1.48
Dr. Schwitarski, Heinrich Georg	3.12.97	19.10.54
Hahn, Rainer	23. 1.98	5. 2.51
Reske, Margarete, ¾	23. 1.98	18.11.52
Röske, Klemens	18. 9.98	19. 9.46
Wacker, Joachim	8.10.98	15. 4.47
Nolte, Hubertus	21.12.99	1.11.57
Marnett-Höderath, Elisabeth	22.12.99	11. 6.56
Baur, Martin	22.12.99	22.10.56

Richterinnen/Richter

Mohaupt, Werner	1. 2.70	16. 1.37
Dr. Schade, Werner	28. 4.72	24. 6.39
Dr. Lohmann, Eckhard	11. 8.75	10.12.40
Werner, Wolfgang	12. 6.78	24. 1.45
Sutorius, Bernd	12. 1.79	12.12.46
Eichhorn, Katharina	26. 1.79	30. 8.48
Wiebe, Knut	21. 2.80	6. 5.46
Röttenbacher, Fritz	21. 2.80	31.10.49
Dr. Gies, Richard	8. 4.81	31. 3.46
Dr. Peuster, Witold	8. 4.81	3. 7.47
Bieber, Karin	4. 6.82	30.11.49
Neveling-Paßage, Marianne	4. 6.82	2. 6.50
Klingler, Ute	4. 6.82	17. 1.52
Mörsch, Bruno	24. 6.82	4. 2.51
Linke-Scheut, Barbara, ½	16. 7.82	13. 1.50
Winkler, Gabriele	12.10.82	18. 8.49
Ley, Dieter	1.11.82	16. 5.52
Alscher, Klaus	13. 4.84	4.12.51
Hemmers, Heinz	13. 4.84	17. 3.52
Borzutzki-Pasing, Werner, abg.	13. 3.85	1. 6.50
Kremer, Wilhelm	13. 3.85	20. 6.51
Becker, Reinhold	13. 3.85	9.12.51
Schwarz, Gertrud, abg.	22. 8.85	11. 2.56
Mostardt, Irmgard, ½	5. 9.85	2.12.49
Potthoff, Hans Gerhard	20. 3.87	29. 5.56
Schwartzkopff-Wiek, Henny	29. 1.88	6. 1.55
Lüders, Ludwig	10. 6.88	8. 3.53
Honnen, Norbert	26.10.88	29. 3.56
Wolff, Karola	27. 4.89	2.11.56
Henning, Ulrike	3. 7.89	10. 5.56
Grave-Herkenrath, Ulrike	3. 7.89	6. 8.56
Dr. Küpper, Wolfgang, abg.	18. 9.89	22. 1.55
Mücher, Elke, ½	7. 2.90	2. 9.57
Menzel, Werner	21. 6.90	10. 8.56
Reuter-Jaschik, Susanne	23. 7.90	4. 6.59
Reiner, Jürgen	10.12.90	3. 6.58
Dr. Schmitz, Elke	11.12.90	11. 1.59
Schütz, Ferdinand	20. 6.91	21. 1.55
Prof. Dr. Eckardt, Bernd (FH-Prof, 2. Hauptamt)	20. 6.91	11. 3.59
Schneider, Sabine	21. 6.91	3. 3.49
Schmitz-Justen, Wolfgang	17.10.91	29. 7.58
Dr. Schmidt, Uwe, abg.	17.10.91	9. 7.59
Dahl, Theo	18.10.91	6. 9.58
Juffern, Georg	18.10.91	20. 7.59
Frohn, Michael	21. 1.92	17. 9.58
Kretzschmar, Sabine, abg.	21. 1.92	17.11.58
Wurm, Christoph, abg.	22. 1.92	4.11.58

Ernst, Hans-Günter	11. 5. 92	22. 12. 58
Dr. Kreß, Manfred	12. 5. 92	12. 8. 58
Richter, Brigitte, beurl.	17. 11. 94	26. 8. 60
Lauber, Georg, abg.	18. 11. 94	28. 7. 59
Dr. Peters-Lange, Susanne, beurl.	18. 11. 94	13. 9. 61
Dr. Baumann, Bettina, beurl.	18. 11. 94	12. 4. 62
Dr. von Danwitz, Klaus-Stephan, abg.	20. 10. 95	11. 12. 58
Knechtel, Stefan	20. 10. 95	1. 2. 61
Dr. Dylla-Krebs, Corinna, abg.	20. 10. 95	3. 2. 62
Hübeler-Brakat, Gisa, beurl.	23. 10. 95	13. 8. 60
Schweda, Holger, abg.	10. 11. 95	25. 4. 58
Dr. Jung-Walpert, Kerstin	16. 2. 96	12. 8. 60
Dr. Falkenstein, Norbert	16. 2. 96	25. 5. 62
Dr. Czaja, Frank	19. 11. 96	17. 10. 61
Dr. Bern, Jörg	19. 11. 96	16. 2. 62
Rehbein, Georg	19. 11. 96	26. 5. 62
Gurba, Rüdiger	19. 11. 96	16. 2. 63
Paltzer, Bernd, ½	19. 11. 96	2. 4. 63
Sturhan, Matthias	19. 11. 96	26. 7. 63
Dr. Stolzenberger-Wolters, Irmela	19. 11. 96	18. 2. 64
Dr. Potthoff, Andrea	19. 11. 96	19. 7. 64
Schmitz, Ulrike, ½	25. 4. 97	16. 7. 62
Dr. Remmert, Andreas, abg.	25. 4. 97	22. 1. 63
Dr. Grobecker, Sabine, ½	5. 5. 97	19. 6. 62
Michel, Eleonore	13. 10. 97	24. 1. 61
Dr. Sossna, Ralf-Peter	13. 10. 97	10. 12. 63
Dr. Reimann, Ruth	13. 10. 97	8. 4. 64
Riehl, Marita	13. 10. 97	12. 9. 64
Vaaßen, Sabine	14. 10. 97	3. 10. 66
Hütte, Petra	15. 10. 97	23. 9. 60
Freudenstein, Anke, beurl.	5. 11. 97	5. 3. 63
Jansen, Barbara, abg,	19. 8. 98	10. 9. 64
Koerfers, Peter	26. 8. 98	15. 3. 62
Quast, Thomas	26. 8. 98	2. 12. 62
Anspach, Jürgen	1. 12. 98	28. 11. 42
Cremer, Martin	23. 2. 99	15. 7. 66
Weber, Barbara	23. 2. 99	28. 2. 69
Dr. Erkens, Marcel	1. 3. 99	30. 1. 65
Scharf, Turid	9. 9. 99	7. 12. 64
Dr. Hohlweck, Martin	9. 9. 99	23. 7. 67
Falkenhof, Kerstin	9. 9. 99	13. 11. 68
Kaufmann, Christoph	10. 9. 99	6. 9. 62
Dr. Koepsel, Martin	14. 9. 99	22. 11. 64
Dr. Kirschbaum, Anke	20. 9. 99	22. 9. 67
Wille, Annette	20. 9. 99	2. 5. 68
Krieger, Claudia, ½	24. 9. 99	6. 4. 65

Amtsgerichte

Bergheim   E 159 714
Kennedystr. 2, 50126 Bergheim
Postfach 11 49, 50101 Bergheim
T (0 22 71) 8 09–0
Telefax (0 22 71) 8 09–2 00

1 Dir, 1 stVDir, 1w.aufsR, 12 R

Macioszek, Michael, Dir	1. 4. 00	9. 10. 48
Brandt, Hubert, stVDir	21. 8. 90	16. 9. 40
Ottermann, Hans-Henning	12. 8. 76	3. 7. 42
Löwenberg, Friedrich	7. 12. 77	14. 11. 44
Klotz, Ernst	26. 10. 79	1. 11. 47
Wagener, Jürgen (LSt)	14. 10. 83	15. 11. 48
Dr. Schreiber, Jürgen	15. 5. 84	15. 12. 48
Kumpmann, Reinhard	19. 9. 84	3. 8. 51
Ulmer, Thomas	20. 9. 89	11. 10. 58
Kemmerling, Hans-Josef, abg.	29. 9. 89	19. 10. 57
Metz-Zaroffe, Martin	2. 9. 91	23. 12. 57
Olpen, Johann	21. 6. 93	8. 12. 57
Dr. Lorenz, Arndt	14. 3. 94	20. 2. 62
Kremer, Ralf	10. 7. 96	3. 1. 62

Bergisch Gladbach   E 191 259
Schloßstr. 21, 51429 Bergisch Gladbach
Postfach 10 01 51, 51401 Bergisch Gladbach
T (0 22 04) 95 29–0
Telefax (0 22 04) 95 29–18 0

1 Dir, 1 stVDir, 1 w.aufsR, 15,5 R

Krämer, Ewe Imogen, Dir	22. 1. 99	8. 1. 38
Merzbach, Hermann-Josef, stVDir, abg.	1. 10. 97	25. 7. 50
Wolff, Hermann Josef, w.aufsR	1. 10. 98	23. 2. 46
Schwellenbach, Maria	23. 8. 76	20. 4. 45
Schüller, Heribert	19. 12. 77	8. 5. 48
Becker, Hanns-Georg	28. 3. 79	30. 3. 48
Hallermeier, Günther	19. 12. 80	13. 7. 46
Dörkes, Alexa	24. 2. 81	5. 10. 49
Hüschemenger, Friedhelm	7. 10. 83	10. 7. 49
Bohn, Reinhard	2. 4. 91	28. 9. 56
Berghaus, Klaus, ⁹/₁₀	20. 6. 91	7. 12. 54
Mischke, Günter	2. 3. 93	10. 11. 58
Lucht, Michael	3. 3. 93	23. 10. 60
Bakarinow, Barbara, ½	18. 11. 93	22. 7. 63
Verch, Ralph	11. 9. 95	2. 12. 59
Dr. Morawitz, Gabriele, ½	1. 3. 96	11. 9. 62
Sellmann, Berthold	1. 8. 97	23. 3. 64
Saul-Krickeberg, Johanna, ½	29. 8. 97	11. 5. 58
Giez, Regina	16. 2. 00	15. 10. 69

Brühl (Rheinland)   E 181 150
Balthasar-Neumann-Platz 3, 50321 Brühl
50319 Brühl
T (0 22 32) 7 09–0
Telefax (0 22 32) 4 53 77

1 Dir, 1 stVDir, 1 w.aufs.R, 12,25 R einschl.
1 FH-Prof, 2. Hauptamt

Dr. Kroll, Joachim, Dir	1. 4. 97	24. 4. 47
Lohmann, Ute, stVDir	25. 4. 86	14. 4. 44
Batke, Heide, w.aufsR.	18. 8. 94	25. 8. 42
Wehner, Frank	19. 2. 76	2. 2. 44
Stuke, August	17. 11. 77	17. 10. 44
Neumann, Ralph	24. 11. 80	9. 9. 48
Sartorius, Bernhard	24. 10. 83	2. 9. 49
Seydel, Michael	26. 10. 83	3. 10. 49
May, Margarete	13. 3. 85	22. 11. 53
Prof. Frey, Walter		
(FH-Prof, 2. Hauptamt)	4. 9. 89	20. 6. 42
Dr. Brodmann, Heinz	7. 6. 90	24. 4. 55
Walter, Ursula	7. 6. 90	1. 2. 57
Beienburg, Vera	12. 10. 93	28. 12. 60
Elskemper, Ilka, ½	28. 10. 96	8. 9. 60
Riemenschneider, Detlef	8. 10. 97	29. 4. 63
Alberts, Hermann	21. 10. 99	5. 7. 64
Hartmann, Werner	22. 10. 99	20. 8. 65

Gummersbach   E 133 569
Moltkestr. 6, 51643 Gummersbach
Postfach 10 01 53, 51601 Gummersbach
T (0 22 61) 8 11–0
Telefax (0 22 61) 8 11–1 00

1 Dir, 1 stVDir, 8 R

Schmidt, Jochen, Dir	29. 10. 85	23. 3. 44
Bartz, Albert, stVDir	22. 2. 90	23. 5. 47
Juli, Hans-Peter	21. 4. 80	15. 2. 48
Maiworm, Paul	22. 12. 80	24. 8. 46
Jaeger, Harald	30. 4. 81	26. 9. 49
König, Gregor	16. 7. 82	20. 3. 50
Heidkamp, Reimund	26. 8. 96	30. 7. 62
Neef, Ulrich	8. 10. 99	27. 3. 62

Kerpen   E 108 782
Nordring 2 – 8, 50171 Kerpen
Postfach 21 60, 50151 Kerpen
T (0 22 37) 5 08–0
Telefax (0 22 37) 5 24 74

1 Dir, 1 stVDir, 10 R

Dr. Raack, Wolfgang, Dir	9. 1. 84	25. 9. 41
Dr. Bergfelder, Udo,		
stVDir	31. 8. 99	9. 2. 51
Niggemeyer, Günter	21. 11. 75	28. 3. 44
Meller, Georg-Michael	19. 5. 76	16. 4. 41

Gräfin von Looz-Cors-		
warem, Carola, ½	30. 4. 84	19. 6. 53
Conzen, Ulrich, abg.	27. 11. 86	20. 5. 53
Rau, Joachim	17. 10. 91	22. 6. 58
Mattke, Wolfgang	17. 12. 91	16. 6. 56
Königsfeld, Peter	17. 12. 91	29. 6. 58
Witzel, Wolfgang	29. 6. 92	22. 9. 59
Pretzell, Ruth	29. 5. 96	12. 10. 63
Dr. Horst, Monika	15. 8. 97	20. 4. 65
Dr. Henssler, Friederike,		
RkrA, ½	(1. 2. 86)	6. 1. 55

Köln   E 962 580
Luxemburger Str. 101, 50939 Köln
50922 Köln
T (02 21) 4 77–0
Telefax (02 21) 4 77–33 33 u. 33 34

1 Pr, 1 VPr, 19 w.aufsR, 123 R

Präsident

Schultz, Johannes	1. 4. 99	17. 7. 44

Vizepräsident

Dr. Helling, Heinz	27. 5. 86	6. 1. 39

weitere aufsichtführende Richterinnen/Richter

Eyinck, Bernhard, ⁸/₁₀	15. 4. 85	3. 1. 38
Dr. Siebert, Ralf	31. 10. 86	3. 4. 45
Dr. Oßwald, Albrecht	1. 3. 94	10. 11. 41
Fischbach, Leselotte	27. 10. 94	21. 1. 44
Stich, Hans-Joachim	27. 10. 94	21. 8. 46
Zimmermann, Petra	27. 10. 94	9. 6. 49
Dr. Pruskowski, Wolfgang	27. 10. 94	5. 7. 51
Kollmeier, Rainer	31. 10. 94	9. 2. 38
Fuß, Joachim	4. 8. 95	30. 12. 38
Dr. Vallender, Heinrich	4. 8. 95	10. 7. 50
Biber, Burckhard	7. 6. 96	27. 7. 43
Niepmann, Birgit	10. 6. 96	27. 2. 55
Mannebeck, Jürgen	24. 1. 97	28. 9. 44
Lenz, Rainer	3. 8. 98	6. 3. 44
Allmer, Michael, ⁹/₁₀	10. 8. 98	18. 11. 44
Rohde, Hans-Ulrich	19. 1. 99	2. 2. 49
Bergmann, Margarethe	27. 9. 99	13. 10. 49
Ley, Wolfgang	1. 1. 00	30. 5. 46
Klein, Michael	1. 1. 00	30. 1. 48

Richterinnen/Richter

Scholtis, Joachim	9. 12. 70	23. 4. 37
Hentschel, Peter	1. 2. 71	21. 3. 39
Kollmeier, Karin	28. 6. 71	16. 3. 37
Hohage, Helmut	4. 5. 72	8. 1. 39
Uschwa, Peter	7. 6. 72	18. 10. 38
Herrmann, Wolf	1. 12. 72	27. 7. 41
Behr, Karl	26. 11. 73	5. 2. 42
Listmann, Jürgen	25. 6. 74	17. 7. 41

Becker, Robert	3. 9.74	31. 8.37
Busch, Hans Rudolf	5.12.74	10. 4.40
Dr. Dahlmann, Wolfgang	29. 1.76	12. 3.43
Klimmer, Alfred	24. 2.76	16. 7.41
Custodis, Henriette	28. 2.76	21. 1.45
Angern, Günter	26. 5.76	23. 6.44
Kopka, Martin	13. 8.76	28. 2.46
Hengmith, Annegret	19. 9.76	27. 3.42
Fricke, Werner	1.10.76	23. 1.43
Versen, Wilhelm	16.10.76	2. 7.41
Hamm, Johannes-Werner, 8/10	26.11.76	6.11.43
Radermacher, Peter	3.12.76	7. 7.43
Breuer, Hans-Richard	17.12.76	12. 6.44
Zipplies, Klaus-Peter	20. 1.77	11.10.37
Dr. Herz, Ruth (LSt)	20. 1.77	27.10.43
Nollau-Haeusler, Friederike	16. 6.77	30. 4.46
Weber, Ekkehart	28. 6.77	25. 8.42
Reimann, Dieter	28. 6.77	9. 4.43
Thiele, Jürgen	28. 6.77	18. 2.44
Kruppa, Manfred	29. 6.77	22. 1.44
Haarmann, Ulrich	8.11.77	27. 1.43
Schlosser, Hermann Josef	13. 3.78	25.11.43
Maintzer, Hermann Josef	13. 3.78	6. 2.44
Laum, Hans-Joachim	13. 3.78	18. 7.44
Bückel, Krista, ½	13. 3.78	28. 8.45
Brandes, Ingrid, 9/10	13. 3.78	6.10.45
Dr. Arleff, Peter	20. 3.78	13. 6.43
Frey, Mathilde	25. 3.78	1. 5.45
Dietz, Roderich	31. 5.78	13. 6.43
Plötzing, Ulfried	31. 5.78	31. 7.44
Dr. Brückel, Rolf	31. 5.78	5. 5.46
Baumanns, Joachim	31. 5.78	5. 5.49
Bauer, Günter	1. 6.78	20. 2.46
Kempermann, Susanne	1. 6.78	20. 3.46
Gräve, Hans Dieter	16.10.78	19. 4.44
Schlosser-Lüthje, Christine	16.10.78	24. 7.45
Baumgarten, Volker	1.12.78	22. 6.45
Wellems, Frank	23. 3.79	30. 1.45
Flocke, Hans-Dieter	23. 3.79	9.10.45
Clausen, Gerhard	23. 3.79	13. 5.48
Maubach, Birgitta, 7/10	23. 3.79	27.10.48
Borchard, Uta	17. 5.79	2. 5.44
Dr. Hilgert, Wolfgang	3. 8.79	10.11.45
Wippenhohn-Rötzheim, Katharina	3. 8.79	12. 8.48
Eßer, Erich	28.10.79	2. 9.46
Meyer, Jürgen	4. 1.80	31. 7.43
Hymmen, Ingeborg	13. 1.80	7.11.50
Cordes, Elke	1. 8.80	23.12.44
Dohnke, Achim	14. 9.80	21. 1.51
Räcke, Volker	15. 9.80	12.12.46
Stapmanns, Dorothea	21.11.80	3. 4.49
Schmitz, Otfried	29. 4.81	3. 2.45
Freymuth, Jürgen	30. 4.81	17. 6.49
Schmäring, Othmar	21. 8.81	22. 4.48
Buchmann, Dieter	13.12.81	18. 9.50
Effertz, Wilfried, 8/10	23.12.81	9. 2.50
Walterscheidt, Bernd	23.12.81	26.11.50
Kochan, Karl-Heinz	23. 4.82	26. 7.51
Tapperath, Jürgen	19. 7.82	11. 7.49
Giesen, Claudia	19. 7.82	20. 3.50
Reske, Harald	19. 7.82	9.10.51
Fuchs, Karlhans	22.10.82	16. 8.51
Heuck, Friedrich	30. 3.83	14. 4.49
Heckhoff, Harald	9. 5.83	10. 1.49
Justenhoven, Helge Astrid, ½	9. 5.83	7. 1.50
Mehlhorn, Corinna	—	—
Möller, Elisabeth, ½	25.11.83	18. 5.50
Becker, Hermann Josef	25.11.83	23. 9.50
Riehe, Hans-Werner	7. 5.84	18. 4.52
Wierzimok, Michael	1.10.84	14. 2.54
Best, Ingrid	25. 1.85	20. 5.51
Schützendorf, Barbara	13. 8.85	2. 2.55
Nagel, Erika	8.11.55	18.10.51
Dr. Thien-Mochmann, Barbara	20. 6.86	15.12.50
Tabor, Albert	13. 6.88	16.11.55
Scholl, Amand	21. 7.88	13. 9.55
Bornemann-Futter, Petra, ½	1.10.90	19. 2.57
Aulich, Joachim	29. 6.92	6. 9.56
Grassmann, Sibylle	18. 8.93	14. 8.60
Dr. Altpeter, Frank	19. 8.93	17. 6.59
Dr. Klein, Guido, abg.	8.10.93	17.12.59
Wagner, Dorothee	6.12.93	23. 6.60
Bollig, Susanne, beurl.	12. 4.94	15. 6.59
Stroh, Christopher	12. 4.94	13. 4.60
Bexen, Martin	12. 4.94	7. 6.60
Hartmann, Ralf	14. 4.94	6.10.57
Krämer, Gerd Willi	25. 4.94	9. 5.61
Engeland, Frank	19.12.94	12. 3.61
Krebber, Rolf	3. 2.95	30. 5.61
Hottgenroth, Inka, ½	3. 2.95	4. 7.62
Finster, Sabine	7. 9.95	5. 1.64
Blum, Stefan	1.12.95	11. 8.60
Schaarmann, Wolfgang	1.12.95	8.10.61
Dr. Löw, Friederike, ½	13. 1.96	9.10.62
Keusch, Thomas	20. 2.96	19. 9.60
Seidel, Karl-Heinz	15. 3.96	19. 7.62
Raschke, Martina	15. 3.96	4. 1.63
Dr. Menold-Weber, Beate, ½	14. 8.96	21. 4.63
Langner, Norbert	19. 8.96	1.11.49
Rohde, Klaus	31. 7.97	16. 8.64
Kiedrowski, Ruth	31. 7.97	22. 2.66
Sütterlin-Müsse, Maren, ¾	19. 8.97	25.10.61
Rottländer, Maria	5. 9.97	1. 6.64
Dr. Krieg, Bernhard	19. 2.98	13. 6.63
Hübbe, Jörg	19. 2.98	12. 8.63

Dr. Watrin, Anne, ½	7. 8.98	10. 8.64		
Dr. Fuchs, Andrea, ½	7. 8.98	10. 3.65		
Dr. Dinkelbach, Andrea	19. 2.99	29. 4.65		
Kühnle, Gabriele	20.10.99	22.12.63		
Kremer, Heike, ½	21.10.99	28.10.62		

Leverkusen   E 207 103
Gerichtsstr. 9, 51379 Leverkusen
51367 Leverkusen
T (0 21 71) 4 91–0
Telefax (0 21 71) 4 91–2 22

1 Dir, 1 stVDir, 1 w.aufs.R, 14 R

Dr. Türpe, Klaus,Dir	1. 7.85	31. 5.37		
Schulze, Klaus-Henning,				
stVDir	31. 1.79	27. 7.36		
Riekert, Hans-Gustav,				
w.aufsR	15. 8.94	8. 4.37		
Kötting, Reiner	1. 5.70	31.12.37		
Solf, Rainer	20. 4.77	19.11.43		
Conrad, Michael	20. 4.77	6.12.43		
Menzen, Michael	7.10.77	22.10.46		
Damen, Günter	6. 6.78	16. 5.41		
Klinkenberg, Reiner, abg.	10. 6.78	14. 9.47		
Schröder, Reiner	14.12.78	7. 2.45		
Abels, Matthias	14.12.78	7. 4.49		
Hülsmann, Josef	1. 6.80	24.10.50		
Rahmen, Thomas (LSt)	18. 6.80	3. 3.47		
Klein, Peter	22. 8.83	13. 6.48		
Schlaeper, Thomas	15.10.93	4. 5.57		

Plate, Sibylle	14. 9.94	19. 8.61		
Müller-Gerbes, Stefan	21. 5.99	2. 3.64		

Wermelskirchen   E 37 178
Telegrafenstr. 17, 42929 Wermelskirchen
Postfach 11 20, 42904 Wermelskirchen
T (0 21 96) 7 12–0
Telefax (0 21 96) 7 12–1 60

1 Dir, 1,5 R

Weiss, Ute,Dir	1. 7.86	24. 2.50		
Schlotmann-Thiesen,				
Veronika	25. 6.90	28. 8.59		
Dr. Droste, Monica,				
beurl.	22. 5.98	12. 7.62		

Wipperfürth   E 85 592
Gaulstr. 22 – 22 a, 51688 Wipperfürth
Postfach 11 20, 51675 Wipperfürth
T (0 22 67) 88 37–0
Telefax (0 22 67) 8 20 61

1 Dir, 5 R

Lührs, Armin, Dir	23. 9.99	12. 9.47		
Haag, Dietmar	8. 8.77	28. 1.44		
König, Norbert	22. 7.83	28. 1.47		
Dr. Krause, Engelbert	15. 5.85	24.12.51		
Ritzenhöfer, Heribert	14. 9.94	10.10.58		
Bosbach, Thomas	1. 3.96	9. 9.62		

Staatsanwaltschaften

Generalstaatsanwaltschaft Köln
Reichenspergerplatz 1, 50670 Köln
Postfach 10 28 45, 50468 Köln
T (02 21) 77 11–0
Telefax (02 21) 77 11–4 18

1 GStA, 1 stVGStA (LOStA), 2 LOStA, 18 OStA
+ 1 LSt (OStA)

Generalstaatsanwalt

Dr. Coenen, Siegfried	1. 1.93	2. 7.37

Leitende Oberstaatsanwälte

Hammer, Christian,		
stVGStA	1.10.91	13. 6.41
Kaefer, Karl-Bruno	1. 7.92	13. 5.37
Bönning, Gerhard, abg.	1. 9.94	1. 7.41

Oberstaatsanwälte

Feuerich, Wilhelm	9. 9.75	20. 8.37
Dr. Gerlach, Joachim	21. 6.78	24. 6.38
Dr. Geßler, Jörg	29. 1.80	30.12.39
Lange, Jürgen	4. 8.80	17. 6.37
Götting, Rudolf	20.11.80	1. 4.38
Singer, Johannes	1. 7.81	4. 6.43
Domat, Peter	2. 1.82	2. 8.45
Willems, Manfred	13. 1.87	28. 4.37
Kurth, Wilhelm	3. 4.87	24. 3.41
Jakob, Paul	1. 9.87	13. 8.37
Pohl, Gerd	20. 6.88	12. 1.43
Küsgen, Gunter, abg.	25. 4.90	5. 4.43
Knopp, Wolfgang	27. 5.91	19.12.40
Leu, Bernd	20. 1.92	1.10.46
Pohl, Franz Heinrich	23. 8.93	16.10.46

Ehlen, Wolfgang	8. 3. 95	1. 10. 48
van Rossum, Johann-		
Wilhelm	31. 1. 97	4. 7. 49
Albrecht, Ernst, abg.	1. 12. 97	25. 12. 49
Hicks, Franz-Josef	1. 9. 99	18. 4. 53

Staatsanwaltschaft Aachen
Stiftstr. 39/43, 52062 Aachen
Postfach, 52034 Aachen
T (02 41) 47 85–0
Telefax (02 41) 4 09 09 24

Zweigstelle:
Theaterstr. 55, 52062 Aachen
T (02 41) 47 85–0
Telefax (02 41) 40 52 20

1 LOStA, 1 stVLOStA, 5 OStA, 3 StA (GL),
30 StA, 1 LSt (StA)

Leitender Oberstaatsanwalt

Dr. Klein, Herbert	26. 4. 96	13. 7. 35

Oberstaatsanwältinnen/Oberstaatsanwälte

N. N., stVLOStA	—	—
Dr. Heiderich, Barnim	16. 6. 81	19. 9. 40
Vedder, Axel	31. 3. 89	28. 4. 44
Balke, Albert	16. 6. 94	12. 7. 48
Knorr, Günther	25. 3. 97	25. 6. 41
Auchter-Mainz, Elisabeth	11. 4. 97	23. 7. 51

Staatsanwältinnen/Staatsanwälte

Werker, Heinz Hubert,		
GL	20. 6. 94	6. 5. 41
Schäfer, Winfried, GL	1. 8. 97	27. 2. 44
von Conta, Hans-		
Wolfgang, GL	26. 8. 97	12. 5. 44
Beißel, Norbert	10. 10. 73	1. 7. 38
Huth, Helga	—	—
Jansen, Heinz	20. 8. 76	27. 7. 41
Engels, Christian	14. 12. 78	23. 2. 47
Bücker, Ralf	6. 7. 79	14. 1. 49
Bernklau, Lutz	30. 12. 80	10. 7. 49
Geimer, Alexander	19. 6. 81	14. 11. 49
Deller, Robert	18. 1. 82	23. 7. 48
Herwartz, Hubert	5. 10. 82	21. 7. 48
Zander, Anna Maria	29. 10. 82	23. 4. 53
Frings, Hartmut	3. 5. 83	12. 4. 50
Faber, Manuela	13. 8. 84	8. 4. 50
Hoffmann, Ferdinand	18. 11. 88	21. 1. 55
Schubert, Bernhard	10. 8. 89	28. 11. 57
Hammerschlag, Helmut,		
abg.	23. 11. 90	28. 8. 57
Froitzheim, Werner	6. 12. 90	23. 10. 54
König, Siegfried	28. 8. 91	3. 7. 55

Janser, Silvia	4. 5. 92	23. 7. 61
Fuchs, Heike (LSt)	27. 12. 93	24. 9. 62
Bolder, Joachim	30. 5. 94	15. 8. 58
Claßen, Leonard	6. 11. 95	28. 6. 62
Schlimm, Pascale Nathalie	22. 2. 96	4. 5. 65
Dirksen, Lutz	14. 10. 96	2. 6. 64
Muckel, Wilhelm Hubert	30. 10. 96	18. 5. 64
Theisen, Saskia	1. 9. 97	10. 1. 66
Schulz, Bernd Gustav	5. 4. 98	27. 3. 65
Breuer, Jutta	4. 8. 99	23. 4. 66
Dr. Burr, Christian	27. 4. 99	26. 10. 69
Grimm, Martin	15. 2. 00	23. 11. 67
Schlenkermann-Pitts, Katja	15. 2. 00	8. 2. 70
Böning, Carolin	15. 2. 00	27. 1. 71

Staatsanwaltschaft Bonn
Herbert-Rabius-Str. 3, 53225 Bonn
53222 Bonn
T (02 28) 97 52–0
Telefax (02 28) 97 52–6 00

1 LOStA, 1 stVLOStA, 8 OStA, 1 StA (GL),
37 StA

Leitender Oberstaatsanwalt

N. N.	—	—

Oberstaatsanwälte

Winkelmann, Christoph,		
stVLOStA	21. 6. 78	15. 2. 41
Bosche, Theodor	27. 10. 82	22. 9. 42
Pietrusky, Jörg	16. 11. 92	5. 5. 41
Triller, Georg	20. 8. 93	25. 9. 42
Dr. Brünker, Horst	—	—
König, Bernd	7. 3. 95	24. 1. 49
Graeve, Peter	11. 7. 96	29. 12. 42
Brodöfel, Reiner-Jörg	12. 7. 99	8. 3. 46
Leinhos, Joachim	2. 8. 99	16. 5. 45
Apostel, Friedrich	31. 1. 00	19. 3. 49

Staatsanwältinnen/Staatsanwälte

Obsieger, Eleonora-		
Dorothee, GL	—	—
Biella, Heinz	11. 12. 70	16. 6. 37
Deklerk, Hans-Jürgen	—	—
Knopf, Werner	—	—
Dreiling, Raymund	28. 5. 75	—
Lennartz, Elmar	22. 9. 75	28. 2. 43
Halft, Joachim	—	—
Breuers, Wilhelm	—	—
Both, Rainer	13. 11. 78	19. 7. 45
Klein, Hans-Georg	30. 6. 80	27. 7. 45
Bokemeyer, Walter	1. 7. 80	5. 8. 48
Kersten, Marie Louise	23. 3. 81	22. 7. 45
Schüler, Johannes	1. 9. 81	5. 4. 52
Knopp, Ernst	5. 10. 82	18. 8. 51

Kreutzberg, Martina	8. 10. 82	5. 6. 49
Nöckel, Trude	3. 5. 83	1. 5. 53
Clemens, Heinz	—	—
Geier, Thomas	—	—
Kesper, Dieter	2. 11. 84	7. 1. 53
Schütt-Plewe, Barbara	9. 12. 87	9. 10. 57
Stamer, Cornelia, abg.	17. 2. 89	12. 4. 58
von Depka-Prondzynski,		
Johannes	28. 3. 90	12. 6. 55
van der Linden, Peter	5. 9. 90	12. 4. 57
Dr. Lenz Robert	19. 12. 91	24. 4. 57
Komp, Wolfgang	24. 8. 92	23. 1. 60
Wangen, Roland	17. 5. 93	4. 1. 56
Esser, Bert	17. 5. 93	2. 12. 60
Faßbender, Robin	20. 9. 93	12. 2. 60
Krämer, Petra	26. 5. 94	27. 11. 58
Mohr, Ulrike	26. 5. 94	15. 11. 61
Wilhelm, Patrick	26. 5. 94	22. 12. 61
Dr. Pfeiffer, Joachim, abg.	8. 7. 94	12. 3. 58
Krechel, Birgitta	2. 6. 95	31. 8. 62
Coleman, Claudia	27. 12. 95	5. 10. 62
Bärmann, Angela	16. 12. 98	12. 6. 68
Daniel, Stefan	27. 7. 99	14. 7. 67
Weingarten, Jochen	27. 7. 99	23. 8. 69
Ziegenberg, Monika	27. 7. 99	9. 6. 70

Staatsanwaltschaft Köln

Am Justizzentrum 13, 50939 Köln
50926 Köln
T (02 21) 4 77–0
Telefax (02 21) 4 77–40 50

1 LOStA, 1 stVLOStA, 3 OStA (HL), 22 OStA,
8 StA (GL), 86 StA + ½ StA + 1 St ohne Besol-
dungsaufwand (StA), 1 LSt (StA)

Leitender Oberstaatsanwalt

Kapischke, Jürgen	1. 11. 99	22. 7. 47

Oberstaatsanwältinnen/Oberstaatsanwälte

Dropmann, Helmut,		
stVLOStA	9. 10. 95	16. 7. 35
Körber, Hagen, HL	—	19. 5. 39
Görig, Uwe, HL	—	30. 3. 39
Nesseler, Stefan, HL	1. 3. 87	5. 4. 38
Appenrodt, Regine	10. 12. 81	11. 9. 39
Leu, Alfred	21. 1. 87	1. 7. 38
Jansen, Hans Bernhard	23. 7. 87	9. 10. 38
Weber, Wolfgang	2. 11. 87	9. 11. 39
Werheit, Heinz	2. 4. 90	22. 2. 39
Raupach, Siegmar	15. 1. 92	17. 10. 49
Gawlik, Ulrich	2. 7. 93	6. 5. 43
Franzheim, Helga	11. 8. 94	16. 8. 42
Werner, Jürgen	11. 8. 94	25. 2. 42
Bülles, Egbert	11. 8. 94	1. 4. 46
Dammering, Hermann	19. 9. 94	22. 1. 44

Mahrle, Bärbel	2. 1. 95	22. 9. 40
Wessel, Gregor	27. 12. 96	28. 3. 47
Schütz, Andreas	27. 12. 96	28. 12. 48
Zopp, Josef	29. 1. 97	7. 6. 50
Mainzer, Wilfried, abg.	3. 3. 97	12. 1. 51
Ritter, Helmut	1. 7. 97	29. 5. 46
Kaufmann-Fund, Leonie	1. 10. 97	10. 6. 46
Gliß, Rainer	1. 1. 99	16. 3. 43
Wolf, Rainer	24. 2. 99	17. 11. 46
Dr. Asmussen, Holger	23. 4. 99	7. 9. 39
Krakau, Norbert	30. 7. 99	16. 11. 45

Staatsanwältinnen/Staatsanwälte

Both, Gerhard, GL	1. 8. 94	17. 10. 38
Elfers, Alfhard, GL	7. 5. 97	13. 12. 37
Meinert, Annelie, GL	18. 7. 97	27. 6. 53
Utermann, Karl, GL	19. 10. 98	18. 8. 41
Dederichs, Klaus Yvo,		
GL	20. 5. 99	6. 12. 36
Jeschke, Karl-Heinz, GL	1. 10. 99	6. 5. 39
Wachten, Heribert, GL	21. 2. 00	17. 7. 48
Globke, Marianne	22. 12. 70	13. 10. 39
Werzmirzowsky,		
Christoph	28. 7. 71	9. 7. 36
Dr. Klug, Ursula	21. 12. 71	15. 1. 40
Jacobs, Georg	2. 5. 72	24. 11. 38
Mergner, Dieter	30. 7. 73	31. 1. 40
Leuer-Ditges, Kathrin	4. 9. 74	25. 1. 42
Holtfort, Rudolf	5. 12. 74	30. 3. 38
Küpper, Helmut	7. 1. 75	12. 9. 39
Linke, Gerhard, abg.	2. 7. 75	24. 11. 43
Margraf, Rainer	21. 11. 75	13. 9. 40
Knieper, Manfred	24. 8. 76	23. 11. 40
Schmidt-Wendt, Karin	24. 8. 76	22. 12. 40
Sauer-Wehlack,		
Brigitte, ½	2. 12. 76	31. 10. 41
Vielhaber, Heinrich	2. 12. 76	1. 2. 42
Wolf, Rolf-Dieter	20. 12. 76	11. 8. 41
Kienen, August-Wilhelm	18. 2. 77	24. 5. 44
Bathow, Bernd	30. 6. 77	27. 2. 43
Knepper, Heinz Josef	9. 3. 79	15. 6. 46
Birmele, Jürgen	9. 3. 79	9. 7. 46
Schlechtriem, Karl-		
Wilhelm	10. 9. 79	14. 12. 46
Dohmen, Hans-Jürgen,		
abg.	10. 9. 79	15. 3. 48
Frey, Bogdan	4. 1. 80	7. 11. 48
Schmitz, Hans-Manfred	13. 3. 80	8. 7. 48
Reuter, Klaus	13. 3. 80	10. 3. 49
Keil-Schmitz, Jeanette	13. 3. 80	16. 6. 49
Willwacher, Alfred Karl	17. 3. 80	14. 1. 49
Feld, Günter	8. 10. 80	5. 11. 45
Krautkremer, Jürgen	8. 10. 80	6. 7. 48
Brendle, Walter	19. 3. 81	19. 5. 46
Wenzel, Werner	—	—

Quack-Kummrow,		
Annegret	19. 3. 81	29. 9. 51
Wolff, Hans-Joachim	13. 10. 81	1. 11. 48
Panzer, Herbert	23. 2. 82	3. 4. 46
Schlotterbeck, Karl-Heinz	23. 3. 82	12. 9. 48
Dr. Mätzke, Hans-Joachim	20. 7. 82	28. 9. 49
Bungart, Robert	8. 10. 82	24. 2. 49
Lorenzen, Jürgen	8. 10. 82	15. 4. 50
Oehme, Günter, abg.		
(LSt)	8. 10. 82	11. 9. 50
Fuchs, Sylvia	8. 10. 82	2. 6. 52
Buchmann, Jürgen	12. 10. 82	11. 4. 46
Statz, Walter	17. 10. 82	19. 5. 49
Weigand, Elmar	22. 11. 82	16. 4. 53
Röltgen, Winfried	2. 6. 83	5. 3. 52
Botzem, Hans-Jürgen	22. 12. 83	25. 11. 51
Wierzoch, Hartmut	18. 4. 84	17. 4. 51
Hartung, Wolfgang	18. 4. 84	14. 12. 51
Steffens, Inge	18. 4. 84	8. 8. 52
ten Brink, Reinhard	18. 4. 84	4. 12. 52
Mende, Joachim	11. 2. 85	3. 12. 53
Degenhardt, Christoph	15. 3. 85	20. 10. 50
Berens, Gerda	3. 1. 86	13. 7. 53
Braun, Georg	27. 1. 86	1. 2. 49
Müller, Barbara	9. 8. 89	20. 8. 56
Schmitt-Schönenberg,		
Birgitta	25. 6. 90	12. 5. 56
Heß, Wolfgang	22. 7. 91	22. 10. 57
König, Siegfried	28. 8. 91	3. 7. 55
Klaas, Jakob, abg.	3. 7. 92	28. 6. 58
Lorscheid, Andreas, abg.	26. 3. 93	2. 10. 59
Treßin, Elke	29. 9. 93	9. 12. 59
Kliemsch, Gabriele	29. 9. 93	20. 1. 60
Dr. Prinz, Alexander	29. 9. 93	27. 6. 60
Böshagen, Dirk	29. 9. 93	25. 10. 61
Roth, Joachim	30. 9. 93	20. 2. 60
Boden, Ulrich	21. 4. 94	11. 4. 57
Reifferscheidt, Norbert	21. 4. 94	7. 7. 61
Lassahn, Susanne	6. 6. 94	14. 5. 62
Dr. Hildenstab, Bernd	19. 9. 94	13. 3. 61
Hermes, Irmgard	21. 9. 94	17. 11. 59
Dr. Albrecht, Claudia	13. 1. 95	25. 12. 63
Stauch, Thomas	4. 8. 95	10. 9. 60
Bolder, Sabine	4. 8. 95	12. 9. 61
Statz, Alexandra	4. 8. 95	4. 6. 62
Waßmann, Alexandra	4. 8. 95	4. 6. 62
Reifferscheidt, Margarete	18. 12. 95	31. 5. 61
Berghoff, Susanne	7. 8. 96	7. 5. 61
Simon, Ursula	7. 8. 96	15. 10. 61
Reul, Sonja	7. 8. 96	27. 7. 63
Neiß, Ellen	7. 8. 96	22. 1. 66
Jürgens, Rudolf, abg.	8. 8. 96	17. 3. 61
Mandt, Brigitte, abg.	22. 2. 97	16. 12. 60
Gréus, Claudia	22. 2. 97	5. 7. 65
Wehrstedt, Michael	23. 2. 97	29. 11. 58
Elschenbroich, Torsten	28. 7. 97	31. 8. 64
Finkelberg, Katja	26. 5. 98	27. 6. 68
Drossé, Anja	31. 5. 98	4. 11. 67
Etelt, Wolfgang	20. 11. 98	20. 8. 65
Kläsener, Guido	30. 8. 99	11. 1. 69
Dr. Malitz, Kirsten		
Elisabeth	—	—
Jenisch, Oliver	21. 1. 00	13. 1. 63
Greier, Gunnar	21. 1. 00	29. 2. 68

Richterinnen/Richter und Staatsanwältinnen/Staatsanwälte im Richterverhältnis auf Probe

Oberlandesgerichtsbezirk Düsseldorf

Bei den Gerichten:

van Eek, Martha, beurl.	19. 4. 91	21. 12. 61
Dr. Schulze-Lammers,		
Susanne, beurl.	28. 10. 91	16. 1. 60
Pesch, Iris, beurl.	2. 11. 93	28. 3. 64
Mörsdorf-Schulte, Juliana,		
beurl.	—	—
Reiff, Sabine, beurl.	—	—
Wierzba, Ute, beurl.	3. 1. 96	4. 1. 66
Breuers, Christian	16. 9. 96	14. 9. 69
Dr. Dorsel, Silke, beurl.	2. 1. 97	8. 7. 56
Trechow, Christopher	2. 1. 97	3. 10. 63
Rottländer, Guido	2. 1. 97	8. 6. 65
Strefling, Susanne	2. 1. 97	16. 10. 65
Schuhmacher, Klaus	2. 1. 97	25. 2. 66
Dr. Stiens-Reichert,		
Andrea, beurl.	2. 1. 97	9. 9. 66
Puls, Dorothee	2. 1. 97	2. 5. 67
Bludau, Oliver	2. 1. 97	7. 1. 68
Rühl, Iris	2. 1. 97	8. 9. 68
Neugebauer, Ralf Kurt		
Günter	24. 2. 97	18. 11. 63
Blomenkamp, Carl	25. 2. 97	13. 8. 65
Dolfen, Gisela	25. 2. 97	18. 11. 67
Nennecke, Christian	1. 4. 97	15. 4. 66
Mlitzke, Andreas	1. 4. 97	31. 7. 67
Thelen, Gerhard Josef	1. 4. 97	14. 9. 67
Bettex, Barbara Friederike, ½	1. 4. 97	22. 9. 67
Hollstegge, Georg	1. 4. 97	27. 10. 67
Beuchel, Marcus	—	—
van den Bosch, Anke	—	—
Zimmermann, Walter Alfons	5. 5. 97	22. 12. 62
Dr. Wittgruber, Anke	5. 5. 97	4. 7. 68
Dr. Bonifacio, Michael	5. 6. 97	16. 12. 68
Berke, Katharina	—	—
Geißels, Volker	16. 6. 97	14. 9. 69
Bünemann, Anne, beurl.	16. 6. 97	27. 5. 70
Dr. Egger, Ulrich	17. 6. 97	9. 4. 66
Löhr, Stefan	1. 8. 97	16. 1. 65
Dr. Theißen, Heinrich		
Friedrich Maria	1. 8. 97	4. 5. 65
Rottländer, Ingo	1. 8. 97	23. 1. 68
Heuchling, Nicola, abg.	4. 8. 97	21. 4. 68
Kirschner, Gudrun	5. 8. 97	17. 12. 70
Laurs, Thomas Leonhard	7. 8. 97	16. 3. 70
Dr. Selzner, Christiane, beurl.	1. 9. 97	7. 10. 64
Kuhn, Michael	25. 9. 97	28. 1. 67
Kuhn, Dagmar	3. 11. 97	5. 5. 67
Talla, Andrea	3. 11. 97	1. 11. 68

Rasche-Iwand, Tanja	27. 11. 97	9. 7. 68
Wagner, Andreas	1. 12. 97	8. 11. 62
Dr. Moritz, Norbert	1. 12. 97	23. 4. 68
Kovacic, Patrick	1. 12. 97	2. 4. 70
Rüsch, Elke	1. 12. 97	3. 3. 71
Türpe, Andreas	7. 4. 98	30. 4. 68
Machwirth, Ulrike	7. 4. 98	9. 12. 68
Schwingeler, Theodor	7. 4. 98	24. 6. 69
Dr. Oppermann, Diethard	7. 4. 98	16. 3. 71
Luge, Nicole	7. 4. 98	2. 7. 71
Tralau, Svenja	5. 5. 98	6. 2. 70
Michalek, Karin	7. 5. 98	28. 8. 69
Berninger, Jochen	8. 5. 98	23. 1. 67
Podeyn, Christian	8. 5. 98	8. 12. 67
Lingrün, Lars	2. 6. 98	28. 9. 68
Zangerl, Petra	15. 6. 98	17. 3. 69
Dr. Schrader, Ludolf	1. 7. 98	25. 5. 63
Vieler, Artur	1. 7. 98	18. 10. 64
Hunstieger, Birgit	1. 7. 98	23. 4. 68
Gründges, Michael	1. 7. 98	6. 5. 68
Schlamkow, Christoph	1. 7. 98	23. 7. 68
Petersen, Lars	1. 7. 98	20. 1. 69
Schumann, Jan	1. 7. 98	15. 7. 69
Bönnen, Hartmut	1. 7. 98	3. 10. 69
Komnik, Daniel	1. 7. 98	24. 12. 69
Kleinke, Birgit	1. 7. 98	10. 5. 70
Mückner, Lars	2. 7. 98	30. 7. 66
Stieler, Thorsten	2. 7. 98	1. 6. 69
Voß, Ulrike	3. 7. 98	31. 12. 67
Bittner, Thomas	3. 8. 98	1. 10. 64
Leube, Jens	25. 8. 98	26. 8. 68
Albrecht, Frank, abg.	1. 9. 98	21. 4. 67
Schmoll, Daniela	1. 9. 98	13. 8. 69
Gerads, Ralf Johann	8. 10. 98	4. 2. 67
Reimann, Claudia	9. 10. 98	29. 3. 71
Groß, Katja	12. 10. 98	3. 7. 67
Baumann, Claudia	12. 10. 98	28. 12. 69
Jung, Holger	12. 10. 98	25. 6. 70
Manteuffel, Kerstin	14. 10. 98	27. 11. 68
Franzke, Thomas	29. 10. 98	2. 12. 71
Lüttgen, Peter	2. 11. 98	20. 5. 68
Lohr, Thomas	2. 12. 98	16. 4. 69
Marci, Nicole	7. 12. 98	21. 1. 69
Weiden, Torsten	7. 12. 98	7. 11. 70
Roggatz, Stefanie	8. 12. 98	12. 11. 70
Janßen, Frank	18. 12. 98	30. 5. 68
Milersky-Pütz, Beate	21. 12. 98	23. 5. 66
Rubel, Stefan	21. 12. 98	21. 11. 70
Elle, Verena	21. 12. 98	2. 12. 70
Dr. Henzler, Roland	28. 12. 98	5. 6. 69
Spiecker, Vera	28. 12. 98	5. 10. 69

Steins-Schuchert, Miriam	26. 2.99	18. 6.68
Klapprott, Kerstin	1. 3.99	1.12.71
Pixa, Annette	1. 3.99	26.12.71
Vieregge, Richard	1. 3.99	11. 4.71
Zekl, Volker	8. 3.99	24. 2.68
Gebhardt, Ulrich	15. 3.99	20. 1.66
Dr. Lässig, Peter	1. 4.99	6.12.68
Kania, Karsten	1. 4.99	14. 4.69
Lambrecht, Uwe	1. 6.99	1. 8.64
Nick, Daniel	1. 6.99	25. 2.68
Schmidt, Nicola	1. 6.99	20. 5.69
Dr. Crummenerl, Tim	1. 6.99	18. 2.70
Lüthe, Frank	7. 6.99	24. 8.67
Petzka, Adam	7. 6.99	21.11.71
Gmelin, Mark Ulrich	2. 8.99	3. 3.67
Naumann, Esther	2. 8.99	24.11.69
Brüggemann, Thomas	2. 8.99	5.12.69
Wermeckes, Bernd	2. 8.99	29. 1.70
Schröer, Bernhard	2. 8.99	28.12.70
Plein, Mario	2. 8.99	29. 1.71
Majonica, Markus	2. 8.99	22. 2.71
Kramer, Andrea	2. 8.99	5.12.71
Posegga, Thomas	11. 8.99	25. 6.71
Wilczek, Sonja	23. 8.99	6. 2.71
Seifert, Wilko	19.10.99	22.12.70
Lentz, Sabine	3.11.99	14. 7.66
Engelkamp, Ingrid	3.11.99	14. 9.68
Singer, Katja	15.11.99	17. 1.73
Piaszek, Alexander	17.11.99	18. 2.68
Vaupel, Kerstin	19.11.99	8. 1.70
Hubert, Thomas	19.11.99	29. 2.72
Bachler, Lars	23.11.99	15. 6.68
Hamacher, Angelika	1.12.99	7. 6.66
Koch, Annika	8.12.99	1. 5.73
Perschke, Holger	13.12.99	29. 6.71
Wenzel, Kerstin	13.12.99	21. 7.71
Martiensen, Per Eirik	13.12.99	17.12.71
Köppen, Anja	13.12.99	23. 9.72
Huth, Vera	—	—
Gohr, Albrecht	17.12.99	21.11.69
Denzel, Silke	3. 1.00	6. 3.72
Happe, Christian	17. 1.00	29. 6.70
Dr. Biermann, Rainer	16. 2.00	26. 1.66

Bei den Staatsanwaltschaften:

Loewenich, Heike Ute, beurl.	21.10.96	29. 1.68
Dr. Freudenberg, Uta, beurl.	17. 3.97	17. 5.65
Osing, Anne	26. 3.97	19. 2.67
Tupait, Thomas	1. 4.97	25. 8.64
Dr. Kreuels, Martin	16.10.97	14. 8.69
Cifciler-Ermis, Devrim	20.10.97	19. 6.67
Atzinger, Britta Maria	1.12.97	14.12.68
Blum, Birgit Astrid	2. 1.98	25. 5.67
Khan, Alexandra Sikandra	15. 1.98	18. 9.62

Zweigle, Daniela	15. 1.98	21. 6.69
Schäfer, Barbara Maria	19. 1.98	22. 5.69
Depping, Christina	19. 1.98	2. 5.70
Wolzenburg, Holger Otto	9. 2.98	8. 5.65
Dr. Kämpfer, Simone	16. 2.98	14. 8.66
Kraning, Birgit	2. 3.98	17. 4.68
Hansen, Birgit Annette	20. 4.98	25. 1.69
Wolfram, Arndt	26. 5.98	31.12.67
Alexander, Kerstin	27. 5.98	21. 4.65
Oettli, Michael	2. 6.98	29. 9.67
Terbrack, Vera	29. 6.98	10.11.70
Marx-Manthey, Michael	3. 8.98	18.11.63
Willuhn, Ulf Jürgen	16.11.98	11.10.68
Fischer, Martin	16.11.98	14. 7.70
Hensen, Claudia Anna	17.11.98	7. 7.71
Hermenau, Fränk	18.11.98	24.12.64
Lütz, Simone	4.10.99	18. 9.70
Stüve, Andreas	6.10.99	8. 9.69
Kaune, Heribert	6.10.99	17. 2.70
Kruchen, Sibylle	8.10.99	11. 3.71
Wallaschek, Carolin	1.12.99	29. 4.70
Kucera, Christian	20. 1.00	12. 8.69
Budéus, Verena	20. 1.00	7.12.69
Wehner, Christina	20. 1.00	22. 2.71
Lynen, Sabine	20. 1.00	9. 4.72
Beckedorf, Annette	20. 1.00	30. 4.72
Dr. Schneider, Christian	1. 3.00	5. 3.64
Lingens, Stefan	1. 4.00	8. 9.69

Oberlandesgerichtsbezirk Hamm

Bei den Gerichten:

Maukisch, Elisabeth	17. 3.80	26. 2.50
Voosholz, Ulrich	8.12.88	9. 3.57
Glombitza, Claudia	28. 2.90	5. 5.61
Naujoks, Martina	15. 5.92	6. 6.60
Meise, Carsten	6.10.92	14.10.61
Kersting, Michael	15. 2.93	28. 6.57
Neumann, Barbara	3. 3.93	9. 9.64
Graeve, Heidi	24. 5.93	15. 1.64
Grunsky, Joachim	21. 7.93	8.12.62
May, Caroline	3. 8.93	9. 7.65
Frenking, Dirk	9. 9.93	3. 9.62
Kabisch, Wolfgang	4.10.93	23. 1.60
Clouth-Gräfin von Spee, Nicole	5. 1.94	5. 9.65
Hülsmann, Elisabeth	16. 5.94	8. 4.65
Oesing, Elisabeth	30. 6.94	13.10.64
Siedler, Jörg	22. 7.94	16. 1.65
Hommel, Christoph	1. 3.95	13. 2.66
Franke, Jens	25. 4.95	5.11.64
Kruse, Thorsten	21. 6.95	27.10.62
Aink, Martina	30. 6.95	12. 5.63
Körfer, Birgit	13. 7.95	12. 1.65
Klocke, Anke	17. 7.95	31. 1.66
Meiring, Christoph	11. 8.95	25. 2.66

Dr. Wrobel, Jürgen	15. 8.95	13. 4.65
Middeler, Martin	24.10.95	16.10.64
Westermann, Frank	24.10.95	27. 3.66
Dr. Terharn, Christoph	17.11.95	17. 2.64
Haddenhorst, Frank	19. 1.96	8. 4.65
Dr. Berning, Harald	2. 2.96	16. 2.66
Siegemeyer, Ira	8. 2.96	14. 4.66
Dr. Hupe, Astrid	9. 2.96	9. 7.65
Rohlfing, Christine	12. 2.96	27. 3.68
Reinold, Simone	16. 2.96	1. 4.67
Krause, Jens	7. 3.96	15. 9.65
Jürgens, Annette	7. 3.96	21. 2.68
Albracht, Dirk	11. 3.96	19. 8.67
Oedinghofen, Claudia	18. 3.96	31. 7.65
Hartmann, Manfred	18. 3.96	4. 2.66
Bock, Constance	3. 4.96	9. 3.68
Hoffmann, Oliver	23. 4.96	3.12.66
Schneider, Jörg	7. 5.96	27. 5.68
Kroll, Christiane	24. 5.96	8. 6.66
Eisenberg, Guiskard	18. 9.96	13.11.67
Schäpers, Gudrun	18. 9.96	21.12.67
Bünnecke, Marc	18. 9.96	30. 5.68
Hofstra, Britta	24. 9.96	29. 4.70
Dr. Lemcke, Thomas	30. 9.96	18. 7.66
Dr. Ständer, Sabine	1.10.96	19. 2.65
Kretschmer, Michael	1.10.96	26. 6.67
Jähnichen, Esther	1.10.96	13. 2.69
Saal, Julia	4.10.96	15. 4.68
Goldberg, Birgit	4.10.96	30. 4.69
Pelzer, Dirk	25.10.96	15.11.67
Stockmann, Astrid	4.11.96	10. 9.68
Dr. Schmalz-Brüggemann, Gernot	5.11.96	9. 6.64
Januzi, Martina	2. 1.97	26.11.67
Schossier, Paul	2. 1.97	14.12.68
Verweyen, Birgit	2. 1.97	12. 1.70
Matzat, Antonia	2. 1.97	7. 6.70
Richter, Jochen	17. 1.97	13. 1.63
Jaspers, Peter	17. 1.97	12. 3.68
Pachur, Michael	17. 1.97	17. 4.69
Jürgens, Ute	17. 1.97	17. 5.69
Heithoff, Ansgar	21. 1.97	8. 8.67
Blanc, Stephanie	21. 1.97	31.10.67
Jung, Martin	21. 1.97	26.12.67
Hans, Sebastian	21. 1.97	14. 1.69
Rehse, Regina	22. 1.97	25. 2.69
Dieck, Heiko	22. 1.97	11. 9.69
Magnus, Axel	24. 1.97	21. 9.69
Korte, Sabine	7. 2.97	9. 6.67
Weiß, Susanne	17. 2.97	2. 3.66
Schleicher, Ellen	21. 2.97	11. 1.68
Becker, Michael	10. 3.97	11. 2.66
Bröker, Christoph	10. 3.97	3. 1.67
Koß, Bernd	10. 3.97	13.12.67
Nowak, Britta	11. 3.97	4.11.67
Locher, Matthias	25. 4.97	7. 1.66
Dr. Klinke, Markus	30. 4.97	26. 1.66
Wulle, Andrea	30. 4.97	13. 5.67
Northoff, Meinhard	30. 4.97	8. 9.67
Funk, Rasmus	30. 4.97	7. 2.69
Hornung, Andreas	30. 4.97	17. 9.69
Sattler, Ute	13. 5.97	6.11.67
Pohlmann, Ralph	15. 5.97	5.11.66
Schulte-Bunert, Kai	21. 5.97	6. 6.69
Dr. Mingers, Gabriele	26. 5.97	31.12.66
Krämer, Sophia	26. 5.97	5. 4.70
Sastry, Gaury Julietta	1. 7.97	21. 9.62
Erdmann, Ralph-Ingo	10. 7.97	19.10.68
Klett, Ernst	11. 7.97	21. 7.67
van Berghem, Dagmar	1. 8.97	10. 4.70
Neuhoff, Dieter	5. 9.97	8.10.62
Dr. Saal, Martin	5. 9.97	8. 7.68
Busch, Mechthild	8. 9.97	2. 1.69
Servas, Oliver	10. 9.97	24. 2.68
Zantis, Nicole	15. 9.97	25.10.68
Drinhaus, Frank	22. 9.97	14. 1.67
Lemken, Elmar	1.10.97	20.12.65
Thünte-Winkelmann, Julia	1.10.97	29. 8.70
Dr. Rottkemper, Michael	20.10.97	22.12.65
Röcken, Matthias	20.10.97	31. 1.68
Weiß, Matthias	20.10.97	20.12.68
Neukäter, Christoph	21.11.97	10. 4.69
Welslau, Stefan	21.11.97	25. 1.71
Dr. Hamme, Gerd	24.11.97	28. 1.67
Van der Sand, Martin	1.12.97	12.11.68
Krumm, Carsten	2. 1.98	24.12.69
Dr. Vonscheidt, Cordula	15. 1.98	15. 3.69
Beier, Michael	16. 1.98	10. 1.70
Dr. Breuer, Gerhard	19. 1.98	4.12.67
Haverkämper, Ulf Jörn	21. 1.98	18. 1.69
Strufe, Frank	25. 2.98	7. 6.65
Borowiak, Gero	25. 2.98	22.11.68
Rößeler, Beatrix	25. 2.98	27. 2.69
Bringemeier, Andreas	25. 2.98	1.11.69
Pantke-Kersting, Gabriele	25. 2.98	23.11.70
Dr. Hübner, Jan-Kristof	27. 2.98	15. 1.69
Linde, Oliver	27. 2.98	8. 4.69
Krüger, Jörg	27. 2.98	29.10.69
Brügge, Claudia	27. 2.98	18. 7.71
Striepen, Regine	2. 3.98	17. 2.71
Schulz, Annette	16. 3.98	25. 6.71
Dr. Löer, Lambert	18. 3.98	23. 5.69
Dr. Kretschmer, Barbara	18. 3.98	29. 6.70
Teipel, Klaus Peter	19. 3.98	9.11.66
Markmann, Silke	25. 3.98	9. 1.71
Nowatius, Niklas	1. 4.98	22.11.67
Rabe, Annette	1. 4.98	12. 4.68
Berger-Drame, Brigitte	6. 4.98	28. 8.66
Holzammer, Angela	6. 4.98	16. 5.70
Dr. Idziok, Anja	7. 4.98	27. 1.69
Hermanns, Sabine	7. 4.98	25. 8.70
Meier, Christiane	7. 4.98	25.11.70

Ausetz, Markus	9. 4.98	6. 6.68
Weber, Stephan	27. 4.98	4.11.70
Schnellenbach, Annette	28. 4.98	2. 6.69
Pichocki, Frank	28. 4.98	30. 6.70
Kimmeskamp, Johannes	14. 5.98	18. 4.65
Jörgens, Danja	14. 5.98	23. 7.69
Borgschulte, Petra	14. 5.98	3.10.70
Tecklenburg, Maximilian	26. 5.98	6. 8.70
Dr. Heßhaus, Andrea	15. 6.98	18. 5.69
Becker, Gabriele	15. 6.98	14. 8.69
Loos, Gregor	25. 6.98	6. 4.70
Marx, Susanne	26. 6.98	27. 2.70
Schwefer, Ira	29. 6.98	12.11.70
Ditzler, Anke	1. 7.98	9. 8.67
Thiele, Monika	1. 7.98	26. 4.69
Vondey, Michael	1. 7.98	11. 8.69
Krafft, Stefanie	1. 7.98	12. 4.70
Dr. Ball, Beatrice	1. 7.98	15. 5.70
Schütz, Michael	15. 7.98	21. 6.70
Werthmann, Dietmar	31. 7.98	23. 8.69
Grewer, Hans-Jochen	3. 8.98	3. 3.70
Dr. Hartung, Frank	5. 8.98	30.11.64
Nabel, Carsten	14. 8.98	27. 9.68
Peters, Helga	11. 9.98	25.10.67
Hackert, Stephan	11. 9.98	5. 2.69
Prange, Albert	11. 9.98	25. 5.69
Schulte, Diana	11. 9.98	2. 7.70
Niemann, Silke	11. 9.98	21.12.70
Thaler, Manuela	1.10.98	10. 5.71
Bieling, Matthias	7.10.98	18.10.71
Hartmann, Thomas	12.10.98	20.12.64
Bode, Eva	12.10.98	1. 7.68
Budde, André	19.10.98	11. 7.68
Klich, Elisabeth	19.10.98	6. 1.69
Christ, Cornelia	21.10.98	19.10.69
Spieker, Hagen	21.10.98	8. 1.72
Ulrich, Jeanette	22.10.98	19. 8.66
Faber, Eric	2.11.98	3.12.69
Schülke, Eric	18.11.98	2.12.69
Bungardt, René	25.11.98	17. 6.69
Braams, Karin	1.12.98	3.12.69
Poguntke, Petra	15.12.98	25. 8.65
Dörlemann, Markus	15.12.98	23. 1.68
Dubberke, Gesche	16.12.98	3. 7.70
Neuhaus, Carola	17.12.98	4. 2.69
Dr. Niehoff, Martina	4. 1.99	3. 3.69
Oen, Cornelia	4. 1.99	20.10.70
Book, Jürgen	4. 1.99	24.12.71
Israel, Franziska	4. 1.99	7. 4.73
Wunderlich, Olaf	21. 1.99	16. 2.70
Fischer, Robert	1. 2.99	11. 8.67
Wohlthat, Dagmar	1. 2.99	23. 7.70
Feldhaus, Nils	1. 2.99	3. 1.71
Stratmann, Petra	1. 2.99	16. 4.71
Paschke, Britta	1. 2.99	14. 4.72
Dorchholz, Sandra	2. 2.99	3. 9.69
Hurtzig, Alexandra	2. 2.99	12.10.71
Fischbach, Christian	17. 2.99	15.12.70
Bröderhausen, Thomas	19. 2.99	3.11.69
Sommerfeld, Nina-Carolin	22. 2.99	27. 1.71
Bäcker, Ilka	8. 3.99	6.11.66
Pruß-Steinigeweg, Daniela	8. 3.99	4. 7.71
Krupp, Nicole	15. 3.99	12. 6.72
Müntner, Hilke	18. 3.99	9. 2.70
Dr. Lange, Ulrike	1. 4.99	4. 9.69
Schmehl, Petra	6. 4.99	17. 3.70
Puchert,	7. 4.99	14. 6.66
Tenfelde, Andrea	16. 4.99	28. 3.72
Dr. Derstadt, Eva-Maria	21. 4.99	7. 1.69
Linden, Stefan	22. 4.99	24. 6.67
Storch, Florian	22. 4.99	8. 2.71
Dr. Wappler, Petra	28. 4.99	6. 2.67
Wegner, Susanne	3. 5.99	20.10.67
Flockenhaus, Jasmin	3. 5.99	5. 4.69
Block-Gerdelmann, Agnes	25. 5.99	11.11.69
Malik, Dietmar	25. 5.99	29. 4.70
Dr. Hillebrand, Stephan-Robert	1. 6.99	14. 7.69
Mestekemper, Sandra	1. 6.99	15. 3.71
Salmann, Meike	2. 6.99	28. 5.72
Heuer, Helga	22. 6.99	24. 2.66
Henze, Christian	22. 6.99	2.11.69
Dieckerhoff, Katrin	22. 6.99	24.10.71
Ott, Birgit	23. 6.99	23.11.71
Domke, Uta	2. 7.99	7. 7.70
Neetix, Franz-Josef	5. 7.99	30. 3.68
Jablonski, Sabine	5. 7.99	14. 4.72
Roter, Kerstin	6. 7.99	26. 6.72
Wacker, Daniel	12. 7.99	10. 7.68
Ostheide, Stefan	2. 8.99	16. 6.71
Wienand, Monika	2. 8.99	8.11.71
Frieling, Dieter	8. 9.99	25. 3.69
Gutberger, Frank	13. 9.99	9. 7.69
Suermann, Andreas	13. 9.99	18. 6.72
Borgmann, Thomas	—	—
Ruben, Jörg	20. 9.99	14. 5.71
Rösenberger, Katja	21. 9.99	13. 1.69
Dreßel, Jens	23. 9.99	19. 1.71
Tilmans, Britta Yasmin	28. 9.99	27. 9.70
Thewes, Ulrich	1.10.99	15.12.70
Proske, Eva	1.10.99	10. 3.71
Pheiler, Matthias	19.10.99	7. 2.70
Sykulla, Alexandra	19.10.99	19. 4.72
Kuper-Stelte, Swantje	2.11.99	13.10.67
Jansen, Susanne	2.11.99	21.11.68
Kramer, Sabine	2.11.99	23. 4.69
Krischok, Rüdiger	2.11.99	21. 9.70
Kranz, Holger	25.11.99	31.10.70
Dr. Dyhr, Jochen	29.11.99	4.11.67
Dirks, Holger	1.12.99	7. 1.70
Knappmann, Jan	1.12.99	22. 4.70
Ginzel, Manuel	6.12.99	2. 5.72

Dr. Rohde, Annette	17.12.99	12. 8.69		Conrad, Peter	1. 4.98	5. 9.67
Diekmann, Sabine	3. 1.00	29. 7.69		Imig, Christopher	2. 6.98	19. 5.69
Klein-Heßling, Irmhild	3. 1.00	3.12.69		Rosenbaum, Elke	8. 6.98	17. 9.67
Heitker, Kerstin	3. 1.00	10.11.70		Blankenburg, Iris	17. 8.98	10. 9.68
Jesiek, Sonja	3. 1.00	27. 8.71		Schröer, Ludger	24. 8.98	6. 3.69
Sabrowsky, Arnim	4. 1.00	28. 5.70		Wibbe, Marco	12.10.98	15.10.71
Schulz, Christian	4. 1.00	6. 8.71		Rhode, Matthias	13.10.98	12. 4.65
Twenhöven, Britta	4. 1.00	10. 2.72		Gollata, Frank	20. 1.99	14. 2.67
Kexel, Thomas	17. 1.00	5.11.68		Ziplies, Christine	20. 1.99	19. 9.71
Scheid, Henrike	17. 1.00	24. 7.69		Erne, Ina	25. 1.99	20. 1.72
Staudinger, Ilka	17. 1.00	20. 9.69		Poerschke, Stephan	1. 2.99	19. 4.68
Schelzke, Gerald	17. 1.00	9.12.70		Kruse, Henner	1. 2.99	11. 5.72
Fisch, Eberhard	17. 1.00	31. 5.72		Schmitz, Benno	8. 3.99	24.11.70
Dohm, Kerstin	17. 1.00	29. 7.72		Schilling, Ansgar	6. 4.99	11. 2.71
Nolting, Julia	18. 1.00	17. 7.65		Zielke, Christoph	12. 4.99	17.12.69
Altemeier, Nicole	18. 1.00	11.12.71		Föhring, Beatriz	19. 4.99	5. 4.70
Böhle, Lars	18. 1.00	5. 5.72		Wirriger, Michael	26. 4.99	20. 2.67
Eimler, Harald	18. 1.00	13. 7.72		Temmen, Martin	31. 5.99	25. 7.70
Lohoff, Simone	18. 1.00	20. 8.72		Maleck, Jörg	31. 5.99	27.12.70
Franceschini, Claudia	19. 1.00	24. 4.67		Wojke, Silke	31. 5.99	1. 3.72
Kolb, Peter	19. 1.00	14. 4.68		Bertl, Matthias	12. 7.99	18. 1.66
Werkemüller, Sandra	19. 1.00	18. 6.68		Rauhaus, Susanne	9. 8.99	4.11.66
Fiebig-Bauer, Elke	19. 1.00	20.12.68		Kaufmann, Andreas	9. 8.99	22.12.66
Maatmann, Ingrid	19. 1.00	23.11.72		Sudhölter, Barbara	9. 8.99	17. 4.70
Norpoth, Johannes	20. 1.00	15. 9.67		Dr. Roth, Henry	8. 9.99	26. 4.72
Bartz, Ulrike	1. 2.00	21. 4.69		Krause, Birgit	4.10.99	31. 3.68
				Pape, Birgit	4.10.99	21. 8.71
Bei den Staatsanwaltschaften:				Engelmann, Sandra	15.12.99	21. 1.72
Krause, Andrea	18. 8.94	15. 4.63		Karlin, Marco	17.12.99	4. 2.72
Raven, Ortrud	19. 1.95	14. 7.64		Behrendt, Tania	29.12.99	30. 3.71
Kolbe, Dagmar	8. 2.95	26. 7.63				
Petlalski, Christian	27. 3.95	7. 8.64		**Oberlandesgerichtsbezirk Köln**		
Friese, Daniela	10. 1.96	15. 8.63				
Schubert, Bettina	2. 5.96	8. 6.67		*Bei den Gerichten:*		
Wagner, Susanne	1.10.96	11. 8.66		Raschke-Rott, Birgit, beurl.	28.10.85	18. 6.58
Glombik, Olaf	28.10.96	2.12.68		Olpen, Karin, beurl.	28. 3.94	12. 9.62
Humbert, Christoph	—	—		Foerst, Iris, beurl.	27. 7.94	17. 8.64
Mönning, Katrin	18.11.96	21. 8.68		Engemann, Uta, beurl.	12. 9.94	4. 3.66
Bachmann, Andreas	2.12.96	20. 3.65		Brantin, Suzanne, ½	30.12.94	29. 1.65
Haschke-Delgmann, Bettina	4.12.96	11.10.64		Brünker, Wiebke, beurl.	9. 5.95	24. 2.66
Götte, Petra	16. 6.97	20. 5.67		Hartung, Stefanie, ½	15. 2.96	26.12.68
Asensio Pagan, José Andrés	26. 6.97	15.11.66		Schütte-Müller, Katja	15. 4.96	12. 2.66
Kötter, Cornelia	14. 7.97	23. 6.68		Köllen, Elke	18.10.96	28. 8.64
Schröder, Sabine	15. 7.97	12.10.64		Rey, Andreas	6. 1.97	26. 3.67
Dr. Uhrig, Stephanie	17. 7.97	15. 4.67		Becks, Hans-Joachim	6. 1.97	30. 4.67
Kaluza, Carmen	10.11.97	2.11.69		Beitzel, Rüdiger	7. 1.97	27. 8.65
Rosenbaum, Claudia	10.11.97	1. 4.70		Dr. Kreß, Simone, beurl.	10. 1.97	19. 9.66
Leinkauf, Ina	17.11.97	15. 7.70		Hildebrandt, Susanne	13. 1.97	9. 2.68
Balke, Jens	24.11.97	21. 5.65		Fleischhauer, Johann	20. 1.97	15. 5.67
Michels, Henning	19. 1.98	6.11.68		Eßer, Dirk	3. 3.97	8. 7.66
Spieß, Ute	4. 3.98	23. 6.70		Gelber, Claudia	4. 3.97	16. 4.67
Dahnke, Henrik	9. 3.98	23. 9.66		Zickler, Roland	17. 3.97	27. 1.68
Gerbersmann, Dorothée	11. 3.98	26.10.68		Wurm, Sylvia	2. 5.97	18. 6.70
Gorhold, Marsha	12. 3.98	25. 6.70		Finke, Katja, beurl.	6. 5.97	2.11.66
Levin, Stefan	16. 3.98	8. 5.70		Dr. Sturhahn, Andrea	6. 5.97	21. 5.67
Gabriel, Gerrit	23. 3.98	21. 2.69		Geiger, Stephanie	7. 5.97	17. 4.68

Name		
Breuer, Frank Stephan	7. 5.97	23. 4.66
Dr. Queng, Stefan	12. 5.97	4. 9.67
Langer, Nicole	14. 5.97	11. 1.69
Gösele, Barbara	—	—
Dr. Hogenschurz, Johannes	21. 5.97	23. 6.69
Helmes, Harald	22. 5.97	8. 9.65
Bernards, Astrid	2. 6.97	20. 9.66
Kegler, Heike	2. 6.97	2.10.68
Bartels, Clemens	2. 6.97	18. 7.69
Dr. Jeckel, Sebastian	8. 8.97	2.12.67
Poling-Fleuß, Alexandra	8. 8.97	30. 6.69
Heymann, Torsten, abg.	—	—
Dominick, Bert	14.10.97	21. 2.67
Singbartl, Stefan	14.10.97	1. 7.68
Wiegelmann, Andreas	9.12.97	29. 1.69
Dr. Günther, Heinz-Ulrich	19.12.97	8. 7.63
Fröhlich, Oliver	2. 1.98	13. 6.65
Dr. Grundmann, Silvia	5. 1.98	19. 4.64
Dr. Schotten, Gabriele	16. 1.98	26. 1.68
Bleser, Sabine	20. 1.98	20. 8.68
Dr. Fritz, Klaus	22. 1.98	2. 3.69
Middelanis, Christina	29. 1.98	8. 9.70
Berlet, Barbara, ½	6. 3.98	6.12.70
Dr. Kessen, Martin, abg.	6. 3.98	1. 4.71
Dick, Sonja	9. 3.98	15. 7.71
Dr. Dallemand-Purrer, Claudia	1. 4.98	17. 3.66
Jacoby, Dorothee	1. 4.98	11. 4.70
Dr. Spenner, Elke	27. 5.98	14. 9.66
Fühling, Alexander	28. 5.98	25. 6.70
Birkhölzer, Katrin, ½	2. 6.98	21. 7.67
Vollmer, Anja	2. 6.98	25. 3.71
Maxrath-Brang, Katja, ½	2. 6.98	24. 4.71
Klinge, Jutta	1. 7.98	13.10.70
Radke, Daniel	3. 8.98	3. 9.64
Dr. Onderka, Julia	3. 8.98	26. 6.72
Hoppe, Eva-Maria	13. 8.98	28.11.69
Dr. Lieber, Reinhard	17. 8.98	9.10.64
Kirchesch, Volker	17. 8.98	7.10.67
Ink, Stefanie	18. 9.98	10. 1.70
Sella-Geusen, Sylvia, ½	22. 9.98	4. 8.62
Faust, Susanne	22. 9.98	23.11.69
Schafranek, Sabine, beurl.	24. 9.98	25. 9.69
Böhme, Regina, beurl.	24. 9.98	7. 6.70
Dr. Eumann, Marc	1.10.98	10. 6.68
Dr. Weustenfeld, Ingo	9.11.98	18.10.68
Marczak, Elke	9.11.98	19. 8.70
Segger, Janna, beurl.	11.10.98	31.10.70
Ebeling, Stephan	1.12.98	5. 5.67
von Schnakenburg, Vera	28. 1.99	16.10.71
Meyer-Lindenberg, Sophie	1. 2.99	30. 4.69
Dr. Schönenbroicher, Susanne	1. 3.99	1.10.68
Stollenwerk, André	29. 3.99	15. 5.70
Prömse, Kirsten	29. 3.99	9. 9.71
Schöttler, Alexandra	1. 4.99	22. 8.68
Dr. Hallmen, Bettina	1. 4.99	30.11.69
Luhmer, Dirk	17. 5.99	27. 8.66
Gericke, Jan	19. 5.99	6. 3.67
Polep, Tanja	31. 5.99	16. 7.70
Sarhan, Amr	1. 6.99	24. 2.65
Redemske, Ralf	1. 6.99	20. 7.67
Straub, Dietrich	1. 6.99	6.11.69
Glasmann, Gabriel	16. 6.99	27. 5.69
Johansson, Anja	1. 7.99	3.10.70
Bender, Anne	27. 7.99	25. 2.73
Schröder, Lars	2. 8.99	6. 8.69
Kuhne, Annette Gritta	1. 9.99	11. 3.70
Fischer, Silke	8. 9.99	23. 3.72
Henninger, Andrea	8. 9.99	2. 5.72
Sommer, Peter	1.10.99	7. 7.68
Kunze, Sigrid	2.11.99	16. 7.66
Mertens, Julia, ½	25.11.99	1. 6.70
Zeppenfeld, Dagmar	25.11.99	4. 4.72
Loges, Monika	26.11.99	3.12.71
Blumenthal, Christoph	1.12.99	16. 6.71
Dr. Frank, Stefan	30.12.99	20. 8.68
Ahmann, Alexander	30.12.99	19.12.69
Dr. Rühl, Christiane	30.12.99	29. 9.71
Falkenkötter, Thomas	3. 1.00	19. 1.71
Schmitt, Jörg	3. 1.00	22. 4.72

Bei den Staatsanwaltschaften:

Name		
vom Stein, Elke, beurl.	1. 6.92	18. 9.61
Liermann, Christine, beurl.	19.12.94	19. 3.61
Körtgen, Alex	30. 4.97	15.10.67
Hake, Silke	5. 1.98	4. 9.69
Dietlein, Eva	6. 1.98	26. 7.64
Guttzeit, Birgit	6. 1.98	29. 5.70
Dr. Neuheuser, Stephan	20. 1.98	28.12.68
Dr. Trautzettel, Claudia	2. 3.98	6. 6.67
Richter, Werner	—	—
Heimig, Jochen	23. 3.98	14. 8.68
Witte, Burchhard	4. 5.98	6.12.66
Piepenstock, Erika	15. 6.98	5.10.67
Kaufmann, Hans-Ulrich	1. 7.98	7. 9.67
Hefele, Oliver	5. 8.98	15.12.69
Dammann, Kora Kristin	3. 2.99	25. 3.67
Wipperfürth, Stella	8. 3.99	25.11.69
Sönksen, Cathrin	8. 3.99	24. 7.71
Kuhlbrodt, Kerstin	19. 4.99	31. 1.71
Axler, Birgit	26. 4.99	7. 5.66
Gülicher, Tanja	26. 4.99	27. 8.71
Scherf, Jens Martin	3. 5.99	8. 8.70
Lemanczyk, Carmen	15. 7.99	6. 2.69
Techen, Jens Erik	19. 7.99	8.10.70
Kempkens, Katrin	1. 9.99	6. 7.71
Essig, Karin	6.12.99	19.11.69
Ranzinger, Kerstin	6.12.99	6.12.71
Schindler, Jörg	13.12.99	10. 6.71
Rentsch, Sonja	1. 2.00	27. 2.71
Tandetzki, Sabine	1. 2.00	28. 7.71

Rheinland-Pfalz

4 024 969 Einwohner*

Ministerium der Justiz

Ernst-Ludwig-Str. 3, 55116 Mainz
Postfach 3260, 55022 Mainz
T (0 61 31) 16–1, Telefax (0 61 31) 16 48 87
1 Min, 1 StaatsSekr, 4 MinDirig, 7 LMinR, 1 PräsLPA, 17 MinR, 12 RD, 3 ORR, 1 RR + 1 LSt

Minister der Justiz
Mertin, Herbert   22. 9.99   29. 4.58

Staatssekretärin
Reischauer-Kirchner,
   Erika   21. 5.96   14. 5.39

Ministerialdirigenten
Gauer, Volker   1.12.86   27. 5.37
Dr. Böhm, Klaus   1. 5.90   8. 3.43
Dr. Jutzi, Siegfried   1. 5.92   6. 2.50
Meiborg, Gerhard   1. 5.98   17. 5.51

Leitende Ministerialräte
Böhmer, Wilhelm   1.12.84   4. 8.37
Schuler, Manfred   1. 2.89   3. 9.35
Mischke, Gerhard   1.12.89   13. 2.41
Gottberg, Sabine   1. 5.91   19.10.43
Pandel, Helmut   1. 5.91   8. 4.48
Dr. Roos, Helmut   1. 5.92   1. 4.48

Präsidentin des Landesprüfungsamtes für Juristen
Itzel, Marliese   1. 8.98   16. 1.55

Ministerialrätinnen/Ministerialräte
Dr. Behr, Jürgen   1.12.96   21. 4.39

---

* Stand: 31. 12. 1998.

Schmahl, Diethard   1. 3.81   1. 4.42
Dr. Marx, Hans-Albert   1. 5.85   19. 4.40
Böhm, Irmgard, ½   20. 5.86   8. 9.47
Demmerle, Walter   20. 5.86   22. 3.48
Fritz, Jochen   18. 5.87   31. 1.48
von Wehrs, Heidrun, ½   10. 2.89   27.10.44
Dr. Liese, Johannes   1. 5.89   25.11.39
Nicklas, Ernst   1. 5.92   2. 8.37
Lechner, Horst   1.12.94   18. 1.38
Dr. Volk, Elisabeth   1.12.96   20. 6.60
Cierniak, Jürgen, abg.
   (LSt)   1. 5.98   12. 4.56
Perne, Helmut   1. 5.99   19. 3.55

Regierungsdirektorinnen/
Regierungsdirektor
Mittelhausen, Christian   1.12.96   31.12.48
Schmid, Gabriele   1.12.96   26. 9.62
Schnorr, Stefan   1. 5.98   15.12.62
Gutmann, Klaus   1. 5.99   2. 9.40
Dr. Stein-Hobohm,
   Victoria, ½   1. 5.99   12. 3.56
Keller, Andrea   1. 5.99   9. 9.64

Oberregierungsrat
Wolf, Reinhold   1. 5.99   18. 4.52

Regierungsrat
Müller, Manfred   5. 7.99   16. 6.50

Oberlandesgerichtsbezirk Koblenz

Der Oberlandesgerichtsbezirk umfaßt die früheren Regierungsbezirke Koblenz und Trier sowie einen Teil des früheren Regierungsbezirks Rheinhessen-Pfalz

4 Landgerichte:
Bad Kreuznach, Koblenz, Mainz und Trier

31 Amtsgerichte

Schöffengerichte: bei allen Amtsgerichten außer den nachstehend aufgeführten
Gemeinsames Schöffengericht für die Amtsgerichte, bei denen kein Schöffengericht gebildet wird, ist:

für den AGBez.:   das Schöffengericht:

Sobernheim:	Bad Kreuznach
Altenkirchen:	Betzdorf
Andernach:	Mayen
Linz:	Neuwied
Sinzig:	Bad-Neuenahr-Ahrweiler
Westerburg:	Montabaur
Daun:	Wittlich
Hermeskeil	
u. Saarburg:	Trier
Prüm:	Bitburg

Familiengerichte: bei allen Amtsgerichten

Landwirtschaftssachen werden von den nachstehenden Amtsgerichten als Landwirtschaftsgerichte erledigt:

Bad Kreuznach	zugl. f. d. AGBez. Sobernheim und Simmern (Hunsrück),
Idar-Oberstein	
Altenkirchen	zugl. f. d. AGBez. Betzdorf,
Bad Neuenahr-Ahrweiler	zugl. f. d. AGBez. Sinzig
Cochem	
Diez	zugl. f. d. AGBez. Lahnstein,
Koblenz	zugl. f. d. AGBez. St. Goar,
Mayen	zugl. f. d. AGBez. Andernach,
Montabaur	zugl. f. d. AGBez. Westerburg,
Neuwied	zugl. f. d. AGBez. Linz am Rhein,
Alzey	zugl. f. d. AGBez. Worms, Bingen am Rhein und Mainz,
Bernkastel-Kues	–
Bitburg	zugl. f. d. AGBez. Prüm,
Trier	zugl. f. d. AGBez. Hermeskeil und Saarburg,
Wittlich	zugl. f. d. AGBez. Daun

Das Oberlandesgericht Koblenz entscheidet über das Rechtsmittel der Beschwerde gegen Entscheidungen der Landwirtschaftsgerichte aus den Bezirken der Oberlandesgerichte Koblenz und Zweibrücken.

Oberlandesgericht Koblenz

E 2 602 430
Stresemannstr. 1, 56068 Koblenz
Postfach, 56065 Koblenz
T (02 61) 1 02–0, Telefax (02 61) 1 02–29 00
1 Pr, 1 VPr, 14 VR, 41 R (davon 5 UProf im 2. Hauptamt) + 2 LSt (R)

Präsident
Dr. Bamberger, Heinz   5. 1. 95   28. 1. 47

Vizepräsident
N. N.   —   —

Vorsitzende Richterin/ Vorsitzende Richter
Dr. Hansen, Monika   1. 6. 87   5. 7. 36

Krüger, Friedrich	15. 3. 90	26. 4. 38
Hölzer, Gert	1. 6. 91	12. 8. 45
Dr. Vonnahme, Joachim	24. 10. 91	8. 8. 36
Dr. Henrich, Wolfgang	1. 2. 92	2. 10. 43
von Tzschoppe, Hartmut	11. 8. 92	11. 11. 44
Wink, Günter	16. 8. 93	29. 1. 36
Hahn, Dieter	23. 8. 93	10. 3. 43
Jahn, Albert	25. 10. 94	2. 4. 38

Kaessner, Manfred	8. 6.95	12. 4.36
Kubiak, Bernhard	12.12.95	8.10.46
Werner, Udo	5. 2.99	23. 2.42

Richterinnen/Richter

Grüning, Dieter	6. 3.81	29.12.38
Dr. Wohlhage, Franz	5. 6.85	28. 6.41
Dr. Binz, Harald	12. 2.86	14.12.45
Weiss, Werner	26. 6.86	11. 1.50
Künzel, Rainer	1.12.86	12. 4.47
Dr. Schwarz, Georg	9. 3.87	7. 3.43
Kaltenbach, Michael	20. 7.87	12.10.49
Dr. Menzel, Hans-Georg	24. 7.87	15. 6.51
Diener, Gerhard	14. 9.87	8.11.46
Trueson, Walter	24. 5.88	1.10.43
Sartor, Bernd	25. 7.88	22.10.49
Prof. Dr. Wieling, Hans Josef (UProf, 2. Hauptamt)	21.11.88	31.12.35
Schwager-Wenz, Gudrun	30.11.88	15. 4.50
Krumscheid, Helga	30.11.88	20.12.50
Mertens, Walter	13. 7.89	4. 3.45
Bock, Karl-Stephan	29. 1.91	14. 9.51
Dr. Giese, Albrecht	22.10.91	4.10.38
Weller, Ernst-Wilhelm	7. 4.92	27. 1.51
Krämer, Wolfgang	7. 7.92	30. 7.48
Stein, Christoph	28. 7.92	5. 9.45
Peters, Angelika	28. 7.92	3. 7.52
Pott, Helmut	1.12.92	7. 4.49
Dr. Itzel, Peter	18. 5.93	7. 8.55
Völpel, Andreas	7. 6.93	12.12.52
Frey, Claudia, ½	9. 6.93	28.10.46
Wolff, Monika	21. 6.94	24. 5.53
Becht, Edgar	28. 7.94	11.12.52
Au, Gisela	8. 8.94	8. 1.47
Dr. Fischer, Rudolf	30. 9.94	4. 3.46
Henrich, Benno	29.11.94	4. 4.53
Schaper, Detlef	18. 4.95	25. 5.50
Kieselbach, Gernot	24. 4.95	7. 3.48
Haupert, Michael	13.10.95	26.12.50
Wünsch, Michael	26. 3.96	26. 4.53
Darscheid, Maya	6. 8.96	2. 3.53
Marx, Helmut	6. 8.96	30. 3.54
Dr. Heusel, Wolfgang, beurl. (LSt)	20. 8.96	18. 7.55
Willems, Christoph	5.12.96	22. 8.49
Ritter, Aksel	29. 4.97	13.10.46
Becht, Irene, ½	10. 6.97	6. 3.57
Summa, Hermann	1. 9.97	12. 2.54
Semmelrogge, Angela	18. 5.98	8. 7.62
Dr. Reinert, Patrick	2. 6.98	14.11.56
Eck, Walter	3.11.98	7. 1.51
Dr. Eschelbach, Ralf, abg. (LSt)	22. 7.99	10. 4.58
Dennhardt, Joachim, abg. (LSt)	9. 8.99	3. 3.62

Landgerichtsbezirk Bad Kreuznach

Landgericht Bad Kreuznach E 311 246
Ringstr. 79, 55543 Bad Kreuznach
Postfach 16 49, 55506 Bad Kreuznach
T (06 71) 7 08–0
Telefax (06 71) 708 213

1 Pr, 1 VPr, 4 VR, 11 R + 2 LSt

Präsident

| Graefen, Hans-Josef | 20. 7.95 | 27. 2.53 |

Vizepräsident

| Wasserzier, Bernd | 30.12.92 | 28. 6.39 |

Vorsitzende Richter

Mey, Volker	6. 7.84	6. 4.43
Kolb, Norbert	5. 3.90	13. 6.46
Keber, Joachim	30.12.92	4. 8.49
Dr. Kremer, Bruno	25. 4.97	30. 4.55

Richterinnen/Richter

Gerbracht, Lothar	3. 7.84	29. 7.52
Fenkner, Stefanie	28. 3.89	10.11.55
Fenkner, Eckhard, abg.	13.11.91	9. 4.56
Rienhardt, Hans-Walter	6. 9.93	14. 5.56
Walper, Martin, abg. (LSt)	25. 1.94	17.12.61
Kagerbauer, Kornelia, ½	8.11.94	13.10.53
Telscher, Susanne	11. 7.96	29. 7.65
Schädrich, Ulrike, ½, beurl. (LSt)	6. 3.98	11.12.63
Kurth, Martina	2. 4.98	28. 7.64
Orf, Rüdiger	8. 7.99	28. 5.66
Dümler, Dagmar	12. 7.99	1. 6.67

Amtsgerichte

Bad Kreuznach E 109 888
Ringstr. 79, 55543 Bad Kreuznach
Postfach 16 49, 55506 Bad Kreuznach
T (06 71) 7 08–0
Telefax (06 71) 70 82 72

1 Dir, 1 stVDir, 10 R

Karst, Wilhelm, Dir	1. 8.94	12. 6.40
Seemann, Richard, stVDir	28. 7.94	28. 9.54
Anheuser, Eberhard	1.11.69	24.12.35
Anheuser, Helmut	11. 5.76	17. 1.42
Möller, Joachim	8. 3.78	15.10.45
Schnatz-Tachkov, Ursula	26. 9.80	15.10.50
Meng, Klaus	6.10.80	26. 7.48

Velden, Robert	10. 12. 80	12. 1. 52
Obenauer, Wolfram	13. 1. 83	25. 12. 49
Klein, Günter	28. 11. 84	6. 9. 52

Idar-Oberstein E 90 397
Mainzer Str. 180, 55743 Idar-Oberstein
Postfach 01 14 20, 55704 Idar-Oberstein
T (0 67 81) 2 20 54
Telefax (0 67 81) 2 31 45

1 Dir, 1 stVDir, 4 R

Glitsch, Karl-Heinz, Dir	14. 5. 93	7. 5. 39
König, Christel, stVDir	8. 3. 90	8. 2. 48
Wittgen, Kornelius, ½, abg.	6. 5. 85	7. 8. 52
Keimburg, Albrecht	19. 1. 94	23. 10. 57
Bauer, Petra, abg.	18. 7. 96	11. 11. 62
Pfeifer, Johannes	20. 12. 99	25. 4. 64

Simmern (Hunsrück) E 63 884
Schulstr. 5, 55469 Simmern
Postfach 3 27, 55463 Simmern
T (0 67 61) 30 61
Telefax (0 67 61) 1 27 47

1 Dir, 3 R

Hammen, Jürgen, Dir	11. 1. 83	15. 3. 39
Bender, Karl	18. 5. 81	17. 11. 49
Göttgen, Hans-Georg	24. 2. 84	29. 4. 52
Kolling, Willibrord	27. 4. 95	27. 9. 60

Sobernheim E 47 077
Gymnasialstr. 11, 55566 Sobernheim
55562 Sobernheim
T (0 67 51) 93 130
Telefax (0 67 51) 93 13 50

1 Dir, 2 R

Probson, Martin, Dir	5. 7. 93	13. 1. 47
Hill, Brigitte	26. 2. 91	22. 1. 60
Trageser, Friederike	14. 7. 95	14. 5. 57

Landgerichtsbezirk Koblenz

Landgericht Koblenz E 1 201 037
Karmeliterstr. 14, 56068 Koblenz
Postfach, 56065 Koblenz
T (02 61) 1 02–0
Telefax (02 61) 10 15 03

1 Pr, 1 VPr, 27 VR, 38 R, 1 LSt (R)

Präsident

Puth, Peter	1. 8. 98	3. 6. 41

Vizepräsident

Doll, Günter	4. 12. 95	17. 6. 42

Vorsitzende Richterinnen/Richter

Korn, Walter (2. Hauptamt, zugl. AG Diez)	1. 3. 76	29. 5. 37
Hinterwälder, Edgar	29. 8. 77	8. 11. 39
Nußbaum, Manfred	18. 8. 78	10. 9. 40
Remagen, Dieter	25. 8. 82	28. 6. 37
Fichtl, Hans	25. 8. 82	2. 12. 37
Arenz, Wolfgang	30. 5. 86	27. 2. 44
Züll, Hans-Peter	27. 6. 86	1. 4. 41
Dr. Prochaska, Arthur	18. 7. 88	10. 3. 40
Neumeister, Hermann	2. 9. 88	6. 6. 41
Dietrich, Heinz	14. 3. 89	5. 2. 47
Kloos, Heinrich	31. 3. 89	15. 7. 41
Mockenhaupt, Walter	13. 7. 89	1. 5. 48
Pietsch, Karl-Heinz	30. 11. 89	21. 12. 44
Gottwald, Uwe	22. 3. 90	15. 2. 47
zur Hausen, Burghard	5. 3. 91	24. 5. 44
Hürtgen, Wolfgang	28. 1. 92	12. 4. 49
Haffke, Hans	11. 3. 94	23. 10. 44
Wald, Herbert	17. 10. 95	23. 12. 50
Weiland, Ulrich	10. 4. 96	14. 9. 51
Mille, Lothar	6. 8. 96	10. 1. 55
Schaefer, Michael	16. 9. 96	13. 4. 51
Dr. Hetger, Winfried	11. 12. 96	7. 1. 55
Wild-Völpel, Andrea	16. 2. 98	7. 8. 54
Bock, Ralf	22. 12. 98	2. 3. 55
Hübinger, Bernhard	9. 3. 99	2. 5. 56
Ley, Manfred	13. 4. 99	31. 5. 52
Bauer, Georg, abg. (LSt)	23. 12. 99	8. 9. 56
Fay-Thiemann, Monika	14. 1. 00	9. 10. 57

Richterinnen/Richter

Theis, Elmar	24. 8. 83	29. 3. 49
Hartmann-Schadebrodt, Ursula, ¾	4. 7. 85	28. 1. 53
Hagenmeier, Günter	22. 7. 85	10. 3. 49
Dühr-Ohlmann, Ruth, ½	12. 6. 87	23. 8. 55
Freitag, Franziska	28. 12. 88	2. 6. 54
Buddendiek, Ulrich	30. 12. 88	27. 2. 56
Christoffel, Ulrich	14. 8. 89	3. 6. 56
Schilz-Christoffel, Kornelia, ½, abg.	30. 10. 89	24. 6. 58
Busekow, Michael	9. 8. 91	24. 7. 56
Schwarz, Hans-Detlef	7. 5. 92	22. 12. 58
Zeitler-Hetger, Ingrid, ½	11. 8. 92	21. 10. 59
Ritzdorf, Raimund	20. 11. 92	20. 7. 55

Schracke, Dieter	7. 1. 93	25. 6. 61
Roll, Andreas	1. 2. 93	10. 8. 57
Rienhardt, Undine	6. 4. 94	7. 4. 61
Dühr, Andreas	19. 9. 94	23. 5. 60
Buder, Christiane	26. 9. 94	24. 12. 60
Heilmann, Rüdiger	11. 10. 94	25. 9. 61
Rüll, Stephan	6. 2. 95	13. 5. 60
Lambert, Peter	8. 2. 95	16. 12. 61
Grünewald, Thomas	13. 2. 95	19. 9. 62
Dr. Janoschek, Christian	20. 10. 95	1. 5. 63
Fuchs, Margarete, abg.	6. 11. 95	29. 9. 62
Alsbach, Nicole	7. 11. 95	3. 9. 62
Dr. Kurtenbach, Jutta, ½	13. 11. 95	17. 8. 59
Schneider, Harald	6. 2. 96	29. 5. 62
Hoersch, Hans-Peter	12. 2. 96	20. 3. 62
Maur, Lothar, abg. (LSt)	12. 6. 96	1. 4. 61
Volckmann, Ralph	18. 6. 96	5. 8. 61
Henrichs, Thomas	27. 8. 96	24. 2. 64
Goebel, Frank, abg.	17. 1. 97	8. 5. 65
Beickler, Thomas	30. 1. 97	28. 5. 63
Rörig, Kathrin, ½	17. 2. 97	5. 11. 62
Groß, Helmut	27. 5. 97	22. 1. 64
Lamberz, Barbara	28. 5. 97	8. 2. 66
Harsdorf-Gebhardt, Marion	4. 6. 97	18. 2. 64
Kruse, Anna-Maria, ½	4. 9. 98	29. 8. 64
Gettmann, Kerstin, ½	7. 9. 98	12. 3. 63
Burkowski, Michael	10. 8. 99	1. 10. 61
Junker, Martin, abg.	12. 8. 99	16. 8. 65
Dienst, Markus, abg. (LSt)	19. 11. 99	2. 3. 65
Thurn, Bernhard	23. 11. 99	2. 2. 63
Haberkamp, Alexandra	23. 11. 99	20. 2. 66
Straschil, Petra	23. 11. 99	24. 2. 68

Amtsgerichte

Altenkirchen (Westerwald) E 47 585
Hochstr. 1, 57610 Altenkirchen
Postfach 11 40, 57601 Altenkirchen
T (0 26 81) 9 52 60
Telefax (0 26 81) 9 52 650

1 Dir, 3 R + 1 LSt.

N.N., Dir	—	—
Trossen, Arthur, beurl. (LSt)	20. 5. 85	2. 1. 55
Vreden, Claus, abg. (LSt)	26. 11. 91	30. 5. 55
Steger, Volker	19. 8. 98	20. 2. 65
Denter, Johannes	19. 8. 99	27. 3. 69

Andernach E 77 015
Koblenzer Str. 6–8, 56626 Andernach
Postabholfach, 56624 Andernach
T (0 26 32) 92 59 -0
Telefax (0 26 32) 92 59 80

1 Dir, 1 stVDir, 6 R

Kosack, Horst, Dir	1. 3. 84	18. 4. 37
Dr. Schäfer, Klaus, stVDir	6. 8. 96	5. 7. 38
Dehen, Dieter	1. 3. 73	13. 3. 42
Starkloff, Ruprecht	26. 1. 76	6. 4. 42
Brenner, Helmut	27. 11. 86	10. 3. 51
Alsbach, Claudia	12. 9. 94	23. 8. 61
Rumpf, Regina	5. 10. 94	31. 7. 63
Drysch, Yvonne	17. 11. 95	4. 1. 63
Kohl, Rudolf	17. 3. 98	27. 8. 58

Bad Neuenahr-Ahrweiler E 63 786
Wilhelmstr. 55/57, 53474 Bad Neuenahr-
Ahrweiler
Postfach 11 69, 53456 Bad Neuenahr-Ahrweiler
T (0 26 41) 971 -0
Telefax (0 26 41) 97 11 00

1 Dir, 4 R

Powolny, Jürgen, Dir	17. 3. 95	21. 3. 55
Assenmacher, Kurt	1. 5. 73	10. 7. 40
Hoffmann, Walter	28. 10. 77	3. 7. 45
Assenmacher, Wolfgang	14. 11. 84	30. 10. 48
Schmickler, Bernhard	29. 4. 88	30. 1. 54

Betzdorf E 89 427
Friedrichstr. 17, 57518 Betzdorf
Postfach 109, 57501 Betzdorf
T (0 27 41) 92 70
Telefax (0 27 41) 92 71 11

1 Dir, 6 R

Weber-Monecke, Walter, Dir	13. 4. 94	13. 10. 49
Jung, Jürgen	6. 4. 90	24. 1. 58
Ickenroth, Hubert	27. 12. 90	19. 9. 57
Kempf, Johannes, abg.	23. 8. 93	26. 11. 61
Rühmann, Reiner	13. 2. 97	4. 12. 63
Windisch, Iris	18. 8. 98	21. 1. 64
Flanz, Pascal	28. 9. 99	7. 8. 69

Cochem E 65 387
Ravenestr. 39, 56812 Cochem
Postfach 11 20, 56801 Cochem
T (0 26 71) 98 80-0
Telefax (0 26 71) 98 80 52

1 Dir, 4 R

Rock, Hans, Dir	29. 2.96	23. 5.44
Rudolph, Jürgen	12.11.76	25. 7.43
Johann, Wilfried	4. 7.86	15. 8.51
Behrendt, Klaus	22. 8.91	15. 8.56
Schmitz, Regina	29. 7.96	5. 2.62

Diez E 56382
Schloßberg 11, 65582 Diez
Postfach 1561, 65574 Diez
T (0 64 32) 92 53 0
Telefax (0 64 32) 92 53 60

1 Dir, 4,5 R

Korn, Walter, Dir, zugl. LG Koblenz	1. 3.76	29. 5.37
Clessienne, Franz Josef	2.11.77	16.12.44
Hannappel, Willibald	5. 2.80	22. 9.47
Reichel, Astrid, ½	30. 3.92	27. 4.58
Müller, Frank	24. 3.94	10.10.60
Windirsch, Andrea	29.10.99	31. 7.68

Koblenz E 168015
Karmeliter Str. 14, 56068 Koblenz
Postfach, 56065 Koblenz
T (02 61) 1 02–0
Telefax (02 61) 10 10 63

1 Dir, 1 stVDir, 2 w.aufsR, 19 R

Dötsch, Renate, Dir	29. 8.90	7.12.38
Krieg, Edmund, stVDir	1. 2.91	20. 5.44
Scherer, Anton, w.aufsR	1. 4.68	7. 8.35
Müller-Leyh, Heribert, w.aufsR	1.12.94	9. 4.43
Wenzel, Hans-Jürgen	1.10.69	28. 7.39
Müller-Hogrebe, Josef	2. 4.71	4. 3.39
Beyer, Siegwart	23.12.71	1.10.40
Franke, Peter	28. 3.77	9. 7.44
Franke, Jutta, ½	29. 3.77	17. 6.45
Parschau, Udo	28. 6.77	7. 4.42
Scherbarth, Erwin	28. 6.77	10. 5.45
Stenz, Gerhard	11. 8.77	28.12.45
Lanters, Joachim	27.10.77	18. 2.44
Bachmann, Peter	2.11.77	15. 2.48
Henkel, Lothar	2. 5.78	2.10.43
Bender, Thomas	27. 7.79	25. 5.49
Bachem, Rainer	28. 4.80	3. 7.47
Jung, Hans-Jürgen	—	—
Rättig, Alfred	11. 8.83	28. 2.50
Steinhauser, Armin	4. 4.85	20. 1.51
Becker, Jörg	25. 7.85	13. 8.53
Pickan-Hansen, Gertrud, ½	6. 7.87	4. 2.57
Kroell, Gabriele	9. 6.98	2. 2.64
Dr. Metzger, Ingrid, beurl.	10.11.99	29.11.66
Harwardt, Michael, RkrA	(1. 8.99)	15.10.63

Lahnstein E 61461
Bahnhofstr. 25, 56112 Lahnstein
T (0 26 21) 70 36
Telefax (0 26 21) 6 14 23

1 Dir, 3,5 R

Conradi, Klaus Jürgen, Dir	3. 4.91	20. 3.44
Hasdenteufel, Christoph	29. 3.77	1. 2.44
Kleinz, Karl Rudolf	7.11.83	17. 6.51
Schneider, Elfriede	30.12.86	31. 5.54
Schlichting, Heike, ½	12. 3.96	3. 8.64

Linz (am Rhein) E 64815
Linzhausenstr. 20 A, 53545 Linz
Postfach 77, 53542 Linz
T (0 26 44) 9 47–0
Telefax (0 26 44) 9 47–1 91 (oder –2 00)

1 Dir, 4 R

Stieler, Bodo, Dir	20. 7.84	7.12.43
Arck, Christine	8. 4.86	5.10.55
Franzen, Marlene, ½	18. 8.98	9.10.61
Mönnis, Peter	19. 7.99	1. 4.63

Mayen E 72486
St.-Veit-Str. 38, 56727 Mayen
Postfach, 56724 Mayen
T (0 26 51) 40 30
Telefax (0 26 51) 40 31 90

1 Dir, 1 stVDir, 6,5 R

Dierkes, Dieter, Dir	23.12.83	27. 4.43
Städing, Jörg, stVDir	2.12.94	26. 2.45
Vohl, Christa	20. 6.85	24. 9.53
Nolte, Friedemann	2.10.87	6. 9.55
Anheier, Joachim	4. 8.92	21. 8.58
Linden, Doris, ¾	21.10.96	13.12.61
Fischer, Jürgen	19. 8.98	12. 7.62

Montabaur E 101754
Bahnhofstr. 47, 56410 Montabaur
Postfach 1365, 56403 Montabaur
T (0 26 02) 10 07–0
Telefax (0 26 02) 10 07 12

1 Dir, 1 stVDir, 7,5 R

Forster, Erhard, Dir	1.11.86	19. 1.48
Schilling, Günter, stVDir	5. 7.94	15.12.39
Wiegand, Willi	31. 3.71	29. 4.38
Ströder, Senta	12.11.71	21. 2.40
Zehner, Dieter	23.12.71	17. 5.39
Meyne, Harald	10. 4.78	13. 5.44
Reimers, Ursula, ½	2. 4.79	18. 2.49

Krahn, Eckhard	1. 7.91	10. 3.55
Staatsmann, Jörg	14. 9.95	26. 9.61

Neuwied E 118 216
Hermannstr. 39, 56564 Neuwied
Postfach, 56501 Neuwied
T (0 26 31) 89 99–0
Telefax (0 26 31) 8 99 92 00

1 Dir, 1 stVDir, 9,5 R

Blettner, Angelika, Dir	2. 7.96	12. 9.54
Sauerborn, Reinhold, stVDir	11. 3.94	19. 4.41
Werner, Barbara	8. 7.77	18. 5.45
Weller, Norbert	27.10.77	31.12.44
Späth, Helmut	2. 3.79	26. 7.46
Schäfer, Gerd	11. 4.79	18. 7.46
Christ, Hans-Jürgen	7.12.79	17.10.47
Speyerer, Herbert	22.11.82	24. 7.50
Becker, Ewald	16.11.89	7. 2.52
Paffenholz, Hans-Josef	23.10.90	18.12.55
Ihrlich, Manfred	12. 9.94	29. 6.60
Galemann, Barbara, ¾	4. 3.96	22.10.63

St. Goar E 51 547
Bismarckweg 3–4, 56329 St. Goar
Postfach 11 52, 56325 St. Goar
T (0 67 41) 77 61
Telefax (0 67 41) 23 97

1 Dir, 3 R

Gerharz, Winfried, Dir	11. 5.84	19.12.41
Frede, Heinrich	1. 9.69	31.10.35
Schäfer, Volker	30. 9.77	4. 8.42
Pingel, Karl-Heinz	25.10.91	9. 7.54

Sinzig E 64 718
Barbarossastr. 21, 53489 Sinzig
Postfach 11 90, 53475 Sinzig
T (0 26 42) 97 74 0
Telefax (0 26 42) 97 74 50

1 Dir, 3 R

Hergarten, Reinhold, Dir	22. 7.97	25.10.53
Brunkow, Gisa	20. 1.76	13. 8.44
Wohlfarth, Ernst	22. 3.76	26. 1.41
Koch, Jutta	20. 6.95	18. 8.62

Westerburg E 98 443
Wörthstr. 14, 56457 Westerburg
Postfach 11 80, 56450 Westerburg
T (0 26 63) 80 33
Telefax (0 26 63) 87 02

1 Dir, 6 R

Zilles, Richard, Dir	22. 2.91	25.11.46
Weber, Wolfgang-Heinz	30. 3.72	14. 7.40

Voßgätter, genannt Niermann, Wolfgang	21.10.74	19. 1.44
Wolf, Heinz-Lothar	10. 3.80	23.12.47
Seelbach, Helmut	15.10.83	25. 7.52
Strüder, Hans-Helmut	17. 1.85	23. 6.53
Brühl, Petra	27. 1.98	3. 6.62

Landgerichtsbezirk Mainz

Landgericht Mainz E 579 640
Diether-v.-Isenburg-Str., 55116 Mainz
Postfach 30 20, 55020 Mainz
T (0 61 31) 1 41–0
Telefax (0 61 31) 1 41 44 44

1 Pr, 1 VPr, 14 VR, 23 R + 3 + 4 LSt (R)

Präsident

Dr. Tüttenberg, Hanns Paul	17.10.86	1. 7.38

Vizepräsident

Pukall, Friedrich	23. 5.95	2.10.36

Vorsitzende Richterinnen/Vorsitzende Richter

Wieland, Horst	1.10.77	28.12.36
Wehner, Marlis	7.12.77	24. 8.36
Schreiner, Hans Albert	6. 8.85	12.11.38
Blaschke, Paul	29. 1.91	2. 2.53
Kern, Günter	21. 5.91	2. 8.38
Nebe, Rolf-Reiner	30.11.92	23.10.46
Schumann-Pantke, Ines	1. 2.93	16. 6.43
Fischer, Karl-Hans	1.12.93	7. 7.52
Christoffel, Ernst Peter	20.12.94	28. 5.43
Dr. Friedrich, Matthias	30.12.94	24. 2.57
Scherer, Matthias, abg.	20. 3.96	10. 8.54
Lorenz, Hans	23. 8.96	3. 3.51
Kabey-Molkenboer, Ingrid	25. 4.97	25. 2.55
Endell, Reinhard	3. 5.97	2.11.53
Mertig, Sigurd-Merten	13. 4.99	23.10.44

Richterinnen/Richter

Röhrig, Reinhard, ½	1. 5.70	18. 1.39
Beer, Ingrid, ½	31. 8.71	20. 6.42
Brednich, Klaus Dieter	13.12.71	9. 7.38
Dr. Wiesemann, Peter	30. 5.75	26. 1.43
Höfel, Pia	24.10.75	30.12.43
Schick, Volker	13.11.80	26. 2.49
Sander, Beate, ¾	16. 2.81	2.11.49
Bolender, Heiner	14. 8.85	8. 9.52
Diedenhofen, Helga	11. 9.85	31. 7.50
Koch, Reinhold	17.10.89	7. 6.53
Follmann, Gabi, abg.	2. 7.90	28. 2.61
Plauth-Herr, Sabine, ½	23.12.92	19.11.58

Woog, Jutta	20. 4. 93	14. 8. 62
Dr. Schäfer, Jörg	11. 5. 94	18. 10. 57
Eckert, Wolfgang	1. 8. 94	17. 6. 58
Wilhelm, Sonja	19. 5. 95	7. 7. 64
Metzger, Thomas, abg. (LSt)	12. 1. 96	10. 11. 59
Dr. Koch, Thomas, abg. (LSt)	12. 1. 96	5. 12. 61
Augustin, Ulrike, beurl. (LSt)	24. 1. 96	15. 3. 63
Reinhardt, Ines, ½	6. 5. 97	8. 3. 61
Dr. Kerber, Anne	11. 11. 97	28. 6. 64
Bergmann, Thomas	13. 11. 97	29. 4. 63
Dr. Beckmann, Martina	10. 3. 98	1. 1. 63
Standarski-Geiger, Petra, ½	27. 10. 98	9. 3. 60
Stauder, Eva-Maria, ½	28. 10. 98	17. 2. 65
Dapper, Bernhard	30. 12. 98	14. 3. 62
Poetsch, Carsten	30. 12. 98	4. 11. 62
Kern, Sabine, beurl. (LSt)	1. 2. 99	28. 10. 60
Schenkelberg, Anke	18. 6. 99	26. 1. 65
Stich, Randolph, abg.	18. 6. 99	20. 2. 66
Steinhauer, Jörg	24. 8. 99	26. 7. 65

Amtsgerichte

Alzey E 79 020
Schloßgasse 32, 55232 Alzey
Postfach 11 80, 55219 Alzey
T (0 67 31) 9 52 00
Telefax (0 67 31) 9 52 020

1 Dir, 5,5 R

Ludemann, Hans-Gerd, Dir	14. 12. 99	7. 12. 48
Knuth, Bettina	22. 1. 76	7. 2. 42
Kärger, Klaus	3. 12. 76	16. 9. 44
Scheiner, Elke	13. 3. 78	26. 5. 43
Friedel, Udo	31. 10. 86	15. 2. 52
Grittner-Nick, Kirsten, ¾	12. 12. 89	7. 10. 56

Bingen E 92 391
Mainzer Str. 52, 55411 Bingen am Rhein
Postfach 11 51, 55409 Bingen am Rhein
T (0 67 21) 9 08 -0
Telefax (0 67 21) 90 81 70

1 Dir, 1 stVDir, 6,5 R

Kernchen, Dieter, Dir	20. 7. 88	23. 4. 36
Drews, Manfred, stVDir	1. 11. 99	15. 8. 38
Klimke, Karl-Ludwig	18. 9. 73	11. 10. 41
Dr. Gattung, Heinz-Walter	2. 6. 76	8. 10. 43
Hardt-Rubbert, Heidemarie	1. 3. 83	13. 10. 53
Repp, Udo	19. 1. 89	14. 11. 53
Hermann, Ursula, ½	2. 7. 90	23. 4. 58
Hennings, Ursula	11. 8. 94	28. 5. 61

Mainz E 285 329
Diether-von-Isenburg-Straße 4, 55116 Mainz
Postfach 11 80, 55001 Mainz
T (0 61 31) 1 41–0
Telefax (0 61 31) 14 61 90

1 Dir, 1 stVDir, 3 w.aufsR, 25,5 R

Benner, Beate, Dir	4. 5. 93	8. 10. 49
Kagerbauer, Arnold, stVDir	8. 8. 94	16. 3. 51
Sonntag, Rudolf, w.aufsR	21. 1. 97	17. 5. 41
Pietschmann, Gernot, w.aufsR	24. 8. 99	3. 7. 43
Gast, Ernst	1. 7. 70	14. 6. 38
Schneider, Klaus-Jürgen	5. 6. 78	12. 10. 47
Sander, Heinrich-Walter	12. 7. 78	21. 10. 43
Matthes, Peter	9. 2. 79	8. 2. 42
Nikolaus, Gisela	9. 2. 79	27. 10. 44
Widmann, Jutta, ½	6. 6. 80	18. 11. 49
Büsser, Renate	14. 11. 80	16. 11. 42
Dany-Pietschmann, Birgit	29. 12. 80	21. 5. 49
Salmanzig, Gert	23. 2. 81	31. 5. 46
Wolf, Erwin	21. 9. 82	29. 12. 51
Eisele, Joachim	22. 4. 83	14. 9. 47
Haase, Helmut	15. 1. 85	2. 11. 51
Eck, Wolfgang	20. 7. 87	11. 12. 54
Ballhausen, Angelika	5. 10. 87	18. 11. 53
Anstatt, Johannes	9. 4. 91	8. 7. 55
Kretschmann, Manfred	19. 11. 92	3. 12. 56
Hillert, Susanne	1. 7. 93	31. 7. 63
Bäumler, Ruth	11. 3. 94	12. 1. 58
Knechtel, Christel	13. 9. 94	11. 4. 61
Wörsdörfer, Johannes	26. 9. 94	21. 8. 60
Berg, Oliver	25. 7. 95	3. 3. 62
Meyer, Sabine	14. 8. 95	20. 10. 60
Pirron, Martin	21. 11. 95	15. 9. 61
Lochner-Kneis, Claudia	2. 11. 98	26. 10. 64
Dr. Büch-Schmitz, Claudia, RkrA	(1. 7. 99)	14. 11. 62

Worms E 122 900
Hardtgasse 6, 67547 Worms
Postfach 11 62, 67545 Worms
T (0 62 41) 905 -0
Telefax (0 62 41) 90 54 50

1 Dir, 1 stVDir, 9 R + 2 LSt (R)

Frank, Johann Christof, Dir	6. 8. 99	20. 8. 43
Schiltz, Karl-Ludwig, stVDir	1. 1. 97	22. 12. 43
Schumacher, Martin	18. 12. 80	22. 3. 47
Nax, Manfred, beurl. (LSt)	1. 11. 81	19. 12. 50
Decker, Joachim	2. 11. 81	4. 11. 48
Marquardt, Jürgen	23. 12. 82	21. 7. 50
Schuhmann, Hannelore	19. 8. 85	19. 11. 50
Vogel-Schaffner, Ingrid, ½	4. 3. 86	6. 3. 54
Guleritsch, Edgar	30. 12. 88	26. 12. 50
Karst, Nikolaus	5. 2. 94	5. 12. 57

Hensgen, Carmen, ¾, abg.	28. 12. 95	25.　3. 57
Benner, Jens	2. 12. 97	9.　5. 64
Hartmann, Birgit, beurl. (LSt)	30.　3. 98	25.　2. 65

Landgerichtsbezirk Trier

Landgericht Trier E 510 507

Justizstr. 2–6, 54290 Trier
Postfach 25 80, 54215 Trier
T (06 51) 4 66–0
Telefax (06 51) 46 62 00

1 Pr, 1 VPr, 11 VR, 23 R + 3 LSt (R)

Präsident

Kann, Heinz Peter	12.　3. 84	2.　8. 37

Vizepräsident

Brauckmann, Heinrich-Peter	19. 11. 91	15. 10. 41

Vorsitzende Richterinnen/Vorsitzende Richter

Endres, Norbert	9. 11. 79	27. 11. 38
Kirch, Fritz	22.　2. 85	23.　1. 37
Gerhards, Gunter	24.　4. 87	31.　5. 37
Grewenig, Edelbert	1. 10. 87	23.　5. 37
Ehmann-Schultze, Kathrin	1.　6. 88	7. 12. 40
Tonner, Kurt	13.　7. 89	25. 10. 44
Maye-Grett, Ursula	7.　7. 92	9. 12. 40
Schlottmann, Jörn-Holger	15.　7. 92	14.　1. 43
Dr. Kölsch, Manfred	7. 12. 99	5.　9. 39

Richterinnen/Richter

Körperich, Manfred	1.　4. 70	23.　7. 38
Thenot, Egon	—	—
Meinardus, Hans-Dieter	14.　8. 72	23.　9. 40
Dr. Viesel, Sieghart	9.　9. 74	27. 12. 41
Gabelmann, Rolf	26.　8. 76	23.　8. 42
Grimm, Christoph, MdL (LSt)	20.　3. 79	12.　8. 43
Neuberg-Krey, Gabriele	5.　7. 79	31. 12. 47
Leonardy, Guido	19. 12. 80	14. 10. 49
Strick, Wolf-Dietrich, abg.	27. 11. 81	9.　5. 50
Finkelgruen, Irmtrud	2.　5. 85	2.　3. 40
Dr. Fröhlinger, Margot, beurl. (LSt)	20.　8. 88	29.　7. 52
Hardt, Klementine	4.　2. 93	23. 11. 60
Speicher, Eberhard	8.　2. 93	28.　6. 54
Schmitz, Petra	10.　2. 93	19.　9. 58
Herkommer-Zimmermann, Andrea	19.　2. 93	24.　4. 62
Pollex, Uwe	18.　3. 94	19.　5. 55
Hardt, Armin	18.　7. 95	3.　6. 60
Löcker-Gläser, Martina, ½	25.　7. 95	7.　2. 60
Hartmann, Josef	30.　8. 95	18.　1. 56

Specht, Wolfgang	29. 12. 95	16.　6. 59
Lexen-Schöben, Ruth, ½	26. 11. 99	22.　2. 63
Wernke-Haas, Martina, beurl. (LSt)	23. 11. 99	29. 11. 62
Ferring, Hans Jürgen, RkrA	(4.　1. 99)	15. 12. 54

Amtsgerichte

Bernkastel-Kues E 50 144

Bruningstr. 30, 54470 Bernkastel-Kues
Postfach 12 80, 54469 Bernkastel-Kues
T (0 65 31) 59–0
Telefax (0 65 31) 5 91 76

1 Dir, 3 R

Nelles, Gunther, Dir	16.　3. 90	29.　4. 52
Wagner, Hans-Eckhard	5. 11. 80	26.　8. 46
Weber, Hermann Josef	27.　1. 98	8.　5. 61

Bitburg E 64 007

Gerichtsstr. 2–4, 54634 Bitburg
Postfach 11 51, 54621 Bitburg
T (0 65 61) 9 13–0
Telefax (0 65 61) 9 13–1 99

1 Dir, 5 R

von Schichau, Werner, Dir	28.　1. 85	19.　2. 43
Hennes, Josef	24. 10. 75	31. 12. 37
Serwe, Ortwin	27. 10. 77	26.　4. 44
Krumeich, Karl Josef	17.　2. 94	9.　3. 59
May, Udo	27.　1. 00	17.　9. 60

Daun E 55 192

Berliner Str. 3, 54550 Daun
Postfach 11 20, 54542 Daun
T (0 65 92) 18–0
Telefax (0 65 92) 1 84 44

1 Dir, 3 R

N. N., Dir	—	—
Pitz, Wolfgang	7.　4. 81	7.　2. 50
Schrot, Hans	7.　8. 85	26.　4. 52
Schäfer, Max, abg.	15. 11. 95	13.　7. 60

Hermeskeil E 32 478

Trierer Str. 43, 54411 Hermeskeil
Postfach 11 40, 54401 Hermeskeil
T (0 65 03) 91 49 -0
Telefax (0 65 03) 91 49 25

1 Dir, 1 R

Mencher, Helmut Nikolaus, Dir	7.　5. 96	13.　4. 52
Egnolff, Peter	20. 12. 90	2.　9. 56
Meßer, Claudia, ½	17.　8. 98	14.　7. 63

Prüm E 41 526
Teichstr., 54595 Prüm
Postfach 11 40, 54592 Prüm
T (0 65 51) 941-0
Telefax (0 65 51) 94 11 00

1 Dir, 1,5 R

Triendl, Franz-Josef, Dir	16. 7. 93	4. 9. 47
Kreten, Norbert	25. 7. 95	4. 4. 61
Kraft, Stefan	24. 7. 98	26. 9. 60

Saarburg E 49 445
Graf-Siegfried-Str. 56, 54439 Saarburg
Postfach 12 61, 54432 Saarburg
T (0 65 81) 91 49 -0
Telefax (0 65 81) 91 49 40

1 Dir, 2 R

Holbach, Paul, Dir	9. 4. 76	21. 7. 39
Schmitz, Herbert	31. 3. 92	16. 4. 55
Dr. Grüter, Manfred	10. 1. 97	20. 5. 60

Trier E 161 778
Justizstr. 2–6, 54290 Trier
Postfach 11 10, 54201 Trier
T (06 51) 4 66–00
Telefax (06 51) 46 62 00

1 Dir, 1 stVDir, 1 w.aufsR, 13,5 R

Terner, Jutta, Dir	21. 5. 96	18. 2. 48
Theis, Jörg, stVDir	30. 6. 98	27. 3. 53
Zender, Albert, w.aufsR	26. 5. 97	28. 12. 37
Schlottmann, Kristin	15. 8. 75	25. 10. 43
Karsunky, Henning	29. 3. 77	17. 12. 42
Marx, Helmut	30. 6. 77	8. 10. 42
Rang, Theodor	29. 9. 77	2. 11. 44
Krück, Astrid	6. 6. 79	2. 10. 47
Jaspers, Wolfhardt	14. 12. 79	23. 7. 48
Becker, Thoms	8. 5. 80	9. 4. 48
Reusch, Helmut	26. 5. 81	21. 1. 50
Dr. Wittschier, Johannes	19. 1. 90	4. 6. 55
Wingenfeld, Eucharius Urban	16. 8. 95	29. 1. 58

Wittlich E 55 937
Kurfürstenstr. 63, 54516 Wittlich
Postfach 11 20, 54501 Wittlich
T (0 65 71) 1 01–0
Telefax (0 65 71) 10 12 90

1 Dir, 1 stVDir, 6 R

Sauer, Peter, Dir	5. 5. 89	13. 5. 46
Russell, Karl-Franz, stVDir	18. 4. 97	22. 7. 38
Ehses, Heribert	1. 2. 70	1. 3. 37
Thul, Josef	20. 2. 90	20. 5. 54
Dr. Janßen, Ellen, beurl.	15. 9. 94	12. 8. 61
Meier, Jürgen	18. 3. 98	30. 11. 63

Staatsanwaltschaften

Generalstaatsanwaltschaft Koblenz

Josef-Görres-Platz 5–7, 56068 Koblenz
T (02 61) 3 04 48 -0
Telefax (02 61) 3 04 48 -10
eMail: gstko@justiz.rlp.de

1 GStA, 1 LOStA, 7 OStA + 1 LSt

Generalstaatsanwalt

Weise, Norbert	1. 1. 97	2. 6. 43

Leitender Oberstaatsanwalt

Winkler, Karl-Rudolf	1. 12. 95	13. 11. 43

Oberstaatsanwälte

Jarosch, Horst	1. 12. 78	26. 2. 38
Dr. Loos, Bernhard	1. 5. 82	16. 6. 44
Knieling, Manfred	1. 12. 85	29. 3. 46
Hoffmann, Jörn	1. 5. 87	26. 5. 40
Sulzbacher, Klaus	1. 12. 94	1. 10. 41
Dr. Trees, Manfred	1. 12. 96	29. 7. 48
Dr. Wehowsky, Ralf, abg. (LSt)	1. 12. 96	6. 11. 59

Staatsanwaltschaft Bad Kreuznach

Ringstr. 79, 55543 Bad Kreuznach
Postfach 16 49, 55506 Bad Kreuznach
T (06 71) 70 80
Telefax (06 71) 70 83 33

1 LOStA, 1 stVLOStA, 2 OStA, 9 StA

Leitender Oberstaatsanwalt

Dr. Hund, Horst	1. 10. 97	6. 1. 58

Oberstaatsanwälte

Papenbreer, Wolfram, stVLOStA	18. 12. 95	21. 8. 52
Herrbruck, Gerald	1. 12. 92	20. 12. 52
Grieser, Norbert	1. 12. 95	25. 6. 52

Staatsanwältin/Staatsanwälte

Kuntze, Hartmut	15. 9. 81	17. 11. 50
Hübinger, Hans-Philipp	1. 6. 86	12. 7. 52
Mann, Bernhard	17. 9. 90	9. 5. 55
Jung, Wolfgang	17. 9. 93	18. 5. 61

Saulheimer-Eppelmann,		
Uwe	13. 2. 95	17. 6. 59
Thönneßen, Klaus-Dieter	1. 7. 95	4. 6. 61
Moßem, Christine	8. 2. 99	24. 12. 66
Broszukat, Folkmar	19. 2. 99	8. 3. 65

Staatsanwaltschaft Koblenz
Karmeliterstr. 14, 56068 Koblenz
Postfach, 56065 Koblenz
T (02 61) 10 20
Telefax (02 61) 10 25 38

1 LOStA, 1 stVLOStA, 10 OStA, 30 StA + 3 LSt

Leitender Oberstaatsanwalt

Jung, Erich	13. 2. 97	8. 2. 49

Oberstaatsanwälte

Bewernick, Volker,		
stVLOStA	18. 5. 98	7. 3. 48
Krüger, Klaus	1. 12. 80	1. 10. 36
Krautkrämer, Heinz	1. 3. 81	29. 11. 39
Gehrke, Volker	1. 12. 93	25. 12. 42
Schmickler, Peter	1. 12. 94	12. 12. 46
Leisen, Horst Josef	1. 12. 94	10. 4. 52
Gandner, Hans-Peter	1. 12. 94	18. 7. 52
Schmengler, Johannes-		
Walter	29. 5. 98	26. 7. 55
Weber, Gebhard	28. 5. 99	10. 5. 50

Staatsanwältinnen/Staatsanwälte

Born, Heinz	16. 5. 75	20. 7. 37
Ernst, Armin	30. 11. 76	30. 10. 39
Schneider, Mechthild	5. 10. 78	24. 7. 43
Merzig, Friedhelm	1. 2. 80	2. 12. 44
Weber, Gebhard	21. 5. 82	10. 5. 50
Stadtmüller, Michael	26. 1. 83	24. 6. 50
Schmid, Lothar	22. 8. 83	9. 11. 50
Lessing, Wilhelm	25. 4. 84	18. 3. 55
Wissen, Rolf	1. 4. 88	14. 8. 55
Stein, Werner	30. 12. 88	6. 5. 55
Thunert, Martina	22. 10. 90	2. 7. 59
Vierbuchen, Hermann-		
Josef	6. 9. 91	27. 8. 60
von Soosten, Sven Owe	14. 4. 92	2. 4. 59
Harnischmacher, Gertraud	13. 5. 92	22. 9. 61
Martin, Kurt	27. 1. 93	23. 3. 58
Michel, Gerald	28. 1. 94	21. 1. 59
König-Voß, Claudia	2. 4. 94	19. 5. 62
Adam-Backes, Ute	30. 11. 94	8. 5. 64
Becker-Klein, Heike, beurl.	22. 12. 94	19. 11. 63
Zirwes, Karin	22. 9. 95	26. 2. 54
Kranz, Rolf	9. 10. 95	22. 8. 58
Maier, Andrea	18. 1. 96	17. 4. 64
Tries, Ralf	22. 1. 96	23. 11. 65

Kruse, Harald	19. 12. 96	3. 7. 64
Wille-Steinfort, Gabriele		
beurl. (LSt)	25. 8. 97	31. 3. 60
Böringer, Annette,		
abg. (LSt)	18. 9. 97	19. 8. 62
Dr. Frank, Orlik	18. 9. 97	3. 5. 63
Becher, Tanja	2. 2. 98	10. 5. 65
Knoop-Kosin, Daniela	18. 5. 98	12. 8. 62
Horn, Wolfgang, abg.	7. 10. 98	14. 1. 65
Nicklas, Petra, abg.	30. 3. 99	28. 12. 68
Schaaf, Heike	14. 4. 99	2. 9. 68
Trahms, Mona	24. 6. 99	12. 2. 65
Dr. Angerer, Jörg	24. 6. 99	4. 1. 66

Staatsanwaltschaft Mainz
Ernst-Ludwig-Str. 7, 55116 Mainz
Postfach 23 20, 55018 Mainz
T (0 61 31) 14 10
Telefax (0 61 31) 14 18 21

1 LOStA, 1 stVLOStA, 4 OStA, 20,5 StA

Leitender Oberstaatsanwalt

Puderbach, Klaus	1. 4. 90	17. 3. 45

Oberstaatsanwälte

Mieth, Klaus-Peter		
Wilhelm, stVLOStA	18. 5. 98	13. 9. 49
Neumann, Bodo	1. 5. 83	15. 2. 44
Schröder, Karsten	1. 5. 92	9. 3. 45
Trenner, Heinz-Dieter	1. 12. 95	26. 8. 49
Brandt, Michael	18. 5. 98	21. 1. 55

Staatsanwältinnen/Staatsanwälte

Lutz, Gerd	1. 9. 70	23. 9. 37
Dahlem, Edzard	28. 8. 72	12. 5. 40
Heinrich, Hermann	1. 2. 74	31. 3. 37
Haentjes, Hilmar	8. 4. 75	30. 12. 40
Bracht, Dieter	9. 3. 79	28. 6. 43
Steinhart, Roland	22. 9. 82	14. 8. 50
Woog, Wigbert	26. 9. 83	2. 11. 51
Gütebier, Dagmar	20. 1. 88	21. 1. 56
Körner, Iris	7. 2. 90	5. 5. 60
Fischl, Martina,		
beurl. (LSt)	6. 8. 92	18. 7. 61
Hofius, Rainer	2. 4. 94	13. 9. 59
Finke, Heike, beurl.		
(LSt)	26. 4. 94	27. 6. 64
Seip-Stemmer, Birgit	18. 10. 94	14. 1. 62
Bartsch, Thomas	13. 9. 95	18. 8. 61
Heinrich, Gregor	23. 1. 96	14. 10. 64
Krick, Carsten	31. 1. 96	18. 7. 61
Hook, Felizitas	7. 4. 97	11. 6. 58
Schultz-Schwaab, Tanja	22. 7. 97	12. 9. 66

Staatsanwaltschaft Trier
Dietrichstr. 13, 54290 Trier
Postfach 34 60, 54224 Trier
T (06 51) 46 60
Telefax (06 51) 46 63 09

1 LOStA, 1 stVLOStA, 3 OStA, 13 StA

Leitender Oberstaatsanwalt

Roos, Horst	15. 3. 97	23. 4. 44

Oberstaatsanwälte

Jüngling, Georg stVLOStA	2. 12. 96	5. 6. 39
Hemmes, Hans-Peter	2. 12. 92	20. 6. 52
Heibel, Manfred	1. 12. 94	6. 7. 39
Zell, Michael	1. 5. 98	20. 11. 48

Staatsanwältin/Staatsanwälte

Herold, Günther	8. 6. 79	22. 10. 46
Jähnert-Piallat, Klaus, abg. (LSt)	10. 2. 83	25. 4. 53
Hromada, Ingo	7. 3. 83	24. 5. 52
Albrecht, Thomas, abg.	1. 3. 85	6. 4. 56
Marxen, Albert	30. 12. 85	18. 5. 53
Dr. Brauer, Jürgen, abg.	27. 5. 91	25. 2. 57
Schomer, Arnold, abg.	9. 7. 92	7. 5. 59
Rinker, Christine	30. 11. 94	22. 12. 63
Stemper, Manfred	23. 6. 95	10. 4. 60
Dr. Kortgen, Norbert, abg. (LSt)	26. 6. 95	4. 5. 61
Gebing, Astrid	26. 6. 95	6. 7. 64
Fritzen, Peter	29. 7. 96	18. 6. 63
Spies, Wolfgang	14. 8. 98	26. 4. 63
Wallenta, Frank	1. 2. 00	27. 2. 66
Schmitten, Elke	1. 2. 00	14. 5. 66

Oberlandesgerichtsbezirk Zweibrücken

Der Oberlandesgerichtsbezirk umfaßt einen Teil des Regierungsbezirks Rheinhessen-Pfalz, den früheren Regierungsbezirk Pfalz.

4 Landgerichte:

Frankenthal, Kaiserslautern, Landau, Zweibrücken

15 Amtsgerichte

Schöffengerichte:

bei allen Amtsgerichten außer den nachstehend aufgeführten
Gemeinsames Schöffengericht für die Amtsgerichte, bei denen kein Schöffengericht gebildet wird, ist:

für den AG-Bez.: das Schöffengericht:

Bad Dürkheim:	Neustadt a. d. Wstr.
Grünstadt:	Frankenthal (Pfalz)

Kusel:	Kaiserslautern
Germersheim u. Kandel:	Landau i. d. Pfalz

Familiengerichte: bei allen Amtsgerichten

Landwirtschaftssachen werden von den nachstehenden Amtsgerichten als Landwirtschaftsgerichten erledigt:

Bad Dürkheim	zugl. f. d. AGBez. Frankenthal/ Pfalz, Grünstadt, Ludwigshafen a. Rh., Neustadt a. d. Weinstr. und Speyer
Kaiserslautern	zugl. f. d. AGBez. Kusel
Rockenhausen	–
Landau i. d. Pfalz	zugl. f. d. AGBez. Germersheim und Kandel
Zweibrücken	zugl. f. d. AGBez. Landstuhl und Pirmasens

Pfälzisches Oberlandesgericht

E 1 422 539
Schloßplatz 7, 66482 Zweibrücken
Postfach 14 52, 66464 Zweibrücken
T (0 63 32) 8 05–0, Telefax (0 63 32) 80 53 11, 80 53 02

1 Pr, 1 VPr, 6,5 VR, 21 R einschl. 1 UProf. im 2. Hauptamt

Präsident

Dury, Walter	1. 4. 95	14. 2. 44

Vizepräsident

Dr. Mörsch, Richard	2. 1. 95	24. 6. 36

Vorsitzende Richterinnen/Vorsitzende Richter

Giersch, Friedrich-Wilhelm	1. 2. 93	8. 2. 43
Morgenroth, Dieter	20. 7. 93	8. 9. 45
Dr. Neumüller, Bernd	1. 8. 93	6. 10. 48
Dr. Ohler, Wolfgang	19. 4. 95	30. 3. 43
Morgenroth, Gertraud	19. 9. 95	27. 9. 46

Neumüller, Heidrun, ½	25. 9. 96	31. 5. 47
Staab, Konrad	29. 9. 97	31. 7. 43

Richterinnen/Richter

Halfmann, Nikolaus	2. 1. 78	31. 8. 37
Kutschelis, Dietrich	31. 3. 80	23. 4. 40
Euskirchen, Sonja	14. 5. 85	5. 5. 48
Maurer, Norbert	12. 2. 88	20. 8. 46
Schunck, Hans	2. 7. 90	4. 6. 47
Hoffmann, Jörg	5. 3. 91	26. 7. 51
Burger, Winfrid	4. 11. 91	18. 8. 54
Hengesbach, Wilfried	7. 7. 92	5. 9. 55
Klüber, Rudolf	1. 10. 92	1. 7. 52
Goldstein, Jürgen	16. 11. 92	4. 9. 47

Schlachter, Melitta	23.11.92	12.12.50
Wolf, Irmgard	16. 3.93	7.11.51
Jahn-Kakuk, Eva, ½	16. 3.93	15. 2.55
Geisert, Rolf	24. 2.94	12.11.55
Jacob, Peter	18. 3.94	14.10.47
Reichling, Gerhart	20. 3.95	10. 7.55
Weisbrodt, Franz	21. 5.96	18.12.52
Prof. Dr. Spannowsky, Willy (UProf, 2. Hauptamt)	19. 9.96	12.12.58
Petry, Ulf	25. 4.97	10. 9.57
Simon-Bach, Vera, ½	26. 1.98	10. 4.60
Friemel, Joachim	9. 6.98	27.11.52
Geib-Doll, Marga	20.10.98	12.10.57
Prof. Dr. Ensthaler, Jürgen (UProf, 2. Hauptamt)	9. 2.00	8. 3.52

Landgerichtsbezirk Frankenthal (Pfalz)

Landgericht Frankenthal (Pfalz)   E 595 544

Bahnhofstr. 33, 67227 Frankenthal
Postfach 16 22, 67225 Frankenthal
T (0 62 33) 8 00
Telefax (0 62 33) 8 02 31

1 Pr, 1 VPr, 13,5 VR, 22 R

Präsident

Tholey, Werner	10. 4.95	7. 7.43

Vizepräsident

Dr. Schiek, Hans	3.12.99	17. 5.38

Vorsitzende Richterinnen/Vorsitzende Richter

Botzke, Werner	28. 3.80	15. 2.38
Kraayvanger, Gerold	8. 6.84	2. 6.42
Dr. Schiffmann, Gerfried	1. 2.85	4.10.35
Dr. Wolff, Jürgen	22. 7.85	19.11.42
Huppert, Heinz	1.10.85	29. 4.38
Riedel, Peter	27. 3.86	6. 7.39
Winter, Gernot	2. 7.90	28. 2.39
Lauth, Heinrich	28. 1.92	30. 5.49
Dr. Schaeffer, Ruth-Ellen	19. 5.95	20.11.50
Delventhal, Rainer	17. 5.96	5. 5.47
Ott, Hans	16. 9.96	19.10.49

Richterinnen/Richter

Munzinger, Irmintraut	1.12.66	22.11.36
Munzinger, Ingrid	1.11.68	26.11.37
Munzinger, Martin	1. 2.70	14. 2.38
Haindl, Beate	17. 1.73	20. 9.42
Dusch, Renate	15. 5.73	8. 4.42

Kulle, Rudi	18. 8.76	22.12.42
Schläfer, Helmut	31.10.77	17. 7.44
Saladin, Christel	3. 5.78	22. 9.46
Köneke, Christian-Walter	14.10.85	12.12.52
Buchmann, Gerhard	1. 7.86	26.10.53
Wolpert, Michael, abg.	21.11.89	3.12.55
Kneibert, Uwe	30.11.89	6. 5.55
Thiel, Margareta	17.11.92	10.11.58
Dr. Hartmann, Klaus	1. 3.95	22. 6.64
Blum, Jürgen	22.10.95	1. 9.62
Braun, Susanna, abg.	26. 1.98	9. 9.62
Minnig, Volker	23. 7.98	30. 4.65
Meumann-Anders, Ulrike, ½	27. 7.99	26. 3.57
Hartmann, Klaus	26.11.99	22. 6.64

Amtsgerichte

Bad Dürkheim E 54 419
Seebacher Str. 2, 67098 Bad Dürkheim
Postfach 15 64, 67089 Bad Dürkheim
T (0 63 22) 965 -0
Telefax (0 63 22) 965 -118

1 Dir, 3 R + ½ R

Hartloff, Gotelind, Dir	18. 3.94	6. 7.42
Freiermuth, Gudrun, ½	1. 4.69	13. 7.38
Alebrand, Ute	21. 1.72	4. 2.39
Stein, Gertraud	2. 1.78	18. 8.45

Frankenthal (Pfalz) E 73 527
Friedrich-Ebert-Str. 4, 67227 Frankenthal
Postfach 11 21, 67201 Frankenthal
T (0 62 33) 8 00
Telefax (0 62 33) 8 04 06 und 8 02 31

1 Dir, 1 stVDir, 6 R

Lutz, Hiltrud, Dir	16. 2.98	19.10.54
Vollmer, Jürgen, stVDir	1.12.94	24. 5.38
Röder, Rolf	17. 1.72	10. 4.38
Baldauf, Helmut	18. 8.72	12. 5.37
Ecker, Alois	14.10.85	6. 7.51
Wind, Elisabeth	5. 6.86	18.11.51
Kehrein, Stefan	24. 4.89	26.12.56

Grünstadt E 44 185
Tiefenthaler Straße 8, 67269 Grünstadt
Postfach 14 80, 67264 Grünstadt
T (0 63 59) 93 51-0
Telefax (0 63 59) 93 51-10

1 Dir, 2 R, 0,5 LSt (R)

Zeuner, Wolf-Rainer, Dir	10.	8.92	19.	1.47
Schumann, Dietmar	1.	2.85	19.11.50	
Schehl-Greiner, Elly,				
½, beurl. (LSt)	4.	8.98	25.	5.63

Ludwigshafen am Rhein   E 228 251
Wittelsbachstr. 10, 67061 Ludwigshafen
Postfach 22 01 08, 67022 Ludwigshafen
T (06 21) 5 61 60
Telefax (06 21) 5 61 61 30

1 Dir, 1 stVDir, 2 w.aufsR, 19 R, 1 LSt (R)

Haindl, Manfred, Dir	1.10.92		29.	4.40
Nixdorf, Wolfgang, stVDir	7.	7.98	7.	7.57
Köhler, Klaus, w.aufsR	1.12.94		5.	1.39
Göthlich, Kristiane,				
w.aufsR	24.	6.97	25.12.42	
Kollmar, Gerhard	6.	5.71	15.	2.38
Ahrens, Hartmut	22.	5.74	27.	9.41
Landeck, Günter	18.	4.75	2.	2.44
Pohl, Ursula	25.	9.75	23.	4.44
Etschmann, Rainer	21.	2.77	9.10.42	
Hanz, Jutta	27.10.77		26.	3.45
Gratzl, Wolfgang	28.10.77		18.	7.42
Möller, Detlef	9.	2.79	6.	3.44
Bartholomé, Gisela,				
½, abg.	16.	2.81	2.11.43	
Leidner, Rudolf	5.	8.81	7.	8.50
Zettler, Wolfgang	1.	4.82	14.12.48	
Ruh, Jürgen	9.11.84		19.	8.53
Schneider, Martin	11.	1.85	26.11.51	
Klippel, Frank, abg.	29.10.86		16.11.54	
Lück, Michael	1.10.89		1.11.58	
Philipps, Bernhard	21.	8.95	19.	8.59
Müller, Markus, abg. (LSt)	18.	9.95	25.	8.61
Platzer, Charlotte, ½	21.	8.96	14.	2.58
Wolf, Judith	24.	8.99	17.	2.66

Neustadt a.d. Weinstraße   E 88 281
Robert-Stolz-Str. 20, 67433 Neustadt
Postfach 10 01 62, 67401 Neustadt
T (0 63 21) 40 10
Telefax (0 63 21) 40 12 91

1 Dir, 1 stVDir, 7,5 R, 1 LSt (R)

Kanter, Gisela, Dir	14.	1.00	19.	7.48
Hauck, Karl, stVDir	17.	3.98	24.	9.44
Flammann, Ludwig	21.	4.71	6.	1.37
Stamber, Ursula	21.	1.72	5.10.41	
Klotz, Reinhard,				
abg. (LSt)	14.12.78		7.	8.48
Lingenfelder, Jürgen	8.12.83		16.	2.53
Rathsmann, Margrit, ½	25.	1.84	30.	4.53
Jäger, Andrea	7.	8.95	7.	1.62
Burkhardt, Till	1.10.97		9.	5.59

Stricker, Hans-Jürgen	21.	7.98	19.	4.63
Winstel, Michaela	22.11.99		28.	2.67

Speyer   E 106 881
Wormser Str. 41, 67346 Speyer
Postfach 11 03, 67321 Speyer
T (0 62 32) 6 09–0
Telefax (0 62 32) 6 09–2 00 u. (0 62 32) 6 09–1 07

1 Dir, 1 stVDir, 8 R

Sessler, Siegfried, Dir	26.	2.97	31.	3.40
Hoffmann, Michael,				
stVDir	1.12.94		12.	8.46
Thermann, Dieter	24.	1.74	19.	6.41
Rampf, Günter	25.	1.74	30.	9.40
Boltz, Hans-Werner	2.	4.79	17.12.45	
Bischoff, Klaus	31.	7.81	23.	1.52
Sattel, Peter	4.	4.85	9.	6.51
Wein, Gerhard	4.	4.85	3.10.52	
Schiewner, Christiane	18.	7.86	31.	7.47

Landgerichtsbezirk Kaiserslautern

Landgericht Kaiserslautern   E 300 483

Lauterstr. 2, 67657 Kaiserslautern
Postfach 35 40, 67623 Kaiserslautern
T (06 31) 37 21–0
Telefax (06 31) 37 21–1 70, 37 21–1 80

1 Pr, 1 VPr, 7 VR, 13 R

Präsident

Kestel, Willi	23.	5.95	1.	5.51

Vizepräsident

Düll, Rolf	1.	9.93	12.	5.38

Vorsitzende Richterin/Vorsitzende Richter

Rubel, Sigurd	7.	6.78	27.	4.39
Dick, Rolf	5.12.83		31.	5.39
Rutz, Anton	8.	9.86	14.11.44	
Wiebelt, Klaus	2.	3.89	16.	4.35
Fischer, Karin	28.	1.92	3.	6.44
Feltes, Franz-Josef	11.	1.94	18.	2.44
Berzel, Robert	21.	1.97	17.	7.50

Richterinnen/Richter

Sachs, Heribert	18.	3.81	15.	8.49
Wagner, Hermann	24.	5.91	31.12.57	
Marx, Heribert	9.	7.91	23.	2.56
Siebecker, Gerold	31.	8.92	1.11.56	
Heid, Eva	21.10.92		19.	3.59
Wilhelm, Ernst-Friedrich	9.12.93		31.	5.61
Nagel, Ralf	20.	4.94	3.	6.61

Riehl, Ralf, abg.	6. 5.96	11.10.60
Stutz, Maria	29. 8.96	27. 1.63
Orth, Beatrix, abg.	20.10.97	11. 5.64
Weirich, Herbert	10. 2.98	23.12.58
Niesen, Klemens, RkrA	(16.11.98)	26. 2.58
Jung, Klaus, RkrA	(2.11.99)	18.11.60

Bühler, Ralf	8.10.79	2. 1.49
Schuhmann, Georg, abg.	16. 5.84	28. 5.50
Reske, Karl	9. 6.87	17.11.53
Kuhlmann, Klaus, RkrA	(1. 1.99)	19. 6.63

Amtsgerichte

Kaiserslautern E 164 698
Benzinoring 1, 67657 Kaiserslautern
Postfach 35 20, 67623 Kaiserslautern
T (06 31) 37 21–0
Telefax (06 31) 37 21–3 62; 37 21–3 32

1 Dir, 1 stVDir, 1 w.aufsR, 13, 5 R

Knecht, Klaus, Dir	14. 9.90	3. 2.39
Rusch, Walter, stVDir	1. 7.94	4. 7.39
Tolksdorf, Dieter, w.aufsR	16.10.98	10. 3.43
Volb, Rüdiger	2. 6.72	18. 5.40
Jung, Horst	22.10.73	29. 3.39
Voß, Nikolaus	15. 1.74	29. 2.40
Heinrich, Holger	8.10.76	20.11.44
Vogel, Reinhard	4. 8.77	7. 8.43
Zorn, Egon	12.12.77	19. 2.47
Martin, René	2. 4.82	18.11.51
Jansen-Siegfried, Angelika, ½	16.12.87	20. 8.56
Müller-Wilhelm, Gerhard	23. 3.88	30. 9.53
Dr. Bauer, Thomas	5. 4.94	16. 3.61
Stiefenhöfer, Michael, abg.	20.10.97	10. 7.62
Heise, Brigitte	27.10.97	4. 2.62
Hense, Barbara	16. 7.98	20. 8.64

Kusel E 57 970
Trierer Str. 71, 66869 Kusel
Postfach 11 61, 66863 Kusel
T (0 63 81) 914 -0
Telefax (0 63 81) 914 -200

1 Dir, 3 R

| Hettrich, Kurt, Dir | 7. 1.91 | 16. 1.36 |

Rockenhausen E 77 815
Kreuznacher Str. 37, 67806 Rockenhausen
Postfach 11 63, 67801 Rockenhausen
T (0 63 61) 914 -0
Telefax (0 63 61) 914 -111

1 Dir, 1 stVDir, 3 R

| Carra, Hartmut, Dir | 1.12.94 | 11. 2.51 |
| Tschoepke, Bernhard, stVDir | 1. 5.69 | 25. 1.36 |

Landgerichtsbezirk Landau i. d. Pfalz

Landgericht Landau i. d. Pfalz E 270 966
Marienring 13, 76829 Landau
Postfach 15 40, 76805 Landau
T (0 63 41) 22–0
Telefax (0 63 41) 22–3 19

1 Pr, 1 VPr, 4 + ½ VR, 12 R

Präsident

| Dr. Asmus, Wolfgang | 1. 7.97 | 11.11.46 |

Vizepräsident

| Dr. Falk, Theodor | 22. 1.99 | 18.12.46 |

Vorsitzende Richterin/Vorsitzende Richter

Dr. Frese, Jörn	3. 6.85	28. 8.37
Peters, Sigrid, ½	18. 1.90	11. 5.48
Dr. Knoll, Christian	4. 9.90	24. 9.49
König, Roland	19.10.94	18. 2.53
Kuhs, Helmut	1. 6.99	25. 3.53

Richterinnen/Richter

Rothfuß, Hans	1. 2.69	13.12.36
Welsch, Hans-Jürgen	4. 3.83	8.10.51
Braun, Rainer	11. 3.83	31. 3.50
Wüst, Helmut	14.12.88	22. 1.54
Müller-Rospert, Ulrike	21. 7.89	1. 4.58
Ruppert, Urban	30. 4.92	16. 2.58
Klewin, Christian	19. 1.95	21. 6.62
Flörchinger, Matthias	18. 9.95	30. 5.64
Zürker, Theresa, ½	31. 1.97	17. 8.58
Born, Manfred	19. 1.99	27. 1.60

Amtsgerichte

Germersheim E 63 454
Gerichtstr. 6, 76726 Germersheim
Postfach 12 40, 76712 Germersheim
T (0 72 74) 9 52-0
Telefax (0 72 74) 9 52-2 39

1 Dir, 3 R

| Schreiner, Ansgar, Dir | 1. 3.93 | 23.12.5 |
| Breuer, Heinz | 2.12.76 | 28.10.4 |

Schempf, Herbert	26. 4. 82	29. 12. 50
Schmidt, Andreas	16. 12. 96	14. 9. 63

Landgerichtsbezirk Zweibrücken

Kandel E 58 685
Landauer Str. 19, 76870 Kandel
Postfach 12 60, 76867 Kandel
T (0 72 75) 98 51–0
Telefax (0 72 75) 98 51–11

1 Dir, 3 R, ½ LSt (R)

Ernst, Hermann, Dir	1. 5. 82	16. 11. 35
Regelin, Hansjörg	30. 12. 71	29. 5. 38
Koch, Herbert	29. 5. 79	15. 3. 44
Malchus, Elke, ½,		
beurl. (LSt)	25. 2. 91	4. 5. 58
Schmitt, Herbert	18. 9. 95	12. 3. 61

Landau i. d. Pfalz E 148 827
Marienring 13, 76829 Landau
Postfach 15 20, 76825 Landau
T (0 63 41) 2 21
Telefax (0 63 41) 22–3 32

Zweigstelle in Bad Bergzabern
Weinstr. 46, 76887 Bad Bergzabern
Postfach 11 13, 76881 Bad Bergzabern
T (0 63 43) 9 37 10
Telefax (0 63 43) 93 71 60

1 Dir, 1 stVDir, 1 w.aufsR, 13 R

Dr. Hele, Bärbl, Dir	13. 2. 98	6. 3. 40
Dahlgrün, Daniela, stVDir	9. 6. 98	7. 7. 40
Heisterkamp, Klaus,		
w.aufsR	25. 4. 96	16. 12. 35
Ehrgott, Erich	1. 2. 70	23. 12. 35
Karner, Rudolf	11. 1. 73	23. 4. 42
Megerle, Ulrich	7. 5. 74	7. 10. 41
Sommer, Manfred	11. 9. 74	24. 4. 41
Große, Hans-Jürgen	23. 7. 75	1. 6. 40
Göbel, Jörg	7. 10. 76	12. 7. 43
Neu, Christine	25. 5. 79	4. 10. 45
Keber, Jürgen	21. 3. 83	12. 7. 48
Becker, Helmut	23. 3. 83	21. 8. 48
Weustenfeld, Gustav	14. 12. 88	4. 1. 53
Lintz, Rainer	8. 2. 91	26. 3. 57
Antoni, Georg	18. 12. 95	1. 6. 62
Klein-Seither, Walburga,		
abg.	25. 8. 99	14. 12. 57

Landgerichtsbezirk Zweibrücken

Landgericht Zweibrücken E 255 546
Goetheplatz 2, 66482 Zweibrücken
Postfach 14 51, 66464 Zweibrücken
T (0 63 32) 80 50
Telefax (0 63 32) 8 05–2 20

1 Pr, 1 VPr, 5 VR, 11,5 R, 2 LSt (R)

Präsident

N. N.	—	—

Vizepräsident

Schneider, Rudolf	17. 3. 98	2. 12. 38

Vorsitzende Richterin/Vorsitzende Richter

Dewes, Dietmar	3. 6. 77	10. 3. 38
Kinnen, Dieter	14. 1. 81	20. 10. 43
Dr. Buser, Roswitha	28. 1. 92	19. 1. 44
Pfleger, Otto	28. 2. 92	3. 12. 48
Michel, Norbert	15. 9. 95	9. 9. 47

Richterinnen/Richter

Stepp, Wolfgang	18. 9. 75	24. 5. 43
Oberkircher, Rainer	4. 1. 85	4. 7. 49
Frühauf-Franke, Gisela	23. 5. 86	13. 11. 52
Fischer, Uwe	20. 2. 92	29. 12. 58
Urbany, Astrid	31. 8. 92	26. 5. 61
Kratz, Claus	3. 1. 95	10. 8. 63
Wirbel, Klaus Werner	24. 4. 95	25. 4. 61
Edinger, Thomas	20. 12. 95	10. 4. 62
Weber, Sabine	21. 7. 98	27. 8. 64

Amtsgerichte

Landstuhl E 67 527
Kaiserstr. 55, 66849 Landstuhl
Postfach 11 61, 66841 Landstuhl
T (0 63 71) 9 31–0
Telefax (0 63 71) 93 12 22

1 Dir, 4 R

Glas, Klaus, Dir	1. 1. 77	6. 5. 36
Wichmann, Heino	1. 3. 75	8. 1. 43
Schultheiß, Thomas	3. 8. 90	27. 7. 54
Pick, Stefan	4. 8. 97	21. 9. 64
Ehrmanntraut, Peter	7. 7. 98	17. 8. 63

Pirmasens E 126 633
Bahnhofstr. 22–26, 66953 Pirmasens
Postfach 11 65, 66921 Pirmasens
T (0 63 31) 87 11
Telefax (0 63 31) 87 12 45

1 Dir, 1 stVDir, 12 R

Krämer, Gerhard, Dir	20. 5.74	13.10.35
Schiller, Eckhart, stVDir	21. 1.97	4. 5.44
Berger, Rudolf	1. 3.70	6. 1.38
Dexheimer, Dieter	11.11.71	22. 9.39
Marscheck-Schäfer, Gertraud, abg.	22.12.80	26. 9.42
Marscheck, Ernst-Ulrich	22.12.80	22. 4.49
Luft-Hansen, Cornelia	1.12.81	28. 1.52
Zimmermann, Karl-Winfried	8. 9.86	12. 6.49
Schank, Sigrid	30. 9.93	2. 2.61
Schmidt, Dirk	25. 5.94	11. 6.62

Jenet, Harald	23. 6.94	3. 4.63
Süs, Manfred	21. 4.95	24.12.61
Marx, Jeanet	8.10.96	15.12.63
Fritz, Stefan	4. 8.97	20.12.60

Zweibrücken E 61 386
Herzogstraße 2, 66482 Zweibrücken
Postfach 14 41, 66464 Zweibrücken
T (0 63 32) 80 50
Telefax (0 63 32) 80 51 98

1 Dir, 5 R

Giersch, Marion, Dir	23.11.92	6. 5.47
Euskirchen, Werner	10. 6.77	21. 2.43
Kallert, Joachim	27. 3.92	16. 4.59
Landes, Peter	12. 3.96	31.10.60
Biehl, Klaus	24. 7.97	4. 8.60
Hauptmann, Elke	19. 1.98	9. 3.60

Staatsanwaltschaften

Generalstaatsanwaltschaft Zweibrücken

Schloßplatz 7, 66482 Zweibrücken
Postfach 14 47, 66464 Zweibrücken
T (0 63 32) 80 50
Telefax (0 63 32) 80 53 52

1 GStA, 1 LOStA, 4 OStA

Generalstaatsanwältin

Reichling, Ursula	1.10.91	28. 3.42

Leitender Oberstaatsanwalt

Pendt, Albrecht	1. 5.98	11. 4.46

Oberstaatsanwälte

Brunner, Erich	1.12.79	10. 2.39
Bayer, Eberhard	1.12.94	30. 5.50
Göttmann, Heinz	1.12.95	21. 5.47
Balzer, Manfred	1. 5.98	3. 9.52

Staatsanwaltschaft Frankenthal (Pfalz)
Friedrich-Ebert-Str. 4, 67227 Frankenthal
Postfach 11 21, 67201 Frankenthal
T (0 62 33) 8 01
Telefax (0 62 33) 8 03 62

1 LOStA, 1 stVLOStA, 5 OStA, 18 StA

Leitender Oberstaatsanwalt

Liebig, Lothar	13. 2.97	9. 7.48

Oberstaatsanwältinnen/Oberstaatsanwälte

Theobald, Klaus, stVLOStA	12.12.91	27. 9.40
Thermann, Gisa	1. 6.92	24. 7.48
Dirion-Gerdes, Gerald	1.12.94	15. 8.44
Taupitz, Christiane, ½	1.12.94	13. 6.57
Diehl, Holger	1.12.96	7. 7.58
Schmölz, Bernd	1. 5.98	22. 9.50

Staatsanwältinnen/Staatsanwälte

Hund, Dieter, ½	10. 4.73	15. 5.40
Schadt, Günter	5.12.75	19.10.42
Trunz, Ludwig	23. 1.78	30. 3.45
Brehmeier-Metz, Doris	2. 7.93	15. 2.62
Dr. Gehring, Udo	20.10.93	21. 4.61
Sauermilch, Karsten	29.11.93	19. 1.62
Dr. Hempelmann, Kai	24. 4.95	17. 6.61
Franck, Henri	2. 5.95	6.11.59
Goldschmidt, Michael	11. 5.95	12.12.60
Wisser, Andreas	12. 5.95	8. 2.61
Werner, Gabriele	9.10.95	10.11.63
Gau, Uwe	24.10.95	29. 9.62
Zehe, Dieter	17. 4.96	21. 6.61
Frank, Peter	11. 3.99	26. 8.61
Möhling, Angelika, abg. (LSt)	11. 3.99	12. 8.68
Paproth-Sachse, Brigitte	31. 1.00	25. 6.67
Henn, Thomas	4. 2.00	8. 4.67
Zimmermann, Petra	7. 2.00	25. 8.67

Staatsanwaltschaft Kaiserslautern

Lauterstr. 2, 67657 Kaiserslautern
Postfach 35 60, 67623 Kaiserslautern
T (06 31) 71 41
Telefax (06 31) 71 43 98

1 LOStA, 1 stVLOStA, 4 OStA, 13,5 StA

Leitender Oberstaatsanwalt

Bleh, Helmut   1. 9. 92   20. 1. 49

Oberstaatsanwälte

Dr. Winter, Detlef,
  stVLOStA   1. 5. 98   30. 1. 51
Scheidner, Paul-Gerald   1. 5. 90   28. 6. 49
Britz, Bernhard   1. 5. 92   6. 6. 46
Bachmann, Hans   1.12. 94   20. 3. 49
Nunenmann, Achim   1. 5. 98   29.10. 56

Staatsanwältinnen/Staatsanwälte

Huth, Ursula, ½   29. 3. 82   19. 7. 52
Prügel, Hubert, abg.   23. 1. 85   13.10. 43
Küstner, Steffen   20.12. 90   10. 5. 57
Seeberger, Hans-Werner   28. 8. 92   27. 2. 60
Schank, Andreas   28. 8. 92   17. 6. 61
Schöne, Elmar   30. 9. 93   3. 6. 59
Dr. Ludwig, Dominik   24.11. 94   9. 6. 61
Kuhlmann, Klaus   7.11. 95   19. 6. 63
Orthen, Stefan   29. 1. 96   27. 8. 64
Wachter, Bettina   8. 3. 96   9. 8. 61
Dr. Krauß, Matthias,
  abg. (LSt)   1. 8. 96   20. 1. 61
Paul, Anne   19. 8. 96   31. 1. 63
Vogt, Jutta   3. 5. 97   2. 1. 66
Weingardt, Iris   15. 5. 97   1. 4. 64
Müller, Steffi   28. 1. 99   17.11. 65

Staatsanwaltschaft Landau i.d. Pfalz

Marienring 13, 76829 Landau
Postfach 15 20, 76825 Landau
T (0 63 41) 2 20
Telefax (0 63 41) 2 22 74

1 LOStA, 1 stVLOStA, 1 OStA, 9 StA

Leitender Oberstaatsanwalt

Prof. Dr. Sack, Hans-
  Jürgen   1.12. 79   6. 2. 39

Oberstaatsanwälte

Kettenring, Eugen,
  stVLOStA   1.12. 87   15. 6. 47
Häußler, Klaus   1. 5. 93   11. 1. 46

Staatsanwältinnen/Staatsanwälte

Wörner, Gudrun   1.10. 71   9. 1. 40
Denger, Burkhart   26. 6. 74   22. 6. 44
Sauerborn, Ernst-
  Wilhelm   25. 9. 78   2.10. 48
Thode, Marina   24.11. 82   16. 2. 53
Diederich, Albin   31. 7. 89   13. 6. 55
Ströber, Hubert   1. 3. 90   12.10. 59
Wagner-Diederich,
  Susanne, ½   29. 7. 92   9. 3. 61
Spielbauer, Thomas   2. 5. 95   22. 9. 61
Bork, Jörg   27. 3. 96   22.11. 57
Sommer, Christoph   8. 7. 98   17.10. 64

Staatsanwaltschaft Zweibrücken

Goetheplatz 1, 66482 Zweibrücken
Postfach 14 61, 66464 Zweibrücken
T (0 63 32) 80 50
Telefax (0 63 32) 80 52 50

1 LOStA, 1 stVLOStA, 1 OStA, 8 StA

Leitender Oberstaatsanwalt

Heinekamp, Martin   1. 6. 90   26. 4. 47

Oberstaatsanwälte

Staedtler, Wolfgang,
  stVLOStA   1. 6. 81   30.10. 37
Dexheimer, Norbert   1. 6. 81   25. 7. 45

Staatsanwältinnen/Staatsanwälte

Schmitt, Maximilian   1.11. 66   20.12. 34
Kobbe-Boor, Ilse   2. 9. 77   11. 3. 47
Kleeberger, Maria, ½   22.10. 87   24. 7. 56
Lißmann, Thomas   10. 8. 89   2. 8. 56
Schubert, Michael   1. 8. 91   22. 5. 60
Stahl, Hans-Jürgen   21. 4. 93   10.10. 57
Petry, Silke, beurl.
  (LSt)   13. 4. 94   3. 9. 62

Richterinnen / Richter und Staatsanwältinnen / Staatsanwälte im Richterverhältnis auf Probe

Oberlandesgerichtsbezirk Koblenz

Karschkes, Brigitte, ½	4. 11. 85	28. 5. 55
Dr. Griep, Barbara, beurl. (LSt)	27. 8. 90	25. 5. 61
Ennemoser-Ribbe, Michaela, beurl. (LSt)	2. 4. 91	21. 7. 61
Röer, Birgit	2. 9. 91	20. 4. 63
Euler, Barbara, ½, beurl. (LSt)	16. 11. 92	17. 3. 65
Neis-Schieber, Judith, ½	1. 12. 92	16. 6. 64
Bendel, Andreas	3. 5. 93	25. 10. 63
Hauf, Claudia, ½, beurl. (LSt)	1. 6. 93	18. 6. 65
Schleiffer, Inge-Maria, ½, beurl. (LSt)	1. 9. 93	23. 7. 64
Bohr, Elisabeth, beurl. (LSt)	1. 9. 93	7. 12. 64
Blankenhorn, Iris, ½, beurl.	2. 11. 93	8. 3. 65
Hennrichs, Silvia, beurl. (LSt)	2. 11. 93	14. 8. 65
Faust, Gregor	10. 1. 94	18. 6. 64
Schlatmann, Birgitta, ½	28. 1. 94	16. 3. 65
Lenz, Stefanie, ½, beurl. (LSt)	1. 2. 94	20. 1. 63
Debus, Claudia, ½, beurl. (LSt)	5. 4. 94	17. 3. 66
Karl, Bettina	16. 5. 94	18. 5. 65
Beickler, Birgitta, ½	6. 6. 94	20. 7. 64
Wilhelmi, Jens	1. 7. 94	22. 5. 64
Musiol, Susanne, beurl. (LSt)	9. 1. 95	7. 2. 67
Fischer, Petra, ½	1. 2. 95	8. 1. 65
Stöcklein, Thomas	3. 4. 95	2. 12. 64
Gérard, Beate	19. 4. 95	20. 8. 67
Blüm, Andrea, ½	15. 5. 95	14. 6. 68
Gilbert, Sybille	1. 6. 95	26. 4. 66
Hüttemann, Peter	3. 7. 95	9. 9. 67
Szczepanski, Vera, beurl. (LSt)	12. 7. 95	1. 8. 69
Schneider, Jutta	1. 8. 95	11. 10. 66
Zanner, Christine, ½	1. 9. 95	21. 11. 63
van Krüchten, Ulrich	1. 9. 95	23. 11. 63
Feils, Martin, beurl. (LSt)	2. 10. 95	18. 12. 64
Eisert, Tobias	2. 10. 95	18. 1. 66
Beißer, Regine	2. 10. 95	11. 1. 67
Porcher-Christmann, Ulrike, ¾	2. 10. 95	11. 9. 67
Hampel, Jörg	18. 10. 95	28. 4. 66
Dr. Riegel, Ralf	2. 1. 96	7. 7. 62
Dr. Dreyer-Mälzer, Susanne, beurl. (LSt)	2. 1. 96	4. 7. 67
Morsch-Tunç, Sabine, beurl.	1. 2. 96	5. 6. 67
Emmer, Oliver	11. 3. 96	27. 7. 65
Mirow, Dirk	24. 4. 96	30. 12. 68
Föhr, Susanne, ½	2. 5. 96	29. 9. 68
Seus, Joachim	13. 5. 96	24. 8. 67
Hürten, Petra	1. 7. 96	29. 10. 65
Golumbeck, Alexandra	1. 7. 96	30. 6. 70
Höfer, Isabel	1. 8. 96	16. 4. 67
Dr. Leitges, Konrad	2. 1. 97	28. 11. 67
Groß, Andreas	15. 1. 97	17. 5. 69
Heupel, Ute	17. 2. 97	10. 10. 67
Horn, Günter	3. 3. 97	22. 5. 64
Griesar, Ludger	1. 4. 97	22. 10. 66
Nass, Verena, ½	20. 5. 97	19. 1. 67
Dr. Minthe, Eric Wolfgang	1. 7. 97	19. 9. 68
Lesemann, Doris	1. 7. 97	6. 9. 69
Mannweiler, Mario	1. 7. 97	4. 11. 69
Schulz-Utermöhl, Sandra, ½, beurl.	4. 8. 97	26. 4. 69
Wingenfeld, Angelika	1. 10. 97	28. 1. 69
Dr. Epp, Ursula	1. 12. 97	10. 9. 69
Ruffert, Christiane, ½, beurl. (LSt)	15. 12. 97	11. 11. 64
Breuer, Martina	2. 1. 98	16. 9. 71
Dr. Brink, Stefan, abg.	2. 2. 98	13. 12. 66
Klas, Petra, ½	2. 3. 98	1. 10. 67
Dr. Loré, Ellen	1. 4. 98	15. 4. 68
Keil, Sabine	15. 6. 98	26. 4. 70
Schönberg, Christoph	1. 7. 98	11. 2. 70
Ewald, Sabine	15. 7. 98	4. 10. 68
do Paco Quesado, Christopher	15. 7. 98	5. 1. 72
Deutschler, Gerd	20. 7. 98	16. 9. 69
Luther, Ingrid	3. 8. 98	14. 4. 67
Fischer, Michaela	3. 8. 98	21. 10. 69
Zimmermann, Marion	3. 8. 98	19. 7. 71
Esch, Nicole	24. 8. 98	26. 6. 71
Häger, Jörg Christian	1. 9. 98	23. 10. 68
Krieger, Juliane	1. 9. 98	20. 4. 71
Strohkendl, Alice	1. 9. 98	3. 2. 72
Huwar, Birgit	1. 10. 98	6. 1. 72
Klotz, Dieter	7. 10. 98	28. 5. 67
Stenner, Katja	9. 11. 98	4. 2. 71
Kroth, Achim	1. 12. 98	11. 12. 71
Karfeld, Peter	4. 12. 98	19. 7. 65
Reick, Sonja	15. 12. 98	18. 11. 72
Minnebeck, Bernd	30. 12. 98	3. 8. 67

Dietrich, Xenia	4. 1.99	16. 1.72
Parent, Stéphane	4. 1.99	19. 4.72
Kiefer, Martin	1. 2.99	20. 2.70
Marker, Benita	1. 2.99	22. 7.72
Pfeffer, Stefanie	11. 3.99	16. 5.67
Zimmermann, Petra	20. 4.99	1. 9.70
Dr. Syrbe, Christoph	3. 5.99	4. 2.66
Voltz, Tanja	7. 6.99	27. 9.72
Ruppel, Christine	21. 6.99	25. 3.70
Breyer, Steffen	24. 6.99	20. 6.73
Cohnen, Andreas	1. 7.99	23.10.71
von Gumpert, Tilmann	6. 7.99	13.11.69
Dymke, Andreas	2. 8.99	1.12.69
Winterholler, Lisa, ½	2. 8.99	11.10.71
Rohles, Marietta	2. 8.99	3. 1.74
Büttinghaus, Thomas	1. 9.99	6.11.70
Wingert, Katrin	1. 9.99	14. 2.72
Rottmann, Ulrike	20. 9.99	31. 1.72
Port, Iris	1.10.99	17. 7.69
Schwarz, Cornelia, ½	4.11.99	22.11.72

Oberlandesgerichtsbezirk Zweibrücken

Quante-Batz, Kerstin, ½	2.11.90	15. 8.59
Götz, Tanja Susanne, ½	15. 7.91	29. 6.62
Boffo-Mosbach, Andrea, ½	4.11.91	22. 2.61
Backes-Liedtke,		
Susanne, ½	1. 9.92	22. 2.64
Schiffmann, Harald	13. 4.93	13. 6.65
Simon, Anja	2. 8.93	9. 5.67
Tiemann, Uta, beurl. (LSt)	1. 9.93	19. 2.66
Schultz, Klaus	1.12.93	10. 7.63
Dr. Zeilinger, Andreas	1. 3.94	16. 3.66
Busch, Ina, ½	24. 5.94	20. 1.66
Dr. Holler, Manfred	1. 7.94	22. 7.66
Sommer, Ursula,		
beurl. (LSt)	4.10.94	7. 9.63
Christoffel, Bernd	2.11.94	17. 4.64
Sturm, Dagmar, ½	2. 1.95	17. 4.66

Düll-Würth, Ursula	2. 1.95	10. 5.66
Maiwald-Hölzl, Stephan	18. 4.95	17. 9.65
Hassel, Christoph	3. 7.95	1. 9.61
Schlachter, Brigitte	3. 7.95	23. 1.68
Ferner, Carmen, ½	1. 8.95	21. 3.68
Dr. Kaiser, Stefan	9. 8.95	1. 1.68
Dr. Steitz, Michael	4. 9.95	7. 9.67
Krause, Karola, beurl.	1.12.95	9. 9.64
Bastian-Holler, Ulrike	1.12.95	29. 8.68
Schwenninger, Bernd	12. 2.96	31. 5.65
Kollmar-Haager, Charlotte	10. 4.96	27. 3.69
Steinel, Claudia	3. 6.96	27. 7.68
Schröder, Christian	3. 6.96	16. 8.68
Feß, Claudia	24. 6.96	18. 1.69
Dr. Bohnen, Wolfgang	2. 1.97	16. 6.65
Dr. Wissing, Volker	2. 1.97	22. 4.70
Valentin, Felix	24. 1.97	6. 7.69
Stehlin, Rupert	18. 3.97	4. 7.68
Lattrell, Frauke,		
abg. (LSt)	22. 5.97	13. 2.69
Schelp, Robert	2. 6.97	14.11.65
Stuck, Annette, ½	1. 4.98	15.12.68
Gietzen, Markus	7. 4.98	6.11.69
Dr. Kaltenhäuser, Kirsten	4. 5.98	21. 5.70
Graßhoff, Martin	1. 7.98	21. 1.71
Fischborn, Henriette	15.12.98	23. 9.68
Dr. Walter, Christine	4. 1.99	6.11.68
Schraut, Anja	4. 1.99	5. 5.69
Engelhorn, Stephan	4. 1.99	27. 5.70
Wilke, Ulrike	4. 1.99	24. 1.73
Geiser, Thomas	1. 2.99	3.12.67
Zweig, Peter	1. 4.99	17. 5.71
Gast, Susanne	7. 6.99	24. 7.72
Kießling, Anke	1. 7.99	7.10.71
Neu, Sandra	1. 7.99	19.10.71
Pees, Joachim	2. 8.99	2. 6.71
Jastrow, Serge-Daniel	1. 9.99	9. 6.70
Wagner, Frank	8. 9.99	7. 7.67
Thomas, Susanne	1.10.99	23. 6.64

Saarland

1 072 466 Einwohner*

Ministerium der Justiz

Zähringerstraße 12, 66119 Saarbrücken
Postfach 10 24 51, 66024 Saarbrücken
T (06 81) 5 01–00, Telefax (06 81) 5 01–58 55 u. 5 01–58 97 (LPA)
1 Min, 1 StS, 1 MinDgt, 3 LMinR, 5 MinR, 4 RD, 3 ROR

Ministerin der Justiz
Spoerhase-Eisel, Ingeborg   29. 9.99   24. 3.47

Staatssekretär
Schild, Wolfgang   30. 9.99   9. 1.52

Ministerialdirigent
Weber, Wolfgang   1. 4.92   18. 4.43

Leitende Ministerialrätin / Ministerialräte
Voltmer, Gerd   1. 2.85   17. 2.37
Dr. Greiner, Lutz   —   —
Dr. Bender, Gisela   15.11.91   26. 3.45

Ministerialräte
Terres, Wolfram   29. 8.83   16. 3.39
Baier, Hans Dieter   1. 4.85   13.10.40

* Stand: 31. 12. 1998.

Molz, Rainer   —   —
Blandfort, Wolfgang   —   —

Regierungsdirektor
Kunze, Heinz   1.10.94   15. 3.41
Leibrock, Frank   1.10.98   19. 1.62

Referentinnen / Referenten
Scheer, Volker
  (stVDir AG)   1.12.94   13. 6.54
Klein, Raphael (RAG)   21. 5.96   20. 7.64
Blüm, Bernd (RR)   1. 4.98   25.11.44
Eckstein-Puhl, Christine
  (StA), beurl. (LSt)   7.10.99   27.12.68
Gref, Monika (RLG)   —   —
Seel, Christian
  (Reg. Ass.)   20.10.99   7. 1.71
Schmidt, Gerd (ROR)   1. 4.00   15. 4.42

Oberlandesgerichtsbezirk Saarbrücken

Bezirk: Saarland
Oberlandesgericht: Saarbrücken
1 Landgericht: Saarbrücken
10 Amtsgerichte

für die AGBez: *Schöffengericht*

Saarbrücken,
St. Ingbert,
Völklingen: Saarbrücken

Lebach, Merzig
und Saarlouis: Saarlouis

Homburg,
Neunkirchen,
Ottweiler und
St. Wendel: Neunkirchen

Jugendschöffengericht Saarbrücken (für die Bezirke sämtlicher Amtsgerichte des Saarlandes)
Familiengerichte: bei allen Amtsgerichten
Landwirtschaftssachen werden von den nachstehenden Amtsgerichten als Landwirtschaftsgerichte erledigt:

Homburg (Saar) zugl. f. d. AGBez.
St. Ingbert

Merzig und zugl. f. d. AGBez.
Ottweiler Neunkirchen (Saar)

St. Wendel und zugl. f. d. AGBez.
Saarlouis Lebach

Saarbrücken zugl. f. d. AGBez.
Völklingen

Saarländisches Oberlandesgericht

E 1 072 466
Franz-Josef-Röder-Straße 15, 66119 Saarbrücken
Postfach 10 15 52, 66015 Saarbrücken
T (06 81) 5 05–05, Telefax (06 81) 5 01–53 51
1 Pr, 1 VPr, 6 VR, 21 R sowie 1 UProf., 2. Hauptamt

Präsident

Prof. Dr. Rixecker,
Roland 11. 2. 95 16. 5. 51

Vizepräsident

N. N. — —

Vorsitzende Richter

Demuth, Horst 22. 10. 92 25. 12. 38
Groten, Dieter 8. 6. 93 25. 4. 37
Dr. Batsch, Karl Ludwig 14. 6. 94 16. 5. 39
Jochum, Arwed 21. 2. 95 20. 9. 43
Paul, Gerhard 13. 5. 98 17. 8. 37

Richterinnen/Richter

Holschuh, Rose 13. 3. 87 19. 6. 39
Theis, Günter 1. 6. 87 17. 5. 45
Dr. Kockler, Franz Josef 1. 1. 88 25. 4. 47
Gaillard, Ingrid 1. 1. 90 18. 11. 46

Morgenstern-Profft,
Ferdinande 4. 10. 90 28. 11. 39
Brach, Karl-Josef 1. 7. 91 1. 5. 40
Dier, Josef 12. 11. 91 12. 7. 54
Dr. Kuhn-Krüger,
Roswitha 17. 7. 92 10. 5. 48
Becker, Wolfgang 19. 7. 93 18. 12. 46
Göler, Peter 18. 5. 94 23. 6. 47
Barth, Dieter 1. 1. 95 17. 12. 54
Balbier, Ralf-Werner 3. 2. 95 3. 8. 47
Dr. Gehrlein, Markus 15. 7. 95 26. 7. 57
Sandhöfer-Geib, Anna 1. 12. 95 4. 2. 55
Quack, Heidrun 1. 7. 96 6. 6. 57
Hermanns, Monika 1. 8. 98 6. 3. 59
Schmidt, Hans-Peter 1. 7. 99 9. 7. 52
Cronberger, Ingrid 2. 5. 99 31. 3. 55
Prof. Dr. Radtke, Henning
(UProf, 2. Hauptamt) 4. 1. 00 9. 5. 62
Dr. Madert-Fries,
Ingrid 23. 2. 00 17. 3. 61

Landgerichtsbezirk Saarbrücken

Landgericht Saarbrücken   E   1 084 370
Franz-Josef-Röder-Str. 15, 66119 Saarbrücken
Postfach 10 15 52, 66015 Saarbrücken
T (06 81) 5 01–05
Telefax (06 81) 5 01–52 56

1 Pr, 1 VPr, 23 VR + ½ VR, 37 R + 3 × ½ R +
4 LSt (R)

Präsident

Dr. Zieres, Helmut	12. 5. 87	12. 7. 35

Vizepräsident

Simon, Werner	14. 6. 94	16. 10. 35

Vorsitzende Richterinnen / Vorsitzende Richter

Dr. Becker, Ralf-Dieter	28. 7. 69	4. 8. 38
Dr. Jenewein, Gert	15. 9. 85	29. 10. 39
Elsäßer, Klaus	1. 1. 88	23. 1. 38
Simon, Gerhard	1. 1. 88	1. 5. 39
Sossong, Werner	21. 8. 89	24. 2. 40
Allmers, Volker	30. 11. 90	3. 10. 39
Maas, Hartmut	19. 2. 91	9. 2. 40
Nolte, Franz-Jörg	17. 7. 92	3. 12. 38
Chudoba, Ulrich	17. 7. 92	5. 1. 44
Wolff, Ingeborg	1. 3. 93	5. 5. 44
Krämer, Gerhard	9. 12. 94	2. 7. 41
Legleiter, Helmut	6. 6. 95	20. 9. 51
Schmidt, Gerhard	28. 6. 95	17. 1. 44
Meyer, Alfred	9. 10. 95	29. 4. 46
Hugo, Renate, ½	19. 12. 95	29. 11. 50
Wolff, Eike	22. 12. 95	31. 12. 43
Kratz, Ursula	20. 8. 96	11. 5. 53
Schneider, Erhard	6. 10. 98	15. 1. 51
Radtke, Wolfgang	15. 12. 98	7. 10. 46
Gaillard, Wolfgang	19. 5. 99	11. 10. 43

Richterinnen / Richter

Adams, Brigitte	15. 9. 67	30. 1. 37
Jochum, Heinz	17. 10. 69	19. 7. 35
Setz, Gerlinde	13. 8. 75	20. 6. 44
Weinand, Rainer	2. 4. 80	18. 5. 49
Seidel, Gerhard	2. 10. 81	3. 4. 50
Mansfeld, Birgit	3. 10. 84	30. 5. 55
Jung, Martin	2. 4. 85	5. 8. 55
Ewen, Maria Elisabeth, ½	4. 12. 86	28. 10. 54
Sittenauer, Alfons, abg.	1. 4. 87	3. 1. 55
Weber, Bernd	—	—
Roth, Günter	12. 11. 87	23. 8. 55

Henrich, Birgit	13. 10. 88	12. 9. 56
Lasotta, Gisbert	20. 10. 88	29. 7. 55
Lander-Schöneberger, Rosemarie, ½	23. 10. 89	20. 8. 57
Fritsch-Scherer, Ute	12. 2. 90	4. 7. 56
Feltes, Susanne	5. 11. 90	18. 1. 59
Backes-Kiefer, Ingrid, ½	—	—
Dr. Fries, Rainer	4. 11. 91	24. 7. 56
Heßlinger, Michael	7. 4. 92	11. 1. 60
Neuerburg, Hans-Peter	25. 5. 92	13. 3. 60
Burmeister, Margot	3. 7. 92	24. 1. 57
Kuklik, Udo	5. 10. 92	2. 12. 60
Heesen, Joachim	8. 12. 92	2. 5. 59
Hoschke, Ulrich	22. 12. 92	28. 9. 59
Klein-Molz, Theresia, beurl. (LSt)	29. 6. 93	18. 4. 62
Hoffmann-Lindenbeck, Andrea	11. 1. 94	5. 5. 62
Mahler, Markus	16. 3. 94	11. 2. 58
Zander, Uwe	10. 6. 94	23. 9. 54
Dr. Dörr, Karl-Werner, abg. (LSt)	24. 8. 94	14. 2. 63
Knerr, Gerhard	4. 10. 94	14. 10. 64
Gilles, Raymond	24. 10. 94	8. 1. 61
Lauer, Andreas	3. 1. 95	25. 10. 62
Freymann, Hans-Peter, abg. (LSt)	18. 12. 95	11. 2. 61
Reger, Werner	15. 7. 96	24. 3. 63
Dörr, Claudia	7. 4. 97	18. 7. 61
Sander, Peter	7. 4. 97	1. 3. 64
Witsch, Claudia, ½, beurl. (LSt)	6. 3. 98	14. 11. 66
Wiesen, Dirk	27. 7. 98	28. 1. 65
Peil, Martin	28. 7. 98	12. 5. 64
Schepke-Benyoucef, Alexandra	12. 11. 98	18. 9. 69
Dr. Jacoby, Sigrid	14. 2. 00	6. 3. 66

Amtsgerichte

Homburg (Saar)   E   105 504
Zweibrücker Str. 24, 66424 Homburg
Postfach 10 53/10 54, 66401 Homburg
T (0 68 41) 92 28–0
Telefax (0 68 41) 92 28–2 10

Zweigstelle in Blieskastel
Luitpoldplatz 5, 66440 Blieskastel
Postfach 12 40, 66432 Blieskastel
T (0 68 42) 92 15–0
Telefax (0 68 42) 5 20 65

1 Dir, 1 stVDir, 8,5 R + 2 LSt (R)

Kunrath, Franz Josef,
Dir   29. 4.93   2.10.46
Glaser, Werner, stVDir   —   —
Gerhard, Karl-Heinz   14.10.81   26.12.48
Ziegler, Karlheinz   15.12.81   21. 7.51
Lemke, Martin   2.11.89   2.11.57
Weidler-Vatter, Karin   22. 1.91   9.12.59
Broo, Friederike,
beurl. (LSt)   9.12.94   14.11.62
Kloos, Barbara   16. 6.95   28.12.62
Dr. Jaschinski, Joachim, ⅔   28. 8.96   26. 7.65
Sattler, Antje   15. 9.98   1. 9.68

Lebach E 62882
Saarbrücker Str. 10, 66822 Lebach
Postfach 11 40/11 60, 66811 Lebach
T (0 68 81) 9 27–0
Telefax (0 68 81) 9 27–1 40

1 Dir, 4 R

Hoffmann, Werner, Dir   21. 6.94   6. 7.46
Engel, Steffen   20.10.88   29. 2.56
Klesen, Joachim   4. 1.94   9. 4.62
Tull, Christina   23. 3.98   12. 8.67
Schmitt, Christiane   3.11.98   17.10.69

Merzig E 105851
Wilhelmstr. 2, 66663 Merzig
T (0 68 61) 70 30
Telefax (0 68 61) 86 69

Zweigstelle in Wadern
Gerichtsstr. 7, 66687 Wadern
Postfach 11 74, 66680 Wadern
T (0 68 71) 20 81
Telefax (0 68 71) 86 69

1 Dir, 1 stVDir, 7 R

Contier, Winfried, Dir   15.12.94   13. 3.43
Kockler, Werner, stVDir   28. 3.95   25. 9.52
Burgard, Hans-Thilo   10. 2.76   15. 9.45
Koster, Alois   29. 9.77   9.12.45
Walisch-Klauck, Ursula   —   —
Caspar, Thomas   2. 3.93   14. 3.60
Dr. Kost, Manfred   13. 3.98   9. 2.64
Praum, Markus   26.10.99   3.12.66

Neunkirchen (Saar) E 66319
Knappschaftsstr. 16, 66538 Neunkirchen
Postfach 1104, 66511 Neunkirchen
T (0 68 21) 1 06–01
Telefax (0 68 21) 1 06–1 00

1 Dir, 1 stVDir, 6 R + ½ R

Schwarz, Günther, Dir   4. 5.90   11.11.41
Kraus, Hartmut, stVDir   30.10.97   16. 3.42

Merziger, Hans-Jürgen   —   —
Mohr, Ilsemarie   8. 2.80   6. 1.49
Görlinger, Michael   23. 9.96   24. 4.65
Breiden, Erhard   22. 9.97   16. 8.65

Ottweiler E 82055
Reiherswaldweg 2, 66564 Ottweiler
Postfach 13 61, 66560 Ottweiler
T (0 68 24) 30 90
Telefax (0 68 24) 3 09 49

1 Dir, 6 R + ½ R + 1 LSt (R)

Weishaupt, Ernst, Dir   22.10.90   22. 4.40
Bost, Jürgen   20. 6.78   27. 8.47
Swatkowski, Beate   5.10.87   15. 7.56
Caspar-Markmann, Astrid   7. 9.89   8. 7.57
Bierbrauer, Jörg   11. 5.95   6. 8.61
Kirf, Stephanie, ½   1. 7.93   25. 1.58
Würtz, Michael   23. 3.98   6. 7.66
Kaiser, Steffen   12.10.99   20. 6.66

Saarbrücken E 278828
Franz-Josef-Röder-Str. 13, 66119 Saarbrücken
Postfach 10 15 52, 66015 Saarbrücken
T (06 81) 5 01–05
Telefax (06 81) 5 01–56 00

Zweigstelle in Sulzbach (Insolvenzgericht)
Vopeliusstr. 2, 66280 Sulzbach
T (0 68 97) 90 82–0
Telefax (0 68 97) 90 82–2 10

1 Pr, 1 VPr, 5 w.aufsR, 36 R + 2 LSt (R)

Präsident
Kalbhenn, Rolf   29.11.90   24.10.38

Vizepräsident
N. N.   —   —

weitere aufsichtführende Richterin / Richter
Eisvogel, Hartmut   15. 4.94   21. 1.40
Dr. Krüger, Jochen   24. 8.94   7. 7.48
Schemer, Gerhard   27. 2.96   27. 9.43
Pack, Ursula   15. 6.98   17.11.44
Dr. Noll, Hans-Norbert   1.10.99   1. 2.53

Richterinnen / Richter
Klein, Manfred   —   —
Fischer, Erich   2. 7.73   27. 8.40
Ebersbach, Richard   5. 6.74   1. 9.40
Lorscheider, Rainer   —   —
Lorscheider, Anja   6.12.77   14.11.47
Grapp-Scheid, Margit   17. 4.78   13. 8.46
Barbian, Edgar   1. 8.78   24. 9.48
Bernheine, Karl-Ernst   2. 4.80   16. 5.50

Kirchberg, Heike	14. 4. 81	14. 12. 49
Schimmelpfennig, Kurt		
Rüdiger	5. 10. 81	21. 10. 48
Effnert, Armin	18. 10. 83	13. 11. 50
Weber, Gerhard	4. 9. 87	25. 12. 55
Krüger, Edith	21. 11. 87	26. 8. 53
Müller, Walter, abg.	17. 10. 88	29. 12. 56
Schmauch, Adolf	5. 9. 89	11. 1. 48
Dr. Rupp, Michael	—	—
Wolf, Erich-Peter	4. 12. 90	30. 9. 52
Haase, Rainer	—	—
Habermeier, Katharina,		
½, abg. (LSt)	1. 3. 93	20. 6. 60
Bamberger, Silke	18. 10. 93	1. 5. 63
Greis, Günther	8. 11. 93	9. 6. 60
Funk, Stefan	4. 10. 94	25. 1. 62
Schneider, Thomas		
Günter	3. 12. 94	17. 3. 61
Kuhn, Martin, abg.	—	—
Hilpert-Zimmer, Ulrike	24. 4. 95	8. 3. 64
Christmann, Marcel	1. 6. 95	27. 11. 63
Hellenthal, Peter	4. 8. 95	6. 2. 63
Schweitzer, Gabriele	4. 8. 95	18. 10. 63
Holschuh-Gottschalk,		
Friederun	9. 10. 95	4. 8. 65
Maurer, Bettina, ½,		
beurl. (LSt)	28. 12. 95	2. 4. 62
Biehl, Susanne	16. 1. 97	15. 11. 64
Beck, Sabine	20. 1. 97	10. 6. 63
Eckel, Claus	28. 7. 98	1. 10. 65
Bieg, Gero	2. 11. 98	10. 9. 68
Schwinn, Ralf	16. 11. 98	3. 1. 67

Saarlouis   E 149 571
Prälat-Subtil-Ring 10, 66740 Saarlouis
Postfach 11 30, 66711 Saarlouis
T (0 68 31) 4 45–0
Telefax (0 68 31) 4 45–2 11

1 Dir, 1 stVDir, 1 w.aufsR, 11 R + ½ R

Dellwing, Kurt, Dir	18. 1. 93	26. 5. 43
Westermann, Hans-		
Werner, stVDir	1. 10. 99	10. 1. 44
Koch, Alfred, w.aufsR	29. 2. 96	29. 9. 51
Bauer, Kurt	26. 7. 74	14. 11. 42
Zamostny, Hans-Jürgen	15. 4. 78	5. 2. 44
Weyer, Hermann	13. 4. 81	30. 5. 47

Hollinger, Dieter	23. 5. 85	13. 2. 52
Neibecker, Brigitte	25. 1. 89	11. 1. 58
Sander, Gerd	26. 1. 90	20. 11. 57
Ulm, Karl-Georg	9. 4. 90	29. 9. 58
Freichel, Gerhard	17. 3. 93	11. 7. 58
Huber, Silvia	5. 4. 94	5. 11. 64
Mayr, Klaus	5. 1. 98	23. 9. 65
Papesch, Olaf	7. 12. 94	10. 11. 57

St. Ingbert   E 52 037
Ensheimerstr. 2, 66386 St. Ingbert
Postfach 11 20, 66361 St. Ingbert
T (0 68 94) 9 84–03
Telefax (0 68 94) 9 84–2 02

1 Dir, 3 R

Wagner, Alfons, Dir	17. 7. 95	9. 8. 36
Friedrichs, Sabine	24. 9. 97	7. 10. 65

St. Wendel   E 95 724
Schorlemerstr. 33, 66606 St. Wendel
Postfach 11 40, 66591 St. Wendel
T (0 68 51) 9 08–0
Telefax (0 68 51) 9 08–32

1 Dir, 6 R

Reuter, Gerhard, Dir	13. 9. 96	25. 4. 48
Adams, Helmut	26. 4. 79	19. 7. 49
Bruxmeier, Jürgen	3. 4. 84	16. 10. 52
Laubenthal, Sigrid	4. 6. 91	15. 3. 60
Krämer, Roland	16. 12. 92	10. 6. 59
Gabler, Bettina	26. 5. 95	27. 11. 63
Brück, Christoph	27. 4. 98	24. 9. 67

Völklingen   E 73 695
Karl-Janssen-Str. 35, 66333 Völklingen
Postfach 10 11 60, 66301 Völklingen
T (0 68 98) 2 03–02
Telefax (0 68 98) 2 03–3 19

1 Dir, 5 R

Fischbach, Dieter, Dir	12. 7. 93	3. 7. 52
Quirin, Bernhard	20. 11. 84	24. 1. 53
Hedrich, Heide	10. 6. 87	27. 10. 56
Grünert, Jürgen	—	—
Schneider, Dirk	18. 9. 97	7. 5. 64

Staatsanwaltschaften

Generalstaatsanwaltschaft

Zähringerstr. 8, 66119 Saarbrücken
Postfach 10 15 52, 66015 Saarbrücken
T (06 81) 5 01–05
Telefax (06 81) 5 01–55 37

1 GStA, 1 LOStA, 2 OStA

Generalstaatsanwalt

N. N.   —   —

Leitender Oberstaatsanwalt

Hirschmann, Ernst Peter   1. 10. 99   27. 12. 52

Oberstaatsanwälte

Messinger, Hans-Helmut   8. 4. 94   18. 7. 47
Zöcke, Gerhard   1. 10. 97   8. 11. 48

Staatsanwaltschaft

Zähringerstr. 12, 66119 Saarbrücken
Postfach 10 15 52, 66015 Saarbrücken
T (06 81) 5 01–05
Telefax (06 81) 5 01–50 34

1 LOStA, 10 OStA, 2 StA (GL), 34 StA + ½ StA,
2 LSt (StA)

Leitender Oberstaatsanwalt

Sahm, Ralf-Dieter   1. 12. 96   18. 5. 48

Oberstaatsanwältin/Oberstaatsanwälte

Gocke, Karlheinz,
    stVOStA   1. 4. 00   8. 9. 41
Klein, Berthold   16. 4. 93   6. 11. 37
Müller, Rolf   8. 4. 94   25. 12. 40
Schmitt, Wilhelm   7. 9. 94   7. 5. 39
Winter, Helmut   4. 10. 95   21. 10. 37
Krämer, Ute   4. 10. 95   23. 5. 39
Hudalla, Jürgen   4. 10. 95   12. 2. 44

Staatsanwältinnen/Staatsanwälte

Wüllenweber, Karl-Willi,
    GL   8. 4. 94   19. 4. 39

Kammer, Barbara, GL   4. 10. 95   4. 8. 42
Mertes, Norbert   —   —
Kunz, Ulrich   29. 9. 78   27. 6. 46
Pattar, Josef   23. 1. 81   15. 7. 49
Dr. Jülch, Jürgen   1. 10. 81   21. 9. 46
Schade-Kesper, Marlene   12. 11. 81   5. 11. 51
Adam, Wolfgang   5. 4. 82   17. 10. 49
Müller, Michael   4. 3. 83   18. 7. 53
Matheis, Kurt   —   —
Colling, Hubert   3. 1. 84   27. 9. 51
Wintrich, Wendelin   14. 5. 85   5. 6. 49
Liebschner, Guntram   —   —
Brass, Adolf   23. 9. 86   9. 8. 54
Fritsch, Michael   2. 2. 88   19. 3. 53
Uthe, Eckhard   21. 7. 88   8. 8. 56
Knaack, Hans Peter   8. 3. 89   26. 6. 53
Weyand, Raimund   3. 4. 89   22. 9. 55
Junker, Peter   29. 10. 90   12. 7. 57
Wern, Stephan   13. 8. 93   2. 12. 58
Sieren-Kretzer,
    Birgit, ½   3. 1. 94   14. 6. 62
Müller, Jürgen   26. 8. 94   7. 4. 61
Lauer, Wolfgang   8. 11. 94   4. 6. 57
Berger-Ney, Bettina   2. 3. 95   14. 4. 61
Walther, Marion, ½   3. 7. 95   4. 7. 64
Hilgers-Hecker, Carola,
    beurl. (LSt)   —   —
Schweitzer, Erik   3. 11. 95   9. 10. 61
Wiedersporn-Kerwer,
    Muriel, ½   6. 5. 96   19. 3. 64
Kräuter-Stockton,
    Sabine   17. 5. 96   21. 7. 57
Ohlmann, Dominik   16. 7. 96   25. 12. 62
Wolff, Carmen   16. 7. 97   21. 2. 50
Endres, Georg   22. 9. 97   12. 11. 60
Bucher-Rixecker, Michele,
    ½, beurl. (LSt)   2. 3. 98   26. 12. 64
Schmidt-Drewniok,
    Johannes   23. 3. 98   26. 12. 64
Thome, Peter   23. 3. 98   24. 10. 65
Meiners, Benhard   2. 11. 98   16. 6. 64
Romberg, Mareike   11. 10. 99   2. 6. 68

Richterinnen/Richter und Staatsanwältinnen/Staatsanwälte im Richterverhältnis auf Probe

Francus, Marie Therese, beurl. (LSt)	31. 3. 95	9. 1. 67		Meiers, Peter	1. 1. 99	2. 9. 68
Reichel, Christian	1. 4. 97	27. 4. 69		Kaiser, Marion	4. 1. 99	17. 1. 70
Stieghorst, Mareike	5. 5. 97	16. 3. 69		Möller-Bertram, Rebekka	3. 5. 99	20. 11. 69
Dr. Schmitt, Anne	12. 5. 97	4. 9. 65		Weinland, Alexander	3. 5. 99	7. 7. 71
Funke, Jörg	16. 6. 97	19. 4. 66		Klasen, Benrhard	17. 5. 99	26. 9. 68
Scherer, Claudia, ½	1. 7. 97	11. 1. 62		Mailänder, Judith	17. 5. 99	12. 4. 71
Bohn, Kerstin, ½	1. 7. 97	4. 7. 67		Rebmann, Christoph	25. 5. 99	30. 12. 68
Dörr, Ina	1. 7. 97	9. 3. 69		Titgens, Natascha	1. 6. 99	16. 3. 70
Altmayer, Arno	2. 11. 98	25. 11. 56		Spreizer, Hans-Werner	1. 7. 99	18. 12. 68
Schröder, Martin	2. 11. 98	1. 9. 71		Völker, Mallory	1. 2. 00	2. 11. 71
Reiter, Martin	—	29. 4. 68		Emanuel, Thomas	1. 2. 00	3. 6. 72
Groß, Antje	—	18. 6. 68		Flasche, Tim	1. 2. 00	1. 12. 72
Wüllenweber, Ria	—	10. 5. 68		Wagner, Michael	1. 3. 00	14. 12. 70
Leszczynski, Krystyna	1. 2. 98	20. 1. 67		Zimmer, Judith	1. 3. 00	4. 6. 73
				Weinand, Achim	3. 4. 00	23. 3. 66

Freistaat Sachsen

4 489 415 Einwohner*

Staatsministerium der Justiz

Hospitalstr. 7, 01097 Dresden
01095 Dresden
T (03 51) 5 64–0, Telefax (03 51) 5 64–15 99
1 Min, 1 StaatsSekr, 5 MinDgt, 19 MinR, 13 RD, 18 ROR, 8 RR

Minister
Heitmann, Steffen   8. 11. 90   8. 9. 44

Staatssekretär
Dr. Franke, Stefan   20. 12. 93   14. 8. 46

Ministerialdirigenten
Kindermann, Claus-Peter   26. 5. 93   1. 10. 42
Preusker, Harald   1. 7. 94   25. 6. 43
Dr. Sprenger, Wolfgang   1. 1. 95   29. 11. 45
Dr. Weber, Klaus   1. 3. 95   2. 7. 57
Franke, Andrea   17. 1. 00   7. 3. 58

Ministerialräte
Schmid, Willi   1. 1. 95   14. 7. 54
Huber, Rainer   1. 11. 95   22. 7. 58
Prof. Dr. Fischer,
   Thomas   12. 2. 96   29. 4. 53
Dr. Karl, Gerhard, abg.   1. 6. 96   23. 4. 57
Gatz, Konrad   1. 12. 97   15. 5. 47
Scholz, Peter   1. 11. 98   31. 12. 44
Liebler, Stefan   1. 3. 99   9. 10. 58
Bauer, Hanspeter   12. 3. 99   26. 1. 40
Houbertz, Burkhard   17. 5. 99   24. 10. 58
Hüner, Klaus   17. 5. 99   28. 1. 61
Kirst, Eberhard   9. 12. 99   16. 6. 60
Dr. Scheer, Ralph   9. 12. 99   28. 6. 61

Regierungsdirektorin/Regierungsdirektoren
Hörner, Heribert   1. 9. 98   13. 5. 61
Gorial, Murad   1. 7. 99   10. 8. 65

Hahn, Gido   1. 8. 99   21. 10. 60
Ziemert, Angela   15. 12. 99   8. 1. 64

Regierungsoberrätinnen/Regierungsoberräte
Finsterwalder, Eckhart   13. 11. 94   24. 10. 42
Patt, Hans-Georg   1. 3. 97   5. 8. 66
Döpelheuer, Marlies   15. 8. 98   7. 5. 66
Drehwald, Suzanne   15. 9. 98   14. 3. 64
Schmidtbauer, Andrea   1. 12. 98   25. 4. 55
Zelinger, Ute   1. 3. 99   5. 9. 64
Beuchel, Petra   1. 7. 99   30. 4. 56
Hildebrandt, Dietmar   1. 11. 99   29. 7. 51
Schäfer, Ingeborg, abg.   1. 12. 99   23. 8. 68
Müseler, Peter, abg.   1. 12. 99   22. 7. 69
Hettich, Matthias   1. 1. 00   19. 4. 66
Feiherr von Barnekow,
   Joachim   1. 4. 00   12. 8. 67

Regierungsrätinnen/Regierungsräte
Dehoust, Matthias   1. 4. 97   7. 5. 66
Dr. Lindner, Nicola   2. 6. 97   27. 6. 67
Diessner, Gerd, abg.   1. 9. 97   17. 9. 65
Rosemeier, Dirk   1. 12. 98   24. 4. 67
Allolio, Oliver   3. 5. 99   25. 2. 71
Kuhn, Volkmar   2. 8. 99   25. 6. 70
Werner, Markus   2. 9. 99   8. 6. 99
Spitzer, Jan, abg.   27. 9. 99   7. 8. 69
Jörns, Britta   1. 10. 99   9. 9. 66
Dieker, Ulf Johannes   1. 10. 99   31. 7. 68
Angermann, Werner   1. 1. 00   29. 12. 66
Buckert, Olaf   1. 2. 00   2. 1. 71
Jaschinski, Astrid   10. 2. 00   26. 11. 72
Haack, Karen   10. 2. 00   26. 6. 73

* Stand: 1. 1. 1999.

Regierungsrätinnen z. A./Regierungsräte z. A.			Epple, Matthias	22. 2. 99	24. 2. 72
			Meyer, Alexander	2. 8. 99	26. 2. 73
Hartleif, Sven	1. 7. 98	8. 11. 70	Hanke, Thomas	15. 9. 99	29. 11. 68
Hack, Karen	3. 8. 98	26. 6. 73	Ay, Rüdiger	24. 1. 00	13. 7. 70
Schmitz, Michael	5. 1. 99	6. 5. 70	Hecker, Dorothee	15. 2. 00	20. 5. 74

Oberlandesgerichtsbezirk Dresden

Bezirk:	**6 Landgerichte:**	**30 Amtsgerichte**
Freistaat Sachsen	Bautzen, Chemnitz, Dresden, Görlitz, Leipzig, Zwickau	

Oberlandesgericht Dresden*

E 4 489 415
Lothringer Str. 1, 01069 Dresden
Postfach 12 07 32, 01008 Dresden
T (03 51) 44 60, Telefax (03 51) 4 46 30 70

Präsident

Budewig, Klaus	1. 8. 95	11. 11. 41

Vizepräsident

Hagenloch, Ulrich	1. 1. 93	27. 5. 52

Vorsitzende Richterinnen/Vorsitzende Richter

Sindlinger, Dieter	22. 12. 92	2. 7. 35
Werber, Ingrid	—	—
Dr. Ahlt, Michael, beurl.	1. 6. 93	12. 5. 43
Boie, Gisela	1. 11. 94	1. 5. 49
Müller-Kuckelberg, Hans-Jürgen	1. 1. 95	15. 2. 44
Kindermann, Anna-Eleonore	1. 1. 95	19. 3. 46
Häfner, Gilbert	5. 4. 95	11. 3. 55
Riepl, Otto	1. 1. 96	26. 1. 38
Hauser, Gabriele	1. 9. 96	24. 3. 55
Maas, Ute	1. 12. 96	22. 4. 45
Dr. Wagner, Claus	1. 6. 97	11. 5. 46
Dr. Söhnen, Rüdiger	1. 9. 97	27. 10. 46
Godron, Klaus	1. 7. 98	28. 4. 42
Lips, Rainer	1. 1. 99	21. 7. 47
Zeh, Ulrich	1. 4. 99	9. 1. 50
Dr. Kaiser, Helmut	1. 4. 99	21. 5. 52
Scheffler, Karl-Friedrich	1. 7. 99	10. 2. 46
Hofmann, Wolfgang	1. 9. 99	26. 3. 37
Dr. Czub, Hans-Joachim	1. 1. 00	10. 7. 51
Bastius, Frank	1. 1. 00	15. 10. 52
Bey, Robert	1. 1. 00	4. 5. 60
Dr. Niklas, Uwe	1. 3. 00	8. 4. 55

Richterinnen/Richter

Piel, Wolfgang	1. 9. 93	27. 4. 57
Dr. Onusseit, Dietmar	1. 8. 95	15. 7. 56
Bäumel, Dieter	1. 1. 96	28. 3. 58
Dr. Kazele, Norbert	3. 4. 96	11. 5. 61
Schröder, Karin	1. 9. 96	24. 3. 62
Vetter, Klaus, abg.	1. 9. 97	15. 2. 61
Jena, Wolfram	1. 1. 98	12. 8. 63
Dr. Schindler, Holger	7. 12. 98	7. 12. 62
Deusing, Kai-Uwe, abg.	22. 12. 98	6. 9. 61
Schmidt, Frank	7. 12. 98	29. 4. 65
Möhring, Praxedis	1. 5. 99	2. 12. 59
Glaß, Peter	1. 1. 00	23. 5. 57
Dratwinski, Volker	1. 1. 00	5. 12. 58
Luderer, Susanne	1. 1. 00	31. 12. 61
Rein, Christoph	1. 1. 00	25. 3. 62
Maciejewski, Kathrein	1. 1. 00	18. 1. 63
Becker, Olaf	1. 1. 00	4. 7. 63
Dr. Kieß, Peter	1. 1. 00	15. 9. 63
Högner, Ralf	1. 1. 00	10. 11. 63

Landgerichtsbezirk Bautzen

Landgericht Bautzen   E 332 544

Lessingstr. 7, 02625 Bautzen
Postfach 17 20, 02607 Bautzen
T (0 35 91) 3 61–0
Telefax (0 35 91) 3 61–1 11

Präsident

Emde, Hans-Jochen	20. 7. 95	26. 11. 41

Vizepräsident

Tritschler, Heinz	1. 3. 95	10. 12. 46

---

* Angaben zur Anzahl der Planstellen bei den ordentlichen Gerichten und zur Anzahl der Gerichtseingesessenen der Amtsgerichtsbezirke sind nicht übermittelt worden.

Vorsitzende Richter

Uebele, Martin	23.	3. 98	18.	4. 59
Dr. Majunke, Philipp	1. 12. 98		27.	6. 57

Richterinnen/Richter

Herzog, Frank	20.	6. 94	29.	6. 60
Hirschberg, Marion, abg.	1.	8. 94	14.	7. 63
Senkbeil, Christa	5.	8. 94	24. 12. 53	
Schade, Reinhard	1.	7. 95	31.	3. 60
Lucas, Gregor	15.	9. 95	12. 12. 61	
Weisel, Manfred	1. 12. 95		23.	8. 55
Tiedemann, Rolf	1.	4. 96	27. 12. 60	
Fischer, Michael	14.	7. 98	1.	9. 63
Linhardt, Christian	14.	8. 98	24. 11. 64	
Wallasch, Hubert	1.	4. 99	10.	4. 65
Kühnel, Susanne	1.	5. 99	17.	5. 68
Lettau, Ines	2.	9. 99	12.	2. 69
Poth, Andreas	1. 10. 99		5.	1. 65
Barthel, Enrico	1.	1. 00	22.	6. 65

Amtsgerichte

Bautzen
Lessingstr. 7, 02625 Bautzen
Postfach 17 20, 02607 Bautzen
T (0 35 91) 3 61–0
Telefax (0 35 91) 3 61–4 44

Volk, Jürgen, Dir	1.	1. 93	22.	8. 49
Graf zu Stolberg-Stolberg,				
Friedrich, w.aufsR	15. 11. 98		16.	3. 62
Herzog, Katrin	20.	6. 94	3.	5. 64
Schumann, Lubina	22.	8. 94	28. 10. 51	
Philippi, Heiko	1.	7. 95	10.	1. 62
Dr. Hertle, Dirk	16. 10. 95		9. 11. 62	
Beschel, Günter	1.	2. 96	22. 12. 62	
Nimphius, Ralph	3.	7. 98	1. 12. 66	
Schwalm, Gerald	1.	1. 97	5. 10. 57	
Pfeufer, Ursula	1.	1. 98	2.	6. 64
Maier, André	25.	1. 98	20.	8. 62
Haase, Beate	1.	4. 98	22. 11. 62	

Hoyerswerda
Pforzheimer Platz 2, 02977 Hoyerswerda
Postfach 1142, 02961 Hoyerswerda
T (0 35 71) 47 13
Telefax (0 35 71) 47 15 58

Bauer, Josef, Dir	1.	2. 98	21. 11. 55	
Kloß, Evelin	10.	6. 94	12. 11. 58	
Salbreiter, Karin	13.	8. 94	1.	2. 59
Dr. Wörz, Ingeborg	1.	7. 96	4.	5. 61
Böttcher, Anja	1. 10. 96		3.	7. 64
Zeising, Jeanette	15.	7. 97	28.	2. 68

Näther, Bosco	1.	9. 97	9. 12. 64	
Müller, Katrin	1.	3. 98	20. 12. 67	
Laschewski, Eckhard,				
RkrA	(1.	1. 00)		—

Kamenz
Macherstr. 31, 01917 Kamenz
Postfach, 01911 Kamenz
T (0 35 78) 33 81 00
Telefax (0 35 78) 33 80 13

N. N., Dir		—		—
Dr. Böttner, Friedrich	5.	1. 96	26. 10. 54	
Streit, Ulrike	18.	9. 96	23.	4. 48
Gräfin zu Stolberg-Stolberg,				
Sophie	1.	5. 99	24.	8. 59
Andres, Christian, abg.	3.	3. 00	20.	1. 69

Landgerichtsbezirk Chemnitz

Landgericht Chemnitz   E 988 190
Hohe Str. 19/23, 09112 Chemnitz
Postfach 1 30, 09001 Chemnitz
T (03 71) 4 53–0
Telefax (03 71) 30 21 74

Präsident

Ignée, Peter	1. 11. 91		10.	6. 42

Vizepräsident

Fleischmann, Klaus	1.	1. 93	5.	9. 51

Vorsitzende Richterin/Vorsitzender Richter

Dr. Blunk, Eginhard	1.	9. 95	23.	2. 43
Wirth, Christian	1.	1. 96	14.	2. 45
Hartmann, Klaus	1.	1. 97	23.	8. 57
Dr. Bolten, Helmut	1.	7. 98	17.	7. 45
Zezulka, Rosmarie	1.	2. 99	3. 11. 50	
Schick, Siegfried	1.	1. 00	9.	3. 55
Zimmermann, Markus	1.	1. 00	18.	4. 59

Richterinnen/Richter

Melcher, Peter	19.	3. 94	21.	6. 58
Berger, Helmut	15.	5. 94	22.	7. 51
D'Alessandro, Peter	15.	5. 94	7.	4. 61
Jankowski, Kirsten	29.	5. 94	3.	8. 64
Schäfer, Thomas	2.	6. 94	25.	7. 62
Schulhauser, Jürgen	3.	6. 94	18.	8. 62
Scholz, Andreas	4.	6. 94	11.	7. 61
Kroeßner, Hans	14.	6. 94	26.	7. 40
Kaiser, Christel	14.	6. 94	18.	2. 44
Kies, Ilonka	21.	6. 94	13.	2. 59
Reckling, Regine	1.	7. 94	19.	6. 53
Ullmann, Steffi	1.	7. 94	16.	6. 59

Nolting, Michael, abg.	1. 7.94	21.12.60
Reichert, Gabriele	4. 7.94	12.11.61
Lindner, Marianne	25. 7.94	17. 7.37
Bräunlich, Bernd	25. 7.94	29. 3.58
Lange, Ingrid	29. 7.94	25. 9.56
Müller, Joachim	15. 8.94	31. 3.51
Klyne, Holger	8.10.94	14. 4.57
Trautmann, Gudrun	1. 2.95	3. 2.62
Mrodzinsky, Thomas	21. 7.95	16. 3.63
Ströher, Rutgart	1. 8.95	14. 8.61
Langfritz, Michael	1.10.95	26.11.60
Lang, Paul	1.11.95	18. 4.50
Pfundstein, Andrea	1. 7.96	27. 1.61
Zarm, Thomas	1.11.96	23. 6.59
Kürschner, Petra	1.11.96	8.11.64
Merkl, Petra	1.11.96	24.12.65
Schreiner, Karin	1.11.96	7. 6.66
Wintermeyer, Jürgen	1. 1.97	1. 5.57
Nitsche, Thomas	1. 1.97	6. 4.59
Wolff, Matthias, abg.	1. 6.97	11. 3.62
Lang, Marika	1. 7.97	15. 5.64
Steger, Andre	1. 8.97	12. 6.65
Börner, Dominik	1.10.97	20. 9.62
Giesecke, Frank	1. 9.98	25. 5.63
Hättig, Susanne, abg.	1. 2.98	25. 2.63
Reneberg, Jörg	1. 3.98	18.12.64
Frei, Andreas	1. 5.98	26. 9.60
Holzinger, Ulrich	1. 8.98	17. 7.66
Seifert, Uwe	1. 1.99	24.11.67
Dr. Klose, Bernhard	3. 6.99	9. 2.66
Bonitz, Jens	18.11.99	23.12.65
Schedel, Monika	1. 1.00	18.11.54
Stein, Mario	1. 1.00	24. 8.61
Schlemming, Sybille, abg.	1. 1.00	10. 1.66
Lehmann, Frank, RkrA	(1. 8.98)	—

Abgeordnet aus alten Bundesländern: 1

Amtsgerichte

Annaberg

Klosterstr. 12, 09456 Annaberg-Buchholz
T (0 37 33) 1 31–0
Telefax (0 37 33) 13 11 01

Diener, Hans-Joachim, Dir	1. 2.96	14. 7.51
Glombik, Petra	20. 6.94	21. 5.54
Götze, Bernd	14. 6.96	8.10.61

Chemnitz

Fürstenstr. 21, 09130 Chemnitz
Postfach 5 24, 09005 Chemnitz
T (03 71) 4 53–0
Telefax (03 71) 4 53 11 55 (Verwaltung)

Präsident

Müller, Dietmar	30. 4.92	21. 4.37

Vizepräsident

Radmacher, Norbert	1. 1.99	20. 3.47

Richterinnen/Richter

Düpre, Paul, w.aufsR	1. 2.99	26. 6.52
Wunderlich, Jörn	15. 4.94	16. 1.60
Richter, Ingrid	24. 5.94	28. 5.57
Neubert, Jaqueline	7. 6.94	18. 4.65
Schabacher, Anita	14. 6.94	28.12.53
Fehrmann, Rainer	20. 6.94	27.10.40
Weigelt, Karin	20. 6.94	10.10.55
Roscher, Heike	20. 6.94	3.11.59
Leitner, Andreas	1. 7.94	11. 1.61
Förster, Bernd	23. 7.94	12. 2.42
Lindenberger, Adolf	15. 8.94	30. 4.61
Leppert, Hansjörg	1.10.94	27. 7.60
Schuhmann, Ursula	4.10.94	15. 3.56
Völzing, Günter	1.11.94	5. 1.63
Mühlbauer, Udo	1. 9.95	11. 4.61
Strumpen, Claudia	1.10.95	5. 4.62
Frey, Karen	1. 2.96	10. 2.62
Minten, Christoph	3. 5.96	10. 6.59
Kallenbach, Manfred	10. 5.96	22.11.61
Menn, Jürgen	1. 7.96	12. 9.64
Selber, Peter	3. 8.96	15. 7.61
Dargatz, Heiko	1. 9.96	27.11.64
Linßen, Albert	1.10.96	22. 5.63
von Beesten, Christian	1.10.96	14. 8.63
Kaiser, Thomas	1.10.96	31. 5.64
Biesewig, Bettina	1.11.96	7. 9.60
Härtl, Robert	1.11.96	24. 8.62
Schüler, Kai	1.12.96	5. 2.64
Bode, Lutz	17. 1.97	25. 9.62
Bräutigam, Jura	2. 5.97	25. 6.61
Hirschberg, Stefan	1. 7.97	31.10.56
Herberger, Simone	1. 1.98	29.10.62
Wirtz, Gertrud	3. 7.98	1. 8.64
Pester, Simone	2.10.98	29. 2.68
Müller-Schneider, Sabine	1. 4.99	26. 5.62
Ruland, Adolf, abg.	1. 8.99	3.12.60
Holzinger, Daria, abg.	1. 3.00	23. 6.67
Dr. Schulz, Dominik	3. 3.00	2. 7.68
Hartmann, Claudia	17. 3.00	11.11.69

Freiberg

Beethovenstr. 8, 09599 Freiberg
Postfach 1 51, 09583 Freiberg
T (0 37 31) 35 89–0
Telefax (0 37 31) 35 89 11

Grundbuchamt Freiberg
Chemnitzer Str. 40, 09599 Freiberg
Postfach 13 51, 09583 Freiberg
T (0 37 31) 79 73 29
Telefax (0 37 31) 79 74 16

Zweigstelle und Grundbuchamt Oederan
Gerichtsstr. 18, 09569 Oederan
T (03 72 92) 6 80 oder 6 81 05
Telefax (03 72 92) 6 81 50

Herrmann, Hans-Joachim, Dir	1. 12. 93	28. 1. 45
Korb, Stefan	1. 7. 94	6. 5. 60
Meyer, Petra	29. 7. 94	28. 8. 55
Specht, Christof	4. 10. 94	1. 9. 58
Hackel, Rudolf	1. 6. 96	29. 12. 60
Runkel, Miko	1. 7. 98	9. 11. 60
Buck, Dagmar	1. 12. 98	8. 7. 67
Dr. Burgard, Jens, abg.	2. 1. 99	25. 10. 66
Feuring, Birgit	1. 4. 00	7. 7. 67

Hainichen
Friedelstr. 4, 09661 Hainichen
T (03 72 07) 6 30
Telefax (03 72 07) 6 31 12

Sell, Jochen, w.aufsR	10. 11. 98	2. 2. 60
Stein, Martina	1. 6. 94	18. 1. 54
Hoppe, Regina	21. 6. 94	23. 12. 56
Winklharrer, Roland	1. 6. 96	20. 10. 60
Schäfer, Sabine	18. 10. 96	29. 10. 62
Kohlschmid, Katja	1. 10. 96	23. 4. 65
Timaeus, Petra, abg.	1. 1. 00	4. 10. 59

Hohenstein-Ernstthal
Conrad-Clauß-Str. 11, 09337 Hohenstein-Ernstthal
Postfach 72, 09332 Hohenstein-Ernstthal
T (0 37 23) 4 93–0
Telefax (0 37 23) 49 34 44

N. N., Dir	—	—
Hasselmann, Lutz, stVdDir	1. 1. 00	23. 11. 60
Weber, Manfred	19. 8. 94	14. 8. 56
Franz, Jürgen	8. 10. 94	16. 6. 56
Göres, Gerhard	2. 4. 95	13. 6. 57
Gößwald, Anita	3. 8. 95	16. 7. 61
Rössl, Angela	1. 10. 96	11. 9. 63
Dr. Schäffer, Peter	1. 7. 97	2. 2. 49
Deichstetter, Frank	1. 7. 97	2. 9. 59
Musch, Olaf	18. 9. 97	17. 12. 63

Marienberg
Zschopauer Str. 31, 09496 Marienberg
T (0 37 35) 91 08–0
Telefax (0 37 35) 91 08 30

Hruschka-Jäger, Maria-Theresia, Dir	11. 11. 97	18. 7. 40
Erath, Daniel	4. 2. 94	8. 1. 60
Vogt, Andreas	1. 12. 95	13. 4. 63
Rauh, Antje	5. 7. 96	2. 9. 59

Stollberg
Hauptmarkt 10, 09366 Stollberg
Postfach 0 93 61, 09366 Stollberg
T (03 72 96) 7 67–0
Telefax (03 72 96) 7 67–18

Dr. Hoffmann, Dieter, Dir	1. 1. 96	27. 3. 40
Börner, Dagmar, abg.	2. 4. 94	15. 7. 62
Delau, Uwe	17. 6. 94	10. 11. 61
Talatzko, Barbara, abg.	15. 7. 94	21. 3. 56
Ewerhardy, Christoph	1. 8. 95	29. 12. 60
Roth, Markus	1. 1. 99	8. 2. 67

Landgerichtsbezirk Dresden

Landgericht Dresden   E 1 070 285

Lothringer Str. 1, 01069 Dresden
Postfach 12 07 22, 01008 Dresden
T (03 51) 44 60
Telefax (03 51) 4 46 40 70

Präsident

Scheffold, Roland	1. 9. 96	16. 12. 38

Vizepräsident

Stigler, Hans	1. 6. 97	18. 4. 42

Vorsitzende Richterinnen / Vorsitzende Richter

Wiegand, Birgit	1. 10. 92	9. 8. 51
Schmitt, Stephan	1. 8. 95	6. 1. 51
Voigt, Walter	1. 3. 96	22. 12. 54
Wirth, Anton	1. 10. 96	20. 9. 57
Schons, Brigitte	1. 11. 96	13. 7. 49
Schultze-Griebler, Martin	1. 12. 96	9. 7. 56
Schmidt, Friederike	1. 8. 97	24. 5. 45
Munz, Birgit	1. 9. 97	14. 11. 54
Kotyrba, Hans-Peter	1. 12. 97	26. 10. 37
Stotz, Werner	1. 4. 98	6. 3. 52
Haar, Michael	1. 8. 98	11. 7. 53
Garmann, Bettina	10. 12. 98	26. 6. 62
Hempel, Elke	10. 12. 98	15. 7. 64
Riechert, Hanspeter	10. 8. 99	15. 3. 61
Fuchs, Markus	1. 1. 00	27. 7. 61
Staats, Ute	1. 1. 00	19. 10. 63

Richterinnen / Richter

Münch, Dieter	18. 3. 94	21. 4. 60
Michaelis, Corinna	2. 5. 94	10. 3. 61

Wenderoth, Norbert, abg.	14. 5. 94	12. 7. 61
Dr. Brandt, Ernst	1. 6. 94	12. 10. 61
Perchner, Karsten	16. 6. 94	1. 5. 62
Maciejewski, Tom	17. 6. 94	3. 9. 63
Kremz, Heike	27. 6. 94	17. 2. 63
Maier, Markus	1. 7. 94	5. 2. 60
Prade, Fred	9. 7. 94	25. 1. 62
Müller, Brigitte	1. 8. 94	29. 6. 37
van Hees-Wehr, Astrid	15. 8. 94	24. 2. 58
Sandig, Sybille	15. 8. 94	7. 7. 59
Moheeb, Joachim	1. 10. 94	30. 7. 60
Neuenzeit, Barbara	15. 10. 94	17. 9. 61
Ziegel, Andreas	2. 1. 95	13. 9. 60
Limpricht, Susanne	2. 1. 95	10. 11. 61
Bahr, Norbert	4. 5. 95	23. 11. 60
Wittenstein, Christoph	1. 6. 95	28. 11. 55
Leibfritz, Hanns	1. 6. 95	22. 1. 62
Eichinger, Kerstin	1. 7. 95	27. 3. 62
Dertinger, Gottfried	30. 10. 95	29. 5. 60
Haronska, Martina	17. 11. 95	8. 7. 55
Hintersaß, Steffen	1. 12. 95	27. 1. 59
Dr. Dreher, Stefan	4. 1. 96	25. 8. 60
Reichel, Volker, abg.	15. 3. 96	25. 11. 62
Wöger, Roland	1. 4. 96	1. 9. 61
Kubista, Joachim	1. 4. 96	6. 2. 64
Loer-Wesch, Ursula	2. 8. 96	28. 10. 63
Horlacher, Beate	15. 9. 96	12. 7. 64
Lissel, Annegret	1. 1. 97	15. 11. 59
Maier, Jens	1. 1. 97	10. 2. 62
Trebbin, Georg	1. 1. 97	27. 1. 64
Hofmann, Sabine	1. 2. 97	25. 4. 65
Klinghardt, Christian	1. 3. 97	8. 5. 60
Jena, Nicole	1. 12. 97	25. 5. 65
Podhraski, Andrea, abg.	9. 1. 98	13. 1. 61
Dr. Märtens, Markus, abg.	20. 1. 98	1. 12. 62
Wolting, Michael	1. 2. 98	4. 2. 61
Pesch, Maria	18. 5. 98	28. 10. 65
Tegtmeyer, Marion	1. 8. 98	2. 12. 62
Bokern, Brigitte, abg.	1. 8. 98	11. 4. 66
Odenkirchen, Rainer	1. 10. 98	4. 7. 66
Scheuring, Jürgen	15. 1. 99	21. 6. 68
Schaaf, Meike, abg.	1. 2. 99	24. 7. 65
Haller, Katrin, abg.	1. 4. 99	3. 10. 63
Dr. Brauns, Hans-Joachim	1. 6. 99	2. 5. 59
Hinsken, Sabine	3. 6. 99	24. 12. 67
Kadenbach, Markus, abg.	1. 8. 99	14. 2. 67
Munsonius, Ute, abg.	1. 8. 99	12. 12. 68
Wiedmer, Simona	1. 9. 99	31. 3. 62
Elser, Karl-Dietmar, abg.	2. 12. 99	2. 5. 69
Gruber, Daniela, abg.	2. 12. 99	24. 6. 69
Goebel, Michael	1. 1. 00	4. 4. 58
Pröls, Herbert	1. 1. 00	27. 5. 62
Fiedler, Arndt	1. 1. 00	10. 5. 63
Ziemert, Angela, abg.	1. 1. 00	8. 1. 64
Fahrinkrug, Maike, abg.	2. 1. 00	19. 2. 70
Hörner, Heribert, abg.	1. 2. 00	13. 5. 61

Holubetz, Gertraut	1. 2. 00	12. 4. 67
Auerbach, Barbara	10. 2. 00	19. 5. 67
Baan, Susanne, abg.	1. 3. 00	19. 9. 68
Müller, Monika	3. 3. 00	18. 10. 67
Bokern, Albrecht	1. 4. 00	6. 11. 64

Amtsgerichte

Dippoldiswalde
Kirchplatz 8, 01744 Dippoldiswalde
Postfach 14 20, 01741 Dippoldiswalde
T (0 35 04) 6 21 30
Telefax (0 35 04) 61 21 52

Thomas, Joachim, Dir	1. 5. 98	9. 8. 50
Edelmann, Brigitte	11. 8. 94	17. 4. 51
Schlacht-Stauch, Andreas	5. 9. 94	3. 10. 59
Wächtler, Ronald	1. 8. 95	28. 7. 51
Wohlgemuth, Gisela	5. 12. 95	30. 9. 63
Huber-Zorn, Waltraud	2. 8. 96	10. 10. 62
Beeskow, Andreas, abg.	15. 7. 97	18. 12. 65
Kreft, Achim	1. 8. 99	30. 8. 68

Dresden
Berliner Str. 7–13, 01067 Dresden
Postfach 12 07 09, 01008 Dresden
T (03 51) 44 60
Telefax (03 51) 4 46 35 70

Präsident

Halfar, Gerd	1. 9. 96	13. 9. 48

Vizepräsident

Spriegel, Wilfried	1. 10. 97	10. 12. 52

Richterinnen/Richter

Schäferhoff, Werner, w.aufsR, abg.	1. 1. 99	7. 9. 56
Ast, Eva-Maria, w.aufsR	1. 1. 99	8. 10. 63
Wirlitsch, Roland	3. 12. 93	4. 7. 60
Meißner, Jochen	1. 3. 94	27. 7. 60
Avenarius, Christian	4. 3. 94	23. 8. 59
Falk, Hajo	14. 5. 94	14. 2. 61
Koj, Gertraud	17. 6. 94	21. 8. 41
Horeni, Gertraude	17. 6. 94	12. 10. 49
Zönnchen, Ralf	15. 7. 94	9. 8. 62
Stengel, Gudrun	26. 7. 94	8. 6. 53
Lemke, Hubert	1. 8. 94	13. 9. 37
Weidig, Gudrun	1. 8. 94	23. 4. 44
Käthner, Elke	1. 8. 94	13. 5. 51
Keeve, Birgit	1. 8. 94	19. 12. 59
Müller, Elke	5. 8. 94	21. 11. 47
Höpfl, Gunter	15. 8. 94	11. 2. 55
Muck, Ute, abg.	1. 11. 94	28. 12. 55
Burbach-Wieth, Susanne	1. 11. 94	12. 10. 59
Stein, Ullrich	1. 11. 94	26. 4. 63

Brendel, Sabine	4.11.94	19. 8.59
Thaut, Edeltraut	14. 2.95	26. 2.52
Schultebeyring, Harro	1. 4.95	4. 7.57
Frömmel, Monika	1. 4.95	13. 5.60
Dennhardt, Kristina	1. 4.95	17.12.62
Egner-Wagner, Christina	15. 7.95	2. 4.61
Spangenberg, Jost	3. 8.95	11. 3.61
Worzfeld, Ute	3. 8.95	23.10.62
Hlavka, Hans-Joachim	15. 9.95	28. 1.63
Reichel, Susanne	15. 9.95	8. 5.64
Bürkel, Maja	30. 9.95	13. 3.64
Liebschner, Marianne	22. 7.94	22. 6.45
Dietz, Herbert	1.11.95	3. 1.54
Garrelts, Ulrich	1.12.95	18. 3.56
Perband, Ralf	1. 3.96	30.11.61
Meyer, Hagen	1. 3.96	2.10.62
Gerards, Rainer	18. 3.96	25. 7.60
Schäfer-Bachmann, Beatrice, abg.	1. 3.98	4. 8.63
Halt, Susanne	15. 4.96	21. 2.61
Demmer, Ulrich	1. 5.96	22. 2.59
Dreher, Pia	1. 6.96	16. 6.63
Fertikowski, Andrea	15. 6.96	10. 4.64
Stephan, Heiko	15. 9.96	13. 2.65
Allmang, Matthias	1.11.96	10. 6.59
Gerster, Erwin	15.12.96	1.12.59
Ockert, Karin	1. 1.97	30. 4.61
Hassel, Thomas	1. 1.97	27. 9.63
Riemer, Steffen	1. 4.97	26. 9.62
Teitge, Heike	1. 9.97	26. 1.63
Vollmers, Sibylle	1.12.97	25.12.61
Gebhard, Thomas	1. 2.98	9. 3.65
Kretzschmar, Rita	1. 4.98	13. 1.61
Uhlig, Anne-Ruth	1. 5.98	16. 8.62
Vogel, Markus	1. 7.98	23. 1.61
Ponsold, Frank	22. 7.98	2. 4.61
Schlüter, Hans-Jürgen, abg.	1. 9.98	14. 9.61
Dr. Kroschel, Sonja, abg.	1. 9.98	14. 3.67
Dr. Nicklaus, Antje	1.11.98	3. 2.64
Halir, Torsten, abg.	1. 1.99	2.12.61
Stephan, Bettina	1. 1.99	30. 7.62
Dr. Hepp-Schwab, Hermann	1. 1.99	15. 8.62
Köhler, Thomas	2. 1.99	21. 2.68
Hartel, Werner	1. 2.99	17. 3.59
Schamber, Ralf	1. 3.99	15. 6.62
Peters, Rosemarie	1. 7.99	17. 6.36
Reincke-Voß, Christina	1. 8.99	18. 4.64
Burtin, Anja	1. 8.99	18. 4.67
Römmelt, Harald	2. 9.99	21. 9.68
Krewer, Ronald, abg.	1.10.99	21. 9.69
Klug, Jürgen	1.11.99	22. 9.61
Diehl, Ingeborg	2.12.99	30. 4.66
von Egidy, Hans	2.12.99	20. 2.69
Dr. Ross, Leon	1. 1.00	8.11.68

Wawrzik, Stefan	4. 1.00	20. 6.60
Dönch, Anette	1. 2.00	5. 6.64
Ziegler, Thomas, RkrA	(1.11.99)	—

Meißen
Domplatz 3, 01662 Meißen
Postfach 1 01, 01653 Meißen
T (0 35 21) 4 70 20
Telefax (0 35 21) 47 02 60

Falk, Michael, Dir	15. 3.00	30. 5.61
Duggel, Helmut	22. 7.94	8.12.38
Böge, Claus	1. 8.94	28. 4.59
Müller, Ute	21. 8.94	3. 6.57
Bormann, Ute	23. 8.94	3.10.42
Wilke, Gesine	1. 8.95	5. 7.63
Dr. Kunze, Gabriele	1. 8.99	14. 1.68
Irsen, Michaela, RkrA	(15. 2.00)	—

Pirna
Schloßhof 7, 01796 Pirna
Postfach 2, 01784 Pirna
T (0 35 01) 55 70
Telefax (0 35 01) 55 72 00

Zweigstelle in Neustadt (Sachsen)
Karl-Liebknecht-Str. 7, 01844 Neustadt/Sa.
Postfach, 01841 Neustadt/Sa.
T (0 35 96) 5 80 20
Telefon (0 35 96) 58 02 22

Zimmek, Heino, Dir	1.11.92	29. 8.45
Spickereit, Harry	15. 7.94	16. 6.58
Kehr, Peter	1. 2.95	22. 4.61
Uhlig, Jürgen	1. 4.95	19. 3.57
Haase, Lorenz	15. 9.95	5. 2.60
Brandt, Pia	1. 3.96	1. 4.62
Karges, Markus	16.11.96	13. 6.63
Rudolph, Petra	1. 2.97	6. 7.59

Riesa
Lauchhammerstr. 10, 01591 Riesa
Postfach 64, 01572 Riesa
T (0 35 25) 7 45-10
Telefax (0 35 25) 7 45–1 11

Zapf, Herbert, Dir	1. 8.99	26.11.59
Schulz, Olaf	1. 8.94	2.10.63
Stehr, Vica	15. 7.94	14. 6.63
Sanden, Trautlinde	1. 8.94	23.12.54
Sauer, Petra	13. 8.94	29. 3.54
Burmeister, Hans-Peter	1. 4.96	17. 4.63
Müller, Judith	1. 8.96	12.10.63
Denk, Klaus	1. 2.99	10. 4.58
Hauger, Stefan	1. 6.99	20. 8.60

Landgerichtsbezirk Görlitz

Landgericht Görlitz   E 333 163

Jakobstr. 4a, 02826 Görlitz
Postfach 30 05 52, 02810 Görlitz
T (0 35 81) 4 84 60
Telefax (0 35 81) 48 46 66

Präsident

Dr. Krattinger, Peter	1. 10. 93	25. 2. 36

Vizepräsident

Dr. Meinerzhagen, Ulrich	2. 1. 98	13. 11. 51

Vorsitzende Richter

Jöst, Hermann	1. 12. 97	14. 2. 58
Böcker, Uwe	1. 1. 00	11. 2. 60

Richterinnen/Richter

Preuß, Viola, abg.	17. 6. 94	9. 2. 62
Wiezorek, Hartmut	25. 7. 94	10. 5. 62
Grunwald, Brigitte	11. 11. 94	3. 3. 59
Bloß, Wolfgang, abg.	1. 12. 94	20. 9. 59
Gocha, Hans-Jörg	3. 8. 95	13. 6. 59
Andrae, Petra	4. 11. 95	10. 7. 62
Steinbeck, Norbert	1. 11. 99	4. 5. 56
Strauch, Christian	1. 11. 99	7. 9. 67
Koschinka, Torsten	2. 12. 99	6. 1. 69
von Küster, Ulrich	16. 12. 99	22. 11. 63
Bohner, Martin	1. 1. 00	4. 12. 63

Amtsgerichte

Görlitz
Postplatz 18, 02826 Görlitz
Postfach 30 04 51, 02809 Görlitz
T (0 35 81) 46 90
Telefax (0 35 81) 46 92 99

Wagner, Wolfgang, Dir	1. 11. 93	29. 8. 39
Hönel, Verena, w.aufsR	1. 1. 00	14. 9. 58
Pech, Andreas	1. 3. 94	19. 7. 62
Kühnhold, Uwe	17. 6. 94	10. 3. 61
Keller, Ernst-Michael	31. 7. 94	5. 7. 53
Keller, Viola	1. 11. 95	28. 5. 56
Volz, Joachim	1. 7. 97	19. 10. 62
Pabst, Silke	1. 9. 97	1. 3. 69
Schettgen, Ulrich	1. 3. 98	18. 5. 57

Löbau
Promenadenring 3, 02708 Löbau
Postfach 14 51, 02704 Löbau
T (0 35 85) 46 91 00
Telefax (0 35 85) 46 91 16

Becker, Carmen, Dir	1. 10. 96	11. 9. 52
Wollentin, Sabine	17. 6. 94	25. 9. 58
Küsgen, Jörg	1. 11. 98	28. 3. 66

Weißwasser
Am Marktplatz 1, 02943 Weißwasser
Postfach 53, 02931 Weißwasser
T (0 35 76) 28 47-0
Telefax (0 35 76) 20 73 26

Hinrichs, Martin, Dir	13. 12. 99	8. 6. 57
Adamsky, Sibylle	17. 6. 94	18. 10. 62
Sprejz, Adelheid	1. 8. 94	30. 4. 47
Trepzik, Frank	1. 9. 95	21. 1. 59
Bülter, Thomas	15. 4. 96	14. 7. 63

Zittau
Lessingstr. 1, 02763 Zittau
Postfach 2 65, 02755 Zittau
T (0 35 83) 75 91 00
Telefax (0 35 83) 75 90 30

Hellner, Ralf, Dir	12. 11. 98	19. 10. 57
Ahlgrimm, Marion	17. 6. 94	2. 1. 61
Ronsdorf, Kai	2. 8. 96	9. 1. 60
Oltmanns, Giesbert	6. 1. 97	22. 6. 53
Berdon, Uwe	2. 12. 99	22. 3. 63

Landgerichtsbezirk Leipzig

Landgericht Leipzig   E 1 099 148

Harkortstr. 9, 04107 Leipzig
Postfach 10 09 64, 04009 Leipzig
T (03 41) 2 14 10
Telefax (03 41) 2 14 12 00

Präsident

Burkert, Martin	15. 5. 93	21. 4. 39

Vizepräsident

Niemeyer, Jürgen	1. 8. 94	25. 11. 39

Vorsitzende Richterinnen/Vorsitzende Richter

Kopp, Dieter	15. 12. 92	15. 12. 56
Kohlhase, Torsten	31. 12. 92	18. 8. 36
Dr. Ressler, Hellmuth	1. 1. 94	23. 8. 58
Gerhardt, Martina	1. 1. 94	8. 9. 59
Mende, Gerulf	10. 8. 94	9. 8. 44
Ommeln, Manfred	1. 11. 94	20. 9. 40
Voos, Ingrid	1. 1. 97	10. 12. 53
Drath, Erich	1. 6. 97	8. 12. 50
Kühlborn, Klaus	13. 7. 97	6. 12. 61
Beckert, Christian	1. 2. 99	24. 6. 50
Knochenstiern, Nils-Holger	1. 2. 99	9. 8. 57
Jagenlauf, Johann	1. 2. 99	11. 4. 61

Schnaars, Günther	1. 8.99	8. 8.43	
Göbel, Norbert	1. 1.00	30.12.54	
Zügler, Hans-Joachim	1. 1.00	13. 4.56	
Walburg, Gabiela	1. 1.00	4. 7.57	
Klepping, Frank Peter	1. 1.00	8. 6.63	

Richterinnen/Richter

Quakernack, Jürgen, abg.	20. 3.94	31. 8.62	
Benzler, Raimund, abg.	2. 4.94	10.11.59	
Thomsen, Annette	6. 5.94	16. 1.61	
Klimm, Roland	15. 5.94	10. 6.60	
Eiberle-Hill, Annette	17. 6.94	18. 9.62	
Träger, Katja	1. 7.94	8. 8.60	
Bittner, Sylvia	1. 7.94	5. 3.65	
Höhne, Mario	10. 7.94	9. 2.61	
Jarke, Irene	12. 7.94	3. 4.63	
König, Karin	31. 7.94	28.12.48	
Grimmer, Bernd	5. 9.94	16. 3.61	
Euler, Ralf	16. 9.94	19.11.60	
Beyer, Ursula	19. 9.94	16. 4.41	
Matheiowetz, Karl-Heinz	19. 9.94	4. 3.43	
Schreier, Monika	20. 9.94	3. 8.40	
Hahn, Anton	1.10.94	22. 1.61	
Kopf, Monika	1.10.94	16. 5.63	
Kahle, Britta, abg.	18.11.94	3. 7.58	
Mühlberg, Bettina	1. 7.95	22.11.64	
Schwarzer, Norbert, abg.	1. 8.95	2. 6.59	
Klein, Antje	15. 9.95	22. 7.61	
Niermann, Andrea	1.10.95	30. 8.62	
Brösamle, Bärbel	5.10.95	1.12.61	
Thieme, Peter	23.10.95	11. 8.56	
Austenfeld, Nicole	15.12.95	24. 2.63	
Hantke, Martina, abg.	1. 4.96	21.12.62	
Ecker, Sixtus	3. 5.96	17.10.62	
Oberholz, Stephan, abg.	1.12.96	18. 9.64	
Nickel, Karsten	1. 1.97	13. 3.65	
Dr. Schröpfer, Corny	1. 7.97	7. 4.63	
Rössel, Christiane	1.10.97	1. 2.63	
Schultz, Viro	4.10.97	10. 4.64	
Grünhagen, Jochen	1.11.97	25. 3.64	
Jolas, Andre	1. 1.98	9.12.64	
Follner, Arndt	3. 1.98	7.12.63	
Wichelhaus, Jan	15. 2.98	19. 5.62	
Scholz, André	1. 4.98	15. 1.62	
Meusel, Grit	10. 4.98	14. 6.68	
Klotz, Simone	18. 5.98	23. 4.66	
Kuschel, Annette, abg.	12. 6.98	16.11.65	
Dr. Werner, Hartmut	1. 8.98	14.12.67	
Funke, Tatjana	1. 9.98	18. 5.67	
Schultheiß, Martin	1. 9.98	29. 3.68	
Mäser, Anja	1. 9.98	24.10.68	
Dr. Trepper, Thomas	1.12.98	15.10.63	
Hebert, Jens	1. 1.99	20.11.68	
Fischer, Malte	1. 2.99	10. 4.68	
Weidelhofer, Daniel	1. 3.99	21. 5.66	
Albert, Michael, abg.	1. 4.99	4. 4.67	

Frisch, Christiane	1. 4.99	18. 5.69	
Zschiebsch, Mathias	1. 5.99	8. 6.63	
Meng, Sabine, abg.	2. 5.99	3.10.70	
Meißner, Thomas	1. 6.99	24. 6.61	
Bauer, Robby	1. 7.99	21. 6.68	
Gmel, Duscha	1. 9.99	29. 1.66	
Pfuhl, Berthold	1.12.99	23.12.61	
Gicklhorn, Bernd, abg.	1. 1.00	21. 2.66	
Dr. Dungs, Dorothee, abg.	1. 1.00	26. 7.69	
Dr. Seidel, Wolf	15. 2.00	29. 4.62	
Flury, Astrid, abg.	17. 2.00	17. 2.70	

Abgeordnet aus alten Bundesländern: 1

Amtsgerichte

Borna
Am Gericht 2, 04552 Borna
Postfach 66, 04541 Borna
T (0 34 33) 27 55–0
Telefax (0 34 33) 27 55 99

Graf, Ingrid, Dir	20.11.98	5. 2.57	
Jähkel, Bernd	10. 8.94	10.10.62	
Neumert, Andreas	15. 8.94	16. 3.50	
Wespatat, Ringo	30.10.94	25. 5.65	
Sternberger, Thomas	14. 8.95	8. 8.62	
Pirk, Marcus	1. 6.96	20.11.64	

Döbeln
Rosa-Luxemburg-Str. 16, 04720 Döbeln
Postfach 1 68, 04713 Döbeln
T (0 34 31) 72 80
Telefax (0 34 31) 57 00 87

Schilling, Friedrich, Dir	1. 7.98	24. 5.53	
Wadewitz, Frank	11. 7.94	26. 3.57	
Stickeler, Elisabeth	14.10.94	5. 7.62	
Opitz, Ines	31.12.94	8. 2.63	
Weik, Christa	5. 1.96	6. 1.62	
Demmer, Erika, Dir	1. 9.99	3. 5.59	

Eilenburg
Kranoldstr. 17, 04838 Eilenburg
Postfach 78, 04831 Eilenburg
T (0 34 23) 65 45
Telefax (0 34 23) 65 43 00

Zweigstelle in Delitzsch
Hallesche Str. 58, 04509 Delitzsch
Postfach 4, 04501 Delitzsch
T (03 42 02) 7 50
Telefax (03 42 02) 7 52 22

Göldner, Klaus, Dir	1. 8.96	26.11.44	
Winkler, Hans-Joachim	22. 6.94	18. 5.51	
Grell, Carmen	1. 7.94	11. 8.62	

Wendtland, Petra	1. 7.94	2. 8.63
Frotscher, Jörg	12. 7.94	2.12.63
Franzen, Ruben-Kai	18.12.94	20. 8.61
Mendisch, Sven	1. 1.99	14.11.65
Tuschen, Volker	1. 4.99	3. 8.61

Grimma

Klosterstr. 9, 04668 Grimma
Postfach 2 56, 04662 Grimma
T (0 34 37) 9 85 20
Telefax (0 34 37) 91 12 79

Zweigstelle in Wurzen
Friedrich-Ebert-Str. 2a, 04808 Wurzen
Postfach 4 20, 04802 Wurzen
T (0 34 25) 9 06 50
Telefax (0 34 25) 90 65 18

Laudahn, Günter, Dir	1. 7.96	21. 9.41
Haubold, Sigrid	1. 3.94	28. 9.54
Gerhardt, Christine	20. 9.94	9.10.62
Frotscher, Silvia	6.10.94	1. 3.62
Roderburg, Christiane	2.11.95	27. 8.62
Kehe, Ralph-Michael	1. 5.97	18. 6.56
Weise, Jürgen	1. 2.99	2. 6.63
Neumann, Adela	1.10.99	1.12.57

Leipzig

Bernhard-Göring-Str. 64, 04275 Leipzig
T (03 41) 4 94 00
Telefax (03 41) 4 94 06 00

Präsident

Bornhak, Uwe	1. 5.96	31.12.38

Vizepräsident

Meyer, Jürgen	1. 1.94	19.12.48

Richterinnen/Richter

Büttner, Holger, w.aufsR	1. 2.99	19. 2.57
Winderlich, Mathias, w.aufsR	1. 2.99	16. 7.58
Petersen, Knut, w.aufsR	1. 3.00	16. 3.60
Pfuhl, Susanne, w.aufsR	1. 3.00	2. 5.64
Dr. Gildemeister, Ute	1. 3.94	30.12.41
Gradulewski, Hermann	4. 3.94	3. 1.57
Tiegelkamp, Hartmut	2. 4.94	12. 5.55
Grötz, Inge	1. 7.94	27. 6.37
Genz, Bettina	1. 7.94	23. 4.49
Bittner, Hardy	3. 7.94	11.10.57
Pisecky, Ute	10. 7.94	11. 9.59
Schulze, Ingeborg	12. 7.94	25. 1.42
Kauf, Andreas	23. 7.94	17. 5.55
Thieme, Ina	23. 7.94	18.10.58
Riedel, Birgit	31. 7.94	18. 7.59
Kühnert, Christiane	31. 7.94	4. 9.61
Evers, Karin	7. 8.94	13. 1.59

Grams, Detlef	12. 8.94	20.10.60
Lampeter, Sybille	2. 9.94	13. 6.56
Herken, Ludger	16. 9.94	16. 3.55
Kunth, Ingrid	19. 9.94	16.11.49
Irmscher, Andreas	19. 9.94	14. 6.57
Sedlatschek, Dieter	1.10.94	19. 2.53
Gunter-Gröne, Heike	4.10.94	21. 8.60
Weber, Peter	14.10.94	12. 4.61
Kosbab, Gabriele	1.11.94	16. 3.54
Bärlin, Andreas	2.12.94	16. 9.60
Höpping, Birgit	10. 1.95	8. 1.47
Weißenfels, Marion	17. 7.95	24. 2.63
Engelhardt, Gudrun	10. 8.95	27. 3.61
Bernhardt, Matthias	1.10.95	8. 4.52
Merschdorf, Hella	5.10.95	29. 1.63
Weifenbach, Bernd	16.11.95	17. 6.62
Weißenfels, Matthias	1.12.95	30. 7.55
Hasselberger, Waldemar	1. 1.96	18. 7.59
Nowak, Susanne	19. 4.96	6. 2.59
Eppelt-Knochenstiern, Claudia, abg.	1. 5.96	23. 7.56
Schneider, Kerstin, abg.	3. 5.96	4. 6.64
Boß, Matthias	3. 5.96	20.11.65
Hock, Bernhard	1. 7.96	14.12.59
Ludewig, Christine	1. 7.96	19. 9.63
Schick, Andreas	8. 7.96	5. 8.64
Hahn, Sabine	31. 8.96	19. 1.62
Schulz, Heiko	1. 9.96	30.10.62
Touysserkani, Patrick	1. 9.96	10. 7.65
Harner, Anke	2. 9.96	3. 9.65
Anthonijsz, Sigrid	1.10.96	4.11.61
Jokisch, Beate	1.10.96	13. 3.63
Webers, Claudia	2.11.96	18.12.65
Zeeck, Claudia	3. 1.97	14.12.64
Schulz, Gabriele	3. 1.97	27. 1.65
Blaschke, Stefan, abg.	31. 3.97	20. 1.63
Habich, Stefan	1. 7.97	3. 9.60
Krause, Thomas	1. 7.97	2. 5.67
Fritsch, Ute	1. 8.97	5. 5.65
Wendt, Andrea	10. 1.98	8. 6.66
Kniehase, Elke	1. 3.98	19. 5.63
Gaasenbeek, Heidrun	1. 4.98	1.11.45
Nieragden, Beate	1. 4.98	22. 2.61
Seidel, Katrin	1. 6.98	15.12.65
Behrendt, Bettina	9. 7.98	12.10.66
Schinke, Julia	1.12.98	6. 4.68
Walther, Ines	1. 1.99	23. 7.61
Schumann, Sonja	1. 3.99	8. 7.57
Guha, Juliane	1. 3.99	25.11.63
Baustetter, Ellen, abg.	1. 3.99	20. 3.67
Rudolph, Peter	1. 4.99	1.11.64
Seitz, Irmgard	1. 6.99	11. 7.62
Brandt, Anke	3. 6.99	16.12.69
Dittrich, Silke	1. 8.99	20. 6.68
Werhahn, Volkhard, abg.	2.12.99	18. 5.65
Häußler, Franz	1. 1.00	23.12.59

Alberts, Lukas	2. 1.00	3. 5.69
Schlosser, Anke	1. 3.00	14. 4.64
Werner, Claudia	1. 3.00	28. 6.67
Lunkeit, Guido, RkrA	(1.10.99)	—

Oschatz
Brüderstr. 5, 04758 Oschatz
T (0 34 35) 90 18–0
Telefax (0 34 35) 92 13 52

Harr, Rüdiger, Dir	16.11.99	9.11.64
Stitterich, René	5. 8.94	24. 6.56
Saalmann, Andreas, abg.	3. 5.96	26.12.63
Rech, Heide	1. 9.97	18.10.63
Zöllner, Marion, RkrA	(1.12.99)	—

Torgau
Rosa-Luxemburg-Platz 14, 04860 Torgau
Postfach 1 57, 04853 Torgau
T (0 34 21) 7 53 30
Telefax (0 34 21) 75 33 15

N. N., Dir	—	—
Meisel, Karola	7. 8.94	12. 5.55
Stricker, Martin	16. 9.94	31.12.60
Christiansen, Michael	1.11.96	1. 4.61
Planitzer, Sabine	1.11.96	13. 6.63

Landgerichtsbezirk Zwickau

Landgericht Zwickau E 666 085
Platz der Deutschen Einheit 1, 08056 Zwickau
Postfach 20 01 53, 08001 Zwickau
T (03 75) 50 92–0
Telefax (03 75) 29 16 84

Präsident

Kränzlein, Jürgen	1. 1.93	30. 5.43

Vizepräsident

Hubert, Erwin	1. 1.93	11. 6.51

Vorsitzende Richterin/Richter

Staginski, Arno	1. 1.93	26.12.38
Klein, Detlef	1. 1.96	20. 7.47
Dr. Scherer, Alfred	1. 3.97	13. 9.44
Müller, Gerolf	1. 1.99	12. 3.60
Dr. Keßelring, Karl	1. 1.00	9. 6.53
Elfmann, Günter	1. 1.00	3. 5.58
Bahlmann, Inge	1. 1.00	15. 4.64

Richterinnen/Richter

Nahrendorf, Andreas	15. 5.94	5. 9.63
Oppermann, Josef	3. 6.94	30.10.59
Schulte-Neubauer, Klaus	3. 6.94	4. 4.62
Schnorrbusch, Andreas	18. 6.94	13. 5.61

Wendt, Rosemarie	17. 9.94	13. 7.43
Geußer, Rupert	15. 5.96	18. 9.62
Nielen, Andreas	15. 6.96	17. 7.62
Wasmer, Martin	24. 2.97	3. 1.59
Gerth, Gabriele	1. 6.97	8.11.66
Gremm, Bernd	17.10.97	15.11.63
Hoffmann, Eva-Maria	1. 4.98	9. 4.65
Dr. Scheffer, Urban	3. 6.98	10. 9.62
Eckhardt, Roy	1. 9.98	27.11.66
Tolksdorf, Regina	1. 1.99	24. 2.67
Buhles, Frank	1. 2.99	5.10.65
Böhmer, Helmut	3. 5.99	26. 3.67
Eisenreich, Heiko	1.10.99	7. 7.66
Varga, Anton, abg.	1. 1.00	19. 9.61
Zierold, Uwe, RkrA	(1.10.98)	—

Amtsgerichte

Aue
Gerichtsstr. 1, 08280 Aue
Postfach 1 00 83, 08271 Aue
T (0 37 71) 5 96–0
Telefax (0 37 71) 59 61 00

Freiherr Schenk zu Schweinsberg, Hubertus, Dir	1. 6.96	18. 1.46
Beuthner, Petra	13. 6.94	31. 5.56
Göllnitz, Gerda	14. 6.94	24.12.43
Pietryka, Christoph	15.12.95	12.12.63
Zantke, Stephan, abg.	1. 4.96	16.11.61
Hermann, Lutz	15. 7.96	25. 2.65
Kramer, Detlef	1. 6.97	9. 2.65
Luthe, Altfried	15. 6.98	13. 2.60
Adscheid-Meyer, Petra	1. 5.99	5.12.63

Auerbach
Parkstr. 1, 08209 Auerbach
Postfach 1 00 87, 08202 Auerbach
T (0 37 44) 8 39–0
Telefax (0 37 44) 8 39–1 40

Liebhaber, Horst, Dir	1.11.92	5.10.44
Dankwardt, Anton	17. 4.94	15. 4.57
Zschiesche, Ute	15. 7.94	5. 9.52
Winkler, Frank	26. 8.94	25.11.60
Fischer, Bernd	1.10.94	13. 4.55
Beck, Michael	3. 5.96	12. 4.57
Merz, Hans-Jochen	1. 7.96	3. 9.55
Schmelcher, Arno, abg.	1.11.99	31. 7.62

Plauen
Europaratstr. 13, 08523 Plauen
Postfach 7 01, 08502 Plauen
T (0 37 41) 10–0
Telefax (0 37 41) 10 14 04

Schmidt, Gerd, Dir	30. 4. 92	7. 7. 52	Medla, Jürgen, Dir	1. 9. 98	20. 1. 44
Sommer, Torsten,			Stange, Peter, w.aufsR	1. 1. 99	24. 10. 59
w.aufsR	1. 1. 99	7. 2. 62	Noback, Stefan	1. 3. 94	9. 4. 56
Gerhards, Wilhelm	15. 5. 94	29. 5. 58	Bauer, Kerstin	11. 6. 94	9. 12. 62
Haase, Sabine	15. 5. 94	19. 7. 64	Espig, Ekkehard	9. 7. 94	16. 11. 40
Hörr, Andrea	25. 6. 94	7. 9. 58	Wicklein, Heinz-Dieter	24. 7. 94	5. 12. 44
Rüsing, Michael	15. 7. 94	8. 1. 60	Pinkert, Christine	31. 7. 94	17. 11. 48
Gierschner, Elke	29. 7. 94	4. 11. 45	Nitschke, Marion	1. 1. 95	31. 7. 58
Beeger, Kornelia	9. 8. 94	9. 2. 58	Naumann, Cornelia	1. 1. 95	20. 3. 61
Schierjott, Martina	9. 9. 94	8. 1. 57	Meyer, Simona	1. 3. 95	16. 10. 61
Stange, Ilona	22. 10. 94	23. 10. 61	Nagel, Birgit	4. 5. 95	20. 11. 63
Lauerer, Georg	1. 11. 94	7. 11. 55	Große-Streine, Thomas	1. 9. 95	25. 10. 56
Langer, Clemens	1. 5. 95	14. 1. 60	Hoffmann, Ingrid	30. 10. 95	16. 8. 61
Schmitt, Manfred	4. 5. 95	20. 9. 62	Peters, Sibylle	1. 12. 95	14. 8. 62
Blümel, Reinhard	1. 3. 96	30. 4. 45	Gräwe, Karlheinz, abg.	3. 5. 96	21. 5. 61
			Daschner, Michael	17. 5. 96	30. 1. 62
			Rudzki, Christoph	2. 8. 96	27. 4. 63
Zwickau			Bielefeld, Peter	16. 8. 96	28. 8. 61
Platz der Deutschen Einheit 1, 08056 Zwickau			Marton, Peter	1. 10. 96	26. 12. 61
Postfach 20 01 53, 08001 Zwickau			Schöllkopf, Tilmann	2. 8. 97	4. 2. 50
T (03 75) 5 09 20			Heinze, Claudia, abg.	18. 9. 97	9. 4. 65
Telefax (03 75) 29 16 84			Dietel, Jürgen	1. 1. 98	8. 2. 59

Staatsanwaltschaften*

Staatsanwaltschaft bei dem Oberlandesgericht Dresden

Albertstr. 4, 01097 Dresden
Postfach 12 07 27, 01008 Dresden
T (03 51) 44 60
Telefax (03 51) 4 46 29 70

Generalstaatsanwalt

Dr. Schwalm, Jörg	1. 7. 92	25. 9. 42

Leitende Oberstaatsanwälte

Renz, Helmut	1. 8. 96	30. 3. 42
Stähler, Rainer	1. 1. 97	2. 6. 42
Greiner, Gerhard	1. 1. 00	1. 2. 48

Oberstaatsanwältinnen/Oberstaatsanwalt

Kessler, Michaela	1. 12. 98	8. 11. 61
Damaske, Gisela	1. 1. 00	1. 6. 41
Schwürzer, Wolfgang	1. 1. 00	31. 1. 64

Staatsanwaltschaft Bautzen

Lessingstr. 7, 02625 Bautzen
Postfach 17 10, 02607 Bautzen
T (0 35 91) 3 61–0
Telefax (0 35 91) 36 12 22

Zweigstelle in Hoyerswerda

Pforzheimer Platz 2, 02977 Hoyerswerda
Postfach 12 55, 02961 Hoyerswerda
T (0 35 71) 47 13
Telefax (0 35 71) 47 15 98

Leitender Oberstaatsanwalt

Schindler, Hartmut	1. 9. 94	12. 8. 45

Staatsanwältinnen/Staatsanwälte

Schneider, Rainer, GL, abg.	20. 10. 95	13. 4. 61
Duda, Michael, GL	15. 2. 96	28. 6. 52
Grajcarek, Ines, GL	15. 2. 98	25. 6. 62
Roehl, Ingo, GL	8. 6. 99	18. 9. 59
Schulze, Gabi	8. 5. 94	15. 10. 62
Brauer, Jutta	1. 8. 94	23. 11. 51
Kitzmüller, Violetta	15. 1. 96	22. 8. 58
Dr. Altenkamp, Ludger	1. 3. 96	15. 5. 61
Illigen, Dietmar	1. 4. 96	1. 8. 60
Laschweski, Eckhard, abg.	1. 4. 96	24. 7. 63
Stark, Wolfgang	2. 4. 96	1. 11. 57
Toschek, Jörg	17. 6. 96	13. 11. 66
Josinger, Jens-Hagen	1. 9. 97	25. 10. 64
Müller, Peter	1. 1. 00	8. 1. 66
Kilb, Stefan	6. 3. 00	12. 5. 67

* Angaben zur Anzahl der Planstellen bei den Staatsanwaltschaften sind nicht übermittelt worden.

Staatsanwaltschaft Chemnitz

Annaberger Str. 79, 09120 Chemnitz
Postfach 9 21, 09009 Chemnitz
T (03 71) 4 53–0
Telefax (03 71) 4 53 44 44 oder 4 53 44 45

Leitender Oberstaatsanwalt

Dr. Drecoll, Henning	1. 10. 95	17. 9. 42

Oberstaatsanwälte

Strobl, Hans, stVLOStA	1. 5. 97	13. 3. 56
Vogel, Bernd	24. 11. 98	7. 8. 57
Rock, Jörg	24. 11. 98	3. 6. 62
Meyer-Frey, Hartmut	1. 1. 00	13. 4. 61

Staatsanwältinnen/Staatsanwälte (GL)

Rümmler, Siegfried	15. 12. 96	11. 11. 53
Schellenberg, Nils	15. 12. 96	12. 9. 62
Hermann, Joachim	1. 1. 97	1. 4. 58
Gräfenstein, Michael	15. 2. 98	9. 10. 57
Dietze, Karin	15. 2. 98	5. 11. 57
Zöllner, Jürgen	15. 2. 98	17. 5. 63
Hertel, Jens, abg.	15. 2. 98	30. 11. 63
Richter, Thomas	1. 3. 98	26. 10. 58
Blümbott, Wolfgang	1. 3. 98	15. 10. 59
Hohmann, Marion	1. 6. 99	13. 12. 57
Goltz, Christian	1. 6. 99	8. 1. 63
Dietrich, Eberhard	17. 6. 99	26. 4. 62

Staatsanwältinnen/Staatsanwälte

Lehmann, Frank, abg.	13. 6. 94	7. 9. 63
Leonhardt, Jana	1. 7. 94	15. 6. 63
Müller, Steffen	1. 7. 94	15. 2. 65
Tränkner, Ulrich	30. 9. 94	1. 7. 59
Engel, Lars	15. 1. 95	8. 12. 60
Hussner, Ralph	1. 10. 95	11. 7. 60
Fischer, Thomas	4. 1. 96	9. 10. 60
Zehrfeld, Detlef, abg.	30. 5. 96	18. 7. 60
Winterhalter, Alexander	1. 7. 96	19. 11. 62
Sohn, Heike	2. 8. 96	16. 11. 62
Zimmermann, Susanne	2. 8. 96	16. 1. 63
Kliemt, Toralf	2. 8. 96	28. 2. 65
Brockmeier, Jana	2. 8. 96	3. 5. 69
Hinke, Helga	16. 8. 96	6. 12. 65
Weilmaier, Veronika	1. 9. 96	26. 12. 53
Hinke, Thomas	1. 9. 96	17. 10. 62
Pohl-Kukowski, Anne	1. 10. 96	22. 2. 64
Schwäble, Ingrid	1. 1. 97	9. 11. 63
Schlarb, Klaus	1. 7. 97	18. 6. 64
Pietzko, Irina	1. 9. 97	16. 9. 66
Steffan, Klaus	1. 2. 98	21. 11. 63
Reichel, Ulf	3. 7. 98	17. 7. 66
Irgang, Bernhard, abg.	1. 10. 98	26. 2. 61
Schmidt-Lammert, Heidemarie	14. 10. 98	7. 2. 67
Behler, Sebastian	1. 2. 99	28. 7. 65

Recken, Marita	5. 3. 99	3. 6. 67
Reuter, Dirk	1. 4. 99	27. 4. 62
Day, Anja	1. 4. 99	17. 12. 65
Buck, Stefan, abg.	1. 7. 99	5. 3. 68
Butzkies, Stephan	1. 8. 99	24. 8. 68
Mertens, Anne	3. 2. 00	15. 4. 69

Staatsanwalt z.A.

Lang, Uwe	1. 7. 91	12. 9. 55

Staatsanwaltschaft Dresden

Gutenbergstr. 5, 01307 Dresden
Postfach 16 02 06, 01288 Dresden
T (03 51) 44 60
Telefax (03 51) 4 49 60 48

Zweigstelle in Meißen

Kynastweg 57a, 01662 Meißen
Postfach 78, 01652 Meißen
T (0 35 21) 4 70 10
Telefax (0 35 21) 47 01 90

Zweigstelle in Pirna

Schloßhof 7, 01796 Pirna
Postfach 15, 01787 Pirna 12
T (0 35 01) 7 65–0
Telefax (0 35 01) 7 65–2 50

Leitender Oberstaatsanwalt

Kockel, Martin	1. 10. 94	8. 3. 37

Oberstaatsanwälte

Wenzlick, Erich, stVLOStA, abg.	10. 2. 97	13. 2. 52
Schoene, Heiko	15. 12. 92	19. 6. 38
Gregor, Klaus-Joachim	24. 11. 98	18. 7. 49
Schär, Jürgen	24. 11. 98	8. 10. 57
Ast, Arthur	24. 11. 98	16. 6. 61
Rövekamp, Klaus	1. 1. 99	6. 9. 60
Heinrich, Frank	1. 1. 00	3. 12. 58
Bogner, Claus	1. 1. 00	11. 5. 60

Staatsanwältinnen/Staatsanwälte (GL)

Klein, Wolfgang	10. 10. 95	12. 7. 60
Wesch, Volker, abg.	1. 1. 97	1. 7. 63
Kahles, Gisela	15. 2. 98	1. 5. 58
Klinzing, Uwe	15. 2. 98	21. 12. 61
Feron, Andreas	15. 2. 98	24. 2. 62
Vossen-Kemkens, Stefanie	15. 2. 98	13. 8. 62
Schönfelder, Cornelia	1. 6. 99	30. 8. 61
Viehof, Frank	1. 6. 99	10. 8. 63

Staatsanwältinnen/Staatsanwälte

Kleikamp, Inka	25. 2. 94	17. 3. 62
Zuber, René	30. 4. 94	6. 9. 62
Hille, Jan	30. 4. 94	1. 3. 65
Wagner, Ingolf	8. 5. 94	3. 12. 60
Bauerschäfer, Anette	16. 5. 94	22. 4. 62

Lässig, Peter	2. 6.94	18. 5.56
Rochel, Sonja	3. 6.94	18.10.47
Zuber, Birgit	6. 6.94	25. 9.55
Eißmann, Christine	6. 6.94	8. 9.56
Günthel, Ines	6. 6.94	6. 9.60
Voigt, Heiko	6. 6.94	11. 4.64
Vogler, Michael	13. 6.94	3. 6.62
Reuter, Martin	15. 6.94	28.12.49
Hartmann, Helga	17. 6.94	21.11.39
Günthel, Andreas	29. 6.94	7. 2.60
Beitz, Eva-Maria	19. 7.94	17. 8.50
Treyhse, Erich	24. 7.94	8.11.36
Greiffenberg, Sabine	29. 7.94	16. 4.57
Muck, Stefan	1. 8.94	3.11.59
Stauch, Heidi	1. 8.94	10. 5.61
Henneck, Simone	5. 8.94	23. 2.59
Frohberg, Petra	8. 8.94	2.11.58
Claßen, Carola	16. 9.94	6.12.60
Ibler-Streetz, Beate	19. 9.94	22. 1.60
Schmerler-Kreuzer, Ute	1.10.94	18.10.61
Müller, Thomas	15. 1.95	3. 7.55
Freiin von Müffling, Nora	15. 6.95	1. 6.56
Rosen, Cornelia	1. 7.95	11. 4.62
Höllrich-Wirth, Daniela	1. 8.95	24. 6.63
Prinz, Barbara	1.10.95	13. 3.59
Becker, Patricia	1.12.95	25. 2.65
Kiecke, Dieter	16.12.95	10.10.58
Trippensee, Michael	22.12.95	28.11.53
La Marca, Bettina	4. 1.96	2. 1.57
Majer-Voigt, Christine	1. 3.96	5. 6.63
Schlüter-Schützwohl,		
Simone	15. 3.96	30.10.61
Riedemann, Andreas	15. 3.96	27. 9.62
Rösch, Andrea	1. 4.96	1. 3.64
Jermann, Christel	3. 5.96	8.11.57
Stowasser, Linda	3. 5.96	28. 8.61
Fertikowski, Wolfgang	1. 6.96	19.12.63
Borkowski, Elke	1. 7.96	8.11.61
Frey, Peter, abg.	1. 9.96	7. 1.62
Seitz, Xaver	1.10.96	14. 4.64
Dr. Kroll-Perband, Barbara	1. 1.97	18. 2.63
Quast, Brigitte	15. 2.97	9. 1.62
Zimmermann, Andrea	15. 2.97	15. 3.65
Dittmann, Ina	15. 3.97	29. 5.60
Heinze, Petra	1. 8.97	16. 3.69
Frey, Ulrich	1. 2.98	12. 9.57
Dr. Mügge, Christine	1. 2.98	1. 6.61
Dück, Gerd	1. 2.98	7.10.66
Lückhoff-Sehmsdorf,		
Elisabeth	3. 7.98	5. 1.67
Zsembery, Judith	1. 8.98	16. 1.65
Berner, Arnulf	2.10.98	24.11.65
Klemm, Stefanie	1.11.98	15. 2.67
Hesper, Thomas	1.12.98	30. 8.61
Flockerzi, Georg	1. 1.99	23.11.60
Frick, Ralf	1. 1.99	28. 8.62

Lichtenberg, Beate	18. 1.99	27. 2.69
Wittman, Heike	1. 2.99	28. 5.67
Dr. Dömland, Kai	1. 3.99	9. 5.63
Fahlberg, Karin, abg.	1. 3.99	29.11.68
Dr. Lames, Peter	19. 4.99	2. 7.64
Magnussen, Birger, abg.	17. 6.99	29. 3.68
Kaduk, Celia	1.11.99	4. 8.63
Ziegler, Thomas, abg.	1.11.99	24. 2.69
Löffler, Rita	1. 1.00	1. 2.71
Irsen, Michaela, abg.	15. 2.00	9. 2.70

Staatsanwaltschaft Görlitz
Obermarkt 22, 02826 Görlitz
Postfach 30 01 33, 02806 Görlitz
T (0 35 81) 4 69 60
Telefax (0 35 81) 46 98 00

Zweigstelle in Zittau
Lessingstr. 1, 02763 Zittau
Postfach, 02763 Zittau
T (0 35 83) 7 59–0
Telefax (0 35 83) 75 9–2 12

Leitender Oberstaatsanwalt

Dr. Scholz, Lothar	1.11.95	1. 5.48

Oberstaatsanwältin

Nowotny, Kerstin	24.11.98	18.11.64

Staatsanwälte (GL)

Walther, Thomas	15.12.96	16. 4.56
Dahm, Theo	1. 1.97	26. 3.60
Behrens, Andreas, abg.	15. 2.98	25. 7.62
Matthieu, Sebastian	15. 2.98	30. 7.62
Kenklies, Olaf	1. 3.98	26. 4.63

Staatsanwältinnen/Staatsanwälte

Weigelt-Mezey, Dorothea	6. 5.94	26. 1.63
Ebert, Jürgen	22. 5.94	24. 4.58
Voigt, Gerold	1. 8.94	28. 2.50
Schärich, Uwe	1. 5.95	13.11.61
Rittscher, Nils	4. 5.95	16. 4.60
Zobel, Jürgen	3. 8.95	31.12.59
Neumann, Till	1.10.95	6. 3.62
Schuh, Alexander	4. 1.96	16. 5.60
Korowiak, Heike	1.10.96	12. 5.63
Theis, Frank	5.10.96	23. 4.61
Brosin, Peggy	4. 1.97	21. 7.67
Faulhaber, Edgar	1. 2.98	7.11.60
Gun, Rochus	15. 5.98	28. 4.63
Ströse, Annett	31. 5.98	19. 1.69
Maaß, Holger	3. 7.98	27.10.65
Richter, Ingrid	3. 7.98	19. 4.66
Siler, Andrea	1. 9.98	3.10.66
Schott, Irene	3. 7.99	8. 1.65
Lenuweit, Doreen	13. 8.99	10. 3.69
Küsgen, Christina	6.11.99	24. 2.62

Staatsanwaltschaft Leipzig

Beethovenstr. 2, 04107 Leipzig
Postfach 2 25, 04002 Leipzig
T (03 41) 2 13 60
Telefax (03 41) 2 13 65 55

Zweigstelle in Grimma
Bahnhofstr. 3–5, 04668 Grimma
T (0 34 37) 97 15 50
Telefax (0 34 37) 97 15 56

Zweigstelle in Torgau
Repitzer Weg 1, 04860 Torgau
Postfach 5, 04851 Torgau
T (0 34 21) 7 21 80
Telefax (0 34 21) 72 18 20

Leitender Oberstaatsanwalt

Spitz, Gunter	1. 1. 98	6. 11. 48

Oberstaatsanwälte

Röger, Norbert, stVLOSA	1. 6. 97	27. 5. 52
Lehmann, Lutz	5. 2. 99	18. 5. 54
Dahms, Michael	1. 1. 00	12. 3. 63

Staatsanwältinnen/Staatsanwälte (GL)

Böhm, Sigrid	10. 10. 95	2. 12. 38
Kreßel, Thomas	15. 12. 96	13. 6. 56
Zillner, Elisabeth	15. 12. 96	16. 6. 57
Weigel, Gerald	15. 12. 96	9. 3. 60
Endesfelder, Petra	15. 2. 98	31. 3. 50
Schüddekopf, Klaus	15. 2. 98	17. 10. 59
Dr. Laube, Claudia	15. 2. 98	16. 9. 64
Pätzold, Frank	1. 3. 98	28. 3. 61
Herbst, Barbara	1. 4. 98	24. 8. 51
Müller, Klaus-Dieter	1. 4. 98	30. 6. 53
Gast, Thomas	1. 4. 98	23. 5. 64
Dr. Korth, Rolf-Uwe	1. 6. 99	16. 8. 54
Dr. Baums, Rainer	1. 6. 99	17. 6. 60
Schneider, Torsten	1. 6. 99	12. 7. 61
Poganiatz, Heike	1. 6. 99	22. 5. 64

Staatsanwältinnen/Staatsanwälte

Epple, Dietrich	6. 3. 94	27. 4. 38
Kriegsmann, Dieter	4. 6. 94	26. 11. 41
Barthel, Steffen	8. 7. 94	17. 11. 58
Hermerschmidt, Elinor	18. 7. 94	8. 11. 41
Schütze, Sylvia	26. 7. 94	22. 4. 56
Frommhold, Michael	27. 7. 94	15. 5. 59
Richter, Gudrun	1. 8. 94	30. 11. 44
Kannegießer, Thomas	1. 8. 94	17. 2. 55
Kraft, Birgit	1. 8. 94	18. 4. 62
Hornig, Ralph	1. 8. 94	16. 3. 64
Schneider, Anett	1. 8. 94	31. 7. 64
Schumann, Sven	1. 8. 94	6. 11. 64
Dietzel, Wolfgang	5. 8. 94	26. 12. 47
Walburg, Hans-Joachim	5. 8. 94	3. 8. 55

Hundhammer, Gert	8. 8. 94	26. 2. 54
Höhle, Michael	8. 8. 94	1. 3. 59
Zöllner, Marion, abg.	11. 8. 94	9. 3. 60
Dr. Petersen, Sybill	15. 8. 94	23. 4. 63
Vieweg, Heidemarie	20. 8. 94	28. 4. 50
Schliephake, Jan	11. 9. 94	17. 8. 63
Eyring, Michael	1. 10. 94	9. 3. 55
Lubetzki, Karin	12. 2. 95	27. 5. 38
Reker, Barbara	18. 1. 96	3. 10. 61
Kattner, Ingrid	28. 2. 96	28. 8. 39
Kettermann, Jürgen	17. 5. 96	4. 9. 59
Irnig, Eva Beate	1. 7. 96	7. 3. 62
Müssig, Elke	14. 9. 96	23. 3. 65
Pietsch, Sabine	1. 10. 96	16. 11. 64
Kühlborn, Silke	1. 2. 97	19. 2. 63
Renger, Marc	1. 3. 97	8. 7. 63
Georg, Roman	14. 3. 97	22. 11. 62
Herber, Beate	1. 6. 97	13. 10. 67
Kaden, Jens, abg.	1. 7. 97	16. 3. 66
von der Beeck, Ursula	1. 10. 97	27. 2. 64
Schulz, Ricardo, abg.	1. 10. 97	5. 6. 64
Kaden, Verena	1. 1. 98	18. 3. 69
Schmandt, Stefan	1. 3. 98	28. 9. 54
Aust, Karen, abg.	1. 5. 98	20. 9. 65
Dr. Kraatz, Friedrike	1. 9. 98	13. 2. 61
Rudolph, Antje	1. 9. 98	30. 4. 68
Rickert, Angelika	1. 10. 98	28. 3. 59
Eifert, Robin	15. 11. 98	21. 3. 63
Winkler, Tamara	1. 1. 99	9. 62
Seifert, Thomas	1. 1. 99	22. 8. 67
Fleiner, Sabine	1. 4. 99	14. 4. 63
Gasch, Susanne	1. 6. 99	17. 5. 61
Orthen, Martina	1. 7. 99	19. 11. 61
Lehnert, Lothar	1. 8. 99	21. 3. 64
Lunkeit, Guido, abg.	1. 10. 99	24. 3. 68
Weiß, Hans	1. 1. 00	1. 5. 68
Dr. Weimann, Götz-Karsten	3. 2. 00	17. 1. 66

Staatsanwaltschaft Zwickau

Innere Schneebergerstr. 26,
08056 Zwickau
Postfach 20 09 35, 08009 Zwickau
T (03 75) 5 67 60
Telefax (03 75) 56 76 23

Zweigstelle in Plauen
Europaratstr. 13, 08523 Plauen
Postfach 7 18, 08502 Plauen
T (0 37 41) 1 00
Telefax (0 37 41) 10 17 00

Leitender Oberstaatsanwalt

Hohmann, Bernd	1. 1. 00	5. 2. 55

Oberstaatsanwalt

Illing, Holger	24. 11. 98	8. 8. 56

Staatsanwältin/Staatsanwälte (GL)

Kipry, Dietmar	10. 10. 95	26.	8. 59
Martin, Elke	15. 12. 96	1. 11. 51	
Wiegner, Uwe, abg.	15. 12. 96	19.	8. 62
Müller, Elmar	1. 4. 98	5. 11. 63	
Respondek, Michael	1. 1. 00	12.	4. 59

Staatsanwältinnen/Staatsanwälte

Zierold, Uwe, abg.	13. 6. 94	17. 11. 62	
Rzehak, Jörg	17. 6. 94	25. 12. 60	
Günther, Siegrid	1. 7. 94	1. 5. 50	
Adler, Brigitte	1. 7. 94	19. 10. 51	
Schmidt, Christine	15. 7. 94	14. 12. 40	
Gaida, Brigitte	15. 7. 94	22. 3. 57	
Zschoch, Peter	1. 7. 95	5. 6. 62	
Terres, Peter	1. 10. 95	21. 7. 60	
Dreyer, Klaus	2. 11. 95	18. 5. 58	

Hoppmann, Stephan	15. 12. 95	13. 4. 60	
Bruns, Andreas	15. 12. 95	17. 5. 61	
Hoffmann, Heike	4. 1. 96	8. 1. 62	
Hoffmann, Frank	4. 1. 96	20. 1. 63	
Pietryka, Sabine	5. 2. 96	17. 8. 61	
Veith, Gerhard	1. 4. 96	10. 6. 59	
Speiser, Peter	19. 4. 96	19. 2. 62	
Opalla, Monika	2. 8. 96	16. 12. 62	
Orlik, Ansgar	15. 8. 96	3. 2. 64	
Droll, Rainer	1. 9. 96	3. 9. 63	
Güßregen, Gernot	1. 10. 96	30. 11. 63	
Gremm, Barbara	12. 5. 97	9. 4. 63	
Blume, Monika	15. 7. 97	8. 2. 63	
Bierlein, Martin	15. 6. 98	31. 3. 66	
Borris, Birgit, abg.	1. 2. 99	26. 7. 67	
Grubert, Oliver	1. 8. 99	17. 2. 66	
Böhmer, Patricia	1. 11. 99	19. 6. 69	
Fink, Hans-Christian	13. 1. 00	26. 9. 66	

Richterinnen/Richter und Staatsanwältinnen/Staatsanwälte im Richterverhältnis auf Probe

Friedsam, Ilka	17. 6. 91	19. 1. 61	
Güse-Hüner, Martina	16. 9. 91	6. 4. 60	
Stollar, Christine	3. 5. 93	29. 12. 63	
Holz, Birgit	2. 8. 93	30. 7. 60	
Ehrlich, Janko	1. 9. 93	12. 4. 73	
Zingler, Ruth	15. 3. 94	1. 2. 64	
Schori, Markus	1. 12. 95	26. 4. 67	
Pähler, Ann-Christin	2. 1. 96	1. 8. 65	
Albrecht, Kerstin	1. 3. 96	7. 1. 65	
Riecken, Alessa	3. 6. 96	19. 6. 69	
von Wedel, Friederike	1. 8. 96	25. 12. 68	
Dr. Fresemann, Thomas	1. 4. 97	18. 10. 66	
Mularczyk, Michael	1. 4. 97	25. 6. 69	
Hartmann, Bernhard	14. 4. 97	31. 5. 63	
Bluhm, Dietmar	2. 5. 97	16. 2. 67	
Sander, Kay-Uwe	5. 5. 97	14. 2. 67	
Benndorf, Jörn	20. 5. 97	22. 9. 69	
Kranke, Thomas	2. 6. 97	13. 11. 65	
Dr. Faber, Katharina	2. 6. 97	7. 8. 67	
Gellner, Julia	2. 6. 97	10. 3. 68	
Meierkamp, Eva	16. 6. 97	3. 2. 70	
Albrecht, Falk	1. 7. 97	17. 7. 67	
Brand, Grit	1. 7. 97	9. 11. 68	
Dr. Baer, Stephanie	1. 7. 97	11. 2. 69	
Wetzel, Annette	1. 7. 97	8. 5. 70	
Uhlig, Katja	1. 7. 97	8. 4. 72	
Butenschön, Anja	15. 7. 97	11. 4. 69	
Hartmann, Uwe	1. 8. 97	7. 8. 67	
Ehrnsperger, Klaus	1. 8. 97	9. 6. 68	
Lang, Enrico	1. 8. 97	16. 4. 69	

Ball, Bettina	1. 8. 97	18. 11. 69	
Hertrich, Stefanie	1. 8. 97	9. 4. 71	
Meringer, Vera	1. 8. 97	6. 9. 71	
Bayer, Gunther	18. 8. 97	20. 9. 66	
Prause, Martina	18. 8. 97	3. 6. 69	
Arndt, Wibke	18. 8. 97	11. 3. 71	
Schuler, Jan	1. 9. 97	26. 5. 67	
Weier, Jörn	1. 9. 97	10. 10. 67	
Liesenfeld, Peter	1. 9. 97	16. 5. 68	
Kuhn, Christoph	1. 9. 97	2. 7. 69	
Colli, Markus	1. 9. 97	9. 2. 70	
Rehm, Ralph	1. 9. 97	31. 3. 70	
Dr. Reinkenhof, Michaela	15. 9. 97	18. 12. 65	
Thaler, Katrin	15. 9. 97	11. 8. 68	
Kötter, Barbara	15. 9. 97	21. 8. 68	
Faber, Jörg	15. 9. 97	30. 5. 69	
Beck, Andrea	15. 9. 97	28. 11. 69	
Kamerling, Michael	1. 10. 97	12. 4. 65	
Markus, Ulrike	1. 10. 97	16. 9. 66	
Häusser, Jan-Matthias	1. 10. 97	22. 12. 66	
Schmitz, Ingrid	1. 10. 97	7. 3. 68	
Wittenberg, Wiebke	1. 10. 97	20. 4. 68	
Schletter, Nora	1. 10. 97	15. 8. 68	
Andreae, Sven	1. 10. 97	18. 9. 68	
Biere, Carsten	1. 10. 97	28. 6. 69	
Gnad, Marcus	1. 10. 97	18. 4. 70	
Stutzmann, Henrik	1. 10. 97	25. 4. 70	
Meyer, Waltraud	1. 10. 97	2. 6. 70	
Herberger, Tom	17. 11. 97	6. 11. 68	
Spielbauer, Stefan	1. 12. 97	20. 2. 68	

Lorenz, Sathia	5.	1.98	31.	7.67	Schneider, Jörg	17.	8.98	23.	9.68
Kaufhold, Martin	5.	1.98	24.12.67	Waltermann, Bettina	17.	8.98	31.	1.71
Stier, Peter	5.	1.98	13.11.68	Köpke, Levke	1.	9.98	16.	5.63
Gerhardi, Christopher	5.	1.98	21.	7.69	Mansch, Heinz-Christian	1.	9.98	26.	7.69
Albrecht, Alexandra	5.	1.98	8.	6.70	Krüger, Anja	14.	9.98	21.	5.68
Müller, Katja	5.	1.98	20.	6.70	Klerch, Alexander	14.	9.98	17.	7.70
Piechotta, Heike	5.	1.98	11.12.70	Gerhäusser, Michael	14.	9.98	11.12.70
Asper, Karen	5.	1.98	11.	4.71	Wagner, Stefanie	15.	9.98	2.12.69
Folda, Stephan	15.	1.98	15.	7.68	Köhler, Marcus	1.10.98	5.	1.67
Berkner, Stephan	15.	1.98	13.	8.71	Dr. Adams, Stephani	1.10.98	4.	6.69
Ueberbach, Andreas	2.	2.98	26.11.66	von Schreitter-Schwarzen-		
Arnold, Andreas	2.	2.98	29.	8.69	feld, Karin	2.11.98	12.12.68
Kretzschmar, Yvonne	2.	2.98	21.	2.70	Lonsdorf, Heike	1.12.98	20.	5.63
Enders, Anke	2.	2.98	28.	7.70	Gräf, Andreas	1.12.98	6.	8.70
Dr. Kerber, Karoline	2.	3.98	7.	4.67	Credo, Mike	1.12.98	12.	2.71
Oester, Beate	2.	3.98	2.	5.68	Vahl, Axel	4.	1.99	24.	5.68
Sämann, Bernd	2.	3.98	27.	6.70	Brudnicki, Christian	4.	1.99	14.	9.68
Graf, Bianca	16.	3.98	4.	1.70	Greiff, Nicola	4.	1.99	2.	8.69
Bittermann, Martin	16.	3.98	11.10.70	Möller, Oliver	4.	1.99	20.	3.70
Hübner-Raddatz, Stefani	15.	4.98	6.	7.68	Mörsfelder, Jürgen	4.	1.99	10.10.70
Vorndran, Martina	4.	5.98	25.	4.68	Gerlach, Marielle	4.	1.99	1.10.71
Peters, Katharina	18.	5.98	26.	4.70	Herberg, Gesine	4.	1.99	3.	5.73
Tröger, Christian	2.	6.98	25.	1.69	Eggers, Jan	18.	1.99	1.	2.69
Sumpmann, Dirk	2.	6.98	23.	6.69	Röfer, Gabriele	1.	2.99	1.	3.68
Schneiders, Birgid	2.	6.98	6.	4.71	Müller, Carolin	1.	2.99	2.	6.70
Neugebauer, Boris-Alexej	2.	6.98	18.	7.71	Tews, Gesine	1.	2.99	24.	2.71
Leonhardt, Ines	2.	6.98	2.12.71	Kolbig, Karsten	15.	2.99	8.	3.71
Bohndorf, Susann	2.	6.98	19.	4.72	Eßer, Birgit	1.	3.99	18.	4.66
Caspar, Wienke-Elisabeth	15.	6.98	26.	7.72	Rahrbach, Steffen	1.	3.99	5.	5.70
Töpfer, Viola	1.	7.98	30.10.67	Kunzelmann, Margarete	1.	3.99	1.	6.72
Helbig, Andreas	1.	7.98	8.	1.68	Dammer, Wolfgang	15.	6.99	20.	4.70
Leisner, Dirk	1.	7.98	6.	2.70	Grunenberg, Ralf	1.	7.99	22.	5.70
Hellwig, Jan	1.	7.98	6.	7.70	Schneider, Sanderein	15.	7.99	15.	9.71
Schmidt, Holger	1.	7.98	5.	1.72	Rogge, Anja	2.	8.99	23.12.71
Pospischil, Liane	1.	7.98	1.10.72	Kups, Carsten	2.	8.99	6.	5.72
Wolfinger, Ute	1.	7.98	11.10.72	Menzel, Jana	2.	8.99	25.	9.72
Dr. Schönknecht, Sabine	13.	7.98	8.11.68	Krause, Katrin	2.	8.99	5.11.72
Menke, Gesche	13.	7.98	12.	6.70	Schirmer, Andrea	2.	8.99	23.	3.74
Naumann, Torsten	13.	7.98	4.12.70	Ball, Andreas	1.	9.99	31.12.71
Schäfers, Tanja	13.	7.98	17.	4.71	Körner, Ines	1.	9.99	25.10.73
Klement, Julia	13.	7.98	16.	8.71	Kohlschmidt, Claudia	1.	9.99	22.	2.74
Sander, Volker	15.	7.98	29.	6.71	Israel, Dirk	4.10.99	14.	3.70
Pfeiffer, Jürgen	3.	8.98	14.	4.69	Oertel, Mirko	3.	1.00	23.	6.71
Klepsch, Alexander	3.	8.98	23.	5.69	Riedel, Dagmar	17.	1.00	7.10.73
Hinrichs, Hauke	3.	8.98	2.10.69	Bernard, Claudia	24.	1.00	17.	7.72
Starke, Patty	3.	8.98	22.	2.71	Leitte, Steffen	1.	2.00	21.	1.71
Kalex, Jana	3.	8.98	15.	6.73	Fiebig, Ursula	1.	2.00	19.	7.72
Seitz, Stefanie	10.	8.98	13.11.71	Franke, Anne-Kristin	15.	2.00	29.11.73

Sachsen-Anhalt

2 674 490 Einwohner*

Ministerium der Justiz

Wilhelm-Höpfner-Ring 6, 39116 Magdeburg
Postfach 3429, 39043 Magdeburg
T (0391) 567–01, Telefax (0391) 567–4226
1 Min, 1 StS, 5 MinDgt, 4 LMR, 26 MR, 10 RD, 5 ORR

Ministerin

Schubert, Karin	11. 7.94	16. 8.44

Staatssekretärin

Diederich, Mathilde	1. 4.97	14. 3.52

Ministerialdirigenten

Isensee, Hanns-Peter, Präs. d. Landesjustiz- prüfungsamtes	1. 7.91	2. 2.43
Dr. Oehlerking, Jürgen	19.12.91	29. 7.47
Spieker, Johannes	1.11.96	11. 3.49
Konrad, Jürgen	1. 3.98	14. 1.55

Leitende Ministerialräte

Deppe, Wolfgang	1. 7.91	6. 5.43
Dr. Schellenberg, Hartwig	1.11.91	12. 2.38
Boës, Berend	2. 6.94	5. 2.39
Olmes, Rainer	2. 6.94	19.10.55

Ministerialrätinnen/Ministerialräte

Heun, Dieter	3. 7.91	13. 2.41
Riedel, Norbert Peter	20.12.91	27.11.41

* Stand: 30. 9. 1998.

Figl, Ernst	25. 6.92	15. 3.46
Dr. Hartwig, Ernst-Peter	1. 1.93	3. 3.58
Hillig, Reinhard	19.11.93	30.12.52
Kumlehn de Mamani, Monika	1. 4.94	4. 6.42
Keiluweit, Gerald, abg.	1. 2.96	24.11.55
Schmidt, Erika	1. 7.91	25. 6.52
Henkel, Gerhard	1. 6.94	17. 8.46
Streuzek, Rita	1. 6.94	1. 9.55
Wegener, Hartmut	1. 2.96	2.12.42
Pilster, Ronald	1.10.96	13. 8.50
Fruhner, Michael	31. 5.99	29.12.52
Kraus, Heribert	31. 5.99	31.10.53
Ellermann, Lutz	1. 6.99	8. 4.43

Regierungsdirektoren

Rohde, Manfred	2. 4.92	7. 2.53
Ehlers, Henning	22. 2.93	3. 7.40
Elis, Klaus	1.10.96	4.10.39

Oberregierungsrätinnnen/Oberregierungsräte

Farbowski, Meinhard	1. 2.96	27.10.49
Sellhorn, Ulrike, beurl.	27. 8.97	14. 3.61
Messerschmidt, Rainer	27. 8.97	28. 5.61
Cohaus, Albert	11. 5.99	8. 4.59

Oberlandesgerichtsbezirk Naumburg

Bezirk:
Sachsen-Anhalt

4 Landgerichte:
Dessau, Halle, Magdeburg, Stendal

27 Amtsgerichte

Aufgrund am 6. 4. 2000 verabschiedeten Landesgesetzes sind mit Wirkung vom 1. 6. 2000 die Amtsgerichte Genthin, Havelberg, Klötze, Nebra, Querfurt, Staßfurt, Wolmirstedt und Wanzleben als eigenständige Amtsgerichte aufgelöst und mit benachbarten Amtsgerichten zusammengelegt worden. Die aufgelösten Amtsgerichte werden bis

auf weiteres als *Zweigstellen* der aufnehmenden Amtsgerichte weitergeführt.

Ab 1. 6. 2000 gelten folgende Zuständigkeiten:

aufgelöste AG:	*aufnehmende AG:*
Genthin	Burg
Havelberg	Stendal
Klötze	Gardeleben u. Salzwedel
Nebra	Naumburg
Querfurt	Merseburg
Staßfurt	Aschersleben
Wolmirstedt	Haldensleben
Wanzleben	Oschersleben

Oberlandesgericht Naumburg

E 2 674 490
Domplatz 10, 06618 Naumburg
Postfach 16 55, 06606 Naumburg
T (0 34 45) 2 80
Telefax (0 34 45) 28 20 00

1 Pr, 1 VPr, 13 VR, 31 R

Präsidentin

Neuwirth, Gertrud	1. 10. 96	9. 4. 42

Vizepräsident

Zink, Werner	1. 2. 92	18. 9. 47

Vorsitzende Richter

Klußmann, Uwe	1. 9. 92	18. 9. 36
Hennig, Albrecht	1. 9. 92	21. 8. 39
Kleist, Jürgen	25. 5. 93	27. 8. 39
Dr. Zettel, Günther	30. 4. 96	11. 11. 48
Dr. Friederici, Peter	9. 10. 96	20. 2. 41
von Harbou, Bodo	9. 10. 96	10. 4. 44
Dr. Klier, Gerhard	9. 10. 96	20. 9. 44
Becker, Jörg-Peter	18. 9. 97	4. 11. 53
Braun, Michael	29. 3. 99	11. 1. 57

Richterinnen/Richter

Dr. Engel, Mathias	1. 9. 92	30. 12. 54
Goerke-Berzau, Iris	16. 2. 93	30. 6. 57
Feldmann, Werner	1. 12. 94	24. 8. 54

Hellriegel, Bernd	17. 7. 95	26. 3. 54
Geib, Stefan	20. 12. 95	15. 8. 62
Prof. Dr. Smid, Stefan (UProf, 2. Hauptamt), beurl.	—	—
Kühlen, Hans-Joachim	30. 4. 96	21. 7. 53
Dr. Tiemann, Ralf	30. 4. 96	1. 9. 58
Dr. Deppe-Hilgenberg, Dieter	1. 5. 96	26. 7. 50
Baumgarten, Klaus	30. 9. 96	27. 11. 47
Bisping, Albert	1. 10. 96	3. 5. 55
Konrad, Siegrun	1. 10. 96	30. 12. 58
Lohmann, Ilse	1. 10. 96	9. 6. 60
Dr. Schunck, Bernd	29. 1. 97	8. 8. 50
Trojan, Horst	25. 9. 97	2. 3. 54
Corcilius, Niels	25. 9. 97	17. 9. 60
Manshausen, Michael	6. 10. 98	13. 8. 59
Dr. Wegehaupt, Uwe	25. 1. 99	31. 5. 58
Krause, Gunnar	8. 3. 99	22. 12. 64
Wiedenlübbert, Eckard, abg.	12. 5. 99	23. 3. 58

Landgerichtsbezirk Dessau

Landgericht Dessau   E 558 911

Willy-Lohmann-Str. 29, 06844 Dessau
Postfach 14 26, 06813 Dessau
T (03 40) 20 20
Telefax: (03 40) 2 02 14 30

1 Pr, 1 VPr, 5 VR, 25 R

Präsident

Diederichs, Hans-Jürgen	1. 9. 92	25. 8. 35

Vizepräsident

Borgmann, Michael	27. 6. 97	22. 6. 52

Vorsitzende Richter

Tietze, Erhart	1. 3. 96	18. 5. 38
Habekost, Martin	1. 10. 96	23. 1. 53

Richterinnen / Richter

Walter, Sabine	6. 12. 93	16. 8. 51
Kiel, Monika	9. 2. 94	24. 11. 61
Clemens, Kerstin	9. 2. 94	7. 8. 63
Redemann, Klaus	1. 12. 94	23. 5. 61
Gutewort, Edeltraut	2. 1. 95	14. 2. 52
Spohn, Elke	28. 4. 95	8. 2. 60
Zahn, Jürgen	4. 10. 95	19. 9. 50
Klein, Donata, beurl.	3. 11. 95	14. 7. 64
Dr. Bauer, Ulrich	3. 1. 96	12. 10. 63
Dr. Kriewitz, Jörg	5. 11. 96	9. 2. 60
Steinhoff, Manfred	27. 11. 96	30. 3. 53
Bock, Anke	17. 2. 97	14. 12. 60
Kniestedt, Holger	6. 10. 97	6. 8. 66
Lachs, Karen	10. 11. 97	2. 11. 65
Becker, Johannes	8. 4. 98	16. 10. 64
Lange, Jaqueline	28. 4. 99	7. 6. 68
Paterok, Matthias	3. 5. 99	13. 11. 68
van Herck, Andreas	24. 8. 99	25. 10. 64
Kleist, Gundula	18. 8. 99	20. 9. 68
Stroot, Christian	4. 10. 99	19. 8. 65
Straube, Frank	4. 10. 99	11. 12. 66
Barth, Annette	13. 10. 99	21. 7. 67
Pechtold, Wolfram	15. 10. 99	29. 5. 67
Nolte, Johannes	17. 12. 99	24. 3. 68
Auffermann, Ulrich	20. 12. 99	30. 3. 64

Amtsgerichte

Bernburg   E 71 945

Schloßstr. 24, 06406 Bernburg
Postfach 11 54, 06391 Bernburg
T (0 34 71) 37 73
Telefax (0 34 71) 37 74 01

Dir, 5 R

Hoffmann, Tobias, Dir	1. 3. 93	8. 3. 55
Knabe, Monika	20. 7. 94	15. 6. 58
Kliebisch, Simone	16. 6. 95	16. 1. 63
Witassek, Ulf, abg.	4. 3. 97	21. 10. 62
Schmidt, Uda	12. 7. 99	17. 10. 67
Stelzner, Andre	13. 10. 99	11. 11. 67

Bitterfeld   E 113 705

Lindenstr. 9, 06749 Bitterfeld
Postfach 11 35, 06733 Bitterfeld
T (0 34 93) 36 40
Telefax (0 34 93) 36 41 65

1 Dir, 1 stVDir, 7 R

Heitmann, Ernst, Dir	1. 6. 94	22. 3. 43
Grätz, Hubert, stVDir	12. 9. 95	13. 9. 47
Reichmann, Lutz-Hartmut	14. 2. 94	2. 1. 50
Knief, Thomas, abg.	1. 12. 94	20. 10. 61
Küstermann, Ralph	3. 1. 96	17. 4. 62
Linz, Matthias, abg.	20. 2. 97	24. 4. 60
Keil, Jutta	13. 3. 98	9. 1. 66
Schwick, Heike, beurl.	30. 12. 98	13. 10. 63
Krämer, Kathrin	2. 12. 99	6. 6. 67

Dessau   E 86 623

Willy-Lohmann-Str. 33, 06844 Dessau
Postfach 18 21, 06815 Dessau
T (03 40) 20 20
Telefax (03 40) 20 21 28 9–90

1 Dir, 1 stVDir, 11 R

Bolduan, Heinz-Jochen, Dir	1. 9. 92	13. 6. 34
Meyer, Cornelia, stVDir	6. 8. 96	2. 12. 58
Kauert, Helga	6. 12. 93	12. 8. 41
Ernesti, Ellen	1. 3. 96	30. 8. 64
Lobjinski, Gertrud	8. 7. 96	16. 5. 63
Keck, Marion	29. 11. 96	4. 8. 63
Haferland, Sabine	19. 2. 97	6. 1. 65
Klumpp-Nichelmann	26. 3. 97	9. 3. 64
Will, Thomas	18. 12. 97	28. 4. 60
Grimm, Andreas, abg.	19. 6. 98	11. 10. 66
Dr. Burow, Patrick	15. 11. 99	27. 1. 65
Dr. Sabrotzky, Melanie	30. 12. 99	10. 11. 67

Köthen   E 71 577

Lindenstr. 10a, 06366 Köthen
Postfach 15 56, 06355 Köthen
T (0 34 96) 4 22 00
Telefax (0 34 96) 42 21 50

1 Dir, 4 R

Bräunig, Doris, Dir	8. 8. 95	15. 9. 50
Sauer, Andrea, abg.	6. 12. 93	9. 7. 64
Engshuber, Anke	1. 12. 95	3. 11. 63
Mederake, Sabine	20. 4. 98	17. 9. 62
Vogelsang, Susanne	27. 1. 99	11. 9. 68

Wittenberg E 135 812
Dessauer Str. 291, 06886 Wittenberg
Postfach 1002 55, 06872 Wittenberg
T (0 34 91) 43 60
Telefax (0 34 91) 40 35 91

1 Dir, 1 stVDir, 8 R

Nitz, Ulrich, Dir	1. 9.92	7. 4.42
Tilch, Thomas, stVDir	6. 2.96	28. 7.60
Heimann, Andrea	6. 8.94	5.11.59
Hoffmann, Ramona	29. 3.95	11. 7.60
Alvermann, Frank	1.12.95	14. 6.63
Engelhart, Ingo	4.12.95	26. 5.62
Waltert, Ronald	1. 3.96	15. 9.62
Heinecke, Jana	1.11.96	25. 6.67
Preissner, Jeanette	7.10.98	17. 5.67
Schmidt, Stefanie	27. 4.99	1. 7.64

Zerbst E 79 240
Schloßfreiheit 10, 39261 Zerbst
Postfach 13 18, 39251 Zerbst
T (0 39 23) 7 42 20
Telefax (0 39 23) 74 22 11

1 Dir, 5 R

N.N., Dir	—	—
Benedict, Katrin	27. 2.98	22.10.64
Simmer, Markus	28. 2.98	23. 5.60
Thole, Jürgen	1. 9.98	24. 5.64
Alvermann, Sabine	27. 4.99	2. 2.64
Steppan, Elke	17.12.99	13. 3.71

Landgerichtsbezirk Halle

Landgericht Halle E 885 661
Hansering 13, 06108 Halle
Postfach 1002 59, 06141 Halle
T (03 45) 22 00
Telefax (03 45) 22 03 25 0

1 Pr, 1 VPr, 15 VR, 44 R

Präsident

Fromhage, Dietmar	1. 9.92	10. 5.43

Vizepräsident

Schwarz, Tilman	1. 9.92	8.12.46

Vorsitzende Richterinnen/Vorsitzende Richter

Ley, Peter	27. 4.92	18.12.44
Riehl, Horst-Adolf	1. 9.92	28. 1.44
Hermle, Klaus	1. 9.92	15. 1.52
Braun, Klaus	4. 5.93	3. 1.41
Reuter, Almut	23.12.93	17. 7.43
Meyer, Petra	28. 8.95	1. 3.52

Friedel, Johannes	30. 9.96	6. 9.35
Buchloh, Volker	30. 9.96	2. 9.59

Richterinnen/Richter

Prof. Dr. Lilie, Hans	20.10.92	18. 8.49
(UProf, 2. Hauptamt)		
Hill, Hartmut	2. 8.93	12. 5.53
Ballhause, Brunhilde	6.12.93	21. 9.51
Bachmann, Peter	6.12.93	21.10.56
Stengel, Jan	6.12.93	2. 8.61
Hahn, Monika	28. 7.94	20.12.58
Wetzel, Gerhard	—	—
Engelhard, Jörg	2.10.95	27. 3.62
Marx-Leitenberger,		
Gertrud, abg.	4.12.95	27. 3.58
Joost, Heike	4.12.95	23. 3.61
Haag, Wilfried	19. 2.96	23. 8.56
Rosenfeld, Gudrun	22. 3.96	23. 8.58
Seidl-Hülsmann, Anette	22. 3.96	17. 7.65
Rosenbach, Susanne, abg.	29. 4.96	2. 9.63
Pikarski, Stefan	9. 9.96	28.11.62
Gester, Torsten	2.10.96	9. 1.62
Mertens, Ursula, abg.	12. 2.97	29. 6.63
Harms, Sabine	12. 2.97	4. 1.66
Handke, Günter, abg.	7. 4.97	10. 5.60
Kawa, Josefine	20. 6.97	8. 7.67
Geyer, Anne Kathrin	4. 8.97	9. 8.64
Kawa, Michael	5. 9.97	25. 4.64
Wiedemann, Jörg, abg.	15.10.97	1. 7.65
Bortfeldt, Detlev	1.12.97	29. 7.59
Dr. Grubert, Wolfgang, abg.	1.12.97	3.10.64
Seidl, Hans	16. 7.98	18. 6.61
Hummel, Martin	16. 7.98	13. 4.63
Dr. Otparlik, Siegfried,		
abg.	16. 7.98	22. 3.64
Kastrup, Markus	16. 7.98	6. 7.65
Kyi, Anne	16. 7.98	14.12.65
Jostes, Rita	16. 7.98	15. 7.66
Milferstedt-Grubert,		
Claudia	3.12.98	31. 1.63
Dr. Ullrich, Norbert	3.12.98	22. 9.65
Franz, Sylvia	3.12.98	2. 8.66
Wilhelm, Sabine, abg.	8.12.98	9. 9.65
Keil, Angela	26. 4.99	25. 3.70
Ulmer, Almut	28. 4.99	24. 5.62
Ehm, Wolfgang	3. 5.99	9. 3.66
Dr. Schluchter,		
Anne-Kathrin	3. 5.99	29. 3.64
Weichert, Martin, abg.	14. 6.99	29. 4.66
Weiß-Ehm, Antje, beurl.	9. 8.99	30. 4.63
Harms, Uwe, abg.	27. 8.99	12. 8.63
Tenneberg, Kerstin	2. 9.99	22.11.74
Wangerowski, Claudia,		
abg.	25. 1.00	29. 8.66
Bode, Astrid	28. 1.00	29. 9.63
Halves, Klaus	21. 3.00	17. 2.63

Amtsgerichte

Eisleben   E 63 407
Friedensstr. 40, 06295 Eisleben
Postfach 2 08, 06290 Eisleben
T (0 34 75) 65 76
Telefax (0 34 75) 69 66 89

1 Dir, 4 R

Grasse, Eberhard, Dir	1. 7. 96	10. 9. 46
Vater, Angelika	23. 12. 93	19. 8. 59
Petzold, Andreas	22. 3. 96	18. 4. 60
Kramer, Dirk	9. 1. 97	7. 12. 64
Janz, Sile	29. 12. 99	24. 7. 65

Halle-Saalkreis   E 339 891
Justizzentrum
Thüringer St. 16, 06112 Halle
T (03 45) 22 00
Telefax (03 45) 2 20 50 30–31

1 Pr, 1 VPr, 2 w.aufsR, 41 R

Präsidentin
Flume-Brühl, Eva	11. 9. 95	30. 9. 35

Vizepräsident
Lutze, Rolf	1. 9. 92	24. 5. 45

weiterer aufsichtführender Richter
Weber, Josef-Peter	30. 7. 96	23. 8. 60

Richterinnen/Richter
Baatz, Maria	6. 12. 93	5. 4. 36
Pommer, Helga	—	—
Dr. Arndt, Elsa	6. 12. 93	20. 7. 38
Nörenberg, Helga	—	—
Maynicke, Hans	—	—
Liebsch, Ulrike	—	—
Schölzel, Cornelia	—	—
Reichardt, Heike	—	—
Lampert-Malkoc, Bärbel	—	—
Riebenstahl, Anja	—	—
Gottfried, Mario	6. 12. 93	14. 2. 65
Glomski, Bruno	22. 12. 93	2. 7. 53
Schulting-Borgmann, Monika	12. 9. 94	8. 9. 63
Lange, Marita	23. 9. 94	30. 4. 47
Hoffmann, Martina	—	—
Budtke, Werner	3. 4. 95	23. 9. 60
Antrett, Angelika	8. 2. 96	7. 10. 61
Brünninghaus, Mathias	16. 2. 96	16. 6. 59
Dr. Fechner, Frank	22. 4. 96	28. 2. 62
Barunski, Thoren	6. 5. 96	1. 1. 62
Küsel, Andrea, beurl.	7. 5. 96	20. 7. 63

Gerth, Ralf	10. 7. 96	24. 9. 63
Kerner, Joachim	15. 7. 96	12. 8. 62
Stosch, Julia, beurl.	2. 9. 96	1. 10. 61
Puls, Thomas	2. 10. 96	5. 3. 64
Franke, Karin, beurl.	2. 10. 96	17. 4. 65
Hense, Susann	4. 11. 96	27. 6. 67
Noatnick, Annett	30. 1. 97	17. 8. 66
Westerhoff, Ina-Luise, beurl.	3. 3. 97	4. 6. 65
Weitzel, Corinna	27. 3. 97	19. 6. 65
Meier, Stephanie	6. 5. 97	9. 5. 65
Fölsing, Lorenz	23. 7. 97	15. 1. 65
Schöllmann, Sylvia	27. 11. 97	31. 5. 64
Frank, Rainer, beurl	27. 11. 97	10. 4. 65
von Bennigsen-Mackie-wicz, Andreas	13. 3. 98	16. 8. 62
Dancker, Thomas	13. 3. 98	29. 1. 66
Harms, Michael	19. 11. 98	21. 7. 64
Engelhard, Helen	1. 2. 99	3. 1. 68
Fischer, Gunda	10. 5. 99	26. 11. 63
Geyer, Anne	1. 7. 99	15. 5. 66
Kott, Martina	15. 10. 99	5. 12. 67
Nierter, Markus	28. 1. 00	25. 11. 65
Pilz, Michael	14. 2. 00	24. 4. 68
Einmahl, Matthias	10. 3. 00	12. 9. 66
Schulte, Maike, beurl.	10. 3. 00	17. 10. 69

Hettstedt   E 47 568
Johannisstr. 28a, 06333 Hettstedt
Postfach 10 05, 06321 Hettstedt
T (0 34 76) 85 80
Telefax (0 34 76) 85 81 01

1 Dir, 3 R

Gottwald, Manfred, Dir	1. 9. 97	16. 9. 42
Unterschütz, Karin	6. 12. 93	1. 10. 43
Breuer, Anja	31. 5. 96	1. 10. 61
Felgenträger, Andreas	27. 4. 99	30. 3. 62

Merseburg   E 111 396
Kloster 4, 06217 Merseburg
Postfach 11 54, 06201 Merseburg
T (0 34 61) 28 10
Telefax (0 34 61) 21 20 07

1 Dir, 1 stVDir, 7 R

Mertens, Peter, Dir	1. 6. 94	23. 8. 54
Lutz, Steffen, stVDir, abg.	25. 5. 99	19. 8. 59
Richter, Karla	6. 12. 93	2. 12. 40
Kollewe, Steffen	6. 12. 93	16. 4. 64
Dr. Schöpf, Susanne	2. 1. 95	18. 6. 55
Steger, Peter	2. 1. 95	2. 3. 59
Schmidt, Annelotte	30. 6. 95	21. 8. 45
Braun, Melanie	4. 11. 96	17. 8. 65

Naumburg E 52 089
Domplatz 10a, 06618 Naumburg
Postfach 13 54, 06618 Naumburg
T (0 34 45) 28 0
Telefax (0 34 45) 28 26 15

1 Dir, 4 R

Bock, Christa, Dir	4. 3. 92	14. 1. 49
Bartschinski, Claudia	—	—
Hopfmann, Karin	—	—
Zufall, Martina, beurl.	19. 4. 96	5. 1. 65
Dr. Koch, Michael	15. 7. 98	12. 12. 64

Nebra[1] E 26 712
Promenade 10, 06642 Nebra
T (03 44 61) 3 10
Telefax (03 44 61) 3 11 00

1 Dir, 1 R

Fürniss-Sauer, Angela, Dir	1. 10. 94	21. 4. 57
Stötter, Dirk	26. 3. 97	7. 9. 62

Querfurt[2] E 26 534
Vor dem Nebraer Tor 1, 06268 Querfurt
Postfach 12 52, 06262 Querfurt
T (03 47 71) 5 70
Telefax (03 47 71) 5 71 41

1 Dir, 1 R

N.N., Dir	—	—
Loewenstein, Ingeborg	29. 3. 95	4. 12. 60

Sangerhausen E 70 165
Markt 3, 06526 Sangerhausen
Postfach 10 12 12, 06512 Sangerhausen
T (0 34 64) 25 30
Telefax (0 34 64) 25 31 01

1 Dir, 4 R

Lücke, Wessel, Dir	30. 11. 93	28. 12. 37
Horlbog, Ute	6. 12. 93	1. 10. 55
Zärtner, Sven-Olaf	6. 12. 93	26. 5. 60
Heine, Utz	20. 2. 97	17. 1. 62
Brandes, Heiko	28. 4. 99	24. 12. 64

Weißenfels E 80 332
Friedrichstr. 18, 06667 Weißenfels
Postfach 12 53, 06652 Weißenfels
T (0 34 43) 38 40
Telefax (0 34 43) 38 42 26

1 Dir, 5 R

---

[1] Mit Wirkung zum 1. 6. 2000 als eigenständiges Amtsgericht aufgelöst; jetzt *Zweigstelle des Amtsgerichts Naumburg.*
[2] Mit Wirkung zum 1. 6. 2000 als eigenständiges Amtsgericht aufgelöst; jetzt *Zweigstelle des Amtsgerichts Merseburg* (s. Hinw. S. 362).

Iseler, Heinrich, Dir	1. 3. 94	11. 6. 43
Scholz, Birgit	2. 8. 93	—
Berg, Steffen	6. 12. 93	5. 9. 62
Zahn, Iris, abg.	26. 7. 94	29. 3. 60
Baatz, Burkhard	9. 1. 96	13. 7. 61
Büscher, Anke	15. 2. 99	11. 5. 65

Zeitz E 67 567
Herzog-Moritz-Platz 1, 06712 Zeitz
Postfach 11 16, 06691 Zeitz
T (0 34 41) 66 00
Telefax (0 34 41) 66 01 19

1 Dir, 5 R

N.N., Dir	—	—
Petzsch, Elvira	6. 12. 93	29. 1. 45
Borchert, Horst-Diether	4. 1. 95	10. 3. 61
Buschner, Ines	3. 7. 97	9. 4. 68
Neufang, Sabine	20. 7. 97	19. 1. 62
Wolter, Katrin	9. 4. 98	6. 12. 64

Landgerichtsbezirk Magdeburg

Landgericht Magdeburg E 882 292
Halberstädter Str. 8, 39112 Magdeburg
Postfach 39 11 22, 39135 Magdeburg
T (03 91) 60 60
Telefax (03 91) 60 62 06 9–70

1 Pr, 1 VPr, 14 VR, 39 R

Präsident

Dr. Bosse, Peter	1. 9. 92	12. 5. 42

Vizepräsident

Dr. Clodius, Gernot	1. 9. 92	20. 9. 41

Vorsitzende Richterin/Vorsitzender Richter

Fabricius, Ludwig	17. 2. 92	28. 1. 37
Findeisen, Harald	31. 3. 92	5. 2. 46
Jaspers, Sigrid	31. 3. 92	15. 8. 54
Kupfer, Hans-Joachim	1. 7. 92	2. 3. 48
Bastobbe, Konrad	1. 9. 92	15. 10. 47
Burger, Thomas	2. 10. 92	11. 5. 49
Krüger, Hartmut	1. 12. 92	10. 2. 52
Ottmer, Hans-Jürgen	22. 3. 93	4. 5. 44
Brehmer, Manfred	9. 8. 95	12. 7. 38
Schulze, Ernst-Wilhelm	16. 10. 95	26. 9. 55
Köneke, Gerhard	19. 11. 96	21. 8. 52
Dr. Otto, Hans-Michael	19. 11. 96	4. 9. 55
Dr. Bommel, Enno	21. 6. 99	16. 4. 62

Richterinnen/Richter

Bisping, Marianne	4. 3. 93	23. 9. 56

Baumgarten, Beate	6.12.93	14. 6.53
Schmücking, Birgit	6.12.93	16.11.53
Wein, Ilona	6.12.93	8. 6.60
Majstrak, Ulf	6.12.93	23.10.62
Barkow, Gabriele, abg.	14. 4.94	28. 9.60
Dr. Haarmeyer, Hans, beurl.	1. 5.94	3. 2.48
Bolien, Christine	12. 7.94	30.11.61
Plaga, Elke	23. 9.94	7. 3.61
Merzbach, Werner	2. 1.95	11. 7.61
Sternberg, Dirk, abg.	—	—
Kütemeyer, Norbert	3. 4.95	14.12.63
Flotho, Marc	30. 8.95	23. 6.63
Dr. Magalowski, Dieter	3.11.95	6. 3.63
Riep, Karsten, abg.	1. 3.96	3. 7.62
Buß, Theo	7. 6.96	30. 7.61
Kraus, Jutta, beurl.	11. 9.96	14. 2.57
Hermann, Thomas	11. 9.96	20. 2.64
Materlik, Georg, abg.	13. 9.96	13. 8.60
Egbringhoff, Bertold, abg.	14.10.96	19. 2.65
Ohlms, Birgit	14.10.96	19. 7.65
Seydell, Anne-Maria, beurl.	14.10.96	6.10.65
Fehrmann, Carola	5.11.96	28. 9.61
Klose, Beate	5.11.96	29. 3.68
Kluger, Thomas	16. 1.97	17. 5.63
Rieckhoff, Suzanne, beurl.	25. 4.97	30.11.65
Lanza-Blasig, Claudia	7. 5.97	11. 1.65
Koch, Bettina	7. 8.97	18. 4.63
Salge, Andrea	7. 8.97	25. 8.63
Dr. Strietzel, Christian	5.12.97	10. 3.63
zur Nieden, Peter	5.12.97	30. 5.66
Dr. Krämer, Steffen	14. 7.98	14. 6.65
Dr. Rieckhoff, Thomas	3.12.98	3. 7.66
Bruchmüller, Uwe	26. 4.99	26. 2.67
Beddies, Dietmar	18. 6.99	14. 4.65
Flotho, Inka	19. 8.99	21.11.67
Rosenthal, Vanessa, abg.	26.10.99	6. 2.69
Dr. Lemke, Jan	29.10.99	21. 6.67
Reichel, Wolfgang, abg.	7. 2.00	29. 9.66

Amtsgerichte

Aschersleben   E 55 157
Theodor-Römer-Weg 3, 06449 Aschersleben
Postfach 12 52, 06432 Aschersleben
T (0 34 73) 88 00
Telefax (0 34 73) 88 01 88

Dir, 4 R

Urbschat, Wolfgang, Dir	1. 3.93	18. 9.40
Biskupski, Carmen	6.12.93	16. 2.43
Schilling, Hans-Joachim	13. 7.94	2. 8.59
Buhlmann, Sabine, abg.	18.11.94	11.10.59
Kretschmann, Carsten	22.12.97	9. 1.65

Halberstadt   E 80 841
Richard-Wagner-Str. 52, 38820 Halberstadt
Postfach 15 41, 38805 Halberstadt
T (0 39 41) 67 00
Telefax (0 39 41) 67 02 72

1 Dir, 5 R

Hugo, Dieter Fritz, Dir	30. 6.92	11. 4.36
Büttner, Frithjof	11. 1.85	31. 7.51
Seifert, Uwe	6.12.93	6.12.63
Kozel, Karin	5. 8.94	2. 8.60
Selig, Holger	1.10.94	20. 6.55
Köneke, Martina, beurl.	6. 7.95	27.10.61

Haldensleben   E 62 466
Stendaler Str. 18, 39340 Haldensleben
Postfach 16, 39331 Haldensleben
T (0 39 04) 47 13 0
Telefax (0 39 04) 47 13 10 1

1 Dir, 4 R

Kästner, Peter, Dir	23. 3.94	3. 4.37
Reichert, Joachim	29. 4.93	4. 6.54
Claudé, Helmut	12. 7.94	10. 2.60
Pätz, Ulrike	11.12.96	1. 3.63
Lehrke, Friederike	17.10.97	18. 6.65

Magdeburg   E 239 462
Liebknechtstr. 65–91, 39110 Magdeburg
Postfach 39 11 21, 39135 Magdeburg
T (03 91) 60 60
Telefax (03 91) 60 66 00 5

1 Pr, 1 VPr, 2 w.aufsR, 36 R

Präsident

Ahlhausen, Henning	1. 1.93	28. 6.41

Vizepräsident

Krause-Kyora, Wolfgang	30. 4.93	24. 7.42

weitere aufsichtsführende Richter

Fecht, Karl-Edo	21.12.92	17. 2.48
Kordes, Günter	1.10.95	21. 1.55

Richterinnen/Richter

Freudenberg-Pilster, Bärbel	3. 9.93	6. 2.54
Ulrich, Doris	6.12.93	30. 8.42
Bluhm, Bärbel	6.12.93	14. 3.52
Methling, Claudia	6.12.93	18.11.60
Meyer, Angelika	6.12.93	5. 3.63
Fischer, Evelyn, beurl.	6.12.93	27. 1.65
Wulfmeyer, Martin	13. 7.94	16. 3.61
Majstrak, Evelyn	1. 8.94	11. 4.64
Ritoff, Sven	2. 8.94	10. 9.57

Nolte, Konstanze | 3. 8.94 | 25. 8.61
Münzer, Corinna, beurl. | 8.11.94 | 9. 5.63
Raue, Astrid | 2. 1.95 | 1. 6.65
Tegelbeckers, Kerstin | 1. 2.95 | 17. 5.62
Seilert, Erich | 27. 6.95 | 2. 4.60
Gronert, Dieter | 11. 8.95 | 11. 2.58
Isensee, Gabriele, abg. | — | —
Dr. Gronau-Burgdorf, Regina | 1.12.95 | 24. 1.63
Wüstefeld, Andrea | 5.12.95 | 9. 2.59
Alder, Joachim | 2. 1.96 | 3. 4.60
Lehmann, Sigrun, abg. | 25. 3.96 | 6.12.58
Ritoff, Alexandra, abg. | 14. 6.96 | 14. 3.64
Dr. Schulte, Axel, abg. | 22. 8.96 | 12. 5.58
Brunkenhövers, Heike | 7.11.96 | 4. 7.65
Wetzler, Claudia | 3.12.96 | 2. 5.65
Verenkotte, Erich | 15. 4.97 | 22. 2.61
Sievers, Kay-André | 16. 4.97 | 11. 9.60
Rother, Jörg | 16. 4.97 | 6. 1.65
Dickel, Thomas, abg. | 18. 7.97 | 7. 8.63
Hagensicker, Andreas | 16. 2.98 | 8. 5.61
Mahnkopf, Monika | 21. 5.99 | 27. 6.64
Großberndt, Michael | 25. 5.99 | 7. 4.61
Schleupner, Martin | 6. 8.99 | 21. 7.63
Lindemann, Anja | 6. 8.99 | 18.11.63
Kaminsky, Astrid | 6. 8.99 | 9. 9.64
Barfels, Uta | 6. 8.99 | 3.12.64
Lubecki, Ines | 6. 8.99 | 1. 5.68

Oschersleben   E 40 720
Gartenstr. 1; 39387 Oschersleben
Postfach 1230, 39382 Oschersleben
T (0 39 49) 91 06
Telefax (0 39 49) 91 07 00

1 Dir, 2 R

Bauer, Hans-Peter, Dir | 18. 8.92 | 6. 9.40
Hoffmann, Bettina | 26. 7.94 | 15. 6.59
Overdick, Frank | 13. 6.97 | 18. 8.63

Quedlinburg   E 80 654
Halberstädter Str. 45; 06484 Quedlinburg
Postfach 1 38, 06471 Quedlinburg
T (0 39 46) 7 10
Telefax (0 39 46) 7 11 68

1 Dir, 6 R

Bodmann, Günter, Dir | 1.12.92 | 7. 4.35
Sackmann, Karin | 14. 9.93 | 17.11.56
Simon, Birgit | 6.12.93 | 17.12.62
Schlüter, Antje | 6.12.93 | 18. 5.63
Nowinski, Andreas | 5. 4.95 | 29. 7.60
Boedecker, Hilke | 25. 8.95 | 30.11.58
Bunzendahl, Gabriele | 21.10.97 | 26. 7.62

Schönebeck   E 78 931
Friedrichstr. 96; 39218 Schönebeck
Postfach 15 51, 39212 Schönebeck
T (0 39 28) 78 20
Telefax (0 39 28) 78 21 44

1 Dir, 5 R

Wybrands, Hinderk, Dir | 1. 9.92 | 11. 4.50
Geerhardt, Gabriele | 6.12.93 | 3. 2.62
Dr. Limbach, Caroline, abg. | 26. 3.97 | 25.10.64
Bos, Peggy | 26. 3.97 | 30.11.64
Löffler, Christian | 23.10.98 | —
Gärtner, Frank | 26. 1.00 | 6. 1.68

Staßfurt[1]   E 51 261
Lehrter Str. 15, 39418 Staßfurt
T (0 39 25) 87 60
Telefax (0 39 25) 87 62 55

1 Dir, 3 R

Petersen, Haimo-Andreas, Dir | 4. 8.95 | 13. 4.57
Annecke, Annerose | 6.12.93 | 24. 9.63
Hermsdorf, Jürgen | 26. 1.94 | 9. 3.52
Mersch, Robert | 5. 6.97 | 18. 3.66

Wanzleben[2]   E 40 697
Ritterstr. 3, 39164 Wanzleben
Postfach 11 39, 39159 Wanzleben
T (03 92 09) 49 30
Telefax (03 92 09) 4 93 50

1 Dir, 1 R

N. N., Dir | — | —
Brunnert, Karena | 6.12.93 | 8. 1.64

Wernigerode   E 97 122
Rudolf-Breitscheid-Str. 8, 38855 Wernigerode
Postfach 10 12 61, 38842 Wernigerode
T (0 39 43) 53 10
Telefax (0 39 43) 53 11 40

1 Dir, 1 stVDir, 6 R

Köneke, Dieter, Dir | 1. 9.92 | 13. 1.40
Tesch, Klaus, stVDir | 1. 8.95 | 25.10.55
Schilling, Helga | 6.12.93 | 8. 2.47
Ansorge, Eberhard | 6.12.93 | 17.11.57

---

[1] Mit Wirkung zum 1. 6. 2000 als eigenständiges Amtsgericht aufgelöst; jetzt *Zweigstelle des Amtsgerichts Aschersleben.*

[2] Mit Wirkung zum 1. 6. 2000 als eigenständiges Amtsgericht aufgelöst; jetzt *Zweigstelle des Amtsgerichts Oschersleben* (s. Hinw. S. 362).

Scholz, Andreas	6.12.93	20. 9.61	
Harnau, Karin	15.12.93	29. 4.61	
Laudan, Herbert	12. 5.97	27. 6.62	
Hirsch, Ulf	27.11.97	27. 6.62	

Wolmirstedt[1]   E 54 981
Schlossdomäne, 39326 Wolmirstedt
Postfach 1165, 39321 Wolmirstedt
T (03 92 01) 6 30
Telefax (03 92 01) 6 31 17/6 32 14

1 Dir, 3 R

May, Ernst, Dir	1. 9.92	12. 1.45	
Gebauer, Ingrid	25. 4.96	15.10.63	
Schabarum, Elfriede	9. 8.99	23. 1.66	
Wahl-Schwentker, Jasmin, beurl.	9. 8.99	12. 3.67	

Landgerichtsbezirk Stendal

Landgericht Stendal   E 347 626
Am Dom 19, 39576 Stendal
Postfach 10 15 61, 39555 Stendal
T (0 39 31) 5 80
Telefax (0 39 31) 58 11 11 und 58 12 27

1 Präs, 1 VPräs, 4 VR, 16 R

Präsident

Remus, Dieter	1.11.94	1. 5.50	

Vizepräsident

N. N.   —   —

Vorsitzende Richterinnen/Vorsitzender Richter

Gießelmann-Goetze, Gudrun, abg.	3. 7.95	8. 8.60	
Ludwig, Sven	23.12.97	15. 8.58	
Janssen, Haide	1. 3.99	31. 8.62	

Richterinnen/Richter

Konschake, Heike	6.12.93	28. 1.65	
Wegmann, Klaus	25. 3.94	15. 1.58	
Rettkowski, Hilmar	1. 8.94	13. 1.59	
Henze-von Staden, Simone	1. 8.94	30. 1.61	
Storch, Dietlinde, beurl.	30.10.95	20. 2.63	
Asmus, Kirsten, abg.	15. 4.96	11. 8.64	
Nortmann, Elisabeth	2.10.96	12. 4.63	
Ewald, Steffi	2.10.96	8. 4.66	

---

[1] Mit Wirkung zum 1. 6. 2000 als eigenständiges Amtsgericht aufgelöst; jetzt *Zweigstelle des Amtsgerichts Haldensleben* (s. Hinw. S. 362).

Rüge, Gundolf, abg.	28.11.96	2. 2.61	
Lentner, Ulrich	3. 3.97	24. 4.65	
Hachtmann, Christian	16.10.97	5. 9.63	
Weber, Monika	30. 9.98	9. 6.55	
Galler, Ulrich	30. 9.98	5. 4.65	
Kaiser, Annette	30. 9.99	20. 1.69	
Hüttermann, Stefanie	30. 9.99	6. 5.70	
Göbel, Astrid	16.12.99	28. 4.68	

Amtsgerichte

Burg   E 65 598
Johannesstr. 18, 39288 Burg
Postfach 70 03, 39283 Burg
T (0 39 21) 91 30
Telefax (0 39 21) 91 31 11

1 Dir, 5 R

Reichel, Michael, Dir	23.10.95	1. 6.49	
Baumann, Ruth	6.12.93	11. 9.51	
Ernst, Helmar	6.12.93	1. 6.57	
Schreiber, Dagmar, abg.	3. 7.95	28. 6.66	
Helfrich, Nicoline	14. 7.98	30.12.64	
Leopold, Winfried	17. 6.99	5. 3.66	

Gardelegen   E 32 095
Bahnhofstr. 29, 39638 Gardelegen
Postfach, 39631 Gardelegen
T (0 39 07) 70 00 und 71 17 53–54
Telefax (0 39 07) 71 01 45

1 Dir, 2 R

Dr. Richter, Jürgen, Dir	11. 5.95	22. 9.51	
Groschner, Monika	6.12.93	26.10.58	
Bormann, Axel	17.10.94	16. 6.61	

Genthin[1]   E 35 902
Brandenburger Str. 95, 39307 Genthin
Postfach 13 42, 39302 Genthin
T (0 39 33) 90 60
Telefax (0 39 33) 90 61 30

1 Dir, 2 R

Schäfer, Rudolf, Dir	23.10.95	19. 2.49	
Konrad, Sigrid	3. 7.95	22. 9.57	
Walter, Ulrike	2.12.96	28. 2.65	

---

[1] Mit Wirkung zum 1. 6. 2000 als eigenständiges Amtsgericht aufgelöst; jetzt *Zweigstelle des Amtsgerichts Burg* (s. Hinw. S. 362).

Havelberg[1] E 18 914
Genthiner Str. 17, 39539 Havelberg
Postfach 12, 39535 Havelberg
T (03 93 87) 75 70
Telefax (03 93 87) 7 57 10

1 Dir, 1 R

N.N., Dir	—	—
Kloth, Carsten	6. 12. 93	5. 4. 64

Klötze[2] E 21 200
Hagenstr. 11, 38486 Klötze
Postfach 27, 38481 Klötze
T (0 39 09) 4 70 70
Telefax (0 39 09) 39 44

1 Dir, 1 R

N.N., Dir	—	—
Eickelkamp, Ralf	4. 11. 94	7. 4. 58
Nebel, Dirk	29. 4. 99	26. 5. 66

Osterburg E 34 391
Düsedauerstr. 4, 39606 Osterburg
Postfach, 39601 Osterburg
T (0 39 37) 22 01-0
Telefax (0 39 37) 22 01 10

1 Dir, 2 R

---

[1] Mit Wirkung zum 1. 6. 2000 als eigenständiges Amtsgericht aufgelöst; jetzt *Zweigstelle des Amtsgerichts Stendal.*

[2] Mit Wirkung zum 1. 6. 2000 als eigenständiges Amtsgericht aufgelöst; jetzt *Zweigstelle der Amtsgerichte Gardeleben und Salzwedel* (s. Hinw. S. 362).

N.N., Dir	—	—
Timm, Kay	2. 6. 98	15. 11. 63
Mrozek, Martin	1. 7. 99	12. 8. 62
Dr. Hüttermann, Klaus	13. 12. 99	25. 8. 65

Salzwedel E 49 112
Burgstr. 68, 39410 Salzwedel
Postfach 11 41, 39401 Salzwedel
T (0 39 01) 84 40
Telefax (0 39 01) 84 41 49

1 Dir, 3 R

Wüstenhagen, Andreas, Dir	1. 9. 92	13. 5. 46
Cordes, Martin	2. 3. 94	10. 8. 55
Seiler, Rainer	28. 11. 96	14. 3. 60
Ries, Simone	30. 8. 99	28. 6. 68

Stendal E 90 414
Scharnhorststr. 40, 39576 Stendal
Postfach 20, 39551 Stendal
T (0 39 31) 5 80
Telefax (0 39 31) 58 20 00

1 Dir, 1 stVDir, 10 R

Müller, Theodor, Dir	29. 2. 96	28. 11. 44
N.N., stVDir	—	—
Hauert, Anke	6. 12. 93	10. 7. 67
Mählenhoff, Rainer	12. 7. 94	24. 5. 56
Weißer, Eckardt	10. 11. 94	20. 3. 60
Henss, Gerhard	3. 7. 95	3. 4. 53
Säuberlich, Claus	6. 12. 95	4. 5. 59
König, Conrad, abg.	11. 1. 96	
Naber, Klaus	11. 1. 96	8. 5. 61
Ludwig, Petra	29. 4. 99	13. 12. 67
Schulz, Thomas	19. 1. 00	9. 8. 66
Lademacher, Judith	19. 1. 00	7. 5. 70

Staatsanwaltschaften

Generalstaatsanwaltschaft Naumburg

Theaterplatz 6, 06618 Naumburg
Postfach 15 61, 06605 Naumburg
T (0 34 45) 28 0
Telefax (0 34 45) 28 17 00

1 GStA, 2 LOStA, 6 OStA

Generalstaatsanwalt

Hoßfeld, Jürgen	15. 7. 91	11. 3. 45

Leitende Oberstaatsanwälte

Görl, Heinrich, stVGStA	15. 7. 91	22. 10. 36
Heine, Klaus	1. 4. 97	10. 5. 43

Oberstaatsanwältinnnen/Oberstaatsanwälte

Müller, Eberhard	28. 1. 92	21. 9. 37
Thied, Joachim	28. 1. 92	25. 5. 44
Dr. Wieck-Noodt, Brunhild, beurl.	1. 10. 96	21. 6. 58
Ascheberg, Maria	13. 10. 97	11. 3. 58
Wilkmann, Uta, abg.	30. 12. 97	3. 8. 60
Hermann, Martin	7. 1. 99	29. 1. 62

Staatsanwaltschaft Dessau

Ruststr. 5, 06844 Dessau
T (03 40) 20 20
Telefax (03 40) 20 22 15 0

1 LOStA, 1 stVLOStA (OStA), 3 OStA, 27 StA

Leitender Oberstaatsanwalt

Salzwedel, Hartmut	4. 9. 98	13. 10. 42

Oberstaatsanwälte

N.N., stVLOStA	—	—
Preissner, Christian	1. 4. 92	29. 10. 50
Gerhards, Hermann	15. 4. 99	7. 12. 56
Strullmeier, Brigitte	5. 7. 99	3. 11. 57
Helbig, Susanne	5. 7. 99	9. 1. 64

Staatsanwältinnen/Staatsanwälte

Fischer, Carla	15. 12. 93	8. 6. 52
Kropf, Heike	15. 12. 93	16. 12. 56
Rudolph, Randolf	15. 12. 93	4. 3. 58
Düben, Karin	15. 12. 93	21. 11. 58
Pesselt, Frank	15. 12. 93	30. 3. 60
Pieper, Frank	—	—
Liesigk, Falk	15. 12. 93	27. 6. 62
Blasczyk, Jörg	15. 12. 93	4. 3. 64
von Wolffersdorff, Gunnar	30. 12. 93	21. 10. 63
Braun, Olaf	29. 3. 95	5. 8. 56
Laurien, Angelika	13. 6. 95	18. 1. 60
Prause, Renate	13. 7. 95	4. 6. 60
Prause, Arthur	10. 5. 96	1. 8. 62
Köhler, Sven	19. 2. 97	26. 7. 64
Blank, Jörg, abg.	6. 3. 97	19. 12. 62
Steinbach-Blank, Sonja	9. 6. 97	20. 12. 60
Fresow, Frank	18. 6. 97	14. 3. 61
Monnet, Sabine	15. 10. 97	19. 12. 62
Naujock, Manuela	5. 11. 97	28. 8. 66
Selhorst, Julia	11. 10. 99	3. 9. 66

Staatsanwaltschaft Halle

Justizzentrum
Merseburger Str. 63, 06112 Halle
Postfach, 06015 Halle
T (03 45) 22 00
Telefax (03 45) 2 20 36 58 und 2 20 36 81

Zweigstelle in Naumburg

Hinter dem Dom 1–2 , 06618 Naumburg
Postfach 303 , 06606 Naumburg
T (03445) 280
Telefax (03445) 281555

1 LOStA, 1 stVLOStA (OStA), 8 OStA, 59 StA

Leitender Oberstaatsanwalt

Dr. Schmiedl-Neuburg,		
Dieter	1. 1. 92	21. 11. 38

Oberstaatsanwälte

N.N., stVLOStA	—	—
Sierth, Ingo	1. 5. 92	25. 7. 50
Kunzmann, Rolf	12. 3. 93	5. 2. 49
Bittmann, Folker	1. 6. 93	23. 7. 53
Hasse, Gerhard	13. 8. 93	3. 8. 44
Wölfel, Wilfried	1. 6. 95	25. 7. 35
Gierl, Siegfried	1. 6. 95	22. 11. 39
Wilkmann, Jörg	30. 12. 97	1. 1. 58
Neufang, Hans-Jürgen	3. 2. 99	15. 5. 60
Damaschke, Uwe	7. 5. 99	13. 3. 56

Staatsanwältinnen/Staatsanwälte

Schwarz, Christa	15. 12. 93	9. 3. 43
Schneider, Gisela	15. 12. 93	18. 2. 45
Weißer, Bettina	15. 12. 93	27. 8. 48
Kaschlaw, Sabine	15. 12. 93	12. 9. 52
Bohmeier, Wilmar	15. 12. 93	22. 9. 52
Schieweck, Andreas	15. 12. 93	26. 4. 55
Wiechmann, Klaus	15. 12. 93	6. 6. 56
Weber, Hendrik	15. 12. 93	2. 12. 58
Metschke, Reinhard	15. 12. 93	21. 4. 59
Lewandowski, Ralf	15. 12. 93	20. 12. 61
Wellnitz, Steffi	15. 12. 93	21. 4. 63
Mühlberg, Andrea	15. 12. 93	29. 2. 64
Siebert, Holger	15. 12. 93	7. 4. 64
Georg, Antje	15. 12. 93	29. 8. 65
Göldner, Hannelore	13. 1. 94	13. 4. 41
Schumann, Otmar	24. 10. 94	22. 12. 52
Nest, Felicitas, abg.	24. 10. 94	22. 6. 54
Hörger, Cornelia,		
beurl.	1. 12. 94	1. 4. 63
Dreier, Dörte	22. 3. 95	26. 6. 63
Folkers, Hans-Christian	9. 5. 95	27. 1. 60
Thiel, Michael	15. 5. 95	20. 7. 58
Leipprand, Dagmar	30. 5. 95	23. 3. 61
Tewes, Klaus, abg.	16. 6. 95	9. 2. 63
Terstegen, Ralf-Peter	21. 6. 95	19. 7. 61
Wittke, Hans-Jörg	22. 6. 95	3. 5. 60
Erthal, Hans-Jürgen	22. 6. 95	9. 7. 60
Pfenning, Uwe	23. 6. 95	1. 4. 61
Nowack-Schumann,		
Mechthild	24. 8. 95	1. 7. 62
Kulle, Peter	1. 9. 95	22. 9. 60
Haupt, Reiner	8. 12. 95	30. 3. 59
Anacker, Gudrun	14. 12. 95	9. 10. 60
Thyzel, Jutta	11. 1. 96	11. 7. 63
Roos, Manfred	13. 5. 96	22. 1. 52
Bentele, Andrea	7. 9. 96	21. 10. 63
Westerhoff, Thomas, abg.	10. 9. 96	19. 8. 63
Wicke, Thomas	28. 10. 96	1. 3. 65
Iseler, Silvia	28. 11. 96	19. 10. 64
Graus, Ralf	14. 2. 97	23. 8. 62
Bottler, Barbara	5. 8. 97	17. 5. 61
Meyer, Volker	13. 10. 97	27. 3. 65
Hartge, Norbert	5. 12. 97	26. 11. 62

Berger, Nicolaus	20.	2. 98	7. 4. 62
Dr. Kneuer, Petra Yvonne,			
abg.	4.	5. 98	30. 8. 66
Fercher, Annette	25.	8. 98	30. 5. 67
Dr. Wettach, Uwe	16.	9. 98	11. 6. 64
Geyer, Heike	15.	1. 99	23. 5. 70
Pikarski, Roberta	5.	3. 99	11. 8. 65
Liening, Tobias	9.	4. 99	4. 1. 67
Adam, Maren	10.	9. 99	22. 5. 69
Heuer, Volker	7.	10. 99	16. 4. 65

Staatsanwaltschaft Magdeburg
Halberstädter Str. 10, 39112 Magdeburg
Postfach 39 11 23, 39135 Magdeburg
T (03 91) 60 60
Telefax (03 91) 6 06 47 31 und 6 06 49 01

Zweigstelle in Halberstadt
Große Ringstraße, 38820 Halberstadt
Postfach 16 14, 38806 Halberstadt
T (0 39 41) 67 12 00
Telefax (0 39 41) 2 71 93

1 LOStA, 1 stVLOStA (OStA), 10 OStA, 63 StA

Leitender Oberstaatsanwalt

Jaspers, Rudolf	20. 12. 91	23. 5. 44

Oberstaatsanwältinnen/Oberstaatsanwälte

Dr. Klein, Wolfram,			
stVLOStA	28. 1. 92	8. 10. 48
Breymann, Klaus	28. 1. 92	14. 8. 45
Windweh, Helmut	—	16. 7. 47
Lührs, Wolfgang	1. 9. 92	31. 7. 51
Klein, Martina	22. 12. 92	13. 4. 60
Wolf, Irina, beurl.	—	—
Böning, Hubert	15. 1. 96	13. 2. 60
Niemann, Silvia	29. 1. 99	18. 10. 53
Baumgarten, Frank	29. 1. 99	6. 4. 63
Staufenbiel, Sebastian	14. 4. 99	2. 8. 62

Staatsanwältinnen/Staatsanwälte

Mohr, Gunther	15. 12. 93	26. 4. 44
Pötzsch, Heide	15. 12. 93	19. 7. 51
Holdstein, Ruth	15. 12. 93	7. 10. 52
Baschleben, Frank	15. 12. 93	10. 9. 56
Lerch, Sylvia	15. 12. 93	5. 7. 58
Hornburg, Uwe	15. 12. 93	7. 9. 60
Günther, Frank	—	—
Breitenstein, Hans	15. 12. 93	13. 6. 62
Schob, Christine	15. 12. 93	5. 9. 62

Sinnecker, Jens	—	—
Dähling, Gernot	15. 12. 93	9. 4. 63
Bierwagen, Michael	15. 12. 93	4. 12. 63
Mattstedt, Bodo	15. 12. 93	30. 1. 64
Axt, Hans-Georg	23. 12. 93	2. 8. 51
Sottek, Gernot	16. 6. 94	16. 12. 54
Schmigelski, Frank	5. 4. 95	7. 10. 59
Hagemann, Petra	5. 4. 95	21. 1. 61
Roggenbuck, Hauke		
Konrad	5. 4. 95	30. 6. 61
Bleuel, Klaus	8. 5. 95	8. 7. 61
Böttger, Stefan	15. 5. 95	5. 5. 60
Tangemann, Bernhard	29. 5. 95	10. 10. 57
Schirmer, Katharina,		
beurl.	—	—
Schulte-Frühling, Barbara	3. 8. 95	13. 3. 62
Strauß, Andreas	25. 9. 95	13. 2. 61
Bernsmann, Marion	19. 10. 95	20. 10. 59
Sehorsch, Harald	19. 10. 95	22. 12. 61
Brech-Kugelmann, Ellen	19. 10. 95	2. 8. 63
Heidelberger, Ingo	24. 10. 95	27. 1. 62
Schnell, Antje	27. 10. 95	26. 4. 63
Murra, Arnold, abg.	24. 11. 95	8. 5. 64
Vogt, Peter, abg.	27. 11. 95	2. 7. 57
Vogel, Eva, abg.	27. 11. 95	2. 10. 61
Gebauer, Armin, abg.	10. 1. 96	17. 5. 64
Lux, Angelika	17. 1. 96	31. 3. 63
Rieder, Thomas	5. 2. 96	10. 7. 60
Paul, Oliver, abg.	6. 3. 96	13. 6. 59
Markert, Antje	8. 3. 96	22. 5. 65
Kirchner, Detlef	25. 4. 96	16. 12. 57
Essner, Sabine, beurl.	13. 5. 96	20. 9. 61
Fleddermann, Heike	4. 10. 96	19. 5. 64
Hartig, Peter	13. 2. 97	27. 4. 63
Stöckmann, Cornelia	23. 5. 97	17. 12. 61
Gehrke, Ralf	17. 6. 97	27. 6. 65
Lemme, Dirk	4. 8. 97	16. 2. 64
Letz-Groß, Tatjana	7. 8. 97	9. 7. 65
Raape, Eva	20. 11. 97	21. 10. 65
Möllenkamp, Annette	9. 1. 98	3. 6. 65
Fröhlich, Peter	4. 3. 98	24. 7. 63
Löding, Thomas	5. 6. 98	13. 8. 64
Reckler, Christiane	11. 6. 98	19. 10. 65
Laue, Martina	29. 6. 98	26. 5. 65
Stahlknecht, Holger	9. 7. 98	13. 11. 64
Letz, Anja	8. 9. 98	7. 11. 66
Wagner, Ina	8. 9. 98	30. 9. 69
Vogt, Manfred	22. 1. 99	6. 12. 63
Dr. Nopens, Horst Walter	21. 11. 99	22. 6. 67
Schnitger, Dorothee, abg.	22. 12. 99	—
Vieweg, Ute	3. 1. 00	20. 11. 67

Staatsanwaltschaft Stendal
Gardelegener Str. 120 E, 39576 Stendal
Postfach 181, 39555 Stendal
T (0 39 31) 5 80
Telefax (0 39 31) 58 44 44

1 LOStA, 1 stVLOStA (OStA), 2 OStA, 20 StA

Leitender Oberstaatsanwalt

Dr. Mörs, Klaus-Jürgen   1. 11. 91   28. 7.35

Oberstaatsanwältin/Oberstaatsanwalt

Freise, Gerhard,
  stVLOStA   11. 1. 93   31. 3. 43
Schlüter, Ramona   1. 6. 95   28. 7. 59

Staatsanwältinnen/Staatsanwälte

Fährmann, Rosemarie   15. 12. 93   6. 9. 49

Blasczyk, Bernd	15. 12. 93	1. 1. 59
Regel, Dagmar	15. 12. 93	4. 2. 60
Voigt, Toralf	15. 12. 93	3. 5. 63
Mießler, Frank	15. 12. 93	23. 6. 63
Staschok, Hella	13. 4. 94	30. 9. 48
Battermann-Janssen, Harda	2. 9. 94	16. 5. 47
Bildhauer, Dirk	1. 2. 95	7. 1. 55
Romann, Ulrich	18. 5. 95	14. 1. 61
Ebbing, Ralf	30. 6. 95	19. 9. 62
Heerwagen, Alexa	24. 8. 95	24. 6. 59
Regel, Gerd	8. 3. 96	25. 7. 58
Iliev, Birte, beurl.	18. 6. 97	5. 2. 65
Zimmermann, Eduard	10. 9. 97	3. 5. 65
Kelm, Annekatrin	22. 10. 97	13. 2. 66
Pannek, Christina, abg.	14. 4. 98	22. 11. 65
Rohde, Claudia, beurl.	12. 10. 98	11. 12. 66
Kramer, Thomas	25. 1. 99	7. 7. 65

Richterinnen/Richter und Staatsanwältinnen/Staatsanwälte im Richter-/Beamtenverhältnis auf Probe

Voß, Heidrun	1. 2. 93	2. 2. 63	Förster, Thorsten	25. 8. 97	5. 12. 65
Flotho, Ute, beurl.	1. 3. 93	19. 7. 62	Dr. Schröder, Lars-Hendrik	1. 9. 97	18. 1. 68
Homann, Petra, beurl.	22. 3. 93	24. 12. 60	Simon, Nicole	1. 9. 97	22. 6. 70
Monnet, Christian	3. 5. 93	2. 3. 58	Dr. Kieler, Melanie	1. 10. 97	29. 12. 70
Wegehaupt, Kristina, beurl.	5. 5. 93	22. 10. 63	Hoya, René	2. 10. 97	1. 1. 67
Krille, Thomas	2. 10. 95	13. 1. 66	Haberland, Henning	15. 10. 97	15. 7. 64
Waldstein, Maike, beurl.	23. 10. 95	13. 9. 66	Freier, Claudia	30. 12. 97	21. 4. 67
Lins, Johanna	28. 2. 96	10. 10. 63	Dr. Venjakob, Frank	30. 12. 97	9. 5. 67
Becker, Thorsten	8. 3. 96	13. 3. 65	Ewerdt, Sonja	30. 12. 97	4. 3. 68
Dr. Warnecke, Frank	15. 7. 96	30. 8. 64	Schulze, Frank-Thomas	30. 12. 97	16. 7. 69
Grumann, Anke	2. 9. 96	17. 3. 67	Werno, Kerstin	30. 12. 97	9. 11. 69
Hamm, Ekkehard	1. 10. 96	5. 11. 65	Bauer, Miriam	30. 12. 97	14. 4. 70
Caspari, Claudia	1. 10. 96	12. 10. 67	Dygas, Eva-Maria	16. 3. 98	7. 6. 71
Brodhun, Rüdiger	1. 11. 96	28. 5. 68	Mönnikes, Ralf	1. 4. 98	1. 4. 66
Scholz, Harald	18. 11. 96	5. 4. 67	Papesch, Eike	1. 4. 98	17. 4. 70
Bull, Ulrike	16. 12. 96	25. 4. 66	Winkler, Norbert	1. 6. 98	15. 11. 63
Müller, Rebekka	16. 12. 96	25. 6. 66	van Leßen, Jan	1. 6. 98	21. 11. 65
Gust, Stefan	16. 12. 96	5. 8. 67	Schnabel, Hendrik	20. 7. 98	23. 10. 69
Scholz, Annett	16. 12. 96	8. 1. 68	Heine, Martin	3. 8. 98	22. 12. 69
Senger, Tanja	16. 12. 96	27. 8. 68	Rubner, Sylvia	1. 9. 98	18. 8. 70
Caspari, Stefan	1. 4. 97	13. 1. 67	Dr. Lotz-Störmer, Iris	1. 12. 98	13. 5. 65
Kraiker, Kirsten	1. 4. 97	12. 2. 69	Balko, Marten	14. 6. 99	24. 6. 72
Schäfer, Pamela	1. 4. 97	14. 8. 69	Otte, Stefanie, beurl.	21. 6. 99	4. 10. 67
Lienau, Marc	2. 5. 97	15. 8. 66	Dr. Ossyra, Markus	21. 6. 99	19. 4. 68
Lücke, Sonja	2. 5. 97	29. 8. 68	Rosenberg, Jochen	21. 6. 99	24. 4. 69
Fichtner, Axel	2. 6. 97	15. 1. 67	Keiner, Guido	21. 6. 99	4. 9. 69
Dr. Fichtner, Heike	2. 6. 97	8. 10. 67	Pieper, Verena	21. 6. 99	11. 6. 71
Keizers, Rüdiger	2. 6. 97	28. 2. 69	Tiebe, Melanie	21. 6. 99	2. 2. 73
Giesen, Lars	1. 8. 97	26. 8. 69	Meyer, Katja	21. 6. 99	9. 7. 73
			Leifermann, Ralf	2. 8. 99	23. 1. 64

Schleswig-Holstein

2 766 057 Einwohner*

Ministerium für Justiz, Frauen, Jugend und Familie

Lorentzendamm 35, 24103 Kiel
T (04 31) 9 88–0, Telefax (04 31) 9 88–38 70
1 Min, 1 StaatsSekr, 5 MinDirig, 12 MinR, 12 RD, 5 ORR, 3 RR

Ministerin

Lütkes, Anne	28. 3.00	24. 6.48

Staatssekretär

Jöhnk, Wulf	22. 5.96	25. 1.38

Ministerialdirigenten

Dr. Maelicke, Bernd	1. 7.92	26. 4.41
Schönborn, Werner	16. 2.94	19. 6.45
Schulz, Günter	1. 8.94	17.10.41
Laufer, Hartmut	1. 4.95	23. 5.41
Dr. Fedden, Karsten	1.10.97	27.11.42

Angesteller

(Sonderdienstvertrag)

Kindsmüller, Werner	1.10.98	22. 1.54

Ministerialräte

Görner, Gerold	1. 3.80	31.12.39
Teichmann-Mackenroth, Götz	1. 4.81	8.10.38
Schwelle, Gunter	1. 6.89	24. 8.45
Dr. Keßler, Gerhard	1. 9.91	9. 1.41
Marezoll, Hans-Joachim	3. 8.93	16. 4.50
Busch, Peter	1. 1.99	27. 6.49
Dr. Bublies, Werner	1. 8.99	24. 7.55

Regierungsdirektorinnen/Regierungsdirektoren

Schönegg-Vornehm, Rosemarie	9. 6.88	17. 1.54
Lindemann, Heinz	1.12.89	13. 5.39
Dr. Wenzel, Catrin	1. 4.95	23. 3.48
Bunten, Harald	1.10.97	13.11.59
Laßmann, Klaus	1. 1.97	7.10.49

* Stand: 31. 12. 1998.

Oberregierungsräte

Pittelkow, Burkhard	1. 7.93	10.12.46
Jagusch, Ulf	1. 3.98	15. 3.48
Dr. Hesse, Gunter	1.10.98	10. 6.49
Hauschildt, Holger	1. 1.98	17. 5.56
Neumeyer, Horst	1.11.99	1. 9.40
Frank, Christian	1.10.99	8.11.64

Regierungsrätin/Regierungsräte

Gatermann, Dirk	1.10.97	2. 8.59
Thomsen, Norbert	1.11.99	10. 5.49
Prieß, Sabine	1.11.99	2. 4.56

An das Ministerium abgeordnet:

VRLG Bodendieck-Engels, Hildegard
– LG Kiel
RD Engelmann, Friedrich
– Ministerium für Arbeit, Gesundheit
und Soziales
RLG Dr. Flor, Bernhard
– LG Itzehoe
ROLG Mihr, Gereon
– OLG Schleswig
ROLG Dr. Probst, Martin
– OLG Schleswig
VRLG Scheck, Michael
– LG Flensburg
StA Dr. Böckenhauer, Michael
– StA Lübeck
ROLG Waßmuth, Heinz-Karl
– OLG Schleswig
ORLR Wiemer, Frank
– Ministerium für ländliche Räume, Landwirt-
schaft, Ernährung und Tourismus
RR z.A. von Riegen, Tilo
– Ministerium für Finanzen und Energie

Oberlandesgerichtsbezirk Schleswig

Bezirk: Schleswig-Holstein

4 Landgerichte:
Flensburg, Itzehoe, Kiel, Lübeck

28 Amtsgerichte

Schöffengerichte:
bei allen Amtsgerichten außer den nachstehend aufgeführten
Gemeinsames Schöffengericht für die Amtsgerichte, bei denen ein Schöffengericht nicht gebildet wird, ist:

für den AGBez.:	*das Schöffengericht:*
Bad Schwartau:	Neumünster
	Lübeck
Geesthacht:	Schwarzenbek
Mölln:	Ratzeburg
	Ahrensburg

Familiengerichte: bei allen Amtsgerichten
Landwirtschaftsgerichte: bei allen Amtsgerichten
Justizprüfungsamt für die Erste Juristische Staatsprüfung in Schleswig
Gemeinsames Prüfungsamt für die Zweite Juristische Staatsprüfung für Bremen, Hamburg und Schleswig-Holstein in Hamburg

Schleswig-Holsteinisches Oberlandesgericht

E 2766057
Gottorfstr. 2, 24837 Schleswig
T (0 46 21) 86–0, Telefax (0 46 21) 86–13 72
1 Pr, 1 VP, 16 VR, 42 R + 1 × ¾ R (davon 4 UProf im 2. Hauptamt), 1 LSt (R)

Präsident
Mett, Dietrich   1. 1.93   12. 7.36

Vizepräsident
Lindemann, Volker   1. 7.89   20. 6.38

Vorsitzende Richterinnen/Vorsitzende Richter

Dr. Gosch, Helga	13.11.85	9. 9.36
Dr. Chlosta, Joachim	1. 3.89	1. 1.42
Dr. Krauss, Ernst-Martin	1. 1.90	24.12.35
Jahncke, Uwe	2. 4.90	6. 8.38
Dr. Lincke, Dieter	27. 2.91	28. 5.37
Lassen, Wolfgang	25. 6.91	21. 9.41
Dr. Godbersen, Klaus	9.10.91	9. 1.40
Hoepner, Olaf	1. 5.92	9. 8.44
Tiedt, Gerhard	1. 5.93	10. 5.37
Schlüter, Detlef	17. 3.97	17. 4.40
Friedrichsen, Friedrich	18. 3.97	18. 8.43
Hensen, Eckart	18. 2.99	16. 9.42
Schweckendiek, Sabine	31. 8.99	9. 4.40

Kock, Peter	31. 8.99	15.10.46
Dr. Schwarz, Hans-Sieghardt	1. 3.00	7.11.41
Brand, Udo	1. 3.00	12.10.48

Richterinnen/Richter

Staben, Ernst	1. 8.73	13. 4.36
Schilling, Arno	1. 1.74	3. 9.35
Greve, Hans Peter	1.10.77	28. 8.39
Dr. Vollert, Hans Helmut	1. 7.78	18. 9.38
Prof. Dr. Horn, Eckhard		
(UProf, 2. Hauptamt)	1.11.78	1.12.38
Wiegershausen, Lothar	1. 3.79	12. 3.38
Burck, Gerhard	1. 5.80	20. 9.37
Hauser, Jürgen-Peter	1. 6.81	16. 8.43
Hellwig, Olaf	1. 6.81	23. 5.47
Röschmann, Harald	1. 8.81	11. 7.36
Schupp, Wolfgang	1.10.83	16. 1.44
Czauderna, Reinhardt	13. 2.85	4. 4.45
Zieper, Kurt-Christian	30. 5.85	16. 3.45
Prof. Dr. Reuter, Dieter		
(UProf, 2. Hauptamt)	6.12.85	16.10.40

Jacobsen, Hans-Peter	1. 6.86	10. 9.40
Jantzen, Sigrid	16. 7.86	17. 5.45
Dresenkamp, Klaus	17. 7.86	18. 6.47
Schneider, Udo	21. 7.86	13. 6.42
Hansen, Johannes Jürgen	24. 7.86	21. 5.44
Waßmuth, Heinz-Karl, abg.	31.10.88	3.10.48
Alpes, Rolf	31.10.88	8.12.50
Geng, Thomas	8. 5.89	21. 9.46
Ortmann, Dirck	22. 8.89	24. 2.53
Philipp, Hans-Michael	5. 6.90	8.11.47
Meinert, Volker	28. 2.91	20. 2.49
Stapel, Wilhelm	10. 1.92	5. 6.51
Wullweber, Dietmar	10. 1.92	14. 5.52
Dr. Kessal-Wulf, Sibylle	16. 4.92	25.11.58
Hanf, Rainer	12.10.92	16. 3.56
Lautebach, Michael	13.10.92	7. 6.51
Fechner, Johannes	9.12.92	15. 5.47
Hamann, Hilke	17. 2.93	4. 6.53
Prof. Dr. Schack, Haimo		
(UProf., 2. Hauptamt)	5. 1.95	16. 8.52
Dr. Roth, Gerald	8. 9.95	23.11.54
Dr. Rühling, Ulrike, ¾	1. 2.96	18. 9.52
Petersen, Kay	1.10.97	21. 3.44
Hohmann, Matthias	1.10.97	19.11.56
Frahm, Wolfgang	1.11.97	19. 1.59
Prof. Dr. Eckert, Jörn		
(UProf., 2. Hauptamt)	2.12.97	15. 5.54
Dr. Krönert, Ole	1. 8.98	2. 6.55
Dr. Probst, Martin, abg.	10. 1.99	16.10.58
Schürger, Renate	1. 3.99	31. 1.59
Dr. Teschner, Armin	16. 4.99	12. 4.59
Haack, Wolf	19. 4.99	17.10.57
Krönert, Ursula	17. 1.00	25. 4.56
Martins, Andreas	17. 1.00	11.12.58
Schiemann, Matthias	1. 2.00	10. 5.55
Fink, Claus	1. 4.00	4. 7.51
Merth, Felix	1. 4.00	27. 1.61

Landgerichtsbezirk Flensburg

Landgericht Flensburg   E 445 013
Südergraben 22, 24937 Flensburg
T (04 61) 89–0
Telefax (04 61) 89–2 95

1 Pr, 1 VPr, 8 VR, 13 R + ½ R

Präsident

Dr. Wyluda, Erich	1. 4.91	26. 5.40

Vizepräsident

Dr. Willandsen, Volker	1.11.97	23.10.50

Vorsitzende Richterin/Vorsitzende Richter

Kösters-Böge, Gisela	1. 3.79	19. 1.39

Schmidt-Braess,		
Hubertus	1. 4.83	1. 5.38
Arweiler, Klaus	24. 4.86	19. 1.39
Thull, Rainer	1. 1.89	14. 2.41
Sauerberg, Dieter	14.10.96	14. 6.48
Dr. Martens, Joachim	4. 7.97	6. 8.44
Burmeister, Joachim	1. 4.98	4. 1.44
Clausen, Holger	1. 8.98	21. 1.51
Scheck, Michael, abg.	1. 8.98	14. 1.54

Richterinnen/Richter

Preuß, Melf	15. 2.70	24. 4.39
Alf, Renate	6. 7.73	15. 3.40
Mitteis-Ripken, Frauke	8. 7.75	19. 9.43
Baumann, Edgar	16. 4.76	22.12.40
Dr. Meyer, Dieter	12. 7.76	31. 1.38
Köhler, Wolfgang	28. 9.83	21. 3.49
Klingsporn, Dietrich	2. 7.84	7. 2.51
Janzen-Ortmann,		
Gunder, ¾	31. 5.85	22. 3.53
Selke, Bernd-Michael	15. 3.91	13. 1.57
Wien, Christiane	13. 3.97	12. 2.59
Placzek, Helga	8. 7.97	23. 1.60
Lembke, Michael	1.11.97	17. 9.54
Dahmke, Ralph	1. 8.98	15. 4.65
Konopatzki, Heike	1. 8.98	28. 4.66

Amtsgerichte

Flensburg   E 165 143
Südergraben 22, 24937 Flensburg
T (04 61) 89–0
Telefax (04 61) 89–3 89

1 Dir, 1 stVDir, 1 w.aufsR, 15 R, 2 × ½ R

Wüstefeld, Norbert, Dir	8. 4.94	9. 3.45
Rosenthal, Jutta Brix,		
stVDir	15. 6.94	21. 3.52
Kleinschmidt, Volker,		
w.aufsR	13. 1.00	14. 7.52
Roggenbrodt, Dieter	28. 4.69	19. 2.37
Schmidt-Braess, Helga	13. 4.71	17. 4.38
Rohlfs, Dieter	24. 5.72	6. 7.36
Petersen-Clausen, Claus	9. 6.72	16.11.39
Hilderscheid, Bernhard	10. 1.77	10. 4.44
Korth, Traugott	24. 2.77	3.10.45
Hansen, Hans-Eckhard	22. 3.79	26.11.43
Wüstefeld, Christiane	1. 2.83	15. 5.53
Klinke, Horst	25. 1.88	25. 5.52
Heinsohn, Harald	2.12.88	23. 4.56
Bendixen, Frauke, ½	31.12.91	1. 1.54
Grisée, Siegfried, abg.	15.11.92	9. 3.59
Eggers-Zich, Anke	26. 3.98	2.10.55
Röttger, Friedhelm	27. 3.98	28. 5.63

Husum E 93 289
Theodor-Storm-Str. 5, 25813 Husum
T (0 48 41) 6 93–0
Telefax (0 48 41) 6 93–1 00

1 Dir + 1 stVDir, 5 R, 1 LSt (R)

Sticken, Eggert, Dir	1. 8. 96	14. 4. 51
Reinhardt, Nikolaus, stVDir	1. 11. 97	1. 9. 44
Ratzki, Bernhard	7. 7. 71	28. 9. 38
Bossen, Gerd, beurl. (LSt)	21. 3. 77	5. 6. 45
Veckenstedt, Stefan	25. 3. 91	7. 7. 59
Ludwig, Rena	4. 7. 95	29. 1. 62
Eichhof, Kay	1. 4. 96	8. 9. 62
Dr. Hess, Claus	1. 8. 98	2. 11. 62

Kappeln (Schlei) E 34 459
Gerichtsstr. 1, 24376 Kappeln
T (0 46 42) 91 24–0
Telefax (0 46 42) 91 24–11

1 Dir, 2 R

Lange, Wolfgang, Dir	11. 2. 86	10. 5. 50
Schwartz-Sander, Birgit	9. 5. 89	27. 7. 57
Dr. Fötsch-Middelschulte, Dagmar, ½	4. 7. 97	16. 7. 62

Niebüll E 69 791
Sylter Bogen 1a, 25899 Niebüll
T (0 46 61) 6 09–0
Telefax (0 46 61) 6 09–2 32

1 Dir, 6 R

Jacobsen, Peter, Dir	13. 7. 99	23. 9. 39
Dr. Forbrich, Burkhard	5. 1. 73	29. 7. 41
Dose, Gerd	8. 9. 76	13. 4. 44
Hinrichsen, Ernst	—	—
Keßler-Retzer, Christine	23. 2. 87	11. 7. 55
Retzer, Rolf	20. 1. 89	14. 3. 53
Grunkin, Stefan	9. 10. 96	5. 2. 64

Schleswig E 82 331
Lollfuß 78, 24837 Schleswig
T (0 46 21) 81 50
Telefax (0 46 21) 8 15–3 11

1 Dir, 1 stVDir, 3 R, 3 × ½ R

Vöge, Kuno, Dir	1. 2. 80	26. 9. 36
Blöcker, Christian, stVDir	9. 10. 92	18. 11. 55
Trupke, Ernst	5. 8. 77	15. 7. 43
Stier, Thomas	3. 11. 80	20. 12. 48
Rutz, Susanne, ½	2. 2. 87	14. 2. 56
Mucke, Gudrun, ½	5. 10. 87	7. 5. 56
Wendt, Jutta, ½	25. 10. 93	18. 11. 54
Heidemann, Hergen	11. 4. 94	30. 1. 58

Landgerichtsbezirk Itzehoe

Landgericht Itzehoe E 559 817
Breitenburger Str. 68, 25524 Itzehoe
T (0 48 21) 6 60
Telefax (0 48 21) 66 10 71

1 Pr, 1 VPr, 7 VR, 18 R, 1 × ½ R

Präsident

Mackenroth, Geert Wilhelm	28. 1. 00	1. 2. 50

Vizepräsidentin

Krix, Barbara	8. 10. 96	16. 12. 42

Vorsitzende Richterin/Vorsitzende Richter

Adlung, Klaus-Christoph	1. 12. 75	13. 11. 35
Keller, Christian	1. 10. 76	11. 10. 36
Schulz, Hartmut	1. 2. 84	6. 8. 45
Saß, Knut	7. 7. 88	1. 12. 37
Peters, Hedda	21. 6. 91	20. 2. 45
Bertermann, Dietmar	15. 4. 92	22. 9. 42

Richterinnen/Richter

Romann, Uwe	6. 4. 71	26. 2. 39
Lucyga, Lieselotte	30. 3. 73	26. 1. 41
Godau-Schüttke, Christina	17. 9. 76	14. 12. 44
Dr. Godau-Schüttke, Klaus-Detlev	6. 2. 77	15. 9. 42
Boyke, Reinhard	20. 2. 81	6. 4. 51
Müller-Andersen, Ruth	1. 9. 83	17. 10. 45
Hülsing, Eberhard	1. 10. 84	5. 5. 50
Ahsbahs, Peter	30. 8. 85	6. 4. 54
Beelen-Schwalbach, Gabriele, ½	22. 1. 86	6. 9. 54
Schmidt, Hans-Peter	29. 9. 87	3. 4. 54
Engelmann, Jürgen	1. 2. 88	7. 4. 53
Dr. Lindgen, Johannes	1. 11. 88	1. 8. 55
Petersen, Holger	29. 11. 89	18. 12. 52
Dr. Flor, Bernhard, abg.	15. 4. 91	25. 2. 57
Kluckhuhn, Andreas	30. 9. 91	5. 9. 50
Olsen, Peter	10. 12. 92	7. 7. 54
Lensch, Karen, abg.	1. 8. 98	3. 11. 61

Amtsgerichte

Elmshorn E 121 209
Bismarckstr. 8, 25335 Elmshorn
T (0 41 21) 2 10 91
Telefax (0 41 21) 2 28 45

1 Dir, 1 stVDir, 4 R + 1 × ¾, 2 × ½ R

Behrendt, Jürgen, Dir	1. 4. 78	3. 9. 38
Hofmann, Rolf	9. 6. 72	9. 6. 39

Lutz, Elke-Maria	3. 8.73	21.11.42
Kühl, Ingelore, ¾	13.11.85	6. 9.54
Smoydzin, Jörg	24. 8.89	7. 1.54
Reinhold, Dörte, ½	10. 8.94	21.12.58
Päschke-Jensen, Renate	5. 7.95	18. 3.55
Finke, Karin	1. 8.98	12. 8.65

Itzehoe E 135161
Bergstr. 5–7, 25524 Itzehoe
T (0 48 21) 6 60
Telefax (0 48 21) 66 23 71

1 Dir, 1 stVDir, 9 R + 2 × ½ R

Bade, Hans-Peter, Dir	1. 4.91	12.12.43
Penzlin, Lothar, stVDir	9. 8.85	3.11.38
Frank-Onderka, Hannelore	6.10.72	18. 6.39
Mitsch, Sigrid, ½	29.10.73	24.11.39
Heyde, Armin	1.12.75	3. 4.41
Gehrken, Kristian	20.10.78	3.10.45
Wieben, Martin	1.10.82	11.11.48
Dutzmann, Christian	4.10.82	11. 9.50
Bischof, Reinhard	27. 1.84	3. 3.54
Peters, Rine	1.10.86	19. 8.55
Heer, Wiebke	12. 8.92	5.11.58
Kloft, Kareen, ½	20.10.94	5.11.49
Behnke, Harm	10. 3.97	8.11.63

Meldorf E 136547
Domstr. 1, 25704 Meldorf
T (0 48 32) 8 70
Telefax (0 48 32) 87–3 55

1 Dir, 1 stVDir, 9 R

Berndt, Hans-Georg, Dir	1. 4.92	21.12.45
Foth, Hans-Jörg, stVDir	22.10.92	25. 8.45
Dr. Müller, Heinrich Joachim	5. 7.72	30. 3.39
Dr. von Krog, Detlef	10. 8.78	11. 4.49
Engelbrecht, Kai	30. 1.84	30. 1.50
Ostwald, Gerhard	28. 5.93	31.10.49
Sauer, Christoph	1. 8.95	26. 6.61
Korf, Christian	16.10.96	26.11.50
Andresen, Jasper	18. 4.97	18.11.62
Zacharias, Kai Uwe	20. 8.91	23. 2.56

Pinneberg E 166900
Bahnhofstr. 17, 25421 Pinneberg
T (0 41 01) 50 30
Telefax (0 41 01) 5 03–2 62

1 Dir, 1 stVDir, 9 R, 3 × ¾ R + 1 × ½ R

Krull, Thomas, Dir	30. 6.94	11. 4.44
Kähler, Karsten, stVDir	25.11.93	24.12.43
Ingwertsen, Hans Werner	4. 5.73	3.12.38

Dr. Schiwek, Dieter	27.11.74	18. 8.39
Havenstein, Gunter	17. 7.78	21.11.44
Vaagt, Andrea, ¾	22. 4.91	25.11.56
Morik, Bettina, ¾	13. 4.93	27.12.51
Selke, Lothar	16. 9.83	16. 6.46
Lewin, Kay-Uwe	2. 1.95	5. 9.59
Trüller, Dagmar, ¾	12. 4.91	11. 1.59
Dr. Hinz, Werner	11. 3.97	4.12.59
Fischer, Gisela, abg.	25. 3.98	4. 5.61
Woywod, Jens	10. 8.98	20. 1.64
Kröger, Heike-Kathrin, ½	21.11.99	31. 1.58

Landgerichtsbezirk Kiel

Landgericht Kiel E 962858
Schützenwall 31–35, 24114 Kiel
T (04 31) 60 60
Telefax (04 31) 6 04–18 30

1 Pr, 1 VPr, 23 VR, 35 R + 1 × ¾ R, 5 × ½ R, 3 LSt

Präsident

Dr. Bonde, Friedrich August	1. 9.87	20. 1.39

Vizepräsident

Schmalfuß, Emil	1. 9.95	30. 7.46

Vorsitzende Richterinnen/Vorsitzende Richter

Strunk, Alfred	1. 8.75	17. 3.38
Rohlfing, Gerd	1. 1.82	8. 1.39
Drenckhahn, Ludwig	27. 7.84	4. 4.37
Ziemann, Frank	14.11.85	29. 9.42
Dr. Strebos, Jochen	12.11.86	25. 1.44
Röhl, Heide-Marie	1. 2.89	7.10.42
Schlimm, Helmut	20. 6.91	15. 7.44
Brinker, Friedrich	9.10.91	12.10.44
Möhlmann, Rolf	11.10.91	5.12.43
Kluike, Burkhard	5. 8.93	22. 4.43
Dr. Schomaker, Jörg	17. 6.94	7. 1.47
Rix, Hinnerk	1. 2.96	11.11.45
Bodendieck-Engels, Hildegard, abg.	14.10.96	19. 3.44
Erdmann-Degenhardt, Kurt	18. 3.97	19. 3.39
Brommann, Jörg	18. 3.97	16.12.56
Wegner, Joachim	4. 7.97	7. 1.50
Vollmer, Reinhardt, abg.	1.11.97	22. 3.48
Elten, Jürgen	1.11.97	26. 2.50
Scheffler, Albrecht	1. 4.98	21. 1.50
Dr. Verfürden, Hartmut	5. 1.99	29. 3.51
Frantz, Malte	7. 4.99	20. 7.39
Dr. Kellermann, Wilfried	21. 4.99	4.11.56
Dr. Hanßen, Klaus	14. 1.00	12.10.54

Richterinnen/Richter

Anton, Elke, ¾	25. 8.71	13. 4.36
Krämer, Ludwig,		
beurl. (LSt)	2. 5.72	20. 8.39
Jander, Olaf	30.11.72	18.12.39
Pannek, Holger	11. 5.73	5. 1.41
Pingel, Rolf	3. 1.75	29. 1.39
Dr. Havliza, Rolf		
Michael	22.10.76	1. 8.43
Leonhardt, Stephan	28. 2.80	29.10.47
Dohm, Carsten	27. 6.80	29. 7.48
Greve, Sabine, ½	22.12.80	5. 3.50
Müller, Antje, ½	2. 2.84	7. 6.54
Döbel, Peter	13. 6.84	18. 5.52
Meyer, Gunnhild, ½	21. 4.86	6. 7.51
Weiser, Freda, ½	25.11.86	6.10.54
Heineke, Claudia	24. 6.87	24. 4.55
Müller, Ulf	28. 2.91	30. 3.57
Schmidt, Silke, ½	14. 5.91	23. 5.54
Witt, Karin	20. 6.91	10. 5.57
Mattern, Henning	24. 6.91	6. 8.56
Dr. Schmidt, Rainer	9. 1.92	15.10.56
Tepp, Carsten	16. 3.92	11.10.58
Willmer, Peter	17. 3.92	18. 7.53
Görschen-Weller,		
Martina, ½	19. 3.92	18. 1.59
Kollorz, Ursel, abg.	21.10.94	8. 5.59
Schürger, Renate	11. 7.95	31. 1.59
William, Oliver	28. 3.96	6. 6.54
Dr. Koch, Sabine, beurl.	19.11.96	27. 3.63
Sawatzki, Kai	11. 3.97	14. 5.59
Becker, Stefan	1.11.97	27.11.63
Dr. Schall, Martina,		
beurl.	10. 3.98	13. 1.62
Dr. Worpenberg, Stefan	3. 8.98	10. 8.62
Dr. Leischner-Rickerts,		
Silvia	3. 8.98	6. 1.64
Dr. Jöhnk, Alf	7. 4.99	7. 5.62
Bahr, Jens	7. 4.99	26.12.63
Jacobsen, Ralph	20. 7.99	16. 4.64

Amtsgerichte

Bad Segeberg E 82958
Am Kalkberg 18, 23795 Bad Segeberg
T (0 45 51) 9 00–0
Telefax (0 45 51) 9 00–1 90

1 Dir, 1 stVDir, 7 R

Pöhls, Harald, Dir	1. 2.00	28. 8.44
Pohlenz, Dietrich, stVDir	—	1. 8.39
Bley, Hans-Joachim	15. 2.77	17.12.43
Schönemann, Hans-		
Günter	24. 3.77	1. 3.45

Niehaus, Wolfgang	9. 6.78	30. 9.46
Lang, Joachim	30. 1.84	22.10.50
Wittek, Wolfgang	4. 9.89	15. 1.57

Eckernförde E 84431
Reeperbahn 45–47, 24340 Eckernförde
T (0 43 51) 60 37
Telefax (0 43 51) 38 97

1 Dir, 4 R + ¾ R

Worth, Norbert, Dir	1. 1.97	10. 2.49
Grolmann-Florin, Ingrid	30.11.72	12. 7.38
Randschau, Winfried	18. 1.74	20. 8.42
Göddertz, Walter	13. 7.78	25.11.43
Laufer, Bettina, ¾	14. 8.79	10.10.47

Kiel E 292277
Deliusstr. 22, 24114 Kiel
T (04 31) 60 41
Telefax (04 31) 6 04–23 50

1 Pr, 1 VPr, 3 w.aufsR, 26 R + 3 × ½ R + 2 × ¾ R

Präsident

N. N.	—	—

Vizepräsidentin

Engel, Erika	20.10.92	27. 3.40

weitere aufsichtführende Richterin/Richter

Horn, Bernhard	1.12.81	27. 1.39
Dr. Hinkelmann, Beate	27. 2.91	20. 8.59
Büsing, Wolf-Ekkehard	11. 4.94	26. 4.45

Richterinnen/Richter

Dr. Schmidt, Manfred	4. 3.68	24. 6.34
Dr. Mau, Klaus Peter	10. 6.69	29.10.36
Jasper, Horst	17. 4.70	13.12.36
Oppitz, Hans-Peter	22.12.70	10.11.37
Grolman, Ernst	9. 2.71	16.12.35
Hofmann, Bernd	27. 5.71	16. 9.38
Bill, Wolff-Eberhard	9.12.71	16.12.40
Müller-Siegwardt, Bernd	4. 5.73	8.11.40
Sass, Ernst-Peter	18.10.74	18. 4.42
Schmidt, Sigrid	29.11.74	5. 5.38
Roestel, Einhart	4. 4.75	22. 9.41
Zimmermann, Ole	5. 9.75	5. 7.42
Jonas, Nikolaus	1.12.75	24.10.42
Reupke, Lutz	—	—
Dellith, Hasso	1. 4.76	10. 2.44
Kollibius, Wolfgang	31.10.80	14. 8.48
Stypmann, Sabine, ¾	11.11.80	7. 9.50
Grammel, Horst	14. 4.81	6. 2.45
Paulwitz-Ronsfeld,		
Silke, ½	26.10.84	20.12.49

Möller, Jörg	13. 11. 85	7. 10. 51
Plewnia-Schmidt,		
Gabriele, ½	31. 5. 88	29. 12. 56
Meenke, Hans Günther	14. 6. 93	17. 10. 57
Czwikowski-Pabst, Claus	25. 10. 93	11. 1. 48
Isermeyer, Jutta, ½	1. 2. 96	26. 2. 50
Block, Torsten	1. 2. 96	27. 7. 56
Blöcher, Michael	8. 10. 96	2. 1. 57
Wardeck, Matthias	4. 7. 97	13. 1. 64
Wolf, Myriam	7. 4. 99	22. 12. 62
Lorenzen, Claus-Peter,		
⁸⁄₁₀	14. 10. 99	6. 6. 66
Litwinski, Christine, ½	14. 1. 00	26. 1. 65

Neumünster E 97 005
Boostedter Str. 26, 24534 Neumünster
T (0 43 21) 94 00
Telefax (0 43 21) 94 02 99

1 Dir, 1 stVDir, 12 R

Hoops, Wilfried, Dir	1. 4. 98	19. 8. 56
Klose, Dietrich, stVDir	13. 3. 95	23. 8. 39
Krause, Karl	24. 4. 70	12. 7. 35
Badzura, Rainer	11. 2. 71	21. 11. 39
Ramlow, Reinhard	5. 4. 74	30. 4. 40
Erdmann-Degenhardt,		
Antje	13. 4. 77	3. 2. 44
Häsing, Hartmut	1. 8. 78	9. 5. 44
Jöcks, Klaus-Dieter	—	—
Dr. Pichinot, Hans-		
Rainer	29. 12. 78	9. 1. 46
Schleuß, Klaus	1. 3. 88	13. 10. 56
Döhring, Gunther	22. 3. 93	13. 3. 58
Meißner, Axel	15. 9. 95	31. 1. 52
Dohrn, Helga	1. 4. 97	9. 1. 61

Norderstedt E 83 961
Rathausallee 80, 22846 Norderstedt
T (0 40) 52 60 60
Telefax (0 40) 52 60 62 22

1 Dir, 1 stVDir, 8 R

N. N., Dir	—	—
Klarmann, Heide, stVDir	—	—
Haverkampf, Karl		
Friedrich	—	—
Leendertz, Reinhard	—	—
Albrecht, Jürgen	10. 4. 78	22. 8. 43
Koch, Gerd	23. 11. 78	1. 9. 48
Windmüller,		
Harms-Friedrich	2. 8. 82	25. 4. 49
Schwarz, Burghard	3. 6. 91	6. 1. 58
Schlöpke, Stephen	11. 3. 97	10. 4. 66
Sprunk, Heike	22. 10. 99	3. 4. 68

Plön E 102 627
Lütjenburger Str. 48, 24306 Plön
T (0 45 22) 70 81
Telefax (0 45 22) 17 09

1 Dir, 1 stVDir, 5 R

Peters, Gert, Dir	1. 11. 85	12. 6. 44
Vauth, Gerhard, stVDir	7. 4. 94	24. 9. 45
Sengebusch, Knut	26. 3. 73	26. 6. 38
Dr. Dräger, Wolfgang	18. 11. 77	29. 2. 48
Schnoor-Völker, Dieter	28. 9. 83	8. 4. 47
Nöh-Schüren, Dagmar	26. 6. 97	27. 2. 59

Rendsburg E 140 165
Königstr. 17, 24768 Rendsburg
T (0 43 31) 13 90
Telefax (0 43 31) 1 39–2 00

1 Dir, 1 stVDir, 10 R

Stein, Günter, Dir	30. 8. 99	2. 10. 42
Bruhn, Heiko, stVDir	1. 11. 95	22. 3. 50
Meyer, Johann	18. 2. 69	24. 5. 36
Küppers, Gert	7. 3. 79	10. 8. 43
Müller, Reinhard	24. 12. 85	7. 5. 53
Wohlbehagen, Hans-		
Werner	4. 3. 88	10. 10. 54
Schlüter, Cornelia	6. 4. 93	24. 12. 53
Nemitz, Roland	4. 6. 93	14. 9. 56
Waller, Kai	1. 2. 96	8. 4. 61
Kortmann, Heike	8. 10. 96	9. 12. 59
Stryck, Torbjörn	11. 3. 97	6. 1. 62
Napirata, Jörg	1. 6. 99	2. 12. 56

Landgerichtsbezirk Lübeck

Landgericht Lübeck E 798 369
Am Burgfeld 7, 23568 Lübeck
T (04 51) 3 71–0
Telefax (04 51) 3 71–15 19

1 Pr, 1 VPr, 19 VR, 1 × ½ VR, 29 R + 1 × ¾ R

Präsident

Böttcher, Hans-Ernst	1. 3. 91	8. 11. 44

Vizepräsident

Dr. Greb, Horst	1. 5. 92	14. 9. 35

Vorsitzende Richterinnen / Vorsitzende Richter

Dr. Kruse, Bruno	1. 9. 74	29. 8. 35
Meyer, Manfred	1. 8. 76	11. 1. 40
Stapelfeldt, Paul-Eggert	1. 10. 81	29. 9. 37
von Rützen-Kositzkau,		
Klaus-Dietrich	1. 10. 81	26. 4. 38

Wilcken, Rolf	1. 2.84	24. 5.44	
Vilmar, Fritz	31. 5.85	25. 6.43	
Voß, Helmut	31. 5.85	10.10.44	
von Jagow, Henning	1. 8.85	18. 4.45	
Soetbeer, Uwe	1. 3.86	31. 1.44	
Krause, Jörn	30. 5.88	16.12.42	
Neskovic, Wolfgang-Dragi	5. 6.90	3. 6.48	
Schneider, Hartmut	24. 6.91	12. 1.53	
Bartelt, Karin, ½	3. 4.92	31. 5.43	
Olivet, Carl-Theodor	4.11.92	11. 9.43	
Hurlin, Ingo	4.11.92	6. 2.47	
Kaiser, Horst	4.11.92	21. 2.47	
Zimmermann, Arnold	5. 1.99	23. 5.48	
Piel, Monika	14.10.99	14. 6.42	
Schwinghammer, Bernd	1.11.99	15. 1.49	

Richterinnen/Richter

Maßmann, Jörg	16.10.69	9.10.37
Wendorff, Günther	23. 3.70	3.11.37
Fischer, Uda	15. 6.72	9. 1.41
Gille, Rolf	4. 1.74	5. 3.42
Laske, Eckhard	1.10.76	8. 9.44
Czieslik, Udo	22.10.76	6.11.39
Höptner, Dietfried	3. 8.78	11.11.41
Klang, Peter	31.1.79	20. 5.47
Stagge, Benno	8. 4.82	17. 6.47
Schiemann, Baldur	8.11.85	3. 4.47
Puchert, Jobst-Rüdiger	13.11.85	13. 3.52
Behrendt, Ingrid	13.11.85	25. 9.53
Schröder, Kai	14. 7.86	24. 6.53
von Lukowicz, Helga	26.10.88	11. 9.57
Beer, Jörg	17. 4.90	10. 2.56
Scharfenberger, Jutta, ¾	22. 2.91	30. 1.57
Fock, Martina	25. 2.91	12. 7.58
Singelmann, Christian	16. 3.92	13.12.56
Bracker, Ronald	13.10.92	28. 6.56
Rebel, Heide	22.10.92	8.10.58
Becker, Stephanie	15. 2.93	21. 2.58
Schmale, Dirk	22. 3.93	7. 3.56
Stein, Hans-Rudolf	24.10.94	21. 3.59
Sager, Beate	28. 4.97	19.12.61
Brandt, Volker	7. 4.99	24. 1.61

Amtsgerichte

Ahrensburg   E 94303
Königstr. 11, 22926 Ahrensburg
T (0 41 02) 5 19–0
Telefax (0 41 02) 5 19–1 99

1 Dir, 1 stVDir, 5 R + ½ R

Dr. Passauer, Michael, Dir	15.12.97	10. 9.42
Vagt, Hans-Joachim, stVDir	13. 9.95	8. 7.37
Scholz, Wolfgang	2.12.74	12. 8.43

Burmeister, Axel	22. 1.82	17. 3.50
Thiele, Ulf	22. 4.91	6. 5.59
Hübner, Joachim	1. 6.93	30.12.54
Dr. Hessel, Gabriele	12. 4.94	9. 5.59
Landwehr, Angela, ¾	1. 2.96	14.12.60

Bad Oldesloe   E 51512
Weg zum Bürgerpark 1, 23843 Bad Oldesloe
T (0 45 31) 41 41
Telefax (0 45 31) 1 26 08

1 Dir, 2 + ½ R

Gerber, Volkhard, Dir	25.10.93	20.12.41
Kreuder-Sonnen, Brigitte	1.10.91	22. 9.52
Münning, Uwe	22. 3.93	30. 5.58
Schnatmeier, Svenja, ½	1. 2.98	17. 2.64

Bad Schwartau   E 60330
Markt 1, 23611 Bad Schwartau
T (04 51) 2 10 41
Telefax (04 51) 2 40 78

1 Dir, 3 R + ½ R

Brandt, Peter, Dir	13. 1.89	4. 5.40
Stothfang, Uwe	11.11.75	11. 5.40
Bolk, Herbert	19. 6.84	21. 5.52
Heuer, Hans	25. 3.98	8.10.61
Wachenfeld, Almut, ½	25. 3.98	28. 3.61

Eutin   E 59187
Jungfernstieg 3, 23701 Eutin
T (0 45 21) 70 56
Telefax (0 45 21) 7 39 66

1 Dir, 4 R

Wege, Hanna, Dir, ¾	20.10.97	30. 3.51
Reinbrecht, Gert	20.12.72	22. 5.38
Klupsch, Ralf	4.11.80	26.12.47
Witt, Otto	12.11.85	26. 9.52
Eßer, Claudia	23. 5.95	6. 6.61

Geesthacht   E 37209
Bandrieterweg 1, 21502 Geesthacht
T (0 41 52) 50 94
Telefax (0 41 52) 7 91 96

1 Dir, 2 R

Kothe, Axel, Dir	30. 9.87	12. 9.47
Siebert, Hans-Uwe, ¾	25. 7.88	19. 1.56
Oppelland-Selk, Insa, ½	3. 7.95	22. 3.63

Lübeck   E 219098
Am Burgfeld 7, 23568 Lübeck
T (04 51) 3 71–0
Telefax (04 51) 3 71–15 23

1 Pr, 1 VPr, 3 w.aufsR, 22 R

Präsident		
Stojan, Dirk	1. 1.97	4. 5.50
Vizepräsidentin		
Hillmann, Ulrike	1.11.97	30. 6.53
weitere aufsichtführende Richter		
Geiger, Wolfgang	11. 4.94	25. 9.42
Stanisak, Thomas	14.10.94	26.10.49
Richterinnen/Richter		
Vogelsang, Volker	14. 8.70	3. 6.36
Böttcher, Inge	23. 6.71	14. 7.39
Rebien, Christian	1. 8.72	18.12.39
Bruhn, Lieselotte	16.11.72	9.12.37
Kuschewitz, Peter	25. 4.73	30. 1.41
Winkler, Heinz	28.11.75	3. 7.43
Fransson, Helmut	20.10.76	4. 4.42
Schreiber, Winfried	1. 7.77	25. 8.42
Wille, Anna Margarete	7. 8.78	31. 3.38
Haida, Erhard	11. 8.78	17. 9.47
Lehnert, Andreas	—	—
Böcher, Franz	11.12.78	2. 6.46
Evers, Hans-Heinrich	26. 1.79	26. 9.45
Humbert, Hans-Jürgen	22. 8.79	16. 7.48
Neubert, Gabriele	3.11.82	26. 2.50
Burwitz, Dörte	1.12.92	21.11.58
Wiggers, Corinna	19. 2.93	2. 7.59
Franke, Martina, ½	7. 4.99	13.10.56
Hinz-Schalies, Susanne	7. 4.99	2. 6.61
Farries, Anja	20. 7.99	16. 3.63

Mölln   E 32 063
Lindenweg 8, 23879 Mölln
T (0 45 42) 70 81
Telefax (0 45 42) 8 66 78

1 Dir, 2 R + ¾ R

N. N., Dir	—	—
Löbbert, Carsten, abg.	11. 4.96	9. 9.61
Jensen-Buchholz, Inga, ¾	7. 4.99	3. 9.62

Oldenburg (Holstein)   E 80 651
Göhler Str. 92, 23758 Oldenburg
T (0 43 61) 70 11
Telefax (0 43 61) 8 05 76

1 Dir, 1 stVDir, 7 R

Peters, Gerriet, Dir	28. 9.91	23. 9.48
Dr. Bergande, Hasso, stVDir	11. 4.94	3. 1.43
Geißler, Ernst-Claus	30. 3.72	6. 8.40
Thiemann, Harald	2.12.74	30. 9.39
Brüggemann, Dierk	12.12.75	29. 4.43
Lassen, Klaus-Peter	29.10.79	17. 3.49
Schultze-Lewerentz, Herbert	19.11.87	29. 2.56
Lehmbeck, Johann-Peter	13. 1.89	26. 9.53
Filter, Hans Herbert	16. 2.93	30. 6.58

Ratzeburg   E 35 825
Herrenstr. 11, 23909 Ratzeburg
T (0 45 41) 40 16
Telefax (0 45 41) 72 32

1 Dir, 3 R

Ahlfeld, Marie-Luise, Dir	4. 8.93	11. 3.48
Blunk, Jan	29. 4.74	24. 9.40
Dr. Martens, Jörg	7. 4.94	3. 5.62

Reinbek   E 62 679
Parkallee 6, 21465 Reinbek
T (0 40) 7 27 59–0
Telefax (0 40) 7 27 59–1 15

1 Dir, 2 R + ½ R

Wrobel, Bernd, Dir	1.10.97	3.10.49
Jung, Andreas, abg.	20. 6.94	20. 7.61
Aden, Suntke	1. 2.96	16. 7.62
Meistering, Heike, ½	20. 1.00	15. 4.64

Schwarzenbek   E 65 512
Möllner Str. 20, 21493 Schwarzenbek
T (0 41 51) 80 20
Telefax (0 41 51) 80 22 99

1 Dir, 3 R + ½ R

Wendt, Rainer, Dir	7.12.89	23. 2.44
Sempf, Wilfried	20. 6.90	19. 7.56
Alpen, Timm	11. 1.92	23. 9.57
Weinhold, Elke, ½	1. 2.96	8.10.60
Hentschel, Jörg	1.11.97	6. 6.60

Staatsanwaltschaften

Staatsanwaltschaft bei dem Schleswig-Holsteinischen Oberlandesgericht

Gottorfstr. 2, 24837 Schleswig
T (0 46 21) 86–0
Telefax (0 46 21) 86–13 41

1 GStA, 2 LOStA, 6 OStA

Generalstaatsanwalt

Rex, Erhard	1. 9. 97	26. 8. 44

Leitender Oberstaatsanwalt

Müller-Gabriel, Wolfgang	11. 6. 91	4. 11. 47

Oberstaatsanwältinnen/Oberstaatsanwälte

Maas, Dagmar	30. 12. 87	1. 12. 41
Schulze-Ziffer, Manfred	23. 9. 91	4. 2. 50
Döllel, Heinz	11. 2. 92	15. 8. 48
Kesten, Gerd	25. 5. 93	10. 7. 48
Gutbier, Hille-Grit, ½	8. 11. 95	23. 8. 53
Dreeßen, Uwe	1. 10. 98	11. 4. 52

Staatsanwaltschaft bei dem Landgericht Flensburg

Südergraben 22, 24937 Flensburg
T (04 61) 89–0
Telefax (04 61) 89–3 89

1 LOStA, 1 stVLOStA, 2 OStA, 2 StA (GL), 16 StA

Leitender Oberstaatsanwalt

Meienburg, Rüdiger	1. 9. 95	17. 2. 50

Oberstaatsanwälte

N. N., stVLOStA

Gosch, Otto	7. 7. 95	27. 4. 51
Schlüter, Hartwig	14. 7. 95	18. 3. 52

Staatsanwältinnen/Staatsanwälte

Stahlmann-Liebelt, Ulrike, GL, ½	5. 7. 85	18. 5. 53
Kanzler, Helmut	30. 3. 72	24. 11. 37
Klette, Jürgen	21. 8. 72	30. 9. 39
Sievers, Hans-Jürgen	13. 4. 73	4. 11. 38
Dumrath, Friedrich-Wilhelm	30. 5. 73	14. 3. 35
Weiß, Ehrhart	18. 7. 74	28. 8. 38

Scheltz, Peter	23. 10. 74	23. 5. 42
Bohn, Erika	13. 3. 75	29. 10. 44
Havekost, Manfred	3. 11. 76	21. 7. 44
Erth, Helga	31. 1. 79	23. 11. 49
Mrongovius, Rüdiger	1. 7. 79	23. 6. 44
Reese, Friedrich	26. 1. 82	18. 7. 51
Chlosta, Dieter	25. 3. 86	21. 9. 53
Sowa, Karl-Dietmar	28. 11. 90	4. 12. 57
Thietje, Norbert	16. 9. 94	23. 12. 59

Staatsanwaltschaft bei dem Landgericht Itzehoe

Feldschmiedekamp 2, 25524 Itzehoe
T (0 48 21) 66–0
Telefax (0 48 21) 66 17 77

1 LOStA, 1 stVLOStA, 3 OStA, 17 StA

Leitende Oberstaatsanwältin

Dr. Löhr, Holle Eva	15. 10. 90	27. 9. 41

Oberstaatsanwälte

N. N., stVLOStA

Wieduwilt, Friedrich-Gerhard	3. 6. 91	13. 11. 49
Dr. Pickert, Dietmar	1. 10. 91	7. 4. 52
Zepter, Wolfgang	1. 7. 98	10. 5. 53

Staatsanwältinnen/Staatsanwälte

Richter, Wolfgang	3. 11. 72	8. 3. 41
Bäßmann, Ingeborg	22. 7. 74	4. 10. 43
Ulrich, Barbara	9. 5. 77	2. 6. 46
Finger, Helmut	8. 8. 79	6. 8. 45
Wähling, Ulf-Dieter	20. 2. 81	13. 9. 46
Helff-Hibler von Alpenheim, Brigitta	20. 4. 82	3. 10. 46
Ziegler, Jürgen	5. 11. 82	23. 2. 47
Bestmann, Joachim	6. 3. 85	17. 11. 50
Stücker, Dirk	13. 11. 89	31. 3. 55
Dr. Patett, Helmut	25. 6. 91	15. 7. 52
Poensgen, Stephanie, ¾	1. 1. 94	12. 7. 58
Staack, Dagmar, ¾	24. 2. 94	12. 7. 51
Krause, Monika	5. 4. 94	30. 11. 61
Dwenger, Klaus	9. 6. 94	9. 1. 60
Ohlrogge, Carsten	9. 6. 94	19. 8. 62
Döpper, Ralph	3. 9. 98	3. 5. 60
Neumann, Reinhold	29. 12. 98	19. 10. 62
Dr. Steinmetz, Jan, abg.	27. 10. 99	18. 12. 68

Staatsanwaltschaft bei dem Landgericht Kiel
Schützenwall 31–35, 24114 Kiel

T (04 31) 6 04–0 (auch Außenstelle)
Telefax (04 31) 6 04–34 69;

Außenstelle:
Kirchhofallee 44–48, 24114 Kiel
Telefax (04 31) 6 04–38 13

1 LOStA, 1 stVLOStA, 8 OStA, 2 StA (GL),
42 StA + 1 kw (StA)

Leitender Oberstaatsanwalt

Schwab, Peter	23. 3. 98	3. 11. 48

Oberstaatsanwälte

Dr. Schmidt, Horst-Alex,		
stVLOStA	1. 12. 84	7. 7. 35
Sinnhuber, Hans-Jürgen	1. 7. 78	31. 10. 35
Luer, Hans-Jürgen	1. 5. 79	30. 1. 38
Schinke, Gernot	1. 8. 81	14. 3. 39
Wick, Uwe	1. 8. 82	9. 2. 42
Jendruschewitz, Ingo	11. 2. 85	10. 7. 44
Hoffmann, Thomas	29. 2. 88	6. 9. 50
von Emden, Heyko	29. 6. 95	10. 7. 41
Hüper, Reiner	27. 7. 99	18. 9. 41

Staatsanwältinnen/Staatsanwälte

Goedelt, Christina, GL	1. 10. 97	22. 11. 45
Ohlen, Uwe Jens	22. 10. 68	8. 5. 37
Jaenke, Wolfgang	20. 6. 69	6. 5. 36
Broszat, Ulrich	21. 8. 70	23. 9. 37
Klieber, Michael	9. 6. 72	18. 8. 39
Johannsen, Olaf	9. 1. 73	14. 5. 41
Poeschke, Armin	15. 10. 73	21. 10. 40
Dr. Haars, Helga	23. 7. 74	3. 5. 38
Heller, Axel	1. 9. 74	4. 11. 39
Noack-Döllel, Elke	10. 5. 76	10. 3. 40
Kruse, Jörn	8. 11. 76	12. 2. 44
Riemann, Alfred	—	—
Fischer, Kuno	20. 1. 77	16. 10. 43
Bauchrowitz, Armin	—	—
Biermann, Christina		
Johanna	31. 8. 77	19. 6. 45
Junker, Klaus	2. 12. 77	26. 9. 44
Ronsfeld, Thomas	2. 1. 79	15. 8. 47
Ruppel, Bernd	5. 3. 79	26. 2. 46
Dr. Toll, Heinz-Joachim	9. 7. 79	5. 3. 45
Hamann, Günther	27. 5. 81	8. 12. 48
Lux, Burger	2. 7. 81	11. 7. 48
von Zastrow, Matthias	1. 4. 82	22. 12. 48
Dopp, Aike	17. 8. 82	30. 10. 50
Biermanski, Bernd	24. 1. 83	28. 4. 51
Nagel, Lutz	5. 8. 88	28. 11. 54
Goos, Axel	10. 11. 89	9. 1. 52

Ostrowski, Alexander	12. 1. 90	1. 3. 58
Vollert, Ingeborg	27. 8. 90	26. 11. 56
Nietardt, Henrik	28. 9. 90	16. 12. 56
Wanschura, Horst	10. 4. 92	1. 1. 59
Niebel, Anke	7. 8. 92	14. 2. 61
Bartscher, Ulrike	27. 1. 94	5. 5. 62
Mertens, Kerstin	14. 3. 94	2. 1. 61
Dr. Lürssen, Ulrich	11. 4. 95	23. 1. 63
Riemann-Prehm, Juliane	29. 4. 95	6. 1. 61
Reimer, Jutta	30. 5. 95	7. 7. 59
Gradl-Matusek,		
Barbara, ¾	1. 6. 95	26. 11. 63
Dawert, Ralph	11. 9. 95	3. 12. 58
Welz, Thomas	13. 11. 96	22. 4. 61
Winterfeldt, Bernd	4. 9. 97	18. 11. 63
Prätorius, Angelika	1. 12. 97	10. 9. 57
Bauchrowitz, Sabine	1. 12. 97	14. 1. 59
Heß, Birgit	1. 12. 97	26. 5. 65
Bieler, Axel	2. 7. 98	27. 9. 64
Janssen-Gorontzy, Heike	14. 9. 98	27. 8. 59

**Staatsanwaltschaft bei dem Landgericht
Lübeck**
Travemünder Allee 9, 23568 Lübeck

T (04 51) 3 71–0
Telefax (04 51) 3 71–13 99

1 LOStA, 1 stVLOStA, 9 OStA, 39 StA +
1 kw-Stelle (StA)

Leitender Oberstaatsanwalt

Wille, Heinrich	9. 12. 92	7. 6. 45

Oberstaatsanwältin/Oberstaatsanwälte

Schultz, Klaus-Dieter,		
stVLOStA	7. 1. 94	17. 10. 47
Tischer, Roswitha	11. 2. 85	15. 10. 43
Wendt, Uwe	8. 2. 91	26. 1. 41
Gottschewski, Karl		
Michael	4. 5. 94	3. 8. 36
Möller, Günter	25. 5. 94	6. 7. 50
Winckelmann, Andreas	8. 9. 95	19. 1. 44
Biel, Jürgen	1. 1. 97	27. 6. 47
Spohr, Werner	1. 1. 97	24. 6. 51
Bahr, Joachim	1. 12. 98	1. 9. 49

Staatsanwältinnen/Staatsanwälte

Wengelnik, Gerhard	26. 3. 71	7. 12. 37
Schwab, Peter	1. 8. 71	21. 10. 36
Ehlers, Hans-Jürgen	24. 4. 72	8. 12. 38
Schulze, Jürgen	—	—
Thode, Ursmar	8. 5. 73	4. 9. 41
Schröder, Karl-Heinz	21. 5. 74	23. 1. 44
Heintzenberg, Ulrich	19. 2. 75	12. 8. 39
Telschow, Hans-Jürgen	8. 9. 75	14. 3. 42

Führer, Hans-Ulrich	1.10.76	29. 8.44		Sebelefsky, Malte	7. 3.91	3. 9.57
Pohl, Harald	14. 2.78	8. 1.43		Dr. Böckenhauer,		
Struck, Henning	27. 7.78	26. 3.47		Michael, abg.	8. 4.91	24. 5.56
Negendank, Hartwig	2. 8.78	13. 2.42		Cipulis-Levits, Ilze, abg.	3. 2.92	7. 2.57
von Bredow, Ernst-				Röhl, Dorothea	1. 9.92	6. 6.54
Wilhelm	5. 9.78	17. 4.49		Bergfeld, Kai-Uwe	2.11.94	3. 6.59
Wiethaus, Klaus	1.12.78	6. 6.46		Jochems, Martin	24.10.94	29. 9.60
Weißkichel, Hans-Georg	26. 9.80	25.10.46		Dames, Kirsten	15. 4.96	16. 9.63
Sela, Sönke	10.10.80	28. 5.44		Hartmann, Dirk	15.11.96	20. 4.59
Brocke-Frahm,				Kruse, Bernd, abg.	15.11.96	3. 7.63
Hannelore, ½	8.10.81	3.11.47		Hansen, Renate, ½	1. 8.97	5. 1.64
Schulz, Heike, ¾	10. 9.82	21. 5.49		Lincke, Uta	29.12.98	24. 3.65
Alm, Wenke	12.10.90	29. 7.59		Dr. Anders, Ralf Peter	29.12.98	4.11.66

Richterinnen/Richter und Staatsanwältinnen/Staatsanwälte im Richterverhältnis auf Probe

Bei den Gerichten:				Neumann, Daniela	3.11.97	21. 3.69
Wenk, Susanne, beurl.	1.10.85	20.11.57		Beth, Kai Ole	3.11.97	17. 4.69
Schnatmeier, Jochen	15. 6.94	6. 5.65		Ingwersen-Stück, Hege	1.12.97	12. 8.63
Holmer, Frauke beurl.	19. 9.94	11. 5.62		Dr. Lange, Lore	1.12.97	6. 4.68
de Vries, Susanne	1. 2.95	18.10.58		Kropp, Katrin	19. 1.98	23. 8.68
Dr. Grotkopp, Jörg	1. 2.95	5. 4.64		Veith, Susanne	2. 2.98	15. 4.61
Borst, Ulrich	3. 4.95	28. 3.65		Sepke, Björn	2. 2.98	26. 3.67
Bottke, Britta	18. 4.95	17.11.66		Mönke, Michael	2. 3.98	3.11.64
Wolf, Ulrich	19. 6.95	12. 9.62		Dr. Bellmann,		
Burmeister, Michael	16.10.95	26. 9.62		Elisabeth, ½	4. 5.98	15. 8.65
Paul, Insa, ½	16.10.95	28. 2.64		Meyer, Susanne	4. 5.98	22.11.70
Moelle, Britta, beurl.	1.11.95	19.10.66		Gabler, Andrej	5.10.98	29.10.68
Krohn, Marion, ½	1. 3.96	19.12.63		Dr. Rohlack, Tammo, abg.	5.10.98	9. 4.69
Wagner, Andreas	2. 9.96	4. 2.67		Dr. Ratschow, Eckart, abg.	19.10.98	25. 3.66
Dr. Wrege, Wolf				Zehm, Barbara, ½	2.11.98	21.12.66
Reinhart	25.11.96	4. 2.66		Gienap, Ulrike	2.11.98	5. 6.70
Dr. Engellandt, Frank	2.12.96	13.12.61		Steffens, Birgit	2.11.98	19. 2.71
Budzyn, Matthias	2.12.96	24. 8.68		Simon, Stephan	1.12.98	12. 2.71
Thomsen, Mechthild, ½	6. 1.97	8. 8.66		Althoff, Hans	4. 1.99	19. 4.63
Vauth, Kristina	6. 1.97	1. 4.69		Dr. Hilgenhovel, Jens	4. 1.99	8.12.67
Zader-John, Ute	13. 1.97	24. 7.61		Freise, Boris	4. 1.99	6. 4.69
Achtiani Asl, Adriane				Dr. Janßen, Karl	18. 1.99	14.11.61
Azadeh	15. 4.97	6. 7.67		Nagel, Petra	1. 2.99	28. 6.67
Laß, Uta	15. 4.97	18. 1.68		Bittel, Maren	1. 2.99	16. 3.68
Dr. Bahnsen, Sönke	26. 5.97	30. 8.66		Dr. Schürer-Mohr, Wiebke	8. 2.99	20. 6.69
Wudtke, Sabine	2. 6.97	14. 9.69		Grammann, Klaus	1. 3.99	9.11.69
Parchmann, Martina	1. 7.97	9. 2.65		Bockwoldt, Carsten	8. 3.99	21. 4.67
Franke, Eckart	1. 7.97	20. 6.66		Dr. Weinberg, Matthias	8. 3.99	15.12.68
Karcher, Johannes, abg.	1. 7.97	7.10.66		Janssen, Henning	22. 3.99	30. 5.66
Prahl, Ulrike	1. 7.97	17.11.68		Dr. Hillenbrand, Markus	1. 4.99	20. 5.65
Tiedemann, Holger	15. 7.97	5.11.65		Kreutzfeld, Anja	6. 4.99	2.12.68
von der Laden, Silke, ¾	15. 7.97	2. 9.67		Buchert, Jan Willem	6. 4.99	30. 6.69
Dr. Rost, Dirk	8. 9.97	27. 1.68		Faßhauer, Silke	6. 4.99	6. 8.69
Gillerke, Volker	15. 9.97	17. 8.62		Knuth, Birka	6. 4.99	30. 8.69
Emmermann, Klaus	3.11.97	1. 5.67		Dr. Christiansen, Jan	3. 5.99	17. 3.62

Hildebrandt, Isabell	3. 5. 99	22. 3. 70
Mardorf, Dominik	3. 5. 99	17. 9. 71
Hendelkes, Sabine	3. 5. 99	14. 7. 72
Harder, Thorsten	1. 6. 99	21. 7. 66
Emmermann, Karen	14. 6. 99	13. 5. 68
Ickes, Tilman	21. 6. 99	10. 7. 67
Köppe, Maja	21. 6. 99	12. 4. 71
Roggendorf, Sabine	1. 7. 99	10. 8. 66
Fieber, Ulrich	1. 7. 99	24. 1. 71
Bunge, Oliver	19. 7. 99	20. 12. 69
Döbeling, Birte	19. 7. 99	8. 1. 73
Hobro-Klatte, Rüdiger	2. 8. 99	1. 4. 69
Bracker, Susanne	16. 8. 99	5. 4. 67
Feist, Christian	20. 9. 99	13. 11. 68
Hasselder, Bodo	20. 9. 99	26. 2. 72
Quantz, Burkhard	1. 11. 99	27. 8. 67
Blasel, Tamara	1. 11. 99	6. 10. 70
Lindberg, Silke	1. 12. 99	3. 6. 72
Plöger, Henning	3. 1. 00	1. 8. 68

Bei den Staatsanwaltschaften:

Dr. Güniker, Knut	5. 12. 96	22. 10. 66
Wendt, Meike	15. 4. 97	25. 2. 68

Plewka, Ingo	2. 6. 97	9. 8. 65
Lofing, Hans-Peter	17. 7. 97	6. 12. 63
Voß, Sönke	1. 4. 98	13. 6. 69
Dr. Fischer-Löwisch, Anja	4. 5. 98	9. 10. 66
Mähl, Thorwald	4. 5. 98	4. 11. 67
Dr. Rose, Frank	6. 7. 98	7. 10. 66
Wendt, Markus	13. 7. 98	30. 5. 69
Dr. Schwitters, Jan-Hendrik	5. 10. 98	2. 04. 70
Dr. Brauner, Jörg	2. 11. 98	13. 12. 68
Wilking, Claudia	1. 2. 99	1. 4. 69
Karagiannidis, Stavros	1. 3. 99	13. 1. 69
Bimler, Michael	3. 5. 99	26. 9. 70
Nett, Christiane	1. 6. 99	5. 3. 68
Roesch, Barbara	21. 6. 99	19. 11. 65
Braunwarth, Christian	19. 7. 99	3. 1. 64
Petersen-Thrö, Thorkild	19. 7. 99	12. 7. 67
Schulz, Holger	1. 9. 99	11. 1. 72
Voß, Birgit	1. 12. 99	23. 5. 67
von Holdt, Bettina	3. 1. 00	28. 8. 71
Dr. Soyka, Martin	17. 1. 00	12. 10. 70
Schmidt, Axel	1. 2. 00	23. 12. 67
Nentwig, Ina	1. 2. 00	22. 7. 69

Freistaat Thüringen

2 473 528 Einwohner*

Thüringer Justizministerium

Alfred-Hess-Str. 8, 99084 Erfurt
T (03 61) 37 95–200, Telefax 37 95–1 55

1 Min, 1 StS, 5 MinDgt, 6 LMinR, 22 MinR, 16 RD, 7 ORR, 3 RR

Minister
Dr. Birkmann, Andreas   1. 10. 99   14. 8. 39

Staatssekretär
Scherer, Manfred   11. 11. 99   7. 2. 51

Ministerialdirigenten
Dr. Eberbach, Wolfram   3. 11. 92   21. 8. 48
Dargel, Helmut   16. 12. 92   18. 7. 38
Hess, Rainer   21. 2. 94   10. 11. 46
Dr. Brause, Hans-Peter   1. 2. 97   19. 8. 48
Dr. Schmitt-Wellbrock,
  Wolfgang   1. 10. 98   23. 6. 48

Leitende Ministerialräte
Dr. Faber, Rolf   24. 2. 93   16. 11. 46
Kaufmann, Bernd   1. 10. 97   30. 12. 53
Geibert, Jörg   1. 4. 99   20. 2. 63

Ministerialräte
Justi, Rolf   1. 1. 92   —
Riewe, Richard, abg.   4. 10. 94   15. 3. 42
Laib, Hans-Günther   4. 10. 94   30. 12. 53
Kunz, Thomas   31. 7. 98   2. 3. 58

Regierungsdirektorinnen/Regierungsdirektoren
Gaitzsch, Matthias   29. 7. 94   23. 8. 49
Ladewig, Hans Jürgen   2. 8. 94   10. 1. 48
Wolf, Heinz-Josef   1. 9. 94   8. 11. 43
Müller, Mechthild   1. 9. 94   4. 12. 48
Flos, Ernst   1. 2. 96   5. 9. 37
Dr. Elsmann, Günther   1. 2. 96   9. 11. 41
Holland-Moritz, Rainer   1. 2. 96   13. 5. 56
Walsmann, Marion   1. 2. 96   17. 3. 63
Messerschmidt, Bernd   1. 10. 97   3. 5. 60
Peters, Eckart, abg.   1. 4. 98   13. 9. 63
Weth, Reinhard   1. 10. 98   25. 2. 48
Ißle-Laib, Andrea   1. 10. 98   20. 8. 62
Dischinger, Rolf, abg.   12. 8. 99   23. 5. 59

Oberregierungsrätinnen/Oberregierungsräte
Rohatsch, Karl-Heinz   8. 12. 93   10. 2. 42
Stolte, Peter, abg.   1. 2. 96   23. 5. 56
Peters, Henry   1. 2. 97   20. 7. 64
Dewald, Volker   1. 10. 97   7. 6. 53
Dr. Wellner, Petra   1. 4. 98   17. 12. 56
Kraulich, Joachim   1. 4. 98   14. 10. 62
Seyfarth, Gabriele   1. 10. 98   26. 6. 51

Regierungsrat
Trumm, Oliver   22. 2. 99   16. 5. 68

---

* Stand: 31. 3. 99.
  Die Zahlen der Gerichtseingesessenen der Bezirke der
  Land- und Amtsgerichte sind nicht übermittelt worden.

Oberlandesgerichtsbezirk Jena

Bezirk: Freistaat Thüringen

4 Landgerichte:

Erfurt, Gera, Meiningen, Mühlhausen

Baulandkammer: Beim Landgericht Meiningen, zuständig für alle Landgerichtsbezirke.

30 Amtsgerichte

Die Führung der Handels- und Genossenschaftsregister sowie die Zuständigkeit in Gesamtvollstreckungssachen ist den Amtsgerichten am Sitz der Landgerichte für den jeweiligen Landgerichtsbezirk übertragen.

Schöffengerichte:
Bei allen Amtsgerichten außer den nachstehend aufgeführten. Gemeinsames Schöffengericht für die Amtsgerichte, bei denen ein Schöffengericht nicht gebildet wird, ist

für die AGBez.:	*das Schöffengericht:*
Arnstadt und Sömmerda:	Erfurt
Apolda:	Weimar
Greiz:	Gera
Stadtroda:	Jena
Pößneck und Saalfeld:	Rudolstadt
Bad Salzungen und Hildburghausen:	Meiningen
Ilmenau und Schmalkalden:	Suhl
Bad Langensalza, Heiligenstadt und Worbis:	Mühlhausen
Sondershausen:	Nordhausen

Thüringer Oberlandesgericht

Leutragraben 2–4, 07743 Jena
Postfach 10 01 38, 07701 Jena
T (0 36 41) 30 70, Telefax (0 36 41) 30 72 00

1 Pr, 1 VPr, 10 VR, 30 R, 3 UProf im 2. Hauptamt

Präsident

Bauer, Hans-Joachim	18. 10. 93	22. 6. 41

Vizepräsident

Dr. Fischer, Florian	15. 12. 93	23. 3. 40

Vorsitzende Richter

Wirbelauer, Wolf-Dieter	22. 12. 93	12. 11. 35
Dr. Proetel, Horst	22. 12. 93	27. 2. 37
Rachor, Erich	1. 10. 97	9. 4. 40
Pfalzer, Hans-Otto	1. 10. 97	24. 11. 47
Dünisch, Ernst H.	1. 4. 98	7. 2. 51
Kotzian-Marggraf, Karl	1. 4. 98	28. 8. 52
Weber, Michael	1. 10. 98	9. 12. 52
Hükelheim, Norbert	1. 1. 00	1. 1. 53

Richterinnen/Richter

Vogel, Klemens	1. 1. 93	22. 6. 48
Orth, Marlies	22. 12. 93	22. 3. 58
Dr. Werner, Olaf (UProf, 2. Hauptamt)	31. 7. 96	18. 8. 39
Dr. Bayer, Walter (UProf, 2. Hauptamt)	31. 7. 96	11. 7. 56
Dr. Oetker, Hartmut (UProf, 2. Hauptamt)	31. 7. 96	14. 3. 59
Billig, Carola	1. 2. 97	18. 8. 51
Ross, Regina, abg.	1. 2. 97	22. 5. 55
Schulze, Stefan	1. 2. 97	12. 11. 55
Dr. Schwerdtfeger, Dirk	1. 2. 97	11. 4. 60
Zimmermann-Spring, Jutta	1. 2. 97	28. 6. 60
Lindemann-Proetel, Christine	1. 4. 98	11. 2. 53
Sonntag, Klaus, abg.	1. 4. 98	5. 8. 59
Bettin, Ingolf	1. 4. 98	29. 1. 60
Zoller, Roland	1. 4. 98	5. 9. 61
Pagel, Kerstin, abg.	1. 10. 98	3. 10. 53
Nährig, Bernhard	1. 10. 98	11. 11. 53
Bayer, Otto	1. 10. 98	11. 1. 57
Martin Sigrid	1. 4. 99	3. 2. 55
Retzer, Robert	1. 4. 99	8. 7. 56
Wilms, Ralf Helmut	1. 4. 99	25. 6. 61

Landgerichtsbezirk Erfurt

Landgericht Erfurt

Domplatz 37, 99084 Erfurt
Postfach 739, 99014 Erfurt
T (03 61) 3 77 55 35
Telefax (03 61) 3 77 55 79

1 Pr, 1 VPr, 18 VR, 36 R

Präsident

N.N.   —   —

Vizepräsidentin

Schwarz, Renate	1. 4. 98	19. 7. 58

Vorsitzende Richterinnen/Vorsitzende Richter

Rathemacher, Sabine	29. 10. 93	3. 3. 60
Müller, Wolf Philipp	5. 11. 93	22. 10. 47
Pröbstel, Holger	22. 12. 93	19. 9. 60
Dr. Appl, Ekkehard, abg.	30. 3. 95	8. 7. 60
Liebhart, Friedrich	1. 10. 95	9. 8. 51
Winnig, Sabine	1. 2. 96	12. 8. 51
Strunk, Reinhard	1. 2. 97	25. 1. 43
Schilling, Heinz	1. 4. 99	25. 6. 48

Richterinnen/Richter

Bieder, Hendrik	22. 2. 94	1. 12. 59
Wichmann-Bechtelsheimer, Heike, beurl.	22. 2. 94	1. 4. 62
Hoßbach, Thomas	26. 5. 94	11. 6. 62
Wolf, Thomas	26. 5. 94	16. 2. 64
Apel, Jürgen-Dirk	4. 10. 94	7. 3. 62
Lossin-Weimer, Kerstin, abg.	4. 10. 94	9. 10. 63
Teichgräber, Beate	6. 10. 94	24. 10. 58
Grimm, Michael	6. 10. 94	16. 10. 59
Brenneisen, Ute, abg.	6. 10. 94	27. 4. 62
Schneider, Thomas	27. 1. 95	29. 4. 63
Hamisch, Brigitta	28. 4. 95	11. 10. 51
von Hagen, Markus	2. 5. 95	12. 8. 62
Jahn, Gerhard	3. 7. 95	25. 10. 63
Steinmaier, Dirk, abg.	17. 7. 95	6. 11. 58
Rümmler, Matthias	17. 7. 95	16. 11. 62
Scherf, Reinhard	22. 9. 95	10. 8. 53
Langer, Sabine, abg.	1. 2. 96	20. 3. 63
Hampel, Detlef	18. 4. 96	5. 4. 64
Rothe, Birgit	22. 4. 96	23. 11. 64
Steigerwald, Uwe	29. 4. 96	11. 9. 61
Fibich, Holger, abg.	13. 5. 96	1. 10. 64
von Friesen, Christoph, abg.	23. 5. 96	24. 10. 61
Dr. Bender, Ute	30. 8. 96	6. 3. 63
Keske, Burkhard	1. 9. 96	14. 6. 60
Jung, Regina, abg.	1. 9. 96	8. 9. 62
Jünger, Claudia	1. 9. 96	28. 4. 63
Andres, Peter	1. 9. 96	27. 7. 64
Böhm, Ellen, beurl.	7. 9. 96	13. 1. 65
Niedhammer, Sabine, beurl.	10. 9. 96	11. 3. 64
Kölsch, Wolfgang	27. 11. 96	13. 2. 65
Lauinger, Dieter	28. 11. 96	5. 4. 59
Timmer, Burkhard, abg.	28. 11. 96	23. 4. 63
Johannes, Gudrun, abg.	28. 11. 96	9. 10. 63
Laumen, Edmund, abg.	10. 12. 96	5. 4. 59
Dr. Klug, Andrea, abg.	16. 1. 97	16. 3. 65
von Schmettau, Mechthild	16. 1. 97	7. 4. 65
Becher, Martina	12. 2. 97	4. 1. 65
Geibert, Anja, beurl.	15. 3. 97	8. 10. 64
Lindner, Jürgen	15. 3. 97	22. 2. 65
Reicherts, Katrin	25. 6. 97	28. 5. 67
Gerwing, Annette	8. 7. 97	12. 5. 64
Wienroeder, Christiane, abg.	9. 7. 97	20. 3. 63
Wolf, Friedo, abg.	4. 11. 97	12. 5. 64
Dr. Borowsky, Martin	20. 2. 98	3. 4. 60
Hornstein, Martina	11. 6. 98	3. 5. 64
Lieser, Antje, beurl.	11. 6. 98	10. 3. 66
Dr. Schlinghoff, Jochen, abg.	1. 5. 99	23. 9. 63
Versteegen, Jan	1. 7. 99	25. 4. 61
Dr. Ferneding, Ludger, abg.	22. 7. 99	9. 6. 62
Plath, Detlev	3. 8. 99	30. 6. 66
Tietjen, Udo	3. 8. 99	9. 6. 67
Dietrich-Pippert, Jeanette, beurl.	—	28. 6. 64
Stolte, Peter (RkrA)	(18. 10. 99)	23. 5. 56

Amtsgerichte

Apolda

Jenaer Str. 8, 99510 Apolda
Postfach 40, 99503 Apolda
T (0 36 44) 50 29–0
Telefax (0 36 44) 50 29 33

1 Dir, 3 R

Behlau, Claus-Peter, Dir	1. 4. 98	11. 1. 55
Kodalle, Susanne, abg.	9. 10. 82	19. 5. 52
Wille, Vera	26. 5. 94	23. 9. 53
Krohn, Hans, abg.	3. 5. 95	30. 12. 50
Hausmann, Susanne, beurl.	19. 3. 97	15. 6. 64
Jahn, Barbara (RkrA)	(26. 1. 98)	18. 2. 64

Arnstadt

Ritterstr. 14, 99310 Arnstadt
T (0 36 28) 9 33 00
Telefax (0 36 28) 93 30 33

1 Dir, 5 R

Germann, Peter, Dir	1. 10. 98	6. 4. 50
Knöchel, Detlef	30. 8. 96	21. 10. 64

Kölsch, Cornelia	28. 11. 96	26. 11. 65
Pilch, Annett	17. 11. 97	7. 7. 68
Querbach, Christina	14. 5. 98	10. 12. 65

Artern
Poststr. 10, 06556 Artern
T (0 34 66) 3 36 00
Telefax (0 34 66) 33 60 58

1 Dir, 3 R

N. N., Dir	—	—
Schiefelbein, Renate	26. 5. 94	13. 9. 49
Richter, Martina	14. 6. 96	18. 4. 63
Fierenz, Gerald	4. 3. 97	12. 5. 65
Bailly, Barbara	24. 1. 00	19. 3. 67

Erfurt
Am Johannestor 23, 99084 Erfurt
T (03 61) 3 77 60 02
Telefax (03 61) 3 77 60 00

1 Pr, 1 VPr, 2 w.aufsR, 32 R

Präsident

Lass, Rudolf	5. 11. 93	11. 1. 38

Vizepräsidentin

Baumann, Astrid	1. 2. 97	9. 2. 57

weitere aufsichtsführende Richter

Köhler, Michael	1. 10. 95	19. 9. 45
Bitz, Philipp	1. 4. 98	1. 10. 50

Richterinnen/Richter

Mortag, Helga	22. 2. 94	13. 9. 50
Schwarz, Heike	6. 4. 94	17. 7. 64
Michalk, Waltraud	20. 5. 94	9. 5. 50
Metze, Christina	26. 5. 94	14. 8. 51
Kißner, Birgitt	26. 5. 94	24. 8. 53
Bock, Sigrid	26. 5. 94	9. 1. 54
Ungewiß, Martina	26. 5. 94	24. 12. 62
Scherer, Michael	6. 10. 94	20. 11. 56
Dölle, Joachim	6. 10. 94	24. 9. 58
Daubitz, Kurt	6. 10. 94	28. 12. 58
Werner, Frank	6. 10. 94	14. 4. 59
Hauzel, Thomas	6. 10. 94	22. 9. 59
Frye, Kirsten	11. 7. 95	12. 6. 62
Kümmel-Schwarz, Katja	24. 11. 95	19. 12. 62
Freise, Wolfgang	1. 12. 95	23. 4. 54
Zoller, Andrea, abg.	13. 5. 96	14. 4. 60
Lübbers, Ulrich	18. 6. 96	8. 11. 59
Graetz, Beate, abg.	18. 6. 96	8. 12. 62
Marx, Renate	18. 6. 96	20. 11. 63
Pippert, Jörg, abg.	10. 7. 96	5. 2. 63

von Schmettau, Georg, abg.	16. 7. 96	13. 8. 62
Schmitz, Martina	16. 7. 96	21. 9. 65
Schwarz, Martin	28. 8. 96	19. 6. 61
Ewald, Christine	2. 9. 96	16. 7. 62
Napp-Keske, Silvia	29. 11. 96	15. 8. 64
Baumann, Ludger	2. 1. 97	11. 9. 62
von Hagen, Birgit	10. 3. 97	31. 12. 62
von Hirschheydt, Silke	15. 3. 97	14. 8. 64
Mörtzschky, Franziska	8. 7. 97	16. 11. 64
Luckas-Steinmaier, Claudia	10. 7. 97	24. 8. 63
Horsch, Andreas	27. 8. 97	27. 9. 65
Kalb, Chelion	1. 7. 99	16. 3. 65

Gotha
Justus-Perthes-Str. 2, 99867 Gotha
Postfach 36, 99581 Gotha
T (0 36 21) 21 50
Telefax (0 36 21) 21 51 00

1 Dir, 1 stVDir, 11 R

Füllenbach, Klaus, Dir	4. 11. 93	30. 5. 39
Kuhnert, Sabine, stVDir	1. 4. 98	13. 7. 53
Neudert, Dietelinde	20. 5. 94	3. 11. 38
Schwarz, Torsten	20. 5. 94	1. 5. 65
Daubitz, Erika	14. 2. 95	3. 7. 61
Ansorge, Heiko	21. 7. 95	25. 8. 53
Dr. Neumann, Gabriele	1. 2. 96	2. 10. 54
Borowiak-Soika, Ulrike, beurl.	5. 6. 96	14. 10. 63
Berg, Helmut	19. 6. 96	16. 8. 59
Thelen, Frank	2. 12. 96	12. 10. 63
Luckhardt, Vera, beurl.	3. 12. 96	31. 3. 64
Steigerwald, Viola	17. 11. 97	24. 8. 59
Dr. Arend, Susanne	18. 11. 97	30. 11. 6.

Sömmerda
Stadtring 17, 99610 Sömmerda
Postfach 47, 99601 Sömmerda
T (0 36 34) 37 07–30
Telefax (0 36 34) 37 07–40

1 Dir, 5 R

Müller-Hilgert, Michael, Dir	1. 10. 98	17. 12. 5.
Mummert, Bernd-Michael, abg.	20. 5. 94	25. 8. 5.
Michalik, Kerstin	18. 7. 95	4. 7. 5
Backes, Johannes	9. 5. 96	13. 6. 6.
Fibich, Lydia, beurl.	1. 9. 96	21. 3. 6
Przewosnik, Sabine	4. 8. 97	1. 7. 6
Baumgart, Steffen	24. 1. 00	12. 5. 6

Weimar

Ernst-Kohl-Str. 81, 99423 Weimar
Postfach 6, 99421 Weimar
T (0 36 43) 2 33 00
Telefax (0 36 43) 2 33 04 00

1 Dir, 1 stVDir, 9 R

Brauhardt, Carolina, Dir, abg.	17. 2. 98	16. 12. 55
Pesta, Rita, stVDir	3. 5. 99	25. 2. 61
Dr. Schmidt, Günther	26. 5. 94	24. 6. 37
Kunkel, Marlies	26. 5. 94	2. 1. 51
Schulz-Hauzel, Michaela	6. 10. 94	7. 10. 61
Götz, Karl-Heinrich	17. 7. 95	1. 2. 61
Freundlieb, Monika	1. 2. 96	22. 4. 61
Reckert, Karin	1. 2. 96	18. 12. 64
Weller, Susanne, beurl.	14. 6. 96	3. 6. 62
Gloski, Inez	17. 7. 96	12. 9. 65
Fasco, Dagmar, beurl.	2. 9. 96	27. 3. 64
Dettmar, Christian	1. 8. 97	3. 2. 63

Landgerichtsbezirk Gera

Landgericht Gera

Rudolf-Diener-Str. 2, 07545 Gera
Postfach 17 64, 07501 Gera
T (03 65) 8 34–0
Telefax (03 65) 8 34–12 35

1 Pr, 1 VPr, 15 VR, 35 R

Präsident

Ganderath, Peter	1. 4. 99	16. 1. 57

Vizepräsident

Maul, Reinhard	12. 10. 93	3. 10. 48

Vorsitzende Richterin/Vorsitzende Richter

Neidhardt, Berndt	29. 10. 93	21. 10. 55
Dr. Klimmek, Ulrich	6. 12. 94	8. 6. 37
Kadel, Werner	1. 10. 95	16. 7. 60
Gins, Werner	1. 12. 96	15. 1. 48
Platzek, Barbara	1. 10. 98	18. 11. 48
Parteina, Alexander	1. 10. 98	16. 3. 53
Götz, Karl-Georg	1. 4. 99	3. 12. 53

Richterinnen/Richter

Kramer, Stefan, abg.	2. 12. 93	10. 6. 63
Toetzke, Ute	14. 2. 95	6. 10. 58
Pieper, Wilhelm-Friedrich, abg.	14. 2. 95	30. 12. 60
Diedrich, Ingrid, beurl.	14. 2. 95	19. 1. 61
Dehlkers, Reinhard	17. 5. 95	22. 7. 52
Niemeyer, Rainer, abg.	17. 5. 95	5. 3. 59

Opitz, Olaf	5. 7. 95	30. 8. 60
Spahn, Andreas	25. 9. 95	31. 3. 63
Bußjäger, Gerhard	15. 10. 95	13. 12. 54
Linsmeier, Gerhard, abg.	30. 4. 96	9. 10. 58
Illian, Simone, abg.	30. 4. 96	28. 5. 63
Fischer, Stefan	30. 4. 96	16. 10. 63
Lichius, Christina	8. 5. 96	15. 12. 60
Christ, Siegfried, abg.	1. 6. 96	29. 9. 63
Henn, Ruth, abg.	3. 6. 96	23. 7. 65
Hager, Elke	18. 6. 96	28. 4. 63
Kaufmann, Michael	9. 7. 96	24. 6. 61
La Rocca, Angelina	9. 7. 96	12. 2. 62
Erbarth, Alexander,	15. 7. 96	20. 6. 63
Rassier, Gerhard, abg.	8. 8. 96	21. 11. 58
Giebel, Martin, abg.	2. 9. 96	24. 3. 64
Blaß, Katharina, abg.	12. 12. 96	21. 2. 65
Blasius, Judith, abg.	15. 3. 97	10. 3. 65
Schade, Sabine, beurl.	25. 6. 97	8. 6. 66
Doleski-Stiwi, Angela	25. 6. 97	9. 7. 66
Klaucke, Marin, beurl.	10. 7. 97	26. 7. 55
Schmitt, Boris	5. 8. 97	17. 8. 63
Böttcher-Grewe, Kerstin	13. 10. 97	24. 2. 63
Grüneberg, Andreas	18. 11. 97	25. 6. 63
Tonndorf, Uwe	19. 11. 97	17. 12. 65
Hansen, Gabriele, beurl.	11. 2. 98	16. 10. 64
Koch, Ralf	12. 5. 98	16. 9. 63
Redeker, Philip	13. 5. 98	7. 11. 63
Wentzel, Michael	3. 2. 99	15. 6. 64
Schwengber, Heike	27. 4. 99	22. 7. 68
Wulf, Angelika	28. 4. 99	4. 8. 66
Tscherner, Harald	12. 8. 99	17. 3. 67
Höfs, Andrea	23. 9. 99	19. 8. 64
Siede, Walther	10. 3. 00	12. 2. 64
Friebertshäuser, Soja	10. 3. 00	15. 4. 65
Donnenberg, Karl	10. 3. 00	16. 2. 66

Amtsgerichte

Altenburg

Burgstraße 11, 04600 Altenburg
Postfach 12 61, 04852 Altenburg
T (0 34 47) 5 59–0
Telefax (03 47) 5 59–111

1 Dir, 1 stVDir, 7 R

N. N., Dir	—	—
N.N., stVDir	—	—
Rothe, Kerstin	20. 5. 94	30. 5. 59
Albers, Raimund	6. 10. 94	18. 4. 56
Hilbig, Angelika	14. 2. 95	8. 11. 50
Klopfer, Wolfgang	3. 5. 95	16. 2. 62
Gerstner, Manuela	25. 7. 95	26. 12. 62
Daum, Roger	16. 12. 96	8. 7. 64
Bangert, Klaus	16. 1. 97	6. 5. 58
Osin, Peter	5. 2. 98	20. 2. 65

Gera
Rudolf-Diener-Straße 1, 07545 Gera
Postfach 216, 07502 Gera
T (03 65) 8 34 20 06
Telefax (03 65) 8 34–20 07

1 Dir, 1 stVDir, 2 w.aufsR, 19 R

N. N., Dir	—	—
N. N., stVDir	—	—
Messner, Ulrich, w.aufsR	30. 3.95	14.10.40
Strohscher, Frank	6. 4.94	10. 1.62
Kallenbach, Helga	26. 5.94	14. 4.66
Menke, Angela	6.10.94	19.11.59
Weisgerber, Ralf	17. 2.95	16. 1.65
Drachsler, Thomas	15. 5.95	29.05.62
Kahlenbach, Heidrun	5. 7.95	9.10.51
Meier, Joachim, abg.	11.12.95	26. 8.62
Sievers, Henning	29. 1.96	13. 7.56
Krollmann, Gabriele	29. 1.96	10. 3.64
Hartmann, Volker	30. 4.96	13. 3.56
Sander, Jörg	30. 4.96	28. 4.62
Popendicker, Heike	11. 6.96	24. 4.65
Lange, Christian	2. 7.96	28. 6.63
Preuß, Rainer, abg.	30. 8.96	13. 1.54
Holterdorf, Thomas	30. 8.96	28. 1.62
Wilhelm, Norbert	4. 9.96	22. 7.64
Weisenstein, Iris	1.10.96	3. 2.66
Scholzen, Wolfgang	24.10.96	30. 9.59
Pisczan, Bernd	20. 1.97	3. 9.63
Kramer, Sabine, abg.	16. 6.98	25. 7.66

Greiz
Brunnengasse 10, 07973 Greiz
Postfach 66, 07962 Greiz
T (0 36 61) 61 50
Telefax (0 36 61) 61 51 17

1 Dir, 5 R

N. N., Dir	—	—
Meinzenbach, Renate	6.10.94	4.12.55
Wezykowski, Ute	6.10.94	29. 4.62
Beiler, Michael	14. 2.95	5. 4.62
Heidel, Reik	20. 1.97	10.10.67

Jena
Carl-Pulfrich-Straße 1, 07745 Jena
Postfach 10 08 29, 07708 Jena
T (0 36 41) 6 13–0
Telefax (0 36 41) 6 13–2 04

1 Dir, 1 stVDir, 12 R

Schemann, Ulrich, Dir	29.10.93	19. 8.39
Seyffarth, Kerstin, stVDir, abg.	1. 4.98	24.10.59
Maaß, Elke	10. 7.95	25. 3.64
Hovemann, Frank	9.10.95	28.10.61
Plota, Karl	9.10.95	24.11.61

Streitberg, Winfried	12.12.95	9.10.63
Nolte, Stefan	24. 5.96	28. 1.63
Steffens, Andre	6. 6.96	20. 8.60
Piller, Andreas	6. 6.96	23.10.62
Dr. Litterst-Tinganele, Gerhard, abg.	6. 2.97	23. 8.50
Kleßen, Detlef	5. 3.97	5. 8.62
Lichius, Klaus	27. 5.97	6. 4.63
Terborg, Susanne, abg.	3. 6.97	12. 8.66
Barbian, Susanne, beurl.	4. 9.97	27. 9.64
Wiegler, Andreas	13. 1.98	9. 8.64

Lobenstein
Mühlgasse 19 c, 07356 Lobenstein
Postfach 121, 07353 Lobenstein
T (03 66 51) 6 10–0
Telefax (03 66 51) 6 10–10

1 Dir, 5 R

Kunert, Manfred, Dir	9.12.93	14. 1.41
Marufke, Dieter	3. 5.95	11. 4.59
Bandorf, Armin	19. 9.96	3. 4.63
Leitloff, Jürgen	3.12.96	1. 7.64
Detsch, Martina, beurl.	9. 7.97	14. 6.66
Keller, Stefanie	20.11.97	12. 5.64

Pößneck
Bahnhofstr. 18, 07381 Pößneck
Postfach 178, 07374 Pößneck
T (0 36 47) 42 68–0
Telefax (0 36 47) 42 68–60

1 Dir, 3 R

Tröstrum, Roland, Dir	1.10.98	25. 9.60
Dimke, Knud	20. 5.94	12. 7.63
Kurz, Thilo	29. 8.96	27. 3.63
Dr. Herrmann, Götz	10. 3.00	27.10.66

Rudolstadt
Marktstr. 54, 07407 Rudolstadt
Postfach 208, 07395 Rudolstadt
T (0 36 72) 4 49–0
Telefax (0 36 72) 4 49–1 30

1 Dir, 5 R

Kurze, Volker, Dir	5.11.93	29. 6.60
Denst, Sabine	14. 2.95	16. 9.60
Ziegler, Gert	26. 2.96	1.11.44
Mäder, Udo	8. 5.96	10. 5.61
Ratajczak, Frank, abg.	16. 1.97	24. 2.65
Wehner, Guido	16. 8.98	16. 8.63

Saalfeld
Gutenbergstr. 3, 07318 Saalfeld
Postfach 20 53, 07306 Saalfeld
T (0 36 71) 57 45–0
Telefax (0 36 71) 57 45–30

1 Dir, 4 R

N. N., Dir	—	—	
Kämper, Andreas	14. 2.95	2. 3.62	
Lamp, Nikolaus	5. 6.96	11. 1.59	
Keller, Matthias	11. 7.96	26. 4.63	
Göritz, Wilma	16. 1.97	21. 6.64	

Stadtroda

Schloßstraße 2, 07646 Stadtroda
Postfach 150, 07641 Stadtroda
T (0364 28) 4 68–0
Telefax (0364 28) 4 66–39

1 Dir, 1 stVDir, 6 R

Sabel, Hilcke, Dir	16. 9.94	3. 9.36	
N.N., stVDir	—	—	
Mittenberger-Huber, Ariane	1. 2.92	11. 4.61	
Gischkat, Kerstin	20. 5.94	24.12.55	
Schlicksbier, Regina	26. 5.94	3. 6.53	
Sprenger, Gerrit-Marc	24.10.96	18.10.63	
Duus, Reinhard	16. 1.97	29.11.58	
Hohmeier, Karl	18.11.97	8. 1.64	
Weber, Eugen, abg.	12. 5.98	8.11.63	

Landgerichtsbezirk Meiningen

Landgericht Meiningen

Leipziger Str. 2, 98617 Meiningen
Postfach 197, 98604 Meiningen
T (0 36 93) 40 40
Telefax (0 36 93) 4 12 60

1 Pr, 1 VPr, 8 VR, 18 R

Präsident

N. N.	—	—	

Vizepräsident

Aulinger, Martin	17. 3.98	12. 9.55	

Vorsitzende Richter

Zint, Joachim	26. 8.93	24. 4.37	
Kunisch, Werner	31. 8.93	4. 8.39	
Popp, Detlef	23. 6.94	10. 5.52	
Krueger, Ulrich, abg.	29. 3.95	23. 9.43	
Brand, Hans Georg	1. 2.97	27. 9.36	
Wolf, Roland	1. 2.97	8. 2.49	

Richterinnen/Richter

Rothaug, Barbara	1. 1.91	10.10.59	
Holzer, Johannes	1. 4.93	8. 8.63	
Födisch, Waltraud	22. 2.94	19. 4.47	

Huf, Raymund	6. 4.94	10. 5.53	
Fleischmann, Joachim	6. 4.94	25. 6.55	
Schmidt, Ulrich	12. 4.94	22. 1.55	
Mundt, Matthias, abg.	20. 5.94	26. 8.58	
Pardubski, Harald	6.10.94	17.12.60	
Triebel, Rene	6.10.94	19. 3.61	
Dr. Bohlander, Michael, beurl.	18.10.94	21. 6.62	
Dr. Matthias, Oliver, abg.	14. 2.95	8. 5.60	
Pfarr, Udo, abg.	14. 2.95	11. 8.61	
Fleischmann, Astrid, abg.	28.11.95	12.12.57	
Bötzl, Ulrike, abg.	29.11.95	15. 6.63	
Wilhelms, Gerhard	5. 6.96	6. 2.61	
Schäfer, Hans-Peter	5. 6.96	22.10.63	
Dr. Türpitz, Jörg	5. 8.96	31. 7.59	
Pallasch, Manuela	1. 9.96	13.10.64	
Groß, Franz-Peter, abg.	3.12.96	1. 9.61	
Sprenger, Karin, beurl.	24.11.97	15. 9.62	
Becker, Beate	1. 9.99	28. 5.64	
Ifland, Claudia	24. 1.00	24.10.70	

Amtsgerichte

Bad Salzungen

Kirchplatz 6, 36433 Bad Salzungen
Postfach 63, 36422 Bad Salzungen
T (0 36 95) 55 66–0
Telefax (0 36 95) 55 66 11

1 Dir, 5 R

Roggenkamp, Bernd, Dir	26. 8.93	1. 3.37	
Reitschky, Ute	6.10.94	31. 7.55	
Poch, Katrin	14. 2.95	16. 9.61	
Manges, Detlef	14. 2.95	11. 6.62	
Schwenk, Stefan	16. 1.97	16.11.60	
Petry, Elke	26.11.97	9. 4.66	

Hildburghausen

Joh.-Seb.-Bach-Str. 2, 98646 Hildburghausen
Postfach 110, 98642 Hildburghausen
T (0 36 85) 77 90
Telefax (0 36 85) 77 92 22

1 Dir, 3 R

Schneider, Maritta, Dir	1. 4.98	10.10.60	
Tews, Martina	6.10.94	3. 2.59	
Kerschbaum, Alfred	6.10.94	12. 5.62	
Bär, Roland	14. 2.95	7. 4.55	

Ilmenau

Markt 1, 98693 Ilmenau
Postfach 10 07 51, 98684 Ilmenau
T (0 36 77) 20 28 81
Telefax (0 36 77) 6 28 92

1 Dir, 3 R

Silberhorn, Doris, Dir	1.	2.97	17.11.38
Fraszczak, Heike	29.	1.96	22. 5.64
Naumann, Norbert	9.	7.96	16. 9.62
Dr. Szigarski,			
Mathias, abg.	2.12.96		12. 6.60

Meiningen
Charlottenstr. 4, 98617 Meiningen
Postfach 101, 98603 Meiningen
T (0 36 93) 46 30
Telefax (0 36 93) 46 34 25

1 Dir, 1 stVDir, 8 R

N. N., Dir	—		—
Kowalski, Sigrun, stVDir	1.	4.98	22. 4.58
Steiner, Thorsten	20.	5.94	26. 6.62
Zimmermann, Gabriele	26.	5.94	14. 5.64
Scherwenik, Edmund	6.10.94		3. 3.38
Hiby-Bögelein, Ursula,			
beurl.	6.10.94		14.12.62
Eichner, Jörg	29.11.95		15. 7.63
Leischner, Heinz	28.12.95		20. 5.53
Gradel, Jutta, beurl.	10.	7.96	18.10.62
Wichmann, Peter	7.10.96		29. 3.62

Schmalkalden
Hoffnung 30, 98574 Schmalkalden
Postfach 251, 98566 Schmalkalden
T (0 36 83) 6 96 00
Telefax (0 36 83) 69 60 69

1 Dir, 3 R

Wiesenbacher, Michael,			
Dir	1.	2.97	20. 5.52
Kühn, Marianne	26.	5.94	30. 9.42
Kuba, Volker	25.	9.95	22. 4.58
Hollandt, Stephan, abg.	27.	8.96	13.12.62

Sonneberg
Untere Marktstr. 2, 96515 Sonneberg
T (0 36 75) 82 20
Telefax (0 36 75) 82 22 22

1 Dir, 6 R

Fuchs, Heinrich, Dir	29.10.93		10. 6.45
Stolze, Grit, abg.	6.	4.94	23. 6.64
Fleischmann, Viola	20.	5.94	2.10.57
Lehnert, Ute	20.	5.94	20. 4.61
Waldert, Brigitte	26.	5.94	8. 5.58
Höll, Gabriele	6.10.94		10.12.58
van Reimersdahl, Jörg,			
beurl.	6.10.94		8. 8.62

Suhl
Rimbachstr. 30, 98527 Suhl
Postfach 362, 98503 Suhl
T (0 36 81) 37 50
Telefax (0 36 81) 37 54 09

1 Dir, 1 stVDir, 8 R

Reubekeul, Karsten, Dir	29.	7.93	20. 9.44
N.N., stVDir	—		—
Feld-Gerdes, Wolfgang,			
abg.	24.	9.91	14. 6.58
Goschala, Hannelore	26.	5.94	11. 9.41
Linde, Volker	26.	5.94	31. 1.61
Schnauß, Steffi	26.	5.94	31. 7.62
Glaser, Sylvia	26.	5.94	30. 4.63
Schleicher, Frank	6.	7.95	4. 2.64
Linner, Bernd	6.10.95		6. 2.52
Kulf, Alexander	10.10.95		14. 5.61
Fabricius, Christine, abg.	9.	5.96	2.10.52

Landgerichtsbezirk Mühlhausen

Landgericht Mühlhausen
Schillerweg 59, 99974 Mühlhausen
Postfach 70, 99961 Mühlhausen
T (0 36 01) 45 40
Telefax (0 36 01) 45 42 99

1 Pr, 1 VPr, 9 VR, 18 R

Präsident

| Metz, Rudolf | 7.10.93 | | 15. 2.43 |

Vizepräsident

| Dr. Dettmar, Uwe | 5.11.93 | | 3. 1.48 |

Vorsitzende Richterinnen/Vorsitzende Richter

Buus, Karl-Heinz	9.	8.93	23. 8.47
Dr. Sellert, Urte	9.12.93		14.11.39
Scharf, Peter	9.12.93		29. 3.51
Schuppner, Jürgen	9.12.93		15.12.53
Danielowski, Karin	22.12.93		19. 8.44
Schmidt, Kirsten	19.	7.94	7. 8.61
Bohnen, Rainer	1.	2.97	5.12.31
Burschel, Hans-Otto	1.10.97		22. 3.54
Krämer, Michael,	1.	4.99	10. 9.54

Richterinnen/Richter

Haustein, Christiane	3.	6.94	6.11.58
Höhne, Ralf	3.	6.94	31.10.60
Friedländer, Irmengard,			
abg.	14.	2.95	19. 6.45
Michels, Holger	14.	2.95	16.10.60
Funke, Gerd	14.	2.95	25. 2.61
Schur, Axel	17.11.95		12. 8.64
Müller, Joachim	29.12.95		26. 5.52

Kopp, Harald, abg.	16. 1.96	7. 3.63
Lutter, Nikola, beurl.	11. 6.96	30. 8.63
Spitzer, Albert	1. 7.96	16. 7.63
Tröger, Manfred	9. 7.96	21. 2.49
Fehr-Albrado, Gitta	26. 8.96	25.11.56
Häcker-Reiß, Matthias	26. 8.96	2. 2.64
Senftleben, Walter	2.12.96	20. 6.64
Kortus, Andrea	4.12.96	5. 6.62
Steitz, Petra, abg.	25. 3.97	30.12.63
Blaszczak, Matthias	22. 1.98	18. 3.66
Humenda, Steffen	17. 5.99	19. 8.65
Grote, Gerhild	12. 8.99	4. 6.65
Ebmeier, Ingrid	24. 1.00	12. 5.67
Wildenauer, Ralf (RkrA)	(1. 1.00)	15.12.63

Amtsgerichte

Bad Langensalza
Gothaer Landstr. 1, 99947 Bad Langensalza
Postfach, 99943 Langensalza
T (0 36 03) 86 44 0
Telefax (0 36 03) 86 44 15

Dir, 2 R

N. N., Dir	—	—
Nouraie-Menzel, Zohreh	10.12.96	6. 4.65
Heck, Wolfgang	2. 1.97	12. 8.61
Leiser-Uhlenbruch, Petra, abg.	29. 7.97	5.12.59

Eisenach
Theaterplatz 5, 99817 Eisenach
Postfach 63, 99801 Eisenach
T (0 36 91) 24 70
Telefax (0 36 91) 24 72 00

Dir, 1 stVDir, 10 R

Engels, Roland, Dir	26. 8.93	11. 5.55
N. N., stVDir	—	—
Dahlke, Marianne	22. 2.94	11. 8.42
Desgroseilliers, Marguerite, beurl.	6.10.94	5.10.62
Lang, Helmut	28. 4.95	25.12.59
Kopp, Jutta	28.12.95	8. 3.64
Krencher, Thomas	5. 6.96	12. 2.59
Osthushenrich, Ulrike	11. 6.96	30. 4.54
Lender, Ralf	17. 7.96	15. 5.65
Dr. Holle, Gerd	3. 9.96	5. 4.61

Heiligenstadt
Wilhelmstr. 41, 37308 Heiligenstadt
Postfach 356, 37303 Heiligenstadt
(0 36 06) 30 21
Telefax (0 36 06) 25 51

Dir, 2 R

Bärthel, Jürgen, Dir	29. 7.99	10. 8.59
Dräger, Sabine, beurl.	11. 6.96	25.10.61
Haever, Bettina, beurl.	16. 6.97	10. 2.63

Mühlhausen
Untermarkt 17, 99974 Mühlhausen
Postfach 150, 99964 Mühlhausen
T (0 36 01) 4 99 40
Telefax (0 36 01) 49 94 44

1 Dir, 1 stVDir, 11 R

Saemann, Ulrich, Dir	23. 8.93	3. 2.46
Ullmann, Gerd-Dietrich, stVDir, abg.	27.10.94	12. 7.43
Schwalbach, Lutz, abg.	20. 5.94	4. 5.38
Richel, Rüdiger	26. 5.94	10. 9.58
Dr. Köster, Thomas	6.10.94	16. 1.58
Bade, Ortrud	14. 2.95	30.12.56
Dr. Linß, Thomas	14. 2.95	30. 1.57
Jaekel, Uwe	14. 2.95	1. 4.63
Gödicke, Uwe	29. 1.96	15. 3.60
Fischer-Krieg, Sieglinde	9. 7.96	16. 7.61
Fenner, Ulrike	17. 2.97	4.12.64

Nordhausen
Rudolf-Breitscheid-Str. 6, 99734 Nordhausen
Postfach 107, 99721 Nordhausen
T (0 36 31) 42 20
Telefax (0 36 31) 4 22 10

1 Dir 1 stVDir, 8 R

Appel, Bernd, Dir	26. 8.93	13. 5.50
N. N., stVDir	—	—
Hartung, Heidrun	22. 2.94	10. 6.47
Karsch-Böse, Iris	6.10.94	29. 6.62
Dr. Meyer-Wöbse, Gerhard	14. 2.95	18. 8.46
Sattler, Christine	1. 5.96	15.11.53
Balk, Eva	11. 6.96	20.11.63
Ernst, Petra, abg.	11. 7.96	30.11.64
Eicher, Birgit	26. 8.96	10. 9.62
Igla, Manfred	16.12.96	12. 5.64
Desch, Dagmar	19. 1.98	14. 6.66

Sondershausen
Ulrich-von-Hutten-Str. 2, 99706 Sondershausen
Postfach 102, 99702 Sondershausen
T (0 36 32) 70 66 0
Telefax (0 36 32) 70 66 99

1 Dir, 3 R

Bressem, Volker, Dir	1. 4.98	31. 5.60
Kropp, Christian	2.12.96	24.12.63
Igla, Lydia, beurl.	4.12.96	03. 2.65
Fierenz, Anke	17. 1.97	3.11.63

Worbis
Ohmbergstraße 48, 37339 Worbis
Postfach 132, 37334 Worbis
T (03 60 74) 76 20
Telefax (03 60 74) 7 62 10

1 Dir, 4 R

Horstmeier, Henning, Dir	26. 8. 93	30. 6. 56
Eberhardt, Regina	22. 2. 94	2. 1. 38
Gralfs, Susanne	20. 5. 94	4. 7. 55
Knüppel, Thomas	2. 12. 96	15. 11. 63
Behrend, Barbara	1. 9. 99	23. 3. 56

Staatsanwaltschaften

Thüringer Generalstaatsanwaltschaft

Leutragraben 2–4, 07743 Jena
Postfach 100138, 07701 Jena
T (0 36 41) 30 70
Telefax (0 36 41) 30 74 44

1 GStA, 4 LOStA, 7 OStA

Generalstaatsanwalt

Schubert, Winfried	1. 7. 95	7. 2. 51

Leitende Oberstaatsanwälte

Möller, Dieter	12. 10. 93	31. 8. 40
Baedke, Jürgen, abg.	14. 12. 93	7. 1. 44
Reibold, Hartmut	1. 10. 95	6. 12. 48

Oberstaatsanwältin/Oberstaatsanwälte

von der Au, Anton, abg.	9. 12. 92	12. 6. 46
Baumgratz, Rainer	28. 4. 94	25. 5. 43
Wedekind, Udo, abg.	4. 10. 94	8. 10. 61
Lohmann, Hans Dieter	1. 10. 95	21. 12. 61
Meister, Martin, abg.	1. 10. 95	20. 9. 62
Lehmann, Michael, abg.	1. 2. 97	22. 1. 60
Keil, Bettina	1. 4. 99	12. 6. 61
Stolz, Jörg	1. 4. 99	21. 9. 62

Staatsanwaltschaft Erfurt

Augsburger Straße 10, 99091 Erfurt
Postfach 1004, 99021 Erfurt
T (03 61) 37 76–3 91
Telefax (03 61) 37 76–4 00

1 LOStA, 1 stVLOStA, 7 OStA,
4 StA (GL), 42 StA

Leitender Oberstaatsanwalt

Koeppen, Arndt	21. 9. 94	21. 1. 47

Oberstaatsanwältinnen/Oberstaatsanwälte

Klüber, Hermann-Josef, stVLOStA	20. 4. 99	27. 1. 56
Becker, Andreas	28. 4. 94	20. 9. 55
Triebel, Gabriele	1. 10. 95	16. 11. 52
Weidmann, Roland	1. 2. 97	8. 9. 39
Schmitt, Annette	1. 4. 98	5. 8. 61

Staatsanwältinnen/Staatsanwälte

Stahl, Sabine, GL	22. 2. 94	11. 1. 55
Niedhammer, Hans-Otto, GL, abg.	22. 2. 94	30. 4. 61
Kunis, Peter	30. 11. 93	23. 10. 60
Steppat, Wolf Günter	2. 12. 93	25. 6. 55
Herrmann, Arnd	22. 2. 94	7. 2. 57
Strewe, Uwe, abg.	22. 2. 94	20. 2. 61
Heß, Michael	22. 2. 94	18. 4. 62
Zawadil-Bunge, Heike	22. 2. 94	22. 4. 62
Wehner, Detlef	22. 2. 94	17. 6. 62
Wagner, Gisela, abg.	4. 3. 94	11. 12. 57
Willrich, Stephan, abg.	6. 4. 94	26. 11. 57
Kästner-Hengst, Rainer	6. 4. 94	28. 4. 60
Jarisch, Petra	6. 4. 94	31. 1. 62
Beißwenger, Elvira	6. 4. 94	15. 9. 62
Thiel, Viola	6. 4. 94	21. 1. 63
Peinelt, Petra	11. 4. 94	25. 8. 61
Thomalla, Klaus Dieter	20. 5. 94	20. 2. 55
Peters, Werner	20. 5. 94	19. 11. 55
Hübner, Maik	20. 5. 94	17. 11. 6
Straubel, Marianne, abg.	6. 10. 94	15. 8. 53
Proff, Willi	6. 10. 94	30. 5. 5
Schwarz, Frank Michael, abg.	6. 10. 94	22. 4. 60
Urbanek, Wolfgang, abg.	14. 2. 95	10. 8. 52
Schwarz, Corinna, beurl.	14. 2. 95	20. 10. 6
Wildenauer, Ralf Günter, abg.	14. 2. 95	15. 12. 6
Kern, Bernhard	10. 10. 95	16. 9. 6
Proff, Heike Luise, beurl.	11. 10. 95	13. 1. 6
Keller, Marion	11. 10. 95	14. 1. 6
Tolksdorf-Fraßeck, Andrea Christine, beurl.	16. 10. 95	8. 8. 6
Dieckhoff, Rainer	12. 1. 96	9. 5. 5
Visser, Klaus	15. 2. 96	25. 4. 6
Krieger, Steffen	18. 4. 96	12. 10. 5
Hüfner, Anette	30. 4. 96	27. 1. 6
Becker, Silke	20. 5. 96	22. 3. 6
Lindner, Marlies, abg.	24. 5. 96	8. 10. 6
Koch, Ute	28. 5. 96	22. 3. 5
Bechtelsheimer, Markus, abg.	1. 6. 96	30. 6. 6

Risse, Cornelia, abg.	1. 6.96	25. 4.64
Decker, Gabriele	13. 6.96	17. 8.63
Schmitz-Kern, Christiane	1. 7.96	20. 9.60
Glanz, Börries	8. 7.96	2. 6.64
Kronas, Herbert	22. 7.96	6. 1.58
Weller, Martin	5. 9.96	1. 7.58
von Wagner, Gerold, abg.	1. 1.97	5. 7.58
Scheler, Martin	11. 2.97	13.10.64
Huwe, Britta	6. 6.97	12. 7.63
Neubig, Christiane	30.10.97	8. 6.61
Philipp, Patricia	30.10.97	2. 1.67
Dr. Becker, Joachim	15.12.97	22.11.58
Jahn, Barbara, abg.	26. 1.98	18. 2.64
Kronas, Silke	1. 7.99	20. 6.66
Dr. Wenzel, Wolf-Dietrich	24. 1.00	19. 8.66
Grünseisen, Hannes	24. 1.00	19.11.68

Staatsanwaltschaft Gera
Hainstr. 21, 07545 Gera
Postfach 1 79, 07502 Gera
T (03 65) 8 21 30
Telefax (03 65) 8 21 36 00

Zweigstelle in Jena
Löbdergraben 30, 07743 Jena
T (0 36 41) 59 85
Telefax (0 36 41) 44 28 34

Zweigstelle in Rudolstadt
Marktstr. 54, 07407 Rudolstadt
T (0 36 72) 44 93 00
Telefax (0 36 72) 44 93 09

1 LOStA, 1 stVLOStA, 7 OStA, 4 StA (GL),
43 StA

Leitender Oberstaatsanwalt

Sauter, Raimund	1.10.95	6. 9.44

Oberstaatsanwälte

Mundt, Rolf, stVLOStA	1. 2.97	26. 8.45
Hegenbart, Wolfhard	1.10.95	2. 7.53
Deschka, Peter	1. 2.97	21.12.40
Villwock, Thomas	1. 2.97	24. 3.59
Mohrmann, Ralf	1. 4.98	4. 4.61

Staatsanwältinnen/Staatsanwälte

Flieger, Steffen, GL	2.12.93	31.12.62
Kurze, Sigrid, GL, beurl.	1.10.98	7. 2.62
Dr. Kögler, Steffi	22. 2.94	23. 9.54
Moszner, Tamara	22. 2.94	23. 1.55
Reuter, Sylvia	20. 5.94	12.12.58
Weber, Dagmar	20. 5.94	18. 6.60
Adelhardt, Waltraut	6.10.94	17.10.49
Riebel, Thomas, abg.	6.10.94	4.12.63
Liebetrau, Dietlinde	10.10.94	7.10.45
Fesser, Christina	14. 2.95	21. 8.45

Kästel, Holm	14. 2.95	4. 4.58
Berens-Mohrmann, Edith, beurl.	14. 2.95	5. 8.61
Sbick, Andre	14. 2.95	21. 8.63
Meyer, Thomas	19. 7.95	20. 4.58
Reisch, Heike	20. 7.95	1.10.56
Wörmann, Jens	20. 7.95	24. 4.62
Müller, Kerstin	20. 7.95	16.12.63
Schurwanz, Klaus	24. 7.95	19.10.52
Weiler, Gerd	5.12.95	25. 1.57
Bachmann, Christina	18. 4.96	21. 7.63
Katzer, Axel	26. 4.96	30.11.58
Wyrott, Alexander	1. 7.96	2.12.60
Schultz, Gerd-Michael	15. 7.96	13. 1.60
Jahn, Thomas	15. 7.96	8. 4.62
Schellhorn, Heinz	7.11.96	15.12.39
Petzius, Andreas	30.12.96	29.12.61
Höfs, Wolfgang	9. 1.97	28. 6.60
Tönnis, Dorothea	13. 1.97	22. 6.61
Jaquemoth, Ute	19. 6.97	9. 5.65
Stephan, Günter	24. 6.97	1.10.62
Witzmann, Peter	26. 6.97	8. 3.59
Kohlus-Kaminski, Beate, beurl.	20.10.98	28. 5.60
Erdt, Frank	22.10.98	26.10.61
Turba, Anette	29.10.98	17. 2.67
Sauerbaum, Horst	26. 8.99	22. 8.67
Hetzer, Ingo	27. 8.99	12.12.66
Thurm, Axel	7. 9.99	19. 9.62
Weil, Frank	24. 1.00	19. 8.66

Staatsanwaltschaft Meiningen
Friedenssiedlung 14, 98617 Meiningen
Postfach 245, 98605 Meiningen
T (0 36 93) 46 20
Telefax (0 36 93) 46 23 57

1 LOStA, 1 stVLOStA, 3 OStA, 1 StA (GL),
23 StA

Leitender Oberstaatsanwalt

Trost, Franz	1. 6.96	9.10.47

Oberstaatsanwältin/Oberstaatsanwälte

Möckl, Peter, stVLOStA	29. 6.93	18. 4.54
Bolz, Eberhardt	1.10.95	15. 1.44
Soßdorf, Monika	1.10.95	23. 1.55
Hönninger, Reinhard	28. 4.94	12. 3.50

Staatsanwältinnen/Staatsanwälte

Lorenz, Hartmut, GL	22. 2.94	7. 1.54
Schinke, Renate	2.12.93	19. 6.50
Vogt, Margit	2.12.93	12. 7.52
Bauer, Margarete	2.12.93	25.11.52
Schroeder, Thomas	22. 2.94	18. 1.58
Lerche, Sibylle	22. 2.94	22. 3.62

Fitschen, Anke	22. 2.94	4. 5.62
König, Uwe	6. 4.94	16. 1.41
Kirchner I, Susanne	6. 4.94	26.12.57
Waßmuth, Thomas	20. 5.94	15. 9.58
Krebs, Gerd	6.10.94	24. 2.39
Dienemann, Wolfgang	6.10.94	13.10.40
Bott, Pius	14. 2.95	1. 8.44
Kirchner II, Susanne	14. 2.95	7. 5.64
Raithel, Joachim, abg.	28. 4.95	8. 5.62
Seitz, Edith Maria	28. 4.95	14. 5.62
Voß, Reimund	28. 4.95	17. 4.63
Engmann, Harry	18. 7.95	23. 3.56
Raithel, Marion, beurl.	26. 9.95	12.10.63
Krausa, Romy	26. 9.95	28. 1.64
Konrad-Weber, Iris	12. 2.96	4. 7.61
Grün, Beate	8. 5.96	17. 4.64
Grundler, Jochen	18. 6.96	6. 6.62
Groß, Karin	17. 1.97	10. 2.62
Klüpfel, Herbert	5. 3.97	5.12.62

Staatsanwaltschaft Mühlhausen
Brunnenstr. 125, 99974 Mühlhausen
T (0 36 01) 45 80
Telefax (0 36 01) 45 81 55

1 LOStA, 1 stVLOStA, 3 OStA, 3 StA (GL),
29 StA

Leitender Oberstaatsanwalt

Petri, Hans-Joachim	7.10.93	19.12.40

Oberstaatsanwälte

Krieg, Harko, stVLOStA	14. 9.99	23. 2.58
Stille, Günter	14.12.93	28. 9.41
Klose, Peter	11.11.99	14.10.59

Staatsanwältinnen/Staatsanwälte

Störmer, Gert, GL	2.12.93	28. 9.54
Walther, Ulf-Dieter, GL	2.12.93	14. 5.59

Denk, Norbert, GL	1. 3.94	1. 7.58
Schlamp, Horst	1.12.87	25. 4.53
Bilz, Michael, beurl.	22. 2.94	26. 7.60
Brechmann, Ralf	22. 2.94	21. 9.63
Germerodt, Dirk	22. 2.94	27.10.63
Wolfgramm, Dirk	1. 3.94	31. 5.60
Lübbers, Sabine	6. 4.94	13. 6.62
Köhler, Thomas	20. 5.94	22. 3.60
Anstötz, Thomas	6.10.94	29. 1.60
Müller, Christoph	6.10.94	20. 8.60
Dannemann, Dirk	6.10.94	20. 3.61
Rübesamen, Cornelia	28. 4.95	23. 1.57
Höchst, Armin	8.12.95	2.12.59
Schmidt, Georg	6. 2.96	23. 8.57
Greunig, Frank	3. 5.96	18. 2.59
Wüstefeld, Susanne, beurl.	5. 7.96	16. 3.64
Pauly, Hilke	15. 7.96	13. 2.63
Wilmes, Vera	30. 8.96	13. 7.58
Bauer-Rothe, Regine, beurl.	1. 9.96	30. 5.62
Albat, Monika	4. 9.96	27.10.60
Hofmeister, Karin	4. 9.96	2. 5.62
Ehlgen, Birgit	22.11.96	13. 4.61
Seifert, Steffen	27. 1.97	6. 7.64
Klinger, Marion	14. 2.97	26. 3.62
Schröder, Heike	26. 8.97	15.12.66
Müller, Anette, beurl.	20.10.97	27. 2.64
Jünke, Susanne	5.12.97	9. 7.66
Nürnberger, Tanja	23. 2.98	30. 5.66
Näher, Markus	9. 9.99	21.11.65
Bomhauer, Ingo	24. 1.00	26. 7.67
Böttcher, Ralf	24. 1.00	19. 7.68
Bachert, Jochen	24. 1.00	30. 8.68
Murk, Lothar	10. 3.00	30. 5.67

Richterinnen/Richter und Staatsanwältinnen/Staatsanwälte im Richterverhältnis auf Probe

Kobow, Kerstin, beurl.	3. 2.92	17. 9.61
Klante, Daniela, beurl.	1. 8.94	27. 4.66
Oppermann-Hein, Ute, beurl.	1. 8.94	16. 6.66
Klostermann, Stefanie	1.10.95	18.11.66
Waßmuth, Jens	4.10.95	5. 5.62
Oehlschläger, Tanja, beurl.	19. 2.96	20. 5.66
Friedrich, Oliver	15. 7.96	8. 4.67
Jacob, Roland	1. 8.96	2. 3.63
Dr. Franke, Friedrich	2. 9.96	9. 5.67

Schütz, Martin	16. 9.96	2.10.64
Treibert, Michael	1.12.96	16. 2.67
Obhues, Michael	17.12.96	11. 8.65
von Ammon, Sebastian	31.12.96	19. 7.68
Leist, Matthias	3. 2.97	29. 8.64
Hollandmoritz, Silke	1. 3.97	25. 6.71
Hollandmoritz, Christian	1. 3.97	27. 7.71
Schäfer, Susanne	5. 5.97	4. 2.67
Dr. Korenke, Thomas	2. 6.97	17.10.65
von Saldern, Barbara	1. 8.97	27.12.66

Tilch, Stefan	15. 8.97	12.12.67		Beyer, Stefan	1.10.98	7. 2.70
Klostermeier, Michael	15.10.97	11. 9.67		Babeck, Thomas	1.10.98	31. 8.70
Strack, Inka	3.11.97	28. 9.68		Scharfenberg, Hagen	1.10.98	2. 9.70
Pirk, Bianca	3.11.97	25. 1.71		Gollnick, Dirk	1.10.98	6. 6.71
Neumann, Sabine	1.12.97	19. 6.64		Thore, Karen	1.10.98	26. 9.71
Schmidt, Jens	1.12.97	20. 3.70		Rühle, Heide	1.10.98	18.12.71
Dr. Schmidt, Lars	15.12.97	28. 3.70		Boße, Jürgen	1.10.98	13. 4.72
Heinemann, Vera	30.12.97	20. 3.69		Näser, Matthias	1.10.98	7. 5.72
Vanselow, Sabine	31.12.97	15.10.66		Jenke, Thomas	9.11.98	6. 5.71
Heinz, Jürgen	31.12.97	25. 5.67		Scholz, Michael	10.12.98	22.10.70
Gann, Christoph	31.12.97	14. 2.70		Müllenbach, Friederike	10.12.98	7. 3.72
Landwehr, Bernhard	31.12.97	6. 5.71		Hirsch, Claudia	15.12.98	31. 3.69
Harms, Torsten	15. 1.98	25. 3.67		Dr. Holzwarth,		
Heidke, Uwe	1. 3.98	15. 9.68		Andreas	16.12.98	18. 7.69
Bannert, Doris	5. 3.98	25. 4.71		Höhn, Katrin	1. 3.99	8. 5.72
Gellings, Claudia	18. 3.98	13.10.66		Vogel, Daniela	1. 3.99	22.12.72
Fuchs, Nadine	18. 3.98	22. 9.71		Braungardt, Marion	15. 4.99	24. 7.71
Böse, Jana	18. 3.98	17. 2.73		Spiekermann, Lydia	15. 4.99	7.12.71
Boller, Jan	1. 4.98	7. 5.71		Hülle, Mandy	15. 4.99	1. 7.72
Klameth, Anja	1. 4.98	3. 5.72		Bauer, Anja	15. 4.99	2.10.72
Groß, Karin	20. 4.98	1. 4.64		Holzhey, Susann	15. 4.99	15. 4.73
Schneider, Raik	4. 5.98	25. 1.69		Wiesenberg, Steffi	17. 5.99	12. 2.73
Pohlan, Dorit	4. 5.98	24. 4.71		Labusch, Silvia	19. 7.99	29. 1.68
Grünseisen, Renate	2. 6.98	11. 3.70		Munsche, Jan	1.10.99	28.12.71
Heinz, Thomas	1.10.98	11.10.65		Meinung, Sandra	1.10.99	26. 2.73
Resch, Kati	1.10.98	20. 9.67		Gröll, Alexander	13.12.99	6. 7.72

Verfassungsgerichte der Länder

Baden-Württemberg

Staatsgerichtshof für das Land Baden-Württemberg

Postfach 10 36 53, 70031 Stuttgart
Ulrichstraße 10, 70182 Stuttgart
T (07 11) 2 12–30 26
Telefax (07 11) 2 12-30 24

Präsident
Freund, Lothar, VPrVGH a.D.

Ständiger Stellvertreter
Prof. Dr. Jordan, Heinz, PrOLG a.D.

Berufsrichter
Prof. Dr. Jordan, Heinz, PrOLG a.D.
Freund, Lothar, VPrVGH a.D.
Georgii, Hans, PrLG

Stellvertretende Berufsrichter
Dr. Kasper, Siegfried, VRVG
Dr. Hauser, Roland, VRVG
Hund, Michael, RBVerwG

Mitglieder mit der Befähigung zum Richteramt
Dietrich, Martin, Direktor a.D.
Prof. Dr. jur. Dr. h.c. Oppermann, Thomas
Dr. Schieler, Rudolf, Justizminister a.D.

Stellvertretende Mitglieder mit der Befähigung zum Richteramt
Dr. Gauß, Ulrich, Oberbürgermeister a.D.
Prof. Dr. Roßnagel, Alexander
Dr. Oechsle, Manfred

Mitglieder ohne Befähigung zum Richteramt
Stamm, Sybille
Prechtl, Ute
Prof. Dr. Jäger, Wolfgang

Stellvertretende Mitglieder ohne Befähigung zum Richteramt
Prof. Dr. Walther, Dieter,
    Evang. Oberkirchenrat a.D.
Prof. Dr. Dr. Altner, Günter
Prof. Dr. Jüngel, Eberhard, DD.

Bayern

Bayerischer Verfassungsgerichtshof

Prielmayerstraße 5, 80335 München
T (0 89) 55 97–02
Telefax (0 89) 55 97 39 86

Präsidentin
Holzheid, Hildegund, PrOLG

Vertreter
Prof. Dr. Wittmann, Johann, PrVGH
Dr. Tilch, Horst, PrBayObLG

Weitere berufsrichterliche Mitglieder
Dr. Allesch, Erwin, RVGH
Angerer, Constanze, VROLG
Prof. Dr. Böttcher, Reinhard, PrOLG
Dillmann, Lothar, VRVGH
Edenhofer, Wolfgang, PrAG
Dr. Festl, Elmar, VRVGH
Happ, Michael, VRVGH
Hirt, Almuth, VRBayObLG
Hüffer, Rolf, VPrVGH
Huther, Edda, PrLG
Karmasin, Ernst, VRBayObLG
Klieber, Dietmar, VROLG
Dr. Knörr, Alexander, RLSG
Dr. Konrad, Horst, VRVGH
Dr. Lichtenberger, Gustav, VROLG,
    zugl. Generalsekretär des Bayerischen
    Verfassungsgerichtshofs
Dr. Pongratz, Erwin, VRVGH
Dr. Schmitz, Günter, RBayObLG
Stadler, Werner, PrLG
Vavra, Maria, ROLG
Dr. Zimniok, Hans-Jürgen, RVGH

Berlin

Verfassungsgerichtshof des Landes Berlin

Elßholzstr. 30–33, 10781 Berlin
T (0 30) 90 15 26 52
Telefax (0 30) 90 15–26 66

Präsident
Prof. Dr. Sodan, Helge, UProf

Vizepräsident
Dr. Storost, Ulrich, RBVerwG

Weitere richterliche Mitglieder
Groth, Klaus-Martin, RA
Knuth, Andreas, VPrVG
Dr. Mahlo, Dietrich, RA
Zünkler, Martina, RA
Dr. Möcke, Renate, VRLG
Prof. Dr. Randelzhofer, Albrecht, UProf
Bellinger, Angelika, RA u. Not.

Brandenburg

Verfassungsgericht des Landes Brandenburg
Allee nach Sanssouci 6, 14471 Potsdam
T (03 31) 98 38-1 02
Telefax (03 31) 98 38-1 10

Präsident
Dr. Macke, Peter, PrOLG

Vizepräsident
Dr. Knippel, Wolfgang, VRVG

Richterinnen/Richter
Dr. Dombert, Matthias, RA
Prof. Dr. Harms-Ziegler, Beate, RA u. Not.
Prof. Dr. Schröder, Richard, UProf
Weisberg-Schwarz, Monika, VPrLAG
Prof. Dr. Will, Rosemarie, UProf
Havemann, Florian
Dr. Jegutidse, Sarina, RA

Bremen

**Staatsgerichtshof der
Freien Hansestadt Bremen**
Osterdeich 17, 28203 Bremen
T (04 21) 21 91
Telefax (04 21) 3 61 41 72

Präsident
Prof. Pottschmidt, Günter, PrOVG

Vertreter des Präsidenten
Prof. Dr. Rinken, Alfred, ROVG

Weitere richterliche Mitglieder
Dr. Bewersdorf, Jörg, PrOLG
Dr. Ernst, Manfred, RA u. Not.

Prof. Dr. Klein, Eckard, UProf
Prof. Dr. Preuß, Ulrich K.,UProf
Wesser, Konrad, DirArbG

Stellvertretende richterliche Mitglieder
Alexy, Hans, ROVG
Bandisch, Günter, RA u. Not.
Dr. Bölling, Hein, VRLG
Dr. Boetticher, Axel, RBGH
Derleder, Annegret, VPrOLG
Dreger, Brigitte, VPrOVG
Frehe, Horst, RSG
Friedrich, Peter, ROLG
Grotheer, Wolfgang, VRLG
Heinke, Sabine, RAG
Prof. Dr. Isensee, Josef, UProf
Dr. Müffelmann, Herbert, RA u. Not.
Dr. Röper, Erich, wissenschaftl. Referent
Dr. Tögel, Guido, RA u. Not.

Hamburg

Hamburgisches Verfassungsgericht
Sievekingplatz 2, 20355 Hamburg
T (0 40) 4 28 43–0
Telefax (0 40) 4 28 43–40 97

Präsident
Rapp, Wilhelm, PrOLG

Vizepräsidentin
Görres-Ohde, Konstanze, PrLG

Weitere Mitglieder
Dr. Mückenheim, Uwe, PrOVG
Dr. Schmidt-Syaßen, Inga, VROLG
Teichmüller, Ingrid, VRLAG
Dr. Westphal, Jürgen, RA
Raloff, Helmut, StaatsR a.D.
Dr. Gündisch, Jürgen, RA
Leithäuser, Eva, Sen a.D.
Dr. Grambow, Hans-Jürgen, RA

Stellvertretende Mitglieder
Schulze, Marianne, VPrSG
Prof. Dr. Ramsauer, Ulrich, VRVG
Glogau-Urban, Margit, RAG
Dr. Gerhardt, Ursula, RBGH
Dr. Falkenberg, Harald, RA
Ulferts, Hertha, RA
Hardt, Christoph, RFG
Prof. Dr. Rabe, Hans-Jürgen, RA

Hessen

Staatsgerichtshof des Landes Hessen
Postfach 31 69, 65021 Wiesbaden
Mühlgasse 2, 65183 Wiesbaden
T (06 11) 32 27 38 oder 32 27 21
Telefax (06 11) 26 17

Präsident
Prof. Dr. Lange, Klaus, UProf

Vizepräsident
Dr. Wilhelm, Helmut, VRVGH

Mitglieder
Buchberger, Elisabeth, VPrVG
Fertig, Felizitas, PrVG
Dr. Gasser, Karl Heinz, RA, StS a.D.
Giani, Paul Leo, RA
Dr. Paul, Günter, RA u. Not.
Rainer, Rudolf, VRVG
Schmidt-von Rhein, Georg, PrLG
Dr. Teufel, Wolfgang, VRVGH
Dr. Voucko, Manfred, VRVGH

Stellvertretende Mitglieder
Britzke, Jörg, RVGH
Eisenberg, Werner, VPrAG
Georgen, Ferdinand, RVG
Dr. Heitsch, Bernhard, PrVGH
Dr. Klein, Harald, VPrVGH
Kraemer, Ursula, VRVG
Dr. Nassauer, Wilhelm, RVGH
Dr. Laux, Helga, VRLAG
Wolski, Karin, RVG
Prof. Dr. Baltzer, Johannes, VRBSG a.D.
Enders, Helmut, VPrVG
Poppe, Joachim, RA u. Not.
Stremplat, Manfred, PrFG
Vogelheim, Elisabeth, Dipl.-Volkswirtin
Fuckner, Gerhard, LMinR
Kindermann, Ulrike, RAG
Möller-Scheu, Doris, OStA

Mecklenburg-Vorpommern

**Landesverfassungsgericht
Mecklenburg-Vorpommern**
Domstr. 7, 17489 Greifswald
T (0 38 34) 89 06 61
Telefax (0 38 34) 89 06 62

Präsident
Dr. Hückstädt, Gerhard, PrLG

Vizepräsident
Wolf, Helmut, VPrOVG

Mitglieder
Häfner, Peter, DirAG
Dr. Schneider, Dietmar, RA
Steding, Brunhild, RAG
von der Wense, Joachim, OB
Prof. Dr. Wallerath, Maximilian, UProf

Stellvertreter
Dr. Wiesner, Siegfried, PrLSG
Essen, Klaus-Dieter, DirArbG
Lipsky, Matthias, RiFG
Dr. Unger, Christa
Köhn, Gudrun
Schiffer, Karin
Christiansen, Rolf, Landrat

Niedersachsen

Niedersächsischer Staatsgerichtshof
Herminenstraße 31, 31675 Bückeburg
T (0 57 22) 2 90–2 18
Telefax (0 57 22) 29 02 17

Mitglieder

Präsident
Prof. Dr. Schinkel, Manfred-Carl, PrOVG a.D.

Stellvertreterin des Präsidenten
Oltrogge, Helga, PrOLG

Weitere richterliche Mitglieder
Beckmann, Heinrich, PrLG a.D.
Biermann, Christa, PrLG
Kramer, Hartwin, PrOLG
Prof. Dr. Schneider, Hans-Peter, UProf
Prof. Dr. Starck, Christian, UProf
Dr. h.c. Wassermann, Rudolf, PrOLG a.D.
Prof. Dr. Wendeling-Schröder, Ulrike, UProf

Stellvertreter
Dr. Schneider, Jürgen, StaatsSekr a.D.
Zeuner, Helga, VPrFG
Dr. Hanisch, Werner, PrVG
Dr. Dehne, Friedrich, RA u. Not.
Dr. Dembowski, Eckart, VROVG
Prof. Dr. Helle, Jürgen, PrLG a.D.
Prof. Dr. Götz, Volkmar, UProf
Eßer, Hans-Jürgen, RA u. Not.
Dipl.-Psych. Fabricius-Brand, Margarete, RA

Nordrhein-Westfalen

**Verfassungsgerichtshof für das Land
Nordrhein-Westfalen**
Aegidiikirchplatz 5, 48143 Münster
Postfach 63 09, 48033 Münster
T (02 51) 5 05–0
Telefax (02 51) 50 53 52

Präsident
Dr. Bertrams, Michael, PrOVG

Erster Vizepräsident
Dr. Bilda, Klaus, PrOLG

Zweiter Vizepräsident
Dr. Lünterbusch, Armin, PrOLG

Weitere richterliche Mitglieder
Dr. Brossok, Hilke, VROVG
Pottmeyer, Ernst, VROVG
Prof. Dr. Schlink, Bernhard, UProf
Prof. Dr. Tettinger, Peter J., UProf

Stellvertretende richterliche Mitglieder
Dr. Franzke, Hans-Georg, VPrOVG
Kratz, Ernst-Jürgen, VPrOLG
Pillmann, Kurt, VPrOLG
Dr. Schulte, Josef, VROLG
Prof. Dr. Sachs, Michael, UProf
Prof. Dr. Wieland, Joachim, LL.M., UProf
Prof. Dr. Breuer, Rüdiger, UProf

Rheinland-Pfalz

Verfassungsgerichtshof Rheinland-Pfalz
Deinhardplatz 4, 56068 Koblenz
T (02 61) 13 07–0
Telefax (02 61) 13 07–3 50

Präsident
Prof. Dr. Meyer, Karl-Friedrich, PrOVG

Ständiger Vertreter des Präsidenten
Fritzsche, Dieter, VPrOVG

Weitere richterliche Mitglieder
Dr. Bamberger, Heinz Georg, PrOLG
Dury, Walter, PrOLG
Fritzsche, Dieter, VPrOVG

Stellvertretende richterliche Mitglieder
Tholey, Werner, PrLG
Terner, Jutta, DirAG
Steppling, Wolfgang, VROVG

Saarland

Verfassungsgerichtshof des Saarlandes
Franz-Josef-Röder-Straße 15, 66119 Saarbrücken
T (06 81) 5 01–53 50 und 52 36
Telefax (06 81) 5 01–53 51

Präsident
Prof. Dr. Rixecker, Roland, PrOLG

Vizepräsident
Prof. Dr. Wadle, Elmar

Weitere Mitglieder
Dietz, Otto, RA
Dr. Ellscheid, Günter, PrOLG a.D.
Friese, Karl-Heinz, PrOVG
Schwarz, Günther, DirAG
Warken, Hans-Georg, RA
Prof. Dr. Wendt, Rudolf

Stellvertretende Mitglieder
Hahn, Günther, PrLSG a.D.
Prof. Dr. Jung, Heike
Knicker, Dieter, RA
Lang, Jakob, VPrSG
Sperber, Klaus-Ulrich, Ass.
Haupenthal, Heinz, RA
Hoffmann, Rainer, RA
Quack, Heidrun, ROLG

Sachsen

**Verfassungsgerichtshof für den
Freistaat Sachsen**
Harkortstr. 9, 04107 Leipzig
Postfach 10 09 64, 04009 Leipzig
T (03 41) 2 14 10
Telefax (03 41) 2 14 12 50

Präsident
Dr. Pfeiffer, Thomas, PrFG

Vertreter
Rehak, Heinrich, PrVG

Vizepräsident
Budewig, Klaus, PrOLG

Vertreter
Burkert, Martin, PrLG

Berufsrichter
Hagenloch, Ulrich, VPrOLG
Graf von Keyserlingk, Alfred, PrArbG
Reich, Siegfried, VPrOVG

Vertreter
Niemeyer, Jürgen, VPrLG
Dr. Spilger, Andreas, VRLAG
Schlichting, Susanne, PrVG

Mitglieder mit der Befähigung zum Richteramt
Prof. Dr. von Mangoldt, Hans
Prof. Dr. Trute, Hans-Heinrich
Knoth, Hans Dietrich, Oberkirchenrat
Prof. Dr. Schneider, Hans-Peter

Vertreter
Prof. Dr. Oldiges, Martin
Prof. Dr. Degenhart, Christoph
Leuthold, Hannelore, Oberkirchenrätin
Boysen-Tilly, Heide, Leiterin des Rechtsamts

Sachsen-Anhalt

Landesverfassungsgericht Sachsen-Anhalt
Willy-Lohmann-Str. 29, 06844 Dessau
Postfach 14 26, 06813 Dessau
T (03 40) 20 20
Telefax (03 40) 2 02 14 42

Präsident
Prof. Dr. h.c. Goydke, Jürgen, PrOLG a.D.

Stellvertreter des Präsidenten
Guntau, Burkhard, VPrOVG a.D.

Berufsrichterliche Mitglieder
Dr. Kilian, Michael, UProf
Köhler, Erhard, VPrOVG

Stellvertreter der berufsrichterlichen Mitglieder
Fromhage, Dietmar, PrLG
Pietzke, Wolfgang, PrLAG
Prof. Dr. Smid, Stefan, UProf
Zink, Werner, VPrOLG

Thüringen

Thüringer Verfassungsgerichtshof
Kaufstraße 2–4, 99423 Weimar
T (0 36 43) 20 62 06
Telefax (0 36 43) 20 62 24

Präsident
Becker, Gunter, PrLSG

Vertreter
Dr. Strauch, Hans-Joachim, PrOVG

Berufsrichterliche Mitglieder
Bauer, Hans-Joachim, PrOLG
Neuwirth, Gertrud, PrOLG

Berufsrichterliche Stellvertreter
Metz, Rudolf, PrLG
Dr. Schwan, Hartmut, PrVG

Mitglieder mit Befähigung zum Richteramt
Ebeling, Christian, RA
Scherer, Manfred, StaatsSekr
Prof. Dr. Rommelfanger, Ullrich,
   Oberbürgermeister
Prof. Dr. Steinberg, Rudolf, UProf

Stellvertretende Mitglieder mit Befähigung zum Richteramt
Prof. Dr. Denninger, Erhard, UProf
Prof. Dr. Hirte, Heribert, UProf
Prof. Dr. Mayn, Karl Ulrich, UProf
Dr. Lingenberg, Dieter, Notar

Weitere Mitglieder
Lothholz, Reinhard, Unternehmer
Morneweg, Thomas, RA

Stellvertreter
Hemsteg von Fintel, Renate, Studienrätin
Dipl. Ing. Kretschmer, Christiane

Fachgerichte der Länder

Arbeitsgerichtsbarkeit

Baden-Württemberg

Landesarbeitsgericht Baden-Württemberg

Rosenbergstraße 16, 70174 Stuttgart
T (07 11) 66 73–0
Telefax (07 11) 29 43 49

mit Kammern in 68161 Mannheim und 79100 Freiburg

1 Pr, 1 VPr, 14 VR + 5 × ½ VR

Präsident

Baur, Manfred	1. 2. 96	31. 3. 36

Vizepräsident

Höfle, Tilman	1. 2. 98	16. 7. 37

Vorsitzende Richterinnen / Vorsitzende Richter

Dr. Dudel, Hermann, ½	1. 10. 84	9. 9. 37
Zepter, Klaus	22. 1. 85	11. 3. 40
Gress, Herbert	29. 5. 85	1. 4. 39
Lemm, Hartmut	22. 8. 86	15. 4. 41
Dr. Braasch, Dietrich	24. 8. 87	25. 7. 43
Dr. Francken, Johannes-Peter	4. 5. 90	12. 10. 48
Pfitzer, Werner	3. 2. 92	22. 6. 46
Witte, Gisela	24. 2. 94	9. 9. 47
Hennemann, Klaus	27. 6. 96	25. 3. 45
Stolz, Edelgard	26. 7. 96	7. 2. 44
Schubert-Gerstenberg, Margot, ½	27. 7. 96	13. 3. 45
Leicht, Horst Helmut	4. 11. 96	11. 2. 44
Jaeniche, Ulrich	27. 6. 97	31. 12. 41
Augenschein, Hans-Jürgen	27. 6. 97	3. 5. 56
Dr. Auweter, Brigitte, ½	29. 1. 98	21. 5. 53
Hensinger, Ulrich, ½	29. 1. 98	21. 9. 55
Kremp, Jochen	8. 5. 98	13. 9. 42
Althaus, Werner	8. 5. 98	19. 4. 40

Arbeitsgerichte

Freiburg im Breisgau
Kirchstraße 7, 79100 Freiburg
T (07 61) 70 80–0
Telefax (07 61) 70 80–40
mit Kammern in 77652 Offenburg und 78048 Villingen-Schwenningen

1 Pr, 1 VPr, 10 R + ½ R

Präsident

Baur, Peter	5. 6. 86	11. 9. 39

Vizepräsident

N. N.	—	—

Richterin / Richter

Seitz, Konrad	15. 8. 69	14. 5. 37
Dreyer-Johannisson, Peter	9. 8. 74	23. 4. 41
Bernhard, Ralph	27. 4. 79	7. 11. 49
Zeiser, Wolfgang	9. 1. 81	5. 9. 48
Müller, Hans-Georg	25. 4. 85	3. 11. 51
Arnold, Manfred	2. 7. 87	10. 2. 53
Gluns, Thomas	31. 10. 88	11. 10. 55
Steuerer, Bernhard	21. 3. 90	21. 9. 57
Tillmanns, Christoph	1. 2. 94	4. 8. 60
Dr. Kramer, Barbara	1. 12. 95	11. 2. 61

Heilbronn (Neckar)
Paulinenstraße 18, 74076 Heilbronn
T (0 71 31) 9 57 80
Telefax (0 71 31) 95 78–4 44
mit Kammern in 74564 Crailsheim

1 Dir, 6 R

Feldmann, Merve, Dir	29. 10. 93	19. 6. 43
Pfeiffer, Gerhard	4. 1. 94	22. 12. 61
Rennert, Jürgen	13. 9. 96	9. 11. 62
Fiebig, Stefan	4. 8. 97	2. 9. 63
Funk, Stefan	1. 4. 99	23. 1. 67
Stapelfeldt, Katrin	24. 9. 99	9. 6. 67
Schröter, Harald, abg.	17. 12. 99	2. 2. 65

Karlsruhe

Ritterstraße 12, 76133 Karlsruhe
T (07 21) 1 75–0
Telefax (07 21) 1 75–25 25

1 Dir, 8 R

Dr. Natter, Eberhard, Dir	30. 9. 92	26. 11. 56
Maier, Hartmut	1. 10. 94	4. 4. 60
Müller, Andrea, beurl. (LSt)	27. 6. 95	19. 10. 64
Schon, Gabriele	3. 6. 96	13. 2. 64
Ernst, Elke	3. 7. 96	20. 1. 59
Dr. Schlünder, Guido, abg. (LSt)	19. 7. 96	29. 4. 64
Gremmelspacher, Martin	3. 1. 97	3. 5. 62
Steer, Heide, abg. (LSt)	1. 2. 97	28. 11. 65
Gruber, Wolfgang	5. 7. 99	3. 9. 66
Altmann, Silke	1. 10. 99	9. 9. 69

Lörrach

Weinbrennerstr. 5, 79539 Lörrach
T (0 76 21) 92 47–0
Telefax (0 76 21) 92 47 20

mit Kammer in 78315 Radolfzell

1 Dir, 4 R

Wahl, Claus-Peter, Dir	3. 5. 78	28. 5. 46
Topf, Henning	14. 2. 77	5. 4. 41
Dr. Adam, Sabine	6. 4. 93	3. 12. 59
Kellner, Werner	28. 7. 96	9. 7. 59

Mannheim

L 4, 4–6, 68161 Mannheim
T (06 21) 29 20
Telefax (06 21) 2 92 13 11

mit Kammern in 69115 Heidelberg

1 Dir, 9 R + 1 × ½ R + 1 × ¾ R

Albrecht, Wolfgang, Dir	14. 8. 79	23. 11. 40
Tetzlaff, Volker	10. 4. 72	9. 8. 41
Konrad, Margarete, ¾	7. 10. 77	25. 4. 44
Dicke, Rainer	5. 9. 80	1. 6. 48
Jordan, Lothar	5. 1. 82	30. 12. 49
Dr. Bouwhuis, Sigrid	1. 2. 86	14. 3. 55
Müller, Stephan	26. 10. 89	27. 11. 55
Thewes, Theodor	20. 10. 92	16. 3. 60
Pult-Wilhelm, Sigrid, ½	6. 7. 95	22. 6. 63
Maier, Rolf	25. 1. 96	26. 9. 56
Willer, Holger	13. 3. 96	6. 3. 62

Pforzheim

Marktplatz 4, 75175 Pforzheim
T (0 72 31) 15 64–0
Telefax (0 72 31) 15 64–31

1 Dir, 4 R

Weischedel, Hans, Dir	18. 12. 97	18. 3. 53
Just, Joachim	1. 1. 95	6. 7. 62
Selig, Petra	15. 12. 95	29. 3. 65
Nagel, Andreas	2. 8. 96	4. 10. 63
Schäfer, Nicole	29. 9. 99	6. 6. 69

Reutlingen

Bismarckstraße 64, 72764 Reutlingen
T (0 71 21) 9 40–0
Telefax (0 71 21) 9 40–32 32

1 Dir, 4 R

N. N., Dir	—	—
Schwägerle, Werner	10. 8. 84	27. 12. 50
Haid, Wolfram	17. 1. 86	9. 5. 48
Adebahr, Marion	2. 4. 90	3. 2. 58
Rieker, Matthias	7. 5. 93	19. 4. 59

Stuttgart

Feuerseeplatz 14, 70176 Stuttgart
T (07 11) 66 73–0
Telefax (07 11) 66 73–74 00

mit Kammern in 73430 Aalen und 71638 Ludwigsburg

1 Pr, 1 VPr, 1 w.aufsR, 21 R + 3 × ½ R + 1 × ¾ R

Präsident

Zimmermann, Helmut	1. 6. 96	4. 7. 47

Vizepräsident

Ens, Reinhard	24. 2. 83	8. 7. 45

Richterinnen / Richter

Klimpe-Auerbach, Wolf, w.aufsR	26. 11. 75	14. 10. 42
Weidling, Jürgen	25. 9. 78	25. 12. 47
Geiger, Frank	21. 10. 87	24. 6. 50
Amann, Ernst	5. 10. 88	16. 8. 56
Kaiser, Marion	16. 2. 89	15. 9. 57
Rodehau, Hans-Ulrich	19. 3. 90	9. 6. 55
Dr. Witt, Carsten	20. 5. 92	24. 9. 59
Berchtold, Margarete	3. 1. 94	13. 6. 62
Gantz, Doris	1. 10. 95	11. 3. 64
Schwiedel, Michael	1. 4. 96	7. 7. 61
Görke, Katharina	16. 6. 96	13. 11. 62
Gneiting, Jürgen	2. 8. 96	29. 6. 58
Neukirch, Johannes	15. 12. 96	11. 9. 62
Gallner, Inken, abg. (LSt)	21. 2. 97	27. 7. 64
Oesterle, Harald	1. 5. 97	8. 1. 62
Jentsch, Karin	2. 5. 97	17. 3. 63
Knapp, Sibylle	2. 5. 97	4. 6. 65
Büchele, Michael	7. 7. 97	12. 5. 59

Schräjahr, Susanne	1. 9.97	9. 4.66
Scholl, Annette	5.12.97	28.12.65
Stöbe, Roland	9. 1.98	13. 6.65
Haßel, Lutz	16. 1.98	10. 8.64
Masuhr, Ursula	2. 2.98	2. 3.63
Meyer, Thomas	2. 2.98	26. 7.65
Lips, Ulrich	1. 3.98	30. 8.65
Dr. Schmiegel, Dorothee, abg.	6. 4.99	13. 5.67
Dr. Kammerer, Roland	5. 7.99	5. 7.64
Horch-Göhrig, Claudia	12. 8.99	11. 2.66
Fuhrmann, Birgitta	8.10.99	29. 8.61
Zimmermann, Birgit, abg.	16.12.99	8. 5.68

Ulm (Donau)
Zeughausgasse 12, 89073 Ulm
T (07 31) 1 89–0
Telefax (07 31) 1 89 23 77

mit Kammern in 88212 Ravensburg

1 Dir, 5 R + 2 × ½ R

Müller, Reiner, Dir	17. 3.86	16. 3.54
Goumas, Gabriele, ½	24. 2.77	7. 2.41
Mayr, Klaus	12.11.90	11.10.58
Dr. Rieker, Betina	17. 8.92	21. 5.62
Dr. Heilmann, Frank	1. 3.96	5. 5.61
Bachhuber, Uwe	1. 2.98	5.12.64
Weber, Margot	1. 2.98	16.11.60

Richterinnen/Richter im Richterverhältnis auf Probe

Münchschwander, Thomas	2. 6.97	12. 1.70
Krauss, Sabine	1. 7.97	3.12.66
Wildemann, Susanne	8.12.97	8.12.70
Lang, Elke	2. 1.98	6. 9.66
Bantle, Frank	2. 2.98	4. 1.69
Berkner, Anja	15. 5.98	1. 3.72
Dr. Hofherr, Karin	1. 5.98	4. 6.67
Maali, Sima	1. 5.98	19. 6.70
Gundel, Wolfgang	1. 2.00	18. 6.64

Bayern

Landesarbeitsgericht München

Winzererstr. 104, 80797 München
Postfach 40 01 80, 80701 München
T (0 89) 3 06 19–0
Telefax (0 89) 30 61 92 11

1 Pr, 1 VPr, 6 VR + 2 × ¾ VR

Präsident

Mayer, Peter	1. 6.92	1. 7.36

Vizepräsident

Starkloff, Nikolaus	1. 9.95	11. 7.38

Vorsitzende Richterinnen/Vorsitzende Richter

Harraeus, Burkard, ¾	1. 3.80	28. 7.38
Bachmann, Bernward	1. 8.80	26. 2.40
Dr. Staudacher, Heribert	1. 8.85	13.10.43
Reuss, Hedda, ¾	1. 5.90	18. 5.42
Kagerer, Günther	1.11.92	14. 6.44
Dr. Dunkl, Johann	1.11.92	16.11.44
Mack, Angelika	1.12.95	22. 1.47
Moeller, Dieter	1. 6.98	15. 2.49

Arbeitsgerichte

Augsburg
Ulrichsplatz 3, 86150 Augsburg
T (08 21) 57 09 03
Telefax (08 21) 5 70 94 00

mit Kammer in Neu-Ulm
Maximilianstr. 39, 89231 Neu-Ulm
T (07 31) 72 10 04

1 Dir, 1 stVDir, 7 R

Damm, Werner, Dir	1. 1.96	23.12.44
Faber, Bernhard, stVDir	1. 7.81	16. 1.45
Iranyi, Manfred	1. 9.83	25. 1.49
Klaus, Sebastian	1. 6.84	13. 3.51
Taubert, Thomas	1. 1.90	21. 1.60
Gericke, Wiltrud	1.10.91	18. 8.60
Nieberle-Schreiegg, Markus	28. 3.94	4. 2.60
Angstenberger, Hubert	1.12.94	23.12.61
Dr. Lippert, Ralf	16.10.97	1.11.63

Kempten (Allgäu)
Königstr. 11, 87435 Kempten
T (08 31) 5 22 12–0
Telefax (08 31) 2 65 58

1 Dir, 4 R

Müller, Manfred, Dir	1. 11. 98	10. 7. 49	
Hamann, Rüdiger	27. 10. 75	31. 1. 44	
Prof. Dr. Dill, Thomas	27. 7. 83	28. 9. 49	
Schweitzer, Josef	1. 3. 86	12. 10. 53	
Schauer, Michael	1. 1. 95	29. 11. 55	

München
Winzererstr. 104, 80797 München
Postfach 40 01 80, 80701 München
T (0 89) 3 06 19–0
Telefax (0 89) 30 61 92 98

Kammern in Ingolstadt
Proviantstr. 1, 85049 Ingolstadt
T (08 41) 3 56 52
Telefax (08 41) 3 54 46

Kammern in Weilheim
Alpenstr. 16, 82362 Weilheim
T (08 81) 9 98–0
Telefax (08 81) 9 98–1 00

1 Pr, 1 VPr, 2 w.aufsR, 27 R + 4 × ½ R
+ 3 LSt (R)

Präsident

Dr. Alexander, Peter	1. 10. 90	3. 5. 41

Vizepräsident

Wolff, Werner	1. 11. 92	12. 2. 46

Richterinnen / Richter

Gerhard, Wolfgang, w.aufsR	1. 5. 78	19. 5. 40	
Dr. Obenaus, Walter, w.aufsR	1. 3. 96	6. 12. 44	
Dr. Dr. Notter, Horst Nikolaus	17. 5. 71	8. 5. 39	
Fischer-Rohn, Antje	1. 10. 72	5. 1. 41	
Kempff, Gilbert	23. 10. 75	30. 8. 42	
Poppe, Peter	18. 11. 76	20. 3. 42	
Heininger, Heinz	19. 11. 76	17. 2. 41	
Dr. Gericke, Berthold	3. 11. 78	17. 2. 47	
Rauscher, Johannes	1. 10. 80	17. 5. 48	
Goldbrunner, Franz	1. 7. 82	29. 8. 49	
Mack, Claus	1. 11. 83	8. 9. 51	
Finke, Hannelore, ½	1. 9. 88	24. 10. 54	
Dr. Romeikat, Tobias	16. 12. 88	1. 6. 55	
Then, Alfred	1. 6. 89	17. 10. 52	
Zehetmair, Hans	1. 10. 89	24. 6. 43	
Waitz, Hans	13. 5. 90	17. 12. 55	
Warmbein, Manfred	1. 7. 90	17. 11. 53	
Dr. Biebl, Josef	1. 1. 91	20. 6. 59	
Karrasch, Wolfgang	1. 2. 92	16. 6. 57	
Helleiner, Gerhard	1. 3. 92	9. 2. 54	
Schlicker, Reinhard	23. 10. 92	7. 10. 58	
Römheld, Birgit, ¾	1. 2. 93	10. 4. 59	
Hauf, Angelika	1. 4. 94	24. 1. 62	
Lunz-Schmieder, Marion, ½	8. 5. 94	4. 3. 57	

Dyszak, Werner	1. 7. 94	14. 2. 60	
Schmidt, Franz	1. 10. 94	8. 4. 60	
Nollert-Borasio, Christiane, ½	1. 12. 94	26. 6. 62	
Deucher, Heidrun, beurl. (LSt)	1. 6. 95	31. 1. 61	
Zenger, Soila, ½	12. 7. 95	24. 12. 60	
Haarpaintner, Maximilian	1. 12. 95	22. 2. 59	
Rösch, Camilla, beurl. (LSt)	1. 3. 96	10. 2. 62	
Kautnik, Elfriede	1. 8. 96	17. 8. 62	
Gerhard, Dieter	1. 6. 97	26. 4. 57	
Neumeier, Christian	1. 6. 97	27. 12. 64	
Dr. Wanhöfer, Harald	1. 11. 97	30. 6. 60	
Elfinger, Ingrid, beurl. (LSt)	1. 8. 99	5. 5. 63	
Dr. Förschner, Petra, RkrA (1. 4. 99)		10. 11. 62	

Passau
Eggendobl 4, 94034 Passau
T (08 51) 9 59 49–0
Telefax (08 51) 9 59 49–49

Kammer in Deggendorf
Bahnhofstr. 94, 94469 Deggendorf
T (09 91) 45 64
Telefax (09 91) 34 11 62

1 Dir, 3 R

Hofbauer, Wolfgang	1. 12. 73	13. 8. 43	
Dr. Helml, Ewald	20. 5. 88	13. 9. 56	
Mayerhofer, Horst	1. 12. 89	8. 7. 58	
Dr. Rosenfelder, Ulrich, Dir	1. 7. 99	19. 12. 46	

Regensburg
Bertoldstr. 2, 93047 Regensburg
T (09 41) 5 02 50
Telefax (09 41) 50 25 69

Kammer in Landshut
Seligenthaler Str. 10, 84034 Landshut
T (08 71) 8 28 03
Telefax (08 71) 8 28–2 50

1 Dir, 1 stVDir, 6 R

Forster, Erwin, Dir	5. 1. 78	27. 4. 37	
Burger, Ernst, stVDir	1. 6. 84	21. 4. 51	
Dr. Schmidbauer, Albert	1. 7. 78	8. 1. 46	
Holzer, Helmut	1. 7. 85	27. 6. 55	
Dr. Künzl, Reinhard	1. 12. 86	31. 12. 55	
Lang, Gottfried, Dir	1. 5. 88	28. 2. 41	
Holbeck, Thomas	1. 6. 91	21. 8. 56	
Jambor-Köhnen, Harald	22. 7. 96	19. 5. 60	

Rosenheim (Oberbayern)
Rathausstr. 23, 83022 Rosenheim
T (0 80 31) 3 05 04
Telefax (0 80 31) 3 05–1 93

Kammer in Traunstein (Oberbayern)
Salinenstr. 4, 83278 Traunstein
T (08 61) 1 30 67
Telefax (08 61) 16 55 70

1 Dir, 3 R

Dr. Conze, Wolfgang	1. 12. 73	17.	9. 42
Scheuring, Johannes	1. 1. 78	12.	7. 46
Dr. Bichlmeier, Gerd	1. 9. 86	12.	9. 47
Illing, Gabriele, Dir	1. 12. 91	26.	9. 54

Landesarbeitsgericht Nürnberg

Roonstraße 20, 90429 Nürnberg
90336 Nürnberg
T (09 11) 9 28–0
Telefax (09 11) 9 28 27 50

1 Pr, 1 VPr, 5 VR + ½ VR + 1 LSt (VR)

Präsident

Heider, Engelbert	9. 12. 94	20.	6. 49

Vizepräsident

Dr. Feichtinger, Peter	13. 6. 97	5.	7. 46

Vorsitzende Richterin/Vorsitzende Richter

Staudigel, Erwin,			
beurl. (LSt)	1. 9. 86	15. 12. 38	
Malkmus, Hans	1. 11. 87	1. 7. 49	
Dipl.-Kfm. Dr. Dr. Holzer-			
Thieser, Alfred	5. 12. 94	17. 9. 43	
Gick, Klaus	1. 9. 95	5. 3. 44	
Werner, Alfons	10. 10. 97	7. 4. 45	
Bonfigt, Eva Maria, ½	1. 7. 98	2. 7. 48	
Beiersmann, Jürgen	1. 9. 98	16. 3. 38	

Arbeitsgerichte

Bamberg
Willy-Lessing-Straße 13, 96047 Bamberg
T (09 51) 9 80 42–01
Telefax (09 51) 9 80 42–29

Kammer in Coburg
Oberer Bürglaß 36, 96450 Coburg
T (0 95 61) 74 19 90
Telefax (0 95 61) 74 19 98

1 Dir, 4 R

Roth, Norbert, Dir	1. 12. 98	22. 8. 53	
Kulla, Benedikt	1. 1. 80	29. 10. 46	
Derra, Jürgen	1. 12. 89	11. 5. 56	
Schmottermeyer, Ulrich	1. 7. 90	17. 10. 58	
Glaser, Christoph	1. 4. 91	11. 12. 56	

Bayreuth
Ludwig-Thoma-Str. 7, 95447 Bayreuth
Postfach 11 03 63, 95422 Bayreuth
T (09 21) 5 93–0
Telefax (09 21) 5 93–1 11

Kammer in Hof
Kulmbacher Str. 47, 95030 Hof
T (0 92 81) 6 18 20
Telefax (0 92 81) 61 82 22

1 Dir, 3 R

Dr. Betz, Gernot, Dir	1. 4. 98	9. 2. 41	
Putschky, Bernd	1. 6. 88	7. 7. 54	
Nützel, Stefan	1. 10. 93	27. 9. 61	
Reiser, Michael	2. 12. 94	17. 8. 62	

Nürnberg
Roonstraße 20, 90429 Nürnberg
T (09 11) 9 28–0
Telefax (09 11) 9 28–26 30

1 Dir, 1 stVDir, 12 R + 2 × ½ R

Clement, Gerhard, Dir	1. 10. 94	7. 6. 52	
Vetter, Joachim, stVDir	1. 10. 99	27. 3. 57	
Bär, Wolfgang	7. 7. 81	22. 1. 50	
Weißenfels, Eike	15. 11. 83	11. 11. 52	
Reinfelder, Anna, ½	1. 6. 84	14. 10. 52	
Kachelrieß, Jürgen	1. 6. 88	6. 9. 56	
Riedel, Gerhard	1. 1. 92	8. 1. 57	
Uhlemann, Ulrich	1. 6. 92	7. 11. 59	
Dr. Frölich, Armin	1. 8. 93	22. 3. 60	
Sziegoleit, Dagmar	1. 7. 94	22. 12. 61	
Kuhn, Michael	1. 12. 94	27. 9. 59	
Steindl, Christian	1. 1. 95	12. 4. 61	
Dickerhof-Borello,			
Elisabeth, ½, beurl.	15. 9. 98	13. 7. 69	
Nöth, Klaus Peter	1. 9. 99	23. 5. 62	
Dr. Potthast, Klaus-Peter	15. 3. 00	25. 5. 64	
Eßbauer, Alexandra[1]	1. 3. 00	24. 9. 68	

Weiden
Ledererstraße 9, 92637 Weiden
T (09 61) 30 00–0
Telefax (09 61) 30 00 01 38

Kammer in Schwandorf
Wackersdorfer Str. 78a, 92421 Schwandorf
T (0 94 31) 85 64
Telefax (0 94 31) 87 75

1 Dir, 4 R

---

1 Richterin im Richterverhältnis auf Probe

Dr. Brühler, Gernot, Dir   8. 4. 99   26. 3. 53
Pietsch, Ulrich   —   —
Dr. Schmid, Klaus   1. 8. 95   14. 9. 58
Striegan, Dietmar   1. 10. 95   10. 10. 61
Krottenthaler, Thomas   1. 12. 99   16. 2. 65

Würzburg
Ludwigstraße 33, 97070 Würzburg
T (09 31) 30 87–0
Telefax (09 31) 30 87–3 03

Kammern in Aschaffenburg
Schloßplatz 4, 63739 Aschaffenburg
T (0 60 21) 2 27 95
Telefax (0 60 21) 2 94 03

Kammern in Schweinfurt
Alte Bahnhofstraße 27, 97422 Schweinfurt
T (0 97 21) 2 03–0
Telefax (0 97 21) 20 33 42

1 Dir, 1 stVDir, 8 R

Schrenker, Reiner, Dir   1. 12. 95   5. 1. 54
Dr. Buckel, Klaus, stVDir   1. 1. 94   28. 1. 44
Pohl, Wolfgang   1. 4. 80   10. 6. 51
Jaunich, Peter   1. 6. 84   18. 7. 51
Walther, Jürgen Ludwig   1. 7. 86   8. 12. 57
Loy, Hanns-Christian   23. 2. 87   5. 9. 56
Schütz, Friedrich   1. 10. 90   20. 12. 56
Deyringer, Michael   1. 10. 90   29. 5. 62
Dr. Hein, Ekkehardt   1. 5. 93   11. 2. 56
Bechtold, Frank   15. 3. 96   17. 8. 62

Berlin

Landesarbeitsgericht Berlin

Magdeburger Platz 1, 10785 Berlin
Postfach 36 33, 10727 Berlin
T (0 30) 9 01 71–0
Telefax (0 30) 9 01 71–2 22 u. 3 33

1 Pr, 1 VPr, 16 VR

Präsidentin
Aust-Dodenhoff, Karin   28. 6. 95   20. 11. 46

Vizepräsident
Prof. Dr. Germelmann,
   Claas-Hinrich   1. 2. 87   14. 11. 40

Vorsitzende Richterinnen / Vorsitzende Richter
Dr. Preis, Bernd   9. 5. 79   7. 6. 41
Haase, Jürgen   3. 4. 84   10. 2. 37
Weber, Ingrid   29. 1. 86   29. 8. 40
Alexander, Burkhard   1. 2. 87   22. 6. 38
Corts, Jochen   6. 12. 88   4. 9. 50
Dr. Pahlen, Ronald   26. 9. 90   17. 7. 50
Marowski, Horst   8. 11. 91   19. 9. 51
Dr. Binkert, Gerhard   1. 10. 92   8. 2. 48
Baumann, Eberhard   3. 5. 93   26. 6. 45
Gertich, Martin   22. 7. 93   18. 2. 41
Kießling, Bernd   5. 8. 94   5. 2. 43
Arndt, Ingrid   31. 7. 95   11. 6. 43
Dreßler, Martin   20. 05. 96   4. 2. 57
Albrecht-Glauche, Gabriele   1. 4. 98   15. 6. 55
Staudacher, Angela   1. 4. 98   19. 10. 59
Dr. Fenski, Martin   16. 8. 99   19. 4. 59

Arbeitsgericht

Berlin
Magdeburger Platz 1, 10785 Berlin
Postfach 36 33, 10727 Berlin
T (0 30) 9 01 71–0
Telefax (0 30) 9 01 71–2 22 u. 3 33

1 Pr, 1 VPr, 3 w.aufsR, 62 R + 9 × ½ R
+ 1 × ¾ R

Präsident
Riedel, Achim   19. 7. 89   17. 9. 42

Vizepräsident
Gerken, Reinhold   18. 10. 95   18. 4. 50

weitere aufsichtf. Richterin / Richter
Pohl, Klaus-Dieter   12. 12. 97   19. 9. 41
Wenning-Morgenthaler,
   Martin   16. 8. 99   14. 1. 59

Richterinnen / Richter
von Feldmann, Klaus   5. 10. 71   27. 11. 38
Bünger, Dietrich   10. 3. 74   5. 1. 38
König, Arno-Ernst   4. 11. 75   15. 11. 37
Marewski, Christiane   —   —
Scheffer, Werner   4. 1. 77   7. 1. 45
Stein, Hans-Jörg   3. 5. 77   9. 1. 40
Fischer, Wolfram   6. 2. 79   2. 11. 45
Munzel, Hans-Jürgen   18. 3. 80   1. 3. 43
Ulrich, Dagmar-Ingrid, ½   6. 5. 80   7. 1. 45
Nißen, Jens   1. 7. 80   24. 7. 45
Lehmann, Hans-Peter   22. 12. 81   18. 9. 50

Schmidt-Reimer, Michael	27. 9.83	30. 6.50
Rook, Andreas	26. 3.85	10. 5.56
Dulling, Bernd	15. 4.85	11. 6.49
Ruberg, Bernd	2. 9.88	4. 4.52
Marckwardt, Silvia, ½	13. 9.88	7. 8.57
Pickel, Renata	21.12.89	9.11.57
Köpp, Peter, ½	14. 4.93	2. 7.54
Pechstein, Birgitt	22. 7.93	12. 7.60
Ausfeld-Zwicker, Renate	30. 9.93	30. 8.61
Metzke, Maria	11.10.93	4. 1.49
Köster, Anna-Katharina, ½	1.12.93	20. 2.62
Loth, Barbara	6. 1.94	14. 1.57
Brands, Elisabeth, ½	7. 3.94	14. 1.58
Wieland, Sabine	22. 3.94	14. 9.49
Kirsch, Ulrich	2. 5.94	21.12.58
Hennies, Andrea	2. 5.94	19. 8.59
Heyl, Martin	2. 5.94	11.11.60
Matulla, Monika, ½	13. 6.94	25. 7.55
Reber, Daniele	13. 6.94	29. 8.61
Salzmann, Katrin	13. 6.94	3.10.62
Dr. Eulers, Kathrin, beurl.	13. 6.94	31. 1.62
Smolenski, Rüdiger	14. 6.94	16. 2.57
Fuchs, Gerhard	16. 6.94	12. 7.58
Korinth, Michael	22. 7.94	11. 4.57
Klueß, Joachim	5.10.94	8. 6.56
Lakies, Thomas, abg.	1.12.94	14. 8.60
Hansen, Peter	1.12.94	3. 1.61
Förschner, Bernd, ½	1.12.94	22. 8.61
Rache, Volker	15.12.94	16.12.60
Weyreuther, Anke, beurl.	24. 3.95	2.10.63
Linnert-Abelmann, Martina, ¾	13. 7.95	2. 7.63
Sanchez Alfonso, Iris	1. 8.95	28. 1.51

Dr. Hantl-Unthan, Ursula	19.10.95	22. 2.57
Morof, Claus-Peter	19.10.95	15. 4.63
Hünecke, Andreas	20.10.95	11. 3.60
Wenzel, Ursula	3.11.95	10. 4.63
Spatz, Torsten	1. 2.96	10.12.64
Dr. Nielsen, Hans-Georg	3. 5.96	21. 8.61
Eiden, Beate	3. 5.96	3. 4.62
Rachfall, Stephanie, beurl.	3. 9.96	15. 3.66
Ernst, Michael	8.10.96	1. 7.60
Michels, Ulrich	11.11.96	—
Klumpp, Bärbel, ½	7. 1.97	20.12.61
Grundschok, Elke	4. 3.97	5. 7.54
Augustin, Holger	29. 4.97	21. 4.63
Dittert, Andreas	1.10.97	9.10.63
Steinmetz, Martin	2.12.97	18. 4.64
Dr. Streicher, Hans-Jürgen	18. 2.98	21. 1.59
Boyer, Arne	16. 3.98	20.10.61
Dr. Wollgast, Kay	10. 7.98	28. 8.61
Räuwer, Kerstin	3. 3.99	6. 3.66

Richterinnen/Richter im Richterverhältnis auf Probe

Hinrichs, Oda	7. 4.97	7. 1.58
Kapp, Claudia	22. 8.97	2. 4.67
Dr. Baer, Andrea	3. 9.97	17. 8.67
Lungwitz-Retzki, Andrea	1. 4.98	18. 8.66
Fay, Julia	1. 4.98	16. 3.69
Noack, Karoline	1. 4.98	11. 5.69
Seiler, Christiane, ½	4. 5.98	26. 6.66
Nötzel-Bunke, Susanne	3. 3.99	8. 9.66
Dr. Schleusener, Axel	3. 3.99	2. 4.70
Schmitt, Frank	1.12.99	15. 3.60

Brandenburg

Landesarbeitsgericht Brandenburg

Zeppelinstr. 136, 14471 Potsdam
Postfach 60 10 27, 14410 Potsdam
T (03 31) 98 17–0
Telefax (03 31) 98 17–2 50

1 Pr, 1 VPr, 6 VR

Präsident

Dr. Eisemann, Hans Friedrich	22. 3.93	1. 5.42

Vizepräsidentin

Weisberg-Schwarz, Monika	29. 1.97	17. 2.49

Vorsitzende Richterin/Vorsitzende Richter

Dr. Eylert, Mario	2. 2.93	5. 2.53
Kaiser, Brigitte	1. 9.93	21. 7.54
Przybyla, Joachim	1.10.94	8.11.49
Schinz, Reinhard	1.10.94	14. 8.55
Dr. Rancke, Friedbert	1. 4.97	24. 3.49
Walter, Thomas	17.12.97	7. 8.43

Arbeitsgerichte

Brandenburg an der Havel
Magdeburger Str. 54, 14770 Brandenburg an der
Havel
T (0 33 81) 39 84 00
Telefax (0 33 81) 39 84 99

1 Dir, 4 R

Rausch, Peter, Dir	—	12. 8. 59
Engelbrecht, Toralf	25. 8. 94	16. 11. 63
Siggel, Peer	27. 3. 95	5. 3. 61
Geithe, Monika	—	31. 10. 59
Peters, Dietlinde-Bettina	—	27. 3. 61

Cottbus
Landesbehördenzentrum
Vom-Stein-Str. 28, 03050 Cottbus
Postfach 10 01 63, 03001 Cottbus
T (03 55) 49 91–31 10
Telefax (03 55) 49 91–32 39

1 Dir, 8 R

Opitz, Bernd, Dir	—	—
Kloppenburg, Thomas, stVDir	1. 10. 99	12. 5. 60
Kemmler, Harald	22. 12. 94	28. 5. 60
Feldberg, Aletta	19. 6. 95	23. 8. 65
Dr. Schönfeld, Friedrich-Wilhelm	—	—
Dr. Winter, Regine, abg.	2. 7. 99	6. 1. 67
Gaber, Stefan	1. 4. 00	6. 9. 56

Eberswalde
Eberswalder Str. 26
16227 Eberswalde-Finow
T (0 33 34) 21 22 25–6
Telefax (0 33 34) 21 25 03/04

1 Dir, 5 R

Guth, Martin, Dir	22. 4. 96	7. 1. 62
Marx, Steffen	17. 10. 94	5. 3. 63
von Ossowski, André		
Beier, Monika	12. 8. 98	18. 1. 56
Land, Sonja	30. 9. 99	22. 6. 67

Frankfurt/Oder
Eisenhüttenstädter Chaussee 48,
15236 Frankfurt/Oder
T (03 35) 55 38–0
Telefax (03 35) 55 38–2 27

1 Dir, 9 R

| Münster, Corinna, Dir | 1. 2. 99 | 2. 9. 52 |
| Barzen, Ursula | 12. 10. 94 | 21. 12. 61 |

Aderhold, Marion	19. 6. 95	21. 4. 63
Karehnke, Kristina	24. 3. 97	6. 6. 65
Rache, Maybritt	31. 7. 97	30. 9. 66
Neunaber, Friedrich	—	—
Schmidt, Kristina	1. 10. 99	26. 8. 68

Neuruppin
Puschkinstr. 6d, 16816 Neuruppin
T (0 33 91) 45 85 00
Telefax (0 33 91) 45 85–30

1 Dir, 5 R

Garske, Karin, Dir	1. 2. 99	30. 7. 58
Klempt, Andreas	1. 6. 95	20. 6. 65
Werner, Günter	27. 7. 95	11. 9. 46
Walther, Jürgen	27. 7. 95	31. 10. 62
Weiß, Christhard	1. 5. 99	21. 11. 64
Schmeling, Franke	13. 4. 99	20. 6. 94

Potsdam
Zeppelinstr. 136, 14471 Potsdam
Postfach 60 10 27, 14410 Potsdam
T (03 31) 98 17–0
Telefax (03 31) 98 17–1 25

1 Dir, 8 R

Fuhrmann, Hilde, Dir	—	—
Haas-Atanasković, Brigitta, stVDir	—	—
Dr. Leege, Jan	—	—
Wersch, Petra	25. 8. 94	11. 6. 61
Eising, Ulrich	17. 10. 94	5. 7. 55
Crumbach, Robert	—	—
Weide, Lutz	22. 4. 96	10. 5. 56
Schön, Nadja, ½	1. 5. 95	16. 11. 57
Dr. Frölich, Annette	—	—

Senftenberg
Schulstr. 4 b, 01968 Senftenberg
T (0 35 73) 37 24–0
Telefax (0 35 73) 37 24–55

1 Dir, 4 R

Fohrmann, Birgit, Dir	11. 6. 96	24. 6. 60
Nomine, Rainer	19. 6. 95	7. 3. 59
Krause, Siegfried	27. 7. 95	23. 3. 54
Seidel, Lore	17. 12. 97	29. 5. 56
Oehus, Anja	1. 4. 00	5. 5. 67

Richterinnen/Richter im Richterverhältnis auf Probe

Graf von Pfeil, Johannes	1. 2. 98	3. 4. 66
Müßig, Heidi	1. 2. 98	30. 12. 69
Maul-Sartori, Matthias	1. 7. 98	13. 7. 64
Dr. Suckow, Jens	1. 2. 99	29. 10. 68
Thum, Anja	1. 2. 99	6. 11. 72
Dr. Schumann, Jutta	1. 3. 99	3. 9. 69

Bremen

Landesarbeitsgericht Bremen

Parkallee 79, 28209 Bremen
T (04 21) 3 61–63 71
Telefax (04 21) 3 61 65 79

1 Pr, 1 VPr, 2 VR

Präsident

Bertzbach, Martin   3. 7. 85   19. 12. 43

Vizepräsidentin

Kallmann, Sabine   1. 1. 87   7. 11. 49

Vorsitzender Richter

Nitsche, Mario   22. 9. 89   3. 3. 48

Arbeitsgerichte

Bremen
Findorffstr. 14/16, 28215 Bremen
T (04 21) 3 61 53 40
Telefax (04 21) 3 61 54 53

1 Dir, 1 stVDir, 3 R + 2 × ¾ R + 3 × ½ R

Wesser, Konrad, Dir	12. 2. 93	24. 10. 40
Claussen, Adolf, stVDir	1. 7. 94	9. 7. 51
Asmus, Ulrich	1. 10. 74	9. 3. 37
Böhnke, Barbara, ½	26. 8. 75	18. 7. 41
Grauvogel, Michael, ½	10. 5. 91	16. 6. 48
Dr. Zwanziger, Bertram	23. 12. 93	10. 8. 56
Dr. Steinbrück, Hans-Joachim, ¾	28. 12. 93	18. 5. 56
Kettler, Sonja, ¾	27. 1. 95	17. 6. 57
Reinfelder, Waldemar, ¾, abg.	1. 11. 97	2. 1. 65
Wemheuer, Claudia	8. 2. 99	22. 4. 61
Dr. Stein, Andreas	—	16. 2. 66

Bremerhaven

Elbinger Platz 1, 27570 Bremerhaven
T (04 71) 2 14 66 und 2 77 51
Telefax (04 71) 2 19 20

1 Dir, 1 R

Dr. Menke, Heiko, Dir   28. 2. 77   10. 11. 39

Richterin im Richterverhältnis auf Probe

Dr. Rinck, Ursula   2. 10. 98   27. 10. 69

Hamburg

Landesarbeitsgericht Hamburg

Osterbekstraße 96, 22083 Hamburg
Postfach 76 07 20, 22057 Hamburg
T (0 40) 4 28 63–56 65
Telefax (0 40) 4 28 63–58 52

1 Pr, 1 VPr, 5 VR, 2 LSt (VR)

Präsident

Kirsch, Henning   19. 10. 92   19. 10. 42

Vizepräsident

Nüß, Herbert   30. 12. 92   23. 7. 35

Vorsitzende Richterinnen / Vorsitzende Richter

Kaufmann, Ragnhild, beurl. (LSt)	1. 2. 84	2. 7. 39
Nordmann-Bromberger, Dirk	2. 6. 86	17. 8. 38
Dr. Lewerenz, Karl-Jochen	1. 11. 88	31. 1. 45
Teichmüller, Ingrid	2. 10. 91	9. 6. 46
Homann, Rainer	1. 10. 93	26. 3. 46
Loets, Marion	1. 2. 95	30. 7. 48

Arbeitsgericht

Hamburg
Osterbekstr. 96, 22083 Hamburg
Postfach 76 07 20, 22057 Hamburg
T (0 40) 4 28 63–56 65
Telefax (0 40) 4 28 63–58 52

1 Pr, 1 VPr, 20 R + 4 × ½ R + 2 × ⁸/₁₀ R + 1 LSt (R)

Präsident

Kitzelmann, Reinhard   1. 6. 88   9. 3. 38

Vizepräsident

Lesmeister, Christian   1. 6. 94   19. 8. 51

Richterinnen/Richter

Kusserow, Gabriele, w.aufsR	—	—
Heinemann, Dirk-Uwe, w.aufsR	—	—
Vogel, Michael	—	—
Roth, Gudrun	16. 7.74	2.10.41
Fritzler, Hedda	3.11.74	8.12.40
Kröger, Timm	10. 4.75	22. 6.38
Gebert, Edelgard-Sabine	—	—
Haldenwanger, Hans-Joachim	29. 7.77	11. 8.40
Eelbo, Günter	22. 3.78	1. 8.44
Zemlin, Ursula, ½	—	—
Albers, Ilbert	1. 1.85	2. 8.51
von Hoffmann, Eveline, ½	1. 1.85	22. 2.54

Stein, Peter	29. 1.85	15. 9.50
Schwarzenbacher, Ulrich	1. 2.85	14. 3.44
Dr. Nause, Helmut, abg.	8.10.86	17.12.55
Faust, Werner	7.10.87	2.10.45
Herms, Oda	1.12.88	5. 9.49
Plate, Karin, ½	—	—
Kümpel-Jurgenowski, Winfried	—	—
Uthmann, Heinrich	9. 5.89	29. 7.56
Rath, Gunnar	25. 1.91	15. 8.58
Schaude, Rainer	15.10.92	29. 3.52
Beck, Thorsten	1. 1.93	24. 8.56
Dalhoff, Helmut, 8/10	17. 5.93	25. 3.54
Voßkühler, Birgit, 8/10	1.12.93	23. 4.63
Bellasio, Sabrina, ½	31.10.94	22. 5.65
Arndt, Klaus-Michael	—	9.10.64

Hessen

Hessisches Landesarbeitsgericht

Adickesallee 36, 60322 Frankfurt am Main
Postfach 18 03 20, 60084 Frankfurt am Main
T (0 69) 15 35–0
Telefax (0 69) 15 35–5 38

1 Pr, 1 VPr, 14 VR

Präsident

Keil, Hilger	1. 3.87	12. 4.37

Vizepräsident

N. N.	—	—

Vorsitzende Richterinnen/Vorsitzende Richter

Feldmann, Friedrich Karl	1.12.78	13. 4.37
Dr. Kamphausen, Heinz	31. 1.80	5.11.39
Rossmanith, Gerhard	6. 9.82	11.11.41
Launhard, Frank	1. 8.86	11. 7.42
Dr. Koch, Hartmut	31. 5.88	15.12.44
Niedenthal, Wolfgang	31.10.89	23. 3.40
Hattesen, Michael	31.10.89	7.11.43
Dr. Bader, Peter	1. 1.92	24. 3.48
Prieger, Ingo	3. 5.94	12. 4.44
Dr. Roßmanith, Günther	3. 5.94	21. 5.47
Paki, Astrid	16. 2.98	27. 9.55
Bram, Rainer	7. 9.98	19.10.50
Dr. Laux, Helga	28. 9.98	8. 3.56

Arbeitsgerichte

Darmstadt
Am Steubenplatz 14, 64293 Darmstadt
T (0 61 51) 8 04–03
Telefax (0 61 51) 80 45 01

1 Dir, 1 stVDir, 7 R + 2 LSt (R)

Ewald, Frieder, Dir	1.10.85	19. 7.45
Dr. Kellner, Walter, stVDir	1. 1.94	7. 4.40
Sinnecker, Heidi	4.11.70	5.11.38
Wohlrab, Josef	18. 3.74	13. 9.40
Dr. Wohlleben, Linda, beurl. (LSt)	20.12.88	12. 5.58
Taubel-Gerber, Ursula	4. 1.91	29. 7.59
Pohl, Claudia, beurl.	18. 4.94	3. 4.63
Schäfer, Karl	14.10.94	17.12.60
Merté, Erika	1. 8.96	20. 4.48
Bley, Julia	22. 3.99	19. 3.66
Brackert, Gesine, beurl. (LSt)	26. 3.99	13. 2.66

Frankfurt am Main
Adickesallee 36, 60322 Frankfurt am Main
T (0 69) 15 35–0
Telefax (0 69) 15 35–5 17

1 Dir, 1 stVDir, 1 w.aufsR, 15 R + 3 LSt (R)

Schuldt, Jürgen, Dir	20. 8.82	20. 3.43
Lukas, Roland, stvDir	16. 2.98	24. 5.58
Köttinger, Klaus, w.aufsR	13. 1.97	30.12.56
Sieg, Klaus	4. 6.75	23.12.40
Kreppel, Horstpeter, abg. (LSt)	6. 2.80	19. 2.45

Pick, Hans Georg	19.10.81	24. 8.46
Mandelke, Hans Jürgen	29. 3.82	2.10.50
Wagester, Bruno	3. 3.83	3. 1.53
Dr. Kriebel, Volkhart	25.10.88	6. 8.48
Richter-Herbig, Sigrid	24. 4.90	7. 4.53
Binding, Renate	23. 7.90	12. 5.52
Legatis, Silvia	14.10.94	18. 3.54
Griebeling, Jürgen, abg. (LSt)	13.12.94	15. 8.63
Posner, Heike	16. 5.95	16.10.63
Dr. Becker, Martin	11.11.96	20. 5.61
Schmidt, Ursula	3. 6.97	21. 7.61
Dr. Rennpferdt, Maren, beurl. (LSt)	3. 6.97	17. 3.64
Woitaschek, Frank	17.11.98	24. 7.60

Fulda
Heinrich-von-Bibra-Platz 3, 36037 Fulda
T (06 61) 29 22 00
Telefax (06 61) 29 22 22

1 Dir, 1 R

Schwarz, Christine, Dir, beurl. (LSt)	13. 3.98	20. 9.63
Dylla, Wolfram	23. 9.99	9. 4.65

Gießen
Friedrich-List-Straße 25, 35398 Gießen
T (06 41) 60 77–0
Telefax (06 41) 60 77 40

1 Dir, 4 R + ½ R

Schäfer, Klaus-Dieter, Dir	1.10.88	12. 6.42
Merkel, Thomas, abg.	25. 6.93	27. 5.58
Schneider, Michael	13.10.94	12. 5.61
George, Manuela	1.11.96	9. 9.64
Schäffer, Bärbel	17. 2.98	15. 6.63
Dr. Lins, Susanna	17. 2.98	23. 9.65

Hanau
Sandeldamm 24a, 63450 Hanau
T (0 61 81) 9 15 40
Telefax (0 61 81) 91 54 24

1 Dir, 2 R

Dr. Becker-Schaffner, Reinhard, Dir	1. 8.93	12. 3.38
Jurkat, Horst	10.10.89	1. 8.53
Münz, Martin	16. 6.99	8. 1.65

Bad Hersfeld
Dudenstraße 10, 36251 Bad Hersfeld
T (0 66 21) 2 03–0
Telefax (0 66 21) 20 35 08

1 Dir, 1 R

Reich, Stephan, Dir	23. 3.94	21. 2.44
Oberbossel, Wolfgang	3. 7.95	15. 5.54

Kassel
Ständeplatz 19, 34117 Kassel
T (05 61) 71 23–0
Telefax (05 61) 7 12 31 00

1 Dir, 1 stVDir, 7 R

Siebert, Helmut, Dir	24. 8.79	31. 1.39
Brede, Günter, stVDir	1. 1.98	28. 2.40
Bornmann, Herbert	1. 2.79	14. 7.45
Menken, Ellen	10.10.89	18. 1.54
Leinweber, Wolfgang	12.12.94	20. 6.54
Merz-Gintschel, Angela	12.12.94	10. 7.62
Gieraths, Charlotte, abg. (LSt)	5.11.96	4. 9.61
Küppers, Ulrike	3. 6.97	13.10.64

Limburg (Lahn)
Weiersteinstraße 4, 65549 Limburg
T (0 64 31) 63 03
Telefax (0 64 31) 2 65 88

1 Dir, 1 R

Trense, Joachim, Dir	28. 4.97	13. 9.44
Dr. Matthießen, Volker	17. 2.98	28. 5.50

Marburg (Lahn)
Gutenbergstraße 29a, 35037 Marburg
T (0 64 21) 1 70 80
Telefax (0 64 21) 1 21 54

1 Dir, 1 R + ½ R

Rühle, Hans, Dir	6. 5.86	18. 9.49
Thöne, Joachim	13.12.94	13. 7.59

Offenbach
Herrnstr. 51, 63065 Offenbach
T (0 69) 82 97 19–0
Telefax (0 69) 82 56 45

1 Dir, 4 R + ½ R + 2 LSt (R)

Bertges, Dieter, Dir	26. 3.90	16. 1.47
Schenk, Silvia, beurl. (LSt)	14.10.81	1. 6.52
Zweigler, Joachim	1. 2.82	19. 2.50
Zink, Andrée	1. 7.87	25.12.53
Jörchel, Gabriele	25. 7.90	22.12.55
Honl-Bommert, Martina, beurl. (LSt)	1. 4.91	18. 4.59
Schäfer, Hans Jürgen	1. 9.91	28.12.55

Wetzlar
Hausertorstraße 47 B, 35578 Wetzlar
T (0 64 41) 50 02 30
Telefax (0 64 41) 5 00 23 25

1 Dir, 1 R + ½ R

Ratz, Rainer, Dir	2. 9.96	11.11.56
Rieger, Claudia	20. 4.94	26. 4.59
Dr. Oppermann, Angelika	3. 6.97	31. 3.67

Wiesbaden
Adolfsallee 53, 65185 Wiesbaden
T (06 11) 8 15–0
Telefax (06 11) 8 15–25 99

1 Dir, 1 stVDir, 6 R + ½ R

Dr. Wegener, Friedrich		
Wilhelm, Dir	1. 8.79	5. 5.38
Schellenberg, Fritz-Dieter,		
stVDir	1. 1.99	22. 6.39
Schäfer, Georg	13. 8.79	8.10.48
Henkel, Wolfram	3.10.80	29. 7.49
Goltzsche, Pierre	4. 6.93	2. 1.58

| Fuxa, Thomas | 4. 6.93 | 1.10.58 |
| Dr. Gegenwart, Peter | 14.10.94 | 13. 6.61 |

*Richterinnen/Richter im Richterverhältnis
auf Probe*

Schneider, Eckart	10. 6.96	19. 1.68
Kriens, Petra	1. 4.97	6. 4.67
Hergarten, Christine	1. 8.97	13. 8.66
Pairan, Claudia	15. 9.97	5. 7.67
Maier-Reinhardt, Corinna	5. 1.98	22. 9.61
Dr. Backsmeier-Fußbahn,		
Petra	2. 6.98	11. 5.66
Nungeßer, Astrid	11.11.98	26. 9.69
Schaufelberger, Miriam	16.11.98	10. 5.69
Fink, Anja	3. 5.99	2.10.67
Engelberg, Heike	27. 9.99	23. 2.72
Günther, Bettina	1.10.99	26. 5.68
Burgert, Julia	30.12.99	16. 5.71

Mecklenburg–Vorpommern

Landesarbeitsgericht Mecklenburg–Vorpommern

August-Bebel-Str. 15–20, 18055 Rostock
T (03 81) 24 10
Telefax (03 81) 24 13 54

1 Pr, 1 VPr, 3 VR

Präsidentin
| Schmidt-Salveter, Roswitha | 4. 8.92 | 10. 2.39 |

Vizepräsident
| N. N. | — | — |

Vorsitzende Richter
Seel, Hans-Joachim	15. 1.93	29.10.51
Pätow, Claus	15. 7.94	26. 7.47
Breinlinger, Axel	1. 9.95	2. 3.51

Arbeitsgerichte

Neustrelitz
Töpferstr. 15, 17235 Neustrelitz
T (0 39 81) 2 45 30
Telefax (0 39 81) 24 53 25

1 Dir, 4 R

Essen, Klaus-Dieter, Dir,		
tw.abg.	1.10.92	28. 5.43
Witt, Sabine	16. 2.94	30. 7.50

Wagner, Renate	1. 9.94	30.12.51
Luther, Thies	2.12.94	11.12.61
Putzka, Petra	3. 3.95	19.12.51

Rostock
August-Bebel-Str. 15–20, 18055 Rostock
T (03 81) 24 10
Telefax (03 81) 24 14 03

1 Dir, 5 R

Paus, Harald, Dir	—	—
Otte, Franz-Christian	22. 7.93	24. 9.60
Kanitz, Barbara	16. 2.94	20. 1.44
Klink, Jürgen	1. 9.94	—
Behrmann, Thomas	2.12.94	27. 4.61
Sander, Martin	2.12.94	31.12.63

Schwerin
Dr.-Külz-Str. 20, 19053 Schwerin
T (03 85) 7 44 50
Telefax (03 85) 7 44 51 40

1 Dir, 5 R

Sibbers, Dieter, Dir	1.10.93	8. 8.50
Zwolski, Brigitta	28. 9.93	—
Anuschek, Tilmann	1. 7.94	14. 6.54
Schröder, Jan	2.12.94	17.12.61
Eckhardt, Björn, abg.	25. 6.97	30. 6.59
Bülow, Harry	1. 7.97	8. 2.55

Stralsund
Frankendamm 17, 18439 Stralsund
T (0 38 31) 20 50
Telefax (0 38 31) 20 58 13

1 Dir, 5 R

Dr. Koch, Ulrich, Dir, abg.	21. 10. 94	24. 4. 59	
Basten, Susanne	14. 6. 94	17. 10. 46	
Lübeck, Andreas	14. 6. 94	9. 10. 60	
Kampen, Alfred	2. 7. 97	19. 11. 61	
Rückert, Rainer	1. 9. 98	24. 6. 63	

Niedersachsen

Landesarbeitsgericht Niedersachsen

Siemensstraße 10, 30173 Hannover
T (05 11) 8 07 08–40
Telefax (05 11) 8 07 08 25

1 Pr, 1 VPr, 14 VR

Präsident

Prof. Dr. Lipke, Gert-Albert	1. 11. 92	17. 11. 47

Vizepräsident

Dudzus, Wendt	1. 7. 89	13. 5. 37

Vorsitzende Richterinnen/Vorsitzende Richter

Röder, Rainer	27. 6. 80	20. 4. 42
Dr. Plathe, Peter	1. 12. 81	10. 7. 42
Nimmerjahn, Volker	17. 11. 83	17. 2. 44
Dr. Rosenkötter, Rolf	26. 9. 86	20. 6. 47
Dierking, Jürgen	27. 5. 87	7. 11. 41
Löber, Hans-Karl	15. 3. 88	4. 10. 49
Dr. Stobbe-Stech, Anne-Luise	1. 4. 90	5. 11. 35
Leibold, Markus	7. 4. 92	5. 7. 53
Voigt, Ulrich	7. 4. 92	6. 12. 53
Becker, Gero	27. 5. 93	23. 1. 44
Hannes, Detlev	27. 5. 93	27. 2. 49
Krönig, Anna-Elisabeth	21. 12. 95	5. 4. 56
Vogelsang, Hinrich	28. 1. 98	16. 1. 56

Arbeitsgerichte

Braunschweig
Grünewaldstr. 11 A, 38104 Braunschweig
T (05 31) 23 85 00
Telefax (05 31) 2 38 50 66

1 Dir, 6 R + 1 LSt (R)

Szyperrek, Hans-Peter, Dir	1. 11. 88	18. 2. 46
Göring, Helga	30. 3. 76	21. 7. 41
Dr. Voigt, Burkhard, abg. (LSt)	22. 9. 93	10. 4. 60
Kreß, Günther	1. 7. 98	19. 2. 65
Rohowski, Karsten	1. 8. 98	14. 4. 66
Rönnau, Bettina	1. 4. 99	30. 3. 65

Celle
Im Werder 11, 29221 Celle
T (0 51 41) 9 24 60
Telefax (0 51 41) 92 46 18

1 Dir, 1 R

Dr. Kiel, Heinrich, Dir	1. 3. 97	1. 3. 61
Piel, Burkhard	16. 10. 95	4. 11. 61

Emden
Am Delft 29, 26721 Emden
Postfach 11 62, 26691 Emden
T (0 49 21) 91 42–0
Telefax (0 49 21) 2 35 71

1 Dir, 1 R + 1 LSt (R)

Otto, Susanne, Dir	24. 1. 00	25. 9. 59
Smid, Christel	16. 10. 95	11. 1. 61

Göttingen
Maschmühlenweg 11, 37073 Göttingen
Postfach 11 51, 37001 Göttingen
T (05 51) 40 30
Telefax (05 51) 40 34 30

1 Dir, 3 R

von der Behrens, Joachim, Dir	1. 7. 75	20. 3. 39
Meyer, Burkhardt	23. 12. 69	31. 5. 38
Schlesier, Achim	28. 3. 90	10. 10. 58
Walkling, Tobias	31. 3. 99	15. 8. 66

1

Hameln
Süntelstr. 5, 31785 Hameln
Postfach 10 01 17, 31751 Hameln
T (0 51 51) 93 69–0
Telefax (0 51 51) 93 69–20

1 Dir, 2 R + 1 LSt (R)

Ohlendorf, Gerhard, Dir	1. 7.75	13.10.40
Lehmann, Gesine	5.11.99	8. 4.65
Bittens, Sylvia,		
beurl. (LSt)	26. 1.94	5. 2.59

Hannover
Ellernstr. 42, 30175 Hannover
T (05 11) 28 06 60
Telefax (05 11) 2 80 66 21

1 Dir, 1 stVDir, 8 R + 2 LSt (R)

Dr. Friedemann,		
Hartmut, Dir	16.11.76	31. 3.39
Becker-Wewstaedt,		
Heidrun, stVDir	17. 4.84	1.10.50
Dr. Kammerer, Klaus	—	—
Ruhkopf, Klaus	21.12.79	27.12.44
von Trotha, Ivo	24. 7.80	3. 1.44
Bill, Heinz	5. 2.85	29.11.53
Stöcke-Muhlack,		
Roswitha	5. 2.85	11. 7.54
Klausmeyer, Karola	6. 6.94	24. 2.62
Klumpp, Simone, beurl.		
(LSt)	26. 1.95	14. 6.63
Knauß-Klug, Christa	20. 3.95	6.10.55
Quentin, Angelika,		
beurl.	16. 1.96	17. 2.63
Droste, Antje, beurl. (LSt)	—	—
Wucherpfennig, Kilian	1.10.96	31.10.61
Dr. Pieper, Rainer	1. 2.97	31. 5.50

Hildesheim
Kreuzstr. 8, 31134 Hildesheim
Postfach 10 01 51, 31101 Hildesheim
T (0 51 21) 30 45 01–2
Telefax (0 51 21) 30 45 06

1 Dir, 1 R

Dr. Bouwman, Egbert,		
Dir	6. 3.86	3. 1.38
Dreher, Daniel	1. 9.99	8. 7.67

Lingen (Ems)
Am Wall Süd 18, 49808 Lingen
Postfach 11 60, 49781 Lingen
T (05 91) 91 21 40
Telefax (05 91) 32 72

1 Dir, 2 R

Dr. Wenzeck, Joachim, Dir	1. 8.92	6. 1.58
Gottschalk, Jörg-Michael	21. 1.94	2. 6.59
Schmedt, Christoph	29.11.94	9.12.60

Lüneburg
Fährsteg 5 a, 21337 Lüneburg
Postfach 11 50, 21301 Lüneburg
T (0 41 31) 95 28–0
Telefax (0 41 31) 95 28 30

1 Dir, 2 R

Hagemann, Günter, Dir	1. 7.75	6. 4.39
Wackenroder, Erich	10. 7.79	21. 5.46
Kubicki, Ulrich	6. 6.94	16. 6.62

Nienburg (Weser)
Bürgermeister-Stahn-Wall 1, 31582 Nienburg
T (0 50 21) 6 40 43
Telefax (0 50 21) 6 56 23

1 Dir, 1 R

Spelge, Karin, Dir	1. 4.98	13. 9.61
Mestwerdt, Wilhelm	19.12.94	30. 5.61

Oldenburg in Oldb.
Bahnhofstr. 14a, 26122 Oldenburg
Postfach 24 49, 26014 Oldenburg
T (04 41) 2 20 65 00
Telefax (04 41) 2 20 21 03

1 Dir, 5 R

Graefe, Bernd, Dir	13. 1.87	3.11.45
Scholl, Marlene	27. 6.86	8.10.54
Oppermann, Antje S.	1. 8.89	11.11.57
Ferber, Michael	1. 4.90	22. 4.56
Stadtler, Dorothea	20. 6.86	28.12.55
Mathieu-Rohe, Susanne, ½	25. 3.99	10. 6.66

Osnabrück
Johannisstr. 70, 49074 Osnabrück
Postfach 11 69, 49001 Osnabrück
T (05 41) 3 15–0
Telefax (05 41) 31 55 80

1 Dir, 3 R

Fromm, Ernst-Ulrich, Dir	1. 7.80	9. 2.41
Schrader, Thomas	16. 6.93	11. 4.59
Holzmann, Martin	29. 6.94	26.11.60
Bienhüls, Franz-Josef	1.10.98	28. 1.55

Stade
Am Sande 4a, 21682 Stade
Postfach 19 40, 21589 Stade
T (0 41 41) 4 06 01
Telefax (0 41 41) 40 62 92

1 Dir, 1 R

Steinenböhmer, Peter, Dir	29. 6.76	6.12.41

Verden (Aller)
Bahnhofstr. 23, 27283 Verden
Postfach 1144, 27261 Verden
T (04231) 2546
Telefax (04231) 5229

1 Dir, 2 R

Dr. Fischer, Hans-Jürgen,
  Dir   30. 10. 84   20. 1. 44
Kunst, Hermann-Josef   1. 3. 97   6. 2. 62

Wilhelmshaven
Zedeliusstr. 17A, 26384 Wilhelmshaven
T (04421) 32022
Telefax (04421) 38552

1 Dir, 1 R

Trenne, Frank-Henner,
  Dir   11. 8. 78   30. 12. 43
Scholl, Gerhard   18. 8. 80   16. 4. 47

*Richterinnen/Richter im Richterverhältnis
auf Probe*

Dr. Hartwig, Ina   27. 6. 97   28. 9. 66
Trapp, Timm Ole   27. 6. 97   28. 9. 68
Ermel, Ralf   1. 10. 97   13. 3. 63
Bertram, Lutz   17. 5. 99   21. 2. 70
Dr. von der Straten,
  Axel   1. 8. 99   2. 10. 68
Steinke, Viktoria   1. 12. 99   28. 5. 69

Nordrhein-Westfalen

Landesarbeitsgericht Düsseldorf

Ludwig-Erhard-Allee 21, 40227 Düsseldorf
Postfach 103444, 40025 Düsseldorf
T (0211) 7770–0
Telefax (0211) 7770–2199

1 Pr, 1 VPr, 15 VR

Präsidentin
Lemppenau-Krüger, Angela 19. 3. 97   13. 7. 42

Vizepräsident
Kinold, Wolfgang   1. 1. 98   17. 9. 42

Vorsitzende Richter
Dr. Rummel, Hans-Georg   8. 2. 77   20. 5. 38
Boewer, Dietrich   8. 2. 77   8. 10. 38
Funke, Albert   9. 7. 79   27. 12. 40
Dr. Pauly, Albert   7. 9. 81   14. 4. 43
Roden, Norbert   1. 2. 84   2. 10. 39
Dr. Beseler, Lothar   26. 1. 87   15. 4. 42
Grigo, Klaus   5. 5. 88   28. 5. 43
Dr. Peter, Manfred   25. 8. 88   1. 6. 47
Dr. Kaup, Klemens   15. 11. 88   23. 3. 42
Dr. Plüm, Joachim   14. 11. 90   18. 6. 46
Klupp, Ingomar   1. 1. 92   1. 10. 40
Göttling, Wulfhard   30. 6. 92   29. 11. 49
Dr. Westhoff, Reinhard   12. 11. 93   12. 1. 49
Dr. Vossen, Reinhard   25. 3. 96   19. 4. 47
Sauerland, Ludwig   23. 3. 98   25. 6. 48

Arbeitsgerichte

Düsseldorf
Ludwig-Erhard-Allee 21, 40227 Düsseldorf
Postfach 101345, 40004 Düsseldorf
T (0211) 7770–0
Telefax (0211) 7770–2299

1 Dir, 1 stVDir, 10 R + 1 LSt (R)

Schröder, Wilfried, Dir   1. 1. 97   3. 9. 44
N. N., stVDir   —   —
Westphal, Karsten   7. 9. 73   11. 10. 41
Klempt, Annette   1. 6. 81   20. 5. 52
Schmitz-Scholemann,
  Christoph   1. 8. 83   13. 9. 49
Dr. Bommermann, Ralf   11. 2. 86   5. 8. 54
Dr. Brune, Ulrike, beurl. 13. 8. 90   17. 12. 59
Beckers, Edith   1. 7. 94   10. 12. 52
Nübold, Peter, abg. (LSt) 29. 8. 94   12. 2. 62
Lepper-Erke, Monika, ½   3. 6. 97   29. 7. 59
Dr. Sievers, Jochen   19. 1. 99   10. 8. 65
Jagst, Christel   2. 6. 99   20. 3. 68
Blömker, Carsten-Armin   2. 8. 99   13. 11. 66

Duisburg
Mülheimer Str. 54, 47057 Duisburg
Postfach 100149, 47001 Duisburg
T (0203) 3005–0
Telefax (0203) 3005–262

1 Dir, 5 R

Goeke, Georg, Dir	1. 1.97	24. 4.48
Kretschmer, Elfriede,		
beurl.	21. 2.83	20. 6.50
Jansen, Wolfgang	1. 7.83	21. 7.51
Dr. Ziegler, Volker	13. 1.89	26. 4.57
Holthöwer, Barbara	24. 3.94	1.11.61
Mailänder, Uwe	8. 6.98	18.11.62

Essen
Zweigertstr. 54, 45130 Essen
Postfach 10 03 52, 45003 Essen
T (02 01) 79 92–1
Telefax (02 01) 79 92–4 50

1 Dir, 5 R

Pannenbäcker, Ulrich, Dir	27. 3.86	24. 1.49
Oelbermann, Bernd	6.10.76	1. 4.43
Heinlein, Ingrid	6. 2.85	3. 6.45
Bachler, Horst H.	28. 5.86	5.11.51
Höwelmeyer, Carsten	22. 9.94	23. 3.60
Barth, Jürgen	1. 7.98	24. 7.63

Krefeld
Lutherische-Kirch-Str. 39, 47798 Krefeld
Postfach 2 27, 47702 Krefeld
T (0 21 51) 85 19–0
Telefax (0 21 51) 85 19–40

1 Dir, 4 R

Göttling, Brigitte, Dir	1. 5.99	27. 4.58
Stork, Herbert	21. 2.83	22. 8.51
Dauch, Sabine	1. 7.93	15.10.60

Mönchengladbach
Hohenzollernstr. 155, 41061 Mönchengladbach
Postfach 10 04 45, 41004 Mönchengladbach
T (0 21 61) 2 76–0
Telefax (0 21 61) 2 76–7 68

1 Dir, 6 R

Dr. Meyer, Kurt, Dir	19. 9.84	9.12.36
Mostardt, Albrecht	17.10.83	28.11.48
Dicks-Hell, Karola	13. 1.93	4. 8.61
Barth, Daniela	8. 1.99	20.10.66
Keil, Anja	1. 2.99	3. 4.68

Oberhausen
Friedrich-List-Str. 18, 46045 Oberhausen
Postfach 10 01 55, 46001 Oberhausen
T (02 08) 8 57 45–0
Telefax (02 08) 8 57 45–33

1 Dir, 3 R

Reichert, Rudolf, Dir	26. 4.85	8. 5.44

Dr. Stoltenberg, Hansi	20. 2.87	24. 2.54
Wachtel, Monika	23. 3.87	25.10.55
Nobel, Jutta	8. 6.88	15. 2.56

Solingen
Wupperstr. 32, 42651 Solingen
Postfach 10 12 03, 42612 Solingen
T (02 12) 28 09–0
Telefax (02 12) 28 09–61

1 Dir, 4 R + 2 LSt

Müller, Ernst, Dir	16. 6.82	10. 5.40
Maercks, Thomas	10. 9.79	26. 4.48
Albrecht-Dürholt, Gisela	3. 6.82	13. 2.46
Löhr-Steinhaus, Wilfried,		
abg. (LSt)	2.11.93	24. 4.58
von Schönfeld, Ursula,		
½, beurl.	28. 8.95	13. 2.58

Wesel
Ritterstr. 1, 46483 Wesel
T (02 81) 33 89 10
Telefax (02 81) 3 38 91 44

1 Dir, 4 R

Kleinschmidt, Albrecht, Dir	1. 9.88	10. 5.44
Bruckmann, Heinrich	4.10.82	27. 1.50
Hennemann, Annegret,		
abg.	14. 1.91	20. 5.58
Paßlick, Hannelore	14. 7.92	12. 1.57
Schäfer, Ingrid	1. 7.93	19. 2.56

Wuppertal
Friedrich-Engels-Allee 432, 42283 Wuppertal
Postfach 20 01 61, 42201 Wuppertal
T (02 02) 25 58 60
Telefax (02 02) 2 55 86 40

1 Dir, 1 stVDir, 6 R

Tittel, Ulrich, Dir	24. 4.92	8.12.44
Schuster, Barbara, stVDir	23. 6.94	7. 2.42
Fries, Burkhard	17.11.72	13. 2.42
Mitrowan, Günter	10. 1.75	12. 9.37
Heinze, Peter	20. 9.76	9. 8.43
Terstegen, Volker	2. 5.78	10. 1.47
Hoeing, Hartmut	23. 9.83	18. 8.42
Budde-Haldenwang,		
Doris	23.12.94	2.11.62

*Richterinnen/Richter im Richterverhältnis
auf Probe*

Sell, Janny, beurl.	24. 6.96	8. 1.67
Schneider, Alexander	2. 1.98	29. 1.64
Schönbohm, Christiane	1. 4.98	7. 5.69

Terfrüchte, Gabriele, ½,			
beurl.	1. 10. 98	25. 8. 63	
Dahlmann, Bettina, ½	19. 4. 99	22. 6. 66	
Klein, Olaf	1. 9. 99	23. 3. 69	

Landesarbeitsgericht Hamm (Westfalen)

Marker Allee 94, 59071 Hamm
Postfach 19 07, 59061 Hamm
T (0 23 81) 8 91–1
Telefax (0 23 81) 8 91–2 83

1 Pr, 1 VPr, 16 VR

Präsident

Pieper, Alfons	1. 7. 94	29. 8. 36

Vizepräsidentin

Göhle-Sander, Kristina	1. 12. 95	22. 3. 50

Vorsitzende Richterin/Vorsitzende Richter

Koehler, Eberhard	9. 5. 77	6. 2. 37
Goerdeler, Ulrich	11. 10. 79	30. 3. 42
Schulte, Wolf-Dieter	17. 2. 84	5. 6. 43
Schlegel, Ulrich	16. 7. 86	4. 8. 43
Richter, Helmut	16. 7. 86	26. 4. 44
Schröder, Karl-Walter	11. 4. 88	11. 4. 41
Knipp, Gerhard	30. 5. 89	15. 7. 44
Berscheid, Ernst-Dieter	18. 3. 91	21. 4. 43
Schierbaum, Günter	27. 11. 91	28. 5. 47
Hackmann, Maria	27. 11. 91	21. 1. 50
Bertram, Peter	29. 10. 93	21. 8. 45
Dr. Wendling, Gerhard	1. 9. 94	20. 9. 47
Dr. Dudenbostel, Karl-Herbert	1. 1. 96	29. 1. 49
Reinhart, Walter	29. 7. 98	14. 1. 51
Ziemann, Werner	1. 10. 99	20. 2. 52

Arbeitsgerichte

Arnsberg
Johanna-Baltz-Str. 28, 59821 Arnsberg
T (0 29 31) 5 28 50
Telefax (0 29 31) 52 85–99

1 Dir, 1 R × ½ R

Held-Wesendahl, Juliane, Dir	1. 6. 95	26. 7. 53
Nixdorf-Hengsbach, Angelika	10. 11. 92	28. 6. 57
Koch, Ines, abg.	17. 10. 94	6. 6. 64
Dr. Teipel, Klemens	1. 2. 99	7. 12. 66

Bielefeld
Detmolder Str. 9, 33604 Bielefeld
Postfach 10 02 69, 33595 Bielefeld
T (05 21) 5 49–0
Telefax (05 21) 5 49–17 05

1 Dir, 4 R + ½ R

Klingebiel, Walter, Dir	2. 12. 82	13. 8. 43
Gerhardt, Hildegard, ½	30. 3. 77	2. 5. 44
Hoffmann, Hans-Ulrich	23. 4. 79	18. 8. 46
Prior, Klaus	5. 5. 83	27. 9. 52
Schmidt, Peter	20. 6. 83	9. 3. 53
Clausen, Peter	25. 10. 93	12. 5. 62

Bocholt
Münsterstr. 76, 46397 Bocholt
Postfach 11 65, 46361 Bocholt
T (0 28 71) 2 44 09–0
Telefax (0 28 71) 2 44 09–19

1 Dir, 3 R

Heienbrok, Gerhard, Dir	23. 4. 87	12. 7. 41
Dr. Hülsheger, Michael	1. 2. 85	20. 1. 51
Voigt, Gerd	2. 4. 86	7. 4. 51
Helbig, Rüdiger	26. 1. 98	7. 9. 61

Bochum
Marienplatz 2, 44787 Bochum
T (02 34) 68 95–0
Telefax (02 34) 68 95–2 00

1 Dir, 4 R

Dr. Jasper, Franz-Josef, Dir	15. 11. 88	12. 1. 46
van der Leeden, Helmut-Busso	2. 4. 76	9. 11. 43
Vermaasen, Dieter	23. 4. 93	2. 3. 60
Pakirnus, Bernd	26. 10. 89	5. 5. 55

Detmold
Richthofenstr. 3, 32756 Detmold
Postfach 11 62, 32701 Detmold
T (0 52 31) 7 04–0
Telefax (0 52 31) 70 42 70

1 Dir, 2 R

Wolf, Reinhard, Dir	13. 1. 92	13. 4. 39
Hempel, Johannes	1. 9. 81	27. 7. 48
Fleer, Burkhard	19. 11. 93	3. 11. 60

Dortmund
Ruhrallee 3, 44139 Dortmund
Postfach 10 50 03, 44047 Dortmund
T (02 31) 54 15–1
Telefax (02 31) 54 15–5 19

1 Dir, 1 stVDir, 5 R + 2 × ½ R

Stiens, Gerhard, Dir	24. 8.94	2. 1.50
Westphal, Regine, stVDir	25. 7.94	19. 2.45
Roesen, Norbert	25. 4.73	17. 4.40
Gralmann, Gisbert	24. 3.77	29. 9.43
Schmidt-Hense, Ingeborg, ½	2.11.81	6. 2.49
Wolffram, Peter	18. 3.86	26. 1.55
Gerretz, Thomas	6. 4.93	8. 9.56
Dr. Schlewing, Anja	1. 7.95	28. 9.57
Jansen, Guido	3. 8.99	19. 4.65
Vollrath, Christian	11. 8.99	6. 3.67

Gelsenkirchen
Bochumer Str. 86, 45886 Gelsenkirchen
Postfach 10 01 05, 45801 Gelsenkirchen
T (02 09) 17 87–00
Telefax (02 09) 17 87–1 99

1 Dir, 3 R + 2 × ½ R

Heiringhoff, Friedrich Wilhelm, Dir	1. 3.99	8.12.46
von Rosenberg-Lipinsky-Küçükince, Annemarie	13. 2.76	22. 6.44
Zumfelde, Meinhard	18. 3.82	20. 7.48
Greb, Heinz	24. 8.82	14. 1.50
Groeger, Ulrike, ½	4. 9.98	7. 8.61

Hagen
Heinitzstr. 44, 58097 Hagen
T (0 23 31) 9 85–0
Telefax (0 23 31) 9 85–4 53

1 Dir, 4 R

N. N., Dir	—	—
Scheer, Jürgen	3. 3.83	25. 8.44
Marschollek, Günter	19.12.91	30.11.57
Clausen, Peter, abg.	25.10.93	12. 5.62
Seidel, Michael	21. 5.97	14. 3.65
Schlösser, Jürgen	11. 7.97	19. 2.63

Hamm
Marker Allee 94, 59071 Hamm
Postfach 19 07, 59061 Hamm
T (0 23 81) 8 91–1
Telefax (0 23 81) 8 91–2 76

1 Dir, 3 R

Dr. Diers, Ludwig, Dir	15.12.81	6. 8.35
Letz, Martin	17.12.84	20. 3.55
Dr. Wessel, Klaus	29.12.86	11. 7.54
Griese, Klaus	4.10.94	3.11.62

Herford
Münsterkirchplatz 1, 32052 Herford
T (0 52 21) 10 54–0
Telefax (0 52 21) 10 54–54

1 Dir, 2 R

Sauerländer, Fritz, Dir	3. 9.91	9.11.41
Oltmanns, Wolf-Sieghart	21. 1.76	23. 9.43
Heege, Heinz-Werner	5. 3.86	14. 4.51

Herne
Schillerstr. 37–39, 44623 Herne
T (0 23 23) 95 32–0
Telefax (0 23 23) 95 32–32

1 Dir, 4 R

Tupay, Jella, Dir	6. 8.90	28.11.43
Limberg, Eckhard	7. 3.88	18. 5.55
Dr. Hamann, Wolfgang	21.12.88	8. 9.56
Auferkorte, Frank	5. 4.91	26. 2.60
Dr. Schrade, Holger	9.11.98	20. 9.63

Iserlohn
Erich-Nörrenberg-Str. 7, 58636 Iserlohn
Postfach 11 51, 58581 Iserlohn
T (0 23 71) 82 55–55
Telefax (0 23 71) 82 55 99

1 Dir, 3 R

Henke, Jürgen, Dir	1. 6.95	31. 1.47
Körnig, Jürgen	1. 2.85	19. 9.54
Bäcker, Kirsti-Sabine	15. 6.88	19.12.56
Dr. Fischer, Sabine, abg., ½	24.10.88	22.12.55
Trabandt, Thomas	18.11.94	1. 2.62
Dr. Marek, Guido	29. 3.99	28. 8.67

Minden (Westfalen)
Königswall 8, 32423 Minden
Postfach 20 47, 32377 Minden
T (05 71) 88 86–0
Telefax (05 71) 88 86–2 35

1 Dir, 2 R

Weizenegger, Wolfgang, Dir, abg.	6. 8.90	18.10.56
Klevemann, Joachim	24.12.92	27.10.58
Nottmeier, Rolf	16. 2.95	7. 9.62

Münster
Von-Stauffenberg-Str. 16, 48151 Münster
Postfach 59 65, 48135 Münster
T (02 51) 9 74 13–0
Telefax (02 51) 9 74 13 49

1 Dir, 3 R

Geimer, Klaus, Dir	4. 9.97	24. 7.46
Dr. Müller, Franz	6.11.90	26.10.56
Dr. Beule, Jutta, ½, beurl.	21.12.92	6. 6.60
Vaupel, Silke	4.10.94	31.10.61

Paderborn
Grevestr. 1, 33102 Paderborn
T (0 52 51) 3 40 41
Telefax (0 52 51) 3 12 22

1 Dir, 1 R

Mathias, Rainer, Dir	18. 10. 79	21. 7. 37
Kuhlmey, Holger	9. 11. 84	6. 10. 52
Kania, Kornelia	7. 6. 93	3. 10. 59

Rheine
Dotumer Str. 5, 48431 Rheine
Postfach 11 48, 48401 Rheine
T (0 59 71) 92 71–0
Telefax (0 59 71) 92 71–50

1 Dir, 1 R

Krasshöfer, Horst-Dieter, Dir	1. 3. 99	27. 10. 52
Quandt, Susanne	16. 7. 98	17. 12. 65

Siegen
Unteres Schloß, 57072 Siegen
Postfach 10 12 54, 57012 Siegen
T (02 71) 5 85–1
Telefax (02 71) 50 10 01

1 Dir, 2 R

Henssen, Ralf, Dir	19. 3. 87	18. 5. 56
Deventer, Klaus, abg.	2. 8. 93	10. 5. 58
Rohkämper, Marlies, abg.	10. 8. 99	18. 4. 63

Richterin/Richter im Richterverhältnis auf Probe

Reinhard, Barbara	2. 2. 98	1. 7. 71
Nierhoff, Ulrich	1. 3. 98	26. 1. 70
Jasper, Johannes	14. 1. 00	21. 6. 66

Landesarbeitsgericht Köln

Blumenthalstraße 33, 50670 Köln
Postfach 13 01 15, 50495 Köln
T (02 21) 77 40–0
Telefax (02 21) 77 40–3 56

1 Pr, 1 VPr, 10 VR, 1 LSt (R)

Präsident

Dr. Isenhardt, Udo	1. 7. 90	19. 4. 44

Vizepräsident

Dr. Klempt, Walter	5. 4. 91	23. 6. 37

Vorsitzende Richterinnen/Vorsitzende Richter

Dr. Hüttemann, Renate	15. 1. 74	6. 4. 36

Baingo, Johann	13. 3. 78	16. 5. 36
Dr. Borrmann, Helga	31. 3. 87	20. 9. 43
Rietschel, Ernst-Wilhelm	28. 2. 89	2. 10. 42
Dr. Leisten, Leonhard	6. 7. 90	25. 9. 43
Dr. Kalb, Heinz-Jürgen	27. 3. 91	7. 9. 49
Schunck, Karl-Ernst	31. 5. 91	25. 3. 43
Dr. Backhaus, Ludger	14. 6. 91	20. 4. 51
Schroeder, Diethelm	30. 7. 98	18. 9. 43
Jüngst, Manfred	30. 11. 99	8. 6. 48

Arbeitsgerichte

Aachen
Aureliusstraße 30, 52064 Aachen
Postfach 1 67, 52002 Aachen
T (02 41) 4 70 92–0
Telefax (02 41) 4 84 90

1 Dir, 1 stVDir, 7 R, 1 LSt (R)

Schwartz, Hans-Dieter, Dir	1. 7. 94	25. 12. 47
Vogelbruch, Heino, stVDir	8. 6. 94	16. 12. 47
Kratz, Hans Rolf	2. 5. 86	24. 1. 55
Dr. Czinczoll, Rupert	9. 3. 87	5. 3. 54
Dr. Griese, Thomas, beurl. (LSt)	16. 12. 88	11. 9. 56
Dr. Brondics, Klaus	3. 12. 93	27. 9. 56
Brabänder, Susanne	6. 1. 94	24. 5. 62
Wiese, Georg	20. 10. 94	15. 9. 57

Bonn
Kreuzbergweg 5, 53115 Bonn
T (02 28) 9 85 69–0
Telefax (02 28) 69 23 81

1 Dir, 4 R, 1 LSt (R)

Friedhofen, Peter, Dir	8. 2. 96	19. 11. 49
Besgen, Dietmar	15. 7. 75	26. 12. 43
Reiffenhäuser, Norbert	1. 7. 86	26. 1. 52
Dr. Staschik, Lothar	1. 8. 94	4. 6. 60
Dr. Wisskirchen, Amrei	2. 1. 00	19. 6. 68

Köln
Pohligstraße 9, 50969 Köln
T (02 21) 9 36 53–0
Telefax (02 21) 9 36 53–8 04

1 Dir, 1 stVDir, 1 w.aufsR, 12 R + 4 × ½ R, 1 LSt (R)

Thür, Franz-Joachim, Dir	3. 12. 90	3. 5. 43
Münster, Hartmut, stVDir	1. 12. 80	12. 2. 42
Dr. Wester, Kurt, w.aufsR	25. 1. 95	5. 2. 48
Dyrchs, Barbara	23. 12. 76	4. 10. 45

Schmitz-DuMont, Marlies	7. 11. 77	31. 3. 47	
Brüne, Herbert	2. 1. 79	5. 9. 46	
Zilius, Hildegard, ½	9. 11. 79	3. 5. 49	
Meyer-Wopperer, Gabriele	5. 11. 80	30. 4. 48	
Dr. Bock, Margot, ½	12. 7. 82	1. 2. 49	
Wilmers, Andrea	16. 2. 90	5. 2. 55	
Pilartz, Annegret, ½	6. 6. 90	7. 7. 55	
Baldus, Cornelia	11. 5. 92	19. 3. 60	
Dr. Freifrau Schoultz von Ascheraden, Ulrike	4. 5. 93	11. 12. 54	
Dr. Kreitner, Jochen, abg.	15. 9. 93	29. 8. 58	
Decker, Hans-Stephan	8. 11. 93	13. 11. 60	
Dr. Ehrich, Christian	15. 7. 94	8. 7. 64	
Weyergraf, Ralf	4. 8. 94	6. 10. 60	
Dir. Liebscher, Brigitta	13. 1. 99	21. 12. 63	

Siegburg

Neue Poststraße 16, 53721 Siegburg
Postfach 11 54, 53701 Siegburg
T (0 22 41) 3 05–1
Telefax (0 22 41) 5 26 57

1 Dir, 4 R + 1 LSt (R)

N. N., Dir	—	—	
Heuser-Hesse, Kirsten	11. 4. 83	26. 8. 49	
Linge, Ursula	30. 1. 85	7. 1. 54	
Kratz, Brigitte	23. 11. 87	21. 1. 57	
Pérez Belmonte, Maria	22. 3. 91	30. 11. 57	
Dr. Gäntgen, Hans Jörg	31. 3. 93	9. 5. 61	

Richterin/Richter im Richterverhältnis auf Probe

Dr. Fabricius, Nicolai	1. 4. 97	30. 6. 66	
Dr. Rech, Heribert	1. 7. 98	14. 2. 69	

Rheinland-Pfalz

Landesarbeitsgericht Rheinland-Pfalz

Ernst-Ludwig-Straße 1, 55116 Mainz
Postfach, 55020 Mainz
T (0 61 31) 14 10
Telefax (0 61 31) 1 41 95 06

1 Pr, 1 VPr, 8 VR

Präsident

Prof. Dr. Schmidt, Klaus	12. 12. 89	7. 8. 41	

Vizepräsident

Schwab, Norbert	15. 6. 98	5. 5. 47	

Vorsitzende Richter

Schäfer, Horst	18. 12. 79	12. 1. 44	
Stock, Jürgen	25. 5. 90	2. 4. 48	
Busemann, Andreas	26. 9. 90	10. 6. 48	
Carlé, Egon	26. 10. 92	9. 10. 44	
Dr. Dörner, Klemens	29. 3. 94	22. 11. 57	
Scherr, Walter	8. 9. 95	1. 6. 47	
Dr. Speiger, Peter	18. 2. 98	28. 2. 55	
Bernardi, Michael	30. 11. 98	26. 5. 54	

Arbeitsgerichte

Kaiserslautern

Kanalstr. 25, 67655 Kaiserslautern
T (06 31) 3 62 25–0
Telefax (06 31) 3 62 25 30

Auswärtige Kammern in Pirmasens
Bahnhofstr. 22, 66953 Pirmasens
Postfach 11 65, 66921 Pirmasens
T (0 63 31) 8 71–1
Telefax (0 63 31) 8 71–3 86

1 Dir, 1 stVDir, 6 R, ½ LSt (R)

N. N., Dir	—	—	
Däuber, Volker, stVDir	2. 5. 96	23. 12. 44	
Sittinger, Otto	2. 3. 84	21. 4. 51	
Caesar, Helmut	4. 10. 85	2. 7. 52	
Schmidtgen-Ittenbach, Sabine, beurl.	20. 6. 96	9. 10. 62	
Dr. Luczak, Stefan	20. 6. 96	3. 9. 64	

Koblenz

Gerichtsstr. 5, 56068 Koblenz
56065 Koblenz
T (02 61) 91 30–0
Telefax (02 61) 91 30–65

Auswärtige Kammern in Neuwied
Bahnhofstr. 15, 56564 Neuwied
Postfach 11 41, 56501 Neuwied
T (0 26 31) 9 05–0
Telefax (0 26 31) 9 05–2 60

1 Dir, 1 stVDir, 7,5 R

Dr. Worbs, Dieter, Dir	1. 6. 78	23. 7. 38
Müller, Hans-Peter, stVDir	1. 12. 94	13. 2. 56
Knispel, Günther	29. 4. 82	1. 7. 49
Heep, Ferdinand	7. 3. 84	4. 10. 49
Gans, Hans-Joachim	2. 11. 93	2. 5. 60
Reimann, Wilhelm	4. 7. 94	25. 11. 61
Wildschütz, Martin	2. 6. 95	27. 9. 59
Dr. Langer, Margit	5. 7. 99	13. 4. 64

Ludwigshafen
Wredestr. 6, 67059 Ludwigshafen
Postfach 21 1 20, 67001 Ludwigshafen
T (06 21) 5 96 05–0
Telefax (06 21) 5 96 05–30

Auswärtige Kammern in Landau
Reiterstr. 16, 76829 Landau
Postfach 11 68, 76801 Landau
T (0 63 41) 2 63 44
Telefax (0 63 41) 2 63 45

1 Dir, 6 R

Achenbach, Hans-Günther, Dir	20. 3. 95	30. 12. 50
Heldmann, Hans-Christoph	—	—
Faulstroh, Thomas	6. 4. 98	11. 11. 63
Fleck, Michael	1. 2. 99	13. 1. 63

Mainz
Ernst-Ludwig-Str. 4, 55116 Mainz
Postfach 30 30, 55020 Mainz
T (0 61 31) 1 60
Telefax (0 61 31) 16 58 55

Auswärtige Kammern in Bad Kreuznach
Wilhelmstraße 7–11, 55543 Bad Kreuznach
Postfach 16 49, 55506 Bad Kreuznach
T (06 71) 25 92 44
Telefax (06 71) 25 92 26

Dir, 1 stVDir, 7,5 R, 1 LSt (R)

Miebs, Helmut, Dir	19. 4. 94	1. 10. 44
Redlich, Helmut, stVDir	29. 4. 96	21. 7. 44
Mossel, Albrecht	8. 12. 77	26. 1. 45
Hermes, Heinz-Josef	2. 6. 78	8. 11. 43
Paulsen, Kai-Uwe	15. 4. 91	7. 6. 59
Vonderau, Maria	7. 3. 95	28. 8. 61
Freiin von Senden, Ulrike, abg. (LSt)	6. 6. 95	2. 9. 58
Paulus-Kamp, Anja	19. 6. 96	15. 5. 63
Feldmeier, Dorothee	6. 4. 98	24. 3. 64
Lippa, Ruth	9. 4. 98	30. 11. 63

Trier
Dietrichstr. 13, 54290 Trier
Postfach 12 80, 54202 Trier
T (06 51) 4 66 00
Telefax (06 51) 46 68 19

1 Dir, 3 R

Radünzel, Karl-Heinz, Dir	1. 9. 91	6. 12. 44
Dorp, Martin	—	—
Lenz, Uta	5. 7. 99	20. 2. 67

Richterinnen/Richter im Richterverhältnis auf Probe

Krol-Dickob, Carmen, ½	25. 6. 93	25. 5. 66
Benra, Alexander	1. 12. 94	28. 10. 66
Hirsch, Eva-Maria, beurl. (LSt)	1. 2. 95	25. 12. 66
Dr. Miara, Anja	2. 5. 95	9. 10. 64
Eckert, Stephan Helmut	2. 1. 96	6. 2. 66
Urban, Christine, beurl. (LSt)	1. 10. 96	9. 12. 67
Dr. Kopke, Wolfgang	4. 8. 97	18. 10. 63
Heckmann, Dagmar	1. 9. 97	5. 3. 71
Jochum, Anne	15. 12. 97	2. 7. 71
Middeldorf, Claudia	1. 7. 98	5. 8. 70
Hambach, Matthias	15. 12. 98	16. 1. 71
Schütz, Silke, ½	1. 3. 99	15. 11. 71
Dr. Treber, Jürgen Wolfgang	1. 10. 99	25. 6. 60

Saarland

Landesarbeitsgericht Saarland

Obere Lauerfahrt 10, 66121 Saarbrücken
T (06 81) 5 01–36 03 oder 5 01–36 04
Telefax (06 81) 5 01–36 07

1 Pr, 1 VPr

Präsident
Degel, Volker   1. 7. 99   23. 2. 45

Vizepräsident
N. N.   —   —

Arbeitsgerichte

Neunkirchen
Lindenallee 13, 66538 Neunkirchen
T (0 68 21) 9 13–1 86
Telefax (0 68 21) 9 13–1 82

1 Dir, 2 R

Pfeifer, Kurt, Dir   1. 4. 84   27. 5. 44

Hossfeld, Stefan Friedrich   1. 8. 86   26. 3. 57
Schorr, Nikolaus   1. 1. 99   26. 12. 46

Saarbrücken
Obere Lauerfahrt 10, 66121 Saarbrücken
T (06 81) 5 01–36 14
Telefax (06 81) 5 01–36 07

1 Dir, 4 R

Dr. Fromm, Erwin, Dir   5. 11. 99   19. 1. 50
Albrecht, Otfried   18. 4. 73   16. 1. 41
Klanig, Hans   1. 8. 95   12. 2. 47
Zechner, Bettina, RkrA   (29. 9. 99)   8. 10. 62
Lang, Rita, RkrA   (29. 9. 99)   5. 11. 62

Saarlouis
Handwerkerstr. 2, 66740 Saarlouis
T (0 68 31) 9 49 82–0
Telefax (0 68 31) 9 49 82–30

1 Dir, 1 R

Dutt, Hans-Georg, Dir   1. 10. 99   2. 7. 53
Eberle, Andrea   15. 10. 96   5. 3. 61

Sachsen*

Landesarbeitsgericht Chemnitz

Zwickauer Str. 54, 09112 Chemnitz
Postfach 7 04, 09007 Chemnitz
T (03 71) 91 12–0
Telefax (03 71) 91 12–2 22

Präsident
von Bergen, Volker   1. 7. 93   18. 8. 41

Vizepräsident
N. N.   —   —

Vorsitzende Richterinnen/Vorsitzende Richter
Howald, Wolfgang   1. 7. 92   16. 2. 44
Leschnig, Werner, abg.   1. 8. 93   7. 5. 50

Borowski, Michael   1. 1. 94   27. 2. 55
Vorndamme, Wilhelm   1. 6. 95   24. 8. 55
Dr. Spilger, Andreas   1. 10. 95   4. 4. 56
Dr. Linck, Rüdiger   1. 2. 96   19. 1. 5
Sünkel, Hannelore   1. 5. 97   2. 12. 55

Arbeitsgerichte

Bautzen
Lessingstr. 7, 02625 Bautzen
Postfach 17 20, 02607 Bautzen
T (0 35 91) 3 61-0
Telefax (0 35 91) 3 61-3 33

Außenkammern in Görlitz
Fichtestr. 2, 02826 Görlitz
Postfach 30 09 13, 02814 Görlitz
T (0 35 91) 46 36 00
Telefax (0 35 91) 46 35 83

---

* Angaben über die Zahl der Planstellen an den Arbeits-
gerichten des Freistaats Sachsen sind nicht übermittelt
worden.

Nagel, Gerhard, Dir	1. 3.95	9.11.44
Kirsch, Bodo	10. 6.94	21.10.61
Dauge, Ira	1. 7.94	27. 5.56
Neumann, Claudia, abg.	15. 7.94	29. 6.57
Rodemers, Andreas	15. 8.94	5. 8.60
Hähner, Petra	18. 5.95	23. 7.63
Klabunde, Marion	1. 7.95	26. 1.63
Nicolas, Erika	1. 3.98	7. 9.54

Chemnitz

Zwickauer Str. 54, 09112 Chemnitz
Postfach 628, 09006 Chemnitz
T (03 71) 9 11 20
Telefax (03 71) 9 11 21 57

Präsident
N. N. — —

Vizepräsident
N. N. — —

Richterinnen/Richter

Vahrst, Ewald	13. 5.94	6. 6.45
Boltz, Wilhelm	13. 5.94	17. 4.55
Löffler, Volker, abg.	15. 5.94	20. 5.63
Braun, Helmut	28. 5.94	18. 7.58
Winkler, Ilse	21. 6.94	12.11.57
Oeft, Bernd	11. 8.94	6. 5.50
Werckmeister, Petra	1.11.95	1. 3.53
Weber, Dirk	15. 1.96	5. 5.65
Dr. Herrmann, Klaus	1. 3.96	2.12.62
Kirsten, Manina	1. 8.96	1. 3.58

Dresden

Löbtauer Str. 4, 01067 Dresden
Postfach 12 09 25, 01008 Dresden
T (03 51) 4 46 50
Telefax (03 51) 4 46 52 05

Präsident
Graf von Keyserlingk,
Alfred 10. 8.93 25. 5.43

Vizepräsident
N. N. — —

Richterinnen/Richter

Busch, Ulrich, w.aufsR	1. 2.99	12. 9.58
van Biezen, Bettina	15. 4.94	11. 7.60
Zickert, Andre	10. 6.94	16.12.62
Hartmann, Corina	17. 6.94	22.10.58
Guddat, Thomas	1. 7.94	21. 7.60
Börner, Frank	1. 8.94	1.10.58
Vetter, Katrin	1. 8.94	7. 7.63
Schmitt, Judith	2. 9.94	12. 9.56

Weinrich, Christian	1.11.94	26.11.58
Alfmeier, Klaus	1. 2.95	14. 4.58
Dziumla, Veit	1. 8.96	16. 3.60
Dr. Zies, Cordula	1. 9.96	27.10.54

Leipzig

E.-Weinert-Str. 18, 04105 Leipzig
T (03 41) 59 56-0
Telefax (03 41) 59 56-8 49

Präsident
Dr. Gockel, Michael 1. 5.93 7. 7.55

Vizepräsident
N. N. — —

Richterinnen/Richter

Köhne, Rüdiger, w.aufsR	1. 2.99	12. 4.55
Ranft, Manfred	13. 5.94	1. 7.57
Schwarzer, Jasmine	13. 5.94	9. 3.62
Heymann, Uwe	1. 6.94	19. 2.56
Wagner-Kehe, Ulrike	1. 7.94	13. 6.57
Kaminski, Birgit	18. 7.94	30. 7.60
Tinzmann, Roland	1. 8.94	9.11.57
Liebscher, Thomas	2. 8.94	4. 1.62
Steffen, Olaf	16. 9.94	11. 9.59
Dr. Beumer, Bernhard	1. 3.96	22. 4.61
Heuwerth, Frank	1. 3.98	11.12.63
Liedtke, Frank	1. 3.98	13. 1.64
Becker, Kirsten, abg.	14.10.99	15.10.66

Zwickau

Äußere Dresdner Str. 15, 08066 Zwickau
T (03 75) 4 21-0
Telefax (03 75) 4 21-2 22

N. N., Dir	—	—
Schmidt, Georg, stVDir	1. 2.99	12. 2.55
Neff, Otto, abg.	2. 4.94	9. 9.57
Czingon, Claudia	2. 4.94	14.11.61
Illy, Gabriele	3. 6.94	26. 2.60
Brügmann, Lars	3. 6.94	23. 3.62
Meyer, Angela	28.12.95	19. 5.57
Weber, Heiko	1. 3.98	21. 5.57

*Richterinnen/Richter im Richterverhältnis
auf Probe*

Kusicke, Sonja	22. 6.98	27. 2.71
Hummel, Knut	3. 8.98	1. 3.69
Bürger, Guido	3. 8.98	7. 3.69
Riedel, Ditte	3. 8.98	19. 4.69
Otto, Karin	1.12.98	28. 9.71
Böggemann, Stephan	4. 1.99	14. 8.70

| Kuhn, Kathrin | 1. 2.99 | 28.10.72 | Bellmann, Iris | 1. 7.99 | 11. 5.74 |
| Pies, Michael | 1. 4.99 | 6. 5.69 | Neumann, Karsten | 1. 9.99 | 5.11.71 |

Sachsen-Anhalt

Landesarbeitsgericht Sachsen-Anhalt

Engshuber, Reinhard	23.11.95	26. 7.61
Helders, Franz	19. 9.96	16. 9.61
Gailing, Ulrike	18.11.96	13.12.59
Pache, Hendrik	18.11.96	18. 7.65

Halle
Justizzentrum
Thüringer Str. 16, 06112 Halle
T (03 45) 22 00
Telefax (03 45) 2 20 22 40/2 20 22 39

1 Pr, 1 VPr, 8 VR

Präsident

| Pietzke, Wolfgang | 7. 1.92 | 20. 9.39 |

Vizepräsident

| Pods, Klaus-Günter | 28. 1.92 | 6.11.54 |

Vorsitzende Richterin/Richter

Berkowsky, Wilfried	1. 3.93	29. 8.47
Gross, Christoph	1. 4.93	17.12.40
Bopp, Peter	1. 9.93	22. 7.43
Lücke, Peter	14. 4.94	14. 9.43
Quecke, Martin	23. 8.95	22. 5.56
Dr. Molkenbur, Josef	1. 1.96	23. 2.56
Heinecke, Sabine	23.12.96	6. 6.51
Hesse, Dirk	17. 3.99	11. 5.60

Arbeitsgerichte

Dessau
Mariannenstraße 1, 06844 Dessau
Postfach 10 82, 06811 Dessau
T (03 40) 20 20
Telefax (03 40) 2 02 16 00

1 Dir, 1 stVDir, 9 R

Hoffmann, Barbara, Dir	27. 2.96	7. 9.56
N. N., stVDir	—	—
Frantz, Jürgen	1.12.94	8. 6.59
Heidemeyer, Olaf	1.12.94	22. 2.63
Exner, Cornelia	28. 4.95	13. 3.62
Platzer, Petra	28. 4.95	22. 9.65
Henz, Manfred	17. 8.95	5. 4.58
Schiller, Wolfgang	28. 8.95	3.10.57

Halberstadt
Richard-Wagner-Str. 53, 38820 Halberstadt
Postfach 16 31, 38806 Halberstadt
T (0 39 41) 67 04 00
Telefax (0 39 41) 67 04 01

1 Dir, 5 R

N. N., Dir	—	—
Wöstmann, Axel	5. 8.94	12. 4.61
Illie, Katrin	14. 9.94	22. 1.63
Baumann, Ulrich	13. 3.95	14.11.62
Koeppe, Detlef	11.10.95	21.12.42
Hennig, Heike, beur.	24. 4.97	5.10.64

Halle
Justizzentrum
Thüringer Str. 16, 06112 Halle
Postfach 90 05 55, 06057 Halle
T (03 45) 22 00
Telefax (03 45) 2 20 20 45

1 Dir, 1 stVDir, 7 R

Bartels-Meyer-Bockenkamp, Bettina, Dir	14. 7.92	14. 1.60
N. N., stVDir		
Brückner, Frank	6.12.93	4. 8.59
Karting, Thomas	6.12.93	8. 6.60
Renelt, Heiko	6.12.93	20. 5.62
Firzlaff, Gabriele	3. 4.95	19.12.60
Körkemeyer, Georg	28. 4.95	31. 5.61
Born, Mark Udo	10. 7.95	1. 7.59
Boldt, Hans-Joachim	16. 8.95	20. 5.59
Ciesla, Gritta	17. 8.95	28. 9.61

Magdeburg
Liebknechtstr. 65–91, 39110 Magdeburg
Postfach 39 11 24, 39135 Magdeburg
T (03 91) 60 60
Telefax (03 91) 6 06 50 24

1 Dir, 1 stVDir, 10 R

Köster, Udo, Dir	28.10.94	22. 6.57
N. N., stVDir	—	—
Methling, Rigolf	6.12.93	15.11.58
Busch, Wolfgang	19.10.94	12. 1.56
Schmalenberger, Uwe	8.11.94	15. 6.61
Kretschmer, Uwe	1.12.94	25. 9.58
Ahlborn, Gerhard	1.12.94	8.12.59
Voß, Franz-Josef	14. 6.95	16. 8.60
Arling, Andrea	7. 9.95	26.12.61
Dziallas, Armin	9.11.95	2. 2.63
Stallkamp, Lothar	8.10.96	9. 2.62
Dr. Annerl, Peter	12. 5.97	10. 3.63
Dr. Fiebig, Andreas	15.10.97	12. 3.59

Naumburg

Nordstr. 13/15, 06618 Naumburg
Postfach 3 82, 06608 Naumburg
T (0 34 45) 28 16 17
Telefax (0 34 45) 28 16 15/28 16 18

1 Dir, 6 R

N. N., Dir	—	—
Sandring, Fred-Peter	6.12.93	17. 7.45
Hötl, Günter	6.12.93	25. 6.55

Sander, Andreas	6. 7.94	12.12.59
Scholz, Susanne	20. 9.94	16. 1.63
Pippert, Nanette	17.12.96	6. 8.65
Zielberg-Buchhold, Eva	10. 4.97	26. 7.65
Berger, Anke	17. 2.98	1. 3.65

Stendal

Industriestr. 24b, 39576 Stendal
T (0 39 31) 69 40
Telefax (0 39 31) 69 41 00

1 Dir, 5 R

Quick, Elisabeth, Dir	4. 8.94	19. 7.57
Wolandt, Dirk	1. 2.94	13. 4.62
Thies, Kathrin	5. 5.94	12. 7.58
Böger, Frank, abg.	15. 5.95	19. 7.62
Bundschuh, Peter	17. 5.95	21.12.62
Wennmacher, Norbert, abg.	29. 7.97	20.12.63

Richterinnen/Richter im Richterverhältnis auf Probe

Wulff, Wolfgang, abg.	16.12.96	25. 5.68
Hüskes, Arne, abg.	30.12.97	9.12.67
Bödecker, Thomas, abg.	1. 9.98	18. 3.68

Schleswig-Holstein

Landesarbeitsgericht Schleswig-Holstein

Deliusstraße 22, 24114 Kiel
T (04 31) 6 04–0
Telefax (04 31) 6 04–41 00

1 Pr, 1 VPr, 4 VR

Präsidentin

Prof. Dr. Colneric, Ninon	1. 6.89	29. 8.48

Vizepräsident

Dr. Arendt, Uwe	1. 9.93	14. 5.37

Vorsitzende Richter

Müller, Ole	1.11.77	22.12.37
Dr. Ostrowicz, Alexander	1.10.87	22.11.43
Weschenfelder, Heinz-Jürgen	1.12.93	4. 8.42
Willikonsky, Birgit	13.11.98	24. 2.50

Arbeitsgerichte

Elmshorn
Moltkestraße 28, 25301 Elmshorn
T (0 41 21) 4 86 60
Telefax (0 41 21) 8 47 28

1 Dir, 3 R

Dr. Scholz, Uwe	14. 3.78	23.11.39
Hansen, Dieter, Dir	1.12.86	13. 4.43
Weiler, Rolf	11. 1.90	8. 8.57
Dr. Kröger, Dorle	17. 6.94	8. 4.57

Flensburg
Südergraben 55, 24937 Flensburg
T (04 61) 89–0
Telefax (04 61) 89–3 86

1 Dir, 2 R

Köppen, Hans-Jürgen	13.11.70	10. 2.38
Dr. Jancke, Ulrich, Dir	3. 4.94	2. 4.57
Evers-Vosgerau, Carla	31.10.94	21.10.63

Kiel
Deliusstr. 22, 24114 Kiel
T (04 31) 6 04–0
Telefax (04 31) 6 04–40 00

1 Dir, 5 R

N. N., Dir	—	—
Dr. Bruse-Lüdemann,		
Diethild-Renate	10. 3. 81	26. 10. 40
Greve, Jörg	29. 5. 81	1. 10. 47
Otten-Ewer, Sylke	21. 3. 91	7. 6. 57
Becker, Birgitt	21. 3. 91	14. 9. 57
Dr. Göldner, Sabine	30. 9. 96	1. 2. 61
Dr. Steidle, Gregor	1. 8. 99	2. 7. 65

Lübeck
Neustraße 2a, 23568 Lübeck
T (04 51) 38 97 80
Telefax (04 51) 3 22 29

1 Dir, 5 R

Isert, Klaus, Dir	31. 1. 92	13. 2. 38
Schubert, Klaus-Ulrich	15. 6. 82	12. 10. 43
von Alvensleben, Udo	25. 6. 84	12. 8. 50
Hartmann, Wilhelm	22. 7. 93	19. 1. 59
Benning, Wulf	11. 3. 97	5. 9. 61
Scholz, Christian		
Hendrik	1. 8. 99	14. 5. 64

Neumünster
Gartenstraße 24, 24534 Neumünster
T (0 43 21) 4 09 70
Telefax (0 43 21) 4 83 10

1 Dir, 3 R

Raasch-Sievert, Dagmar,		
Dir	1. 10. 97	25. 4. 56
Dr. Stolz, Joachim	13. 6. 89	29. 3. 54
Heimann, Marlies	24. 3. 93	8. 4. 57
Lüdtke, Marina	1. 8. 99	11. 9. 64

Thüringen

Landesarbeitsgericht Thüringen

Walkmühlstraße 1a, 99084 Erfurt
T (03 61) 37 75–3 00
Telefax (03 61) 37 75–2 00

1 Pr, 1 VPr, 5 VR

Präsident

Lennartz, Rolf	1. 9. 97	11. 12. 39

Vizepräsident

Dr. Wickler, Peter	20. 9. 93	1. 4. 54

Vorsitzende Richter

Feser, Klaus	9. 12. 93	1. 12. 40
Tautphäus, Arno	9. 12. 93	19. 6. 51
Dr. Amels, Martin	3. 5. 94	16. 6. 51
Brummer, Günter	1. 6. 96	12. 2. 54
Dr. Kaiser, Wilfried	1. 10. 97	23. 11. 42

Arbeitsgerichte

Eisenach
Theaterplatz 5, 99817 Eisenach
T (0 36 91) 2 47–3 19
Telefax (0 36 91) 2 47–2 00

Kammer in Mühlhausen
Bastmarkt 9, 99947 Mühlhausen
T (0 36 01) 8 33–50
Telefax (0 36 01) 8 33–53

1 Dir, 4 R

Creutzfeldt, Malte,		
Dir	1. 10. 98	3. 2. 53
Seidel, Elke	25. 10. 94	6. 7. 54
Manß, Jutta	25. 10. 94	8. 6. 61
Kolle, Armin	4. 11. 94	9. 6. 59
Zimmer, Antonia	14. 2. 95	13. 8. 54

Erfurt
Walkmühlstraße 1a, 99084 Erfurt
T (03 61) 37 75–3 00
Telefax (03 61) 37 75–2 08

1 Dir, 9 R

N.N., Dir	—	—
Luff, Karlfred, abg.	25. 10. 94	21. 2. 55
Oppler, Dirk	25. 10. 94	28. 6. 62
König, Astrid, abg.	25. 10. 94	13. 9. 63
Erdös, Britta	14. 2. 95	15. 9. 54
Godejohann, Dietrich- Friedrich	14. 2. 95	2. 1. 61
Grafen, Gabriele	14. 2. 95	2. 3. 63
Engel, Susanne	14. 2. 95	5. 9. 64

Gera
Amthorstr. 11, 07545 Gera
T (03 65) 83 37–2 00
Telefax (03 65) 83 37–2 65

1 Dir, 6 R

Schilder, Felizitas, Dir	1. 10. 97	9. 11. 44
Bennewitz, Sabine	25. 10. 94	15. 6. 55
Menke, Ingo	25. 10. 94	21. 7. 56
Hollmann, Wolfgang, abg.	20. 2. 95	20. 8. 58
Gruben-Braun, Karin	30. 1. 98	20. 7. 64
Tonndorf, Maria	2. 2. 98	15. 3. 65

Gotha
Justus-Perthes-Str. 2, 99867 Gotha
T (03 62 1) 21 51 55
Telefax (03 62 1) 21 51 33

1 Dir, 3 R

Walter, Andreas, Dir	27. 4. 99	9. 11. 59
Petermann, Jens	5. 5. 95	16. 7. 63

Jena
August-Bebel-Straße 3, 07743 Jena
T (0 36 41) 4 08–0
Telefax (0 36 41) 4 08–1 00

1 Dir, 4 R

Hanke, Thomas, Dir	31. 3. 95	24. 11. 51
Adrian, Peter	14. 2. 95	20. 8. 61
Meier, Anette	14. 2. 95	5. 2. 63
Maiwald, Harald	14. 8. 95	30. 9. 62
Holthaus, Michel	26. 3. 97	7. 10. 63

Nordhausen
Am Alten Tor 8, 99734 Nordhausen
T (0 36 31) 61 22–0
Telefax (0 36 31) 61 22–99

1 Dir, 3 R

Marx, Stefan, Dir	1. 4. 99	15. 1. 61
Stritzke, Uwe	22. 2. 94	16. 8. 61
Balk, Adolf	25. 10. 94	14. 2. 55
Wegmann, Peter, abg.	18. 2. 98	1. 5. 66

Suhl
Rimbachstraße 30, 98527 Suhl
T (0 36 81) 3 75–0
Telefax (0 36 81) 3 75–3 28

1 Dir, 5 R

Dr. Steckermeier, Maximilian, Dir	1. 10. 98	14. 8. 58
Dr. Rauschenberg, Hans-Jürgen, abg.	11. 11. 93	19. 5. 56
Köhler, André	22. 2. 94	13. 9. 56
Heymann, Peter	25. 10. 94	25. 1. 60
Herkner, Beate, abg.	25. 10. 94	9. 6. 60
Gerdes, Angelika	13. 2. 96	4. 2. 63

Finanzgerichtsbarkeit

Finanzgericht Baden-Württemberg

Grenadierstraße 5, 76133 Karlsruhe
Postfach 25 08, 76013 Karlsruhe
T (07 21) 92 60
Telefax (07 21) 9 26 35 59

Außensenate in Freiburg
Gresserstr. 21, 79102 Freiburg
Postfach 52 80, 79019 Freiburg
T (07 61) 20 72 40
Telefax (07 61) 20 72 42 00

Außensenate in Stuttgart
Gutenbergstr. 109, 70197 Stuttgart
Postfach 10 14 16, 70013 Stuttgart
T (07 11) 6 68 50
Telefax (07 11) 66 85 66

1 Pr, 1 VPr, 12 VR, 38 R, 1 LSt (R)

Präsident

Dr. Kopei, Dieter	21. 6. 93	23. 10. 36

Vizepräsident

N. N.	—	—

Vorsitzende Richter

Ströbert, Friedrich	1. 1. 84	27. 8. 35
Gürsching, Herbert	19. 3. 85	27. 11. 37
Geier, Hannes	19. 3. 85	23. 2. 39
Dr. Geipel, Jochen	1. 9. 86	10. 5. 37
Böttrich, Jürgen	31. 7. 89	13. 6. 39
Simon, Hans-Dieter	11. 5. 90	14. 6. 39
Meilicke, Eberhard	11. 11. 93	21. 3. 39
Pietroschinsky, Armin	11. 11. 93	9. 2. 43
Dreher, Hellmut	27. 5. 98	12. 7. 38
Dr. Hartmann, Jan	1. 8. 98	5. 5. 41

Richter

Ramminger, Hans		
Michael	5. 12. 72	3. 11. 36
Affolter, Bruno	31. 3. 77	28. 5. 42
Hagmann, Dietmar	27. 4. 79	19. 6. 39
Adler, Stefan	1. 7. 79	8. 7. 43
Weiss, Rudolf	2. 6. 80	27. 3. 40
Braunmiller, Werner	2. 6. 80	5. 12. 43
Dr. Siebert, Wolfgang	2. 6. 80	22. 6. 44
Häußermann, Rudolf	1. 3. 81	23. 12. 45
Falck, Eberhart	1. 9. 81	30. 7. 40
Dr. Ebert, Arnim	1. 2. 82	14. 11. 42
Sauter, Günter	1. 3. 83	23. 2. 48
Schönwandt, Jens-		
Carsten	1. 10. 83	—
Mann, Jürgen	1. 8. 84	12. 10. 41
Renz, Roland	16. 7. 85	26. 1. 46
Eckert, Arnulf	16. 7. 85	16. 5. 46
Dr. Kretzschmar, Lutz	—	6. 6. 46
Dr. Korte, Hans-Peter	1. 5. 87	4. 12. 47
Dr. Wilke, Kay-Michael	1. 5. 87	21. 3. 48
Dr. Eppler, Gerold	16. 6. 87	15. 8. 48
Remmele, Walter	1. 6. 88	15. 10. 48
Faßbender, Helmut	1. 6. 88	11. 8. 49
Laubengeiger, Walter	1. 6. 88	9. 12. 49
Müller, Horst-Willi	29. 6. 89	9. 8. 48
Manz, Peter	1. 9. 89	17. 3. 51
Dr. Weckesser, Artur	1. 1. 90	16. 3. 52
Stolz, Franz-Dieter	1. 6. 90	15. 6. 54
Freund, Günter	1. 9. 90	20. 11. 52
Raufer, Horst	1. 10. 90	19. 7. 49
Gramich, Paul-Guido	1. 1. 92	17. 12. 50
Schmid, Franz	1. 2. 92	11. 8. 55
Dr. Merkt, Albrecht,		
abg.	1. 3. 92	17. 7. 56
Körner, Guido	1. 4. 92	9. 3. 56
Guhl, Albert	1. 5. 93	21. 11. 53
Dr. Schneider, Stefan,		
RkrA	(1. 12. 99)	10. 11. 56

Bayern

Finanzgericht München

Ismaninger Str. 95, 81675 München
Postfach 86 03 60, 81630 München
T (0 89) 9 29 89–0
Telefax (0 89) 45 50 46 00

1 Pr, 1 VPr, 13 VR, 44 R, 3 LSt (R)

Präsident

Dr. Wolf, Michael	3. 9. 96	18. 2. 45

Vizepräsident

Gretzschel, Helbert	8. 3. 00	5. 3. 42

Vorsitzende Richterin / Vorsitzende Richter

Dr. Lohse, Christian	1. 1. 86	11. 4. 38
Schweykart, Hans	1. 12. 87	5. 3. 36
Heinicke, Wolfgang	1. 2. 88	21. 7. 38
Tews, Winfried	1. 2. 89	1. 4. 37
Friedrich, Werner	1. 5. 90	4. 1. 38
Petersen, Lars	1. 9. 91	10. 8. 37
Zitzelsberger, Monika	19. 2. 92	6. 6. 41
Dr. Spetzler, Eugen	27. 2. 92	19. 3. 39
Dr. Dörge, Christian	25. 6. 93	23. 5. 41
Dr. Rehwagen, Werner	31. 1. 96	12. 5. 41
Madle, Ulrich	30. 9. 96	29. 4. 42
Dr. Rader, Jürgen	—	22. 4. 43

Richterinnen / Richter

Ritzer, Herbert	1. 4. 81	13. 7. 39
Dr. Maier, Klaus	1. 4. 81	20. 9. 40
Herbst, Armin	1. 1. 83	16. 12. 39
Tichy, Walter	1. 1. 83	14. 8. 43
Schwarz, Roger	1. 5. 84	17. 9. 42
Dr. Dettmer, Rolf	1. 10. 84	31. 1. 43
Hoelscher, Andreas	1. 10. 84	18. 9. 43
Groh, Götz	1. 11. 84	28. 3. 43
Leopold, Peter	1. 1. 85	23. 12. 43
Hornung, Klaus	1. 1. 85	15. 6. 48
Högl, Hans-Werner	1. 6. 85	27. 4. 44
Thies, Rainer	1. 4. 86	18. 6. 46
Dr. Genest, Claus	15. 7. 86	13. 8. 40
Huber, Ulrich	1. 4. 87	23. 9. 46
Dr. Probst, Ulrich	1. 4. 87	4. 4. 50
Weilbacher, Franz	1. 4. 87	4. 6. 50
Dr. Macher, Ludwig	1. 12. 87	10. 5. 41
Mayer, Günter	1. 5. 88	19. 12. 47
Dr. Pleister, Wolfgang	16. 11. 88	5. 4. 45
Dr. Dölfel, Gerhard	7. 6. 89	9. 8. 40

Deiglmayr, Alfred	—	—
Eicher, Hans	—	—
Dr. Gmach, Gottfried	—	—
Hinke, Christian	—	—
Schmid, Manfred	1. 7. 90	14. 11. 52
Dr. Röll, Peter	—	—
Weymüller, Rainer, abg. (LSt)	1. 10. 90	22. 11. 55
Dr. Selder, Johannes	1. 10. 90	14. 10. 56
Hartmann, Konrad	1. 6. 91	30. 5. 52
Appel, Winfried	1. 10. 91	25. 10. 48
Lüsch, Jürgen	1. 10. 91	23. 11. 48
Braun, Eberhard	15. 1. 92	12. 11. 49
Schuldes, Silvia	1. 7. 92	16. 6. 50
Herz, Ursula	1. 7. 92	5. 5. 52
Siebenhüter, Anton	1. 7. 92	30. 6. 56
Rappl, Peter	15. 10. 92	23. 11. 56
Dr. Buyer, Christoph	1. 2. 93	27. 1. 52
Rothenberger, Franz	1. 5. 93	21. 1. 59
Peltner, Hans-Michael	1. 3. 94	23. 11. 52
Peuker, Monika	1. 3. 94	4. 4. 53
Peltner, Christa, RkrA, beurl.	(1. 9. 99)	4. 9. 57
Dr. Forchhammer, Joseph, RkrA	(1. 10. 99)	31. 10. 56
Dr. Welzel, Peter, RkrA	(1. 4. 00)	3. 11. 56
Dr. Berger, Elisabeth, RkrA	(1. 4. 00)	26. 1. 62

Finanzgericht Nürnberg

Deutschherrnstr. 8, 90429 Nürnberg
T (09 11) 2 70 76–0
Telefax (09 11) 2 70 76–24
1 Pr, 1 VPr, 5 VR, 17 R

Präsident

Dr. Glanegger, Peter	18. 11. 99	30. 3. 40

Vizepräsident

Dr. Spitzer, Bernd-Michael	11. 9. 95	17. 5. 43

Vorsitzende Richter

Böhm, Friedrich Albrecht	1. 2. 90	29. 9. 37
Dr. Ruppert, Peter	21. 2. 94	17. 8. 40
Kelsch, Karl	22. 9. 94	10. 1. 42
Güroff, Georg	25. 6. 97	18. 3. 45
Dr. Kuczynski, Peter	2. 12. 99	31. 7. 42

Richterinnen/Richter

Geist, Karlheinz	1. 7.74	3. 3.37
Dr. Stratmann, Jürgen	1.11.79	6. 7.37
Dr. Lang, Hartmut	1. 1.80	28. 5.43
Kratz, Jürgen	1. 4.80	18. 4.41
Schaefer, Bertram	1.10.86	23. 7.47
Schönfelder, Hannes	1.10.86	28. 1.45
Regler, Anton	1. 2.87	18.12.49
Naczinsky, Helmut	18.12.90	29. 1.55
Schauer, Ingrid	1. 2.91	3.11.52
Köhler, Wolfgang	1. 6.91	17. 3.56

Meßbacher-Hönsch, Christine	1. 2.92	28. 1.55
Bauer, Reinhard	—	—
Schulte, Reinhard	15.12.93	30. 3.49
Roßner, Hermann	1. 4.95	28. 9.49
Rößler-Sauter, Rita	1.10.97	9.10.57
Grammel, Thomas, RkrA	(1.10.99)	15. 4.59

Eine weitere Stelle für einen Richter am FG ist besetzt. Name und Personaldaten des Stelleninhabers sind nicht übermittelt worden.

Berlin

Finanzgericht Berlin

Schönstedtstr. 5, 13357 Berlin
T (0 30) 9 01 56–0
Telefax (0 30) 9 01 56–3 46

1 Pr, 1 VPr, 7 VR, 20 R

Präsident

Dr. Bültmann, Herbert	1. 2.90	23. 9.38

Vizepräsident

Freitag, Wolfgang	5.10.94	6. 4.44

Vorsitzende Richter

Dr. Schumann, Peter	13.11.92	23. 8.40
Karl, Gunther	8. 8.94	19. 7.48
Beck, Hans-Joachim	24. 8.94	6.11.48
Dr. Nothnagel, Reinhard	20. 2.95	24. 8.49
Engel, Jürgen	19.10.95	7. 8.46
Ritscher, Wolfgang	1. 4.98	2. 7.46

Richterinnen/Richter

Bandelier, Bodo	29. 6.70	7.12.39
Abeßer, Thomas	23.10.80	8. 7.41
Käwert, Hartmut	30. 7.85	24.10.42
Spruch, Eberhard	30. 7.85	13.11.46
Meyer, Ronald	14.10.87	25. 3.50
Görlitz, Stephan	30. 4.92	7. 5.54
Dr. Rüster, Susanne, ½	13. 7.92	2. 4.54
Dr. Beckmann, Thomas	21. 9.93	28.10.59
Schmidt, Eckehard	22. 3.94	2. 2.40
Hockenholz, Jens	31. 7.95	15. 5.53
Krißmer, Arthur	16. 9.96	19.10.46
Sander-Hellwig, Annelore	20.12.96	16. 8.49
Grube, Friederike	20.12.96	23.12.61
Dr. Herbert, Ulrich	28. 2.97	10.12.60
Röhricht, Rüdiger	29. 5.98	16. 7.54
Scherzer-Schelletter, Sabine	29. 5.98	14. 7.60
Assel, Volker	1. 4.99	15. 6.48
Willmes, Michael	11. 5.99	28. 9.53
Espey, Frank	1.11.99	14. 6.57
Keil-Schelenz, Karin, RkrA	(1.12.98)	25. 5.61

Brandenburg

Finanzgericht des Landes Brandenburg

Von-Schön-Str. 10, Haus 6, 03050 Cottbus
T (03 55) 49 91–61 00
Telefax (03 55) 49 91–61 99

1 Pr, 1 VPr, 4 VR, 14 R

Präsident
Hartig, Wolfram   17. 5. 93   7. 2. 41

Vizepräsident
Dr. Lambrecht, Claus   1. 12. 93   14. 6. 51

Vorsitzende Richter
Herrmann, Rolf   2. 1. 95   17. 12. 44
Vogt, Norbert   1. 12. 96   16. 8. 41
Widra, Detlef   1. 6. 97   16. 10. 53
Dr. Bergkemper, Winfried   1. 10. 99   12. 8. 49

Richterinnen/Richter

Venus, Cathrin	1. 4. 97	28. 8. 60
Dr. Stapperfend, Thomas	1. 4. 97	5. 5. 65
Kauffmann, Bernd	1. 6. 97	16. 12. 64
Schwenkert, Ulrich	1. 8. 97	3. 7. 65
Krebs, Eberhard	1. 10. 97	30. 7. 59
Dr. Tiedchen, Susanne	1. 1. 98	30. 5. 63
Dr. Adamik, Andrea	1. 2. 98	13. 1. 66
Rätke, Bernd, abg.	1. 6. 98	29. 11. 64
Brocks, Helen	1. 12. 98	16. 12. 58
Dr. Bahlau, Petra	1. 7. 99	3. 6. 67
Hinze, Christina	1. 10. 99	17. 12. 64
Kempe, Bärbel	1. 12. 99	9. 10. 65

*Richterinnen/Richter
im Richterverhältnis auf Probe*

Herdemerten, Eva	1. 11. 97	18. 4. 59
Debus, Andrea	1. 9. 99	22. 12. 62
Kolbe, Stefan	1. 3. 00	28. 2. 68

Bremen

Finanzgericht Bremen

Schillerstr. 10, 28195 Bremen
T (04 21) 3 61–22 97
Telefax (04 21) 3 61–60 79

1 Pr, 1 VPr, 5 R

Präsident
Ziemann, Hans-Jürgen   1. 7. 90   11. 9. 37

Vizepräsident
Dr. Kalb, Werner   1. 5. 89   8. 9. 35

Richterin/Richter

Dr. Ehlers, Arne	1. 3. 90	2. 10. 51
Hartmann, Wolf-Rüdiger	5. 4. 90	16. 3. 39
Dr. Koenig, Dietrich	1. 6. 90	5. 5. 43
Jäger, Adelheid	1. 11. 90	23. 11. 52
Sieling-Wendt, Heiko	30. 4. 92	21. 4. 54

Hamburg

Finanzgericht Hamburg

Oberstr. 18d, 20144 Hamburg
T (0 40) 4 28 01–0
Telefax (0 40) 4 28 01–27 50

1 Pr, 1 VPr, 4 VR, 14 R

Präsident
Dr. Grotheer, Jan   1. 10. 97   7. 11. 45

Vizepräsident
Dostmann, Dieter   1. 10. 97   11. 6. 41

Vorsitzende Richter

Dr. Otte, Heinrich	15. 7. 88	16. 1. 38
Dr. Kauffmann, Walter	14. 7. 95	2. 5. 41
Sterlack, Rolf	5. 12. 97	19. 5. 43
Kuhr, Werner	18. 1. 99	5. 1. 47

Richterinnen/Richter

Dr. Koenig, Dieter	19.12.67	28. 6.36
Berlin, Claus	1.12.68	18. 4.36
Harms, Karl-Peter	24.10.79	12. 6.40
Dr. von Wedel, Wedigo	20. 3.80	15. 6.44
Hardt, Christoph	11.10.88	18. 9.52
Dr. Reiche, Klaus-Dieter	27.11.89	22. 4.45

Staiger, Barbara	12. 1.90	19. 2.49
Duvinage, Monika	28. 9.92	9.12.55
Kögel, Corina	29. 1.93	3. 7.55
Krüger, Ulrich	17. 9.93	2. 3.53
Birke, Elisabeth	1. 5.94	5.11.52
Görke, Roger	18. 7.97	6. 5.57
Siewert, Wolfgang	28. 4.99	30.11.59
Wirth-Vonbrunn, Hannelore	28. 4.99	6. 6.53

Hessen

Hessisches Finanzgericht

Königstor 35, 34117 Kassel
Postfach 10 17 40, 34017 Kassel
T (05 61) 72 06–0
Telefax (05 61) 7 20 61 11

1 Pr, 1 VPr, 11 VR, 36 R

Präsident

Stremplat, Manfred	1.12.99	26. 6.39

Vizepräsident

N.N. — —

Vorsitzende Richter

Rudek, Michael	28. 4.89	16. 5.39
Dr. Zubrod, Gerhard	12. 9.89	30. 1.39
Wagner, Hugo	15.10.90	21. 2.39
Schreiber, Jochem	1. 4.91	2.10.43
Dr. Saure, Heinrich	1. 9.94	3. 8.39
Rodemer, Klaus	1. 9.94	31. 5.42
Bittner, Dietmar	1.10.95	23. 6.43
Mittmann, Volker	1. 5.96	1. 7.44

Zwei weitere Stellen für Vorsitzende Richter sind besetzt. Namen und Personaldaten sind nicht übermittelt worden.

Richterinnen/Richter

von Reth-Schlosser, Gisela	15. 8.80	17.11.40
Honisch, Werner	1.12.84	6. 8.49

Ebel, Arnulf	1. 6.85	10. 4.50
Sebbel, Alfred	1. 6.85	24.10.51
Kasch, Wolfgang	1. 7.86	29.11.44
Hesse, Walter	1. 7.86	2.11.47
Aweh, Lothar	1. 8.87	11. 2.53
Herrmann, Dieter	1. 4.88	30. 4.54
Zimmermann, Gerda	1. 1.89	16. 8.52
Dr. Prell, Wolfgang	5. 4.90	5. 9.54
Vaupel, Volker	1. 5.90	16.10.54
Paar, Doris	1.11.90	14. 6.55
Thiede, Sven	1. 4.91	28. 5.56
Konopatzki, Herbert	1. 5.91	15.10.54
Naujoks-Albracht, Helga	1. 7.91	6. 1.56
Lotzgeselle, Helmut	2. 9.91	13. 3.57
Oehm, Rainer	16.10.91	26. 2.56
Dr. Albracht, Wolfgang	15.11.91	22. 3.57
Merle, Dieter	18.12.91	18. 4.57
Dr. Wied, Edgar	1. 8.94	8. 4.61
Ebeling, Hermann	10.10.94	20. 1.55
Brösch, Winfried	17.11.94	14. 2.54
Dr. Nieuwenhuis, Helmut	4.11.94	22. 2.52
Bechtel, Wolfgang	1. 1.95	26. 9.57
Fritsch, Rainer	13. 3.95	19.10.54
Warnitz, Siegfried	2. 1.96	23.11.51
Hörndler, Eva	23. 1.96	14. 7.58
Knab, Michael	15. 3.96	29. 5.61

Sechs weitere Stellen für Richter sind besetzt. Namen und Personaldaten sind nicht übermittelt worden.

Mecklenburg-Vorpommern

Finanzgericht
Mecklenburg-Vorpommern

Lange Str. 2a, 17489 Greifswald
T (0 38 34) 79 50
Telefax (0 38 34) 79 52 28 / 13
1 Pr, 1 VPr, 2 VR, 7 R

Präsident
N. N.   —   —

Vizepräsident
N. N.   —   —

Vorsitzender Richter
Kävenheim, Wolfgang-
    Michael   1. 5. 97   4. 4. 48

Richterinnen / Richter
Lipsky, Matthias   8. 3. 93   25. 1. 57
Janke, Gabriele   15. 7. 95   30. 9. 58
Dr. Hahn-Joecks, Gabriele   1. 8. 98   5. 11. 57
Hünecke, Harald   4. 5. 99   22. 7. 62

Niedersachsen

Niedersächsisches Finanzgericht

Hermann-Guthe-Str. 3, 30519 Hannover
T (05 11) 84 08–0
Telefax (05 11) 8 40 84 99
1 Pr, 1 VPr, 13 VR, 41 R

Präsident
Prof. Dr. Seeger,
    Siegbert F.   7. 6. 89   1. 4. 38

Vizepräsidentin
Zeuner, Helga   27. 4. 92   7. 2. 38

Vorsitzende Richter
Wilcke, Heinz-Joachim   26. 6. 80   13. 10. 36
Dr. Schneider, Eberhard   1. 3. 86   1. 11. 36
Mock, Werner   26. 5. 87   3. 1. 39
Dr. Kappe, Hagen   28. 9. 87   17. 7. 44
Dr. Nolte, Rainer   15. 9. 89   6. 3. 41
Wildauer, Alfred   17. 10. 89   4. 3. 47
Dr. Butz, Wolf-Dieter   10. 8. 92   22. 10. 40
Dr. Kersten, Hans-Jürgen   11. 3. 94   12. 7. 43
Faustmann, Rainer   24. 3. 97   14. 5. 48
Domschat, Klaus-Peter   26. 11. 97   16. 11. 50

Richterinnen / Richter
Dr. Edelmann, Klaus   1. 2. 79   12. 9. 40

Rücker, Peter   1. 5. 80   4. 10. 41
Wendland, Gerd   1. 7. 81   15. 2. 41
Utermöhlen, Joachim   1. 7. 81   21. 5. 48
Dr. Krage, Wolfgang   1. 11. 81   21. 4. 46
Borstelmann, Eike   1. 12. 81   5. 10. 42
Franz, Willy   1. 4. 83   30. 6. 43
Wilczynski, Edmund   1. 7. 86   27. 7. 48
Georgi, Andreas   1. 9. 86   1. 10. 47
Dr. Bolz, Norbert   1. 9. 86   5. 10. 48
Koch, Maritta   1. 9. 86   4. 12. 51
Moritz, Joachim   1. 10. 86   21. 11. 49
Dr. Harenberg, Friedrich   1. 1. 87   20. 3. 52
Cissée, Bernd   14. 4. 87   27. 1. 51
Elvers, Reinhard   1. 5. 88   27. 8. 49
Hauschild, Adalbert   1. 3. 90   7. 2. 52
Grune, Jörg   1. 7. 90   4. 4. 56
Dr. Sassenberg-Walter,
    Ulrike   1. 10. 90   23. 7. 55
Schlepp, Norbert   1. 11. 90   26. 6. 48
Hausmann-Lucke, Eva   1. 12. 90   12. 3. 56
Dr. Heidner, Hans-
    Hermann   1. 6. 91   28. 4. 57
Dr. Balke, Michael   18. 6. 91   31. 10. 54
Schwick, Volker   1. 7. 91   3. 2. 58
Dr. Pahlke, Armin   26. 2. 92   15. 12. 51
Dr. Horn, Hans-Joachim   11. 8. 92   10. 8. 54
Wünsch, Doris   1. 9. 94   21. 8. 52
Lehmann, Andreas   23. 12. 94   20. 6. 55
Grett, Hans-Dieter   1. 10. 95   20. 9. 53
Koenig, Ulrich   1. 10. 95   1. 11. 56
Peter, Jörg   1. 10. 97   19. 6. 60

Schirp, Christoph	8.12.99	10. 3.61
Dr. Leonard, Axel, RkrA	(1. 5.98)	10. 1.64
Nagel, Astrid, RkrA	(1. 7.98)	6.11.61

Dr. Nacke, Aloys, RkrA	(1. 9.99)	15. 5.60
Dr. Cöster, Thilo, RkrA	(1. 9.99)	31.10.62
Intemann, Jens, RkrA	(1.11.99)	5. 4.64

Nordrhein-Westfalen

Finanzgericht Düsseldorf

Ludwig-Erhard-Allee 21, 40227 Düsseldorf
Postfach 10 23 53, 40014 Düsseldorf
T (02 11) 77 70–0
Telefax (02 11) 77 70–25 10

1 Pr, 1 VPr, 16 VR, 56 R + 1 LSt (R)

Präsident

| Plücker, Helmut | 1. 3.00 | 21. 5.51 |

Vizepräsident

| N.N. | — | — |

Vorsitzende Richterin/Vorsitzende Richter

Grosch, Horst	—	—
Blanke, Heinz	11. 9.87	23. 4.38
Steuck, Hellmut	1. 7.88	12. 7.43
Herrmann, Günther	1.10.88	30.10.36
von Saldern, Albrecht	1.10.88	24. 6.38
Dr. Meyer, Christel	26. 4.89	27.11.43
Klein, Fritz	9.11.90	31. 8.42
Bister, Ottfried	6. 4.93	27. 2.42
Glenk, Heinrich	30. 6.93	13.10.46
Laier, Karl	16.11.93	27.11.48
Grobler, Karl Heinz	28. 9.94	30.10.38
Stötzel, Heinz	—	—
Milich, Hans-Jürgen	24. 9.96	28. 3.44
Dr. von Beckerath, Hans-Jochem	24. 9.96	17.10.50
Schuck, Hans-Jürgen	7.11.97	28. 5.46
Dickmann, Horst	1. 6.99	27. 2.49

Richterinnen/Richter

Grosch, Brigitte	20. 9.72	24. 2.43
Vohwinkel, Hans-Wilhelm	2.11.78	12.11.43
Pump, Hinrich	16. 1.79	13. 3.37
Becker, Hans-Jürgen	26. 2.80	2. 6.42
Dr. Kaiser-Plessow, Utta	12.12.80	29.10.39
Pliquett, Burghard	15. 1.81	25.11.43
Arnold, Bruno	29. 6.81	28.11.42
Grünberg, Heiko	29. 6.81	9. 1.44
Dr. Hegmann, Jürgen	29. 6.81	9.12.44
Korte, Rainer	29. 6.81	17.12.44

Wiemer, Ludwig	21. 9.81	16. 7.39
Peters, Wolfgang	28.12.82	31. 5.46
Ramackers, Arnold	2.12.85	29. 8.46
Morsbach, Rudger	1. 5.87	7. 8.50
Haferkamp, Johannes	19. 1.88	19. 1.55
Cziesla, Bodo	15. 9.88	6.11.49
Claßen, Andrea	26. 9.88	26. 9.55
Kuhlen, Helmut	19.10.88	29. 3.51
Hospes, Hans-Jürgen	1. 2.89	17. 8.55
Appelhof, Gisela	1. 7.89	12. 6.55
Dabitz, Axel	1. 1.90	3. 9.56
Alexander, Stephan	1. 6.90	23. 5.57
Meyer, Berthold	11. 7.90	11. 7.57
Hahn, Hans-Wilhelm	7. 9.90	27. 2.47
Maas, Hans	17.12.90	3. 6.57
Sadrinna, Reinhard	—	—
Speckamp, Peter	1.10.91	29. 7.53
Kopp, Jürgen	—	—
Scheel, Angelika	1. 4.92	20. 2.56
Junker, Harald	15.12.92	1. 4.55
Dr. Brandis, Peter	1. 4.93	13. 5.59
Zimmermann, Thomas	15. 6.93	17. 7.55
Dr. Wüllenkemper, Dirk abg. (LSt)	13. 9.93	13. 9.60
Kühnen, Sabine	1. 1.94	20. 4.60
Kleuser, Willi	1. 4.94	26.10.58
Dr. Wagner, Klaus Jürgen	26. 9.94	25. 9.61
Jelinek, Helmut	1.11.94	29. 5.59
Reuß, Joachim	3. 1.95	1. 9.56
Deimel, Klaus	1.10.95	5.12.59
Pfützenreuter, Volker	4.10.95	19.10.59
Bork, Ulrike	1. 3.96	23. 9.62
Oosterkamp, Beate	15. 5.96	19. 3.63
Dr. Thesling, Hans-Josef	1. 8.96	27. 9.61
Albert, Bernd	1.10.97	21. 8.60
Tschirner, Thomas	28.11.97	6. 1.62
Dr. Hailer, Horst-Peter	17. 3.98	10. 5.58
Dr. Damrau-Schröter, Heike	1. 9.98	6. 1.61
Meyer, Martina	6.11.98	16. 6.62
Adamek, Richard	1. 1.99	12. 4.60
Czerner, Jutta	1. 7.99	4. 2.65
Werning, Ulrich	1. 7.99	19. 2.65
Ludes, Sylvia	1. 9.99	9. 4.64
Dr. Loose, Matthias	1.11.99	18.11.65

Richter im Richterverhältnis auf Probe

| Kuhfus, Werner | 16. 2.98 | 6. 2.65 |

Finanzgericht Köln

Appellhofplatz, 50667 Köln
Postfach 10 13 44, 50453 Köln
T (02 21) 20 66–0
Telefax (02 21) 20 66–4 20

1 Pr, 1 VPr, 13 VR, 45 R + 2 LSt (R)

Präsident

Dr. Schmidt-Troje, Jürgen   27. 1. 92   16. 5. 44

Vizepräsidentin

Dr. Schaumburg, Heide   1. 11. 99   24. 8. 48

Vorsitzende Richterinnen/Vorsitzende Richter

Dr. Stöcker, Ernst Erhard	1. 10. 84	28. 3. 37
Land, Rolf	1. 7. 85	15. 11. 36
Husmann, Eberhard	13. 2. 87	4. 8. 36
Dr. Loeber, Norbert	1. 6. 87	6. 5. 36
Temming, Johannes	1. 7. 87	6. 5. 37
Fischer, Karl Dieter	15. 9. 92	7. 9. 38
Birk, Werner	8. 9. 95	26. 9. 37
Reith, Hans-Peter	8. 9. 95	29. 4. 40
Dr. Sandermann, Almut	31. 5. 96	8. 1. 44
Herchenbach, Johannes	1. 10. 97	9. 12. 44
Müller, Thomas	12. 3. 98	3. 12. 49
Pietsch, Peter	—	—
Dr. Engelmann-Pilger, Albrecht	9. 11. 98	18. 9. 44

Richterinnen/Richter

Dr. Schwarzer, Winfried	31. 5. 77	25. 4. 39
Prühs, Hartmut	28. 11. 77	11. 5. 39
Kaser, Bernhard	28. 11. 77	26. 5. 41
Heuser, Albert	22. 2. 79	21. 2. 44
Callsen, Karl-Christian	13. 12. 79	29. 7. 39
Dipl.-Ök. Dr. Woring, Siegbert	18. 12. 79	6. 11. 44
Koch, Jürgen	21. 1. 81	6. 3. 41
Doll, Rüdiger	21. 1. 81	2. 9. 43
Jehle, Peter	29. 6. 81	10. 1. 44
Harf, Christian, beurl. (LSt)	29. 6. 81	10. 8. 45
Linhart, Peter	3. 9. 81	19. 3. 43
Forster, Rudolf	28. 10. 81	8. 8. 44
Peißert, Uwe	15. 10. 85	22. 8. 46
Klein, Norbert	16. 10. 85	3. 2. 49
Wetzels-Böhm, Maria-Elisabeth	1. 8. 88	4. 2. 50
Dr. Schüttauf, Konrad	8. 5. 89	15. 10. 49
Dr. Nieland, Michael	1. 1. 90	15. 5. 48
Opitz, Helga	15. 2. 90	9. 10. 53
Hölzer, Camilla	15. 2. 90	2. 11. 56
Janich, Claus	3. 7. 90	13. 2. 50
Acht, Elmar	24. 6. 91	19. 8. 55

Urban, Johannes	1. 11. 91	16. 5. 56
Moritz, Helmut	1. 4. 92	23. 6. 55
Schlüßel, Peter	23. 8. 93	7. 8. 55
Dohmen, Peter Herbert	25. 10. 93	2. 11. 54
Ruster, Hans Günter	1. 1. 94	26. 4. 54
Seßinghaus, Carsten	1. 1. 94	17. 8. 55
Dr. Fumi, Horst-Dieter	1. 3. 95	19. 11. 58
Weingarten, Erwin	2. 4. 96	7. 6. 60
Dr. Braun, Rainer	1. 5. 96	9. 8. 57
Siegers, Ellen	1. 3. 97	3. 3. 61
Kolvenbach, Thomas	1. 4. 97	6. 7. 59
Hegger, Barbara	1. 5. 97	27. 8. 58
Schmitz, Stefan	1. 5. 97	14. 12. 61
Dr. Hollatz, Alfred, abg. (LSt)	1. 5. 97	14. 1. 64
Bauhaus, Krimhild	1. 4. 99	1. 5. 65
Dr. Hoffmann, Jürgen	1. 7. 99	4. 5. 64
Dr. Valentin, Joachim	19. 7. 99	6. 8. 59
Neu, Heinz	3. 8. 99	22. 7. 63
Wefers, Ulrike	1. 9. 99	18. 8. 66
Stiepel, Patrick	30. 9. 99	7. 11. 64
Roß, Udo	20. 1. 00	31. 3. 64

Richterinnen/Richter im Richterverhältnis auf Probe

Büchter-Hole, Claudia	1. 9. 98	1. 5. 65
Schüller, Claudia	1. 3. 99	1. 3. 66
Heckenkämper, Petra	3. 5. 99	5. 9. 67
Dr. Herlinghaus, Andreas	1. 2. 00	11. 8. 65

Finanzgericht Münster

Warendorfer Str. 70, 48145 Münster
Postfach 27 69, 48014 Münster
T (02 51) 37 84–0
Telefax (02 51) 3 78 41 00

1 Pr, 1 VPr, 13 VR, 42 R + 1 LSt (R)
(davon 1 UProf im 2. Hauptamt)

Präsident

Reim, Hartmut   13. 3. 86   7. 7. 36

Vizepräsident

Dr. Freitag, Klaus   1. 7. 94   30. 12. 37

Vorsitzende Richterin/Vorsitzende Richter

Beyer, Hans-Georg	18. 9. 84	18. 12. 35
Banke, Werner	19. 3. 85	14. 11. 35
Borchardt, Wolfgang	1. 1. 88	20. 4. 40
Grüber, Heinz-Gunter	1. 10. 88	7. 6. 38
Prof. Dr. Ehmcke, Torsten	1. 10. 88	24. 4. 43
Barfuss, Maria	1. 5. 89	26. 2. 45
Dr. Graf, Michael	22. 8. 90	8. 5. 40
Rustemeyer, Udo	1. 4. 93	15. 7. 39

Dr. Huhn, Rüdiger	1. 7.93	12. 5.40
Löber, Gerd	1. 2.94	3. 4.44
Nehring, Jochen	1. 9.96	24.10.43
Dr. Scholz, Rainer	1. 1.97	21. 7.45

Richterinnen/Richter

Dr. Kolck, Joachim	9. 6.78	28. 8.43
Eichelbaum, Martin	31. 8.78	5. 3.42
Richter, Manfred	19. 1.79	27. 9.41
Dr. Geiger, Hubert	26. 1.81	15. 9.44
Siekmann, Bernd	26. 1.81	24. 3.45
Danelsing, Walter	29. 6.81	5. 3.43
Dingerdissen, Hermann-Josef	24. 2.82	31. 3.42
Dr. Ehmer, Jochen	29. 4.82	10. 5.45
Dr. Katterbe, Burkhard	13. 2.86	21. 6.49
Krömker, Ulrich	30. 4.86	20. 7.49
Schulze Temming, Ludger	—	—
Dr. Brune, Alfons	1. 4.87	16. 4.53
Große-Wilde, Bärbel	—	—
Achenbach, Edgar	1.12.87	4.12.48
Schäfer, Erhard	2. 2.88	7. 6.48
Westerburg, Karl-Gerhard	20. 4.88	30. 3.49
Freiherr von Twickel, Degenhard	1.10.88	19. 9.49
Tiebing, Norbert	1.12.88	20.11.52
Köntopp, Bärbel	1.10.89	24. 3.50
Niewerth, Franz	3.10.89	6. 2.54
Nordholt, Norbert	1.12.89	24. 7.54

Heinemann, Gerd	1. 4.90	15. 1.49
Schmeing, Reinhold	1. 4.90	4. 6.54
Pump, Hermann	1. 5.90	3. 3.49
Dittmer, Werner	2. 6.90	8.10.52
Seibel, Wolfgang	19. 6.90	14. 8.53
Egbert, Heinrich-Bernhard	27.11.90	19. 6.55
Stahl-Sura, Karin	30. 6.92	14. 6.56
Scharpenberg, Benno, abg.	2. 1.93	9. 5.57
Dr. Rengers, Jutta, abg. (LSt)	21. 3.93	12. 4.58
Musolff, Andreas	26. 7.93	14.11.58
Kossack, Harald	16. 9.93	27. 5.56
Sandbaumhüter, Winfried	1. 1.94	23. 1.57
Wintergalen, Martin	1. 1.94	6. 5.57
Markert, Wilhelm	1. 7.94	28.11.57
Beckmann, Brigitta	1. 1.95	7. 4.56
Prof. Dr. Wolffgang, Hans-Michael, (UProf, 2. Hauptamt)	1. 1.98	9. 7.53
Sedlaczek, Dietmar	1. 1.99	17. 5.63
Banke, Thomas	2.11.99	28.11.59
Horstmann, Elisabeth	2.11.99	21. 2.60
Wittwer, Meinhard	1.12.99	20. 7.61
Hermes, Ludger	1.2.00	30.10.60

Eine weitere Stelle für einen Richter am Finanzgericht ist besetzt. Name und Personaldaten des Stelleninhabers sind nicht übermittelt worden.

Rheinland-Pfalz

Finanzgericht Rheinland-Pfalz

Robert-Stolz-Str. 20,
67433 Neustadt a.d. Weinstr.
Postfach 10 04 27, 67404 Neustadt a.d. Weinstr.
T (0 63 21) 40 10
Telefax (0 63 21) 40 13 55

1 Pr, 1 VPr, 4 VR, 17 R

Präsident

Dr. Kröger, Horst	22.11.91	23.12.37

Vizepräsident

Gebel, Dieter	1. 9.94	28. 6.39

Vorsitzende Richterin/Vorsitzende Richter

Knobel, Wolfgang	10.10.86	23.10.37
Pinne, Horst	1. 8.90	25. 7.36

Heger, Karin	6. 1.97	6. 3.53
Schlösser, Detlef	9.11.99	28. 3.44

Richterinnen/Richter

Dr. Gänger, Hartmut	7. 6.72	6.10.36
Birle, Jürgen Paul	2. 4.79	10. 7.41
Stein, Ulrich	1.11.83	3. 5.44
Orth, Rüdiger	9. 9.87	25.12.49
Craney-Kogel, Brigitte	3. 7.90	21. 6.49
Lind, Ulrich	10. 5.91	16. 3.48
Wassmann, Wilhelm	20. 9.91	10. 8.47
Theis, Christa	26. 4.93	23.10.46
Dr. Hildesheim, Carl Ulrich	23. 2.94	7. 3.58
Straub, Sabine	1. 6.96	22. 5.58
Kramer, Gernot	4.11.96	28. 9.53
Bode, Walter	16.12.97	31. 3.57
Michalek-Riehl, Ditmar	20. 5.98	29. 1.56
Leicht, Edgar, RkrA	(1. 9.99)	4. 6.59
Scharte, Jutta, RkrA	(1.10.99)	13. 1.62
Sobotta, Leo, RkrA	(1. 2.00)	9. 2.58

Saarland

Finanzgericht des Saarlandes

Hardenbergstr. 3, 66119 Saarbrücken
T (06 81) 5 01–05
Telefax (06 81) 5 01–55 95

1 Pr, 1 VPr, 4 R

Präsident

Schwarz, Hansjürgen	10. 7. 96	6. 5. 42

Vizepräsident

Dr. Schmidt-Liebig, Axel	30. 9. 96	8. 11. 48

Richter

Berwanger, Günter	2. 4. 80	24. 3. 42
Simshäuser, Alfred	1. 8. 80	3. 3. 39
Bilsdorfer, Peter	1. 7. 86	22. 9. 51
Bartone, Roberto, RkrA	(1. 5. 00)	8. 6. 66

Sachsen

Sächsisches Finanzgericht*

Käthe-Kollwitz-Str. 1, 04109 Leipzig
T (03 41) 70 23 00
Telefax (03 41) 7 02 30 99

Präsident

Dr. Pfeiffer, Thomas	1. 6. 93	14. 10. 40

Vizepräsident

Dr. Forgach, Andreas	1. 5. 97	19. 6. 39

* Angaben zur Zahl der Planstellen sind nicht übermittelt
worden.

Vorsitzende Richter

Dr. Sommer, Christoph	1. 4. 97	19. 11. 44
Sterr, Robert	1. 4. 97	9. 9. 50
Zeising, Joachim	1. 12. 99	29. 3. 47

Richterinnen/Richter

Michl, Otfried	1. 3. 96	1. 6. 59
Albrecht, Annette	2. 2. 98	14. 2. 60
Münster, Karin	4. 1. 99	17. 2. 57
Löwen, Christina	4. 1. 99	7. 3. 62
Rudloff, Christiane	4. 1. 99	13. 5. 64

Richterin/Richter im Richterverhältnis auf Probe

Großmann, Markus	1. 7. 97	7. 12. 64
Dr. Hauhorst, Sabine	1. 10. 98	5. 4. 66

Sachsen-Anhalt

Finanzgericht des Landes Sachsen-Anhalt

Antoniettenstr. 37, 06844 Dessau
Postfach 1807, 06815 Dessau
T (03 40) 20 20
Telefax (03 40) 2 02 23 04

1 Pr, 1 VPr, 1 VR, 4 R

Präsident

Schröder, Detlef	16. 6. 94	8. 10. 38

Vizepräsident

Weber, Hartwig	1. 9. 92	3. 8. 49

Vorsitzender Richter

Schurwanz, Jürgen	20. 7. 99	7. 6. 46

Richter

Burckgard, Fritz	16. 1. 96	10. 10. 60
Tormöhlen, Helmut	5. 12. 97	29. 12. 57
Dr. Waterkamp-Faupel, Afra	27. 4. 98	20. 1. 65
Wiese, Gabriele, RkrA	(1. 10. 98)	3. 8. 66

Richterinnen im Richterverhältnis auf Probe

Gauß, Sybille	1. 10. 98	2. 10. 66
Leingang-Ludolph, Beate	1. 10. 98	4. 11. 67

Schleswig-Holstein

Schleswig-Holsteinisches Finanzgericht

Beselerallee 39–41, 24105 Kiel
T (04 31) 9 88-0
Telefax (04 31) 9 88–38 46
1 Pr, 1 VPr, 3 VR, 10 R

Präsident
Schulze-Anné, Christian   21. 12. 98   30. 6. 41

Vizepräsident
Dr. Koch, Hanns-Reimer   24. 9. 92   12. 3. 42

Vorsitzende Richterin / Richter

Chlosta, Ingrid	27. 8. 98	3. 1. 44
Dr. Buhs, Oliver	1. 6. 99	8. 6. 54

Richterinnen / Richter

Jaehnike, Götz Uwe	23. 11. 77	24. 1. 41
Zoller, Heinz	1. 7. 82	23. 3. 41
Hagedorn, Hans	1. 11. 84	29. 4. 44
Dreeßen, Kai	1. 12. 92	7. 6. 57
Wüstenberg, Klaas	1. 1. 97	2. 12. 58
Dedekind, Axel	1. 7. 99	18. 6. 47
Dr. Brandt, Birger, RkrA	(1. 4. 99)	4. 12. 61
Weiser, Jürgen, RkrA	(1. 10. 99)	26. 6. 54
Fischbach, Axel, RkrA	(1. 2. 00)	16. 3. 65

Thüringen

Thüringer Finanzgericht

Bahnhofstr. 3a, 99867 Gotha
T (0 36 21) 43 20
Telefax (0 36 21) 43 22 99
1 Pr, 1 VPr, 2 VR, 8 R

Präsident
Schuler, Elmar   29. 10. 93   27. 4. 42

Vizepräsident
Krauß, Rolf Karl   1. 4. 99   8. 1. 44

Vorsitzender Richter

Heuermann, Bernd	1. 10. 97	13. 11. 54

Richter

Alexander, Gunther	1. 10. 95	13. 5. 55
Skerhut, Gunnar	1. 10. 95	3. 3. 61
Weigel, Martin	30. 10. 98	22. 9. 58
Rathemacher, Jörg	1. 4. 99	6. 1. 60
Dietz, Stephan, RkrA	(1. 4. 98)	21. 11. 60
Dr. Hahn, Hartmut, RkrA	(1. 1. 00)	13. 2. 48

Sozialgerichtsbarkeit

Baden-Württemberg

Landessozialgericht Baden-Württemberg

Hauffstraße 5 (Am Neckartor), 70190 Stuttgart
Postfach 10 29 44, 70025 Stuttgart
T (07 11) 9 21-0
Telefax (07 11) 9 21 20 00

1 Pr, 1 VPr, 11 Vr, 36 R, 2 LSt (R)

Präsident

Rank, Günter	28. 9. 98	24. 3. 40

Vizepräsident

Lilienfein, Jürgen	24. 9. 99	9. 6. 38

Vorsitzende Richterinnen/Vorsitzende Richter

Kleemann, Erich	18. 9. 90	27. 7. 44
Straub, Hartmut	25. 3. 92	17. 10. 44
Degener, Erich	3. 8. 94	29. 1. 44
Altschwager-Hauser, Claudia	28. 6. 96	14. 8. 47
Freund, Herbert	1. 7. 97	4. 6. 48
Frey, Gerd	15. 5. 98	2. 4. 41
Bräuning, Aja	9. 8. 99	9. 5. 44

Richterinnen/Richter

Dr. Behn, Michael	26. 11. 84	4. 7. 45
Straub, Karl	22. 1. 86	21. 9. 46
Beier, Gerhard	1. 9. 86	16. 3. 48
Bösenberg, Reinhard	1. 2. 87	14. 6. 49
Dr. Heuberger, Georg	1. 6. 89	25. 7. 51
Freise, Norbert	13. 6. 89	6. 10. 46
Endriß, Gerlinde	30. 7. 90	22. 8. 46
Dr. Lutz, Elmar	15. 7. 91	6. 12. 41
Deutsch-Busch, Ruth	2. 1. 92	14. 6. 51
Dr. Ohl-Stauffer, Irmgard	12. 2. 92	22. 1. 39
Neumann, Rüdiger	26. 2. 93	10. 5. 56
Pawlak, Stefan	19. 5. 93	15. 5. 56

Endriß, Michael	25. 7. 94	22. 5. 57
Zimmermann, Michael	5. 7. 95	4. 5. 55
Riesterer, Klaus-Jürgen	2. 11. 95	18. 11. 45
Mendler, Sabine	8. 5. 96	—
Nopper, Helmut	14. 5. 96	29. 1. 39
Beck, Heinz	13. 6. 96	27. 11. 50
Lambert, Gunther	5. 1. 98	10. 11. 59
Stephan, Winfried	18. 6. 98	18. 3. 55
Auerhammer, Klaus	18. 6. 98	30. 5. 59
Hellmich, Jörg, abg.	1. 9. 98	25. 8. 60
Knittel, Stefan	15. 2. 99	1. 4. 57
Eberhardt, Jörg	22. 2. 99	12. 6. 58
Hormuth, Wolfgang	17. 6. 99	22. 1. 55
Mutscher, Bernd, abg.	25. 1. 00	9. 7. 61

Sozialgerichte

Freiburg i. Breisgau
Habsburgerstr. 127, 79104 Freiburg
Postfach 51 49, 79018 Freiburg
T (07 61) 20 71 30
Telefax (07 61) 2 07 13 10

1 Pr, 1 VPr, 9 R

Präsident

Köble, Siegfried	22. 3. 88	3. 9. 37

Vizepräsident

Fleiner, Peter	1. 2. 95	29. 1. 41

Richterinnen/Richter

Bischoff, Werner	20. 10. 71	8. 1. 38
Fischer, Peter	1. 5. 73	10. 4. 42
Dr. Langheineken, Uwe	14. 11. 73	20. 8. 41
Hartmann, Gerlinde, ½	12. 2. 74	—
Wessel, Ernst	1. 10. 74	16. 3. 42
Wessel-Meessen, Regine	3. 11. 75	25. 11. 43
Grünthal, Wolfgang	16. 4. 81	15. 3. 51

Bubeck, Thomas	1.10.81	24.11.48
Berger, Martin	12. 6.89	10. 1.54

Heilbronn (Neckar)

Erhardgasse 1, 74072 Heilbronn
Postfach 31 62, 74021 Heilbronn
T (0 71 31) 7 81 70
Telefax (0 71 31) 78 17 11

1 Pr, 1 VPr, 7 R

Präsident

Dieterich, Karl-Eugen	6. 3.91	10. 6.40

Vizepräsident

N.N.	—	—

Richterin/Richter

Vogt, Hermann	—	25. 3.46
Birn, Klaus	3. 2.95	24.11.61
Groß, Dieter	4. 8.97	29. 6.63
Hassel, Rupert	16. 4.99	17. 9.66

Karlsruhe

Karl-Friedrich-Str. 13, 76133 Karlsruhe
Postfach 56 29, 76038 Karlsruhe
T (07 21) 92 60
Telefax (07 21) 9 26 41 68

1 Pr, 1 VPr, 11 R

Präsidentin

Haseloff-Grupp, Heike	3. 3.97	18. 4.51

Vizepräsident

N.N.	—	—

Richter

Plebuch, Reimar	28. 6.71	26. 8.37
Zachmann, Karl-Eugen, ¾	12.12.80	10. 4.49
Freiherr von Schnurbein, Marcus, ½	30. 9.82	30. 6.50
Theis, Reiner	30. 9.82	24.10.52
Bauer, Ulrich	21. 2.83	7. 7.40
Seigel, Nikolaus	1. 4.85	6. 8.52
Köstel, Werner	3. 2.99	19. 6.63
Stark, Philipp	1.10.99	26.10.66
Bednarz, Klaudia	29. 2.00	25. 1.70

Konstanz

Webersteig 5, 78462 Konstanz
Postfach 10 20 41, 78420 Konstanz
T (0 75 31) 2 07–0
Telefax (0 75 31) 20 71 99

1 Dir, 5 R

Dr. Bauer, Walter, Dir	1. 9.86	9. 4.41
Herr, Meinolf	1. 9.74	20. 7.35
Herenger-Preißhofen, Gisela	8. 1.75	7. 4.40
Hammer, Franziska, ½	12. 9.88	15. 4.57
Ebert, Meike, beurl.	13. 2.97	4.10.65
Roller, Steffen, abg.	4. 8.97	2. 8.66

Mannheim

P 6, 20/21, 68161 Mannheim
Postfach 12 00 32, 68150 Mannheim
T (06 21) 2 92–0
Telefax (06 21) 2 92 29 33

1 Pr, 1 VPr, 8 R

Präsidentin

Wolpert-Kilian, Gabriele	1. 2.99	5. 6.52

Vizepräsident

Petruschka, Wolfgang-Franz	16. 9.87	

Richterinnen/Richter

Dr. Bast, Werner	21.12.72	30.12.39
Krebaum, Klaus	21. 5.74	29. 9.35
Kogelschatz, Gundula, ½	25.10.77	—
Bauer, Raimund	15.10.79	20. 2.48
Baumgartner-Mistrik, Jutta, abg.	4.12.81	9.11.46
Herrmann, Christa	23. 9.83	—
von Au, Peter	7. 4.86	4. 3.56
Krähe, Ulrich	5.11.98	27. 3.66

Reutlingen

Schulstr. 11, 72764 Reutlingen
Postfach 25 42, 72715 Reutlingen
T (0 71 21) 94 00
Telefax (0 71 21) 9 40 33 00

1 Pr, 1 VPr, 7 R

Präsident

Dr. Schäfer, Hans-Joachim	1. 4.80	17. 2.36

Vizepräsident

Dettweiler, Hans-Heiko	7. 3.97	8.10.39

Richterinnen/Richter

Heß, Winfried	1.10.72	12. 5.38
Dohmel, Wolfgang	6. 6.73	2. 9.39
Böttinger, Günter	6. 6.73	31.10.40
Jung, Günter	24. 3.76	3. 3.43
Biggel, Werner	4. 4.77	9. 9.45

Mayer-Held,
Rotraut, ½   1. 3.83   3. 4.52
Dickreuter,
Ingeborg, ½   8.10.84   27.11.54
Seidel, Bettina, ½   1. 8.94   13. 9.58

Stuttgart
Senefelderstr. 48, 70176 Stuttgart
T (07 11) 66 73–0
Telefax (07 11) 6 15 24 95

1 Pr, 1 VPr, 1 w.aufs.R, 14 R, 5 LSt (R)

Präsident
Denzinger, Klaus   28. 6.96   6. 6.46

Vizepräsident
Tröster, Hans   30. 1.98   24. 7.51

Richterinnen/Richter
Rother, Martin, w.aufsR   28. 6.99   30. 5.60
Gauger, Wolfram   8. 6.72   9.10.38
Oberbeck, Jürgen   7. 6.73   31. 3.39
Dr. Diemer, Hans-
Wolfgang   7. 4.78   15. 9.45
Schröder, Gabriele, beurl.   9. 1.89   6.12.56
Tang-Mack, Irene, beurl.   23.10.89   21. 5.57
Dornhöfer, Ingrid, beurl.   1. 9.90   26. 6.60
Ross, Joachim   3. 7.91   15. 4.60
Becker, Gudula, abg.   1. 8.94   12. 5.60
Bolay, Martin   5. 8.94   —
Wagner, Regine   1. 5.96   2. 4.63
Dr. Willoughby, Anke,
abg.   15. 9.99   2. 9.65
Dr. Waschull, Dirk   24. 2.00   10. 8.68

Ulm (Donau)
Zeughausgasse 12, 89073 Ulm
T (07 31) 1 89–0
Telefax (07 31) 1 89 24 19

1 Pr, 1 VPr, 7 R

Präsidentin
Wurst, Gabriele   1.10.98   13. 9.45

Vizepräsident
Wiegandt, Rudolf   1. 5.84   15. 2.47

Richterinnen/Richter
Hantke, Ulrich   21. 4.69   14. 3.37
Heinz, Josef   7. 6.73   30.12.36
Scheerer, Ursula, ½   20. 4.78   24. 9.47
Grillhösl, Frigga   12. 5.82   2. 3.43
Schmid, Günther   1. 9.89   27. 4.56
Graf-Böhm, Heike, ½   30.11.92   26. 2.61
Kilian, Sabine   19. 4.99   20. 2.64

Richterinnen/Richter im Richterverhältnis
auf Probe
Veenker, Evelyn   1. 6.97   13. 3.67
Dr. Buser, Torsten   1. 8.97   30. 4.66
Kaißer, Jörg   15. 8.97   6. 3.68
Vossen, Petra   1.10.97   25. 4.69
Tägder, Susanne   2. 3.98   6.10.68
Winkler, Beate   1. 4.98   7. 7.67
Siefert-Hänsle, Jutta   1. 7.98   4. 1.69
Steinbeck, Christine   14. 6.99   8. 9.71
Binder, Stefan   28. 6.99   4. 4.71
Kolb, Stefan   15.12.99   9. 4.69
Link, Christian   14. 2.00   9. 5.73
Batzke, Volker   29. 3.00   8.12.68

Bayern

Bayerisches Landessozialgericht

Ludwigstr. 15, 80539 München
T (0 89) 23 67-1
Telefax (0 89) 2 36 72 97

Zweigstelle in Schweinfurt

Luitpoldstr. 66, 97421 Schweinfurt
T (0 97 21) 91–49 49
Telefax (0 97 21) 91–49 91

1 Pr, 1 VPr, 14 VR, 32 R + ½ R, 1 LSt (R)

Präsident

Brödl, Klaus	7. 1.94	10. 6.45

Vizepräsident

Dr. Göppel, Helmut	1. 7.91	28. 7.38

Vorsitzende Richterinnen/Vorsitzende Richter

Niesel, Klaus	1. 8.90	3. 4.43
Dr. Höfler, Korbinian	1.10.90	5.10.42
Dr. Dreykluft, Klaus	1. 1.92	24.10.40
Fleig, Jürgen	1.10.92	1. 8.41
Mehl, Monika	1.10.92	12. 8.43
Dr. Gmelch, Horst	1. 3.93	28. 3.45
Scholz, Jörg-Michael	1.10.93	2. 5.46
Stevens-Bartol, Eckart	1. 9.94	25. 2.44
Rühling, Rainer	7. 9.94	16. 5.45
Vogel, Wolfgang	1. 1.95	6. 9.44
Wildner, Hans	1. 4.95	16. 8.44
Oppelt, Walter	1. 3.96	17. 9.39
Dr. Salzer, Barbara	1. 3.96	22. 1.43
Walter, Christian	14. 5.99	1. 2.38

Richterinnen/Richter

Prankel, Friedrich	1. 7.82	17. 8.43
Koch, Josephine	9.12.82	7. 1.42
Dr. Kremzow, Heinz Friedrich	1.12.84	28. 3.44
Johow, Ullrich	1. 5.85	5. 2.44
Müller, Peter	1. 6.85	5. 9.46
Ulsenheimer-Jörg, Eva	1. 8.87	2. 6.46
Jobst, Andreas	1. 5.89	22. 3.46
Mayer, Hans-Peter	1. 5.89	18.11.47
Dr. Knörr, Alexander	8. 1.90	26. 5.47
Rubenbauer, Anton	1.10.90	12.12.43
Gürtner, Renate	5. 7.91	27. 7.45
Szczesny, Alexander	1. 8.91	11.11.44
Sperling, Ulrike	1. 9.91	31. 3.45
Dr. Dippel, Hermann	1. 1.92	17. 3.48
Dr. Jörg, Michael	1. 3.92	9. 2.49
Müller, Dieter	1. 9.92	19. 2.46

Dr. Grembowietz, Hans-Joachim	1. 9.92	18. 8.46
Krebs, Ursula	1.11.92	8.10.47
Gruber, Wolfgang	1.11.93	24. 4.43
Gürtner, Klaus	1.11.93	30.11.45
Hoelscher, Hildegunde, ½	1.11.93	2. 5.46
Schmidt, Ernst	1. 1.95	17. 1.43
Traub, Rainer	1. 1.95	22.11.43
Krohn, Albert	1. 7.95	26. 4.37
Spiegl, Hans Peter	1. 5.96	15. 9.55
Wenwieser-Weber, Christiane	1.12.96	23.10.51
Dr. Koloczek, Bernhard, abg. (LSt)	1. 3.97	18. 7.53
Schneider, Hubert	1. 5.97	17. 1.52
Gebhardt, Günter	1.11.97	8.10.39
Dr. Biebrach-Nagel, Hannelore	1. 4.99	7. 5.42
Dr. Ruthe, Peter	1. 4.99	23.10.52
Wildemann, Klemens	1. 8.99	25. 3.45

Sozialgerichte

Augsburg

Holbeinstr. 12, 86150 Augsburg
T (08 21) 34 44–0
Telefax (08 21) 34 44–2 00

1 Pr, 1 VPr, 10 R + ½ R

Präsident

Kießl, Georg	1.11.94	12. 2.37

Vizepräsident

Dietel, Erich	1.10.86	6. 5.46

Richterinnen/Richter

Piller, Hans-Georg	1.10.79	25. 4.43
Maier, Günter Uwe	15. 5.81	30.12.41
Putzer, Leo	1. 1.83	25.11.44
Emmerling, Reinhold	1.10.84	28. 1.43
Dr. Föst, Gerhard	1. 8.87	20. 1.57
Hoffmeister, Carl	1.12.91	15. 9.54
Wahl, Sabine	1.12.97	19. 5.63
Pröller, Barbara, ¾	16. 4.98	28.11.61
Paul, Hubert	1. 9.98	17.12.55
Dr. Dürschke, Joachim, RkrA	(1. 1.00)	21. 4.64
Berndt, Sabine, RkrA	(1. 2.00)	9. 4.65

Bayreuth

Ludwig-Thoma-Str. 7, 95447 Bayreuth
T (09 21) 59 30
Telefax (09 21) 5 93–3 33

1 Pr, 1 VPr, 9 R, 1 LSt (R)

Präsident
Linstädt, Bernd 1. 8.97 1. 1.46

Vizepräsident
Dr. Schwarz, Wolfgang 1. 9.99 22. 5.54

Richterin/Richter
Krippner, Reiner 1. 4.80 17. 1.39
Tischler, Josef 1. 6.82 5. 3.49
Schödel, Ute 1. 6.88 24. 6.55
Dr. Nunius, Volker 1.12.91 26.10.51
Pawlick, Jürgen, abg. (LSt) 1. 2.94 20.10.59
Kessler, Harald 1. 5.96 10. 6.58
Rüschen, Hermann-Rudolf,
  RkrA (1. 5.99) 17. 2.64
Utz, Richard, RkrA (1.11.99) 4.10.66
Nunius, Monika, RkrA (1.12.99) 14.12.58

Landshut
Seligenthaler Str. 10, 84034 Landshut
T (08 71) 85 28–02
Telefax (08 71) 85 28–1 72

1 Pr, 1 VPr, 11 R

Präsident
Zieglmeier, Walter 10. 2.92 8. 3.43

Vizepräsident
Biermeier, Günther 1.12.95 10. 9.53

Richterinnen/Richter
Pachl, Lothar 14. 5.76 19.10.44
Weiß, Jakob 1. 8.86 4.11.50
Schuster, Ortwin 1. 8.88 12.10.52
Hartogs, Thomas 1. 4.89 22. 5.54
Dr. Keyßner, Thomas 1. 2.90 31. 3.56
Herrmann-Betz, Eva 1.10.90 12. 8.51
Gruber, Raphael 1.11.90 4.11.55
Rothhammer, Monika 1. 3.92 17. 5.54
Janicki, Sabine, ½ 1.10.92 22.11.59
Glück, Gerhard 1. 6.97 20. 1.53
Prunner, Erika, RkrA, ½ (24. 1.00) 3. 3.60
Kolbe, Günther, RkrA (1. 2.00) 17. 4.59

München
Richelstr. 11, 80634 München
T (0 89) 1 30 62–0
Telefax (0 89) 1 30 62–2 23

1 Pr, 1 VPr, 3 w.aufsR, 36 R

Präsident
Orgler, Meinhard 1. 8.94 21. 8.39

Vizepräsident
Vogel, Friedrich-Karl 9. 8.99 3. 3.41

weitere aufsichtführende Richter
Gomoll, Bernd 1. 9.92 5.11.43
Zeilhofer, Rudolf 1. 2.99 21.10.51

Richterinnen/Richter
Hornung, Wulfdieter 5.12.72 23. 4.42
Nagel, Ingo 6. 8.76 22. 6.44
Dr. Köbler, Bernhard 1. 6.77 30. 7.46
Dr. Freifrau von Chiari,
  Heidemarie 9. 8.77 6. 6.43
Schwicking, Rosemarie 1. 9.77 6. 2.45
Dotter, Jörg 1.10.80 26.11.40
Blum, Jürgen 1.10.80 6. 4.44
Naumann, Friedrich 1. 7.82 23.11.49
Plaß-Brandstetter,
  Helma, ½ 2. 6.83 24. 5.50
Palbuchta, Bernd 1. 3.86 17. 8.50
Dr. Emmert, Wolfgang 30. 6.86 14. 9.50
Laschka, Wolfgang 1. 6.87 20. 2.46
Dietrich, Josef 1. 7.90 24. 2.54
Glunk, Ingelore 1. 9.90 5. 2.52
Schreyer-Krampol, Brigitte 18. 1.91 16. 5.53
Siegl, Elmar 1.11.91 12. 5.52
Lejeune, Beate 1. 1.92 28. 4.56
Keller, Joseph 1. 5.92 16. 9.47
Dr. Hesral, Harald 1. 1.93 12. 4.61
Hirdina, Klaus 1. 4.93 31.12.53
Schönlein, Brigitte 16. 7.93 16. 3.57
Dr. von Schenckendorff,
  Max 1. 1.94 13. 5.53
Rieger, Wolfgang 1. 1.94 24. 3.57
Hartmann, Claudia 1. 1.94 19. 7.60
Rittweger, Stephan 1. 5.94 31. 5.58
Dr. Adolf, Hans Peter 1. 9.94 14. 8.56
Winklmaier, Bianca 1. 3.95 24.12.53
Bogner, Reinhard 1. 6.95 20.11.55
Prögler, Wolfgang 1. 7.96 14. 3.56
Jäger, Klaus 9. 6.97 2.10.56
Lillig, Thomas 1. 9.97 9. 5.53
Knipping, Andreas 1.10.97 14. 2.52
Gaa-Unterpaul, Brigitta — —
Speil, Christine, ½ 1.11.99 4. 2.58
Dr. Mayer, Markus 1. 2.00 23. 1.60
Dr. Precklein, Tizia-Berit,
  RkrA (1. 1.00) 9.12.59
Vogl, Markus, RkrA (3. 1.00) 26.12.62

Nürnberg
Weintraubengasse 1, 90403 Nürnberg
T (09 11) 2 05 83–0
Telefax (09 11) 2 41 93 03

1 Pr, 1 VPr, 14 R

Präsident
Emmert, Artur 8.10.96 15. 9.44

Vizepräsident
Hehl, Rüdiger | 1. 1.97 | 4. 9.43

Richterinnen/Richter
Zeder, Hanns-Albrecht | 19.11.81 | 6. 4.51
Heinl, Margit, ¾ | 1. 6.83 | 2. 5.52
Herold-Tews, Heike | 27. 6.83 | 18.12.51
Kalläne, Doris | 1. 6.85 | 29. 8.53
Maas-Vieweg, Cornelia | 14.10.85 | 25. 4.54
Krug, Ernst | 1. 8.87 | 18. 9.51
Merkel, Günter | 1. 3.92 | 16. 5.59
Dr. Niedermeyer, Sabine, ¾ | 1. 9.92 | 31. 3.59
Eckert, Vitus Andreas | 1. 3.94 | 10. 4.59
Michels, Jürgen | 1. 5.94 | 6. 9.60
Köcher, Gudrun | 1. 6.96 | 30. 4.61
Krodel, Thomas | 1. 5.97 | 30. 3.56
Dr. Kellendorfer,
  Irmgard, ½ | 1. 8.97 | 29.10.59
Porzner, Wilfried | 1.11.98 | 15. 8.61
Bayer, Nenad, RkrA | (17. 4.00) | 6. 8.67

Regensburg
Safferlingstr. 23, 93053 Regensburg
T (09 41) 78 09 01
Telefax (09 41) 78 09–5 35

1 Pr, 1 VPr, 10 R, 1 LSt (R)

Präsident
Kobler, Peter | 1. 9.95 | 31.10.41

Vizepräsident
Wittmann, Hubert | 1. 3.00 | 9. 7.43

Richterin/Richter
Kieweg, Herbert | 1.10.74 | 26. 5.42

Ziegler, Karl | 29.11.75 | 16.11.44
Zerzawy, Volkmar-Hermes | 1. 6.79 | 14. 6.49
Palaschinski, Peter | 1. 8.82 | 12.11.49
Kotlar, Gerhard | 1.11.82 | 7.10.49
Metzner, Josef | 1. 5.83 | 23. 5.48
Himmler, Heinrich | 1. 7.85 | 22. 9.44
Tischler, Johann | 1. 5.86 | 27. 2.53
Abele, Werner | 1. 5.90 | 3. 7.53
Müller, Rüdiger | 1. 3.92 | 28. 6.57
Numberger-Rygol, Claudia,
  RkrA, beurl. | (1. 4.97) | 15. 2.60

Würzburg
Ludwigstr. 33, 97070 Würzburg
T (09 31) 3 08 70
Telefax (09 31) 3 08 71 66

1 Pr, 1 VPr, 10 R

Präsident
Mathein, Gerhard | 1.11.95 | 25. 1.38

Vizepräsident
Arnold, Peter Georg | 1. 2.96 | 16. 7.37

Richterinnen/Richter
Dr. Fiedler, Renate | 1. 8.81 | 28.10.47
Dr. Lehr, Reinhard | 15. 8.83 | 10. 1.42
Löffler, Burkhard | 1. 5.87 | 20. 5.51
Bodenstedt, Karl-Heinz | 29. 2.88 | 20. 6.45
Schicker, Wolfgang | 1. 4.88 | 14. 4.56
Erbar, Klaus | 1. 1.92 | 26. 2.57
Roll, Sigmar | 1.12.96 | 23. 2.59
Lippert, Günter | 1. 5.97 | 17. 5.61
Stephan, Ursula | 1. 8.98 | 19. 6.64
Wenzel, Wolf Marius | 1. 4.99 | 12. 7.58

Berlin

Landessozialgericht Berlin

Invalidenstr. 52, 10557 Berlin
T (0 30) 9 01 65–0
Telefax (0 30) 9 01 65–2 48/4 45

1 Pr, 1 VPr, 9 VR, 22 ½ R

Präsidentin
Harthun-Kindl, Adelheid | 2. 5.89 | 24. 8.39

Vizepräsident
Lösche, Wilfried | 10. 6.86 | 10. 6.36

Vorsitzende Richterinnen/Vorsitzende Richter
Drobek, Ursula | 31.10.86 | 1.11.35
Zerndt, Peer | 22. 5.91 | 23. 8.36
Kahl, Christoph | 1. 4.92 | 11. 9.39
Lindner, Jörg-Peter | 25. 3.94 | 28. 5.44
Dr. Majerski-Pahlen,
  Monika | 25. 3.94 | 5. 3.47
Simon, Klaus | 30.11.95 | 11. 1.41
Wolf, Walter | 28. 2.97 | 22. 2.44
Sailer, Christina | 29.12.99 | 24.10.41

Richterinnen/Richter
Boltz, Eike | 5.12.74 | 18. 6.36
Leßner, Sylvia | 7. 3.75 | 29. 2.46

Hucke, Norbert	1. 9.78	29. 7.42
Zimmer, Bernd	20. 6.79	2. 6.39
Bock, Hans-Jürgen	11. 4.80	29. 8.36
Dumlich, Joachim	27. 9.91	15. 2.50
Rothenhäusler, Siegfried	13.12.91	13. 2.43
Spohn, Guido	13. 7.92	28. 8.46
Dr. Martin, Renate	16.12.92	22. 6.49
Düe, Wolfgang	15.10.93	28. 5.55
Laurisch, Martin	16. 1.94	13. 4.55
Schuster, Susanne	17.10.94	3. 7.51
Scheffler, Gabriele	30.11.95	30. 5.56
Wiesekoppsieker, Janna	30.11.95	1. 7.59
Forch, Stefan	18. 9.96	—
Rentel, Hartmut	14. 5.97	13. 7.47
Dr. Kärcher, Konrad	14. 5.97	17. 2.62
Schudoma, Sabine	28.11.97	10. 5.59
Brähler, Elisabeth	4.12.97	26. 8.60
Baumann, Tobias	17. 5.99	29. 3.61
Krauß, Karen	17. 5.99	17. 1.64
Jucknat, Sabine, ½	17. 5.99	9. 2.64

Sozialgericht

Berlin
Invalidenstr. 52, 10557 Berlin
T (0 30) 9 01 65–0
Telefax (0 30) 9 01 65–2 48/4 45

1 Pr, 1 VPr, 3 w.aufsR, 53 R

Präsident

Wagner, Klaus-Peter	21. 7.89	12.12.38

Vizepräsident

N. N. — —

weitere aufsichtführende Richter

Jentsch, Klaus	30. 9.81	5. 7.37
Sonnen, Rainer	22. 3.94	15. 4.42
Roeder, Botho	22. 3.94	14. 5.48

Richterinnen/Richter

Dr. Roller, Hartmut	14. 8.70	20.12.36
Howe, Peter	9. 9.70	12. 6.38
Wagner, Brigitte	7. 7.72	15. 2.40
Vetter, Barbara	10.12.75	26. 4.43
Wittstock-Gorn, Gisela	11. 3.76	7. 1.44
Möbius, Gisela, ½	10. 3.78	28. 5.48
Petz, Jürgen	16. 5.80	9.12.44
Leidek, Uwe	1. 1.81	13.10.50
Heinze, Jürgen	6.10.82	3. 9.42
Grupp, Albrecht	1. 1.83	12. 8.47

Neujahr, Matthias	17. 2.84	11. 2.53
Giffey, Ingrid	23.10.86	25.12.56
Splittgerber, Joachim	1. 8.88	8. 6.50
Höltge, Margit	2. 5.90	23. 4.60
Kukies, Ulrike, ½	22. 3.93	29.11.56
Klinger-Efrém, Petra	—	—
Radon, Beate, ¾	1. 7.94	26. 7.60
Weiss-Eylert, Marlies, ½	2. 9.94	19.12.60
Hennigs, Ursula, beurl.	13.12.94	10.12.63
Weick, Eva	6. 9.95	18.10.59
Geiger, Udo	29.11.95	11. 7.57
Spleet, Heiko	22.12.95	7. 5.59
Köhler, Torsten	10. 4.96	19. 2.63
Nagel, Ekkehard	10. 4.96	26. 6.63
Bornscheuer, Hans-Paul, abg.	10. 4.96	29. 8.63
Winkler, Harald, abg.	8. 7.96	12. 5.57
Hoffmann, Ramona	8. 7.96	31. 8.60
Hennes, Birgit	8. 7.96	12.11.61
Bienzle, Heike	15.11.96	17. 5.55
Niewald, Stephan	30.12.96	15. 3.66
Weinert, Klaus	22. 5.97	22. 5.61
Henrichs, Birgit	4. 7.97	25.12.61
Achilles, Axel	8. 8.97	16. 9.61
Mälicke, Jürgen	26. 9.97	30.12.63
Köpp, Dorothee	15. 4.98	24. 3.64
Hoese, Birgit	30. 4.98	23. 3.56
Kanert, Michael	7. 7.98	26. 3.63
Gorgels, Anja	7. 7.98	20. 3.66
Hnida, Kerstin	10. 9.98	18. 4.64
Genz, Udo	16. 9.98	22. 7.55
Baum, Eckardt	16. 9.98	1. 9.64
Brückner, Martina	30.11.98	13. 6.67
Bumann, Dirk	13. 1.99	5. 7.64
Wilke, Annette	13. 1.99	16. 2.68
Dr. Schneider, Egbert	18. 1.99	31. 8.65
Barz, Christian	1. 7.99	7.10.56
Willkomm, Ulrike, ½	2.11.99	5.11.63
Helbig, Hans-Christian, RkrA	(1.10.98)	29. 2.64
Bürks, Alexandra, RkrA, ½	(1.11.99)	26. 2.63

Richterinnen/Richter im Richterverhältnis auf Probe

Reichert, Thomas	13. 5.97	19. 2.64
Brockmeyer, Martin	12. 8.97	20. 1.65
Dammann, Margot	9.10.97	1. 3.64
Rudnik, Gunter	28.11.97	—
Taschenberger, Margrit	30. 4.98	27. 2.65
Hunzelmann, Andreas	3. 6.98	24.10.67
Fischer, Claudius	3. 8.98	31. 7.69

Brandenburg

Landessozialgericht für das Land Brandenburg

Zeppelinstr. 136, 14471 Potsdam
Postfach 60 10 27, 14410 Potsdam
T (03 31) 98 18–50
Telefax (03 31) 98 18–4 50

1 Pr, 1 VPr, 3 VR, 9 R (1 LSt)

Präsident

Blaesing, Jürgen	1. 5. 97	26. 10. 43

Vizepräsident

Dr. Reimers, Hermann	15. 7. 93	2. 8. 39

Vorsitzende Richter

Pfeifer, Reinhard	1. 2. 94	24. 5. 51
Vallentin, Dirk	1. 5. 94	24. 10. 42
Oesterle, Herbert	1. 12. 95	27. 4. 52

Richterinnen/Richter

Müller-Gazurek, Johann	1. 1. 94	23. 12. 47
Hüttmann-Stoll, Susanne	1. 3. 94	28. 4. 59
Götze, Bernd	1. 11. 94	27. 5. 52
Gaudin, Angela	1. 10. 95	5. 11. 55
Hill, Rolf	1. 10. 95	8. 8. 58
Ney, Jürgen	1. 11. 95	10. 1. 57
Dr. Hintz, Manfred	2. 10. 97	18. 1. 60
Kuhnke, Rainer	1. 9. 99	3. 1. 55

Sozialgerichte

Cottbus
Landesbehördenzentrum Südeck
Vom-Stein-Str. 28, 03050 Cottbus
Postfach 10 12 42, 03012 Cottbus
T (03 55) 49 91–31 20
Telefax (03 55) 49 91–31 13

1 Dir, 5 R

Schlenga, Hans-Dieter, Dir	1. 7. 99	19. 8. 54
Rein, Friedrun	1. 6. 94	10. 9. 50
Sommer, Sylvia	1. 5. 96	18. 2. 63
Scholz, Frank	1. 4. 97	31. 8. 65
Gerstmann-Rogge, Kathrin	20. 1. 98	16. 1. 66

Frankfurt (Oder)
Eisenhüttenstädter Chaussee 48,
15236 Frankfurt (Oder)
Postfach 1 31, 15201 Frankfurt (Oder)
T (03 35) 55 38-2 50
Telefax (03 35) 55 38–2 54

1 Dir, 5 R

Grunau, Michael, Dir	1. 9. 96	23. 1. 55
Jensen, Gabriele	1. 6. 95	17. 12. 52
Röder, Astrid	1. 6. 95	2. 2. 60
Diettrich, Ursula	1. 5. 96	13. 9. 55
Weiße, Irina	30. 9. 97	10. 10. 51
Slottke, Britta	30. 9. 97	12. 7. 65
Striepeke, Kirsten	22. 12. 96	31. 5. 64

Neuruppin
Friedrich-Engels-Str. 50, 16827 Alt-Ruppin
T (0 33 91) 78 18–0
Telefax (0 33 91) 78 18 41

1 Dir, 4 R

Krah, Uwe-Jens, Dir	1. 11. 94	24. 2. 40
Jüngst, Wolfgang	1. 10. 94	24. 6. 59
König, Ingrid	1. 5. 96	11. 11. 53
Nischalke, Martina	2. 10. 97	7. 4. 63
Förster, Catleen	30. 9. 97	2. 7. 60

Potsdam
Rubensstr. 8, 14467 Potsdam
Postfach 60 13 51, 14413 Potsdam
T (03 31) 2 71 88–0
Telefax (03 31) 29 11 68

1 Dir, 1 stVDir, 8 R

Schmitt-Wenkebach, Rainer, Dir	1. 9. 94	25. 7. 42
Jung, Katharina, stVDir	15. 5. 96	29. 3. 47
Schäfer, Irina	1. 6. 95	14. 7. 62
Weißleder, Marion	15. 2. 96	13. 2. 50
Grützmann-Nitschke, Irene	1. 4. 96	12. 7. 50
Reschke, Volker	1. 4. 96	12. 1. 61
Dr. Schlender, Sibylle	1. 4. 96	4. 1. 64

Richterinnen/Richter im Richterverhältnis auf Probe

Haack, Knut	11. 9. 97	20. 6. 66
Schakat, Kerstin	1. 12. 98	24. 3. 66
Seifert, Wolfgang	1. 9. 99	3. 5. 66

Bremen

Landessozialgericht Bremen

Contrescarpe 32, 28203 Bremen
T (04 21) 3 61–0
Telefax (04 21) 3 61–43 07

1 Pr, 1 VPr, 4 R

Präsident
N. N.   —   —

Vizepräsident
Hofmann, Udo   25. 6. 93   14. 1. 37

Richterin/Richter
Ackermann, Eberhard   —   —
Wulfgramm, Jörg   11. 6. 93   16. 2. 50
Holst, Gerda-Renate   11. 6. 93   28. 10. 50
Schelhowe, Theodor   22. 12. 93   21. 9. 46

Sozialgericht

Bremen
Contrescarpe 33, 28203 Bremen
T (04 21) 3 61–0
Telefax (04 21) 3 61–69 11

1 Dir, 1 stvDir, 6 R + ¾ R

Buhl, Barbara, Dir   1. 10. 78   18. 12. 36
Kunert, Heinz, stvDir   —   —
Neustädter, Rainer   26. 5. 78   21. 4. 47
Kannowski, Monika   17. 4. 84   23. 1. 48
Frehe, Horst   7. 1. 91   5. 2. 51
Poppe-Bahr, Marion   12. 9. 91   20. 5. 52
Schlüter, André   1. 8. 92   4. 6. 62
Lumm-Hoffmann,
  Bettina, ¾   15. 4. 96   17. 1. 57
Kruse, Rainer   1. 1. 98   11. 4. 62

Hamburg

Landessozialgericht Hamburg

Kapstadtring 1, 22297 Hamburg
T (0 40) 4 28 63–0
Telefax (0 40) 4 28 63–57 70

1 Pr, 1 VPr, 1 VR, 5 R + 1 LSt (R)

Präsidentin
Dr. Schafft-Stegemann,
  Anke   1. 4. 96   12. 6. 37

Vizepräsident
Friedrich, Günther   1. 12. 88   2. 7. 42

Vorsitzende Richterin
Lührs-Hunger, Heike   1. 3. 87   6. 8. 41

Richter
Wolkenhauer,
  Hans-Hermann   30. 11. 71   28. 6. 38
Wahldiek, Wilfried   1. 4. 75   8. 9. 37
Dr. Klückmann, Harald   21. 12. 90   10. 6. 44
Kopp, Jürgen   1. 8. 93   7. 8. 47
Eidel, Horst-Dieter   1. 9. 95   28. 12. 51

Sozialgericht

Hamburg
Kapstadtring 1, 22297 Hamburg
T (0 40) 4 28 63–0
Telefax (0 40) 4 28 63–57 70

1 Pr, 1 VPr, 2 w.aufsR, 16 R + 2 × ¾ R + 4 × ½ R
+ ½ LSt (R)

Präsident
N. N.   —   —

Vizepräsidentin
Schulze, Marianne   1. 10. 83   11. 5. 52

weitere aufsichtführende Richter
Fligg, Hans-Karl   20. 10. 92   1. 4. 44
Loets, Claus-Dieter   1. 10. 98   19. 9. 50

Richterinnen/Richter
Funk, Marianne   1. 1. 75   3. 7. 38
Horz, Christian   17. 9. 82   —
Deß, Hans   18. 6. 84   23. 1. 43
Schwarz, Bärbel   8. 7. 86   14. 8. 52
Steinbach, Katrin, abg.   8. 7. 86   8. 1. 56
Ohltmann, Jürgen   1. 10. 87   2. 8. 47
Prill, Jens-Holger   18. 12. 87   3. 10. 51

Baum-Schulz, Katrin	16. 2.90	29.12.60
Wiese-Gürth, Monika	15. 9.90	18.11.53
Sieg, Heinz-Jürgen	1.11.90	5. 1.46
Wittenberg, Annett	1.10.91	8. 6.58
Radüge, Astrid	1.12.93	16. 3.64
Engelhard, Wolfgang	1.12.94	6. 4.56
Dawartz, Arne	6.10.94	24. 4.58
Spiolek, Ursula	6.10.94	11. 2.60
Dr. Fuchsloch, Christine		
Martina, abg.	1. 5.95	20. 5.64

Tripp, Carsten	—	—
Böttger, Evelyn	1.11.95	8. 1.63
Meyerhoff, Katja	6. 2.97	23. 6.64
Wittenberg, Andreas	1.12.98	10. 3.55

Richterinnen/Richter im Richterverhältnis auf Probe

Rohde, Nicole	1. 6.98	1.10.64
Sonnhoff, Andreas	1. 4.99	7. 1.68
Ritter, Kossa	1. 1.00	1. 7.61

Hessen

Landessozialgericht Darmstadt

Steubenplatz 14, 64293 Darmstadt
T (0 61 51) 8 04 01
Telefax (0 61 51) 80 43 50

1 Pr, 1 VPr, 6 VR, 22 R, 1 LSt (UProf)

Präsident

Wiegand, Bernd	28. 6.82	26. 4.38

Vizepräsident

Gouder, Eckhard	20. 6.86	23.12.39

Vorsitzende Richterin/Vorsitzende Richter

Dr. Cuntz, Joachim	27. 8.82	22. 2.40
Dalichau, Gerhard	4.11.82	10. 4.44
Bergmann, Michael	22. 9.86	8. 7.40
Brück, Manfred	13. 8.87	30. 3.38
Müller, Gisela	24. 9.90	15. 2.44
Dr. Haus, Karl-Heinrich	2. 7.92	7. 3.47

Richterinnen/Richter

Hermann, Rainer	11. 7.78	12. 5.45
Steinmeyer, Horst	1. 4.80	13. 4.47
Balser, Gabriele	9.12.80	22. 2.45
Meyer, Falko	22.12.83	14. 9.44
Rußig, Harald	31. 8.84	18. 8.48
Werner, Bernhard	24. 5.85	24. 6.42
Schöler, Martin	25. 9.85	23.10.44
Immel-Schelzke, Marita	23.12.85	23.10.52
Kern, Joachim	31.10.86	26. 8.47
Dr. Steiner, Gert	18.12.87	1. 9.53
Meinecke, Rita	12. 3.90	28. 2.58
Böhm, Ina	15. 8.90	11. 2.56
Dr. Schuler, Rolf	24. 1.91	9.12.50
Knickrehm, Sabine	19.12.91	26.10.59
Preis-Genthe, Anita	13.12.94	11. 2.53
Dreiseitel, Christa	13. 7.95	3. 1.57

Deppermann-Wöbbeking,		
Anne-Kathrin	29. 4.99	8. 3.57

Weitere Stellen für Richter am LSG sind besetzt.
Namen und Personaldaten der Stelleninhaber sind
nicht übermittelt worden.

Sozialgerichte

Darmstadt
Steubenplatz 14, 64293 Darmstadt
T (0 61 51) 8 04 02
Telefax (0 61 51) 80 41 99

1 Dir, 1 stVDir, 7 R

Endres, Wolfgang, Dir	1.10.81	25. 4.37
Schick, Herbert, stVDir	1. 4.72	26.10.38
Knickrehm, Vasco	2. 1.91	2. 2.59
Enes, Andrea	11. 5.93	8.11.61
Flach, Dietrich	4. 1.94	16. 4.59
Hölzer, Dirk	10.10.94	27. 3.62

Weitere Stellen für Richter am SG sind besetzt.
Namen und Personaldaten der Stelleninhaber sind
nicht übermittelt worden.

Frankfurt (Main)
Adickesallee 36, Gebäude C, 60322 Frankfurt
T (0 69) 1 53 50
Telefax (0 69) 1 53 56 66

1 Pr, 1 VPr, 18 R, 2 LSt (R)

Präsident

Dr. Brückner, Klaus	16. 2.95	27. 5.43

Vizepräsidentin

Reuter, Mechtild	16. 2.95	6. 3.46

Richterinnen/Richter

Walther, Hans-Jörg	13.11.70	21. 9.37

Eckert, Wolfgang	1.11.80	24.11.43	
Growe, Gunter	17. 7.84	19.12.46	
Seibert, Manfred	21. 9.87	4.10.43	
Dr. Offczors, Günter	1.10.88	5.10.52	
Lehlbach, Marlies	1.10.88	14.11.56	
Barnusch, Klaus	24.11.88	14.11.56	
Kellmann, Thomas	1.10.89	27. 9.55	
Sonntag, Ursula	29. 1.90	12. 5.57	
Huber-Ulfik, Claudia	2.12.91	4.10.60	
Heinrichs, Lucas	1. 8.92	4.10.56	
Eschke, Hans-Herbert	9. 8.94	3. 2.59	
Lehlbach, Jürgen	29. 5.95	8. 3.56	
Heinke, Birgit-Christina	1. 6.95	28. 5.61	
Weßler-Hoth, Susanne	26. 7.95	23. 4.56	
Weihrauch, Ulrike	1. 4.99	16.11.66	

Weitere Stellen für Richter am SG sind besetzt.
Namen und Personaldaten der Stelleninhaber sind
nicht übermittelt worden.

Fulda
Heinrich-von-Bibra-Platz 3, 36037 Fulda
T (06 61) 2 92–1 00
Telefax (06 61) 2 92–1 11

1 Dir, 2 R

Vogel, Hedwig, Dir	3. 5.82	19.10.43	
Rauch, Eginhard	6. 9.76	31.12.45	
Birkenbach, Robert	1. 5.91	17. 2.55	

Gießen
Ostanlage 19, 35390 Gießen
T (06 41) 39 91–0
Telefax (06 41) 39 91–50

1 Dir, 1 stVDir, 7 R, 2 LSt (R)

Becker, Peter, Dir	9.12.93	27. 9.55	
Wagner, Karl-Heinz, stVDir	24.11.95	29. 1.53	
Hörr, Eckehard	2. 1.82	5. 3.47	
Hesemann, Beate	1. 8.89	1. 8.54	
Großkopf-Sander, Rotraud	13. 8.90	20. 3.47	
Legde, Georg	5. 1.94	22. 8.60	
Dr. Roos, Elke	7. 6.94	13. 2.60	

Grüner, Bernd	3.12.91	2. 8.56	
Hiltmann, Gabriele	10.10.94	6.12.63	

Kassel
Ständeplatz 23, 34117 Kassel
T (05 61) 7 09 36–0
Telefax (05 61) 7 09 36–10

1 Dir, 1 stVDir, 6 R, 1 LSt (R)

Schäfer, Dieter, Dir	9.12.93	11. 8.39	
Lindner, Jutta, stVDir	15. 2.94	5. 6.57	
Zander, Dirk	21. 3.78	3. 8.42	
Sengler, Randolf	27. 2.89	30. 5.56	
König, Alexander	25.11.94	3. 3.59	

Marburg (Lahn)
Gutenbergstr. 29, 35037 Marburg
T (0 64 21) 17 08–0
Telefax (0 64 21) 17 08–50

1 Dir, 3 R

N. N., Dir	—	—	
Hörterer, Manfred	18. 7.80	29.10.40	
Dr. Heuser, Hans	28. 2.92	17. 9.56	
Dr. Horn, Robert	1. 8.92	31. 7.58	
Engelhart-Au, Rita	1. 5.98	20. 8.65	

Wiesbaden
Frankfurter Str. 12, 65189 Wiesbaden
T (06 11) 3 90 25
Telefax (06 11) 37 72 68

1 Dir, 1stVDir, 3 R + 2 × ½ R

Urbahn, Rolf, Dir	1.12.89	2. 3.40	
Hoth, Jens-Peter, ½	14. 5.86	29. 3.54	
Dr. Poske, Dieter	30. 5.90	30.11.52	
Möller, Ilse	15. 8.91	20.12.50	
Ruppel, Bettina	18.11.96	12. 2.60	

*Richterinnen/Richter im Richterverhältnis
auf Probe*

Dr. Bieresborn, Dirk	17. 3.97	30.11.65	
Dr. Schöner, Silke	4. 8.97	2.10.67	
Daume, Lothar	27.10.97	10. 1.65	
Kutschera, Anne	1.12.97	7. 2.65	

Mecklenburg-Vorpommern

Landessozialgericht Mecklenburg-Vorpommern

Hauerweg 4, 17036 Neubrandenburg
T (03 95) 76 97 70
Telefax (03 95) 7 69 77 88

1 Pr, 1 VPr, 2 VR, 8 R

Präsident

Dr. Wiesner, Siegfried	1. 10. 92	22. 9. 40	

Vizepräsident

Lutz, Martin	1. 10. 94	28. 8. 49	

Vorsitzender Richter

Dr. Kater, Horst	5. 8. 97	4. 1. 41	

Richter

Matz, Andreas	1. 7. 96	12. 6. 61	
Wagner, Axel	21. 6. 99	5. 4. 65	
Schön, Jürgen	—	—	

Sozialgerichte

Neubrandenburg
Hauerweg 4, 17036 Neubrandenburg
T (03 95) 7 69 77
Telefax (03 95) 7 69 77

1 Dir, 3 R

Freund, Birgit, Dir	1. 1. 99	8. 6. 55	
Gerfelmeier, Thomas	9. 4. 96	17. 2. 60	
Arndt, Uwe, abg.	2. 7. 99	16. 2. 66	

Rostock
August-Bebel-Str. 15–20, 18055 Rostock
T (03 81) 24 10
Telefax (03 81) 24 13 75

1 Dir, 4 R

Gosch, Carla, Dir	—		—
Franz, Günther, abg.	1. 3. 94	5. 7. 57	
Plate, Katharina	3. 7. 97	3. 2. 64	
Kalina, Rudolf	24. 3. 98	24. 6. 53	

Schwerin
Wismarsche Str. 323, 19055 Schwerin
T (03 85) 5 40 40
Telefax (03 85) 5 40 41 14

1 Dir, 4 R

Poppe, Rolf, Dir	2. 6. 94	14. 2. 55	
Winter, Bärbel	23. 2. 77	21. 1. 45	
Otto, Corinna	7. 1. 93	27. 3. 63	
Förtsch, Uwe	17. 1. 94	6. 6. 62	
Hampel, Klaus	27. 7. 94	12. 5. 61	

Stralsund
Frankendamm 17, 18439 Stralsund
T (0 38 31) 20 50
Telefax (0 38 31) 20 57 99

1 Dir, 3 R

Klein, Hans-Uwe, Dir	1. 2. 89	6. 5. 4
von Houwald, Christoph	26. 3. 96	1. 8. 6
Hünecke, Ilka	27. 8. 97	3. 6. 6

Richterinnen/Richter im Richterverhältnis auf Probe

Zehner-Schomburg, Nicoline, ½	3. 5. 93	8. 6. 5
Sander, Tamara	17. 6. 96	17. 3. 6
Arndt, Florian	2. 5. 97	21. 12. 6

Niedersachsen

Landessozialgericht Niedersachsen

Georg-Wilhelm-Str. 1, 29223 Celle
Postfach 21 31, 29261 Celle
T (0 51 41) 9 62–0
Telefax (0 51 41) 9 62–2 00

1 Pr, 1 VPr, 8 VR, 24 R, 1 LSt (R)

Präsident

Paulat, Monika	1. 4. 99	17. 12. 48

Vizepräsident

Dr. Wilde, Klaus	30. 10. 90	30. 5. 39

Vorsitzende Richterin/Vorsitzende Richter

Haase, Klaus-Peter	26. 5. 89	4. 10. 40
Schimmelpfeng-Schütte, Ruth	15. 5. 92	15. 10. 46
Schmidt-Wilke, Rüdiger	26. 11. 92	22. 10. 39
Dr. Homann, Klaus	2. 5. 94	15. 6. 41
Dr. König, Michael	11. 1. 96	16. 8. 51
Hollo, Dierk F.	22. 10. 99	19. 5. 47

Richterinnen/Richter

Pfennig, Helmut	30. 9. 79	1. 3. 37
Kühn, Christian, beurl. (LSt)	28. 2. 80	10. 6. 41
Kühne, Reinhart	28. 4. 89	20. 8. 43
Ewe, Reinhard	20. 9. 89	2. 4. 54
Walter, Johannes Martin	1. 10. 90	16. 2. 47
Wimmer, Klaus	1. 6. 92	1. 5. 46
Bender, Martin	14. 9. 92	11. 9. 46
Hübschmann, Ulrich	14. 12. 92	16. 1. 51
Dr. Günniker, Liselotte	14. 12. 92	1. 5. 54
Winterhof, Hartmut	27. 1. 93	24. 4. 36
Dr. Bernsdorff, Norbert	27. 1. 93	30. 4. 54
Scheider, Peter	30. 3. 93	8. 12. 52
Schreck, Dieter	24. 8. 93	13. 7. 57
Poppinga, Käthe	14. 12. 93	18. 5. 54
Dürre, Winfried	1. 6. 94	23. 7. 54
Wolff, Reinhard	28. 8. 95	6. 10. 54
Dr. Pfitzner, Thomas	1. 3. 96	29. 5. 60
Janz, Gabriele	5. 7. 96	15. 2. 61
Valgolio, Leandro	7. 1. 97	31. 7. 54
Schulte, Karl	20. 3. 97	21. 4. 59
Klein, Heidrun	25. 2. 99	7. 3. 59
Thommes, Klaus	21. 2. 00	23. 1. 60

Sozialgerichte

Aurich (Ostfriesland)
Kirchstr. 15, 26603 Aurich
T (0 49 41) 95 38-0
Telefax (0 49 41) 95 38-95

1 Dir, 3 R

Kiritz, Elsa, Dir	1. 12. 95	26. 11. 48
Asche, Johanne	3. 6. 76	4. 7. 40
Staab-Borchers, Wolfgang	2. 2. 90	16. 2. 52

Braunschweig
Wolfenbütteler Str. 2, 38102 Braunschweig
Postfach 42 65, 38032 Braunschweig
T (05 31) 4 88–15 00
Telefax (05 31) 4 88 15 40

1 Dir, 6 R, 1 LSt (R)

Hasenpusch, Walter, Dir	1. 4. 97	28. 7. 48
Frankhäuser, Lina Sabine	25. 5. 90	7. 6. 56
Schreck, Heike	1. 6. 94	14. 9. 57
Schmiedl, Rainer	1. 10. 94	13. 9. 57
Kreienbrink, Thomas	12. 12. 94	22. 8. 59
Maurer, Ursula, beurl. (LSt)	27. 6. 95	26. 2. 63
Dreyer, Uwe	18. 1. 99	24. 10. 60

Hannover
Calenberger Esplanade 8, 30169 Hannover
T (05 11) 12 16–6
Telefax (05 11) 12 16–7 01

1 Dir, 1 stvDir, 1 w.aufsR, 15 R, 2 LSt (R)

Ebmeyer, Carl-Dietrich, Dir	14. 4. 97	17. 9. 47
Becherer, Vera, stvDir	17. 3. 97	15. 7. 43
Brunke, Wolfgang, w.aufsR		11. 7. 49
Dr. Bartling, Hans-Heinrich	2. 5. 84	10. 3. 53
Müller, Rolf	9. 10. 86	10. 10. 49
Rehberg, Heidi	4. 1. 88	26. 12. 55
Taubert, Peter	16. 2. 89	12. 4. 53
Pilz, Wolfgang	4. 5. 90	23. 4. 58
Beyer, Gabriele	17. 11. 92	25. 3. 61
Böhmer-Behr, Andrea, beurl. (LSt)	11. 4. 94	11. 4. 62
Gertich, Michael, abg.	17. 10. 94	24. 3. 55
Niederlag, Hans-Joachim	27. 6. 95	6. 3. 59
Phieler, Michael, abg.	31. 1. 97	1. 10. 59
Dr. Marquardt, Anja, beurl. (LSt)	3. 2. 97	4. 3. 63

Kramer, Birgit, abg.	28. 4.97	16. 5.63
Jungeblut, Stefan	21. 7.97	19. 4.65
Voß, Silke	28.11.97	21. 8.62
Möhwald, Torsten	15. 1.98	29. 1.64

Hildesheim
Kreuzstr. 8, 31134 Hildesheim
Postfach 10 11 53, 31111 Hildesheim
T (0 51 21) 3 04–1
Telefax (0 51 21) 30 45 12

1 Dir, 5 R, 1 LSt (R)

Gottschalk, Reinhard, Dir	22.12.93	19. 1.36
Keese, Bertram	16. 6.83	17. 6.43
Mertens, Jürgen	1.11.83	6.11.41
Gaida, Michael	11. 1.93	19. 9.56
Othmer, Hartwig	29. 4.97	11. 9.63
Dr. Oppermann, Dagmar, abg. (LSt)	14. 1.99	18. 3.63

Lüneburg
Lessingstr. 1, 21335 Lüneburg
Postfach 26 60, 21316 Lüneburg
T (0 41 31) 7 89 66–3
Telefax (0 41 31) 7 89 66–40

1 Dir, 5 R

Brinkmann, Barbara, Dir	1. 7.91	6. 8.37
Krause, Helgard	15.10.74	14. 3.39
Hestermann, Rolf	1. 3.81	19. 9.42
Jansen-Krentz, Ingeborg	1. 1.92	7. 4.59
Maiworm, Lydia	26.10.93	12.10.61
Semperowitsch, Michael	1. 9.94	18. 2.59

Oldenburg (Oldb.)
Schloßwall 16, 26122 Oldenburg
T (04 41) 2 20–67 01
Telefax (04 41) 2 20–67 02

1 Dir, 1 stVDir, 6 R

Schmidt, Hedda, Dir	22.12.92	20. 9.43
Pohlschneider, Joseph, stVDir	—	25. 2.55
Lipsius, Jost	9. 1.81	19. 9.47
Schroth, Wilfried	1. 9.81	13. 8.44
Jost, Gerhard	2. 8.85	23. 6.52

Tolkmitt, Andreas	2. 3.90	23. 4.57
Lücking, Barbara	26.10.90	23. 2.57

Osnabrück
An der Petersburg 6, 49082 Osnabrück
Postfach 37 07, 49027 Osnabrück
T (05 41) 9 57 25–(0)
Telefax (05 41) 9 57 25–55

1 Dir, 1 stVDir, 6 R

Ruff, Wolfgang, Dir	11. 1.00	18. 6.49
Ludmann, Werner, stVDir	11. 1.00	17. 6.55
Bley, Paul	4. 2.74	22. 1.43
Pohlendt, Hans-Heinrich	7. 4.78	1. 7.46
Rebohle, Wolfgang	22. 1.84	17.12.51
Huthmann, Wilfried	2. 2.84	26.10.49
Löhrmann, Ulrich	17.10.85	5. 5.50
Stülke, Paul	6. 1.92	24. 6.60

Stade
Am Sande 4a, 21682 Stade
Postfach 19 40, 21659 Stade
T (0 41 41) 4 06–04
Telefax (0 41 41) 40 62 92

1 Dir, 5 R

Overlach, Rudolf, Dir	15. 4.93	6. 1.40
Beermann, Friedrich-Wilhelm	29. 7.70	30. 6.38
Mittenzwei, Matthias	1. 6.77	20. 1.44
Horn, Jan-Henrik	1. 8.78	29.12.44
String, Philipp	26. 1.93	16. 8.58

Richterinnen/Richter im Richterverhältnis auf Probe

Weddig, Ulrike	1. 7.97	31.12.65
Spekker, Wolfgang	1. 7.97	10. 4.66
Dr. Hohnholz, Barbara	1. 4.98	22.10.66
Smollich, Anke	1. 4.98	—
Marschang, Bernd	2. 6.98	30.11.66
Huss, Lioba	1. 9.98	8. 65
de Groot, Ilona	15. 9.98	18.11.66
Josephi, Katja	12. 7.99	26.11.69
Cordes, Silke	3. 1.00	23.12.67
Loose, Ortwin	1. 3.00	5.12.69

Nordrhein-Westfalen

Landessozialgericht Nordrhein-Westfalen

Zweigertstr. 54, 45130 Essen
Postfach 10 24 43, 45024 Essen
T (02 01) 79 92–1
Telefax (02 01) 7 99 23 02

1 Pr, 1 VPr, 16 VR, 52 R

Präsident

Dr. Brand, Jürgen	17. 6. 97	12. 4. 45

Vizepräsident

Piepenbrock, Manfred	29. 1. 99	13. 4. 36

Vorsitzende Richterinnen/Vorsitzende Richter

Meierkamp, Ulrich	17. 9. 87	11. 7. 38
Holborn, Henning	31. 8. 88	11. 10. 36
Achenbach, Bernd	31. 8. 88	8. 8. 37
Dr. Burghardt, Jürgen	27. 4. 89	16. 9. 43
Andersson, Eckard	15. 5. 90	5. 1. 43
König, Jutta	9. 4. 91	23. 3. 39
Dr. Breitkopf, Karl	17. 9. 93	19. 7. 44
von Alpen, Rötger	17. 9. 93	22. 1. 45
Grewe, Heinrich	15. 4. 94	18. 12. 44
Benszuweit, Arno	22. 6. 94	15. 5. 37
Peifer, Udo	3. 7. 98	14. 9. 41
Frehse, Hermann	25. 11. 98	3. 11. 52
Kays, Wolfgang	28. 5. 99	6. 4. 49
Dr. Sommer, Thomas	28. 5. 99	21. 3. 54
Brand, Josef	23. 6. 99	28. 11. 50
Schumacher, Ewald	1. 7. 99	7. 9. 49

Richterinnen/Richter

Viegener, Gerd	30. 5. 78	25. 10. 35
Schuschke, Brigitta	30. 5. 78	28. 8. 38
Kirsten, Hans-Peter	3. 9. 79	—
Kröger, Carl-Heinrich	16. 6. 81	13. 11. 44
Peuker, Hubertus	6. 4. 82	3. 10. 39
Lessing, Michael	26. 4. 85	1. 6. 47
Göbelsmann, Dieter	20. 5. 87	29. 11. 49
Borchard, Siegfried	24. 2. 88	11. 7. 43
Tordy, Gertraud	24. 2. 88	25. 4. 45
Kuschewski, Ulf-Burghard	2. 5. 89	13. 1. 45
Ziegert, Volker	1. 8. 89	26. 5. 44
Gröne, Paul-Heinz	22. 1. 90	26. 4. 50
Dr. Kunze, Thomas	29. 8. 90	27. 5. 48
Jung, Johannes-Peter	12. 7. 91	9. 8. 51
Fritschler, Doris	12. 7. 91	3. 7. 55
Richter, Thomas	19. 11. 91	26. 4. 55
Allgeier, Peter	19. 11. 91	18. 8. 55

Hagemeier, Ursula, ⅔	27. 5. 92	13. 4. 50
Dr. Jansen, Johannes	29. 5. 92	8. 11. 55
Humpert, Ansgar	26. 10. 92	4. 2. 56
Dr. Hauck, Ernst	1. 4. 93	26. 4. 54
Westermann, Bernd	1. 9. 93	12. 2. 48
Frielingsdorf, Ute, ½	7. 10. 93	29. 12. 56
Pierscianek, Roland	1. 6. 94	17. 5. 57
Wendler, Ulrich	14. 2. 95	16. 1. 54
Scholz, Stefan	7. 3. 95	24. 5. 58
Knispel, Ulrich	—	—
Philippi, Manfred	1. 4. 96	23. 12. 53
Elling, Peter, abg.	15. 1. 97	21. 7. 58
Behrend, Nicola	21. 1. 97	10. 2. 62
Dr. Düring, Ruth	23. 2. 97	1. 11. 58
Debus, Beatrix	28. 4. 97	19. 8. 58
Frossard, Annette	20. 5. 97	5. 8. 60
Straßfeld, Elisabeth	23. 7. 97	30. 4. 60
Lütz, Alfred	1. 3. 98	19. 6. 61
Hild, Sylvia	30. 6. 98	7. 7. 61
Pusch, Armin	29. 10. 98	25. 11. 54
Jording, Susanne	29. 10. 98	2. 2. 58
Frey, Ulrike	22. 4. 99	22. 8. 43
Lente-Poertgen, Astrid	30. 9. 99	28. 11. 57
Fleck, Silvia, ½	2. 11. 99	14. 1. 57
Scheer, Ulrich	1. 3. 00	23. 8. 58

Sozialgerichte

Aachen

Franzstr. 49, 52064 Aachen
Postfach, 52034 Aachen
T (02 41) 4 57–0
Telefax (02 41) 4 57–2 01

1 Pr, 1 VPr, 9 R

Präsidentin

Kriebel, Kornelia	1. 3. 95	7. 7. 52

Vizepräsident

Thimm, Klaus	17. 10. 79	15. 11. 37

Richterinnen/Richter

Dr. Höger, Harro	28. 2. 80	6. 11. 43
Teusz, Marlene	10. 5. 84	1. 2. 51
Weis, Edith	19. 2. 85	18. 7. 54
Irmen, Ulrich	17. 4. 89	14. 6. 55
Wolff-Dellen, Michael	15. 7. 91	23. 5. 53
Rünz, Gerd	8. 11. 93	13. 5. 62
Redenbach-Grund, Jutta	25. 8. 95	10. 9. 61
Kühl, Martin	9. 4. 98	9. 2. 64

Eine weitere Stelle für einen Richter am Sozialgericht ist besetzt. Name und Personaldaten des Stelleninhabers sind nicht mitgeteilt worden.

Detmold
Richthofenstr. 3, 32756 Detmold
Postfach 25 65, 32715 Detmold
T (0 52 31) 7 04–0
Telefax (0 52 31) 7 04–2 04

1 Pr, 1 VPr, 9 R + 3 × ½ R

Präsident
Störmann, Hardy   31. 8. 94   12. 10. 35

Vizepräsident
Wienkenjohann, Martin   21. 1. 97   15. 11. 56

Richterinnen/Richter
Echterling, Hannelore, ½   2. 1. 90   28. 1. 56
Dr. Hiekel, Carola, ½   12. 9. 91   11. 2. 60
Schmidt-Kronshage,
  Christian   28. 10. 91   28. 1. 60
Wacker, Uwe   19. 1. 93   12. 9. 63
Hoppert, Andreas   3. 8. 93   11. 7. 63
Molesch, Edeltraud, beurl.   4. 11. 93   20. 10. 64
Brinkhoff, Volker   5. 11. 93   5. 12. 61
Vahle-Kuhlmann, Rita, ½   8. 11. 93   22. 12. 61
Staetmanns, Friedrich   10. 7. 95   5. 8. 61
Dr. Weßling, Bernhard   30. 1. 97   13. 10. 60
Kieltsch, Karin   30. 5. 99   1. 7. 67
Linnenbrügger, Anja   19. 7. 99   16. 4. 65

Dortmund
Ruhrallee 3, 44139 Dortmund
Postfach 10 50 03, 44047 Dortmund
T (02 31) 54 15–1
Telefax (02 31) 54 15–5 09

1 Pr, 1 VPr, 3 w.aufsR, 28 R + 5 × ½ R + ¾ R

Präsidentin
Dr. Brandts, Ricarda   3. 11. 97   26. 8. 55

Vizepräsident
Wüllner, Günter   2. 5. 95   5. 4. 46

weitere aufsichtführende Richterin/Richter
Trautmann, Wolfgang   5. 5. 87   16. 1. 43
Jaklitsch, Thomas   18. 3. 91   19. 8. 44
Kramer, Wilma   1. 6. 94   2. 11. 54

Richterinnen/Richter
Kleinehakenkamp,
  Mechthild   9. 8. 76   10. 11. 42
Schädlich-Maschmeier,
  Maria, ½   16. 11. 82   21. 5. 52
Wittor, Ulrike   5. 8. 83   5. 5. 54
Gebauer, Detlef   29. 1. 87   17. 1. 53
Schreier, Myriam   23. 12. 88   22. 6. 54
Hückert, Claus Peter   20. 3. 89   15. 8. 56
Sievert, Helga, ¾   16. 10. 89   3. 7. 55

Brune, Hagen   21. 1. 90   7. 12. 55
Heisenberg, Liesel   26. 11. 91   11. 4. 54
Dr. Achterrath,
  Ralph-Oscar   2. 7. 92   8. 8. 56
Klamann, Susanne   4. 11. 92   18. 3. 61
Dr. Kolmetz, Thomas   19. 1. 93   8. 7. 59
Daweke, Frank   8. 10. 93   29. 6. 61
Söhngen, Uwe   12. 11. 93   16. 9. 61
Henninghaus, Gabriele,
  beurl.   14. 4. 94   12. 4. 57
Schorn, Ulrich   18. 7. 94   20. 6. 63
Stewen-Steinert,
  Susanne, ½   —   —
Behrend, Frank   30. 8. 94   8. 2. 61
Schlangen, Klaus   —   —
Baukmann-Prange, Ulrike   13. 4. 95   3. 3. 63
Bornheimer, Monika, ½   13. 7. 95   1. 4. 62
Soleta, Michael   19. 10. 95   6. 4. 59
Steegmann, Manuela   19. 6. 97   22. 3. 62
Paddenberg, Thomas   8. 4. 98   30. 6. 64
Lehmann-Wahl,
  Gabriele, ½   18. 11. 98   5. 2. 66
Klempt, Angelika, abg.   19. 1. 99   8. 11. 66
Gregarek, Bernd   20. 1. 99   25. 11. 64
Benson, Andrea, abg.   3. 12. 99   28. 12. 64
Dr. Jochum, Georg-
  Nikolaus   15. 12. 99   4. 5. 66

Düsseldorf
Ludwig-Erhard-Allee 21, 40227 Düsseldorf
Postfach 10 45 52, 40036 Düsseldorf
T (02 11) 77 70–0
Telefax (02 11) 77 70–3 73

1 Pr, 1 VPr, 3 w.aufsR, 28 R + ½ R

Präsident
Dr. Schäfer, Karl-Josef   1. 3. 84   28. 11. 37

Vizepräsident
Kerber, Detlef   1. 7. 96   25. 3. 54

weitere aufsichtführende Richter
Schwarz, Volker   14. 7. 87   31. 5. 43
Dr. Thies, Horst-Günter   29. 6. 94   26. 8. 42
Schneider, Hilmar   15. 1. 97   18. 1. 56

Richterinnen/Richter
Mann, Doris   8. 5. 78   16. 5. 48
Sieslack, Gerhard   8. 5. 79   5. 3. 47
Bay, Harald   6. 1. 83   8. 1. 41
Niessen, Georg   9. 5. 83   28. 3. 42
Schnitzler, Johannes
  Wilhelm   15. 8. 83   25. 10. 47
Fisseler, Karl-Heinz   15. 8. 83   25. 11. 51
Dunsche, Wolfgang   11. 11. 83   30. 4. 48
Sattler, Ellen   10. 9. 86   26. 7. 57

Crone, Eckhard	24. 7.87	20. 4.58
Huckenbeck, Ernst	10. 9.87	22. 8.56
Steinhauer, Claudia	2. 1.90	17. 2.60
Ollig, Barbara, ½	—	—
Schmitter, Jochen	7. 2.91	27.11.58
Morrn, Thomas	11. 5.92	5. 4.54
Schillings, Martin	2. 9.92	15. 9.57
Daners, Ingrid	2.11.92	14. 4.60
Beisheim, Brigitte	4. 1.93	26. 6.59
Faßbender-Boehm, Simone	4. 1.93	5. 5.61
Weitz, Monika	1. 2.93	20. 4.60
Hausmann, Günter	23. 2.93	1. 1.59
Dr. Jung, Cornelia	22.11.93	5. 5.56
van den Wyenbergh,		
Gertrud, abg.	2. 1.94	17.10.61
Kuhn, Heidrun	20. 4.94	12.11.60
Reyels, Thomas	26. 4.94	28. 9.60
Köster, Sabine	9.12.94	6. 3.61
Lehmacher, Hans-Werner	28.12.94	3.12.59
Groh, Pia	30.10.97	17. 4.64
Matthey, Brigitta	1. 4.98	9.10.66
Nohl, Bettina	3. 7.98	16. 4.66
Dr. Poncelet, Claudia,		
RkrA	(1. 3.00)	14. 9.62

Duisburg

Mülheimer Str. 54, 47057 Duisburg
Postfach 10 11 62, 47011 Duisburg
T (02 03) 30 05–0
Telefax (02 03) 30 05–3 13

1 Pr, 1 VPr, 2 w.aufsR, 18 R + ¾, 1 LSt (R)

Präsident

Stürmer, Albert	24.10.95	25. 7.44

Vizepräsidentin

Stromby, Barbara	1. 8.94	9.10.45

weitere aufsichtführende Richterin/Richter

Winkler, Jochen	1. 6.94	29. 9.43
Arnold, Ulrike	28. 5.98	25. 6.57

Richterinnen/Richter

Eder, Karl-Ernst	—	—
Orth, Günter	27. 6.73	13. 6.40
Resch-Siekmann,		
Annegret	4.10.82	19. 3.46
Thürmann, Ulrich	25. 7.84	2. 9.53
von Gutzeit, Gabriele,		
beurl. (LSt)	11. 1.89	9. 7.53
Germke, Karin	11. 5.89	5. 4.55
Edel, Siegfried	17. 9.90	8. 5.58
Schönenborn, Anita, abg.	27. 9.90	15. 4.57
Dr. Günther, Norbert	21. 2.91	2. 9.56
Schockenhoff, Elke, ⅔	11.11.91	3. 4.58
Vogt, Michael	2.12.92	7. 2.57

Gölz, Rainer	4. 1.93	28. 5.59
Redmer-Häußler,		
Elisabeth, ½	19. 1.93	10. 6.61
Vehling, Norbert	14. 4.94	31. 8.58
te Heesen, Karl-Dieter	23. 3.95	10. 5.57
Sapper, Annette, ¾	29. 3.96	28. 1.62
Dulies, Bettina	19. 6.97	21. 6.58
Schomberg, Anke	9. 4.98	8. 4.65
Schimm, Elisabeth, beurl.	1.12.98	12. 6.64
Dr. Freudenberg, Ulrich,		
abg.	10.12.99	15.11.64

Gelsenkirchen

Ahstr. 22, 45879 Gelsenkirchen
Postfach 10 01 52/62, 45801 Gelsenkirchen
T (02 09) 17 88–0
Telefax (02 09) 17 88–1 77

1 Pr, 1 VPr, 1 w.aufsR, 15 R + 1 LSt

Präsident

Dr. Lange, Peter	31. 8.90	22. 1.48

Vizepräsidentin

Turanli, Antje	11.12.96	20. 9.43

weitere aufsichtführende Richterin

Steffen, Kornelia	11.10.95	15. 5.55

Richterinnen/Richter

Bellinghausen, Arno	13. 7.79	27. 6.47
Heiland, Claus-Peter	20.11.79	1. 9.50
Schmelzer, Günter	5. 2.82	1. 3.50
Franke, Rüdiger	19. 3.82	10. 1.50
Molz, Wolfgang	8. 4.82	4.12.47
Reske, Dieter	11. 4.83	26. 8.52
Heßling-Wienemann,		
Ulrike	11.10.84	5. 8.54
Bauhaus, Hans-Joachim	18. 1.85	26. 5.50
Müller, Annegrit,		
beurl. (LSt)	10. 4.85	22. 5.55
Anger, Harald	4. 9.89	1. 2.56
Hiller, Gerhard	21. 5.91	3. 9.48

Köln

An den Dominikanern 2, 50668 Köln
Postfach 10 31 52, 50471 Köln
T (02 21) 16 17–0
Telefax (02 21) 16 17–1 60

1 Pr, 1 VPr, 2 w.aufsR, 19 R

Präsident

Löns, Martin	23. 1.97	17. 5.56

Vizepräsident

Aghte, Wolfgang	2.11.93	25.11.51

weitere aufsichtführende Richterin/Richter

Fellermann-Blachut,
Eva-Maria | 1. 6.94 | 12. 8.57
Kurtenbach, Dirk | 1. 9.94 | 26.11.56

Richterinnen/Richter

Bremer, Alwin	9. 4.74	22. 3.40
Greven, Konrad	9.11.74	22. 5.37
Pape, Klaus	18. 9.75	7. 1.39
Seel, Jutta	26. 7.76	28.11.41
Kleinings, Jobst	6. 7.77	19. 7.44
Steuer, Barbara	14.10.77	28. 8.42
Steffel, Uwe	16. 1.78	30. 1.41
Reinhold, Andreas	12. 6.78	22.12.42
Reich, Matthias	14. 8.78	2.10.44
Bertrams, Eva-Maria, ½, abg.	20.10.78	24.12.46
Dickfahr, Bernd	21.12.78	20. 9.42
Volk, Dieter	5.10.81	17. 6.48
Girndt, Johannes	29.11.82	20. 9.41
Haslach-Niemeier, Heidemarie, ½	21.11.86	5.11.55
Fastnacht, Axel	5.10.87	11.12.53
Löwe-Tolk, Gisela	5. 1.88	19. 2.57
Hennings, Mechthild	13. 1.89	25. 2.56
Plum, Rainer	26. 1.93	21. 7.59

Münster

Alter Steinweg 45, 48143 Münster
Postfach 71 20, 48038 Münster
T (02 51) 5 10 23–0
Telefax (02 51) 5 10 23–74

1 Pr, 1 VPr, 11 R

Präsident

Stratmann, Heinrich | 1. 2.95 | 13. 9.52

Vizepräsident

Pauli, Hans-Ulrich | 8. 6.99 | 16. 7.55

Richterinnen/Richter

Dr. Stephany, Gerda | 11.12.72 | 11. 8.40

Tschoeltsch, Ruthild | — | —
Lippert, Hans-Peter | 1. 6.77 | 9. 6.44
Schäfer, Brigitte | 21. 9.78 | 29. 9.46
Potthoff, Annegret | 18. 1.82 | 8. 6.52
Müller, Karl-Heinz | 29. 8.83 | 4.11.48
Witt, Harald | 3.10.83 | 16. 1.53
Schruff, Herbert-Wilhelm | 7.12.83 | 21. 6.47
Kuß, Wilhelm, abg. | 19. 2.85 | 20. 4.51
Sohn, Birgit, ⅔ | 4. 7.85 | 17. 3.54
Busse, Annegret | 22. 1.88 | 4. 9.54
Schäfer, Heinrich Johannes | 17. 4.98 | 11. 6.66

Richterinnen/Richter im Richterverhältnis auf Probe

Kornfeld, Katrin	15.11.96	12.10.66
Büth, Klaus	3. 2.97	8.11.62
von Renesse, Jan-Robert	9. 4.97	7. 4.66
Hoffmann, Arne	9. 4.97	28. 8.67
Dr. Kniesel, Barbara	21. 4.97	5.10.65
Dr. Berendes, Dirk	14. 7.97	27. 3.68
Roder, Sandra	1. 8.97	13. 8.68
Boerner, Anneke	1. 8.97	24.12.68
Berens, Michael	4. 8.97	4. 1.66
Ebert, Andreas	4. 8.97	31. 5.67
Stange, Bettina	1. 9.97	21.11.67
Riefler, Christian	10. 9.97	19. 4.68
Knorr, Petra Maria	10. 9.97	30.12.70
Karmanski, Carsten	1.10.97	21. 9.68
Schneider, Matthias	1.12.97	21. 1.67
Zielke, Martina	2. 1.98	11. 9.67
Brinkmann, Thomas	2. 3.98	13. 5.67
Eschner, Sabine	1. 4.98	17.10.67
Merheim, Peter	5. 5.98	24.11.67
Ottersbach, Thomas	2.12.98	28. 8.67
Weigel, Claudia	—	—
Dr. Burauer, Birgit	25. 5.99	21. 4.70
Kellermann, Britta	14. 6.99	18.12.68
Beckmann, Elke	17. 6.99	31. 1.68
Dr. Blüggel, Jens	1. 7.99	19. 4.68
Frasa, Kirsten	15. 2.00	9. 5.67

Rheinland-Pfalz

Landessozialgericht Rheinland-Pfalz

Ernst-Ludwig-Str. 1, 55116 Mainz
Postfach 30 30, 55020 Mainz
T (0 61 31) 14 10
Telefax (0 61 31) 1 41 50 00

1 Pr, 1 VPr, 4 VR, 14 R einschließl. 1 UProf im
2. Hauptamt

Präsident

Bartz, Ralf	1. 10. 99	12. 12. 50

Vizepräsidentin

Diewitz, Marie-Luise	1. 5. 97	1. 7. 45

Vorsitzende Richterin/Vorsitzende Richter

Wolff, Michael	1. 9. 88	29. 8. 37
Geier, Werner	22. 4. 97	7. 2. 38
Ebsen, Inge	22. 4. 97	8. 4. 46
Dr. Ruppelt, Michael	28. 10. 97	10. 3. 53
Binz, Hans-Dieter	12. 8. 98	31. 12. 51

Richterinnen/Richter

Prof. Dr. Krause, Peter (UProf, 2. Hauptamt)	9. 8. 78	27. 2. 36
Hofmann, Gerd	1. 10. 87	10. 2. 47
Dr. Hansen, Hans-Georg	10. 10. 89	8. 5. 51
Keller, Wolfgang	26. 11. 90	16. 5. 53
Baus, Heinz	17. 10. 91	31. 3. 54
Dr. Tappert, Wilhelm	17. 10. 91	10. 11. 54
Schmidt, Anette	2. 4. 92	24. 1. 56
Riebel, Jürgen	1. 4. 93	27. 3. 58
Firsching, Burkhard	23. 3. 95	17. 11. 58
Didong, Jürgen	24. 3. 95	12. 5. 57
Dr. Follmann, Werner, abg.	17. 1. 96	4. 7. 56
Dr. Jutzi, Marijke	9. 4. 96	20. 11. 59
Büchel, Gudrun	16. 5. 97	10. 5. 61
Frossard, Annette	20. 5. 97	5. 8. 60
Wiemers, Wolfgang	20. 5. 97	26. 12. 61
Heinz, Andreas	31. 3. 99	29. 4. 63

Sozialgerichte

Koblenz
Gerichtsstr. 5, 56068 Koblenz
56065 Koblenz
T (02 61) 9 13 00
Telefax (02 61) 91 30 45

1 Pr, 1 VPr, 8 R

Präsident

Merz, Ernst Ludwig	1. 10. 92	18. 10. 52

Vizepräsidentin

Lauer, Gisela	7. 12. 98	26. 9. 57

Richterinnen/Richter

Weidenfeller, Magdalena	23. 1. 84	1. 4. 53
Zimmermann, Horst	1. 7. 86	10. 2. 54
Pesch, Hans	2. 1. 89	16. 6. 52
Grajewski, Josef	2. 4. 93	4. 2. 59
Liebermann, Rainer	10. 6. 94	26. 2. 62
Wittenbrock, Jörg	9. 6. 95	28. 4. 61
Simanowski, Karin	19. 6. 95	9. 7. 63
Sauerbrei, Silvia	7. 7. 97	3. 2. 61

Mainz
Ernst-Ludwig-Straße 1, 55116 Mainz
Postfach 30 30, 55020 Mainz
T (0 61 31) 14 10
Telefax (0 61 31) 1 41 50 00

1 Pr, 1 VPr, 5 R

Präsident

Clever, Manfred	27. 10. 86	25. 6. 36

Vizepräsident

Höllein, Frank	1. 12. 98	16. 6. 51

Richterinnen/Richter

Schütze, Christiane	14. 10. 75	28. 8. 42
Best, Heike	26. 10. 93	7. 11. 62
Dr. Bernard, Astrid	19. 1. 96	19. 4. 63
Laux, Petra, ½	31. 7. 96	7. 4. 59
Curkovic, Java-Nevenka, abg.	1. 7. 97	31. 8. 62

Speyer
Schubertstraße 2, 67346 Speyer
Postfach 18 69, 67328 Speyer
T (0 62 32) 66 00
Telefax (0 62 32) 66 02 22

1 Pr, 1 VPr, 12 R

Präsident

Koch, Helmut	16. 2. 93	17. 8. 46

Vizepräsident

Dr. Benkel, Bernd Jürgen	7. 5. 91	19. 5. 55

Richterinnen/Richter

Berminé, Hans-Robert	20. 9. 76	21. 4. 44
Doll, Günter	18. 12. 80	16. 9. 49

Kramer, Barbara, ½	22. 10. 90	11. 2. 60
Kaiser, Klaus	2. 12. 91	17. 5. 57
Dr. Jahraus, Gerd	4. 1. 93	4. 3. 56
Willersinn, Matthias	11. 10. 93	17. 3. 61
Pohl, Gabriele, ½	14. 8. 95	7. 8. 62
Scheidt, Jürgen	16. 11. 95	18. 4. 63
Lichtenthäler, Udo	22. 11. 95	4. 3. 56
Gerbig, Hans-Dieter	1. 7. 97	11. 6. 62

Trier

Dietrichstr. 13, 54290 Trier
Postfach 34 04, 54224 Trier
T (06 51) 4 66 00
Telefax (06 51) 46 68 53

1 Pr, 1 VPr, 4 R

Präsident

Rautert, Johannes	1. 11. 85	19. 8. 41

Vizepräsident

Franzen, Rudolf	1. 6. 90	7. 5. 44

Richter

Metzroth, Norbert	6. 12. 73	9. 6. 35
Dr. Olk, Jürgen	1. 1. 87	26. 7. 55
Sattler, Heinz-Jürgen	5. 5. 89	30. 7. 58

*Richterinnen/Richter im Richterverhältnis
auf Probe*

Dr. Weber-Lejeune, Stefanie	1. 4. 96	1. 8. 66
Bierbrauer, Andreas	26. 8. 96	2. 9. 68
Fastabend, Katrin, abg. (LSt)	1. 10. 96	13. 4. 67
Dr. Walper, Caroline, ½	2. 5. 97	17. 7. 67
Becker, Anja	1. 7. 98	8. 10. 69
Beck, Jürgen	1. 7. 98	30. 11. 71
Becker, Ralf	1. 12. 98	18. 12. 69
Weis, Jessica	17. 5. 99	27. 1. 72

Saarland

Landessozialgericht für das Saarland

Egon-Reinert-Str. 4–6, 66111 Saarbrücken
Postfach 10 18 63, 66018 Saarbrücken
T (06 81) 90 63–0
Telefax (06 81) 90 63–2 00

1 Pr, 1 VPr, 1 VR, 7 R

Präsident

Wernet, Gert	1. 3. 94	25. 7. 35

Vizepräsident

Bender, Jürgen	2. 6. 98	10. 12. 46

Vorsitzender Richter

N. N.	—	—

Richterin/Richter

Dr. Rosprich, Holger	6. 2. 85	22. 11. 41
Himber, Helmut	1. 3. 92	1. 5. 51
Betz, Konrad	2. 8. 93	2. 8. 53
Schneider, Josef	1. 7. 94	3. 9. 51
Schiel, Wolfgang	27. 3. 95	20. 3. 57
Beckmann-Roh, Barbara	1. 4. 99	1. 2. 58
Vesper, Christian	1. 4. 99	1. 7. 49

Sozialgericht

Saarbrücken

Egon-Reinert-Str. 4–6, 66111 Saarbrücken
Postfach 10 18 63, 66018 Saarbrücken
T (06 81) 90 63–0
Telefax (06 81) 90 63–2 00

1 Pr, 1 VPr, 12 R

Präsident

Theunissen, Gerd	2. 7. 93	2. 3. 37

Vizepräsident

Lang, Jakob	1. 6. 93	9. 8. 40

Richterinnen/Richter

Philippi, Jutta	13. 7. 70	14. 1. 38
Neusius, Manfred	24. 10. 73	13. 10. 41
Thalhofer, Renate	16. 9. 74	22. 7. 39
Rosemann, Hans-Willi	4. 2. 81	10. 11. 44
Fickinger, Horst	8. 7. 81	4. 8. 51
Schneider, Karl-Jürgen	—	—
Kerbusch, Barbara	—	—
Feist, Wolfgang	—	—
Dick-Küstenmacher, Steffen	—	—
Kirchdörfer, Jörg	3. 3. 98	13. 3. 66
Haßdenteufel, Anja	31. 3. 98	18. 2. 67

Sachsen[*]

Sächsisches Landessozialgericht

Parkstr. 28, 09120 Chemnitz
T (03 71) 23 95–0
Telefax (03 71) 2 39 52 66

Präsident

Hierl, Karl-Ludwig	1. 7. 92	25. 8. 39

Vizepräsident

N. N. — —

Vorsitzende Richterin/Richter

Ruby, Dieter	—	5. 1. 42
Dr. Rokita, Gottfried	1. 3. 97	14. 3. 39
Dr. Schneider, Günther	1. 1. 99	8. 1. 55
Jacobi, Angela	1. 10. 00	13. 6. 58

Richterinnen/Richter

Schneider, Marion	1. 3. 99	24. 8. 55
Ulshöfer, Tatjana	1. 3. 99	17. 6. 60
Weinholtz, Peter	1. 1. 00	15. 11. 57
Dr. Estelmann, Martin, abg.	1. 1. 00	17. 5. 61

Sozialgerichte

Chemnitz
Parkstr. 28, 09120 Chemnitz
T (03 71) 23 95–0
Telefax (03 71) 2 39 52 66

Präsident

Eichmayr, Richard	1. 10. 96	27. 2. 48

Vizepräsident

N. N. — —

Richterinnen/Richter

Stampa, Udo	15. 4. 94	17. 8. 53
Maas, Theresia	13. 5. 94	7. 11. 56
Gieser, Ralf	15. 7. 94	17. 11. 58
Meiß, Sigrid	12. 8. 94	16. 2. 59
Schlemme, Ralf	18. 12. 94	24. 5. 57
Gleich, Gerhard	3. 2. 95	17. 8. 59
Evers, Anna-Elisabeth	15. 9. 95	9. 5. 56
Lock, Elke	22. 4. 96	1. 4. 63

Angaben über die Zahl der Planstellen an den Sozialge-
richten des Freistaates Sachsen sind nicht übermittelt
worden.

Strahn, Thomas	15. 6. 96	24. 10. 61
Klotzbücher, Dorrit	16. 8. 96	26. 3. 57
Atanassov, Peggy	1. 7. 97	13. 11. 68
Gleisberg-Heigl, Heike	1. 4. 98	3. 2. 62
Habelt, Carina	18. 4. 98	9. 11. 68
Mitter, Tanja	1. 11. 98	25. 10. 68
Braun, Markus, abg.	1. 12. 98	7. 3. 68
Dr. Wietek, Roland	1. 3. 99	17. 12. 61
Dr. Anders, Nadja	23. 10. 99	6. 3. 68
Dr. Pastor, Thomas	3. 3. 00	5. 1. 67

Dresden
Löbtauer Str. 4, 01067 Dresden
T (03 51) 4 46 50
Telefax (03 51) 4 46 53 99

Präsident

Gasser, Stefan	3. 8. 98	11. 1. 60

Vizepräsident

N. N. — —

Richterinnen/Richter

Neidel, Burkhard	1. 7. 94	1. 8. 54
Simon, Walfried	1. 10. 94	20. 12. 55
Hochschild, Amrei	1. 9. 96	12. 3. 65
Schmidt, Angelika	1. 10. 96	19. 12. 62
Steinmann-Munzinger, Manuela	2. 11. 97	24. 5. 65
Krause, Kerstin	1. 12. 97	—
Kucklick, Claudia	1. 2. 98	12. 11. 62
Zimmer, Andreas	20. 4. 98	16. 1. 64
Metzenmacher-Zimmer, Jutta, abg.	1. 6. 98	29. 11. 65
Molzahn, Nils	1. 7. 98	25. 2. 66
Ferchau, Anja	1. 8. 98	19. 10. 67
Schlüter, Markus	1. 4. 99	21. 11. 67
von Borries, Till	1. 10. 99	19. 9. 66
Koppen, Bettina	1. 11. 99	2. 4. 68
Dr. Meurin, Britta	1. 3. 00	25. 1. 68
Hage, Klaus	15. 3. 00	30. 1. 67

Leipzig
Berliner Str. 11, 04105 Leipzig
T (03 41) 5 95 70
Telefax (03 41) 5 95 71 11

Präsident

Heigl, Franz Josef	1. 6. 98	24. 4. 43

Vizepräsident

N. N. — —

Richterinnen/Richter

Friedler, Ute	1. 3. 94	3. 5. 54
Krieger, Sabine	12. 6. 94	18. 6. 61
Jedamski, Bernd	1. 7. 94	2. 3. 59
Boos, Georg	15. 3. 96	15. 1. 62
Pretzel-Friedsam, Michael,		
abg.	1. 4. 96	26. 2. 59
Lenz, Helmut, abg.	15. 6. 96	24. 8. 52
Rentsch, Arno, abg.	1. 9. 96	1. 7. 57
Schackmann, Susanne	15. 10. 96	26. 2. 65
Allendorf, Thomas	1. 7. 98	3. 4. 57
Brock, Bernd	1. 9. 98	14. 12. 59
Dr. Scholz, Stephanie	12. 4. 99	28. 9. 65

Richterinnen/Richter im Richterverhältnis auf Probe

Ankes, Cornelia	16. 1. 95	22. 11. 67
Dr. Späth, Wiebke	3. 3. 97	8. 6. 66
Kieswald, Stephan	20. 5. 97	21. 4. 66
Bohne, Frank	2. 6. 97	1. 4. 69
Rohrmoser, Christiane	1. 9. 97	10. 4. 67
Leimbach, Ulrike	1. 10. 97	25. 2. 67
Schanzenbach, Frank	5. 1. 98	10. 11. 69
Karsten, Hartwig	16. 2. 98	30. 4. 68
Matuszewski, Esther	1. 2. 99	20. 12. 68
Dr. Wahl, Andreas	14. 6. 99	3. 3. 64
Guericke, Olaf	1. 2. 00	28. 6. 73

Sachsen-Anhalt

Landessozialgericht Sachsen-Anhalt

Halle
Justizzentrum
Thüringer Str. 16, 06122 Halle
Postfach 10 02 57, 06141 Halle
T (03 45) 22 00
Telefax (03 45) 2 20 21 03–4

1 Pr, 1 VPr, 1 VR, 7 R

Präsidentin

Winkler, Ute	20. 12. 96	29. 8. 40

Vizepräsident

Grell, Erhard	20. 12. 96	12. 7. 49

Vorsitzender Richter

Glimm, Uwe	5. 5. 93	9. 8. 38

Richter

Eyrich, Detlef	15. 9. 93	14. 9. 59
Lauterbach, Klaus	10. 6. 97	20. 1. 54
Fock, Michael	10. 6. 97	10. 4. 58
Dr. Eckertz, Rainer	10. 5. 99	7. 3. 44

Sozialgerichte

Dessau
Mariannenstr. 35, 06844 Dessau
Postfach 17 72, 06815 Dessau
T (03 40) 20 20
Telefax (03 40) 2 02 17 20

1 Dir, 4 R

N. N., Dir	—	—
Wickinghoff, Wolfgang	13. 6. 94	8. 8. 61
Rönninger, Helene	14. 3. 96	14. 5. 57

Wedekind, Karsten	25. 6. 97	2. 5. 62
Willecke, Britta	2. 2. 98	23. 12. 63

Halle
Justizzentrum
Thüringer Str. 16, 06112 Halle
Postfach 10 02 55, 06141 Halle
T (03 45) 20 20
Telefax (03 45) 2 02 40 00/2 20 40 01

1 Dir, 1 stVDir, 7 R

Ulrich, Werner, Dir	1. 12. 97	29. 3. 55
N. N., stVDir	—	—
Iwen, Günter	12. 9. 94	2. 5. 60
Pelte, Klaus	4. 9. 96	11. 7. 44
Schulze, Gerhard	4. 9. 96	14. 10. 62
Schäfer, Carsten	31. 7. 97	12. 7. 63
Tappel, Constanze	21. 10. 97	10. 8. 65
Pusch, Gerhard	24. 7. 98	31. 7. 62
Müller-Rivinius,		
Susanne	28. 7. 98	24. 5. 65

Magdeburg
Liebknechtstr. 65–91, Haus 1, 39110 Magdeburg
Postf. 39 11 25, 39135 Magdeburg
T (03 91) 60 60
Telefax (03 91) 6 06 56 06

1 Dir, 6 R

Krüger, Eckhard, Dir	10. 2. 93	22. 11. 4
Strieck, Lothar	1. 4. 93	21. 3. 5
Frank, Wilhelm	3. 12. 93	21. 2. 5
Tegelbeckers, Michael	6. 12. 93	7. 10. 5
Sprung, Marlies	14. 10. 94	14. 12. 5
Alexy, Reiner	31. 7. 97	24. 2. 5
Steiner, Burkhard	31. 7. 97	10. 7. 6
Dr. Ulmer, Matthias, abg.	11. 11. 98	25. 6. 6

Stendal
Am Dom 19, 39576 Stendal
Postfach 10 12 41, 39552 Stendal
T (0 39 31) 5 80
Telefax (0 39 31) 58 13 18

1 Dir, 2 R

Jansen, Jürgen, Dir	1. 7. 93	13. 7. 55
Kleßen, Olaf, abg.	13. 2. 98	6. 12. 59
Stellmach, Peter, abg.	11. 8. 99	12. 12. 63

*Richterinnen/Richter im Richterverhältnis
auf Probe*

Dr. Mecke, Christian	30. 12. 97	10. 1. 66
Hosenfeld, Olaf	1. 6. 98	2. 4. 69
Castendiek, Jan	21. 6. 99	1. 10. 65
Filpe, Jörg	21. 6. 99	24. 12. 66
Hüntemeyer, Dirk	21. 6. 99	24. 3. 68

Schleswig-Holstein

Schleswig-Holsteinisches Landessozialgericht

Gottorfstr. 2, 24837 Schleswig
T (0 46 21) 86–0
Telefax (0 46 21) 86–10 25

1 Pr, 1 VPr, 3 VR, 10 R

Präsident

Dr. Noftz, Wolfgang	1. 2. 89	29. 5. 39

Vizepräsident

Dr. Stoll, Friedrich	1. 10. 96	23. 9. 44

Vorsitzende Richterin/Vorsitzende Richter

Dr. Goedelt, Uwe	27. 2. 91	11. 8. 44
Schmalz, Ursula	17. 3. 97	2. 2. 48
Arndt, Erwin	3. 11. 97	9. 2. 45

Richterin/Richter

Kaiser, Peter	1. 7. 80	15. 8. 38
Wendel, Johann	8. 1. 90	22. 12. 42
Timme, Hinnerk	16. 2. 93	27. 1. 55
Littmann, Jörg	14. 9. 95	7. 6. 55
Rutz, Thomas	1. 10. 97	8. 11. 53
Selke, Bernd	1. 10. 97	24. 4. 54
Kampe, Barbara	1. 10. 97	8. 11. 58

Sozialgerichte

Itzehoe
Bergstr. 3, 25524 Itzehoe
T (0 48 21) 66–0
Telefax (0 48 21) 66–23 52

1 Dir, 3 R + 1 LSt

Hengelhaupt, Dietrich, Dir	28. 4. 95	3. 7. 53

Walter, Andreas	29. 12. 89	20. 12. 54
Orgis, Christiane, beurl. (LSt)	30. 12. 89	2. 9. 56
Schlobinski, Dagmar	14. 3. 94	19. 1. 56
Kossiski-Schmidt, Dagmar, ½	17. 3. 97	1. 6. 59

Kiel
Deliusstr. 22, 24114 Kiel
T (04 31) 6 04–0
Telefax (04 31) 6 04–42 16

1 Dir, 1 stVDir, 6 R + 2 LSt

Boockhoff, Renate, Dir	20. 6. 91	9. 2. 45
Karpe, Heinz-Günther, stVDir	1. 8. 96	5. 2. 47
Lorenzen, Birgit, ½	23. 4. 92	20. 8. 59
Goullon, Sabine, ½	3. 7. 92	5. 1. 61
Dr. Schal, Holger	2. 12. 92	8. 2. 56
Brandt, Susann, ½	1. 3. 95	15. 3. 56
Dr. Schiwy, Jürgen-Andreas, abg. (LSt)	22. 3. 97	15. 7. 58
Geisler, Barbara, abg.	1. 4. 98	15. 1. 63
Kaltenstein, Jens, abg. (LSt)	11. 1. 99	30. 11. 63

Lübeck
Eschenburgstr. 2, 23568 Lübeck
T (04 51) 3 71–0
Telefax (04 51) 3 71–13 59

1 Dir, 1 stVDir, 6 R

Heye, Horst-Dieter, Dir	1. 5. 98	9. 7. 41
N. N., stVDir	—	—
Klowski, Detlef	12. 7. 72	27. 12. 37
Kroglowski, Michael	30. 6. 91	11. 4. 52
Bulian, Wolf-Eberhard	1. 6. 92	6. 8. 53
Klingauf, Heinz-Dieter	16. 4. 92	30. 4. 51
Reiland, Christina, ½	17. 6. 94	18. 11. 57
Dr. Weigel, Clemens	1. 3. 95	23. 6. 59

Schleswig
Gottorfstr. 2, 24837 Schleswig
T (0 46 21) 86–0
Telefax (0 46 21) 86–10 25

1 Dir, 3 R

Dr. Neumann, Michael, Dir	15. 12. 97	14. 1. 51
Daumann, Renate	12. 9. 96	2. 5. 59
Lesser-Kohlbacher, Susan, abg.	21. 1. 99	1. 4. 57

Starke, Bernd-Dieter, abg.	1. 4. 99	5. 8. 57

Richterin/Richter im Richterverhältnis auf Probe

Rademacker, Olaf	2. 6. 97	18. 9. 63
Knoblich, Frank	1. 7. 98	10. 12. 69
Kopp, Gabriele	3. 8. 98	19. 2. 67
Thomsen, Margret	16. 11. 98	19. 7. 62
Flemming, Maike	1. 2. 99	1. 10. 64
Göller, Stephanie	3. 1. 00	24. 3. 68
Becker, Renate	3. 1. 00	6. 7. 68

Thüringen

Thüringer Landessozialgericht

Karl-Marx-Platz 3, 99084 Erfurt
T (03 61) 3 77 54 00
Telefax (03 61) 3 77 54 01

1 Pr, 1 VPr, 2 VR, 9 R

Präsident

Becker, Gunter	9. 11. 93	17. 12. 41

Vizepräsident

Dr. Stoll, Martin	22. 12. 93	11. 2. 51

Vorsitzender Richter

Coseriu, Pablo	1. 10. 98	4. 6. 58

Richter

Keller, Fritz	28. 11. 94	16. 5. 54
Jakob, Hans-Christian	1. 10. 98	7. 10. 58
Jüttemann, Kerstin	1. 4. 99	18. 5. 61

Sozialgerichte

Altenburg
Pauritzer Platz 1, 04600 Altenburg
T (0 34 47) 55 36 20
Telefax (0 34 47) 55 36 11

1 Dir, 1 stVDir, 5 R

Drozd, Fredy, Dir	29. 10. 93	6. 1. 52
N. N., stVDir	—	—
Fischbach, Bernhard, abg.	14. 8. 95	19. 4. 55
Hemstedt, Joachim	20. 11. 95	15. 7. 52
Apidopoulos, Jörg, abg.	1. 4. 96	4. 12. 63
Dr. Kippenberger, Alexander, abg.	16. 6. 97	7. 7. 59

Lampe, Holger	16. 1. 98	2. 10. 62
Frese, Peter	24. 1. 00	18. 10. 59

Gotha
Bahnhofstraße 3a, 99867 Gotha
T (0 36 21) 43 20
Telefax (0 36 21) 43 21 55

1 Dir, 1 stVDir, 6 R

Bals-Rust, Rudolf, Dir	9. 12. 93	3. 6. 47
N. N., stVDir	—	—
Oltermann, Jens, abg.	15. 8. 95	16. 4. 59
Uhlenbruch, Gustav	20. 11. 95	21. 11. 56
Baran, Roman	20. 11. 95	19. 10. 59
Bitz, Jutta, beurl.	27. 6. 96	19. 1. 63
Keller, Susanne	1. 9. 96	11. 3. 64
Comtesse, Monika	11. 12. 96	7. 10. 64
Rothmeyer, Ulrike	13. 6. 97	17. 1. 61

Nordhausen
Am Alten Tor 8, 99734 Nordhausen
T (0 36 31) 6 12 20
Telefax (0 36 31) 61 22 99

1 Dir, 5 R

Fuchs, Jürgen, Dir	31. 8. 94	3. 12. 53
Eicher, Günter, abg.	14. 8. 95	28. 1. 62
Schmidt, Heinz Günter, abg.	13. 2. 96	18. 12. 55
Gallenkämper, Ulrich	4. 4. 97	25. 3. 61

Suhl
Rimbachstr. 30, 98527 Suhl
T (0 36 81) 37 50
Telefax (0 36 81) 37 51 18

1 Dir, 4 R

N. N., Dir	—	—
Wehrhahn, Lutz	15. 8. 95	18. 2. 63
Reinschmidt, Mike, abg.	26. 9. 99	7. 1. 67

Verwaltungsgerichtsbarkeit

Verwaltungsgerichtshof Baden-Württemberg

Schubertstr. 11, 68165 Mannheim
Postfach 10 32 64, 68032 Mannheim
T (06 21) 2 92–0
Telefax (06 21) 41 61 95

1 Pr, 1 VPr, 12 VR, 37 R (2 kw, 2 LSt)

Präsident

Prof. Dr. Meißner, Claus	1. 12. 95	12. 4. 36

Vizepräsident

Prof. Dr. Schmidt, Jörg	15. 11. 95	26. 7. 38

Vorsitzende Richterin/Vorsitzende Richter

Riedinger, Gerhard	13. 9. 88	21. 9. 38
Dr. Lutz, Rudolf	16. 1. 91	12. 6. 38
Dr. Huwar, Gerhard	17. 2. 92	27. 5. 36
Gehrlein, Wolfgang	13. 8. 92	28. 8. 40
Dr. Schlüter, Bernhard	2. 11. 92	26. 9. 43
Dr. Stopfkuchen-Menzel, Manfred	15. 9. 94	29. 12. 40
Dr. Semler, Jutta	1. 2. 95	3. 12. 42
Stumpe, Klaus-Jürgen	2. 2. 96	13. 2. 45
Dr. Schnebelt, Günter	2. 10. 96	12. 5. 43
Dr. Peter, Christoph	29. 10. 97	11. 7. 36
Dr. Schwäble, Ulrich	30. 9. 98	17. 11. 43

Richterinnen/Richter

Jakober, Hans	26. 7. 78	22. 8. 39
Vogel, Dieter	2. 3. 81	28. 11. 43
Dr. Breunig, Günter	1. 9. 84	20. 4. 43
Schwan, Reinhard	30. 5. 86	27. 3. 48
Schefzik, Georg	1. 6. 87	7. 10. 49
Dr. Hofherr, Erich	8. 11. 89	9. 7. 50
Schenk, Karlheinz	23. 11. 90	7. 9. 48
Utz, Wolfgang	28. 2. 91	24. 10. 51
Gerstner-Heck, Brigitte, ½	9. 12. 91	21. 1. 48
Schmenger, Gabriele, ½	9. 12. 91	16. 3. 48
Bader, Johann	4. 9. 92	30. 7. 49
Dr. Cordes, Werner	16. 10. 92	10. 11. 50
Wiegand, Bernhard	19. 10. 92	30. 8. 51
Dr. Rudisile, Richard	27. 10. 92	28. 8. 53
Ridder, Kord-Henrich	18. 3. 93	30. 9. 44
Proske, Eckhard	5. 5. 93	20. 8. 47
Rieger, Wolfgang	16. 8. 93	15. 12. 52
Dr. Rennert, Klaus	22. 8. 94	24. 9. 55
Harms, Karsten	1. 9. 94	16. 10. 53
Dr. Schmitt-Siebert, Antje	10. 5. 96	6. 6. 45
Dr. Kirchhof, Else	10. 5. 96	25. 12. 54
Funke-Kaiser, Michael	13. 5. 96	1. 7. 50
Noé, Hubert	1. 4. 97	11. 1. 44
Jaeckel-Leight, Henning	1. 4. 97	4. 4. 51
Fricke, Anne-Kathrin	1. 4. 97	11. 5. 60
Schieber, Andreas	7. 1. 98	11. 4. 54
Albers, Wolfgang	2. 11. 98	6. 5. 55
Ecker, Michaela, ½	21. 6. 99	19. 11. 54
Schraft-Huber, Gudurn, ½	21. 6. 99	6. 7. 57
Dr. Roth, Andreas	21. 6. 99	11. 11. 57
Prof. Dr. Schoch, Friedrich	5. 2. 98	24. 2. 52

Verwaltungsgerichte

Freiburg

Dreisamstr. 9–9a, 79098 Freiburg
T (07 61) 20 50
Telefax (07 61) 2 05 26 99

1 Pr, 1 VPr, 8 VR (2 kw), 22 R (6 kw, 3 LSt)

Präsident

Dr. von Bargen, Joachim	24. 3. 97	1. 4. 39

Vizepräsident

Dr. Dürr, Hansjochen	26. 1. 99	12. 9. 41

Vorsitzende Richterin/Vorsitzende Richter

Dr. von Burski, Ulrich	19.12.78	10. 8.40
Büchner, Bernward	27.12.79	12. 4.37
Stolterfoht, Thea	1. 2.91	29.12.42
Hüttebräucker, Rainer	4. 9.92	4. 9.40
Hoch, Gerhard	1. 4.96	26. 5.52
Lernhart, Klaus	31.10.96	20.12.47
Michaelis, Jens	1. 1.98	5. 3.50
Buhl, Jörg-Alfred	1. 1.99	16.12.43

Richterinnen/Richter

Budzinski, Bernd	1. 9.76	—
Bleßmann, Walther	1. 9.81	29. 2.52
Lederer, Hubert	1. 1.87	15. 7.50
Dr. Dolderer, Michael	15. 2.88	13. 8.56
Neumann, Susanne	9. 6.88	12. 2.58
Brandt, Martin	15.11.91	29.11.58
Dr. Hammer, Wolfgang, abg.	4. 5.92	18.12.53
Dr. Treiber, Wilhelm	21. 5.92	26. 2.60
Knorr, Peter	1. 6.92	27. 3.53
Reinig, Heinrich, ¾	5. 8.94	11. 4.62
Jann, Katharina, abg.	30.12.94	28. 2.61
Dr. Schütze, Bernd, abg.	3. 2.95	22. 6.58
Dickhaut, Andreas Johannes	17. 2.95	28. 5.61
Haller, Jochen	2.11.95	12. 3.62
Kohl, Matthias, abg.	14. 3.96	9. 4.62
Schiller, Prisca	2. 8.96	17. 6.65
Dr. Demmler, Wolfgang	1. 9.96	30. 1.63
Kraft-Lange, Gabriela, ½	18.11.96	12. 4.64
Menzer, Ulrich	20.12.96	18. 2.64
Döll, Klaus, ¾	14. 2.97	5. 9.64
Dr. Schaefer, Horst	2. 1.98	28.11.63
Wiestler, Gerold, abg.	5. 3.99	13. 5.65
Bühler, Simone, RkrA	(1. 9.99)	29. 8.64
Prof. Trockels, Martin, RkrA	(1.10.99)	20.12.51
Ringhof, Hermann, RkrA	(1. 4.00)	21. 3.56

Karlsruhe
Nördliche Hildapromenade 1, 76133 Karlsruhe
Postfach 64 09, 76044 Karlsruhe
T (07 21) 9 26 (0)-21 25
Telefax (07 21) 9 26 30 36

Außenstelle Rastatt
Kehler Str. 49, 76437 Rastatt
Postfach 23 41, 76413 Rastatt
T (0 72 22) 9 26 (0)-21 25
Telefax (0 72 22) 9 75 82 19

1 Pr, 1 VPr, 11 VR (2 kw), 33 R (9 kw, 8 LSt)

Präsident

Dr. Weingärtner, Karl-Heinz	1.10.95	5.12.45

Vizepräsident

Frank, Walter	14. 3.94	12. 5.38

Vorsitzende Richter

Endemann, Nikolaus	12. 9.78	22. 5.39
Schmitt, Rudolf	20. 6.79	30. 6.41
Graf von Pückler, Mark	3. 7.79	16.12.40
Heß, Bernd	12.12.79	14.10.44
Dr. Jacob, Peter	1. 3.82	21.12.43
Dr. Kohl, Jürgen	9. 1.85	5. 4.45
Strauß, Hans	13.11.89	3. 4.52
Weirich, Kurt	15.12.89	25. 6.48
Bölle, Heinz	1. 7.92	12.12.49
Möller, Helmut	11. 3.94	30. 6.43

Richterinnen/Richter

Kempf, Dieter	5. 9.69	27. 8.37
Dr. Wenig, Roland, ½	11. 6.79	7. 4.41
Kink, Ansgar	1.10.79	—
Osten, Peter-Jobst	21.12.79	7. 8.45
Stiefvater, Silvia	16. 6.80	11. 9.50
Jacob, Hanna, ½	17. 3.81	10. 6.51
Jungmeister, Albrecht	1. 8.82	13. 9.49
Walther, Axel	1. 1.83	31. 8.46
Weckesser, Claudia, ½, abg.	1. 9.83	4. 5.53
Kühnel, Harro	22. 9.83	23. 7.51
Beil, Dieter	4. 4.84	15. 8.49
Müller-Russell, Hans-Ulrich	1. 9.84	31. 3.40
Mayer, Anna	15. 4.85	27. 7.54
Neu, Monika	15.12.87	11. 5.57
Quandt-Gourdin, Dagmar	28. 5.90	22. 6.57
Dr. Dürig, Julia, ½	11. 2.91	11. 6.58
Meder, Albert	11. 2.91	1. 3.59
Kappes, Michael Andreas	1. 2.93	19. 5.60
Kümpel, Christian	1. 2.93	15. 6.60
Dr. Christ, Josef, abg.	3. 8.93	24.11.56
Schikora, Ulrike	18. 8.93	30. 6.62
Dr. Hartung, Andreas	1.10.93	14. 8.59
Kopp, Elena	1.10.93	10. 3.62
Haller, Thomas	1.11.93	10. 2.60
Wagenblaß, Heidi	1. 3.94	29. 6.59
Feldmann, Goar Michael	20.12.94	9.12.57
Dollinger, Franz Wilhelm, abg.	20. 1.95	17. 5.62
Dr. Bauer, Ina, ½, abg.	2. 3.95	28.10.63
Speckmaier, Sabine, beurl.	1. 9.95	11. 7.64
Brock, Ursula, abg.	10. 7.96	8. 8.63
Bischoff, Bernd, abg.	16. 8.96	6.12.62
Morlock, Martin	1. 8.97	23. 6.62
Warnemünde, Christine	1. 8.97	19.12.64
Dr. Schütz, Markus	1. 8.97	12. 2.65
Roitzheim, Peter	1. 9.97	8. 3.65
Bube, Beate, abg.	27. 2.98	23. 8.64

Sigmaringen

Karlstr. 13, 72488 Sigmaringen
Postfach 3 20, 72481 Sigmaringen
T (0 75 71) 10 41
Telefax (0 75 71) 10 44 55

Außenstelle in Reutlingen

Schuckertstr. 1, 72766 Reutlingen
T (0 71 21) 94 50
Telefax (0 71 21) 94 52 54

1 Pr, 1 VPr, 7 VR (1 kw), 19 R (10 kw)

Präsident

Dr. Mattes,		
Franz-Christian	1. 10. 98	8. 10. 48

Vizepräsident

N. N.	—	—

Vorsitzende Richter

Dr. Hauser, Roland	23. 12. 80	21. 1. 38
Genrich, Lutz	10. 7. 92	29. 12. 42
Barsch, Hans-Joachim	8. 9. 92	14. 5. 49
Röck, Stefan	4. 8. 94	24. 4. 54
Armbruster, Wolfgang	8. 8. 94	13. 9. 51

Richterinnen/Richter

Speer, Dieter	23. 8. 74	28. 10. 41
Dr. Keppeler, Jürgen	1. 9. 81	24. 11. 49
Bitzer, Otto-Paul	1. 9. 83	12. 2. 52
Eiche, Dieter	1. 9. 84	16. 9. 49
Wohlrath, Klaus-Peter	8. 2. 91	10. 5. 59
Dr. Mors, Albrecht	1. 3. 92	14. 1. 56
Frank, Reinhard	1. 1. 93	27. 1. 57
Dr. Heckel, Christian	2. 1. 93	25. 6. 60
Hesselschwerdt, Klaus	1. 8. 94	20. 5. 59
Fritsch, Andrea, beurl.	15. 8. 94	28. 1. 62
Milz, Josef Eugen	3. 2. 95	16. 12. 57
Michaelis, Gerda, beurl.	1. 8. 95	23. 12. 61
Reimann, Dietmar	1. 9. 95	3. 10. 59
Frank, Manfred Helge, ½	14. 3. 96	10. 4. 64
Rothfuß, Till Oliver, abg.	15. 3. 96	19. 4. 63
Horn, Armin	16. 8. 96	2. 11. 64
Dr. Kunze, Wolfgang,		
abg.	1. 9. 97	14. 4. 64
Wirth, Markus, abg.	9. 2. 98	24. 7. 65
Vogel, Michael	3. 7. 98	25. 8. 65
Koch, Inglin, RkrA	(1. 10. 98)	14. 8. 65
Kruttschnitt, Rainr, RkrA	(1. 2. 00)	8. 5. 64

Stuttgart

Augustenstr. 5, 70178 Stuttgart
Postfach 10 50 52, 70044 Stuttgart
T (07 11) 6 67 30
Telefax (07 11) 66 73 68 01

Außenstelle in Ludwigsburg

Mörikestr. 17, 71636 Ludwigsburg
T (0 71 41) 9 62 80
Telefax (0 71 41) 96 28 12

1 Pr, 1 VPr, 16 VR (3 kw), 50 R (16 kw, 1 LSt)

Präsident

Dr. Bosch, Edgar	7. 3. 96	29. 5. 38

Vizepräsident

Brockmann, Klaus	7. 8. 97	25. 5. 44

Vorsitzende Richterinnen/Vorsitzende Richter

Maurer, Volkhard	3. 7. 79	15. 1. 42
Prof. Schlotterbeck,		
Karlheinz	25. 4. 80	19. 12. 42
Endemann, Fritz	10. 10. 80	8. 12. 35
Dr. Kasper, Siegfried	28. 4. 81	15. 9. 40
Dr. Hartje, Jürgen	31. 7. 81	22. 4. 38
Zimmermann, Ulrich	9. 1. 85	11. 1. 44
Maisch, Gertrud	1. 12. 87	3. 2. 42
Kuntze, Bernd Stefan	23. 11. 90	12. 1. 47
Bräuchle, Kurt	1. 3. 91	30. 1. 49
Roth, Dieter	25. 2. 93	20. 3. 44
Schwäble, Ilse	30. 6. 95	1. 4. 47
Pelka, Gerhard	1. 2. 96	24. 12. 47
Kramer, Konrad	16. 4. 98	3. 6. 43
Schaber, Michael	28. 1. 99	1. 9. 52
Dr. Schäffer, Klaus	1. 1. 00	17. 1. 47

Richterinnen/Richter

Munz, Günther	6. 2. 78	2. 3. 45
Dr. Priebe, Reinhard,		
beurl.	15. 10. 79	25. 4. 49
Dr. Hartmann, Hans-		
Dieter	19. 8. 80	3. 4. 44
Brambach, Sigrid	29. 12. 80	21. 1. 46
Pelka, Annegret, ½	23. 11. 82	9. 6. 52
Müller, Rainer	19. 1. 83	12. 9. 41
Keim, Albrecht	1. 2. 83	10. 9. 50
Dürr, Paul	15. 2. 83	14. 12. 50
Kritzer, Friedbert	22. 8. 83	10. 9. 53
Dory, Ulrike	23. 8. 83	31. 12. 52
Wirth, Raimund	1. 9. 83	24. 8. 51
Schanbacher, Roland	15. 10. 83	24. 1. 53
Schnapp, Wolfgang	4. 4. 84	22. 6. 49
Wamsler, Ulrich	5. 4. 84	3. 1. 50
Schnäbele, Peter	5. 4. 84	7. 5. 51
Bartels, Ulrich	1. 4. 85	17. 2. 53
Sohler, Hermann	7. 4. 85	19. 1. 52
Sachsenmaier, Wolfgang	20. 6. 86	29. 1. 55
Dr. Vondung, Rolf	1. 3. 87	6. 2. 52
Haakh, Richard	—	14. 4. 50
Pfaundler, Conrad, abg.	7. 2. 91	15. 5. 58

Burr, Beate	1. 8.91	—
Morgott, Stefan	1. 8.92	14. 2.60
Lang, Peter, abg.	17. 8.92	29. 4.54
Kern, Wolfgang	1. 3.93	31. 3.57
Göppl, Ulrike	1. 6.93	20. 4.62
Mezger, Jürgen	5. 8.93	—
Maußhardt, Christoph	5. 8.93	3. 7.60
Dr. Nagel, Walter, abg.	1.10.93	13.10.53
Epe, Raphael, abg.	15. 3.94	27.12.63
Dr. Sannwald, Detlef	1. 5.94	16. 7.54
Fabian, Heike	1.10.94	9. 8.64
Dr. Thoren, Sylvia, ½	2.11.94	12. 7.54
Stegemeyer, Karoline, beurl.	2. 1.95	22.11.63
Klein, Friedrich	6. 2.95	12. 1.59
Wisslicen, Lucia	7. 2.95	11. 12.57
Roth, Brigitte	1. 3.95	9. 9.61
Böhm, Karl	20. 7.95	—
Donovang, Michaela	1. 9.95	12. 4.63
Dr. Schneider, Lothar	1.10.95	6. 3.62

Mühlenbruch, Sabine, abg.	2. 8.96	15. 2.65
Protz, Claudia, abg.	1. 8.98	21. 5.69
Dr. Albrecht, Rüdiger	18.10.99	11. 6.66
Dr. Wenger, Frank	18.10.99	3. 4.68

Richterinnen/Richter im Richterverhältnis auf Probe

Burian-Sodhi, Karin, beurl.	2. 3.92	23. 6.62
Dr. Bergmann, Jan Michael	2. 5.96	5. 7.66
Dr. Keller, Robert	1. 6.96	23. 6.67
Dr. Frank, Jörg	1. 6.97	—
Bostedt, Achim	1.10.97	31.12.65
Dr. Kenntner, Markus	2. 1.98	28. 1.65
Dr. Walz, Rolf	2. 1.98	18. 2.68
Sennekamp, Christoph	2. 1.98	25. 3.70
Heidenreich, Julia	14. 9.98	25. 5.71
Graßhof, Malte	4. 1.99	28.11.70
Paur, Christian	1. 9.99	5. 8.70

Bayern

Bayerischer Verwaltungsgerichtshof München

Ludwigstr. 23, 80539 München
Postfach 34 01 48, 80098 München
T (0 89) 21 30–0
Telefax (0 89) 2 13 03 20

Senate in Ansbach
Montgelasplatz 1, 91522 Ansbach
T (09 81) 90 96-0
Telefax (09 81) 90 96–99

1 Pr, 1 VPr, 23 VR, 57 R + 1×⅘ R + 1×⅔ R + 1×½ R

Präsident

Prof. Dr. Wittmann, Johann	1. 6.95	16. 7.37

Vizepräsident

Hüffer, Rolf	18.10.99	3. 9.45

Vorsitzende Richterin/Vorsitzende Richter

Zink, Peter	1. 8.86	3.10.36
Kissner, Peter	7. 8.87	30. 8.37
Bade, Hans-Joachim	1. 5.88	15.10.36

Dr. Kaiser, Günter	1. 2.89	28. 8.35
Dr. Konrad, Horst	1. 6.90	20. 6.42
Dr. Pongratz, Erwin	8. 4.91	9.10.42
Dr. Reiland, Werner	24. 2.92	12. 7.44
Dillmann, Lothar	25. 9.92	23.10.43
Dr. Linhart, Helmut	4. 1.93	15.11.37
Kraut, Wilfried	22. 2.94	2. 6.36
Dr. Festl, Elmar	22. 2.94	18. 7.43
Dr. Albrecht, Karl-Dieter	1. 4.95	31. 5.42
Thomas, Leonhard	20. 6.95	12. 3.43
Dr. Motyl, Monika	27.10.95	15. 8.45
Dr. Schechinger, Helmut	4. 3.96	5. 2.45
Friedl, Josef	10. 1.97	24.12.42
Weigert, Manfred	1. 6.98	25.12.36
Renk, Helmut	1. 7.98	24.12.42
Eisenschmid, Bernd	29.12.98	21. 5.43
Maunz, Rudolf	1. 1.99	9. 3.45
Happ, Michael	1.10.99	23. 6.47

Richterinnen/Richter

Emmerich, Otto	25.10.74	16.12.36
Bäumler, Klaus, ⅘	1. 1.78	21. 5.41
Werner, Holger	1. 6.79	30.12.41
Holz, Brigitte	1. 8.79	11. 4.42
Dr. Ilchmann, Giselher	16. 1.80	20. 8.41
Haas, Rose, ⅔	1. 5.80	30. 9.41
Franz, Gerd	1. 5.80	2.10.41
Vonnahme, Peter	1. 1.82	11. 6.42

Roßkopf, Ernst	1. 1.83	18.12.43
Kiermeir, Georg	1. 1.83	24.10.44
Fießelmann, Lothar	1. 4.83	29.12.46
Heldwein, Reinhart	1. 1.84	6. 5.37
Heinl, Volkmar	1. 1.84	30. 9.44
Plathner, Christoph	1. 8.85	6. 3.42
Polloczek, Andreas	22.12.86	29. 5.47
Dr. Appel, Rudolf	1.11.87	19. 9.39
Müllensiefen, Klaus	28. 4.89	7.10.42
König, Helmut	1. 1.90	8. 2.48
Schaudig, Otto	1. 1.90	5. 5.49
Graf zu Pappenheim, Alexander	24. 8.90	27. 8.48
Blank, Werner	11. 9.90	30.12.43
Dr. Zimniok, Jürgen	11. 9.90	21. 3.49
Beuntner, Dieter	25. 6.91	11.11.47
Waltinger, Heinrich	23. 5.92	16.12.41
Guttenberger, Franz	1. 6.92	14. 8.49
Simmon, Norbert	2. 6.92	30. 7.46
Scheder, Johannes	17. 9.92	6. 9.46
Brandl, Konrad	1. 2.93	21. 4.45
Dr. Burger-Veigl, Ulrike	13. 9.93	28.12.48
Abel, Klaus	2.11.93	20. 8.48
Dr. Allesch, Erwin	2.11.93	7. 9.50
Kögler, Peter	3. 1.94	10. 9.44
Läpple, Peter	22. 2.94	3. 5.50
Krodel, Günter	9. 9.94	5. 3.49
Dr. Schenk, Rainer	9. 9.94	25. 3.50
Kersten, Stephan	29.11.94	26. 5.54
Eich, Leonore	1. 4.95	7. 5.50
Dhom, Andreas	1. 4.95	25. 1.52
Priegl, Franz	17. 7.95	13. 4.51
Prof. Dr. Köhler, Gerd	31.10.95	11.10.50
Häring, Walter	31.10.95	28.11.51
Hösch, Edmund	15. 2.96	13. 9.55
Dr. Weber, Gerald	1.11.96	17.10.47
Ganzer, Peter	2. 1.97	10. 2.41
Traxler, Peter	30. 1.97	25. 6.49
Reinthaler, Walter	6. 6.97	23. 8.50
Dr. Mayr, Christoph	30.12.97	12. 1.53
Leptihn, Rainer	1. 1.98	23. 4.42
Jerger, Wolfgang	1. 7.98	9. 3.43
Adolph, Olgierd	14. 8.98	20. 7.53
Grote, Ramon	29.12.98	16. 2.51
Schrieder-Holzner, Hildegard	29.12.98	4. 7.52
Dösing, Hans-Joachim	4. 1.99	30.11.54
Hannes, Cornelia	11. 1.99	28. 4.53
Bergmüller, Reinhard	7. 7.99	24. 7.55
Greve-Decker, Jutta, ½	4. 8.99	15. 4.59
Dachlauer, Jürgen	11.10.99	17.12.49

Zwei weitere Stellen für RVGH sind besetzt.
Namen und Personaldaten der Stelleninhaber sind
nicht übermittelt worden.

Verwaltungsgerichte

Ansbach (Mittelfranken)
Promenade 24–28, 91522 Ansbach
Postfach 6 16, 91511 Ansbach
T (09 81) 1 80 40
Telefax (09 81) 1 80 42 71

1 Pr, 1 VPr, 15 VR, 31 R

Präsident

Dr. Engel, Peter	1. 9.95	18. 3.36

Vizepräsident

Schmidt, Heribert	25.10.95	11. 1.47

Vorsitzende Richterinnen/Vorsitzende Richter

Dr. Herrmann, Helmut	1. 7.77	10. 4.37
Dr. Lechner, Werner	1. 4.78	5.11.38
Schulze, Isolde	1. 2.80	26. 9.43
Ohl, Maximilian	15. 1.87	5.11.42
Weingarten, Reinhard	17. 2.88	4.10.46
Dr. Schiffczyk, Klaus	20.12.89	19. 9.48
Dr. Faßnacht, Annemarie	22. 1.91	8.11.48
Klinner, Winfried	7. 9.92	19. 6.41
Nagel, Eckhard	5.10.92	21. 5.47
Islinger, Hans	21. 3.94	31.12.48
Müller, Wolfgang	23. 3.94	30. 4.48
Kohler, Gerhard	23. 3.94	23.11.52
Fröba, Joachim	1. 8.94	31. 1.49
Dr. Voigt, Roland	1. 8.94	8. 7.51
Schmöger, Walter	16. 6.95	8. 7.46

Richterinnen/Richter

Strauß, Louise	1. 3.81	5.10.49
Stumpf, Rainer	1. 4.86	22.11.49
Graulich, Winfried	15. 4.88	20. 3.50
Heilek, Wolfgang	15. 4.88	2.10.52
Engelhardt, Gerd	1. 5.89	12.10.51
Förster, Günter	1. 2.90	13. 3.49
Wolz-Hugler, Renate	7. 2.90	11. 9.56
Lehner, Alois	1. 1.91	6. 4.55
Klinke, Lothar	1. 4.91	20.11.53
Bauer, Horst	23.12.91	6. 7.50
Häberlein, Barbara	12. 5.92	25.10.50
Kroh, Sonja	12. 5.92	18. 4.56
Kallert, Jürgen	13. 5.92	11. 6.52
Müller, Werner	13. 8.92	22. 9.49
Gröschel-Gundermann, Olaf	1. 9.92	26. 4.57
Abel, Sigrid	24. 3.93	17.10.54
Rauch, Dieter	15. 6.93	2. 8.54
Kleinbach, Cornelia	1. 7.93	23. 3.56
Dr. Walk, Alexander	31.12.93	27. 4.59
Deininger, Helmut	20.11.95	19. 7.59
Dr. Kraft, Ingo	18.12.95	2. 7.61
Ebert, Karl Heinz	17. 4.97	24.12.43
Dr. Zöllner, Dieter	1. 9.97	1.12.58

Brunner, Nikolaus	1. 1.98	15. 8.51
Kranig, Thomas	1. 1.98	18. 5.54
Philipp, Hans-Peter	1. 2.98	9. 1.52
Burgdorf, Peter	23. 2.98	16. 3.59
Flechsig, Jörn	1. 4.99	21. 2.66

Eine weitere Stelle für einen Richter am VG ist besetzt. Name und Personaldaten des Stelleninhabers sind nicht übermittelt worden.

Augsburg
Kornhausgasse 4, 86152 Augsburg
Postfach 11 23 43, 86048 Augsburg
T (08 21) 3 27 04
Telefax (08 21) 3 27 31 49

Zweigstelle:
Otto-Lindenmeyer-Str. 28
86153 Augsburg

1 Pr, 1 VPr, 6 VR + 2×½ VR, 17 R + 1×½ R

Präsident

Geiger, Harald	31. 1.00	1. 4.49

Vizepräsident

Scheunemann, Bernd	9.11.98	19. 4.45

Vorsitzende Richterinnen/Richter

Nübling, Reinald	1. 9.79	3. 4.40
Philipp, Jürgen	1. 6.81	23. 7.45
Warkentin, Gerd	11. 9.90	24. 2.46
Rademacher, Michael	25. 3.94	27. 3.42
Leukhart, Klaus-Peter	9. 3.95	9. 5.46
Moll, Ivo	29. 6.99	7. 4.50
Schabert-Zeidler, Beate, ½	1. 9.99	19.10.52
Schön, Jutta, ½	1. 9.99	25. 6.55

Richterinnen/Richter

Dr. Czermak, Gerhard	1. 3.76	6.10.42
Bertele, Wilhelm	1. 5.78	7. 5.40
Knoll, Gerhard	1. 4.79	31.10.42
Schwab, Wolfgang	1.12.90	24.10.41
Lorenz, Wolfgang	29. 9.94	11. 7.58
Zwerger, Dietmar	23.12.94	29.10.59
Leder, Georg	28.12.94	24. 9.53
Schöler, Evelyne	11. 8.97	11. 6.55
Bartholy, Christian	12. 8.97	13. 5.52
Röthinger, Bernhard	1.10.97	19.11.59
Hörmann, Jessica, ½	11. 2.99	5. 1.61
Dr. Endreß, Andreas, RikrA	(1.11.99)	29.11.63

Bayreuth
Friedrichstr. 16, 95444 Bayreuth
Postfach 11 03 21, 95422 Bayreuth
T (09 21) 59 04–0
Telefax (09 21) 59 04 50

1 Pr, 1 VPr, 4 VR, 12 R + 4×½ R

Präsident

Richter, Karl-Friedrich	1. 8.96	20. 6.46

Vizepräsidentin

Dr. Fischer, Bianca	10.11.98	17. 2.49

Vorsitzende Richter

Lindner, Rainer	18. 3.94	11. 8.43
Mehling, Arno	30. 4.98	13. 1.39
Hugler, Werner	14. 5.98	11. 3.49
Lederer, Gerd	8. 3.99	24.12.51

Richterinnen/Richter

Holzinger, Gerhard	1. 9.94	20. 1.52
Dr. Boese, Thomas	26. 7.95	12. 4.59
Schöner, Angelika, ½, beurl.	1. 9.96	31. 7.61
Kaufmann, Angelika	1.12.96	31.12.54
Schröppel, Otto	11. 4.97	3. 8.55
Stammberger, Bernd	9. 9.97	28.12.57
Hohl, Hannelore, ½	19. 9.97	28. 5.59
Dr. Wiesend, Gabriele, ½	30.10.97	29. 3.56
Schrenker, Anna	1. 1.98	19. 2.57
Braun, Michael	12. 5.98	2. 9.48
Thurn, Christine, ½	13. 8.99	28.11.56
Graß, Michael	19. 8.99	21. 2.59

München
Bayerstr. 30, 80335 München
Postfach 20 05 43, 80005 München
T (0 89) 51 43–0
Telefax (0 89) 5 14 37 77

1 Pr, 1 VPr, 27 VR + 2×½ VR, 53 R + 3×⅔ R
+ 5×½ R

Präsident

Dr. Reichel, Gerhard	14. 8.95	5. 5.39

Vizepräsident

N.N.	—	—

Vorsitzende Richterinnen/Vorsitzende Richter

Blößner, Günter	1. 1.76	21. 7.36
Neuner, Hella	1. 9.76	12. 1.39
Schlöglmann, Klaus	1. 8.77	20. 3.37
Dr. Ruppel, Peter	1. 8.77	26.12.38
Heise, Günter	1. 1.84	16. 1.43
Wiens, Gerhard	19.12.89	27.12.46
Trautmann, Reinhold	24. 8.90	24.11.43
Schiefer, Bernhard	8. 4.91	26. 7.45
Mauer, Wolfhard	21. 6.93	1. 8.42
Dr. Böß, Walter	21. 6.93	12. 2.45
Dr. Köppl, Peter	21. 6.93	13. 9.47
Witzel, Alexander	25. 3.94	30. 3.47
Kugele, Klaus	1.10.94	26. 3.47
Ettlinger, Dietmar	23.10.95	14. 3.47

Walther, Birgit	23.10.95	12. 2.49	
Sauter-Schwarzmeier,			
Cornelia	23.12.96	16. 9.49	
Endter, Erich	21. 1.97	29. 6.39	
von Stein, Dudo	22. 5.97	2. 9.43	
Grau, Harald	30.12.97	20. 3.47	
Dr. Berberich, Volker	15. 6.98	1. 7.47	
Pauli-Gerz, Marion	3. 8.98	24.12.52	
Dauscher, Günther	1. 9.98	4. 3.46	
Blencke, Hans-Christian	11. 6.99	31.12.47	
Foerst, Gertraud, ½	4. 8.99	19. 6.50	
Dr. Schenk, Friederike, ½	4. 8.99	11. 1.55	

Vier weitere Stellen für Vorsitzende Richter am Verwaltungsgericht sind besetzt. Namen und Personaldaten der Stelleninhaber sind nicht übermittelt worden.

Richterinnen/Richter

Rickelmann, Karin	11. 5.92	7.11.56	
Kössing, Bruno	3. 1.94	25. 6.48	
Bauer, Erwin	14.12.94	20. 4.57	
von Fumetti, Albrecht	1. 4.95	14.10.50	
Ertl, Johann	15. 2.96	9. 9.55	
Hueber, Gabriele, ½	28. 2.96	24. 8.56	
Dürig-Friedl, Cornelia, ½	29. 2.96	4. 7.55	
Dr. Eidam, Thomas	13.11.96	2. 6.52	
Schweinoch, Hans-Joachim	5.12.96	7. 7.54	
Dr. Decker, Andreas	1. 3.97	29.12.60	
Schaffrath, Rosa	12. 3.97	18.10.53	
Dr. Parzefall, Helmut,			
beurl.	12. 3.97	10. 2.59	
Dreher-Eichhoff,			
Gertraud, ⅔	13. 3.97	28. 1.48	
Herbert, Frank	16. 6.97	21. 5.55	
Zollner-Niedt, Elisabeth	23. 7.97	11. 9.61	
Klaus, Peter	8. 9.97	25. 1.57	
Nuber, Josef	22. 9.97	27. 1.56	
Kraus-Holitzka,			
Hannelore, ⅔	29.10.97	6. 8.50	
Lecker, Harald	10.11.97	9. 4.60	
Greger, Christine, ½,			
beurl.	11. 3.98	16. 7.59	
Krieger, Jutta	11. 3.98	21. 3.60	
Eberle, Karin	6. 4.98	26. 7.54	
Trutwig, Michael	14. 5.98	30. 3.45	
Stadelmayr, Karl-Friedrich	15. 5.98	31.12.53	
Eder, Michael, abg.	18. 5.98	13. 3.59	
Koch, Theresia	18. 5.98	29.12.59	
Beck, Gertraud, ½	25. 6.98	26. 5.58	
Notz, Ingeborg, ½	19. 8.98	30. 5.55	
Stadlöder, Anton	19. 8.98	2. 4.60	
Senftl, Reinhard	13.10.98	17. 4.58	
Dihm, Daniel	1. 2.99	27. 4.58	
Dr. Wolff, Dietmar	17. 3.99	13.10.61	
Freiherr von Gregory,			
Gregor	1. 6.99	10. 6.62	

Dietrich, Christian	22. 7.99	20. 6.57	
Schmeichel, Peter	19. 8.99	4. 6.60	
Katzer, Günter	24. 8.99	15.10.60	
Lindauer, Annemarie, ½	30. 8.99	29. 3.59	
Gänslmayer, Peter	9.12.99	5. 4.63	
Müller, Judith	19. 1.00	13.10.61	
Höger, Peter	28. 2.00	22.10.61	
Dr. Köhler-Rott, Renate,			
RkrA	(1. 1.00)	8. 5.63	

Regensburg

Haidplatz 1, 93047 Regensburg
Postfach 11 01 65, 93014 Regensburg
T (09 41) 5 02 20
Telefax (09 41) 50 22 40

1 Pr, 1 VPr, 10 VR, 1 LSt (VR), 26 R

Präsident

Dr. Sachau, Manfred	1. 2.86	14. 9.36

Vizepräsident

Dr. Korber, Johann	7.10.99	26. 3.50

Vorsitzende Richterin/Vorsitzende Richter

Ettner, Bernhard	1. 4.78	2.11.38
Sträubig, Dietmar	1. 2.80	10. 1.39
Steger, Gerhard	1.12.80	30.12.38
Schäfer, Eva	30. 7.86	8. 1.41
Martin, Klemens	21. 6.93	20. 5.42
Dr. Günther, Hartmut	21. 6.93	4. 1.44
Korter, Hans-Georg	25. 3.94	22. 9.44
Gombert, Rainer	4. 2.00	13. 8.48
Schindler, Karl-Heinz	12. 2.00	13. 3.48

Zwei weitere Stellen für Vorsitzende Richter am Verwaltungsgericht sind besetzt. Namen u. Personaldaten der Stelleninhaber sind nicht übermittelt worden.

Richterinnen/Richter

Stadler, Günter	5. 8.77	17. 5.41
Fleischer, Roland	1.12.81	8.10.50
Seher, Bruno	1. 7.83	12. 1.45
Nowak, Karl	1. 1.85	14.12.49
Schießl, Franz	30. 6.88	18. 6.53
Brey, Reinhard	30. 9.92	15.11.46
Dr. Thumann, Harald	1. 7.93	7. 2.59
Chaborski, Christoph	1. 8.93	2. 5.48
Mühlbauer, Eva	1.10.93	4. 7.54
Junge-Herrmann, Ingo	1. 1.94	23. 6.43
Mages, Alfons	7. 4.94	13. 7.52
Michel, Andreas	1.10.94	14. 4.55
Troidl, Reinhard	13. 4.95	18. 9.52
Dr. Lohner, Josef	4.11.96	10. 3.55
Seign, Wolfgang	18. 3.97	25.10.56
Habler, Karl	8. 4.97	28. 3.56
Käser, Peter	5.11.97	5. 4.56

Götz, Michael	1. 12. 97	17. 7. 54
Dr. Hiltl, Gerhard, RkrA	—	—

Eine weitere Stelle für einen Richter am VG ist besetzt. Name und Personaldaten sind nicht übermittelt worden.

Würzburg

Burkarderstr. 26, 97082 Würzburg
Postfach 11 02 65, 97029 Würzburg
T (09 31) 4 19 95–0
Telefax (09 31) 4 19 92 99

1 Pr, 1 VPr, 7 VR, 17 R + 3 × ½ R

Präsident

Dr. von Golitschek, Herbert	1. 4. 95	31. 1. 40

Vizepräsident

Dießel, Hans	10. 6. 99	1. 8. 37

Vorsitzende Richter

Knauer, Ulrich	1. 2. 80	13. 5. 42
Dr. Kreppel, Gerhard	10. 10. 86	28. 10. 39
Dr. Krah, Rainer	25. 5. 92	26. 10. 40
Dr. Heermann, Werner	4. 1. 93	26. 3. 45
Hauck, Peter	31. 3. 94	21. 6. 41
Schaefer, Ansgar	1. 9. 94	18. 3. 44
Dr. Haas, Günter	30. 7. 99	28. 9. 44

Richterinnen/Richter

Fuckerer, Gabriele	1. 7. 79	21. 2. 44
Hoch, Hans-Joachim	1. 9. 79	14. 9. 46
Stellwaag, Manfred	1. 5. 80	20. 12. 46
Dr. Dümig, Erwin	1. 11. 80	31. 3. 48
Dr. Heberlein, Horst	1. 5. 87	1. 6. 53
Emmert, Rudolf	1. 12. 90	16. 2. 56
Dr. Dehner, Friedrich	17. 7. 91	27. 11. 52
Gehrsitz, Elmar	25. 1. 93	11. 8. 56
Herrmann, Robert	16. 3. 93	5. 9. 55
Demling, Günter	15. 12. 94	24. 4. 56
Martin, Jürgen	9. 7. 96	27. 6. 61
Jeßberger-Martin, Christine, ½	19. 8. 96	13. 3. 57
Kolenda, Monika, ½	21. 8. 96	22. 3. 56
Wünschmann, Jürgen	27. 2. 97	17. 11. 55
Graf, Isolde	6. 5. 97	29. 1. 56
Aboulkacem, Renate	31. 10. 97	17. 9. 56
Strobel, Hubert	4. 3. 99	28. 12. 61
Hansen, Thomas, RkrA, ½	(1. 6. 99)	19. 5. 62

Richterinnen/Richter im Richterverhältnis auf Probe

Seitz, Claudia	29. 7. 97	13. 2. 68
Brunner, Katrin	1. 8. 97	2. 11. 70
Kieslinger, Beatrix	2. 2. 98	28. 9. 70

Witton, Marianne	10. 2. 98	8. 9. 70
Kraemer, Alexander	15. 7. 98	27. 8. 70
Dr. Bloeck, Oliver	1. 8. 98	5. 7. 67
Dr. Hutka, Rainer	1. 8. 98	20. 7. 68
Schmid, Gabriele	1. 8. 98	8. 7. 72
Mielert, Brita	1. 9. 98	27. 3. 72
Straubmeier, Herbert	21. 9. 98	8. 5. 67
Dr. Knödler, Christoph	1. 10. 98	13. 2. 63
Kaufmann-Bühler, Ines	1. 10. 98	4. 8. 68
Rohs, Monika	1. 11. 98	25. 1. 71
Loos, Claus	4. 1. 99	1. 5. 68
Meyer, Anton	4. 1. 99	23. 7. 70
Nebel, Martin	11. 1. 99	9. 10. 70
Stenglein, Susanne	25. 1. 99	6. 5. 72
Fischinger, Samuel	1. 2. 99	16. 1. 68
Stephan, Katrin	1. 2. 99	5. 1. 70
Käsberger, Martin	1. 2. 99	15. 1. 71
Böckmann, Vera	8. 2. 99	18. 1. 72
Kurzidem, Clemens	1. 5. 99	22. 11. 71
Kalbitz, Sabine	1. 6. 99	31. 5. 68
Tüchert, Kerstin	14. 6. 99	27. 7. 69
Huber, Karin	1. 7. 99	25. 6. 73
Eichenseher,	26. 7. 99	20. 7. 72
Schmitt, Christiane	1. 8. 99	30. 8. 68
Huber, Heinz	1. 8. 99	9. 11. 70
Wüstendörfer, Eva-Maria	2. 8. 99	3. 3. 73
Wienand, Annette	16. 8. 99	14. 12. 71
Riebel, Carmen	16. 8. 99	10. 1. 72
Strauch, Imme	16. 8. 99	22. 3. 72
Ißbrücker, Anja	16. 8. 99	11. 4. 73
Dressel, Carl-Christian	23. 8. 99	24. 7. 70
Schmid, Alexamder	1. 9. 99	13. 6. 71
Allert, Rainer	1. 1. 00	2. 5. 71
Tegethoff, Carsten	4. 1. 00	3. 7. 71
Oelmaier, Alexander	17. 1. 00	25. 2. 71
Neubeck, Xenia	1. 2. 00	25. 2. 71
Geißelbrecht, Georg	1. 2. 00	4. 5. 72

Landesanwaltschaften

Landesanwaltschaft Bayern
Hauptstelle

Ludwigstr. 23, 80539 München
Postfach 34 01 48, 80098 München
T (0 89) 21 30-2 80
Telefax (0 89) 21 30-3 99

1 GLA, 1 stVGLA, 8 OLA, 3 LA

Generallandesanwalt

Dr. Boettcher, Enno	30. 5. 97	8. 8. 37

Oberlandesanwalt als ständiger Vertreter des Generallandesanwalts

Mehler, Jochen	1. 1. 99	15. 4. 44

Oberlandesanwälte

Wienke, Ulrich	1. 1.80	5.12.35	
Vorholzer, Kurt, ½	1. 5.82	12. 5.38	
von Hahn, Diether	1.12.86	14. 9.40	
Wittstock, Reiner	1. 3.88	29. 5.40	
Gerstner, Michael	22. 3.88	27. 9.48	
Meid, Volker	24. 6.91	21. 6.43	
Weishaupt, Hermann	1. 5.96	9.12.61	
Dr. Beer, Robert	1. 8.96	13.11.47	
Dr. Ebersperger, Christian	1.11.96	4. 8.63	
Danner, Hans	1. 5.97	2.12.47	

Lotz-Schimmelpfennig, Sabine	15.10.98	26. 9.59

Landesanwaltschaft Bayern
Dienststelle Ansbach
Montegelasplatz 1, 91522 Ansbach
T (09 81) 90 96-56
Telefax (09 81) 90 96-98
2 LA

Landesanwältinnen

Kronau-Neef, Ruth	1.11.97	20.12.62
Kaiser, Sigrid	1. 1.99	25. 8.63

Berlin

Oberverwaltungsgericht Berlin

Kirchstr. 7, 10557 Berlin
T (0 30) 90 14-0
Telefax (0 30) 90 14-88 08
1 Pr, 1 VPr, 5 VR, 20 R

Präsident

N. N.	—	—

Vizepräsident

Bitzer, Detlef	1. 6.99	4.11.37

Vorsitzende Richterin/Vorsitzende Richter

Meinhardt, Otto	27. 3.86	15. 7.37
Freitag, Dietrich	27. 3.97	4. 4.40
Fitzner-Steinmann, Hildegard	27. 3.97	12.11.49
Dr. Günther, Hellmuth	15. 2.99	4. 1.41
Monjé, Ulrich	15. 2.99	2. 2.44

Richterinnen/Richter

Dageförde, Hans-Jürgen	1.11.74	13. 5.37
Strecker, Arved	8. 1.75	18.12.38
Heintzenberg, Rainer	1. 7.76	16.10.37
Liermann, Jürgen	4. 5.77	5. 6.42
Dr. Schrauder, Gerhard	5. 5.78	10. 7.41
Nebe, Johannes Ludwig	1. 1.80	17. 4.41
Silberkuhl, Birgit	24.11.80	19. 5.42
Ehricke, Christiane	17. 4.85	24.12.47
Prof. Frey, Helmut, beurl.	28. 6.85	14. 3.43
Seiler, Jürgen	30. 7.85	1. 8.45
Lehmkuhl, Thomas	—	—
Citron-Piorkowski, Renate	28. 3.90	16. 9.49

Weber, Wilhelm	28. 8.92	9.12.43
Dr. Broy-Bülow, Cornelia	28. 8.92	20. 1.52
Wahle, Wolf-Dietrich	16.12.94	8.12.54
Häner, Jürgen, abg.	14. 8.97	5. 9.53
Fieting, Roger	14. 8.97	4. 2.57
Merz, Dagmar	18. 8.97	5. 1.58
Dr. Michaelis-Merzbach, Petra	29. 8.97	23. 5.58
Dahm, Diethard	4. 9.98	6. 9.44

Verwaltungsgericht

Berlin
Kirchstr. 7, 10557 Berlin
T (0 30) 90 14-0
Telefax (0 30) 90 14-87 90

1 Pr, 1 VPr, 35 VR, 78 R

Präsident

Wichmann, Alexander	23.11.89	25. 2.41

Vizepräsident

Markworth, Volker	20. 3.78	26.11.37

Vorsitzende Richterinnen/Vorsitzende Richter

Eiling, Christel	10. 3.78	2. 8.38
Sander, Wilhelm-Friedrich	10. 3.78	6.10.39
Blömeke, Bernd-Lutz	11. 4.78	16.11.40
Klebs, Jürgen	8. 2.79	28. 5.41
von Haase, Jutta	24. 9.79	21.12.39
Dr. von Hase, Wolf-Rüdiger	31. 1.80	13. 3.41
Dr. Ortloff, Karsten-Michael	1. 4.80	16.10.41
Hankow, Bert-Jürgen	1. 4.81	29.12.41

Baring, Eike-Eckehard	1.10.81	16.10.43
Krackhardt, Gabriele	24. 7.84	13. 6.43
Schröder, Hans-Hermann	1. 1.85	31. 7.40
Taegener, Martin	27. 3.86	22. 7.47
Neumann, Reinhard	31. 3.88	1. 5.49
Gregor, Heidelore	1. 1.90	22. 4.44
Peé, Klaus	22. 5.91	8. 7.42
Schultz-Ewert, Reinhard	20. 3.92	22.12.48
Porath, Hans-Jörg	28. 8.92	18.11.44
Dr. Rueß, Hans-Peter	28. 8.92	2. 3.46
Weber, Johann	3. 9.92	7. 5.47
Reichert, Volker	29. 3.93	1. 1.49
Kiechle, Friedrich	29. 3.93	30. 3.52
Stender, Manfred	1. 4.93	23. 9.46
Keil, Martin, beurl.	3. 5.93	6. 1.50
Kunz, Achim	25. 3.94	18. 9.43
Richter, Michael	25. 3.94	12.11.50
MacLean, Percy	11.11.94	25. 1.47
Wiekenberg, Heinrich	20. 2.95	22.11.44
Pannicke, Helga	18. 4.95	23. 5.50
Schrage, Alfons	28. 6.95	1. 4.48
Schliebs, Gerhard	28. 6.95	1. 6.49
Wegener, Uwe	28. 6.95	27.11.49
Rosenbaum, Detlef	18. 1.96	1. 4.51
Mager, Candida	30.10.96	10. 9.46
Gau, Christian	29. 5.98	13. 9.53
Kiemann, Ulrich	29. 9.98	14. 3.54
von Alven-Döring, Annegret	29. 5.98	11. 8.55

Richterinnen/Richter

Mütze, Ute	8. 2.79	25. 8.41
Kunath, Norbert	9. 3.79	17. 6.47
Plessner, Friedhelm	29. 9.83	29. 8.51
Böhme, Petra, beurl.	4. 1.86	17.11.53
Dr. Schreyer, Edith	19. 9.86	15. 3.50
Görlich, Michael, abg.	19. 9.86	28. 5.55
Lorenz, Wolfram, abg.	26. 9.88	9.11.57
Dr. Meyer, Hans-Jürgen, beurl.	8.12.88	29. 1.57
Schmialek, Jürgen	13. 3.89	26.11.55
Calsow, Wolf-Dietrich	2. 5.89	20.11.52
Scharberth, Marlies, ½	1. 8.90	18. 9.58
Bath, Clemens	1. 1.91	29. 9.61
Dr. Korbmacher, Andreas, abg.	25.10.91	12. 1.60
Patermann, Andreas	2. 1.92	18. 1.59
Plückelmann, Birgit, abg.	13. 3.92	27. 9.59
Xalter, Erna	1. 9.92	17. 4.61
Dr. Deppe, Volker	1.11.92	3. 6.54
Glowatzki, Lydia, abg.	16.11.92	12. 2.61
Schubert, Matthias, abg.	4. 1.93	19. 3.57
Becker, Jürgen	16. 7.93	14. 6.61
Müller, Heidrun	16. 7.93	26. 6.62
Burchards, Donald, beurl.	1. 8.93	2. 6.57

Frömming, Verena	4.10.93	1. 5.60
Mehdorn, Birgit, ⅔	3. 1.94	21.10.58
Dr. Dithmar-Strehlau, Ulrike	1. 3.94	30. 4.63
Reisiger, Astrid	21. 3.94	7. 3.63
Hennecke, Doris	6. 4.94	11. 7.60
Sinner-Gallon, Dorothea, ¾	30. 5.94	11. 9.62
Dr. Droste, Thomas	4. 8.94	8. 6.59
Reissenberger-Safadi, Olivia, beurl.	12. 8.94	18. 5.63
Junker, Regina	2. 9.94	7. 1.57
Goessl, Matthias	4.10.94	10. 7.64
Wein, Michael	13.12.94	12.12.59
Groß, Barbara, beurl.	3. 4.95	5. 2.63
Wern-Linke, Sigrid, abg.	2. 6.95	24. 8.52
Bartl, Raimund	3. 7.95	3. 5.59
Boske, Jürgen	3. 7.95	3.12.61
Dr. Oerke, Alexander	1. 9.95	26.11.61
Kipp, Astrid, beurl.	1. 9.95	14. 1.63
Starke, Sylvia, ¾	1. 9.95	6.10.63
Hagedorn, Peter	2.10.95	9. 7.63
Noordin, Sadru	9.10.95	4. 3.63
Dolle, Michael	12.12.95	14. 2.56
Dr. Heydemann, Christoph, abg.	12.12.95	10. 7.62
Böcker, Rudolf	15. 1.96	21. 7.62
Wangenheim, Silvio	12. 2.96	27. 2.62
Schmittberg, Rüdiger	1. 3.96	8. 8.59
Hutschenreuther-von Emden, Axel	26. 3.96	18. 6.64
Richard, Christian	10. 4.96	14.10.65
Gaube, Gabriele, abg.	8. 7.96	17. 7.55
Prof. Dr. Lücking, Erika, ½	30. 8.96	16. 8.64
Fischer, Edgar	30. 8.96	8. 9.64
Korte, Stephan	10. 9.96	7. 1.63
Hoffmann, Frank	25.10.96	2. 8.62
Groscurth, Stephan	25.10.96	3. 1.64
Mueller-Thuns, Anne-Cathrin, beurl.	19.12.96	28. 5.63
Dr. Mueller-Thuns, Joerg	6. 1.97	3.10.61
Grigoleit, Heike, ½	17. 2.97	21. 1.64
Dr. Lemke, Hanno-Dirk	3. 3.97	3. 5.61
Dr. Raabe, Jörg, abg.	14. 3.97	20. 5.61
Dicke, Christian	1. 4.97	6.12.62
Schaefer, Björn	8. 4.97	11. 6.62
Hundt, Marion	5. 5.97	9. 2.65
Dr. Fischer, Manfred	24. 6.97	3. 6.60
Keßler, Ulrich	10. 7.97	6. 1.64
Künkel-Brücher, Renate	16. 7.97	13. 4.65
Freifrau von Friesen, Renate, ½	13. 8.97	9.10.65
Erbslöh, Andrea	26. 9.97	5. 4.63

Dr. Discher, Thomas	26. 9.97	4. 7.63
Minsinger, Mauro	26. 9.97	26. 8.63
Hofmann, Lothar	26. 9.97	14.11.64
Dr. Braun, Beate	3.11.97	29. 5.65
Dr. Riese, Kai-Uwe	3.11.97	12. 6.65
Maresch, Dirk, abg.	6. 1.98	21. 8.64
Sieveking, Rosanna, abg.	6. 1.98	2.12.65
Postel, Detlef	13. 2.98	14. 4.60
Rüsch, Florian	20. 3.98	20. 5.65
Helfrich, Beate	20. 3.98	11. 4.66
Pfistner, Sebastian	—	—
Erckens, Victor	20. 4.98	21. 8.64
Schaefer, Simone, beurl.	6. 5.98	9.10.67
Dr. Bumke, Ulrike	2. 6.98	11. 2.58
Dr. Schreier, Axel	10. 9.98	13. 1.66
Bodmann, Bettina, beurl.	30.11.98	22. 6.65
Sawade, Uta	4. 1.99	12. 8.66

Bähr, Gabriela, RkrA	(2. 6.98)	23. 9.61
Dr. Marenbach,		
Ulrich, RkrA	(15. 1.99)	4. 4.59

Richterinnen/Richter im Richterverhältnis auf Probe

Ringe, Matthias	15.10.97	15. 3.66
Engel, Anja	28.11.97	9. 7.63
Ziegler, Karsten, abg.	14. 1.98	8.11.70
Marticke, Hans-Ulrich	24. 4.98	9. 6.59
Diefenbach, Ralf	3. 6.98	27. 1.68
Tegtmeier, Jens Werner	24. 7.98	23. 3.70
Oestmann, Christian	17. 9.98	17. 8.65
Schulte, Frank	17. 9.98	21. 9.69
Sanchez de la Cerda, Julia	21. 9.98	7. 6.71
Dr. Seegmüller, Robert	8. 2.99	24. 5.69
Eiling, Stephan	2. 8.99	19. 7.69

Brandenburg

Oberverwaltungsgericht für das Land Brandenburg

Logenstr. 6, 15230 Frankfurt (Oder)
T (03 35) 55 68–6
Telefax (03 35) 54 98 40

1 Pr, 1 VPr, 3 VR, 10 R einschl. 1 UProf (Nebenamt)

Präsident

Liebert, Dieter	1. 7.93	19. 6.42

Vizepräsident

Krüger, Henning	1. 6.96	10. 9.44

Vorsitzende Richter

Laudemann, Gerd	1. 4.95	4. 7.45
Schmidt, Jürgen	1. 8.95	19. 4.43

Richterin/Richter

Kirschniok-Schmidt,		
Georg, abg.	1. 8.95	6. 4.52
Vondenhof, Beate, abg.	29.11.95	25. 5.56
Bergk, Ralph	1.10.96	2. 9.57
Leithoff, Ralf	1. 1.99	4. 4.62
Prof. Dr. Klein, Eckart,		
(UProf, Nebenamt)	2. 8.99	6. 4.43
Welzenbacher, Andreas, abg.	1.10.99	16.10.58
Kluge, Hans-Georg, beurl.	—	—
Buchheister, Joachim	1. 1.00	16. 8.63

Verwaltungsgerichte

Cottbus
Von-Schön-Straße 9 und 10, 03050 Cottbus
T (03 55) 49 91–61 10
Telefax (03 55) 49 91–6122

1 Pr, 1 VPr, 3 VR, 11 R, × ½ R, 1 LSt

Präsidentin

Schreiber, Winfriede	1. 5.98	22.11.45

Vizepräsident

Mühlenhöver, Georg	1. 6.96	16. 9.42

Vorsitzende Richter

Schneider, Horst	1. 7.98	8. 4.33
Wolnicki, Boris, abg.	1.11.97	17. 2.62

Richterinnen/Richter

Mayer, Martin	1.10.94	27.10.61
Wittjohann, Marcus	14.11.95	6. 4.62
Wirth, Petra	18. 3.96	14.11.62
Koark, Andreas	3. 1.97	4. 8.58
Dr. Hiester, Andreas, abg.	1.10.97	13. 7.65
von Lampe, Claudia,		
abg.	27. 2.98	17. 4.64
Werres-Bleidießel,		
Elisabeth, ½	2. 7.98	15. 7.60
Apel, Kerstin	1. 1.99	9. 4.62
Mast, Ekkehart	29. 4.99	27. 1.61
Nocon, Gregor	1. 5.99	27. 3.67

Frankfurt (Oder)
Logenstr. 6, 15230 Frankfurt (Oder)
T (03 35) 5 55 60
Telefax (03 35) 5 55 61 88

1 Pr, 1 VPr, 4 VR, 13 R, 1 LSt

Präsident

Dr. Roeser, Thomas	1. 8. 99	25. 4. 56

Vizepräsident

Knuth, Andreas	1. 2. 99	12. 3. 56

Vorsitzende Richterin/Vorsitzende Richter

Schiefer, Dorothea	13. 1. 81	1. 4. 44
Fischer, Hartmut	1. 12. 94	9. 9. 48
Lange, Thomas	2. 5. 95	1. 3. 57
Küster, Hermann	15. 9. 98	9. 5. 33

Richterinnen/Richter

Prenzlow, Jörg-Thomas	1. 10. 94	1. 3. 61
Kalmes, Manfred, abg.	1. 4. 96	24. 7. 59
Krupski, Ralf	1. 12. 96	9. 4. 59
Vogt, Matthias, abg.	1. 1. 97	13. 2. 64
Bierbaum, Martin	1. 4. 97	4. 11. 64
Orthaus, Berthold	8. 7. 97	6. 2. 62
Schauer, Jens	1. 10. 97	24. 9. 65
Dr. Bodanowitz, Jan, abg.	27. 2. 98	11. 5. 66
Kluge, Johannes	1. 1. 99	16. 12. 67
Hook, Petra	21. 6. 99	8. 9. 65

Potsdam
Allee nach Sanssouci 6, 14471 Potsdam
T (03 31) 98 38–0
Telefax (03 31) 98 38–121

1 Pr, 1 VPr, 9 VR, 33 R, 2 × ½ R, 1 HSt, 2 LSt

Präsident

Ladner, Claus Peter	29. 6. 93	5. 3. 45

Vizepräsident

Hohndorf, Kurt	—	—

Vorsitzende Richterin/Richter

Hamm, Wilfried	29. 6. 93	25. 9. 50
Dr. Knippel, Wolfgang	29. 6. 93	17. 8. 53
Gerke, Klaus-Werner	29. 6. 93	14. 9. 53
Reimus, Volker	1. 7. 95	17. 12. 57
Weiduschat, Ulrich	1. 7. 96	14. 8. 47
Pauldrach, Udo	1. 10. 97	3. 5. 44
Steiner, Jürgen	1. 7. 98	17. 8. 60
Mallmann-Döll, Hannelore		
Noll, Hans	16. 12. 99	27. 2. 35

Richterinnen/Richter

Kirkes, Wilfried	1. 12. 93	15. 4. 60
Dr. Rohn, Matthias	1. 3. 94	6. 11. 60

Pfennig, Peter	1. 10. 94	20. 12. 60
Hertel, Susanne	1. 10. 94	15. 2. 63
Dr. Cludius, Stefan, abg.	1. 11. 94	22. 8. 61
Dr. Semtner, Matthias	27. 3. 95	9. 12. 63
Rennert, Reinhard	18. 4. 95	26. 10. 61
Scheerhorn, Christiane, abg.	28. 6. 95	7. 8. 61
Bastian, Birgit	28. 6. 95	10. 6. 62
Fischer, Petra	1. 1. 96	5. 10. 60
Stücker-Fenski, Bettina	21. 3. 96	31. 5. 60
Goerdeler, Marianne, beurl.	18. 4. 96	23. 2. 57
Dr. Pflügner, Ilona	1. 9. 96	17. 8. 57
Horn, Hartmut	1. 10. 96	24. 3. 60
Dr. Blumenberg, Hildegard	1. 12. 96	14. 6. 62
Dr. Achenbach, Gudrun	1. 12. 96	28. 1. 66
Fischer-Krüger, Katrin	20. 1. 97	24. 5. 59
Dr. Wegge, Georg, abg.	2. 2. 97	12. 3. 61
Süchting, Yvonne, ½, beurl.	26. 3. 97	27. 10. 64
Möller, Christian	1. 10. 97	5. 2. 60
Lützow, Jörg	1. 10. 97	11. 12. 63
Weißmann, Jürgen	1. 10. 97	9. 6. 64
Roeling, Reiner	1. 10. 97	8. 7. 64
Tänzer, Haike	—	—
Langer, Ruben	1. 11. 97	28. 1. 64
Schott, Ingrid	1. 5. 98	18. 10. 60
Hahn, Carsten	1. 7. 98	6. 6. 65
Herrmann, Christine	21. 9. 98	3. 7. 65
Scharf, Matthias, abg.	21. 6. 99	28. 1. 67
Baumert, Marko	1. 10. 99	26. 4. 63
Stricker, Heike	—	—

*Richterinnen/Richter im Richterverhältnis
auf Probe*
beim Verwaltungsgericht Cottbus:

Möller, Markus	1. 9. 97	2. 6. 68
Koch, Andreas	6. 2. 98	16. 7. 68
Schrimpf, Agnes	1. 8. 98	3. 6. 70
Selmer, Sabine	1. 9. 98	6. 11. 69
Krause, Romy	1. 3. 99	19. 5. 73

beim Verwaltungsgericht Frankfurt (Oder)

Pippig, Dorothee	6. 2. 98	18. 2. 69
Sobottka, Kai	1. 6. 98	5. 12. 68
von Seebach, Barbara	1. 8. 98	18. 2. 69
Rudolph, Dagmar	1. 3. 99	27. 8. 69
Janus, Johannes	1. 3. 99	24. 6. 70
Konertz, Ulrike	1. 4. 99	5. 3. 70
Diesel, Karsten	1. 4. 99	27. 5. 70
Kaufhold, Philipp	1. 1. 00	20. 9. 67
Holle, Ariane	1. 3. 00	20. 5. 68
Weber, Friedrike	1. 3. 00	23. 9. 71

beim Verwaltungsgericht Potsdam:

Degéle, Madeleine, HSt	1. 12. 97	26. 11. 70
Möller, Jes Albert	6. 2. 98	28. 9. 61
Dr. Peters, Wilfried	1. 2. 99	6. 1. 63
Jobs, Thorsten Anselm	1. 4. 99	14. 1. 68

Bremen

Oberverwaltungsgericht der Freien Hansestadt Bremen

Osterdeich 17, 28203 Bremen
T (04 21) 3 61–21 91
Telefax (04 21) 3 61 41 72

1 Pr, 1 VPr, 5 R

Präsident
Prof. Pottschmidt, Günter   1. 6.78   22. 3.37

Vizepräsidentin
Dreger, Brigitte   21. 4.95   18. 4.43

Richter

Göbel, Michael	21. 8.85	11. 5.49
Nokel, Dieter	12. 1.87	14. 3.45
Dr. Grundmann, Martin	27. 5.92	20. 7.47
Alexy, Hans	31. 3.93	27. 5.52

Verwaltungsgericht

Bremen
Altenwall 6, 28195 Bremen
T (04 21) 3 61 64 37
Telefax (04 21) 3 61 67 97

1 Pr, 1 VPr, 6 VR, 18 R, 1 LSt (R)

Präsident
Stauch, Matthias   1. 1.99   14. 7.51

Vizepräsident
Klose, Jürgen   1. 4.93   2. 2.39

Vorsitzende Richter

Engelmann, Herbert	7. 2.75	28. 7.38
Feldhusen, Diedrich	23. 12.76	6. 9.37
Eiberle-Herm, Viggo	12. 1.87	18. 7.47
Zimmermann, Heinz	27. 5.92	10. 1.42
Kramer, Ingo	23. 11.95	22. 3.48
Hülle, Hartmut	23. 11.95	6. 6.51

Richterinnen/Richter

Gerke, Volker	15. 10.76	29. 7.44
Wollenweber, Hans-Michael	2. 11.92	12. 7.57
Dr. Stuth, Sabine	1. 9.93	19. 12.53
Wehe, Eckhard	1. 9.93	4. 7.55
Gerwien, Ines	30. 6.94	8. 11.61
Treidler, Sabine	13. 7.94	16. 7.61
Feldhusen-Salomon, Hannelore	16. 7.94	22. 7.55
Sommerfeld, Jürgen	16. 6.95	20. 5.57
Dr. Bauer, Carsten	16. 6.95	4. 10.57
Vosteen, Rainer, abg.	16. 6.95	27. 7.59
Ohrmann, Anette	16. 6.95	25. 6.63
Traub, Friedemann	23. 9.96	3. 11.61
Hagedorn, Jörg, abg.	23. 9.96	12. 2.63
Dr. Lohmann, Torsten	17. 6.99	21. 5.61
Dr. Jörgensen, Meike	17. 6.99	5. 8.64
Dr. Benjes, Silke	1. 7.99	26. 1.63
Dr. Metzger-Lashly, Gabriele, RkrA, beurl. (LSt)	—	—

Richterin/Richter im Richterverhältnis auf Probe

Sperlich, Peter	1. 11.96	14. 5.65
Specht, Verena	1. 2.98	20. 7.68

Hamburg

Hamburgisches Oberverwaltungsgericht

Nagelsweg 37, 20097 Hamburg
T (0 40) 4 28 54–0
Telefax (0 40) 4 28 54–41 71 und 40 86

1 Pr, 1 VPr, 3 VR, 14 R + 1×½ R + 1×¹⁄₁₀ R
+ 1×¾ R

Präsident

Dr. Mückenheim, Uwe	1. 9. 94	10. 3. 36

Vizepräsident

Schulz, Karsten	1. 1. 95	16. 12. 43

Vorsitzende Richterin/Vorsitzende Richter

Dr. Glitza, Eva	—	—
Sinhuber, Rainer	29. 12. 88	11. 11. 40
Dr. Müller-Gindullis, Dierk	28. 6. 91	5. 4. 38

Richterinnen/Richter

Fligge, Gernot	20. 5. 81	18. 2. 41
Dr. Raecke, Jürgen	24. 3. 82	1. 4. 40
Pauly, Hanfried	26. 5. 82	13. 11. 42
Dr. Thies, Roswitha, ½	1. 9. 83	24. 10. 44
Dr. Meffert, Klaus	1. 2. 85	7. 6. 43
Korth, Lothar	22. 6. 89	15. 9. 46
Hämäläinen, Lea, abg.	25. 9. 89	7. 7. 48
Seifert, Klaus, abg. zu ⁹⁄₁₀	1. 11. 90	26. 9. 48
Schulz, Ernst-Otto	1. 11. 90	20. 8. 50
Dr. Ungerbieler, Günther	8. 10. 91	22. 6. 52
Wiemann, Peter	19. 6. 92	2. 5. 47
Haase, Sabine, ¾	18. 9. 92	6. 5. 54
Probst, Joachim	30. 4. 93	27. 6. 53
Jahnke, Helmuth	3. 5. 93	24. 4. 49
Kollak, Thomas	18. 6. 93	12. 6. 47
Huusmann, Angelika	7. 9. 95	8. 1. 50

Verwaltungsgericht

Hamburg
Nagelsweg 37, 20097 Hamburg
T (0 40) 4 28 54–0
Telefax (0 40) 4 28 54–41 71

1 Pr, 1 VPr, 18 VR, 1 UProf im 2. Hauptamt,
2 × ½ VR, 54 R + 3 × ½ R, 2 × ⅔ R, 1 × ¾ R,
12 LSt (R)

Präsident

Biskup, Rainer	15. 3. 88	5. 4. 39

Vizepräsident

Gramm, Helmut	11. 6. 86	25. 9. 41

Vorsitzende Richterinnen/Vorsitzende Richter

Friedrichs, Hans Peter	24. 10. 79	23. 6. 42
Dr. Hansen, Hans-Jürgen	20. 3. 80	28. 11. 39
Lochner, Burckhardt	20. 5. 81	12. 4. 40
Rühle, Wulf	2. 9. 81	5. 10. 39
Knauf, Rüdiger-Ulrich	15. 12. 81	28. 9. 41
Dr. Ihlenfeld, Hartwig	22. 9. 82	27. 4. 40
Prof. Dr. Ramsauer, Ulrich (UProf, 2. Hauptamt), (LSt)	12. 6. 86	11. 3. 48
Mendrzyk, Karin	29. 12. 88	2. 3. 43
Grube, Christian	1. 4. 89	6. 10. 44
Hardraht, Ulrike, ½	1. 5. 89	27. 1. 44
Fritschen, Klaus	1. 12. 90	26. 4. 40
Meyer, Hans-Hinrich	21. 12. 90	11. 7. 51
Lenz, Ingeborg	—	—
Tomczak, Bernd-Dieter	28. 6. 91	27. 9. 49
Dr. Roggentin, Joachim-Mathias	18. 9. 92	31. 5. 46
Mehmel, Friedrich-Joachim	9. 9. 96	16. 1. 53

Richterinnen/Richter

Kalitzky, Jürgen	3. 1. 78	30. 5. 41
Dr. Hohberger, Dagmar	29. 3. 78	25. 3. 44
Dr. Quast, Gerd	16. 4. 78	11. 6. 46
Farenholtz, Hans Hermann	15. 1. 80	19. 5. 47
Dr. Wehling, Gerd-Rudolf	20. 2. 80	11. 10. 44
Dr. Hernekamp, Karl	10. 10. 80	5. 11. 41
Dr. Lorenzen, Claus	2. 1. 82	21. 7. 51
Kämpf, Berthold	17. 9. 82	4. 5. 48
Brandes, Thomas	2. 7. 83	28. 3. 52
Dr. Feuchte, Andreas	10. 3. 84	4. 1. 54
Haubold, Klaus	1. 6. 84	2. 6. 53
Krüger, Sabine, ⅔	20. 6. 84	16. 7. 54
Wagner, Gundolf	4. 1. 85	26. 5. 51
Dr. Rubbert, Susanne	25. 1. 85	29. 10. 55
Sternal, Sonja	9. 5. 89	27. 12. 59
Wächter, Gudrun	5. 2. 91	15. 8. 54
Meins, Heiko	1. 3. 91	15. 1. 59
Dr. Laker, Thomas	25. 3. 91	10. 2. 56
Engelhardt, Siegfried	—	—
Hölz, Dietrich	15. 5. 91	25. 1. 54
Kreth, Elisabeth	1. 6. 91	2. 9. 59
Dr. Waniorek-Goerke, Gabriele	15. 10. 91	22. 1. 52

Abayan, Ariane	1. 1.92	10. 5.60
Schlöpke-Beckmann, Britta	1. 6.92	20. 4.61
Dr. Brümmer, Gisela	1. 7.92	23. 8.49
Langenohl, Katrin, beurl. (LSt)	1. 8.92	13. 6.63
Meyer-Stender, Anja, ½	—	—
Dr. Ramcke, Udo	20.11.92	13. 7.58
Schoenfeld, Christoph	4. 6.93	2.11.59
Dr. Möker, Ulf-Henning, abg. (LSt)	1. 1.94	18.11.60
Dr. Philipp, Renate, abg. (LSt)	15. 2.94	12. 2.62
von Paczensky, Carola	1. 4.94	24. 5.58
Thorwarth, Klaus, abg. (LSt)	1. 4.94	16. 3.63
Rehder-Schremmer, Susanne	2. 4.94	28. 5.61
Dr. Greilinger-Schmid, Daniela, ¾	1. 7.94	29. 6.61
Dr. Kränz, Joachim	1. 8.94	26. 5.60
Carstensen, Heike, ⅔	—	—
Walter, Susanne, abg. (LSt)	5.10.94	14. 2.62
Larsen, Kaj Niels	21.10.94	16. 9.54

Dr. Kraglund, Kirsten, beurl. (LSt)	1. 4.95	25. 6.62
Büschgens, Veronika, ½	—	—
Dr. Jackisch, Axel	12.10.95	1.11.61
Niemeyer, Frank	12.10.95	29. 8.62
Jahns, Michael	3.11.95	19. 3.64
Rigó, Kersten, beurl. (LSt)	1. 2.96	22. 4.63
Groß, Anne, beurl. (LSt)	22. 3.96	13. 6.63
Daum, Brigitte	14. 6.96	26. 1.61
Graf von Schlieffen, Eckhardt	—	—
Meyer-Schulz, Monika, beurl. (LSt)	—	—
Schmitz, Heinz, abg.	9. 9.96	16. 1.62
Schulz, Monika, ¾	4. 2.97	30. 6.63
Harfmann, Susanne	14. 4.97	28. 9.63
Knierim, Sabine, beurl. (LSt)	26. 9.97	31. 5.65
Dr. Kuhl-Dominik, Thomas	1.10.97	14. 4.61
Bertram, Michael	—	—
Dr. Ruhrmann, Ulrike, ½	15. 6.99	8. 4.67

Richter im Richterverhältnis auf Probe

Busche, Jan	2. 3.98	26. 6.68

Hessen

Hessischer Verwaltungsgerichtshof

Brüder-Grimm-Platz 1, 34117 Kassel
T (05 61) 10 07–0
Telefax (Gr. 1) 05 61/1 00 72 64

1 Pr, 1 VPr, 12 VR, 33 R (einschl. 1 UProf im 2. Hauptamt)

Präsident

Dr. Heitsch, Bernhard	30. 4.97	8.12.36

Vizepräsident

Dr. Klein, Harald	23. 1.98	23.10.47

Vorsitzende Richter

Haensel, Klaus	18. 4.83	11. 7.35
Dr. Voucko, Manfred	3. 1.86	21. 5.36
Dr. Renner, Günter	1. 8.87	24. 4.39
Habbe, Dieter	1.11.87	9.10.40
Dr. Teufel, Wolfgang	1. 8.88	7. 3.44
Kittelmann, Ulf	1. 8.91	15. 7.42
Dr. Schulz, Axel	28. 2.95	17.11.42
Pieper, Eberhard	28. 2.95	29. 3.43
Blume, Eckehart	16. 4.97	5. 4.45

Richterinnen/Richter

Eisenberg, Joachim	10. 2.77	11. 5.38
Michel, Dieter	17. 2.78	15. 2.37
Stengel, Wilfried	25. 8.78	14. 2.39
Koch, Roland	7. 9.79	6.12.40
Thorn	4.12.80	—
Hassenpflug, Klaus-Peter	29. 1.82	29.12.44
Dr. Lohmann, Hans-Henning	1.11.83	1. 2.45
Dr. Zysk, Hartmut	20. 1.86	13.12.45
Lüttschwager, Bernd	30. 8.86	10. 2.52
Dr. Michel, Werner	1. 8.87	28. 7.45
Höllein, Hans-Joachim	1. 8.87	2.12.49
Dr. Dyckmans, Fritz	2.11.87	29. 6.49
Dr. Nassauer, Wilhelm	1. 2.89	31.12.50
Schröder, Lutz	1. 4.89	9. 1.50
Igstadt, Volker	1. 8.90	22. 7.50
Dyckmans, Mechthild	1. 8.90	26.12.50
Dr. Dittmann, Thomas	1. 8.91	16. 6.51
Dr. Remmel, Johannes	1. 8.91	3.12.52
Jeuthe, Falko	1. 1.92	28. 4.47
Dr. Apell, Günter	11. 9.92	4. 7.53
Dr. Bark, Thomas	8. 7.93	29. 3.49
Pertek, Wolfgang	8. 7.93	29.12.51
Dr. Saenger, Michael	15. 7.93	9. 7.41
Heuser, Hans-Heinrich	21.12.93	9.10.54

Dr. Rudolph, Inge	21.12.93	28. 6.57
Thürmer, Monika	19. 1.95	1. 2.56
Dr. Göbel-Zimmermann, Ralph	21.12.95	4. 4.57
Schott, Petra	1. 1.96	15. 4.53
Prof. Dr. Gornig, Gilbert-Hanno	29.11.96	9.10.50
Dr. Fischer, Lothar	11. 6.97	27. 8.55
Fischer, Ruth	27. 6.97	13.11.58

Drei weitere Stellen für Richter am Verwaltungsgerichtshof sind besetzt. Namen und Personaldaten der Stelleninhaber sind nicht übermittelt worden.

Verwaltungsgerichte

Darmstadt

Havelstr. 7, 64295 Darmstadt
Postfach 11 14 50, 64229 Darmstadt
T (0 61 51) 12–0
Telefax (0 61 51) 12–60 49

1 Pr, 1 VPr, 6 VR, 26 R + ½ R

Präsident

Dr. Urban, Richard	27.11.91	14. 2.43

Vizepräsident

Enders, Helmut	1.11.87	2.10.36

Vorsitzende Richterinnen/Vorsitzende Richter

Dr. Emrich, Dieter	1. 1.87	13. 1.39
Lorenz, Wilfried	15. 7.88	6. 2.42
Molitor, Wolfram	18. 7.88	20. 8.44
Seidler, Sabine	14. 8.91	20. 5.44
Feisel, Dorothea	1.12.92	13. 6.45
Klingspor, Jutta	1. 1.00	22. 7.49

Richterinnen/Richter

Born, Barbara, ½	16. 1.74	14. 2.43
Dr. Tischbirek, Ingrid, ½	19.10.83	16. 5.51
Mogk, Hans Ulrich	15.10.85	2. 9.53
Patella, Stefan	15. 2.89	2.10.51
Rechenbach, Dagmar, ½	1.11.91	10. 7.57
Wallisch, Brigitte	15. 2.93	26. 7.59
Bangert, Jürgen	1.10.93	1. 5.54
Ehrmanntraut, Michael	1.10.93	6.10.58
Osypka-Gandras, Ursula	1.12.94	21. 1.62
Brugger, Ulrike	15. 8.95	1. 8.61
Lehmann, Peter	28.12.95	31. 3.61
Hinkel, Holger	1. 7.96	21. 6.65
Dienelt, Klaus	1.10.96	11. 8.64
Cezanne, Angelika	15.11.96	1.10.63

Markowski, Sigrun	1.12.96	20. 4.65
Griebeling, Bernhard	1. 7.97	12. 2.65
Vogt, Helmut	1. 8.97	28. 3.63
Rabas-Bamberger, Adelheid	1. 8.98	10. 9.66
Gasper, Jürgen	1. 2.00	4.11.60

Frankfurt am Main

Adalbertstr. 44–48, 60486 Frankfurt am Main
Postfach 90 04 36, 60444 Frankfurt am Main
T (0 69) 13 67–01
Telefax (0 69) 13 67 85 21

1 Pr, 1 VPr, 13 VR, 34 R + ½ R, 6 LSt

Präsident

Dr. Neumeyer, Dieter	7.12.79	14.11.36

Vizepräsident

Dr. Fritz, Roland	24.11.93	2.12.47

Vorsitzende Richterin/Richter

Ellerhusen, Hubert	1.10.84	13. 4.39
Dr. Klisch, Carsten-Michael	1. 2.88	10. 9.43
Wittchen, Werner	1. 3.90	29. 7.46
Loizides, Christiane	10.11.92	25.12.48
Dr. Teuchert, Hans-Dietrich	1.11.93	15. 1.39
Reul, Wolfgang	1.12.93	4. 6.47
Dr. Wittkowski, Bernd	1.12.93	6. 9.50
Hepp, Rainer	28. 3.95	15. 8.54
Leinbach, Lutz	17. 7.96	26. 2.50

Drei weitere Stellen für Vorsitzende Richter sind besetzt. Namen und Personaldaten der Stelleninhaber sind nicht übermittelt worden.

Richterinnen/Richter

Dr. Tiedemann, Paul	1. 4.81	14. 8.50
Breunig, Norbert	1. 6.81	23. 1.45
Wolski, Karin, abg.	16. 7.81	3. 6.50
Pütger, Waltraud	2. 1.82	27.11.51
Roth, Beate, beurl. (LSt)	4.11.85	
Dr. Huber, Berthold	15. 5.86	15. 5.48
Steier, Clemens	29. 9.86	14. 2.52
Reutter-Schwammborn, Gabriele	1. 8.89	13.12.57
Dr. Repp, Harald	1.12.89	7. 8.57
Gegenwart, Andreas	2. 1.92	22. 1.57
Janßen, Dietmar	1. 4.92	11.12.57
Dr. Hohm, Karl-Heinz	9. 4.92	9.11.53
Förster, Gabriele	26. 7.93	3.10.61
Diedrich, Karin	4. 1.94	23. 9.51
Grün, Carsten	2.12.94	14. 7.62

Liebetanz, Stefan	11. 5. 95	9. 4. 63
Brillmann, Claudia, abg.	1. 6. 95	27. 11. 61
Willke, Andrea, abg. (LSt)	21. 6. 95	5. 2. 57
Dr. Rachor, Frederik	1. 8. 95	9. 10. 59
Ottmüller, Eva	1. 2. 96	4. 10. 62
Ott, Markus	1. 3. 96	17. 3. 62
Wiegand, Günter	30. 7. 96	30. 4. 57
Leye, Christine, beurl. (LSt)	30. 7. 96	17. 9. 62
Kannenberg, Werner	2. 8. 96	28. 8. 64
Tanzki, Holger	1. 9. 96	27. 3. 54
Rauschenberger, Heike	15. 10. 96	1. 12. 59
Dr. Suhhof, Margaretha, abg.	9. 11. 96	15. 5. 59
Dr. Mauer, Jutta, abg.	15. 11. 96	10. 9. 62
Wagner, Ulrich	1. 6. 97	10. 4. 63
Dr. Burkholz, Bernhard	1. 1. 99	7. 6. 56

13 weitere Stellen für Richter am Verwaltungsgericht sind besetzt. Namen und Personaldaten der Stelleninhaber sind nicht übermittelt worden.

Gießen

Marburger Straße 4, 35390 Gießen
Postfach 11 14 30, 35359 Gießen
T (06 41) 9 34–0
Telefax (06 41) 9 34–40 03

1 Pr, 1 VPr, 8 VR, 28 R

Präsident

Dr. Stahl, Reiner	1. 3. 92	9. 5. 43

Vizepräsidentin

Buchberger, Elisabeth	21. 12. 93	17. 12. 50

Vorsitzende Richter

Hänsel, Gerald	1. 12. 92	23. 9. 50
Hornmann, Gerhard	1. 12. 92	24. 3. 52
Spies, Ulrich	22. 6. 93	12. 7. 49
Dr. Schwartze, Dieter	22. 10. 93	11. 8. 38
Dr. Preusche, Burkhard	22. 12. 93	10. 9. 43
Ruthsatz, Reinhard	9. 8. 94	13. 11. 52

Zwei weitere Stellen für Vorsitzende Richter am Verwaltungsgericht sind besetzt. Namen und Personaldaten der Stelleninhaber sind nicht übermittelt worden.

Richterinnen/Richter

Seibert, Peter-Michael	2. 5. 89	9. 7. 54
Schirra, Peter	1. 4. 92	2. 10. 56
Ferner, Hilmar	1. 1. 93	21. 5. 60
Dörr, Sabine	25. 3. 93	2. 3. 61
Dr. Krekel, Klaus	1. 7. 93	3. 2. 56
Debus, Norbert	24. 9. 93	11. 2. 56
Dr. Horn, Oliver	1. 10. 93	24. 7. 59

Heer, Ingrid	2. 9. 94	12. 3. 57
Kniest, Thomas	1. 11. 94	31. 7. 58
Preuß, Karl-Heinz	4. 6. 95	18. 2. 61
Bodenbender, Werner	1. 7. 95	4. 9. 59
Deventer, Renate	26. 9. 95	5. 5. 62
Kröger-Schrader, Cordelia	5. 2. 96	5. 10. 64
Elser, Roland	7. 12. 96	27. 5. 61
Höfer, Andreas	20. 12. 96	25. 4. 63
Zickendraht, Beate	1. 1. 97	6. 4. 64
Dr. Funk, Sabine	12. 5. 97	13. 11. 63
Dr. Ostheimer, Michael	21. 10. 97	30. 3. 66
Metzner, Mathias, abg.	16. 1. 98	27. 6. 64
Schmidt, Helmut	17. 11. 98	16. 12. 62

Acht weitere Stellen für Richterinnen bzw. Richter sind besetzt. Namen und Personaldaten der Stelleninhaber sind nicht übermittelt worden.

Kassel

Tischbeinstr. 32, 34121 Kassel
Postfach 10 38 69, 34038 Kassel
T (05 61) 10 07–0
Telefax (Gr. 1) 05 61/1 00 71 65

1 Pr, 1 VPr, 5 VR, 22 R (3 × ¾ R), 3 LSt

Präsidentin

Fertig, Felizitas	1. 1. 86	25. 5. 39

Vizepräsident

Löffel, Ulrich	1. 8. 88	21. 11. 43

Vorsitzende Richter

Töpfer, Hans-Günter	26. 6. 86	23. 8. 41
Schäfer, Stefan	24. 11. 92	12. 8. 53
Krakowsky, Jürgen	14. 7. 93	11. 1. 42
Heidemann, Uwe	1. 8. 93	12. 3. 49
Barke, Ottmar	1. 12. 99	24. 1. 52

Richterinnen/Richter

Wintersperger, Reinhard	1. 3. 79	28. 3. 47
Schneider, Horst	17. 4. 80	18. 6. 55
Dr. Jürgens, Gunter	1. 8. 88	14. 11. 56
Knauf, Jürgen	4. 4. 90	17. 6. 60
Spillner, Matthias	1. 1. 91	4. 10. 58
Siedler, Hardy	6. 1. 92	18. 2. 56
Siegner, Gerda, ¾	1. 2. 92	29. 12. 56
Lehmann, Katrin, ¾	19. 2. 92	6. 2. 57
Dr. Schnell, Günter	27. 3. 93	4. 11. 61
Zahn, Wolfgang	18. 11. 93	6. 2. 65
Dr. Dieterich, Gunther	1. 12. 93	22. 5. 59
Seggelke, Rolf	1. 3. 94	12. 4. 61
Schönstädt, Dirk, abg.	5. 8. 94	8. 9. 60
Küllmer, Uwe	14. 10. 94	24. 2. 63
Lohmann, Christine, beurl.	2. 1. 95	20. 9. 65

Steinberg, Uwe	10. 2.95	18.12.58
Wanner, Horst	16. 3.95	4. 3.60
Schäfer, Michaela, beurl.	16. 3.95	8. 2.63
Dr. Müller-Schwefe, Michael	28. 6.95	19. 8.48
Nieuwenhuis, Bettina, ¾	1. 9.95	28. 1.55
Dr. Sens-Dieterich, Karin, beurl.	4. 2.96	6. 6.63
Dr. Schwarz, Jörg	16.10.96	5. 9.58
Dr. Schütz, Olaf	1. 8.98	11.10.65

Weitere Stellen sind besetzt. Namen und Personaldaten der Stelleninhaber sind nicht übermittelt worden.

Wiesbaden

Mühlgasse 2, 65183 Wiesbaden
Postfach 57 66, 65047 Wiesbaden
T (06 11) 32–0
Telefax (06 11) 32–31 11

1 Pr, 1 VPr, 7 VR, 21 R, 2 LSt (R)

Präsident

| Faber, Hans Peter | 1. 4.83 | 30. 1.41 |

Vizepräsident

| Hiemenz, Friedrich | 1. 1.86 | 29. 5.39 |

Vorsitzende Richterinnen/Vorsitzende Richter

Dr. Holzmann, Gabriele	1.11.79	1. 9.45
Scholtz, Ingo	1. 4.80	2. 7.35
Dr. Kögel, Manfred	1.10.80	6. 6.44
Dr. Kruchen, Günter	1. 4.86	15. 5.45
Rainer, Rudolf	30. 3.88	10. 6.39

| Dr. Schneider, Winfried | 13.11.89 | 2. 9.51 |
| Kraemer, Ursula, ¾ | 15. 2.94 | 25.12.52 |

Richterinnen/Richter

Merkel, Ute	23. 5.78	16.10.47
Partsch, Gernot	1. 9.80	6. 9.40
Häuser, Horst	1. 4.81	9.12.46
Georgen, Ferdinand	1. 1.83	16. 3.49
Domann-Hessenauer, Johanna	16. 2.85	15. 9.52
Hannappel, Karin	1. 3.86	30.10.55
Hartmann, Rolf	11. 9.87	9.10.55
Birk, Alexander	1.12.88	17. 5.55
Schild, Jutta ½	1. 4.90	11. 2.58
Habel, Jürgen	9.10.91	11. 7.57
Koepke, Torsten, abg.	13. 4.93	15. 4.55
Wolters, Jutta, ½	27. 5.93	23.11.54
Walther, Harald	23. 6.93	7. 4.58
Dr. Wartusch, Hans-Günther	1. 8.93	7. 9.57
Zeimetz-Lorz, Birgit (MdL) (LSt)	3.12.93	23. 8.60
Dr. Gerster, Rainald, abg.	25. 4.94	6. 1.60
Evers, Patricia	17. 6.94	18.12.62
Dr. Diehl, Rafaela	1. 6.95	22. 9.55
Jakobi, Annette	15. 6.96	5. 7.64
Grünewald-Germann, Sybille, ¾	10. 7.96	29. 5.63

Weitere Stellen sind besetzt. Namen und Personaldaten der Stelleninhaber sind nicht übermittelt worden.

Richterin im Richterverhältnis auf Probe

| Kauß, Barbara, ½ | 16. 7.97 | 24. 1.66 |

Mecklenburg-Vorpommern

Oberverwaltungsgericht Mecklenburg-Vorpommern

Domstr. 7, 17489 Greifswald
T (0 38 34) 8 90 50
Telefax (0 38 34) 89 05 39

1 Pr, 1 VPr, 2 VR, 9 R (+ 1 LSt)

Präsidentin

Kohl, Hannelore	1. 3. 97	19. 10. 48

Vizepräsident

Wolf, Helmut	19. 12. 96	22. 3. 40

Vorsitzender Richter

Tiedje, Wolfgang	15. 12. 93	23. 6. 49

Richterin/Richter

Sauthoff, Michael	1. 5. 92	13. 1. 54
Aussprung, Ursula	1. 10. 93	25. 5. 55
Aussprung, Jürgen	1. 10. 93	9. 12. 55
Redecker, Martin	1. 4. 96	22. 8. 61

Verwaltungsgerichte

Greifswald
Domstr. 7, 17489 Greifswald
T (0 38 34) 8 90 50
Telefax (0 38 34) 89 05 28

1 Pr, 1 VPr, 4 VR, 12 R (+ 3 LSt)

Präsidentin

Haegert, Karin	5. 9. 94	28. 6. 36

Vizepräsident

Sellering, Erwin, abg. (LSt)	25. 11. 96	18. 10. 49

Vorsitzender Richter

Seppelt, Christoph	31. 7. 98	7. 9. 60

Richterinnen/Richter

Humke, Reinhard	16. 2. 94	30. 10. 61
Corsmeyer, Ekkard	2. 9. 94	12. 3. 59
Hirtschulz, Meike, tw. abg.	30. 1. 95	14. 6. 62
Bruksch, Holger	22. 9. 95	2. 9. 57
Stratmann, Gerd	30. 5. 96	12. 6. 62
Schipper, Kerstin	30. 5. 96	31. 3. 64
Pohlenz, Stephan	3. 6. 96	1. 8. 61

Sperlich, Klaus, abg. (LSt)	19. 12. 96	20. 9. 62
Tank, Arne	20. 12. 96	24. 1. 64
Dr. Amelsberg, Hajo	19. 8. 97	24. 3. 64
Rosenberger, Dirk	19. 8. 97	20. 7. 64
Dr. Dißmann, Karsten, abg. (LSt)	10. 10. 97	8. 11. 63
Becker, Dag	6. 5. 98	28. 12. 64
Böhmann, Holger	20. 1. 00	13. 11. 66

Schwerin
Wismarsche Str. 323, 19055 Schwerin
T (03 85) 5 40 40
Telefax (03 85) 5 40 41 14/1 15

1 Pr, 1 VPr, 6 VR, 16 R (+ 1 LSt)

Präsident

Dr. Hobbeling, Erich	17. 8. 92	3. 9. 43

Vizepräsident

Wittchow, Günter	1. 7. 94	11. 4. 54

Vorsitzende Richter

Schmidt, Uwe	18. 11. 93	10. 10. 47
Krug, Michael	1. 7. 94	7. 9. 40
Dr. Kronisch, Joachim	1. 4. 96	4. 10. 59
Ring, Wolf-Michael	9. 9. 98	2. 4. 60

Richterinnen/Richter

Körber, Rainer	—	—
Piepel, Rita	2. 5. 92	13. 9. 57
Witt, Petra	9. 2. 93	3. 2. 58
Wedemeyer, Kai, tw.abg.	11. 2. 93	24. 10. 57
Kayser, Susanne, beurl.	18. 9. 93	6. 11. 58
Schmitz, Dorothea, abg. (LSt)	10. 12. 93	7. 9. 62
Graßhoff, Elke	7. 1. 94	28. 3. 61
Preuß, Frank	15. 8. 94	29. 5. 60
Kreutz, Annemarie	8. 5. 95	9. 6. 46
Loer, Burkhard, beurl.	8. 5. 95	14. 11. 59
Skeries, Michael	29. 5. 96	3. 1. 63
Voetlause, Christoph	29. 5. 96	1. 2. 63
Kellner, Ingbert	3. 6. 96	14. 3. 63
Breitwieser, Ulrich	14. 3. 97	25. 9. 62
Tiemann, Sabine, ½	14. 3. 97	22. 1. 64
Wessel, Bettina	10. 10. 97	10. 10. 61
Röh, Bernd	10. 10. 97	19. 12. 61
Nickels, Sven, abg.	10. 8. 98	28. 10. 63
Schmitz, Dieter	10. 8. 98	1. 3. 64
Müller, Frank Otto, abg.	10. 8. 98	8. 5. 65
Bentrup, Silke, abg.	1. 9. 98	23. 8. 68
Dr. Koll, Jürgen, abg.	16. 9. 98	11. 5. 55
Lüdtke, Jan Michael, abg.	16. 2. 99	27. 3. 59

493

Richterinnen/Richter im Richterverhältnis auf Probe		
Redeker, Ralf	2. 1.96	6. 4.65

Thews, Petra	3. 2.97	22. 8.64
Kassel, Stephan, abg.	15. 5.97	1.11.65
Carstens, Andreas	2. 6.97	4. 5.61
Wollenteit, Susanne	1.10.97	30. 9.66

Niedersachsen

Niedersächsisches Oberverwaltungsgericht

Uelzener Str. 40, 21335 Lüneburg
Postfach 23 71, 21313 Lüneburg
T (0 41 31) 7 18–0
Telefax (0 41 31) 71 82 32

1 Pr, 1 VPr, 10 VR, 28 R + 2 LSt f. UProf
im 2. Hauptamt + 1 LSt (R) + 4 Hilfsstellen R 1

Präsident

Dr. van Nieuwland, Herwig	9. 3.00	25. 3.52

Vizepräsident

Schmaltz, Hans-Carsten	3. 5.99	7.11.39

Vorsitzende Richterin/Richter

Dr. Dembowski, Eckart	12. 6.80	6. 9.37
Dr. Czajka, Dieter	5. 8.87	13. 2.36
Klay, Gerd	28. 4.92	25. 4.44
Atzler, Bernhard	19.11.92	7.12.42
Dr. Heidelmann, Dieter	14.12.92	15. 7.46
Dr. Bock, Hans Christian	18. 4.94	31.10.40
Reisner, Thomas	5. 6.98	17.12.42
Dr. Jenke, Hans-Joachim	5. 6.98	13.12.44
Meyer, Ilsemarie	5. 6.98	27. 3.53

Richterinnen/Richter

Dr. Gehrmann, Ludwig	2. 9.74	22. 6.35
Schnuhr, Ekkehard	9. 7.76	28. 3.37
Dr. Berkenbusch, Friedhelm	28. 6.77	11. 3.40
Radke, Hubert	18. 7.77	4. 9.39
Dehnbostel, Gerhard	25. 5.78	14. 2.37
Dr. Thiedemann, Jens	12. 7.78	7. 8.40
Prof. Dr. Faber, Heiko (UProf, 2. Hauptamt) (LSt)	28. 8.79	1.10.37
Schwermer, Gerfried	26. 3.80	12. 1.44
Dr. Uffhausen, Karsten	9. 2.81	21.12.41
Nelle, Karl-Christian	9. 2.81	25. 2.42

Winzer, Hans	18. 6.84	29.10.41
Dr. Graefe-Hunke, Hildburg, ¾, abg. (LSt)	19. 6.84	30.11.43
Kalz, Wolfgang	28. 8.86	19. 3.47
Dr. Berthold, Axel	3. 6.87	27. 9.45
Dr. Petersen, Volkert	21.10.87	16. 8.46
Willikonsky, Klaus	3.10.88	14. 4.50
Munk, Michael	22. 1.91	10.12.47
Ballhausen, Wolfgang	22. 1.91	24. 2.50
Dr. Peschau, Hans-Hermann	26. 6.91	2. 3.51
Dr. Claaßen, Max-Peter	27. 6.91	3. 7.51
Dr. Rettberg, Jürgen	29. 1.92	29. 3.49
Claus, Sören	31. 8.92	4. 1.53
Dr. Frentz, Eva-Christine	31. 8.92	29. 8.55
Vogel, Birgitt, ½	7. 4.93	21.10.52
Dr. Berner-Peschau, Almut, ½	4. 5.93	29. 6.53
Bremer, Wolfgang	11. 4.94	3.12.52
Meyer-Lang, Jürgen	11. 4.94	1. 6.54
Dr. Berlit, Uwe, abg.	15. 8.94	6. 5.56
Schiller, Bernd	31. 8.95	19. 8.52
Schmidt, Hans-Jochen	23. 4.97	8. 9.55
Muhsmann, Dieter	24. 2.99	10. 5.55
Schwenke, Ulrich	24. 2.99	26.12.55
Bremer, Heike	24. 2.99	9.12.57

Verwaltungsgerichte

Braunschweig
Am Wendentor 7, 38100 Braunschweig
Postfach 47 27, 38037 Braunschweig
T (05 31) 4 88–30 00
Telefax (05 31) 4 88–30 01

1 Pr, 1 VPr, 7 VR, 20 + ½ R, 2 LSt (R)

Präsident

Harms, Enno	28. 9.87	17. 4.40

Vizepräsident

N. N.	—	—

Vorsitzende Richterinnen/Vorsitzende Richter

Ungelenk, Frank-Dietmar	17. 4.79	18. 7.36

Hartermann, Marie-Luise	16. 1.80	19. 1.37
Hirschmann, Hans-Ullrich	25. 5.81	20.12.41
Bockemüller, Jürgen	31. 8.81	11.10.46
Hinselmann, Hans-Joachim	23. 2.82	16. 4.37
Büschen, Christian	28.12.87	3. 3.48
Zschachlitz, Ulrike	15.10.90	26. 6.48

Richterinnen/Richter

Haupt, Hans-Jörg	10. 8.79	17.11.44
Schlingmann-Wendenburg, Ulrike, ¾	21. 4.84	12. 9.54
Krause, Hans-Georg	30.10.84	23. 4.54
von Krosigk, Gebhard	1.10.87	5. 5.55
Bartsch, Wolfgang	4. 5.88	25. 1.54
Müller-Fritzsche, Erich	1. 9.89	14. 6.55
Wagner, Karl-Heinrich	4.12.92	3. 7.56
Hachmann, Rainer	4. 3.93	4.12.59
Schwarz, Holger, abg.	1. 3.94	2.12.54
Drinhaus, Barbara, ½	5. 4.94	12. 4.62
Köhler, Elisabeth, ¾	5.12.94	17. 2.60
Struckmeier, Carola, beurl.	7. 9.95	14.11.64
Kurbjuhn, Kristoffer	25. 9.95	27. 2.64
Dr. Nagler, Matthias	19.11.96	17. 5.63
Meyer, Harald-Dirk	1. 2.97	8. 6.64
Dr. Struß, Stephan	17. 3.97	22. 8.62
Tscherning, Stefan	17. 5.97	27. 7.64
Dr. Allner, Uwe	17.11.97	28.11.60
Dr. Baumgarten, Torsten, abg.	17.11.97	5. 4.63
Düfer, Angelika, ⅔	2. 3.98	19. 1.64

Göttingen
Berliner Str. 5, 37073 Göttingen
Postfach 37 65, 37027 Göttingen
T (05 51) 4 03–0
Telefax (05 51) 4 03–20 00

1 Pr, 1 VPr, 2 VR, 9 R

Präsident

N. N.	—	—

Vizepräsidentin

Kaiser, Hannelore	13. 4.95	12. 6.53

Vorsitzende Richter

Prilop, Helmut	31. 8.92	21. 1.50
Lichtenfeld, Ulf	31. 8.92	11. 4.54

Richterinnen/Richter

Dr. Richtberg, Harald	5. 6.90	14. 5.55
Rühling, Immo	3. 8.92	13. 1.57
Lenz, Olaf	1. 3.93	21. 8.59
Faupel, Birgit, beurl.	11. 3.94	7. 9.60

Dr. Wenderoth, Dieter	1. 4.94	7.10.58
Pardey, Ralf	21. 4.95	5.12.62
Dr. Möller, Knut	3. 8.95	24. 2.60
Dr. Rudolph, Lothar	25. 1.96	5.10.57
Schneider, Susanne, ½	3. 4.96	27.12.60
Habermann, Christiane, ½	16. 1.97	22.12.61

Hannover
Eintrachtweg 19, 30173 Hannover
Postfach 61 22, 30061 Hannover
T (05 11) 81 11–0
Telefax (05 11) 81 11–1 00

1 Pr, 1 VPr, 13 VR, 37 R

Präsident

Dr. Dreiocker, Karlheinz	18.12.89	14.12.39

Vizepräsidentin

Merz-Bender, Brigitte	22. 4.97	10. 6.50

Vorsitzende Richter

Dr. Schmidt-Stein, Hans-Joachim	23.11.77	16.12.36
Kloppenburg, Helmut	1. 3.78	25. 7.35
Dr. Arndt, Gottfried	16. 3.79	23. 9.36
Dr. Weidemann, Helmut	16. 3.79	16. 8.38
Dr. Simon, Hans-Arno	20.12.82	28. 9.42
Läsker, Lars	2.11.83	2.11.40
Schmidt-Vogt, Klaus-Peter	5. 4.91	23. 4.43
Dr. Wagner, Karl Wilhelm	5. 4.91	30. 5.45
Reccius, Werner	5. 4.91	27. 6.48
Stittgen, Klaus Herbert	7. 2.92	19. 8.43
Dr. Herrmann, Arnd	31. 8.92	21.10.40
Wilcke, Klaus	3.12.99	24. 6.48

Richterinnen/Richter

Rücker, Christel, ½	7.10.74	10.12.43
Littmann, Klaus-Uwe	4. 7.83	27.12.50
Wendlandt-Stratmann, Traute, ½	3.11.83	30. 3.52
Dr. Hüper, Otto	1. 4.84	2.12.50
Armborst, Christian, abg.	3. 5.85	15. 3.52
Niewisch-Lennartz, Antje	1. 2.86	31.12.52
Ufer, Michael-Rainer	1. 7.86	20. 5.57
Niederau-Frey, Felicitas, abg.	27. 4.88	4. 5.56
Kleine-Tebbe, Andreas	6. 6.88	27. 7.53
Makus, Udo	22. 7.88	19. 4.58
Lüerßen, Marianne, ¾	1.12.89	31. 3.55
Borchert, Andreas	1. 1.92	22. 3.54
Sommerfeld, Vera	1. 1.92	11. 1.59

Schulz-Wenzel, Ulrich	1.10.92	29. 5.58
Schade, Jens	18. 1.93	18. 6.57
Volk, Holger	18. 3.94	5. 5.59
Hoch, Sibylla, abg.	24. 5.94	4. 8.61
Schraeder, Jutta, beurl.	19. 9.94	30. 5.62
Ihl-Hett, Jutta, beurl.	13. 1.95	29. 1.61
Schütz, Bettina	16. 3.95	13. 6.63
Goos, Martin	13. 4.95	10.10.61
Dr. Hett, Frank-Thomas	21. 4.95	11. 5.61
Behrens, Ingo, abg.	27. 7.95	10. 8.62
Dr. Smollich, Thomas, abg.	16. 2.96	14. 3.63
Dr. Wefelmeier, Christian, abg.	9. 4.96	18. 6.61
Dr. Schlei, Henrike	18.11.96	1.12.61
Peters, Harald	18.11.96	30. 7.63
Dr. Schmidt, Angelika	14. 2.97	29. 1.63
Wessels, Hartmut	16. 6.97	16.12.60
Ludewigs, Heike, beurl.	1. 8.97	16.12.63
Kärst, Pia	1. 9.98	12. 8.67
Büdenbender, Elke, beurl.	2.12.99	14. 1.62
Döpp, Arietta, abg.	1. 3.00	6.11.67

Lüneburg

Fuchsweg 9, 21337 Lüneburg
Postfach 29 41, 21319 Lüneburg
T (0 41 31) 9 58–0
Telefax (0 41 31) 9 58–2 99

1 Pr, 1 VPr, 5 VR, 14 R

Präsident

von Alten, Hennig	17. 8.92	7. 3.48

Vizepräsident

Siebert, Wolfgang	3.12.99	4.11.50

Vorsitzende Richter

Dietze, Jürgen	18. 5.88	18. 9.44
Bode, Dieter	8. 4.91	9. 9.36
Stelter, Jürgen	26. 6.92	20. 1.48
Dr. Beyer, Hans-Christoffer	31. 8.92	19. 9.47

Richterinnen/Richter

Ludolfs, Gerd	4. 1.83	17. 1.52
Haase, Sigune	1. 2.85	13.11.46
Preßler, Regina	1. 2.85	14. 2.51
Sandgaard, Gesa	21.11.91	6. 4.59
Müller, Horst-Dieter	2.11.92	2.11.59
Schütte, Dieter	28. 9.93	25. 6.61
Malinowski, Jörg	10.12.93	25.10.61
Tröster, Silke	10.12.93	17.12.63

Minnich, Regina, ⅔	3. 1.94	3. 8.6⚫
Göll-Waechter, Renate, beurl.	21. 1.94	6. 7.6⚫
Ludolfs, Henry	5. 8.94	15.12.6⚫
Kirschner, Georg	27. 3.95	23. 4.6⚫
Pump, Thomas	13. 7.95	25. 5.6⚫
Dr. Schulz, Ronald	1. 2.96	28. 4.6⚫

Oldenburg in Oldb.

Schloßplatz 10, 26122 Oldenburg
T (04 41) 22 00
Telefax (04 41) 2 20–22 06

1 Pr, 1 VPr, 8 VR, 23 R

Präsident

Dr. Hanisch, Werner	31. 7.91	5. 6.42

Vizepräsident

Dr. Block, Manfred	11. 1.82	17. 7.38

Vorsitzende Richterin/Richter

Bergner, Udo	14. 1.80	14. 7.42
Wolter, Gerd	22. 3.82	21. 2.43
Leemhuis, Bernhard	19.10.82	28. 8.41
Janssen, Lambert	31. 5.91	13. 7.49
Schelzig, Werner	30. 9.92	18. 5.47
Kalmer, Aloys	30. 9.92	24. 8.52
Streichsbier, Klaus	5. 8.96	17.11.51
Göken, Gabriele	20. 4.99	21. 2.55

Richterinnen/Richter

Wündrich, Christoph	21. 4.83	19. 4.49
Dr. Hoffmeyer, Carsten	1.11.84	23. 9.50
Osterloh, Bernd	2.12.85	25. 8.54
Heuer, Hubert	27. 3.86	25. 2.51
Dr. Schrimpf, Henning	6. 5.92	9.10.51
Osterloh, Wolfgang	5. 8.92	23. 4.58
Dr. Burmeister, Günter, abg.	30. 4.93	21. 3.60
Riemann, Gerhard	27. 9.94	26. 2.60
Schallenberger, Claus Gisbert	26. 1.95	21. 7.56
Sonnemann, Wulf	27. 2.95	23. 6.62
Braatz, Manfred, abg.	23. 3.95	29. 3.63
Hoeft, Karola, beurl.	11. 8.95	10. 6.62
Blaseio, Bernd	21. 9.95	2. 1.64
Burzynska, Manfred	28.11.95	19. 8.57
Wörl, Stefan	25. 1.96	10. 8.63
Schwettmann, Carsten	1. 2.96	17.11.60
Keiser, Andreas	1. 2.96	11. 2.63
Dr. Menzel, Lucas	1. 4.96	17.10.62
Schulze, Sigrid, ½	24.10.96	10. 9.61
Dr. Freericks, Anke, ⅝	25. 6.97	4. 4.64

Meyer, Harald	7. 7.97	28. 7.64
Ahrens, Karl-Heinz	7. 7.97	12. 9.64

Osnabrück
Hakenstr. 15, 49074 Osnabrück
T (05 41) 3 14–03
Telefax (05 41) 3 14–7 62

1 Pr, 1 VPr, 4 VR, 12 R

Präsident

Schlukat, Werner	31. 8.93	7. 3.39

Vizepräsident

Niermann, Volker	12.10.93	18. 3.44

Vorsitzende Richter

Bode, Otto	25. 6.80	24. 2.37
Dr. Thies, Reinhard	11. 8.82	21. 5.44
Essig, Karlheinz	30. 9.92	31.10.47
Mädler, Michael	7.10.92	4. 3.46

Richterinnen/Richter

Brinkmann, Jürgen	7. 8.67	25. 5.36
Greiser, Hans	29. 4.69	28. 6.37
Flesner, Hans-Jürgen	15. 3.85	13. 1.48
Dr. Wichardt, Rita	1. 7.85	2. 2.46
Kohring, Helmut	31.10.86	19. 2.49
Fister, Michael	31.10.89	3. 8.55
Meyer, Wilfried	4. 1.91	25. 2.59
Specht, Andreas	2.12.92	13. 6.60
Beckmann, Norbert	6.12.95	4. 5.58
Müller, Sabine	28. 7.97	2. 6.64
Neuhäuser, Gerd Armin	29. 8.97	9. 8.65
Dörmann, Andrea, ½	26. 9.97	21. 2.65

Stade
Am Sande 4a, 21682 Stade
Postfach 21 45, 21661 Stade
T (0 41 41) 4 06–05
Telefax (0 41 41) 4 06–2 92

1 Pr, 1 VPr, 3 VR, 11 + ½ R

Präsident

Schmidt, Eike	22. 5.90	30. 9.44

Vizepräsident

Ladwig, Hasso	14. 1.91	9. 6.36

Vorsitzende Richter

Dr. von Kunowski, Jan	22. 7.82	17.10.41
Schulz, Manfred	19. 8.87	25. 2.45
Gärtner, Hans-Joachim	12.10.87	13. 6.50

Richterinnen/Richter

Steffen, Reinhard	1. 8.81	26. 8.49
Schröder, Sigrid	14. 5.85	18.12.53
Leiner, Wolfgang	1.10.92	2. 1.59
Fahs, Reinhard	6. 9.93	4. 2.59
Gerke, Susanne	1. 2.94	31.10.62
Wermes, Richard	23. 3.95	16. 3.63
Teichmann-Borchers, Anette	2.11.95	6. 6.59

*Richter im Richterverhältnis auf Probe
beim Verwaltungsgericht Hannover:*

Lange, Burkhardt	27 7.98	20. 6.64

beim Verwaltungsgericht Oldenburg:

Hüsing, Frank	3. 5.99	23. 2.67

Nordrhein-Westfalen

Oberverwaltungsgericht für das Land Nordrhein-Westfalen

Aegidiikirchplatz 5, 48143 Münster
Postfach 63 09, 48033 Münster
T (02 51) 5 05–0
Telefax (02 51) 5 05–3 52

1 Pr, 1 VPr, 21 VR, 59 R + 1 LSt (R)

Präsident
Dr. Bertrams, Michael   24. 6. 94   23. 12. 47

Vizepräsident
Dr. Franzke, Hans-Georg   1. 10. 93   13. 2. 36

Vorsitzende Richterinnen/Vorsitzende Richter
Willeke, Hansgerd	24. 6. 80	16. 12. 35
Pottmeyer, Ernst	9. 9. 81	1. 3. 38
Dr. Humborg, Franz-Egon	8. 6. 82	10. 2. 37
Dr. Brossok, Hilke	15. 5. 86	12. 10. 42
Dr. Heveling, Klaus	26. 5. 88	30. 4. 43
Wolff, Renate	13. 9. 91	4. 3. 45
Tuschen, Heinz Michael	1. 12. 91	24. 12. 44
Patzwaldt, Werner	1. 4. 93	18. 7. 44
Otte, Wolfgang	25. 1. 94	14. 6. 46
Willems, Herbert	25. 1. 94	18. 9. 51
Schroiff, Peter	1. 6. 95	22. 12. 44
Fessler, Bernhard	1. 10. 95	1. 9. 53
Dr. Kallerhoff, Dieter	22. 12. 95	3. 12. 50
Brauer, Christian	1. 12. 96	24. 12. 46
Dr. Fischer, Arnd	1. 2. 97	21. 1. 44
Dr. Schauer, Hildburga	16. 12. 98	28. 4. 44
Dr. Lau, Ulrich	22. 12. 98	19. 2. 51
Koopmann, Manfred	18. 6. 99	26. 5. 55
Becker, Andreas	1. 3. 00	25. 5. 53

Richterinnen/Richter
Pusch, Klaus	9. 4. 74	8. 12. 36
Dr. Mahn, Dietrich	6. 2. 76	14. 9. 39
Dr. Gottschick, Dirk	6. 4. 76	8. 11. 39
Köntopp, Olaf	13. 9. 77	25. 11. 40
Kluge, Siegfried	—	—
Nierhoff, Brigitta	21. 8. 78	4. 3. 41
Roeder, Ingo	8. 11. 78	9. 11. 42
Dr. Voll, Ulrich	8. 6. 79	29. 6. 40
Radusch, Martin	17. 9. 79	14. 5. 43
Kuschnerus, Ulrich	16. 6. 81	12. 8. 46
Anlauf, Friedrich-Wilhelm	—	—
Perger, Annette	—	—

Höver, Michael	21. 12. 81	19. 10. 40
Bauer, Helmut	21. 9. 82	5. 9. 44
Dr. Heinrich, Manfred	13. 9. 85	8. 9. 47
Neumann, Werner	14. 9. 87	11. 4. 53
Stehr, Volkrat	2. 5. 89	15. 2. 53
Dr. Schulte, Bernhard	29. 5. 89	26. 5. 47
Teipel, Joachim	28. 12. 89	11. 7. 55
Dr. Schöler, Hans Günther	10. 5. 90	12. 6. 45
Richerzhagen, Bernd	15. 5. 90	17. 12. 48
Maschmeier, Dieter	15. 5. 90	9. 3. 52
Dr. Nolte, Rüdiger	8. 2. 91	24. 11. 51
Benassi, Günter	—	
Dr. Deiseroth, Dieter	10. 12. 91	18. 5. 50
Gelberg, Josef	27. 12. 91	11. 12. 51
Asbeck, Michael	4. 3. 92	29. 4. 51
Kaminski, Hans-Dieter, abg.	4. 3. 92	9. 6. 52
Dr. Schachel, Jens	26. 7. 93	25. 11. 49
Purk, Eugen	15. 12. 93	11. 4. 55
Bretschneider, Jörg	24. 1. 94	13. 9. 50
Jung, Hubert	10. 5. 94	9. 3. 55
Oestreich, Franz Bernhard	10. 5. 94	9. 10. 55
Domgörgen, Ulf, abg. (LSt)	21. 9. 94	12. 4. 56
Pentermann, Werner	30. 9. 94	20. 6. 47
Werthmann, Henrik, abg.	8. 12. 94	2. 12. 48
Lange, Karl-Bernhard	20. 12. 94	23. 11. 47
Werkmeister, Peter	—	—
Dr. Seibert, Max-Jürgen	6. 2. 95	25. 9. 53
Dr. Schneider, Otmar	6. 2. 95	7. 8. 54
Stuchlik, Holger	6. 2. 95	30. 11. 58
Zinnecker, Peter	29. 11. 95	19. 9. 56
Dr. Wysk, Peter	4. 12. 95	18. 10. 55
Jaenecke, Jürgen	16. 1. 96	5. 4. 59
Kampmann, Bernd	27. 8. 96	5. 2. 59
Dr. Bülter, Gerhard	27. 8. 96	23. 3. 59
Dorn, Martin	17. 9. 96	1. 1. 60
Frenzen, Klaus Peter	18. 2. 97	12. 11. 58
Marwinski, Ralf	28. 2. 97	29. 1. 58
Dr. Schnell, Martin	16. 5. 97	5. 5. 57
Lechtermann, Dirk	16. 5. 97	11. 8. 58
Dessau, Angela	16. 5. 97	30. 4. 60
Beimesche, Sebastian	25. 8. 97	27. 8. 59
Schulte, Friedrich-Wilhelm	3. 12. 99	23. 6. 50
Dr. Maidowski, Ulrich	3. 12. 99	13. 10. 58
Rapsch, Elisabeth	3. 12. 99	18. 4. 60
Stork, Ursula	3. 12. 99	26. 7. 60
Lieberoth-Leden, Hans-Jörg	3. 12. 99	8. 8. 60
Saurenhaus, Jens	3. 12. 99	1. 1. 62

Dr. Zimmermann-Rohde,
Rita, abg. — —
Herkelmann-Mrowka,
Birgit, abg. 20. 12. 99 10. 1. 63

Verwaltungsgerichte

Aachen

Postfach 9 06, 52010 Aachen
Kasernenstraße 25, 52064 Aachen
T (02 41) 4 77 97–0
Telefax (02 41) 4 77 97–5 00

1 Pr, 1 VPr, 7 VR, 23 R + 1 × ¼ + 1 LSt (R)

Präsident

Dr. Limpens, Herbert 3. 6. 91 2. 5. 49

Vizepräsidentin

Hollfelder, Maria Anna — —

Vorsitzende Richterin/Vorsitzende Richter

Stähler, Dagmar	10. 8. 77	17. 5. 37
Storch, Rüdiger	29. 9. 80	4. 2. 42
Niebel, Georg	—	—
Lübbert, Ingo	13. 11. 91	17. 7. 45
Eske, Ulrich	4. 3. 92	22. 9. 48
Pistor, Carl	—	—
Skrypzak, Hans-Jürgen	16. 9. 96	29. 1. 52

Richterinnen/Richter

Timmermann, Rainer	—	—
Domke, Karl-Dietrich	—	—
Dabelow, Thomas	3. 4. 81	27. 2. 50
Klunker, Hans-Jürgen	4. 2. 82	28. 2. 47
Wolff, Ernst	1. 4. 82	2. 10. 49
Skischally, Ulrich	13. 4. 84	3. 11. 53
Kozielski, Joachim	8. 8. 84	1. 7. 52
Addicks, Verena	30. 12. 85	23. 3. 54
Runte, Gabriele	15. 4. 89	12. 10. 57
Addicks, Harry	—	—
Küppers-Aretz, Brunhilde	15. 4. 92	1. 2. 59
Dick, Frank	5. 2. 95	8. 1. 61
Dr. Keller, Matthias	27. 4. 95	15. 7. 62
Weyers, Petra	15. 9. 95	18. 10. 62
Benthin-Bolder, Claudia	19. 10. 95	18. 12. 61
Beine, Andreas	15. 2. 96	22. 5. 64
Schnieders, Sigrun	3. 1. 97	1. 5. 66
Koch, Birgitt	24. 1. 97	20. 1. 61
Keller, Karen	6. 9. 97	8. 11. 62
Asmis, Christine	1. 2. 98	26. 9. 64
Löffler, Bettina, beurl. (LSt)	27. 7. 98	16. 3. 67
Kreutz, Herbert	2. 10. 98	16. 1. 63
Dr. Schnieders, Michael	22. 11. 98	10. 6. 67

Lehmler, Markus	1. 12. 98	27. 9. 66
Wenner, Gregor, abg.	1. 7. 99	16. 6. 65
Hammer, Dirk	8. 1. 00	20. 3. 70

Arnsberg

Postfach 56 61, 59806 Arnsberg
Jägerstraße 1, 59821 Arnsberg
T (0 29 31) 8 02–5
Telefax (0 29 31) 8 02–1 11

1 Pr, 1 VPr, 12 VR, 35 R + 1 × ⅙ R + 3 LSt (R)

Präsident

Dr. Morgenstern, Ulrich 31. 1. 97 13. 8. 50

Vizepräsident

Proppe, Günter 16. 10. 87 16. 4. 36

Vorsitzende Richter

Dr. Derpa, Rolf	15. 12. 76	25. 7. 40
Dr. Köster, Hubert	14. 11. 78	25. 1. 42
Steinkemper, Heinrich	29. 6. 79	21. 11. 43
May, Michael	5. 12. 83	6. 6. 48
Peters, Friedhelm	—	—
Pendzich, Michael	28. 3. 91	23. 9. 49
Herlt, Joachim	8. 7. 92	20. 1. 51
Dr. Fruhen, Claus	—	—
Ammermann, Hermann	17. 9. 92	25. 6. 46
Crummenerl, Ulrich	15. 3. 93	7. 12. 44
Ismar, Herbert	24. 1. 94	17. 10. 50
Klein, Michael	—	—

Richterinnen/Richter

Schäperklaus, Rainer	16. 7. 75	2. 3. 44
Kloß, Jürgen	6. 12. 75	25. 9. 42
Lüttenberg, Dieter	3. 5. 76	8. 9. 41
Dr. Schellen, Peter	29. 3. 82	9. 5. 51
Buter, Klaus	—	—
Kasten, Wolfgang	29. 12. 84	4. 1. 52
Scholten, Gebhard	1. 8. 92	22. 8. 59
Wenner, Andreas	1. 5. 93	2. 9. 58
Schäfer, Herbert	4. 7. 93	17. 6. 57
Gießau, Reiner	28. 2. 94	12. 2. 60
Ströcker, Annedor	28. 3. 94	12. 9. 61
Borgdorf, Reinold	2. 5. 94	14. 2. 62
Wollweber, Frank	4. 7. 94	25. 4. 62
Bartels, Gabriele	19. 7. 94	10. 6. 62
Osthoff-Menzel, Heike	—	—
Dr. Graf, Carola, abg.	16. 12. 94	21. 1. 62
Dr. Middeke, Andreas	3. 1. 95	25. 2. 60
Janßen, Burkhard	31. 1. 95	8. 11. 62
Meiberg, Rolf	21. 2. 95	5. 3. 63
Dr. Weber, Annette	9. 6. 95	29. 6. 63
Lemke, Christine, beurl. (LSt)	27. 8. 95	8. 8. 63
Lemke, Volker	—	—

Hemmelgarn, Gudula,		
beurl. (LSt)	27. 1.96	5. 3.63
Bonsch, Gerlinde	18. 2.96	16. 4.64
Brüggemann, Bernhard	20. 4.96	4. 7.64
Rommersbach, Jürgen	—	—
Dr. Przygode, Stefan	25.12.96	2.11.59
Schulte, Stefan	—	—
Neumann, Guntmar	16. 1.97	29.12.62
Hustert, Dirk	3. 3.97	7. 6.64
Dr. König, Georg	13. 4.97	15. 6.63
Brüggemann, Andreas	9. 6.97	11. 3.64
Rasche-Sutmeier, Kerstin	11. 9.97	18. 6.64
Lindner, Georg	—	—
Heine, Ralph	27. 3.98	21. 9.65
Hoffmann, Arne Peter	3.12.98	2. 6.64

Düsseldorf
Postfach 20 08 60, 40105 Düsseldorf
Bastionstr. 39, 40213 Düsseldorf
T (02 11) 88 91–0
Telefax (02 11) 88 91–39 00

1 Pr, 1 VPr, 24 VR + 1 LSt (VR), 66 R +
1 × 7/12 R + 7 LSt (R)

Präsident

Dr. Klenke, Reinhard	1.10.95	17. 5.51

Vizepräsident

Ruge, Ulrich	1.10.90	5. 8.42

Vorsitzende Richterinnen/Vorsitzende Richter

Adam, Jürgen	1. 6.74	3. 6.38
Schifferdecker, Ingrid	17.11.75	26. 6.36
Dr. Blens, Heribert, MdB		
(LSt)	—	—
Schaefer, Erich	27. 1.78	27.12.39
Blanke, Eva-Marie	30.11.78	30. 6.40
Niedner, Helmut	17. 9.79	27. 2.40
Krampe, Wolfgang	17. 9.79	4. 7.41
Dr. Hüttenhain, Rainer	1. 1.80	6. 2.40
Mecking, Werner	1. 4.80	24. 9.43
Fix, Udo	24.11.80	27. 3.42
Scheiter, Gisela	25. 3.81	12. 8.42
Dahl, Horst	—	—
Dr. Arians, Knut	28.11.83	17. 1.43
Hopp, Hans-Jörg	2. 7.86	30. 9.37
Kirchhof, Brigitte	2. 7.86	22.11.44
Dohnke, Jörg	2.12.86	3. 7.46
Büchel, Kurt	—	—
Elsing, Georg	15. 5.90	15. 8.47
Dr. Seifert, Paul-Michael	—	—
Leskovar, Gerd	28. 7.92	22. 4.46
Feldmann, Ulrich	16.11.92	26. 2.50
Dr. Quick, Heinz		
Joachim	1. 3.97	15. 2.50

Sievers, Uwe	18. 2.98	28. 8.45
Köster, Ulrich	1. 8.99	23. 5.49

Richterinnen/Richter

Ernst, Regina	22.12.71	12. 6.38
Sieber, Andrea-Gertraude	16. 7.74	10. 5.43
Kayser, Eva-Renate	9. 1.75	17. 9.39
Dr. Lehmann, Helga	—	—
Isenberg, Karin	1. 3.77	5. 1.45
Buchholz, Reinhard	11. 3.77	15. 9.41
Pottgießer, Dorothee	2. 5.77	9. 9.41
Metzmacher, Ulrike	15. 8.78	28. 5.47
Dr. Stappert, Alfons	5. 4.80	30. 8.48
Güldner, Wolfgang	30. 4.81	4.11.41
Dr. Röttger, Heinrich-		
Eckhart	29. 6.81	13.10.43
Voll-Hartung, Juliane	—	—
zum Bruch, Bernd-Rainer	15. 3.82	7. 7.49
Zeiß, Gudrun	2. 4.82	9. 6.53
Repka, Dirk	—	—
Kacza, Michael	1. 4.83	19. 3.49
Fischer, Ute	5. 5.83	1. 2.54
Dr. Kapteina, Gerd-Ulrich	5.12.83	15.12.50
Riege, Petra	2. 2.84	24. 5.52
Mörbitz, Petra	15. 5.84	19. 3.51
Schröder-Schink, Gudrun	23.11.84	30. 8.53
Malorny-Wächter, Ute	—	—
Baumanns, Inge	24. 4.85	11. 4.51
Geisler, Christian, abg.	—	—
Verstegen, Gabriele	1. 9.85	6. 7.54
Golüke, Klaus	17.12.85	4. 5.50
Westerwalbesloh, Stefanie	24.12.85	12.10.55
Chumchal, Norbert, abg.	22. 9.86	3. 1.56
Habermehl, Kai	2. 8.88	25. 2.55
Riege, Achim	3. 3.90	30. 9.56
Dr. Grabosch, Volker	1. 1.91	10.10.57
Hensel, Thomas	12. 1.91	26. 6.58
Appelhoff-Klante, Maria	16. 3.91	29. 3.59
Frank, Jost	25. 4.91	3.10.58
Kensbock, Thomas	2. 5.91	8. 9.56
Klein, Elfriede	10.11.91	12.12.60
Bongen, Ralf	14.12.91	18. 8.59
Hake, Andreas	—	—
Palm, Thomas	15. 3.92	1. 6.58
Möllers, Peter	1. 4.92	6. 7.55
Essert-Palm, Diane, abg.	17. 4.92	16. 6.61
Sokol, Bettina, abg.	27. 4.92	12. 7.59
Klümper, Manfred	31. 8.92	3. 9.60
Müllmann, Susanne	25. 9.92	25. 8.61
Dr. Wundes, Doris, abg.	5. 2.93	8. 4.57
Lenarz, Kordula	23. 5.93	6. 4.61
Klein, Norbert	1. 6.93	1. 5.61
Sterzenbach, Petra	7.12.93	15. 9.58
Dr. Friedrich, Justus	1. 7.94	13. 3.60
Kraus, Achim	1. 8.94	2. 1.63
Wolber, Bernd	16. 9.94	29. 8.61

Lowinski-Richter,
  Walburga, beurl. (LSt)   18. 12. 94   11. 11. 63
Dr. Bocksch, Alexander   7. 2. 95   13. 6. 62
Schatton, Ulrike   17. 2. 95   23. 9. 59
Werk, Burkhard   17. 2. 95   24. 7. 62
Christians, Petra   23. 4. 95   4. 1. 64
Korfmacher, Stefan   1. 9. 95   22. 12. 62
Graf, Yvonne   15. 9. 95   25. 5. 62
Horscht, Michael   1. 10. 95   24. 6. 58
Hentzen, Katja   2. 12. 95   16. 9. 63
Gehrmann, Detlef   4. 1. 96   28. 1. 63
Gümbel, Christiane   11. 1. 96   31. 10. 59
Brunotte, Britta,
  beurl. (LSt)   10. 3. 96   13. 6. 61
Dr. Heinrich, Nicola   20. 4. 96   8. 10. 63
Helmbrecht, Felix   8. 7. 96   27. 7. 63
Beusch, Claudia   8. 7. 96   15. 3. 64
Feuerstein, Simone   8. 7. 96   2. 1. 65
Sternberg, Dieter   4. 3. 97   9. 3. 61
Dr. Merschmeier, Andreas   4. 3. 97   15. 1. 65
Kraus, Petra, beurl. (LSt)   3. 5. 97   29. 8. 61
Schulz-Nagel, Rita   21. 7. 97   12. 8. 63
Heusch, Andreas, abg.   25. 7. 97   29. 5. 64
Schwerdtfeger, Winfried   5. 9. 97   23. 3. 63
Schumacher, Ulrike   4. 10. 97   16. 5. 64
Körkemeyer, Marion   8. 3. 98   23. 3. 67
Heuser, Stefan   2. 6. 98   17. 2. 65
Dr. Kaster, Georg   4. 6. 98   12. 6. 65
von Szczepanski, Elisabeth,
  abg. (LSt)   1. 7. 98   3. 5. 65
Lascho, Stefan   3. 1. 99   22. 9. 64
Dr. Fischer, Christiane   16. 9. 99   5. 8. 67
Mendler, Gabriele,
  beurl. (LSt)   17. 11. 99   28. 4. 68

Gelsenkirchen

Postfach 10 01 55, 45801 Gelsenkirchen
Bahnhofsvorplatz 3, 45879 Gelsenkirchen
T (02 09) 17 01–0
Telefax (02 09) 17 01–1 24

1 Pr, 1 VPr, 17 VR, 47 R + 1 × ¹¹/₁₂ R + 4 LSt (R)

Präsident

Prof. Dr. Schnellenbach,
  Helmut   1. 2. 78   30. 8. 37

Vizepräsident

Schmitz, Wolfgang   1. 5. 88   24. 8. 42

Vorsitzende Richterinnen/Vorsitzende Richter

Fröchtling, Herbert   26. 2. 76   11. 10. 36
Wiesemann, Hermann   10. 2. 78   7. 2. 42
Dr. Blanke, Hermann   18. 10. 79   12. 5. 41
Königs, Michael   10. 4. 80   2. 7. 42
Blanke, Regine   24. 11. 80   30. 8. 44

Charlier, Hans-Justus   2. 5. 81   2. 5. 44
Hagenbeck, Lothar   30. 11. 81   22. 9. 43
Meier, Bernd   16. 4. 82   22. 5. 44
Günther, Werner   22. 12. 82   2. 5. 48
Overthun, Ulrich   27. 3. 85   11. 12. 45
Dr. Wahrendorf, Volker   —   —
Dr. Budach, Werner   11. 5. 87   17. 4. 47
Kaiser, Jürgen   29. 7. 92   24. 2. 53
Grieger, Ernst-Walter   30. 10. 92   12. 5. 50
Dr. Andrick, Bernd   30. 10. 92   21. 7. 52
Lohmann, Albert   15. 3. 93   22. 4. 56

Richterinnen/Richter

Knop, Theobald   22. 1. 76   21. 3. 44
Riedl, Manfred   —   —
Dr. Budach, Gisela   —   —
Klapdor, Petra   20. 8. 77   4. 2. 45
Thoma, Christel   —   —
Pfaffmann, Wolfgang   9. 8. 79   22. 4. 48
Kottsieper, Hartwig   11. 10. 79   10. 10. 47
Oeynhausen, Manfred   19. 9. 80   28. 10. 48
Wiefelspütz, Dieter, MdB
  (LSt)   1. 9. 81   22. 9. 46
Dr. Kremmer, Horst   1. 10. 81   1. 9. 48
Erker, Peter   2. 1. 82   25. 3. 52
Quitmann-Kreft, Waltraud,
  beurl. (LSt)   8. 2. 82   5. 12. 46
Winkelmann, Jürgen   —   —
Eickhoff, Regine   2. 1. 83   22. 3. 52
Roßberg, Margarete   2. 1. 83   28. 5. 52
Pichon, Gudrun   —   —
Scheuer, Walter   12. 3. 83   24. 2. 52
Lütz, Günter   8. 4. 83   8. 2. 52
Weitkamp, Hermann   1. 9. 83   22. 10. 50
Dr. Neu-Berlitz, Mechthild   1. 1. 84   11. 9. 53
Sehrbrock, Günter   15. 7. 84   2. 6. 52
Paus, Rainer   2. 11. 85   2. 7. 54
Rinteln-Teipel, Katharina   —   —
Blum-Idehen, Ute   30. 4. 87   25. 2. 56
Berkel, Volker   11. 5. 90   14. 2. 58
Vollenberg, Magdalena   1. 6. 93   12. 1. 56
Diemke, Birgit   1. 10. 93   18. 9. 61
Thewes, Wolfgang   31. 10. 93   5. 7. 60
Gloria, Claudia   —   —
Austermann, Ulrike   2. 1. 94   8. 5. 61
Schönhoff, Martin   6. 1. 94   3. 4. 60
Dr. Göbel, Gerald, abg.   15. 4. 94   16. 11. 60
Klein Altstedde, Detlev   23. 1. 95   11. 3. 56
Bröker, Ulrich   11. 5. 95   3. 3. 59
Voßkamp, Steffen   9. 6. 95   19. 12. 63
Bielefeld, Jutta   —   —
Dr. Pesch, Andreas   19. 7. 95   20. 12. 62
Dr. Bick, Ulrike, abg. (LSt)   2. 11. 95   3. 10. 59
Dr. Weimann, Martin   17. 2. 96   4. 11. 63
Baumeister, Jörg   13. 4. 96   9. 5. 59
Blaschke, Sabine   —   —

Holtbrügge, Hans-Jörg	20. 9.96	29.10.64
Dr. Kleinschnittger,		
Annette	3. 1.97	12. 5.65
Herfort, Karsten	—	—
Dr. Brodale, Martin	27. 4.97	13. 5.63
Schnellenbach, Cornelia	—	—
Bals, Oliver	23.10.98	24.12.63
Schulte-Trux, Anke	—	—
Voßkamp, Axel	18. 3.99	1.10.65

Köln

Postfach 10 37 44, 50477 Köln
Appellhofplatz, 50667 Köln
T (02 21) 20 66–0
Telefax (02 21) 20 66–4 57

1 Pr, 1 VPr, 22 VR, 67 R + 1 × ¾ R + 7 LSt (R)

Präsident

Dr. Arntz, Joachim	1.10.98	9. 9.46

Vizepräsident

Haase, Klaus-Dieter	1. 5.91	14. 4.40

Vorsitzende Richterin/Vorsitzende Richter

Dicke, Frieder	1.10.75	1.12.35
Dr. Evers, Gerd	—	—
Mautes, Peter	10.12.79	24. 9.40
Reich, Helmut	—	—
Aengenvoort, Peter-Paul	1. 1.80	18. 2.41
Hanenberg, Gerd	14. 3.80	5. 5.45
Dr. Oehmke, Frank	9. 4.80	30. 1.42
Jörgens, Peter	29. 9.80	5. 8.42
Dittmers, Ernst-Friedrich	28.11.80	13.11.45
Dr. Friedrich, Gunter	4. 5.81	26. 9.42
Jens, Axel	1. 9.82	15. 9.43
Kohlheim, Jürgen	8.10.84	7. 3.42
Amann, Bernhard	23.12.86	3. 9.45
Vermehr, Harald	23. 9.87	15. 9.45
Stegh, Ralph	—	—
Reuter, Günter	2.10.89	15. 9.50
Dr. Wegner, Arnim	25. 4.90	17. 1.51
Zobel, Werner	11. 5.90	18.11.50
Dr. Decker, Friedrich	4. 7.91	2. 3.48
Niemeier, Hans-Martin	20. 3.92	12. 9.48
Clausing, Berthold	28. 2.94	16. 6.50
Dr. Timmler, Eva-Angelika	—	—

Richterinnen/Richter

Hoffmann-Erk, Renate	—	—
Müller, Wilfried	—	—
Fleck, Dagmar	—	—
Annecke, Elke	18. 1.73	28. 2.40
Dr. Höver, Bernd	1. 9.75	22.12.42
von Massow, Heilwig	1. 7.76	6. 4.45
Mathieu, Charles Henri	10.10.76	3. 7.44
Dr. Lingmann, Helmut	29. 4.77	16. 7.44

Dr. Willerscheid-Weides,		
Gudrun	2. 1.78	22.12.47
Dr. Ohse, Gerhard	17.10.78	19.10.44
Dr. Busse, Bartold	27. 9.79	6. 4.45
Pentzlin, Joachim	—	—
Dr. Siegmund, Manfred	—	—
Mahler, Alfred	22. 6.81	13. 3.42
Meuser, Heinz	1. 7.81	2. 9.51
Krützmann, Karl	—	—
Judick, Klaus-Dieter	23.11.81	30.10.50
Pötsch, Wolfgang	3. 8.82	11.11.50
Golyschny, Volker	—	—
Hempel, Eva	1.10.82	28. 3.53
Fömpe, Klaus	26.11.82	29. 4.53
Stemshorn, Folker	—	—
Sprenger, Klaus	—	—
Tillmann-Gehrken,		
Bernhard	2.10.83	30. 3.52
Bamberger, Wilhelm	2.10.83	10. 7.52
Holler, Karl-Heinz	22.11.83	31. 3.49
Rusch, Wolfgang	1.12.83	15. 6.52
Paffrath, Hanfried	2. 4.84	20. 1.52
Caspari-Wierzoch,		
Hildegund	21. 4.84	10.11.53
Bendler, Wolfgang	15. 6.84	11.12.47
Kratz, Max	—	—
Knechtges, Wolfgang	7. 7.84	19. 9.51
Janssen-Kolander, Bernadette	—	—
Otten, Johannes	1.12.84	23. 3.51
Bühring-Pfaff, Sigrid	29.12.84	27. 5.54
Schiefer, Klaus	15. 4.85	6. 5.54
Bohlen, Harald	9. 8.85	16. 2.52
Baumann, Hans-Georg	23.12.85	26. 4.51
Uhlenberg, Klaus-Peter	30.12.85	10. 9.54
Breitbach-Plewe, Herbert	21. 4.88	18. 9.55
Delfs, Ursula	2.11.89	12. 2.57
Hofmann, Dietrich	22. 4.90	24. 3.58
Knipper, Andrea, beurl.		
(LSt)	19.10.90	24. 2.59
Roos, Ralf	—	—
Riechert, Clementine,		
beurl. (LSt)	—	—
Leßmann, Ulrike, beurl.		
(LSt)	—	—
Fleischfresser, Andreas	11. 5.91	17. 2.59
Pesch, Lothar	17. 6.91	18. 9.60
Joisten, Michael	29. 6.91	21. 6.56
Müller-Bernhardt,		
Hans-Ulrich	—	—
Follmer, Elke-Marie	25. 7.91	27. 1.60
Deffaa, Ulrich	19.12.91	1. 9.56
Titze, Annegret	—	—
Schommertz, Raimund,		
abg.	16. 1.92	9. 9.57
Jacoby, Paul	15. 3.93	21. 9.61
Dr. Vogt, Andreas	2. 4.93	31.12.61

Huschens, Michael	—	—
Koch, Rainer	1.10.93	23. 3.60
Büllesbach, Norbert	2.11.93	5.11.58
Wagner, Evelyn	7. 2.94	22.12.59
Dr. Christians,		
Andreas, abg.	1. 9.94	17. 6.59
Kortmann, Elisabeth,		
beurl. (LSt)	16. 9.94	28.10.63
Schicha, Claus	1. 2.95	10. 7.60
Panno-Bonnmann, Sabine,		
beurl. (LSt)	1. 4.95	28.12.61
Nagel, Katrin	15. 9.95	6. 6.63
Maurer, Holger	15. 2.96	6. 5.59
Murmann-Suchan, Raphael	15. 2.96	12. 8.63
Dr. Schemmer, Franz	17. 2.96	18. 4.60
Wilhelm, Barbara	19. 4.96	15. 4.63
Ostermeyer, Claudia,		
beurl. (LSt)	12. 7.96	24. 2.65
Boeker, Michael	19. 8.96	27. 9.62
Krämer, Thomas	1. 9.96	20. 6.63
Dierke, Jens	23. 1.98	25. 7.63
Ost, Emanuel	15. 7.99	11.10.65

Minden
Postfach 32 40, 32389 Minden
Königswall 8, 32423 Minden
T (05 71) 88 86–0
Telefax (05 71) 88 86–3 29

1 Pr, 1 VPr, 9 VR, 29 R + 1 × ⅔ R

Präsident

Wortmann, Bernd	24.10.84	24. 5.42

Vizepräsident

N. N.	—	—

Vorsitzende Richter

Brückner, Joachim	1. 8.75	12. 5.37
Landau, Manfred	19.11.79	8. 6.38
Jäkel, Bernhard	29. 2.80	18. 4.42
Götte, Edgar	7. 8.80	8. 8.42
Mahncke, Carl-Wilhelm	25.10.80	11. 9.42
Haenicke, Volker	9. 9.81	19. 5.41
Osthoff, Ulrich	18.12.81	18.12.44
Weidemann, Rolf-Lutz	29. 6.90	18.12.52
Dr. Willms, Benno	30.10.95	28. 2.60

Richterinnen/Richter

Kusserow, Hatto	25. 6.71	11. 2.38
Stein, Jürgen	16. 7.74	21. 4.41
Dr. Mertens, Hans-Georg	—	—
Scholle, Heinz	2. 9.77	27. 5.46
Alberts, Arnold	22.11.77	13. 7.45
Brockmeier, Wolfgang	15. 4.78	21.12.46
Kurth, Maja	17. 9.79	8. 6.48

Brinkmann, Bärbel	—	—
Maydorn, Joachim	3. 3.83	3.11.51
Förster, Wolfgang	3. 3.83	15. 8.52
Gieselmann, Bernhard	3. 3.83	18. 4.54
Brinkmann, Detlef	3. 3.83	5. 8.54
Weiß, Hartwig	1. 9.83	17. 1.49
Müller, Bernd	15.10.83	9.11.53
Wilkens, Redolf	3.11.83	21. 3.48
Kaiser, Winfried	10.11.83	23. 6.53
Hellmann, Ingrid	19.12.83	5. 8.52
Scholle, Barbara	21. 3.84	2.12.52
Schomann, Roland	21. 3.84	28. 8.54
Bünte, Burkhard	21. 3.84	28. 6.55
Diekmann, Jürgen	26. 3.84	10. 3.55
Vogt, Werner	7. 6.84	1. 8.47
Teckentrup, Horst	30.12.84	17.10.53
Wilke, Hans-Ulrich	26.10.90	26.11.57
Rübsam, Antje	1. 9.91	19. 2.62
Ostermann, Burkhard	24. 1.93	1. 4.61
Dr. Bringewat, Bernd	—	—
Dr. Korte, Hans-Jörg	15. 7.93	19.12.59
Remmers, Joachim	30.11.93	13. 7.62
Schürmann, Ruth	22.11.98	30. 8.67

Münster
Postfach 80 48, 48043 Münster
Piusallee 38, 48147 Münster
T (02 51) 5 97–0
Telefax (02 51) 5 97–2 00

1 Pr, 1 VPr, 8 VR, 25 R + 1 × ⅔ R + 1 LSt (R)

Präsident

Dr. Fischer, Ulf	1.11.81	1.10.39

Vizepräsident

N. N.	—	—

Vorsitzende Richter

Dr. Dietzel, Ernst	23.12.76	30. 8.39
Dr. Busch, Rüdiger	14. 9.79	5. 4.41
Nonhoff, Michael	14. 9.79	11. 5.43
Dr. Ridder, Hans-Joachim	16. 5.80	16. 4.42
Deibel, Klaus	24. 9.80	19. 2.45
Barleben, Hans-Volker	—	—
Schröder, Dieter	16.12.81	30. 9.42
Dr. Becker, Joachim	—	—
Tyczewski, Thomas	8. 2.91	4. 8.53

Richterinnen/Richter

Idel, Hans	4. 1.80	27. 8.48
Dr. König, Ludger	15.12.80	25. 5.45
Schmidt, Hans-Georg	—	—
Dr. Witte, Bernd	1. 8.81	5. 7.49
Dr. Mertens, Klaus	1. 9.81	12. 8.47
von Grabe, Annette	—	—
Seidt, Ursula	2. 4.82	10. 2.50

Bakemeier, Bodo	—	—
Sellenriek, Heinz-Dieter	17. 8.83	28. 1.51
Albers, Hermann	—	—
Dr. Schulte-Beerbühl,		
Hubertus	24.11.83	30.11.53
Hegemann, Gabriele	5.11.84	—
Voß, Norbert	14. 9.90	1. 8.58
Steffens, Annemarie	22. 6.91	18.11.59
Heyne-Kaiser, Gabriele	1. 9.92	17. 3.55
Willems, Ute, beurl. (LSt)	1. 6.93	23. 2.56
Beckmann, Josef	15. 7.93	24. 7.58
Dr. Korella, Dirk Elmar		
Wortmann, Leo	18. 7.94	8. 4.62
Dr. Stech, Justus	19. 7.94	29. 3.61
Labrenz, Michael	6. 3.95	10. 1.62
Dr. Lenfers, Guido	26. 4.96	24. 5.63
Schultze-Rhonhof, Jörg	23. 7.96	27. 7.62
Paul, Britta	6. 1.97	8. 2.62
Schildwächter, Mechthild	18. 8.97	18. 3.65
Tyczewski-Pieper, Susanne	4.10.97	22. 1.65

*Richterinnen/Richter im Richterverhältnis
auf Probe*

beim Verwaltungsgericht Aachen:

Witte, Eva	20. 1.98	7. 4.69
Plewka, Eva	4. 5.98	19. 3.71
Schafranek, Frank	3. 8.98	5. 9.68

beim Verwaltungsgericht Arnsberg:

Rauschenberg, Dirk	19. 1.98	24. 4.66
Seidel, Christiane	2. 8.99	5. 7.70
Werheit, Birgit	29.12.99	21. 8.72

beim Verwaltungsgericht Düsseldorf:

Hüsch, Ursula, beurl. (LSt)	1. 4.92	16. 9.62
Tyborski, Petra, beurl.		
(LSt)	16. 5.97	28. 1.65
Dr. Fleuß, Martin	23. 5.97	8. 4.68
Dr. Kuhlmann, Kirsten	16.10.97	1. 5.69
Dr. Bührer, Andrea	2. 1.98	14. 4.69
Ciminski, Oliver	15. 4.98	10. 5.66
Marci, Markus	—	—
Nürnberg, Christoph	21.12.99	9. 8.70

beim Verwaltungsgericht Gelsenkirchen:

Dr. Ulrichs, Cord	26. 1.98	4. 1.70
Becker, Sabine	3. 8.98	10. 4.67
Preisner, Damian-Markus	12.10.98	31. 3.69
Dr. Lampe, Mareike	12.10.98	8. 6.71
Engsterhold, Oliver	15. 1.99	19. 6.68
Berkenheide, Astrid	1. 2.98	27. 1.67
Dölp, Eva-Maria	1. 4.99	26. 3.71
Borgschulze, Maik	29.12.99	1. 7.71
Vetter, Andrea	—	—

beim Verwaltungsgericht Köln:

Schuster, Susette Pia	2. 2.98	23.10.66
Jestaedt, Kathaina	1. 2.99	10. 9.69
Dr. Limbach, Benjamin	13. 9.99	25. 9.69
Hausen, Christof	14.12.99	4. 6.68
Dr. Busch, Christiane	29.12.99	25. 9.68

beim Verwaltungsgericht Münster:

Reichold, Carola	1. 6.99	1. 4.69
Runte, Barbara	29.12.99	5. 5.69

Rheinland-Pfalz

Oberverwaltungsgericht Rheinland-Pfalz

Deinhardplatz 4, 56068 Koblenz
Postfach, 56065 Koblenz
T (02 61) 13 07–0
Telefax (02 61) 13 07–3 50

1 Pr, 1 VPr, 7 VR, 21 R

Präsident

Prof. Dr. Meyer,		
Karl-Friedrich	1. 3.96	27. 3.47

Vizepräsident

Fritzsche, Dieter	1. 4.99	24. 1.37

Vorsitzende Richterin/Richter

Dr. Hansen, Georg	24. 6.80	5.10.35
Hoffmann, Burghard	1.12.83	21.12.40
Steppling, Wolfgang	1. 1.87	17. 5.47
Nickenig, Henning	1. 4.90	7. 3.42
Hehner, Rainer	4. 6.91	5. 5.47
Wünsch, Dagmar	29. 6.99	7. 9.54

Richterinnen/Richter

Spelberg, Martha	15. 8.75	27.11.41
Denk, Karola	1. 9.76	3.12.37
Hünermann, Peter	21. 6.78	15. 7.36
Dr. Falkenstett, Rüdiger	13.12.81	6. 4.44
Rive, Susanne	29. 9.82	5. 6.43
Kappes-Olzien, Jürgen	3.10.85	25. 3.48
Dr. Holl, Herbert	20. 5.86	20. 5.50
Dr. Reusch, Hans-		
Christoph	1. 1.87	9. 7.41

Günther, Martin	9. 3.87	24. 2.51
Hennig, Joachim	3. 7.87	2. 9.48
Dr. Frey, Klaus	10. 7.87	2. 3.45
Zimmer, Michael	6. 4.89	3. 2.54
Möller, Hermann-Josef	7. 8.90	26.10.47
Dr. Bier, Wolfgang	28.10.91	8. 2.55
Stamm, Manfred	9.12.91	15. 8.56
Schneider, Hans-Christoph	13. 7.92	11. 4.49
Dr. Mildner, Ulrich	15. 4.93	13. 6.58
Dr. Held, Jürgen	5.11.93	21. 4.56
Schauß, Gernot	23. 6.94	28.11.51
Freudenberg, Klaus, abg.	28.11.95	31. 1.60
Wolff, Alexander	16. 2.96	27.11.52
Dr. Cloeren, Claudia	9. 7.96	31. 8.60
Dr. Gansen, Franz-Werner, abg.	26.11.99	5. 9.61
Dr. Benscher, Peter	6.12.99	30. 3.55
Prof. Dr. Robbers, Gerhard, (UProf, Nebenamt)	—	—
Prof. Dr. Schröder, Meinhard (UProf, Nebenamt)	—	—

Verwaltungsgerichte

Koblenz
Deinhardplatz 4, 56068 Koblenz
Postfach, 56065 Koblenz
T (02 61) 13 07–0
Telefax (02 61) 13 07–2 50
1 Pr, 1 VPr, 6 VR, 15 R

Präsident

Reimers, Wolfgang	26. 4.93	26. 9.45

Vizepräsident

Wilhelms, Aloys	1. 1.87	9.11.38

Vorsitzende Richterin/Vorsitzende Richter

Dr. Bayer, Wolfgang	9. 3.87	6. 6.48
Meier, Klaus	6. 9.93	11. 2.54
Dr. Fritz, Peter	6.12.94	29. 6.56
Bretzer, Ulrich	22. 8.95	16. 6.52
Glückert, Maria-Luise	6. 9.96	7. 9.52
Köster, Roland	26. 9.96	24. 9.50

Richterinnen/Richter

Obst, Dieter, beurl.	1.11.69	17. 6.37
Lutz, Dieter	26. 4.84	4. 2.51
Hübler, Joachim	31.10.84	10. 6.52
Pluhm, Dieter, beurl.	17. 1.86	16. 6.55
Müller-Rentschler, Hartmut	18. 5.92	26. 1.59
Itsch, Andreas	21.10.93	27. 8.64
Schnug, Claus-Dieter	28. 7.94	7.12.61
Dr. Stein, Volker, beurl.	21. 4.95	19. 3.63
Holly, Volker	13. 7.95	1. 2.60

Gietzen, Christoph	18. 7.95	16. 5.61
Porz, Winfred	13.10.95	13.11.62
Geis, Ralf	13.10.95	4. 6.64
Bonikowski, Klaus-Achim	26. 4.96	27. 7.57
Lang, Stefanie	23. 3.98	31. 3.66
Karst, Jochem	16. 7.98	30. 5.61
Theobald, Georg, abg.	20.10.98	26. 5.64
Brink, Ulrike, ½	30. 6.99	28. 5.67
Koggel, Claus Dieter, abg.	2. 7.99	23. 3.66
Dr. Banniza Edle von Bazan, Ulrike, abg.	5. 7.99	18. 4.66

Mainz
Ernst-Ludwig-Str. 8, 55116 Mainz
Postfach, 55031 Mainz
T (0 61 31) 1 41–0
Telefax (0 61 31) 1 41 85 00
1 Pr, 1 VPr, 4 VR, 12 + ½ R

Präsident

Dr. Höfel, Rolf	8. 3.96	5. 9.40

Vizepräsident

Dr. Bergmann, Karl Walter	17. 2.84	24.10.40

Vorsitzende Richterinnen/Vorsitzende Richter

Dany, Stefan	16. 7.84	17.10.46
Wanwitz, Bernhard	2.11.88	27.12.49
Eckert, Wilfried	1.11.89	18.11.50
Dr. Freimund-Holler, Bettina, ½	30.11.94	18.10.59
Faber-Kleinknecht, Elisabeth, ½	28. 1.97	20. 5.55

Richterinnen/Richter

Meyer-Grünow, Richard-Joachim	9.10.79	19. 9.46
Schmitt, Friedrich	3.10.80	20. 2.51
Dr. Burandt, Horst	—	—
Radtke, Angela	25. 5.84	15. 9.51
Zehgruber-Merz, Dorothea, ½	24. 1.85	30. 7.54
Bosman, Ursula, ½, abg.	20. 5.85	21. 1.56
Riebel, Beate	10. 1.89	8. 4.57
Dr. Reuscher, Thomas	3.12.91	17. 9.53
Dr. Müller, Andreas	1. 3.93	15.11.60
Graf, Rüdiger	21.10.93	5. 6.61
Beckmann, Heike	14. 6.94	10. 2.62
Rehbein, Steffen, abg.	27. 7.94	29. 7.60
Hemmie, Hagen, abg.	1. 8.94	14. 5.62
Scheppler, Heinz-Jürgen, abg.	24. 4.95	31. 1.62
Ermlich, Michael	24. 3.98	20. 5.66
Dr. Holzheuser, Johannes	13. 4.99	29. 5.65

Neustadt an der Weinstraße

Robert-Stolz-Str. 20, 67433 Neustadt
Postfach, 67410 Neustadt
T (0 63 21) 4 01–0
Telefax (0 63 21) 4 01–2 66

1 Pr, 1 VPr, 6 VR, 17 R

Präsident
N. N.   —   —

Vizepräsidentin
Dr. Sünner, Charlotte   6. 3. 96   14. 4. 45

Vorsitzende Richterinnen/ Vorsitzende Richter

Dr. Romberg, Helga	15. 7. 88	28. 6. 44
Dr. Scheffler, Hans-Hermann	18. 1. 90	28. 7. 45
Silberstein, Klaus	1. 6. 93	25. 7. 44
Dr. Cambeis-Glenz, Annette, ½	26. 3. 96	19. 5. 52
Seiler-Dürr, Carmen Maria, ½	26. 3. 96	9. 2. 54
Wieder, Theo	11. 7. 96	25. 5. 55

Richterinnen/ Richter

Idelberger, Marianne	1. 11. 76	15. 11. 41
Peters, Burkhard	7. 4. 77	14. 7. 44
Wolfrum, Hildegard	6. 5. 77	15. 8. 44
Quaritsch-Fricke, Helma, ½	2. 6. 81	4. 2. 38
Dr. Damian, Helmut, abg.	12. 6. 89	9. 6. 52
Butzinger, Thomas	16. 5. 90	7. 3. 57
Wingerter, Hans-Jörg	1. 10. 90	23. 3. 49
Kintz, Roland	6. 8. 92	18. 8. 60
Klingenmeier, Helga	7. 9. 92	25. 11. 59
Reitnauer, Martina, ½	5. 5. 93	16. 2. 61
Jahn-Riehl, Sabine, ½	5. 5. 93	20. 10. 61
Scheurer, Klaus	21. 5. 93	30. 5. 61
Meyer, Bernadette	1. 9. 94	27. 8. 59
Krist, Georg	1. 10. 95	7. 1. 61
Weiß, Barbara	17. 6. 96	12. 3. 63
Bender, Peter	—	—
Dr. Stahnecker, Thomas	24. 7. 97	11. 1. 62
Pirrung, Hans-Martin	23. 7. 98	9. 4. 61

Trier

Irminenfreihof 10, 54290 Trier
Postfach, 5 42 28 Trier
T (06 51) 4 66–04
Telefax (06 51) 4 66–6 36

1 Pr, 1 VPr, 3 VR, 11 R

Präsident
Pinkemeyer, Horst   1. 7. 94   3. 8. 46

Vizepräsident
Jung, Friedrich   21. 5. 86   26. 3. 37

Vorsitzende Richterin/ Vorsitzende Richter

Dierkes, Reinhard	24. 5. 89	6. 2. 52
Verbeek-Vienken, Brigitte	29. 5. 92	6. 1. 52
Schmidt, Georg	26. 8. 94	16. 12. 56

Richterinnen/ Richter

Braun, Herbert	29. 5. 84	15. 6. 54
Pies, Elisabeth, abg.	10. 1. 89	1. 6. 58
Mons, Hans Joachim	9. 10. 89	22. 6. 56
Kröger, Heribert	21. 6. 93	8. 12. 59
Dr. Klages, Christoph	11. 10. 94	9. 2. 61
Krause, Edith, ½	4. 5. 95	23. 3. 64
Goergen, Uwe	10. 7. 95	29. 9. 61
Heinen, Heidi	23. 10. 95	25. 1. 63
Verheul, Christiane	19. 12. 95	30. 9. 61
Bröcheler-Liell, Bettina, ½	4. 6. 96	8. 9. 64
Kohl, Sylvia	2. 7. 99	9. 7. 66

Richterinnen/ Richter im Richterverhältnis auf Probe

Stengelhofen, Heidi	1. 3. 96	12. 6. 66
De Felice, Jürgen	1. 4. 96	4. 6. 65
Roesler, Isabel, ½	1. 4. 96	3. 4. 65
Burkhart, Klaus, abg. (LSt)	1. 7. 96	18. 8. 64
Nesseler-Hellmann, Andrea	1. 7. 96	15. 4. 70
Krause, Andrea	1. 10. 96	9. 12. 67
Fenzl, Ulrike	2. 2. 98	17. 4. 67
Gäbel, Juliane	2. 2. 98	3. 4. 65
Berthold, Christof	1. 7. 98	23. 1. 66

Saarland

Oberverwaltungsgericht des Saarlandes

Prälat-Subtil-Ring 22, 66740 Saarlouis
Postfach 20 06, 66720 Saarlouis
T (0 68 31) 94 23–0
Telefax (0 68 31) 94 23–1 44

1 Pr, 1 VPr, 2 VR, 7 R

Präsident

Friese, Karl-Heinz	1. 7. 86	10. 10. 37

Vizepräsident

Meiers, Karl Heinz	7. 9. 95	23. 12. 37

Vorsitzende Richterin/Vorsitzender Richter

Neumann, Ursula	9. 4. 91	30. 7. 39
Böhmer, Claus	24. 10. 95	12. 3. 49

Richterinnen/Richter

Dr. Philippi, Klaus-Jürgen	19. 6. 87	27. 7. 44
John, Joachim	—	—
Sauer, Helmut	—	—
Haßdenteufel, Peter	1. 11. 91	12. 7. 47
Nalbach, Isabella	16. 1. 92	11. 6. 51
Bitz, Michael	29. 8. 94	6. 12. 57
Schwarz-Höftmann, Elke, ¾	11. 10. 95	10. 4. 54

Verwaltungsgericht des Saarlandes

Kaiser-Wilhlem-Str. 15, 66740 Saarlouis
Postfach 24 27, 66724 Saarlouis
T (0 68 31) 4 47–01
Telefax (0 68 31) 4 47–1 63

1 Pr, 1 VPr, 7 VR, 18 R + 1 LSt (R)

Präsident

Rubly, Hans-Jürgen	29. 6. 93	8. 11. 43

Vizepräsident

Adam, Winfried, ¾	—	—

Vorsitzende Richter

Metscher, Werner	—	—
Freiherr von Funck, Arndt	—	—
Welsch, Friedrich	30. 7. 92	7. 8. 55
Ehrmann, Andreas	31. 8. 93	27. 6. 55
Maximini, Gerd	24. 2. 94	25. 10. 48
Metzler, Armin, ¾	24. 2. 94	6. 4. 52
André, Ulrich	25. 2. 91	17. 12. 48

Richterinnen/Richter

Schöneberger, Hans-Peter	3. 2. 88	4. 11. 52
Helling, Michael	11. 3. 88	3. 4. 56
Freichel, Ursula, ½	13. 10. 89	20. 5. 59
Rech, Thomas	26. 1. 90	22. 7. 58
Frank, Hening	—	—
Graus, Bernhard	—	—
Kühn-Sehn, Thomas, beurl. (LSt)	—	—
Rauch, Kurt	3. 1. 92	27. 11. 54
Dutt, Karl-Josef	3. 1. 92	9. 2. 59
Vohl, Martine	30. 4. 93	2. 6. 60
Weichel, Volker	13. 1. 94	22. 2. 61
Haas, Astrid	13. 1. 94	10. 7. 62
Schwarz, Joachim	17. 3. 94	18. 2. 63
Kerwer-Frank, Daniela, ½	27. 6. 94	23. 2. 63
Handorn, Hans-Jörg	18. 4. 95	15. 12. 61
Bach, Renate	5. 5. 95	7. 11. 61
Grethel, Monika, ⅔	28. 7. 95	21. 12. 62
Lauer, Patrick	16. 10. 95	9. 1. 64
Schmit, Christoph	6. 5. 96	17. 12. 62
Kiefer, Wolfgang	23. 9. 96	29. 9. 65
Engel, Andreas	6. 1. 97	25. 9. 63
Körner, Stephan	3. 3. 97	11. 2. 64

Sachsen[*]

Sächsisches Oberverwaltungsgericht

Dr.-Peter-Jordan-Str. 19, 02625 Bautzen
Postfach 17 28, 02607 Bautzen
T (0 35 91) 2 17 50
Telefax (0 35 91) 21 75 50

Präsident

Häring, Georg	4. 3. 96	11. 4. 35

Vizepräsident

Reich, Siegfried	1. 7. 96	27. 5. 42

Vorsitzende Richter

Dr. Sattler, Detlev	1. 4. 96	22. 8. 44
Dr. Ullrich, Hans-Werner	1. 4. 96	12. 9. 45

Richterinnen/Richter

Dahlke-Piel, Susanne	1. 9. 93	26. 12. 59
Raden, Michael	1. 12. 96	9. 11. 51
Künzler, Erich	1. 1. 97	15. 7. 55
Baumgarten, Anke-Christiane	1. 5. 97	24. 12. 59
Dr. Freiherr von Welck, Georg, abg.	1. 10. 97	30. 10. 59
Dr. Grünberg, Matthias	15. 8. 98	10. 3. 61

Verwaltungsgerichte

Chemnitz
Zwickauer Str. 56, 09112 Chemnitz
Postfach 6 39, 09006 Chemnitz
T (03 71) 9 11 20
Telefax (03 71) 9 11 23 09

Präsident

Kremer, Manfred	1. 12. 96	4. 8. 46

Vizepräsident

N. N.	—	—

Vorsitzender Richterinnen/Vorsizende Richter

Siewert, Wolfgang	1. 1. 95	15. 4. 51
Ziesch, Anglika	1. 8. 99	18. 7. 54
Keim, Carola-Julia	1. 8. 99	1. 1. 59
Eiberle, Ivo	1. 8. 99	18. 4. 61

[*] Angaben über die Zahl der Planstellen bei den sächsischen Verwaltungsgerichten sind nicht übermittelt worden.

Richterinnen/Richter

Clodius, Thomas	1. 4. 94	23. 3. 51
Czingon, Harald	2. 4. 94	31. 8. 61
Jenkis, Gerhard	3. 6. 94	13. 2. 59
Sonntag, Torsten	3. 6. 94	6. 12. 63
Emmrich, Klaus	1. 7. 94	5. 9. 57
Tritschler, Petra	15. 7. 94	22. 1. 58
Zander, Wolfgang	14. 10. 94	28. 4. 52
Höhl, Wolfgang	2. 1. 95	11. 12. 57
Wunderlich, Uwe	1. 9. 96	8. 11. 64
Wagner, Johannes	15. 10. 96	8. 9. 61
Weber, Harald	1. 11. 96	12. 11. 63
Thull, Rüdiger	1. 1. 97	19. 11. 59
Wagner, Yvonne	1. 3. 97	9. 4. 64
Müller, Wichart	5. 4. 97	28. 2. 65
Antoni, Sven	1. 7. 97	5. 10. 65
Lindner, Benno	1. 7. 97	23. 2. 66
Ebner, Anette	1. 8. 97	23. 6. 66
Steger, Heike	1. 8. 97	30. 7. 68
Zander, Carsten	1. 12. 99	25. 5. 61

Dresden
Blüherstr. 4, 01069 Dresden
Postfach 12 01 61, 01002 Dresden
T (03 51) 86 34–0
Telefax (03 51) 86 34–1 11

Präsident

Rehak, Heinrich	1. 11. 92	7. 9. 45

Vizepräsidentin

Dr. Dick, Bettina	2. 12. 96	30. 8. 5

Vorsitzende Richterinnen/Vorsitzende Richter

Jestaedt, Christoph	3. 7. 92	16. 1. 5
Hochschild, Udo	1. 3. 96	21. 10. 4
Dr. Heitz, Thomas, abg.	1. 10. 96	16. 4. 5
Czub, Renate	2. 9. 96	31. 3. 5
Heinlein, Michael	2. 12. 96	10. 2. 5
Bastius, Mariette	1. 9. 98	6. 10. 5

Richterinnen/Richter

Hasske, Dunja	1. 9. 93	13. 6. 5
Leonard, Guntar	18. 2. 94	20. 3. 5
Rottmann, Heinrich	4. 3. 94	2. 6. 6
Schmidt-Rottmann, Norma	1. 4. 94	29. 6. 5
Groschupp, Bernd	2. 4. 94	8. 11. 5
Auf der Straße, Kerstin	22. 4. 94	8. 5. 5
Bendner, Robert	3. 6. 94	12. 7. 6
Göhler, Thomas	17. 6. 94	2. 9. 6
Voigt, Peter	17. 6. 94	11. 2. 6
Bell, Albrecht	15. 7. 94	7. 11. 5

Dr. Scheffer, Markus	1. 9. 95	13. 8. 60
May, Andreas	5. 11. 95	5. 1. 60
Behler, Astrid	1. 12. 95	23. 6. 64
Düvelshaupt, Britta	4. 1. 96	4. 10. 62
Moehl, Sabine	3. 5. 96	2. 5. 64
Kober, Peter	1. 6. 96	29. 3. 62
Dr. John, Hanns-Christian	1. 10. 96	17. 7. 61
Munzinger, Dirk, abg.	15. 10. 96	23. 12. 63
Ackermand, Birgit	1. 11. 96	20. 7. 63
Wefer, Mathias	1. 1. 97	20. 6. 63
Büchel, Andreas	1. 3. 97	10. 12. 64
Steinert, Frank	2. 5. 97	19. 12. 61
Schroeder, Elke, abg.	1. 7. 97	10. 8. 63
Berger, Grit	1. 9. 97	22. 5. 68
Dr. Vulpius, Carola	—	—
Joop, Bernd	1. 3. 98	30. 3. 61
Affeld, Ingo	3. 7. 98	31. 8. 66
Schaffarzik, Bert	—	—
Enders, Barbara	1. 8. 98	4. 12. 58

Leipzig
Rathenaustr. 40, 04179 Leipzig
T (03 41) 44 60 10
Telefax (03 41) 4 51 11 61

Präsidentin

Schlichting, Susanne	1. 8. 93	24. 11. 39

Vizepräsident
N. N.   —   —

Vorsitzende Richterin/Vorsitzende Richter

Braun, Birgitta	1. 5. 94	16. 9. 59
Weiß, Jan	1. 1. 95	15. 5. 59
Korneli, Wolfgang	1. 1. 96	22. 7. 60

Richterinnen/Richter

Hahn, Andrea	13. 5. 94	16. 10. 57
Grau, Gerd	4. 8. 94	21. 1. 58
Bartlitz, Uwe	8. 8. 94	2. 12. 62
Gordalla, Steffi	19. 12. 94	2. 1. 55
Israng, Martin	1. 6. 96	22. 4. 63
Eichhorn-Gast, Susanne	1. 7. 96	1. 2. 64
Gabrysch, Joanna	15. 7. 96	1. 10. 62
Enke, Jörg	2. 8. 96	12. 9. 64
Langen-Braun, Birgit	1. 10. 96	19. 12. 64
Ittenbach, Sigrid	15. 10. 96	11. 6. 64
Meng, Jürgen, abg.	15. 11. 96	17. 2. 62
Westhoff, Sabine	1. 2. 99	27. 4. 65
Grüzner, Brita, abg.	1. 2. 99	6. 12. 65
Dr. Held-Daab, Ulla	21. 2. 99	1. 1. 62

*Richterinnen/Richter im Richterverhältnis
auf Probe*

Richter, Harald	1. 8. 97	21. 6. 67
Schaefer, Thomas	5. 1. 98	5. 3. 71
Helmke, Christian	2. 6. 98	1. 10. 67
Lenz, Alexander	2. 6. 98	11. 7. 71
Bayer, Bernd	1. 7. 98	20. 8. 69
Koar, Anke	1. 7. 98	21. 12. 72
Tolkmitt, Dirk	3. 8. 98	18. 1. 71
Taraschka, Franz	3. 8. 98	30. 8. 71
Pietzcker, Till	4. 1. 99	14. 6. 68
Langner, Maike	4. 1. 99	7. 12. 71
Römmer, Harald	17. 5. 99	3. 5. 69
Bölicke, Thoralf	12. 7. 99	30. 11. 70
Rotzoll, Henning	2. 8. 99	24. 6. 69
Baraniak, Ulrike	2. 8. 99	5. 9. 73

Sachsen-Anhalt

Oberverwaltungsgericht des Landes Sachsen-Anhalt

Schönebecker Str. 67 a, 39104 Magdeburg
Postfach 39 11 31, 39135 Magdeburg
T (03 91) 60 60
Telefax (03 91) 6 06 70 32

1 Pr, 1 VPr, 1 VR, 8 R

Präsident

Dr. Kemper, Gerd-Heinrich	19. 3.96	9. 7.38

Vizepräsident

Köhler, Erhard	20. 8.97	7. 6.39

Vorsitzender Richter

Dubslaff, Konrad	1. 9.92	28.12.39

Richterinnen/Richter

Franzkowiak, Lothar	14. 8.92	27. 2.52
Janßen-Naß, Karin	1. 4.93	3. 6.55
Roewer, Wulf	17. 5.93	22. 2.51
Stubben, Bernd-Hinnerk	1. 1.94	2. 7.50
Kempf, Ulrike	30.12.97	9. 6.57
Otterpohl, Josef	30.12.97	17. 3.61
Engels, Helmut	30.12.97	2. 2.63

Verwaltungsgerichte

Dessau
Mariannenstr. 35, 06844 Dessau
Postfach 15 11, 06814 Dessau
T (03 40) 20 20
Telefax (03 40) 2 02 18 00

1 Pr, 1 VPr, 1 VR, 4 R

Präsident

Dr. Schlaf, Elmar	22. 6.94	17. 1.42

Vizepräsident

Bücken-Thielmeyer, Detlef	1.10.96	26.10.58

Vorsitzender Richter

Helms, Christoph	14. 7.94	21. 3.61

Richterinnen/Richter

Braun, Susanne	24.10.95	21. 1.60
Just, Michael	13. 7.98	8. 4.60
Schneider, Peter	15.11.99	3. 1.66
Kopatsch, Anja	6.12.99	4. 5.68

Halle
Justizzentrum
Thüringer Str. 16, 06112 Halle
Postfach 90 05 54, 06057 Halle
T (03 45) 2 20 23 32
Telefax (03 45) 2 20 23 32

1 Pr, 1 VPr, 1 VR, 6 R

Präsident

Meyer-Bockenkamp, Ulrich	20. 1.94	22.10.52

Vizepräsident

Dr. Albrecht, Volker	22.12.95	19. 3.54

Vorsitzender Richter

Dr. Millgramm, Karl-Heinz	15.10.94	6. 8.48

Richterinnen/Richter

Weber, Gabriele	8.12.93	7. 3.54
Geiger, Wolfgang, abg.	22. 7.94	2. 3.62
Mengershausen, Marion	5. 4.95	21. 7.62
Baus, Nicola, beurl.	15. 4.97	2. 9.63
Schade, Werner	30. 6.97	28. 1.61
Pfersich, Andreas	25. 2.98	1. 3.63

Magdeburg
Schönebecker Str. 67 a, 39104 Magdeburg
Postfach 39 11 32, 39135 Magdeburg
T (03 91) 60 60
Telefax (03 91) 6 06 70 32

1 Pr, 1 VPr, 5 VR, 18 R

Präsident

Dr. Benndorf, Michael	1. 6.94	11. 5.52

Vizepräsident

Bluhm, Martin	31. 1.94	11. 1.54

Vorsitzende Richter

Voigt, Lutz-Peter	14. 8.92	3. 1.4
Albrecht, Eckard	18.12.92	29. 7.4
Steinhoff, Reinhard	15. 2.93	1. 6.5
Viecens, Matthias	2.11.93	16. 9.4
Dr. Vetter, Joachim	1. 9.94	5. 9.5

Richterinnen/Richter

Köhler, Albrecht	6.12.93	11. 4.58
Wagner, Ingo	6.12.93	11. 7.63
Haack, Uwe	6.12.93	11.10.63
Pankalla, Rüdiger	15. 7.94	25. 6.52
Schmidt, Claudia, abg.	15. 7.94	27.11.61
Blaurock, Claudia	18. 7.94	20. 3.63
Hartmann, Ewald	19. 7.94	21. 7.60
Bücker, Rita, abg.	21. 7.95	7. 7.63
Jostschulte, Joachim	11.10.95	1. 1.61
Friedrichs, Klaus-Dieter	17.11.95	25. 6.59
Morgener, Dirk	15. 1.96	19. 7.60
Burgdorf, Ralf	2. 8.96	18.10.60
Waldmann, Thorsten	11.12.96	24. 9.61
Zieger, Christoph	24.10.97	16. 5.64
Stöckmann, Martin	27.10.97	27. 5.63

Semmelhaack, Nils	16. 6.98	25. 7.65
Becker, Oliver, abg.	31. 8.98	12. 7.67
Wehr, Christina	20.12.99	23.11.68

Richterinnen/Richter im Richterverhältnis auf Probe

Harms, Berns	3. 3.97	19. 9.65
Schneider, Christine	18. 8.97	12. 3.64
Eppelt, Martina	1. 9.97	9.10.69
Risse, Heinrich	1.10.97	2. 4.66
Seifert, Stefanie	1.10.97	4. 1.68
Dr. Seiler, Christoph	30.12.97	7. 8.67
Dr. Druschel, Christoph	15. 7.98	10.11.64
Dr. Störmer, Rainer	1.12.98	25. 9.61
Züchner, Johannes	3. 5.99	14. 6.71
Elias, Ulf	1. 6.99	2. 8.68
Zehnder, Hans-Jürgen	20. 6.99	2. 4.67

Schleswig-Holstein

Schleswig-Holsteinisches Oberverwaltungsgericht

Brockdorff-Rantzau-Str. 13, 24837 Schleswig
T (0 46 21) 86–0
Telefax (0 46 21) 86 12 77

1 Pr, 1 VPr, 2 VR, 13 R + 3 UProf im 2. Hauptamt

Präsident

Schmalz, Hans-Joachim	22.11.96	12. 3.48

Vizepräsident

Nissen, Peter	10.10.96	13. 5.46

Vorsitzende Richter

Fries, Jens	27. 9.91	4. 5.47
Harbeck, Helmut	17. 3.97	10. 7.46

Richterinnen/Richter

Suttkus, Martin	8. 7.88	8. 9.45
Habermann, Dierk	8. 7.88	30. 9.49
Gaßmann, Gerd	1. 4.91	28. 5.44
Dr. Engelbrecht-Greve, Thies-Hinrich	1. 4.91	4.11.48
Voswinkel, Manfred	1. 4.91	24. 3.50
Strzyz, Uta	26. 5.92	23. 8.52
Dr. Böttcher, Günter	2. 8.93	4. 2.50
Wilke, Reinhard, ½, abg.	15. 6.94	23. 9.52
Wendt, Wolfgang	31.10.94	3. 9.52

Schleswig-Holsteinisches Verwaltungsgericht

Brockdorff-Rantzau-Str. 13, 24837 Schleswig
T (0 46 21) 86–0
Telefax (0 46 21) 86 12 77

1 Pr, 1 VPr, 14 VR, 33 R (davon 1 × ⁶⁄₁₀ R + 2 × ½ R), 7 LSt

Präsident

Krause, Manfred	1. 7.95	24. 3.46

Vizepräsident

Dr. Greve, Friedrich	26. 7.99	4.10.44

Vorsitzende Richterinnen/Vorsitzende Richter

Kueßner, Hartmut	1.11.75	8. 8.35
Feist, Jürgen	1. 6.76	2. 1.38
Peters, Hans-Axel	1. 7.76	4. 5.37
Brunn, Friedrich	1. 8.81	11. 7.40
Reimann, Helge	1. 8.84	27. 2.40
Petter, Ulrich	1.10.84	20. 2.38
Dr. Edinger-Jöhnck, Claudia	23.11.88	1. 4.42
Wegner, Gerhard	3. 8.89	23. 2.44
Kornhuber, Wolfgang		
Dieckhoff, Gerwien	—	—
Kastens, Wolfgang	16.12.91	14. 7.43
Nebelin, Karoline	18. 6.93	25. 6.48

511

Riehl, Ralph	20. 10. 94	8. 12. 48
Rosenthal, Hans-Joachim	26. 7. 99	1. 12. 51

Richterinnen/Richter

Jöhnck, Jochen	15. 9. 75	31. 8. 40
Schlenzka, Werner	1. 2. 76	11. 2. 44
Dr. Frühauf, Gerd	1. 9. 78	20. 4. 48
Dr. Namgalies, Johannes	1. 2. 82	10. 4. 49
Lewin-Fries, Jutta	9. 3. 84	4. 8. 54
Ohlenbusch, Karin	23. 5. 85	3. 7. 54
Domdey, Monika, beurl. (LSt)	20. 9. 85	23. 5. 55
Reinke, Heinz Joachim	5. 5. 86	9. 1. 55
Ahrens, Elisabeth	1. 10. 87	29. 11. 54
Kruse, Susanne, ½	27. 11. 87	10. 1. 57
Maul, Wolfgang	1. 4. 88	4. 12. 51
Bleckmann, Axel	3. 4. 90	4. 5. 59
Meerjanssen, Helmut	9. 4. 90	25. 6. 52
Hansen, Jörg	15. 6. 90	2. 5. 58
Wien, Jörg	27. 3. 91	26. 6. 59
Seyffert, Ulrich	26. 9. 91	22. 12. 55
Horbul, Siegfried	27. 9. 91	26. 12. 57
Jahnke, Wolfgang	16. 4. 92	21. 2. 57
Karstens, Uwe	16. 4. 92	18. 4. 58
Sorge, Joachim	1. 6. 92	8. 5. 57
Meyer, Klaus-Martin	1. 6. 92	18. 5. 58
Mokrus, Martin	25. 9. 92	21. 12. 56
Theis, Achim	25. 9. 92	8. 10. 57
Dr. Alberts, Harald	25. 9. 92	8. 3. 58

Petersen, Maren	19. 11. 92	29. 4. 56
Pawelzik, Eckhard	8. 12. 92	9. 5. 57
Hilgendorf-Petersen, Birgitta, abg.	18. 12. 92	20. 3. 61
Steinhöfel, Kurt	1. 1. 93	19. 1. 53
Möhlenbrock, Thomas	18. 6. 93	16. 5. 58
Schroeder-Puls, Heike, beurl. (LSt)	2. 7. 93	22. 4. 59
Thomsen, Maren, abg. (LSt)	4. 8. 93	1. 12. 61
Napirata, Barbara, ⁶/₁₀	11. 3. 94	12. 3. 60
Dr. Martensen, Hartwig	14. 3. 94	22. 9. 60
Stegelmann, Silke, abg. (LSt)	—	—
Nordmann, Christine, abg. (LSt)	2. 4. 94	29. 12. 62
Bruhn, Holger	3. 2. 95	7. 9. 60
Lüthke, Henning	2. 3. 95	16. 3. 58
Kusterka, Birthe, ½	27. 9. 99	19. 2. 58
Weiß-Ludwig, Roland	28. 9. 99	20. 4. 60

Richterinnen/Richter im Richterverhältnis auf Probe

Koll, Marion	10. 1. 94	28. 1. 65
Dr. Schindler, Frank, abg. (LSt)	5. 4. 94	28. 2. 63
Clausen, Sönke	11. 4. 94	25. 11. 61
Köster, Birthe	1. 9. 94	23. 6. 61

Thüringen

Thüringer Oberverwaltungsgericht

Kaufstraße 2–4, 99423 Weimar
T (0 36 43) 20 60
Telefax (0 36 43) 20 61 00

1 Pr, 1VPr, 2 VR, 11 R (2 UProf. 2. Hauptamt)

Präsident

Dr. Strauch, Hans-Joachim	27. 7. 94	4. 1. 39

Vizepräsident

Graef, Harald	2. 6. 93	4. 4. 42

Vorsitzende Richter

Dr. Aschke, Manfred	1. 10. 95	21. 3. 50
Lindner, Joachim	12. 10. 98	30. 4. 46

Richterinnen/Richter

Dr. Huber, Peter-Michael, (UProf, 2. Hauptamt)	31. 7. 96	21. 1. 59
Dr. Hüsch, Hans-Peter	1. 2. 97	5. 11. 56
Dr. von der Weiden, Klaus-Dieter, abg.	1. 10. 97	19. 12. 62
Dr. Schwachheim, Jürgen	1. 10. 98	19. 2. 59
Bathe, Volker	1. 4. 99	10. 8. 61
Blomenkamp, Andrea	1. 4. 99	6. 9. 64
Preetz, Kirsten	1. 4. 99	6. 9. 64

Verwaltungsgerichte

Gera
Hainstraße 21, 07545 Gera
T (03 65) 8 33 90
Telefax (03 65) 8 33 91 00

1 Pr, 1 VPr, 3 VR, 12 R

Präsident
Böttger, Detlev 22.12.93 5. 8.36

Vizepräsident
Zundel, Martin 1. 2.97 11. 6.50

Vorsitzende Richterin
Kulbach-Hartkop, Margot 1. 4.99 23. 7.50

Richterinnen/Richter
Petermann, Thea 1. 7.95 21.12.62
Kreher, Rainer 29.11.95 24. 5.61
Hanz, Beate, beurl. 12. 4.96 29. 5.64
Amelung, Bernd 22. 5.96 10.11.61
Best, Gerald, abg. 1. 6.96 15. 4.63
Heise, Jens, abg. 30. 7.96 10. 3.64
Sobotta, Siegfried, abg. 12. 8.96 23.10.59
Alexander, Ralf 12. 8.96 26. 9.62
Feilhauser-Hasse, Claudia,
beurl. 18. 8.96 28. 4.65
Breuer-Felthöfer, Kerstin 1. 9.96 7. 4.65
Mößner, Silke 3.11.98 6. 6.69
Zurbrüggen, Annette 30. 7.99 25. 2.68
Fuchs, Bengt Christian 19.11.99 26. 3.63
Krome, Klaus 19.11.99 7.12.68

Meiningen
Friedenssiedlung 9, 98617 Meiningen
T (0 36 93) 46 24 00
Telefax (0 36 93) 46 24 32

1 Pr, 1 VPr, 1 VR, 12 R

Präsident
Schipp, Kurt 2. 6.93 22. 2.41

Vizepräsident
Dr. Gülsdorff, Friedrich-
Wilhelm 1. 2.97 1. 7.46

Vorsitzender Richter
Michel, Thomas 1.10.95 18.12.51

Richterinnen/Richter
Bohn, Otto, abg. 14. 2.95 15. 8.55
Läger, Ulrich 14. 2.95 28. 1.58
Both-Kreiter, Thomas 30.11.95 31.12.55
Fräßle, Cornelia 30.11.95 17. 7.63
Dr. Kraus, Artur 7.12.95 9. 1.62
Gith, Albert 29. 2.96 24. 7.60
Schneider, Udo 15. 4.96 14. 9.63
Wimmer, Birgit 12. 6.96 6. 3.65

Becker, Martin 2. 8.96 21. 3.63
Viert, Joachim, abg. 12. 8.96 3. 9.62
Thull, Stephan 19. 8.96 2. 2.63
Meinhardt, Judith, beurl. 3. 3.98 13.10.66

Weimar
Rießnerstraße 12b, 99427 Weimar
T (0 36 43) 41 33 00
Telefax (0 36 43) 41 33 33

1 Pr, 1 VPr, 6 VR, 19 R

Präsident
Dr. Schwan, Hartmut 30. 3.93 4.10.51

Vizepräsident
N. N. — —

Vorsitzende Richterinnen/Vorsitzender Richter
Lorenz, Heidemarie 22.12.93 21. 1.60
Heßelmann, Elke 1.10.95 2. 7.58
Strätz, Ulrike 1.10.95 29. 1.56
Packroff, Klaus 1. 6.96 6. 1.57

Richterinnen/Richter
Gravert, Christopher,
abg. 12. 6.94 22. 3.63
Schmid, Manfred 6.10.94 9. 9.59
Bratek, Klaus 6.10.94 5. 5.61
Lenhart, Thomas 4.11.94 7. 9.60
Heisel, Volker 14. 2.95 9.11.57
Hofmann, Holger 13. 2.96 26. 1.60
Homberger, Uwe 15. 4.96 2. 7.63
Schirra, Marianne 14. 5.96 10. 9.64
Schaupp, Jochen, abg. 24. 5.96 20. 5.63
Schmitt, Wolfgang, abg. 1. 6.96 10.10.59
Erlenkämper, Jost 1. 6.96 22. 6.60
Hasenbeck, Michael 26. 6.96 17. 1.62
Rautenstrauch-Duus,
Astrid 1. 7.96 5. 2.61
Dr. Hinkel, Klaus 5. 8.96 12. 5.62
Hoffmann, Katharina 5. 8.96 6.10.64
Groschek, Frank 6. 8.96 27. 8.63
Kirschbaum, Dietmar,
abg. 1. 9.96 25.11.60
Notzke, Thomas 20.12.96 18.10.63
Dr. Böck, Michael, abg. 23. 5.97 8. 8.64
Stalbus, Christine 6. 1.98 21. 7.65
Fitzke, Stefan 14. 7.98 28. 8.62
Siegl, Claudia 4. 5.99 4. 2.63
Peters, Eckart, RkrA (15.11.99) 13. 9.63

Thüringer Landesanwaltschaft

Rießnerstraße 12 b, 99427 Weimar
T (0 36 43) 41 33 00
Telefax (0 36 43) 41 35 99

1 GLA, 1 stVGLA, 4 OLA, 3 LA

Generallandesanwalt

Hutt, Thomas   4. 3. 93   18. 8. 43

Oberlandesanwälte

N. N., stVGLA   —   —
Dr. Dr. Ebert, Frank   20. 11. 96   7. 3. 54

Landesanwältinnen/Landesanwälte

Benkert, Wolfgang	1. 2. 96	29. 12. 60
Leicht, Rainer	13. 2. 96	15. 5. 63
Barbian, Michael, abg.	15. 5. 96	27. 4. 63
von der Weiden, Dagmar, beurl.	15. 5. 96	7. 12. 63
Hein, Norbert, abg.	12. 12. 96	23. 11. 64
Scherer-Erdt, Jutta	30. 6. 97	10. 3. 63

Europäischer Gerichtshof

Gerichtshof der Europäischen Gemeinschaften

L-2925 Luxemburg
T 0 03 52–43 03–22 30
Telefax 0 03 52–43 03–28 00
15 Richter, 8 Generalanwälte

Die Richter und Generalanwälte werden von den Regierungen der Mitgliedstaaten im gegenseitigen Einvernehmen auf sechs Jahre ernannt.

Es besteht eine Übereinkunft, daß jeder Mitgliedstaat der Europäischen Gemeinschaft je einen Richter stellt.

Deutschland, Frankreich, Italien, Spanien und das Vereinigte Königreich stellen immer je einen Generalanwalt.

Drei weitere Generalanwälte werden abwechselnd von den übrigen Mitgliedstaaten gestellt; zur Zeit sind dies Irland, Griechenland und Luxemburg.

Präsident

Rodríguez Iglesias,
Gil Carlos
Spanien 31. 1. 86 1946

Richter

Moitinho de Almeida,
José Carlos de Carvalho
Portugal 31. 1. 86 1936
Edward, David A.O.
Vereinigtes Königreich 10. 3. 92 1934
Sevón, Leif
Finnland 19. 1. 95 1941
Schintgen, Romain
Luxemburg 12. 7. 96 1939
Kapteyn, Paul Joan
Niederlande 29. 3. 90 1928
Gulmann, Claus
Dänemark 7. 10. 91 1942
La Pergola, Antonio
Italien 7. 10. 94 1931
Puissochet, Jean-Pierre
Frankreich 7. 10. 94 1936
N.N.
Deutschland
Jann, Peter
Österreich 19. 1. 95 1935
Ragnemalm, Hans
Schweden 19. 1. 95 1940

Wathelet, Melchior
Belgien 19. 9. 95 1949
Skouris, Vassilios
Griechenland 7. 6. 99 1948
Macken, Fidelma
Irland 5. 10. 99 1942

Generalanwälte

Fennelly, Nial
Irland 19. 1. 95 1942
Jacobs, Francis
Vereinigtes Königreich 7. 10. 88 1939
Cosmas, Georgios
Griechenland 7. 10. 94 1932
Léger, Philippe
Frankreich 7. 10. 94 1938
Ruiz-Jarabo Colomer, Dámaso
Spanien 19. 1. 95 1949
Alber, Siegbert
Deutschland 7. 10. 97 1936
Mischo, Jean
Luxemburg 12. 12. 97 1938
Saggio, Antonio
Italien 4. 3. 98 1934

Kanzler

Grass, Roger,
Frankreich 10. 2. 94 1948

Zusammensetzung der Kammern:

Erste Kammer:

Kammerpräsident: Sevón
Richter: Jann, Wathelet

Zweite Kammer:

Kammerpräsident: Schintgen
Richter: Skouris

Dritte Kammer:

Kammerpräsident: Moitinho de Almeida
Richter: Gulmann, Puissochet, Macken

Vierte Kammer:

Kammerpräsident: Edward
Richter: Kapteyn, La Pergola, Ragnemalm

Fünfte Kammer:

Kammerpräsident: Edward
Richter: Sevón, Kapteyn, La Pergola, Jann,
Ragnemalm, Wathelet

Sechste Kammer:

Kammerpräsident: Moitinho de Almeida
Richter: Schintgen, Gulmann,
Skouris, Macken

Gericht erster Instanz der Europäischen Gemeinschaften

L-2925 Luxemburg
T (0 03 52) 43 01–1
Telefax (0 03 52) 43 03–21 00

Die Richter werden von den Regierungen der Mitgliedstaaten im gegenseitigen
Einvernehmen auf sechs Jahre ernannt.

Es besteht eine Übereinkunft, daß jeder Mitgliedstaat der Europäischen Gemeinschaft je einen Richter stellt.

15 Mitglieder

Präsident

Vesterdorf, Bo
  Dänemark   25. 9. 89   1945

Richter

García-Valdecasas y Fernandez,
  Rafael
  Spanien   25. 9. 89   1946
Lenaerts, Koenraad
  Belgien   25. 9. 89   1954
Tiili, Virpi
  Finnland   18. 1. 95   1942
Pirrung, Jörg
  Deutschland   11. 6. 97   1940
Lindh, Pernilla
  Schweden   18. 1. 95   1945
Azizi, Josef
  Österreich   18. 1. 95   1948
Potocki, André
  Frankreich   18. 9. 95   1950
Moura-Ramos, Rui Manuel
  Portugal   18. 9. 95   1950
Cooke, John D.
  Irland   10. 1. 96   1944
Jaeger, Marc
  Luxemburg   11. 7. 96   1954
Mengozzi, Paolo
  Italien   4. 3. 98   1938
Meij, Arjen W. H.
  Niederlande   17. 9. 98   1944
Vilaras, Michalis
  Griechenland   17. 9. 98   1950
Forwood, Nicholas
  Vereinigtes Königreich   15. 12. 99   1948

Kanzler

Jung, Hans
  Deutschland   10. 10. 89   1944

Zusammensetzung der Kammern:

Erste Kammer
Kammerpräsident: Vesterdorf
Richter: Vilaras, Fotwood

Erste erweiterte Kammer
Kammerpräsident: Vesterdorf
Richter: Potocki, Meij, Vilaras, Forwood

Zweite Kammer
Kammerpräsident: Pirrung
Richter: Potocki, Meij

Zweite erweiterte Kammer
Kammerpräsident: Pirrung
Richter: Azizi, Potocki, Jaeger, Meij

Dritte Kammer
Kammerpräsident: Lenaertz
Richter: Azizi, Jaeger

Dritte erweiterte Kammer
Kammerpräsident: Lenaerts
Richter: Azizi, Moura Ramos, Jaeger, Mengozzi

Vierte Kammer
Kammerpräsident: Tiili
Richter: Moura Ramos, Mengozzi

Vierte erweiterte Kammer
Kammerpräsident: Tiili
Richter: Lindh, Moura Ramos, Cooke, Mengozzi

Fünfte Kammer
Kammerpräsident: García-Valdecasas
Richter: Lindh, Cooke

Fünfte erweiterte Kammer
Kammerpräsident: García-Valdecasas,
Richter: Lindh, Cooke, Vilaras, Forwood

Anhang

Die Landgerichte
in der Bundesrepublik Deutschland
mit Angabe des zuständigen Oberlandesgerichts und des Landes

Landgericht	OLG-Bezirk	Landgericht	OLG-Bezirk
Aachen	Köln (NW)	Flensburg	Schleswig (SH)
Amberg (Oberpfalz)	Nürnberg (BY)	Frankenthal (Pfalz)	Zweibrücken (RP)
Ansbach	Nürnberg (BY)	Frankfurt am Main	Frankfurt am Main (HE)
Arnsberg	Hamm (NW)	Frankfurt (Oder)	Brandenburg (BRA)
Aschaffenburg	Bamberg (BY)	Freiburg im Breisgau	Karlsruhe (BW)
Augsburg	München (BY)	Fulda	Frankfurt am Main (HE)
Aurich	Oldenburg (NDS)		
		Gera	Jena (TH)
Baden-Baden	Karlsruhe (BW)	Gießen	Frankfurt am Main (HE)
Bad Kreuznach	Koblenz (RP)	Görlitz	Dresden (SAC)
Bamberg	Bamberg (BY)	Göttingen	Braunschweig (NDS)
Bautzen	Dresden (SAC)		
Bayreuth	Bamberg (BY)	Hagen	Hamm (NW)
Berlin	Berlin (BER)	Halle	Naumburg (SAN)
Bielefeld	Hamm (NW)	Hamburg	Hamburg (HH)
Bochum	Hamm (NW)	Hanau	Frankfurt am Main (HE)
Bonn	Köln (NW)	Hannover	Celle (NDS)
Braunschweig	Braunschweig (NDS)	Hechingen	Stuttgart (BW)
Bremen	Bremen (BRE)	Heidelberg	Karlsruhe (BW)
Bückeburg	Celle (NDS)	Heilbronn (Neckar)	Stuttgart (BW)
		Hildesheim	Celle (NDS)
Chemnitz	Dresden (SAC)	Hof	Bamberg (BY)
Coburg	Bamberg (BY)		
Cottbus	Brandenburg (BRA)	Ingolstadt	München (BY)
		Itzehoe	Schleswig (SH)
Darmstadt	Frankfurt am Main (HE)		
Deggendorf	München (BY)	Kaiserslautern	Zweibrücken (RP)
Dessau	Naumburg (SAN)	Karlsruhe	Karlsruhe (BW)
Detmold	Hamm (NW)	Kassel	Frankfurt am Main (HE)
Dortmund	Hamm (NW)	Kempten (Allgäu)	München (BY)
Dresden	Dresden (SAC)	Kiel	Schleswig (SH)
Düsseldorf	Düsseldorf (NW)	Kleve	Düsseldorf (NW)
Duisburg	Düsseldorf (NW)	Koblenz	Koblenz (RP)
		Köln	Köln (NW)
Ellwangen (Jagst)	Stuttgart (BW)	Konstanz	Karlsruhe (BW)
Erfurt	Jena (TH)	Krefeld	Düsseldorf (NW)
Essen	Hamm (NW)		

Landgericht	OLG-Bezirk	Landgericht	OLG-Bezirk
Landau i. d. Pfalz	Zweibrücken (RP)	Ravensburg	Stuttgart (BW)
Landshut	München (BY)	Regensburg	Nürnberg (BY)
Leipzig	Dresden (SAC)	Rostock	Rostock (MV)
Limburg (Lahn)	Frankfurt am Main (HE)	Rottweil	Stuttgart (BW)
Lübeck	Schleswig (SH)		
Lüneburg	Celle (NDS)	Saarbrücken	Saarbrücken (SAA)
		Schweinfurt	Bamberg (BY)
Magdeburg	Naumburg (SAN)	Schwerin	Rostock (MV)
Mainz	Koblenz (RP)	Siegen	Hamm (NW)
Mannheim	Karlsruhe (BW)	Stade	Celle (NDS)
Marburg (Lahn)	Frankfurt a.M. (HE)	Stendal	Naumburg (SAN)
Meiningen	Jena (TH)	Stralsund	Rostock (MV)
Memmingen	München (BY)	Stuttgart	Stuttgart (BW)
Mönchengladbach	Düsseldorf (NW)		
Mosbach (Baden)	Karlsruhe (BW)	Traunstein	München (BY)
Mühlhausen	Jena (TH)	Trier	Koblenz (RP)
München I	München (BY)	Tübingen	Stuttgart (BW)
München II	München (BY)		
Münster in Westfalen	Hamm (NW)	Ulm (Donau)	Stuttgart (BW)
Neubrandenburg	Rostock (MV)	Verden (Aller)	Celle (NDS)
Neuruppin	Brandenburg (BRA)		
Nürnberg-Fürth	Nürnberg (BY)	Waldshut-Tiengen	Karlsruhe (BW)
		Weiden i. d. OPf.	Nürnberg (BY)
Offenburg	Karlsruhe (BW)	Wiesbaden	Frankfurt a.M. (HE)
Oldenburg (Oldb.)	Oldenburg (NDS)	Würzburg	Bamberg (BY)
Osnabrück	Oldenburg (NDS)	Wuppertal	Düsseldorf (NW)
Paderborn	Hamm (NW)	Zweibrücken	Zweibrücken (RP)
Passau	München (BY)	Zwickau	Dresden (SAC)
Potsdam	Brandenburg (BRA)		

Die Amtsgerichte
in der Bundesrepublik Deutschland

mit Angabe des zuständigen Landgerichts und des Landes

Amtsgericht	LG-Bezirk	Amtsgericht	LG-Bezirk
Aachen	Aachen (NW)	Bad Dürkheim	Frankenthal (Pfalz) (RP)
Aalen	Ellwangen (Jagst) (BW)	Bad Freienwalde	Frankfurt (Oder) (BRA)
Achern (Baden)	Baden-Baden (BW)	Bad Gandersheim	Braunschweig (NDS)
Achim	Verden (Aller) (NDS)	Bad Hersfeld	Fulda (HE)
Adelsheim	Mosbach (Baden) (BW)	Bad Homburg	Frankfurt a. M. (HE)
Ahaus	Münster (NW)	v. d. Höhe	
Ahlen (Westfalen)	Münster (NW)	Bad Iburg	Osnabrück (NDS)
Ahrensburg	Lübeck (SH)	Bad Kissingen	Schweinfurt (BY)
Aichach	Augsburg (BY)	Bad Kreuznach	Bad Kreuznach (RP)
Albstadt	Hechingen (BW)	Bad Langensalza	Mühlhausen (TH)
Alfeld (Leine)	Hildesheim (NDS)	Bad Liebenwerda	Cottbus (BRA)
Alsfeld	Gießen (HE)	Bad Mergentheim	Ellwangen (Jagst) (BW)
Altena (Westfalen)	Hagen (NW)	Bad Neuenahr-	Koblenz (RP)
Altenburg	Gera (TH)	Ahrweiler	
Altenkirchen	Koblenz (RP)	Bad Neustadt	Schweinfurt (BY)
(Westerwald)		an der Saale	
Altötting	Traunstein (BY)	Bad Oeynhausen	Bielefeld (NW)
Alzey	Mainz (RP)	Bad Oldesloe	Lübeck (SH)
Amberg (Oberpfalz)	Amberg (Oberpfalz) (BY)	Bad Säckingen	Waldshut-Tiengen (BW)
Andernach	Koblenz (RP)	Bad Salzungen	Meiningen (TH)
Anklam	Stralsund (MV)	Bad Saulgau	Ravensburg (BW)
Annaberg	Chemnitz (SAC)	Bad Schwalbach	Wiesbaden (HE)
Ansbach (Mittel-	Ansbach (BY)	Bad Schwartau	Lübeck (SH)
franken)		Bad Segeberg	Kiel (SH)
Apolda	Erfurt (TH)	Bad Urach	Tübingen (BW)
Arnsberg	Arnsberg (NW)	Bad Vilbel	Frankfurt a. M. (HE)
Arnstadt	Erfurt (TH)	Bad Waldsee	Ravensburg (BW)
Arolsen	Kassel (HE)	Bad Wildungen	Kassel (HE)
Artern	Erfurt (TH)	Balingen	Hechingen (BW)
Aschaffenburg	Aschaffenburg (BY)	Bamberg	Bamberg (BY)
Aschersleben	Halle (SAN)	Bautzen	Bautzen (SAC)
Aue	Zwickau (SAC)	Bayreuth	Bayreuth (BY)
Auerbach	Zwickau (SAC)	Beckum	Münster (NW)
Augsburg	Augsburg (BY)	Bensheim	Darmstadt (HE)
Aurich (Ostfries-	Aurich (NDS)	Bergen	Stralsund (MV)
land)		Bergheim	Köln (NW)
		Bergisch Gladbach	Köln (NW)
Backnang	Stuttgart (BW)	Berlin-Charlotten-	Berlin (BER)
Baden-Baden	Baden-Baden (BW)	burg	
Bad Berleburg	Siegen (NW)	– Hohenschönhausen	Berlin (BER)
Bad Doberan	Rostock (MV)	– Köpenick	Berlin (BER)

523

Amtsgericht	LG-Bezirk
– Lichtenberg	Berlin (BER)
– Mitte	Berlin (BER)
– Neukölln	Berlin (BER)
– Pankow-Weißensee	Berlin (BER)
– Schöneberg	Berlin (BER)
– Spandau	Berlin (BER)
– Tempelhof-Kreuzberg	Berlin (BER)
– Tiergarten	Berlin (BER)
– Wedding	Berlin (BER)
Bernau	Frankfurt (Oder)(BRA)
Bernburg	Dessau (SAN)
Bernkastel-Kues	Trier (RP)
Bersenbrück	Osnabrück (NDS)
Besigheim	Heilbronn (BW)
Betzdorf	Koblenz (RP)
Biberach an der Riß	Ravensburg (BW)
Biedenkopf	Marburg (Lahn) (HE)
Bielefeld	Bielefeld (NW)
Bingen	Mainz (RP)
Bitburg	Trier (RP)
Bitterfeld	Dessau (SAN)
Blomberg	Detmold (NW)
Bocholt	Münster (NW)
Bochum	Bochum (NW)
Böblingen	Stuttgart (BW)
Bonn	Bonn (NW)
Borken in Westf.	Münster (NW)
Borna	Leipzig (SAC)
Bottrop	Essen (NW)
Brackenheim	Heilbronn (BW)
Brake	Oldenburg (NDS)
Brakel	Paderborn (NW)
Brandenburg (Havel)	Potsdam (BRA)
Braunschweig	Braunschweig (NDS)
Breisach am Rhein	Freiburg i. Breisgau (BW)
Bremen	Bremen (BRE)
– Blumenthal	Bremen (BRE)
Bremerhaven	Bremen (BRE)
Bremervörde	Stade (NDS)
Bretten (Baden)	Karlsruhe (BW)
Brilon	Arnsberg (NW)
Bruchsal	Karlsruhe (BW)
Brühl (Rheinland)	Köln (NW)
Buchen (Odenwald)	Mosbach (Baden) (BW)
Bückeburg	Bückeburg (NDS)
Büdingen	Gießen (HE)
Bühl (Baden)	Baden-Baden (BW)
Bünde	Bielefeld (NW)
Burg	Magdeburg (SAN)
Burgdorf (Krs. Hannover)	Hildesheim (NDS)
Burgwedel	Hannover (NDS)

Amtsgericht	LG-Bezirk
Butzbach	Gießen (HE)
Buxtehude	Stade (NDS)
Calw	Tübingen (BW)
Castrop-Rauxel	Dortmund (NW)
Celle	Lüneburg (NDS)
Cham	Regensburg (BY)
Chemnitz	Chemnitz (SAC)
Clausthal-Zellerfeld	Braunschweig (NDS)
Cloppenburg	Oldenburg (NDS)
Coburg	Coburg (BY)
Cochem	Koblenz (RP)
Coesfeld	Münster (NW)
Cottbus	Cottbus (BRA)
Crailsheim	Ellwangen (Jagst) (BW)
Cuxhaven	Stade (NDS)
Dachau	München II (BY)
Dannenberg (Elbe)	Lüneburg (NDS)
Darmstadt	Darmstadt (HE)
Daun	Trier (RP)
Deggendorf	Deggendorf (BY)
Delbrück	Paderborn (NW)
Delmenhorst	Oldenburg (NDS)
Demmin	Neubrandenburg (MV)
Dessau	Dessau (SAN)
Detmold	Detmold (NW)
Dieburg	Darmstadt (HE)
Diepholz	Verden (Aller) (NDS)
Diez	Koblenz (RP)
Dillenburg	Limburg (Lahn) (HE)
Dillingen a. d. Donau	Augsburg (BY)
Dinslaken	Duisburg (NW)
Dippoldiswalde	Dresden (SAC)
Döbeln	Leipzig (SAC)
Donaueschingen	Konstanz (BW)
Dorsten	Essen (NW)
Dortmund	Dortmund (NW)
Dresden	Dresden (SAC)
Duderstadt	Göttingen (NDS)
Dülmen	Münster (NW)
Düren	Aachen (NW)
Düsseldorf	Düsseldorf (NW)
Duisburg	Duisburg (NW)
– Hamborn	Duisburg (NW)
– Ruhrort	Duisburg (NW)
Ebersberg	München II (BY)
Eberswalde	Frankfurt (Oder) (BRA)
Eckernförde	Kiel (SH)
Eggenfelden	Landshut (BY)
Ehingen (Donau)	Ulm (Donau) (BW)
Eilenburg	Leipzig (SAC)
Einbeck	Göttingen (NDS)

Amtsgericht	LG-Bezirk
Eisenach	Mühlhausen (TH)
Eisenhüttenstadt	Frankfurt (Oder) (BRA)
Eisleben	Halle (SAN)
Ellwangen (Jagst)	Ellwangen (Jagst) (BW)
Elmshorn	Itzehoe (SH)
Eltville	Wiesbaden (HE)
Elze	Hildesheim (NDS)
Emden	Aurich (NDS)
Emmendingen	Freiburg i. Breisgau (BW)
Emmerich	Kleve (NW)
Erding	Landshut (BY)
Erfurt	Erfurt (TH)
Erkelenz	Mönchengladbach (NW)
Erlangen	Nürnberg-Fürth (BY)
Eschwege	Kassel (HE)
Eschweiler	Aachen (NW)
Essen	Essen (NW)
– Borbeck	Essen (NW)
– Steele	Essen (NW)
Esslingen am Neckar	Stuttgart (BW)
Ettenheim	Freiburg i. Breisgau (BW)
Ettlingen	Karlsruhe (BW)
Euskirchen	Bonn (NW)
Eutin	Lübeck (SH)
Flensburg	Flensburg (SH)
Forchheim	Bamberg (BY)
Frankenberg an der Eder	Marburg (Lahn) (HE)
Frankenthal (Pfalz)	Frankenthal (Pfalz) (RP)
Frankfurt am Main	Frankfurt am Main (HE)
Frankfurt (Oder)	Frankfurt (Oder) (BRA)
Freiberg	Chemnitz (SAC)
Freiburg i. Breisgau	Freiburg i. Breisgau (BW)
Freising	Landshut (BY)
Freudenstadt	Rottweil (BW)
Freyung	Passau (BY)
Friedberg in Hessen	Gießen (HE)
Fritzlar	Kassel (HE)
Fürstenfeldbruck	München II (BY)
Fürstenwalde	Frankfurt (Oder) (BRA)
Fürth in Bayern	Nürnberg-Fürth (BY)
Fürth (Odenwald)	Darmstadt (HE)
Fulda	Fulda (HE)
Gardelegen	Stendal (SAN)
Garmisch-Partenkirchen	München II (BY)
Geesthacht	Lübeck (SH)
Geilenkirchen	Aachen (NW)

Amtsgericht	LG-Bezirk
Geislingen an der Steige	Ulm (Donau) (BW)
Geldern	Kleve (NW)
Gelnhausen	Hanau (HE)
Gelsenkirchen	Essen (NW)
– Buer	Essen (NW)
Gemünden am Main	Würzburg (BY)
Gengenbach	Offenburg (BW)
Gera	Gera (TH)
Germersheim	Landau i. d. Pfalz (RP)
Gernsbach	Baden-Baden (BW)
Gießen	Gießen (HE)
Gifhorn	Hildesheim (NDS)
Gladbeck	Essen (NW)
Göppingen	Ulm (Donau) (BW)
Görlitz	Görlitz (SAC)
Göttingen	Göttingen (NDS)
Goslar	Braunschweig (NDS)
Gotha	Erfurt (TH)
Greifswald	Stralsund (MV)
Greiz	Gera (TH)
Grevenbroich	Mönchengladbach (NW)
Grevesmühlen	Schwerin (MV)
Grimma	Leipzig (SAC)
Gronau (Westfalen)	Münster (NW)
Groß Gerau	Darmstadt (HE)
Grünstadt	Frankenthal (Pfalz) (RP)
Günzburg	Memmingen (BY)
Güstrow	Rostock (MV)
Gütersloh	Bielefeld (NW)
Guben	Cottbus (BRA)
Gummersbach	Köln (NW)
Hadamar (Westerwald)	Limburg (Lahn) (HE)
Hagen in Westfalen	Hagen (NW)
Hagenow	Schwerin (MV)
Hainichen	Chemnitz (SAC)
Halberstadt	Magdeburg (SAN)
Haldensleben	Magdeburg (SAN)
Halle (Westfalen)	Bielefeld (NW)
Halle-Saalkreis	Halle (SAN)
Hamburg	Hamburg (HH)
– Altona	Hamburg (HH)
– Bergedorf	Hamburg (HH)
– Blankenese	Hamburg (HH)
– Harburg	Hamburg (HH)
– Wandsbek	Hamburg (HH)
Hameln	Hannover (NDS)
Hamm (Westfalen)	Dortmund (NW)
Hanau	Hanau (HE)
Hannover	Hannover (NDS)
Hann. Münden	Göttingen (NDS)
Haßfurt	Bamberg (BY)

Amtsgericht	LG-Bezirk	Amtsgericht	LG-Bezirk
Hattingen (Ruhr)	Essen (NW)	Kelheim	Regensburg (BY)
Hechingen	Hechingen (BW)	Kempen	Krefeld (NW)
Heidelberg	Heidelberg (BW)	Kempten (Allgäu)	Kempten (Allgäu) (BY)
Heidenheim an der Brenz	Ellwangen (Jagst) (BW)	Kenzingen	Freiburg i. Breisgau (BW)
Heilbronn	Heilbronn (BW)	Kerpen	Köln (NW)
Heiligenstadt	Mühlhausen (TH)	Kiel	Kiel (SH)
Heinsberg	Aachen (NW)	Kirchhain	Marburg (Lahn) (HE)
Helmstedt	Braunschweig (NDS)	Kirchheim unter Teck	Stuttgart (BW)
Herborn (Hessen)	Limburg (Lahn) (HE)	Kitzingen	Würzburg (BY)
Herford	Bielefeld (NW)	Kleve	Kleve (NW)
Hermeskeil	Trier (RP)	Koblenz	Koblenz (RP)
Herne	Bochum (NW)	Köln	Köln (NW)
– Wanne	Bochum (NW)	Königstein im Taunus	Frankfurt am Main (HE)
Hersbruck	Nürnberg-Fürth (BY)	Königswinter	Bonn (NW)
Herzberg	Göttingen (NDS)	Königs Wusterhausen	Potsdam (BRA)
Hettstedt	Halle (SAN)	Köthen	Dessau (SAN)
Hildburghausen	Meiningen (TH)	Konstanz	Konstanz (BW)
Hildesheim	Hildesheim (NDS)	Korbach	Kassel (HE)
Hochheim	Wiesbaden (HE)	Krefeld	Krefeld (NW)
Höxter	Paderborn (NW)	Kronach	Coburg (BY)
Hof	Hof (BY)	Künzelsau	Heilbronn (BW)
Hofgeismar	Kassel (HE)	Kulmbach	Bayreuth (BY)
Hohenstein-Ernstthal	Chemnitz (SAC)	Kusel	Kaiserslautern (RP)
Holzminden	Hildesheim (NDS)		
Homberg (Bez. Kassel)	Marburg (Lahn) (HE)	Lahnstein	Koblenz (RP)
Homburg (Saar)	Saarbrücken (SAA)	Lahr (Schwarzwald)	Offenburg (BW)
Horb am Neckar	Rottweil (BW)	Lampertheim	Darmstadt (HE)
Hoyerswerda	Bautzen (SAC)	Landau an der Isar	Landshut (BY)
Hünfeld	Fulda (HE)	Landau i. d. Pfalz	Landau i. d. Pfalz (RP)
Husum (Nordsee)	Flensburg (SH)	Landsberg am Lech	Augsburg (BY)
		Landshut i. Bayern	Landshut (BY)
Ibbenbüren	Münster (NW)	Landstuhl	Zweibrücken (RP)
Idar-Oberstein	Bad Kreuznach (RP)	Langen (b. Bremer- haven)	Stade (NDS)
Idstein	Wiesbaden (HE)		
Ilmenau	Meiningen (TH)	Langen (Hessen)	Darmstadt (HE)
Ingolstadt (Donau)	Ingolstadt (BY)	Langenburg (Württemberg)	Ellwangen (Jagst) (BW)
Iserlohn	Hagen (NW)		
Itzehoe	Itzehoe (SH)	Langenfeld (Rhld.)	Düsseldorf (NW)
		Laufen (Salzach)	Traunstein (BY)
Jena	Gera (TH)	Lauterbach (Hessen)	Fulda (HE)
Jever	Oldenburg (NDS)	Lebach	Saarbrücken (SAA)
Jülich	Aachen (NW)	Leer (Ostfriesland)	Aurich (NDS)
		Lehrte	Hildesheim (NDS)
Kaiserslautern	Kaiserslautern (RP)	Leipzig	Leipzig (SAC)
Kamen	Dortmund (NW)	Lemgo	Detmold (NW)
Kamenz	Bautzen (SAC)	Lennestadt	Siegen (NW)
Kandel	Landau i. d. Pfalz (RP)	Leonberg	Stuttgart (BW)
Kappeln (Schlei)	Flensburg (SH)	Leutkirch im Allgäu	Ravensburg (BW)
Karlsruhe	Karlsruhe (BW)	Leverkusen	Köln (NW)
– Durlach	Karlsruhe (BW)	Lichtenfels	Coburg (BY)
Kassel	Kassel (HE)	Limburg (Lahn)	Limburg (Lahn) (HE)
Kaufbeuren	Kempten (Allgäu) (BY)	Lindau (Bodensee)	Kempten (Allgäu) (BY)
Kehl	Offenburg (BW)	Lingen	Osnabrück (NDS)

Amtsgericht	LG-Bezirk
Linz am Rhein	Koblenz (RP)
Lippstadt	Paderborn (NW)
Lobenstein	Gera (TH)
Löbau	Görlitz (SAC)
Lörrach	Freiburg i. Breisgau (BW)
Luckenwalde	Potsdam (BRA)
Ludwigsburg	Stuttgart (BW)
Ludwigshafen am Rhein	Frankenthal (Pfalz) (RP)
Ludwigslust	Schwerin (MV)
Lübbecke	Bielefeld (NW)
Lübben	Cottbus (BRA)
Lübeck	Lübeck (SH)
Lüdenscheid	Hagen (NW)
Lüdinghausen	Münster (NW)
Lüneburg	Lüneburg (NDS)
Lünen	Dortmund (NW)
Magdeburg	Magdeburg (SAN)
Mainz	Mainz (RP)
Mannheim	Mannheim (BW)
Marbach am Neckar	Heilbronn (BW)
Marburg (Lahn)	Marburg (Lahn) (HE)
Marienberg	Chemnitz (SAC)
Marl	Essen (NW)
Marsberg	Arnsberg (NW)
Maulbronn	Heilbronn (BW)
Mayen	Koblenz (RP)
Medebach	Arnsberg (NW)
Meinerzhagen	Hagen (NW)
Meiningen	Meiningen (TH)
Meißen	Dresden (SAC)
Meldorf	Itzehoe (SH)
Melsungen	Kassel (HE)
Memmingen	Memmingen (BY)
Menden (Sauerland)	Arnsberg (NW)
Meppen	Osnabrück (NDS)
Merseburg	Halle (SAN)
Merzig	Saarbrücken (SAA)
Meschede	Arnsberg (NW)
Mettmann	Wuppertal (NW)
Michelstadt	Darmstadt (HE)
Miesbach	München II (BY)
Minden (Westfalen)	Bielefeld (NW)
Mölln	Lübeck (SH)
Mönchengladbach	Mönchengladbach (NW)
– Rheydt	Mönchengladbach (NW)
Moers	Kleve (NW)
Monschau	Aachen (NW)
Montabaur	Koblenz (RP)
Mosbach (Baden)	Mosbach (Baden) (BW)
Mühldorf am Inn	Traunstein (BY)
Mühlhausen	Mühlhausen (TH)

Amtsgericht	LG-Bezirk
Mülheim a. d. Ruhr	Duisburg (NW)
Müllheim (Baden)	Freiburg i. Breisgau (BW)
München	München I (BY)
Münden	Göttingen (NDS)
Münsingen	Tübingen (BW)
Münster in Westf.	Münster (NW)
Nagold	Tübingen (BW)
Nauen	Potsdam (BRA)
Naumburg	Halle (SAN)
Neresheim	Ellwangen (Jagst) (BW)
Nettetal	Krefeld (NW)
Neubrandenburg	Neubrandenburg (MV)
Neuburg a. d. Donau	Ingolstadt (BY)
Neumarkt i. d. OPf.	Nürnberg-Fürth (BY)
Neumünster	Kiel (SH)
Neunkirchen (Saar)	Saarbrücken (SAA)
Neuruppin	Neuruppin (BRA)
Neustadt an der Aisch	Nürnberg-Fürth (BY)
Neustadt am Rübenberge	Hannover (NDS)
Neustadt an der Weinstraße	Frankenthal (Pfalz) (RP)
Neuss	Düsseldorf (NW)
Neustrelitz	Neubrandenburg (MV)
Neu-Ulm	Memmingen (BY)
Neuwied	Koblenz (RP)
Nidda	Gießen (HE)
Niebüll	Flensburg (SH)
Nieburg an der Weser	Verden (Aller) (NDS)
Nördlingen	Augsburg (BY)
Norden	Aurich (NDS)
Nordenham	Oldenburg (NDS)
Norderstedt	Kiel (SH)
Nordhausen	Mühlhausen (TH)
Nordhorn	Osnabrück (NDS)
Northeim	Göttingen (NDS)
Nürnberg	Nürnberg (BY)
Nürtingen	Stuttgart (BW)
Oberhausen	Duisburg (NW)
Oberkirch (Baden)	Offenburg (BW)
Obernburg am Main	Aschaffenburg (BY)
Oberndorf am Neckar	Rottweil (BW)
Öhringen	Heilbronn (Neckar) (BW)
Offenbach am Main	Darmstadt (HE)
Offenburg	Offenburg (BW)
Oldenburg in Holstein	Lübeck (SH)
Oldenburg (Oldb.)	Oldenburg (NDS)
Olpe in Westfalen	Siegen (NW)
Oranienburg	Neuruppin (BRA)

Amtsgericht	LG-Bezirk
Oschatz	Leipzig (SAC)
Oschersleben	Magdeburg (SAN)
Osnabrück	Osnabrück (NDS)
Osterburg	Stendal (SAN)
Osterholz-Scharmbeck	Verden (Aller) (NDS)
Osterode	Göttingen (NDS)
Otterndorf	Stade (NDS)
Ottweiler	Saarbrücken (SAA)
Paderborn	Paderborn (NW)
Papenburg	Osnabrück (NDS)
Parchim	Schwerin (MV)
Pasewalk	Neubrandenburg (MV)
Passau	Passau (BY)
Peine	Hildesheim (NDS)
Perleberg	Neuruppin (BRA)
Pfaffenhofen a. d. Ilm	Ingolstadt (BY)
Pforzheim	Karlsruhe (BW)
Philippsburg	Karlsruhe (BW)
Pinneberg	Itzehoe (SH)
Pirmasens	Zweibrücken (RP)
Pirna	Dresden (SAC)
Plauen	Zwickau (SAC)
Plettenberg	Hagen (NW)
Plön	Kiel (SH)
Pößneck	Gera (TH)
Potsdam	Potsdam (BRA)
Prenzlau	Neuruppin (BRA)
Prüm	Trier (RP)
Quedlinburg	Magdeburg (SAN)
Radolfzell	Konstanz (BW)
Rahden	Bielefeld (NW)
Rastatt	Baden-Baden (BW)
Rathenow	Potsdam (BRA)
Ratingen	Düsseldorf (NW)
Ratzeburg	Lübeck (SH)
Ravensburg	Ravensburg (BW)
Recklinghausen	Bochum (NW)
Regensburg	Regensburg (BY)
Reinbek	Lübeck (SH)
Remscheid	Wuppertal (NW)
Rendsburg	Kiel (SH)
Reutlingen	Tübingen (BW)
Rheda-Wiedenbrück	Bielefeld (NW)
Rheinbach	Bonn (NW)
Rheinberg	Kleve (NW)
Rheine	Münster (NW)
Ribnitz-Damgarten	Stralsund (MV)
Riedlingen	Ravensburg (BW)
Riesa	Dresden (SAC)
Rinteln	Bückeburg (NDS)

Amtsgericht	LG-Bezirk
Rockenhausen	Kaiserslautern (RP)
Rosenheim (Oberbayern)	Traunstein (BY)
Rostock	Rostock (MV)
Rotenburg a. d. Fulda	Kassel (HE)
Rotenburg (Wümme)	Verden (Aller) (NDS)
Rottenburg am Neckar	Tübingen (BW)
Rottweil	Rottweil (BW)
Rudolstadt	Gera (TH)
Rüdesheim am Rhein	Wiesbaden (HE)
Rüsselsheim	Darmstadt (HE)
Saalfeld	Gera (TH)
Saarbrücken	Saarbrücken (SAA)
Saarburg	Trier (RP)
Saarlouis	Saarbrücken (SAA)
Salzgitter	Braunschweig (NDS)
Salzwedel	Stendal (SAN)
Sangerhausen	Halle (SAN)
St. Blasien	Waldshut-Tiengen (BW)
St. Goar	Koblenz (RP)
St. Ingbert	Saarbrücken (SAA)
St. Wendel	Saarbrücken (SAA)
Schleiden (Eifel)	Aachen (NW)
Schleswig	Flensburg (SH)
Schlüchtern	Hanau (HE)
Schmalkalden	Meiningen (TH)
Schmallenberg	Arnsberg (NW)
Schönau (Schwarzw.)	Waldshut-Tiengen (BW)
Schönebeck	Magdeburg (SAN)
Schopfheim	Waldshut-Tiengen (BW)
Schorndorf (Württ.)	Stuttgart (BW)
Schwabach	Nürnberg-Fürth (BY)
Schwäbisch Gmünd	Ellwangen (Jagst) (BW)
Schwäbisch Hall	Heilbronn (Neckar) (BW)
Schwalmstadt	Marburg (Lahn) (HE)
Schwandorf in Bayern	Amberg (Oberpfalz) (BY)
Schwarzenbek	Lübeck (SH)
Schwedt (Oder)	Frankfurt (Oder) (BRA)
Schweinfurt	Schweinfurt (BY)
Schwelm	Hagen (NW)
Schwerin	Schwerin (MV)
Schwerte	Hagen (NW)
Schwetzingen	Mannheim (BW)
Seesen	Braunschweig (NDS)
Seligenstadt	Darmstadt (HE)
Senftenberg	Cottbus (BRA)
Siegburg	Bonn (NW)
Siegen	Siegen (NW)
Sigmaringen	Hechingen (BW)
Simmern (Hunsrück)	Bad Kreuznach (RP)

Amtsgericht	LG-Bezirk		Amtsgericht	LG-Bezirk
Singen (Hohentwiel)	Konstanz (BW)		Vaihingen an der Enz	Heilbronn (BW)
Sinsheim	Heidelberg (BW)		Varel	Oldenburg (Oldb.) (NDS)
Sinzig	Koblenz (RP)			
Sobernheim	Bad Kreuznach (RP)		Vechta	Oldenburg (Oldb.) (NDS)
Sömmerda	Erfurt (TH)			
Soest	Arnsberg (NW)		Velbert	Wuppertal (NW)
Solingen	Wuppertal (NW)		Verden (Aller)	Verden (Aller) (NDS)
Soltau	Lüneburg (NDS)		Viechtach	Deggendorf (BY)
Sondershausen	Mühlhausen (TH)		Viersen	Mönchengladbach (NW)
Sonneberg	Meiningen (TH)		Villingen-	Konstanz (BW)
Spaichingen	Rottweil (BW)		Schwenningen	
Speyer	Frankenthal (Pfalz) (RP)		Völklingen	Saarbrücken (SAA)
Springe	Hannover (NDS)			
Stade	Stade (NDS)		Waiblingen	Stuttgart (BW)
Stadthagen	Bückeburg (NDS)		Waldbröl	Bonn (NW)
Stadtroda	Gera (TH)		Waldkirch im Breisgau	Freiburg i. Breisgau (BW)
Starnberg	München II (BY)			
Staufen (Breisgau)	Freiburg i. Breisgau (BW)		Waldshut-Tiengen	Waldshut-Tiengen (BW)
			Walsrode	Verden (Aller) (NDS)
Steinfurt	Münster (NW)		Wangen im Allgäu	Ravensburg (BW)
Stendal	Stendal (SAN)		Warburg	Paderborn (NW)
Stockach	Konstanz (BW)		Waren	Neubrandenburg (MV)
Stollberg	Chemnitz (SAC)		Warendorf	Münster (NW)
Stolzenau	Verden (NDS)		Warstein	Arnsberg (NW)
Stralsund	Stralsund (MV)		Weiden i. d. OPf.	Weiden i. d. OPf. (BY)
Straubing	Regensburg (BY)		Weilburg	Limburg (Lahn) (HE)
Strausberg	Frankfurt (Oder) (BRA)		Weilheim i. OB.	München II (BY)
Stuttgart	Stuttgart (BW)		Weimar	Erfurt (TH)
- Bad Cannstatt	Stuttgart (BW)		Weinheim (Bergstr.)	Mannheim (BW)
Suhl	Meiningen (TH)		Weißenburg i. Bay.	Ansbach (BY)
Sulingen	Verden (Aller) (NDS)		Weißenfels	Halle (SAN)
Syke	Verden (Aller) (NDS)		Weißwasser	Görlitz (SAC)
			Wennigsen	Hannover (NDS)
Tauberbischofsheim	Mosbach (Baden) (BW)		Werl	Arnsberg (NW)
Tecklenburg	Münster (NW)		Wermelskirchen	Köln (NW)
Tettnang	Ravensburg (BW)		Wernigerode	Magdeburg (SAN)
Tirschenreuth	Weiden i. d. OPf. (BY)		Wertheim	Mosbach (Baden) (BW)
Titisee-Neustadt	Freiburg i. Breisgau (BW)		Wesel	Duisburg (NW)
			Westerburg	Koblenz (RP)
Torgau	Leipzig (SAC)		Westerstede	Oldenburg (NDS)
Tostedt	Stade (NDS)		Wetter (Ruhr)	Hagen (NW)
Traunstein	Traunstein (BY)		Wetzlar	Limburg (Lahn) (HE)
Trier	Trier (RP)		Wiesbaden	Wiesbaden (HE)
Tübingen	Tübingen (BW)		Wiesloch	Heidelberg (BW)
Tuttlingen	Rottweil (BW)		Wildeshausen	Oldenburg (NDS)
			Wilhelmshaven	Oldenburg (NDS)
Überlingen (Bodensee)	Konstanz (BW)		Winsen a. d. Luhe	Lüneburg (NDS)
Ueckermünde	Neubrandenburg (MV)		Wipperfürth	Köln (NW)
Uelzen	Lüneburg (NDS)		Wismar	Schwerin (MV)
Ulm (Donau)	Ulm (Donau) (BW)		Witten	Bochum (NW)
Unna	Dortmund (NW)		Wittenberg	Dessau (SAN)
Urach (s. Bad Urach)	Tübingen (BW)		Wittlich	Trier (RP)
Usingen	Frankfurt am Main (HE)		Wittmund	Aurich (NDS)
			Witzenhausen	Kassel (HE)

Amtsgericht	LG-Bezirk	Amtsgericht	LG-Bezirk
Wolfach	Offenburg (BW)	Wuppertal	Wuppertal (NW)
Wolfenbüttel	Braunschweig (NDS)		
Wolfhagen	Kassel (HE)	Zehdenick	Neuruppin (BRA)
Wolfratshausen	München II (BY)	Zeitz	Halle (SAN)
Wolfsburg	Braunschweig (NDS)	Zerbst	Dessau (SAN)
Wolgast	Stralsund (MV)	Zeven	Stade (NDS)
Worbis	Mühlhausen (TH)	Zittau	Görlitz (SAC)
Worms	Mainz (RP)	Zossen	Potsdam (BRA)
Würzburg	Würzburg (BY)	Zweibrücken	Zweibrücken (RP)
Wunsiedel	Hof (BY)	Zwickau	Zwickau (SAC)

Die Deutsche Richterakademie

Berliner Allee 7, 54295 Trier
Postfach 15 68, 54205 Trier
T 06 51/9 36 10, Telefax 06 51/30 02 10

Tagungsstätte Wustrau
Am Schloß 1, 16818 Wustrau-Altfriesack
T 03 39 25–7 02 07 oder 7 02 08/7 02 31, Telefax 03 39 25-7 02 07

Direktorin
Richterin am Landgericht
Lossin-Weimer, Kerstin

Die Deutsche Richterakademie dient der überregionalen Fortbildung der Richterinnen und Richter aller Gerichtszweige und der Staatsanwältinnen und Staatsanwälte. Sie soll Richter und Staatsanwälte in ihren Fachgebieten weiterbilden und ihnen Kenntnisse und Erfahrungen über politische, gesellschaftliche, wirtschaftliche und andere wissenschaftliche Entwicklungen vermitteln.

Die Deutsche Richterakademie wird nach der am 1. 1. 93 in Kraft getretenen Verwaltungsvereinbarung vom Bund und von den Ländern gemeinsam getragen. Sie verfügt über zwei Tagungsstätten in Trier und in Wustrau. Die Länder Rheinland-Pfalz und Brandenburg stellen die in ihrem Eigentum stehenden Gebäude dem Bund und den Ländern für die Zwecke der Deutschen Richterakademie zur Verfügung. Der Finanzbedarf der Akademie wird vom Bund und von den Ländern gemeinsam getragen. Die Länder Rheinland-Pfalz und Brandenburg nehmen die vom Bund und von den Ländern gebilligten Haushaltsvoranschläge für die jeweilige Einrichtung in ihren Haushalt auf. Die Direktorin der Deutschen Richterakademie leitet die Tagungsstätten in Trier und Wustrau. Sie wird auf gemeinsamen Vorschlag der Landesjustizverwaltungen von Rheinland-Pfalz und Brandenburg im Einvernehmen mit den übrigen Landesjustizverwaltungen und dem Bundesministerium der Justiz von Rheinland-Pfalz auf Zeit bestellt. Sie muß Richterin, Staatsanwältin oder Beamtin des höheren Dienstes mit der Befähigung zum Richteramt sein.

Die Programmkonferenz für die Deutsche Richterakademie bestimmt für jeweils ein Kalenderjahr Zahl, Dauer und Thematik der durchzuführenden Tagungen. Das Bundesministerium der Justiz und die Landesjustizverwaltungen sind in der Programmkonferenz mit je einer Stimme vertreten; der Deutsche Richterbund, die Fachgruppe Richter und Staatsanwälte der Gewerkschaft ÖTV und der Bund Deutscher Verwaltungsrichter und Verwaltungsrichterinnen wirken beratend mit.

Die Durchführung der Tagungen erfolgt jeweils durch ein Veranstalterland, das ebenfalls von der Programmkonferenz bestimmt wird. Das in den Grundsätzen festgelegte Arbeitsprogramm für die einzelnen Tagungen wird vom Veranstalterland entsprechend den von der Programmkonferenz bestimmten Richtlinien ausgefüllt.

Verbände der Richter und Staatsanwälte

Deutscher Richterbund
– Bund der Richterinnen und Richter, Staatsanwältinnen und Staatsanwälte –

Kronenstraße 73/74, 10117 Berlin
T (0 30) 20 61 25–0, Telefax (0 30) 20 61 25–25
info@drb.de
www.drb.de

Vorsitzender:

Voss, Rainer, VRLG
Neubrückstr. 3, 40213 Düsseldorf
T (02 11) 83 06–27 67

Stellvertretende Vorsitzende:

Mackenroth, Geert-W., PrLG
Breitenburger Str. 68, 25524 Itzehoe
T (0 48 21) 66–10 00

Peters, Angelika, ROLG,
Stresemannstr. 1, 56068 Koblenz
T (02 61) 1 02–26 52

Weber, Victor, OStA
Alt Moabit 5, 10548 Berlin
T (0 30) 90 14 -57 00

Weitere Mitglieder des Präsidiums:

Eggert, Heribert, ROLG, 59065 Hamm
T (0 23 81) 2 72–2 58

Dr. Grotheer, Jan, PrFG, 20144 Hamburg
T (0 40) 4 28 01–36 88

Hammer, Ursula, StA, 74821 Mosbach
T (0 62 61) 87–2 87

Leetz, Bettina, RAG, 14469 Potsdam
T (03 31) 56 73–1 07

Dr. Renk, Heidemarie, VRLG,
60313 Frankfurt a.M.
T (0 69) 13 67–23 61

Dr. Tappert, Wilhelm, RLSG, 55116 Mainz
T (0 61 31) 1 41–50 45

Vetter, Joachim, stVDirArbG, 90429 Nürnberg
T (09 11) 9 28–26 02

Dr. Walter, Helmut, OStA, 85049 Ingolstadt
T (08 41) 3 12–2 59

Geschäftsführerin:

Dr. Scholz, Stephanie
T (0 30) 20 61 25–0

Zeitschrift des Deutschen Richterbundes ist die Deutsche Richterzeitung

Redaktion:

Edinger, Thomas, RLG
Dr. Kintzi, Heinrich, GStA a. D.
Neumann, Ralph, RAG
Dr. Nökel, Detlef, VROLG
Roitzheim, Gudrun, RLG
Dr. Scholz, Stephanie, Geschäftsführerin
  des DRB
Voss, Rainer, VRLG, verantwortlich

Anschrift der Redaktion:

Kronenstraße 73/74, 10117 Berlin

Landesverbände des Deutschen Richterbundes

Verein der Richter und Staatsanwälte in Baden-Württemberg e. V.

Postfach 10 36 53, 70031 Stuttgart
T (07 11) 24 37 20
Telefax (07 11) 2 36 80 46

Vorsitzender: Borth, Helmut, VROLG,
Oberlandesgericht
Postfach 10 36 53, 70031 Stuttgart
T (07 11) 2 12–31 68
Telefax (07 11) 2 12–31 68

Bayerischer Richterverein e. V.
Verein der Richter und Staatsanwälte in Bayern

Staatsanwaltschaft Regensburg
– Zweigstelle Straubing –
Kolbstraße 11, 94315 Straubing

1. Vorsitzender: Böhm, Horst, StA (GL)
Kolbstraße 11, 94315 Straubing
T (0 94 21) 9 49–9 03
Telefax (0 94 21) 9 49–9 50

2. Vorsitzender: Wolf, Hans-Werner, ROLG,
Prielmayerstr. 5, 80335 München
T (0 89) 55 97–22 76

3. Vorsitzender: Herrler, Elmar, ROLG
Fürther Straße 110, 90429 Nürnberg
T (09 11) 3 21–28 95
Telefax (09 11) 3 21–28 80

Deutscher Richterbund
– Bund der Richter und Staatsanwälte –
Landesverband Berlin e. V.

Elßholzstr. 30–33 (Kammergericht), 10781 Berlin

Vorsitzender: Jünemann, Lothar, VRLG,
Tegeler Weg 17–20, 10589 Berlin
T (0 30) 3 46 04–3 03

Deutscher Richterbund
– Bund der Richter und Staatsanwälte –
Landesverband Brandenburg e. V.

Gertrud-Piter-Platz 11, 14770 Brandenburg
a. d. Havel

Vorsitzender: Kahl, Wolf, VROLG
T (0 33 81) 3 99–2 05
Telefax (0 33 81) 3 99–3 50/3 60

Verein Bremischer Richter und Staatsanwälte

Gerichtshaus Domsheide 16, 28195 Bremen
Vorsitzender: Lüttringhaus, Peter, RLG,
T (04 21) 3 61–48 83
Telefax (04 21) 3 61–67 13

Hamburgischer Richterverein e. V.
– Verband der Richter und Staatsanwälte im Deutschen Richterbund –

Sievekingplatz 2, 20355 Hamburg
Vorsitzende: Dr. Schmidt-Syaßen, Inga, VROLG
T (0 40) 34 97–20 01
Telefax (0 40) 34 97–40 97

Deutscher Richterbund
– Bund der Richter und Staatsanwälte –
Landesverband Hessen

Hammelsgasse 1, 60313 Frankfurt am Main
Vorsitzender: Tiefmann, Ingolf, RLG,
T (0 69) 13 67–28 02
Telefax (0 69) 7 68 22 16

Richterbund Mecklenburg-Vorpommern e. V.
– Bund der Richter und Staatsanwälte –

Rostocker Str. 2, 23966 Wismar
Vorsitzender: Reitz, Günter, DAG
T (0 38 41) 48 08–0
Telefax (0 38 41) 48 08–10

Niedersächsischer Richterbund
– Bund der Richter und Staatsanwälte –

Postfach 2921, 4901 Osnabrück
Vorsitzender: Arenhövel, Wolfgang, PrLG
T (05 41) 3 15–0
Telefax (05 41) 3 15–1 29

Deutscher Richterbund
– Bund der Richterinnen und Richter, Staatsanwältinnen und Staatsanwälte –
Landesverband Nordrhein-Westfalen e. V.

Martin-Luther-Str. 11, 59065 Hamm
T (0 23 81) 2 98 14, Telefax (0 23 81) 2 25 68
info@drb-nrw.de
www.drb-nrw.de

Vorsitzender: Nüsse, Johannes, VRLG,
Kaiserstr. 34, 44135 Dortmund
T (02 31) 54 03–2 42
Telefax (02 31) 54 03–2 00

Deutscher Richterbund
– Bund der Richter und Staatsanwälte –
Landesverband Rheinland-Pfalz

Stresemannstraße 1, 56068 Koblenz

Vorsitzender: Werner, Udo, VROLG

T (02 61) 1 02–6 41

Telefax (02 61) 1 02–6 73

Deutscher Richterbund
– Bund der Richter und Staatsanwälte –
Landesverband Saar

Franz-Josef-Röder-Straße 15, 66119 Saarbrücken

Vorsitzender: Fischbach, Dieter, DAG

T (0 68 98) 2 03–3 17

Telefax (0 68 98) 2 03–3 19

Sächsischer Richterverein –
Verein der Richter und Staatsanwälte
in Sachsen

Platz der Deutschen Einheit 1, 08056 Zwickau

Vorsitzender: Hubert, Erwin, VPrLG

T (03 75) 50 92–3 32, –3 41

Telefax (03 75) 29 18 64, -29 18 65

Richterbund des Landes Sachsen-Anhalt –
Bund der Richter und Staatsanwälte

Hansering 13, 06108 Halle

Vorsitzender: Schwarz, Tilmann, VPrLG

T (03 45) 2 20–32 84

Telefax (03 45) 2 20–32 50

Schleswig-Holsteinischer Richterverband –
Verband der Richter und Staatsanwälte in
Schleswig-Holstein

Waldblick 5, 24113 Molfsee

T (01 73) 2 45 23 54

Vorsitzender: Martins, Andreas, ROLG
Gottorfstr. 2, 24837 Schleswig (dienstl.)

T (0 46 21) 86–12 78

Telefax (0 46 21) 86 13 72

Thüringer Richterbund –
Verband der Richter und Staatsanwälte
im Deutschen Richterbund

Augsburger Straße 10, 99091 Erfurt

Vorsitzender: Becker, Andreas, OStA

T (03 61) 37 76–3 34

Telefax (03 61) 37 76–4 00

Weitere Mitgliedsvereine des Deutschen Richterbundes

Verein der Bundesrichter und
Bundesanwälte beim Bundesgerichtshof e.V.

Herrenstr. 45a, 76133 Karlsruhe

Vorsitzende: Dr. Müller, Gerda, RBGH

T (07 21) 1 59–0

Telefax (07 21) 1 59–8 31

Verein der Richter beim
Bundespatentgericht e.V.

Cincinnatistraße 64, 81549 München

Vorsitzender: Grimm, Georg, VRBPatG

T (0 89) 69 93 70

Telefax (0 89) 69 93 71 00

Verein der Bundesrichter beim
Bundesfinanzhof

Ismaninger Str. 109, 81675 München

Vorsitzender: Dr. Weber-Grellet, Heinrich,
RBFH

T (0 89) 92 31–2 31

Telefax (0 89) 92 31–2 01

Bund Deutscher Finanzrichter

Warendorfer Str. 70, Finanzgericht,
48145 Münster

Vorsitzender: Krömker, Ulrich, RFG

T (02 51) 37 84–2 12

Telefax (02 51) 37 84–1 00

Verein der Bundesrichter beim
Bundessozialgericht

Graf-Bernadotte-Platz 5, 34119 Kassel

Vorsitzender: Dr. Udsching, Peter, VRBSG

T (05 61) 31 07–4 44

Telefax (05 61) 31 07–4 75

Bund Deutscher Sozialrichter

Zweigertstr. 54, 45130 Essen

Vorsitzender: Jung, Hans-Peter, RLSG

T (02 01) 79 92–2 93

Telefax (02 01) 79 92–3 02

Verein der Bundesrichter beim Bundesarbeitsgericht

Hugo-Preuß-Platz 1, 99084 Erfurt
Vorsitzender: Bröhl, Knut-Dietrich, RBAG,
T (03 61) 20 36–0
Telefax (03 61) 20 36–20 00

Bund der Richterinnen und Richter der Arbeitsgerichtsbarkeit

Marker Allee 94, 59071 Hamm
Vorsitzender: Berscheid, Ernst-Dieter, VRLAG
T (0 23 81) 8 91–3 18
Telefax (0 23 81) 8 91–2 83

Wehrdienstrichterbund – Verband der Richter der Wehrdienstgerichte im Deutschen Richterbund –

Bremer Str. 69a, 26135 Oldenburg (Oldb.)
Vorsitzender: Asmussen, Rolf, VPr des Truppendienstgerichts Nord
T (04 41) 9 29–27 21
Telefax (04 41) 9 29–27 47

Sonstige Verbände

Bund Deutscher Verwaltungsrichter und Verwaltungsrichterinnen (BDVR)

Bastionstr. 39, 40213 Düsseldorf
Vorsitzender: Lieberoth-Leden, Hans-Jörg, ROVG,
Aegidiikirchplatz 5, 48143 Münster
T (02 51) 50 52 24
Telefax (02 51) 50 52 24

Verein der Bundesrichter bei dem Bundesverwaltungsgericht e.V.

Hardenbergstr. 31, 10623 Berlin
Vorsitzender: Dr. Pietzner, Rainer, RBVerwG,
Hardenbergstr. 31, 10623 Berlin
T (0 30) 31 97–1
Telefax (0 30) 3 12 30 21

Bundesfachausschuß Richterinnen und Richter, Staatsanwältinnen u. Staatsanwälte in der Gewerkschaft ÖTV

ÖTV-Hauptverwaltung, Abt. Justiz und Justizvollzug
Theodor-Heuss-Str. 2, 70174 Stuttgart
T (07 11) 20 97–0
Telefax (07 11) 20 97–4 62

Sprecher: Thommes, Klaus, RVG
Verwaltungsgericht Hannover

Neue Richtervereinigung e.V. (NRV) Zusammenschluß von Richterinnen und Richtern, Staatsanwältinnen und Staatsanwälten

NRV-Sekretariat, Wahmstr. 71
23552 Lübeck
T (04 51) 39 20 92
Telefax (04 51) 39 20 93

Sprecher des Bundesvorstandes:
Gallner, Inken (z. Zt. BAG Erfurt)
Schlüterstr. 9, 99088 Erfurt
T (03 61) 26 36–20 00

Neskovic, Wolfgang (LG Lübeck),
zugleich Pressesprecher
Am Burgfeld 7, 23568 Lübeck
T (04 51) 3 71–17 97

Namensverzeichnis

zu den Listen der Planstelleninhaber

Agger S.	HH 160	Albert M.	SAC 352	Alisch F.	MV 204
Aghegian A.	BW 56	Albert W.	BU 15	Alkonavi N.	NW 297
Aghte W.	SG 467	Alberti G.	HE 192	Allendorf T.	SG 472
Ahlborn B.	BER 123	Alberts A.	VwG 503	Allerbeck H.	HH 165
Ahlborn F.	BRA 142	Alberts H.	NW 301	Allert B.	NDS 209
Ahlborn G.	ArbG 435	Alberts H.	VwG 512	Allert R.	VwG 482
Ahlborn U.	BW 28	Alberts J.	BER 116	Allesch E.	VerfG 403
Ahle R.	BRA 141	Alberts L.	SAC 354		VwG 479
von Ahlefeld O.	HH 163	Alberty K.	NW 281	Allgeier M.	BW 36
Ahlers A.	NDS 213	Albracht D.	NW 309	Allgeier P.	SG 465
Ahlers B.	NDS 227	Albracht W.	FG 443	Allmang M.	SAC 350
Ahlers H.	BRE 152	Albrecht A.	FG 448	Allmendinger D.	BW 53
Ahlers M.	HH 155	Albrecht A.	SAC 360	Allmer M.	NW 301
Ahlfeld M.	SH 383	Albrecht C.	HH 162	Allmers V.	SAA 337
Ahlgrimm M.	SAC 351	Albrecht C.	NW 306	Allner U.	VwG 495
Ahlhausen H.	SAN 367	Albrecht E.	HE 187	Allolio O.	SAC 343
Ahlmann R.	NW 296	Albrecht E.	NW 304	Allstadt-Schmitz G.	NW 244
Ahlmann S.	NW 294	Albrecht E.	VwG 510	Alm W.	SH 386
Ahlt M.	SAC 345	Albrecht F.	BU 16	von Alpen R.	SG 465
Ahmad-Hayee N.	HH 166	Albrecht F.	NW 307	Alpen T.	SH 383
Ahmann A.	NW 312	Albrecht F.	SAC 359	Alperstedt R.	BER 122
Ahmann K.	BU 11	Albrecht H.	BER 129	Alpes R.	SH 377
Ahn-Roth W.	NW 293	Albrecht H.	BY 90	Alsbach C.	RP 317
Ahne P.	HE 191	Albrecht J.	SH 381	Alsbach N.	RP 317
Ahr P.	BY 81	Albrecht K.	SAC 359	Alscher K.	NW 299
Ahrens E.	VwG 512	Albrecht K.	VwG 478	Alt R.	BW 40
Ahrens G.	NDS 232	Albrecht O.	ArbG 432	Alt R.	BY 95
Ahrens H.	HH 164	Albrecht O.	NDS 214	Alte P.	NW 278
Ahrens H.	NDS 215	Albrecht O.	VwG 478	Altemeier N.	NW 311
Ahrens H.	NW 282	Albrecht S.	HE 189	von Alten H.	VwG 496
Ahrens H.	RP 327	Albrecht T.	RP 324	Altenbuchner-	
Ahrens K.	VwG 497	Albrecht U.	MV 199	Königsdorfer H.	BY 95
Ahrens W.	NDS 213	Albrecht V.	VwG 510	Altendorf D.	BER 123
Ahsbahs P.	SH 378	Albrecht W.	ArbG 412	Altenkamp L.	SAC 355
Aink M.	NW 308	Albrecht-Dürholt G.	ArbG 426	Althaus A.	NW 288
Alagün A.	BER 118	Albrecht-Glauche G.	ArbG 416	Althaus M.	BY 96
Alander S.	HH 162	Albrecht-Schäfer A.	HH 158	Althaus M.	BY 110
Albach T.	HE 172	Albrot A.	BER 121	Althaus M.	HE 186
Alban W.	BER 115	Albulet R.	BW 55	Althaus S.	HE 186
Albat M.	TH 400	Aldenhoff P.	NW 258	Althaus W.	ArbG 411
Alber A.	NDS 209	Alder J.	SAN 368	Althoff H.	SH 386
Alber C.	BU 11	Alebrand U.	RP 326	Althoff W.	BY 102
Alber H.	BW 49	Alert H.	BY 83	Altmann L.	BRA 140
Alber S.	EuGH 515	Alex R.	BER 119	Altmann M.	NW 278
Albers G.	NW 270		BER 121	Altmann S.	ArbG 412
Albers H.	BU 12	Alexander B.	ArbG 416	Altmann T.	HE 193
Albers H.	VwG 504	Alexander G.	FG 449	Altmayer A.	SAA 341
Albers I.	ArbG 420	Alexander K.	NW 308	Altner G.	VerfG 403
Albers R.	BER 128	Alexander P.	ArbG 414	Altnickel U.	NDS 239
Albers H.	TH 393	Alexander R.	VwG 513	Altpeter F.	NW 302
Albers W.	NW 253	Alexander S.	FG 445	Altschwager-Hauser C.	SG 451
Albers W.	VwG 475	Alexy H.	VerfG 404	Altvater G.	BU 9
Albers-Frenzel B.	BER 130		VwG 487	von Alven-Döring A.	VwG 484
Albert B.	FG 445	Alexy R.	SG 472	von Alvensleben B.	BY 96
Albert C.	NW 272	Alexy-Girardet D.	HH 164		BY 110
Albert G.	BY 98	Alf R.	SH 377	von Alvensleben U.	ArbG 436
Albert H.	NW 291	Alfers J.	NDS 233	Alvermann F.	SAN 364
Albert J.	MV 196	Alff R.	BU 14	Alvermann S.	SAN 364
Albert J.	NW 266	Alfmeier K.	ArbG 433	Alvino N.	NDS 239

Aman-Frank M.	BY 73	Angerer J.	RP 323	Appelbaum M.	NDS 227
Amann B.	VwG 502	Angerer K.	BY 88	Appelhof G.	FG 445
Amann E.	ArbG 412	Angerer K.	HE 176	Appelhoff-Klante M.	VwG 500
Ambrosius B.	BU 8	Angermann W.	SAC 343	Appelkamp B.	NDS 223
Ambs R.	BW 31	Angermeyer H.	NDS 235	Appelt K.	BER 121
Ambs S.	BW 30	Angermüller H.	MV 197	Appenrodt R.	NW 305
Amels M.	ArbG 436	Angern G.	NW 302	Appl E.	TH 391
Amelsberg H.	VwG 493	Angstenberger H.	ArbG 413	Appoldt F.	BY 84
Amelsberg U.	BER 131	Angster W.	BW 58	Apprich J.	MV 198
Amelung B.	VwG 513	Anhalt P.	BW 55	Aps M.	NW 297
Amelung H.	BW 47	Anheier J.	RP 318	Arand A.	HE 183
Amelung J.	NW 271	Anheuser E.	RP 315	Araschmidt I.	NDS 211
Amelung W.	BY 85	Anheuser H.	RP 315	Arbandt K.	BRA 140
Amend G.	BY 68	Anhut T.	NW 274	Arck C.	RP 318
Amendt W.	BW 47	Anke B.	BY 85	Arend A.	BY 96
Ammann C.	BY 93	Anke C.	BY 87		BY 109
Ammann C.	BY 110	Ankele J.	BMJ 3	Arend S.	TH 392
Ammermann H.	VwG 499	Ankes C.	SG 472	Arendes W.	NW 245
Ammermann R.	NW 283	Anlauf F.	VwG 498	Arendt U.	ArbG 435
von Ammon S.	TH 400	Annecke A.	SAN 368	Arenhövel W.	NDS 234
Amon H.	BY 71	Annecke E.	VwG 502	Arens D.	BER 126
Amthauer D.	NDS 211	Annerl P.	ArbG 435	Arentz A.	NW 279
Amthauer F.	NDS 238	Anselmann D.	BER 129	Arenz W.	RP 316
Anacker G.	SAN 371	Anselmann O.	HE 180	Arians K.	VwG 500
Andelfinger N.	BW 51	von Anshelm A.	HE 190	Aring A.	NDS 216
Anderegg K.	NW 245	Ansorge E.	SAN 368	Arkenstette B.	NDS 232
Anderer H.	BW 49	Ansorge H.	TH 392	Arleff P.	NW 302
Anderl A.	BY 85	Ansorge M.	BY 107	Arlet D.	HE 191
Anderl J.	BW 53	Anspach J.	NW 300	Arling A.	ArbG 435
Anders D.	BU 9	Anstadt B.	BW 29	Arloth F.	BY 76
Anders M.	NW 274	Anstatt J.	RP 320	Armborst C.	VwG 495
Anders N.	SG 471	Anstötz I.	BY 71	Armbrecht R.	NDS 224
Anders P.	BY 103	Anstötz T.	TH 400	Armbrüster K.	BU 10
Anders P.	NW 276	Ante T.	BER 129	Armbrust K.	BW 37
Anders R.	SH 386	Anthonijsz S.	SAC 353	Armbruster F.	BW 55
Anders U.	BER 124	Anton E.	SH 380	Armbruster W.	VwG 477
Anders W.	BU 15	Antoni G.	RP 329	Arndt A.	BER 130
Anders-Ludwig L.	BY 76	Antoni S.	VwG 508	Arndt A.	BW 51
Anderson K.	BW 38	Antony H.	HH 155	Arndt B.	NW 257
Andersson E.	SG 465		HH 159	Arndt C.	BW 59
Andexer W.	NW 263	Antor S.	BY 92	Arndt E.	HE 175
Andrae M.	BRE 152	Antrecht L.	HE 169	Arndt E.	SAN 365
Andrae P.	SAC 351	Antrett A.	SAN 365	Arndt E.	SG 473
André U.	VwG 507	Anuschek T.	ArbG 422	Arndt F.	SG 462
Andreae S.	SAC 359	Apel A.	NDS 211	Arndt G.	VwG 495
Andrée C.	HE 170	Apel C.	HE 192	Arndt I.	ArbG 416
Andree-Röhmholdt W.	BW 53	Apel H.	NDS 213	Arndt I.	NW 282
Andreeßen H.	NDS 237	Apel J.	TH 391	Arndt K.	ArbG 420
Andres C.	SAC 346	Apel K.	VwG 485		HH 162
Andres G.	HE 187	Apell G.	VwG 489	Arndt S.	NW 298
Andres P.	TH 391	Apidopoulos J.	SG 474	Arndt U.	SG 462
Andresen J.	SH 379	Aping N.	NDS 223	Arndt W.	SAC 359
Andresen S.	NDS 238	Apostel F.	NW 304	Arnhold D.	NDS 234
Andreß E.	HH 163	Appel A.	MV 202	Arnhold G.	NW 254
Andreß M.	BY 87	Appel B.	TH 397	Arning H.	NW 282
Andrick B.	VwG 501	Appel E.	HE 174	Arnold A.	SAC 360
Anger H.	SG 467	Appel R.	VwG 479	Arnold B.	BW 50
Angerer C.	BY 65	Appel W.	FG 440	Arnold B.	FG 445
	VerfG 403	Appel-Hamm D.	NW 293	Arnold C.	BW 38

Arnold E.	NDS 207	Assmann K.	BER 117	Auth E.	NW 276
Arnold G.	HE 188	Aßmann R.	BU 17	Auth H.	NW 275
Arnold H.	BY 81	Aßmann U.	BRA 142	Authenrieth-Hüppe S.	HE 193
Arnold H.	BY 103	Ast A.	HE 182	Auwärter H.	BW 46
Arnold I.	BY 109	Ast A.	SAC 356	Auweter B.	ArbG 411
Arnold J.	HH 162	Ast E.	SAC 349	Aúz Castro M.	BU 15
Arnold M.	ArbG 411	Astheimer D.	HE 186	Avenarius C.	SAC 349
Arnold O.	BER 126	Atanassov P.	SG 471	Aweh L.	FG 443
Arnold P.	SG 456	Athing G.	BU 8	Axhausen P.	BY 86
Arnold R.	HE 182	Atorf F.	BW 60	Axler B.	NW 312
Arnold S.	NDS 226	Atzinger B.	NW 308	Axt A.	BW 45
Arnold U.	SG 467	Atzler B.	VwG 494	Axt H.	SAN 372
Arnold V.	BW 38	von der Au A.	TH 398	Ay R.	SAC 344
Arnold W.	HH 164	Au G.	RP 315	Azizi J.	EuGH 517
Arnold W.	NW 279	von Au L.	BW 21		
Arnoldi O.	BER 119	von Au P.	SG 452	**B**	
Arntz J.	VwG 502	Aubele N.	BY 87		
Arps I.	NW 249	Auchter-Mainz E.	NW 304	Baack C.	MV 203
Artelt K.	HE 182	Aue R.	NW 251	Baade E.	NW 286
Artinger J.	BER 128	Auell A.	BER 118	Baader P.	NW 296
Artinger L.	BY 94	Auer K.	BRA 133	Baae J.	BER 116
Artkämper H.	NW 288	Auer M.	NW 290	Baak P.	NW 252
Artschwager H.	NDS 237	Auerbach B.	SAC 349	Baaken H.	NW 252
Arweiler K.	SH 377	Auerhammer K.	SG 451	Baalcke D.	MV 199
Asbeck B.	NW 284	Auernhammer J.	BY 100	Baan S.	SAC 349
Asbeck M.	VwG 498	Auf dem Brinke J.	NDS 230	Baara A.	BER 118
Asbeck P.	NW 277	Auf der Straße K.	VwG 508	Baars H.	BER 120
Asbrock B.	BRE 151	Aufderheide H.	NW 273	Baars P.	NDS 223
Aschauer W.	BY 83	Auferkorte F.	ArbG 428	Baatz B.	SAN 366
Asche J.	SG 463	Auffarth H.	BRE 151	Baatz M.	SAN 365
Ascheberg M.	SAN 370	Auffermann U.	SAN 363	Babeck T.	TH 401
Ascheid R.	BU 10	Augath K.	NDS 240	Babendreyer J.	MV 195
Aschenbach A.	NW 264	Augenschein H.	ArbG 411	Babst M.	BY 93
Aschenbrenner C.	BY 84	Augner G.	HH 159	Babucke T.	BER 118
Aschenbrenner F.	BY 67	Augner M.	HH 161	Bach A.	BER 123
Aschke M.	VwG 512	Augsberger W.	BY 76	Bach C.	BER 130
Aschoff H.	MV 200	Augstein P.	NW 263	Bach G.	BW 57
Aschoff M.	MV 200	Augstein U.	NW 269	Bach H.	BER 130
Asendorf K.	HE 170	Augustin H.	ArbG 417	Bach M.	BER 123
Asensio Pagan J.	NW 311	Augustin H.	BW 32	Bach M.	BW 50
Ashelm H.	BY 103	Augustin U.	RP 320	Bach M.	HE 175
Asmis C.	VwG 499	Augustin W.	BW 27	Bach P.	HE 191
Asmus K.	SAN 369	Auhagen H.	NDS 209	Bach R.	VwG 507
Asmus U.	ArbG 419	Aulich J.	NW 302	Bachem H.	NW 249
Asmus U.	HH 158	Aulinger M.	TH 395	Bachem R.	RP 318
Asmus W.	RP 328	Aulinger S.	BY 72	Bacher J.	BER 123
Asmussen H.	NW 305	Aumüller T.	HE 167	Bacher K.	BW 32
Asmussen R.	BU 17	Auracher W.	BER 120	Bachert J.	TH 400
Asper K.	SAC 360	Aurnhammer K.	BW 61	Bachhuber U.	ArbG 413
Asper R.	NW 243	Ausetz M.	NW 310	Bachler F.	BMJ 5
Asperger M.	NW 256	Ausfeld-Zwicker R.	ArbG 417	Bachler H.	ArbG 420
Aßbichler J.	BY 97	Aussprung J.	VwG 493	Bachler L.	NW 302
Assel V.	FG 441	Aussprung U.	VwG 493	Bachmann A.	NW 311
Assenbrunner A.	BY 79	Aust K.	SAC 358	Bachmann B.	ArbG 411
Assenmacher K.	RP 317	Aust W.	HH 155	Bachmann C.	TH 399
Assenmacher W.	RP 317	Aust-Dodenhoff K.	ArbG 416	Bachmann D.	BW 21
Aßling J.	HE 173	Austenfeld N.	SAC 352	Bachmann E.	BW 51
Aßmann J.	BW 46	Austermann U.	VwG 501	Bachmann G.	BW 4
Aßmann J.	HE 181	Autenrieth M.	BW 44	Bachmann H.	NDS 21

Bachmann H.	RP 331	Bärlin A.	SAC 353	Ballentin S.	MV 198
Bachmann J.	NW 257	Bärmann A.	NW 305	Baller C.	BW 36
Bachmann M.	BY 66	Bärthel J.	TH 397	Gräfin von Ballestrem S.	BY 86
Bachmann N.	BW 36	Bäßmann I.	SH 384	Ballewski G.	BRA 133
Bachmann P.	RP 318	Bästlein H.	HH 157	Ballhause B.	SAN 364
Bachmann P.	SAN 364	Baethge U.	HH 161	Ballhausen A.	RP 320
Bachmann R.	NW 262	Bäuerle G.	BW 21	Ballhausen W.	VwG 494
Bachmann V.	BY 83	Bäuerle-Graf B.	MV 198	Ballhorn D.	BU 17
Bachmeier W.	BY 86	Bäumel D.	SAC 345	Ballmaier M.	HE 177
Bachnick U.	BRA 138	Bäumer-Hösl H.	BY 96	Ballnus K.	NDS 239
Bacht D.	NW 275	Bäumer-Kurandt I.	HE 185	Ballwieser-Zacharias S.	BER 128
Bacht U.	NW 251	Bäuml R.	BER 131	Bals O.	VwG 502
Bacht-Ferrari M.	NW 251	Bäumler C.	BW 31	Bals-Rust R.	SG 474
Bachtrup W.	NW 254	Bäumler K.	VwG 478	Balschun M.	BER 125
Backa K.	BY 87	Bäumler R.	RP 320	Balschun R.	BER 121
Backen W.	HH 159	Bagger R.	HH 164	Balser G.	SG 460
Backer U.	BRE 152	Bagusat G.	NW 278	Balß G.	HE 187
Backert B.	BY 73	Bahl O.	HE 193	Balster B.	NW 276
Backes J.	TH 392	Bahlau P.	FG 442	Baltes A.	BY 107
Backes-Kiefer I.	SAA 337	Bahlke M.	TH 397	Baltes G.	BRA 144
Backes-Liedtke S.	RP 333	Bahlmann I.	SAC 354	Baltes G.	NW 276
Backhaus L.	ArbG 429	Bahners F.	BER 119	Baltzer J.	VerfG 405
Backhaus R.	HE 170	Bahnsen S.	SH 386	Baltzer U.	HE 174
Backsmeier-Fußbahn	ArbG 422	Bahr J.	SH 380	Balz G.	BER 120
Bade H.	SH 379	Bahr J.	SH 385	Balz J.	BW 50
Bade H.	VwG 478	Bahr N.	SAC 349	Balzer B.	BER 130
Bade O.	TH 397	Baier E.	BY 103	Balzer C.	NW 243
Badenheim C.	MV 201	Baier H.	NW 262	Balzer H.	BU 11
Bader B.	NDS 218	Baier H.	SAA 335	Balzer M.	RP 330
Bader B.	NW 243	Baier R.	BY 84	Bamberger G.	HE 184
Bader H.	BY 76	Baier S.	MV 198	Bamberger H.	RP 314
Bader H.	BY 85	Bail M.	MV 199		VerfG 406
Bader J.	VwG 475	Bailly B.	TH 392	Bamberger S.	SAA 339
Bader P.	ArbG 420	Baingo J.	ArbG 429	Bamberger W.	VwG 502
Bader T.	NDS 213	Baisch U.	BW 51	Bamler H.	BRA 145
Bader U.	BY 87	Bajohr J.	BER 126	Bandelier B.	FG 441
Badzura R.	SH 381	Bak F.	NW 258	Bandemer D.	BY 87
Bäcker I.	NW 310	Bakarinow B.	NW 300	Bandisch G.	VerfG 404
Bäcker K.	ArbG 428	Bakaus U.	BW 44	Bandorf A.	TH 394
Bäckert H.	BER 126	Bakemeier B.	VwG 504	Bangert C.	BW 40
Baedke J.	TH 398	Bakker E.	NDS 237	Bangert C.	BW 59
Bähner R.	NW 272	Balbier R.	SAA 336	Bangert J.	VwG 490
Bähr A.	NW 298	Baldauf H.	RP 326	Bangert K.	TH 393
Bähr G.	VwG 485	Baldsuhn T.	BER 115	Banke H.	NW 293
Bähr P.	NW 262	Baldus C.	ArbG 430	Banke J.	NW 253
Bähr-Fichtner S.	HE 189	Balhorn M.	NDS 228	Banke R.	NW 275
Bähre M.	NDS 239	Balint W.	BRA 133	Banke T.	FG 447
Baensch G.	HE 176	Balk A.	ArbG 437	Banke W.	FG 446
Baer A.	ArbG 417	Balk E.	TH 397	Bannach J.	HE 190
Bär E.	BW 29	Balke A.	NW 304	Bannenberg D.	BRA 144
Bär J.	BY 104	Balke J.	NW 311	Bannert D.	TH 401
Baer P.	BY 71	Balke M.	FG 444	Banniza Edle	
Bär R.	BY 87	Balke S.	NW 248	Uvon Bazan	VwG 505
Bär R.	TH 395	Balko M.	SAN 373	Banse H.	BY 77
Baer S.	SAC 359	Ball A.	SAC 360	Bantle F.	ArbG 413
Bär W.	ArbG 415	Ball B.	NW 310	Bantleon G.	BRA 143
Bär W.	BY 68	Ball B.	SAC 359	Baran R.	SG 474
Baer-McIlvaney G.	BER 128	Ball W.	BU 8	Baraniak U.	VwG 509
Bärens M.	NW 276	Ball-Hufschmidt S.	NW 256	Barausch U.	BY 68

Barber R.	HH 162	Bartels H.	NDS 231	Barz H.	HE 183
Barbian B.	NW 255	Bartels H.	NDS 233	Barz K.	BRA 139
Barbian E.	SAA 338	Bartels T.	HH 161	Barzen U.	ArbG 418
Barbian M.	VwG 514	Bartels U.	VwG 477	Baschang R.	BW 32
Barbian S.	TH 394	Bartels-Meyer-		Baschleben F.	SAN 372
Bardarsky B.	BER 119	Bockenkamp B.	ArbG 434	Basdorf C.	BU 8
Bardelle B.	NW 277	Bartelt K.	SH 382	Basedow G.	HH 159
Bardenberg R.	NW 259	Barth A.	NDS 235	Basel R.	BW 30
Bardenhagen T.	MV 203	Barth A.	SAN 363	Basler M.	BW 39
Bardenhewer F.	BU 12	Barth B.	BY 76	von Bassewitz H.	NW 243
Bardo U.	NW 245	Barth C.	BW 54	Baßler R.	BY 88
Barenbrügge U.	NDS 237	Barth D.	ArbG 426	Baßler-Frühauf A.	BW 28
Barenhoff G.	NW 286	Barth D.	SAA 336	Baßmann T.	BW 62
Barenhorst D.	NW 252	Barth E.	BW 51	Bassow M.	BER 117
Barfels U.	SAN 368	Barth J.	ArbG 426	Bast M.	BW 46
Barfuss M.	FG 446	Barth N.	HE 193	Bast W.	SG 452
Bargatzky N.	BW 36	Barth R.	BW 39	Basten S.	ArbG 423
Bargemann B.	NDS 224	Barth T.	BMJ 4	Bastian B.	VwG 486
von Bargen J.	VwG 475	Barthel C.	BY 110	Bastian-Holler U.	RP 333
Bargenda A.	BRA 144	Barthel E.	SAC 346	Bastians S.	NW 288
Baring E.	VwG 484	Barthel H.	BW 40	Basting H.	BY 66
Bark T.	VwG 489	Barthel S.	BY 91	Bastius F.	SAC 345
Barkam H.	NW 278	Barthel S.	SAC 358	Bastius M.	VwG 508
Barke O.	VwG 491	Barthelmes K.	BY 67	Bastl F.	NW 273
Barkey D.	NW 287	Barthelmeß M.	BW 59	Bastobbe K.	SAN 366
Barkey J.	NDS 216	Barthels L.	BY 69	Baston-Vogt M.	NW 275
Barkow G.	SAN 367	Bartholomé G.	RP 327	Bath C.	VwG 484
Barleben H.	VwG 503	Bartholy C.	VwG 480	Bath M.	BER 127
Barnack C.	BER 120	Bartholy T.	BY 78	Bath U.	BER 127
Freiherr von		Bartl A.	BER 121	Bathe V.	VwG 512
Barnekow J.	SAC 343	Bartl R.	VwG 484	Bathow B.	NW 305
Barnert G.	BY 76	Bartl T.	BER 118	Batke H.	NW 301
Barnewitz W.	NDS 215	Bartling H.	SG 463	Batke-Anskinewitsch S.	HE 193
Barnickel M.	BY 73	Bartlitz P.	NW 265	Batsch K.	SAA 336
Barnstedt E.	BVerfG 1	Bartlitz U.	VwG 509	Batschari A.	BER 122
Barnusch K.	SG 461	Bartmann J.	MV 196	Battermann-Janssen H.	SAN 373
Barran-Wessel H.	HH 159	Bartodziej P.	BMJ 4	Batzke V.	SG 453
Barre B.	NDS 215	Barton H.	BU 16	Batzke W.	NW 246
Barré J.	NDS 225	Bartone R.	FG 448	Bau W.	BW 33
Barrelet U.	HH 159	Bartoszek-Schlüter I.	NW 275	Bauch G.	BY 79
Barsch H.	VwG 477	Bartsch C.	NDS 226	Bauchrowitz A.	SH 385
Bartel H.	BER 118	Bartsch H.	NDS 217	Bauchrowitz N.	BRA 146
Bartel L.	BW 28	Bartsch M.	BER 124	Bauchrowitz S.	SH 385
Bartel R.	BY 91	Bartsch M.	NDS 240	Bauer A.	BY 68
Bartel V.	MV 197	Bartsch T.	BY 104	Bauer A.	BY 103
Bartel W.	BY 81	Bartsch T.	RP 323	Bauer A.	NW 258
Bartel-Rögner S.	HE 193	Bartsch W.	VwG 495	Bauer A.	NW 284
Barteldes H.	BRA 140	Bartscher U.	SH 385	Bauer A.	TH 401
Bartelheimer A.	BER 125	Bartschinski C.	SAN 366	Bauer B.	BY 78
Bartelmus B.	BW 33	Bartschmid A.	BY 98	Bauer C.	BY 96
Bartels A.	NDS 240	Bartschmid D.	BY 98	Bauer C.	VwG 487
Bartels B.	BU 16	Bartz A.	NW 301	Bauer D.	BW 23
Bartels B.	MV 203	Bartz R.	SG 469	Bauer D.	BW 59
Bartels C.	NDS 222	Bartz U.	NW 311	Bauer D.	BY 73
Bartels C.	NW 312	Barucker W.	BER 127	Bauer E.	HE 190
Bartels G.	BER 120	Barutzky C.	NW 273	Bauer E.	VwG 481
Bartels G.	NDS 230	Barwig D.	NW 271	Bauer F.	BER 120
Bartels G.	VwG 499	Barwitz W.	BY 77	Bauer F.	BY 86
Bartels H.	BER 122	Barz C.	SG 457	Bauer G.	BER 114

von Beesten F.	NW 245	Beier W.	BY 91	Bender J.	BY 86
Beez E.	NDS 223	Beiermeister L.	BW 21	Bender J.	SG 470
Behl T.	BY 74	Beiersmann J.	ArbG 415	Bender K.	RP 316
Behlau C.	TH 391	Beige M.	MV 200	Bender M.	BW 28
Behler A.	VwG 509	Beil B.	HE 172	Bender M.	SG 463
Behler S.	SAC 356	Beil D.	VwG 476	Bender P.	VwG 506
Behlert J.	BER 128	Beiler M.	TH 394	Bender R.	TH 397
Behm A.	HH 155	Beilich B.	BRA 135	Bender T.	RP 318
	HH 165	Beimann T.	NW 283	Bender U.	BU 12
Behm B.	HH 163	Beimesche S.	VwG 498	Bender U.	NW 244
Behn M.	SG 451	Bein G.	BER 122	Bender U.	TH 391
Behne P.	NDS 240	Bein W.	NW 276	Bender W.	BW 46
Behnert C.	BRA 146	Beine A.	VwG 499	Bender W.	NW 294
Behnke H.	SH 379	Beirle K.	BY 107	Bendheuer S.	NDS 240
Behnke S.	NW 249	Beisenwenger R.	BY 64	Bendick-Raum C.	BY 104
Behnke W.	BRA 140	Beisheim B.	SG 467	Bendixen F.	SH 377
Behr A.	BY 97	Beißel N.	NW 304	Bendler W.	VwG 502
	BY 110	Beißer R.	RP 332	Bendner R.	VwG 508
von Behr B.	BY 84	Beißert R.	BW 31	Bendorf B.	NW 249
Behr J.	RP 313	Beißner U.	BW 56	Bendtsen R.	NDS 221
Behr K.	NW 301	Beißwenger E.	TH 398	Benecke K.	NDS 236
von Behren D.	NDS 239	Beiter K.	BW 57	Benedict K.	SAN 364
Behrend B.	TH 398	Beitz E.	SAC 357	Benedix H.	BER 129
Behrend C.	BER 121	Beitzel R.	NW 311	Beneking J.	NW 294
Behrend F.	SG 466	Bekis N.	BRA 141	Benesch B.	BY 87
Behrend N.	SG 465	Belker J.	NW 243	Benesch P.	NW 256
Behrends J.	BER 129	Belker K.	NW 254	Bengsch U.	NDS 217
Behrendt B.	SAC 353	Bell A.	VwG 508	Bengsohn J.	HE 170
Behrendt I.	SH 382	Bell E.	BY 101	Benitz A.	BW 32
Behrendt J.	SH 378	Bell H.	BU 9	Benjes S.	VwG 487
Behrendt K.	RP 318	Bell T.	BMJ 4	Benke H.	NW 249
Behrendt M.	BER 130	Bellasio S.	ArbG 420	Benkel B.	SG 469
Behrendt T.	NW 311	Bellay T.	BY 71	Benkert M.	BRA 145
Behrens A.	NDS 236	Bellenbaum B.	NW 248	Benkert W.	VwG 514
Behrens A.	SAC 357	Bellin J.	NDS 216	Benndorf J.	SAC 359
Behrens B.	BER 118	Bellin S.	NW 294	Benndorf M.	VwG 510
Behrens H.	BMJ 4	Belling C.	BW 51	Benner B.	RP 320
Behrens I.	BRE 151	Belling H.	BY 82	Benner J.	RP 321
Behrens I.	VwG 496	Bellinger A.	VerfG 404	Benner S.	BW 51
von der Behrens J.	ArbG 423	Bellinger H.	HH 163	Benner S.	BW 59
Behrens J.	NW 280	Bellinghausen A.	SG 467	Bennewitz S.	ArbG 437
Behrens K.	NDS 211	Bellinghoff U.	NW 265	von Bennigsen-	
Behring S.	NW 255	Bellm M.	BW 27	Mackiewicz A.	SAN 365
Behringer E.	BW 53	Bellmann B.	MV 200	Benning W.	ArbG 436
Behringer J.	BW 50	Bellmann E.	SH 386	Benninghoven-	
Behrmann B.	NW 290	Bellmann H.	NDS 235	Struß C.	NDS 238
Behrmann T.	ArbG 422	Bellmann I.	ArbG 434	Benra A.	ArbG 431
Behrschmidt E.	BY 99	Bellon K.	BW 23	Benrath A.	BER 128
Behschnitt D.	BW 23	Bellut J.	MV 200	Benscheidt J.	NW 262
Beickler B.	RP 332	Below B.	HE 192	Benscher P.	VwG 505
Beickler T.	RP 317	Below P.	MV 202	Bensinger M.	NW 286
Beiderbeck A.	NDS 217	Benassi G.	VwG 498	Benson A.	SG 466
Beienburg V.	NW 301	Benda S.	NDS 219	Benszuweit A.	SG 465
Beier G.	SG 451	Bendel A.	RP 332	Bentele A.	SAN 371
Beier J.	BER 115	Bendel E.	NW 281	Benthele K.	NW 248
Beier K.	BW 24	Benden K.	NW 246	Benthin-Bolder C.	VwG 499
Beier M.	ArbG 418	Bender A.	BU 16	Bentrup S.	VwG 493
Beier M.	BRA 138	Bender A.	NW 312	Benz A.	BW 49
Beier M.	NW 309	Bender G.	SAA 335	Benz R.	NDS 220

Benzler R.	SAC 352	Berger N.	SAN 372	Berling V.	HH 162
Benzler-Herz V.	BY 87	Berger R.	RP 330	Berlit U.	VwG 494
Bepler K.	BU 10	Berger U.	BRA 135	Berlit-Hinz E.	HH 159
Berard P.	BU 9	Berger U.	NW 245	Berminé H.	SG 469
Berberich V.	VwG 481	Berger W.	BW 30	Bern J.	NW 300
Berchtold J.	BU 12	Berger-Drame B.	NW 309	Bernard A.	SG 469
Berchtold M.	ArbG 412	Berger-Ney B.	SAA 340	Bernard C.	SAC 360
Berchtold M.	BY 96	Berger-Ullrich C.	BY 84	Bernard K.	HE 169
	BY 110	Berger-Zehnpfund P.	NW 286	Bernardi M.	ArbG 430
Berckhauer F.	NDS 207	Bergerowski W.	BW 52	Bernards A.	NW 312
Berding F.	NW 280	Bergfeld K.	SH 386	Bernards R.	BRA 136
Berdon U.	SAC 351	Bergfelder U.	NW 301	Bernauer M.	BER 128
Berenbrink S.	MV 204	Berghaus K.	NW 300	Berndl E.	BY 84
Berendes D.	SG 468	van Berghem D.	NW 309	Berndt H.	SH 379
Berends B.	NDS 235	Berghoff S.	NW 306	Berndt S.	BRA 142
Berens G.	NW 306	Bergholz G.	NDS 231	Berndt S.	SG 454
Berens M.	SG 468	Bergk R.	VwG 485	Berndt-Benecke U.	BER 131
Berens-Mohrmann E.	TH 399	Bergkemper W.	FG 442	Berneiser K.	NW 277
Berensmann W.	HE 185	Bergler W.	BY 84	Berneke W.	NW 243
Berg C.	BY 87	Bergmann A.	BRA 143	Berner A.	SAC 357
Berg H.	NW 264	Bergmann A.	BY 77	Berner C.	BY 73
Berg H.	TH 392	Bergmann C.	BW 50	Berner G.	BRE 151
Berg J.	BY 110	Bergmann C.	NW 245	Berner M.	BER 115
Berg M.	NW 278	Bergmann E.	NW 254	Berner T.	HE 180
Berg M.	NW 294	Bergmann G.	NDS 238	Berner-Peschau A.	VwG 494
Berg O.	RP 320	Bergmann J.	BER 122	Bernert M.	BY 81
Berg S.	SAN 366	Bergmann J.	VwG 478	Bernet W.	HH 161
Berg W.	NW 284	Bergmann K.	HE 175	Bernhard E.	BY 81
Bergande H.	SH 383	Bergmann K.	NDS 232	Bernhard R.	ArbG 411
Bergander G.	BRA 137	Bergmann K.	VwG 505	Bernhard U.	BY 93
Bergemann D.	BRA 142	Bergmann M.	BW 24	Bernhard-Schüßler P.	BY 101
Bergemann H.	HE 172	Bergmann M.	NW 301	Bernhardt M.	SAC 353
Bergemann U.	BY 94	Bergmann M.	SG 460	Bernhardt W.	BMJ 3
Bergemann U.	BY 111	Bergmann R.	NW 287	Bernhardt W.	NW 262
von Bergen V.	ArbG 432	Bergmann T.	RP 320	Bernheim R.	HH 160
Bergenthum M.	NW 274	Bergmann W.	BER 123	Bernheim U.	HH 162
Berger A.	ArbG 435	Bergmann-Streyl B.	NW 245	Bernheine K.	SAA 338
Berger A.	BMJ 3	Bergmeister E.	BW 45	Berning H.	NW 309
Berger D.	NW 257	Bergmüller R.	VwG 479	Berninger J.	NW 307
Berger E.	BW 36	Bergner U.	VwG 496	Bernklau L.	NW 304
Berger E.	BY 76	Bergold J.	BER 122	Bernreuther J.	BY 65
Berger E.	FG 440	Bergs H.	NW 295	Bernschütz-	
Berger G.	BER 120	Bergstein F.	NW 258	Hörnchen M.	NW 251
Berger G.	BER 125	Berke K.	NW 307	Bernsdorff N.	SG 463
Berger G.	BRA 137	Berkefeldt W.	BRE 151	Bernsmann M.	SAN 372
Berger G.	BY 80	Berkel V.	VwG 501	Graf von Bernstorff C.	BRA 133
Berger G.	NDS 226	Berkemann J.	BU 12	Gräfin von	
Berger G.	VwG 509	Berkenbrock C.	NW 272	Bernstorff C.	HH 160
Berger H.	BY 89	Berkenbusch F.	VwG 494	Bernt T.	NDS 227
Berger H.	NW 252	Berkenheide A.	VwG 504	von Bernuth M.	BER 119
Berger H.	SAC 346	Berkenkopf A.	HE 193	Bernutz E.	BER 113
Berger I.	BY 97	Berkhoff C.	HE 170	Bernwald A.	BW 31
Berger J.	BRE 151	Berkner A.	ArbG 413	Bernzen J.	NW 280
Berger K.	BY 79	Berkner S.	SAC 360	Berscheid E.	ArbG 427
Berger M.	BER 123	Berkner T.	BW 62	Bertele W.	VwG 480
Berger M.	BW 39	Berkowsky W.	ArbG 434	Bertelsmeier P.	HE 187
Berger M.	NW 246	Berledt C.	HE 184	Bertermann D.	SH 378
Berger M.	SG 452	Berlet B.	NW 312	Bertges D.	ArbG 421
Berger N.	HH 159	Berlin C.	FG 443	Berthold A.	VwG 494

Biermeier G.	SG 455	Birkmann A.	TH 389	Blaesing J.	SG 458
Biernath H.	HE 176	Birle J.	FG 447	Blaich S.	BW 62
Bierwagen M.	SAN 372	Birmele J.	NW 305	von Blanc J.	HE 175
Biesel M.	BW 27	Birn K.	SG 452	Blanc S.	NW 309
Biesewig B.	SAC 347	Birnbaum M.	NDS 216	Blanck K.	NDS 209
Biesing-Pachur S.	NW 256	Bischof D.	NDS 221	Blandfort W.	SAA 335
Biesterfeld D.	BER 130	Bischof J.	MV 202	Blank A.	MV 204
Bietenbeck T.	NW 281	Bischof R.	SH 379	Blank B.	BRE 152
Bietendüwel A.	NDS 219	Bischoff B.	VwG 476	Blank H.	BW 31
Bietz H.	BRA 135	Bischoff G.	BY 80	Blank J.	SAN 371
Biewer A.	BER 131	Bischoff G.	NW 280	Blank K.	NW 293
van Biezen B.	ArbG 433	Bischoff H.	BY 99	Blank P.	NW 268
Bigalke W.	BW 48	Bischoff H.	HH 157	Blank W.	VwG 479
Bigge K.	BER 118	Bischoff H.	NDS 240	Blanke E.	VwG 500
Biggel W.	SG 452	Bischoff H.	NW 298	Blanke H.	FG 445
Bigott U.	MV 199	Bischoff J.	BW 37	Blanke H.	VwG 501
Bihler M.	NW 275	Bischoff K.	RP 327	Blanke I.	BRA 136
Bihy H.	NDS 220	Bischoff M.	NW 276	Blanke M.	HE 172
Bilda K.	HH 166	Bischoff S.	BW 62	Blanke R.	VwG 501
Bilda K.	NW 243	Bischoff S.	BY 84	Blanke-Roeser C.	HH 165
	VerfG 406	Bischoff V.	NDS 224	Blankenbach R.	BW 52
Bildhauer D.	SAN 373	Bischoff W.	SG 451	Blankenburg I.	NW 311
Bill H.	ArbG 424	Bischoff-Schwarz A.	BW 46	Blankenheim M.	BER 129
Bill J.	HE 183	Bischop L.	NW 255	Blankenhorn I.	RP 332
Bill W.	SH 380	Bisier H.	NW 255	Blasberg K.	NW 256
Billig C.	TH 390	Biskup R.	VwG 488	Blaschek H.	NDS 219
Billner F.	BY 85	Biskupski C.	SAN 367	Blaschke P.	RP 319
Bilsdorfer P.	FG 448	von Bismarck S.	BER 130	Blaschke S.	SAC 353
Bilz M.	TH 400	Bismayer B.	BW 25	Blaschke S.	VwG 501
Bimler M.	SH 387	Bispinck-Jaeger O.	NW 245	Blaschko P.	HE 176
Bindels A.	BMJ 4	Bisping A.	SAN 362	Blasczyk B.	SAN 373
Binder A.	BW 25	Bisping M.	SAN 366	Blasczyk J.	SAN 371
Binder G.	BW 52	Bißmaier V.	BW 46	Blase B.	BW 44
Binder H.	BY 77	Bister O.	FG 445	Blaseio B.	VwG 496
Binder J.	BRA 144	Bittel M.	SH 386	Blasek B.	HE 178
Binder S.	SG 453	Bittens S.	ArbG 424	Blasel T.	SH 387
Binder T.	BY 83	Bittermann M.	SAC 360	Blaser J.	BW 48
Binding R.	ArbG 421	Bittig A.	BER 128	Blasinski J.	MV 197
Bindokat H.	BER 124	Bittmann F.	SAN 371	Blasius J.	TH 393
Bingel A.	NW 246	Bittner B.	NW 256	Blaskowitz H.	NW 257
Biniok H.	HE 189	Bittner D.	FG 443	Blaß K.	TH 393
Binkert G.	ArbG 416	Bittner H.	SAC 353	Blaszczak M.	TH 397
Binnberg B.	NW 262	Bittner S.	SAC 352	Blath R.	BMJ 4
Binner H.	BY 66	Bittner T.	NW 307	Blau C.	BER 121
Binnewies B.	HE 187	Bittner V.	NW 288	Blaumeier P.	BY 101
Binz H.	RP 315	Bittorf W.	BY 68	Blaurock C.	VwG 511
Binz H.	SG 469	Bitz F.	BW 30	Blawat U.	NW 251
Binz K.	BW 49	Bitz J.	SG 474	Bleckmann A.	VwG 512
Birk A.	VwG 492	Bitz M.	VwG 507	Bleh H.	RP 331
Birk D.	BW 45	Bitz P.	TH 392	Bleistein R.	NW 275
Birk S.	BW 51	Bitzer D.	VwG 483	Blencke H.	VwG 481
Birk W.	FG 446	Bitzer O.	VwG 477	Blens H.	VwG 500
Birke E.	FG 443	Bitzer T.	BW 53	Bleser S.	NW 312
Birkenbach R.	SG 461	Bitzhenner F.	NW 289	Bleß M.	MV 201
Birkenfeld W.	BU 11	Bizer U.	BW 59	Blessing G.	BW 59
Birkenholz P.	BW 31	Bläker H.	NW 281	Bleßmann W.	VwG 476
Birkert E.	BW 21	Blaeschke J.	HE 171	Blettner A.	RP 319
Birkhölzer K.	NW 312	Blaeschke R.	HE 171	Bleuel K.	SAN 372
Birkhofer S.	BY 87	Blaesing H.	NW 250	Bleuß M.	BRA 144

Bley H.	SH 380	Blum-Idehen U.	VwG 501	Bode W.	FG 447
Bley J.	ArbG 420	Blumberg E.	NW 275	Bodemann M.	HH 161
Bley P.	SG 464	Blume E.	VwG 489	Boden A.	NDS 218
Blickle R.	BW 45	Blume M.	BER 118	Boden H.	BY 69
Blindow U.	MV 199	Blume M.	SAC 359	Boden U.	NW 306
Bloch J.	HE 170	Blumenberg H.	VwG 486	Bodenbender W.	VwG 491
Block D.	BER 124	Blumenberg P.	NDS 214	Bodenburg G.	BY 84
Block J.	HH 158	Blumenröhr F.	BU 7	Bodendieck-Engels H.	SH 375
Block M.	VwG 496	Blumensatt H.	HE 191		SH 379
Block T.	SH 381	Blumenstein T.	HE 181	Bodens H.	NW 293
Block-Cavallaro M.	NDS 209	Blumenthal C.	NW 312	Bodenstaff H.	HH 163
Block-Gerdelmann A.	NW 310	Blummoser H.	BY 101	Bodenstedt K.	SG 456
Block-Weinert P.	BRA 134	Blunck D.	BER 114	Bodenstein D.	NDS 216
Blockus D.	MV 199	Blunck H.	BW 25	Bodenstein F.	BRA 144
Blöcher M.	SH 381	Blunk E.	SAC 346	Bodié H.	BW 37
Bloeck O.	VwG 482	Blunk J.	SH 383	Bodmann B.	VwG 485
Blöcker C.	SH 378	Blunk S.	HH 166	Bodmann G.	SAN 368
Blöink T.	BMJ 5	Bobeth E.	NDS 228	Bodmann H.	NDS 215
Bloem I.	NDS 211	Bobke D.	BY 79	Böcher F.	SH 383
Blömeke B.	VwG 483	Bocci G.	BY 82	Böcher I.	HE 190
Blömer G.	NW 250	Bochum R.	BY 83	Böcher-Jerger S.	BW 51
Blömker C.	ArbG 425	Bock A.	BW 61	Böck M.	VwG 513
Bloes U.	HE 188	Bock A.	NW 268	Böck P.	BU 10
Blössl I.	BY 105	Bock A.	NW 282	Böckeler S.	BW 53
Blößner G.	VwG 480	Bock A.	SAN 363	Böckenhauer M.	SH 375
Blohm J.	NDS 240	Bock C.	NW 309	Böckenhauer M.	SH 386
Blombach M.	BER 126	Bock C.	SAN 366	Böckenhoff G.	BW 51
Freifrau von		Bock D.	BW 32	Böcker F.	NW 241
Blomberg G.	NDS 216	Bock H.	BY 96	Boecker J.	BRA 147
Blome G.	NW 251	Bock H.	NW 254	Böcker R.	VwG 484
Blome L.	BRE 150	Bock H.	SG 457	Böcker U.	SAC 351
Blomenkamp A.	VwG 512	Bock H.	VwG 494	Böckermann B.	HH 157
Blomenkamp C.	NW 307	Bock I.	BRA 144	Boeckh W.	BY 82
Blomer H.	HE 180	Bock J.	BW 61	Böcking T.	BY 68
Blomeyer J.	BY 75	Bock K.	BY 101	Böckmann V.	VwG 482
Bloß J.	BY 104	Bock K.	RP 315	Böddecker K.	NDS 238
Bloß W.	SAC 351	Bock M.	ArbG 430	Boedecker H.	SAN 368
Bludau O.	NW 307	Bock R.	BW 58	Bödecker T.	ArbG 435
Blübaum K.	NDS 235	Bock R.	RP 316	Bödeker A.	BER 119
Blüggel J.	SG 468	Bock S.	BY 96	Böge C.	SAC 350
Blüm A.	RP 332		BY 110	Böger F.	ArbG 435
Blüm B.	SAA 335	Bock S.	TH 392	Böggemann S.	ArbG 433
Blümbott W.	SAC 356	Bock-Hamel P.	NDS 213	Boehland R.	BER 122
Blümel J.	BW 61	Bockemüller J.	VwG 495	Böhle A.	BER 124
Blümel R.	SAC 355	Bocker U.	BER 129	Böhle A.	NW 311
Bluhm A.	SAN 367	Bocksch A.	VwG 501	Böhle-Stamschräder B.	NW 298
Bluhm D.	BER 126	Bockwoldt C.	SH 386	Böhlendorf J.	BRA 138
Bluhm D.	SAC 359	Bodamer W.	BW 54	Böhlje K.	NW 276
Bluhm I.	HH 160	Bodanowitz J.	VwG 486	Böhlke M.	BRA 145
Bluhm K.	NW 250	Bodanowitz R.	BER 124	Böhm A.	BER 128
Bluhm M.	VwG 510	Boddin C.	HH 165	Böhm A.	NDS 226
Blum B.	NW 308	Bode A.	BER 124	Böhm B.	BMJ 4
Blum D.	BRE 151	Bode A.	SAN 364	Böhm B.	BY 70
Blum G.	BW 32	Bode B.	BU 8	Boehm C.	BER 126
Blum J.	RP 326	Bode C.	NDS 212	Böhm C.	BY 64
Blum J.	SG 455	Bode D.	VwG 496	Böhm C.	MV 204
Blum S.	NW 302	Bode E.	NW 310	Böhm D.	BW 43
Blum-Engelke C.	NDS 219	Bode L.	SAC 347	Böhm E.	TH 391
Blum-Heinrichs M.	NW 260	Bode O.	VwG 497	Böhm F.	BY 87

Böhm F.	FG 440	Bölling H.	BRE 151	Böttcher R.	BY 65
Böhm G.	BY 107		VerfG 404		VerfG 403
Böhm H.	BW 58	Boelsen J.	NDS 237	Böttcher R.	TH 400
Böhm H.	BY 108	Bölter H.	BW 21	Böttcher S.	HH 160
Boehm H.	NW 262	Bölts-Thunecke A.	NW 297	Böttcher T.	BRA 145
Böhm I.	HE 174	Bömeke G.	NDS 227	Böttcher V.	NDS 238
Böhm I.	RP 313	Bömelburg R.	NW 294	Böttcher-Grewe K.	TH 393
Böhm I.	SG 460	Bönicke M.	BER 125	Böttge S.	HE 180
Böhm K.	BW 24	Boenig J.	NDS 216	Böttger D.	VwG 513
Böhm K.	RP 313	Bönig T.	BRA 141	Böttger E.	SG 460
Böhm K.	VwG 478	Böning C.	NW 304	Böttger K.	HE 167
Böhm M.	BRA 145	Böning H.	SAN 372	Böttger S.	SAN 372
Böhm R.	HH 163	Bönke D.	BMJ 4	Böttges W.	MV 203
Böhm R.	NW 259	Bönnen H.	NW 307	Boetticher A.	BU 8
Böhm S.	NDS 237	Bönning G.	NW 303		VerfG 404
Böhm S.	NW 294	von Boenninghausen-		Böttinger G.	SG 452
Böhm S.	SAC 358	Budberg A.	BY 96	Böttner F.	SAC 346
Böhm U.	BER 118	de Boer I.	BRE 153	Böttner W.	HE 184
Böhm V.	BW 62	de Boer-Engelhard H.	HE 170	Böttrich G.	NW 269
Böhm W.	NDS 235	Börger F.	NW 291	Böttrich J.	FG 439
Böhmann H.	VwG 493	Börger M.	NW 285	Bötzl U.	TH 395
Boehme B.	BRE 150	Böringer A.	RP 323	Boewer D.	ArbG 425
Böhme I.	BRA 142	Boerner A.	HE 170	Boffo-Mosbach A.	RP 333
Böhme M.	BRA 139	Boerner A.	SG 468	Bogen R.	NW 258
Böhme M.	BW 37	Börner D.	SAC 347	Bogenrieder J.	BW 58
Böhme M.	MV 203	Börner D.	SAC 348	Bogenrieder W.	BW 49
Böhme P.	VwG 484	Börner F.	ArbG 433	Boger A.	BW 58
Böhme R.	NW 312	Börner R.	BW 56	Bogner C.	SAC 356
Böhmer C.	VwG 507	Börschmann E.	NDS 209	Bogner M.	HE 183
Böhmer E.	BY 102	Börstinghaus U.	NW 273	Bogner P.	BY 86
Böhmer F.	NW 262	Boës B.	SAN 361	Bogner R.	SG 455
Böhmer H.	SAC 354	Bösche T.	NDS 218	Bogner W.	BY 84
Böhmer I.	BW 38	Böse J.	TH 401	Bogs R.	BW 61
Böhmer J.	BW 62	Boese T.	VwG 480	Bogusch U.	BY 97
Böhmer O.	NW 248	Bösel D.	NDS 207	Bohlander M.	TH 395
Böhmer P.	SAC 359	Bösen M.	NW 247	Bohle H.	MV 201
Böhmer S.	MV 203	Bösenberg B.	HH 166	Bohle R.	NW 249
Böhmer W.	RP 313	Bösenberg R.	SG 451	Bohlen B.	MV 204
Böhmer-Behr A.	SG 463	Boesenberg U.	NW 262	Bohlen H.	VwG 502
Böhn B.	HE 190	Bösenecker K.	BY 90	Bohlen K.	BRE 153
Böhn J.	HE 190	Bösert B.	BMJ 4	Bohlken H.	NDS 232
Böhnel W.	BY 91	Böshagen D.	NW 306	Bohm J.	BU 13
Böhner G.	NW 280	Böske H.	NW 280	Bohm R.	BY 73
Böhner J.	NW 285	Boesken A.	HE 190	Bohmann C.	BY 81
Boehnke A.	MV 197	Bösken B.	NW 246	Bohmeier W.	SAN 371
Böhnke B.	ArbG 419	Boesken C.	HE 181	Bohn E.	SH 384
Böhrenz M.	BER 115	Bösken C.	NW 246	Bohn G.	NW 264
Böhrnsen C.	BRE 150	Bösken K.	NW 269	Bohn K.	SAA 341
Böing K.	NW 258	Bösl J.	BY 79	Bohn M.	BY 76
Bökelmann D.	BW 54	Böß W.	VwG 480	Bohn O.	VwG 513
Böker E.	BY 105	Bößem B.	NW 253	Bohn R.	NW 300
Boeker H.	BU 11	Boeter U.	BMJ 3	Bohndorf S.	SAC 360
Boeker M.	VwG 503	Böttcher A.	SAC 346	Bohne F.	SG 472
Boekstegen K.	NW 251	Boettcher E.	VwG 482	Bohne M.	HE 179
Bölicke T.	VwG 509	Böttcher G.	VwG 511	Bohnen R.	TH 396
Boelke U.	BRA 137	Böttcher H.	SH 381	Bohnen W.	RP 333
Bölle A.	NDS 235	Böttcher I.	SH 383	Bohner M.	SAC 351
Bölle H.	VwG 476	Böttcher J.	NDS 231	Bohnstedt M.	NW 259
Böllert J.	BW 62	Böttcher K.	BW 27	Bohr E.	RP 332

Bohrmann L.	NDS 228	Bongartz H.	NW 295	Bork H.	HH 162
Boiczenko M.	BRA 136	Bongen R.	VwG 500	Bork J.	RP 331
Boie G.	SAC 345	Bongers E.	HH 166	Bork R.	BER 125
Boie P.	BY 95	Bonifacio M.	NW 307	Bork U.	FG 445
Bokelmann E.	HE 169	Bonikowski K.	VwG 505	Borkert G.	NW 246
Bokemeyer W.	NW 304	Bonin-Harz U.	BW 50	Borkowski E.	SAC 357
Bokern A.	SAC 349	Bonitz J.	SAC 347	Bormann A.	NW 294
Bokern B.	SAC 349	Bonk J.	HE 185	Bormann A.	SAN 369
te Bokkel K.	NW 247	Bonk M.	BER 125	Bormann C.	NDS 238
Boklage F.	NDS 232	Bonkas B.	HE 175	Bormann M.	NW 299
Bol N.	BER 118	Bonn C.	BY 109	Bormann U.	SAC 350
Bolay M.	SG 453	Bonna P.	BY 102	Born B.	BMJ 4
Bolder J.	NW 304	Bonneberg W.	NDS 210	Born B.	VwG 490
Bolder S.	NW 306	Bons-Künsebeck M.	NW 271	Born D.	NW 272
Boldt H.	ArbG 434	Bonsch G.	VwG 500	Born G.	MV 199
Boldt J.	MV 197	Boockhoff R.	SG 473	Born H.	RP 323
Bolduan H.	SAN 363	Book J.	NW 310	Born M.	ArbG 434
Bolender H.	RP 319	Bookjans J.	NDS 235	Born M.	RP 328
Bolenz H.	NDS 234	van den Boom H.	HH 163	Bornefeld F.	NW 259
Bolien C.	SAN 367	van den Boom H.	NW 251	Bornemann F.	NDS 217
Bolik G.	BY 102	van den Boom U.	HH 164	Bornemann P.	BU 17
Bolk H.	SH 382	Boos G.	SG 472	Bornemann U.	BRE 152
Boll D.	NW 282	Boos U.	NW 241	Bornemann V.	BER 114
Boll H.	MV 202	Bopp D.	BW 28	Bornemann W.	BER 131
Boll J.	BY 69	Bopp F.	BY 66	Bornemann-Futter P.	NW 302
Boll J.	MV 196	Bopp P.	ArbG 434	Bornfleth B.	BW 55
Boll O.	BW 37	Borchard S.	SG 465	Borngräber I.	BY 104
Boll-Sternberg B.	BER 121	Borchard U.	NW 302	Bornhak U.	SAC 353
Bolle-Seum B.	NDS 223	Borchardt M.	NDS 222	Bornheimer M.	SG 466
Bolle-Steinbeck G.	HH 159	Borchardt W.	FG 446	Bornkamm J.	BU 8
Boller J.	TH 401	Borcherding J.	NDS 213	Bornmann H.	ArbG 421
Bollhorn D.	HH 160	Borchers A.	NDS 220	Bornscheuer H.	SG 457
Bollhorst H.	NW 267	Borchers N.	NDS 228	Bornstein V.	BY 87
Bollig S.	NW 302	Borchert A.	VwG 495	Borowiak G.	NW 309
Bollmann G.	MV 199	Borchert E.	NDS 215	Borowiak-Soika U.	TH 392
Bollmann H.	BY 77	Borchert H.	BRA 133	Borowski M.	ArbG 432
Bollweg H.	BMJ 4	Borchert H.	SAN 366	Borowsky M.	TH 391
Bolowich M.	HE 189	Borchert M.	NDS 221	von Borries T.	SG 471
Bolte F.	NW 269	Borchert R.	BRA 138	Borris B.	SAC 359
Bolten B.	HH 163	Borchert V.	NW 278	Borrmann G.	BW 53
Bolten H.	SAC 346	Borchmeyer H.	NDS 216	Borrmann H.	ArbG 429
Boltz E.	SG 456	Bordt A.	NDS 239	Borst U.	SH 386
Boltz H.	RP 327	Bordt P.	NDS 217	Borstelmann E.	FG 444
Boltz W.	ArbG 433	Boré-Rachl M.	BY 91	Bortels S.	BER 120
Boltze M.	NW 248	Borgas A.	BER 128	Bortfeldt D.	SAN 364
Bolz E.	TH 399	Borgas H.	BER 121	Borth H.	BW 43
Bolz N.	FG 444	Borgdorf R.	VwG 499	Borth U.	NDS 239
Bolz R.	HE 186	Borgdorf W.	NW 273	Borwitzky R.	HH 159
Bolze E.	NDS 227	Borger F.	BY 68	Borzutzki-Pasing W.	NW 299
Bomba M.	BY 67	Borgert B.	NW 282	Bos P.	SAN 368
Bombe B.	BY 96	Borgmann B.	NW 252	Bosbach T.	NW 303
	BY 109	Borgmann M.	BER 130	van den Bosch A.	NW 307
Bombe E.	HE 185	Borgmann M.	SAN 363	Bosch E.	VwG 477
Bomhauer I.	TH 400	Borgmann T.	NW 310	van den Bosch H.	BRA 138
Bommel E.	SAN 366	Borgs-Maciejewski H.	BU 13	Bosche T.	NW 304
Bommermann R.	ArbG 425	Borgschulte P.	NW 310	Boskamp H.	BW 36
Bonde F.	SH 379	Borgschulze M.	VwG 504	Boske J.	VwG 484
Bone R.	NW 281	Borgstädt M.	NW 270	Bosman U.	VwG 505
Bonfigt E.	ArbG 415	Bork H.	BU 16	Boß H.	BER 116

Boß M.	SAC 353	Bracker R.	SH 382	Brandt A.	SAC 353
Bosse A.	NDS 225	Bracker S.	SH 387	Brandt B.	FG 449
Boße J.	TH 401	Brackert G.	ArbG 420	Brandt C.	BER 121
Bosse P.	SAN 366	Brackhahn P.	NDS 209	Brandt C.	BU 16
Bossen G.	SH 378	Brackhane R.	NW 281	Brandt E.	HH 164
Bossert G.	BW 50	Brackmann G.	BY 86	Brandt E.	SAC 349
Boßert R.	BW 59	Brackmann R.	NW 248	Brandt H.	BER 114
Bost J.	SAA 338	Bracun H.	NW 248	Brandt H.	BER 117
Bostedt A.	VwG 478	Brade A.	BER 120	Brandt H.	NW 294
Boström-Katona K.	BER 130	Brähler E.	SG 457	Brandt H.	NW 300
Both A.	NDS 222	Bräu H.	BY 105	Brandt J.	BU 11
Both D.	MV 198	Bräuchle K.	VwG 477	Brandt J.	NDS 217
Both G.	NDS 235	Bräuer L.	BW 39	Brandt J.	NW 257
Both G.	NW 305	Bräunig D.	SAN 363	Brandt J.	NW 288
Both R.	NW 304	Bräuning A.	SG 451	Brandt K.	BRA 139
Both-Kreiter T.	VwG 513	Bräuning H.	BW 50	Brandt K.	NDS 224
Bothe H.	NW 289	Bräunlich B.	SAC 347	Brandt M.	MV 204
Bott G.	BU 10	Bräutigam G.	BW 34	Brandt M.	RP 323
Bott P.	TH 400	Bräutigam H.	BER 116	Brandt M.	VwG 476
Bott T.	BY 96	Bräutigam J.	SAC 347	Brandt P.	SAC 350
Bott W.	NW 247	Bräutigam-Schieder C.	BER 125	Brandt P.	SH 382
Bottermann C.	BY 64	Brahm E.	NW 262	Brandt S.	BU 17
Bottke B.	SH 386	Brahms K.	BMJ 5	Brandt S.	SG 473
Bottke D.	BY 81	Brakebusch A.	BER 116	Brandt T.	BW 32
Bottler B.	SAN 371	Brakonier R.	HE 172	Brandt V.	NDS 228
Botur A.	NDS 220	Bram R.	ArbG 420	Brandt V.	NDS 240
Botzem H.	NW 306	Brambach H.	BW 50	Brandt V.	SH 382
Botzke W.	RP 326	Brambach S.	VwG 477	Brandt W.	NW 270
Bouabe I.	BY 94	Brambrink U.	MV 197	Brandts R.	SG 466
Boucsein H.	HE 191	Bramhoff S.	NW 249	Brang A.	BY 72
Bourier W.	BY 81	Bramsiepe H.	NW 289	Brantin H.	NW 294
Bourmer-		Brand C.	HE 180	Brantin S.	NW 311
Schwellenbach A.	NW 293	Brand D.	BW 62	Branz J.	BY 91
Bours J.	BRA 145	Brand E.	BW 50	Brass A.	SAA 340
Bouwhuis S.	ArbG 412	Brand G.	SAC 359	Brass M.	NW 278
Bouwman E.	ArbG 424	Brand H.	TH 395	Bratek K.	VwG 513
Bovermann H.	NW 276	Brand J.	SG 465	Bratke R.	BER 127
Boxdorfer B.	BW 53	Brand O.	NDS 209	Brauch W.	NW 281
Boxleitner M.	BY 97	Brand R.	BY 77	von Brauchitsch-	
Boyer A.	ArbG 417	Brand T.	HE 191	Behncke K.	NW 247
Boyke R.	SH 378	Brand U.	NW 284	Brauckmann H.	RP 321
Boysen I.	MV 199	Brand U.	SH 376	Brauer C.	VwG 498
Boysen U.	BRE 150	Brandau H.	HE 189	Brauer E.	NDS 232
Boysen-Tilly H.	VerfG 407	Brandenburg A.	BER 118	Brauer I.	BRA 144
Braak G.	BER 113	Brandenburg I.	BRA 134	Brauer J.	RP 324
Braams K.	NW 310	Brandenfels T.	HE 176	Brauer J.	SAC 355
Braasch D.	ArbG 411	Brandenstein P.	HE 192	Brauer T.	HH 162
Braatz M.	VwG 496	Brandes B.	NW 297	Brauhardt C.	TH 393
Brabänder S.	ArbG 429	Brandes H.	SAN 366	Braukmann-Becker H.	NW 296
Brabandt H.	HH 164	Brandes I.	NW 302	Braumann J.	NDS 219
Brach K.	SAA 336	Brandes K.	NDS 210	Braun A.	BW 59
Bracharz P.	BW 58	Brandes R.	NW 263	Braun B.	BY 89
Bracher C.	BW 29	Brandes T.	VwG 488	Braun B.	NW 276
Brachlow L.	BY 78	Brandhuber H.	BY 80	Braun B.	VwG 485
Bracht D.	RP 323	Brandis P.	FG 445	Braun B.	VwG 509
Bracht H.	HE 183	Brandl K.	VwG 479	Braun C.	NDS 239
Brachthäuser E.	NW 257	Brandner D.	BW 37	Braun D.	BER 123
Brack J.	NDS 240	Brands E.	ArbG 417	Braun D.	MV 198
Brack-Dalisdas C.	NDS 239	Brandstätter O.	BY 105	Braun E.	BW 39

Braun E.	FG 440	Brede M.	BW 61	Brenner T.	BW 51
Braun G.	BY 99	Brede U.	NDS 238	Bresnikar M.	BRA 143
Braun G.	NW 285	Bredemeier D.	NDS 240	Bressau H.	BER 124
Braun G.	NW 306	Bredereck G.	NDS 229	Bressem R.	NDS 209
Braun H.	ArbG 433	Brederlow W.	NDS 231	Bressem V.	TH 397
Braun H.	HE 182	Bredl W.	BY 63	Bretschneider J.	VwG 498
Braun H.	VwG 506	Brednich K.	RP 319	Bretschneider K.	NDS 212
Braun I.	BW 41	von Bredow E.	SH 386	Bretschneider U.	NW 294
Braun K.	NW 270	Breer F.	NW 254	Brettschneider R.	NW 290
Braun K.	SAN 364	Brehm N.	BY 106	Brettschneider-Mroß K.	HE 188
Braun L.	BY 65	Brehme M.	BER 125	Bretzer U.	VwG 505
Braun M.	BER 128	Brehmeier-Metz D.	RP 330	Breucker H.	BW 53
Braun M.	BY 76	Brehmer J.	BW 62	Breuer A.	SAN 365
Braun M.	NW 246	Brehmer M.	SAN 366	Breuer F.	NW 312
Braun M.	SAN 362	Breiden E.	SAA 338	Breuer G.	NW 309
Braun M.	SAN 365	Breidenbach U.	NW 264	Breuer H.	NW 302
Braun M.	SG 471	Breidenstein C.	NW 251	Breuer H.	RP 328
Braun M.	VwG 480	Breidenstein R.	NW 252	Breuer J.	NW 304
Braun N.	BY 95	Breidling O.	NW 243	Breuer K.	HH 160
Braun N.	NW 255	Breiler J.	NW 266	Breuer M.	RP 332
Braun O.	SAN 371	Breinl B.	BY 96	Breuer R.	VerfG 406
Braun P.	BW 53	Breinlinger A.	ArbG 422	Breuer-Felthöfer K.	VwG 513
Braun R.	BW 58	Breitbach-Plewe H.	VwG 502	Breuers C.	NW 307
Braun R.	FG 446	Breitenbach B.	BW 21	Breuers W.	NW 304
Braun R.	RP 328	Breitenstein H.	SAN 372	Breulmann G.	NW 266
Braun S.	BER 119	Breitinger G.	BY 99	Breundl P.	BY 110
Braun S.	RP 326	Breitkopf K.	SG 465	Breunig B.	BY 70
Braun S.	VwG 510	Breitkopf N.	NW 269	Breunig C.	BY 68
Braun U.	HE 191	Breitkopf U.	BY 108	Breunig G.	VwG 475
Braun W.	BRE 153	Breitwieser U.	VwG 493	Breunig K.	BY 68
Braun W.	HE 175	Brem U.	HE 181	Breunig N.	VwG 490
Braun-Kolle M.	BER 129	Bremen K.	NW 287	Breusch J.	BY 75
Braunbeck G.	BW 48	Bremer A.	SG 468	Brewing S.	NW 254
Brauneisen A.	BW 21	Bremer B.	HE 178	Brey R.	VwG 481
Brauner H.	NW 289	Bremer G.	NW 278	Breyer S.	BER 121
Brauner J.	SH 387	Bremer H.	BER 125	Breyer S.	RP 333
Brauner P.	BY 103	Bremer H.	NW 257	Breymann K.	SAN 372
Braungardt K.	BW 29	Bremer H.	VwG 494	Brezinsky D.	HH 166
Braungardt M.	TH 401	Bremer K.	HH 162	Brick H.	NDS 215
Braunmiller W.	FG 439	Bremer U.	MV 204	Brick J.	HH 163
Braunöhler L.	NW 243	Bremer U.	NW 278	Brieger S.	BER 124
Brauns H.	SAC 349	Bremer W.	VwG 494	Brier W.	NDS 231
Braunschweig T.	BER 131	Bremer-Fiedler S.	BRA 142	Brier-Dietzel U.	NDS 231
Braunsdorf T.	BRA 136	Bremer-Gerdes G.	NDS 239	Briesemeister L.	BER 114
Braunwarth C.	SH 387	Bremer-Strauß C.	HE 192	Brillmann C.	VwG 491
Brause H.	TH 389	Bremser N.	NW 263	Brinckmann A.	MV 201
Braut A.	NDS 211	Brencher T.	TH 397	Bringemeier A.	NW 309
Brazel M.	BW 44	Brendel A.	NW 288	Bringewat B.	VwG 503
Brech-Kugelmann E.	SAN 372	Brendel O.	NW 287	Bringewat P.	NDS 221
Brechler M.	NW 277	Brendel S.	SAC 350	Brink J.	BMJ 4
Brechmann I.	NW 266	Brendle U.	BW 24	ten Brink R.	NW 306
Brechmann R.	TH 400	Brendle W.	NW 305	Brink S.	RP 332
Brechmann W.	NW 266	Brenk T.	BW 35	Brink U.	VwG 505
Brecht G.	BW 29	Brenne J.	MV 200	Brinker F.	SH 379
Brecht M.	NW 266	Brenneisen U.	TH 391	Brinker G.	HH 165
Brecht S.	NW 267	Brennenstuhl J.	BW 54	Brinker M.	BW 62
Brede C.	NW 274	Brennenstuhl S.	BW 52	Brinkforth G.	NW 288
Brede F.	BW 24	Brenner H.	RP 317	Brinkhoff V.	SG 466
Brede G.	ArbG 421	Brenner R.	NW 293	Brinkmann A.	NW 266

Brinkmann B.	SG 464	Bröhmer E.	BRA 143	Brück U.	HH 163
Brinkmann B.	VwG 503	Bröker C.	NW 309	Brückel R.	NW 302
Brinkmann C.	NW 266	Bröker D.	NDS 240	Brücker U.	HH 159
Brinkmann D.	VwG 503	Bröker U.	VwG 501	Brückmann B.	BER 122
Brinkmann F.	NDS 230	Brömel G.	NW 255	Brückner B.	HH 166
Brinkmann H.	NDS 219	Brömme P.	BRA 142	Brückner D.	BER 122
Brinkmann J.	BY 80	Brömmelmeier E.	NW 288	Brückner F.	ArbG 434
Brinkmann J.	MV 197	Brönstrup K.	NDS 219	Brückner H.	BY 70
Brinkmann J.	VwG 497	Brösamle B.	SAC 352	Brückner J.	VwG 503
Brinkmann M.	BER 121	Brösch W.	FG 443	Brückner K.	SG 460
Brinkmann P.	NW 274	Brößler L.	BY 72	Brückner M.	HH 159
Brinkmann R.	BW 49	Broich M.	BY 87	Brückner M.	SG 457
Brinkmann T.	SG 468	Broihan U.	NDS 209	Brückner-Hofmann J.	NW 245
Brinkmann V.	BU 9	Brokamp M.	BY 87	Brügge C.	NW 309
Brinkmann V.	NW 274	Broll E.	HE 174	Brüggehagen P.	NDS 218
Brinkmann-Rendel M.	NW 281	Bromby B.	SG 467	Brüggemann A.	VwG 500
Brinkmann-		Brommann J.	SH 379	Brüggemann B.	VwG 500
Schönfeld G.	BRA 137	Bronczek M.	NW 245	Brüggemann D.	SH 383
Brinkmöller B.	BY 95	Brondics K.	ArbG 429	Brüggemann G.	NW 266
Brinsa S.	BER 130	Bronisch-Holtze E.	NDS 216	Brüggemann K.	NW 288
Britz B.	RP 331	Bronisch-Holtze M.	NDS 218	Brüggemann M.	NDS 240
Britzke J.	HE 167	Bronny K.	NW 257	Brüggemann T.	NW 308
Britzke J.	VerfG 405	Broo F.	SAA 338	Brüggemann U.	BER 116
Brix P.	MV 201	Brors E.	NW 280	Brüggemann V.	NW 268
Brixner O.	BY 102	Brosch C.	BW 28	Brüggemeier G.	BRE 150
Brocher B.	BER 127	Brosch L.	NW 260	Brüggen P.	NDS 236
Brock B.	SG 472	Broschat G.	HE 187	Brügmann L.	ArbG 433
Brock U.	VwG 476	Broschat R.	BER 127	Brühl G.	HE 178
vom Brocke G.	NDS 232	Brosche D.	NDS 211	Brühl P.	RP 319
Brocke-Frahm H.	SH 386	Brosin P.	SAC 357	Brühler G.	ArbG 416
Brockhöft K.	NDS 228	Brosowsky R.	NDS 228	Brümmer G.	VwG 489
Brocki J.	NW 280	Broß S.	BVerfG 1	Brümmer M.	BY 81
Brockmann K.	VwG 477	Bross W.	BW 54	Brüne H.	ArbG 430
Brockmann M.	NW 291	Broßardt S.	BY 87	Brüner F.	BY 95
Brockmann-Jooß M.	BY 87	Brossok G.	HE 176	Brünger K.	NW 269
Brockmeier J.	SAC 356	Brossok H.	VerfG 406	Brüning A.	NW 266
Brockmeier L.	NW 272		VwG 498	Brüning H.	BER 116
Brockmeier W.	VwG 503	Brost B.	NW 246	Brüning H.	HH 157
Brockmeyer H.	BU 11	Broszat U.	SH 385	Brüning S.	BER 130
Brockmeyer M.	SG 457	Broszukat F.	RP 323	Brüning W.	MV 203
Brockmöller A.	NDS 239	Brousek A.	BER 124	Brüninghaus B.	NDS 215
Brocks H.	FG 442	Broy-Bülow C.	VwG 483	Brüninghaus T.	HH 159
Brockschmidt A.	NW 282	Bruch A.	BER 124	Brünink J.	BY 96
Brodach I.	MV 203	zum Bruch B.	VwG 500	Brünjes M.	BRE 153
Brodale M.	VwG 502	zum Bruch H.	NW 253	Brünker H.	NW 304
Brodersen K.	BY 63	Bruchmüller U.	SAN 367	Brünker W.	NW 311
Brodhun R.	SAN 373	Bruckmann D.	BY 89	Brünninghaus M.	SAN 365
Brodmann H.	NW 301	Bruckmann E.	BER 125	Brüns B.	NW 288
Brodmann J.	BW 30	Bruckmann H.	ArbG 426	Brüny J.	HH 159
Brodöfel R.	NW 304	Bruckmann S.	BY 94	Brüser M.	BRA 139
Brodowski C.	BER 113	Bruder M.	HE 193	Brütting B.	NW 272
Brodowski-Kokesch I.	NW 288	Brudermüller G.	BW 23	Brütting F.	BY 65
Bröcheler-Liell B.	VwG 506	Brudnicki C.	SAC 360	Brugger S.	BW 25
Bröck D.	NW 267	Brüchert R.	BRA 136	Brugger U.	VwG 490
Bröckling R.	BER 123	Brüchmann M.	NDS 217	Bruggmoser W.	BY 63
Bröder J.	NW 296	Brüchner U.	HH 158	Bruggner M.	BW 29
Bröderhausen T.	NW 310	Brück C.	SAA 339	Brugsch V.	BY 84
Brödl K.	SG 454	Brück M.	SG 460	Bruhn H.	SH 381
Bröhl K.	BU 10	Brück R.	NW 262	Bruhn H.	VwG 512

Deville R.	NW 255	Diederichs K.	BY 97	Dießel H.	VwG 482
Devriel K.	BRA 142	Diederichs M.	BER 126	Dießelhorst S.	BRA 141
Dewald V.	TH 389	Diederichs P.	NW 293	Diessner G.	SAC 343
Dewes D.	RP 329	Diederichsen A.	BY 76	Dietel E.	SG 454
von Dewitz D.	BW 27	Diedrich B.	HE 173	Dietel J.	SAC 355
Dexheimer D.	RP 330	Diedrich I.	TH 393	Dieter C.	BRA 139
Dexheimer N.	RP 331	Diedrich K.	VwG 490	Dieterich G.	VwG 491
Dey A.	HH 159	Diedrichs F.	NW 252	Dieterich K.	SG 452
Deyerling A.	BY 68	Diefenbach A.	HE 189	Dieterich R.	HH 158
Deyhle G.	BY 83	Diefenbach H.	HE 190	Dieterich U.	BRE 151
Deyhle-Biermann U.	BY 85	Diefenbach R.	VwG 485	Dieth N.	HE 184
Deyringer M.	ArbG 416	Diehl G.	HE 170	Dietl R.	BY 76
Dhom A.	VwG 479	Diehl H.	BY 64	Dietlein E.	NW 312
Di Fabio U.	BVerfG 1	Diehl H.	HE 170	Dietrich A.	BER 117
Dichgans J.	NW 246	Diehl H.	NDS 231	Dietrich C.	VwG 481
Dichter M.	NW 296	Diehl H.	RP 330	Dietrich E.	BER 114
Dick B.	VwG 508	Diehl I.	SAC 350	Dietrich E.	SAC 356
Dick F.	VwG 499	Diehl K.	BW 58	Dietrich H.	BRA 134
Dick I.	NW 247	Diehl R.	VwG 492	Dietrich H.	RP 316
Dick R.	NW 249	Diekel H.	NDS 235	Dietrich J.	NW 246
Dick R.	RP 327	van Dieken D.	BER 118	Dietrich J.	NW 273
Dick S.	NW 312	van Dieken S.	BER 124	Dietrich J.	SG 455
Dick-Küstenmacher S.	SG 470	Dieker U.	SAC 343	Dietrich M.	HE 190
Dicke C.	VwG 484	Diekmann A.	BER 123	Dietrich M.	NDS 217
Dicke F.	VwG 502	Diekmann G.	BER 119	Dietrich M.	VerfG 403
Dicke R.	ArbG 412	Diekmann J.	VwG 503	Dietrich P.	BW 26
Dickel T.	SAN 368	Diekmann R.	NW 267	Dietrich R.	BY 68
Dickerhof-Borello E.	ArbG 415	Diekmann S.	NW 311	Dietrich S.	HH 160
Dickert T.	BY 63	Diekmann-Struck D.	MV 204	Dietrich W.	BU 9
Dickfahr B.	SG 468	Diel K.	HE 193	Dietrich X.	RP 333
Dickhaus D.	BER 118	Dieler C.	BRA 146	Dietrich-Pippert J.	TH 391
Dickhaut A.	VwG 476	Dielitz A.	BRA 141	Dietsche K.	BW 39
Dickhut A.	NDS 211	Dieluweit W.	NDS 237	Diettrich U.	SG 458
Dickmann H.	FG 445	Diemer G.	BW 32	Dietz A.	BER 121
Dickmann T.	MV 200	Diemer H.	BU 9	Dietz A.	BY 64
Dickmeis F.	NW 274	Diemer H.	SG 453	Dietz E.	BW 59
Dickmeis M.	NW 274	Diemer K.	BW 29	Dietz H.	SAC 350
Dickreuter I.	SG 453	Diemke B.	VwG 501	Dietz O.	VerfG 406
Dicks H.	NW 244	Dienelt K.	VwG 490	Dietz P.	BW 37
Dicks-Hell K.	ArbG 426	Dienemann W.	TH 400	Dietz R.	NW 302
Didas R.	HE 176	Diener G.	RP 315	Dietz S.	FG 449
Didier P.	NW 252	Diener H.	SAC 347	Dietz U.	BW 38
Didion von		Diener U.	BY 67	Dietz W.	BW 54
Lauenstein G.	BY 101	Dienst M.	RP 317	Dietz W.	HE 176
Didlap F.	BRA 144	Diepgen E.	BER 113	Dietze I.	BY 93
Didong J.	SG 469	Dier J.	SAA 336	Dietze J.	VwG 496
Dieck H.	NW 309	Dierke J.	VwG 503	Dietze K.	SAC 356
Dieck-Bogatzke B.	NW 245	Dierkes D.	RP 318	Dietze V.	BW 44
Dieckerhoff K.	NW 310	Dierkes R.	VwG 506	Dietzel E.	VwG 503
Dieckhöfer J.	NW 262	Dierking J.	ArbG 423	Dietzel K.	BY 79
Dieckhoff G.	VwG 511	Dierks G.	NDS 232	Dietzel W.	SAC 358
Dieckhoff R.	TH 398	Dierks H.	BRE 151	Dietzel-Gropp R.	NDS 226
Dieckmann J.	NW 241	Dierolf G.	BY 77	Dietzmann H.	NW 290
Dieckmann K.	BER 117	Diers L.	ArbG 423	Diewald W.	NW 294
Dieckmann S.	BER 116	Diesch H.	BW 55	Diewitz M.	SG 469
Diedenhofen H.	RP 319	Diesch J.	BY 100	Diez-Echle B.	BW 37
Diederich A.	RP 331	Diesel K.	VwG 486	Diez-Holz R.	NW 253
Diederich M.	SAN 361	Diesem R.	BMJ 3	Dihm D.	VwG 481
Diederichs H.	SAN 363	Diesing O.	HE 171	Dihm H.	BY 82

Dikow W.	BW 53	Dittrich A.	BMJ 4	Döring H.	NW 281
Dilg G.	HE 180	Dittrich C.	BER 118	Dörkes A.	NW 300
Dilger E.	NDS 232	Dittrich C.	HE 170	Dörlemann M.	NW 310
Dill T.	ArbG 414	Dittrich E.	BER 122	Dörmann A.	VwG 497
Dilling K.	NW 265	Dittrich E.	HE 170	Dörmer S.	BY 110
Dilling-Friedel M.	HE 185	Dittrich F.	BER 122	Dörner E.	BY 88
Dillinger P.	BER 129	Dittrich J.	BW 59	Dörner H.	BU 10
Dillinger P.	BY 83	Dittrich J.	HE 179	Dörner K.	ArbG 430
Dillischer G.	NDS 234	Dittrich K.	HE 175	Dörr C.	BU 8
Dillmann L.	VerfG 403	Dittrich M.	BER 128	Dörr C.	SAA 337
	VwG 478	Dittrich S.	SAC 353	Dörr I.	SAA 341
Dimbeck F.	BY 82	Ditzen C.	BER 125	Dörr J.	BY 98
Dimke K.	TH 394	Ditzler A.	NW 310	Dörr K.	SAA 337
Dimmler J.	BW 53	Diwell L.	BER 113	Dörr S.	VwG 491
Dimmling H.	BY 83	Dobes J.	BER 128	Dörr T.	BW 44
Dimpker H.	MV 199	Dobler G.	BY 81	Dörre G.	BER 130
Dinger H.	HE 190	Dobnig P.	BY 105	Dörrstock H.	NW 297
Dingerdissen H.	FG 447	Dobrikat W.	BER 119	Dörsch H.	NW 285
Dingerdissen H.	NW 262	Dochnahl H.	BW 33	Dösing H.	VwG 479
Dingerdissen K.	BY 87	Dodegge G.	NW 276	Dötsch F.	BU 11
Dinkelbach A.	NW 303	Dodegge K.	NDS 215	Dötsch R.	RP 318
Dinse S.	MV 202	Doderer H.	BW 24	Dötzer F.	BY 103
Dinter B.	NW 290	Dodt H.	NW 265	Dohm C.	SH 380
Dinter J.	BW 27	Döbel P.	SH 380	Dohm K.	NW 311
Dippel H.	SG 454	Döbeling B.	SH 387	Dohmann A.	MV 204
Dippold M.	BY 67	Döbereimer H.	NW 285	Dohmel W.	SG 452
Dippold W.	BY 105	Doege V.	NDS 228	Dohmen H.	NW 305
Dirion-Gerdes G.	RP 330	Döhrel T.	NDS 211	Dohmen P.	FG 446
Dirk K.	BER 126	Döhring G.	SH 381	Dohmes-Ockenfels D.	NDS 238
Dirks A.	BER 131	Döink L.	NW 281	Dohnke A.	NW 302
Dirks H.	NW 310	Dölfel G.	FG 440	Dohnke J.	VwG 500
Dirksen L.	NW 304	Döll K.	HE 182	Dohnke-Kraff M.	NW 243
Dirlenbach C.	HE 186	Döll K.	VwG 476	Dohrn H.	SH 381
Diroll W.	BY 103	Dölle J.	TH 392	Doht E.	NW 287
Dirschoweit K.	HE 176	Döllel H.	SH 384	Doil E.	BRA 136
Discher T.	VwG 485	von Döllen P.	NDS 225	Dold G.	BW 31
Dischinger J.	BY 93	Dölp D.	NDS 218	Dold R.	BW 61
	BY 111	Dölp E.	VwG 504	Dolderer M.	VwG 476
Dischinger R.	TH 389	Dölp M.	NDS 221	Dolega D.	BY 80
Dislter W.	BY 92	Dömkes H.	NW 249	Doleisch von	
Disqué K.	BW 28	Dömland K.	SAC 357	Dolsperg E.	NW 293
Dißmann K.	VwG 493	Dönch A.	SAC 350	Doleski-Stiwi A.	TH 393
Distler F.	NW 246	Döninghaus B.	NW 255	Dolfen G.	NW 307
Dithmar-Strehlau U.	VwG 484	Dönitz J.	BRA 136	Dolinsky C.	NW 246
Ditten D.	BW 43	Döpelheuer M.	SAC 343	Doll G.	RP 320
Dittert A.	ArbG 417	Döpfner K.	BY 67	Doll G.	SG 469
Dittert A.	NW 278	Döpke D.	NDS 216	Doll R.	FG 446
Dittes H.	BW 28	Döpp A.	VwG 496	Dolle M.	VwG 484
Dittloff S.	MV 200	Döpper R.	SH 384	Dollinger F.	VwG 476
Dittmann I.	SAC 357	Dörffler D.	HH 155	Domann-	
Dittmann K.	HH 158		HH 162	Hessenauer J.	VwG 492
Dittmann M.	NW 255	Dörfler H.	MV 202	Domat P.	NW 303
Dittmann T.	BMJ 4	Dörfler K.	BY 65	Domberger B.	BY 94
Dittmann T.	VwG 489	Dörfler K.	NDS 234	Dombert C.	NW 288
Dittmar A.	BW 30	Dörfler S.	BER 124	Dombert M.	VerfG 404
Dittmayer N.	BRE 151	Dörge C.	FG 440	Dombrowski N.	BER 130
Dittmer W.	FG 447	Dörig H.	BU 13	Domdey M.	VwG 512
Dittmers E.	VwG 502	Döring B.	HH 162	Domeier H.	NW 266
Dittmers J.	HH 163	Döring H.	NDS 231	Domgörgen U.	VwG 498

Dominick B.	NW 312	
Domke G.	MV 198	
Domke H.	BRA 133	
Domke K.	VwG 499	
Domke U.	BER 115	
Domke U.	NW 310	
Domröse C.	HH 166	
Domschat K.	FG 444	
Domuradt-Reichert K.	BER 129	
Donath H.	NW 266	
Donnenberg K.	TH 393	
Donner G.	BY 100	
Donner U.	NW 270	
Donovang M.	VwG 478	
Dopatka C.	NDS 221	
Dopfer J.	BW 27	
Dopheide V.	NW 284	
Dopke F.	HH 165	
Dopp A.	SH 385	
Dopp R.	MV 195	
Dopslaff U.	BRA 133	
Dorchholz S.	NW 310	
Dorff U.	HH 162	
Dormanns S.	NW 253	
Dorn M.	NDS 227	
Dorn M.	VwG 498	
Dornach M.	BY 98	
Dorner	BY 103	
Dorner J.	BW 46	
Dornhöfer I.	SG 453	
Dornick H.	BW 29	
Dorp M.	ArbG 431	
Dorsch H.	BER 127	
Dorsel S.	NW 307	
Dory U.	VwG 477	
Dose G.	SH 378	
Dose H.	NDS 215	
Doß H.	BY 100	
Dost-Müller V.	NW 255	
Doster W.	BW 59	
Dostmann D.	FG 442	
Dotter J.	SG 455	
Dotterweich A.	BY 70	
Dotterweich-Pollmar M.	BY 67	
Dotzauer C.	BW 54	
Dotzauer-Meyer G.	NDS 222	
Doukoff N.	BY 76	
Dowerth G.	BY 102	
Drachsler T.	TH 394	
Dräbert G.	NW 244	
Dräger J.	MV 201	
Dräger S.	TH 397	
Dräger T.	BRA 146	
Dräger W.	SH 381	
Dransfeld B.	NW 270	
Drapal H.	HE 180	
Drath E.	SAC 351	
Drathjer J.	NDS 237	
Dratwinski V.	SAC 345	

Draudt F.	HE 169	
Drax-MacEwen C.	BER 128	
Drechsel B.	BW 49	
Drechsel D.	BY 102	
Drecktrah V.	NDS 223	
Drecoll H.	SAC 356	
Drees K.	BY 71	
Drees R.	NW 245	
Drees S.	NW 245	
Drees W.	NW 266	
Drees-Dalheimer I.	BER 120	
Dreesen K.	NW 275	
Dreeßen K.	FG 449	
Dreeßen U.	SH 384	
Dreger B.	VerfG 404	
	VwG 487	
Dreger J.	MV 199	
Dreher A.	BER 118	
Dreher C.	ArbG 424	
Dreher H.	FG 439	
Dreher M.	NW 276	
Dreher P.	SAC 350	
Dreher S.	SAC 349	
Dreher W.	BU 12	
Dreher-Eichhoff G.	VwG 481	
Drehwald S.	SAC 343	
Dreier D.	SAN 371	
Dreiling R.	NW 304	
Dreiocker K.	VwG 495	
Dreisbach E.	NW 284	
Dreisbach H.	NW 289	
Dreisbach J.	HE 184	
Dreisbach U.	NW 272	
Dreiseitel C.	SG 460	
Drenckhahn L.	SH 379	
Drengenberg T.	HE 185	
von Drenkmann A.	BER 131	
von Drenkmann P.	BER 116	
Drenseck W.	BU 11	
Drentwett F.	BY 72	
Drerup R.	NW 273	
Drescher A.	BER 124	
Drescher A.	BY 74	
Drescher I.	BW 44	
Drescher K.	HE 174	
Dresel G.	BW 38	
Dresenkamp K.	SH 377	
Dreser T.	NW 296	
Dresse M.	BY 81	
Dressel C.	VwG 482	
Dreßel J.	NW 310	
Dresselhaus H.	NDS 228	
Dresselhaus S.	NDS 228	
Dreßen M.	HE 191	
Dreßen W.	BW 59	
Dreßler A.	BER 119	
Dreßler G.	BY 100	
Dreßler H.	NW 248	
Dreßler K.	BY 65	

Dreßler M.	ArbG 416	
Dressler W.	BU 8	
Dreusicke C.	BRA 139	
Drewanz C.	HE 176	
Drewenstedt B.	NW 270	
von Drewitz H.	NW 255	
Drews M.	RP 320	
Drexel-Büning G.	BW 53	
Dreyer B.	BER 117	
Dreyer F.	NDS 219	
Dreyer G.	NDS 209	
Dreyer J.	HE 181	
Dreyer J.	HH 164	
Dreyer K.	SAC 359	
Dreyer U.	SG 463	
Dreyer-Johannisson P.	ArbG 411	
Dreyer-Mälzer S.	RP 332	
Dreykluft K.	SG 454	
Dreythaller G.	BY 106	
Driehaus H.	BU 12	
Dringenberg R.	NW 286	
Drinhaus B.	VwG 495	
Drinhaus F.	NW 309	
Drissen M.	NW 250	
Drittler M.	BW 36	
Drobek U.	SG 456	
Drobik V.	BW 62	
Drögemeier W.	NW 266	
Droll R.	SAC 359	
Drollinger R.	NDS 217	
Dropmann H.	NW 305	
Droppelmann K.	NW 262	
Droscha M.	HE 180	
Drosdek U.	NDS 221	
Drosdowski T.	BW 61	
Drosdziok W.	BY 102	
Drossart U.	NW 244	
Drossé A.	NW 306	
Droste A.	ArbG 424	
Droste A.	NW 276	
Droste M.	NW 303	
Droste T.	VwG 484	
Droste U.	NW 263	
Drouven M.	NW 273	
Drouven U.	NW 280	
Droxler K.	BW 28	
Droxler K.	BW 37	
Drozd F.	SG 474	
Druschel C.	VwG 511	
Drysch Y.	RP 317	
Drzisga P.	NW 293	
Dubbel-Kristen R.	HH 160	
Dubberke G.	NW 310	
Dubbert U.	NDS 228	
Dubiel P.	NW 275	
Dubslaff K.	VwG 510	
Duckwitz F.	BW 25	
Duda M.	SAC 355	

Echterling H.	SG 466	Eder R.	BY 86	Ehlert D.	BRA 137
Eck W.	RP 315	Ederer-Kostik A.	BW 33	Ehlert H.	MV 198
Eck W.	RP 320	Edinger T.	RP 329	Ehlgen B.	TH 400
Eckardt B.	NW 299	Edinger-Jöhnck C.	VwG 511	Ehm W.	SAN 364
Eckardt H.	BRA 139	Edlbauer M.	BY 75	Ehmann D.	BW 58
Eckardt W.	BW 21	von Edlinger G.	BY 66	Ehmann K.	BW 43
Eckardt W.	NW 254	Edmunds C.	BW 61	Ehmann-Schultze K.	RP 321
Eckel C.	SAA 339	Edward D.	EuGH 515	Ehmcke T.	FG 446
Eckels G.	NDS 209	van Eek M.	NW 307	Ehmer J.	FG 447
Eckenberger B.	BY 108	Eelbo G.	ArbG 420	Ehni K.	BW 43
Ecker A.	RP 326	Effenberg V.	MV 203	Ehning M.	NDS 213
Ecker M.	VwG 475	Effertz W.	NW 302	Ehrensberger R.	BER 122
Ecker S.	SAC 352	Effnert A.	SAA 339	Ehrensberger U.	BER 119
Ecker-Rieger A.	NDS 239	Efrém H.	BER 116	Ehrenstein H.	NW 299
Eckermann D.	BY 89	Egbert H.	FG 447	Ehrentreich R.	BER 123
Eckermann-Meier M.	NW 287	Egbringhoff B.	SAN 367	Ehrgott E.	RP 329
Eckert A.	BER 129	Ege V.	BY 86	Ehrhardt P.	NW 272
Eckert A.	FG 439	Eger A.	BY 74	Ehrhardt S.	BY 82
Eckert D.	BER 129	Eger N.	BER 126	Ehrich C.	ArbG 430
Eckert D.	HE 183	Eger R.	HE 185	Ehricke C.	VwG 483
Eckert G.	BW 41	Egerer H.	BW 61	Ehrig B.	BER 124
Eckert H.	MV 196	Egert R.	BY 70	Ehrl E.	BY 85
Eckert J.	BY 95	Eggebrecht R.	BER 127	Ehrlich J.	SAC 359
Eckert J.	SH 377	Eggeling E.	NW 298	Ehrlicher J.	NW 271
Eckert R.	HE 167	von Eggelkraut-		Ehrmann A.	VwG 507
Eckert R.	NW 294	Gottanka B.	BY 86	Ehrmann H.	BW 25
Eckert S.	ArbG 431	Egger R.	BY 82	Ehrmann J.	BW 21
Eckert S.	BW 50	Egger U.	NW 307	Ehrmann K.	BW 48
Eckert T.	BY 93	Eggers E.	HH 165	Ehrmann S.	BW 59
Eckert U.	HE 191	Eggers G.	BY 84	Ehrmanntraut M.	VwG 490
Eckert V.	SG 456	Eggers J.	SAC 360	Ehrmanntraut P.	RP 329
Eckert W.	RP 320	Eggers K.	BER 124	Ehrnsperger K.	SAC 359
Eckert W.	SG 461	Eggers K.	MV 201	Ehrt B.	BY 64
Eckert W.	VwG 505	Eggers S.	BY 87	Ehses H.	RP 322
Eckertz R.	SG 472	Eggers-Zich A.	SH 377	Eibenstein A.	NW 295
Eckertz-Höfer M.	BU 13	Eggert B.	MV 195	Eibenstein S.	BW 28
Eckhardt B.	ArbG 422	Eggert C.	NW 243	Eiberle I.	VwG 508
Eckhardt F.	BRA 142	Eggert G.	BW 33	Eiberle-Herm V.	VwG 487
Eckhardt K.	HE 176	Eggert H.	NW 263	Eiberle-Hill A.	SAC 352
Eckhardt K.	HE 191	Eggert K.	NDS 213	Eibisch-Feldkamp A.	BRA 141
Eckhardt R.	SAC 354	von Egidy H.	SAC 350	Eich L.	VwG 479
Eckhardt W.	HE 183	Egner-Wagner C.	SAC 350	Eichberger M.	BU 13
Eckloff L.	NW 297	Egnolff P.	RP 321	Eichberger N.	BRA 137
Eckstein M.	BY 67	Ehehalt R.	BU 11	von Eichborn W.	BU 11
Eckstein P.	BY 65	Ehestädt R.	BER 116	Eiche D.	VwG 477
Eckstein-Puhl C.	SAA 335	Ehinger U.	BER 115	Eichel C.	NW 263
Edel M.	NW 291	Ehl R.	NW 297	Eichelbaum M.	FG 447
Edeler B.	HH 160	Ehlen W.	NW 304	Eichelsdörfer J.	BY 102
Edelmann B.	SAC 349	Ehlers A.	BRE 152	Eichenseher	VwG 482
Edelmann K.	FG 444	Ehlers A.	FG 442	Eicher B.	TH 397
Edelmann R.	HE 179	Ehlers H.	BRE 152	Eicher G.	SG 474
Edenhofer W.	BY 85	Ehlers H.	SAN 361	Eicher H.	FG 440
Edenhofer W.	VerfG 403	Ehlers H.	SH 385	Eicher J.	BU 12
Edenhofner E.	BY 108	Ehlers K.	BRA 147	Eichfelder F.	BY 68
Eder G.	BRE 152	Ehlers N.	MV 203	Eichhof K.	SH 378
Eder G.	BY 76	Ehlers T.	MV 201	Eichholz A.	NW 251
Eder K.	BU 16	Ehlers W.	HH 164	Eichholz J.	NW 243
Eder M.	VwG 481	Ehlers-Munz K.	HH 166	Eichhorn F.	BER 128
Eder P.	HE 188	Ehlert C.	NDS 226	Eichhorn K.	NW 299

Eichhorn M.	BW 61	Eisele J.	RP 320	Ellwanger B.	NDS 239
Eichhorn W.	BW 40	Eisele R.	NDS 208	Ellwanger W.	BRE 151
Eichhorn-Gast S.	VwG 509	Eisele W.	BW 27	Elmdust B.	BER 129
Eichinger K.	SAC 349	Eiselt J.	BW 59	Elmendorff B.	NW 258
Eichler B.	NW 269	Eisemann H.	ArbG 417	Elsäßer K.	SAA 337
Eichler H.	MV 195	Eisen K.	NW 285	Elschenbroich T.	NW 306
Eichloff-Burbließ G.	NDS 218	Eisenbach G.	BER 128	Elser K.	SAC 349
Eichmann K.	BRA 141	Eisenbart B.	MV 205	Elser R.	VwG 491
Eichmayr R.	SG 471	Eisenberg G.	NW 309	Elsing G.	VwG 500
Eichmeyer A.	NDS 240	Eisenberg J.	VwG 489	Elskemper I.	NW 301
Eichner J.	TH 396	Eisenberg W.	HE 180	Elsmann G.	TH 389
Eichner M.	BY 101		VerfG 405	Elsner M.	HH 165
Eichwald P.	BY 66	Eisenhardt A.	BER 130	Elß E.	BY 103
Eick W.	BY 65	Eisenhuth G.	BY 97	Elten J.	SH 379
Eicke C.	BRA 136		BY 110	Eltester H.	BW 55
Eicke E.	HE 167	Eisenmann A.	BW 59	Elvers R.	FG 444
Eicke E.	NDS 218	Eisenmann M.	BY 96	Elvert H.	BRA 146
Eickelkamp R.	SAN 370	Eisenreich H.	SAC 354	Elzer O.	BER 130
Eickelmann B.	BER 129	Eisenschmid B.	VwG 478	Emanuel T.	SAA 341
Eickhoff H.	NW 268	Eisert T.	RP 332	Ember L.	BY 84
Eickhoff R.	VwG 501	Eisfeld U.	HE 173	Emde H.	SAC 345
Eickmann-Pohl G.	NW 293	Eising U.	ArbG 418	von Emden H.	SH 385
Eickmeyer E.	NDS 221	Eißer W.	BW 38	Emmenthal U.	HE 171
Eidam H.	MV 204	Eissing-Nickol I.	BRE 153	Emmer O.	RP 332
Eidam T.	VwG 481	Eißler A.	BW 51	Emmerich O.	VwG 478
Eidel H.	SG 459	Eißmann C.	SAC 357	Emmerich V.	BY 99
Eiden B.	ArbG 417	Eisterhues D.	NDS 227	Emmerich W.	HE 191
Eierhoff P.	NDS 231	Eisvogel B.	BY 106	Emmerling R.	SG 454
Eifert R.	SAC 358	Eisvogel H.	SAA 338	Emmerling	
Eikelmann J.	NW 271	Eith W.	BW 23	de Oliveira N.	BER 130
Eikelmann M.	NW 273	Eitze G.	BW 30	Emmermann K.	SH 386
Eikmann D.	BY 84	Eitze P.	BW 37	Emmermann K.	SH 387
Eilers A.	NW 296	Ekkernkamp D.	BW 40	Emmert A.	SG 455
Eilers B.	NDS 233	El Bawwab D.	NW 246	Emmert R.	BY 74
Eilers J.	NDS 209	Elbert J.	NW 272	Emmert R.	VwG 482
Eilers K.	NDS 220	Eley J.	NW 283	Emmert W.	SG 455
Eilers S.	BY 97	Elf R.	BU 9	Emminghaus B.	NW 283
Eilers W.	NDS 233	Elfers A.	NW 305	Emmrich K.	VwG 508
Eilers-Happe I.	NDS 208	Elfers R.	MV 197	Emmrich S.	BER 118
Eiling C.	VwG 483	Elfinger I.	ArbG 414	Emmrich-Ipers D.	NW 252
Eiling K.	HE 176	Elfmann G.	SAC 354	Emrich A.	BY 97
Eiling S.	VwG 485	Elfrich A.	BY 108		BY 110
Eilinghoff K.	HH 162	Elias U.	VwG 511	Emrich D.	BY 64
Eilinghoff-Saar D.	BER 115	Elis K.	SAN 361	Emrich D.	VwG 490
Eimer A.	HE 169	Elle V.	NW 307	Endell R.	RP 319
Eimer H.	HE 177	Ellenberger J.	HE 184	Endemann F.	VwG 477
Eimer K.	HE 179	Ellenberger V.	BW 21	Endemann J.	BW 23
Eimermacher H.	NW 253	Ellerbusch J.	BRE 153	Endemann N.	VwG 476
Eimler H.	NW 311	Ellerhusen H.	VwG 490	Endemann W.	BRA 137
Eimterbäumer C.	NDS 239	Ellermann L.	SAN 361	Enderlein A.	HH 160
Eimterbäumer E.	NDS 239	Ellermann M.	NW 280	Enders A.	SAC 360
von Einem C.	HH 159	Elles G.	BER 124	Enders B.	VwG 509
Einhaus M.	BRA 144	Elling P.	SG 465	Enders H.	VerfG 405
Einhauser H.	BY 95	Ellinger H.	BW 51	Enders H.	VwG 490
Einhoff B.	NW 278	Ellinger H.	BW 60	Enders-Kunze R.	HE 178
Einmahl M.	SAN 365	Ellinger J.	BW 43	Endesfelder P.	SAC 358
Einsiedler M.	BER 122	Ellmann W.	BW 25	Endler M.	NDS 226
Eisberg J.	NW 268	Ellrott H.	BY 104	Endmann G.	BY 103
Eisele D.	BW 61	Ellscheid G.	VerfG 406	Endres G.	SAA 340

Fahrig H.	BY 79	Fauser K.	BW 50	Feix G.	HE 183
Fahrinkrug M.	SAC 349	Fauser W.	BW 48	Felbrich W.	HE 187
Fahrmbacher-Lutz R.	BY 78	Faust A.	BER 130	Feld G.	NW 305
Fahs R.	VwG 497	Faust G.	RP 332	Feld-Gerdes W.	TH 396
Fais C.	BER 127	Faust P.	BER 117	Feld-Geuking M.	NW 290
Falch R.	BRA 145	Faust S.	NW 312	Feldberg A.	ArbG 418
Falck E.	FG 439	Faust W.	ArbG 420	Felder K.	BW 34
Falck N.	BY 88	Faustmann R.	FG 444	Feldhaus N.	NW 310
Falckenberg S.	BY 82	Fauth B.	HE 193	Feldhaus P.	NW 258
de Falco D.	BW 59	Fay I.	NDS 215	Feldhusen D.	VwG 487
Falk G.	HE 170	Fay J.	ArbG 417	Feldhusen-Salomon H.	VwG 487
Falk H.	SAC 349	Fay P.	NDS 215	Feldkamp H.	NDS 238
Falk M.	SAC 350	Fay-Thiemann M.	RP 316	Feldkamp J.	BER 120
Falk N.	BER 125	Fecher B.	BY 73	Feldkemper-Bentrup R.	NW 281
Falk P.	BY 96	Fechner D.	NW 268	Feldkirch K.	BRE 153
Falk S.	MV 201	Fechner F.	SAN 365	Feldmann A.	BW 46
Falk T.	RP 328	Fechner J.	SH 377	Feldmann B.	BW 27
Falke M.	BY 78	Fechner R.	NW 263	Feldmann F.	ArbG 420
Falkenberg G.	BY 84	Fecht K.	SAN 367	Feldmann G.	VwG 476
Falkenberg H.	VerfG 404	Fechtner-Munding B.	BY 94	von Feldmann K.	ArbG 416
Falkenberg R.	BER 127	Fedden K.	SH 375	Feldmann K.	BRA 146
Freiherr von		Feddern T.	BER 127	Feldmann M.	ArbG 411
Falkenhausen A.	BRA 133	Feddersen J.	HH 166	Feldmann R.	NW 269
Falkenhof K.	NW 300	Feder K.	SG 467	Feldmann U.	NW 290
Falkenkötter K.	NW 277	Feger S.	MV 204	Feldmann U.	VwG 500
Falkenkötter T.	NW 312	Fegers-Wadenpohl H.	NW 257	Feldmann W.	SAN 362
Falkenstein N.	NW 300	Fehlhammer E.	BY 86	Feldmeier D.	ArbG 431
Falkenstett R.	VwG 504	Fehn J.	BY 68	Feldmeyer A.	NDS 236
Fandel O.	MV 203	Fehn-Herrmann U.	BY 70	Feles H.	BRA 144
Fangk A.	BRE 151	Fehns-Böer G.	HE 192	Felgenträger A.	SAN 365
Farbowski M.	SAN 361	Fehr J.	BY 73	Felixberger S.	BY 93
Farenholtz H.	VwG 488	Fehr J.	HE 186	Fell U.	NW 295
Farkasinski E.	BER 120	Fehr-Albrado G.	TH 397	Feller F.	NW 249
Farke W.	BRA 135	Fehre G.	NW 277	Fellermann-Blachut E.	SG 468
Farnbacher T.	BY 86	Fehrenbach R.	BW 26	Fellmann G.	BY 86
Farr M.	BER 118	Fehrmann C.	SAN 367	Fellmann K.	BRA 136
Farries A.	SH 383	Fehrmann R.	SAC 347	Fellmann K.	NW 248
Fasco D.	TH 393	Feichtinger B.	BY 82	Fellmeth S.	BW 32
Faßbender A.	NW 258	Feichtinger P.	ArbG 415	Fellner C.	BY 97
Faßbender B.	NW 258	Feige N.	NDS 216	Fellner M.	BY 65
Faßbender H.	FG 439	Feigl H.	BY 68	Fels D.	NW 272
Faßbender H.	NW 296	Feil R.	BW 57	Fels T.	BER 129
Faßbender R.	NW 305	Feiler L.	NDS 238	Felsch J.	HH 158
Faßbender-Boehm S.	SG 467	Feiler W.	BY 90	Feltes F.	RP 327
Faßhauer P.	NDS 217	Feilhauser-Hasse C.	VwG 513	Feltes S.	SAA 337
Faßhauer S.	SH 386	Freiherr von Feilitzsch C.	BY 82	Feltmann C.	NW 248
Faßnacht A.	VwG 479	Feilkas J.	BY 63	Felzmann-Gaibinger A.	BY 88
Fastabend K.	SG 470	Feils M.	RP 332	Feneberg J.	BY 96
Fastnacht A.	SG 468	Fein M.	BY 80	Feneberg J.	BY 109
Fatouros I.	BW 32	Feindt K.	NDS 228	Fenger J.	MV 202
Faul H.	BY 78	Feisel D.	VwG 490	Fenger R.	NDS 237
Faulenbach H.	NW 246	Feißel U.	BER 126	Fengler H.	NDS 240
Faulhaber E.	SAC 357	Feist C.	SH 387	Fenkner E.	RP 315
Faulhaber K.	NDS 221	Feist J.	VwG 511	Fenkner S.	RP 315
Faulhaber-Fischer R.	BY 70	Feist W.	SG 470	Fennelly N.	EuGH 515
Faull H.	HH 163	Feistel M.	BW 38	Fenner M.	BER 129
Faulstroh T.	ArbG 431	Feistkorn G.	BY 76	Fenner U.	TH 397
Faupel B.	VwG 495	Feistkorn R.	BY 86	Fenski M.	ArbG 416
Faupel K.	NW 275	Feistritzer J.	HH 158	Fenster B.	BY 82

Fuchs J.	SG 474	Funder C.	BRA 138	Gaedtke G.	NW 246
Fuchs K.	BW 62	Funk A.	BER 126	Gaedtke M.	BER 127
Fuchs K.	BY 65	Funk B.	BY 70	Gäfgen M.	HE 192
Fuchs K.	BY 88	Funk B.	BY 79	Gänger H.	FG 447
Fuchs K.	NW 302	Funk E.	BER 115	Gänslmayer P.	VwG 481
Fuchs M.	BRA 137	Funk F.	HH 161	Gäntgen H.	ArbG 430
Fuchs M.	BY 95	Funk M.	SG 459	Gaentzsch G.	BU 12
Fuchs M.	NW 298	Funk R.	NW 309	Gärtner A.	HH 158
Fuchs M.	RP 317	Funk S.	ArbG 411	Gärtner A.	MV 203
Fuchs M.	SAC 348	Funk S.	SAA 339	Gärtner B.	MV 195
Fuchs N.	TH 401	Funk S.	VwG 491	Gärtner D.	BY 102
Fuchs S.	BER 118	Funke A.	ArbG 425	Gärtner F.	SAN 368
Fuchs S.	NW 306	Funke G.	TH 396	Gärtner H.	VwG 497
Fuchs T.	BY 97	Funke H.	NW 243	Gärtner K.	BER 130
Fuchs-Kassner B.	NDS 220	Funke H.	NW 263	Gärtner K.	BW 39
Fuchs-Wissemann G.	BU 16	Funke J.	SAA 341	Gärtner W.	NW 260
Fuchsloch C.	SG 460	Funke K.	NW 246	Gaffal J.	BY 103
Fuckerer G.	VwG 482	Funke T.	SAC 352	Gahbauer J.	BY 98
Fuckner G.	VerfG 405	Funke-Kaiser M.	VwG 475	Gahlen H.	BER 117
Fudickar S.	NW 245	Funke-Meyer J.	NDS 236	Gaida B.	SAC 359
Fügmann W.	BY 76	Funken-Schneider M.	NW 250	Gaida M.	SG 464
Fühling A.	NW 312	Furch H.	NW 295	Gaide J.	NW 266
Führ K.	NW 270	Fuß J.	NW 301	Gaier R.	HE 170
Führer H.	SH 386	Futter U.	BW 21	Gailing U.	ArbG 434
Füllenbach K.	TH 392	Futterknecht O.	BW 30	Gaillard I.	SAA 336
Füller H.	BW 52	Fuxa T.	ArbG 422	Gaillard W.	SAA 337
Füllgraf H.	BER 116			Gaiser B.	BW 53
Füllkrug M.	NW 285			Gaiser-Nökel D.	BW 23
Fünfgeld M.	BW 36	**G**		Gaitzsch M.	TH 389
Fünfsinn H.	HE 167			Galemann B.	RP 319
Fünfzig J.	NW 298	Gaa C.	BW 52	Galke G.	BU 8
Fürderer H.	BW 41	Gaa-Unterpaul B.	SG 455	Gallasch G.	NW 251
Fürhäußer H.	BY 107	Gaarz V.	NW 259	Gallasch W.	BY 108
Fürniss-Sauer A.	SAN 366	Gaasenbeek H.	SAC 353	Galle S.	NW 245
Fürst U.	BY 97	Gabbert U.	NDS 237	Gallenkämper U.	SG 474
Fürstenau U.	BW 28	Gabelin E.	NW 253	Galler U.	SAN 369
Fürstnow D.	BW 53	Gabelmann R.	RP 321	Gallhoff M.	BY 74
Fürter T.	BER 131	Gaber S.	ArbG 418	Gallinger K.	BRA 139
Füßler P.	HE 172	Gabius R.	BW 30	Gallner I.	ArbG 412
Füting L.	BRA 143	Gabler A.	SH 386	Galm E.	HE 188
Fuge H.	NDS 233	Gabler B.	BRE 153	Galonska S.	NW 249
Fughe E.	NDS 218	Gabler B.	SAA 339	Galster J.	BW 26
Fuhge H.	NW 285	Gabriel A.	BER 117	Gamböck W.	BY 78
Fuhlbrügge G.	BW 46	Gabriel C.	BY 94	Gammelin D.	NW 262
Fuhlendorf R.	NDS 222		BY 109	Gammelin J.	HH 164
Fuhr H.	NW 245	Gabriel G.	NW 311	Gampe M.	HE 183
Fuhrmann B.	ArbG 413	Gabriel K.	NW 282	Gamrath G.	BER 127
Fuhrmann G.	NDS 233	Gabriel R.	BY 94	Ganderath P.	TH 393
Fuhrmann H.	ArbG 418		BY 110	Gandner H.	RP 323
Fuhrmann H.	BER 120	Gabriels-Gorsolke A.	BY 108	Gann C.	TH 401
Fuhrmann K.	BW 62	Gabrysch J.	VwG 509	Gans H.	ArbG 431
Fuhrmann W.	BER 122	Gacaglu O.	BY 92	Gans H.	BY 76
Fuhrmann-Klamt S.	NDS 224	Gäbel C.	NW 277	Gansen F.	VwG 505
Fuhse E.	NDS 237	Gäbel J.	VwG 506	Ganser L.	NDS 223
von Fumetti A.	VwG 481	Gaebel L.	NDS 229	Ganser T.	BW 36
Fumi H.	FG 446	Gaebert U.	NW 243	Ganßauge K.	BW 29
von Funck A.	VwG 507	Gäbhard G.	BY 89	Ganster G.	HE 192
Funcke T.	NW 286	Gaebler C.	BER 117	Ganten R.	BMJ 3
Fundel S.	BW 60	Gädigk C.	HH 164	Ganter A.	BW 33

Geisert R.	RP 326	Geppert G.	BY 94	Gerke R.	HE 185
Geisler B.	SG 473	Geppert K.	BER 114	Gerke S.	VwG 497
Geisler C.	VwG 500	Gerads R.	NW 307	Gerke U.	NW 275
Geisler S.	MV 204	Gérard B.	RP 332	Gerke V.	HE 186
Geißelbrecht G.	VwG 482	Gerards I.	BER 129	Gerke V.	VwG 487
Geißels V.	NW 307	Gerards R.	SAC 350	Gerken R.	ArbG 416
Geißenberger B.	BY 93	Gerasch H.	BER 127	Gerken U.	NDS 230
Geißendörfer R.	BY 104	Gerats W.	NW 254	Gerl E.	BY 78
Geißinger S.	BY 89	Gerber A.	BW 54	Gerlach A.	BRA 141
Geißler B.	BY 98	Gerber P.	NW 294	Gerlach B.	BER 127
	BY 110	Gerber V.	SH 382	Gerlach B.	NW 269
Geißler C.	HE 191	Gerber W.	BU 8	von Gerlach J.	BU 7
Geißler E.	SH 383	Gerberding D.	BER 129	Gerlach J.	NW 303
Geißler M.	BY 76	Gerberding R.	HH 158	Gerlach K.	NDS 227
Geißler R.	HH 165	Gerbersmann D.	NW 311	Gerlach M.	BER 122
Geist K.	FG 441	Gerbert M.	NW 274	Gerlach M.	SAC 360
Geist-Schell F.	BY 78	Gerbig H.	SG 470	Gerlach S.	BER 118
Geistert R.	BER 124	Gerbl Y.	HH 155	Gerlach U.	BW 37
Geithe M.	ArbG 418		HH 165	Gerlach-Welge U.	HE 182
Gekeler D.	BW 62	Gerboth H.	BRE 151	Gerlach-Worch U.	NW 263
Gelber C.	NW 311	Gerbracht L.	RP 315	Gerlinger M.	MV 204
Gelberg J.	VwG 498	Gerdes A.	ArbG 437	Gerloff K.	BER 124
van Gelder A.	BU 8	Gerdes M.	NDS 239	Germann P.	TH 391
von Geldern-		Gerdes S.	NW 287	Germaschewski B.	BY 108
Crispendorf B.	BY 85	Gerdts S.	MV 204	Germelmann C.	ArbG 416
Geldmacher G.	NW 244	Gereke B.	HH 165	Germer M.	BW 41
Geldmacher I.	BER 118	Gerfelmeier T.	SG 462	Germerodt D.	TH 400
Geldschläger G.	NW 282	Gerfin U.	HE 174	Gernhard R.	BRA 139
von Gélieu C.	BER 117	Gerhäusser M.	SAC 360	Gernoth-Schultz P.	BER 124
Gellermann U.	BER 123	Gerhard D.	ArbG 414	Gerretz T.	ArbG 428
Gellings C.	TH 401	Gerhard K.	MV 204	Gersch H.	NW 296
Gellner J.	SAC 359	Gerhard K.	SAA 338	Gerschner G.	BRA 139
Gelübcke J.	HH 161	Gerhard M.	BW 52	Gersitz W.	HE 180
Gemählich G.	BY 104	Gerhard W.	ArbG 414	Gerst K.	BY 83
Gemählich R.	BY 101	Gerhardi C.	SAC 360	Gerster E.	SAC 350
Gemeinhardt U.	BRA 135	Gerhardinger-Stich A.	BY 87	Gerster R.	VwG 492
Gemes S.	MV 199	Gerhards G.	RP 321	Gerstmann-Rogge K.	SG 458
Gemmer R.	HE 183	Gerhards H.	SAN 371	Gerstner M.	TH 393
van Gemmeren G.	NW 251	Gerhards W.	SAC 355	Gerstner M.	VwG 483
Genest C.	FG 440	Gerhardt B.	BY 76	Gerstner-Heck B.	VwG 475
Genest H.	BY 84	Gerhardt C.	SAC 353	Gerstung-Vindelstam M.	HE 181
Geng T.	SH 377	Gerhardt H.	ArbG 427	Gerth G.	SAC 354
Genrich L.	VwG 477	Gerhardt H.	NW 270	Gerth R.	SAN 365
Genter L.	NW 247	Gerhardt M.	BU 13	Gertich M.	ArbG 416
Gentz R.	NDS 220	Gerhardt M.	SAC 351	Gertich M.	SG 463
Gentz W.	NDS 228	Gerhardt P.	BER 129	Gertig G.	BER 127
Genz B.	SAC 353	Gerhardt R.	NDS 226	Gertje W.	NDS 234
Genz U.	SG 457	Gerhardt S.	NW 293	Gertych G.	BER 127
Georg A.	SAN 371	Gerhardt U.	BU 8	Gerwien I.	VwG 487
Georg R.	BU 9	Gerhardt U.	HH 164	Gerwing A.	TH 391
Georg R.	SAC 358		VerfG 404	Gerwing B.	BER 119
Georgalis-Möller R.	BER 121	Gerharz W.	RP 319	Gescher P.	HE 193
George M.	ArbG 421	Gericke B.	ArbG 414	Geschwender J.	NW 274
Georgen F.	VerfG 405	Gericke J.	NW 312	Geschwinde T.	HE 190
	VwG 492	Gericke W.	ArbG 413	Gesell P.	BW 58
Georgi A.	FG 444	Gerigk K.	BER 117	Gesien B.	NW 244
Georgi P.	BRA 144	Geringswald A.	BER 129	Gessert T.	NW 272
Georgii H.	BW 48	Gerkan F.	NW 269	Gessert-Pohle A.	BY 89
	VerfG 403	Gerke K.	VwG 486	Geßl K.	BY 81

Gohla K.	NDS 210	Gores K.	NW 270	Grabow R.	BER 120
Gohr A.	NW 308	Gorf C.	NDS 239	Grabowski E.	HE 170
Gohr M.	NW 267	Gorgels A.	SG 457	Grabowski K.	NDS 238
Golasowski W.	BRE 150	Gorhold M.	NW 311	Grabrucker M.	BU 16
Golcher R.	BY 88	Gorial M.	SAC 343	Grabsch W.	BW 24
Gold G.	BY 106	Goritzka A.	HH 161	Gradel J.	TH 396
Gold H.	BY 98	Gornig G.	VwG 490	Gradl C.	BER 122
Gold W.	BY 76	Gorski H.	BU 11	Gradl-Matusek B.	SH 385
Gold-Pfuhl G.	NW 258	Gosch C.	SG 462	Gradulewski H.	SAC 353
Goldack C.	BER 119	Gosch D.	BU 11	Gräber H.	NW 252
Goldammer G.	BER 118	Gosch H.	SH 376	Gräber K.	BY 96
Goldbach D.	NDS 224	Gosch M.	MV 204	Graeber T.	BRA 142
Goldbeck H.	NW 270	Gosch O.	SH 384	Gräbner K.	HE 180
Goldberg B.	NW 309	Goschala H.	TH 396	Gräf A.	SAC 360
Goldbrunner F.	ArbG 414	Gosse K.	NW 259	Gräf C.	HE 188
Goldmann K.	BRE 152	Gosselke F.	BY 74	Graef H.	VwG 512
Goldschmidt M.	RP 330	Gossmann W.	NW 263	Graefe B.	ArbG 424
Goldschmidt-		Gotham R.	HH 163	Gräfe B.	HH 158
Neumann B.	NW 245	Gottberg S.	RP 313	Gräfe D.	BY 101
Goldstein J.	RP 325	Gottfried M.	SAN 365	Gräfe E.	BY 104
Goldstein O.	BER 122	Gottfriedsen C.	NDS 227	Graefe W.	NDS 236
Golfier S.	BRA 144	Gotthardt H.	HE 187	Graefe-Hunke H.	VwG 494
von Golitschek H.	VwG 482	Gotthardt R.	HE 179	Graefen H.	RP 315
Goll H.	BW 53	Gottschaldt I.	NW 266	Gräfenstein M.	SAC 356
Goll J.	BW 51	Gottschalg W.	NW 243	Gräfl E.	BU 10
Goll U.	BW 21	Gottschalk D.	BU 15	Graeger-Könning K.	MV 203
Gollan S.	BER 119	Gottschalk H.	NW 299	Grämmer D.	BW 52
Gollata F.	NW 311	Gottschalk J.	ArbG 424	Gräper U.	BRE 150
Goller F.	BY 75	Gottschalk J.	HH 157	Gräßle W.	BER 123
Goller W.	NW 244	Gottschalk M.	BRE 153	Graetz B.	TH 392
Gollinger R.	BY 109	Gottschalk R.	SG 464	Graetz G.	BER 120
Gollner G.	BRA 144	Gottschalk-Niklaus Y.	HE 192	Grätz H.	SAN 363
Gollnick D.	TH 401	Gottschewski K.	SH 385	Gräve H.	NW 302
Gollos C.	NW 255	Gottschick D.	VwG 498	Graeve H.	NW 308
Gollos P.	NW 254	Gottstein M.	BY 87	Graeve P.	NW 304
Gollrad W.	BW 36	Gottwald H.	NW 263	Gräwe H.	HH 164
Golombek D.	NW 244	Gottwald M.	SAN 365	Gräwe K.	SAC 355
Goltz C.	SAC 356	Gottwald U.	RP 316	Graf B.	SAC 360
Goltzsche P.	ArbG 422	Gottwald-Monstadt D.	MV 200	Graf C.	VwG 499
Golüke K.	VwG 500	Gottwaldt K.	BRA 135	Graf E.	BY 108
Golumbeck A.	RP 332	Gouder E.	SG 460	Graf H.	BY 84
Golumbeck E.	NW 259	Goullon S.	SG 473	Graf I.	SAC 352
Golumbeck H.	NDS 228	Goumas G.	ArbG 413	Graf I.	VwG 482
Golyschny V.	VwG 502	Gowen W.	NDS 233	Graf J.	BU 9
Golz T.	MV 200	Goy-Fink H.	HE 188	Graf M.	BW 26
Golze H.	BU 13	Goydke J.	VerfG 407	Graf M.	FG 446
Gombac A.	MV 201	Graalfs H.	NW 267	Graf R.	BW 46
Gombert R.	VwG 481	Graalmann-Scheerer K.	BRE 152	Graf R.	VwG 505
Gomille T.	HE 173	Graba H.	BY 75	Graf Y.	VwG 501
Gomoll B.	SG 455	Grabandt B.	MV 197	Graf-Böhm H.	SG 453
Gomoll E.	HH 165	Grabbe A.	BER 117	Graf-Schlicker M.	NW 241
Gonder T.	HE 189	von Grabe A.	VwG 503	Grafen G.	ArbG 437
Goos A.	SH 385	Grabe G.	BW 26	Grafschaft-Weder G.	BRA 136
Goos M.	VwG 496	Grabe H.	BRA 145	de Grahl M.	HH 158
Goose G.	NDS 233	Grabe H.	NW 278	Grain R.	BY 97
Gora H.	NW 270	Grabinski K.	NW 245	Grajcarek I.	SAC 355
Goralska M.	NW 246	Grabosch V.	VwG 500	Grajewski J.	SG 469
Gordalla S.	VwG 509	Grabow A.	BRA 144	Gralfs S.	TH 398
Gordon G.	BRA 144	Grabow M.	BER 123	Gralmann G.	ArbG 428

Gramatte-Dresse B.	BY 81	Grave A.	BY 104	Grenzstein B.	BY 83
Grambow H.	VerfG 404	Grave-Herkenrath U.	NW 299	Grepel W.	BRA 138
Gramich P.	FG 439	Gravenhorst U.	NW 246	Gresel A.	NDS 227
Gramlich B.	BW 21	Gravert C.	VwG 513	Greser R.	BY 78
Gramlich E.	BW 27	Gravesande-Lewis A.	HH 160	Greskamp K.	BER 122
Gramm C.	BMJ 4	Grawe V.	NW 272	Gress H.	ArbG 411
Gramm H.	VwG 488	Greb H.	ArbG 428	Gresser B.	BRA 142
Grammann K.	SH 386	Greb H.	SH 381	Gresser M.	BW 62
Grammel H.	SH 380	Grebe E.	BW 54	Greßmann M.	BMJ 4
Grammel T.	FG 441	Grebe J.	NDS 224	Greth W.	HE 187
Grams D.	SAC 353	Grebe M.	HE 185	Grethel M.	VwG 507
Gramsch J.	BER 122	Gredner-Steigleider H.	BW 38	Grett H.	FG 444
Gramse F.	BER 120	Greetfeld A.	BY 92	Gretzschel H.	FG 440
Gramse G.	BER 130	Gref M.	SAA 335	Greulich C.	BW 62
Gramse J.	NW 270	Grefe D.	NDS 228	Greunig F.	TH 400
Granderath D.	BW 61	Gregarek B.	SG 466	Gréus C.	NW 306
Granderath R.	BU 7	Greger A.	BY 109	Greve F.	VwG 511
Grandke I.	BER 131	Greger C.	VwG 481	Greve G.	BRA 133
Grandpair W.	BY 107	Greger G.	BY 67	Greve H.	SH 376
Grannemann D.	NW 245	Greger R.	BER 129	Greve J.	ArbG 436
Granow H.	NW 296	Gregor H.	HE 167	Greve S.	SH 380
Granowski M.	BER 120	Gregor H.	VwG 484	Greve-Decker J.	VwG 479
Granzow W.	NDS 220	Gregor K.	BY 65	Greven K.	HE 167
Grape A.	BY 97	Gregor K.	SAC 356	Greven K.	SG 468
Grape L.	NW 247	Gregor W.	HE 167	Greven M.	BW 61
Grapentin U.	NDS 214	de Gregorio E.	BW 25	Grevener A.	NW 259
Grapp-Scheid M.	SAA 338	Gregorius P.	BU 10	Greving H.	NW 264
Grasemann H.	NDS 213	Freiherr von		Grewe H.	SG 465
Grashoff P.	NW 273	Gregory G.	VwG 481	Grewe M.	BW 48
Grasmeier B.	NW 259	Freiin von Gregory J.	NW 245	Grewenig E.	RP 321
Graß M.	VwG 480	Grehl A.	NDS 217	Grewer B.	NW 270
Grass R.	EuGH 515	Greier G.	NW 306	Grewer H.	NW 310
Grasse E.	SAN 365	Greifenstein F.	BY 91	Grewer W.	NW 276
Graßhof M.	VwG 478	Greiff N.	SAC 360	Griebel C.	HE 192
Graßhoff E.	VwG 493	Greiffenberg S.	SAC 357	Griebeling B.	VwG 490
Graßhoff M.	RP 333	Greilinger-Schmid D.	VwG 489	Griebeling G.	BU 10
Graßl H.	NW 276	Grein K.	BW 50	Griebeling J.	ArbG 421
Grassmann S.	NW 302	Greindl G.	BY 106	Grieger E.	VwG 501
Graßmück P.	HE 179	Greiner D.	BW 51	Griehl H.	BRA 142
Gratzki R.	BW 30	Greiner G.	SAC 355	Griem J.	HE 171
Gratzl W.	RP 327	Greiner H.	BU 8	Griep B.	RP 332
Grau A.	HE 172	Greiner L.	SAA 335	Gries H.	BRE 152
Grau C.	BW 26	Greiner R.	BW 24	Griesar L.	RP 332
Grau G.	VwG 509	Greiner R.	BW 50	Griesbaum R.	BU 9
Grau H.	VwG 481	Greis G.	SAA 339	Griesche G.	BRA 137
Graubohm A.	HH 161	Greis U.	BU 16	Griese K.	ArbG 428
Graue N.	HH 160	Greiser H.	VwG 497	Griese K.	NW 289
Graue O.	HH 166	Greite W.	BU 11	Griese T.	ArbG 429
Graue P.	HH 166	Grekel-Morell D.	BU 14	Grieser J.	BY 93
Grauel K.	HE 182	Grell C.	SAC 352	Grieser N.	RP 322
Grauel M.	BY 63	Grell E.	SG 472	Grieß A.	BER 115
Grauer C.	BRA 146	Grella P.	HE 185	Grieß R.	BER 118
Grauer T.	BW 55	Grembowietz H.	SG 454	Grießmann J.	NW 258
Graulich K.	BU 13	Gremm B.	SAC 354	Grigo K.	ArbG 425
Graulich W.	VwG 479	Gremm B.	SAC 359	Grigoleit D.	HH 159
Graumann P.	BW 48	Gremme A.	NW 275	Grigoleit H.	VwG 484
Graus B.	VwG 507	Gremmelmaier J.	BW 37	Grill F.	NDS 212
Graus R.	SAN 371	Gremmelspacher M.	ArbG 412	Grillenberger W.	BY 102
Grauvogel M.	ArbG 419	Gremmer B.	BY 97	Grillhösl F.	SG 453

Grünberg K.	NDS 228	Grunwald H.	NW 264	Güroff E.	NW 287
Grünberg M.	VwG 508	Grunwald M.	BER 129	Güroff G.	FG 440
Grünberg V.	BW 43	Grupe J.	NDS 227	Guerrein W.	BY 99
Gründel J.	BY 68	Grupe P.	NDS 208	Gürsching H.	FG 439
Gründges M.	NW 307	Grupp A.	SG 457	Gürtler F.	BY 63
Gründl F.	BY 86	Grupp D.	BW 44	Gürtler H.	BW 35
Gründler B.	BY 108	Grusewski O.	NDS 234	Gürtler K.	HE 170
Gründler W.	BY 108	Gruß C.	NDS 225	Gürtner K.	SG 454
Grünebaum R.	BRA 143	Gruß K.	BER 131	Gürtner R.	SG 454
Grüneberg A.	TH 393	Gruß M.	HE 184	Güse-Hüner M.	SAC 359
Grüneberg C.	NW 296	von Gryczewski S.	BY 93	Güßregen G.	SAC 359
Grünenwald B.	BW 56		BY 109	Gütebier D.	RP 323
Grüner B.	SG 461	Grziwa J.	BRE 153	Güttinger S.	BY 94
Grüner G.	BY 109	Gschwendtner C.	BY 90		BY 109
Grünert E.	HE 181	Gschwendtner H.	BU 11	Güttler A.	HE 186
Grünert J.	SAA 339	Gschwilm B.	BY 79	Güttler I.	NDS 232
Grünert W.	BY 78	Gubernatis G.	NDS 218	Gugau G.	BW 37
Grünewald F.	BY 63	Guckes T.	BW 51	Gugenhan G.	BW 56
Grünewald J.	BY 67	Guddat T.	ArbG 433	Guha J.	SAC 353
Grünewald T.	RP 317	Gudehus M.	NDS 224	Guhl A.	FG 439
Grünewald-		Gudehus R.	NDS 237	Guhl G.	HE 171
Germann S.	VwG 492	Guder R.	BY 78	Guhling H.	BY 68
Grünhage M.	HH 164	Güde W.	BW 23	Guise-Rübe R.	HE 181
Grünhagen J.	SAC 352	Güldner W.	VwG 500	Guleritsch E.	RP 320
Grünheid S.	BY 85	Gülicher A.	NDS 219	Gulmann C.	EuGH 515
Grünhoff C.	NW 266	Gülicher T.	NW 312	Gummer P.	BY 64
Grüning D.	RP 315	Gülk G.	NDS 224	von Gumpert T.	RP 333
Gruenke M.	NDS 239	Gülsdorff F.	VwG 513	Gumpp W.	BY 91
Grünseisen H.	TH 399	Gülzow I.	BER 123	Gun R.	SAC 357
Grünseisen R.	TH 401	Gümbel C.	VwG 501	Gundel W.	ArbG 413
Grünthal W.	SG 451	Gündert R.	BY 73	Gundelach G.	NDS 218
Grünwald C.	NDS 218	Gündisch J.	VerfG 404	Gundlach F.	NW 293
Grüßhaber K.	BW 47	Güniker K.	SH 387	Gundlach G.	NW 272
Grüter M.	BER 115	Günniker L.	SG 463	Gundlach R.	NDS 227
Grüter M.	RP 322	Günter P.	BY 71	Gundlach-Keller H.	BW 30
Grüttemann B.	BU 15	Günthel A.	SAC 357	Guntau B.	VerfG 407
Grüttner E.	HE 187	Günthel I.	SAC 357	Gunter-Gröne H.	SAC 353
Grützmann D.	BRA 142	Günther A.	BMJ 5	Gunzenhauser M.	BW 44
Grützmann-Nitschke I.	SG 458	Günther A.	NW 248	Gurba R.	NW 300
Grüzner B.	VwG 509	Günther B.	ArbG 422	Gurkau H.	NDS 216
Gruhl J.	BW 59	Günther F.	HE 185	Guse-Manke K.	BER 121
Grulich B.	NDS 237	Günther F.	SAN 372	Gusinde A.	BW 61
Grumann A.	SAN 373	Günther H.	NDS 237	Gusseck L.	BMJ 3
Grunau M.	SG 458	Günther H.	NW 312	Gußmann D.	HE 173
Grund K.	NDS 218	Günther H.	VwG 481	Gust S.	SAN 373
Grund R.	BW 47	Günther H.	VwG 483	Gustafsson B.	BRE 153
Grundke F.	BW 58	Günther M.	VwG 505	Gustmann O.	NW 258
Grundler J.	TH 400	Günther N.	SG 467	Gut B.	BW 61
Grundmann M.	VwG 487	Günther R.	NDS 227	Gutberger F.	NW 310
Grundmann S.	NW 312	Günther R.	NW 286	Gutbier H.	SH 384
Grundschok E.	ArbG 417	Günther S.	BW 23	Gutdeutsch W.	BY 76
Grune J.	FG 444	Günther S.	SAC 359	Gutermuth W.	BU 16
Grunenberg R.	SAC 360	Günther T.	MV 202	Gutewort E.	SAN 363
Grunert R.	BY 81	Günther U.	HE 189	Gutfrucht M.	BRA 139
Grunke N.	MV 199	Günther W.	VwG 501	Guth M.	ArbG 418
Grunkin S.	SH 378	Günther-Landsiedel M.	NW 254	Guth W.	BU 16
Grunsky J.	NW 308	Güntke G.	MV 204	Gutjahr H.	NW 289
Grunwald B.	SAC 351	Güntner J.	BY 101	Gutjahr J.	BRA 141
Grunwald G.	NDS 221	Guericke O.	SG 472	Gutmann C.	HE 167

Gutmann K.	RP 313	Haase C.	NW 280	Hacker F.	BU 16
Gutowski F.	BER 130	Haase D.	NDS 235	Hacker K.	BY 100
Gutsch K.	BW 29	Haase H.	NDS 211	Hackert S.	NW 310
Gutschalk C.	BER 125	Haase H.	RP 320	Hackling P.	NDS 234
Gutschke J.	NDS 237	Haase J.	ArbG 416	Hackmann H.	NDS 218
Guttenberg U.	BW 28	von Haase J.	VwG 483	Hackmann H.	NW 271
Guttenberger F.	VwG 479	Haase K.	BER 114	Hackmann M.	ArbG 427
Guttke B.	BRA 143	Haase K.	SG 463	Hackner T.	NDS 227
Guttzeit B.	NW 312	Haase K.	VwG 502	Hadamitzky A.	BW 60
von Gutzeit G.	SG 467	Haase L.	SAC 350	Haddenhorst F.	NW 309
Gutzmer E.	MV 197	Haase M.	BRA 141	Hadeler K.	NDS 218
		Haase R.	HE 170	Hader R.	BY 104
		Haase R.	SAA 339	Haderlein U.	BY 109
H		Haase S.	SAC 355	Häberle O.	BW 43
		Haase S.	VwG 488	Häberle P.	BW 35
Haack H.	HH 159	Haase S.	VwG 496	Häberlein B.	VwG 479
Haack K.	SAC 343	Haase W.	BY 86	Häcker B.	BW 55
Haack K.	SG 458	Haase-Becher I.	NW 296	Häcker J.	BW 57
Haack U.	VwG 511	Haaß J.	BU 15	Häcker P.	BW 54
Haack W.	SH 377	Habbe D.	VwG 489	Häcker-Reiß M.	TH 397
Haag D.	NW 303	Habdank B.	BY 89	Häfele W.	BW 54
Haag M.	BRA 146	Habekost M.	SAN 363	Häfner C.	BW 35
Haag M.	BW 48	Habel E.	NW 264	Häfner G.	SAC 345
Haag R.	BY 85	Habel J.	VwG 492	Häfner H.	BY 80
Haag W.	SAN 364	Habelt C.	SG 471	Häfner P.	MV 199
Haage H.	HH 161	Habenicht J.	NDS 239		VerfG 405
Haage S.	NW 297	Haberacker J.	BW 27	Hägele B.	BW 57
Haager M.	BY 95	Haberkamp A.	RP 317	Hägele F.	NW 277
Haak C.	NDS 223	Haberl L.	BY 89	Hägele U.	NW 275
Haakh R.	VwG 477	Haberl U.	BY 90	Häger J.	BU 7
Haakmann J.	NDS 235	Haberland H.	SAN 373	Häger J.	RP 332
Haaks H.	BY 78	Haberland S.	BRE 153	Haegert K.	VwG 493
Haar F.	BRE 153	Habermann A.	NW 297	Hähnel C.	NDS 211
Haar M.	SAC 348	Habermann C.	VwG 495	Hähner P.	ArbG 433
Haardt F.	NW 269	Habermann D.	VwG 511	Haellmigk G.	BW 47
Haarer F.	BW 29	Habermann L.	BMJ 4	Hämäläinen L.	VwG 488
Haarmann H.	NW 290	Habermann N.	HE 173	Hämmerle U.	BY 80
Haarmann R.	NW 244	Habermann T.	BY 69	Häner J.	VwG 483
Haarmann U.	NW 302	Habermehl K.	VwG 500	Haenicke K.	BRA 139
Haarmeyer H.	SAN 367	Habermehl-Itschert C.	HE 190	Haenicke V.	VwG 503
Haarpaintner M.	ArbG 414	Habermeier K.	SAA 339	Hänisch L.	BRA 141
Haars D.	NDS 210	Habersack K.	NW 252	Hänle W.	BW 41
Haars H.	SH 385	Haberstock E.	HE 183	Haensch A.	BER 129
Haas A.	VwG 507	Haberstroh D.	BW 23	Hänsel B.	BER 117
Haas E.	BVerfG 1	Haberstroh D.	HE 170	Hänsel G.	VwG 491
Haas E.	BW 26	Haberstroh F.	BW 51	Haensel K.	VwG 489
Haas G.	NW 294	Haberstumpf H.	BY 100	Hänsel-Nell I.	NW 256
Haas G.	VwG 482	Haberzettl F.	BW 47	Haentjes H.	RP 323
Haas H.	BER 115	Habich S.	SAC 353	Häring G.	BY 68
Haas H.	BW 55	Habler K.	VwG 481	Häring G.	VwG 508
Haas H.	NW 294	Hachmann E.	NDS 225	Häring W.	VwG 479
Haas L.	NDS 207	Hachmann R.	VwG 495	Härle J.	BW 50
Haas M.	NW 272	Hachtmann C.	SAN 369	Härle K.	HE 170
Haas R.	BER 130	Hack K.	SAC 344	Härtel U.	NW 289
Haas R.	VwG 478	Hack W.	NDS 230	Härtel-Breß P.	NW 289
Haas S.	HE 180	Hackbarth-Vogt N.	NW 278	Härtl R.	SAC 347
Haas-Atanasković B.	ArbG 418	Hackel R.	SAC 348	Häsemeyer U.	BW 61
Haase B.	NDS 227	Hackenberg D.	HE 193	Haeser P.	BY 96
Haase B.	SAC 346	Hacker A.	MV 197	Häsing H.	SH 381

Hättig S.	SAC 347	Hagensieker M.	NDS 213	Halbach D.	NW 293
Häuser H.	VwG 492	Hager E.	TH 393	Halbach G.	HH 160
Häusler G.	BY 90	Hager H.	HH 158	Halbritter G.	BY 88
Haeusler K.	BY 77	Hager J.	BY 91	Halbscheffel K.	NW 287
Häusler M.	BW 62	Hager N.	BER 124	Haldenwanger H.	ArbG 420
Häusler T.	BY 98	Hagge S.	HH 162	Halder R.	BY 84
Häusser J.	SAC 359	Hagmann D.	FG 439	Haldorn B.	NW 290
Häußermann R.	BW 53	Hagmann J.	NW 266	von Halen J.	NW 265
Häußermann R.	FG 439	Hahmann H.	MV 202	Halfar G.	SAC 349
Häußler B.	BW 59	Hahn A.	BRA 145	Halfmann N.	RP 325
Häußler F.	SAC 353	Hahn A.	SAC 352	Halfmann T.	MV 204
Häußler K.	BW 62	Hahn A.	VwG 509	Halfmeier C.	NW 280
Häußler K.	RP 331	von Hahn C.	NDS 229	Halft J.	NW 304
Haever B.	TH 397	Hahn C.	VwG 486	Halfter M.	NW 278
Haferanke W.	BER 120	Hahn D.	BU 13	Halir T.	SAC 350
Haferbeck C.	BY 63	Hahn D.	RP 314	Hall H.	BW 43
Haferkamp J.	FG 445	von Hahn D.	VwG 483	Hall M.	BW 53
Haferkamp R.	NW 258	Hahn G.	SAC 343	Hall M.	BW 59
Haferland S.	SAN 363	Hahn G.	VerfG 406	Hallenberger A.	BW 27
Haffke H.	RP 316	Hahn H.	FG 445	Haller G.	HH 159
Haftmann C.	BW 28	Hahn H.	FG 449	Haller J.	NDS 224
Hage K.	SG 471	Hahn H.	NW 271	Haller J.	VwG 476
Hagedorn H.	BER 128	Hahn J.	NW 293	Haller K.	NW 296
Hagedorn H.	FG 449	Hahn K.	MV 202	Haller K.	SAC 349
Hagedorn I.	MV 197	Hahn L.	BRA 145	Haller R.	MV 200
Hagedorn J.	NDS 237	Hahn M.	SAN 364	Haller T.	VwG 476
Hagedorn J.	VwG 487	Hahn N.	BW 23	Hallermeier G.	NW 300
Hagedorn K.	NW 282	Hahn R.	NW 299	Halling O.	BER 129
Hagedorn P.	VwG 484	Hahn S.	NW 254	Hallmen B.	NW 312
Hagedorn R.	NW 269	Hahn S.	SAC 353	Halm K.	MV 199
Hagedorn-Kroener E.	NW 269	Hahn U.	BER 123	Halt S.	SAC 350
Hagemann A.	MV 199		BY 97	Halter M.	BW 58
Hagemann F.	NW 298	Hahn U.	BY 111	Halter W.	BER 114
Hagemann G.	ArbG 424	Hahn W.	BW 50	Halves K.	SAN 364
Hagemann P.	SAN 372	Hahn-Joecks G.	FG 444	Hamacher A.	NW 308
Hagemann S.	MV 197	Hahn-Kemmler J.	NW 268	Hamann G.	SH 385
Hagemann S.	MV 203	Hahne G.	BER 127	Hamann H.	SH 377
Hagemann U.	BER 127	Hahne M.	BU 8	Hamann K.	BY 90
Hagemeier U.	SG 465	Hahnemann E.	NW 277	Hamann R.	ArbG 414
Hagemeister W.	NW 280	Hahnemann M.	NW 264	Hamann R.	NW 255
Hagen A.	BW 59	Hahnenstein J.	NW 278	Hamann R.	NW 278
von Hagen B.	BER 121	Hahnfeld B.	HH 161	Hamann U.	HH 155
von Hagen B.	TH 392	Haid W.	ArbG 412	Hamann U.	NDS 214
Hagen H.	BY 102	Haida E.	SH 383	Hamann W.	ArbG 428
Hagen H.	MV 200	Haike D.	HE 189	Hambach A.	BY 96
von Hagen M.	BER 129	Hailbronner-Gabel E.	BW 23		BY 110
von Hagen M.	TH 391	Hailer H.	FG 445	Hambach M.	ArbG 431
Hagen S.	BER 124	Hain G.	BER 121	Hamberger R.	BY 85
von Hagen U.	NW 252	Hain H.	NW 263	Hambloch B.	NW 284
Hagen W.	HE 171	Haindl B.	RP 326	Hambüchen H.	BU 12
Hagenbeck L.	VwG 501	Haindl H.	BY 89	Hamisch B.	TH 391
Hagenberg H.	NW 270	Haindl M.	RP 327	Hamm A.	NW 293
Hagenbucher K.	BY 90	Hainzlmayr W.	BY 90	Hamm E.	SAN 373
Hagenloch U.	SAC 345	Haiß C.	BW 62	Hamm H.	BW 32
	VerfG 407	Hake A.	VwG 500	Hamm J.	NW 302
Hagenlocher F.	NDS 231	Hake M.	NW 294	Hamm W.	VwG 486
Hagenlocher I.	BW 51	Hake S.	NW 312	Hamm-Rieder E.	BRA 137
Hagenmeier G.	RP 316	Hakes H.	NW 248	Hammann H.	HH 165
Hagensicker A.	SAN 368	Halama G.	BU 13	Hamme G.	NW 309

Hammeke M.	NW 272	Hanschke K.	BER 117	Harder G.	HH 157
Hammel E.	BY 65	Hansel W.	NW 299	Harder M.	BRA 140
Hammen J.	RP 316	Hansen B.	NDS 216	Harder M.	HH 160
Hammer C.	NW 303	Hansen B.	NW 308	Harder T.	HE 171
Hammer D.	NW 294	Hansen D.	ArbG 435	Harder T.	SH 387
Hammer D.	VwG 499	Hansen G.	TH 393	Harder U.	BER 126
Hammer F.	SG 452	Hansen G.	VwG 504	Harder U.	HH 163
Hammer G.	NW 285	Hansen H.	MV 196	Hardraht U.	VwG 488
Hammer M.	BY 109	Hansen H.	NW 248	Hardt A.	RP 321
Hammer R.	BY 90	Hansen H.	NW 251		FG 443
Hammer U.	BW 38	Hansen H.	SG 469	Hardt C.	VerfG 404
Hammer U.	HE 183	Hansen H.	SH 377	Hardt K.	RP 321
Hammer W.	VwG 476	Hansen H.	VwG 488	Hardt T.	HE 171
Hammerdinger G.	BY 91	Hansen J.	SH 377	Hardt U.	HH 157
Hammermann E.	NW 263	Hansen J.	VwG 512	Hardt W.	NDS 234
Hammerschlag H.	NW 304	Hansen K.	BER 130	Hardt W.	NW 243
Hammerschmidt B.	NW 283	Hansen M.	RP 314	Hardt-Rubbert H.	RP 320
Hammerschmidt C.	BER 128	Hansen P.	ArbG 417	Harenberg F.	FG 444
Hammerschmidt E.	NW 297	Hansen R.	NDS 210	Harf C.	FG 446
Freifrau von		Hansen R.	SH 386	Harfmann P.	BY 78
Hammerstein F.	BER 130	Hansen S.	NW 248	Harfmann S.	VwG 489
Freiherr von Hammerstein-		Hansen T.	VwG 482	Harings E.	NW 257
Gesmold B.	NDS 215	Hansen U.	BER 124	Hark K.	BW 32
Hampel D.	BER 127	Hansen U.	HH 165	Harker J.	NW 280
Hampel D.	TH 391	Hansen-Hoffmann K.	HH 166	Harmann M.	BY 86
Hampel G.	BER 121	Hansen-Wishöth G.	HH 165	Harmening K.	NDS 207
Hampel J.	RP 332	Hansens H.	BER 116	Harms B.	VwG 511
Hampel K.	SG 462	Hanslik D.	NW 246	Harms D.	BRE 151
Hampel M.	NW 259	Hansmann D.	BRA 137	Harms E.	VwG 494
Hampf G.	BRE 153	Hansmeier R.	NW 266	Harms H.	HH 159
Hampp-Weigand U.	BY 92	Hanßen K.	SH 379	Harms H.	HH 163
Hanck H.	NW 246	Hantel-Maschke S.	HH 165	Harms H.	NDS 222
Handke G.	SAN 364	Hantke H.	NW 289	Harms J.	NDS 226
Handorn H.	VwG 507	Hantke M.	SAC 352	Harms K.	FG 443
Hanenberg G.	VwG 502	Hantke U.	SG 453	Harms K.	VwG 475
Hanenkamp N.	MV 196	Hantl-Unthan U.	ArbG 417	Harms M.	BU 7
Hanewinkel J.	HE 185	Hantschik B.	NDS 210	Harms M.	SAN 365
Hanf R.	SH 377	Hanz B.	VwG 513	Harms S.	NDS 239
Hanfeld A.	BER 129	Hanz J.	RP 327	Harms S.	SAN 364
Hanfeld-Kellermann U.	NDS 228	Hapke M.	HH 164	Harms T.	BER 122
Hanfland H.	NW 264	Happ M.	VerfG 403	Harms T.	TH 401
Hangst W.	BW 49		VwG 478	Harms U.	SAN 364
Hanisch W.	VerfG 405	Happ-Göhring S.	HH 161	Harms-Ziegler B.	VerfG 404
	VwG 496	Happe C.	NW 308	Harnacke R.	NW 295
Hanke T.	ArbG 437	Happe D.	NW 290	Harnau K.	SAN 369
Hanke T.	HE 173	Happe H.	NW 255	Harner A.	SAC 353
Hanke T.	SAC 344	Happel E.	HE 169	Harnischmacher G.	RP 323
Hankow B.	VwG 483	Happel L.	HE 171	Haronska M.	SAC 349
Hannamann I.	BY 97	Harbeck G.	BU 12	Harr R.	SAC 354
	BY 110	Harbeck H.	VwG 511	Harraeus B.	ArbG 413
Hannappel K.	VwG 492	Harbers N.	BY 96	Harrer R.	BU 16
Hannappel W.	RP 318	Harbort C.	NW 270	Harriehausen D.	BW 62
Hannes C.	VwG 479	Harbort U.	NW 271	Harriehausen G.	BW 46
Hannes D.	ArbG 423	Harborth H.	NDS 207	Harrland H.	BRA 145
Hannich R.	BU 9	von Harbou B.	SAN 362	Harrschar A.	BW 59
Hannig T.	BRA 136	Harcke T.	NDS 216	Harsdorf-Gebhardt M.	RP 317
Hanreich J.	BY 83	Harden F.	NW 258	Harte J.	BER 116
Hans S.	NW 309	Harden T.	NW 257	Hartel W.	SAC 350
Hansbauer B.	BY 98	Harder D.	HE 174	Hartenstein P.	BW 50

Hauptmann E.	RP 330	Hayduk I.	BY 101	te Heesen K.	SG 467
Hauptmann P.	MV 198	Hayler P.	BY 110	Heetfeld A.	BRE 153
Hauptmann R.	NW 249	Hayner R.	NW 244	Hefele O.	NW 312
Hauptmann S.	HE 176	Hebach H.	NDS 216	Hefermehl A.	BW 23
Haus A.	BY 109	Hebenstreit U.	BW 50	Heffter K.	HE 189
Haus C.	BY 76	Heberlein H.	VwG 482	Hefter C.	HE 175
Haus K.	SG 460	Hebert J.	SAC 352	Hegele T.	BW 45
Hausbeck P.	BY 106	Heblik R.	HE 190	Hegemann G.	VwG 504
Hausch E.	BW 55	Hecht C.	BW 62	Hegen-Deters S.	MV 197
Hauschild A.	FG 444	Hecht J.	BRA 137	Hegenbart W.	TH 399
Hauschild I.	NW 257	Hecht U.	NDS 221	Heger K.	FG 447
Hauschild J.	BRE 153	Hecht V.	BRA 143	Heger M.	BMJ 4
Hauschildt H.	SH 375	Hechtfischer S.	BU 15	Hegermann B.	BER 116
Hauschildt K.	BW 39	Heck B.	BW 29	Hegermann C.	BER 123
Hauschke J.	HE 189	Heck C.	NDS 215	Hegermann P.	BER 119
zur Hausen B.	RP 316	Heck F.	NW 260	Hegers H.	NDS 221
Hausen C.	VwG 504	Heck M.	BRA 138	Hegger B.	FG 446
Hauser A.	HH 165	Heck S.	NDS 228	Heghmanns M.	NDS 227
Hauser G.	SAC 345	Heck W.	TH 397	Hegmann J.	FG 445
Hauser J.	SH 376	Heckel C.	VwG 477	Hegmann S.	BY 72
Hauser M.	BW 61	Heckel H.	BW 31	Hehl R.	SG 456
Hauser R.	BW 34	Heckel K.	BRE 150	Hehlke P.	NW 289
Hauser R.	NW 245	Heckel W.	BY 102	Hehner R.	VwG 504
Hauser R.	VerfG 403	Heckemüller V.	NDS 219	Heibel M.	RP 324
	VwG 477	Heckenkämper P.	FG 446	Heichel-Vorwerk M.	BER 130
Hausmann G.	SG 467	Hecker B.	MV 200	Heid E.	RP 327
Hausmann H.	HE 184	Hecker D.	SAC 344	Heid U.	BER 127
Hausmann H.	NDS 208	Hecker J.	BW 39	Heidbrede H.	NW 286
Hausmann J.	BU 8	Hecker V.	BY 84	von der Heide A.	NDS 240
Hausmann P.	HE 185	Hecker W.	BER 120	von der Heide I.	NW 257
Hausmann R.	BER 127	Hecker-Hafke B.	HE 176	von der Heide I.	NW 289
Hausmann S.	TH 391	Heckhoff H.	NW 302	Heide N.	BRA 140
Hausmann U.	BW 53	Hecking B.	BW 24	Heide R.	BY 90
Hausmann-Lucke E.	FG 444	Hecking F.	BU 9	Heidecke S.	BY 104
Hausmanns W.	MV 196	Heckmann B.	NDS 235	Heidegger S.	BW 30
Haußleiter H.	BU 15	Heckmann D.	ArbG 431	Heidel R.	TH 394
Haußmann P.	HE 173	Heckmann D.	NW 269	Heidelbach S.	HE 181
Haußmann R.	BY 76	Heckmann D.	NW 287	Heidelberger I.	SAN 372
Haussmann-		Heckt T.	BER 127	Heidelmann D.	VwG 494
Grammenos I.	BY 87	Hedrich H.	SAA 339	Heidemann H.	SH 378
Haußner M.	BY 85	Heege H.	ArbG 428	Heidemann M.	NW 243
Haustein C.	TH 396	Heel A.	BW 29	Heidemann U.	VwG 491
Hauth N.	HE 191	Heep F.	ArbG 431	Heidemann W.	NW 293
Hauzel T.	TH 392	Heep W.	BRA 142	Heidemeyer O.	ArbG 434
Havekost M.	SH 384	Heer I.	NW 288	Heidenreich B.	NW 286
Havekost U.	NDS 232	Heer I.	VwG 491	Heidenreich J.	VwG 478
Havemann F.	VerfG 404	Heer W.	SH 379	Heidenreich K.	BY 97
Havenstein G.	SH 379	Heerdt S.	BW 53	Heidenreich R.	NDS 218
Haverkämper U.	NW 309	Heeren H.	BU 13	Heidenreich S.	BRA 144
Haverkampf K.	SH 381	Heering C.	MV 204	Heider C.	BRA 146
Havertz H.	NDS 233	Heering F.	BW 38	Heider E.	ArbG 415
Havertz-Derichs U.	NW 253	Heering R.	BW 53	Heider F.	BY 100
Havliza B.	NDS 235	Heermann W.	VwG 482	Heider G.	NDS 237
Havliza K.	NDS 236	Heers D.	HH 164	Heider J.	NW 297
Havliza R.	SH 380	Heerwagen A.	SAN 373	Heider U.	NDS 240
Hawickhorst B.	BER 116	Hees E.	HH 162	Heiderich B.	NW 304
Hawickhorst H.	BER 116	Hees H.	BER 117	Heidkamp R.	NW 301
Hawkes D.	BER 129	van Hees-Wehr A.	SAC 349	Heidke U.	TH 401
Hawran R.	HE 177	Heesen J.	SAA 337	Heidner B.	NDS 219

Hennies A.	ArbG 417	Henssler F.	NW 301	Herfert A.	BER 129
Hennig A.	BRA 145	Hentschel E.	NW 293	Herfort K.	VwG 502
Hennig A.	HH 165	Hentschel J.	SH 383	Herforth J.	NW 258
Hennig A.	MV 201	Hentschel P.	NW 301	Herfs D.	NW 299
Hennig A.	SAN 362	Hentzel R.	NDS 237	Hergarten C.	ArbG 422
Hennig G.	BER 114	Hentzen K.	VwG 501	Hergarten R.	RP 319
Hennig G.	NW 246	Henz M.	ArbG 434	Herget K.	HE 173
Hennig H.	ArbG 434	Henze A.	MV 202	Hericks B.	NDS 238
Hennig J.	VwG 505	Henze A.	NDS 227	Hering R.	HE 182
Hennig M.	BRA 133	Henze C.	NW 310	Hering R.	NDS 227
Henniges K.	BER 118	Henze H.	BU 7	Hering S.	BRA 146
Hennigs U.	SG 457	Henze R.	BER 120	Hering S.	HE 173
Henning F.	NW 246	Henze U.	BER 114	Herkelmann-	
Henning H.	NW 294	Henze-von Staden S.	SAN 369	Mrowka B.	VwG 499
Henning K.	BY 92	Henzler E.	BW 44	Herken L.	SAC 353
Henning K.	NDS 211	Henzler G.	NW 294	Herkenberg H.	NW 277
Henning P.	NW 274	Henzler O.	BW 59	Herkens T.	NDS 237
Henning U.	NW 299	Henzler R.	NW 307	Herkner B.	ArbG 437
Henninger A.	NW 312	Heper M.	BW 59	Herkommer-	
Henninger H.	BW 32	Hepfer D.	BW 59	Zimmermann A.	RP 321
Henninger J.	BW 23	Hepp R.	VwG 490	Herlinghaus A.	FG 446
Henninger S.	BY 109	Hepp-Schwab H.	SAC 350	Herlitz H.	NW 249
Henninghaus G.	SG 466	Heratsch K.	BER 126	Herlitz P.	BW 28
Hennings M.	SG 468	Herb A.	BER 130	Herlt J.	VwG 499
Hennings S.	NW 252	Herb P.	BY 77	Hermandung K.	NW 276
Hennings U.	RP 320	Herbener H.	HE 184	Hermann C.	BY 95
Hennings W.	NDS 237	Herbener R.	NW 280		BY 110
Hennings-Nowak K.	BER 123	Herber B.	SAC 358	Hermann G.	BY 93
Hennrichs S.	RP 332	Herberg G.	SAC 360	Hermann H.	BRE 153
Henrich A.	BW 59	Herberger S.	SAC 347	Hermann J.	BW 62
Henrich B.	NDS 222	Herberger T.	SAC 359	Hermann J.	SAC 356
Henrich B.	RP 315	Herbert F.	VwG 481	Hermann L.	SAC 354
Henrich B.	SAA 337	Herbert G.	BU 13	Hermann M.	NW 282
Henrich K.	HE 175	Herbert U.	FG 441	Hermann M.	SAN 370
Henrich M.	NW 245	Herbertz R.	NW 259	Hermann R.	SG 460
Henrich W.	RP 314	Herbeth S.	BER 128	Hermann T.	SAN 367
Henrichmann B.	BY 70	Herbig D.	BW 32	Hermann U.	RP 320
Henrichs B.	SG 457	Herborg U.	NDS 238	Hermanns D.	NW 295
Henrichs C.	BMJ 5	Herbrig W.	BRA 141	Hermanns M.	SAA 336
Henrichs T.	RP 317	Herbst A.	FG 440	Hermanns S.	NW 309
Henrici K.	NDS 235	Herbst B.	NDS 231	Hermelbracht F.	NW 244
Henrici R.	HE 176	Herbst B.	SAC 358	Hermelbracht W.	NW 251
Hensch B.	BW 55	Herbst H.	BY 67	Hermeler T.	NW 246
Hense B.	RP 328	Herbst J.	HE 178	Hermenau F.	NW 308
Hense S.	SAN 365	Herbst J.	NDS 231	Hermerschmidt E.	SAC 358
Hense T.	BY 81	Herbst K.	BER 119	Hermes B.	NW 262
Hense-Neumann F.	NW 276	Herchenbach J.	FG 446	Hermes H.	ArbG 431
Hensel J.	NDS 237	van Herck A.	SAN 363	Hermes I.	NW 306
Hensel T.	VwG 500	Herda K.	BRA 133	Hermes L.	FG 447
Henseler N.	NW 294	Herde K.	NDS 230	Hermes P.	NW 285
Hensellek B.	MV 197	Herdegen E.	BY 67	Hermisson R.	BW 23
Hensen C.	NW 308	Herdegen P.	BY 72	Hermle K.	SAN 364
Hensen E.	SH 376	Herdemann F.	NW 290	Herms O.	ArbG 420
Hensgen C.	RP 321	Herdemerten E.	FG 442	Hermsdorf J.	SAN 368
Hensinger U.	ArbG 411	Herdemerten H.	BER 116	Hernekamp K.	VwG 488
Henß B.	NDS 229	Herden C.	BU 11	Hernicht H.	BY 96
Henss G.	SAN 370	Herdrich J.	BW 43	Herold G.	RP 324
Henssen R.	ArbG 429	Herenger-Preißhofen G.	SG 452	Herold K.	BER 125
Henssler F.	BW 37	Heres S.	HE 189	Herold-Tews H.	SG 456

Heyter A.	HE 176	Hillegaart S.	BW 51	Hintersaß S.	SAC 349
Heyter R.	HE 176	Hillenbrand M.	SH 386	Hinterwälder E.	RP 316
Hiby-Bögelein U.	TH 396	Hillenmeyer R.	BY 86	Hintz M.	SG 458
Hicks F.	NW 304	Hiller A.	NDS 239	Hintze M.	BW 31
Hieber J.	BW 47	Hiller F.	BW 46	Hintze S.	BW 62
Hiefner K.	BY 89	Hiller G.	SG 467	Hintzen S.	NW 259
Hiekel C.	SG 466	Hiller J.	NW 280	Hintzmann J.	NW 287
Hiemenz F.	VwG 492	Hillert E.	NDS 217	Hinz H.	NW 253
Hiemer D.	BER 129	Hillert S.	RP 320	Hinz P.	NDS 224
Hien E.	BU 12	Hillgärtner B.	NW 250	Hinz W.	SH 379
Hien S.	BER 125	Hillig R.	SAN 361	Hinz-Schalies S.	SH 383
Hien-Völpel U.	BRE 152	Hillmann A.	BU 13	Hinze C.	FG 442
Hientzsch U.	NW 251	Hillmann C.	BY 93	Hinze M.	BER 125
Hierl K.	SG 471	Hillmann N.	BRA 146	Hinze R.	MV 199
Hieronymus G.	BY 86	Hillmann R.	NDS 230	Hinze W.	BER 115
Hiersemenzel J.	HH 164	Hillmann U.	SH 383	Hinzen G.	NW 257
Hiersemenzel K.	HH 166	Hillmann W.	MV 196	Hinzmann T.	BER 118
Hiestand M.	BMJ 4	Hillmann-Schröder C.	NDS 236	Hippach G.	BW 25
Hiester A.	VwG 485	Hilpert-Zimmer U.	SAA 339	Hippe A.	NDS 217
Hiestermann U.	BW 62	Hilse K.	BER 131	Hippler T.	BY 91
Hilberg C.	NDS 211	Hilser K.	NW 244	Hirdina K.	SG 455
Hilbig A.	TH 393	Hilsmann-König E.	NW 273	Hirmer H.	BY 77
Hilbrecht N.	HE 193	Hilt B.	BW 62	Hirn E.	BW 55
Hild E.	BY 82	Hiltl G.	VwG 482	Hirneis D.	NW 258
Hild H.	BER 130	Hiltmann G.	SG 461	Hirsch C.	TH 401
Hild S.	SG 465	Hilwerling L.	NW 265	Hirsch E.	ArbG 431
Hildebrandt B.	NW 282	Hilzinger P.	BY 104	Hirsch G.	BU 7
Hildebrandt D.	SAC 343	Himber H.	SG 470	Hirsch T.	BER 127
Hildebrandt I.	SH 387	Himmler H.	SG 456	Hirsch U.	BW 56
Hildebrandt R.	MV 198	Hinck U.	NDS 223	Hirsch U.	BW 60
Hildebrandt R.	NW 282	Hindahl I.	NDS 225	Hirsch U.	SAN 369
Hildebrandt S.	NW 311	Hinderer M.	BW 51	Hirschberg L.	NW 286
Hildenstab B.	NW 306	Hinke C.	FG 440	Hirschberg M.	SAC 346
Hilderscheid B.	SH 377	Hinke H.	SAC 356	Hirschberg S.	SAC 347
Hildesheim C.	FG 447	Hinke T.	SAC 356	Hirschfeld M.	BER 117
Hildesheim H.	NW 288	Hinkel H.	VwG 490	Hirschfelder W.	NW 287
Hilgendorf-Petersen B.	VwG 512	Hinkel K.	VwG 513	von Hirschheydt R.	MV 197
Hilgendorf-Schmidt S.	BMJ 4	Hinkelmann B.	SH 380	von Hirschheydt S.	TH 392
Hilgenhovel J.	SH 386	Hinkers E.	NW 275	Hirschmann E.	SAA 340
Hilger G.	BY 64	Hinner-Kärtner M.	BY 76	Hirschmann H.	VwG 495
Hilgers-Hecker C.	SAA 340	Hinninghofen J.	NW 248	Hirschmann W.	BY 101
Hilgert P.	NW 281	Hinrich K.	BW 53	Hirt A.	BY 64
Hilgert W.	NW 302	Hinrichs H.	SAC 360		VerfG 403
Hilke-Eggerking A.	NDS 230	Hinrichs J.	NDS 222	Hirt F.	NDS 226
Hilkert W.	BW 61	Hinrichs K.	HH 161	Hirt M.	NW 250
Hill B.	RP 316	Hinrichs M.	SAC 351	Hirte H.	VerfG 407
Hill H.	SAN 364	Hinrichs O.	ArbG 417	Hirth W.	HH 160
Hill R.	SG 458	Hinrichs T.	HH 162	Hirtschulz M.	VwG 493
Hill W.	BY 85	Hinrichs Z.	BER 118	Hirtz-Weiser D.	HE 183
Hillbrecht N.	HE 188	Hinrichsen E.	SH 378	Hische J.	NDS 219
Hille J.	SAC 356	Hinrichsen H.	NDS 222	Hitziger K.	NDS 228
Hille S.	HH 155	Hinsch G.	NDS 218	Hitziger U.	HH 165
Hille-Brunke H.	BW 54	Hinselmann H.	VwG 495	Hitzler B.	BY 110
Hillebrand J.	NDS 240	Hinsenkamp K.	NW 288	Hlavka H.	SAC 350
Hillebrand M.	NW 284	Hinsken S.	SAC 349	Hlawatschek A.	BY 97
Hillebrand R.	NW 289	Hinterberg E.	NW 289		BY 109
Hillebrand S.	BY 77	Hinterberger G.	BY 106	Hnida K.	SG 457
Hillebrand S.	NW 310	Hintermayer R.	BW 29	Hobbeling E.	VwG 493
Hillebrecht D.	NDS 213	Hintersaß H.	BY 88	Hobbeling W.	NW 272

von Hoffmann E.	ArbG 420	Hoffmeyer C.	VwG 496	Hohloch G.	BW 44
Hoffmann E.	BER 128	Hoffrichter F.	HE 174	Hohlweck M.	NW 300
Hoffmann E.	NW 266	Hoffrichter-		Hohm K.	VwG 490
Hoffmann E.	SAC 354	Daunicht C.	NW 243	Hohmann A.	HE 193
Hoffmann F.	HE 192	Hofherr E.	VwG 475	Hohmann B.	SAC 358
Hoffmann F.	MV 203	Hofherr K.	ArbG 413	Hohmann G.	BRA 139
Hoffmann F.	NW 246	Hofius R.	RP 323	Hohmann M.	NW 270
Hoffmann F.	NW 304	Hofmaier W.	BY 80	Hohmann M.	SAC 356
Hoffmann F.	SAC 359	Hofmann B.	SH 380	Hohmann M.	SH 377
Hoffmann F.	VwG 484	Hofmann C.	BW 61	Hohmann R.	HE 167
Hoffmann G.	NDS 239	Hofmann C.	BY 101	Hohmann-	
Hoffmann H.	ArbG 427	Hofmann D.	VwG 502	Dennhardt C.	BVerfG 1
Hoffmann H.	BRA 140	Hofmann G.	BY 76	Hohmeier K.	TH 395
Hoffmann H.	BW 44	Hofmann G.	SG 469	Hohndorf K.	VwG 486
Hoffmann H.	BW 50	Hofmann H.	BY 73	Hohnholz B.	SG 464
Hoffmann H.	SAC 359	Hofmann H.	BY 103	Hohrmann F.	BU 11
Hoffmann I.	SAC 355	Hofmann H.	VwG 513	Holbach P.	RP 322
Hoffmann J.	BER 128	Hofmann J.	MV 201	Holbeck T.	ArbG 414
Hoffmann J.	FG 446	Hofmann K.	BW 44	Holborn H.	SG 465
Hoffmann J.	HH 162	Hofmann L.	VwG 485	Hold A.	BY 81
Hoffmann J.	RP 322	Hofmann M.	BMJ 4	Holdefer F.	BW 29
Hoffmann J.	RP 325	Hofmann M.	BU 9	Holderer G.	BY 76
Hoffmann K.	BW 41	Hofmann M.	BY 97	Holdorf R.	NW 297
Hoffmann K.	HH 165	Hofmann N.	HE 176	Holdstein R.	SAN 372
Hoffmann K.	NDS 225	Hofmann R.	BW 38	von Holdt B.	SH 387
Hoffmann K.	NW 278	Hofmann R.	SH 378	Holfeld J.	BW 59
Hoffmann K.	VwG 513	Hofmann S.	BY 109	Holfelder H.	BW 60
Hoffmann M.	BY 68	Hofmann S.	SAC 349	Holin R.	NW 278
Hoffmann M.	NW 249	Hofmann U.	SG 459	Holl H.	VwG 504
Hoffmann M.	RP 327	Hofmann W.	HE 167	Holl L.	BW 60
Hoffmann M.	SAN 365	Hofmann W.	HE 172	Holl R.	BER 124
Hoffmann O.	NW 309	Hofmann W.	SAC 345	Holl W.	HE 178
Hoffmann P.	BY 100	Hofmann-Beyer U.	BY 69	Holland D.	HE 187
Hoffmann R.	BW 47	Hofmeister F.	BU 11	Holland-Moritz R.	TH 389
Hoffmann R.	BY 97	Hofmeister K.	TH 400	Hollandmoritz C.	TH 400
Hoffmann R.	SAN 364	Hofmeister M.	BY 77	Hollandmoritz S.	TH 400
Hoffmann R.	SG 457	Hofmeister W.	NDS 233	Hollandt S.	TH 396
Hoffmann R.	VerfG 406	Hofner G.	HE 177	Hollatz A.	FG 446
Hoffmann S.	BER 126	Hofner S.	BY 94	Holldorf L.	BER 119
Hoffmann S.	BRA 143	Hofstetter L.	BW 40	Holle A.	VwG 486
Hoffmann S.	BY 86	Hofstra B.	NW 309	Holle G.	TH 397
Hoffmann S.	NDS 238	Hogenkamp H.	BRE 151	Holléderer D.	BW 61
Hoffmann T.	SAN 363	Hogenschurz J.	NW 312	Holleis P.	BY 91
Hoffmann T.	SH 385	Hogrebe B.	NW 260	von Hollen K.	BER 125
Hoffmann U.	BRE 151	Hogrefe D.	NDS 221	Hollenbach A.	NW 287
Hoffmann U.	NDS 234	Hogreve J.	NDS 220	Holler G.	BY 78
Hoffmann V.	HH 160	Hohage H.	NW 301	Holler K.	VwG 502
Hoffmann W.	BER 116	Hohberger D.	VwG 488	Holler M.	RP 333
Hoffmann W.	RP 317	Hoheisel C.	HE 174	Holler-Welz U.	BW 39
Hoffmann W.	SAA 338	Hoheisel R.	HE 191	Hollfelder M.	VwG 499
Hoffmann-Erk R.	VwG 502	Hohenbleicher R.	BY 75	Holling F.	NDS 240
Hoffmann-		Hohenbleicher-		Hollinger D.	SAA 339
Kurzweil T.	BY 88	Enderwitz U.	BY 77	Hollmann L.	BER 116
Hoffmann-		Hohendorf A.	NW 283	Hollmann W.	ArbG 437
Lindenbeck A.	SAA 337	Hohensee M.	NDS 231	Hollo D.	SG 463
Hoffmann-Remy U.	BW 41	Hohensee R.	BER 117	Hollstege A.	NW 275
Hoffmann-Riem W.	BVerfG 1	Hohl H.	VwG 480	Hollstege G.	NW 307
Hoffmans B.	NW 253	Hohlfeld E.	BRA 133	Hollstein J.	NDS 211
Hoffmeister C.	SG 454	Hohlfeld U.	BW 30	Hollweck P.	BY 103

Horsthemke H.	NW 284	Huber S.	BY 93	Hückstädt W.	BER 131
Horstkötter T.	BRA 141		BY 111	Hüffer R.	VerfG 403
Horstkotte M.	BER 122	Huber S.	SAA 339		VwG 478
Horstkotte M.	HE 174	Huber T.	HE 191	Hüfken O.	NDS 231
Horstmann D.	BER 129	Huber U.	BW 54	Hüfner A.	TH 398
Horstmann E.	FG 447	Huber U.	FG 440	Hüfner H.	BER 122
Horstmann H.	NW 282	Huber W.	BW 32	Hüftlein G.	BY 107
Horstmann V.	MV 204	Huber-Ulfik C.	SG 461	Hügel C.	BW 31
Horstmeier H.	TH 398	Huber-Zorn W.	SAC 349	Hügelschäffer H.	BY 76
Horstmeyer H.	NW 283	Hubernagel P.	NW 247	Hühn P.	NDS 232
Horvath J.	BY 88	Hubert E.	SAC 354	Hühne-Koch H.	NDS 213
Horz C.	BW 21	Hubert I.	BY 98	Hükelheim N.	TH 390
Horz C.	SG 459		BY 110	Hülder A.	NW 249
Hos A.	NW 289	Hubert T.	NW 308	Hülle H.	VwG 487
Hoschke U.	SAA 337	Hubert W.	BY 66	Hülle M.	TH 401
Hosenfeld O.	SG 473	Hubig S.	BY 93	Hülle W.	BY 71
Hospes H.	FG 445	Hubmann E.	BY 106	Hüls M.	BRA 142
Hoßbach T.	TH 391	Hubmann K.	BY 107	Hülsböhmer M.	BER 118
Hoßbach W.	NDS 209	Hubral D.	HE 171	Hülsebusch W.	NW 269
Hoßfeld J.	SAN 370	Hubrich H.	BER 121	Hülsen K.	NW 258
Hossfeld S.	ArbG 432	Huchel U.	BY 92	Hülser I.	BY 94
Hoßfeld-Melis M.	HH 159	Hucke B.	HE 170	Hülsheger M.	ArbG 427
Hostert R.	BW 39	Hucke C.	BRA 144	Hülshorst A.	HE 185
	BW 40	Hucke N.	NW 289	Hülsing E.	SH 378
Hoth J.	SG 461	Hucke N.	SG 457	Hülsmann B.	BW 23
Hottgenroth I.	NW 302	Hucke-Labus M.	HE 193	Hülsmann E.	NW 308
Hotz H.	BU 16	Huckenbeck A.	HE 181	Hülsmann G.	NW 243
Houbertz B.	SAC 343	Huckenbeck E.	SG 467	Hülsmann J.	NW 303
von Houwald C.	SG 462	Hucklenbroich R.	NW 254	Hülsmann M.	BMJ 5
van Hove A.	NDS 211	Hucko E.	BMJ 3	Hülsmann R.	NW 266
Hovemann F.	TH 394	Huda A.	HE 192	von Hülst K.	MV 199
Hovi T.	BER 129	Huda H.	NW 276	Hültz I.	BRA 139
Howald W.	ArbG 432	Hudalla J.	SAA 340	Hümmer B.	BY 87
Howe P.	SG 457	Hübbe J.	NW 302	Hünecke A.	ArbG 417
Hoya R.	SAN 373	Hübel K.	BY 86	Hünecke H.	FG 444
Hoyer B.	HH 163	Hübeler-Brakat G.	NW 300	Hünecke I.	SG 462
Hoynatzky H.	BY 64	Hübenthal U.	HE 190	Hüner K.	SAC 343
Hrelja B.	MV 200	Hueber G.	VwG 481	Hünermann P.	VwG 504
Hromada I.	RP 324	Hübinger B.	RP 316	Hüntemeyer D.	SG 473
Hrubetz I.	HH 161	Hübinger H.	RP 322	Hüper O.	VwG 495
Hruschka-Jäger M.	SAC 348	Hübler J.	VwG 505	Hüper R.	SH 385
Hub G.	BW 43	Hübler R.	BY 78	Hüppelshäuser E.	NW 241
Hubbert W.	BY 86	Hübner A.	BER 130	Hürten P.	RP 332
Hubel D.	BY 101	Hübner J.	NW 309	Hürtgen W.	RP 316
Huber A.	BY 104	Hübner J.	SH 382	Hüsch H.	VwG 512
Huber B.	VwG 490	Hübner M.	BY 85	Hüsch U.	VwG 504
Huber C.	BY 83	Hübner M.	TH 398	Hüschemenger F.	NW 300
Huber H.	BY 106	Hübner R.	HE 190	Hüschen R.	NW 259
Huber H.	VwG 482	Hübner S.	HH 161	Hüsgen G.	BRA 137
Huber K.	BY 75	Hübner-Raddatz S.	SAC 360	Hüsges H.	NW 265
Huber K.	BY 90	Hübsch G.	BU 7	Hüsing F.	VwG 497
Huber K.	VwG 482	Hübscher H.	NDS 209	Hüskes A.	ArbG 435
Huber M.	BY 79	Hübschmann U.	SG 463	Huesmann K.	MV 204
	BY 110	Hüchtmann J.	NW 274	Huesmann K.	NW 288
Huber P.	VwG 512	Hückel M.	BRA 136	Hüßtege R.	BY 76
Huber R.	BY 76	Hückert C.	SG 466	Hütte H.	BRE 153
Huber R.	BY 90	Hückstädt G.	MV 195	Hütte P.	NW 300
Huber R.	SAC 343	Hückstädt G.	MV 198	Hütte R.	NW 263
Huber S.	BU 16		VerfG 405	Hüttebräucker R.	VwG 476

Keil A.	SAN 364	Kellermann B.	SG 468	Keppler J.	NW 262
Keil B.	TH 398	Kellermann D.	HE 188	Keppler S.	BW 58
Keil H.	ArbG 420	Kellermann E.	BY 93	Kerath A.	MV 204
Keil J.	SAN 363	Kellermann H.	BRE 151	Kerber A.	RP 320
Keil M.	VwG 484	Kellermann J.	NDS 228	Kerber D.	SG 466
Keil S.	RP 332	Kellermann W.	SH 379	Kerber K.	SAC 360
Keil U.	NDS 232	Kellert D.	BER 119	Kerbusch B.	SG 470
Keil-Schelenz K.	FG 441	Kellmann T.	SG 461	Kerfack R.	NDS 239
Keil-Weber J.	NW 305	Kellner E.	NW 248	Kerfack R.	NDS 240
Keilhofer A.	BY 79	Kellner F.	BY 105	Kerl A.	HE 182
Keiluweit G.	SAN 361	Kellner I.	VwG 493	Kermer H.	HE 174
Keiluweit W.	NW 254	Kellner J.	MV 203	Kern A.	HE 180
Keim A.	VwG 477	Kellner M.	BRA 136	Kern B.	TH 398
Keim C.	VwG 508	Kellner M.	NW 258	Kern G.	NW 255
Keimburg A.	RP 316	Kellner P.	BY 70	Kern G.	RP 319
Keinath W.	BW 43	Kellner W.	ArbG 412	Kern J.	SG 460
Keiner G.	SAN 373	Kellner W.	ArbG 420	Kern K.	BW 31
Keinhorst G.	BER 121	Kellner W.	BY 75	Kern K.	BW 33
Keiser A.	VwG 496	Kelm A.	SAN 373	Kern K.	NDS 227
Keita J.	BY 96	Kelm M.	NW 283	Kern M.	BW 33
Keitel B.	HE 180	Kelm T.	MV 205	Kern M.	HE 193
Keizers R.	SAN 373	Kelm T.	NW 272	Kern R.	HE 169
Kelber R.	BY 67	Kelpin B.	BER 128	Kern S.	RP 320
Keldungs K.	NW 243	Kelsch C.	BY 100	Kern V.	BY 105
Kelle M.	BRE 152	Kelsch K.	FG 440	Kern W.	VwG 478
Kelle M.	NDS 236	Kelting-Scholz A.	BER 121	Kernchen D.	RP 320
Kellendorfer I.	SG 456	Kemke A.	BER 119	Kerner J.	SAN 365
Kellendorfer R.	BY 104	Kemmerer T.	BY 66	Kerner P.	BW 29
Keller A.	HH 165	Kemmerling H.	NW 300	Kerrinnes G.	BY 105
Keller A.	RP 313	Kemmler H.	ArbG 418	Kerschbaum A.	TH 395
Keller C.	HE 171	Kemner H.	NW 263	Kerscher I.	BY 85
Keller C.	SH 378	Kempe B.	FG 442	Kerscher W.	BY 105
Keller D.	BW 43	Kempe K.	NDS 216	Kersebaum C.	NW 290
Keller E.	NW 289	Kemper G.	VwG 510	Kersebaum K.	NW 289
Keller E.	SAC 351	Kemper H.	NDS 236	Kersjes B.	NW 299
Keller F.	SG 474	Kemper J.	BMJ 4	Kersten H.	FG 444
Keller H.	BY 83	Kemper K.	BMJ 3	Kersten K.	NW 252
Keller H.	NW 258	Kemper W.	NDS 217	Kersten M.	BW 40
Keller H.	NW 285	Kempermann M.	BU 11	Kersten M.	NW 304
Keller H.	NW 286	Kempermann S.	NW 302	Kersten S.	VwG 479
Keller J.	BY 66	Kempf D.	VwG 476	Kersting M.	NW 272
Keller J.	SG 455	Kempf E.	BY 95	Kersting M.	NW 308
Keller K.	VwG 499	Kempf J.	RP 317	Kerstingtombroke A.	NW 268
Keller M.	NW 293	Kempf U.	BY 67	Kerwer-Frank D.	VwG 507
Keller M.	TH 395	Kempf U.	VwG 510	Keske B.	TH 391
Keller M.	TH 398	Kempff G.	ArbG 414	Keske M.	BW 55
Keller M.	VwG 499	Kempinski T.	HE 185	Kesper D.	NW 305
Keller R.	BW 39	Kempken J.	NW 249	Kessal-Wulf S.	SH 377
Keller R.	HE 178	Kempkens K.	NW 312	Keßeböhmer C.	BER 124
Keller R.	VwG 478	Kempkes M.	NW 287	Kessel C.	BER 118
Keller S.	HE 171	Kempmann A.	BY 76	Kessel U.	NW 257
Keller S.	SG 474	Kempter T.	BW 50	Kessel-Crvelin E.	NW 294
Keller S.	TH 394	Kenklies J.	BY 64	Keßelring K.	SAC 354
Keller V.	BY 94	Kenklies O.	SAC 357	Kessen M.	NW 312
Keller V.	BY 110	Kenntner M.	VwG 478	Kessler A.	BY 93
	SAC 351	Kensbock C.	NW 298	Keßler D.	NDS 221
Keller W.	NW 299	Kensbock T.	VwG 500	Kessler G.	NW 265
Keller W.	SG 469	Kentgens M.	NW 275	Keßler G.	SH 375
Kellerer L.	BU 15	Keppeler J.	VwG 477	Kessler H.	HE 173

Kessler H.	SG 455	Kiemann U.	VwG 484	Kimmeskamp P.	NW 26
Keßler I.	BY 70	Kiemel S.	BY 95	Kimmeyer M.	NW 26
Keßler I.	HE 193	Kiemel S.	BY 109	Kimmig K.	BW 3
Keßler K.	BY 84	Kienbaum W.	BER 126	Kimpel G.	HE 17
Kessler M.	HE 170	Kiendl J.	NW 270	Kimpel R.	BY 10
Kessler M.	SAC 355	Kiene K.	NDS 219	Kimpler J.	BER 13
Keßler U.	VwG 484	Kienemund B.	BMJ 4	Kind J.	HE 17
Keßler V.	MV 203	Kienen A.	NW 305	Kind P.	BY 8
Keßler-Retzer C.	SH 378	Kieninger J.	BW 62	Kind W.	HE 18
Kestel W.	RP 327	Kienitz D.	NW 284	Kinder I.	BER 12
Kesten G.	SH 384	Kienlein W.	BY 69	Kindermann A.	SAC 34
Kesting A.	BY 98	Kienzle-Hiemer S.	BW 53	Kindermann C.	SAC 34
Kestler H.	BY 67	Kiep A.	BER 116	Kindermann J.	BW 5
Ketel H.	HH 164	Kiepe E.	BRA 135	Kindermann U.	HE 18
Ketelboeter R.	MV 203	Kiermeier B.	BMJ 3		VerfG 40
Kett U.	BER 130	Kiermeir G.	VwG 479	Kindl L.	BW 4
Kettelhut J.	BER 131	Kiers J.	HE 193	Kindsmüller W.	SH 37
Kettenring E.	RP 331	Kies I.	SAC 346	Kindsvater R.	BW 6
Ketterer C.	BW 58	Kies P.	BER 122	King D.	HE 17
Ketterle R.	NW 293	Kiesebrink G.	NW 295	Kingreen S.	BER 11
Kettermann J.	SAC 358	Kiesekamp G.	NDS 218	Kink A.	VwG 47
Kettler S.	ArbG 419	Kieselbach G.	RP 315	Kinkelin D.	BW 5
Keuffel-Hospach A.	BW 51	Kieser K.	BW 24	Kinne H.	BER 11
Keukenschrijver A.	BU 8	Kieslinger B.	VwG 482	Kinnel G.	HE 17
Keune A.	BER 130	Kieslinger P.	BRA 143	Kinnen D.	RP 32
Keune-Fischer D.	HE 183	Kieß J.	BW 37	Kinner H.	NW 26
Keunecke J.	HH 165	Kieß P.	SAC 345	Kinold W.	ArbG 42
Keunecke M.	MV 204	Kießl G.	SG 454	Kintz R.	VwG 50
Keusch T.	NW 302	Kießler H.	NDS 230	Kintzel G.	BY 6
Keuter W.	NDS 235	Kießling A.	RP 333	Kintzen S.	NW 24
Kexel T.	NW 311	Kießling B.	ArbG 416	Kintzinger J.	BW 6
Keyenburg B.	HH 160	Kießling G.	BW 58	Kinz B.	NW 27
Graf von Keyser-		Kießling J.	BY 67	Kinzler D.	NW 24
lingk A.	ArbG 433	Kieswald S.	SG 472	Kipp A.	VwG 48
	VerfG 407	Kietzmann D.	HE 188	Kipp J.	BU 1
Gräfin von Keyser-		Kieweg H.	SG 456	Kipp J.	NW 29
lingk M.	BY 85	Kikwitzki M.	HH 165	Kipp R.	BW 4
Keyßner T.	SG 455	Kilb S.	SAC 355	Kippenberger A.	SG 47
Khan A.	NW 308	Kilbinger R.	HE 182	Kipper H.	HE 16
Kick O.	BY 88	Kilches E.	NW 297	Kipping B.	NW 29
Kiderlen H.	BY 71	Kilches K.	BU 11	Kipry D.	SAC 35
Kiderlen I.	BY 108	Kilger F.	BY 79	Kirbach M.	BW 5
Kiechle F.	VwG 484	Kilhop T.	NDS 232	Kirch F.	RP 32
Kiecke D.	SAC 357	Kilian B.	HE 191	Kirchberg H.	SAA 33
Kiedrowski H.	BER 125	Kilian H.	NW 248	Kirchdörfer J.	SG 47
Kiedrowski R.	NW 302	Kilian K.	BER 113	Kircher H.	BW 3
Kiefer E.	BW 25	Kilian M.	VerfG 407	Kircher P.	HE 18
Kiefer E.	BW 61	Kilian S.	SG 453	Kirchesch V.	NW 31
Kiefer H.	BW 43	Kilian-Bock M.	HE 177	Kirchgeßner K.	BW 4
Kiefer L.	NW 258	Kilimann R.	NW 263	Kirchhof B.	BY 10
Kiefer M.	RP 333	Killian R.	NW 296	Kirchhof B.	VwG 50
Kiefer W.	VwG 507	Killing P.	NW 262	Kirchhof E.	VwG 47
Kiefner-Weigl B.	BY 108	Kilthau H.	BW 32	Kirchhof H.	BU
Kiekebusch T.	NDS 224	Kimmel H.	NDS 216	Kirchhoff A.	NW 26
Kiel H.	ArbG 423	Kimmel P.	BU 13	Kirchhoff G.	HE 17
Kiel M.	SAN 363	Kimmel W.	BY 102	Kirchhoff J.	NW 27
Kieler M.	SAN 373	Kimmerl G.	BY 106	Kirchhoff R.	NW 26
Kieltsch K.	SG 466	Kimmerle J.	BY 81	Kirchinger S.	BY 8
Kielwein A.	BW 32	Kimmeskamp J.	NW 310	Kirchknopf K.	BY 8

Kloppenburg T.	ArbG 418	Kluge I.	BW 50	Kneip W.	BW 38
Kloppert H.	NW 252	Kluge J.	VwG 486	Kneist M.	NW 244
Klopsch M.	NW 274	Kluge M.	NW 253	Knell I.	BY 82
Klose B.	SAC 347	Kluge S.	NW 266	Knell T.	HE 179
Klose B.	SAN 367	Kluge S.	VwG 498	Knemeyer M.	NW 280
Klose D.	SH 381	Kluger T.	SAN 367	Knepper H.	NW 305
Klose G.	BY 80	Kluike B.	SH 379	Knerr G.	SAA 337
Klose J.	VwG 487	Klum P.	BER 115	Kneuer P.	SAN 372
Klose M.	BW 36	Klumpen P.	NW 255	Knewitz K.	NW 285
Klose M.	BW 59	Klumpp B.	ArbG 417	Knickenberg K.	BW 61
Klose P.	TH 400	Klumpp S.	ArbG 424	Knicker D.	VerfG 406
Klose S.	BW 37	Klumpp-Nichelmann	SAN 363	Knickrehm C.	NW 251
Klose U.	BY 80	Klune H.	HE 188	Knickrehm S.	SG 460
Klose W.	NDS 238	Klunke M.	HE 191	Knickrehm U.	NW 250
Klose-Mokroß L.	HE 192	Klunker H.	VwG 499	Knickrehm V.	SG 460
Klosinski A.	BW 52	Klupp I.	ArbG 425	Knief T.	SAN 363
Kloß E.	SAC 346	Klupsch R.	SH 382	Kniehase E.	SAC 353
Kloß J.	VwG 499	Klusenwerth D.	BER 128	Kniehl C.	BY 84
Kloß R.	HH 163	Klußmann H.	HH 157	Knieling M.	RP 322
Kloß R.	NW 267	Klußmann J.	BW 26	Kniep R.	HH 157
Klosterhuber E.	BU 15	Klußmann U.	SAN 362	Knieper M.	NW 305
Klosterkemper B.	BRE 151	Kluth F.	BRA 139	Knierbein J.	NW 273
Klostermann P.	NW 251	Klyne H.	SAC 347	Knieriem W.	NDS 208
Klostermann S.	TH 400	Knaack A.	NDS 221	Knierim H.	NW 278
Klostermann-Stelkens B.	NW 245	Knaack H.	SAA 340	Knierim K.	NW 289
		Knaak K.	BER 131	Knierim R.	NW 278
Klostermeier M.	TH 401	Knab M.	FG 443	Knierim S.	VwG 489
Kloth A.	BER 121	Knabe M.	SAN 363	Kniesch E.	NDS 216
Kloth C.	SAN 370	Knabenbauer N.	BRA 138	Kniesel B.	BRA 143
Klotz C.	BER 118	Knafla B.	NDS 240	Kniesel B.	SG 468
Klotz D.	BY 83	Knahn A.	BY 71	Kniest T.	VwG 491
Klotz D.	RP 332	Knapp A.	BW 21	Kniestedt H.	SAN 363
Klotz E.	NW 300	Knapp K.	BY 76	Kniffka C.	NDS 213
Klotz H.	BY 77	Knapp N.	HE 183	Kniffka R.	BU 8
Klotz R.	RP 327	Knapp R.	BY 76	Kniffler K.	BY 87
Klotz S.	SAC 352	Knapp S.	ArbG 412	Knipp G.	ArbG 427
Klotzbücher D.	SG 471	Knappe L.	BER 113	Knippel W.	VerfG 404
Klotzbücher H.	BY 108	Knappik H.	HE 167		VwG 486
Klowski D.	SG 473	Knappmann J.	NW 310	Knippenkötter H.	NW 263
Kluckhuhn A.	SH 378	Knappmann U.	NW 262	Knipper A.	VwG 502
Klüber H.	TH 398	Knauer B.	NW 274	Knipper C.	NW 297
Klüber R.	RP 325	Knauer R.	NDS 211	Knipper W.	HE 179
Klückmann H.	SG 459	Knauer U.	VwG 482	Knipping A.	SG 455
Klügel S.	BRA 145	Knauf J.	VwG 491	Knispel G.	ArbG 431
Klüglein E.	BU 12	Knauf R.	VwG 488	Knispel R.	BER 127
Klümper M.	VwG 500	Knauff G.	HE 170	Knispel U.	SG 465
Klünemann H.	NW 262	Knaup P.	BW 23	Knittel B.	BY 63
Klüpfel H.	TH 400	Knauß-Klug C.	ArbG 424	Knittel S.	SG 451
Klüsener B.	NW 297	Knauth H.	HE 176	Knitter W.	NDS 218
Klueß J.	ArbG 417	Knauth J.	HE 175	Knobel W.	FG 447
Klüver U.	NDS 221	Knecht A.	BER 130	Knoblach M.	BY 94
Klug A.	BER 120	Knecht K.	RP 328		BY 110
Klug A.	TH 391	Knecht M.	BW 62	Knoblauch E.	NW 269
Klug H.	BW 26	Knechtel C.	RP 320	Knoblauch W.	BW 46
Klug J.	SAC 350	Knechtel S.	NW 300	Knoblich F.	SG 474
Klug U.	NW 305	Knechtges W.	VwG 502	Knoblich M.	BW 28
Kluge D.	NW 280	Knefdi M.	BRA 145	Knobloch G.	BER 114
Kluge E.	NDS 216	Kneibert U.	RP 326	Knobloch S.	HH 161
Kluge H.	VwG 485	Kneifel-Haverkamp R.	BRA 133	Knobloch U.	HE 171

Knoche S.	HE 178	Kobbe-Boor I.	RP 331	Koch T.	RP 320		
Knochenstiern N.	SAC 351	Kobel H.	BY 86	Koch T.	VwG 481		
Knodel C.	BW 53	Kober A.	BW 43	Koch U.	ArbG 423		
Knöchel D.	TH 391	Kober I.	BMJ 3	Koch U.	NDS 213		
Knödler C.	VwG 482	Kober M.	BY 70	Koch U.	TH 398		
Knöfel S.	BMJ 5	Kober O.	NW 298	Koch W.	BW 57		
Knöfler J.	NDS 216	Kober P.	VwG 509	Koch W.	NW 256		
Knöll R.	HE 188	Koberstein-Schwarz I.	NW 282	Koch-Rein W.	HE 179		
Knöner H.	NW 267	Kobler P.	SG 456	Kochan K.	NW 302		
Knöpfle S.	BY 93	Kobor H.	BY 94	Kochannek T.	BY 109		
Knöppel G.	BW 38	Kobow K.	TH 400	Kocher E.	BU 11		
Knöringer D.	BY 76	Koch A.	BY 68	Kocherscheidt O.	BY 78		
Knöringer H.	BY 84	Koch A.	BY 93	Kochheim D.	NDS 227		
Knörr A.	SG 454	Koch A.	HE 171	Kock E.	SG 471		
	VerfG 403	Koch A.	HH 166	Kock P.	SH 376		
Knörr T.	BY 89	Koch A.	MV 197	Kock R.	NW 289		
Knötel T.	NW 287	Koch A.	NW 308	Kock S.	NW 278		
Knoke T.	NDS 214	Koch A.	SAA 339	Kock U.	MV 204		
Knoll C.	BW 39	Koch A.	VwG 486	Kockel M.	SAC 356		
Knoll C.	HH 165	Koch B.	NW 284	Kockisch M.	HE 186		
Knoll C.	RP 328	Koch B.	SAN 367	Kockler F.	SAA 336		
Knoll G.	VwG 480	Koch B.	VwG 499	Kockler W.	SAA 338		
Knoll H.	BU 16	Koch C.	HH 158	Kocks B.	BW 39		
Knoll R.	BW 33	Koch E.	BW 36	Kodal H.	NW 287		
Knoll-Künneth C.	BY 86	Koch F.	NDS 212	Kodal K.	BW 44		
Knoop-Kosin D.	RP 323	Koch G.	NDS 216	Kodalle S.	TH 391		
Knop D.	NDS 220	Koch G.	SH 381	Kodde M.	NDS 230		
Knop S.	BER 128	Koch H.	ArbG 420	Köble S.	SG 451		
Knop T.	VwG 501	Koch H.	BY 103	Köbler B.	SG 455		
Knopf P.	BW 37	Koch H.	FG 449	Köbler R.	HE 188		
Knopf R.	BW 56	Koch H.	NDS 213	Köblitz J.	BW 54		
Knopf W.	NW 304	Koch H.	NW 287	Köcher G.	SG 456		
Knopp E.	NW 304	Koch H.	RP 329	Köcher H.	NW 277		
Knopp F.	BY 66	Koch H.	SG 469	Köcher W.	NW 284		
Knopp O.	BW 57	Koch I.	ArbG 427	Kögel C.	FG 443		
Knopp W.	NW 303	Koch I.	VwG 477	Kögel H.	HH 158		
Knorr G.	NW 304	Koch J.	FG 446	Kögel M.	VwG 492		
Knorr L.	BY 72	Koch J.	HE 193	Kögele K.	BW 29		
Knorr P.	SG 468	Koch J.	RP 319	Kögler M.	HE 174		
Knorr P.	VwG 476	Koch J.	SG 454	Kögler P.	VwG 479		
Knorr W.	BY 108	Koch M.	BER 117	Kögler S.	TH 399		
Knorz F.	HE 188	Koch M.	BRA 138	Köhler A.	ArbG 437		
Knossalla W.	HE 191	Koch M.	FG 444	Köhler A.	VwG 511		
Knoth H.	VerfG 407	Koch M.	SAN 366	Köhler B.	BW 59		
Knothe M.	NDS 226	Koch P.	BY 80	Köhler C.	BER 127		
Knott U.	NW 296	Koch P.	NDS 237	Köhler C.	HH 163		
Knudsen H.	HH 160	Koch R.	BY 87	Köhler D.	BU 14		
Knüllig-Dingeldey B.	NDS 216	Koch R.	HH 161	Koehler E.	ArbG 427		
Knüppel T.	TH 398	Koch R.	NW 276	Köhler E.	VerfG 407		
Knust-Rösener G.	NW 270	Koch R.	RP 319		VwG 510		
Knuth A.	VerfG 404	Koch R.	TH 393	Köhler E.	VwG 495		
	VwG 486	Koch R.	VwG 489	Köhler G.	VwG 479		
Knuth B.	RP 320	Koch R.	VwG 503	Köhler H.	BW 31		
Knuth B.	SH 386	Koch S.	BW 24	Köhler H.	BY 76		
Koall M.	NW 293	Koch S.	NDS 221	Köhler H.	BY 102		
Koar A.	VwG 509	Koch S.	NW 277	Köhler H.	NW 262		
Koark A.	VwG 485	Koch S.	NW 289	Köhler I.	BRA 144		
Kob A.	HH 162	Koch S.	SH 380	Köhler J.	BY 66		
Kobbe G.	NDS 217	Koch T.	BY 104	Köhler K.	RP 327		

Köhler M.	SAC 360	König G.	NW 301	Koepsel M.	NW 300
Köhler M.	TH 392	König G.	VwG 500	Körber H.	NW 305
Köhler N.	BRA 141	König H.	BRA 135	Körber J.	BW 41
Köhler P.	HE 188	König H.	BY 85	Körber M.	NW 258
Köhler R.	BY 72	König H.	HE 172	Körber R.	VwG 493
Köhler S.	SAN 371	König H.	VwG 479	Körber-Renz B.	BW 58
Köhler T.	MV 202	König I.	BW 59	Körfer B.	NW 308
Köhler T.	SAC 350	König I.	HE 192	Koerfers P.	NW 300
Köhler T.	SG 457	König I.	SG 458	Körkemeyer G.	ArbG 434
Köhler T.	TH 400	König J.	BER 124	Körkemeyer M.	VwG 501
Köhler W.	FG 441	König J.	SG 465	Körmer K.	BY 96
Köhler W.	SH 377	König K.	SAC 352	Koerner C.	BER 127
Köhler Y.	NDS 209	König L.	VwG 503	Körner C.	BY 101
Köhler-Rott R.	VwG 481	König M.	SG 463	Körner G.	BY 89
Köhn A.	BER 119	König N.	NW 303	Körner G.	FG 439
Köhn E.	BU 16	König O.	HE 189	Körner H.	BW 43
Köhn G.	VerfG 405	König P.	BY 63	Körner H.	HE 187
Köhn K.	NDS 222	König P.	BY 108	Körner I.	RP 323
Köhne A.	NW 284	König P.	NW 264	Körner I.	SAC 360
Köhne G.	NW 284	König P.	NW 283	Körner P.	BRA 147
Köhne R.	ArbG 433	König R.	NDS 220	Körner R.	BER 117
Köhnke K.	HH 164	König R.	NDS 226	Körner R.	BW 40
Köhnkow E.	BER 125	König R.	RP 328	Körner S.	VwG 507
Kölbl A.	BY 101	König S.	NW 304	Körner U.	BW 34
Kölbl M.	BY 98	König S.	NW 306	Körner U.	HE 192
Kölbl R.	BY 108	Koenig U.	FG 444	Körnig J.	ArbG 428
Koelblin E.	BW 28	König U.	TH 400	Körperich M.	RP 321
Köllen E.	NW 311	König W.	BW 48	Körtgen A.	NW 312
Köllner M.	HH 159	König W.	HH 163	Kössing B.	VwG 481
Koelpin H.	NW 246	König-Ouvrier I.	HE 169	Köstel W.	SG 452
Kölsch C.	TH 392	König-Riechmann S.	HH 162	Köster A.	ArbG 417
Kölsch D.	BW 27	König-Voß C.	RP 323	Köster B.	VwG 512
Kölsch M.	RP 321	Königs M.	VwG 501	Köster H.	BRA 140
Kölsch R.	HE 170	Königsfeld P.	NW 301	Köster H.	VwG 499
Kölsch W.	TH 391	Königshöfer E.	BY 87	Köster I.	BRE 152
Köneke C.	RP 326	Königshöfer U.	BY 84	Koester M.	HE 169
Köneke D.	SAN 368	Königsmann M.	NW 266	Köster R.	VwG 505
Köneke G.	SAN 366	Könning A.	MV 201	Köster S.	NW 247
Köneke M.	SAN 367	Köntopp B.	FG 447	Köster S.	SG 467
Koenen D.	NW 287	Köntopp O.	VwG 498	Köster T.	TH 397
König A.	ArbG 416	Koep A.	NW 256	Köster U.	ArbG 435
König A.	ArbG 417	Koep N.	NW 254	Köster U.	VwG 500
König A.	BER 117	Köper B.	BER 126	Köster W.	BY 65
König A.	NDS 215	Köpfler T.	BW 29	Köster-Brabandt C.	NW 275
König A.	NDS 236	Köpke A.	MV 202	Koester-Buhl R.	BW 32
König A.	SG 461	Köpke L.	SAC 360	Koester-Buhl R.	BW 38
Koenig B.	NDS 217	Koepke T.	VwG 492	Köster-Flachsmeyer M.	MV 204
König B.	NW 304	Köpnick L.	HH 165	Köster-Mindel D.	BER 120
König C.	HE 179	Köpnick W.	BY 91	Köstermann U.	NDS 236
König C.	NW 282	Köpp D.	SG 457	Kösters-Böge G.	SH 377
König C.	RP 316	Köpp P.	ArbG 417	Köstler G.	BY 82
König C.	SAN 370	Koeppe D.	ArbG 434	Köstler-Häger J.	NDS 225
König D.	BY 93	Köppe M.	NDS 223	Köthe-Eberhard C.	BER 127
Koenig D.	FG 442	Köppe M.	SH 387	Köthnig G.	NW 245
Koenig D.	FG 443	Köppen A.	NW 308	Kötke H.	NDS 222
König D.	HH 159	Koeppen A.	TH 398	Kötter B.	SAC 359
König D.	NW 283	Köppen H.	ArbG 435	Kötter C.	NW 311
König E.	BW 41	Köppen W.	MV 202	Kötter J.	NW 255
König G.	NDS 232	Köppl P.	VwG 480	Kötter-Domroes M.	HH 160

Korell-Führ E.	NW 269	Koß B.	NW 309	Krämer K.	HE 178
Korella D.	VwG 504	Kossack H.	FG 447	Krämer K.	SAN 363
Korenke T.	TH 400	Kossiski-Schmidt D.	SG 473	Krämer L.	SH 380
Korf C.	SH 379	Koßmann R.	NW 256	Kraemer M.	BY 88
Korf F.	NW 277	Kost J.	NDS 224	Kraemer M.	NDS 234
Korf K.	BW 40	Kost M.	SAA 338	Krämer M.	TH 396
Korff E.	HH 158	Koster A.	SAA 338	Krämer P.	NW 305
Korff W.	HE 182	Koster N.	NW 280	Krämer R.	SAA 339
Korfmacher S.	VwG 501	Kostka K.	BER 118	Krämer S.	HH 164
Korfmann gen.		Kosyra A.	BRA 136	Krämer S.	NW 248
Kramberg M.	BRA 146	Kosziol F.	NW 272	Krämer S.	NW 309
Korinth M.	ArbG 417	Kothe A.	SH 382	Krämer S.	SAN 367
Korn A.	BW 30	Kothe S.	BER 119	Krämer T.	VwG 503
Korn H.	BRA 133	Kotlar G.	SG 456	Krämer U.	NW 272
Korn W.	RP 316	Kotschenreuther W.	NW 258	Krämer U.	SAA 340
	RP 318	Kotschy G.	BY 76	Kraemer U.	VerfG 405
Kornblum F.	BRE 151	Kott M.	SAN 365		VwG 492
Korndörfer H.	BY 63	Kottsieper H.	VwG 501	Krämer W.	HE 170
Korneck P.	HE 188	Freifrau von		Krämer W.	RP 315
Korneli W.	VwG 509	Kottwitz A.	HH 161	Kränz J.	VwG 489
Kornfeld K.	SG 468	Kotyrba H.	SAC 348	Kränzle-Eichler A.	MV 200
Kornhuber W.	VwG 511	Kotzam-Dümmler B.	BY 108	Kränzlein J.	SAC 354
Kornprobst J.	BY 63	Kotzian-Marggraf K.	TH 390	Krätzschel H.	BY 96
Kornprobst K.	BY 97	Kouba W.	BY 91		BY 110
Korowiak H.	SAC 357	Koubek P.	HE 179	Kräuter-Stockton S.	SAA 340
Korte H.	FG 439	Koudmani C.	HH 166	Kraffke D.	HE 167
Korte H.	VwG 503	Kovacic P.	NW 307	Krafft C.	HH 165
Korte J.	NDS 232	Kowalski F.	BER 123	Krafft E.	HE 182
Korte M.	BMJ 4	Kowalski G.	BU 15	Krafft S.	NW 310
Korte O.	HE 180	Kowalski R.	NW 277	Kraft B.	SAC 358
Korte R.	BER 125	Kowalski S.	BER 116	Kraft H.	BU 15
Korte R.	FG 445	Kowalski S.	TH 396	Kraft I.	VwG 479
Korte S.	NW 309	Kowalzik W.	NW 286	Kraft J.	BER 121
Korte S.	VwG 484	Kozel K.	SAN 367	Kraft K.	NW 248
Korte W.	NW 266	Kozielski J.	VwG 499	Kraft S.	RP 322
Korten G.	HE 185	Kraak O.	BY 66	Kraft V.	BW 62
Kortenjann R.	NW 270	Kraatz F.	SAC 358	Kraft W.	NDS 212
Korter H.	VwG 481	Kraatz R.	BRA 146	Kraft-Lange G.	VwG 476
Kortge R.	NW 245	Kraayvanger G.	RP 326	Krage W.	FG 444
Kortgen N.	RP 324	Krabbel A.	BER 121	Kraglund K.	VwG 489
Korth B.	HH 164	Krach J.	BY 85	Krah H.	BRA 141
Korth L.	VwG 488	Krach J.	BY 101	Krah H.	NW 298
Korth R.	SAC 358	Krack B.	MV 199	Krah R.	VwG 482
Korth T.	SH 377	Krack W.	BW 53	Krah U.	SG 458
Korthauer B.	NW 257	Krackhardt G.	VwG 484	Krahmüller H.	NW 285
Kortmann E.	VwG 503	Krä H.	BY 64	Krahn E.	RP 319
Kortmann H.	SH 381	Kräft H.	NDS 216	Kraiker K.	SAN 373
Kortus A.	TH 397	Krähe U.	SG 452	Krain U.	BER 115
Korves W.	NW 263	Kraemer A.	VwG 482	Krais H.	BW 41
Korzetz I.	MV 197	Krämer E.	NW 267	Krais M.	NW 290
Kosack H.	RP 317	Krämer F.	NW 300	Krajewski J.	MV 200
Kosbab G.	SAC 353	Krämer G.	BY 71	Krakau N.	NW 305
Kosche H.	NW 244	Krämer G.	HE 182	Krakowsky J.	VwG 491
Koschinka T.	SAC 351	Krämer G.	NW 302	Kral G.	NW 253
Koschmieder U.	NW 267	Krämer G.	RP 330	Kralowetz J.	BW 30
Koschnick P.	NW 289	Krämer G.	SAA 337	Kramarz H.	NDS 232
Koschnieder H.	NW 270	Krämer H.	BMJ 5	Kramer A.	BY 96
Kosiol R.	NDS 236	Kraemer H.	BU 8	Kramer A.	NW 308
Kosmider S.	MV 199	Krämer K.	BY 102	Kramer B.	ArbG 411

Kramer B.	SG 464	Kratz U.	NW 245	Krause S.	BER 128
Kramer B.	SG 470	Kratz U.	SAA 337	Krause T.	SAC 353
Kramer D.	SAC 354	Kratz V.	HE 172	Krause W.	BER 117
Kramer D.	SAN 365	Kratzer R.	BY 85	Krause-Ablaß K.	NW 252
Kramer E.	HE 174	Kraulich J.	TH 389	Krause-Kyora W.	SAN 367
Kramer G.	BER 118	Kraus A.	BER 116	Kraushaar M.	HE 176
Kramer G.	FG 447	Kraus A.	VwG 500	Krauskopf B.	HE 175
Kramer G.	NW 262	Kraus A.	VwG 513	Krauß E.	BW 23
Kramer H.	BER 116	Kraus C.	BY 90	Krauss E.	SH 376
Kramer H.	BY 102	Kraus F.	BY 65	Krauss F.	BW 53
Kramer H.	NDS 230	Kraus H.	NW 284	Krauß F.	BY 72
	VerfG 405	Kraus H.	SAA 338	Krauß G.	BU 13
Kramer I.	VwG 487	Kraus H.	SAN 361	Krauß H.	BY 99
Kramer K.	VwG 477	Kraus J.	BU 15	Krauß K.	SG 457
Kramer M.	BY 77	Kraus J.	SAN 367	Krauß M.	BW 36
Kramer P.	HE 176	Kraus K.	NW 253	Krauß R.	RP 331
Kramer S.	NW 310	Kraus N.	BY 81	Krauß R.	FG 449
Kramer S.	TH 393	Kraus P.	VwG 501	Krauss S.	ArbG 413
Kramer S.	TH 394	Kraus R.	BW 28	Krauß T.	BRA 139
Kramer T.	SAN 373	Kraus R.	HE 176	Krausser M.	BW 32
Kramer U.	BY 94	Kraus-Holitzka H.	VwG 481	Kraußold J.	NW 276
	BY 110	Kraus-Wenzel K.	BRA 146	Kraut W.	VwG 478
Kramer V.	HE 189	Krausa R.	TH 400	Krauth H.	HE 188
Kramer W.	HH 157	Krause A.	NW 311	Krauth-Thielmann S.	BER 127
Kramer W.	NDS 236	Krause A.	VwG 506	Krautkrämer H.	RP 329
Kramer W.	SG 466	Krause B.	NDS 219	Krautkremer J.	NW 305
Krames W.	BY 85	Krause B.	NW 311	Krautloher E.	BY 89
Krames W.	BY 96	Krause C.	BRA 145	Krautter M.	NW 244
Kramm O.	BRA 138	Krause D.	HE 186	Krautwig H.	NDS 216
Krammer H.	BY 80	Krause D.	HH 157	Krawolitzki H.	NW 257
Krampe S.	BW 40	Krause D.	NW 278	Krebaum K.	SG 452
Krampe W.	VwG 500	Krause E.	NW 303	Krebber R.	NW 302
Kranast K.	NW 298	Krause E.	VwG 506	Krebs E.	BY 65
Kranig T.	VwG 480	Krause G.	BY 95	Krebs E.	FG 442
Kraning B.	NW 308	Krause G.	SAN 362	Krebs G.	TH 400
Kranke T.	SAC 359	Krause H.	BRA 137	Krebs S.	BY 84
Kranner L.	BY 89	Krause H.	BW 59	Krebs T.	BW 26
Krantz G.	NW 243	Krause H.	BY 83	Krebs U.	BER 126
Kranz G.	BER 113	Krause H.	MV 195	Krebs U.	SG 454
Kranz H.	NW 310	Krause H.	NW 241	Krebs W.	BER 113
Kranz R.	MV 198	Krause H.	SG 464	Krebs-Dörr P.	BW 32
Kranz R.	RP 323	Krause H.	VwG 495		BW 38
Krapf E.	BY 84	Krause J.	BY 110	Krechel B.	NW 305
Krapf H.	BY 84	Krause J.	NW 309	Krechlak M.	BRE 153
Krapoth F.	NW 298	Krause J.	SH 382	Kreckel D.	BRA 137
Krapp C.	NDS 217	Krause K.	BER 129	Krefft M.	NW 280
Krapp V.	NW 249	Krause K.	NDS 222	Kreft A.	SAC 349
Kraß-Köhler E.	HE 181	Krause K.	RP 333	Kreft B.	BU 10
Krasshöfer H.	ArbG 429	Krause K.	SAC 360	Kreft G.	BU 7
Kratsch K.	BRE 150	Krause K.	SG 471	Krege U.	NW 255
Kratschmer A.	BW 24	Krause K.	SH 381	Krehbiel U.	BW 32
Krattinger P.	SAC 351	Krause M.	BER 123	Kreher R.	VwG 513
Kratz B.	ArbG 430	Krause M.	BER 130	Krehl C.	BU 9
Kratz C.	RP 329	Krause M.	BW 50	Krehnke G.	BER 125
Kratz E.	NW 243	Krause M.	SH 384	Kreienbaum C.	BER 129
Kratz E.	VerfG 406	Krause M.	VwG 511	Kreienbrink T.	SG 463
Kratz H.	ArbG 429	Krause P.	SG 469	Kreifels U.	NW 284
Kratz J.	FG 441	Krause R.	VwG 486	Kreikenbohm G.	BER 123
Kratz M.	VwG 502	Krause S.	ArbG 418	Kreil K.	BY 103

Kreilinger B.	BY 82	Kretschmer U.	NW 246	Krieten J.	HH 160
Kreimeyer R.	NDS 218	Kretz J.	BW 27	Kriewitz J.	SAN 363
Kreins S.	NW 297	Kretzer-Aschoff A.	NDS 213	Krille T.	SAN 373
Kreipe H.	NW 280	Kretzschmar K.	NDS 240	Kring M.	BY 81
Kreis C.	HE 188	Kretzschmar L.	BY 87	Krinke A.	BW 39
Kreis J.	HE 177	Kretzschmar L.	FG 439	Krinner-Matula I.	BY 90
Kreis-Stephan C.	BW 32	Kretzschmar O.	HE 173	Krippner C.	NW 263
Kreitmair R.	BY 75	Kretzschmar R.	SAC 350	Krippner R.	SG 455
Kreitner J.	ArbG 430	Kretzschmar S.	NW 299	Krisch P.	HE 177
Kreke U.	HE 190	Kretzschmar W.	NW 247	Krischker S.	BY 104
Krekel K.	VwG 491	Kretzschmar Y.	SAC 360	Krischok R.	NW 310
Kreller B.	BY 78	Kreuder-Sonnen B.	SH 382	Krispien R.	HH 161
Kremer B.	RP 315	Kreuels J.	NW 253	Krißmer A.	FG 441
Kremer E.	BW 54	Kreuels M.	NW 308	Krist G.	VwG 506
Kremer H.	NW 303	Kreutz A.	HE 189	Kritzer F.	VwG 477
Kremer M.	NW 282	Kreutz A.	VwG 493	Kriwanek R.	BY 94
Kremer M.	VwG 508	Kreutz G.	NDS 227		BY 110
Kremer P.	BW 25	Kreutz H.	VwG 499	Krix B.	SH 378
Kremer R.	NW 300	Kreutzberg M.	NW 305	Krockenberger E.	BW 21
Kremer W.	NW 299	Kreutzer A.	NDS 210	Krodel G.	VwG 479
Kremhelmer J.	BU 10	Kreutzer C.	NW 260	Krodel T.	SG 456
Kremmer H.	VwG 501	Kreutzer H.	BY 86	Kröger C.	SG 465
Kremp J.	ArbG 411	Kreutzfeld A.	SH 386	Kröger D.	ArbG 435
Kremper H.	NW 258	Kreuzpointner J.	BY 80	Kröger D.	BER 124
Kremser P.	NW 258	Krewer R.	SAC 350	Kröger D.	BMJ 4
Kremz H.	SAC 349	Krichel K.	NW 251	Kröger H.	FG 447
Kremzow H.	SG 454	Krick C.	RP 323	Kröger H.	NW 278
Krenek H.	BY 85	Kriebel K.	SG 465	Kröger H.	SH 379
Krenske I.	MV 198	Kriebel P.	NDS 208	Kröger H.	VwG 506
Krenz B.	BW 32	Kriebel V.	ArbG 421	Kröger J.	NW 247
Krenz B.	BW 38	Krieg B.	BW 29	Kröger P.	BMJ 4
Krenzer C.	HE 177	Krieg B.	BW 51	Kröger T.	ArbG 420
Kreppel G.	VwG 482	Krieg B.	NW 302	Kröger W.	NW 280
Kreppel H.	ArbG 420	Krieg E.	RP 318	Kröger-Schrader C.	VwG 491
Kreppmeier E.	BY 105	Krieg H.	BRE 149	Kröhnert B.	MV 205
Kreß C.	BMJ 5	Krieg H.	TH 400	Krökel M.	NW 268
Kreß G.	ArbG 423	Krieg J.	BW 26	Kröling J.	NDS 220
Kreß M.	NW 300	Kriegel K.	BY 101	Kroell G.	RP 318
Kreß S.	NW 311	Kriegel V.	BY 110	Krömker U.	FG 447
Kreßel T.	SAC 358	Kriegelsteiner K.	BER 118	Kröner M.	BY 110
Kreten N.	RP 322	Krieger A.	NW 269	Krönert O.	SH 377
Kreter S.	NDS 221	Krieger B.	BY 74	Krönert U.	SH 377
Kreth E.	VwG 488	Krieger C.	NW 300	Krönig A.	ArbG 423
Kretschmann A.	BRA 146	Krieger J.	RP 332	Kröpil K.	NDS 207
Kretschmann C.	SAN 367	Krieger J.	VwG 481	Kröppelt G.	BY 67
Kretschmann M.	RP 320	Krieger N.	NW 247	Kröske K.	BRA 140
Kretschmar C.	BY 93	Krieger O.	NDS 231	Kroeßner H.	SAC 346
	BY 110	Krieger P.	BY 81	von Krog D.	SH 379
Kretschmar G.	NW 241	Krieger S.	SG 472	Kroglowski M.	SG 473
Kretschmer B.	NW 309	Krieger S.	TH 398	Krogmann P.	NDS 231
Kretschmer C.	VerfG 407	Krieger W.	HE 186	Krogmeier G.	NW 284
Kretschmer D.	HE 174	Krieger-Brommen-		Krogull H.	BY 83
Kretschmer E.	ArbG 426	schenkel E.	NW 276	Kroh R.	BRA 138
Kretschmer H.	BU 12	Kriegeskotte J.	NW 258	Kroh S.	VwG 479
Kretschmer M.	NW 273	Kriegler M.	BER 131	Krohn A.	SG 454
Kretschmer M.	NW 309	Krieglstein M.	BRA 146	Krohn C.	BU 7
Kretschmer R.	NW 273	Kriegsmann D.	SAC 358	Krohn H.	BW 26
Kretschmer T.	NDS 240	Kriener J.	NW 276	Krohn H.	TH 391
Kretschmer U.	ArbG 435	Kriens P.	ArbG 422	Krohn M.	SH 386

Krohn S.	HH 162	Krüger J.	BER 128	Kruse G.	BER 118
Kroiß L.	BY 91	Krüger J.	NW 309	Kruse G.	NDS 221
Krol-Dickob C.	ArbG 431	Krüger J.	SAA 338	Kruse H.	BRA 144
Kroll C.	NW 309	Krüger K.	BRE 151	Kruse H.	BW 25
Kroll J.	BER 128	Krüger K.	NDS 216	Kruse H.	NW 311
Kroll J.	NW 301	Krüger K.	NDS 238	Kruse H.	RP 323
Kroll P.	NW 254	Krüger K.	NW 246	Kruse J.	HH 161
Kroll-Perband B.	SAC 357	Krüger K.	NW 274	Kruse J.	SH 385
Krollmann G.	TH 394	Krüger K.	RP 323	Kruse K.	MV 195
Krombach D.	NW 274	Krüger R.	BER 127	Kruse M.	MV 202
Krombacher H.	BW 59	Krüger R.	MV 202	Kruse M.	NDS 235
Krome K.	VwG 513	Krüger S.	VwG 488	Kruse R.	NW 284
Krome U.	BY 108	Krüger T.	BER 129	Kruse R.	SG 459
Kromer H.	BW 59	Krüger U.	BRA 140	Kruse S.	VwG 512
Kromminga M.	MV 204	Krüger U.	FG 443	Kruse T.	NW 308
Kromphardt S.	BRA 145	Krueger U.	TH 395	Kruske M.	HE 185
Kronas H.	TH 399	Krüger W.	BU 8	Kruthaup E.	NDS 224
Kronas S.	TH 399	Krüger-Doyé G.	NDS 208	Kruttschnitt R.	VwG 477
Kronau-Neef R.	VwG 483	Krüger-Spitta C.	HH 158	Krystofiak-Fust S.	BW 47
Kronberger A.	BY 88	Krügerke S.	NW 246	Kuba V.	TH 396
Krone H.	NDS 207	Krühne H.	BER 114	Kubandner K.	BY 100
Krone H.	NDS 220	Krüssmann G.	NW 290	Kubatschek D.	NDS 232
Kroner S.	BY 96	Krützberg H.	NW 248	Kube B.	BRA 139
Kronester M.	BY 96	Krützfeldt K.	NDS 224	Kube D.	HE 186
Kronisch J.	VwG 493	Krützmann K.	VwG 502	Kubiak B.	RP 315
Kronsbein-Weiß S.	NDS 218	Krug A.	BY 78	Kubicki J.	BRA 144
Kropf H.	BY 104	Krug E.	HE 184	Kubicki U.	ArbG 424
Kropf H.	SAN 371	Krug E.	SG 456	Kubicki Halskov R.	BMJ 4
Kropp C.	TH 397	Krug M.	VwG 493	Kubiessa B.	BER 128
Kropp K.	SH 386	Krug R.	BRA 139	Kubillus D.	NDS 240
Kropp-Steiner H.	NW 269	Krug R.	HE 184	Kubista J.	SAC 349
Kroschel S.	SAC 350	Krug W.	BW 50	Kubitz K.	BW 31
von Krosigk G.	VwG 495	Krug-Gildehaus H.	NDS 225	Kubsch F.	BER 114
Kroth A.	RP 332	Krukenberg H.	BW 43	Kubsch R.	HE 174
Krottenthaler T.	ArbG 416	Krull H.	HH 166	Kucera C.	NW 308
Kroymann B.	BW 53	Krull T.	SH 379	Kuch K.	BY 104
Kruchen G.	VwG 492	Krumbein C.	NW 297	Kuchenbauer K.	BY 95
Kruchen S.	NW 308	Krumbholz H.	BY 84	Kuchenbaur H.	BY 98
Krudewig M.	NDS 212	Krumeich K.	RP 321	Kuchheuser H.	BER 125
van Krüchten U.	RP 332	Krumhaar B.	BER 115	Kuck H.	NW 294
Krück A.	RP 322	Krumm C.	NW 309	Kuckein J.	BU 8
Krück H.	NW 287	Krumm H.	NDS 222	Kuckelkorn U.	NW 296
Krückels W.	NW 295	Krumrey C.	NW 297	Kucklick C.	SG 471
Krücker R.	NW 244	Krumscheid H.	RP 315	Kucklick J.	MV 201
Krüger A.	BER 115	Krupp N.	NW 310	Kucment C.	BER 124
Krüger A.	BW 32	Kruppa N.	NW 302	Kuczynski P.	FG 440
Krüger A.	NDS 234	Kruppa T.	NDS 238	Kuda W.	BY 102
Krüger A.	SAC 360	Kruppa U.	BU 14	Kuder P.	BW 29
Krüger B.	MV 203	Krupski R.	VwG 486	Kuebart-Arndt C.	BER 122
Krüger E.	BRA 133	Krusche B.	BER 113	Kübler J.	BW 48
Krüger E.	SAA 339	Krusche M.	HE 177	Kück W.	BMJ 4
Krüger E.	SG 472	Kruschinsky M.	BU 12	Kücken M.	MV 196
Krüger E.	RP 314	Kruschke H.	BER 113	Kühl I.	SH 379
Krüger G.	MV 199	Kruse A.	RP 317	Kühl J.	BRA 138
Krüger H.	BRA 144	Kruse B.	HH 163	Kühl K.	BRA 136
Krüger H.	NDS 225	Kruse B.	SH 381	Kühl M.	HH 159
Krüger H.	NW 244	Kruse B.	SH 386	Kühl M.	SG 465
Krüger H.	SAN 366	Kruse C.	NW 268	Kühlborn K.	SAC 351
Krüger H.	VwG 485	Kruse D.	NW 246	Kühlborn S.	SAC 358

Kühle A.	NW 252	Küpper W.	NW 299	Kuhls R.	HE 180
Kühlen H.	SAN 362	Küpperfahrenberg H.	NW 263	Kuhmann H.	BY 102
Kühling J.	BVerfG 1	Küppers A.	NW 295	Kuhmann M.	BY 95
Kühn A.	HH 162	Küppers G.	SH 381	Kuhn C.	SAC 359
Kühn A.	NDS 239	Küppers U.	ArbG 421	Kuhn D.	NW 307
Kuehn C.	NDS 222	Küppers-Aretz B.	VwG 499	Kuhn G.	BW 27
Kühn C.	SG 463	Kürle H.	NW 248	Kuhn G.	NW 246
Kühn F.	NDS 216	Kürschner P.	SAC 347	Kuhn H.	BER 125
Kühn H.	NDS 220	Kürschner W.	BW 23	Kuhn H.	BW 25
Kühn I.	BER 128	Kürz J.	BW 61	Kuhn H.	SG 467
Kühn L.	HE 171	Küsel A.	SAN 365	Kuhn J.	HH 165
Kühn M.	TH 396	Küsel H.	NDS 233	Kuhn K.	ArbG 434
Kühn R.	NW 272	Küsell H.	NW 273	Kuhn M.	ArbG 415
Kühn S.	BY 81	Küsgen C.	SAC 357	Kuhn M.	BW 40
Kühn-Sehn T.	VwG 507	Küsgen G.	NW 303	Kuhn M.	NW 307
Kühne D.	NDS 210	Küsgen J.	SAC 351	Kuhn M.	SAA 339
Kühne R.	SG 463	Küspert P.	BY 63	Kuhn P.	HE 191
Kühnel H.	VwG 476	Kueßner H.	VwG 511	Kuhn V.	SAC 343
Kühnel S.	SAC 346	Küster H.	VwG 486	Kuhn W.	NDS 228
Kühnen J.	NW 244	Küster K.	NW 267	Kuhn-Krüger R.	SAA 336
Kühnen S.	FG 445	Küster M.	BRA 137	Kuhne A.	NW 312
Kühnen T.	NW 244	von Küster U.	SAC 351	Kuhne I.	NDS 216
Kühner H.	BW 38	Küster V.	BER 113	Kuhnen S.	BRA 142
Kühnert C.	SAC 353	Küstermann R.	SAN 363	Kuhnert C.	NW 287
Kühnhold U.	SAC 351	Küstner G.	BU 16	Kuhnert L.	BRA 140
Kühnholz P.	BRA 135	Küstner S.	RP 331	Kuhnert S.	TH 392
Kühnle G.	NW 303	Küstner U.	HH 157	Kuhnke B.	BER 118
Kühr K.	NW 285	Kütemeyer N.	SAN 367	Kuhnke C.	BER 115
Küker U.	NW 275	Küter A.	NW 274	Kuhnke R.	BER 115
Küllmer U.	VwG 491	Kuffer J.	BU 8	Kuhnke R.	SG 458
Küllmer W.	BW 50	Kufner A.	BY 79	Kuhnle E.	BW 46
Küls A.	HE 192	Kufner-Piser G.	BY 87	Kuhr W.	FG 442
Külshammer W.	NW 297	Kugele D.	BU 13	Kuhs H.	RP 328
Kümmel H.	BW 46	Kugele K.	VwG 480	Kuiter N.	NDS 235
Kümmel-Schwarz K.	TH 392	Kugelmann B.	BY 95	Kujas P.	HE 189
Kümmelschuh H.	BY 79	Kugler B.	BY 78	Kujawski U.	BER 120
Kümmerle K.	BY 95	Kugler F.	BY 80	Kukies U.	SG 457
Kümmerle M.	BW 40	Kugler J.	HH 161	Kukla K.	NDS 227
Kümpel C.	VwG 476	Kugler M.	BY 89	Kuklik U.	SAA 337
Kümpel M.	NW 251	Kuhaupt B.	NW 256	Kukuk K.	BRA 145
Kümpel-		Kuhfus W.	FG 445	Kulbach-Hartkop M.	VwG 513
Jurgenowski W.	ArbG 420	Kuhl H.	HE 183	Kulbe-Stock U.	NW 294
Künkel B.	HH 157	Kuhl-Dominik T.	VwG 489	Kulf A.	TH 396
Künkel H.	NDS 236	Kuhla S.	BER 117	Kulik K.	BER 122
Künkel-Brücher R.	VwG 484	Kuhlbrodt K.	NW 312	Kulla B.	ArbG 415
Künschner A.	BW 26	Kuhlen H.	FG 445	Kulla C.	BY 69
Künsebeck H.	NW 273	Kuhlig V.	BRA 135	Kulle P.	SAN 371
Künsemüller J.	NDS 236	Kuhlmann A.	NW 270	Kulle R.	RP 326
Künzel C.	BY 68	Kuhlmann D.	NDS 230	Kumlehn R.	NDS 213
Künzel R.	RP 315	Kuhlmann D.	NW 267	Kumlehn de	
Künzel T.	NW 255	Kuhlmann H.	NDS 209	Mamani M.	SAN 361
Künzl R.	ArbG 414	Kuhlmann J.	HH 164	Kumler L.	NDS 213
Künzler A.	BRA 142	Kuhlmann K.	BRE 151	Kumm A.	NDS 240
Künzler E.	VwG 508	Kuhlmann K.	NDS 220	Kumme U.	NDS 219
Küper J.	NDS 216	Kuhlmann K.	RP 328	Kummer P.	BU 11
Küper K.	BRA 133	Kuhlmann K.	RP 331	Kummert W.	BY 83
Küper U.	HH 161	Kuhlmann K.	VwG 504	Kummle T.	BW 23
Küpper E.	BW 39	Kuhlmann R.	MV 203	Kumpa C.	NW 257
Küpper H.	NW 305	Kuhlmey H.	ArbG 429	Kumpmann R.	NW 300

Kunath K.	BW 44	Kurbjuhn K.	VwG 495	Kwast K.	NW 258
Kunath N.	VwG 484	Kurka D.	BY 86	Kyi A.	SAN 364
Kunert E.	NDS 211	Kurpat R.	NW 298	Kyrieleis S.	BRA 146
Kunert H.	BY 83	Kurrek-Stemmann G.	BER 128		
Kunert H.	SG 459	Kurschat G.	HE 175	**L**	
Kunert K.	BER 130	Kurtenbach D.	SG 468		
Kunert M.	NW 286	Kurtenbach E.	MV 199	La Marca B.	SAC 357
Kunert M.	TH 394	Kurtenbach J.	RP 317	La Pergola A.	EuGH 515
Kunis P.	TH 398	Kurth F.	HE 175	La Rocca A.	TH 393
Kunisch M.	MV 203	Kurth H.	BU 9	Laabs P.	HE 178
Kunisch W.	TH 395	Kurth M.	RP 315	Laarmann L.	BRA 136
Kunitz S.	BER 131	Kurth M.	VwG 503	Laaser A.	BER 125
Kunkel B.	MV 198	Kurth W.	NW 303	Laaser J.	BW 30
Kunkel M.	TH 393	Kurtz B.	NDS 237	Laaths W.	BY 100
Kunkel V.	NW 296	Kurtz K.	BY 94	Labandowsky K.	BY 69
Kunkelmann B.	HE 188		BY 109	Labe M.	HH 158
Kunkis J.	NDS 221	Kurz A.	NW 278	Labenski G.	HE 185
von Kunowski J.	VwG 497	Kurz K.	BW 57	Labentz A.	NW 275
Kunrath F.	SAA 338	Kurz M.	HE 190	Labi A.	MV 196
Kunst H.	ArbG 425	Kurz R.	BRA 145	Labi S.	MV 199
Kunth I.	SAC 353	Kurz T.	TH 394	Labitzke I.	BRA 138
Kuntke H.	BY 72	Kurze S.	TH 399	Labrenz M.	VwG 504
Kuntze B.	VwG 477	Kurze V.	TH 394	Labusch S.	TH 401
Kuntze H.	NDS 228	Kurzidem C.	VwG 482	Lach J.	Bce 151
Kuntze H.	RP 322	Kurzke R.	NW 276	Lachenmann U.	BW 56
Kunz A.	VwG 484	Kurzmann M.	BRA 137	Lachenmayr-Nikolaou T.	BY 97
Kunz C.	BER 115	Kurzrock P.	MV 197		BY 110
Kunz G.	BW 37	Kurzweil E.	BY 95	Lachmann D.	HE 190
Kunz G.	HE 167	Kurzwelly J.	BU 8	Lachmund G.	HE 171
Kunz H.	HE 187	Kusch U.	BY 108	Lachner H.	BY 82
Kunz K.	BER 116	Kusche W.	HH 161	Lachs K.	SAN 363
Kunz K.	BY 107	Kuschel A.	SAC 352	Lackmann R.	NW 274
Kunz S.	HE 180	Kuschewitz P.	SH 383	Lackner K.	BY 82
Kunz T.	TH 389	Kuschewski J.	BER 120	Ladage K.	BU 11
Kunz U.	SAA 340	Kuschewski U.	SG 465	Lademacher J.	SAN 370
Kunze B.	MV 197	Kuschnerus U.	VwG 498	von der Laden S.	SH 386
Kunze G.	SAC 350	Kuschow A.	BY 108	Ladenburger C.	BMJ 5
Kunze H.	BRA 137	Kuse C.	BW 56	Ladewig H.	TH 389
Kunze H.	SAA 335	Kusen H.	NW 294	Ladewig-Feldkamp S.	BER 119
Kunze J.	NW 264	Kusicke S.	ArbG 433	Ladner C.	VwG 486
Kunze K.	BER 129	Kuß W.	SG 468	Ladwig H.	VwG 497
Kunze M.	MV 204	Kusserow G.	ArbG 420	Läger U.	VwG 513
Kunze S.	NW 312	Kusserow H.	VwG 503	Lägler E.	BW 58
Kunze T.	HE 188	Kusterka B.	VwG 512	Lämmerhirt D.	NW 264
Kunze T.	SG 465	Kustermann I.	BY 84	Lämmert M.	BW 55
Kunze W.	VwG 477	Kutschelis D.	RP 325	Lämmlin-Daun S.	BW 39
Kunzelmann M.	SAC 360	Kutschenko K.	BW 51	Längsfeld I.	BY 94
Kunzmann H.	BW 40	Kutschera A.	SG 461	Läpple P.	VwG 479
Kunzmann R.	SAN 371	Kutschera K.	BER 123	Läsker L.	VwG 495
Kuper-Stelte S.	NW 310	Kuttritz R.	MV 197	Lässig P.	NW 308
Kuperion S.	BER 121	Kutz M.	MV 197	Lässig P.	SAC 357
Kupfer H.	SAN 366	Kutz P.	NDS 225	Lätzel B.	Bce 151
Kupfernagel D.	BER 118	Kutzer B.	BY 105	Laforet O.	NW 247
Kupka-Göll S.	BW 62	Kutzer K.	BU 7	Lage-Graner C.	BER 118
Kuppe-Dörfer C.	BER 126	Kutzner B.	NW 288	Lagemann H.	NW 280
Kuppi W.	NDS 228	Kutzner-Pohl M.	MV 203	Lagemann M.	NW 289
Kups C.	SAC 360	Kutzschbach K.	BER 120	Laggies M.	BRA 145
Kupsch W.	NDS 214	Kutzschbach P.	BER 116	Laib H.	TH 389
Kurbel P.	BU 15	Kuwert G.	NDS 215	Laib R.	BY 69

von Langsdorff H.	BU 9	Laudahn G.	SAC 353	Lechner H.	BY 63
Langweg R.	NW 298	Laudan H.	SAN 369	Lechner H.	RP 313
Lankers W.	NW 296	Laudemann G.	VwG 485	Lechner M.	BY 77
Lanowski P.	BRA 142	Laudi E.	HE 184	Lechner W.	HE 183
Lante K.	BY 83	Laue I.	NDS 234	Lechner W.	VwG 479
Lanters J.	RP 318	Laue M.	SAN 372	Lechtape E.	NW 290
Lanza-Blasig C.	SAN 367	Laue V.	NDS 235	Lechtape S.	NW 290
Lanzenberger R.	BER 126	Lauenburg-Kopietz D.	HH 159	Lechte R.	MV 203
Lanzerath A.	NW 295	Lauenstein H.	HH 162	Lechtermann D.	VwG 498
Larasser E.	BY 81	Lauenstein R.	HH 165	Lechtermann U.	BRA 139
Larcher J.	BW 38	Lauer A.	SAA 337	Lecker H.	VwG 481
Lardschneider U.	BY 76	Lauer G.	SG 469	Leder G.	VwG 480
Larisch N.	BRE 149	Lauer H.	BW 34	Lederer G.	BY 75
Larisch S.	NW 290	Lauer K.	HE 181	Lederer G.	VwG 480
Larres E.	BRA 144	Lauer P.	VwG 507	Lederer H.	VwG 476
Larsen K.	VwG 489	Lauer S.	BY 96	Lederer W.	BW 31
Lascheit A.	BER 121	Lauer W.	SAA 340	Ledermann J.	BY 96
Laschewski E.	SAC 346	Lauerer G.	SAC 355	Ledermann K.	BY 96
Laschka W.	SG 455	Laufenberg H.	NW 294	Ledermann S.	BY 98
Lascho S.	VwG 501	Laufenberg-Smadar S.	BY 87	van der Leeden H.	ArbG 427
Laschweski E.	SAC 355	Laufer B.	SH 380	Leege A.	NW 286
Lashöfer J.	NW 277	Laufer H.	SH 375	Leege J.	ArbG 418
Laske E.	SH 382	Laufer U.	MV 198	Leemhuis B.	VwG 496
Lasotta G.	SAA 337	Lauhöfer D.	NDS 232	Leemhuis J.	NDS 231
Lass R.	TH 392	Lauinger D.	TH 391	Leendertz R.	SH 381
Laß U.	SH 386	Laukamp U.	NW 255	Leetz B.	BRA 142
Lassahn S.	NW 306	Laum H.	NW 302	Leeuwestein M.	BRA 139
Lassen D.	NDS 240	Laumen E.	TH 391	Legat S.	BY 81
Lassen H.	NDS 209	Laumen H.	NW 293	Legatis S.	ArbG 421
Lassen K.	SH 383	Laumen S.	BRE 153	Legde G.	SG 461
Lassen P.	HH 157	Launhard F.	ArbG 420	Legeland D.	NW 267
Lassen W.	SH 376	Laurien A.	SAN 371	Léger P.	EuGH 515
Lassig J.	HE 173	Laurisch M.	SG 457	Legerlotz M.	NW 297
Lassmann H.	BY 67	Laurs T.	NW 307	Legleiter H.	SAA 337
Laßmann K.	SH 375	Lauster P.	BW 24	Legler B.	BW 52
Last A.	MV 205	Laut T.	BW 61	Lehlbach J.	SG 461
Latif K.	HH 159	Lautebach M.	SH 377	Lehlbach M.	SG 461
Latsch J.	HE 177	Lautenbach U.	HE 178	Lehleiter J.	BW 56
Lattau M.	BY 81	Lautenschlager K.	BY 83	Lehmacher H.	SG 467
Lattekamp H.	NW 277	Lauterbach K.	SG 472	Lehmann A.	BW 33
Lattrell F.	RP 333	Lauth H.	RP 326	Lehmann A.	FG 444
Lattrich K.	NW 264	Lautz P.	NW 269	Lehmann A.	HH 166
Lau B.	NDS 219	Lauven D.	BW 23	Lehmann B.	HE 188
Lau D.	BER 119	Laux E.	HE 178	Lehmann C.	BMJ 3
Lau F.	BW 49	Laux H.	ArbG 420	von Lehmann E.	NW 285
Lau G.	HH 158		VerfG 405	Lehmann F.	BER 130
Lau U.	VwG 498	Laux P.	SG 469	Lehmann F.	SAC 347
Laub M.	BER 129	Lawatsch J.	BER 126	Lehmann F.	SAC 356
Laubach C.	HE 191	Laws C.	BER 125	Lehmann G.	ArbG 424
Laube A.	NW 269	Laws J.	NW 283	Lehmann H.	ArbG 416
Laube C.	SAC 358	Lax H.	BY 80	Lehmann H.	BY 87
Laube T.	BER 125	Layher H.	BW 50	Lehmann H.	VwG 500
Laubengeiger W.	FG 439	LeViseur B.	BER 116	Lehmann I.	BY 78
Laubenstein W.	NW 244	Lebe H.	BER 120	Lehmann J.	NDS 239
Laubenthal K.	BY 71	Leber M.	BW 37	Lehmann J.	NW 289
Laubenthal S.	SAA 339	Lebert C.	BY 86	Lehmann K.	BRA 137
Lauber G.	NW 300	Lechermeier J.	BRA 141	Lehmann K.	VwG 491
Lauber S.	NW 298	Lechner E.	BY 80	Lehmann L.	MV 200
Lauber-Nöll A.	HE 184	Lechner H.	BER 115	Lehmann L.	NDS 220

Lossen M.	BW 38	Ludwig W.	BRA 145	Lünterbusch A.	NW 292
Lossin-Weimer K.	TH 391	Ludwigt C.	NW 265		VerfG 406
Loth B.	ArbG 417	Lübbe B.	HH 159	Lünzner K.	NDS 210
Loth H.	HE 182	Lübbe E.	HH 160	Lüpfert J.	BER 130
Loth H.	HH 159	Lübbe-Gotschol U.	HH 161	Luer H.	SH 385
Lother R.	BER 120	Lübben E.	NDS 237	Lürbke S.	NDS 238
Lothholz R.	VerfG 407	Lübben R.	NDS 233	Lürssen U.	SH 385
Lottes B.	NW 247	Lübbers S.	TH 400	Lüsch J.	FG 440
Lotz K.	HE 188	Lübbers U.	TH 392	Lüschen E.	NDS 227
Lotz K.	HE 193	Lübbert I.	VwG 499	Lütge-Sudhoff R.	NW 276
Lotz M.	BW 23	Lübbert U.	NDS 235	Lütgebaucks H.	NW 274
Lotz-Schimmel-		Lübbesmeyer G.	NDS 222	Lütgens D.	NW 270
pfennig S.	VwG 483	Lübeck A.	ArbG 423	Lüthe F.	NW 308
Lotz-Störmer I.	SAN 373	Lübeck C.	MV 201	Lüthke A.	BRE 151
Lotzgeselle H.	FG 443	Lübeck R.	NDS 209	Lüthke H.	VwG 512
Loudwin B.	BW 47	Lübke T.	BER 124	Lütje E.	BW 43
Louis C.	NW 276	Lübke-Detring N.	HH 162	Lütkehölter H.	HE 176
Lowinski A.	NW 253	Lüblinghoff J.	NW 264	Lütkes A.	SH 375
Lowinski-Richter W.	VwG 501	Lück M.	RP 327	Lütkoff S.	MV 198
Lowitsch T.	BRA 145	Lücke H.	NDS 227	Lüttenberg D.	VwG 499
Loy H.	ArbG 416	Lücke K.	NW 282	Lüttgen P.	NW 307
Loytved H.	BU 12	Lücke P.	ArbG 434	Lütticke H.	NW 286
Lua W.	NW 243	Lücke S.	SAN 373	Lütticke K.	BRA 139
Lubbas R.	BER 128	Lücke W.	NW 262	Lüttig F.	NDS 226
Lubecki I.	SAN 368	Lücke W.	SAN 366	Lüttmer C.	NDS 228
Lubenow K.	NW 264	Lückemann C.	BY 63	Lüttringhaus P.	BRE 151
Lubetzki K.	SAC 358	Lückermann P.	MV 202	Lüttschwager B.	VwG 489
Lubitz R.	BY 107	Lückhoff-Sehmsdorf E.	SAC 357	Lütz A.	SG 465
Lucas A.	HH 162	Lücking B.	SG 464	Lütz G.	VwG 501
Lucas G.	SAC 346	Lücking E.	VwG 484	Lütz S.	NW 308
Lucht M.	NW 300	Lüdemann H.	HH 163	Lützenkirchen A.	NW 267
Luckas-Steinmaier C.	TH 392	Lüdemann-Ravit P.	BW 30	Lützow J.	VwG 486
Lucke H.	NDS 220	Lüders C.	HH 165	Luff K.	ArbG 437
Luckhardt V.	TH 392	Lüders H.	NDS 210	Luft-Hansen C.	RP 330
Luckow M.	HH 158	Lüders L.	NW 299	Luge J.	NW 249
Lucks B.	BRA 144	Lüders M.	HE 171	Luge N.	NW 307
Lucks K.	NW 278	Luedtke E.	NDS 218	Luhm-Schier H.	BER 118
Lucyga L.	SH 378	Lüdtke H.	BRA 137	Luhmann H.	HE 186
Luczak H.	NW 251	Lüdtke H.	NDS 211	Luhmer D.	NW 312
Luczak S.	ArbG 430	Lüdtke J.	VwG 493	Luippold M.	BW 54
Luczyk B.	BRA 145	Lüdtke M.	ArbG 436	Lukas J.	BY 105
Ludemann H.	RP 320	Lüdtke M.	MV 201	Lukas J.	NW 276
Luderer S.	SAC 345	Lüdtke P.	BU 12	Lukas R.	ArbG 420
Ludes S.	FG 445	Lüdtke-Handjery C.	MV 196	Luker H.	HH 159
Ludewig C.	SAC 353	Lüerßen M.	VwG 495	Lukitsch K.	NDS 239
Ludewigs H.	VwG 496	Lueg E.	NW 278	von Lukowicz H.	SH 382
Ludin H.	BW 30	Lühken-Oltmanns S.	NDS 233	Lumberg U.	NW 279
Ludmann W.	SG 464	Lühning S.	BER 128	Lumm H.	BRA 144
Ludolfs G.	VwG 496	Lühr G.	NDS 207	Lumm-Hoffmann B.	SG 459
Ludolfs H.	VwG 496	Lührs A.	NW 303	Lund H.	HH 164
Ludolph H.	NW 245	Lührs W.	SAN 372	Lungwitz-Retzki A.	ArbG 417
Ludwig D.	BY 108	Lührs-Hunger H.	SG 459	Lunkeit G.	SAC 354
Ludwig D.	RP 331	Lüke F.	NW 262		SAC 358
Ludwig F.	BER 128	Lüking G.	NW 271	Lunz B.	BW 40
Ludwig H.	BRA 142	Lülling W.	NW 263	Lunz-Schmieder M.	ArbG 414
Ludwig J.	NW 256	Lüning G.	NDS 228	Lupko M.	BY 102
Ludwig P.	SAN 370	Lünnemann E.	BRA 143	Lupperger J.	BY 89
Ludwig R.	SH 378	Lünnemann H.	BRA 143	Luthe A.	SAC 354
Ludwig S.	SAN 369	Lünnemann J.	NW 282	Luther H.	BER 116

Maihold D.	BY 100	Mangen K.	NW 294	Marezoll H.	SH 375
Mailänder J.	SAA 341	Manges D.	TH 395	Margraf J.	NDS 222
Mailänder U.	ArbG 426	Manges E.	HE 187	Margraf R.	NW 305
Maintzer H.	NW 302	Mangold M.	BW 62	Marhofer P.	BER 116
Mainz G.	NW 299	von Mangoldt H.	VerfG 407	Marienfeld H.	NDS 223
Mainzer W.	NW 305	Mangstl O.	BY 75	Marienfeld W.	NDS 223
Mair H.	BY 63	Manhardt A.	BY 85	Marill U.	BY 95
Maisack C.	BW 35	Manke M.	MV 200	Maring H.	NW 267
Maisch G.	VwG 477	Manke M.	NDS 237	Maritz-Mader B.	NW 279
Maise R.	NW 265	Mankel H.	NW 268	Mark S.	NW 287
Maiß A.	NDS 221	Mankiewicz J.	NDS 227	Marker B.	RP 333
Maiwald H.	ArbG 437	Manko B.	BER 123	Markert A.	SAN 372
Maiwald J.	BU 12	Mann A.	HE 192	Markert I.	BER 122
Maiwald-Hölzl S.	RP 333	Mann B.	RP 322	Markert W.	FG 447
Maiworm B.	NW 245	Mann D.	SG 466	Markfort T.	BER 119
Maiworm L.	SG 464	Mann H.	MV 196	Markgraf J.	BER 115
Maiworm P.	NW 301	Mann J.	FG 439	Markmann S.	NW 309
Maixner B.	BY 89	Mann N.	NW 248	Markowski S.	VwG 490
Majer-Voigt C.	SAC 357	Mann W.	HE 182	Marks S.	BRA 146
Majerski-Pahlen M.	SG 456	Mann-Lechleiter G.	NW 297	Markus U.	SAC 359
Majonica M.	NW 308	Mannebeck J.	NW 301	Markwardt A.	BY 87
Majorowsky K.	NW 259	Mannshausen R.	BER 113	Markwardt M.	BY 63
Majstrak E.	SAN 367	Mannweiler M.	RP 332	Markwort G.	NDS 210
Majstrak U.	SAN 367	Mansch H.	SAC 360	Markworth V.	VwG 483
Majunke P.	SAC 346	Mansees N.	BER 125	Marl B.	NW 245
Makowei S.	MV 205	Mansel B.	BW 61	Marliani R.	BW 40
Makus U.	VwG 495	Manser A.	HE 184	Marlow S.	BER 130
Malchereck U.	HE 176	Mansfeld B.	SAA 337	Marnett-Höderath E.	NW 299
Malchus E.	RP 329	Mansfeld L.	BY 76	Marowski H.	ArbG 416
Maleck J.	NW 311	Manshausen M.	SAN 362	Marquard R.	NDS 238
Malek P.	BRA 137	Manske H.	BER 116	Marquard U.	HE 173
Malek S.	BRA 143	Mansperger J.	BW 58	Marquardt A.	BU 10
Malies J.	BER 116	Manß J.	ArbG 436	Marquardt A.	NDS 240
Malik D.	NW 310	Manteufel T.	NW 296	Marquardt A.	SG 463
Malinka V.	BW 55	Manteuffel H.	NW 256	Marquardt C.	BRA 146
Malinowski J.	VwG 496	Manteuffel K.	NW 307	Marquardt E.	BRA 137
Malitz K.	NW 306	Manthei T.	NW 288	Marquardt I.	NDS 239
Malkmus H.	ArbG 415	Manthey K.	BER 122	Marquardt J.	RP 320
Malkmus M.	HE 172	Manthey M.	NW 283	Marquart B.	BW 35
Mallmann O.	BU 13	Manthey S.	MV 199	Marsch H.	NDS 224
Mallmann-Döll H.	VwG 486	Manz E.	BW 28	Marschall-Höbrink E.	NW 288
Mallow E.	BY 86	Manz G.	HH 165	Marschang B.	SG 464
Malorny-Wächter U.	VwG 500	Manz P.	FG 439	Marscheck E.	RP 330
Malsch V.	NW 243	Manz P.	NW 269	Marscheck-Schäfer G.	RP 330
Malter H.	BRA 139	Manzewski D.	MV 198	Marschhausen C.	NDS 237
Maltry A.	BY 96	Marahrens A.	NDS 216	Marschollek G.	ArbG 428
Freiherr von Maltzahn F.	BU 7	Marahrens C.	NDS 211	Marsollek H.	BER 120
Maly-Motta P.	BY 89	Marahrens C.	NDS 240	Marten G.	NW 244
Malzen U.	NW 260	Marci M.	VwG 504	Martens D.	MV 200
Mammeri-Latzel M.	BER 122	Marci N.	NW 307	Martens H.	HH 156
Mandel C.	NW 291	Marckwardt S.	ArbG 417	Martens J.	SH 377
Mandel S.	BER 131	Marczak E.	NW 312	Martens J.	SH 383
Mandelke H.	ArbG 421	Mardorf D.	SH 387	Martens P.	BU 16
Manderscheid K.	NW 255	Marek G.	ArbG 428	Martens R.	NW 293
Mandl D.	BY 85	Marek H.	BY 84	Martensen H.	VwG 512
Mandt B.	NW 306	Marenbach U.	VwG 485	Martensen J.	BW 31
Manegold-Burckhardt G.	NW 245	Maresch D.	BRE 151	Martensen U.	MV 202
		Maresch D.	VwG 485	Martenstein P.	HE 170
Mangelsdorf C.	HE 177	Marewski C.	ArbG 416	Marth B.	BER 128

Marticke H.	VwG 485	Masling G.	NW 249	Mauck M.	BER 116
Martiensen P.	NW 308	Maßmann J.	SH 382	Maué B.	BW 24
Martin A.	NW 249	Masson D.	BER 127	Mauer J.	VwG 491
Martin E.	SAC 359	von Massow H.	VwG 502	Mauer W.	HE 187
Martin G.	BY 76	Mast E.	VwG 485	Mauer W.	VwG 480
Martin H.	HE 180	Masuch F.	BER 120	Mauersberger B.	MV 202
Martin J.	VwG 482	Masuch P.	BU 12	Maukisch E.	NW 308
Martin K.	HE 172	Masuhr U.	ArbG 413	Maul H.	BU 7
Martin K.	NW 294	Materlik G.	SAN 367	Maul R.	NDS 226
Martin K.	RP 323	Materna H.	BER 125	Maul R.	TH 393
Martin K.	VwG 481	Mathein G.	SG 456	Maul W.	VwG 512
Martin M.	BY 80	Matheiowetz K.	SAC 352	Maul-Backer H.	BRE 152
Martin M.	NW 294	Matheis K.	BW 55	Maul-Sartori M.	ArbG 418
Martin R.	MV 199	Matheis K.	SAA 340	Maunz R.	VwG 478
Martin R.	RP 328	Matheja T.	HE 186	Maur L.	RP 317
Martin R.	SG 457	Mathiak C.	BER 131	Maurer B.	SAA 339
Martin S.	BU 11	Mathias R.	ArbG 429	Maurer H.	BW 43
Martin S.	TH 390	Mathieu C.	VwG 502	Maurer H.	NDS 214
Martin V.	BER 128	Mathieu-Rohe S.	ArbG 424	Maurer H.	VwG 503
Martin W.	BY 66	Mathy A.	BW 37	Maurer M.	BW 61
Martini J.	BY 84	Matscheck K.	BY 102	Maurer M.	HE 188
Martins A.	SH 377	Matschulat J.	MV 204	Maurer N.	RP 325
Martis R.	BW 51	Matt G.	BY 68	Maurer R.	BY 82
Marton P.	SAC 355	Matt W.	BW 28	Maurer R.	NW 245
Marty R.	NW 272	Mattern H.	SH 380	Maurer U.	BW 53
Marufke D.	TH 394	Mattes F.	VwG 477	Maurer U.	SG 463
Maruhn J.	HE 170	Matthäuis K.	BY 80	Maurer V.	VwG 477
Maruschka E.	BW 24	Matthes P.	RP 320	Maurer-Wildermann B.	NW 296
Marwinski R.	VwG 498	Matthey B.	SG 467	Maurmann R.	NW 279
Marx A.	BRA 143	Matthias O.	TH 395	Mauro U.	NW 280
Marx C.	NW 264	Matthias S.	NW 278	Mauruschat A.	MV 195
Marx H.	NW 249	Matthies K.	NDS 208	Mauruschat B.	HH 165
Marx H.	RP 313	Matthiesen A.	NW 289	Maus C.	BER 130
Marx H.	RP 315	Matthiessen H.	BRA 137	Maus J.	NW 264
Marx H.	RP 322	Matthiessen H.	HH 161	Mauß O.	NDS 236
Marx H.	RP 327	Matthiessen K.	HH 164	Maußhardt C.	VwG 478
Marx J.	BER 127	Matthiessen T.	BER 124	Mautes P.	VwG 502
Marx J.	RP 330	Matthießen V.	ArbG 421	Maximini G.	VwG 507
Marx M.	BW 37	Matthieu S.	SAC 357	Maxrath P.	NW 296
Marx P.	BRA 144	Mattik D.	HH 157	Maxrath-Brang K.	NW 312
Marx P.	BW 57	Mattke W.	NW 301	May A.	HE 190
Marx P.	HE 180	Mattonet T.	NW 280	May A.	VwG 509
Marx R.	TH 392	Mattstedt B.	SAN 372	May C.	BW 38
Marx S.	ArbG 418	Mattula G.	BY 80	May C.	NW 308
Marx S.	ArbG 437	Mattulke H.	NW 256	May E.	BY 88
Marx S.	BER 121	Matulke I.	BER 123	May E.	SAN 369
Marx S.	BER 124	Matulla M.	ArbG 417	May G.	BW 23
Marx S.	NW 310	Matusche F.	NDS 238	May M.	NW 301
Marx W.	BMJ 5	Matuszewski E.	SG 472	May M.	VwG 499
Marx-Leitenberger G.	SAN 364	Matz A.	SG 462	May S.	BRA 140
Marx-Manthey M.	NW 308	Matz J.	NW 245	May U.	RP 321
Marxen A.	RP 324	Matzat A.	NW 309	May W.	NW 253
Marxen K.	BER 115	Matzat M.	MV 198	May W.	NW 282
Marzolo C.	HE 189	Mau H.	HE 184	Maydorn J.	VwG 503
Masch O.	HH 163	Mau K.	SH 380	Maye-Grett U.	RP 321
Mascherek H.	NW 289	Maubach B.	NW 302	Mayen B.	NW 293
Maschmeier D.	VwG 498	Mauch H.	BER 128	Mayer A.	BY 97
Masiak M.	MV 201	Mauch K.	BW 28		BY 110
Masiak T.	MV 201	Mauch M.	BW 47	Mayer A.	VwG 476

Meister S.	HE 192	Menke G.	HH 165	Mersmann R.	NW 248
Meistering H.	SH 383	Menke G.	NW 256	Mersmeyer K.	BRE 151
Meiswinkel W.	NW 276	Menke G.	SAC 360	Mersson G.	NW 269
Meixner A.	BY 67	Menke H.	ArbG 419	Merté E.	ArbG 420
Meixner B.	BMJ 5	Menke I.	ArbG 437	Mertel D.	NW 266
Meixner D.	HH 161	Menken E.	ArbG 421	Mertel K.	BW 25
Meixner W.	BY 100	Menkhoff H.	NW 248	Mertens A.	NW 246
Melcher P.	SAC 346	Menn J.	SAC 347	Mertens A.	SAC 356
Melchers J.	BW 41	Menne M.	BER 130	Mertens B.	NW 274
Melchior H.	BY 83	Mennenga A.	HE 184	Mertens D.	BER 118
Melchior R.	BER 122	Menninger G.	BY 66	Mertens H.	VwG 503
Meldau M.	NW 250	Menold-Weber B.	NW 302	Mertens J.	NW 271
Melder W.	BY 86	Menth C.	BY 72	Mertens J.	NW 286
Melinkat-Natorp I.	MV 204	Mentz A.	HH 157	Mertens J.	NW 312
Meller G.	NW 301	Mentz M.	HE 167	Mertens J.	SG 464
Mellinghoff R.	BU 11	Menz K.	BW 60	Mertens K.	SH 385
Meltendorf G.	BER 114	Menz R.	HE 177	Mertens K.	VwG 503
Meltendorf G.	BER 125	Menz W.	HE 176	Mertens O.	NW 294
Meltendorf G.	BY 94	Menzel H.	BY 75	Mertens P.	SAN 365
Melullis K.	BU 8	Menzel H.	RP 315	Mertens U.	NW 277
Melz U.	BY 76	Menzel J.	SAC 360	Mertens U.	SAN 364
Melzer D.	HE 182	Menzel L.	VwG 496	Mertens W.	RP 315
Melzer G.	BRE 151	Menzel W.	NW 299	Mertes N.	SAA 340
Melzer H.	BY 82	Menzemer M.	NDS 226	Mertgen I.	BW 30
Melzer T.	BRA 138	Menzen M.	NW 303	Merth F.	SH 377
Melzer-Wolfrum E.	BY 81	Menzer U.	VwG 476	Mertig C.	BW 55
Memmel G.	MV 196	Menzler R.	HE 180	Mertig S.	RP 319
Menapace M.	NW 287	Merckens F.	NDS 217	Mertig W.	BW 59
Mencher H.	RP 321	Merckens J.	BW 58	Mertin H.	RP 313
Mende A.	BRA 137	Mergelkuhl F.	NDS 238	Merz C.	NW 264
Mende G.	SAC 351	Mergner D.	NW 305	Merz D.	VwG 483
Mende J.	NW 306	Merheim P.	SG 468	Merz E.	SG 469
Menden H.	NW 259	von Mering S.	NDS 234	Merz H.	BW 58
Mendisch S.	SAC 353	Meringer V.	SAC 359	Merz H.	SAC 354
Mendler B.	BW 35	Merk G.	BY 83	Merz P.	BRA 136
Mendler G.	VwG 501	Merk H.	BW 26	Merz S.	BW 61
Mendler S.	SG 451	Merkel G.	SG 456	Merz-Bender B.	VwG 495
Mendrina H.	BER 128	Merkel T.	ArbG 421	Merz-Gintschel A.	ArbG 421
Mendrzyk K.	VwG 488	Merkel U.	VwG 492	Merzbach H.	NW 300
Meng J.	VwG 509	Merker F.	BRA 136	Merzbach W.	SAN 367
Meng K.	RP 315	Merker J.	NDS 209	Merzhäuser P.	BER 113
Meng S.	SAC 352	Merkl P.	SAC 347	Merzig F.	RP 323
Menge B.	NDS 212	Merkle B.	BY 77	Merziger H.	SAA 338
Mengel B.	HE 179	Merkle K.	BY 71	du Mesnil de	
Mengel V.	NW 254	Merklin A.	MV 200	Rochemont R.	NDS 237
Mengele K.	BY 80	Merkt A.	FG 439	Meßbacher-	
Mengele M.	BY 82	Merl H.	BY 75	Hönsch C.	FG 441
Menger H.	BY 66	Merländer P.	NW 298	Messer B.	BY 73
Menger R.	BRA 145	Merle D.	FG 443	Meßer C.	RP 321
Mengershausen M.	VwG 510	Merle U.	HE 178	Meßer H.	BRA 143
Menges E.	BW 61	Mermann W.	BW 34	Messer K.	BER 131
Mengozzi P.	EuGH 517	Merrem B.	NDS 211	Messerschmidt B.	TH 389
Menhofer B.	HE 177	Mersch R.	SAN 368	Messerschmidt H.	BER 127
Menhofer C.	HE 186	Mersch V.	NW 266	Messerschmidt R.	SAN 361
Menk J.	BW 27	Merschdorf H.	SAC 353	Messinger H.	SAA 340
Menk R.	NDS 222	Merschformann R.	BW 30	Meßler J.	BY 70
Menke A.	TH 394	Merschformann U.	BW 31	Meßner H.	BY 88
Menke B.	NW 257	Merschmeier A.	VwG 501	Messner O.	BY 85
Menke C.	NDS 234	Merschmeier-Schütz H.	NW 293	Messner U.	TH 394

Mestars E.	NW 241	Meyer A.	VwG 482	Meyer S.	RP 320
Mestekemper S.	NW 310	Meyer B.	ArbG 423	Meyer S.	SAC 355
Mestwerdt W.	ArbG 424	Meyer B.	FG 445	Meyer S.	SH 386
Metelmann F.	BW 25	Meyer B.	NDS 234	Meyer T.	ArbG 413
Methling C.	SAN 367	Meyer B.	NW 244	Meyer T.	BMJ 4
Methling R.	ArbG 435	Meyer B.	NW 256	Meyer T.	BRA 145
Metscher J.	HE 187	Meyer B.	VwG 506	Meyer T.	BY 68
Metscher W.	VwG 507	Meyer C.	BW 58	Meyer T.	MV 196
Metschke R.	SAN 371	Meyer C.	FG 445	Meyer T.	TH 399
Mett D.	SH 376	Meyer C.	HH 160	Meyer V.	BRA 146
Mett-Grüne I.	BY 67	Meyer C.	NW 281	Meyer V.	SAN 371
Metten K.	NW 277	Meyer C.	SAN 363	Meyer W.	BU 11
Mettke M.	BY 97	Meyer D.	HH 161	Meyer W.	BU 12
Mettke M.	BY 110	Meyer D.	MV 202	Meyer W.	BY 102
Metz M.	BW 34	Meyer D.	SH 377	Meyer W.	NDS 211
Metz R.	TH 396	Meyer E.	BRA 146	Meyer W.	NW 271
	VerfG 407	Meyer F.	BRA 147	Meyer W.	SAC 359
Metz-Horst S.	NW 284	Meyer F.	NW 269	Meyer W.	VwG 497
Metz-Zaroffe M.	NW 300	Meyer F.	SG 460	Meyer-Abich M.	HH 166
Metze C.	TH 392	Meyer G.	BY 67	Meyer-Bockenkamp U.	VwG 510
Metzen P.	NW 293	Meyer G.	NDS 232	Meyer-Borgstädt J.	NDS 227
Metzenheim G.	NDS 217	Meyer G.	SH 380	Meyer-Brügel E.	BER 116
Metzenheim U.	NDS 207	Meyer H.	BW 28	Meyer-Buchwald R.	HH 159
Metzenmacher-		Meyer H.	BY 78	Meyer-Ebeling J.	NDS 228
Zimmer J.	SG 471	Meyer H.	SAC 350	Meyer-Frey H.	SAC 356
Metzger E.	BY 107	Meyer H.	VwG 484	Meyer-Goßner L.	BU 7
Metzger H.	NW 265	Meyer H.	VwG 488	Meyer-Grünow R.	VwG 505
Metzger I.	RP 318	Meyer H.	VwG 495	Meyer-Hippmann H.	NDS 220
Metzger T.	RP 320	Meyer H.	VwG 497	Meyer-Holz U.	NDS 215
Metzger U.	BW 31	Meyer I.	NW 247	Meyer-Lamp M.	NDS 219
Metzger-Carl R.	HE 172	Meyer I.	VwG 494	Meyer-Lang J.	VwG 494
Metzger-Lashly G.	VwG 487	Meyer J.	BRA 143	Meyer-Laucke W.	NW 271
Metzke M.	ArbG 417	Meyer J.	HH 158	Meyer-Lindenberg S.	NW 312
Metzler A.	VwG 507	Meyer J.	HH 164	Meyer-Macheit M.	HH 165
Metzler B.	NW 258	Meyer J.	NDS 209	Meyer-Odenwald U.	BER 113
Metzler K.	NW 286	Meyer J.	NW 302	Meyer-Rutz P.	BY 67
Metzler U.	NW 248	Meyer J.	SAC 353	Meyer-Schäfer F.	BER 117
Metzmacher U.	VwG 500	Meyer J.	SH 381	Meyer-Schomann E.	NDS 233
Metzner J.	SG 456	Meyer K.	ArbG 426	Meyer-Schulz M.	VwG 489
Metzner M.	VwG 491	Meyer K.	BMJ 4	Meyer-Seitz C.	BMJ 4
Metzner W.	BW 33	Meyer K.	BW 40	Meyer-Stender A.	VwG 489
Metzroth N.	SG 470	Meyer K.	NW 291	Meyer-Tegenthoff B.	NW 272
Meumann-Anders U.	RP 326	Meyer K.	SAN 373	Meyer-Tonndorf K.	BRA 138
Meunier-Schwab J.	NDS 234	Meyer K.	VerfG 406	Meyer-Ulex H.	NDS 213
Meurer H.	HE 184		VwG 504	Meyer-Wehage B.	NDS 233
Meurer M.	NW 245	Meyer K.	VwG 512	Meyer-Wentrup C.	NW 283
Meurin B.	SG 471	Meyer M.	BRA 142	Meyer-Wöbse G.	TH 397
Meuschke W.	NW 254	Meyer M.	BW 31	Meyer-Wopperer G.	ArbG 430
Meusel G.	SAC 352	Meyer M.	BY 72	Meyerhöfer G.	BY 104
Meuser H.	VwG 502	Meyer M.	BY 84	Meyerhoff B.	HH 166
Mey V.	RP 315	Meyer M.	FG 445	Meyerhoff K.	SG 460
Meyberg A.	BY 96	Meyer M.	NDS 236	Meyerholz M.	NDS 210
Meybohm A.	BRA 142	Meyer M.	SH 381	Meyers G.	NW 296
Meyer A.	ArbG 433	Meyer P.	SAC 348	Meyke R.	NDS 230
Meyer A.	BY 110	Meyer P.	SAN 364	Meyn T.	HH 163
Meyer A.	NW 266	Meyer R.	FG 441	Meyne H.	RP 318
Meyer A.	SAA 337	Meyer R.	NW 260	Meyritz P.	BRA 143
Meyer A.	SAC 344	Meyer R.	NW 280	Mezger J.	VwG 478
Meyer A.	SAN 367	Meyer S.	BRA 136	Miara A.	ArbG 431

Michael G.	BY 82	Mielert B.	VwG 482	Miosga G.	BY 82
Michaelis B.	NDS 218	Mielert E.	NDS 209	Miras A.	BW 40
Michaelis C.	SAC 348	Mielke B.	BY 64	Mirl J.	BY 107
Michaelis G.	VwG 477	Mielke S.	NW 246	Mirow D.	RP 332
Michaelis J.	VwG 476	Miereck E.	MV 202	Mische-Petri I.	NW 266
Michaelis M.	NDS 238	Miersch B.	BY 75	Mischke G.	NW 300
Michaelis U.	MV 197	Miersch S.	NDS 238	Mischke G.	RP 313
Michaelis de		Miese T.	NW 257	Mischo J.	EuGH 515
Vasconcellos R.	NW 263	Miesen D.	NW 298	Misera H.	NW 266
Michaelis-Merzbach P.	VwG 483	Mießler F.	SAN 373	Mißeler M.	NW 254
Michaelowa K.	HE 174	Mießner P.	BY 84	Mißler E.	BW 33
Michalczik B.	MV 200	Mieth D.	BER 124	Missmahl J.	NW 295
Michalek A.	NW 284	Mieth D.	HE 176	Mithoff U.	HH 160
Michalek D.	NW 285	Mieth K.	RP 323	Mitrowan G.	ArbG 426
Michalek K.	NW 307	Mieth U.	HE 176	Mitsch S.	SH 379
Michalek-Riehl D.	FG 447	Mietzner K.	BRA 139	Mitschke J.	BW 41
Michalik K.	TH 392	Mihatsch U.	BY 95	Mitschke P.	BRA 145
Michalik R.	BRA 145	Mihatsch U.	BY 109	Mitteis-Ripken F.	SH 377
Michalik S.	HE 170	Mihl V.	BY 107	Mittelbach A.	BER 129
Michalk W.	TH 392	Mihr G.	SH 375	Mittelhausen C.	RP 313
Michalke J.	BY 98	Mikla S.	BY 90	Mittelstädt A.	BMJ 5
Michalke K.	HE 175	Mikosch E.	BU 10	von Mittelstaedt B.	NDS 237
Michalke R.	BY 91	Miksch B.	BY 95	Mittelstrass H.	NW 269
Michallek K.	NDS 230	Milde S.	HE 193	Mittenberger-Huber A.	TH 395
Michalski C.	BRA 141	Mildner U.	VwG 505	Mittenzwei F.	HH 161
Miche-Seeling T.	NW 259	Mildner-Wiese S.	NDS 228	Mittenzwei M.	SG 464
Michel A.	VwG 481	Mildt M.	BRA 138	Mitter T.	SG 471
Michel D.	VwG 489	Milersky-Pütz B.	NW 307	Mittermaier W.	BY 77
Michel E.	NW 300	Milewski K.	BRA 137	Mittler D.	BER 124
Michel G.	RP 323	Milferstedt-Grubert C.	SAN 364	Mittlmaier S.	BY 96
Michel N.	RP 329	Milger K.	NDS 230	Mittmann A.	NW 287
Michel S.	HE 193	Milhahn I.	BY 86	Mittmann E.	NDS 219
Michel T.	VwG 513	Milich H.	FG 445	Mittmann H.	NDS 219
Michel W.	VwG 489	Milionis A.	BW 59	Mittmann V.	FG 443
Michel-Mettang P.	BW 53	Milk A.	NW 289	Mittrup W.	NW 268
Michels H.	NW 311	Milkereit W.	HH 164	Mitzkus K.	NW 289
Michels H.	TH 396	Millat A.	MV 198	Mitzlaff A.	NDS 210
Michels J.	SG 456	Mille L.	RP 316	Mix B.	BER 131
Michels L.	NW 280	Millek M.	NDS 233	Mlitzke A.	NW 307
Michels U.	ArbG 417	Miller A.	BY 91	Mlodochowski K.	BRA 138
Michels-Ringkamp E.	NW 281	Miller H.	BER 120	Mnich H.	NW 252
Michl O.	FG 448	Miller K.	BER 120	Moch-Tietze F.	BRA 141
Michlik F.	BMJ 5	Miller W.	BY 76	Mock B.	BY 95
Mickat K.	BY 84	Millert J.	BER 120	Mock R.	BY 95
Micke R.	NW 273	Millgramm K.	VwG 510	Mock W.	FG 444
Miczajka B.	BER 117	Miltenberger F.	BY 66	Mockel U.	HE 175
Middeke A.	VwG 499	Milz J.	VwG 477	Mocken J.	NW 257
Middeke V.	BW 36	Milzer L.	BW 40	Mockenhaupt W.	RP 316
Middelanis C.	NW 312	Minge A.	NDS 224	Modemann C.	MV 204
Middelberg G.	NW 274	Mingers G.	NW 309	Moderegger A.	HH 159
Middeldorf C.	ArbG 431	Minnameyer W.	BY 101	Modersohn B.	BW 43
Middeler M.	NW 309	Minnebeck B.	RP 332	Modrović N.	BER 121
Midderhoff F.	NW 297	Minnich R.	VwG 496	Möbius G.	SG 457
Miebach K.	BU 8	Minnig V.	RP 326	Moebius I.	BER 131
Miebs H.	ArbG 431	Minsinger M.	VwG 485	Möbius J.	BRA 145
Mieczkowski L.	HE 191	Minssen I.	NW 296	Möbius W.	BY 90
Miedtank A.	NDS 233	Minten C.	SAC 347	Möcke R.	BER 116
Miehler C.	BY 86	Minthe E.	RP 332	Möcke R.	VerfG 404
Miehlnickel A.	HE 185	Miodownik M.	BER 125	Möckel S.	NW 256

Möckel U.	BW 35	Mönning K.	NW 311	Moltmann-Willisch A.	BER 117
Möckl P.	TH 399	Mönnis P.	RP 318	Molz R.	SAA 335
Moehl S.	VwG 509	Mörbitz P.	VwG 500	Molz W.	SG 467
Möhlenbrock T.	VwG 512	Möritz C.	BER 119	Molzahn N.	SG 471
Möhling A.	RP 330	Moerke F.	BER 123	Mondl H.	HE 177
Möhling H.	NW 278	Mörrath K.	BY 83	Monjé U.	VwG 483
Möhlmann R.	SH 379	von Moers C.	BER 117	Monka C.	BW 59
Möhrenschlager M.	BMJ 3	Mörs K.	SAN 373	Monnet C.	SAN 373
Möhring P.	SAC 345	Mörsch B.	NW 299	Monnet S.	SAN 371
Möhrle I.	HE 175	Mörsch R.	RP 325	Monot W.	BY 84
Möhwald T.	SG 464	Mörsdorf-Schulte J.	NW 307	Mons H.	VwG 506
Möker U.	VwG 489	Mörsfelder J.	SAC 360	Monstadt B.	NW 275
Mölder D.	NW 269	Mörtzschky F.	TH 392	Montfort L.	BU 17
Moelle B.	SH 386	Möschter S.	BER 122	Moog K.	NW 284
Mölleken B.	NW 259	Mösezahl P.	NW 278	Moog P.	NDS 238
Möllenkamp A.	SAN 372	Mößinger R.	HE 177	Moormann H.	NDS 233
Möllenkamp C.	MV 196	Mößlang G.	BU 10	Moosheimer T.	NW 295
Möller C.	VwG 486	Mößle K.	BW 52	Moraht R.	BRA 146
Moeller D.	ArbG 413	Mössner G.	BW 61	Morawietz W.	BW 28
Möller D.	RP 327	Mößner S.	VwG 513	Morawitz G.	NW 300
Möller D.	TH 398	Möstl W.	BY 78	Moretti C.	BY 77
Möller E.	NW 302	Möwes D.	BER 123	Morgener D.	VwG 511
Möller F.	NW 271	Moezer H.	BY 99	Morgenroth D.	RP 325
Möller F.	NW 290	Mogk H.	VwG 490	Morgenroth G.	RP 325
Möller G.	HH 161	Mohaupt W.	NW 299	Morgenstern H.	BER 131
Möller G.	SH 385	Moheeb J.	SAC 349	Morgenstern U.	VwG 499
Möller H.	NW 299	Mohnhaupt G.	NW 256	Morgenstern-Profft F.	SAA 336
Möller H.	VwG 476	Mohr C.	HH 158	Morgott S.	VwG 478
Möller H.	VwG 505	Mohr C.	NDS 227	Morik B.	SH 379
Möller I.	SG 461	Mohr F.	BER 129	Morisse H.	HH 157
Möller J.	RP 315	Mohr G.	BW 41	Moritz A.	BER 121
Möller J.	SH 381	Mohr G.	SAN 372	Moritz G.	BY 77
Möller J.	VwG 495	Mohr H.	BW 29	Moritz H.	FG 446
Möller K.	NDS 219	Mohr I.	SAA 338	Moritz J.	FG 444
Möller K.	VwG 495	Mohr K.	HE 179	Moritz N.	NW 307
Möller M.	VwG 486	Mohr P.	BW 48	Moritz P.	BER 121
Möller O.	SAC 360	Mohr S.	HE 176	Moritz V.	NDS 225
Möller P.	NW 254	Mohr U.	NDS 217	Moritz W.	BER 115
Möller S.	BW 48	Mohr U.	NW 305	Mork H.	NW 296
Möller S.	HE 174	Mohr-Middeldorf U.	NW 290	Morlock M.	VwG 476
Möller T.	NDS 234	Mohrmann R.	TH 399	Morneweg T.	VerfG 407
Möller-Bertram R.	SAA 341	Mohrmann U.	BER 124	Morof C.	ArbG 417
Möller-Harder L.	BER 125	Moitinho de		Morré P.	BU 9
Möller-Scheu D.	HE 188	Almeida J.	EuGH 515	Morrn T.	SG 467
Möller-Scheu D.	VerfG 405	Mokrus M.	VwG 512	Mors A.	VwG 477
Möllers P.	VwG 500	Molesch E.	SG 466	Morsbach R.	FG 445
Möllers U.	NW 252	Molière R.	BW 54	Morsch A.	BER 121
Möllers W.	HE 189	Molitor W.	VwG 490	Morsch-Tunç S.	RP 332
Mölling P.	NW 284	Molkenbur J.	ArbG 434	Mortag H.	TH 392
Möllmann R.	NW 259	Molkow G.	NW 265	Morweiser C.	BW 33
Möllring H.	NDS 207	Moll E.	HE 184	Morweiser S.	BW 38
Mönig G.	BW 26	Moll I.	VwG 480	Mosbacher A.	BER 130
Mönig U.	NW 290	Moll-Vogel E.	NDS 215	Mosberger L.	HE 186
Moenikes I.	NW 280	Mollenhauer C.	NDS 240	Mosblech A.	NDS 235
Mönke M.	SH 386	Mollenhauer T.	NW 270	Moschner A.	MV 197
Mönkebüscher M.	NW 272	Mollenkopf C.	BW 62	Moschner C.	MV 199
Mönkediek D.	NDS 232	Molsen I.	NDS 223	Mose J.	HH 159
Mönnich A.	BER 121	Molter K.	BW 54	Moser E.	BU 15
Mönnikes R.	SAN 373	von Moltke H.	HE 181	Moser G.	BY 91

Nedden-Boeger C.	NW 275	Netzer B.	BW 53	Neukirchen A.	NW 257
Neddermeyer P.	HH 165	Neu C.	RP 329	Neukirchen M.	NW 295
Neddermeyer R.	NW 250	Neu H.	FG 446	Neukirchner L.	BRA 145
Neebuhr P.	NDS 218	Neu M.	VwG 476	Neulken K.	NW 290
Neef A.	HE 192	Neu S.	RP 333	Neumaier R.	BRA 142
Neef M.	BW 62	Neu-Berlitz M.	VwG 501	Neumair A.	BY 63
Neef R.	BER 116	Neubauer A.	BW 59	Neumann A.	BRA 146
Neef U.	NW 301	Neubauer A.	BY 108	Neumann A.	SAC 353
Neerforth H.	BW 24	Neubauer B.	BER 115	Neumann B.	BRA 142
Neese R.	NDS 233	Neubauer G.	BY 90	Neumann B.	MV 199
Neetix F.	NW 310	Neubauer W.	NW 259	Neumann B.	NW 308
Neff A.	BW 23	Neubeck G.	BY 108	Neumann B.	RP 323
Neff M.	BRA 146	Neubeck X.	VwG 482	Neumann C.	ArbG 433
Neff O.	ArbG 433	Neuber G.	HE 187	Neumann C.	MV 201
Negd G.	BRA 145	Neuberg-Krey G.	RP 321	Neumann D.	BER 126
Negenborn D.	NW 257	Neubert C.	BRE 153	Neumann D.	BRA 142
Negendank H.	SH 386	Neubert G.	SH 383	Neumann D.	SH 386
Neher K.	BW 48	Neubert J.	HH 163	Neumann E.	NW 257
Neher-Klein J.	BW 51	Neubert J.	SAC 347	Neumann G.	TH 392
Nehlert R.	NW 287	Neubert K.	NDS 218	Neumann G.	VwG 500
Nehm B.	BY 86	Neubig C.	TH 399	Neumann H.	BRA 140
Nehm K.	BU 9	Neubrandt G.	MV 196	Neumann H.	NW 253
Nehring J.	FG 447	Neudeck T.	BER 129	Neumann H.	NW 290
Neibecker B.	SAA 339	Neudert D.	TH 392	Neumann I.	BY 77
Neidel B.	SG 471	Neuefeind W.	BY 98	Neumann J.	NW 259
Neidhard A.	BW 59	Neuendorff J.	NDS 226	Neumann K.	ArbG 434
Neidhard H.	BW 54	Neuenzeit B.	SAC 349	Neumann K.	BRA 138
Neidhardt B.	TH 393	Neuerburg H.	SAA 337	Neumann K.	BRE 150
Neidhart J.	NDS 226	Neufang H.	SAN 371	Neumann M.	BRA 142
Neidiger W.	BY 103	Neufang S.	SAN 366	Neumann M.	SG 474
Neifer G.	BER 127	Neugart R.	BW 33	Neumann R.	NW 301
Neis-Schieber J.	RP 332	Neugebauer B.	SAC 360	Neumann R.	SG 451
Neiseke G.	NW 245	Neugebauer R.	NDS 224	Neumann R.	SH 384
Neiß E.	NW 306	Neugebauer R.	NW 307	Neumann R.	VwG 484
Nelle K.	VwG 494	Neugebauer S.	BRE 153	Neumann S.	NW 251
Neller P.	BY 67	Neuhäuser G.	VwG 497	Neumann S.	TH 401
Nelles G.	RP 321	Neuhäuser H.	BW 53	Neumann S.	VwG 476
Nemetschek S.	NDS 226	Neuhaus A.	NW 285	Neumann T.	SAC 357
Nemetz R.	BY 92	Neuhaus C.	NW 243	Neumann U.	NW 258
Nemitz R.	SH 381	Neuhaus C.	NW 310	Neumann U.	VwG 507
Nenlert T.	BER 127	Neuhaus D.	NDS 238	Neumann W.	BU 13
Nennecke C.	NW 307	Neuhaus E.	NW 273	Neumann W.	VwG 498
Nentwig I.	SH 387	Neuhaus H.	BMJ 4	Neumann Y.	BRA 142
Nentwig W.	NDS 236	Neuhaus H.	NW 255	Neumann-Müller S.	NDS 217
von Nerée C.	HH 161	Neuhaus R.	BRA 142	Neumeier C.	ArbG 414
Nerlich H.	BY 106	Neuhaus R.	BU 12	Neumeier H.	HE 181
Nerreter S.	NDS 218	Neuhaus S.	BER 116	Neumeister H.	RP 316
Nertinger J.	BY 77	Neuhaus W.	BER 116	Neumert A.	SAC 352
Nesemann G.	NDS 226	Neuhaus-Kleineke M.	NDS 228	Neumeyer D.	VwG 490
Nesemann R.	NDS 218	Neuhauser A.	BY 91	Neumeyer H.	SH 375
Neskovic W.	SH 382	Neuhauß S.	BER 123	Neumüller B.	RP 325
Nesseler S.	NW 305	Neuheuser S.	NW 312	Neumüller H.	RP 325
Nesseler-Hellmann A.	VwG 506	Neuhof G.	BY 108	Neun H.	BW 44
Neßelhut A.	NDS 222	Neuhoff D.	NW 309	Neunaber F.	ArbG 418
Nesselrodt J.	HE 180	Neujahr M.	SG 457	Neuner H.	VwG 480
Nest F.	SAN 371	Neukäter C.	NW 309	Neuner P.	BY 106
Nett C.	SH 387	Neukamm H.	BW 45	Neupert K.	NW 289
Nettersheim G.	BMJ 3	Neukirch H.	BY 83	Neurath H.	NW 279
Netz M.	BRA 145	Neukirch J.	ArbG 412	Neureither A.	BW 27

Nixdorf-Hengsbach A.	ArbG 427	Nolte R.	VwG 498	Nowak S.	SAC 353
Noa D.	BW 59	Nolte S.	TH 394	Nowak U.	BW 36
Noack H.	BER 124	Nolte-Schwarting C.	NDS 233	Nowatius N.	NW 309
Noack H.	NDS 215	Nolten A.	NW 256	Nowinski A.	SAN 368
Noack K.	ArbG 417	Nolting J.	NW 311	Nowitzki R.	BRA 146
Noack K.	BER 131	Nolting M.	SAC 347	Nowosadtko V.	BER 131
Noack R.	BRA 143	Nomine R.	ArbG 418	Nowotny F.	BY 86
Noack-Döllel E.	SH 385	Nonhoff M.	VwG 503	Nowotny K.	SAC 357
Noatnick A.	SAN 365	Noordin S.	VwG 484	Nowotsch D.	NW 258
Noback S.	SAC 355	Nopens H.	SAN 372	Nubbemeyer C.	NW 280
Nobbe G.	BU 7	Nopper H.	SG 451	Nuber J.	VwG 481
Nobel J.	ArbG 426	Nordhausen D.	BRE 151	Nübel B.	MV 201
Nocon G.	VwG 485	Nordhoff K.	BER 117	Nübling R.	VwG 480
Noé H.	VwG 475	Nordholt N.	FG 447	Nübold P.	ArbG 425
Nöckel T.	NW 305	Nordhorn F.	NW 267	Nünning L.	NW 275
Nögel S.	BRA 141	Nordhus-Hantke S.	BY 69	Nürnberg C.	VwG 504
Nöh-Schüren D.	SH 381	Nordloh I.	NW 282	Nürnberg H.	NW 297
Nöhre I.	HE 176	Nordloh M.	NW 262	Nürnberger T.	TH 400
Nöhre M.	HH 157	Nordmann B.	NW 245	Nüske M.	MV 199
Nöhren P.	MV 196	Nordmann C.	VwG 512	Nüß H.	ArbG 419
Nökel D.	BW 23	Nordmann E.	BRE 151	Nüsse J.	NW 271
Nökel H.	BW 25	Nordmann-Bromberger D.	ArbG 419	Nützel S.	ArbG 415
Nölle A.	NW 290	Nordmeier A.	HE 190	Nugel K.	HH 161
Nölleke J.	NW 264	Nordmeier B.	HE 170	Nullmeyer H.	BRE 153
Nören S.	BER 129	Nordsieck R.	NW 255	Numberger-Rygol C.	SG 456
Nörenberg H.	SAN 365	Normann B.	NW 282	Nunenmann A.	RP 331
Noeres A.	BER 131	Normann-Scheerer S.	BER 126	Nungeßer A.	ArbG 422
Noesselt H.	NW 269	Norpoth J.	NW 311	Nunius M.	SG 455
Nöth K.	ArbG 415	Northoff M.	NW 309	Nunius V.	SG 455
Nötzel M.	BY 76	Nortmann E.	SAN 369	Nußbaum M.	RP 316
Nötzel M.	BY 95	Noster C.	BY 98	Nusselt J.	BW 28
Nötzel U.	BER 118		BY 110	Nusser H.	BW 58
Nötzel-Bunke S.	ArbG 417	Notemann O.	NW 259	Nußrainer E.	BY 78
Noffke W.	BER 120	Nothacker S.	BER 124	Nußstein K.	BY 100
Noftz W.	SG 473	Nothbaum H.	BRA 143	Nyenhuis H.	MV 202
Nogaj M.	NW 287	Nothdurft H.	BW 46		
Nohl B.	SG 467	Nothelfer A.	BW 56	**O**	
Nohl G.	NW 294	Nothhelfer M.	BW 21		
Nohlen O.	NW 252	Nothmann L.	HH 162	O'Donohue E.	BW 36
Nokel D.	VwG 487	Nothnagel R.	FG 441	Öhlrich K.	HH 158
Noll B.	MV 199	Nott S.	NDS 224	Obbelode-Rottschäfer S.	MV 200
Noll E.	HE 178	Nottebaum W.	NW 256	Obel H.	BW 51
Noll H.	SAA 338	Nottebohm U.	NW 258	Obenauer W.	RP 316
Noll H.	VwG 486	Notter H.	ArbG 414	Obenaus W.	ArbG 414
Noll K.	NDS 239	Nottmeier R.	ArbG 428	Oberbeck J.	SG 453
Noll M.	HE 170	Notz I.	VwG 481	Oberbossel W.	ArbG 421
Noll P.	BY 85	Notzke T.	VwG 513	Oberheim R.	HE 170
Nollau-Haeusler F.	NW 302	Nouraie-Menzel Z.	TH 397	Oberholz S.	SAC 352
Nollert-Borasio C.	ArbG 414	Novak N.	BW 61	Oberkircher R.	RP 329
Nolte B.	NW 276	Nowack-Schumann M.	SAN 371	Oberländer J.	HE 179
Nolte F.	RP 318	Nowacki P.	NW 252	Obermann M.	NW 245
Nolte F.	SAA 337	Nowak A.	HE 183	Obermayer J.	BU 15
Nolte H.	NDS 213	Nowak B.	NW 309	Obermeier A.	BY 92
Nolte H.	NDS 218	Nowak E.	NW 269	Obermeier R.	BER 121
Nolte H.	NW 299	Nowak I.	BER 123	Obermeyer A.	NDS 236
Nolte J.	SAN 363	Nowak K.	VwG 481	Obermüller R.	BY 91
Nolte K.	SAN 368	Nowak M.	HE 179	Oberndörfer K.	BY 103
Nolte R.	FG 444	Nowak N.	BER 130	Oberndorfer R.	BY 69
				Oberscheidt H.	NW 247

Oppermann A.	BRA 145	Ostermann B.	NW 287	Ottmann L.	BY 83
Oppermann C.	NW 245	Ostermann B.	VwG 503	Ottmann O.	BY 96
Oppermann D.	NW 307	Ostermann S.	HE 175	Ottmer A.	NDS 210
Oppermann D.	SG 464	Ostermann S.	NDS 229	Ottmer H.	SAN 366
Oppermann J.	SAC 354	Ostermeyer C.	VwG 503	Ottmüller E.	VwG 491
Oppermann T.	VerfG 403	Ostermöller J.	HE 170	Ottmüller N.	NDS 239
Oppermann-Hein U.	TH 400	Ostheide S.	NW 310	Otto C.	BRA 143
Oppitz H.	SH 380	Ostheimer M.	VwG 491	Otto C.	SG 462
Oppler D.	ArbG 437	Ostheimer P.	HE 192	Otto G.	HE 190
Opretzka M.	NW 258	Osthoff H.	NW 255	Otto G.	NDS 225
Opterbeck F.	NW 285	Osthoff U.	VwG 503	Otto H.	BY 106
Orb E.	HE 178	Osthoff-Behrens M.	NW 268	Otto H.	SAN 366
Orf R.	RP 315	Osthoff-Menzel H.	VwG 499	Otto I.	BRA 146
Orgaß G.	HE 175	Osthus H.	NW 266	Otto K.	ArbG 433
Orgis C.	SG 473	Osthushenrich U.	TH 397	Otto K.	BMJ 4
Orgler M.	SG 455	Ostrowicz A.	ArbG 435	Otto K.	BRA 146
Orilski J.	NW 249	Ostrowski A.	SH 385	Otto K.	NW 295
Orilski R.	BW 30	Ostwald G.	SH 379	Otto L.	NW 271
Orlich B.	HE 185	Oswald A.	NW 299	Otto M.	HH 162
Orlik A.	SAC 359	Oswald H.	HE 188	Otto S.	ArbG 423
Orlob B.	NW 247	Oswald W.	BW 33	Otto T.	HE 184
Orlowsky W.	BW 54	Osyka A.	BRA 145	Otto U.	BRA 144
Ort G.	HE 174	Osypka-Gandras U.	VwG 490	Otto V.	BRA 137
Ort J.	HE 190	Othmer H.	SG 464	Oudijk A.	NW 253
Orth B.	RP 328	Otparlik S.	SAN 364	Ouvrier H.	HH 164
Orth G.	SG 467	Ott B.	NW 310	Overdick F.	SAN 368
Orth K.	NW 282	Ott D.	HH 159	Overhoff D.	NW 262
Orth M.	TH 390	Ott D.	MV 198	Overlach R.	SG 464
Orth R.	FG 447	Ott E.	BY 69	Overthun U.	VwG 501
Orthaus B.	VwG 486	Ott H.	BY 91	Oxfort W.	BY 76
Orthen M.	SAC 358	Ott H.	RP 326		
Orthen S.	RP 331	Ott K.	HH 157	**P**	
Ortlieb P.	NW 285	Ott M.	VwG 491		
Ortloff K.	VwG 483	Ott S.	MV 204	Paar D.	FG 443
Ortmann B.	NDS 236	Ott W.	BW 48	Paar H.	BER 122
Ortmann D.	SH 377	Ott W.	BY 67	Pabst N.	NDS 212
Ortmann J.	NDS 233	Ott W.	BY 92	Pabst S.	SAC 351
Ortmann R.	BY 78	Ott W.	HE 192	Pacha S.	NW 264
Osin P.	TH 393	Ott Y.	HE 175	Pache H.	ArbG 434
Osing A.	NW 308	Otte C.	MV 201	Pachl L.	SG 455
von Ossowski A.	ArbG 418	Otte F.	ArbG 422	Pachur M.	NW 309
Oßwald A.	NW 301	Otte H.	FG 442	Pack U.	SAA 338
Oßwald R.	BW 25	Otte L.	BY 97	Packroff K.	VwG 513
Ossyra M.	SAN 373	Otte M.	MV 203	do Paco Quesado C.	RP 332
Ost E.	VwG 503	Otte S.	SAN 373	von Paczensky C.	VwG 489
Ost V.	BRA 145	Otte W.	VwG 498	Paczkowski A.	NDS 218
Osten P.	VwG 476	Otten G.	BU 8	Padberg H.	HE 190
Baron von der		Otten J.	VwG 502	Paddenberg T.	SG 466
Osten-Sacken J.	BRA 141	Otten P.	NW 295	Pade O.	BER 122
Ostendorf A.	NW 269	Otten-Ewer S.	ArbG 436	Pähler A.	SAC 359
Ostendorp D.	NDS 209	Ottenbacher G.	BW 51	Paehler H.	NW 297
Ostenried R.	BY 80	Otter K.	BW 50	Päschke-Jensen R.	SH 379
Osterhage T.	NW 271	Otterbein R.	NDS 230	Paetow B.	BER 125
Osterhagen D.	NW 299	Ottermann H.	NW 300	Pätow C.	ArbG 422
Osterkamp V.	BY 84	Otterpohl J.	VwG 510	Paetow S.	BU 12
Osterloh B.	VwG 496	Ottersbach T.	SG 468	Pätsch C.	HH 160
Osterloh G.	NDS 216	Otterstedt B.	BRE 151	Pätsch K.	NDS 217
Osterloh L.	BVerfG 1	Ottmann C.	BW 51	Pätz U.	SAN 367
Osterloh W.	VwG 496	Ottmann C.	BY 84	Pätzel C.	BY 92

Paetzelt W.	BER 114	Panzer H.	NW 306	Paterok M.	SAN 363
Pätzmann R.	NDS 210	Panzer M.	BY 72	Paterok N.	BER 116
Pätzold F.	SAC 358	Panzer U.	HH 163	Patett H.	SH 384
Paetzold H.	HE 192	Pape B.	NW 311	Pathe H.	NW 259
Paetzold H.	HH 163	Pape G.	NDS 215	Patschke A.	BW 62
Paffenholz H.	RP 319	Pape I.	NDS 211	Patt B.	BER 129
Paffrath H.	VwG 502	Pape K.	SG 468	Patt H.	SAC 343
Paffrath-Pfeuffer U.	HH 162	Pape R.	BRA 136	Pattar J.	SAA 340
Page A.	BY 71	Pape U.	NDS 240	Pattard W.	NW 269
Pagel K.	TH 390	Papenbreer W.	RP 322	Patzwaldt W.	VwG 498
Pagel U.	NDS 219	Papesch E.	SAN 373	Pauckstadt H.	BRA 141
Pagenberg B.	BU 16	Papesch O.	SAA 339	Pauckstadt-	
Pagenkopf M.	BU 12	Papier H.	BVerfG 1	Maihold U.	BY 108
Pahl E.	HE 189	Graf zu Pappen-		Pauge B.	NW 263
Pahl L.	BER 115	heim A.	VwG 479	Paul A.	RP 331
Pahl-Klenner K.	NDS 225	von Pappritz M.	NW 274	Paul B.	VwG 504
Pahl-Varelmann I.	NDS 237	Paproth-Sachse B.	RP 330	Paul C.	BRA 133
Pahlen R.	ArbG 416	Papsdorf S.	HE 170	Paul C.	HE 192
Pahlke A.	FG 444	Parchmann M.	SH 386	Paul G.	NW 244
Pahlke B.	NW 252	Pardey F.	NDS 209	Paul G.	SAA 336
Pahnke P.	BW 49	Pardey K.	NDS 210	Paul G.	VerfG 405
Paintner E.	BY 95	Pardey R.	VwG 495	Paul H.	BY 85
Pairan C.	ArbG 422	Pardubski H.	TH 395	Paul H.	SG 454
Paki A.	ArbG 420	Parensen K.	NW 265	Paul I.	SH 386
Pakirnus B.	ArbG 427	Parent S.	RP 333	Paul M.	HE 170
Pakuscher I.	BMJ 4	Parisi U.	BY 67	Paul O.	SAN 372
Palaschinski P.	SG 456	Parpart K.	BER 121	Paul W.	NW 297
Palbuchta B.	SG 455	Parr R.	BER 125	Paulat M.	SG 463
Palder A.	HH 162	Parschau U.	RP 318	Pauldrach I.	BER 127
Palder H.	BY 63	Parteina A.	TH 393	Pauldrach U.	VwG 486
Palik H.	BY 77	Partikel S.	BER 122	Pauli E.	NW 288
Pallasch M.	TH 395	Partin R.	BY 97	Pauli F.	NDS 229
Palm K.	NDS 224	Partsch G.	VwG 492	Pauli G.	NW 290
Palm T.	BW 32	Parzefall H.	VwG 481	Pauli H.	SG 468
Palm T.	VwG 500	Parzyjegla P.	BRA 144	Pauli W.	NW 277
Palmberger G.	HH 162	Paschke B.	NW 310	Pauli-Gerz M.	VwG 481
Paltzer B.	NW 300	Paschke R.	BER 117	Paulick T.	NDS 213
Palzer J.	NDS 215	Paschkowski T.	HH 166	Pauling D.	BY 76
Pamp H.	NW 268	Pasker H.	NDS 230	Paulisch A.	NDS 222
Pamp R.	NW 296	Pasker S.	NDS 237	Paulmann H.	MV 197
Pandel H.	RP 313	Paß W.	NDS 210	Paulmann-Heinke J.	NDS 216
Pane D.	BRE 152	Paß W.	NW 243	Pauls J.	BRE 150
Panhans D.	BRA 145	Passade F.	BRE 153	Pauls U.	NW 251
Pani A.	HE 171	Paßage K.	NW 299	Paulsen A.	NW 268
Pank H.	NW 260	Passauer M.	SH 382	Paulsen K.	ArbG 431
Pankalla R.	VwG 511	Passerini R.	BRA 146	Paulus K.	HE 174
Pankoke M.	HH 165	Passerini T.	BRA 140	Paulus R.	BY 71
Pankow U.	BW 25	Paßler C.	HE 192	Paulus-Kamp A.	ArbG 431
Pannek C.	SAN 373	Paßlick H.	ArbG 426	Paulußen E.	NW 249
Pannek H.	SH 380	Paßmann F.	NW 251	Paulwitz-Ronsfeld S.	SH 380
Pannek R.	BER 116	Paßmann J.	NW 263	Pauly A.	ArbG 425
Pannenbäcker U.	ArbG 426	Paßmann M.	BRA 142	Pauly H.	TH 400
Pannicke H.	VwG 484	Passoke B.	NDS 239	Pauly H.	VwG 488
Panno-Bonnmann S.	VwG 503	Pastewski E.	BRA 135	Paur C.	VwG 478
Pansegrau J.	NDS 211	Pastor T.	SG 471	Paus B.	BY 97
Panten R.	HH 160	Pastor W.	NW 293		BY 109
Pantke M.	NW 279	Patella S.	VwG 490	Paus B.	NW 277
Pantke-Kersting G.	NW 309	Pater W.	BY 88	Paus H.	ArbG 422
Pantle A.	HE 184	Patermann A.	VwG 484	Paus R.	VwG 501

Pausch T.	BY 94	Pendzich M.	VwG 499	von Péterffy H.	BW 34
	BY 110	Penners-Isermann U.	NDS 216	Peterke V.	BW 59
Pawel G.	NW 272	Pennig U.	NW 272	Peterl H.	MV 197
Pawel W.	NW 272	Pense U.	NW 269	Petermann J.	ArbG 437
Pawellek J.	NW 275	Penshorn C.	NDS 221	Petermann K.	NW 264
Pawelzik E.	VwG 512	Penshorn P.	BER 123	Petermann T.	VwG 513
Pawlak S.	SG 451	Pentermann W.	VwG 498	Peters A.	HH 162
Pawlick J.	SG 455	von Pentz V.	BW 27	Peters A.	RP 315
Pawlik P.	BRE 152	Pentzlin J.	VwG 502	Peters B.	HH 159
Pawlitscha U.	BW 30	Penzlin L.	SH 379	Peters B.	VwG 506
Pawlizki H.	BER 117	Peplow K.	BRA 136	Peters D.	ArbG 418
Pawlowsky R.	NDS 209	Peppler J.	HE 175	Peters E.	TH 389
Pech A.	SAC 351	Peppler M.	HE 176	Peters E.	VwG 513
Pecha H.	NDS 210	Perband K.	NW 276	Peters F.	HH 157
Pechan K.	BER 119	Perband R.	SAC 350	Peters F.	VwG 499
Pechan W.	BY 101	Perchner K.	SAC 349	Peters G.	NDS 236
Pecher B.	BY 84	Perels M.	HH 160	Peters G.	NW 248
Pecher R.	BW 54	Pérez Belmonte M.	ArbG 430	Peters G.	SH 381
Pechstein B.	ArbG 417	Perger A.	VwG 498	Peters G.	SH 383
Pechtold W.	SAN 363	Perlitz J.	BER 113	Peters H.	MV 195
Pedain G.	HE 190	Permin O.	MV 203	Peters H.	NW 310
Peé K.	VwG 484	Perne H.	RP 313	Peters H.	SH 378
Pees J.	RP 333	Pernice C.	BW 61	Peters H.	TH 389
Pees N.	NW 299	Perpeet I.	NW 297	Peters H.	VwG 496
Peest G.	NDS 228	Perron H.	BW 24	Peters H.	VwG 511
Peetz T.	NDS 231	Persch W.	BMJ 5	Peters I.	HH 161
Pegenau B.	BRA 139	Perschau R.	BER 119	Peters I.	NW 264
Peglan J.	NW 269	Perschk W.	HH 165	Peters J.	HH 160
Pehle B.	MV 204	Perschke H.	NW 308	Peters J.	NDS 225
Pehle M.	HE 188	Perschke S.	NDS 240	Peters K.	BU 11
Peifer K.	BU 10	Pertek W.	VwG 489	Peters K.	SAC 360
Peifer U.	SG 465	Pertram J.	NW 288	Peters M.	HE 174
Peil M.	SAA 337	Pervelz J.	BER 121	Peters N.	HE 186
Peine H.	BRA 137	Pervelz M.	BER 128	Peters R.	BW 54
Peinelt P.	TH 398	Pesahl N.	BY 66	Peters R.	NDS 238
Peißert U.	FG 446	Pesch A.	VwG 501	Peters R.	SAC 350
Peißker K.	BER 118	Pesch G.	NW 251	Peters R.	SH 379
Peitz P.	NW 253	Pesch H.	NW 244	Peters S.	HH 160
Peitz T.	NW 279	Pesch H.	SG 469	Peters S.	RP 328
Pekie C.	BER 119	Pesch I.	NW 307	Peters S.	SAC 355
Pekoch K.	NW 287	Pesch L.	VwG 502	Peters T.	MV 203
Pelcz F.	BRA 145	Pesch M.	SAC 349	Peters U.	BRA 137
Pelcz M.	HE 176	Pesch S.	HH 160	Peters U.	NDS 224
Pelka A.	BY 101	Peschau H.	VwG 494	Peters W.	BRA 142
Pelka A.	VwG 477	Peschel-Gutzeit L.	HH 155	Peters W.	FG 445
Pelka G.	VwG 477	Peschka P.	NDS 219	Peters W.	TH 398
Pellegrino M.	NDS 240	Peschke R.	BER 120	Peters W.	VwG 486
Pellen-Lindemann S.	BW 53	Pesselt F.	SAN 371	Peters-Lange S.	NW 300
Pellens M.	HH 160	Pest J.	NDS 224	Petersen E.	HH 157
Pelte K.	SG 472	Pesta R.	TH 393	Petersen H.	SAN 368
Peltner C.	FG 440	Pester S.	SAC 347	Petersen H.	SH 378
Peltner H.	FG 440	Peter A.	HE 179	Petersen K.	NDS 219
Pelz F.	NW 262	Peter C.	VwG 475	Petersen K.	SAC 353
Pelzer A.	BRA 146	Peter D.	NW 278	Petersen K.	SH 377
Pelzer D.	NW 309	Peter H.	BY 90	Petersen L.	BW 36
Pelzer I.	BRA 141	Peter J.	FG 444	Petersen L.	FG 440
Pelzl E.	BW 46	Peter M.	ArbG 425	Petersen L.	NW 307
Pelzner S.	NW 275	Peter M.	BW 41	Petersen M.	VwG 512
Pendt A.	RP 330	Peter R.	BY 76	Petersen P.	BRA 145

Piel W.	SAC 345	Pilz D.	BRE 151	Plate J.	HH 159
Pielemeier I.	NW 267	Pilz M.	SAN 365	Plate K.	ArbG 420
Pielenz C.	HH 166	Pilz W.	SG 463	Plate K.	SG 462
Pielke W.	BRA 140	Pinder T.	BRA 143	Plate S.	NDS 233
Piellusch S.	NDS 239	Pingel K.	RP 319	Plate S.	NW 303
Piendl J.	BY 106	Pingel R.	SH 380	Plate U.	HH 155
Pientka A.	BW 53	Pinkemeyer H.	VwG 506	Platen K.	BW 30
Piepel R.	MV 199	Pinkert C.	SAC 355	Plath A.	NDS 223
Piepel R.	VwG 493	Pinne H.	FG 447	Plath D.	BRA 145
Piepenbrock M.	SG 465	Pinnel P.	NW 254	Plath D.	TH 391
Piepenburg D.	BW 29	Pinter U.	BY 85	Plath G.	NDS 223
Piepenstock E.	NW 312	Piontkowski G.	BRE 153	Plathe P.	ArbG 423
Pieper A.	ArbG 427	Piorkowski G.	BER 117	Plathner C.	VwG 479
Pieper E.	VwG 489	Piorreck K.	HE 169	Platten P.	BW 34
Pieper F.	SAN 371	Pippert J.	TH 392	Plattner A.	BY 89
Pieper H.	NDS 234	Pippert N.	ArbG 435	Plattner M.	NW 273
Pieper J.	NW 290	Pippig D.	VwG 486	Platzek B.	TH 393
Pieper K.	NW 244	Pirc A.	NW 252	Platzer C.	RP 327
Pieper R.	ArbG 424	Pirc S.	NW 269	Platzer P.	ArbG 434
Pieper V.	SAN 373	Pirk B.	TH 401	Plauth-Herr S.	RP 319
Pieper W.	TH 393	Pirk M.	SAC 352	Plebuch R.	SG 452
Piepgras A.	NDS 237	Pirlich F.	HE 184	Plefka H.	BER 116
Pieringer H.	BY 82	Pirlich-Kraus C.	HE 180	Plein M.	NW 308
Pierscianek R.	SG 465	Pirnay C.	NDS 234	Pleines F.	NDS 218
Pies E.	VwG 506	Pirron M.	RP 320	Pleister W.	FG 440
Pies M.	ArbG 434	Pirrung H.	VwG 506	Plenk I.	BY 97
Piesker H.	BU 9	Pirrung J.	BMJ 3	Plesse F.	BMJ 4
Pietroschinsky A.	FG 439		EuGH 517	Plessner F.	VwG 484
Pietrucha G.	BY 106	Pirsch J.	MV 200	Plester F.	NW 281
Pietrusky J.	NW 304	Pirsing A.	BRA 137	Pletzinger W.	NW 277
Pietryka C.	SAC 354	Pisal R.	BRA 136	Pleuß J.	NDS 229
Pietryka S.	SAC 359	Pisarski S.	BY 104	Plewig H.	HH 159
Pietsch G.	NW 293	Pisczan B.	TH 394	Plewka E.	VwG 504
Pietsch K.	RP 316	Pisecky U.	SAC 353	Plewka I.	SH 387
Pietsch P.	FG 446	Pisters M.	NW 243	Plewnia-Schmidt G.	SH 381
Pietsch S.	SAC 358	Pistor C.	VwG 499	Pliester R.	BRA 136
Pietsch U.	ArbG 416	Pittelkow B.	SH 375	Pliester U.	BY 64
Pietsch U.	MV 204	Pittelkow J.	NDS 223	Pliquett B.	FG 445
Pietschmann G.	RP 320	Pittner G.	BY 70	Plitzkow U.	NDS 240
Pietzcker T.	VwG 509	Pitz W.	RP 321	Plöd J.	BY 108
Pietzek M.	NDS 211	Pixa A.	NW 308	Plöger H.	SH 387
Pietzke W.	ArbG 434	Plaas K.	BY 82	Ploenes F.	NW 299
	VerfG 407	Placzek H.	SH 377	Plößl H.	BY 64
Pietzko I.	SAC 356	Plähn J.	BER 125	Plößl K.	BY 100
Pietzner R.	BU 12	Plänker K.	BW 62	Plötzing U.	NW 302
Piira P.	NW 282	Plaetschke V.	BY 78	Plorin P.	NDS 240
Pikarski R.	SAN 372	Plaga E.	SAN 367	Plorin R.	HH 161
Pikarski S.	SAN 364	Plagge H.	NDS 232	Plota K.	TH 394
Pilartz A.	ArbG 430	Plagge M.	HE 190	Plothe J.	BER 125
Pilch A.	TH 392	Planer G.	NDS 214	Plotz G.	BY 87
Pilger W.	NW 296	Planitzer S.	SAC 354	Plückelmann B.	VwG 484
Piller A.	TH 394	Plappert A.	BW 54	Plücker H.	FG 445
Piller H.	BY 98	Plaschke K.	NDS 216	Plüm J.	ArbG 425
Piller H.	SG 454	Plaß G.	HE 192	Plümacher M.	BER 121
Pillhofer H.	BY 103	Plass J.	BW 31	Plümäkers H.	NW 253
Pillmann K.	NW 292	Plaß-Brandstetter H.	SG 455	Plüür G.	BER 121
	VerfG 406	Plassmann K.	NW 278	Pluhm D.	VwG 505
Pillusch S.	NDS 240	Plaßmann U.	NW 275	Plum A.	NW 243
Pilster R.	SAN 361	Plastrotmann R.	NW 295	Plum N.	NW 294

Plum R.	SG 468	Pohl U.	NDS 219	Popp S.	BY 108
Plumeyer M.	NDS 217	Pohl U.	RP 327	Popp W.	HE 190
Plutte M.	NW 271	Pohl V.	BY 76	Popp-Lossan B.	BY 85
Poch K.	TH 395	Pohl W.	ArbG 416	Poppe J.	VerfG 405
Pochert K.	NDS 227	Pohl W.	BRA 141	Poppe K.	NW 295
Podeyn C.	NW 307	Pohl-Kukowski A.	SAC 356	Poppe P.	ArbG 414
Podhraski A.	SAC 349	Pohlan D.	TH 401	Poppe R.	SG 462
Pods K.	ArbG 434	Pohle R.	BY 80	Poppe-Bahr M.	SG 459
Pöhlmann P.	BY 94	Pohlendt H.	SG 464	Poppinga K.	SG 463
Pöhlmann R.	NDS 225	Pohlenz D.	SH 380	Porath H.	VwG 484
Pöhls H.	SH 380	Pohlenz S.	VwG 493	Porcher-Christmann U.	RP 332
	SH 381	Pohlmann A.	HH 166	Poreda W.	NW 270
Pöld P.	NW 267	Pohlmann E.	NW 273	Pormann M.	BRA 146
Pöllmann K.	BY 104	Pohlmann N.	NW 281	Porschitz E.	HE 172
Poelmann J.	NW 254	Pohlmann P.	NW 244	Port E.	BY 88
Poensgen S.	SH 384	Pohlmann R.	HE 182	Port I.	RP 333
Pöppel G.	BY 86	Pohlmann R.	NW 274	Porten B.	HE 188
Pöpperl B.	BY 73	Pohlmann R.	NW 309	Porz W.	VwG 505
Pöpperl P.	BU 9	Pohlmeier M.	NW 271	Porzner E.	BY 101
Pörnbacher B.	BY 96	Pohlschneider J.	SG 464	Porzner W.	SG 456
	BY 109	Pokrant G.	BU 8	Poschik A.	BW 47
Poerschke S.	NW 311	Pokropp-Aring S.	NDS 216	Posegga T.	NW 308
Pörtner H.	NW 277	Polack S.	BY 87	Posern L.	BW 39
Pösch H.	BY 74	Polakowski T.	NW 287	Poske D.	SG 461
Poeschke A.	SH 385	Polep T.	NW 312	Posner H.	ArbG 421
Pöschl B.	BY 93	Policke K.	NW 288	Pospischil L.	SAC 360
Pöschl B.	BY 109	Poling-Fleuß A.	NW 312	Posse R.	HE 180
Pöschl-Lackner H.	BY 91	Politt H.	NW 259	Possehl J.	NDS 234
Pösentrup H.	BU 16	Polka A.	MV 205	Postel D.	VwG 485
Pössel K.	NDS 219	Pollak G.	BRA 145	Posthoff K.	NW 263
Pötke G.	BW 52	Pollender H.	NW 289	Postier R.	BU 13
Poetsch C.	RP 320	Pollert H.	BY 94	Postler M.	BY 99
Poetsch U.	NW 284	Pollex U.	RP 321	Poswa E.	BY 69
Pötsch W.	VwG 502	Pollinger A.	BY 87	Potenberg B.	BRA 142
Pötting D.	NW 272	Pollmächter F.	NW 246	Poth A.	SAC 346
Poetzl G.	BW 39	Pollmann G.	NW 241	Potocki A.	EuGH 517
Pötzsch H.	SAN 372	Pollmann K.	NW 286	Potschka A.	NDS 238
Poganiatz H.	SAC 358	Pollmeier K.	BY 77	Pott C.	BER 125
Poggel T.	NW 289	Polloczek A.	VwG 479	Pott G.	NW 262
Pogrzeba J.	NW 263	Pollok N.	BY 98	Pott H.	RP 315
Poguntke P.	NW 310	Polomski R.	NDS 209	Pott N.	NW 241
Pohl B.	BW 61	Poltze D.	NDS 212	Pott W.	NW 258
Pohl C.	ArbG 420	Pommer H.	SAN 365	Pottgießer D.	VwG 500
Pohl E.	BW 40	Pommerien A.	NDS 215	Potthast H.	NW 298
Pohl F.	BW 31	Pompe J.	NDS 239	Potthast K.	ArbG 415
Pohl F.	NW 303	Poncelet C.	SG 467	Potthoff A.	NW 300
Pohl G.	HE 180	Poncelet S.	NW 246	Potthoff A.	SG 468
Pohl G.	NW 303	Pongratz E.	VerfG 403	Potthoff F.	NW 294
Pohl G.	SG 470		VwG 478	Potthoff H.	NW 299
Pohl H.	BER 113	Pongratz H.	BY 64	Potthoff K.	BRA 140
Pohl H.	HE 188	Ponnath H.	BY 72	Pottmeyer E.	VerfG 406
Pohl H.	HE 190	Pons K.	HE 188		VwG 498
Pohl H.	SH 386	Ponsold F.	SAC 350	Pottschmidt G.	VerfG 404
Pohl J.	NW 249	Pontenagel B.	NDS 233		VwG 487
Pohl K.	ArbG 416	Pook R.	HE 187	Potzel D.	BY 69
Pohl K.	HE 178	Popendicker H.	TH 394	Potzel H.	BY 72
Pohl L.	BER 113	Popp D.	TH 395	Poulet S.	HE 185
Pohl M.	BY 77	Popp J.	BY 78	Powolny J.	RP 317
Pohl M.	BY 93	Popp J.	BY 111	Praast-Dietrich C.	BW 54

Puls D.	NW 307	Quernheim M.	NW 265	Radermacher W.	BER 125
Puls J.	HH 157	Quick B.	Bce 153	Radinger H.	BY 90
Puls J.	NW 257	Quick E.	ArbG 435	Radke D.	NW 312
Puls T.	SAN 365	Quick H.	VwG 500	Radke H.	BW 61
Pult-Wilhelm S.	ArbG 412	Quinker G.	BW 36	Radke H.	VwG 494
Pulvermüller W.	BW 58	Quirin B.	SAA 339	Radke J.	HE 189
Pummer H.	BY 66	Quitmann W.	NW 299	Radke K.	HE 171
Pump H.	FG 445	Quitmann-Kreft W.	VwG 501	Radke O.	NW 271
Pump H.	FG 447			Radke-Schäfer U.	NW 278
Pump T.	VwG 496	**R**		Radler K.	HE 192
Puppe A.	NDS 234			Radloff R.	BRA 139
Puppe G.	NDS 234	Raab K.	BY 66	Radmacher N.	SAC 347
Puppe-Lüders B.	MV 203	Raab-Gaudin U.	BY 98	Radon B.	SG 457
Purbs S.	HH 160	Raabe C.	HH 165	Radtke A.	VwG 505
Purk E.	VwG 498	Raabe H.	HH 160	Radtke E.	NW 245
Pusch A.	SG 465	Raabe J.	VwG 484	Radtke H.	BER 113
Pusch G.	SG 472	Raack W.	NW 301	Radtke H.	SAA 336
Pusch H.	NDS 219	Raape E.	SAN 372	Radtke J.	BRA 137
Pusch K.	VwG 498	Raasch R.	HE 174	Radtke M.	HH 159
Puschmann K.	NW 248	Raasch U.	BER 125	Radtke W.	SAA 337
Pust H.	BU 11	Raasch-Sievert D.	ArbG 436	Radu M.	BER 130
Pust K.	MV 198	Rabas-Bamberger A.	VwG 490	Radüge A.	SG 460
Pustolla R.	NW 266	Rabbow B.	BW 43	Radünzel K.	ArbG 431
Puszkajler K.	BY 84	Rabe A.	NW 309	Radusch M.	VwG 498
Puth P.	RP 316	Rabe B.	NDS 213	Radziejewski A.	BER 128
Putschky B.	ArbG 415	Rabe C.	HH 158	Radziwill E.	BMJ 5
Putzer L.	SG 454	Rabe H.	VerfG 404	Raebel B.	BU 8
Putzka P.	ArbG 422	Rabel M.	BW 21	Raeck S.	BRA 141
Pyschny M.	NW 254	Raben M.	HH 158	Räcke G.	BER 121
Pyzik K.	NDS 213	von Rabenau H.	BER 125	Raecke J.	VwG 488
		Rabenow M.	BER 122	Räcke U.	BER 118
Q		Raberg A.	NW 263	Räcke V.	NW 302
		Rabiger H.	NDS 228	Räckers C.	BRA 137
Quack H.	SAA 336	Rabl W.	BY 84	Räder-Roitzsch C.	BY 88
	VerfG 406	Rache M.	ArbG 418	Räth M.	BY 69
Quack W.	NW 293	Rache V.	ArbG 417	Rätke B.	FG 442
Quack-Kummrow A.	NW 306	Rachfall S.	ArbG 417	Rättig A.	RP 318
Quade-Polley M.	NDS 209	Rachor E.	TH 390	Rätz M.	NDS 231
Quak S.	NDS 217	Rachor F.	VwG 491	Räuwer K.	ArbG 417
Quakernack J.	SAC 352	Rachow B.	HH 159	Ragnemalm H.	EuGH 515
Quandel U.	HE 181	Rachow H.	MV 200	Rahlf J.	BY 77
Quandt S.	ArbG 429	Rachow M.	BRA 136	Rahmen T.	NW 303
Quandt-Gourdin D.	VwG 476	Rackow S.	NDS 237	Rahmer W.	NW 289
Quante-Batz K.	RP 333	Rackwitz K.	NW 241	Rahn C.	NW 248
Quantz B.	SH 387	Rackwitz K.	NW 252	Rahrbach S.	SAC 360
Quarch M.	NW 295	Radcke D.	NW 287	Raida H.	BRA 145
Quaritsch-Fricke H.	VwG 506	Raddatz B.	BER 129	Raimer P.	NW 273
Quass S.	BRA 145	Raddatz M.	BER 119	Raimer-Schafferus C.	NW 273
Quast B.	SAC 357	Radde A.	NW 251	Rainer R.	VerfG 405
Quast G.	VwG 488	Radeck-			VwG 492
Quast T.	NW 300	Greenawalt H.	BY 103	Rainer T.	BW 55
Quebbemann C.	NDS 213	Rademacher C.	HE 177	Raisch N.	BER 124
Quecke M.	ArbG 434	Rademacher H.	NW 282	Raithel J.	TH 400
Quellhorst R.	BER 122	Rademacher M.	VwG 480	Raithel M.	TH 400
Queng S.	NW 312	Rademacker O.	SG 474	Rakebrand J.	BER 131
Quentin A.	ArbG 424	van Raden L.	BU 16	Rall M.	BW 61
Quentin A.	BY 102	Raden M.	VwG 508	Raloff H.	VerfG 404
Querbach C.	TH 392	Rader J.	FG 440	Ramacher W.	NW 248
Quere-Degner A.	NDS 235	Radermacher P.	NW 302	Ramackers A.	FG 445

Ramberg K.	NDS 226	Raßweiler B.	NDS 215	Rauscher M.	BW 47
Rambo R.	NW 245	Rast H.	BW 51		BW 52
Rambow H.	BRA 140	Rastätter J.	BW 40		BW 59
Ramcke U.	VwG 489	Rastetter G.	BW 29	Rauscher R.	BW 52
Ramdor M.	NDS 209	Ratajczak F.	TH 394	Rauschning A.	MV 205
Ramin E.	NW 262	Ratay I.	BER 130	Rauskolb D.	BER 113
Ramlow R.	SH 381	Rateike C.	BER 121	Rautenberg B.	BER 123
Rammert B.	NDS 238	Ratering G.	NDS 236	Rautenberg E.	BRA 143
Rammert E.	NW 267	Rath A.	BY 86	Rautenberg K.	BER 122
Rammert M.	NDS 211	Rath G.	ArbG 420	Rautenstrauch-	
Ramming G.	BY 69	Rath V.	HE 189	Duus A.	VwG 513
Ramminger H.	FG 439	Rath-Ewers C.	NDS 224	Rautert J.	SG 470
Rammoser-Bode C.	BRA 142	Rathemacher J.	FG 449	Rauxloh A.	BRA 142
Rampf G.	RP 327	Rathemacher S.	TH 391	Rave-Justen G.	BER 125
Ramsauer A.	HE 188	Rathgeber M.	HE 170	Raven O.	NW 311
Ramsauer A.	HE 193	Rathgeber S.	HE 172	Rawer W.	HE 178
Ramsauer M.	BY 88	Rathke W.	BRE 151	Rebel H.	SH 382
Ramsauer U.	VerfG 404	Rathmann J.	HE 192	Rebel K.	BY 89
	VwG 488	Rathsack W.	NW 277	Rebell A.	NDS 215
Ramspeck R.	BY 88	Rathsmann M.	RP 327	Rebell G.	NW 252
Rancke F.	ArbG 417	Ratschow E.	SH 386	Rebentisch M.	BER 129
Rancke-Ziemke S.	BER 124	Ratte T.	NW 268	Reber D.	ArbG 417
Randel H.	HH 161	Ratz E.	NW 250	Rebeski D.	NDS 217
Randelzhofer A.	VerfG 404	Ratz R.	ArbG 422	Rebhan K.	BY 87
Randoll K.	BW 47	Ratzki B.	SH 378	Rebhan R.	BY 100
Randschau W.	SH 380	Rau A.	BY 76	Rebien C.	SH 383
Randt C.	BW 41	Rau B.	HE 174	Reblitz H.	BW 40
Randzio R.	HH 158	Rau J.	NW 301	Rebmann C.	SAA 341
Ranft M.	ArbG 433	Rau W.	HE 174	Rebmann F.	BW 62
Rang T.	RP 322	Rauch D.	VwG 479	Rebohle W.	SG 464
Range H.	NDS 207	Rauch E.	SG 461	Rebsam-Bender C.	BW 50
Rank G.	SG 451	Rauch F.	BRA 136	Rebstock H.	NW 289
Rank H.	BY 86	Rauch H.	BY 105	Reccius W.	VwG 495
Rank M.	BY 73	Rauch J.	BU 16	Rech A.	BW 59
Ranneberg A.	HE 169	Rauch K.	VwG 507	Rech H.	ArbG 430
Ranzinger K.	NW 312	Rauch M.	BRA 137	Rech H.	SAC 354
Rapp B.	BER 129	Rauch M.	MV 200	Rech T.	VwG 507
Rapp W.	HH 157	Rauchhaus B.	HE 189	Rechel H.	HE 169
Rapp W.	VerfG 404	Raue A.	SAN 368	Rechenbach D.	VwG 490
Rappe B.	NDS 213	Raufeisen B.	BY 71	Rechenbach P.	HE 171
Rappert K.	BY 94	Raufer H.	FG 439	Rechner H.	BY 80
Rappl P.	FG 440	Rauh A.	SAC 348	Reck M.	BY 77
Rappold G.	BW 44	Rauhaus S.	NW 311	Freiherr von der	
Rappoport Z.	NW 273	Rauhe D.	NDS 226	Recke H.	NW 297
Rapsch E.	VwG 498	Raum R.	BU 8	Recken M.	SAC 356
Raquet A.	BW 58	Rauner W.	BY 85	Recker D.	NW 287
Rasch I.	BER 125	Raupach J.	BER 127	Reckert K.	TH 393
Rasch I.	NW 280	Raupach S.	NW 305	Reckewell K.	HE 190
Rasch K.	BER 119	Rausch H.	NW 297	Reckhaus E.	NW 269
Rasche W.	NW 284	Rausch J.	HE 187	Reckler C.	SAN 372
Rasche-Iwand T.	NW 307	Rausch J.	NW 297	Reckling R.	SAC 346
Rasche-Sutmeier K.	VwG 500	Rausch P.	ArbG 418	Reckschmidt D.	BER 121
Raschen W.	NDS 240	Rausch U.	HE 185	Redant S.	NDS 209
Raschke M.	NW 302	Rauschenbach W.	BY 84	Reddemann D.	BER 125
Raschke-Rott B.	NW 311	Rauschenberg D.	VwG 504	Redder H.	HH 165
Rasenack J.	BW 58	Rauschenberg H.	ArbG 437	Redecker M.	VwG 493
Rasmussen J.	NW 290	Rauschenberger H.	VwG 491	Redeker P.	TH 393
Rassier G.	TH 393	Rauscher J.	ArbG 414	Redeker R.	VwG 494
Raßmann M.	BRA 141	Rauscher J.	HE 185	Redeker W.	NDS 220

Redel P.	BY 100	Reich J.	HH 164	Reichmann A.	NW 266
Redemann K.	SAN 363	Reich M.	SG 468	Reichmann K.	NW 267
Redemske R.	NW 312	Reich P.	BW 36	Reichmann L.	SAN 363
Redenbach-Grund J.	SG 465	Reich S.	ArbG 421	Reichold C.	VwG 504
Reder F.	BW 52	Reich S.	BY 92	Reichold K.	BY 75
Reder W.	BW 54	Reich S.	VerfG 407	Reichold S.	BY 98
Redetzki J.	BY 76		VwG 508		BY 110
Redick J.	NW 244	Reichard F.	BRA 133	Reichstein-Englert H.	BY 93
Redies H.	NW 258	Reichard G.	BY 104	Reick S.	RP 332
Rediger A.	NW 277	Reichardt B.	BW 38	Reidenbach F.	HE 176
Redl G.	BY 87	Reichardt H.	BW 30	Reif P.	NDS 221
Redlich H.	ArbG 431	Reichardt H.	SAN 365	Reifelsberger D.	NDS 209
Redlin H.	NW 252	Reichardt-Pospischil M.	HH 160	Reifelsberger H.	NDS 209
Redlin S.	MV 203	Reichart A.	BY 78	Reifenrath R.	BER 131
Redmer J.	NDS 222	Reichart U.	BER 123	Reiff R.	BER 127
Redmer-Häußler E.	SG 467	Reiche A.	NW 295	Reiff S.	NW 307
Reeg F.	HE 172	Reiche K.	FG 443	Reiffenhäuser N.	ArbG 429
Reeg P.	BY 103	Reichel A.	RP 318	Reiffer E.	NW 278
Reeh R.	NW 287	Reichel C.	BY 110	Reifferscheidt M.	NW 306
Reekers B.	NW 250	Reichel C.	SAA 341	Reifferscheidt N.	NW 306
Reelsen I.	NW 286	Reichel G.	VwG 480	Reifurth H.	BW 29
Reents U.	NDS 237	Reichel H.	BY 80	Reih H.	BER 119
Reese B.	NW 249	Reichel H.	BY 88	Reiher J.	BY 74
Reese F.	SH 384	Reichel J.	BER 118	Reihlen I.	BER 118
Regel C.	BW 37	Reichel M.	NW 271	Reikert M.	NW 290
Regel D.	SAN 373	Reichel M.	SAN 369	Reil J.	BW 61
Regel G.	SAN 373	Reichel S.	SAC 350	Reil J.	BY 104
Regel W.	NW 273	Reichel U.	SAC 356	Reiland C.	SG 473
Regelin H.	RP 329	Reichel V.	SAC 349	Reiland W.	VwG 478
Regenbogen K.	HE 181	Reichel W.	SAN 367	Reilmann S.	NW 282
Regenhardt M.	BER 124	Gräfin von		Reim A.	NW 248
Reger W.	SAA 337	Reichenbach B.	NW 246	Reim D.	BW 52
Regler A.	FG 441	Reichenbach H.	BMJ 4	Reim H.	FG 446
Regnauer A.	BY 91	Graf von		Reimann C.	NW 307
Regul H.	NW 262	Reichenbach S.	NW 247	Reimann D.	NW 302
Reh F.	NDS 228	Reichenbecher Z.	BER 131	Reimann D.	VwG 477
Rehak H.	VerfG 406	Reichenberger K.	BY 97	Reimann H.	VwG 511
	VwG 508		BY 111	Reimann R.	NW 243
Rehbein G.	NW 300	Reichenzeller U.	BY 92	Reimann R.	NW 300
Rehbein H.	BRA 134	Reichert A.	BY 80	Reimann W.	ArbG 431
Rehbein K.	NDS 209	Reichert A.	NDS 222	Reimer J.	SH 385
Rehbein S.	VwG 505	Reichert B.	NDS 219	Reimer M.	MV 201
Rehberg H.	SG 463	Reichert D.	BER 127	Reimers G.	MV 199
Rehder-Schremmer S.	VwG 489	Reichert E.	BY 81	Reimers H.	SG 458
Reher A.	NDS 240	Reichert G.	BY 86	Reimers I.	MV 204
Reheußer P.	BY 65	Reichert G.	SAC 347	Reimers U.	RP 318
Rehling J.	NW 289	Reichert J.	NW 280	Reimers W.	VwG 505
Rehling T.	HH 166	Reichert J.	SAN 367	Reimers-Zocher B.	HH 159
Rehm K.	HH 161	Reichert M.	NW 280	van Reimersdahl J.	TH 396
Rehm M.	BRA 145	Reichert P.	HE 177	Reimold H.	BW 38
Rehm R.	SAC 359	Reichert R.	ArbG 426	Reimpell R.	HH 166
Rehme E.	NDS 230	Reichert T.	SG 457	Reimus V.	VwG 486
Rehn G.	HH 155	Reichert V.	VwG 484	Rein C.	SAC 345
Rehse R.	NW 309	Reichert W.	HE 187	Rein F.	SG 458
Rehwagen W.	FG 440	Reicherter D.	BW 50	Rein W.	BY 65
Reiber F.	BW 59	Reicherts K.	TH 391	Reinart-Liskow V.	NW 295
Reibold H.	TH 398	Reichhardt M.	HE 192	Reinbothe J.	BMJ 4
Reich D.	BW 50	Reichling G.	RP 326	Reinbrecht G.	SH 382
Reich H.	VwG 502	Reichling U.	RP 330	Reincke-Voß C.	SAC 350

Reindl G.	BY 82	Reisinger N.	BW 49	Rengers J.	FG 447
Reinecke B.	BU 10	Reisinger P.	BY 91	Renk H.	HE 174
Reinecke G.	BU 10	Reismann J.	MV 205	Renk H.	VwG 478
Reinecke H.	NDS 220	Reisner T.	VwG 494	Renken I.	BRE 149
Reinecke H.	NDS 232	Reiß E.	BY 75	Renner G.	VwG 489
Reinecke H.	NW 297	Reiß G.	BY 89	Renner H.	BY 90
Reinecke J.	NW 254	Reiß S.	BY 72	Renner M.	BER 115
Reinecke R.	BY 104	Reissenberger-		Renner R.	BW 21
Reineke A.	NW 283	Safadi O.	VwG 484	Rennert J.	ArbG 411
Reineke H.	NDS 233	Reißig H.	BRA 145	Rennert K.	VwG 475
Reineke H.	NW 270	Reißler E.	BY 87	Rennert R.	VwG 486
Reinemund J.	NW 293	Reißmann I.	NW 257	Renninger M.	BW 58
Reiner A.	NW 295	Reitberger P.	BY 88	Rennpferdt M.	ArbG 421
Reiner E.	BRA 139	Reiter G.	BY 85	Rensch M.	BW 38
Reiner J.	NW 299	Reiter H.	BY 76	Renschler J.	BW 45
Reiners H.	NW 274	Reiter H.	BY 77	Rentel H.	SG 457
Reinert P.	RP 315	Reiter H.	BY 82	Rentsch A.	SG 472
Reinfelder A.	ArbG 415	Reiter M.	SAA 341	Rentsch S.	NW 312
Reinfelder W.	ArbG 419	Reiter R.	BW 61	Rentzow L.	MV 204
Reinhard B.	ArbG 429	Reiter R.	BY 81	Renz E.	BW 41
Reinhard K.	BER 115	Reiter V.	HE 192	Renz H.	SAC 355
Reinhardt F.	NW 244	Reith H.	FG 446	Renz R.	FG 439
Reinhardt I.	RP 320	Reith H.	HE 189	Renze A.	NDS 233
Reinhardt K.	HE 187	Reitmaier A.	BER 129	Renziehausen J.	NW 247
Reinhardt K.	NDS 213	Reitmeier I.	MV 201	Renzing A.	NW 279
Reinhardt M.	NW 254	Reitnauer M.	VwG 506	Repka D.	VwG 500
Reinhardt N.	SH 378	Reitschky U.	TH 395	Repmann F.	BRE 153
Reinhardt P.	NW 276	Reitz G.	MV 200	Repp H.	VwG 490
Reinhardt-Picl P.	HE 190	Reitz R.	NW 294	Repp U.	RP 320
Reinhart W.	ArbG 427	Reitz-Stenschke M.	HE 189	Reppel K.	NW 293
Reinhoff K.	NW 296	Reitzel D.	BW 54	Resch J.	NDS 236
Reinhold A.	SG 468	Reitzenstein G.	BY 100	Resch K.	TH 401
Reinhold D.	SH 379	Reitzenstein H.	HH 165	Reschke K.	BW 61
Reinhold K.	NDS 223	Reitzenstein H.	NDS 211	Reschke P.	NW 275
Reinicke S.	NDS 225	Reitzmamm P.	HE 186	Reschke V.	SG 458
Reinicke W.	NW 289	Reize M.	BW 49	Resenscheck W.	BY 75
Reinig H.	VwG 476	Rejewski H.	BER 114	Reske D.	SG 467
Reinke H.	VwG 512	Reker B.	SAC 358	Reske H.	NW 302
Reinke M.	BER 130	Reker K.	BU 16	Reske K.	RP 328
Reinke M.	HH 162	Rellensmann K.	HH 161	Reske M.	NW 299
Reinke W.	NW 266	Remagen D.	RP 316	Respondek M.	SAC 359
Reinken W.	NW 263	Remen G.	BRA 145	Ressler K.	SAC 351
Reinkenhof M.	SAC 359	Remer B.	NW 276	Restle H.	BW 36
Reinold S.	NW 309	Remlinger N.	HE 169	Retemeyer A.	NDS 238
Reinschmidt G.	HE 169	Remmel J.	VwG 489	von Reth-Schlosser G.	FG 443
Reinschmidt M.	SG 474	Remmele W.	FG 439	Rethemeier K.	NW 262
Reinthaler W.	VwG 479	Remmers J.	VwG 503	Rettberg J.	VwG 494
Reiprich D.	NW 294	Remmert A.	NW 300	Rettkowski H.	SAN 369
Reis G.	NW 295	Rempe F.	BRA 139	Retzer K.	BY 84
Reis H.	NW 243	Rempe H.	NW 286	Retzer R.	SH 378
Reisch H.	TH 399	Remus D.	SAN 369	Retzer R.	TH 390
Reischauer-Kirchner E.	RP 313	Remuss D.	BER 120	Retzlaff B.	BER 131
Reischböck H.	BY 76	Reneberg J.	SAC 347	Retzlaff C.	MV 201
Reischl P.	BY 91	Renelt H.	ArbG 434	Reubekeul K.	TH 396
Reiser M.	ArbG 415	von Renesse J.	SG 468	Reuber A.	BY 79
Reiser-Döhring E.	HE 185	von Renesse M.	NW 269	Reubold L.	HE 169
Reiser-Uhlenbruch P.	TH 397	Reng R.	BY 80	Reucher-Hodges B.	NW 245
Reiser-Wimmer B.	BER 122	Renger M.	SAC 358	Reuff M.	BW 44
Reisiger A.	VwG 484	Renger R.	BMJ 3	Reuhl C.	HE 192

Riedl E.	NW 274	Riese K.	VwG 485	Ritter E.	NW 241
Riedl H.	BW 56	Riesenhuber B.	BER 119	Ritter H.	NW 268
Riedl H.	BY 107	Rieso H.	NDS 237	Ritter H.	NW 305
Riedl M.	VwG 501	Rieß A.	BW 43	Ritter J.	HE 173
Riedle-Knapp D.	BW 51	Riess D.	BW 43	Ritter K.	SG 460
Riedmann N.	BY 95	Riesterer K.	SG 451	Ritter M.	BW 38
Riefler C.	SG 468	Rietmann M.	NW 281	Ritter-Victor A.	BER 129
Riege A.	VwG 500	Rietschel E.	ArbG 429	Rittershaus O.	NW 248
Riege P.	VwG 500	Riewe R.	TH 389	Rittmann W.	BW 49
Riegel K.	NW 254	Riffel W.	BW 32	Rittmayr H.	BY 64
Riegel L.	BY 65	Riggert S.	BW 34	Rittscher N.	SAC 357
Riegel R.	RP 332	Rigó K.	VwG 489	Rittweger S.	SG 455
von Riegen T.	SH 375	Rimer U.	NW 266	Ritvay G.	BER 119
Rieger A.	BER 118	Rimmele B.	BW 41	Ritz K.	BRA 139
Rieger A.	BRA 141	Rinck K.	BY 88	Ritz M.	HH 161
Rieger A.	HH 158	Rinck U.	ArbG 419	Ritzdorf R.	RP 316
Rieger C.	ArbG 422	Rinder A.	BER 114	Ritzenhöfer H.	NW 303
Rieger C.	BW 59	Rinder H.	BER 116	Ritzer H.	FG 440
Rieger H.	BY 85	Ring B.	BY 105	Ritzer J.	BY 81
Rieger J.	BW 46	Ring M.	NW 293	Ritzer L.	BY 98
Rieger P.	BY 104	Ring W.	VwG 493	Rive S.	VwG 504
Rieger T.	BRA 147	Ringe M.	VwG 485	Rix H.	SH 379
Rieger W.	BW 26	Ringel K.	NW 256	Rixecker R.	SAA 336
Rieger W.	SG 455	Ringhof H.	VwG 476		VerfG 406
Rieger W.	VwG 475	Ringkloff B.	NW 253	Robben H.	NDS 235
Riegger E.	BW 26	Ringstorff H.	MV 195	Robbers G.	VwG 505
Riegler E.	BU 15	Rinio C.	HH 166	Robineck W.	BRA 143
Riegner K.	BY 99	Rinio O.	BW 38	Roblick N.	NDS 209
Riehe B.	NW 241	Rink J.	HE 176	Robrecht H.	BRE 151
Riehe H.	NW 302	Rink U.	NW 275	Robrecht U.	HH 166
Riehl H.	SAN 364	Rinken A.	VerfG 404	Rocca B.	BER 123
Riehl M.	NW 300	Rinker C.	RP 324	Roche S.	BRA 138
Riehl R.	RP 328	Rinne E.	BU 7	Rochel S.	SAC 357
Riehl R.	VwG 512	Rinnert R.	MV 198	Rochow E.	HH 160
Riehle G.	BW 23	Rinninsland G.	HE 182	Rochus R.	HE 188
Rieker B.	ArbG 413	Rintelen-Teipel K.	VwG 501	Rock H.	RP 318
Rieker G.	BW 58	Ripplinger M.	BER 123	Rock J.	SAC 356
Rieker M.	ArbG 412	Risch I.	NW 248	Rockel M.	HH 165
Rieker-Müller R.	BW 51	Rische A.	BER 121	Rockemer A.	HE 176
Riekert H.	NW 303	Rischer M.	NDS 208	Rocznik E.	NW 280
Rieleder H.	BW 57	Riso I.	NDS 218	Rode J.	NDS 209
Riemann A.	SH 385	Rispoli-Augustin R.	HE 189	Rodehau H.	ArbG 412
Riemann G.	VwG 496	Risse C.	TH 399	Rodehüser A.	NW 274
Riemann K.	BER 121	Risse H.	VwG 511	Rodemer K.	FG 443
Riemann-Prehm J.	SH 385	Rissenbeck K.	NW 299	Rodemers A.	ArbG 433
Riemenschneider D.	NW 301	Rissing-van Saan R.	BU 7	Roden C.	BRE 153
Riemer C.	BRE 153	Rißmann W.	BRA 142	Roden N.	ArbG 425
Riemer K.	NDS 223	Rist S.	BW 54	von Roden-Leifker S.	NDS 220
Riemer S.	SAC 350	Ritgens C.	NW 259	Rodenbostel N.	NDS 218
Rienhardt H.	RP 315	Ritoff A.	SAN 368	Rodenhäuser U.	HE 172
Rienhardt U.	RP 317	Ritoff S.	SAN 367	Roder S.	SG 468
Rienhoff F.	NDS 216	Ritscher C.	BY 72	Roderburg C.	SAC 353
Rienhoff U.	NDS 239	Ritscher W.	FG 441	Roderjahn A.	HH 159
Riep K.	SAN 367	Ritter A.	BMJ 5	Rodermund W.	NW 244
Riepl O.	SAC 345	Ritter A.	MV 204	Rodler C.	BY 82
Riering S.	NW 264	Ritter A.	RP 315	Rodrian I.	HE 175
Ries S.	SAN 370	Ritter C.	HE 169	Rodríguez Iglesias G.	EuGH 515
Riese C.	BER 125	Ritter D.	BW 24	Röben G.	NW 297
Riese J.	HE 186	Ritter E.	BER 128	Röchling W.	NW 254

Röck S.	VwG 477	Röper J.	BRA 135	Roewer W.	VwG 510
Röck W.	MV 198	Röper R.	MV 199	Rogaschewski B.	BY 87
Röcken M.	NW 309	Roer U.	NW 275	Roggatz S.	NW 307
Röckrath S.	NW 257	Rörig K.	RP 317	Rogge A.	SAC 360
Röde P.	HE 190	Rörig P.	BW 57	Rogge E.	NW 280
Röder A.	SG 458	Rörig R.	BRA 137	Rogge R.	BU 7
Roeder B.	SG 457	Röring C.	BW 61	Roggenbrod S.	BW 44
Roeder I.	VwG 498	Roersch H.	HE 181	Roggenbrodt D.	SH 377
Röder K.	HE 192	Rösch A.	SAC 357	Roggenbuck E.	NDS 215
Roeder L.	BY 103	Rösch B.	BY 101	Roggenbuck H.	SAN 372
Röder M.	BER 130	Roesch B.	SH 387	Roggenbuck R.	BRA 145
Röder M.	NW 264	Rösch C.	ArbG 414	Roggendorf D.	NW 295
Röder P.	HE 187	Roesch P.	BW 56	Roggendorf S.	SH 387
Röder R.	ArbG 423	Rösch R.	BW 34	Roggenkamp B.	TH 395
Röder R.	MV 204	Röschmann H.	SH 376	Roggentin J.	VwG 488
Röder R.	RP 326	Roese W.	NW 255	Rogger M.	BY 95
Röding F.	BW 30	Roesen N.	ArbG 428	Rogler J.	BY 109
Röding O.	NW 257	Rösenberger K.	NW 310	Rogmann J.	HH 161
Röer B.	RP 332	Roeser T.	VwG 486	Rogner J.	NW 262
Röfer G.	SAC 360	Röske K.	NW 299	Rogoll K.	BRE 151
Röger N.	SAC 358	Rösl R.	BY 106	Rohatsch K.	TH 389
Röh B.	VwG 493	Roesler I.	VwG 506	Rohde A.	NW 297
Röhl C.	BY 107	Roesler K.	BER 122	Rohde A.	NW 311
Röhl C.	NDS 237	Rösmann H.	NW 285	Rohde C.	NW 288
Röhl D.	SH 386	Rösner C.	MV 202	Rohde C.	SAN 373
Röhl H.	SH 379	Rössel C.	SAC 352	Rohde H.	NW 301
Roehl I.	SAC 355	Rößeler B.	NW 309	Rohde K.	NW 302
Röhl J.	BER 116	Rößger M.	BRA 143	Rohde M.	SAN 361
Röhl L.	MV 204	Rößiger M.	NW 241	Rohde N.	SG 460
Röhl S.	NW 268	Rössl A.	SAC 348	Rohde P.	NDS 215
Röhlig H.	NW 277	Rössler I.	NDS 239	Rohde R.	NW 252
Röhr A.	NW 246	Rößler J.	BER 114	Rohkämper M.	ArbG 429
Röhr W.	BW 54	Rößler M.	NW 298	Rohlack T.	SH 386
Röhricht R.	FG 441	Rößler-Sauter R.	FG 441	Rohles M.	RP 333
Röhricht V.	BU 7	Rößner D.	MV 202	Rohlff R.	BY 64
Röhrig A.	HE 192	Rößner E.	BW 60	Rohlfing C.	NW 269
Röhrig R.	RP 319	Rößner G.	BY 67	Rohlfing C.	NW 309
Röhrle W.	BW 57	Rößner T.	BER 125	Rohlfing G.	NW 275
Röhrmann A.	BER 116	Röstel C.	BRA 139	Rohlfing G.	SH 379
Roelen K.	BY 80	Roestel E.	SH 380	Rohlfs D.	SH 377
Roeling R.	VwG 486	Röthemeyer P.	NDS 215	Rohlfs J.	NDS 231
Röll P.	FG 440	Röthig M.	BW 37	Rohlfs R.	NW 296
Röltgen W.	NW 306	Röthinger B.	VwG 480	Rohling K.	NW 259
Römer D.	BY 97	Röthlein C.	BY 85	Rohm H.	BER 123
Römer T.	BRA 134	Röttenbacher C.	BY 107	Rohn M.	VwG 486
Römer W.	BU 8	Röttenbacher F.	NW 299	Rohn S.	MV 199
Römer Y.	NW 255	Röttgen A.	NW 257	Rohner G.	NDS 235
Römheld B.	ArbG 414	Röttger D.	BRA 137	Rohner T.	HE 185
Römhild H.	BW 24	Röttger D.	BRA 143	Rohnfelder D.	HE 187
Römhild-Klose I.	BW 32	Röttger E.	NW 266	Rohowski K.	ArbG 423
Römmelt D.	BY 85	Röttger F.	SH 377	Rohr-Schwintowski R.	BRA 141
Römmelt H.	SAC 350	Röttger H.	BRA 139	Rohrbach-Rödding G.	BRA 135
Römmer H.	VwG 509	Röttger H.	VwG 500	Rohrbeck P.	HH 162
Römming R.	BY 103	Röttger K.	NW 247	Rohrer-Fischer R.	HE 171
Rönnau B.	ArbG 423	Röttgers K.	NW 245	Rohrmoser C.	SG 472
Rönnebeck G.	BY 76	Röttle R.	BY 88	von Rohrscheidt W.	BY 92
Rönninger H.	SG 472	Rövekamp K.	SAC 356	Rohs M.	VwG 482
Röper B.	BER 125	Röwe J.	NDS 234	Rohs P.	NW 277
Röper E.	VerfG 404	Roewer K.	NW 286	Rohwer-Kahlmann A.	BRE 151

Rohwer-Kahlmann S.	BRE 151	von Rosenberg-		Roth B.	NW 246
Roidl-Hock E.	NW 253	Fiebig A.	NW 297	Roth B.	VwG 478
Roitsch-		von Rosenberg-Lipinsky-		Roth B.	VwG 490
van Almelo E.	NDS 227	Küçükince A.	ArbG 428	Roth D.	NW 268
Roitzheim G.	NW 245	Rosenberger D.	VwG 493	Roth D.	VwG 477
Roitzheim P.	VwG 476	Rosenberger R.	NW 293	Roth F.	BY 88
Rojahn D.	BY 63	Rosenbusch C.	BY 110	Roth G.	ArbG 420
Rojahn M.	NDS 219	Rosenbusch W.	NDS 219	Roth G.	SAA 337
Rojahn O.	BU 13	Rosendahl J.	NDS 227	Roth G.	SH 377
Rojczyk S.	HE 189	Rosenfeld D.	BW 33	Roth H.	HE 184
Rokita G.	SG 471	Rosenfeld G.	SAN 364	Roth H.	NW 311
Rolf H.	HE 182	Rosenfelder U.	ArbG 414	Roth J.	BW 61
Rolf-Schoderer M.	HH 158	Rosenfeldt I.	HE 175	Roth J.	BY 66
Rolfes M.	NDS 232	Rosenke C.	BY 98	Roth J.	NW 306
Rolfes R.	NW 289	Rosenkötter R.	ArbG 423	Roth M.	BY 73
Rolfsmeyer D.	BER 127	Rosenkranz A.	BER 125	Roth M.	HE 173
Rolke D.	NW 246	Rosenkranz H.	BY 105	Roth M.	HH 163
Roll A.	RP 317	Rosenkranz H.	HE 185	Roth M.	SAC 348
Roll S.	SG 456	Rosenkranz R.	HH 164	Roth N.	ArbG 415
Roller H.	SG 457	Rosenow F.	NDS 222	Roth R.	HE 188
Roller S.	SG 452	Rosenow S.	BER 116	Roth R.	HH 158
Roloff S.	BER 131	Rosenthal H.	VwG 512	Roth T.	HE 172
Romahn U.	SH 378	Rosenthal J.	SH 377	Roth W.	HE 172
Romann U.	SAN 373	Rosenthal R.	HE 172	Róth W.	HE 191
Romberg H.	VwG 506	Rosenthal T.	BER 117	Roth-Melzer S.	HE 188
Romberg M.	SAA 340	Rosenthal V.	SAN 367	Roth-Melzer S.	HE 193
Romberg W.	NW 269	Rosewick D.	BRA 142	Rothammer G.	BW 30
Romeikat T.	ArbG 414	Rosinski G.	BY 103	Rothaug B.	TH 395
Rometsch W.	BW 56	Rosocha H.	NW 253	Rothbart M.	BER 118
Rommelfanger U.	VerfG 407	Rosprich H.	SG 470	Rothdauscher J.	BY 105
Rommersbach J.	VwG 500	Roß G.	BU 14	Rothe A.	MV 199
Ronimi G.	HE 188	Ross J.	SG 453	Rothe B.	TH 391
Ronsdorf K.	SAC 351	Ross L.	SAC 350	Rothe K.	TH 393
Ronsfeld T.	SH 385	Ross R.	TH 390	Rothe M.	HH 162
Rook A.	ArbG 417	Roß U.	FG 446	Rothe Y.	NW 289
Roos B.	BW 29	Rossa A.	BY 83	Rothenbach S.	BER 118
Roos E.	SG 461	Roßbach G.	HE 169	Rothenberg S.	NDS 239
Roos H.	RP 313	Roßberg M.	VwG 501	Rothenberger F.	FG 440
Roos H.	RP 324	Roßdeutscher B.	BY 83	Rothenberger F.	HE 191
Roos M.	SAN 371	Rosseck A.	BER 119	Rothenbücher U.	BY 105
Roos P.	NW 246	Roßkopf E.	VwG 479	Rothenhäusler S.	SG 457
Roos R.	VwG 502	Roßmanith G.	ArbG 420	Rother J.	NDS 210
Rosch B.	NW 274	Rossmanith G.	ArbG 420	Rother J.	SAN 368
Roscheck M.	BRA 144	Roßmann W.	BY 80	Rother M.	BW 36
Roschek S.	BRA 144	Roßnagel A.	VerfG 403	Rother M.	MV 200
Roscher H.	SAC 347	Roßner H.	FG 441	Rother M.	SG 453
Roscher-Grätz D.	BW 50	Roßner H.	NDS 239	Rother R.	BER 126
Rose A.	BRA 141	Rosso F.	NW 253	Rothermel W.	BY 77
Rose F.	SH 387	van Rossum J.	NW 304	Rothfischer J.	BW 56
Rosemann H.	SG 470	van Rossum K.	NW 244	Rothfischer-Bernhard B.	BW 56
Rosemeier D.	SAC 343	Rost C.	NDS 215	Rothfuß H.	BU 8
Rosen C.	SAC 357	Rost D.	SH 386	Rothfuß H.	RP 328
Rosen H.	NW 243	Rost F.	BU 10	Rothfuß T.	VwG 477
Rosenbach S.	SAN 364	Rost R.	BY 66	Rothhammer M.	SG 455
Rosenbaum B.	NW 256	Rostowski W.	BER 128	Rothkäppel K.	BY 91
Rosenbaum C.	NW 311	Rotax H.	HH 161	Rothkegel R.	BU 13
Rosenbaum D.	VwG 484	Roter K.	NW 310	Rothmaler W.	HE 180
Rosenbaum E.	NW 311	Rotermund R.	NDS 225	Rothmeyer U.	SG 474
Rosenberg J.	SAN 373	Roth A.	VwG 475	Rothstein J.	NDS 225

Schäfer J.	HE 171	Schäpers G.	NW 309	Scharf E.	HE 186
Schäfer J.	NW 268	Schär J.	SAC 356	Scharf G.	BRA 139
Schäfer J.	NW 280	Schärf C.	BRA 146	Scharf J.	HE 170
Schäfer J.	RP 320	Schärfchen A.	NDS 209	Scharf M.	VwG 486
Schäfer K.	ArbG 420	Schärich U.	SAC 357	Scharf P.	TH 396
Schäfer K.	ArbG 421	Schärtl H.	BY 84	Scharf T.	NW 300
Schäfer K.	HE 167	Schaeuble E.	BRA 136	Scharfenberg H.	TH 401
Schäfer K.	HE 185	Schafaczek M.	NDS 240	Scharfenberger J.	SH 382
Schäfer K.	HE 186	Schaffarzik B.	VwG 509	Scharfschwerdt-	
Schäfer K.	NW 258	Schaffelder D.	NDS 218	Otto K.	NDS 224
Schäfer K.	RP 317	Schaffer G.	NDS 215	Scharlack A.	BU 10
Schäfer K.	SG 466	Schaffer M.	BY 88	Scharnowski A.	NDS 240
Schaefer M.	BRE 153	Schaffer M.	BY 101	Scharpenberg B.	FG 447
Schaefer M.	RP 316	Schaffer R.	NW 296	Scharpf S.	BW 48
Schäfer M.	RP 321	Schaffert R.	NDS 215	Scharte J.	FG 447
Schäfer M.	VwG 492	Schaffert W.	BY 76	Schartl R.	HE 174
Schäfer N.	ArbG 412	Schaffranek C.	BY 73	Schatt G.	BY 100
Schäfer N.	BER 119	Schaffrath R.	VwG 481	Schatterny-Schmidt H.	BW 30
Schaefer N.	BER 121	Schaffrath W.	BW 28	Schatton U.	VwG 501
Schäfer P.	SAN 373	Schaffrinna B.	HE 184	Schatz G.	BY 80
Schäfer R.	BY 104	Schafft-Stegemann A.	SG 459	Schatzmann J.	BRA 133
Schäfer R.	SAN 369	Schafranek F.	VwG 504		BRA 134
Schäfer S.	HE 186	Schafranek S.	NW 312	Schaub D.	HE 190
Schäfer S.	HE 192	Schafranitz B.	NW 262	Schaube E.	HE 174
Schäfer S.	NW 283	Schakat K.	SG 458	Schaude R.	ArbG 420
Schäfer S.	SAC 348	Schakau R.	HH 166	Schaudig O.	VwG 479
Schäfer S.	TH 400	Schal H.	SG 473	Schauer F.	BY 86
Schaefer S.	VwG 485	Schalkhäuser V.	BY 87	Schauer G.	BY 104
Schäfer S.	VwG 491	Schall M.	SH 380	Schauer H.	VwG 498
Schäfer T.	BER 124	Schall R.	BW 48	Schauer I.	FG 441
Schäfer T.	HE 167	Schalla N.	NW 274	Schauer J.	VwG 486
Schäfer T.	NW 270	Schallenberger C.	VwG 496	Schauer M.	ArbG 414
Schäfer T.	SAC 346	Schaller M.	BY 74	Schauer S.	BY 110
Schaefer T.	VwG 509	Schallock H.	BY 102	Schauf H.	HE 173
Schäfer U.	BW 32	Schaltke O.	NDS 238	Schaufelberger M.	ArbG 422
Schäfer U.	BW 38	Schalück M.	NW 272	Schauff P.	BY 73
Schäfer U.	BY 66	Schamann G.	BY 78	Schaulies F.	BY 97
Schäfer V.	RP 319	Schamber R.	SAC 350	Schaum P.	HE 180
Schäfer W.	HE 171	Schambert U.	NW 263	Schaumann C.	BRA 141
Schäfer W.	NDS 222	Schan G.	NDS 237	Schaumburg H.	FG 446
Schäfer W.	NW 304	Schanbacher R.	VwG 477	Schaumburg H.	HE 177
Schäfer-Bachmann B.	SAC 350	Schandl K.	BW 50	Schaumburg K.	HE 174
Schäfer-Hundt H.	BER 130	Schank A.	RP 331	Schaumburg M.	BRA 133
Schaefer-Lang G.	NW 244	Schank S.	RP 330	Schaumlöffel G.	NW 256
Schäfer-Töpper M.	HE 179	Schanzenbach F.	SG 472	Schaupensteiner G.	HE 187
Schäferhoff V.	NW 263	Schaper B.	NDS 234	Schaupensteiner W.	HE 188
Schäferhoff W.	SAC 349	Schaper D.	RP 315	Schaupp J.	VwG 513
Schäfers F.	NDS 237	Schaper J.	NW 275	Schauß D.	HE 192
Schäfers T.	SAC 360	Schaper M.	NDS 212	Schauß E.	VwG 505
Schäfert A.	BY 91	Schaper P.	HE 182	Schaust C.	BW 25
Schäfert H.	BY 91	Schaper S.	NDS 238	Schechinger H.	VwG 478
Schäff R.	BY 101	Schaper T.	NDS 231	Scheck M.	SH 375
Schäffer B.	ArbG 420	Schaper U.	NW 267		SH 377
Schäffer K.	VwG 477	Schaps-Hardt P.	HH 159	Scheck W.	NW 266
Schäffer P.	SAC 348	Scharbert G.	BY 98	Schedel M.	SAC 347
Schaeffer R.	RP 326		BY 110	Scheder J.	VwG 479
Schaefgen C.	BER 113	Scharberth M.	VwG 484	Scheder S.	BER 129
Schael W.	BRA 135	Scharen I.	NW 246	Schedler D.	BRA 137
Schäperklaus R.	VwG 499	Scharen U.	BU 8	Schedler G.	BW 50

Schlemper S.	BW 30	Schlitz K.	HE 174	Schmachtel R.	MV 200
Schlender S.	SG 458	Schlobinski D.	SG 473	Schmachtenberg H.	BU 14
Schlenga H.	SG 458	Schlögel D.	BY 76	Schmachtenberg H.	NW 256
Schlenger W.	BER 114	Schlöglmann K.	VwG 480	Schmacke H.	BRE 151
Schlenker P.	BRA 139	Schlöpke S.	SH 381	Schmädicke S.	HH 165
Schlenker S.	BW 57	Schlöpke-Beckmann B.	VwG 489	Schmäring O.	NW 302
Schlenker W.	NW 290	Schlösser D.	FG 447	Schmahl D.	RP 313
Schlenkermann-Pitts K.	NW 304	Schlösser J.	ArbG 428	Schmahl H.	NW 248
Schlenkhoff-Paul M.	NW 251	Schlößner D.	MV 202	Schmale D.	SH 382
Schlenzka W.	VwG 512	Schlößner F.	MV 202	Schmalen G.	BW 25
Schlepp N.	FG 444	Schloms H.	NDS 218	Schmalenberger U.	ArbG 435
Schlesier A.	ArbG 423	Schlosser A.	SAC 354	Schmalfuß E.	SH 379
Schlett A.	BW 29	Schlosser F.	BY 97	Schmalhausen B.	NW 289
Schlette D.	NDS 240		BY 110	Schmaltz H.	VwG 494
Schlette V.	BER 131	Schlosser H.	NW 302	Schmalz H.	VwG 511
Schletter N.	SAC 359	Schlosser J.	BY 80	Schmalz U.	SG 473
Schleupner M.	SAN 368	Schlosser R.	BER 130	Schmalz-	
Schleusener A.	ArbG 417	Schlosser U.	BW 32	Brüggemann G.	NW 309
Schleusener H.	BW 31	Schlosser U.	BW 58	Schmalzbauer R.	BY 100
Schleuß K.	SH 381	Schlosser-Greiner P.	BW 47	Schmalzbauer W.	BY 100
Schlewing A.	ArbG 428	Schlosser-Lüthje C.	NW 302	Schmalzl J.	BW 21
Schleyer M.	BY 97	Schlotmann M.	NW 285	Schmandt S.	SAC 358
Schleyer M.	BY 110	Schlotmann-Thiesen V.	NW 303	Schmauch A.	SAA 339
Schlicht P.	BY 75	Schlott H.	NW 276	Schmechtig-Wolf B.	BY 102
Schlicht P.	MV 203	Schlottbohm H.	NW 274	Schmedding H.	NW 270
Schlichting D.	HH 159	Schlotterbeck K.	NW 306	Schmedes C.	BRE 152
Schlichting G.	BU 8	Schlotterbeck K.	VwG 477	Schmedt C.	ArbG 424
Schlichting H.	RP 318	Schlottke P.	MV 200	Schmeer A.	NDS 222
Schlichting J.	BY 79	Schlottmann J.	RP 321	Schmees A.	NDS 233
Schlichting M.	NW 269	Schlottmann K.	RP 322	Schmehl M.	BW 43
Schlichting S.	VerfG 407	Schlotz-Pissarek O.	BW 52	Schmehl P.	NW 310
	VwG 509	Schluchter A.	SAN 364	Schmeichel P.	VwG 481
Schlick W.	BU 8	Schluckebier W.	BU 8	Schmeidler E.	NDS 221
Schlickeiser K.	BER 114	Schlünder G.	ArbG 412	Schmeing B.	NW 263
Schlicker R.	ArbG 414	Schlüß R.	NW 290	Schmeing R.	FG 447
Schlicksbier R.	TH 395	Schlüßel P.	FG 446	Schmeiser H.	BW 34
Schlie C.	BER 123	Schlüter A.	NDS 219	Schmeken A.	BY 95
Schlie H.	NW 271	Schlüter A.	SAN 368	Schmelcher A.	SAC 354
von Schlieben E.	BY 100	Schlüter A.	SG 459	Schmelcher V.	BW 27
von Schlieben-		Schlüter B.	VwG 475		BW 36
Troschke K.	BER 113	Schlüter C.	SH 381	Schmeling F.	ArbG 418
Schliebs G.	VwG 484	Schlüter D.	BY 85	Schmelz F.	BER 115
Schlief C.	NW 278	Schlüter D.	SH 376	Schmelzer G.	SG 467
Gräfin von		Schlüter E.	NW 299	Schmenger G.	VwG 475
Schlieffen A.	BER 125	Schlüter F.	BY 88	Schmenger W.	BW 40
Graf von Schlieffen E.	VwG 489	Schlüter H.	NW 281	Schmengler J.	RP 323
Graf von Schlieffen P.	BER 122	Schlüter H.	NW 290	Schmerbach U.	NDS 211
Schliemann H.	BU 10	Schlüter H.	SAC 350	Schmerfeld-Tophof V.	NW 286
Schliephake J.	SAC 358	Schlüter H.	SH 384	Schmerler-Kreuzer U.	SAC 357
Schlimbach R.	HE 185	Schlüter J.	NDS 213	Schmermund E.	BW 41
Schlimm H.	SH 379	Schlüter K.	NDS 230	Schmerschneider H.	HH 161
Schlimm P.	NW 304	Schlüter M.	SG 471	Schmerschneider W.	HH 161
Schlinghoff J.	TH 391	Schlüter R.	SAN 373	Schmerwitz V.	NW 243
Schlingmann B.	NW 267	Schlüter U.	NW 262	von Schmettau G.	TH 392
Schlingmann-		Schlüter W.	NW 277	von Schmettau M.	TH 391
Wendenburg U.	VwG 495	Schlüter-Schützwohl S.	SAC 357	Schmialek J.	VwG 484
Schlink B.	VerfG 406	Schlukat W.	VwG 497	Schmickler B.	RP 317
Schlinkert R.	NW 248	Schlumbohm D.	HH 156	Schmickler P.	RP 323
Schlitt T.	BW 27	Schlurmann C.	NW 244	Schmid A.	BW 47

Schmid A.	VwG 482	Schmidt C.	BER 130
Schmid B.	BER 128	Schmidt C.	BRA 139
Schmid B.	BY 85	Schmidt C.	HE 175
Schmid E.	BW 46	Schmidt C.	HE 192
Schmid F.	BW 62	Schmidt C.	HH 166
Schmid F.	FG 439	Schmidt C.	MV 200
Schmid G.	RP 313	Schmidt C.	SAC 359
Schmid G.	SG 453	Schmidt C.	VwG 511
Schmid G.	VwG 482	Schmidt D.	BER 119
Schmid H.	BY 64	Schmidt D.	BY 106
Schmid H.	BY 84	Schmidt D.	NW 256
Schmid H.	NDS 211	Schmidt D.	RP 330
Schmid J.	BW 43	Schmidt E.	BRE 151
Schmid J.	BY 87	Schmidt E.	FG 441
Schmid J.	BY 92	Schmidt E.	SAN 361
Schmid K.	ArbG 416	Schmidt E.	SG 454
Schmid K.	BW 43	Schmidt E.	VwG 497
Schmid L.	RP 323	Schmidt F.	ArbG 414
Schmid M.	BER 122	Schmidt F.	BY 104
Schmid M.	BW 52	Schmidt F.	SAC 345
Schmid M.	BW 55	Schmidt F.	SAC 348
Schmid M.	BY 76	Schmidt G.	ArbG 433
Schmid M.	FG 440	Schmidt G.	BU 16
Schmid M.	VwG 513	Schmidt G.	BY 90
Schmid O.	BY 107	Schmidt G.	HE 185
Schmid P.	HE 182	Schmidt G.	NW 243
Schmid P.	NDS 214	Schmidt G.	SAA 335
Schmid R.	BW 36	Schmidt G.	SAA 337
Schmid R.	BY 86	Schmidt G.	SAC 355
Schmid R.	BY 106	Schmidt G.	TH 393
Schmid S.	BW 38	Schmidt G.	TH 400
Schmid W.	BW 59	Schmidt G.	VwG 506
Schmid W.	SAC 343	Schmidt H.	BER 129
Schmid-Aretz B.	NW 257	Schmidt H.	BER 130
Schmid-Dieckmann B.	BER 118	Schmidt H.	BRA 144
Schmid-Dwertmann H.	BMJ 3	Schmidt H.	BW 41
Schmid-Lossberg M.	HH 161	Schmidt H.	BY 69
Schmid-Stein U.	BY 63	Schmidt H.	HE 174
Schmidbauer A.	ArbG 414	Schmidt H.	HE 182
Schmidgall R.	BW 33	Schmidt H.	HE 189
Schmidhuber A.	BY 90	Schmidt H.	HH 159
Schmidt A.	BER 122	Schmidt H.	NDS 219
Schmidt A.	BER 126	Schmidt H.	NDS 227
Schmidt A.	BER 130	Schmidt H.	NDS 237
Schmidt A.	BY 85	Schmidt H.	NW 243
Schmidt A.	HH 159	Schmidt H.	NW 245
Schmidt A.	HH 162	Schmidt H.	SAA 336
Schmidt A.	RP 329	Schmidt H.	SAC 360
Schmidt A.	SAN 365	Schmidt H.	SG 464
Schmidt A.	SG 469	Schmidt H.	SG 474
Schmidt A.	SG 471	Schmidt H.	SH 378
Schmidt A.	SH 387	Schmidt H.	SH 385
Schmidt A.	VwG 496	Schmidt H.	VwG 479
Schmidt B.	BMJ 4	Schmidt H.	VwG 491
Schmidt B.	HE 170	Schmidt H.	VwG 494
Schmidt B.	HE 173	Schmidt H.	VwG 503
Schmidt B.	MV 199	Schmidt I.	BU 10
Schmidt B.	NDS 208	Schmidt I.	BY 100
Schmidt C.	BER 120	Schmidt I.	NDS 224

Schmidt I.	NW 250		
Schmidt J.	BER 119		
Schmidt J.	BW 41		
Schmidt J.	BW 47		
Schmidt J.	BY 82		
Schmidt J.	BY 102		
Schmidt J.	HE 185		
Schmidt J.	NDS 207		
Schmidt J.	NDS 239		
Schmidt J.	NW 244		
Schmidt J.	NW 259		
Schmidt J.	NW 301		
Schmidt J.	TH 401		
Schmidt J.	VwG 475		
Schmidt J.	VwG 485		
Schmidt K.	ArbG 418		
Schmidt K.	ArbG 430		
Schmidt K.	BER 130		
Schmidt K.	BY 97		
Schmidt K.	HE 172		
Schmidt K.	HE 183		
Schmidt K.	HE 190		
Schmidt K.	NDS 224		
Schmidt K.	NDS 226		
Schmidt K.	TH 396		
Schmidt L.	BRA 139		
Schmidt L.	BW 28		
Schmidt L.	TH 401		
Schmidt M.	BW 56		
Schmidt M.	BY 67		
Schmidt M.	BY 70		
	BY 109		
Schmidt M.	HE 188		
Schmidt M.	HE 193		
Schmidt M.	HH 159		
Schmidt M.	NDS 220		
Schmidt M.	NW 247		
Schmidt M.	NW 274		
Schmidt M.	SH 380		
Schmidt N.	NW 308		
Schmidt P.	ArbG 427		
Schmidt P.	BER 113		
Schmidt P.	BU 12		
Schmidt P.	NDS 240		
Schmidt R.	BER 126		
Schmidt R.	BY 77		
Schmidt R.	NDS 216		
Schmidt R.	NW 254		
Schmidt R.	SH 380		
Schmidt S.	BER 121		
Schmidt S.	BER 122		
Schmidt S.	HE 175		
Schmidt S.	SAN 364		
Schmidt S.	SH 380		
Schmidt T.	HH 164		
Schmidt T.	HH 166		
Schmidt U.	ArbG 421		
Schmidt U.	NDS 219		
Schmidt U.	NW 272		

Schmidt U.	NW 299	Schmidtgen-		Schmitt R.	VwG 476
Schmidt U.	SAN 363	Ittenbach S.	ArbG 430	Schmitt S.	NW 276
Schmidt U.	TH 395	Schmidtke C.	NW 245	Schmitt S.	SAC 348
Schmidt U.	VwG 493	Schmidtke P.	NDS 207	Schmitt T.	BW 28
Schmidt V.	HH 157	Schmidtke-Gillen R.	BW 27	Schmitt T.	BW 61
Schmidt V.	NDS 214	Schmidtmann A.	NDS 209	Schmitt V.	BER 131
Schmidt W.	BU 9	Schmidtmann H.	NDS 209	Schmitt W.	BW 56
Schmidt W.	BW 44	Schmidtmann R.	NW 289	Schmitt W.	SAA 340
Schmidt W.	BY 64	Schmiechen U.	NDS 211	Schmitt W.	VwG 513
Schmidt W.	BY 72	Schmied H.	HE 173	Schmitt-Frenzen H.	NW 264
Schmidt W.	NW 275	Schmied P.	BY 91	Schmitt-Frister P.	NW 245
Schmidt-Aßmann U.	BW 27	von Schmiedeberg A.	HE 189	Schmitt-Linden C.	BY 65
Schmidt-Baumann R.	HH 165	Schmiedel J.	BY 108	Schmitt-Michalowitz S.	HE 175
Schmidt-Braess H.	SH 377	Schmiedl R.	SG 463	Schmitt-Roob F.	BY 93
Schmidt-Clarner R.	NDS 239	Schmiedl-Neuburg D.	SAN 371	Schmitt-	
Schmidt-De Wasch W.	HE 190	Schmiegel D.	ArbG 413	Schönenberg B.	NW 306
Schmidt-Drewniok J.	SAA 340	Schmieling L.	HE 185	Schmitt-Siebert A.	VwG 475
Schmidt-Eichhorn T.	NW 293	Schmierer K.	BW 58	Schmitt-Wellbrock W.	TH 389
Schmidt-Etzbach B.	BER 129	Schmieszek H.	BMJ 3	Schmitt-Wenkebach R.	SG 458
Schmidt-Faust K.	BER 131	Schmieta F.	NDS 239	Schmittberg R.	VwG 484
Schmidt-Hanemann R.	HH 161	Schmigelski F.	SAN 372	Schmittel A.	BW 38
Schmidt-Hense I.	ArbG 428	Schminke C.	NDS 235	Schmitten E.	RP 324
Schmidt-Hölsken V.	NW 249	Schminke P.	NW 248	Schmitter J.	SG 467
Schmidt-Kötters U.	NW 245	Schminke R.	HE 182	Schmittinger B.	BER 124
Schmidt-Kolb J.	BU 16	Schminke-Banke C.	NW 258	Schmittmann R.	NW 282
Schmidt-Kronshage C.	SG 466	Schmit C.	VwG 507	Schmitz A.	NW 244
Schmidt-Lammert H.	SAC 356	Schmitt A.	SAA 341	Schmitz A.	NW 293
Schmidt-Lauber S.	NDS 232	Schmitt A.	TH 398	Schmitz B.	NW 311
Schmidt-Liebig A.	FG 448	Schmitt B.	HE 171	Schmitz C.	BW 52
Schmidt-Mrozek M.	BER 124	Schmitt B.	TH 393	Schmitz D.	NDS 215
Schmidt-Nentwig S.	HE 186	Schmitt C.	SAA 338	Schmitz D.	VwG 493
Schmidt-Nissen N.	MV 204	Schmitt C.	VwG 482	Schmitz E.	NW 299
Schmidt-Räntsch J.	BMJ 4	Schmitt E.	BY 71	Schmitz G.	BY 64
Schmidt-Räntsch R.	NW 296	Schmitt E.	NW 293	Schmitz G.	BY 86
Schmidt-Reimer M.	ArbG 417	Schmitt F.	ArbG 417	Schmitz G.	NDS 238
Schmidt-von Rhein G.	HE 171	Schmitt F.	MV 202	Schmitz G.	VerfG 403
	VerfG 405	Schmitt F.	VwG 505	Schmitz H.	NDS 211
Schmidt-Ritzau F.	NDS 217	Schmitt G.	BRA 133	Schmitz H.	NW 246
Schmidt-Roloff H.	HE 183	Schmitt G.	BY 68	Schmitz H.	NW 249
Schmidt-Rottmann N.	VwG 508	Schmitt H.	BRA 134	Schmitz H.	NW 262
Schmidt-Salveter R.	ArbG 422	Schmitt H.	BY 100	Schmitz H.	NW 277
Schmidt-Sander B.	NDS 232	Schmitt H.	HE 188	Schmitz H.	NW 305
Schmidt-Schondorf S.	BER 115	Schmitt H.	NW 297	Schmitz H.	RP 322
Schmidt-Schondorf S.	BER 117	Schmitt H.	RP 329	Schmitz H.	VwG 489
Schmidt-Sommer-		Schmitt I.	NDS 221	Schmitz I.	SAC 359
feld C.	BY 95	Schmitt J.	ArbG 433	Schmitz K.	BER 125
Schmidt-Speicher U.	HE 171	Schmitt J.	BY 72	Schmitz K.	BU 7
Schmidt-Stein H.	VwG 495	Schmitt J.	NW 312	Schmitz K.	NW 252
Schmidt-Struck J.	HH 165	Schmitt K.	BU 15	Schmitz K.	NW 266
Schmidt-Syaßen I.	HH 157	Schmitt L.	BY 73	Schmitz M.	BW 50
	VerfG 404	Schmitt M.	BW 51	Schmitz M.	BY 69
Schmidt-Troje J.	FG 446	Schmitt M.	BW 59	Schmitz M.	NDS 238
Schmidt-Vogt K.	VwG 495	Schmitt M.	BY 97	Schmitz M.	SAC 344
Schmidt-Weihrich W.	BW 23	Schmitt M.	RP 331	Schmitz M.	TH 392
Schmidt-Wendt K.	NW 305	Schmitt M.	SAC 355	Schmitz O.	NW 302
Schmidt-Wilke R.	SG 463	Schmitt N.	BRA 136	Schmitz P.	NW 246
Schmidt-Zahl I.	NW 246	Schmitt N.	BY 83	Schmitz P.	RP 321
Schmidtbauer A.	SAC 343	Schmitt R.	HE 169	Schmitz R.	NW 243
Schmidtborn U.	BW 23	Schmitt R.	HE 172	Schmitz R.	NW 284

Scholz-Mantel H.	BY 84	Schrader G.	NDS 239	Schretter I.	BY 86
Scholzen W.	TH 394	Schrader J.	HE 178	Schretter N.	BY 88
Schomaker J.	BER 116	Schrader K.	BW 33	Schretzmann C.	BW 30
Schomaker J.	SH 379	Schrader K.	NDS 215	Schreyer E.	VwG 484
Schomaker-von Morsbach-		Schrader L.	NW 307	Schreyer H.	BY 99
Dube B.	BER 127	Schrader R.	NW 271	Schreyer-Krampol B.	SG 455
Schomann R.	VwG 503	Schrader T.	ArbG 424	Schrieder-Holzner H.	VwG 479
Schomberg A.	SG 467	Schraeder J.	VwG 496	Schriever A.	BU 12
Schomberg H.	HE 188	Schräger U.	NDS 228	Schriever K.	MV 199
Schomburg G.	BMJ 4	Schräjahr S.	ArbG 413	Schrimm K.	BW 59
Schomburg G.	MV 201	Schräpler-Mayr H.	NW 258	Schrimpf A.	VwG 486
Schomburg U.	BRE 150	Schraft-Huber G.	VwG 475	Schrimpf H.	VwG 496
Schomer A.	RP 324	Schrage A.	VwG 484	Schrimpf J.	NW 247
Schomerus H.	NDS 209	Schramm F.	NDS 237	Schrimpf P.	NDS 240
Schommartz K.	BY 67	Schramm J.	BY 106	Schrimpff O.	BY 77
Schommertz R.	VwG 502	Schramm M.	BY 73	Schrock L.	BMJ 3
Schon G.	ArbG 412	Schramm W.	BU 16	Schröder A.	BW 37
Schonlau R.	NDS 236	Schramm W.	NW 273	Schröder A.	BY 69
Schons B.	SAC 348	Schratzenstaller J.	BY 82	Schröder A.	BY 84
Schonscheck C.	NW 267	Schrauder G.	VwG 483	Schröder B.	BY 108
Schopen K.	NW 286	Schraut A.	RP 333	Schröder C.	BER 121
Schopohl F.	BY 94	Schreck D.	SG 463	Schröder C.	HH 163
Schopohl J.	BY 80	Schreck H.	SG 463	Schröder C.	RP 333
Schoppe R.	HE 167	Schreiber C.	HH 166	Schroeder D.	ArbG 429
Schoppenhorst H.	NDS 234	Schreiber D.	SAN 369	Schröder D.	BER 114
Schoppmeier M.	BER 128	Schreiber F.	NW 278	Schröder D.	FG 448
Schoppmeyer H.	BW 30	Schreiber H.	HE 169	Schröder D.	NDS 214
Schoreit-Bartner A.	NDS 213	Schreiber J.	FG 443	Schroeder D.	NW 292
Schori M.	SAC 359	Schreiber J.	NW 300	Schröder D.	VwG 503
Schormann G.	BY 106	Schreiber K.	BY 94	Schroeder E.	VwG 509
Schorn M.	HH 162		BY 110	Schröder F.	HE 171
Schorn U.	SG 466	Schreiber K.	NW 259	Schröder G.	BY 86
Schornstein-Bayer B.	HE 182	Schreiber M.	BW 51	Schröder G.	NDS 233
Schorr E.	BY 68	Schreiber M.	NDS 223	Schröder G.	SG 453
Schorr N.	ArbG 432	Schreiber S.	NW 246	Schröder H.	BW 31
Schorr W.	BY 103	Schreiber U.	BRA 144	Schröder H.	NDS 231
Schoß H.	NW 259	Schreiber W.	BMJ 4	Schröder H.	NDS 240
Schossier P.	NW 309	Schreiber W.	BY 83	Schröder H.	TH 400
Schostok G.	NW 287	Schreiber W.	SH 383	Schröder H.	VwG 484
Schott D.	HE 176	Schreiber W.	VwG 485	Schröder I.	NDS 214
Schott H.	HE 192	Schreieder H.	BY 64	Schröder J.	ArbG 422
Schott I.	SAC 357	Schreier A.	VwG 485	Schröder J.	NDS 238
Schott I.	VwG 486	Schreier M.	SAC 352	Schröder J.	NDS 240
Schott P.	BY 84	Schreier M.	SG 466	Schröder J.	NW 274
Schott P.	VwG 490	Schreiner A.	RP 328	Schröder K.	ArbG 427
Schott R.	NW 272	Schreiner H.	RP 319	Schroeder K.	BW 41
Schott-Pfeifer P.	HE 179	Schreiner K.	BW 27	Schröder K.	MV 202
Schotten G.	NW 312	Schreiner K.	NW 282	Schröder K.	RP 323
Freifrau Schoultz		Schreiner K.	SAC 347	Schröder K.	SAC 345
von Ascheraden U.	ArbG 430	Schreiner-Eickhoff A.	NW 297	Schröder K.	SH 382
Schracke D.	RP 317	von Schreitter-		Schröder K.	SH 385
Schrade D.	BW 32	Schwarzenfeld A.	HE 189	Schröder L.	NW 312
Schrade G.	NW 290	von Schreitter-		Schröder L.	SAN 373
Schrade H.	ArbG 428	Schwarzenfeld K.	SAC 360	Schröder L.	VwG 489
Schrade K.	BW 27	Schrempp P.	BY 66	Schröder M.	BER 117
Schrader D.	MV 204	Schrempp-		Schröder M.	BY 76
Schrader D.	NDS 208	Rautenberg D.	NW 263	Schröder M.	SAA 341
Schrader D.	NDS 217	Schrenker A.	VwG 480	Schröder M.	VwG 505
Schrader E.	MV 203	Schrenker R.	ArbG 416	Schröder P.	NW 279

Schröder R.	HE 185	Schubert H.	NW 288	Schüttauf K.	FG 446
Schröder R.	MV 199	Schubert J.	BER 114	Schütte C.	BY 89
Schröder R.	NW 286	Schubert K.	ArbG 436	Schütte D.	VwG 496
Schröder R.	NW 303	Schubert K.	SAN 361	Schütte E.	BY 88
Schröder R.	VerfG 404	Schubert M.	BRE 151	Schütte G.	NDS 214
Schröder S.	NDS 234	Schubert M.	RP 331	Schütte H.	NDS 235
Schröder S.	NW 287	Schubert M.	VwG 484	Schütte J.	NDS 216
Schröder S.	NW 311	Schubert N.	NDS 238	Schütte M.	NW 246
Schröder S.	VwG 497	Schubert U.	NDS 218	Schütte-Müller K.	NW 311
Schröder T.	BW 59	Schubert W.	BW 40	Schüttler J.	HE 173
Schröder T.	NW 268	Schubert W.	BY 97	Schüttpelz E.	NW 244
Schroeder T.	TH 399	Schubert W.	NW 280	Schütz A.	NW 305
Schröder U.	HE 171	Schubert W.	TH 398	Schütz B.	VwG 496
Schröder U.	HE 174	Schubert-		Schütz C.	NDS 238
Schroeder U.	NW 260	Gerstenberg M.	ArbG 411	Schütz E.	BY 106
Schröder W.	ArbG 425	Schuberth F.	BRA 146	Schütz F.	ArbG 416
Schröder-Bogdanski B.	BER 127	Schubmann-Wagner K.	NW 266	Schütz F.	NW 299
Schröder-Lomb S.	BER 118	Schuchardt D.	BY 99	Schütz H.	BY 65
Schröder-Maier C.	BY 106	Schuchardt P.	BY 108	Schütz J.	NW 243
Schroeder-Puls H.	VwG 512	Schuchardt W.	HH 156	Schütz K.	NDS 211
Schröder-Schink G.	VwG 500	Schuchter A.	BER 126	Schütz M.	NW 310
Schröders W.	NW 293	Schuck H.	FG 445	Schütz M.	TH 400
Schroedter E.	BER 127	Schuck K.	NW 257	Schütz M.	VwG 476
Schroedter W.	BRE 152	Schudoma S.	SG 457	Schütz O.	VwG 492
Schröer B.	NW 308	Schudt E.	HH 158	Schütz S.	ArbG 431
Schröer L.	NW 311	Schübel E.	BU 9	Schütze A.	BER 116
Schröer M.	BER 119	Schüddekopf K.	SAC 358	Schütze B.	VwG 476
Schröpfer C.	SAC 352	Schüle C.	BW 25	Schütze C.	SG 469
Schröppel J.	BY 101	Schüler C.	BRA 144	Schütze I.	NW 293
Schröppel O.	VwG 480	Schüler G.	BY 91	Schütze S.	SAC 358
Schroers J.	HE 187	Schüler J.	NW 304	Schützendorf B.	NW 302
Schroers M.	HE 170	Schüler K.	SAC 347	Schuh A.	SAC 357
Schroeter G.	BU 16	Schüler S.	BW 46	Schuh-Offermanns M.	NW 245
Schröter G.	NW 243	Schülert H.	NDS 232	Schuhmacher K.	NW 307
Schröter H.	ArbG 411	Schülke E.	NW 310	Schuhmacher O.	BRA 146
Schröter H.	NW 256	Schülke K.	BU 15	Schuhmann B.	BRA 134
Schroeter L.	NW 257	Schüller C.	FG 446	Schuhmann G.	RP 328
Schröter P.	BRA 136	Schüller H.	NW 300	Schuhmann H.	RP 320
Schröter U.	HE 182	Schümann C.	BY 96	Schuhmann U.	SAC 347
Schrötter G.	BY 89	Schümers M.	NW 286	Schuhoff M.	BER 123
Schroiff P.	VwG 498	Schünemann H.	NDS 210	Schul H.	NW 244
Schromek K.	BRE 152	Schüppler H.	NW 282	Schuld H.	BRA 145
Schrot H.	RP 321	Schürer-Mohr W.	SH 386	Schuldes S.	FG 440
Schrotberger M.	BY 108	Schürger C.	NW 253	Schuldes W.	BY 86
Schroth M.	BY 92	Schürger R.	SH 377	Schuldt J.	ArbG 420
Schroth S.	BW 30	Schürger R.	SH 380	Schuler E.	FG 449
Schroth W.	SG 464	Schürmann B.	NDS 240	Schuler J.	SAC 359
Schrott A.	BY 85	Schürmann E.	NDS 234	Schuler M.	RP 313
Schrübbers M.	NW 293	Schürmann H.	NDS 230	Schuler R.	SG 460
Schrüfer K.	NW 270	Schürmann R.	VwG 503	Schulhauser J.	SAC 346
Schruff H.	SG 468	Schürmann T.	BMJ 4	Schulitz A.	HH 161
Schubart J.	BW 29	Schürmann U.	SG 467	Schuller H.	NDS 222
Schubert A.	NW 294	Schürr F.	BY 67	Schult S.	MV 203
Schubert B.	NW 304	Schüssel G.	BY 99	Schulte A.	NW 248
Schubert B.	NW 311	Schüßler B.	NW 243	Schulte A.	SAN 368
Schubert D.	BW 44	Schüßler F.	BER 113	Schulte B.	NW 291
Schubert D.	NDS 229	Schüssler R.	BW 36	Schulte B.	VwG 498
Schubert G.	NDS 232	Schütt P.	HE 180	Schulte C.	BER 131
Schubert H.	NDS 230	Schütt-Plewe B.	NW 305	Schulte D.	BW 57

Schulte D.	NW 310	Schultz-Jansen B.	HE 182	Schulz U.	NDS 210
Schulte E.	NW 280	Schultz-Schwaab T.	RP 323	Schulz W.	BRA 142
Schulte F.	BMJ 3	Schultz-Süchting R.	HH 161	Schulz W.	BY 85
Schulte F.	VwG 485	Schultze S.	BER 128	Schulz W.	NDS 225
Schulte F.	VwG 498	Schultze W.	HE 167	Schulz W.	NDS 233
Schulte G.	NW 258	Schultze-Griebler M.	SAC 348	Schulz W.	NDS 234
Schulte H.	BER 120	Schultze-Lewerentz H.	SH 383	Schulz-Hauzel M.	TH 393
Schulte J.	NW 262	Schultze-Rhonhof J.	VwG 504	Schulz-Marner S.	NDS 238
Schulte J.	NW 263	Schulz A.	BMJ 5	Schulz-Moneke E.	BER 116
Schulte J.	VerfG 406	Schulz A.	NW 309	Schulz-Nagel R.	VwG 501
Schulte K.	HE 188	Schulz A.	VwG 489	Schulz-Spirohn T.	BER 128
Schulte K.	SG 463	Schulz B.	NW 304	Schulz-Utermöhl S.	RP 332
Schulte M.	BRA 146	Schulz C.	BER 121	Schulz-Wenzel U.	VwG 496
Schulte M.	HE 176	Schulz C.	BRA 146	Schulze A.	BER 127
Schulte M.	HE 192	Schulz C.	BY 64	Schulze B.	BY 78
Schulte M.	NW 269	Schulz C.	NW 287	Schulze C.	BER 123
Schulte M.	SAN 365	Schulz C.	NW 294	Schulze C.	NDS 211
Schulte R.	BU 9	Schulz C.	NW 311	Schulze D.	NW 282
Schulte R.	FG 441	Schulz D.	BER 127	Schulze E.	SAN 366
Schulte S.	VwG 500	Schulz D.	SAC 347	Schulze F.	SAN 373
Schulte T.	NW 264	Schulz E.	BU 9	Schulze G.	NW 285
Schulte W.	ArbG 427	Schulz E.	HH 164	Schulze G.	SAC 355
Schulte W.	BW 48	Schulz E.	NW 295	Schulze G.	SG 472
Schulte W.	NW 262	Schulz E.	VwG 488	Schulze H.	HE 174
Schulte im Busch A.	NW 273	Schulz G.	BER 115	Schulze H.	HE 176
Schulte-Beerbühl H.	VwG 504	Schulz G.	BRE 151	Schulze I.	SAC 353
Schulte-Bunert K.	NW 309	Schulz G.	NDS 222	Schulze I.	VwG 479
Schulte-Bunert U.	NW 298	Schulz G.	NDS 235	Schulze J.	BER 122
Schulte-Eversum B.	NW 273	Schulz G.	NW 256	Schulze J.	SH 385
Schulte-Frühling B.	SAN 372	Schulz G.	NW 258	Schulze K.	NW 287
Schulte-Hengesbach F.	NW 264	Schulz G.	SAC 353	Schulze K.	NW 303
Schulte-Homann E.	NW 297	Schulz G.	SH 375	Schulze M.	SG 459
Schulte-Kellinghaus T.	BW 25	Schulz H.	BER 122	Schulze M.	VerfG 404
Schulte-Neubauer K.	SAC 354	Schulz H.	BW 52	Schulze P.	NW 290
Schulte-Rentrop K.	BRA 144	Schulz H.	HH 160	Schulze R.	BRA 144
Schulte-Runge E.	NW 264	Schulz H.	NDS 237	Schulze R.	NW 263
Schulte-Trux A.	VwG 502	Schulz H.	SAC 353	Schulze R.	NW 266
Schultebeyring H.	SAC 350	Schulz H.	SH 378	Schulze S.	TH 390
Schulten D.	NW 271	Schulz H.	SH 386	Schulze S.	VwG 496
Schulten E.	NW 265	Schulz H.	SH 387	Schulze T.	NW 265
Schultheis U.	BY 72	Schulz J.	BRE 152	Schulze W.	NDS 210
Schultheiß M.	SAC 352	Schulz K.	HH 163	Schulze W.	NW 286
Schultheiß T.	RP 329	Schulz K.	VwG 488	Schulze Temming L.	FG 447
Schulting-		Schulz M.	NDS 218	Schulze-Anné C.	FG 449
Borgmann M.	SAN 365	Schulz M.	NDS 226	Schulze-Bentrop W.	NW 286
Schultz B.	BW 38	Schulz M.	VwG 489	Schulze-Eickenbusch L.	HH 158
Schultz D.	BRA 137	Schulz M.	VwG 497	Schulze-Engemann H.	NW 270
Schultz D.	BRA 143	Schulz O.	SAC 350	Schulze-Kirketerp H.	HH 161
Schultz D.	HE 182	Schulz P.	NW 244	Schulze-Lammers S.	NW 307
Schultz G.	BER 120	Schulz R.	BER 125	Schulze-Niehoff H.	NW 266
Schultz G.	TH 399	Schulz R.	HE 170	Schulze-Schröder I.	HE 170
Schultz J.	NW 301	Schulz R.	NDS 227	Schulze-Velmede B.	NW 273
Schultz K.	RP 333	Schulz R.	NW 244	Schulze-Weckert G.	BY 100
Schultz K.	SH 385	Schulz R.	SAC 358	Schulze-Ziffer M.	SH 384
Schultz M.	BRA 137	Schulz R.	VwG 496	Schulzke C.	NDS 227
Schultz P.	HH 157	Schulz S.	BMJ 4	Schumacher B.	NW 273
Schultz R.	NW 263	Schulz S.	MV 202	Schumacher C.	NW 296
Schultz V.	SAC 352	Schulz T.	SAN 370	Schumacher E.	SG 465
Schultz-Ewert R.	VwG 484	Schulz U.	BU 9	Schumacher K.	BMJ 4

Schumacher K.	NW 299	Schwab S.	BY 73	Schwarz G.	BW 48
Schumacher L.	BW 52	Schwab W.	VwG 480	Schwarz G.	BY 109
Schumacher M.	RP 320	Schwabe A.	NW 285	Schwarz G.	MV 203
Schumacher U.	VwG 501	Schwachheim J.	VwG 512	Schwarz G.	NW 299
Schumacher-Diehl C.	BW 62	Schwack G.	BY 79	Schwarz G.	RP 315
Schumann A.	NW 266	Schwadrat C.	NW 269	Schwarz G.	SAA 338
Schumann C.	BY 97	Schwäble I.	SAC 356	Schwarz G.	VerfG 406
	BY 110	Schwäble I.	VwG 477	Schwarz H.	BW 43
Schumann D.	RP 327	Schwäble U.	VwG 475	Schwarz H.	FG 448
Schumann G.	BY 88	Schwägerle W.	ArbG 412	Schwarz H.	RP 316
Schumann G.	HE 188	Schwafferts U.	HH 159	Schwarz H.	SH 376
Schumann G.	HH 158	Schwager-Wenz G.	RP 315	Schwarz H.	TH 392
Schumann J.	ArbG 418	Schwaiberger K.	BY 81	Schwarz H.	VwG 495
Schumann J.	NW 307	Schwaiger L.	BY 108	Schwarz J.	NDS 230
Schumann K.	BER 113	Schwakenberg F.	BU 11	Schwarz J.	NW 251
Schumann L.	SAC 346	Schwalbach L.	TH 397	Schwarz J.	VwG 492
Schumann O.	SAN 371	Schwalbe R.	HE 174	Schwarz J.	VwG 507
Schumann P.	FG 441	Schwalbe S.	BRA 139	Schwarz K.	BY 96
Schumann R.	BRE 152	Schwalm G.	SAC 346	Schwarz K.	NW 257
Schumann S.	SAC 353	Schwalm J.	SAC 355	Schwarz L.	HE 173
Schumann S.	SAC 358	Schwamb W.	HE 185	Schwarz M.	BER 118
Schumann U.	BRE 150	Schwan B.	BW 24	Schwarz M.	BW 54
Schumann-Pantke I.	RP 319	Schwan E.	NW 252	Schwarz M.	BY 65
Schumny S.	BER 121	Schwan H.	VerfG 407	Schwarz M.	MV 196
Schunck B.	SAN 362	Schwan H.	VwG 513	Schwarz M.	NDS 239
Schunck H.	RP 325	Schwan R.	VwG 475	Schwarz M.	NW 257
Schunck K.	ArbG 429	Schwandt E.	BU 12	Schwarz M.	TH 392
Schuon P.	BW 45	Schwandt E.	BU 14	Schwarz R.	BW 55
Schupp W.	SH 376	Schwandt S.	HH 166	Schwarz R.	BY 67
Schuppenies P.	BRA 136	Schwanecke H.	BW 39	Schwarz R.	FG 440
Schuppner J.	TH 396	Schwanecke I.	NDS 227	Schwarz R.	HE 182
Schur A.	TH 396	Schwanitz C.	BER 121	Schwarz R.	TH 391
Schurer S.	BY 82	Schwanitz K.	NW 298	Schwarz S.	BY 97
Schurwanz J.	FG 448	Schwanke A.	BER 119	Schwarz S.	BY 102
Schurwanz K.	TH 399	Schwanzer M.	NW 249		BY 110
Schuschke B.	SG 465	Schwartau S.	NDS 228	Schwarz T.	BER 126
Schuschke W.	NW 292	Schwartz A.	NW 248	Schwarz T.	SAN 364
Schuster B.	ArbG 426	Schwartz H.	ArbG 429	Schwarz T.	TH 392
Schuster G.	BU 16	Schwartz H.	NDS 233	Schwarz U.	BER 125
Schuster G.	HH 164	Schwartz J.	NW 248	Schwarz U.	BW 43
Schuster H.	BY 81	Schwartz M.	BW 57	Schwarz U.	BW 57
Schuster I.	HE 181	Schwartz-Sander B.	SH 378	Schwarz V.	BW 46
Schuster J.	NW 245	Schwartze D.	VwG 491	Schwarz V.	SG 466
Schuster K.	BW 61	Schwartzkopff-Wiek H.	NW 299	Schwarz W.	BW 59
Schuster O.	SG 455	Schwarz A.	BW 37	Schwarz W.	SG 455
Schuster P.	BER 117	Schwarz A.	HE 170	Schwarz-Angele E.	BU 16
Schuster P.	NW 250	Schwarz A.	HH 162	Schwarz-Höftmann E.	VwG 507
Schuster S.	SG 457	Schwarz A.	NW 272	Schwarz-Spliesgart E.	BY 104
Schuster S.	VwG 504	Schwarz B.	BY 68	Schwarzburg P.	BER 113
Schuster W.	NW 251	Schwarz B.	SG 459	Schwarze G.	NW 263
Schuth U.	HE 190	Schwarz B.	SH 381	Schwarze H.	NW 263
Schutheiß W.	BY 103	Schwarz C.	ArbG 421	Schwarzenbacher U.	ArbG 420
Schutter H.	BW 24	Schwarz C.	NW 245	Schwarzer J.	ArbG 433
Schwab G.	HE 171	Schwarz C.	RP 333	Schwarzer M.	HE 175
Schwab H.	NW 274	Schwarz C.	SAN 371	Schwarzer N.	SAC 352
Schwab J.	NW 293	Schwarz C.	TH 398	Schwarzer W.	FG 446
Schwab M.	BW 23	Schwarz D.	NW 245	Schwarzhoff M.	NW 297
Schwab N.	ArbG 430	Schwarz F.	BW 58	Schwarzkopf A.	BW 27
Schwab P.	SH 385	Schwarz F.	TH 398	Schwarzmann I.	BER 116

Schwarzwald P.	NW 257	von Schwichow L.	BU 14
Schweckendieck H.	BER 116	Schwichtenberg H.	NW 247
Schweckendiek S.	SH 376	Schwichtenberg J.	HE 174
Schweda H.	NW 300	Schwick H.	SAN 363
Schwedhelm R.	NW 263	Schwick V.	FG 444
Schween J.	HH 155	Schwickert M.	NDS 235
Schweer W.	NW 290	Schwicking R.	SG 455
Schwefer I.	NW 310	Schwiderski S.	MV 202
Schwegler C.	BY 88	Schwiebacher C.	BY 94
Schweickert F.	HE 173	Schwiedel M.	ArbG 412
Schweiger G.	BY 70	Schwien P.	HH 164
Schweiger T.	BY 80	Schwier K.	BRA 138
Schweigert M.	NDS 217	Schwierck H.	BW 37
Schweikart P.	BW 28	Schwieren G.	NW 274
von Schweinitz L.	HH 159	Schwill E.	NW 296
Schweinoch H.	VwG 481	Schwing H.	BW 30
Schweisfurth H.	NW 243	Schwingeler T.	NW 307
Schweitzer E.	SAA 340	Schwinghammer B.	SH 382
Schweitzer G.	SAA 339	Schwinn R.	SAA 339
Schweitzer J.	ArbG 414	Schwippert E.	NW 292
Schweitzer K.	HE 182	Schwirblat C.	BW 29
Schweitzer M.	BER 126	Schwitarski H.	NW 299
Schweitzer M.	BW 62	Schwitters J.	SH 387
Schweizer B.	BW 25	Schwitzer H.	NDS 227
Schwelle G.	BRA 144	Schwitzke K.	NW 258
Schwelle G.	SH 375	Schwoebel H.	NW 243
Schwellenbach M.	NW 300	Schwörer H.	NW 295
Schwellenbach P.	NW 299	Schwonberg A.	NDS 218
Schwemmin C.	BER 122	Schwonke M.	BRA 136
Schwendy K.	BU 15	Schwürzer W.	SAC 355
Schwengber H.	TH 393	Schymosz H.	NDS 216
Schwenger A.	BW 40	Scotland E.	BRE 150
Schwenger H.	BER 115	Sczesny E.	NDS 231
Schwenk S.	TH 395	Sdorra P.	BER 125
Schwenke H.	HE 170	Sdunzik W.	NW 256
Schwenke R.	BW 40	Sebbel A.	FG 443
Schwenke U.	VwG 494	Sebbel-Mörtenkötter A.	NW 270
Schwenkert U.	FG 442	Sebeikat N.	HE 175
Schwenninger B.	RP 333	Sebelefsky M.	SH 386
Schwens H.	NW 265	Seckelmann M.	NW 268
Schwenzer W.	NW 252	Sedemund-Treiber A.	BU 15
Schweppe E.	HH 163	Sedlaczek D.	FG 447
Schwer B.	HE 188	Sedlatschek D.	SAC 353
Schwerdfeger C.	BRA 137	Sedlbauer H.	BY 88
Schwerdt R.	NW 263	Sedlmeyer B.	BY 98
Schwerdtfeger D.	TH 390	von Seebach B.	VwG 486
Schwerdtfeger H.	NDS 226	Seebacher H.	BY 84
Schwerdtfeger W.	VwG 501	Seeberger H.	RP 331
Schwerdtner M.	BY 100	Seebode U.	BY 72
Schwerdtner P.	NW 262	Seeburg E.	BER 116
Schwerdtner U.	NDS 210	Seeburger M.	BW 21
Schwerin G.	HH 162	Seeburger M.	BW 60
Gräfin von Schwerin M.	NW 293	Seedorf R.	HH 158
Schwering H.	NW 249	Seefeld G.	BER 113
Schwermer G.	VwG 494	Seeger J.	NW 245
Schwesig S.	NW 280	Seeger S.	FG 444
Schwetlik-Kuhlemann J.	MV 198	Seeger U.	BW 59
Schwettmann C.	VwG 496	Seegmüller R.	VwG 485
Schweykart H.	FG 440	Seel B.	NDS 213

Seel C.	SAA 335
Seel H.	ArbG 422
Seel H.	NW 283
Seel J.	SG 468
Seelbach D.	NW 298
Seelbach H.	RP 319
Seeler C.	BW 32
Seelig H.	NW 287
Seeliger C.	NW 298
Seelkopf F.	BY 71
Seelmann R.	NW 276
Seemann B.	NDS 227
Seemann R.	RP 315
Seemann U.	NDS 237
Seemüller B.	HE 171
Seetzen L.	NW 243
Seewald F.	NDS 232
Seffer J.	BRA 142
Segeberg H.	MV 198
Segelitz U.	BER 126
Segelken G.	NDS 207
Segeth M.	MV 201
Seggelke R.	VwG 491
Segger J.	NW 312
Segond E.	BRE 151
Seher B.	VwG 481
Sehlbach-Schellenberg U.	HE 190
Sehlke M.	BY 87
Sehorsch H.	SAN 372
Sehrbrock G.	VwG 501
Sehrig E.	BER 130
Seibel W.	FG 447
Seibert C.	SG 461
Seibert M.	VwG 498
Seibert O.	NDS 218
Seibert P.	VwG 491
Seibert T.	HE 174
Seibert U.	BMJ 4
Seibold G.	NW 262
Seibold J.	BW 45
Seichter A.	BY 91
Seichter D.	BW 62
Seichter J.	HE 179
Seidel A.	NW 260
Seidel B.	BY 93
Seidel B.	SG 453
Seidel C.	NDS 237
Seidel C.	VwG 504
Seidel D.	BY 99
Seidel E.	ArbG 436
Seidel E.	NW 255
Seidel F.	BRA 133
Seidel F.	BRA 144
Seidel G.	BRA 135
Seidel G.	HE 185
Seidel G.	NW 276
Seidel G.	SAA 337
Seidel H.	BW 23

Seidel I.	BRE 153	Seilert E.	SAN 368	Semmann G.	NW 294
Seidel J.	NDS 219	Seim B.	HE 179	Semmelbeck P.	NW 287
Seidel K.	NW 282	Seip-Stemmer B.	RP 323	Semmelhaack N.	VwG 511
Seidel K.	NW 302	Seipel V.	BY 70	Semmelrogge A.	RP 315
Seidel K.	SAC 353	Seipel W.	HE 179	Semmer W.	BY 82
Seidel L.	ArbG 418	Seipold B.	NDS 227	Sémon M.	HE 189
Seidel M.	ArbG 428	Seipp-Achilles B.	BRA 141	Semper J.	NW 289
Seidel M.	BRA 136	Seiser K.	BW 32	Semperowitsch M.	SG 464
Seidel S.	BRA 138	Seiters S.	NDS 215	Sempf W.	SH 383
Seidel W.	SAC 352	Seither W.	NW 256	Semprich T.	HH 162
Seidenkranz R.	NW 298	Seitz A.	HE 193	Semtner M.	VwG 486
Seidensticker P.	BW 26	Seitz C.	VwG 482	Sen U.	NW 276
Seider K.	BRA 146	Seitz E.	TH 400	Freiin von Senden U.	ArbG 431
Seidl G.	NW 258	Seitz F.	HE 171	Sendler B.	BU 13
Seidl H.	BY 86	Seitz H.	BY 63	Sendt H.	BER 117
Seidl H.	SAN 364	Seitz I.	SAC 353	Senf M.	HE 173
Seidl P.	HH 165	Seitz K.	ArbG 411	Senft O.	BY 86
Seidl R.	BY 105	Seitz R.	BW 38	Senft-Wenny E.	BY 104
Seidl R.	HE 184	Seitz S.	SAC 360	Senftl R.	VwG 481
Seidl-Hülsmann A.	SAN 364	Seitz T.	BW 62	Senftleben W.	TH 397
Seidler M.	BER 117	Seitz W.	BY 75	Seng C.	HE 190
Seidler S.	VwG 490	Seitz X.	SAC 357	Seng-Benkel H.	HE 172
Seidling M.	BW 28	Seitzer P.	BY 83	Senge L.	BU 9
Seidt U.	VwG 503	Sekretaruk W.	BU 16	Sengebusch K.	SH 381
Seier R.	BRA 141	Sela S.	SH 386	Senger T.	SAN 373
Seifer T.	BW 45	Selber P.	SAC 347	Sengler R.	SG 461
Seifert G.	BY 68	Selbmann S.	MV 197	Senkbeil C.	SAC 346
Seifert I.	BY 84	Selder J.	FG 440	Sennekamp C.	VwG 478
Seifert J.	MV 204	Selhorst J.	SAN 371	Sennekamp M.	NW 256
Seifert J.	NDS 224	Selig H.	SAN 367	Sens-Dieterich K.	VwG 492
Seifert K.	VwG 488	Selig P.	ArbG 412	Sensfuß J.	NW 248
Seifert P.	VwG 500	Seligmüller S.	MV 197	Sent L.	NW 285
Seifert R.	HE 171	Seling H.	BW 58	Sepke B.	SH 386
Seifert S.	TH 400	Selk P.	BY 83	Seppelt C.	VwG 493
Seifert S.	VwG 511	Selke B.	SG 473	Serini C.	BY 76
Seifert T.	BRA 136	Selke B.	SH 377	Sermond S.	HE 174
Seifert T.	HE 187	Selke L.	SH 379	Sermond S.	HE 192
Seifert T.	SAC 358	Sell I.	NDS 212	Sernatinger M.	BW 40
Seifert U.	BER 130	Sell J.	ArbG 426	Seroka S.	MV 203
Seifert U.	SAC 347	Sell J.	SAC 348	Serra de Oliveira K.	NDS 238
Seifert U.	SAN 367	Sella-Geusen S.	NW 312	Serra de Oliveira P.	NDS 238
Seifert W.	NW 308	von Selle D.	BRA 138	Serries A.	NW 273
Seifert W.	SG 458	von Selle L.	HH 158	Sertl J.	BY 109
Seiferth J.	BY 84	Sellenriek H.	VwG 504	Servas O.	NW 309
Seiffe M.	BER 118	Sellering E.	VwG 493	Servos H.	NW 253
Seiffert C.	BER 123	Sellert U.	TH 396	Serwe A.	NW 272
Seiffert K.	BU 8	Sellhorn U.	SAN 361	Serwe O.	RP 321
Seifried K.	BY 64	Sellin D.	BER 115	Seßinghaus C.	FG 446
Seigel N.	SG 452	Sellmann B.	NW 300	Sessler S.	RP 327
Seigfried P.	HE 188	Sellmann G.	BY 106	Sesterheim E.	BW 55
Seign W.	VwG 481	Sellmayr A.	BY 76	Setton R.	HE 188
Seiler C.	ArbG 417	Sello C.	BY 110	Setton R.	HE 193
Seiler C.	BY 94	Selmer S.	VwG 486	Setz G.	SAA 337
Seiler C.	VwG 511	Selow M.	HH 160	Setzkorn B.	HE 191
Seiler J.	BW 38	Selter W.	NW 256	Seul E.	BY 76
Seiler J.	VwG 483	Selting L.	BER 122	Seulen A.	BY 79
Seiler R.	SAN 370	Seltmann R.	BER 125	Seus J.	RP 332
Seiler V.	BY 106	Selzner C.	NW 307	Seuß-Pizzoni M.	BY 97
Seiler-Dürr C.	VwG 506	Semler J.	VwG 475	Seute G.	NDS 233

Seutemann H.	NDS 217	Siedenburg H.	NDS 234	Sievers K.	SAN 368
Sever H.	HE 167	Siedentopp N.	NDS 220	Sievers R.	NDS 215
Sever S.	HE 188	Siedhoff E.	NW 264	Sievers U.	VwG 500
Severain V.	HE 191	Siedler H.	VwG 491	Sievert H.	SG 466
Severin G.	BY 79	Siedler J.	NW 308	Sievert-Mausolff M.	NDS 213
Severin U.	BRA 141	Siefert-Hänsle J.	SG 453	Siewert W.	FG 443
Sevón L.	EuGH 515	Sieg H.	SG 460	Siewert W.	VwG 508
Seyb D.	BY 102	Sieg K.	ArbG 420	Sigel W.	BW 56
Seydel M.	NW 301	Siegburg P.	NW 292	Sigg R.	BW 34
Seydell A.	SAN 367	Siegel M.	BW 57	Siggel P.	ArbG 418
Seyderhelm B.	HE 175	Siegel W.	HE 170	Sihler G.	BW 46
von Seydlitz-		Siegemeyer I.	NW 309	Sijbrandij R.	BER 125
Bökelmann G.	BW 43	Siegers E.	FG 446	Sikken E.	NDS 231
Seyfarth G.	TH 389	Siegert R.	NW 293	Sikken W.	NDS 231
Seyfarth M.	HH 166	Siegfried J.	BER 116	Sikora S.	NW 273
Seyffarth K.	TH 394	Siegfried M.	NDS 218	Silberhorn D.	TH 396
Seyffert B.	BW 34	Siegismund E.	BMJ 3	Silberkuhl B.	VwG 483
Seyffert U.	VwG 512	Siegl C.	VwG 513	Silberkuhl P.	BU 12
Seyfried F.	HE 185	Siegl E.	SG 455	Silbermann K.	BER 123
von Seyfried O.	BW 27	Siegl O.	HE 184	Silberstein K.	VwG 506
Seysen M.	MV 204	Siegmund M.	VwG 502	Siler A.	SAC 357
Shahab-Haag M.	NW 299	Siegmund W.	BU 9	Silinger I.	NDS 227
Sibbers D.	ArbG 422	Siegner G.	VwG 491	Siller E.	BY 73
Sichau A.	NW 269	Siegrist U.	BW 38	Silvanus K.	NW 259
Sichler G.	BY 105	Sieh R.	BY 77	Simanowski K.	SG 469
Sick B.	BW 55	Siehoff J.	NW 299	Simgen D.	BER 127
Sick B.	BW 60	Siekmann B.	FG 447	Simkowski R.	MV 197
Sickenberger U.	BW 46	Siekmann G.	HE 180	Simmer M.	SAN 364
Sicks M.	HE 192	Sielaff R.	HH 159	Simmerling H.	NDS 210
Siebecke V.	NW 275	Sielbeck N.	NDS 223	Simmler C.	BER 130
Siebecker A.	HE 187	Sieling-Wendt H.	FG 442	Simmon N.	VwG 479
Siebecker G.	RP 327	Siemeke E.	NDS 222	Simon A.	HE 175
Siebels W.	BMJ 4	Siemer B.	BY 110	Simon A.	RP 333
Siebelt L.	HE 176	Siemon D.	BER 131	Simon B.	SAN 368
Sieben N.	BY 67	Siemon H.	NW 278	Simon C.	NW 268
Siebenbürger G.	BY 67	Siems W.	BER 121	Simon D.	MV 201
Siebenhüter A.	FG 440	Siemund-Grosse G.	NW 276	Simon G.	BY 87
Sieber A.	VwG 500	Siepe R.	NW 245	Simon G.	SAA 337
Sieber I.	BER 122	Siepen B.	BER 128	Simon H.	FG 439
Sieber M.	BY 74	Siepermann B.	NDS 231	Simon H.	VwG 495
Sieber R.	BW 46	Siepmann A.	NW 270	Simon K.	SG 456
Sieber S.	NDS 226	Siepmann F.	NW 266	Simon M.	BY 94
Siebert G.	BRA 141	Siepmann H.	NW 276	Simon N.	SAN 373
Siebert H.	ArbG 421	Siepmann H.	NW 283	Simon P.	NW 257
Siebert H.	NW 258	Sieren-Kretzer B.	SAA 340	Simon S.	HH 166
Siebert H.	NW 295	Siering K.	BER 114	Simon S.	SH 386
Siebert H.	SAN 371	Sierth I.	SAN 371	Simon U.	NW 306
Siebert H.	SH 382	Sieslack G.	SG 466	Simon W.	SAA 337
Siebert M.	BRA 137	Sieß G.	BW 30	Simon W.	SG 471
Siebert N.	BY 96	Sietz M.	BER 126	Simon-Bach V.	RP 326
Siebert O.	BW 53	Sieveking R.	BER 115	Simon-Nissen U.	BER 120
Siebert R.	NW 301	Sieveking R.	BER 120	Simon-Römer U.	HE 184
Siebert W.	FG 439	Sieveking R.	VwG 485	Simons A.	HH 162
Siebert W.	VwG 496	Sievers G.	HH 158	Simons E.	BRA 139
Siebertz M.	HE 188	Sievers G.	NW 280	Simons S.	BER 129
Siebrecht G.	BER 131	Sievers H.	NDS 223	Simons V.	BER 128
Siebrecht M.	NDS 239	Sievers H.	SH 384	Simons von Bockum	
Siecken H.	NDS 218	Sievers H.	TH 394	gen. Dolffs A.	NW 265
Siede W.	TH 393	Sievers J.	ArbG 425	Simonsen H.	NW 286

Simper W.	BY 84	Smalla M.	BRA 136	Sollmann S.	HE 192
Simshäuser A.	FG 448	Smentek D.	NW 269	Soltani Schirazi-	
Sina A.	HE 192	Smets F.	NW 254	Teschner R.	BRA 141
Sindlinger D.	SAC 345	Smid C.	ArbG 423	Soltau A.	HH 158
Sing W.	BY 98	Smid S.	SAN 362	Sommer A.	NW 260
Singbartl S.	NW 312	Smid S.	VerfG 407	Sommer B.	BVerfG 1
Singelmann C.	SH 382	Smolenski H.	NW 254	Sommer B.	BY 68
Singer A.	BW 62	Smolenski R.	ArbG 417	Sommer B.	BY 71
Singer D.	BY 93	Smollich A.	SG 464	Sommer C.	FG 448
Singer I.	BY 70	Smollich T.	VwG 496	Sommer C.	HE 175
Singer J.	NW 303	Smoydzin J.	SH 379	Sommer C.	RP 331
Singer K.	NW 308	Snakker R.	NDS 236	Sommer H.	BW 49
Singer R.	BY 63	Snay S.	BY 101	Sommer H.	NW 277
Singer S.	BW 32	Snissarewsky H.	NW 295	Sommer I.	BER 124
Singer S.	NW 250	Snoek H.	NW 248	Sommer J.	BU 15
Singert K.	BRA 138	Soboll W.	NW 267	Sommer K.	BER 128
Singert W.	BRA 144	Sobota W.	BW 50	Sommer K.	NW 281
Singhal H.	BW 37	Sobotta L.	FG 447	Sommer M.	BY 68
Sinhuber R.	VwG 488	Sobotta S.	VwG 513	Sommer M.	RP 329
Sinke K.	BU 14	Sobotta W.	HE 183	Sommer P.	NW 312
Sinnecker B.	HE 171	Sobottka K.	VwG 486	Sommer S.	HH 166
Sinnecker H.	ArbG 420	Sobottke H.	BER 122	Sommer S.	SG 458
Sinnecker J.	SAN 372	Sodan H.	VerfG 403	Sommer T.	SAC 355
Sinner-Gallon D.	VwG 484	Soddemann R.	BW 26	Sommer T.	SG 465
Sinnhuber H.	SH 385	Sodemann B.	BER 128	Sommer U.	RP 333
Siol C.	NDS 239	Söder W.	BY 71	Sommereisen E.	BER 122
Siol J.	BU 7	Söffing J.	NW 244	Sommerfeld H.	BY 102
Siolek W.	NDS 219	Söhnchen P.	MV 200	Sommerfeld J.	VwG 487
Sippel A.	NW 284	Söhnchen R.	NW 255	Sommerfeld N.	NW 310
Sippel H.	BMJ 4	Söhnen R.	SAC 345	Sommerfeld P.	NW 263
Sippel K.	HE 191	Söhngen U.	SG 466	Sommerfeld S.	BER 117
Sippel N.	BER 129	Sölch E.	HE 191	Sommerfeld S.	NW 278
Sippel W.	NW 283	Söldner A.	BY 92	Sommerfeld V.	VwG 495
Sitka G.	BY 79	Söllner H.	BU 14	Sondermaier H.	BY 99
Sittenauer A.	SAA 337	Söllner J.	BY 103	Sondermann R.	NW 285
Sittinger O.	ArbG 430	Söllner R.	BY 99	Sondermann U.	BRA 137
Sitzmann N.	BY 80	Sönksen C.	NW 312	Sonnabend K.	BY 84
von Sivers-		Sönnichsen C.	NW 246	Sonnabend-Sies R.	BY 84
Habermann K.	NDS 213	Söntgerath H.	NW 299	Sonnberger E.	HE 192
Sjursen-Stein A.	HH 161	Sörgel E.	BY 69	Sonneborn P.	BER 122
Skauradzun K.	BY 102	Sörries J.	BRA 144	Sonnemann R.	MV 200
Skawran M.	NW 280	Soetbeer U.	SH 382	Sonnemann W.	VwG 496
Skerhut G.	FG 449	Sohler H.	VwG 477	Sonnen R.	BRA 145
Skeries M.	VwG 493	Sohn B.	SG 468	Sonnen R.	SG 457
Skibba S.	NDS 222	Sohn H.	SAC 356	Sonnenberger H.	NW 296
Skibbe A.	HH 160	Sohn L.	BY 100	Sonnenschein J.	NW 270
Skischally U.	VwG 499	Sohni-Nickelsen G.	BER 129	Sonnhoff A.	HE 192
Skomski P.	BER 117	Sohnrey G.	BER 127	Sonnhoff A.	SG 460
Skopalik O.	BY 77	Sohns H.	HH 163	Sonntag E.	NDS 222
Skopp P.	BW 38	Soiné B.	BRE 150	Sonntag K.	TH 390
Skouris V.	EuGH 515	Sojka J.	HE 182	Sonntag R.	RP 320
Skribanowitz N.	BU 16	Sokol B.	VwG 500	Sonntag T.	VwG 508
Skrypzak H.	VwG 499	Solbach K.	NW 285	Sonntag U.	SG 461
Skwirblies U.	NDS 221	Soldner W.	BY 99	Sontag P.	BW 54
Slach W.	BY 80	Soleta M.	SG 466	von Soosten S.	RP 323
Sladek K.	NDS 209	Solf R.	NW 303	Sorge J.	VwG 512
Sloksnat H.	BRA 142	Solf U.	HE 188	Sorgenfrei T.	HH 165
Slota S.	BER 129	Solin-Stojanović D.	BU 8	Sorhagen I.	HE 182
Slottke B.	SG 458	Sollfrank T.	BY 106	Soßdorf M.	TH 399

Sossna R.	NW 300	Speil C.	SG 455	Spiller W.	NDS 214
Sossong W.	SAA 337	Speiser P.	SAC 359	Spillner E.	NDS 216
Sost-Scheible B.	BW 43	Spekker W.	SG 464	Spillner M.	VwG 491
Sostaric P.	BRA 144	Spelberg M.	VwG 504	Spindler W.	BU 10
Sottek G.	SAN 372	Spelge K.	ArbG 424	Spintler N.	BY 72
Sottorf R.	HH 158	Spellbrink U.	NDS 227	Spiolek U.	SG 460
Sowa K.	SH 384	Spellbrink W.	BU 12	Spital H.	BW 41
Sowade H.	BY 99	Spengler H.	HE 171	Spitz G.	SAC 358
Soyka J.	NW 244	Spengler P.	BY 71	Spitzer A.	TH 397
Soyka M.	SH 387	Spenke T.	HH 162	Spitzer B.	FG 440
Spätgens S.	NW 254	Spenner E.	NW 312	Spitzer H.	BW 60
Späth A.	BW 33	Sperber K.	VerfG 406	Spitzer J.	SAC 343
Späth F.	HE 191	Sperker G.	BW 41	Spitzl T.	BY 97
Späth H.	RP 319	Sperl E.	BY 77	Spitzner M.	HE 172
Späth W.	SG 472	Sperlich H.	BRA 144	Spix B.	NW 246
Spahn A.	TH 393	Sperlich H.	NDS 213	Spix B.	NW 247
Spahn M.	NW 244	Sperlich K.	VwG 493	Spleet H.	SG 457
Spalthoff I.	NDS 232	Sperlich P.	VwG 487	Spletzer J.	BER 127
Spamer J.	NDS 239	Sperling A.	BER 122	Spliesgart S.	BY 104
Spamer S.	HE 193	Sperling H.	BU 16	Splittgerber J.	SG 457
Spancken W.	NW 277	Sperling K.	BY 88	Splittgerber K.	NW 285
Spandau S.	HE 188	Sperling U.	SG 454	Spoerhase-Eisel I.	SAA 335
Spang M.	HH 166	Sperling-Jacobs E.	NDS 226	Spohler A.	HH 162
Spangenberg B.	MV 201	Spernat G.	NW 295	Spohn E.	SAN 363
Spangenberg E.	HE 172	Speth P.	HE 190	Spohn G.	SG 457
Spangenberg J.	SAC 350	Spetzler E.	FG 440	Spohn H.	HE 187
Spangenberg W.	NW 243	Spetzler V.	HH 161	Spohr B.	BRE 151
Spangler E.	BY 76	Speyerer H.	RP 319	Spohr W.	SH 385
Spaniol M.	BW 25	Spicker M.	BRA 145	Sponer H.	NDS 232
Spanknebel E.	HE 181	Spickereit H.	SAC 350	Sponsel J.	BY 67
Spann H.	BY 91	Spiecker V.	NW 307	Sporré O.	NDS 240
Spannagel-Schärr I.	BW 27	Spiegel C.	BER 115	Sporrer H.	BY 84
Spannhorst B.	NW 280	Spiegel H.	BY 101	Spranger G.	BY 90
Spannowsky W.	RP 326	Spiegel J.	NW 256	Sprau H.	BY 64
Spannuth R.	HH 158	Spiegel V.	BER 115	Spreizer H.	SAA 341
Spatz T.	ArbG 417	Spiegelhalter T.	BW 25	Sprejz A.	SAC 351
Spatzierer K.	BER 129	Spiegl H.	SG 454	Sprenger A.	NW 298
Specht A.	VwG 497	Spiehl W.	BY 71	Sprenger G.	TH 395
Specht C.	SAC 348	Spieker F.	NW 248	Sprenger H.	MV 203
Specht G.	BY 95	Spieker H.	NW 310	Sprenger K.	TH 395
Specht G.	NW 286	Spieker J.	SAN 361	Sprenger K.	VwG 502
Specht I.	NW 256	Spiekermann L.	TH 401	Sprenger W.	SAC 343
Specht K.	HH 160	Spielbauer S.	SAC 359	Sprick C.	BU 8
Specht K.	NW 286	Spielbauer T.	BY 76	Spriegel W.	SAC 349
Specht S.	BW 37	Spielbauer T.	RP 331	Spriestersbach J.	HH 161
Specht U.	BW 29	Spieler P.	BW 58	Sprigode K.	BRA 145
Specht V.	VwG 487	Spier A.	NDS 220	Sprigode-Schwencke A.	MV 198
Specht W.	NW 290	Spierer A.	BY 94	Springer C.	NDS 239
Specht W.	RP 321	Spies L.	BY 102	Springer G.	NDS 220
Speckamp P.	FG 445	Spies U.	VwG 491	Springer P.	NW 263
Speckmaier S.	VwG 476	Spies W.	RP 324	Springer S.	NDS 239
Speckmann B.	NW 288	Spiess H.	NW 249	Sprißler M.	BW 54
Speckmann L.	NW 290	Spieß S.	MV 203	Sprotte L.	BER 120
Speer D.	VwG 477	Spieß U.	NW 311	Spruch E.	FG 441
Speicher E.	RP 321	Spieß W.	BW 39	Sprung M.	SG 472
Speidel-Mierke B.	BRA 140	Spilger A.	ArbG 432	Sprunk H.	SH 381
Speier B.	BER 116	Spilger A.	VerfG 407	Sprute V.	NW 265
Speiermann J.	BW 31	Spillecke K.	BW 37	Spruth F.	HE 192
Speiger P.	ArbG 430	Spiller L.	NDS 214	Spur U.	BER 119

Sredl V.	BU 16	Stahl H.	RP 331	Stantien M.	NDS 239
Srkal M.	BY 92	Stahl J.	BW 45	Stapel W.	SH 377
Srkal T.	BY 90	Stahl J.	HE 183	Stapelfeldt K.	ArbG 411
Staab E.	BY 66	Stahl M.	HE 185	Stapelfeldt P.	SH 381
Staab K.	RP 325	Stahl M.	MV 204	Stapf H.	BY 84
Staab-Borchers W.	SG 463	Stahl P.	BW 40	Stapf W.	BW 53
Staack D.	SH 384	Stahl P.	BW 43	Stapff A.	BER 123
Staake K.	NW 274	Stahl R.	VwG 491	Stapmanns D.	NW 302
Staas U.	NW 268	Stahl S.	TH 398	Stapperfend T.	FG 442
Staashelm G.	NDS 222	Stahl-Sura K.	FG 447	Stappert A.	VwG 500
Staat K.	NW 288	Stahlecker A.	HE 187	Starck C.	VerfG 405
Staats R.	BRA 133	Stahlhut C.	NW 295	Starck J.	BU 8
Staats U.	SAC 348	Stahlhut F.	NDS 222	Starck W.	MV 203
Staatsmann J.	RP 319	Stahlhut W.	NDS 226	Starein W.	BU 15
Staben E.	SH 376	Stahlknecht H.	SAN 372	Stark A.	HE 192
Stabenow K.	BER 130	Stahlmann A.	BER 131	Stark D.	HE 174
Stache T.	BER 131	Stahlmann-Liebelt U.	SH 384	Stark E.	BY 89
Stachrowski S.	BER 119	Stahmer K.	MV 203	Stark F.	BRA 139
Stachwitz S.	BRA 140	Stahn H.	BRA 137	Stark K.	BU 14
Stackmann N.	BY 85	Stahnecker T.	VwG 506	Stark P.	SG 452
Stade M.	BW 61	Stahnke D.	BU 10	Stark S.	BRA 140
Stadelmayr K.	VwG 481	Stahnke J.	BRA 141	Stark U.	BY 104
Stadge B.	BER 119	Staib C.	BW 61	Stark W.	SAC 355
Stadie V.	HH 159	Staiger B.	FG 443	Starke B.	SG 474
Stadler A.	BY 70	Staiger P.	NDS 221	Starke E.	NW 241
Stadler G.	VwG 481	Stalbus C.	VwG 513	Starke P.	SAC 360
Stadler H.	BW 41	Stalinski D.	NW 251	Starke S.	VwG 484
Stadler M.	HE 188	Stallbaum M.	HH 155	Starkloff N.	ArbG 413
Stadler M.	HE 193	Stalljohann C.	NDS 240	Starkloff R.	RP 317
Stadler R.	BY 63	Stallkamp L.	ArbG 435	Starosta M.	HH 165
Stadler S.	BY 91	Stallmann C.	NDS 215	Staschik L.	ArbG 429
Stadler W.	BY 82	Stamber U.	RP 327	Staschok H.	SAN 373
	VerfG 403	Stamer C.	NW 305	Statthalter U.	NW 293
Stadlmayr A.	BY 78	Stamer E.	NDS 231	Statz A.	NW 306
Stadlöder A.	VwG 481	Stamer S.	NDS 238	Statz W.	NW 306
Stadt C.	BY 87	Stamm B.	NW 286	Staubwasser M.	NDS 240
Stadtländer H.	NW 282	Stamm E.	HE 175	Stauch H.	SAC 357
Stadtler D.	ArbG 424	Stamm K.	HE 170	Stauch I.	BW 54
Stadtler-Stefani H.	BW 51	Stamm M.	BY 64	Stauch M.	VwG 487
Stadtmann B.	NW 250	Stamm M.	VwG 505	Stauch T.	NW 306
Stadtmüller M.	RP 323	Stamm S.	VerfG 403	Staudacher A.	ArbG 416
Stadtmüller R.	BW 58	Stamm U.	BU 13	Staudacher H.	ArbG 413
Städing J.	RP 318	Stammann W.	NDS 221	Stauder E.	RP 320
Städtke U.	BRA 141	Stammberger B.	VwG 480	Stauder G.	HH 165
Staedtler W.	RP 331	Stampa U.	SG 471	Staudigel E.	ArbG 415
Stähle H.	BW 43	Stams K.	NW 285	Staudinger I.	NW 311
Stähler D.	VwG 499	Standarski-Geiger P.	RP 320	Staudinger J.	NDS 232
Stähler R.	SAC 355	Stang K.	NDS 213	Staufenbiel S.	SAN 372
Ständer S.	NW 309	Stange A.	NDS 227	Staufer W.	NW 287
Stärk H.	NDS 220	Stange B.	BER 126	Staupe L.	BER 121
Stärk T.	NDS 221	Stange B.	SG 468	Stauß M.	BW 61
Staetmanns F.	SG 466	Stange G.	BRA 133	Stavemann J.	BRA 140
Staffler E.	NW 248	Stange I.	SAC 355	Stavorinus S.	BRA 139
Stagge B.	SH 382	Stange P.	SAC 355	Stech J.	VwG 504
Staginski A.	SAC 354	Stangler W.	BY 81	Stechemesser P.	MV 199
Stahl A.	HE 184	Stanisak T.	SH 383	Stecher H.	BW 36
Stahl A.	NW 258	Stankiewitz-Koch B.	HH 165	Stecher P.	BER 115
Stahl C.	BW 46	Stannik E.	MV 202	Stechmann P.	HH 164
Stahl H.	BW 49	Stanoschek J.	HE 181	Steck G.	BW 43

Steinmetz M.	ArbG 417	Sterlack A.	NW 272	Stier T.	SH 378
Steinmetz W.	HH 162	Sterlack R.	FG 442	von Stietencron U.	NDS 232
Steinmeyer H.	SG 460	Stern A.	BY 95	Stigler H.	SAC 348
Steinmeyer S.	BER 119	Sternagel B.	BER 115	Stilke-Wassel P.	NW 263
Steins-Schuchert M.	NW 308	Sternal M.	BMJ 4	Stille G.	TH 400
Steinwedel U.	BU 12	Sternal S.	VwG 488	Stiller N.	NW 279
Steitz D.	BW 29	Sternal W.	NW 293	Stiller W.	BMJ 4
Steitz K.	HE 193	Sternberg D.	SAN 367	Stilz E.	BW 43
Steitz M.	RP 333	Sternberg D.	VwG 501	Stindt W.	NW 286
Steitz P.	TH 397	Sternberg N.	BRA 146	Stinner J.	BY 88
Steitzer J.	BER 131	Sternberg R.	BRA 145	Stitterich R.	SAC 354
Stelbrink U.	NW 267	Sternberger T.	SAC 352	Stittgen K.	VwG 495
Stelbrink U.	NW 268	Sternel F.	HH 158	Stobbe N.	BER 117
Steller M.	NW 274	Sternsdorff S.	HH 166	Stobbe N.	NW 244
Stelling I.	NDS 223	Sterr R.	FG 448	Stobbe-Stech A.	ArbG 423
Stellmach P.	SG 473	Sterzenbach P.	VwG 500	Stock B.	HE 174
Stello G.	HH 161	von Stetten B.	BY 78	Stock J.	ArbG 430
Stellwaag M.	VwG 482	Steuber K.	NW 279	Stock K.	HE 177
Stelter J.	VwG 496	Steuck H.	FG 445	Stock M.	NDS 240
Steltner M.	BER 129	Steudl B.	BU 9	Stock W.	HE 189
Steltzer-Reimers C.	HH 159	Steudtner I.	BY 76	Stocker K.	BY 87
Stelzner A.	SAN 363	Steuer B.	SG 468	Stockert G.	BY 106
Stelzner T.	BY 87	Steuer H.	BU 17	Stockhammer P.	BY 102
Stemmler B.	BY 71	Steuerer B.	ArbG 411	Stockhaus D.	NDS 213
Stempel M.	MV 197	Steuernagel M.	HE 192	Stockhausen M.	NW 257
Stemper M.	RP 324	Steuernagel M.	NDS 221	Stockinger B.	BY 96
Stempfle F.	BY 103	Steuerwald L.	HE 187	Stockinger H.	BW 52
Stemshorn F.	VwG 502	Steuerwald-Schlecht M.	BER 115	Stocklöw J.	HE 180
Stender M.	VwG 484	Stevens-Bartol E.	SG 454	Stockmann A.	NW 309
Stenert H.	NW 290	Stewen W.	BMJ 3	Stockmann R.	BY 71
Stengel G.	SAC 349	Stewen-Steinert S.	SG 466	Stockschlaeder-Nöll E.	NW 245
Stengel H.	BW 59	Steyer H.	HE 176	Stodolkowitz H.	BU 7
Stengel J.	SAN 364	Stiasny W.	BY 86	Stodolkowitz U.	NDS 214
Stengel W.	VwG 489	Stich H.	NW 301	Stöbe R.	ArbG 413
Stengelhofen H.	VwG 506	Stich L.	BY 100	Stöber A.	NDS 229
Stenglein S.	VwG 482	Stich R.	RP 320	Stoeber K.	BER 120
Stenkat K.	HH 158	Stich W.	NW 278	Stöber R.	BY 100
Stenner K.	RP 332	Stichs W.	BW 28	Stöber R.	HH 162
Stenz G.	RP 318	Sticht-Schretzenmayr G.	BY 79	Stöcke-Muhlack R.	ArbG 424
Stenzel J.	BW 53	Stickeler E.	SAC 352	Stöckel H.	BY 107
Stephan B.	NW 298	Stickeln D.	NW 288	Stöcker A.	NW 255
Stephan B.	SAC 350	Sticken E.	SH 378	Stöcker E.	FG 446
Stephan G.	TH 399	Stiebeling L.	HE 179	Stoeckle K.	BY 85
Stephan H.	BW 57	Stiefenhöfer M.	RP 328	Stoeckle P.	BY 95
Stephan H.	HE 167	Stiefken U.	NW 255	Stöcklein T.	RP 332
Stephan H.	SAC 350	Stiefvater S.	VwG 476	Stöckmann C.	SAN 372
Stephan K.	BRA 146	Stiegel U.	BW 61	Stöckmann L.	NW 267
Stephan K.	VwG 482	Stiegeler A.	BW 40	Stöckmann M.	VwG 511
Stephan U.	SG 456	Stiegert R.	BER 120	Stöger M.	HH 157
Stephan V.	BER 130	Stieghorst M.	SAA 341	Stöhr G.	HH 157
Stephan W.	SG 451	Stiekel H.	NDS 221	Stöhr J.	BW 56
Stephani K.	HH 160	Stieler B.	RP 318	Stöhr K.	BMJ 4
Stephani M.	HH 158	Stieler T.	NW 307	Stoepel C.	NW 252
Stephany G.	SG 468	Stielow W.	BER 116	Störmann H.	SG 466
Stepp W.	RP 329	Stienemeier H.	NW 283	Störmer C.	BRA 144
Steppan E.	SAN 364	Stiens G.	ArbG 428	Störmer C.	HE 167
Steppat W.	TH 398	Stiens-Reichert A.	NW 307	Störmer G.	TH 400
Steppling W.	VerfG 406	Stiepel P.	FG 446	Störmer H.	NW 291
	VwG 504	Stier P.	SAC 360	Störmer R.	VwG 511

Störzbach H.	BW 50	Storch A.	BW 31	Straub D.	NW 312
Stößel W.	BY 99	Storch A.	BW 61	Straub H.	NW 256
Stößer E.	BW 43	Storch D.	SAN 369	Straub H.	SG 451
Stößner E.	BY 70	Storch F.	NW 310	Straub K.	BY 71
Stötter D.	SAN 366	Storch R.	VwG 499	Straub K.	SG 451
Stötzel H.	FG 445	Storck M.	BY 96	Straub S.	FG 447
Stötzer-Opava E.	NW 287		BY 109	Straub T.	BW 49
Stöve A.	NW 266	Storck M.	NW 294	Straube F.	SAN 363
Stöve E.	NW 245	Storek C.	NW 258	Straubel M.	TH 398
Stoffel A.	BY 95	Stork H.	ArbG 426	Straubmeier H.	VwG 482
Stoffregen R.	NW 267	Stork M.	BER 127	Strauch B.	NW 257
Stojan D.	SH 383	Stork M.	MV 198	Strauch C.	SAC 351
Stojek M.	BW 31	Stork R.	BW 35	Strauch E.	BER 114
Graf zu Stolberg-		Stork R.	NW 295	Strauch G.	BW 40
Stolberg F.	SAC 346	Stork U.	NW 284	Strauch H.	VerfG 407
Gräfin zu Stolberg-		Stork U.	VwG 498		VwG 512
Stolberg S.	SAC 346	Storm U.	BER 128	Strauch I.	VwG 482
Stoll E.	HE 192	Storner P.	NW 275	Strauß A.	SAN 372
Stoll F.	SG 473	Storost U.	BU 13	Strauß H.	NDS 228
Stoll H.	BY 80		VerfG 404	Strauß H.	VwG 476
Stoll M.	SG 474	Storr R.	BY 71	Strauß L.	VwG 479
Stoll P.	BY 85	Storz B.	BW 57	Strauß M.	BRA 147
Stoll R.	NDS 221	Stosch J.	SAN 365	Strauß P.	NW 247
Stoll T.	NDS 217	Stoss H.	BY 79	Strauß W.	MV 198
Stollar C.	SAC 359	Stothfang U.	SH 382	Strebos J.	SH 379
Stollberg J.	NW 286	Stotz M.	HE 188	Streck E.	BU 8
Stolle R.	BW 36	Stotz S.	BY 110	Strecker A.	VwG 483
Stolle U.	NDS 223	Stotz W.	SAC 348	Strecker C.	BW 53
Stollenwerk A.	NW 312	Stowasser L.	SAC 357	Strecker N.	BW 44
Stollenwerk K.	BER 121	Stoy-Schnell U.	NW 259	Strecker W.	NW 244
Stolper M.	NDS 227	Stoyke B.	NW 266	Streek I.	NW 269
Stolte B.	MV 204	Strack I.	TH 401	Streffer C.	BU 12
Stolte D.	BRA 146	Stracke D.	NW 267	Strefling S.	NW 307
Stolte H.	NW 267	van Straelen H.	NW 250	Strehl R.	NW 246
Stolte P.	TH 389	Strätz U.	VwG 513	Strehlow R.	BY 86
Stolte P.	TH 391	Sträubig D.	VwG 481	Streibel R.	HH 159
Stolte U.	NDS 217	Strahn T.	SG 471	Streiberger L.	HE 190
Stoltenberg H.	ArbG 426	Straschil H.	HE 172	Streicher H.	ArbG 417
Stoltenberg S.	HH 159	Straschil P.	RP 317	Streicher K.	BY 75
Stolterfoht T.	VwG 476	Straßberger G.	BY 76	Streicher M.	BW 55
Stoltz M.	BW 46	Straßburger L.	NW 289	Streichsbier K.	VwG 496
Stolz E.	ArbG 411	zur Strassen P.	BY 80	Streichsbier S.	NDS 229
Stolz F.	FG 439	Strasser F.	BW 48	Streiff H.	HE 189
Stolz J.	ArbG 436	Straßer G.	BY 64	Streit U.	SAC 346
Stolz J.	TH 398	Straßer H.	BY 80	Streitberg W.	TH 394
Stolz M.	BY 95	Straßfeld E.	SG 465	Streitz K.	HE 188
	BY 109	Straßmeier P.	BY 86	Strempel H.	MV 204
Stolze A.	BRA 138	von der Straten A.	ArbG 425	Stremplat M.	FG 443
Stolze C.	BER 128	Stratmann B.	NW 277		VerfG 405
Stolze G.	TH 396	Stratmann C.	NW 272	Strenge H.	HH 155
Stolze M.	BER 122	Stratmann G.	VwG 493	Stresemann C.	BER 115
Stolzenberger-Wolters I.	NW 300	Stratmann H.	SG 468	Streßig D.	NW 287
Stolzenburg F.	HH 160	Stratmann J.	FG 441	Streubel A.	NW 275
Stomps H.	HE 184	Stratmann J.	NW 268	Streuzek R.	SAN 361
Stopfkuchen R.	BW 40	Stratmann P.	NW 310	Strewe U.	TH 398
Stopfkuchen-		Stratmann R.	NDS 210	Streyl E.	NW 253
Menzel M.	VwG 475	Stratmann S.	NW 263	Strick W.	RP 321
Stoppel G.	NW 269	Stratmann S.	NW 272	Stricker H.	RP 327
Stoppel W.	BU 15	Stratmann U.	BER 125	Stricker H.	VwG 486

Trüller D.	SH 379	Turner H.	HE 187	Uhlmann L.	BY 79
Trueson W.	RP 315	Turnwald R.	NW 296	Uhrig S.	NW 311
Trüstedt W.	BU 15	Turowski E.	BY 81	Uhrmacher P.	BW 55
Trumm H.	NW 280	Tuschen H.	VwG 498	Ulbert S.	NW 296
Trumm O.	TH 389	Tuschen V.	SAC 353	Ulbrich C.	BY 82
Trumpfheller B.	BW 25	Tute C.	NDS 240	Ulbrich D.	BER 127
Trunk S.	NW 257	Twachtmann I.	BER 128	Ulbrich O.	MV 204
Trunz L.	RP 330	Twardzik H.	BY 70	Ulbrich W.	NW 279
Trupke E.	SH 378	Twenhöven B.	NW 311	Ulferts H.	VerfG 404
Truppei F.	BY 67	Freiherr von		Ulffers H.	HH 163
Trute H.	VerfG 407	Twickel D.	FG 447	Ulland W.	NW 247
Trutwig M.	VwG 481	Twittmann J.	NW 273	Ullisch B.	BER 123
Trzebiner E.	HE 186	Tyborski P.	VwG 504	Ullmann E.	BU 7
Tschackert P.	NW 284	Tyczewski T.	VwG 503	Ullmann G.	TH 397
Tschanett E.	BY 72	Tyczewski-Pieper S.	VwG 504	Ullmann S.	SAC 346
Tscharn A.	NW 256	Tzschaschel H.	BW 40	Ullrich C.	BMJ 5
Tschech D.	NW 266	Tzschoppe B.	BW 57	Ullrich C.	HE 184
Tschechne W.	NW 273	von Tzschoppe H.	RP 314	Ullrich F.	HE 171
Tschentscher B.	NW 268			Ullrich H.	VwG 508
Tschepe A.	NW 253	**U**		Ullrich I.	NDS 216
Tschermak von				Ullrich K.	HE 176
Seysenegg K.	BW 53	Übelacker M.	NDS 223	Ullrich N.	SAN 364
Tscherner H.	TH 393	Übelmesser S.	BY 69	Ullrich R.	NDS 215
Tscherning S.	VwG 495	Ubaczek C.	BER 116	Ullrich S.	BW 38
Tschernitschek I.	BY 93	Ude H.	NDS 209	Ullrich W.	BY 89
Tschersich H.	NW 271	Udsching P.	BU 12	Ullrich-Schrammek H.	NDS 238
Tschersich R.	BW 51	Uebe E.	BW 43	Ulm K.	SAA 339
Tschersich-		Uebele M.	SAC 346	Ulmer A.	SAN 364
Vockenroth M.	NW 272	Uebelein K.	BY 104	Ulmer B.	NW 258
Tscheslog F.	BRA 142	Ueber K.	BW 27	Ulmer D.	NDS 215
Tschiersch E.	NW 272	Ueberbach A.	SAC 360	Ulmer H.	NW 258
Tschirner H.	NDS 230	Ueberhorst M.	NDS 209	Ulmer M.	SG 472
Tschirner T.	FG 445	Uebing W.	NW 287	Ulmer T.	NW 300
Tschirsky-Dörfer I.	BER 117	Ueffing K.	NW 293	Ulrich B.	SH 384
Tschoeltsch R.	SG 468	Uehlein A.	BY 108	Ulrich C.	BU 15
Tschoepke B.	RP 328	Uerpmann K.	BER 130	Ulrich D.	ArbG 416
Tschorn A.	BW 52	Uerpmann U.	BER 114	Ulrich D.	SAN 367
Tucholski S.	BER 115	Uertz-Retzlaff H.	NW 287	Ulrich F.	NW 269
Tuchow H.	HE 177	Uetermeier E.	NW 272	Ulrich H.	NDS 220
Tüchert K.	VwG 482	Uetermeier H.	NW 278	Ulrich J.	NW 271
Türmer G.	HE 188	Ufer M.	VwG 495	Ulrich J.	NW 310
Türpe A.	NW 307	Uffelmann M.	HE 179	Ulrich S.	BW 61
Türpe K.	NW 303	Uffen H.	NDS 220	Ulrich W.	BY 84
Türpitz J.	TH 395	Uffhausen K.	VwG 494	Ulrich W.	SG 472
Tüting A.	BY 84	Uffrecht W.	BER 120	Ulrichs C.	VwG 504
Tüttenberg H.	RP 319	Uhde H.	NDS 220	Ulsenheimer-Jörg E.	SG 454
Tüttenberg K.	BU 12	Uhde P.	BW 51	Ulshöfer G.	BY 101
Tüxen G.	BER 125	Uhl E.	BY 84	Ulshöfer T.	SG 471
Tüz Y.	BW 61	Uhl V.	HE 190	Umbach K.	NDS 219
Tulatz H.	HE 173	Uhl W.	HE 173	Umlandt D.	BRE 152
Tull C.	SAA 338	Uhlemann U.	ArbG 415	Umlauf S.	HH 160
Tully M.	HH 166	Uhlenberg K.	VwG 502	Umstätter H.	BW 40
Tumat N.	NDS 237	Uhlenbruch G.	SG 474	Ungelenk F.	VwG 494
Tupait T.	NW 308	Uhlenbruck R.	BER 129	Unger C.	VerfG 405
Tupay J.	ArbG 428	Uhlig A.	SAC 350	Unger I.	BRA 138
Turanli A.	SG 467	Uhlig J.	SAC 350	Unger J.	NW 250
Turba A.	TH 399	Uhlig K.	SAC 359	Unger J.	NW 295
Turk G.	NDS 211	Uhlig R.	MV 203	Unger M.	NW 270
Turkowski C.	BY 96	Uhlig-van Buren A.	HH 164	Unger S.	BER 121

Volckmann R.	RP 317	Voos E.	HH 159	de Vries S.	SH 386
Volesky K.	NW 279	Voos I.	SAC 351	Vullriede B.	NDS 220
Volk D.	SG 468	Voosholz U.	NW 308	Vulpius C.	VwG 509
Volk E.	RP 313	Vordermayer H.	BY 98	Vygen K.	NW 243
Volk H.	VwG 496	Vorholzer K.	VwG 483	Vymer D.	HH 166
Volk J.	SAC 346	Vormbrock A.	NW 253		
Volk K.	BY 68	Vormeier J.	BU 13	**W**	
Volkens S.	BER 118	Vorndamm J.	NW 267		
Volker M.	NDS 217	Vorndamme W.	ArbG 432	Waab B.	NW 276
Volkland U.	NW 270	Vorndran M.	SAC 360	Waab F.	NW 277
Volkmann I.	BER 120	Vorpahl J.	BRA 139	Wabnitz H.	BY 73
Volkmann L.	NW 252	Vorwerck D.	NDS 219	Wach S.	MV 200
Volkmar K.	BER 128	Vos A.	NDS 236	Wachauf H.	BY 102
Volkmer A.	NDS 221	Voskamp B.	BER 129	Wache D.	BW 61
Volkmer T.	NDS 215	Voß A.	BW 32	Wache D.	MV 204
Volkmer W.	NW 251	Voß B.	SH 387	Wache V.	BU 9
Voll U.	VwG 498	Voß D.	NDS 239	Wachenfeld A.	SH 382
Voll W.	BY 107	Voß D.	NW 264	Wachinger F.	BY 102
Voll-Hartung J.	VwG 500	Voß F.	ArbG 435	Wachs V.	HH 166
Vollbrecht R.	NDS 216	Voß H.	BRA 144	Wachsmuth S.	BRE 153
Vollenberg M.	VwG 501	Voß H.	HH 159	Wachtel M.	ArbG 426
Vollenberg U.	NW 277	Voß H.	MV 195	Wachten H.	NW 305
Vollert H.	SH 376	Voß H.	MV 202	Wachtendorf H.	NDS 230
Vollert I.	SH 385	Voß H.	NDS 222	Wachter A.	BW 25
Vollhardt M.	BER 123	Voß H.	SAN 373	Wachter A.	HE 181
Vollmann H.	BY 97	Voß H.	SH 382	Wachter B.	RP 331
Vollmer A.	NW 299	Voß N.	RP 328	Wachter H.	HE 189
Vollmer A.	NW 312	Voß N.	VwG 504	Wack H.	HE 192
Vollmer B.	NW 287	Voss P.	BER 115	Wackenhut E.	BW 56
Vollmer C.	BY 65	Voß R.	BY 86	Wackenroder E.	ArbG 424
Vollmer J.	HE 193	Voss R.	NW 245	Wacker D.	HE 192
Vollmer J.	RP 326	Voß R.	TH 400	Wacker D.	NW 310
Vollmer R.	BER 129	Voß S.	SG 464	Wacker J.	NW 274
Vollmer R.	SH 379	Voß S.	SH 387	Wacker J.	NW 299
Vollmer S.	NW 289	Voß U.	NW 245	Wacker R.	BRE 152
Vollmer W.	BW 57	Voß U.	NW 307	Wacker R.	BU 11
Vollmers S.	SAC 350	Voß W.	NDS 218	Wacker S.	BY 94
Vollrath C.	ArbG 428	Voß-Broemme H.	BER 126		BY 110
Vollstädt C.	NDS 234	Vossen P.	SG 453	Wacker U.	SG 466
Volmer J.	BW 57	Vossen R.	ArbG 425	Wacker W.	NW 282
Volmer K.	BY 72	Vossen-Kemkens S.	SAC 356	Wackerbauer T.	BY 96
Voloscink E.	NDS 208	Vossenkämper R.	BER 124	Waclaw C.	BER 129
Voltmer G.	SAA 335	Voßgätter,		Waclawczyk M.	BMJ 5
Voltz T.	RP 333	genannt Niermann W.	RP 319	Wadenpohl M.	NW 245
Volz H.	BY 104	Voßkamp A.	VwG 502	Wadewitz F.	SAC 352
Volz J.	SAC 351	Voßkamp H.	NW 241	Wadle E.	VerfG 406
Vonberg C.	NW 298	Voßkamp S.	VwG 501	Wächter G.	VwG 488
Vondenhof B.	VwG 485	Voßkühler B.	ArbG 420	Wächter J.	BY 90
Vonderau M.	ArbG 431	Voßkuhle E.	BY 87	Wächtler R.	SAC 349
Vondey M.	NW 310	Vossler N.	BER 119	Wähling U.	SH 384
Vondung R.	VwG 477	Vosteen A.	NW 255	Waetke W.	BW 28
Vonnahme B.	NDS 228	Vosteen R.	VwG 487	Wätzel H.	BY 78
Vonnahme I.	NDS 228	Voswinkel M.	VwG 511	Waga L.	BER 126
Vonnahme J.	RP 314	Voucko M.	VerfG 405	Wagemeyer E.	NW 283
Vonnahme P.	VwG 478	Voucko M.	VwG 489	Wagenblaß H.	VwG 476
Vonscheidt C.	NW 309	Vougioukas K.	NW 275	Wagener J.	NW 300
Voorhoeve L.	NW 293	Vreden C.	RP 317	Wagener S.	BRA 144
Voormann V.	NW 294	de Vries F.	NW 271	Wagenitz T.	BU 8
Voos A.	HH 159	de Vries H.	NW 296	Wagenseil W.	BY 65

Weber S.	RP 329	Wegener F.	ArbG 422	von der Weiden D.	VwG 514
Weber T.	BRA 141	Wegener H.	SAN 361	von der Weiden K.	VwG 512
Weber T.	HE 182	Wegener K.	HH 157	Weiden T.	NW 307
Weber T.	NW 271	Wegener L.	MV 202	Weidenfeller M.	SG 469
Weber U.	BER 122	Wegener S.	HE 175	Weidenkaff W.	BY 75
Weber U.	MV 197	Wegener U.	VwG 484	Weidensteiner J.	BY 109
Weber V.	BER 126	Wegerer K.	BY 68	Weidig G.	SAC 349
Weber W.	HE 170	Wegerich J.	HH 164	Weidinger B.	BER 124
Weber W.	HE 173	Wegerich K.	HH 166	Weidle S.	BW 52
Weber W.	HE 176	Wegewitz C.	BY 96	Weidler-Vatter K.	SAA 338
Weber W.	NDS 207	Wegge G.	VwG 486	Weidlich C.	MV 204
Weber W.	NW 305	Weghofer C.	MV 199	Weidlich D.	BY 90
Weber W.	RP 319	Wegmann C.	BER 125	Weidlich D.	BY 103
Weber W.	SAA 335	Wegmann H.	BER 121	Weidling J.	ArbG 412
Weber W.	VwG 483	Wegmann H.	NDS 239	Weidling M.	BER 129
Weber-Grellet H.	BU 11	Wegmann K.	SAN 369	Weidmann C.	HE 183
Weber-Hassemer K.	HE 169	Wegmann P.	ArbG 437	Weidmann K.	BY 98
Weber-Lejeune S.	SG 470	Wegmann W.	BW 34	Weidmann R.	TH 398
Weber-Monecke B.	BU 8	Wegmarshaus J.	BER 128	Weidner E.	BER 120
Weber-Monecke W.	RP 317	Wegner A.	VwG 502	Weidner L.	NW 266
Weber-Petras D.	NDS 209	Wegner G.	BRA 139	Weiduschat U.	VwG 486
Weber-Schramm E.	BER 116	Wegner G.	VwG 511	Weier J.	SAC 359
Weber-Timmermann G.	HE 182	Wegner J.	SH 379	Weifenbach B.	SAC 353
Weber-Wirnharter M.	BY 78	Wegner S.	NW 310	Weigand B.	BY 66
Webers C.	SAC 353	Wehe E.	VwG 487	Weigand E.	NW 306
Webert-Girshausen M.	BY 96	Wehling G.	VwG 488	Weigand K.	BY 77
Wech S.	BY 95	Wehmeier G.	BW 39	Weigel B.	BY 72
Wechsler R.	HH 159	Wehmeyer C.	NW 256	Weigel C.	SG 468
Wechsung P.	BW 36	Wehmeyer J.	NDS 224	Weigel C.	SG 473
Weckbecker G.	BRA 138	Wehmeyer P.	NW 253	Weigel G.	SAC 358
Weckerling M.	BMJ 4	Wehner C.	NW 308	Weigel M.	FG 449
Weckerling-Wilhelm D.	BMJ 4	Wehner D.	TH 398	Weigell R.	BY 77
Weckesser A.	FG 439	Wehner F.	NW 301	Weigelt J.	BRA 138
Weckesser C.	VwG 476	Wehner H.	TH 394	Weigelt K.	SAC 347
Weddermann A.	BER 116	Wehner M.	RP 319	Weigelt-Mezey D.	SAC 357
Wedderwille P.	NW 290	Wehowsky R.	RP 322	Weigenand R.	BW 32
Weddig U.	SG 464	Wehr C.	VwG 511	Weigert M.	VwG 478
Wedekind K.	SG 472	Wehr T.	HH 161	Weigert U.	BRA 146
Wedekind U.	TH 398	Wehrens D.	NW 241	Weigl C.	BY 91
von Wedel F.	SAC 359	Wehrer C.	BY 108	Weigl M.	BY 92
von Wedel W.	FG 443	Wehrhahn L.	SG 474	Weigmann G.	NDS 210
Wedemann K.	BER 121	Wehrland H.	NW 287	Weihe-Gröning C.	BER 117
Wedemeyer K.	VwG 493	Wehrli D.	NW 285	Weihprecht A.	BY 73
Weder D.	BY 85	von Wehrs H.	RP 313	Weihrauch H.	BY 91
Weder G.	BY 102	Wehrstedt M.	NW 306	Weihrauch U.	SG 461
Wedhorn B.	BER 128	Weichbrodt S.	BER 114	Weik B.	BW 62
Wedhorn P.	BER 126	Weichel V.	VwG 507	Weik C.	SAC 352
Wedig B.	NW 277	Weichert J.	BMJ 4	Weike J.	BRA 133
Weers W.	MV 199	Weichert M.	SAN 364	Weikl L.	BY 99
Wefelmeier C.	VwG 496	Weichsel K.	NDS 218	Weil F.	TH 399
Wefer M.	VwG 509	Weick E.	SG 457	Weiland B.	HE 176
Wefers G.	NW 253	Weick W.	HH 165	Weiland U.	NDS 213
Wefers U.	FG 446	Weickert S.	BY 88	Weiland U.	RP 316
Wege H.	SH 382	Weide H.	BW 51	Weiland W.	HE 172
Wegehaupt K.	SAN 373	Weide L.	ArbG 418	Weilandt R.	HH 164
Wegehaupt U.	SAN 362	Weidelhofer D.	SAC 352	Weilbacher F.	FG 440
Wegemer H.	HH 160	Weidemann H.	VwG 495	Weiler G.	TH 399
Wegener A.	BER 114	Weidemann M.	BER 127	Weiler R.	ArbG 435
Wegener B.	BRE 151	Weidemann R.	VwG 503	Weilke E.	NW 290

Weller H.	BW 60	Wendt I.	BRA 141	Wenzel R.	NDS 216
Weller M.	MV 200	Wendt J.	SH 378	Wenzel S.	HH 155
Weller M.	TH 399	Wendt M.	BU 11	Wenzel S.	NW 287
Weller N.	RP 319	Wendt M.	NDS 226	Wenzel U.	ArbG 417
Weller R.	BRA 142	Wendt M.	SH 387	Wenzel U.	BY 79
Weller S.	TH 393	Wendt P.	BW 26	Wenzel W.	BW 46
Weller W.	HE 178	Wendt R.	BU 8	Wenzel W.	NW 305
Wellhöfer C.	BY 71	Wendt R.	SAC 354	Wenzel W.	SG 456
Welling A.	NDS 219	Wendt R.	SH 383	Wenzel W.	TH 399
Welling C.	NW 247	Wendt R.	VerfG 406	Wenzler H.	BW 51
Welling D.	NDS 231	Wendt U.	BER 120	Wenzlick E.	SAC 356
Wellmann G.	NDS 230	Wendt U.	SH 385	Weppler P.	BW 39
Wellmann U.	NW 280	Wendt W.	NDS 216	Werber I.	SAC 345
Wellner P.	TH 389	Wendt W.	VwG 511	Werckmeister P.	ArbG 433
Wellner W.	BU 8	Wendtland H.	BRA 135	von Werder D.	HE 186
Wellnitz S.	SAN 371	Wendtland P.	SAC 353	Werdich G.	BY 64
Welnhofer M.	BY 96	Weng M.	BW 45	Werfel S.	NDS 218
	BY 109	Wengelnik G.	SH 385	Werhahn V.	SAC 353
Welp D.	BMJ 4	Wenger F.	VwG 478	Werheit B.	VwG 504
Welp M.	HE 169	Wenger P.	BW 25	Werheit H.	NW 305
Welp R.	HE 185	Wenger R.	BW 60	Werk B.	VwG 501
Wels F.	BRA 145	Wengert M.	BER 123	Werkemüller S.	NW 311
Welsch F.	VwG 507	Wengerter J.	BY 66	Werker H.	NW 304
Welsch H.	RP 328	Wengst S.	NW 259	Werkmeister P.	VwG 498
Welslau S.	NW 309	Wenig M.	BRA 134	Werlitz R.	BY 95
Welten S.	BRA 146	Wenig R.	VwG 476	Wermeckes B.	NW 308
Welz H.	HE 191	Weniger R.	NDS 213	Wermelskirchen S.	BW 26
Welz T.	SH 385	Wenk S.	SH 386	Wermes R.	VwG 497
Welzel P.	FG 440	Wenkel A.	MV 198	Wermke K.	SG 467
Welzenbacher A.	VwG 485	Wenner A.	VwG 499	Wern S.	SAA 340
Wemheuer C.	ArbG 419	Wenner G.	VwG 499	Wern-Linke S.	VwG 484
Wende H.	BRA 140	Wenner H.	HE 174	Werndl P.	BY 77
Wende J.	NW 275	Wenner U.	BU 12	Werner A.	ArbG 415
Wende-Spors P.	HH 160	Wenning W.	BY 83	Werner B.	BRA 137
Wendeborn M.	NDS 220	Wenning-		Werner B.	BW 62
Wendel C.	HH 166	Morgenthaler M.	ArbG 416	Werner B.	NW 288
Wendel H.	NW 255	Wennmacher N.	ArbG 435	Werner B.	RP 319
Wendel J.	SG 473	Wenny R.	BY 108	Werner B.	SG 460
Wendel M.	HE 179	von der Wense J.	VerfG 405	Werner C.	BW 56
Wendeling-		Wenske K.	BY 67	Werner C.	BY 76
Schröder U.	VerfG 405	Wensky M.	BY 108	Werner C.	BY 108
Wenderoth D.	VwG 499	Wente-Mautgreve K.	NDS 218	Werner C.	SAC 354
Wenderoth N.	SAC 349	Wentzel M.	TH 393	Werner E.	NW 290
Wendland G.	FG 444	Wentzel U.	NDS 220	Werner F.	NDS 211
Wendland J.	NDS 210	Wentzel W.	NW 288	Werner F.	TH 392
Wendland U.	BY 83	Wentzell J.	BW 59	Werner G.	ArbG 418
Wendland-Braun E.	BY 76	Wenwieser-Weber C.	SG 454	Werner G.	BY 109
Wendlandt-		Wenz H.	BY 84	Werner G.	RP 330
Stratmann T.	VwG 495	Wenz R.	HE 171	Werner H.	BER 118
Wendler A.	BW 44	Wenzeck J.	ArbG 424	Werner H.	BY 78
Wendler C.	HH 159	Wenzel A.	BRA 145	Werner H.	SAC 352
Wendler K.	BER 128	Wenzel C.	SH 375	Werner H.	VwG 478
Wendler U.	SG 465	Wenzel H.	BY 66	Werner J.	BY 103
Wendling G.	ArbG 427	Wenzel H.	RP 318	Werner J.	HE 179
Wendorff A.	BW 25	Wenzel J.	BU 7	Werner J.	NW 251
Wendorff G.	SH 382	Wenzel J.	HE 187	Werner J.	NW 305
Wendrich-Rosch J.	NW 274	Wenzel K.	NDS 240	Werner M.	BER 120
Wendt A.	SAC 353	Wenzel K.	NW 308	Werner M.	NW 298
Wendt H.	HH 158	Wenzel M.	BER 122	Werner M.	SAC 343

Werner O.	TH 390	Westerhoff T.	SAN 371	Weyreuther C.	BER 121
Werner P.	BY 109	Westermann B.	SG 465	Weyrich D.	BER 123
Werner R.	BY 72	Westermann F.	NW 309	Wezel C.	BW 52
Werner S.	BRA 138	Westermann H.	SAA 339	Wezykowski U.	TH 394
Werner S.	BU 16	Westermann P.	BRE 150	von Wiarda J.	BW 24
Werner U.	HE 190	Westermann-		Wibbe M.	NW 311
Werner U.	RP 315	Reinhardt J.	NDS 239	Wich H.	BY 68
Werner W.	BW 46	Westermeier K.	NW 249	Wich-Knoten E.	BY 72
Werner W.	NW 299	Westerwalbesloh S.	VwG 500	Wichard J.	BMJ 5
Wernet G.	SG 470	Westhauser W.	BY 107	Wichardt R.	VwG 497
Wernicke K.	HE 172	Westhoff R.	ArbG 425	Wichelhaus J.	SAC 352
Wernicke L.	BRA 140	Westhoff S.	VwG 509	Wichert J.	BER 131
Werning A.	HE 169	Westphal J.	VerfG 404	Wichert S.	HE 188
Werning U.	FG 445	Westphal K.	ArbG 425	Wichmann A.	NDS 207
Wernke-Haas M.	RP 321	Westphal K.	BY 96	Wichmann A.	VwG 483
Werno K.	SAN 373	Westphal N.	HE 193	Wichmann D.	HH 161
Wernscheid R.	NW 247	Westphal R.	ArbG 428	Wichmann D.	NDS 208
Werr C.	BRA 136	Westphal V.	BRA 141	Wichmann H.	RP 329
Werres-Bleidießel E.	VwG 485	Westphalen S.	HH 158	Wichmann J.	NDS 223
Werrlein M.	BY 79	Westrup W.	NDS 234	Wichmann P.	TH 396
Wersch P.	ArbG 418	Wetekamp A.	BY 86	Wichmann U.	NDS 239
Werst C.	BW 41	Weth R.	TH 389	Wichmann-Bechtels-	
Wertenbroch K.	HH 162	Wetjen C.	HH 162	heimer H.	TH 391
Werth M.	BY 65	Wettach U.	SAN 372	Wichorski A.	BY 82
Werth P.	BRA 140	Wettenfeld H.	MV 197	von Wick E.	NW 263
Werth P.	NW 298	Wettengel-Wigger B.	NW 280	Wick H.	NDS 214
Werthmann D.	NW 310	Wetter A.	BW 62	Wick M.	BY 95
Werthmann R.	VwG 498	Wetterich E.	NW 249	Wick M.	HE 175
Werthschulte C.	MV 201	Wettich G.	NDS 239	Wick U.	SH 385
Werzmirzowsky C.	NW 305	Wettstädt R.	BRA 133	Wicke T.	SAN 371
Wesch V.	SAC 356	Wetzel A.	SAC 359	Wickenhöfer-Styra U.	HE 184
Wesche J.	NDS 218	Wetzel F.	BW 26	Wickern T.	NW 256
Weschenfelder H.	ArbG 435	Wetzel G.	SAN 364	Wickinghoff W.	SG 472
Wespatat R.	SAC 352	Wetzel J.	BER 128	Wicklein H.	SAC 355
Wespe G.	NDS 213	Wetzel R.	BW 44	Wickler P.	ArbG 436
Wessel B.	NW 281	Wetzel T.	BW 51	Wickop F.	BY 86
Wessel B.	VwG 493	Wetzel U.	HE 176	Widera A.	BY 85
Wessel E.	SG 451	Wetzel-Steinwedel R.	BU 11	Widmaier U.	BU 12
Wessel G.	NW 305	Wetzels-Böhm M.	FG 446	Widmann I.	BER 121
Wessel K.	ArbG 428	Wetzler C.	SAN 368	Widmann J.	BY 96
Wessel M.	NDS 217	Weustenfeld G.	RP 329	Widmann J.	RP 320
Wessel-Meessen R.	SG 451	Weustenfeld I.	NW 312	Widmann R.	BW 59
Wesseler P.	NW 266	Wevell von Krüger D.	NDS 216	Widra D.	FG 442
Wesselhöft R.	HH 164	Wever R.	BRE 150	Wiebe A.	MV 205
Wesselmann R.	NDS 236	Wewer C.	NW 256	Wiebe K.	NW 299
Wessels H.	VwG 496	Wewers H.	NW 270	Wiebel M.	BU 8
Wessels K.	NDS 239	Wex J.	NDS 222	Wiebelt K.	RP 327
Wessels K.	NW 243	Wex U.	NW 267	Wieben M.	SH 379
Wessely K.	NW 253	Wexel H.	NW 253	Wiebking W.	NDS 214
	ArbG 419	Weyand R.	SAA 340	Wiebusch D.	HE 178
Wesser K.	VerfG 404	Weyde T.	BY 108	Wiecha V.	NW 259
Weßler-Hoth S.	SG 461	Weyde T.	NDS 208	Wiechers U.	BU 8
Weßling B.	SG 466	Weyer F.	NW 243	Wiechmann K.	SAN 371
Westendorf K.	NDS 209	Weyer H.	SAA 339	Wiechmann M.	MV 204
Wester G.	NW 297	Weyergraf R.	ArbG 430	Wieck-Noodt B.	SAN 370
Wester K.	ArbG 429	Weyers P.	VwG 499	Wied A.	HE 191
Westerberg K.	BRA 137	Weyhe L.	HH 160	Wied E.	FG 443
Westerburg K.	FG 447	Weymüller R.	FG 440	Wiedemann A.	BY 81
Westerhoff I.	SAN 365	Weyreuther A.	ArbG 417	Wiedemann D.	NW 276

Wiedemann G.	BW 38	Wiemer P.	BY 108	Wietek R.	SG 471
Wiedemann G.	BW 52	Wiemers N.	NW 278	Wietfeld H.	NW 266
Wiedemann I.	NDS 238	Wiemers W.	SG 469	Wietfeld-Rinne J.	NW 267
Wiedemann J.	BW 38	Wien C.	SH 377	Wiethaus K.	SH 386
Wiedemann J.	SAN 364	Wien J.	VwG 512	Wiezorek H.	SAC 351
Wiedemann K.	BY 107	Wienand A.	VwG 482	Wiggenhauser L.	BW 48
Wiedemann K.	HH 158	Wienand H.	NW 289	Wigger A.	NW 288
Wiedemann K.	HH 161	Wienand M.	NW 310	Wigger J.	NDS 228
Wiedemann R.	BY 63	Wiene F.	NW 255	Wigger K.	NW 281
Wiedemann R.	NW 286	Wienen T.	NW 258	Wiggers C.	SH 383
Wieden R.	NW 243	Wienert J.	NW 245	Wilbers L.	HE 177
Wiedenberg W.	BER 126	Wienke U.	VwG 483	Wilbrand U.	NW 298
Wiedenhöfer B.	BY 101	Wienkenjohann M.	SG 466	Wilcke H.	FG 444
Wiedenlübbert E.	SAN 362	Wienroeder C.	TH 391	Wilcke K.	VwG 495
Wiedenroth-Jahn E.	HE 175	Wienroeder K.	BU 9	Wilcken R.	SH 382
Wieder T.	VwG 506	Wiens G.	VwG 480	Wilczek S.	NW 308
Wiedersporn-		Wiens K.	HE 174	Wilczynski E.	FG 444
Kerwer M.	SAA 340	Wienströer-Kraus B.	BW 45	Wild B.	HE 176
Wiedmer P.	BW 32	Wienzeck F.	NW 297	Wild H.	BY 84
Wiedmer P.	BW 37	Wienzeck J.	NW 298	Wild H.	NW 279
Wiedmer S.	SAC 349	Wierum P.	BER 119	Wild R.	HE 186
Wieduwilt F.	SH 384	Wierzba U.	NW 307	Wild-Völpel A.	RP 316
Wiefelspütz D.	VwG 501	Wierzimok M.	NW 302	Wildauer A.	FG 444
Wiegand A.	NDS 212	Wierzoch H.	NW 306	Wildberg S.	HH 164
Wiegand A.	NDS 215	Wiesböck F.	BY 88	Wilde C.	BY 89
Wiegand B.	SAC 348	Wiese A.	HE 191	Wilde K.	SG 463
Wiegand B.	SG 460	Wiese G.	ArbG 429	Wildemann K.	SG 454
Wiegand B.	VwG 475	Wiese G.	FG 448	Wildemann S.	ArbG 413
Wiegand G.	VwG 491	Wiese I.	BER 115	Wilden E.	NW 296
Wiegand K.	NW 252	Wiese K.	NW 254	Wilden R.	NW 254
Wiegand M.	BRE 149	Wiese M.	NDS 215	Wildenauer R.	TH 397
Wiegand S.	BW 61	Wiese W.	HH 162	Wildenauer R.	TH 398
Wiegand V.	NDS 240	Wiese-Gürth M.	SG 460	Wildner A.	NDS 232
Wiegand W.	BY 84	Wiesehahn K.	NDS 234	Wildner H.	SG 454
Wiegand W.	RP 318	Wiesekoppsieker J.	SG 457	Wildschrey R.	NW 289
Wiegand-Gundlach G.	NDS 216	Wieseler J.	NW 269	Wildschütz M.	ArbG 431
Wiegand-Hoffmeister B.	MV 204	Wieseler-		Wilfinger P.	NW 260
Wiegandt R.	SG 453	Sandbaumhüter G.	NDS 235	Wilfling M.	BW 28
Wiegard M.	BRA 145	Wiesemann H.	VwG 501	Wilhelm B.	VwG 503
Wiegelmann A.	NW 312	Wiesemann P.	RP 319	Wilhelm E.	BW 56
Wiegershausen L.	SH 376	Wiesen D.	SAA 337	Wilhelm E.	RP 327
Wiegler A.	TH 394	Wiesenbacher M.	TH 396	Wilhelm G.	BY 75
Wiegmann R.	NDS 212	Wiesenberg C.	HE 180	Wilhelm H.	VerfG 405
Wiegner U.	SAC 359	Wiesenberg S.	TH 401	Wilhelm N.	TH 394
Wiehe R.	NDS 218	Wiesenberger P.	BY 79	Wilhelm P.	NW 305
Wiehr H.	NDS 224	Wiesend G.	VwG 480	Wilhelm S.	RP 320
Wiekenberg H.	VwG 484	Wiesener R.	BER 118	Wilhelm S.	SAN 364
Wieland H.	BW 48	Wieser R.	BY 78	Wilhelmi C.	BER 118
Wieland H.	RP 319	Wieser S.	BY 84	Wilhelmi J.	RP 332
Wieland J.	VerfG 406	Wiesmann M.	VwG 501	Wilhelmi K.	BW 34
Wieland S.	ArbG 417	Wiesmüller F.	BY 86	Wilhelms A.	VwG 505
Wielert L.	MV 203	Wiesner C.	BY 77	Wilhelms G.	TH 395
Wieling H.	RP 315	Wiesner J.	NDS 209	Wilke A.	NW 257
Wiemann A.	BW 36	Wiesner S.	SG 462	Wilke A.	SG 457
Wiemann J.	NW 266	Wiesner S.	VerfG 405	Wilke C.	BW 53
Wiemann P.	VwG 488	Wiesneth C.	BY 68	Wilke G.	NDS 215
Wiemer F.	SH 375	Wiest C.	BER 127	Wilke G.	SAC 350
Wiemer L.	FG 445	Wiester W.	BU 11	Wilke H.	HE 189
Wiemer M.	NW 298	Wiestler G.	VwG 476	Wilke H.	NW 257

Wilke H.	NW 274	Willkomm U.	SG 457	Winkemann B.	BER 118
Wilke H.	NW 289	Willmer P.	SH 380	Winkgens-Reinhardt U.	BW 24
Wilke H.	VwG 503	Willmes M.	FG 441	Winkler A.	BRA 137
Wilke J.	BRA 139	Willms B.	VwG 503	Winkler A.	HE 192
Wilke K.	FG 439	Willms D.	NDS 235	Winkler B.	HH 160
Wilke R.	VwG 511	Willner P.	BY 85	Winkler B.	SG 453
Wilke T.	NW 294	Willnow G.	BER 117	Winkler D.	HE 188
Wilke U.	RP 333	Willnow S.	BER 124	Winkler F.	SAC 354
Wilken B.	NW 282	Willoughby A.	SG 453	Winkler G.	BU 15
Wilkening R.	BRA 146	Willrich S.	TH 398	Winkler G.	NW 299
Wilkens H.	HE 183	Willuhn U.	NW 308	Winkler H.	BW 48
Wilkens H.	NDS 236	Willutzki H.	MV 197	Winkler H.	HE 177
Wilkens R.	VwG 503	Willwacher A.	NW 305	Winkler H.	HE 179
Wilking C.	SH 387	Wilmers A.	ArbG 430	Winkler H.	SAC 352
Wilkitzki P.	BMJ 3	Wilmes V.	TH 400	Winkler H.	SG 457
Wilkmann J.	SAN 371	Wilms R.	TH 390	Winkler H.	SH 383
Wilkmann U.	SAN 370	Wilmsmann D.	NW 274	Winkler I.	ArbG 433
Will G.	BY 66	Wiltschka R.	BY 67	Winkler J.	BER 125
Will G.	MV 204	Wimmer A.	BW 55	Winkler J.	SG 467
Will H.	BY 80	Wimmer A.	BY 63	Winkler K.	RP 322
Will J.	BW 26	Wimmer B.	VwG 513	Winkler M.	BU 15
Will K.	NW 272	Wimmer G.	BY 77	Winkler N.	BY 94
Will N.	BW 27	Wimmer H.	BW 37	Winkler N.	BY 95
Will P.	BW 34	Wimmer H.	NW 294	Winkler N.	SAN 373
Will R.	VerfG 404	Wimmer K.	BMJ 4	Winkler R.	HH 160
Will T.	SAN 363	Wimmer K.	SG 463	Winkler T.	SAC 358
Will U.	NW 289	Wimmer R.	BY 81	Winkler U.	NDS 227
Willandsen V.	SH 377	Wimmer R.	BY 84	Winkler U.	SG 472
Willanzheimer G.	HE 191	Wimmer U.	BER 122	Winkler W.	BU 8
Wille A.	NW 300	Wimmers W.	NW 256	Winkler W.	BW 29
Wille A.	SH 383	Winckelmann A.	HE 189	Winkler W.	BW 32
Wille F.	NDS 221	Winckelmann A.	SH 385	Winklharrer K.	BU 15
Wille H.	SH 385	Winckler A.	HE 173	Winklharrer R.	SAC 348
Wille J.	HE 182	Wind E.	RP 326	Winklmaier B.	SG 455
Wille K.	HH 158	Windeck M.	NW 246	Winn W.	NW 293
Wille M.	BRA 146	Windeler H.	NW 247	Winners I.	HE 174
Wille R.	NDS 230	Winderlich M.	SAC 353	Winnig S.	TH 391
Wille V.	TH 391	Windgätter P.	NW 272	Winstel M.	RP 327
Wille-Steinfort G.	RP 323	Windheuser H.	NW 281	Winter B.	SG 462
Willecke B.	SG 472	Windirsch A.	RP 318	Winter D.	RP 331
Willeke H.	VwG 498	Windisch H.	BY 107	Winter F.	BRA 144
Willeke T.	NDS 237	Windisch I.	RP 317	Winter G.	BU 16
Willems C.	RP 315	Windmöller H.	NDS 236	Winter G.	NDS 209
Willems H.	VwG 498	Windmüller H.	SH 381	Winter G.	RP 326
Willems M.	NW 303	Windmüller K.	BW 60	Winter H.	HH 165
Willems T.	NW 251	Windorf H.	NDS 237	Winter H.	SAA 340
Willems U.	VwG 504	Windweh H.	SAN 372	Winter K.	BVerfG 1
Willemsen B.	NW 290	Wingen H.	NW 295	Winter K.	BY 102
Willenbrink C.	NDS 240	Wingenfeld A.	RP 332	Winter M.	BW 59
Willenbücher U.	BER 123	Wingenfeld E.	RP 322	Winter M.	BY 108
Willer H.	ArbG 412	Wingert K.	RP 333	Winter M.	NW 248
Willer H.	BY 85	Wingerter H.	VwG 506	Winter R.	ArbG 418
Willers H.	NDS 209	Wings R.	HH 163	Winter S.	BY 110
Willerscheid-Weides G.	VwG 502	Winheller H.	NW 298	Winter S.	MV 202
Willersinn M.	SG 470	Wink G.	RP 314	Winter U.	BY 86
William O.	SH 380	Winkelmann C.	NW 304	Winter W.	HE 182
Willikonsky B.	ArbG 435	Winkelmann J.	VwG 501	Winterberg H.	HH 162
Willikonsky K.	VwG 494	Winkelmann N.	BW 53	Winterer H.	BW 36
Willke A.	VwG 491	Winkelmeier-Becker E.	NW 298	Winterer K.	HE 172

Winterer P.	HE 171	Wißmann G.	BY 102	Wittkowski B.	VwG 490
Winterfeldt B.	SH 385	Wißmann H.	BU 10	Wittkowski L.	BER 127
Wintergalen M.	FG 447	Wißmann K.	HH 158	Wittkowski W.	BRE 150
Winterhager U.	NW 284	Wißmann-Koch E.	BER 128	Wittler K.	BY 71
Winterhalter A.	SAC 356	Witassek U.	SAN 363	Wittler K.	BY 73
Winterhalter M.	BW 40	Withopf E.	BY 102	Wittling U.	NDS 215
Winterhof H.	SG 463	Witsch C.	SAA 337	Wittling-Vogel A.	BMJ 4
Winterhoff E.	BRA 145	Witt A.	BW 58	Wittman H.	SAC 357
Winterholler L.	RP 333	Witt C.	ArbG 412	Wittmann H.	BY 88
Wintermeyer J.	SAC 347	Witt C.	HE 190	Wittmann H.	SG 456
Winterpacht K.	NW 276	Witt H.	NDS 233	Wittmann J.	VerfG 403
Winterscheidt M.	NW 244	Witt H.	SG 468	Wittmann J.	VwG 478
Wintersperger R.	VwG 491	Witt K.	BRE 151	Wittmann P.	BY 85
Winterstein P.	MV 200	de Witt K.	NDS 234	Wittmann R.	BRA 135
Wintgen A.	NDS 211	Witt K.	SH 380	Wittmann W.	BY 105
Wintrich W.	SAA 340	Witt M.	BER 120	Wittmer M.	NW 280
Winzer H.	VwG 494	Witt O.	MV 204	Wittneben C.	NDS 233
Wipfinger-Fierdel G.	BW 41	Witt O.	SH 382	Wittneben G.	NDS 232
Wippenhohn P.	NW 297	Witt P.	VwG 493	Witton M.	VwG 482
Wippenhohn-		Witt S.	ArbG 422	Wittor U.	SG 466
Rötzheim K.	NW 302	Witt-Klein I.	BER 131	Wittschier J.	RP 322
Wipper M.	MV 198	Wittchen W.	VwG 490	Wittstock R.	VwG 483
Wipperfürth S.	NW 312	Wittchow G.	VwG 493	Wittstock-Gorn G.	SG 457
Wippich J.	HE 174	Witte A.	BY 78	Wittwer M.	FG 447
Wirbel K.	RP 329	Witte A.	HH 155	Wituschek M.	BW 56
Wirbelauer W.	TH 390	Witte B.	NW 312	Witzel A.	VwG 480
Wiring M.	HH 159	Witte B.	VwG 503	Witzel W.	NW 301
Wiringer-Seiler U.	BY 94	Witte C.	BW 28	Witzig H.	HE 180
Wirlitsch R.	SAC 349	Witte E.	VwG 504	Witzke G.	HE 176
Wirmer I.	BY 102	Witte G.	ArbG 411	Witzke T.	BRA 137
Wirriger M.	NW 311	Witte M.	BER 129	Witzlinger U.	BW 54
Wirsich H.	MV 203	Witte R.	HE 181	Witzlinger U.	BW 59
Wirsik D.	MV 204	Witte R.	NW 272	Witzmann P.	TH 399
Wirth A.	SAC 348	Witte U.	BRA 139	Wizemann P.	BW 58
Wirth C.	HE 189	Wittek R.	BU 10	Wizgall H.	BU 15
Wirth C.	SAC 346	Wittek W.	SH 380	von Wnuck-Lipinski P.	NW 244
Wirth I.	BER 118	Witten C.	BRA 145	Woblik H.	BRA 144
Wirth M.	VwG 477	Wittenberg A.	SG 460	Wobst H.	NW 271
Wirth P.	VwG 485	Wittenberg K.	NW 276	Wodtke R.	NDS 215
Wirth R.	BY 98	Wittenberg W.	SAC 359	Wöbber H.	NW 256
Wirth R.	VwG 477	Wittenbrock J.	SG 469	Wöckel G.	BW 61
Wirth W.	NDS 223	Wittenstein C.	SAC 349	Wöckener H.	NDS 219
Wirth-Vonbrunn H.	FG 443	Wittgen K.	RP 316	Wöger R.	SAC 349
Wirths H.	NW 256	Wittgruber A.	NW 307	Wöhler D.	HE 174
Wirtz G.	SAC 347	Witthaut G.	NW 284	Wöhrmann H.	NDS 214
Wirtz H.	NW 245	Witthaut J.	NW 246	Wölber I.	HH 161
Wirtz-Wirthmüller U.	NW 294	Witthüser F.	NW 272	Wölber P.	HH 158
Wirz S.	BW 62	Wittig C.	BW 59	Wölfel W.	SAN 371
Wischer A.	BER 130	Wittig D.	BW 47	Wölfinger M.	NW 271
Wischermann C.	NW 276	Wittig G.	HE 187	Wölfl E.	BW 47
Wischmeyer N.	NDS 235	Wittig W.	BY 97	Wölk H.	HE 191
Wisler H.	NDS 221	Wittjohann M.	VwG 485	Wöltje O.	NDS 220
Wissen G.	HE 172	Wittkamp H.	MV 201	Wönne C.	BW 35
Wissen R.	RP 323	Wittke D.	BW 40	Wörl S.	VwG 496
Wisser A.	RP 330	Wittke D.	MV 204	Wörle K.	BY 76
Wissing V.	RP 333	Wittke H.	SAN 371	Wörmann J.	TH 399
Wisskirchen A.	ArbG 429	Wittke M.	NW 253	Wörner G.	RP 331
Wisslicen L.	VwG 478	Wittkemper H.	NW 295	Woerner H.	BRA 138
Wißmann D.	NW 267	Wittkopp W.	HH 159	Wörner K.	HH 157

Zehetbauer L.	BY 86	Zeppan W.	HH 165	Ziemann H.	FG 442
Zehetmair H.	ArbG 414	Zeppenfeld D.	NW 312	Ziemann W.	ArbG 427
Zehgruber-Merz D.	VwG 505	Zepter K.	ArbG 411	Ziemendorf J.	HE 189
Zehm B.	SH 386	Zepter W.	SH 384	Ziemer J.	NDS 238
Zehnder H.	VwG 511	Zerbes H.	NW 294	Ziemer R.	BW 43
Zehner D.	RP 318	Zerlin R.	NW 246	Ziemert A.	SAC 343
Zehner-Schomburg N.	SG 462	Zerndt P.	SG 456	Ziemert A.	SAC 349
Zehrer M.	BER 124	Zernial U.	HH 161	Ziemßen J.	NW 243
Zehrfeld D.	SAC 356	Zerzawy V.	SG 456	Ziener K.	BMJ 5
Zeibig-Düngen J.	HE 186	Zetl J.	BY 105	Zieper K.	SH 376
Zeidler A.	BRA 143	Zettel G.	SAN 362	Zier H.	BW 36
Zeidler I.	BER 125	Zettler W.	RP 327	Zier H.	NW 254
Zeier E.	BY 103	Zeug A.	BY 96	Zierep A.	BER 118
Zeifang R.	BW 44		BY 109	Zieres H.	SAA 337
Zeiger F.	HH 158	Zeuner H.	FG 444	Zierl G.	BY 63
Zeiher K.	HE 169	Zeuner H.	VerfG 405	Zierold U.	SAC 354
Zeilhofer R.	SG 455	Zeuner W.	RP 327	Zierold U.	SAC 359
Zeilinger A.	RP 333	von Zezschwitz S.	BY 88	Zies C.	ArbG 433
Zeilinger J.	BY 87	Zezulka R.	SAC 346	Ziesch A.	VwG 508
Zeilinger S.	BY 96	von Zglinitzki C.	BU 16	Zieschang C.	NW 253
	BY 109	Zickendraht B.	VwG 491	Ziesing L.	HH 158
Zeilinger W.	BY 86	Zickert A.	ArbG 433	Zigan U.	NW 262
Zeimetz-Lorz B.	VwG 492	Zickler O.	HE 185	Zigann M.	BY 94
Zeis P.	BU 9	Zickler R.	NW 311		BY 110
Zeiser W.	ArbG 411	Ziebs S.	HE 188	Zilius H.	ArbG 430
Zeisig W.	BU 14	Ziebs S.	HE 193	Zilles R.	RP 319
Zeising J.	FG 448	Ziegel A.	SAC 349	Zillkes R.	NW 256
Zeising J.	SAC 346	Ziegenbein H.	NW 246	Zillmann K.	BER 118
Zeising K.	BY 79	Ziegenberg M.	NW 305	Zillner E.	SAC 358
Zeisler G.	MV 202	Zieger C.	VwG 511	Zilm A.	BER 119
Zeiß G.	VwG 500	Zieger V.	NW 269	Zimbehl H.	NDS 218
Zeißig K.	NDS 226	Ziegert V.	SG 465	Zimmek H.	SAC 350
Zeitler F.	BY 105	Ziegler E.	BY 87	Zimmer A.	ArbG 436
Zeitler G.	BY 87	Ziegler G.	TH 394	Zimmer A.	SG 471
Zeitler M.	NW 272	Ziegler J.	SH 384	Zimmer B.	BW 29
Zeitler-Hetger I.	RP 316	Ziegler K.	SAA 338	Zimmer B.	SG 457
Zeitz D.	HE 170	Ziegler K.	SG 456	Zimmer F.	BY 95
Zeitz E.	BY 103	Ziegler K.	VwG 485	Zimmer J.	SAA 341
Zekl V.	NW 308	Ziegler M.	BY 78	Zimmer M.	VwG 505
Zelinger U.	SAC 343	Ziegler P.	BY 102	Zimmer N.	HE 170
Zell K.	BW 48	Ziegler R.	BW 62	Zimmer R.	BW 39
Zell M.	RP 324	Ziegler T.	BY 105	Zimmer-Odenwälder C.	BW 38
Zeller A.	BW 61	Ziegler T.	SAC 350	Zimmerer A.	BY 109
Zeller C.	HE 176	Ziegler T.	SAC 357	Zimmerer B.	BY 77
Zeller-Kasai S.	BY 88	Ziegler V.	ArbG 426	Zimmerling C.	BER 128
Zeller-Lorenz B.	BW 43	Ziegler V.	BY 91	Zimmerling J.	HH 162
Zellhorn E.	NW 276	Ziegler-Bastillo I.	BW 44	Zimmermann A.	BY 78
Zellhuber G.	BY 86	Ziegler-Göller U.	BW 47	Zimmermann A.	SAC 357
Zemlicka H.	NW 270	Zieglmeier W.	SG 455	Zimmermann A.	SH 382
Zemlin U.	ArbG 420	Ziegs K.	HE 172	Zimmermann B.	ArbG 413
Zender A.	RP 322	Ziehe K.	NDS 213	Zimmermann C.	BER 126
Zeng C.	MV 197	Zieher W.	BW 57	Zimmermann D.	BW 33
Zenger S.	ArbG 414	Ziehm K.	NDS 220	Zimmermann D.	BY 86
Zengerling R.	NW 295	Ziehmer-Herbert M.	BER 117	Zimmermann E.	NW 246
Zenk M.	BY 110	Zielberg-Buchhold E.	ArbG 435	Zimmermann E.	NW 259
Zenkel H.	BY 92	Zielke C.	NW 311	Zimmermann E.	SAN 373
Zenker C.	BU 17	Zielke M.	SG 468	Zimmermann G.	FG 443
Zepp W.	NDS 214	Zielke R.	HE 177	Zimmermann G.	TH 396
Zeppan A.	HH 165	Ziemann F.	SH 379	Zimmermann H.	ArbG 412